# ARBITRAJE COMERCIAL INTERNACIONAL

MIGUEL GÓMEZ JENE
*Catedrático de Derecho internacional privado, UNED*
*Consejero, Cuatrecasas*

# ARBITRAJE COMERCIAL INTERNACIONAL

CIVITAS

Primera edición, 2020
Segunda edición, 2023

Incluye soporte electrónico



Editorial Aranzadi, S.A.U.
Camino de Galar, 15
31190 Cizur Menor (Navarra)
ISBN: 978-84-1125-986-6
DL NA 1605-2023
*Printed in Spain. Impreso en España*
Fotocomposición: Editorial Aranzadi, S.A.U.
Impresión: Rodona Industria Gráfica, SL
Polígono Agustinos, Calle A, Nave D-11
31013 – Pamplona

*A Alicia, Rafael y Eduardo*

# Índice General

*Página*

ABREVIATURAS Y SIGLAS ........ 23
INTRODUCCIÓN A LA SEGUNDA EDICIÓN ........ 27
INTRODUCCIÓN A LA PRIMERA EDICIÓN ........ 29
BIBLIOGRAFÍA ........ 31

I

**CONCEPTO E IMPORTANCIA DEL ARBITRAJE EN EL COMERCIO INTERNACIONAL ........ 59**

**I. Concepto de arbitraje ........ 59**

**II. Importancia del arbitraje en el comercio internacional ..... 61**

II

**TEORÍA GENERAL SOBRE EL ARBITRAJE COMERCIAL INTERNACIONAL: CONCEPCIÓN TERRITORIAL, CONCEPCIÓN TRANSNACIONAL Y CONCEPCIÓN INTERMEDIA ..... 67**

**I. Concepción territorial, concepción transnacional o anacional y concepción intermedia ........ 67**

1. Concepción *territorial* ........ 69
2. *Concepción transnacional o anacional* ........ 73
    2.1. Configuración de la concepción transnacional ..... 73
    2.2. Crítica a la concepción transnacional ........ 76
    2.3. Concepción transnacional y dimensión europea: arbitraje europeo ........ 79
    3. Concepción ***intermedia*** ........ 82

**II. La Ley de Arbitraje española: concepción *territorial* con soluciones de concepción *intermedia* ........ 82**

*Página*

**III. La *teoría general* del arbitraje comercial internacional desde la perspectiva del *árbitro*: relevancia y consecuencias** ..... 89

III

**FUENTES DEL ARBITRAJE COMERCIAL INTERNACIONAL** 91

**I. Introducción** ..... 91

**II. Fuentes internacionales** ..... 92

1. *Convenio Europeo de Derechos Humanos* ..... 92
2. *Convenio sobre reconocimiento y ejecución de sentencias arbitrales extranjeras, hecho en Nueva York el 10 de junio de 1958 (CNY) (remisión)* ..... 98
3. *Convenio europeo sobre arbitraje comercial internacional, hecho en Ginebra el 21 de abril de 1961* ..... 99
   3.1. Perspectiva general del ámbito de aplicación ..... 101
   3.2. Criterio subjetivo de delimitación del ámbito de aplicación ..... 102
   3.3. Criterio objetivo de delimitación del ámbito de aplicación ..... 103

**III. Fuente interna: la Ley de Arbitraje de 2003** ..... 103

1. *En general* ..... 103
2. *Ámbito de aplicación material* ..... 104

**IV. Derecho comparado** ..... 105

1. *El ordenamiento francés: artículos 1442-1527 NCPC* ..... 106
2. *El ordenamiento suizo: artículos 176-194 de la Ley suiza de Derecho internacional privado* ..... 109
3. El ordenamiento británico: la *Arbitration Act* de 1996 ..... 112

**V. Reglamentos de las instituciones de arbitraje (arbitraje institucional)** ..... 113

**VI. Otros marcos normativos: UNCITRAL e IBA** ..... 118

**VII. Otros tipos de arbitraje: arbitraje de inversión, arbitraje de consumo, arbitraje obligatorio y arbitraje deportivo. *Dispute Boards*** ..... 119

1. *Arbitraje de inversión* ..... 119

Página

2. *Arbitraje de consumo* ..... 125
3. *Arbitraje obligatorio* ..... 130
4. *Arbitraje deportivo* ..... 132
5. *Dispute Boards* ..... 138

IV

**CARÁCTER INTERNACIONAL DEL ARBITRAJE** ..... 141

**I. Relevancia de la internacionalidad del arbitraje** ..... 141
**II. Criterios para determinar la *internacionalidad* del arbitraje** ..... 143
1. El criterio económico: *intereses del comercio internacional* 144
2. *El criterio espacial: domicilio de las partes en Estados diferentes* ..... 147
**III. Arbitraje interno y aplicación del derecho extranjero** ..... 149
**IV. Domicilio *versus* residencia habitual** ..... 151

V

**ARBITRABILIDAD DE LA MATERIA EN EL ARBITRAJE INTERNACIONAL** ..... 153

**I. Arbitrabilidad *objetiva*** ..... 153
1. *En general* ..... 153
2. *Arbitrabilidad del Derecho societario* ..... 156
3. *Arbitrabilidad del derecho de la competencia* ..... 161
4. *Arbitrabilidad en ámbitos concretos del Derecho civil y mercantil* ..... 162
5. *Arbitrabilidad en ámbitos del Derecho público* ..... 170
6. *Arbitrabilidad, foros exclusivos y normas imperativas* ..... 175
6.1. Arbitrabilidad y foros exclusivos de competencia judicial internacional ..... 175
6.2. Arbitrabilidad y normas imperativas ..... 177
7. Cuestiones de arbitrabilidad en perspectiva *internacional* ..... 179
**II. Arbitrabilidad *subjetiva*** ..... 181

*Página*

1. *Los Estados como partes en un arbitraje internacional* .......... 181
2. *Inmunidad y arbitraje comercial internacional* ...................... 182

VI

**NOTIFICACIONES, COMUNICACIONES Y CÓMPUTO DE PLAZO** .......... 187

**I. Notificaciones y comunicaciones: manifestación de la tutela judicial efectiva** .......... 187

1. *Régimen general* .......... 188
2. *El Reglamento europeo de notificación* .......... 196
3. *El Convenio de La Haya en materia de notificación* .......... 202
4. *Ley de cooperación jurídica internacional* .......... 202
5. El cauce *ad hoc* para la notificación de Estados en procedimientos de auxilio y control al arbitraje .......... 203
6. *Una cuestión controvertida: la notificación del laudo* .......... 209

**II. Cómputo de plazos** .......... 209

VII

**LÍMITE A LA INTERVENCIÓN JUDICIAL Y TRIBUNALES COMPETENTES PARA LAS FUNCIONES DE APOYO Y CONTROL DEL ARBITRAJE** .......... 211

**I. Renuncia a las facultades de impugnación y límite a la intervención judicial** .......... 211

1. *Renuncia tácita a las facultades de impugnación* .......... 211
2. *Límite a la intervención judicial* .......... 213

**II. Tribunales competentes para las funciones de apoyo y control** .......... 214

1. *Nombramiento y remoción judicial de árbitros* .......... 215
2. *Práctica de prueba, adopción de medidas cautelares y ejecución forzosa del laudo arbitral* .......... 216
   - 2.1. Práctica de prueba .......... 216
   - 2.2. Adopción de medidas cautelares .......... 217
   - 2.3. Ejecución forzosa del laudo .......... 220

*Página*

3. *Acción de anulación y execuátur* ........ 221
4. *Otras competencias* ........ 224
**III. *Prorrogatio* y *derogatio fori* en la acción de anulación** ........ 224
**IV. Un supuesto especial: las *Anti-suit injunction*** ........ 227

VIII
**EL CONVENIO ARBITRAL** ........ 235
**I. De la norma convencional a la norma interna** ........ 235
**II. *Consentimiento* como condición de eficacia del convenio arbitral** ........ 239
1. *Capacidad para otorgar consentimiento* ........ 240
2. *Principios de interpretación del consentimiento* ........ 240
3. Consentimiento: *voluntad inequívoca* ........ 241
**III. Contenido y requisitos formales del convenio arbitral** ........ 244
**IV. Convenio arbitral inserto en las *CGC*** ........ 255
**V. El convenio arbitral *internacional*: Ley aplicable** ........ 258
1. *En general* ........ 258
2. *En particular: el artículo 9.6 LARB* ........ 265
**VI. Extensión del convenio arbitral a terceros** ........ 268
1. *Con carácter general: extensión a terceros* ........ 268
2. *Cesión de contrato y subrogación* ........ 273
3. Con carácter particular: los grupos de empresa (*Doctrine of group of Companies*) ........ 274
4. *Con carácter especial: el artículo 251 LNM* ........ 279
**VII. Cláusulas híbridas: el convenio arbitral *opcional* o *unilateral*** ........ 280
**VIII. Convenio arbitral y mediación: *cláusulas escalación*** ........ 288
1. Cláusula *escalación* facultativa ........ 290
2. Cláusula *escalación* obligatoria ........ 291
**IX. Un supuesto especial: la regulación del convenio arbitral en la Ley de Navegación Marítima (art. 468 LNM)** ........ 294
**X. Convenio arbitral y extinción de personalidad jurídica de una de las partes** ........ 297

*Página*

**XI. Convenio arbitral e insolvencia de una parte (*impecuniosity*)** ..... 298
**XII. Convenio arbitral y renuncia tácita a las facultades de impugnación** ..... 301
**XIII. Convenio arbitral y demanda sobre el fondo ante un Tribunal Judicial** ..... 302
1. Efecto *positivo* y *negativo* del convenio arbitral. La declinatoria ..... 303
2. *Incumplimiento del convenio arbitral: responsabilidad* ..... 310

IX

**LOS ÁRBITROS** ..... 313
**I. El contrato arbitral** ..... 313
**II. Número de árbitros, capacidad, nombramiento y aceptación** ..... 315
1. *Número de árbitros* ..... 315
2. *Capacidad* ..... 319
3. *Nombramiento y aceptación* ..... 322
3.1. Nombramiento ..... 322
3.2. Procedimiento judicial para la designación de árbitros ..... 323
3.3. Nombramiento en caso de pluralidad de demandantes o demandados ..... 329
3.4. Aceptación ..... 330
**III. Motivos de abstención y recusación: independencia e imparcialidad** ..... 331
1. *Independencia e imparcialidad* ..... 331
2. *Recusación* ..... 347
**IV. Falta o imposibilidad de ejercicio de las funciones. Árbitro sustituto. Tribunal arbitral truncado** ..... 349
**V. Árbitro y mediador: régimen de incompatibilidad** ..... 350
**VI. La responsabilidad civil del árbitro** ..... 352
1. *La responsabilidad civil del árbitro: delimitación* ..... 352
1.1. La actuación *cuasi* jurisdiccional ..... 354

*Página*

1.2. La actuación ***no*** jurisdiccional ..... 355
1.3. La solución del ordenamiento jurídico español .... 356
1.4. La jurisprudencia comparada ..... 360
2. *Responsabilidad civil internacional* ..... 361
2.1. Competencia judicial internacional en materia de responsabilidad ..... 361
2.2. Ley aplicable a la responsabilidad del árbitro ....... 366
**VII. Principio *Kompetenz-Kompetenz*** ..... 370
1. El efecto positivo de la *Kompetenz-kompetenz* ..... 373
2. El efecto negativo de la *Kompetenz-kompetenz* ..... 374
3. *Momento procesal para su planteamiento y apreciación* ....... 376

X

**EL PROCEDIMIENTO ARBITRAL** ..... 379
**I. La sustanciación de las actuaciones arbitrales. Principios generales** ..... 379
1. *Principios de igualdad, audiencia y contradicción* ..... 379
2. *Principio de colegialidad y secreto de las deliberaciones* ....... 385
2.1. Aspectos generales ..... 385
2.2. El control judicial del ***principio de colegialidad*** ... 390
2.3. Secreto de las deliberaciones ..... 390
3. *Confidencialidad* ..... 391
4. *Autonomía de la voluntad* ..... 392
**II. El lugar del arbitraje** ..... 393
**III. Inicio del arbitraje** ..... 399
**IV. Idioma del arbitraje** ..... 400
**V. Demanda y contestación** ..... 406
**VI. Forma de las actuaciones arbitrales** ..... 407
1. *Con carácter general* ..... 407
2. *Incomparecencia de las partes* ..... 410
3. *Admisibilidad, práctica y valoración de la prueba* ..... 410
4. *Los peritos* ..... 413
5. *Los testigos* ..... 415

*Página*

6. *IBA rules on the Taking of Evidence* .................................... 415
7. *Asistencia judicial para la práctica de pruebas* ...................... 418
7.1. El Reglamento europeo en materia de obtención de pruebas ........................................................................ 419
7.2. El Convenio de La Haya relativo a la obtención de pruebas ........................................................................ 424
7.3. Ley de cooperación jurídica internacional ............ 425
8. Una práctica especial: el *Discovery* ................................. 425
9. Dos supuestos particulares: incorporación de terceros en el procedimiento (*joinder*) y consolidación de procesos . 429

**VII. Potestad para adoptar medidas cautelares** .......................... 430
1. *Medidas cautelares adoptadas por el juez* ............................ 432
1.1. El artículo VI del Convenio de Ginebra ............... 433
1.2. El artículo 35 del Reglamento Bruselas I refundido ......................................................................... 434
1.3. El Reglamento de la ***Orden Europea de Retención de Cuentas*** (OERC) ................................................ 437
1.4. Ordenamiento interno ........................................... 440
1.5. Eficacia en el extranjero de la medida cautelar adoptada por el Tribunal español .......................... 447
1.6. Eficacia en España de la medida cautelar adoptada por el Tribunal extranjero ...................................... 448
2. *Medidas cautelares adoptadas por el árbitro* ......................... 449

**VIII. Normas aplicables al fondo de la controversia** .................. 453
1. Arbitraje de equidad *versus* arbitraje de derecho ........... 453
2. Normas jurídicas y *lex mercatoria* ....................................... 457
3. *Reglamento Roma I* y arbitraje internacional .................... 462
3.1. Ley aplicable .......................................................... 468
3.2. Leyes de policía, ***normas jurídicas*** y orden público ................................................................... 469

**IX. Terminación de las actuaciones. *Functus officio*** ................. 472

**X. Arbitraje y procedimiento judicial** ..................................... 475
1. Efectos de la listispendencia (*lis pendens*) y cosa juzgada (*res iudicata*) en el arbitraje internacional ......................... 475

*Página*

2. *Arbitraje y prejudicialidad penal* .......... 478
3. *Arbitraje y prejudicialidad civil* .......... 483

**XI. Arbitraje internacional y concurso** .......... 484
1. *El ámbito interno: el artículo 140 TRLC* .......... 484
2. *El ámbito internacional: el Reglamento europeo de insolvencia y el Libro cuarto del TRLC* .......... 492
2.1. Los supuestos ***intraeuropeos***: el Reglamento europeo de insolvencia .......... 496
2.2. Los supuestos ***extraeuropeos***: el Libro cuarto TRLC .......... 498

**XII. Arbitraje internacional y *acciones de daños por infracciones del Derecho de la competencia*** .......... 499
1. El artículo 77 de la *Ley de Defensa de la Competencia*: efectos de las soluciones extrajudiciales sobre el derecho al resarcimiento de daños .......... 499
2. El artículo 81 de la *Ley de Defensa de la Competencia*: efecto suspensivo de la solución extrajudicial de controversias .......... 500

XI

**EL LAUDO ARBITRAL** .......... 503

**I. El laudo arbitral** .......... 503
1. *Plazo para dictar el laudo arbitral* .......... 505
2. *Forma: el laudo escrito* .......... 506
3. *La motivación del laudo* .......... 506
4. *El contenido del laudo: fecha, lugar y costas* .......... 515
5. *La notificación del laudo (remisión)* .......... 517

**II. Corrección, aclaración, complemento y extralimitación del laudo** .......... 517

XII

**CONTROL JUDICIAL EN EL ARBITRAJE COMERCIAL INTERNACIONAL** .......... 523

**I. Introducción** .......... 523

Página

**II. Anulación del laudo arbitral** .......... 524

1. *Cuestiones generales* .......... 524
2. *Legitimación* .......... 526
3. *Posible renuncia, desistimiento y allanamiento a la acción de anulación* .......... 527
4. *Motivos de anulación (remisión)* .......... 531
5. *Tres particularidades* .......... 533
   - 5.1. Derechos de defensa y validez del convenio arbitral controlables de oficio .......... 534
   - 5.2. Laudo dictado fuera de plazo .......... 535
   - 5.3. Arbitrabilidad de la materia en perspectiva ***internacional*** .......... 538
6. *Anulación parcial y plazo para ejercer la acción de anulación* .......... 539
   - 6.1. Anulación parcial .......... 539
   - 6.2. Plazo para ejercer la acción de anulación .......... 541
7. *Acción de anulación y pervivencia del convenio arbitral* .......... 543
8. *Planteamiento de la acción de anulación (procedimiento)* .......... 544

**III. Reconocimiento y execuátur de laudos arbitrales extranjeros** .......... 549

1. *Norma de remisión (Art. 46 LArb)* .......... 549
2. *El Convenio de Nueva York (CNY): ámbito de aplicación* .......... 550
3. *El artículo IV CNY: requisitos* .......... 552
   - 3.1. Copia autenticada del laudo y del convenio arbitral .......... 553
   - 3.2. Traducción .......... 557
4. *Motivos de denegación del execuátur y motivos de anulación del laudo: artículo V CNY y artículo 41 LArb* .......... 558
   - 4.1. ***Excurso***: un motivo adicional y una reinterpretación .......... 559
   - 4.2. Invalidez del convenio arbitral (art. V.1.a/ CNY – art. 41.1.a/ Larb–) (remisión) .......... 561
   - 4.3. Incapacidad de las partes (art. V.1 a/ CNY) .......... 564

*Página*

4.4. Vulneración de los derechos de defensa (art. V.1.b/ CNY –art. 41.1.b/ LArb–) .......... 565
4.5. Incongruencia entre el contenido del laudo y el del convenio arbitral (art. V.1.c/ CNY –art. 41.1.c/ LArb–). Incongruencia ***ultra petita, extra petita*** y ***citra petita*** .......... 569
4.6. Irregularidades procedimentales (art. V.1.d/ CNY –art. 41.d/ LArb) .......... 573
4.7. Laudo no obligatorio o suspendido en el país de origen (art. V.1.e/ CNY) .......... 577
A. Laudo no obligatorio en el país de origen . 577
B. Laudo suspendido en el país de origen ...... 580
a. El punto de partida: suspensión *ex lege* o suspensión *ad hoc* .......... 580
b. Execuátur del laudo suspendido y posterior anulación del mismo .......... 583
4.8. Laudo anulado en el país de origen (art. V.1.e/ CNY) .......... 586
A. Con carácter general .......... 586
B. La aplicación del artículo IX CG .......... 591
C. Posibles excepciones a la regla general de no reconocimiento del laudo anulado .......... 594
4.9. Arbitrabilidad de la controversia .......... 599
4.10. Orden público .......... 600
A. El punto de partida: prohibición de revisión del fondo del laudo arbitral versus control de conformidad con el orden público .......... 601
a. En general .......... 601
b. Jurisprudencia del TJUE .......... 603
c. La jurisprudencia española .......... 608
d. Jurisprudencia comparada .......... 610
B. Concepto de orden público .......... 611
C. Orden público y normas imperativas .......... 613

Página

D. Orden público interno y orden público internacional ..... 615
E. Orden público procesal y orden público material ..... 621
F. Orden público en sede de execuátur ..... 625
G. Orden público en sede de anulación ..... 629
4.11. Arbitrabilidad ***versus*** orden público: mismos efectos, distintas consecuencias ..... 642
5. *Artículo VI CNY: suspensión facultativa del procedimiento de execuátur* ..... 643
6. *Artículo VII CNY: cláusula de compatibilidad y cláusula de mayor favorabilidad* ..... 646
7. *El régimen bilateral* ..... 649
7.1. En general ..... 649
7.2. Tres supuestos especiales: los convenios bilaterales con China, Brasil y Uruguay ..... 651
8. *Reconocimiento y execuátur* ..... 651
8.1. Reconocimiento ***parcial***. Execuátur ***parcial*** ..... 653
8.2. Reconocimiento ***incidental*** ..... 653
8.3. No reconocimiento: petición a título principal de denegación del reconocimiento o execuátur ..... 659
9. *El procedimiento de reconocimiento y execuátur: artículo 54 LCJI* ..... 662
10. *Incidencia de la acción de anulación en el procedimiento de reconocimiento o execuátur* ..... 667
**IV. *Doble execuátur* de laudos arbitrales extranjeros** ..... 668
1. Concepto de *doble execuátur* ..... 668
2. Régimen legal del *doble execuátur* de laudos arbitrales extranjeros ..... 671
2.1. El CNY ..... 671
2.2. El Reglamento Bruselas I ***refundido*** ..... 671
2.3. El régimen autónomo de reconocimiento y execuátur: LCJI ..... 676
**V. Dos supuestos particulares** ..... 677

*Página*

1. *Reconocimiento de una resolución judicial extranjera que declara a título principal la validez o invalidez del convenio arbitral* ..... 677
2. *Reconocimiento o execuátur de una resolución judicial extranjera dictada como consecuencia de considerar nulo el convenio arbitral* ..... 678

**VI. La revisión del laudo arbitral** ..... 681

**VII. La ejecución forzosa del laudo arbitral** ..... 685

ANEXOS

**§ 1. Ley 60/2003, de 23 de diciembre, de Arbitraje (RCL 2003, 3010)** ..... 693

**§ 2. Convenio sobre reconocimiento y ejecución de sentencias arbitrales extranjeras, hecho en Nueva York el 10 de junio de 1958 (RCL 1977, 1575)** ..... 728

**§ 3. Convenio europeo sobre arbitraje comercial internacional, hecho en Ginebra el 21 de abril de 1961 (RCL 1975, 1941)** ..... 734

*Libro electrónico. Guía de uso.*

# Abreviaturas y siglas

| | |
|---|---|
| AAA | *American Arbitration Association* |
| AC | Actualidad Civil |
| ADC | Anuario de Derecho Concursal |
| AEDIPr | Anuario español de Derecho internacional privado |
| AN | Audiencia Nacional |
| AJA | Actualidad Jurídica Aranzadi |
| *All ER* | *The All England Law Reports* |
| Arb. Int. | *Arbitration International* |
| Arbitraje | Arbitraje. Revista de arbitraje comercial y de inversiones |
| *ASA* | *Swiss Arbitration Association* |
| *BGH* | *Bundesgerichtshof* |
| *BGHZ* | *Entscheidungen des Bundesgerichtshofes* |
| *Bull. ASA* | *Swiss Arbitration Association Bulletin* |
| *Bull. ICC* | *ICC Internacional Court of Arbitration Bulletin* |
| CB | Convenio de Bruselas de 1968 |
| CCI | Cámara de Comercio Internacional |
| CCiv | Código Civil |
| CCJC | Cuadernos Civitas de Jurisprudencia Civil |
| CDT | Cuadernos de Derecho Transnacional |
| CE | Constitución española |
| CEDH | Convenio Europeo de Derechos Humanos |
| CGC | Condiciones Generales de la Contratación |
| CPC | Code de Procédure Civile |
| DGRN | Dirección General de los Registros y del Notariado |
| DIPr | Derecho internacional privado |
| DOUE | Diario Oficial de la Unión Europea |
| *DZWir* | *Deutsche Zeitschrift für Wirtschaftsrecht* |
| EM | Exposición de Motivos |
| *EWiR* | *Entscheidungen zum Wirtschaftsrecht* |

| | |
|---|---|
| GJ | Gaceta Jurídica de la Unión Europea y de la Competencia |
| *IBA* | *International Bar Association* |
| *IHR* | *Internacionales Handelsrecht* |
| *IPRax* | *Praxis des Internationalen Privat- und Verfahrensrechts* |
| *IPRspr* | *Die deutsche Rechtsprechung auf dem Gebiet des Internationalen Privatrechts* |
| *JbPraxSchG* | *Jahrbuch für die Praxis der Schiedsgerichtsbarkeit* |
| *JDI* | *Journal de Droit International* |
| *J. Int. Arb.* | *Journal of International Arbitration* |
| JM | Juzgado de lo Mercantil |
| JPI | Juzgado de Primera Instancia |
| *J. Priv. Int'l. L* | *Journal of Private International Law* |
| *KTS* | *Konkurs-, Treuhand- und Schiedsgerichtswesen* |
| LArb | Ley de Arbitraje |
| *LCIA* | *London Court of Internacional Arbitration* |
| LCJI | Ley de cooperación jurídica internacional en materia civil |
| LCS | Ley de Contrato de Seguro |
| LD | Ley del Deporte |
| LDC | Ley de Defensa de la Competencia |
| LECiv | Ley de Enjuiciamiento Civil |
| *Lloyd's Rep* | *Lloyd's Law Reports* |
| LM | Ley Modelo de UNCITRAL |
| LNM | Ley de Navegación Marítima |
| LOPI | Ley Orgánica de privilegios e inmunidades de los Estados extranjeros |
| LOTT | Ley de Ordenación del Transporte Terrestre |
| LSC | Ley de Sociedades de Capital |
| LSF | Ley sueca de arbitraje |
| *MünchKommZPO* | *Münchener Kommentar zur Zivilprozessordnung* |
| *NCPC* | *Nouveau Code de Procédure Civile* |
| *NJW* | *Neue Juristische Wochenschrift* |
| NU | Naciones Unidas |
| *OLG* | *Oberlandesgericht* |
| OMPI | Organización Mundial de la Propiedad Intelectual |
| RCEA | Revista de la Corte Española de Arbitraje |
| *R. des C.* | *Recueil des Cours de l'Academie de droit international de La Haye* |
| RdS | Revista de Derecho de Sociedades |
| RDMV | Revista de Derecho del Mercado de Valores |
| *Rev. Crit. DIP.* | *Revue critique du droit international priveé* |
| REDI | Revista española de Derecho internacional |

| | |
|---|---|
| REDT | Revista española de Derecho del Trabajo |
| *Rev. Arb.* | *Revue de l'arbitrage* |
| *RIW* | *Recht der Internationalen Wirtschaft* |
| *Riv. dir. int. pr. proc.* | *Revista di diritto internazionale privato e processuale* |
| *SAR* | *Spain Arbitration Review* |
| *SchiedsVZ* | *Zeitschrift für Schiedsverfahren* |
| *TDM* | *Transnational Dispute Management* |
| TEDH | Tribunal Europeo de Derechos Humanos |
| TFUE | Tratado de Funcionamiento de la Unión Europea |
| *TGI* | *Tribunal de Grande Instance* |
| TJUE | Tribunal de Justicia de la Unión Europea |
| TRLC | Texto Refundido de la Ley Concursal |
| TRLGDCU | Texto Refundido Ley General para la Defensa de Cosumidores y Usuarios |
| UNIDROIT | *Institut International pour l'unification du Droit privé* |
| *YCA* | *Yearbook Commercial Arbitration* |
| *ZfRV* | *Zeitschrift für Rechtsvergleichung* |
| *ZZP* | *Zeitschrift für Zivilprozessrecht* |

# Introducción a la segunda edición

La segunda edición de este libro incorpora todas las novedades legislativas y la jurisprudencia española, comparada e internacional que, de un modo u otro, afectan a su contenido. También se han introducido nuevos epígrafes y se han desarrollado con cierto detenimiento algunos epígrafes ya incluidos en la primera edición. Todo ello desde el respeto a la estructura de la obra y sin el ánimo de desbordar su extensión.

Entre las modificaciones legislativas más importantes cabe destacar, por ejemplo, el Texto Refundido de la Ley Concursal y los Reglamentos europeos en materia de notificación y prueba. No se trata, efectivamente, de reformas legales de importante calado para el arbitraje, pero no por ello hemos dejado de atender a una realidad que sí afecta en su práctica. Entre la jurisprudencia más relevante, cabe mencionar la dictada por el TC, el TJUE y el TEDH. La todavía reciente jurisprudencia del TC constituye un punto importante de inflexión en materia de arbitraje, pues matiza el alcance de la revisión del laudo en sede de anulación. Por su parte, la jurisprudencia del TJUE aporta nuevos criterios para entender el siempre controvertido encaje del arbitraje comercial internacional en el espacio judicial europeo; mientras que la jurisprudencia del TEDH aporta nuevos criterios para, por ejemplo, interpretar la independencia e imparcialidad del árbitro. En este sentido, se ha consultado doctrina y jurisprudencia aparecida hasta mayo de 2023.

Madrid, junio de 2023

# Introducción a la primera edición

La reforma de la Ley de Arbitraje de 2003 (LA) operada por la Ley 11/2011 supuso, entre otras muchas cosas, una atribución de competencia a los Tribunales Superiores de Justicia (TSJ) para conocer, entre otras, de las acciones relativas al apoyo y control del arbitraje. Pasados unos años desde que los TSJ asumieran esa función, el volumen jurisprudencial generado es tan amplio que su tratamiento sistematizado se hacía necesario. Pero además, reformas legales posteriores –como la que afectó a Ley Concursal– y la promulgación de nuevas e importantes leyes en materia de Derecho internacional privado –como la Ley de Cooperación Jurídica Internacional en materia civil–, así como la refundición de importantes Reglamentos europeos –como la que afectó al Reglamento Bruselas I refundido– han supuesto tanto como una modificación sustancial del marco legal en materia de arbitraje en general; y arbitraje comercial internacional en particular. Esta suma de circunstancias (volumen jurisprudencial de los TSJ y reformas legales en materia de Derecho internacional privado) están en el origen y suponen a la vez el objeto de esta obra.

En efecto, la perspectiva de Derecho internacional privado exige tomar en particular consideración no solo el marco de Derecho convencional "clásico" en materia de arbitraje. También debe estudiarse desde esta perspectiva en qué medida los nuevos Reglamentos en materia de Derecho internacional privado afectan o pueden ser de aplicación en el contexto del arbitraje comercial internacional. Del mismo modo, es bien sabido que la jurisprudencia reciente de ciertos Tribunales internacionales (TJUE o el TEDH) afecta directamente al arbitraje internacional en general y al arbitraje comercial internacional en particular. La reciente sentencia del TJUE en el asunto Achmea es buena prueba de ello.

Así entendida, la presente obra pretende abordar un estudio sistemático del arbitraje en general, pero poniendo especial énfasis en el marco legal internacional, jurisprudencia comparada e internacional que de algún modo afectan al arbitraje comercial. Para ello, se ha consultado doctrina y jurisprudencia aparecida hasta julio de 2018.

Madrid, septiembre de 2018

# Bibliografía


ABARCA JUNCO / GÓMEZ JENE, "Arbitraje familiar internacional", *CDT*, 2012/1, pp. 7-19.

ABDELGAWAD, "L'arbitrage international et le noveua règlement d'application des articles 81 et 82 CE", *Rev. Arb.*, 2004, pp. 253-282.

AGUILAR GRIEDER, *La extensión de la cláusula arbitral a los componentes de un grupo de sociedades en el arbitraje comercial internacional*, Santiago de Compostela, 2001.

– "Arbitraje, grupos de Estados y extensión de los efectos de la cláusula arbitral", *RCEA*, 2000-2001, pp. 57-82.

– "Reconocimiento de laudos arbitrales extranjeros: un nuevo paso en la compresión del sistema", *Diario La Ley*, núm. 4679, 25.11.1998.

ALONSO PUIG, "Artículo 38" en GONZÁLEZ-BUENO, *Comentarios a la Ley de Arbitraje*, Consejo General del Notariado, 2014, pp. 757-773.

– "Artículo 15", "Artículo 17", en: GONZÁLEZ SORIA (Coor.), *Comentarios a la Nueva Ley de Arbitraje 60/2003, de 23 de diciembre*, Cizur Menor, Aranzadi, 2.ª Ed., 2011, pp. 153-168.

ÁLVAREZ GONZÁLEZ, "Arbitraje comercial internacional, orden público y Derecho comunitario de la competencia", *Diario La Ley*, núm. 4895, 30.9.1999.

ALZAGA VILLAMIL, "Artículo 26", en: GONZÁLEZ SORIA, (Coor.), *Comentarios a la nueva Ley de Arbitraje*, 2.ª Ed. Cizur Menor, 2011, pp. 391-400.

ALBERS, § 1026, en: BAUMBACH / LAUTERBACH / ALBERS / HARTMANN, *Zivilproze⊠ordnung*, 62 Ed., 2004.

ANCEL, J.-P., "L'arbitrage international en France (Principes et système)", *Arch. Phil. Droit*, 52 (2009), pp. 197-212.

ARFAZADEH, *Ordre public et arbitrage International à l'épreuve de la mondialisation*, Bruylant, LGDJ, Schulthess, 2006.

ARIAS LOZANO, "Artículo 11", en: ARIAS LOZANO (Coor.), *Comentarios a la Ley de Arbitraje de 2003*, Cizur Menor, 2005, pp. 101-109.

ARROYO APARICIO, "Noción de consumidor para el Derecho Europeo (Noción del Reglamento 1215/2012 *versus* la de las Directivas de protección de los consumidores)", *Revista Electrónica de Direito*, 2018, pp. 8-38.

– "La aplicación descentralizada de los artículos 81 y 82 del Tratado CE según el Reglamento CE n.° 1/2003", en: *Estudios de Derecho de la Competencia*. Universidad de Córdoba, Madrid, 2005, pp. 249-272.

ARZANDEH, A., "The Law Governing Arbitration Agreements in England", *Lloyd's Maritime and Commercial Law Quarterly*, (2013) LMCLQ, Feb. 2013, pp. 31-35.

BABIC, "Rome I Regulation: binding authority for arbitral tribunals in the European Union?", *J. Priv. Int'l. L.*, 2017, pp. 71-90.

BALLESTEROS PANIZO, "El criterio de la arbitrabilidad en Derecho administrativo", *Revista General de Derecho Administrativo*, Núm. 55, 2020.

BALTHASAR, "Investment Protection in Europe: International Investment Treaties, the European Convention on Human Rights and the Need for Reform at EU Level", *SchiedsVZ*, 2018, pp. 227-233.

BÄLZ / STOMPFE, "Asymmetrische Streitbeilegungsklauseln in internationalen Wirtschaftsverträgen", *SchiedsVZ*, 2017, pp. 157-163.

v. BAR / MANKOWSKI, *Internationales Privatrecht*, 2.ª Ed., Munich, 2003.

BARON / LINIGER, "A Second Look at Arbitrability", *Arb. Int.*, 2003, pp. 27-54.

BARONA VILAR, "Artículo 42", en: BARONA VILAR, *Comentarios a la Ley de Arbitraje*, 2.ª Ed., 2011, Madrid, pp. 1776-1817.

– "Artículo 38" en BARONA VILAR, *Comentarios a la Ley de Arbitraje*, 2.ª Ed., 2011, Madrid, pp. 1538-1571.

– "Artículo 37", en: BARONA VILAR, *Comentarios a la Ley de Arbitraje*, 2.ª Ed., 2011, Madrid, pp. 1454-1537.

– *Medidas cautelares en el arbitraje*, Civitas, 2006.

BASEDOW, "EU Law in International Arbitration: Referrals to the European Court of Justice", *J. Int. Arb.*, 2015, pp. 367-386.

BENEDETTELLI, "Human Rights as a litigation tool in international arbitration: reflecting on the ECHR experience", *Arb. Int.*, 2015, pp. 631-659.

BELLET / MEZGER, " L'arbitrage international dans le nouveau Code de procédure civile", *Rev. Crit. DIP*, 1981, pp. 611-656.

BELTRÁN, "La calificación y la conclusión del concurso de acreedores", en: URÍA / MENÉNDEZ, *Curso de Derecho Mercantil II*, Civitas, 2007, pp. 1101-1125.

BERGER, "Law and Practice of Escalation Clause", *Arbitration International*, 2006, pp. 1-17.

– "Rechtsprobleme vom Eskalationsklauseln", en: *Grenzüberschreitungen. Beiträge zum Internationalen Verfahrensrecht und zu Schiedsgerichtsbarkeit. Festschrift für Peter Schlosser zum 70. Geburstag*, Tubingia, 2005, pp. 19-35.

– *The Creeping Codification of the Lex Mercatoria*, La Haya, 1999.

– "Das neue deutsche Schiedsverfahrensrecht", *DZWir*, 1998, pp. 45-54.

BERNET / ESCHMENT, "Liability of Arbitrators under Swiss Law: Legal Basis and Limitations of Arbitral Immunity", *SchiedsVZ*, 2016, pp. 189-194.

BESSON, "Arbitration and Human Rights", *ASA Bull*, 2006, pp. 395-416.

BLANKE, *The Use and Utility of International Arbitration in EC Commission Merger Remedies*, European Law Publishing, 2006.

BOND, "What were they thinking? The Law Governing the Arbitration Agreement", en: *Liber Amicorum en l'honneur de William Laurence Craig*, LexisNexis, París, 2016, pp. 29-56.

BONELL, "A 'Global' Arbitration Decided on the Basis of the Unidroit Principles", *Aufbruch nach Europa. 75 Jahre Max- Planck Institut für Privatrecht*, Tubingia, 2001, pp. 771-784.

BORGES, "Die Anerkennung und Vollstreckung von Schiedssprüchen nach dem neuen Schiedsverfahrensrecht", *ZZP*, 1998, pp. 487-513.

– *Das Doppelexequatur von Schiedssprüchen*, Nueva York, 1997.

BORN, *International Commercial Arbitration*, Walter Kluwer, La Haya, 2.ª Ed., 2014.

BOUZA VIDAL, "La arbitrabilidad de los litigios en la encrucijada de la competencia judicial internacional y de la competencia arbitral", *REDI*, 2000, pp. 371-393.

BRATU, "The Preliminary Ruling's Role in teh European Union's 'Persistent Objection' as to the Formation of a Transnational Legal Order", *TDM*, Vol. 19, Issue 2, March 2022.

BREDIN, " Le secret du délibéré arbitral" en: *Etudes offertes à Pierre Bellet*, París, 2001, pp. 71-81.

– "La Convention de New York du 10 de juin 1958 pour la reconnaissance et l'exécution des sentences arbitrales étrangères", *JDI*, 1960, pp. 1014-1022.

BREINSTENSTEIN, "La langue de l'arbitrage: Une langue abstraite?", *ASA Bull*, 1995, pp. 18-26.

BREKOULAKIS, *Third parties in International Commercial Arbitration*, Oxford University Press, 2011.

BRIGGS, A.: en REES, P. (Ed.) *Civil Jurisdiction and Judgments*, 3.ª Ed., 2002.

BROBERG / FENGER, "Arbitration cases and preliminary references to the European Court of Justice – an assessment of "the Danish Solution", Arb. Int., 2020, pp. 147-155.

v. BRUNN, "Der europäische ordre public", *NJW*, 1962, pp. 985-989.

BUCHER, *Die neue internationale Schiedsgerichtsbarkeit in der Schweiz*, Basilea, 1989.

BÜHLER / CARTIER, "Recognition and Enforcement of Awards", en ARROYO (Ed)., *Arbitration in Switzerland. The Practitioner`s Guide*, 2.ª Ed., Wolters Kluwer, 2018, pp. 1367-1416.

CADARSO PALAU, "Artículo 41", en GONZÁLEZ SORIA, *Comentarios a la nueva Ley de Arbitraje*, Aranzadi, Cizur Menor, 2011, pp. 553-598.

CALVO CARAVACA, "Aplicación judicial del derecho extranjero en España. Consideraciones críticas", *REDI*, 2016/2, pp. 133-156.

CALVO CARAVACA / CARRASCOSA GONZÁLEZ, *Derecho internacional privado*, 12.ª Ed., Vol. I, Granada, 2016.

CALAVROS, *Das UNCITRAL- Modellgesetz über die internationale Handelsschiedsgerichtsbarkeit*, Bielefeld, 1988.

CALDERÓN CUADRADO, "Arbitraje e insuficiencia económica sobrevenida", *Revista General de Derecho Procesal*, 55 (2021).

CAMPO CANDELAS, "Arbitraje estatutario y controversia no societaria. Comentario al Auto de la AP de Alicante (sección 5.ª) de 24 de enero de 2018", *Revista Aranzadi Doctrinal*, Noviembre 2018.

– *La anulación del laudo por infracción del orden público*, Aranzadi, 2019.

CARRASCO PERERA, *Derecho de contratos*, 3.ª Ed., Aranzadi, Cizur menor, 2020.

CHILLÓN MEDINA / MERINO MERCHÁN, *Tratado de Derecho arbitral*, 4.ª Ed. Madrid, Civitas, 2014.

– "Valoración crítica de la nueva Ley de Arbitraje", *Diario La Ley*, núm. 5945, 2.2.2004.

CORDERO MOSS, "Legal Capacity, Arbitration and Private International Law", en: *Convergence and Divergence in Private International Law. Liber Amicorum Kurt Siehr*, Schulthess, 2010, pp. 619-633.

COULLAUT SANTURTÚN, "Artículo 40" en ARIAS LOZANO (Coor.), *Comentarios a la Ley de Arbitraje de 2003*, Aranzadi, 2005.

CREMADES, "La falta de recursos económicos para participar al arbitraje pactado", *SAR*, 8/2010, pp. 151-164.

CREMADES / CAIRNS, "Orden público transnacional en el arbitraje internacional (cohecho, blanqueo de capitales y fraude contable)", *Diario La Ley*, núm. 5798, 9. 6. 2003.

CREMADES / MADALENA, "Procedimientos paralelos en el arbitraje internacional", *RCEA*, 2008, pp. 13-70.

CREMADES SANZ- PASTOR, "*El exequátur de los laudos extranjeros*", *SAR*, 1/2008, pp. 57-74.

CREMADES / TEJADA CALLER, "El reconocimiento del laudo anulado. Una retrospectiva", *La Ley Mediación y Arbitraje*, 2020, 01.

CUARTERO RUBIO, "Utilidad para el arbitraje de los últimos convenios bilaterales en materia de reconocimiento y ejecución de decisiones celebrados en España", *RCEA*, 1998, pp. 279-286.

– "Reconocimiento y ejecución de laudos arbitrales extranjeros en España: la vía de los convenios bilaterales", *RCEA*, 1996, pp. 29-52.

CUCARELA GALIANA, *El procedimiento arbitral (Ley 60/2003, de 23 de diciembre, de Arbitraje)*, Bolonia, 2004.

CUNIBERTI, "Quelle coordination entre systèmes juridiques adoptant des représentations différentes de l'arbitrage International?", *Les Cahiers de l'Arbitrage / The Paris Journal of International Arbitration*, 2010,1, pp. 159-171.

CZERNICH, "Die Rom I-VO als Grundlage für die Anwendung von Eingriffsnormen durch Schiedsgerichte", *RIW*, 2016, pp. 701-706.

DE BENITO LLOPIS-LLOMBART, *El Convenio arbitral. Su eficacia probatoria*, Civitas, Madrid, 2010.

DE LA OLIVA / DÍEZ-PICAZO GIMÉNEZ / VEGAS TORRES / BANCLOCHE PALAO, *Comentarios a la Ley de Enjuiciamiento Civil*, Madrid, 2001.

DE LY, "Arbitration and the European Convention on Human Rights", en LÉVY / DERAINS (Dir.), *Liber Amicorum en l`honneur de Serge Lazareff*, Ed. Pedone, París, 2011, pp. 181-205.

DE MIGUEL ASENSIO, "Los Reglamentos Roma I y Roma II en el arbitraje comercial internacional", *Arbitraje: Revista de arbitraje comercial y de inversiones*, 2017 (3), pp. 661-738.

DELANOY, " Le contrôle de l'ordre public au fond par le juge de l'annulation: trois constats, trois propositions", *Rev. Arb.*, 2007, pp. 177-222.

DEMIRKOL, "Enforcement of International Commercial Arbitration Agreements and Awards in Investment Treaty Arbitration", *ICSID Review*, 2015, pp. 56-67.

DERAINS, "Les normes d'application inmédiate dans la jurisprudente arbitrale internationale", en : Études offertes à B. Goldman, París, 1982, pp. 29 -37.

DIMOLITSA, "Autonomie et *Kompetenz-Kompetenz*", *Rev. Arb.*, 1998, pp. 305-358.

DOLINAR, "Vollstreckung aus einem ausländischen, einen Schiedsspruch bestätigenden Exequatururteils, Gedanken zur Merger-Theorie", en : *Wege zur Globalisierung des Rechts, Festschrift für Rolf A. Schütze*, 1999, Munich, pp. 187-204.

DOSHI / UDGATA, "Anti-Arbitration injunction by Malaysian High Court-un (measured) invocation of sovereign immunity", *Arb. Int.*, 2020, pp. 415-418.

DUTTA / HEINZE, "Anti-suit injuctions zum Schutz von Schiedsvereinbarungen", *RIW*, 2007, pp. 411-419.

ENGHOLM CARDOSO, "Impecunious parties in international commercial arbitration", *Arb. Int.*, 2020, pp. 123-146.

ESLAMI, *Die Nichtöffentlichkeit des Schiedsverfahrens*, Mohr Siebeck, Tubingia, 2016.

ESPADA MÉNDEZ, "Artículo 24", en: ARIAS LOZANO (Coor.) *Comentarios a la Ley de Arbitraje de 2003*, Aranzadi, 2005, pp. 251-258.

ESPLUGUES MOTA, "Artículo 1" en: BARONA VILAR, Comentarios a la Ley de Arbitraje, 2.ª Ed., Madrid, 2011, pp. 97-122.

– "Artículo 59", en: BERCOVITZ RODRÍGUEZ-CANO (Coor.), *Comentarios a la Ley de Arbitraje*, Madrid, 1991, pp. 848-860.

FAWCETT / CARRUTHERS, *Cheshire, North & Fawcett: Private International Law*, 14.ª Ed., Oxford, 2008.

FERIA-TINTA, "Arbitration and the European Convention on Human Rights", en: MATA DONA / LAVRANOS (Eds.), *International Arbitration and EU Law*, Edward Elgar Publishing, Cheltenham, 2021, pp. 73-91.

FERNÁNDEZ BALLESTEROS, M. A. / RIFÁ SOLER, J. M. / VALLS GOMBAU, J. F., *Derecho procesal práctico*, Ramón Areces, Madrid, 1995.

FERNÁNDEZ DEL POZO, "La arbitrabilidad de un derecho estatutario de separación por 'justa causa' en una Sociedad Anónima. En torno a la STC 9/2005, de 17 de enero de 2005", *RdS*, 2006, Núm. 1, pp. 269-309.

FERNÁNDEZ PÉREZ, "Cláusulas escalonadas multifunción en el arreglo de controversias comerciales internacionales", *CDT*, 2017/1, pp. 99-124.

FERNÁNDEZ ROZAS, "Contenido ético del deber de revelación del árbitro y consecuencias de su trasgresión", *Arbitraje: Revista de arbitraje comercial y de inversiones*, 2013 (3), pp. 799-839.

– " Clearer Ethics Guidelines and Comparative Standars for Arbitrators", *Liber Amicorum Bernardo Cremades*, Madrid, 2010, pp. 441-445.

– "Trayectoria y contornos del mito de la confidencialidad en el arbitraje internacional", *Arbitraje: Revista de arbitraje comercial y de inversiones*, 2009 (2), pp. 335-378.

– *Tratado del Arbitraje Comercial en America Latina*, Madrid, Iustel, 2008.

– "Arbitraje y justicia cautelar", *RCEA*, 2007, pp. 23-60.

– "Anti- Suit Injunctions et Arbitrage commercial international : Mesures adressées aux parties et au Tribunal arbitral", en : *Soberanía del Estado y*

*Derecho international. Homenaje al Profesor Juan Antonio Carrillo Salcedo*, Sevilla, 2005, pp. 575-586.

FLORES SEGURA / LÓPEZ CARMONA. "La cuantificación de los procedimientos de anulación de laudos arbitrales", *Diario La Ley*, 1.6.2022.

FONT GORGORIÓ, "El efecto del concurso de acreedores en el convenio arbitral inerte", *Actualidad Civil*, N.º 6, Junio 2020.

FORNER DELAYGUA, " Concepto de 'documento extrajudicial' en el Reglamento (CE) n.º 1393/2007, de 13 de noviembre de 2007, de notificaciones", *La Ley Unión Europea*, 29.2.2016.

FOUCHARD, "La Portée internationale de l'annulation de la sentence arbitrale dans son pays d'origine", *Rev. Arb.*, 1997, pp. 329-352.

– "Quand il arbitrage est-il international?", *Rev. Arb.*, 1970, pp. 59-77.

– *L'arbitrage commercial international*, Dijon, 1965.

FOUCHARD / GAILLARD / GOLDMAN, *Traité de l'arbitrage commercial international*, París, 1996.

FRAGISTAS, " Arbitrage Étranger et Arbitrage Internacional en Droit Privé", *Rev. Crit. DIP*, 1960, pp. 8-22.

GAILLARD, "La vision américaine des sentences annulées au siège (Observations sur les arrêts Pemex et Thai-Lao Lignite de la Cour d'appel fédérale du 2e circuit des 2 août 2016 et 20 juillet 2017)", *Rev. Arb.*, 2017, pp. 1147-1165.

– "Abuse of Process in International Arbitration", *ICSID Review*, 2017, pp. 17-37.

– *Aspects philosophiques du droit de l'arbitrage international*, Martinus Nijhoff, 2008.

– "La jurisprudence de la Cour de cassation en matière d'arbitrage international", *Rev. Arb.*, 2007, pp. 697-720.

– "Souveranité et autonomie : réflexions sur les represésentations de l'arbitrage international", *JDI*, 2007, pp. 1163-1173.

– "The Role of the Arbitrator in Determining the Applicable Law", en: NEWMAN / HILL (Eds.), *The Leading Arbitrators' Guide to International Arbitration*, Juris Publishing, 2004, pp. 185-216.

– "Impecuniosity of Parties and its Effect on Arbitration: a French View", en: GERMAN INSTITUTION OF ARBITRATION (Ed.), *Financial Capacity of the Parties*, Frankfurt am M., 2004, pp. 67-86.

– "L'interférence des Jurisdictions de Siège dans le Déroulement de l'arbitrage", en : *Liber Amicorum Claude Reymond*, Litec, París, 2004, pp. 83-96.

– "Il est interdit d'interdire: Réflexions sur l'utilisation des Anti-suit Injunctions dans l'arbitrage commercial international", *Rev. Arb.*, 2004, pp. 47- 62.

– "Transnational Law: A Legal System or a Method of Decision Making?", *Arb. Int.*, 2001, pp. 59-71.

– "L'effet négatif de la compétence-compétence", en: Études de procédure et d'arbitrage en l'honneur de Jean-François Poudret, Lausanne, 1999, pp. 387-402.

– "Trente ans de Lex Mercatoria. Pour une application sélective de la méthode des principes généraux du droit", *JDI*, 1995, pp. 5-30.

– " La distinction des principes généraux du droit et des usages du commerce international", en : *Etudes offertes à Pierre Bellet*, París, 1991, pp. 203-218.

GAILLARD / LAPASSE, "Le nouveau droit français de l'arbitrage interne et international", *Recueil Dalloz*, 20.1.2011, n.º 3, pp. 175-187.

– *Fouchard Gaillard Goldman On International Commercial Arbitration*, Kluwer Law International, 1999.

GAL, *Die Haftung des Schiedsrichters in der internationalen Handelsschiedsgerichtsbarkeit*, Mohr Siebeck, Tubingia, 2009.

GARCIMARTÍN ALFÉREZ, *Derecho internacional privado*, 6.ª Ed., Cizur Menor, 2021.

GARCIMARTÍN ALFÉREZ / SÁNCHEZ FERNÁNDEZ, "Sobre el reconocimiento en España de laudos arbitrales extranjeros anulados o suspendidos en el Estado de origen", *CDT*, 2016/1, pp. 111-124.

GARCIMARTÍN / VIRGÓS, "Article 18", en: BORK / VAN ZWIETEN, *Commentary on the European Insolvency Regulation*, 2.ª Ed., Oxford, 2021.

GARBERÍ LLOBREGAT, *Las medidas cautelares en la nueva Ley de Enjuiciamiento Civil*, Pamplona, 2004.

– "El recurso de anulación en la Ley de Arbitraje (Consecuencias prácticas de la interpretación restrictiva de sus normas reguladoras)", AC, 1997 (BIB 1997, 72).

GARNETT, "Anti-arbitration injunctions: walking the tightrope", *Arb. Int.*, 2020, pp. 347-372.

GASCÓN INCHAUSTI, *Reconocimiento y ejecución de resoluciones judiciales extranjeras en el nuevo Reglamento Bruselas I bis*, Tirant lo Blanch, Valencia, 2016.

- "Reconocimiento y ejecución de resoluciones judiciales extranjeras en la Ley de cooperación jurídica internacional en materia civil", *CDT*, 2015/2, pp. 158-187.
- "Régimen de recursos frente a las resoluciones sobre la eficacia excluyente de un convenio arbitral", *Arbitraje: Revista de arbitraje comercial y de inversiones*, 2009 (1), pp. 232-236.
- "La notificación del laudo arbitral como requisito para su ejecución forzosa", *Arbitraje: Revista de arbitraje comercial y de inversiones*, 2008 (1), pp. 87-114.
- *La adopción de medidas cautelares con carácter previo a la demanda*, Barcelona, 1999.
- *Medidas cautelares de proceso civil extranjero (Art. 24 del Convenio de Bruselas)*, Granada, 1998.

GASCÓN INCHAUSTI / GÓMEZ JENE, "Arbitraje, medidas cautelares y Convenio de Bruselas (A propósito de la Sentencia del TJCE de 17 de noviembre de 1998 en el asunto *Van Uden c. Deco Line*)", *Tribunales de Justicia*, 1999, 4, pp. 303-318.

GASKELL, N., "Australian recognition and enforcement of foreign charter party arbitration clauses", *Lloyd's Maritime and Commercial Law Quarterly*, (2014) LMCLQ, Mayo 2014, pp. 174-182.

GEIMER, *Internationales Zivilprozessrecht*, 7.ª Ed., Colonia, Otto Schmidt, 2015.

- §§ 1025, 1029, 1031, 1038, 1042, 1043, 1061, en ZOLLER, *ZPO28*, Verlag Dr. Otto Schmidt, Colonia, 2010.
- "Zurück zum Reichsgericht: Irrelevanz der merger-Theorien- Kein Wahlrecht mehr bei der Vollstreckbarerklärung ausländischer Schiedssprüche", *IPRax*, 2010, pp. 346-347.
- "Dritte als weitere Parteien im Schiedsverfahren", *Balancing of Interests. Liber Amicorum Peter Hay zum 70 Geburststag*, Recht und Wirtschaft GmbH, Frankfurt am Main, 2005, pp. 163-180.

GENTINETTA, *Die Lex Fori Internationaler Handelsschiedsgerichtsbarkeit*, Berna, 1973.

GERMAN INSTITUTION OF ARBITRATION (Ed.), *Financial Capacity of the Parties*, Frankfurt am M., 2004.

GHARAVI, *The International Effectiveness of the Annulment of an Arbitral Award*, La Haya, 2002.

GILABERT ALBANO, "El caso `prestige´ en el año de su vigésimo aniversario: problemas pasados, presentes y futuros", *Revista de Derecho del Sistema Financiero*, 2002/4.

GÓMEZ JENE, "*Prestige* y Arbitraje europeo: a propósito de la sentencia *London Steam-Ship* del TJUE (asunto C-700/20)", *CDT*, 2022/2, pp. 1088-1099.

– "*Arbitraje europeo*: una crítica a la Sentencia del Tribunal Constitucional 65/2021, de 15 de marzo", *CDT*, 2021/2, pp. 745-753.

– "Nombramiento de árbitros en supuestos de sede indeterminada (a propósito del Auto del TSJ de Madrid de 8 mayo de 2018)", *CDT*, 2019/1, pp. 758-763.

– "Práctica judicial y extrajudicial de las nuevas normas de Derecho internacional privado", *AEDIPr*, 2017, pp. 649-671.

– "Artículo 1", en: PERÉZ-LLORCA, *Comentario al Reglamento (UE) 1215/2012 relativo a la competencia judicial, el reconocimiento y la ejecución de resoluciones judiciales en materia civil y mercantil*, Cizur Menor, 2016, pp. 57-88.

– "*Anti-suit injunctions* en forma de laudo arbitral (a propósito de la sentencia Gazprom del TJUE)", *CDT*, 2015/2, pp. 440-447.

– "Las cláusulas de jurisdicción y arbitraje en la nueva Ley de Navegación Marítima", *CDT*, 2014/1, pp. 112-129.

– "Doble exequátur del laudo arbitral extranjero", *Arbitraje. Revista de arbitraje comercial y de inversiones*, 2012 (1), pp. 264-274.

– "Principio de colegialidad" *Arbitraje. Revista de arbitraje comercial y de inversiones*, 2012 (1), pp. 257-264.

– "Arbitraje, medidas cautelares y Reglamento Bruselas I", *Diario La Ley (Unión Europea)*, Núm. 7601, 31.3.2011, pp. 6-11.

– "Reflexiones en torno al Anteproyecto de Ley de reforma de la Ley de Arbitraje", *Arbitraje. Revista de arbitraje comercial y de inversiones*, 2011 (1), pp. 77-115.

– "Concurso y arbitraje internacional", *CDT*, 2010/2, pp. 92-103.

– "Internationale Schiedsgerichtsbarkeit und Binnenmarkt", *IPRax*, 2005, pp. 84-93.

– "El arbitraje *internacional* en la nueva Ley de Arbitraje", *Diario La Ley*, núm. 5952, 11 de febrero de 2004, pp. 1-5.

– "Primeras reflexiones en torno al Proyecto de Ley de Arbitraje", *Diario La Ley*, núm. 5874, 20 de octubre de 2003, pp. 1-5.

– "La ley aplicable al procedimiento arbitral", *Derecho de los Negocios*, Año 12, núm. 134, Noviembre, 2001, pp. 9-22.

– *El Arbitraje Comercial Internacional en la Unión Europea: La eficacia del laudo arbitral*, Madrid, 2000.

– "Convenio arbitral y orden público europeo (a propósito de la Sentencia del TJCE de 28 de marzo de 2000 en el asunto *Krombach c. Bamberski*)", *Gaceta Jurídica de la Unión Europea y de la Competencia*, Sept.- Oct. 2000, núm. 209, pp. 86-92.

GÓMEZ JENE / THOMALE, "Schiedsrichterhaftung in der internationalen Schiedsgerichtsbarkeit (zu OLG Madrid 27.10.2014 – Sektion 8, Urteil Nr. 499), *IPRax*, 2015, pp. 462-465.

GONZALO QUIROGA, *Arbitrabilidad de la controversia internacional*, Granada, 2003.

GRIERSON / TAOK, "Dallah: Conflicting Judgements from the U. K. Supreme Court and the Paris Cour d'Appel", *J. Int. Arb.*, 2011, pp. 407-422.

HANOTIAU, "Groups of Companies in International Arbitration", en: MISTELIS / LEW (ED.), *Pervasive Problems in International Arbitration*, Kluwer, 2006, 279-290.

– *Complex Arbitrations – Multiparty, Multicontract, Multi-issue and Class Actions*, Kluwer Law International, 2005.

– *L'arbitrabilité*, *R. des C.*, 2002, Vol. 296, pp. 39-253.

HARRIS / PLANTEROSE / TECKS, *The Arbitration Act* 1996, Oxford, 1998.

HASCHER, "Principes et pratique de procédure dans l'arbitrage commercial internationale", *Recueil des Cours de l'Académie de Droit international de La Haye*, Vol. 279, 1999, pp. 59-193.

HAUSMANN, "Anwendbares Recht vor deutschen und italienischen Schiedsgerichten – Bindung an die Rom I-Verordnung oder Sonderkollisionesrecht?", KRONKE / THORN (Ed.), *Grenzen überwinden – Prinzipien bewahren, Festschrift für Bernd von Hoffmann*, Verlag Gieseking, 2011, pp. 971-986.

HENRY, "La responsabilité de l'arbitre pour reddition de sentence tardive", *Cahiers de l'arbitrage, Paris Journal of International Arbitration*, 2015, 2, pp. 313 ss.

HEREDIA CERVANTES, "Arbitraje y mediación en el Texto Refundido de la Ley Concursal", *La Ley Mediación y Arbitraje*, 2020, 04.

– "¿Puede invocarse dentro del juicio cambiario la declinatoria de arbitraje alegando la existencia de un convenio entre el acreedor y el deudor cambiario? Comentario al Auto de la AP de Madrid 18.ª de 29 de enero 2013", *Arbitraje: Revista de arbitraje comercial y de inversiones*, 2014 (1), pp. 177-183.

– *Arbitraje y concurso internacional*, Civitas, Madrid, 2008.

HERÍAS HERNÁNDEZ, "Consideraciones acerca de la inmunidad de jurisdicción y ejecución a propósito del execuátur de dos laudos arbitrales internacionales en España", *Arbitraje*, 2017 (1), pp. 191-200.

HESS / PFEIFFER /SCHLOSSER, *The Brussels I Regulation 44/2001. Application and Enforcement in the EU*, Munich, 2008.

HINOJOSA SEGOVIA (Coor.), *Comentarios a la nueva Ley de Arbitraje*, Barcelona, 2004, pp. 67-77.

– *El recurso de anulación contra los laudos arbitrales*, Madrid 1991.

von HOFFMANN, "Der internationale Schiedsrichtervertrag –eine kollisionsrechtliche Skizze–", en: *Festschrift für Ottoarndt Glossner*, Heidelberg, 1994, pp. 143-153.

– *Internationale Handelsschiedsgerichtsbarkeit*, 1970.

HOLZBERGER, *Die materiellrechtliche und kollisionsrechtliche Einordnung des Schiedsrichtervertrages*, Peter Lang, Frankfurt am M., 2015.

HOLTZMAN / NEUHAUS, *A Guide to the Uncitral Model Law on International Commercial Arbitration: Legislative History and Commentary*, Deventer, 1994.

HUSSLEIN- STICH, G., *Das UNCITRAL- Modellgesetz über die internationale Handelsschiedsgerichtsbarkeit*, Colonia, 1990.

IANCU, "Addressing corruption in international arbitration: a look at the *Alstom* and *Bariven* cases", en: GONZÁLEZ-BUENO (Ed.), *40 under 40 International Arbitration (2021)*, Dykinson, pp. 305-317.

IGLESIA GONZÁLEZ / FRANCO VERGEL, "La ejecución vía arbitraje de las decisiones ´Binding but not final´ de los ´Dispute Adjudication Boards´en contratos FIDIC. Experiencias recientes en arbitraje internacional", *Anuario de Arbitraje*, 2020, pp. 257-275.

IRURETAGOIENA AGIRREZABALAGA, "Derechos humanos en el arbitraje de inversión: la incidencia de los derechos de los pueblos indígenas en la protección del TLCAN", *Arbitraje: Revista de arbitraje comercial y de inversiones*, 2012 (2), pp. 483.494.

IZQUIERDO / ROBLES, "Dificultades asociadas a la ejecución de resoluciones extranjeras frente a Estados soberanos en España", *La Ley Mediación y Arbitraje*, 2021, 07.

JAKSIC, "Procedural Guarantees of Human Rights in Arbitration Proceedings", *J. Int. Arb.*, 2015, pp. 159-171.

– *Arbitration and Human Rights*, Peter Lang, Frankfurt a. Main, 2002.

JARVIN / DERAINS, *Collection of ICC Arbitral Awards 1974-1985*, Deventer, 1990.

JIMÉNEZ BLANCO, "La Orden Europea de Retención de Cuentas: avances y limitaciones", *AEDIPr*, 2014-2015, pp. 245-246.

BRUNER, „Joinder of Nonsignatories in International Arbitration", *The International Construction Law Review* (2021 Pt 3), pp. 266-283.

JÜRSCHIK, *Die Ausdehnung der Schiedsvereinbarung auf kozernzugehörige Unternehmen*, Verlag Dr. Kovac, Hamburgo, 2011.

KAHLER, "Der verfassungsrechtliche Rahmen der Schiedsgerichtsbarkeit", *SchiedsVZ*, 2023, pp. 2-20.

KAISER, *Das europäische Übereinkommen über die internationale Handelsschiedsgerichtsbarkeit vom 21. April 1961*, Zurich, 1967.

KASOLOWSKY / STEUP, "Révision au fond – Einheitlich europäische Maβstäbe bei der Überprüfung von Schiedssprüchen auf kartellrechtliche ordre public- Verstöβe", *SchiedsVZ*, 2008, pp. 72-76.

– "Ordre public- Widrigkeit kartellrechtlicher Schiedsprüche –der flagrante, effective et concrète– Test der französichen Cour de cassation", *IPRax*, 2009, pp. 268-271.

KAUFMANN-KOHLER, "*Iura novit arbiter* – Est-ce bien raisonnable? Réflexions sur le statut du droit de fond devant l'arbitre international"; en: *De Lege Ferenda. Réflexions sur le droit désirable en l'honneur du professeur Alain Hirsch*, Éditions Slatkine, Ginebra, 2004, pp. 71-78.

KAUFMANN-KOHLER / RIGOZZI, *International Arbitration. Law and Practice in Switzerland*, Oxford University Press, Oxford, 2015.

KEGEL, „Exequatur sur exequatur ne vaut", en: *Festschrift für Wolfram Müller-Freienfels*, 1986, pp. 372-385.

KIEFER, "Amiable Composition and ICC Arbitration", *Bull ICC*, Vol. 18 /N.º 1, 2007, pp. 51-105.

KINDLER, "*Lex loci arbitri* vs. *Lex fori concursus* vs. *Lex societatis*: Die Insolvenz der ausländischen Schiedspartei nach der (geplanten) Reform der EuInsVo", en: *Ars Aequi et Boni in Mundo. Festschrift für Rolf A. Schütze zum 80. Geburtstag*, Munich, 2014, pp. 221-229.

KLEIN: "Das Europäische Übereinkommen über die Internationale Handelschiedsgerichtsbarkeit", *ZZP*, 1963, pp. 342-358.

KNOLL-TUDOR, "The Fair and Equitable Treatment Standard and Human Rights Norm", en: DUPUY/ FRANCIONI/ PETERSMANN, *Human Rights in International Investment Law and Arbitration*, Oxford, 2010, pp. 310-343.

KOCHOYAN, en REPRESA / BRUNEAU, "Panorama de jurisprudencia francesa 2022", SAR 44/2022, pp. 127-135.

KORNBLUM, "Ordre public transnacional", "ordre public internacional" und "ordre public interne" im Recht der privaten Schiedsgerichtsbarkeit", en: *Festschrift für Heinrich Nagel, Münster*, 1987, pp. 140- 156.

KROLL, "Treu und Galuben bei der Vollstreckbarerklärung ausländischer Schiedsprüche (zu BGH 17.4.2008 – III ZB 97/06", *IPRax*, 2009, pp. 145-149.

KRONKE / NACIMIENTO / OTTO / PORT, *Recognition and Enforcement of Foreign Arbitral Awards. A Gobal Commentary on the New York Convention*, Holanda, 2010.

LACHMANN, *Handbuch für die Schiedsgerichtspraxis*, 3.ª Ed., Otto Schmidt, Colonia, 2008.

LAMÈTHE, "Les langues de làrbitrage international: liberté raisonnée de choix ou contraines réglementées", *JDI*, 2007, pp. 117-1193.

LASTENOUSE, "Why Setting Aside an Arbitral Award is not Enough to Remove it froom the International Scene", *J. Int. Arb.*, 1999, pp. 25-48.

LEBOULANGER, "Principe de collégialité et délibéré arbitral", *Mélanges en l'honneur de Fr. Knoepfler*, París, 2005, pp. 259-267.

– "La Notion d'"intérèts" du Commerce International", *Rev. Arb.*, 2005, pp. 487- 506.

LEW, "Achieving the Dream: Autonomous Arbitration", *Arbitration International*, 2006, pp. 179-203.

LEW / MISTELIS / KRÖLL, *Comparative International Commercial Arbitration*, La Haya, 2003.

LINARES RODRÍGUEZ, "Primera ejecución en España de un laudo OHADA ¿Por qué tiene un juez español que forzar su cumplimiento?", *Arbitraje: Revista de arbitraje comercial y de inversiones*, 2017 (1), pp. 152-157.

LIONNET, *Handbuch der internationalen und nationalen Schiedsgerichtsbarkeit*, Stuttgart, 2001.

– "Überlegungen zur Vereinbarung des auf das schiedsrichterliche Verfahren anwendbaren Rechts", *JbPraxSchG*, Vol. 3, 1989, pp. 53- 57.

LOQUIN, "La dualité du régime de la responsabilité de l'arbitre", *La Semaine Juridique*, 24.2.2014, pp. 392-398.

– "La dualité des fonctions de l'obligation de révélation", en: *Liber amicorum Philippe Marele*, Dalloz, 2013, pp. 487-498.

– «L'examen du projet de sentence par l'institution et la sentence au deuxième degré», *Rev. Arb.*, 1990, pp. 427-464.

LÓPEZ ANTÓN, "Ejecución en España de laudos arbitrales extranjeros (La aplicación del Convenio de Nueva York)", *Diario La Ley*, 1985 /2, pp. 1190-1213.

LÓPEZ DE ARGUMEDO / BALSAMEDA, "La controvertida validez de las cláusula híbridas y asimétricas en Europa", *Diario La Ley*, 25.2.2014.

MALLANDRICH MIRET, *Medidas cautelares y arbitraje*, Atelier, Barcelona, 2010.

MANIÈRE / TSOUKANOVA en REPRESA / BRUNEAU, "Panorama de jurisprudencia francesa 2022", *SAR* 44/2022, pp. 112-127.

MANKOWSKI, "Ist die Brüssel Ia – VO auf die Schiedsrichterhaftung wegen Verletzung einer Offenbarungspflicht anwendbar?", *SchiedsVZ*, 6/2021, pp. 310-315.

– "Rom I – VO und Schiedsverfahren", *RIW*, 2011, pp. 30-44.

MANN, "Schiedsrichter und Recht", *Festschrift für Werner Flume*, Colonia, 1978, pp. 601-604.

– "Lex Facit Arbitrum", en SANDERS (Ed.), *International Arbitration. Liber Amicorum for Martin Domke*. La Haya. 1967, pp. 157-183.

MANSEL, "Vertretungs- und Formprobleme bei Abschluss einer Schiedsvereinbarung – zur subjektiven Reichweite von Schiedsklauseln in Konzernsituationen", *Festschrift für Georg Maier Reiner zum 70 Geburtstag*, C. H. Beck, Munich, 2010, pp. 407-423.

MANTILLA SERRANO, *Ley de Arbitraje. Una perspectiva internacional*, Madrid, 2005.

– "La nouvelle loi espagnole du 23 décembre 2003 sur l'arbitrage", *Rev. Arb.*, 2004 /2, pp. 225-252.

MARGUERAT / NAVARRO BLAKEMORE, "La reforma de la Ley suiza de arbitraje internacional: un retoque ligero para una ley bien armada", *Arbitraje*, 2021 (1), pp. 249-266.

MARTÍN MAZUELOS, "El reconocimiento incidental, su delimitación y procedimiento", *Millennium DIPr*, Núm. 6, 2017, www.millennium-dipr.com

MARTÍNEZ-FRAGA, "La inmunidad absoluta del árbitro: una equivocación con orígenes históricos", *CDT*, 2020/2, pp. 54-575.

MATRAY, "Arbitrage et ordre public transnacional", en: *The Art of Arbitration. Liber Amicorum Pieter Sanders*, Amberes, 1982, pp. 241-251.

MAYER, "Corruption and Arbitration: Recent Developments in French Case Law", *ICC Dispute Resolution Bulletin*, Nr. 2-2022.

– "L'Étendue du contrôle, par le Juge étatique, de la conformité des sentences arbitrales aux lois de police", *Vers de nouveaux équilibres entre ordres juridiques. Liber amicorum Hélène Gaudemet- Tallon*, Dalloz, Paris, 2008, pp. 459-477.

– "*Imperium* de l'arbitre et mesures provisoires", en : Études de procédure et d'arbitrage en l'honneur de Jean-François Poudret, Lausanne, 1999, pp. 438-452.

– *L'autonomie de l'arbitre international dans l'appréciation de sa prope compétence, R. des C.*, 1989, Vol. 217, pp. 327-452.

McGUIRE, "Grenzen der Rechtswahlfreiheit im Schiedsverfahrensrecht?", *SchiedsVZ*, 2011, pp. 257-267.

MENDOZA LOSANA, "El arbitraje de la Comisión del Mercado de las Telecomunicaciones", *AC*, 11/2003.

MENÉNDEZ ARIAS, "La revelación de circunstancias que puedan incidir sobre la independencia del árbitro (comentario a la sentencia del Tribunal Supremo Federal suizo de 7 de septiembre de 2016)", *Anuario de Arbitraje*, 2017. Capítulo 13.

MERINO MERCHÁN, "Responsabilidad por error arbitral. Presupuestos procesales para su ejercicio", *Arbitraje: Revista de arbitraje comercial y de inversiones*, 2011 (1), pp. 224-229.

– *Estatuto y Responsabilidad del Árbitro*, Cizur Menor, Aranzadi, 2004.

MERINO MERCHÁN / CHILLÓN MEDINA, *Tratado de Derecho Arbitral*, Madrid, Civitas, 4.ª Ed., 2014.

MESEGUER VELASCO, "Definición de laudo arbitral. Ámbito de aplicación. Tipos de laudo. Medidas cautelares. Carácter del laudo", en: SOTO COAGUILA (Dir.), *Convención de Nueva York de 1958. Reconocimiento y Ejecución de Sentencias Arbitrales Extranjeras*, Instituto Peruano de Arbitraje, Perú, 2009, pp. 388-399.

MEZGER, "The Arbitrator and Private International Law", en: DOMKE (Ed.) *International Trade Arbitration. A Road to World-Wide Cooperation*, Nueva York, 1958, pp. 236-239.

MICHAELS, "The True Lex Mercatoria: Law Beyond the State", *Indiana Journal of Global Legal Studies*, Vol. 14, 2007, pp. 447-468.

MIŠOVIC, "Binding non-signatories to arbitrate: the United States approach", *Arb. Int.*, 2021, pp. 749-768.

MONTERO AROCA, "Artículo 2", en: BARONA VILAR, *Comentarios a la Ley de Arbitraje*, 2.ª Ed., Madrid, 2011, pp. 140-145.

– "Artículo 17", en: BARONA VILAR (Coor.), *Comentarios a la Ley de Arbitraje*, 2.ª Ed., Madrid, 2011, pp. 846- 871.

– "Artículo 4", en: MONTERO AROCA (Dir.), *Comentario breve a la Ley de Arbitraje*, Madrid, 1990, pp. 38-46.

MÖLLER, "The Finnish Supreme Court and the Liability of Arbitrators", *J. Int. Arb.*, 2006, pp. 95-99.

MOURRE, "Arbitraje y Derecho concursal: Reflexiones sobre el papel del juez y del árbitro", *RCEA*, 2007, pp. 227-240.

MÜNCH, §§ 1038, 1045 en LÜCKE / WAX, *MünchKommZPO*, Munich 2001, pp. 1158 ss.

NAEGELI / SCHMITZ, "Switerland: Strict Test for the Extension of Arbitration Agreements to Non-Signatories", *SchiedsVZ*, 2009, pp. 185-188.

NAGEL, *Internationales Zivilprozessrecht*, Münster, 2.ª Ed., 1984.

NAHMIAS REISS, "ZF Automotive US Inc. v. Luxshare Ltd. El futuro del 'discovery' en EE.UU. en apoyo al arbitraje internacional", *SAR*, N.º 45 / 2022, pp. 49-61.

NESBITT / QUINLAN, "The Status and Operation of Unilateral or Optional Arbitration Clauses", *Arb. Int.*, 2006, pp. 133-149.

NIENABER, *Die Anerkennung und Vollstreckung im Sitzstaat aufgehobener Schiedssprüche*, Frankfurt a. Main, 2002.

NUEBER, "Nochmals: Schiedsgerichtsbarkeit ist vom Anwendungsbereich der ROM I-VO nicht erfasst", *SchiedsVZ*, 2014, pp. 186-191.

NUVIALA LAPIEZA, *Los Dispute Boards como mecanismo jurídico de resolución de conflictos en los contratos internacionales de ingeniería y construcción*, Cizur Menor, Aranzadi, 2020.

OETIKER, "The Principle of *Lis* Pendens in International Arbitration: The Swiss Decision in *Fomento v. Colon*", *Arb. Int.*, 2002, pp. 137-146.

OLAVARRÍA IGLESIA, "Artículo 11 bis", en: BARONA VILAR, *Comentarios a la Ley de Arbitraje*, Madrid, Civitas, 2.ª Ed., 2011, pp. 645-693.

OLIVENCIA RUIZ, "Arbitraje: una justicia alternativa", en: Veinticinco años de arbitraje en España, CIMA, 2015, pp. 43-50.

– "Artículo 1", en GONZÁLEZ SORIA, (Coor.), *Comentarios a la nueva Ley de Arbitraje*, Aranzadi, Cizur Menor, 2.ª Ed, 2011, pp. 45-56.

– "Artículo 11 bis", en: GONZÁLEZ SORIA, *Comentarios a la nueva Ley de Arbitraje*, Aranzadi, Cizur Menor, 2.ª Ed., 2011, pp. 175-176.

ORTELLS RAMOS, *Las medidas cautelares*, Colección Ley de Enjuiciamiento Civil 2000, Las Rozas, 2000.

von PACHELBEL-GEHAG, *Das reformierte deutsche und schwedische Schiedsverfahrensrecht*, Frankfurt am M. 2002.

PALAO MORENO, "Artículo 26", en: BARONA VILAR, *Comentarios a la Ley de Arbitraje*, 2.ª Ed., Madrid, 2011, pp. 1202-1203.

– "Artículo 28", en: BARONA VILAR, *Comentarios a la Ley de Arbitraje*, 2.ª Ed., Madrid, 2011, pp. 1232-1247.

PANCORBO LÓPEZ, "Notas sobre la caracterización jurídica de los usos comerciales", *Derecho de los Negocios*, Feb. 2010, Nr. 233, pp. 5-16.

PARK, "What is to Be Done with Vacated Awards", en PARK, *Arbitration of International Business Disputes*, Oxford, 2006, pp. 185-188.

PAULSSON, *The idea of Arbitration*, Oxford, 2013.

– "El orden público como criterio para negar el reconocimiento y la ejecución de laudos arbitrales", en: TAWIL / ZULETA (Dirs.). *El Arbitraje Comercial Internacional. Estudio de la Convención de Nueva York con motivo de su 50.º aniversario*, Buenos Aires, 2008, pp. 609-616.

– "Arbitration Without Privity", *ICSID Review*, 1995, pp. 232-257.

PENADÉS FONT, "El arbitraje internacional en el Reglamento Europeo de insolvencia: crítica a la propuesta de reforma", *ADC*, 2014, pp. 265-283.

PERALES VISCASILLAS, "Audiencias virtuales y debido proceso", *SAR*, N.º 42 / 2021, pp. 9-30.

– "Arbitraje y arbitrabilidad de las controversias en el sector gasista", *SAR*, N.º 29 / 2017, pp. 9-42.

– "Contratos de permuta financiera y arbitraje: cuestiones procesales y sustantivas", *RDMV*, 2015, Nr. 17.

– *El seguro de responsabilidad civil en el arbitraje*, Mapfre, Madrid, 2013.

PÉREZ DE PRADA, *El nombramiento judicial de árbitros*, Aranzadi, Cizur Menor, 2021.

PÉREZ VERA, "El concepto de orden público en el Derecho internacional", *Anuario Hispano- Luso de Derecho Internacional*, núm. 7, 1984, pp. 273-287.

– "Los problemas de interpretación en el Convenio de Viena sobre el Derecho de los Tratados", *Anuario de estudios sociales y jurídicos*, Escuela Social de Granada, Vol. II, 1973, pp. 77-120.

PETROCHILOS, *Procedural Law in Internacional Arbitration*, Oxford, 2004.

– "Enforcing Awards annulled in their State of Origin under the New York Convention", *ICLQ*, 1999, pp. 856-888.

PFEIFFER, "Pflicht zur diskriminierungsfreien Schiedsrichterauswahl?- Ein Skizze", *Festschrift Bernd von Hoffmann*, 2011, pp. 1042-1050.

PICÓ I JUNOY, "El nuevo sistema de notificaciones y plazos en el arbitraje", *Anuario de Justicia Alternativa*, núm. 5, 2004, pp. 37-49.

PINNA, "L'autorité des règles d'arbitrage choisies par les parties", *Les Cahiers de l'Arbitrage*, 2014, 1, pp. 9-28.

– "Réflexions sur l'arbitrage forcé", *Gazette du Palais*, 14-16 diciembre 2008, pp. 1-8.

PITKOWITZ, "The Law Applicable to the Arbitration Agreement", *Liber Amicorum en l'honneur de William Laurence Craig*, LexisNexis, París, 2016, pp. 275-288.

PITKOWITZ / RICHTER, "May a Neutral Third Person Serve as Arbitrator and Mediator in the same Dispute?", *SchiedsVZ*, 2009, pp. 225-232.

PÖRNBACHER / KNIEFF, "Liability of Arbitrators – Judicial Immunity versus Contractual Liability", *Czech (& Central European) Yearbook of Arbitration*, 2012, pp. 212-230.

POUDRET / BESSON, *Comparative Law of International Arbitration*, 2.ª Ed., Zurich, 2007.

PRYLES, "Multi-Tiered Dispute Resolution Clauses", *J. Int. Arb.*, 2001, pp. 159-176.

QUINTANA, "Declinatoria de competencia judicial y Derecho de la UE", www.almacendederecho.org.

RADICATI di BROZOLO, "Ethics and the law applicable to the merits in arbitration", *Mélanges en l'honneur du Professeur Pierre Mayer*, LGDJ, 2015, pp. 753-770.

– "L'illicéité „qui crève lex yeux": critère de contrôle des sentences au regard de l'ordre public international (à propos de l'arrêt Thalès de la Cour d'appel de Paris)", *Rev. Arb.*, 2005, pp. 529-560.

– "EU Merger Control Commitments and Arbitration: *Reti Televisive Italiane v. Sky Italia*", *Arb. Int.*, 2013, pp. 223-241.

REDFNER / HUNTER / BLACKABY / PARTASIDES, *Teoría y práctica del Arbitraje Comercial Internacional*, 4.ª Ed., Thomson, 2006.

REDIN, "La Convention de New York du 10 de juin 1958 pour la reconnaissance et l'exécution des sentences arbitrales étrangères", *JDI*, 1960, pp. 1002-1029.

REINER, "Schiedsgerichtsbarkeit, Einstweiliger Rechtsschutz und EuGVÜ", *IPRax*, 2003, pp. 74-78.

REITHMANN / MARTINY, *Internationales Vertragsrecht*, Colonia, 2004.

REMÓN PEÑALVER, "Sobre la anulación del laudo: el marco general y algunos problemas", *InDret*, 3/2007, pp. 1-18.

REMIEN, "Étroitement liée? – Zur internationalen Zuständigkeit für die Schadensersatzklage gegen einen Schiedsrichter nach Aufhebung des Schiedsspruchs und Art. 1 Abs. 2 lit. d), 7 Abs. 1 lit. b) EuGVVO (zu Cour d'appel de Paris vom 22.6.2021 – N° RG 21/07623 – N° Portalis 35L7-V-B7F-CDQJZ, nach Tribunal Judiciaire de Paris vom 31.3.2021 – N° RG 19/00795, N° Portalis 35J-W-B7D-COXPH)", *IPRax*, 2021, pp. 585-591.

REYMOND, " Le Président du tribunal arbitral", en: *Etudes offertes à Pierre Bellet*, París, 2001, pp. 467-482.

– "Souveraineté del l'État et participation à l'arbitrage", *Rev. Arb.*, 1985, pp. 517-521.

RIEZLER, *Internationales Zivilprozessrecht und Prozessuales Fremdenrecht*, 1949.

RIVERO HERNÁNDEZ, "Incumplimiento y responsabilidad de los árbitros", *Libro Homenaje al profesor Manuel Albadalejo García*, Universidad de Murcia, 2004, pp. 4219-4250.

ROBERT, "La Convention de New York du 10 de juin 1958 pour la reconnaissance et l'exécution des sentences arbitrales étrangères", *Rev. Arb.*, 1958, pp. 70-82.

RUEDA GARCÍA, "Primera ejecución forzosa conocida de un laudo arbitral CIADI en España (Víctor Pey Casado y Fundación Presidente Allende c. República de Chile): sin exequátur", *CDT*, 2014/1, pp. 414-430.

RUEDA GARCÍA / VEDOVATTI, "The European Court of Human Rights endorses the parties' voluntary waiver of the right to annul an award in the seat of arbitration", *SAR*, N.º 26, 2016, pp. 87-103.

RÜHL, "Die Wirksamkeit von Gerichtsstands -und Schiedsvereinbarungen im Lichte der Ingmar-Entscheidung des EuGH (OLG München)", *IPRax*, 2007, pp. 294-301.

RUSCHE, "Abwehr rechtsmissbräuchlicher innereuropäischer Investoren-Staaten-Schiedsverfahren durch Verfahren vor deutschen Gerichten", *IPRax*, 2021, pp. 494-502.

SABATER MARTÍN, *La eficacia en España de los laudos arbitrales extranjeros*, Madrid, 2002.

SÁNCHEZ FREIRE / GORJÃO HENRIQUES, "Arbitraje de Disputas Tributarias en Portugal", *SAR*, 2015, pp. 95-105.

SÁNCHEZ LORENZO, "Competencia judicial internacional de los tribunales españoles para la adopción de medidas cautelares inaudita altera pars en apoyo de un arbitraje CCI (Auto de la AP de Oviedo 12 abril 2019", *La Ley Mediación y Arbitraje*, 2020, 04.

– "El principio de mínima intervención judicial en el arbitraje comercial internacional", *Arbitraje: Revista de arbitraje comercial y de inversiones*, 2016 (1), pp. 13-44.

– "Derecho aplicable al fondo de la controversia en el arbitraje comercial internacional", *REDI*, 2009/1, pp. 39-74.

SÁNCHEZ POS, "La entrada e intervención de terceros en el arbitraje comercial internacional", *CDT*, 2020/1, pp. 365-385.

– "La constitución del tribunal en el arbitraje con pluralidad de partes", *Arbitraje*, 2015 (1), pp. 97-121.

SANDERS, A "Twenty Years Review of the Convention on the Recognition and Enforcement of Foreign Arbitral Awards", *The International Lawyer*, 13 / 1979, pp. 269-287.

SANDROCK, "Neue Lehren zur internationalen Schiedsgerichtsbarkeit und das klassische Internationale Privat- und Prozeβrecht", en *Festschrift für Hans Stoll*, 2001, pp. 661-689.

– "Die objektive Anknüpfung von Verträgen nach § 1051 Abs. 2 ZPO", *RIW*, 2000, pp. 321-328.

– "Wann wird ein ausländischer Schiedsspruch im Sinne des Art. V Abs 1 Buchst. (e) der New Yorker Konvention und des § 1044 ZPO "verbindlich"?, *Festschrift für Reinhold Trinkner zum 65. Geburtstag*, Heidelberg, 1995, pp. 669-701.

– "Welche Verfahrensregeln hat ein Internationales Schiedsgericht zu befolgen?", en: *Festschrift für Ottoarndt Glossner*, Heidelberg, 1994, pp. 282-297.

SANTACROCE, "The Applicability of Human Rights Law in International Investment Disputes", *ICSID Review*, 2019, pp. 136-155.

SCHÄFFLER, *Zulässigkeit und Zweckmäßigkeit der Anwendung angloamerikanischer Beweismethoden in deutschen und internationalen Schiedsverfahren*, Sellier. European Law Publishers, 2003.

SCHILF, "Römische IPR-Verordnungen – kein Korsett für internationale Schiedsgerichtsbarkeit", *RIW*, 2013, pp. 678-691.

SCHMIDT, "Die Einrede der Schiedsgerichtsvereinbarung im Vollstreckbarerklärungsverfahren von EuGVÜ und Lugano- Übereinkommen", en: *Iusto Iure. Festgabe für Otto Sandrock zum 65. Geburstag*. Verlag Recht und Wirtschaft GmbH, Heidelberg, 1995, pp. 205-225.

SCHWAB / WALTER, *Schiedsgerichtsbarkeit*, Munich, 5.ª Ed., 1995.

SCHWAB / WALTER / BAUMBACH, "Schiedsgerichtbarkeit", *Beck'sche Kommentare der ZPO*, Munich, 2000.

SCHLOSSER, §§ 1025, 1032, 1035, 1037, 1038, 1042, Anhang § 1061, en: STEIN / JONAS, *Kommentar zur Zivilprozeßordnung*. 22.ª Ed., Munich. 2002.

– *Das Recht der internationalen privaten Scheidsgerichtsbarkeit*, Mohr Siebeck, Tubingia, 2.ª Ed., 1989.

SCHÜTZE, "Der Rücktritt des Schiedsrichters vom Amt", *Global Wisdom on Business Transactions, International Law and Dispute Resolutions, Festschrift für Gerhard Wegen zum 65. Geburtstag*, C. H. Beck, Munich, 2015, pp. 751-757.

– "Die Bestimmung des anwendbaren Rechts im Schiedsverfahren und die Feststellung seines Inhalts", *Law of International Business and Dispute Settlement in the 21st Century. Liber Amicorum Karl- Heinz Böckstiegel*, 2001, pp. 715-725.

– *Schiedsgericht und Schiedsverfahren*, 2.ª Ed., Munich, 1998.

– „Die Doppelexequierung ausländischer Zivilurteile", *ZZP*, 1964, pp. 283-294.

SENDLMEIER, "Formlose Schiedsbindung Dritter – Lockerung des Freiwilligkeitserfordernisse in der internationalen Handelsschiedsgerichtsbarkeit?", *IPRax*, 2021, pp. 381-391.

SENES MOTILLA, *La Intervención Judicial en el Arbitraje*, Civitas, Madrid, 2007.

SIMMA / KILL, "Harmonizing investment protection and international Human rights: First Steps towards a methodology", en: *International Investment Law for the 21 Century: Essay in Honour of Christoph Schreuer*, 2009, pp. 678-707.

SLATER, "On Annulled Arbitral Award and the Death of Chromalloy", *Arbitration International*, Vol. 25, Nr. 2, 2009, pp. 289-298.

STONE SWEET / GRISEL, *The evolution of international arbitration*, Oxford, 2017.

TEUBNER, "Die unmögliche Wirklichkeit der lex mercatoria: Eine Kritik der théorie ludique du droit", en: *Festchrift für Wolfgang Zöllner zum 70 Geburtstag*, 1998, pp. 565-588.

THOMAS, § 1045, en: THOMAS / PUTZO, *Zivilprozeßordnung*, 23.ª Ed., 2001.

THÖNE, M., "Delocalisation in International Commercial Arbitration", *SchiedsVZ*, 2016, pp. 257-267.

TIEF, *Discovery und Informationspflichten der Parteien in der Internationalen Schiedsgerichtsbarkeit*, Frankfurt a. Main, 2000.

TOCHTERMANN, P., "Agreements to Negotiate in the Transnational Context – Issues of Contract Law and Effective Dispute Resolution", *Rev. dr. unif.*, 2008, pp. 685-712.

TORRALBA MENDIOLA, "Sentencia de 12 de enero de 2009: Responsabilidad civil contractual; daños y perjuicios: Cláusula de sumisión al Derecho español y a tribunales españoles", *CCJV*, 2009, núm. 81, pp. 1189 ss.

UZELAC, "(In)arbitrability and Exclusive Jurisdiction. Parallels That Matter", en: *International Arbitration and International Commercial Law: Synergy, Convergence and Evolution, Liber Amicorum Eric Bergsten*, Wolters Kluwers, 2011, pp. 451-466.

VALLINES, *La preclusión en el proceso civil*, Madrid, 2004.

VAN DEN BERG, "Hypothetical Draft Convention on the International Enforcement of Arbitration Agreements and Awards. Explanatory Note", en: *50 Years of the New York Convention. ICCA International Arbitration Conference*. Congress series no. 14. Wolters Kluwer, 2009.

– *The New York Arbitration Convention of 1958*, Deventer, 1981.

VAN HOUTTE, "Ten Reasons Against a Proposal for *Ex Parte* Interim Measures of Protection in Arbitration", *Arb. Int.*, 2004, pp. 85-95.

VELA TORRES, "Cosa juzgada positiva y negativa. Requisitos. Identidades necesarias", *Diario La Ley*, 8.3.2022.

VERDERA SERVER, "Artículo 9", en: BARONA VILAR, *Comentarios a la ley de arbitraje*, 2.ª Ed., Madrid, 2011, pp. 395-396.

VERDERA Y TUELLS, *La Ley 60/2003, de 23 de diciembre, de arbitraje entre la tradición y la innovación*, Real Academia de Jurisprudencia y legislación, Madrid, 2005.

VIRGÓS SORIANO, "Arbitraje e insolvencia: manual de instrucciones", www.almacendederecho.org.

– "Arbitraje comercial internacional y Convenio de Nueva York de 1958", *Diario la Ley*, 26.3.2007.

VIRGÓS SORIANO / GARCIMARTÍN ALFÉREZ, *Derecho procesal civil internacional. Litigación internacional*, 2.ª Ed., Civitas, Madrid, 2007.

– "Artículo 3. Ámbito de aplicación. Disposiciones imperativas", en MENÉNDEZ / DÍEZ-PICAZO (Dirs.), *Comentarios a la Ley sobre Condiciones Generales de la Contratación*, Madrid, 2002, pp. 145-229.

– "El Convenio de Bruselas y las propuestas para su reforma: una crítica radical", en BORRÁS (Ed.), *La revisión de los Convenios de Bruselas de 1968 y de Lugano de 1988 sobre competencia judicial y ejecución de resoluciones judiciales: una reflexión preliminar española*, Madrid, 1998, pp. 77-135.

VERDERA SERVER, "Artículo 9", en: BARONA VILAR, *Comentarios a la ley de arbitraje*, 2.ª Ed., Civitas, Madrid, 2011, pp. 395-396.

VOGT, S., *Der Schiedsrichtervertrag nach schweizerischem und internationalem Recht*, Schaker Verlag, Aachen, 1996.

VOIT, "Die Entscheidung des Schiedsgerichts über die eigene Unzuständigkeit als Prüfstein der dogmatischen Grundlagen des Schiedsverfahrensrechts", *Festschrift für Hans- Joachin Musielak*, Munich, 2004, pp. 595-617.

WAGNER, *Prozeßverträge*, Tubingia, 1998.

WILINSKI, "Interaction between international commercial arbitration and EU law before the award ins rendered", en: MATA DONA / LAVRANOS (Eds.), *International Arbitration and EU Law*, Edward Elgar Publishing, Cheltenham, 2021, pp. 2-16.

WILSKE, S. / SHORE, L. / AHRENS, J. M., "The `Group of Companies Doctrine' – Where is the Heading?", *The American Review of International Arbitration*, 2006, pp. 73-88.

WOLF, "Zwischen Schiedsverfahrensfreiheit und notwendiger staatlicher Kontrolle", *RabelsZ*, 1993, pp. 643-663.

XIOL RÍOS, "El arbitraje en la Constitución", en: *Veinticinco años de arbitraje en España*, CIMA, 2015, pp. 51-56.

YANG, I., "*Nurdin Jivraj v. Sadruddin Hashwani*: The English Court of Appeal Erects a Regulatory Barrier to Appointment of Arbitrators in the Name of Anti-Discrimination", *Journal of International Arbitration*, 2011, pp. 243-254.

*I*

# Concepto e importancia del arbitraje en el comercio internacional

## I. CONCEPTO DE ARBITRAJE

1.1. El arbitraje es un procedimiento de resolución de controversias mediante el cual las partes someten de forma voluntaria al juicio de uno o varios árbitros sus diferencias. Se basa en la **autonomía de la voluntad** y, en consecuencia, se caracteriza porque las partes: (i) se someten voluntariamente al mismo, de ordinario, mediante la firma de una cláusula –o convenio– arbitral; (ii) designan a un particular –el árbitro– para que resuelva la controversia, (iii) a partir de un procedimiento que ellas mismas diseñan. El árbitro pone fin a la misma mediante (iv) un laudo que produce los mismos efectos jurídicos que una sentencia judicial.

El Tribunal Constitucional (TC) definió en su momento al arbitraje como un *equivalente jurisdiccional*[1]. Pese a lo desafortunado de la expresión[2] es lo cierto que pronto encontró eco en la jurisprudencia y en la doctrina, de tal forma que tanto el procedimiento como el laudo arbitral han sido a menudo fiscalizados desde una perspectiva eminentemente procesal. Sin embargo, en fechas todavía recientes, el alcance de esa equivalencia ha sido estrictamente delimitada por el mismo TC: es absoluta respecto de los efectos del laudo arbitral y los efectos de la sentencia judicial (cosa juzgada)[3]; pero no lo es respecto del procedimiento *–arbitral v. jurisdiccional–*. En efecto, la base jurídica del arbitraje se asienta antes sobre el

1. Entre otras: STC 43/1988, de 16 de marzo; STC 62/1991, de 22 de marzo. Como último referente, STC 1/2018, de 11 de enero (con un destacable voto particular del Magistrado Xiol que, con criterio, negaba ya la *equivalencia jurisdiccional* en términos amplios del arbitraje).
2. Para una acertada crítica, OLIVENCIA RUIZ, "Arbitraje: una justicia alternativa", *Veinticinco años de arbitraje en España*, CIMA, 2015, pp. 43-50.
3. STC 17/2021, de 15 de febrero. Anterior a esta sentencia, matizando el alcance de dicha *equivalencia*, STSJ del País Vasco, 11.12.2019, ECLI:ES:TSJPV:2019:2423.

artículo 10 CE (autonomía de la voluntad) que sobre el artículo 24 CE (tutela judicial efectiva)[4]: *"el arbitraje es un medio heterónomo de arreglo de controversias que se fundamenta en la autonomía de la voluntad de los sujetos privados, lo que constitucionalmente lo vincula con la libertad como valor superior del ordenamiento"*[5]; *"la autonomía de la voluntad de las partes –de todas las partes– constituye la esencia y el fundamento de la institución arbitral"*[6]; y, a su vez, *"la autonomía de la voluntad, como máxima expresión de la libertad individual, es un principio del derecho que preside la vida jurídica"*[7]. Por ello, el procedimiento arbitral también se basa en la autonomía de la voluntad. De tal modo que, aunque el procedimiento se rija con carácter general por los mismos principios procesales que rigen un procedimiento judicial (*igualdad, audiencia* y *contradicción* –art. 24 CE–), el juego de la autonomía de la voluntad permite modular su interpretación en determinados aspectos: en cuanto a, por ejemplo, duración de los plazos, resolución en equidad y, como consecuencia de la equidad, en la motivación del laudo. Pero repárese bien en que el hecho de que la base jurídica del arbitraje sea el artículo 10 CE no desplaza totalmente el juego del artículo 24 CE, que en última instancia fija el límite de la autonomía de la voluntad en el concreto ámbito del procedimiento arbitral: *"El procedimiento arbitral, por autónomo que resulte en múltiples aspectos respecto de las exigencias inherentes a la tutela judicial efectiva, no puede eludir el respeto a los principios básicos que rigen la relación entre partes, y asimismo la de éstas con el órgano arbitral, dotándose así de un contexto de garantías que redundan en la propia credibilidad del arbitraje como cauce solvente de solución de conflictos"*[8]. Y así, por ejemplo, tiene dicho el TC que la tutela judicial efectiva puede quedar vulnerada *"por no valorarse las pruebas conforme a las reglas de la sana crítica"*[9]; afirmación que, evidentemente, también debe ser predicable respecto de la actuación del árbitro en ese contexto. Además, debe advertirse que, en la particular *dimensión europea*, tiene dicho el TJUE que: *"un laudo arbitral solamente puede desplegar efectos, en el marco del artículo (45.1.c/ del Reglamento Bruselas I refundido)... si ello no obstaculiza el derecho*

4. En sentido similar, XIOL RÍOS, "El arbitraje en la Constitución", *Veinticinco años de arbitraje en España*, CIMA, 2015, pp. 51-56.
5. STC 9/2005, de 17 de enero; STC 17/2021, de 15 de febrero. En el mismo sentido, TSJ del País Vasco, 11.12.2019, ECLI:ES:TSJPV:2019:2423.
6. STC 174/1995, de 23 de noviembre.
7. STC 11/1981, de 8 de abril.
8. STSJ de Madrid, 10.5.2022, ECLI:ES:TSJM:2022:5894. Sin embargo, la misma Sala –a mi juicio, erróneamente–: *"La tutela judicial efectiva que predica el art. 24.1 CE no es exigible en el procedimiento arbitral como tal"*, STSJ de Madrid, 11.7.2022, ECLI:ES:TSJM:2022:9675.
9. STC 107/2019, de 30 de septiembre.

*a la tutela judicial efectiva reconocido en el artículo 47 de la Carta de los Derechos Fundamentales de la Unión Europea..."*[10].

## II. IMPORTANCIA DEL ARBITRAJE EN EL COMERCIO INTERNACIONAL

1.2. La relevancia y el éxito del arbitraje comercial como método eficaz de resolución de controversias en el contexto internacional es incuestionable. Ya en 2006 un importante estudio reveló que el 73% de las empresas consultadas se declaraba a favor de la sumisión a arbitraje para la resolución de sus conflictos *internacionales*[11]. La amplia aceptación que tiene el arbitraje comercial internacional entre los distintos operadores jurídicos no es un hecho coyuntural. Se trata de una tendencia consolidada que debe su constante crecimiento a un cúmulo de motivos. Algunos de ellos se aprecian ya con la sola enumeración de los interrogantes que plantea la vía *judicial* en el plano *internacional*: los temores que suscita la sumisión a jurisdicciones extranjeras; las incertidumbres sobre la duración del proceso –con lo que ello significa en términos económicos–; las dificultades de gestión con las que pueden tropezarse los operadores jurídicos –idiomas, plazos...–. Se trata, en definitiva, de una serie de circunstancias que empujan al operador a buscar una forma de resolución de conflictos –en términos de previsibilidad– más segura.

1.3. El arbitraje internacional no solo coadyuva a disipar esos temores, sino que, además, aporta una serie de ventajas para el operador. Estas ventajas son las siguientes:

A. *Autonomía de la voluntad*. El principio que rige en el arbitraje –interno o internacional– es el de la autonomía de la voluntad de las partes: éstas "hacen y deshacen" según su voluntad todos los aspectos del procedimiento arbitral. Extrapolado este principio al contexto internacional, resulta que las partes pueden adecuar los plazos y modos de las notificaciones –correo ordinario o electrónico–, concretar los días y términos de las audiencias, fijar el lugar de la geografía mundial en el que quieren encontrarse, e incluso determinar si quieren que su controversia se rija por un Derecho material concreto –el del país que convengan– o unos principios

10. STJUE, 20.6.2022, C-700/20, *London Steam-Ship*. Este es también el criterio de la doctrina alemana: KAHLER, "Der verfassungsrechtliche Rahmen der Schiedsgerichtsbarkeit", *SchiedsVZ*, 2023, pp. 2-20.

11. *International Arbitration. Corporate attitudes and practices 2006*, PriceWaterhouseCoopers / Queen Mary. University of London. http://www.pwc.com/en_BE/be/publications/ia-study-pwc-06.pdf.

generales formalmente desligados de cualquier ordenamiento jurídico. Nada obsta, además, para que reconsideren acuerdos ya adoptados sobre estas materias.

B. *Rapidez*. Se trata de una consecuencia más de la autonomía de la voluntad de las partes. Ellas mismas pueden acordar un plazo máximo para solventar su controversia; plazo que debe ser respetado por los árbitros. De hecho, si los árbitros no respetan el plazo acordado por las partes para dictar el laudo, éste puede ser anulado y aquéllos declarados civilmente responsables[12].

Además, a diferencia de lo que ocurre con la jurisdicción ordinaria, el arbitraje –ya sea interno o internacional– carece de un sistema de recursos. Es, por decirlo de algún modo, un sistema de resolución de conflictos en una sola instancia: la primera resolución sobre el fondo es la definitiva (*one shot*). No es recurrible. Contra el laudo arbitral únicamente puede ejercerse la acción de anulación que –como se verá– no tiene por objeto revisar el fondo del laudo. Con carácter excepcional, la Ley de Arbitraje española contempla también la revisión del laudo (art. 43 LArb).

El temor que la existencia de una única instancia puede producir tiende a disiparse si se tiene en cuenta el papel de las partes en la elección de los árbitros: recae sobre ellas mismas la responsabilidad de elegir una persona especializada en la materia controvertida.

En el contexto internacional, las ventajas de esta única instancia son todavía más evidentes. En efecto, una instancia única relativiza en cierta medida las complicaciones inherentes a un supuesto internacional: aplicación de distintas leyes, interpretación de documentos redactados en distintos idiomas, pruebas a practicar y notificaciones a librar en distintos Estados, informes periciales realizados por distintas instituciones... Como fácilmente podrá entenderse, alargar conflictos de este tipo en el seno de la jurisdicción de cualquier Estado se traduciría en un considerable aumento de costes.

C. *Especialización*. Se concreta en dos vertientes. La primera deriva de la constatación de que existen controversias típicas del *contexto internacional*; esto es, controversias sobre determinadas materias que siempre –o casi siempre– tienen un elemento de internacionalidad: piénsese en el sector energético (compraventa o distribución de gas, petróleo o electricidad; energías renovables) o en el sector de construcción de grandes infraestructuras (alta velocidad, centrales

12. *Vid. infra* Cap. X.

nucleares, gaseoductos) o en el sector del transporte internacional (marítimo). El marcado carácter internacional de estas controversias exige también un método internacional para su resolución, pues, en términos generales, puede afirmarse que los sistemas procesales de cada Estado están pensados para supuestos típicamente internos antes que genuinamente internacionales. No son, por tanto, la opción más idónea para resolver una serie de controversias que presentan características propias. El arbitraje internacional, en cambio, es un sistema de resolución de conflictos cuya regulación –tanto de fuente interna como de fuente internacional– se ha hecho desde el conocimiento de las circunstancias propias del entorno internacional.

La segunda vertiente de la especialización se refiere al árbitro en sí. Su especialización en determinadas materias se presenta como una virtud del arbitraje. El poder judicial no puede alcanzar cuotas de especialización tan altas.

D. *Economía de costes*. El hecho de que el arbitraje no contemple una segunda instancia tiene sus riesgos, pero aporta evidentes ventajas desde la perspectiva del coste de la controversia. Baste con pensar en los costes que supone el hecho de tener abierto un procedimiento judicial en uno o más Estados o en los costes que origina el recurso a posteriores instancias.

E. *Confidencialidad*. A diferencia de lo que ocurre en la jurisdicción ordinaria, donde por regla general las audiencias son públicas, en el arbitraje –tanto interno como internacional– las partes pueden optar por resolver sus controversias de forma confidencial. No es necesario que así sea. Sin embargo, a la luz de circunstancias temporales o materiales concretas –controversias sobre cuestiones vinculadas a sectores especialmente sensibles a la opinión pública–, las partes –y sólo ellas– pueden optar por resolverlas de forma confidencial. Opción que no se tiene en la jurisdicción ordinaria.

F. *Alegación y prueba del Derecho extranjero*. La sumisión al arbitraje en un supuesto internacional puede alejar a las partes de un problema endémico que padece el sistema jurídico español, cual es el que gira en torno a la alegación y prueba del Derecho extranjero (problema de aplicación del sistema de normas de Derecho internacional privado). En efecto, en el estado actual de la cuestión, plantear ante un tribunal español una controversia que deba regirse por un Derecho extranjero tiene sus riesgos. Y es que, si la parte interesada en la aplicación del Derecho extranjero no lo alega y prueba de forma detallada, puede ocurrir –es más, de ordinario ocurrirá– que su controversia se resuelva finalmente a la luz del Derecho español[13]. De hecho, el régimen legal de la alegación y prueba del Derecho extranjero que prevé (artículo 33.2 de la *Ley de cooperación jurídica internacional en materia civil* [LCJI] en relación con el artículo 281.2 LECiv) sintetiza perfectamente la práctica judicial más consolidada: *"Con carácter excepcional, en aquellos supuestos en los que no haya podido acreditarse por las partes el contenido y vigencia del Derecho extranjero, podrá aplicarse Derecho español"*[14]. En el arbitraje internacional, sin embargo, este riesgo no se da, pues se conjura designando como árbitro a un especialista en el Derecho controvertido[15].

G. *Facilidad del reconocimiento del laudo.* Por inverosímil que parezca, y excepción hecha de las particularísimas características del *espacio judicial europeo*, el laudo dictado por uno o tres árbitros en cualquier ciudad del mundo tiene más posibilidades de ser reconocido y ejecutado en un Estado extranjero que una sentencia judicial dictada también en cualquier lugar del mundo. Eso es así en al menos todos los Estados que han ratificado el Convenio de Nueva York de 1958 (CNY) –más de ciento sesenta–. Los motivos que han propiciado esta situación son claros: (i) el elevadísimo número de ratificaciones que avalan el citado Convenio; y, (ii) la delimitación de los motivos de denegación del execuátur del laudo extranjero que contempla el texto.

**Reconocimiento de sentencias en el *espacio judicial europeo***: El Reglamento Bruselas I *refundido* prevé un régimen de reconocimiento y ejecución de sentencias judiciales extranjeras mucho más favorable que el régimen de reconocimiento y ejecución de laudos arbitrales. De hecho, el citado Reglamento –a diferencia de su predecesor– no contempla un procedimiento de execuátur[16]. Sin embargo, y por lo que ahora importa, no debe olvidarse que, además de su alcance regional –resoluciones

13. Aún más, para el TS las cláusulas de Derecho aplicable introducidas en los Folletos Base que regulan ciertos productos financieros no son, por sí mismas, válidas (STS, 20.7.2017, ECLI:ES:TS:2017:3027). Repárese en que se trata de una jurisprudencia contraria a la establecida por el TJUE sobre la validez de las cláusulas de sumisión a tribunales incluidas en este tipo de contratos (STJUE, 20.4.2016, C-366/13, *Profit*).

14. Para una crítica a este precepto, *vid.* CALVO CARAVACA, "Aplicación judicial del derecho extranjero en España. Consideraciones críticas", *REDI*, 2016/2, pp. 133-156.

15. Para un ejemplo de aplicación –correcta– del derecho extranjero en el seno de un arbitraje, *vid.* STSJ de Madrid, 30.1.2018, ECLI:ES:TSJM:2018:905; STSJ de Madrid, 4.5.2021, ECLI:ES:TSJM:2021:5098.

16. Sobre el reconocimiento y ejecución de resoluciones extranjeras en este instrumento, *vid.* por todos, GASCÓN INCHAUSTI, *Reconocimiento y ejecución de resoluciones extranjeras en el nuevo Reglamento Bruselas I bis*, Valencia, 2016.

judiciales dictadas por los tribunales de los Estados miembros de la UE–, no es aplicable al reconocimiento y execuátur de laudos extranjeros (art. 1).

Por otro lado, es francamente difícil que el comúnmente conocido como *Convenio sobre sentencias de 2019*[17] vaya a alcanzar un nivel de ratificaciones siquiera aproximado al alcanzado por el CNY.

Desde la perspectiva del ordenamiento jurídico español, debe desatacarse que el procedimiento de reconocimiento y execuátur del laudo extranjero se sustancia ante los Tribunales Superiores de Justicia en una sola instancia: frente a la resolución de estos tribunales no cabe recurso. En cambio, el procedimiento de reconocimiento de sentencias extranjeras prevé tanto recurso de apelación como de casación. Es decir, puede llegar a ser mucho más lento y costoso[18].

H. *Legislaciones muy favorables al arbitraje*. Las ventajas anteriormente descritas no son propias de determinadas leyes nacionales tradicionalmente sensibles en materia de arbitraje (francesa, inglesa, suiza, sueca...). Antes al contrario, hoy por hoy, las ventajas anteriormente descritas constituyen el denominador común de las leyes de arbitraje de la mayoría de los Estados. Puede afirmarse, por tanto, que el *favor arbitrandum* está ampliamente reconocido a nivel mundial. De hecho, desde el punto de vista del Derecho comparado, se constata que en las últimas décadas los legisladores se han esforzado denodadamente por promulgar un marco legal favorable al desarrollo del arbitraje internacional.

Esta corriente legislativa *pro-arbitraje* es fácil de entender. Atraer un arbitraje internacional a un foro concreto supone un beneficio económico evidente para el sector servicios de ese foro: *ad ex.* elección de abogados y uso del abanico de servicios que allí se les oferte.

La **Ley Modelo** sobre arbitraje comercial internacional, elaborada por la Comisión de las Naciones Unidas para el Derecho Mercantil Internacional, de 21 de junio de 1985 (la denominada Ley Modelo de UNCITRAL –LM–) ha jugado un papel clave en este proceso. Marco legal de referencia para los legisladores, ha inspirado muchas de las leyes de arbitraje actualmente en vigor. Y es que, como el mismo legislador español reconoce, la LM responde a un sutil compromiso

17. *Convenio de La Haya sobre el reconocimiento y la ejecución de sentencias extranjeras en materia civil o comercial, hecho el 2 de julio de 2019.*
18. Sobre el procedimiento de execuátur del laudo arbitral extranjero *vid. infra* Cap. XII.

entre las tradiciones jurídicas europeo-continental y anglosajona. Por ello, sus preceptos –que incorporan un alto grado de flexibilidad– facilitan la difusión del arbitraje entre operadores pertenecientes a distintas áreas económicas.

1.4. La suma de todos estos factores hace que el arbitraje comercial internacional deba considerarse como el método de resolución de controversias internacionales más importante. Así, las estadísticas que anualmente brindan las instituciones especializadas en su administración (*ad ex. Cámara de Comercio Internacional* [CCI]), demuestran con claridad que el número de controversias internacionales que se resuelven por esta vía es cada año mayor.

En el año 2014 se registraron 791 demandas de arbitraje (*requests*) ante la Corte Internacional de Arbitraje de la CCI y se dictaron 459 laudos. En el año 2015, se registraron 801 demandas y se dictaron 498 laudos. En el año 2020 se registraron 946 demandas de arbitraje[19].

Es precisamente esa importancia la que justifica el estudio del arbitraje *internacional* desde la perspectiva del ordenamiento jurídico español.

19. Fuente: *ICC Dispute Resolution Library, Statistical Report.*

*II*

# Teoría general sobre el arbitraje comercial internacional: concepción territorial, concepción transnacional y concepción intermedia

## I. CONCEPCIÓN TERRITORIAL, CONCEPCIÓN TRANSNACIONAL O ANACIONAL Y CONCEPCIÓN INTERMEDIA

2.1. Dos son las concepciones o teorías sobre la naturaleza del arbitraje comercial internacional que tradicionalmente han estado en la base de los ordenamientos jurídicos arbitrales: la concepción *territorial* y la concepción *transnacional*. La primera concibe el arbitraje internacional vinculado con un ordenamiento jurídico (de ordinario, el de la sede del arbitraje). La segunda, por el contrario, lo concibe desvinculado, desligado o independiente de cualquier ordenamiento jurídico estatal: en su virtud, el ordenamiento en materia de arbitraje sería un ordenamiento *autónomo*. Junto con estas dos concepciones, se alza en la actualidad una tercera que bien podría denominarse concepción *intermedia*: a partir de los postulados propios de la concepción territorial, asume ciertas soluciones de base transnacional.

2.2. El correcto entendimiento del significado y alcance de cada una de estas concepciones es fundamental, pues permite entender algunas de las decisiones que más polémica han suscitado en este ámbito[1].

**Ejemplo I.** Un convenio arbitral firmado entre las partes designa expresamente *Adis Abbeba* como sede de un arbitraje internacional.

1. Para un análisis sobre estos criterios, además del criterio basado en la ley aplicable al procedimiento arbitral (*Seat Theories, Legal Localization* y *Approaches to Delocalization*) *vid.*, PETROCHILOS, *Procedural Law in Internacional Arbitration*, Oxford, 2004, pp. 22-65. *Vid.* también, con carácter general, STONE SWEET / GRISEL, *The Evolution of International Arbitration*, Oxford, 2017, pp. 35-80.

Surge la controversia, y aun con firme oposición de una de las partes, el colegio arbitral reconsidera el acuerdo inicial y designa París como sede. ¿Cómo es posible justificar legalmente un cambio unilateral de sede arbitral? Porque la ley arbitral del Estado donde se "traslada" el arbitraje se basa en una concepción *anacional* del mismo: en la medida en que esta ley concibe el arbitraje desvinculado del ordenamiento jurídico del Estado de la sede inicial, ampara el "traslado" bajo ciertas circunstancias (*ad ex.* si los tribunales del Estado inicialmente designado como sede obstaculizan el correcto devenir del arbitraje).

**Ejemplo II.** Un laudo arbitral es anulado en el Estado de origen. Sin embargo, el mismo laudo es reconocido en un tercer Estado. Cabría plantearse entonces: ¿Cómo puede llegarse a reconocer un laudo arbitral que ha sido previamente anulado por un tribunal? Pues bien, sería posible porque la ley arbitral del Estado donde se pide el execuátur del laudo se basa en una concepción *anacional* del arbitraje internacional: como esta ley concibe el laudo desvinculado del ordenamiento jurídico del Estado de la sede, no considera determinante la posible anulación del laudo por un tribunal de dicho Estado.

***Lex loci arbitri v. lex arbitri.*** A los efectos de mejor entender lo que a continuación se explicará respecto del alcance de estas tres concepciones conviene hacer una precisión terminológica. Así, es común utilizar la expresión *lex arbitri* para hacer referencia a la ley que rige el procedimiento arbitral. A mi juicio, sin embargo, tal referencia es desafortunada, pues, en puridad, la *lex arbitri* hace referencia a un marco legal mucho más amplio (*Grundnorm*). Como ha sido destacado:

*"The arbitration law (lex arbitrii) encompasses all provisions governing the arbitration in a given country, particularly the formal validity of the arbitration agreement, the arbitrability of the dispute, the composition of the arbitral tribunal, fundamental procedural guarantees, assistance from the courts and judicial review of the award....*

*While the lex arbitrii constitutes the primary foundation for the effectiveness of an arbitration agreement, it does not necessarily govern all its aspects. Instead, it might establish a conflict-of-law rule or even refrain from dealing with certain questions relating to the arbitration agreement, particularly its material validity.*

*The lex arbitrii must also be distinguished from the law or the rules of law governing the procedure before the arbitrators. Confusion of these two concepts is frequent and results from the use of the more general notion of "law of procedure"*[2].

En cualquier caso, como es cada vez más común entender que la expresión *lex arbitri* hace referencia a ley que rige el procedimiento arbitral, en este texto utilizaré la expresión *lex loci arbitri* para distinguirla de la expresión *lex arbitri*, en el bien entendido que con la expresión *lex loci arbitri* hago alusión a lo que debe entenderse por *lex arbitri*: ese marco legal amplio que engloba diversos aspectos del arbitraje.

## 1. CONCEPCIÓN *TERRITORIAL*

2.3. En virtud de la **concepción *territorial*** un arbitraje internacional debe estar indefectiblemente *anclado* al ordenamiento jurídico de un Estado; esto es, el arbitraje debe estar localizado y ligado a las normas de un determinado Estado. Y más concretamente, a las normas del Estado en el que el arbitraje tenga su sede. Así, cuestiones como el alcance de la autonomía de la voluntad de las partes, la interpretación de los principios que rigen el procedimiento arbitral, las facultades y poderes de los árbitros, o la intensidad del control que los tribunales ordinarios de justicia pueden ejercer sobre el arbitraje, quedan reguladas por ese ordenamiento jurídico.

2.4. En la práctica, la consecuencia más importante de esta concepción –entendida en su formulación más pura– reside en la concreción de la competencia judicial internacional en los tribunales del Estado sede del arbitraje para conocer de las cuestiones relativas al apoyo y control del mismo, la vinculación del árbitro con el ordenamiento de la sede para interpretar la validez del convenio arbitral, así como la aplicación de las normas de conflicto del derecho del foro para la concreción de la ley aplicable al fondo de la controversia.

**Antecedentes históricos**. Hasta mediados del siglo XX era un lugar común tanto en el Derecho convencional como en la doctrina considerar como única ley aplicable al procedimiento arbitral la del lugar de celebración del arbitraje (*lex loci arbitri*). Así estaba previsto, por ejemplo, en la Disposición segunda del *Protocolo de Ginebra sobre cláusulas de arbitraje* de 24 de septiembre de 1923, a cuyo tenor: "El procedimiento de arbitraje, incluso la constitución del Tribunal

2. Con más referencias, POUDRET / BESSON, *Comparative Law on International Arbitration*, 2.º Ed., Thomson, 2007, pp. 83-85. En sentido similar, REDFERN / HUNTER / BLACKABY / PARTASIDES, *Teoría y práctica del Arbitraje Comercial Internacional*, 4.ª Ed. Thomson, 2016, pp. 155-160.

arbitral se regirá por la voluntad de las partes y por *la ley del país en cuyo territorio tenga lugar el arbitraje*". Desde un punto de vista doctrinal, un ejemplo ilustrativo de esta afirmación lo constituyen las Actas relativas a la decimocuarta Comisión del *Institut de Droit International*. En efecto, bajo el título *L'arbitrage en droit international privé*, el Instituto adoptó un interesante Proyecto de Resolución relativo a determinadas cuestiones que planteaba la práctica internacional del arbitraje[3]. Este texto aboga por la aplicación de la *lex loci arbitri* al arbitraje. De tal forma que las partes tendrían libertad absoluta para determinar el lugar o la sede del mismo, pero una vez elegido ese lugar, estarían obligados a respetar su ley. En idéntico sentido, la Resolución final, adoptada en la sesión de Ámsterdam de 1957[4], estableció, con carácter general, la libertad de las partes para elegir la sede del arbitraje. Pero en el bien entendido de que la ley de esa sede sería la ley aplicable al mismo (procedimiento, validez del convenio arbitral y normas de conflicto aplicables para determinar tanto la ley aplicable a la capacidad como la ley aplicable al fondo).

Aún con estos antecedentes, el origen teórico de esta concepción tal y como *hoy en día* es entendida se encuentra en los escritos del profesor *Mann*[5]. Concebidos como respuesta a las tesis *anacionales* del arbitraje internacional, en ellos se constata un esfuerzo por demostrar la obligatoriedad de anclar el arbitraje a un determinado ordenamiento estatal: "*Every right or power a private person enjoys is inexorable conferred by or derived from a system of municipal law which may conveniently and in accordance with tradition be called the lex fori, though it would be more exact (but also less familiar) to speak of the* lex arbitri *or, in French, la* loi de l'arbitrage". Su argumentación se basa en cuatro puntos: (i) respeto a la soberanía local; (ii) los tribunales del Estado sede del arbitraje son los que de forma más completa y efectiva pueden llevar a cabo las funciones de control y apoyo; (iii) la ley del Estado de la sede es la ley que presenta los vínculos más estrechos con el arbitraje; y, (iv) la ley del Estado de la sede es

3. *Institut de Droit International, L'arbitrage en droit international privé –Rapport et projet de Résolutions présentés par* M. GEORGES SAUSER-HALL, Ginebra, 1952.

4. La resolución lleva por título "*L'arbitrage en droit international privé*" y puede consultarse en: http://justitiaetpace.org/resolutions.php.

5. Como uno de sus primeros escritos, *vid*. MANN, "Lex Facit Arbitrum", en: SANDERS (Ed.), *International Arbitration. Liber Amicorum Martin Domke*, La Haya, 1967, pp. 157-183. En la doctrina comparada, asumiendo buena parte de este planteamiento territorial, POUDRET / BESSON, *Comparative Law of International Arbitration*, Zurich, 2007, pp. 112-149.

la única que puede brindar a los árbitros un sistema de normas de conflicto.

El criterio *territorial* así defendido se distanciaba de la construcción doctrinal en su momento defendida por el profesor alemán RIEZLER, en cuya virtud, la vinculación de un arbitraje con un concreto Estado debería determinarse a partir de una aproximación conflictual al *procedimiento arbitral*[6]. Y así, partiendo de la distinción entre Tribunal arbitral *ad hoc* (*Gelegenheitsschiedsgerichte*) y Tribunal arbitral permanente o institucional (*Dauerschiedsgerichte*), reconoce a los primeros –y niega a los segundos– la posibilidad de regir su procedimiento conforme a un ordenamiento extranjero. Es decir, introduce el criterio de la *ley aplicable al procedimiento arbitral* como criterio relevante para anclar el arbitraje al ordenamiento jurídico de un país determinado. Aún más, en virtud del principio de la autonomía de la voluntad, las partes podrían determinar el carácter *internacional* del mismo: bastaría con someter el procedimiento arbitral a un ordenamiento extranjero para que el arbitraje se considerase internacional. Tal planteamiento pronto encontró eco tanto en la doctrina[7] como en la jurisprudencia alemana[8] y en la actualidad está presente en ordenamientos arbitrales tan importantes en la práctica como son el francés y el suizo[9].

6. RIEZLER, *Internationales Zivilprozessrecht und Prozessuales Fremdenrecht*, 1949.
7. *Ad ex. vid.* MEZGER, "The Arbitrator and Private International Law", en: DOMKE (Ed.) *International Trade Arbitration. A Road to World-Wide Cooperation*, Nueva York, 1958, pp. 236-239; v. HOFFMANN, *Internationale Handelsschiedsgerichtsbarkeit*, 1970, pp. 64-73; NAGEL, *Internationales Zivilprozessrecht*, Münster, 2.ª Ed., 1984, pp. 418-420; SCHLOSSER, *Das Recht der internationalen privaten Schiedsgerichtsbarkeit*, Tubingia, 2.ª Ed., 1989, pp. 176-178; SCHWAB / WALTER, *Schiedsgerichtsbarkeit*, Munich, 5.ª Ed., 1995, p. 450. En contra MANN, "Lex Facit....", *cit.*, pp. 164-170; *Ibid.*, "Schiedsrichter und Recht", *Festschrift für Werner Flume*, Colonia, 1978, pp. 601-604; SANDROCK, "Welche Verfahrensregeln hat ein Internationales Schiedsgericht zu befolgen?", en: *Festschrift für Ottoarndt Glossner*, Heidelberg, 1994, pp. 282-297.
8. BHG, *Urteil*, 3. 10. 1956 - V ZR 32/55, *BGHZ*, 21, 1956, pp. 365-370: "Ein Schiedsspruch ist ein 'ausländischer' wenn er ausländischem Verfahrensrecht untersteht"; BGH, *Urteil*, 27. 2. 1969 - KZR 3/68, *KTS*, 1970, pp. 24-30; *NJW*, 1969, pp. 978-980. Por lo demás, esta sentencia confirmó, por primera vez en Europa, que el incumplimiento de las disposiciones comunitarias en materia de Derecho de la competencia suponía una vulneración del orden público (*infra* Cap. XII). BGH, *Urteil*, 12. 2. 1976 - III ZR 42/74, *RIW*, 1976, pp. 449-451. Implícitamente, BGH, *Urteil*, 26. 9. 1985 - III ZR 16/84, *KTS*, 1986, pp. 182-186.
9. *Vid.* artículo 1505.2.º NCPC francés y artículo 182.1 Ley suiza de DIPr. Sobre este último precepto, *vid.* BUCHER, *Die neue internationale Schiedsgerichtsbarkeit in der Schweiz*, Basilea, 1989, pp. 75-78.

En cualquier caso, debe señalarse que tanto el *criterio territorial* como el *criterio procesal* están expresamente reconocidos en el Convenio de Nueva York de 1958 (CNY). En efecto, el artículo V.1.e/ CNY admite como motivo para denegar el reconocimiento de un laudo arbitral el hecho de que haya sido anulado o suspendido "por una autoridad competente *del país en que, o conforme a cuya Ley*, ha sido dictado".

2.5. La concepción territorial del arbitraje internacional ofrece indudables **ventajas**. (i) En primer lugar, dota de **seguridad jurídica** al arbitraje, pues la concreción de la sede –o lugar donde se desarrolla– es fácilmente identificable. (ii) En segundo lugar, es la concepción que mejor respeta la **voluntad de las partes**: en la actualidad, en la inmensa mayoría de los supuestos, la elección de la sede de un arbitraje internacional es consecuencia de una reflexión prospectiva de los asesores legales de las partes. Así, si las partes eligen una concreta sede para el arbitraje, debe estimarse que han ponderado, entre otras muchas circunstancias, la concepción teórica que subyace al ordenamiento arbitral de ese país y, a partir de ahí, el papel de mayor o menor control que los órganos judiciales de ese Estado despliegan sobre el arbitraje. Desde esta perspectiva, puede afirmarse que la concepción territorial respeta plenamente la autonomía de la voluntad de las partes.

Y así, mientras que el traslado unilateral de la sede del arbitraje (esto es, acordado por el colegio arbitral sin consentimiento expreso de ambas partes) no sería motivo de anulación del laudo en un país cuyo ordenamiento arbitral estuviera inspirado en una concepción *transnacional*, sí sería motivo de anulación, en principio, en un país cuyo ordenamiento arbitral estuviera inspirado en una concepción *territorial*.

2.6. Además, la concepción territorial es más respetuosa que la concepción *anacional* con las soluciones previstas en el Derecho comparado en materia de arbitraje. De ordinario, aquellos ordenamientos que asuman una concepción territorial aceptarán tanto la competencia de los tribunales de los Estados sede de arbitrajes como las consecuencias que de esa competencia se derivan: respeto –vía execuátur– a las soluciones adoptadas por aquellos tribunales. En consecuencia, puede afirmarse que esta concepción coadyuva a alcanzar la armonía internacional de soluciones (principio rector del Derecho internacional privado).

Los detractores de esta teoría invierten este razonamiento, afirmando que la deseable armonía de soluciones no acaba de alcanzarse, precisamente, por no adoptarse la concepción *anacional*[10].

2.7. Su mayor **inconveniente** –se dice– es que impide una resolución auténticamente internacional de una controversia también internacional. Se sostiene, en este sentido, que las soluciones a las cuestiones más controvertidas en el ámbito internacional que prevén los ordenamientos jurídicos que se inspiran en este criterio –validez del convenio arbitral, normas aplicables al fondo de la controversia– , suelen ser excesivamente rígidas. Así, por ejemplo, a la luz de un ordenamiento arbitral informado por un criterio territorial puede resultar controvertido aplicar unos principios generales al fondo de la controversia[11].

A mi juicio, sin embargo, estos inconvenientes no son tales, pues este tipo de cuestiones ya están reguladas en las nuevas leyes de arbitraje que siguen una concepción *intermedia* (como, en ciertos aspectos, la Ley de Arbitraje española) –*infra* C/–.

## 2. CONCEPCIÓN TRANSNACIONAL O ANACIONAL

### 2.1. Configuración de la concepción transnacional

2.8. La **concepción transnacional o *anacional*** parte de la base de que las controversias genuinamente internacionales deben ser resueltas por un método de resolución de conflictos también genuinamente internacional. La jurisdicción estatal constituye un foro potencialmente inadecuado para conocer de controversias de índole internacional y los ordenamientos jurídicos aplicables al fondo de la controversia no acaban de ofrecer las soluciones flexibles que demanda la *societas mercatorum*. A partir de aquí, esta concepción se esfuerza por desvincular el arbitraje internacional de cualquier ordenamiento jurídico estatal. Es por ello por lo que se afirma que "el árbitro internacional no tiene foro" (*L'arbitre international n'a pas de for*)[12].

**Antecedentes históricos.** El origen y primer desarrollo teórico y jurisprudencial de la concepción *anacional* del arbitraje comercial internacional se sitúan temporalmente en la posguerra (a partir de

10. GAILLARD, Nota a la sentencia de la *Cour d'appel* de París, 31.3.2005, *Rev. Arb.*, 2006, 3, pp. 670-672.
11. Sobre esta cuestión *vid. infra* Cap. X.
12. GAILLARD, *Aspects philosophiques du droit de l'arbitrage international,* Martinus Nijhoff, 2008, p. 60.

1945): en el marco de una Europa dividida en dos bloques enfrentados[13]. Un contexto –muy distinto al actual– que reclamaba soluciones jurídicas neutras; desvinculadas de los ordenamientos jurídicos de los Estados. En concreto, los primeros estudios que plantean y desarrollan está concepción son autoría de los profesores FRAGISTAS y GOLDMAN. El primero fue precursor en sugerir que las partes podrían *"détacher l'arbitrage de tout ordre juridique et lui donner un caractère supranacional"*. Y en este sentido, el arbitraje supranacional sería un arbitraje *"qui échappe à l'emprise de tout droit national pour être soumis directement au droit internacional"*[14]. La misma línea de pensamiento, aunque más desarrollada, se encuentra en el Curso de La Haya del profesor GOLDMAN, donde defiende que *"toute recherche d'un système de rattachement correspondant à la nature de l'arbitrage internacional débouche sur l'inéluctable nécessité d'un système autonome, et non national"*[15]. Estas premisas pronto encontraron eco en la doctrina posterior[16] y han llegado a materializarse definitivamente en el ordenamiento jurídico francés. De hecho, este ordenamiento es el que mejor refleja en la letra de sus preceptos los postulados *anacionales* del arbitraje. Y aunque este marco legal parezca insuficiente para defender la aceptación de la teoría *transnacional*, es lo cierto que su influencia no debe ser subestimada. En primer lugar, porque muchos ordenamientos en la materia acogen –siquiera parcialmente– parte de los criterios desarrollados a partir de "postulados *transnacionales*". En segundo lugar, porque Francia es un referente mundial en materia de arbitraje internacional.

2.9. Para quienes en la actualidad defienden esta concepción –sobre todo, un relevante sector de la doctrina francesa[17]– el arbitraje internacional es el método de resolución de controversias *natural* para los litigios internacionales; de tal forma que el árbitro se erige también en el *juez natural* de la controversia. Hasta tal punto que plantean la hipótesis de un ordenamiento jurídico *arbitral*, desvinculado de cualquier ordenamiento

13. *Vid.*, también, LEW, "Achieving the Dream: Automous Arbitration", *Arb. Int.*, 2006, pp. 182-185.

14. FRAGISTAS, "Arbitrage Étranger et Arbitrage Internacional en Droit Privé", *Rev. Crit. DIP*, 1960, pp. 14-20.

15. *Les Conflicts de Lois dans l'Arbitrage International de Droit Privé*, *R. des C.*, 1963, 109, pp. 380-390.

16. Como referencia más destacada, *vid.* FOUCHARD, *L'arbitrage commercial international*, Dijon, 1965.

17. Por todos, GAILLARD, *Aspects philosophiques du droit de l'arbitrage international*, *cit.*, *Ibid.*, GAILLARD, "Souveranité et autonomie : réflexions sur les represésentations de l'arbitrage international", *JDI*, 2007, pp. 1163-1173. En la doctrina anglosajona, LEW, *cit.*, *Arb. Int.*, 2006, pp. 179-203.

jurídico *estatal*. Un ordenamiento que encuentra su origen en la *societas mercatorum*, capaz de concebir una suerte de ordenamiento específico y espontáneo para regular las cuestiones propias –o típicas– del arbitraje internacional[18].

> Desde esta perspectiva, se argumenta que del mismo modo que existen jurisdicciones internacionales desvinculadas de las jurisdicciones estatales –piénsese en el Tribunal Internacional de Justicia o en la Corte de Arbitraje Internacional, ambos con sede en La Haya– también podría concebirse un ordenamiento arbitral desvinculado de cualquier ordenamiento estatal.

El hecho de que las partes hayan convenido voluntariamente someter sus controversias al arbitraje no hace sino corroborar esta opción, pues –según afirman los defensores de tal concepción– cuando las partes firman un convenio arbitral también están confirmando su voluntad de desvincularse totalmente del juez estatal.

2.10. Como respaldo a esta concepción *transnacional* del arbitraje internacional, debe destacarse que la *Cour de cassation* francesa ha reconocido expresamente la existencia de un ordenamiento jurídico arbitral:

> *"El laudo arbitral,* ***que no está vinculado a ningún orden jurídico estatal****, es una* ***decisión de justicia internacional*** *cuya regularidad es examinada a la luz de las normas aplicables del país donde se solicita su reconocimiento y ejecución..."*[19].

2.11. En consecuencia, en virtud de esta concepción, el arbitraje internacional no está vinculado *–anclado–* a ningún ordenamiento estatal. Gráficamente podría afirmarse que el arbitraje "flota" sobre esos ordenamientos; es autónomo, independiente y está por tanto desligado del ordenamiento jurídico del Estado sede del arbitraje.

> Así lo ha expresado algún laudo arbitral extrapolando el planteamiento en cuestión al concreto ámbito del convenio arbitral: *Arbitration agreement is not anchored exclusively in the legal order of the seat of arbitration, but is validated by a range of internacional sources and norms extending beyond the domestic seat itself*[20].

18. Para una crítica a este planteamiento *vid*. PAULSSON, *The Idea of Arbitration*, Oxford, 2013, pp. 39-44.
19. *Cour de cassation*, 29.6.2007, *Rev. Arb.*, 2007, pp. 507-517 (con nota de GAILLARD). Sobre esta sentencia (asunto *Putrabali*). En la jurisprudencia española, *vid*. auto TSJ de Murcia de 12.4.2019, ECLI:ES:TSJMU:2019:12A, *vid. infra* Cap. XII.
20. Laudo arbitral CCI, núm. 10623, 7.12.2001, *ASA Bulletin*, 2003, pp. 59 ss.

Único límite a tal grado de desvinculación sería, en su caso, el establecido por las leyes del Estado donde se instase el reconocimiento y ejecución del laudo.

2.12. Las **consecuencias** que de esta concepción se derivan son importantísimas en la práctica. Si legalmente se acepta –totalmente en Francia, muy parcialmente en España–, resulta que el árbitro, en tanto que *juez natural* desvinculado de cualquier foro, debe apreciar la validez del convenio arbitral antes que el juez (*Kompetenz-kompetenz*) y puede considerarse más o menos vinculado por una decisión concursal dictada en un determinado país[21]. Del mismo modo, el árbitro podrá trasladar, aún con oposición, la sede del arbitraje[22]. Incluso las partes podrán aplicar un conjunto de normas que ellas mismas se den para resolver el fondo de la controversia (opción expresamente permitida en el ordenamiento español[23]). Pero aún más, pues también manifiesta su influencia tanto en el estadio de la *asistencia judicial* al arbitraje, como en el estadio del *control* judicial al arbitraje. En el primer estadio *–asistencia judicial–*, permite que el árbitro no se vea afectado por las resoluciones que adopte un juez para proteger su jurisdicción –ya sea el juez del Estado sede del arbitraje, ya sea el juez de cualquier otro Estado– (se trata de las célebres *anti-suit injunctions*[24]). En el segundo estadio *–control–*, incide sobre el siempre delicado equilibrio entre la prohibición de revisión (del laudo) y el control de conformidad con el orden público (también del laudo) y tiene una relevancia capital sobre la cuestión relativa al posible reconocimiento y ejecución de un laudo arbitral anulado en el país de origen[25].

## 2.2. Crítica a la concepción transnacional

2.13. La teoría en cuestión y su posterior desarrollo doctrinal y jurisprudencial han sido decisivos para la práctica del arbitraje comercial internacional actual. Tiene el gran mérito de haber aportado importantes soluciones teóricas a determinados aspectos del arbitraje, tanto interno como internacional. Así, la autonomía del convenio arbitral, el principio de *kompetenz-kompetenz*[26] o la aplicación de la denominada *lex mercatoria* al fondo de la controversia[27], tienen su origen en esta teoría transnacional

21. MOURRE, "Arbitraje y Derecho concursal: Reflexiones sobre el papel del juez y del árbitro", *RCEA*, 2007, pp. 227-237.
22. *Vid. infra* Cap. X.
23. *Vid. infra* Cap. X.
24. *Vid. infra* Cap. VII.
25. *Vid. infra* Cap. XII.
26. *Vid. infra* Cap. IX.
27. *Vid. infra* Cap. X.

del arbitraje. O mejor dicho, tienen su origen en la jurisprudencia dictada por los tribunales de los Estados cuyo ordenamiento arbitral asume esta concepción (sobre todo, Francia).

2.14. Admitido lo anterior, deben destacarse, no obstante, una serie de factores que a mi juicio la desvirtúan parcialmente. Para empezar, entiendo que esta teoría parte de un postulado cuestionable; no por erróneo, sino por incompleto. Y es que, en puridad, es solo una "media verdad" afirmar que el operador jurídico se somete al arbitraje internacional para abstraerse de la justicia estatal. En realidad, el operador jurídico se somete al arbitraje internacional sin renunciar a un mínimo control judicial del arbitraje. Es decir, si bien es cierto que con la firma del convenio arbitral las partes renuncian a la vía judicial, no lo es menos que esa renuncia no pretende hacerse en términos absolutos; sin limitación alguna. En la práctica, el operador se somete al arbitraje internacional sin renunciar a un restringido pero posible apoyo y control judicial. Este dato es todavía más patente si se contempla la realidad del arbitraje internacional desde la profesionalización y especialización actual, donde la designación de la sede es fruto de un profundo estudio prospectivo en el que se sopesan, entre otras cosas, el alcance y la intensidad del control y auxilio judicial. De tal modo que, cuando las partes eligen una u otra sede para el arbitraje, también están optando por un modelo de mayor o menor control sobre el mismo.

En segundo lugar, no se entiende bien por qué un árbitro puede desvincularse o desconsiderar –con la excusa de no tener foro– acciones judiciales que pueden resultar determinantes para el arbitraje o el futuro laudo (*ad ex.* procedimientos concursales). Y mucho menos se entiende que para ese mismo árbitro –sin foro– todos las normas imperativas –incluidas las de la sede del arbitraje– deban considerarse normas imperativas "extranjeras" (*as arbitrators have no forum, for them all mandatory rules are necessarily "foreign" mandatory rules*)[28].

En tercer lugar, llevar hasta sus últimas consecuencias el criterio *anacional* –reconocimiento de un laudo anulado– crea un marco jurídico extraordinariamente complejo. Así, por un lado, existe una *sentencia judicial* que anula un laudo y por otro un *laudo* que jurídicamente no es *nada* en el Estado donde se anuló, pero que sí se considera laudo en el Estado donde se reconoce. Para la mayoría de los ordenamientos jurídicos sólo existirá un título susceptible de ser tomado en consideración: la sentencia judicial que anula el laudo; para otros –los que adopten esta concepción– existirán

28. GAILLARD / SAVAGE (Ed.), *Fouchard Gaillard Goldman on International Commercial Arbitration*, Kluwer, 1999, p. 848.

dos títulos: la sentencia y el laudo. El primero susceptible de ser tomado en consideración; el segundo susceptible de ser reconocido. Además, el hecho de que los tribunales de un Estado reconozcan un laudo anulado por los tribunales de otro Estado no impide que en este último Estado vuelva a iniciarse otro arbitraje entre las mismas partes y sobre el mismo asunto (siempre que el motivo de nulidad no haya sido la invalidez del convenio arbitral o la no arbitrabilidad de la materia). En definitiva, un entramado de supuestos que difícilmente satisfará las pretensiones de ninguna de las partes.

> El enrevesado supuesto de hecho que da origen a la sentencia *Hilmarton* da buena prueba de que lo anteriormente dicho son algo más que meras conjeturas teóricas: Celebrado un arbitraje en Suiza –porque las partes así lo quisieron– se dicta un laudo que, posteriormente, es anulado por el tribunal competente de ese país. No obstante la nulidad del laudo, una parte instó y obtuvo el execuátur del laudo anulado en Francia. La otra parte, basándose en la misma nulidad, inició un nuevo arbitraje también en Suiza. Esta vez obtiene un laudo favorable a sus pretensiones e insta su execuátur en Inglaterra. Execuátur que obtiene.

Lo anterior no quiere significar que el laudo arbitral anulado en el Estado de origen no deba ser reconocido en otro Estado en ningún caso. De hecho, la práctica demuestra que, en supuestos excepcionales, dicho execuátur puede llegar a convertirse en la opción más adecuada[29]. Lo anterior solo quiere significar que otorgar, con carácter general, el execuátur de un laudo anulado en el Estado de origen puede llegar a complicar extraordinariamente las cosas[30].

En cuarto y último lugar, debe destacarse también que esta concepción no ofrece ningún parámetro válido para resolver problemas muy relevantes que se plantean en la práctica internacional actual: el más importante, el supuesto de "litispendencia internacional" entre dos arbitrajes internacionales (ya sea entre arbitrajes comerciales; ya sea entre un arbitraje de inversión y un arbitraje comercial). En la medida en que en estos supuestos se disputa la competencia entre dos tribunales arbitrales –todos ellos, *jueces naturales*– no puede establecerse la disociación entre juez *natural* y juez estatal que, desde la perspectiva transnacional, sirve para resolver,

29. *Vid. infra* Cap. XII.
30. En sentido similar, THÖNE, "Delocalisation in International Commercial Arbitration", *SchiedsVZ*, 2016, pp. 257-267.

siempre a favor del juez *natural*, la competencia para conocer en primer lugar[31].

## 2.3. Concepción transnacional y dimensión europea: arbitraje europeo

2.15. También como crítica a la concepción *transnacional* debe destacarse que la misma no tiene en cuenta la relevancia de la **dimensión europea**[32]. Es más, de la misma forma que de la jurisprudencia del TJUE puede deducirse sin el menor atisbo de duda que el criterio de *sede real* como criterio para determinar la nacionalidad de una sociedad es incompatible con el Derecho de la UE[33], estimo que la concepción *transnacional* del arbitraje también es incompatible con este Derecho. Para ello, no solo basta con ponderar la relevancia y alcance del principio de la *autonomía* del Derecho de la UE cuando al fondo de la controversia que subyace al arbitraje le sea de aplicación Derecho de la UE; basta también con ordenar las conclusiones que de una forma u otra se derivan de una lectura conjunta de la jurisprudencia del TJUE vinculada al arbitraje. En efecto, si bien es cierto que el arbitraje comercial no ha sido objeto de una regulación europea *ad hoc* y que los árbitros, en la medida en que no pueden plantear cuestiones prejudiciales, no participan del *diálogo* entre órganos jurisdiccionales y el TJUE[34], no es menos cierto también que, por un lado, el arbitraje es materia incluida en el ámbito de aplicación del *Espacio de Libertad, Seguridad y Justicia*[35] y, por otro, el Derecho europeo –en sus distintas manifestaciones– afecta de distintos modos al arbitraje. Así, por ejemplo, determinados instrumentos europeos son directamente aplicables a supuestos estrechamente vinculados al mismo –*ad. ex.* el Reglamento Bruselas I *refundido* a las medidas cautelares adoptadas en apoyo

31. Así lo reconocen, de hecho, los máximos exponentes de esta concepción; GAILLARD, "Abuse of Process in International Arbitration", *ICSID Review*, 2017, pp. 17-37.
32. En general, abordando distintas perspectivas, MATA DONA / LAVRANOS (Eds.), *International Arbitration and EU Law*, Edward Elgar Publishing, Cheltenham, 2021.
33. STJCE, 9.3.1999, C-212/97, *Centros*; STJCE, 5.11.2002, C-208/00, *Überserring*.
34. STJCE, 23.3.1982, 102/81, *Nordsee*. Para una reinterpretación de esta jurisprudencia *vid.*, BASEDOW, "EU Law in International Arbitration: Referrals to the European Court of Justice", *J. Int. Arb.*, 2015, pp. 367-385; BRATU, "The Preliminary Ruling's Role in the European Union's 'Persistent Objection' as to the Formation of a Transnational Legal Order", *TDM*, Vol. 19, Issue 2, March 2022. La sección 27.2 de la Ley de Arbitraje danesa (*Danish Arbitration Act* 2005) prevé expresamente que los árbitros soliciten a los tribunales judiciales que eleven la cuestión prejudicial. Sobre las cuestiones que este cauce plantea, *vid.* BROBERG / FENGER, "Arbitration cases and preliminary references to the European Court of Justice – an assessment of "the Danish Solution", *Arb. Int.*, 2020, pp. 147-155.
35. Al respecto, *vid. infra* Cap. X, Ep. VIII.

de un arbitraje; o el Reglamento de Insolvencia *refundido* a los efectos del concurso sobre el arbitraje[36]–. Además, la jurisprudencia del TJUE exige un especial control del laudo arbitral cuando éste deba desplegar efectos bajo la forma de una sentencia judicial dictada en los términos del laudo (sentencia que *funde* el laudo) en el espacio judicial europeo[37]; cuando el Derecho de la Unión sea aplicable al fondo de la controversia o cuando la sede del arbitraje se localice en un lugar de un Estado miembro[38].

> La jurisprudencia del TJUE permite, a su vez, aproximarse al arbitraje internacional desde dos esferas o dimensiones distintas –y en ciertos casos incompatibles entre sí–; pues mientras a la luz del CEDH una renuncia a la acción de anulación es posible; a la luz del Derecho de la UE esa renuncia está condicionada al hecho de que al fondo de la controversia no le sea aplicable Derecho europeo. Desde esta perspectiva, deben tenerse en cuenta las Conclusiones del Abogado General Wathelet en el caso *Genentech*[39]. En ellas se advierte ya de la incompatibilidad de ciertas disposiciones del Derecho del arbitraje francés con el *principio de efectividad* del Derecho de la Unión[40].

2.16. De hecho, a la luz de lo anterior (textos normativos europeos y jurisprudencia del TJUE), puede distinguirse ya un *arbitraje europeo* que, a su vez, puede calificarse también como arbitraje *interno* o arbitraje *internacional.* De hecho, si bien se lee la jurisprudencia del TJUE, los tribunales de los Estados miembros de la UE competentes para controlar el laudo arbitral (ya sea en sede de execuátur, ya sea en sede de anulación) están condicionados por aquella jurisprudencia cuando al fondo del asunto le sea de aplicación el Derecho de la UE (en cualquiera de sus manifestaciones) o cuando la sede del arbitraje se localice en un Estado miembro de la UE. Esta obligación está expresamente prevista, además, en el mismo artículo 19.1 TUE, que exige a los Estados miembros *"vías de recurso necesarias para garantizar la tutela judicial efectiva en los ámbitos cubiertos por el Derecho de la*

---

36. *Vid. infra* Cap. X.
37. STJUE, 6.6.2022, C-700/20, *London Steam-Ship*. Sobre esta resolución, *vid.*, GÓMEZ JENE, "*Prestige* y Arbitraje europeo: a propósito de la sentencia *London Steam-Ship* del TJUE (asunto C-700/20)", *CDT*, 2022/2, pp. 1088-1099.
38. STJCE, 1.6.1999, C-126/97, *Eco Swiss*; STJUE, 6.3.2018, C-284/16, *Achmea*; STJUE, 2.9.2021, C-741/19, *Komstroy*; y, STJUE, 26.10.2021, C-109/20, *PL Holdings*; STJUE, 6.6.2022, C-700/20, *London Steam-Ship*. Como de estos fallos puede deducirse, el TJUE reclama a los Tribunales de anulación que planteen cuestiones prejudiciales sobre la interpretación de las normas imperativas del Derecho de la UE aplicables al fondo: al respecto, *vid.* el sustancioso voto particular del Auto TSJ de Madrid, 9.9.2021, ECLI:ES:TSJM:2021:511A.
39. Conclusiones AG Wathelet, 17.3.2016, C-567/14.
40. Sobre esta cuestión, con más detenimiento, *vid. infra* Cap. XII.

*Unión"*. Es decir, cuando al fondo de la cuestión le sea aplicable Derecho de la UE –ya sea en jurisdicción, ya sea en arbitraje–, los Estados miembros deben garantizar cauces procesales que garanticen la *tutela judicial efectiva* del justiciable. Y así, por ejemplo, en sede de *execuátur*, la jurisprudencia del TJUE impone a los tribunales de los Estados miembros una interpretación concreta del artículo V.2.b/ CNY (*orden público*) cuando al fondo de la controversia le sea de aplicación Derecho imperativo de la UE; de la misma forma que esa misma jurisprudencia impone también un *canon concreto de revisión* del laudo en sede de anulación[41]. La jurisprudencia del TJUE impone, de este modo, una particular forma de analizar el laudo cuando el mismo resuelva una controversia en aplicación del Derecho imperativo de la UE.

2.17. Desde esta perspectiva, puede calificarse como *arbitraje europeo* un arbitraje cuya sede se localice en un Estado miembro y –de ordinario, de forma cumulativa– aplique Derecho de la UE al fondo de la controversia; con independencia absoluta del lugar de residencia de las partes; que podrá ser o no en un mismo Estado miembro, en distintos Estados miembros de la UE, o en distintos terceros Estados. Es decir, la *dimensión europea* del arbitraje viene dada por circunstancias muy particulares –ajenas a un criterio meramente espacial de residencia de las partes– como son el Derecho europeo aplicable al fondo, por un lado, y por la competencia de un tribunal de un Estado miembro para controlar el laudo, por otro.

> Por lo que hace a la relevancia de la sede del arbitraje a los efectos de considerarlo *europeo* es muy ilustrativa la siguiente afirmación del TJUE: *"la fijación de la sede del arbitraje en el territorio de un Estado miembro, en este caso Francia, supone que, a efectos del procedimiento iniciado en el territorio de ese Estado miembro, resulta aplicable el Derecho de la Unión, cuyo respeto debe garantizar el órgano jurisdiccional que conoce del asunto, con arreglo al artículo 19 TUE"*[42]. Afirmación tan amplia permite deducir que, una vez establecida la sede en el territorio de la UE, la vinculación del arbitraje con el Derecho de la Unión se produce de forma prácticamente automática.

2.18. Tal calificación, por lo demás, afecta necesariamente a las concepciones teóricas sobre el arbitraje *internacional*, pues al manifestarse desde una dimensión distinta, puede delimitar extraordinariamente el alcance de las mismas.

41. Véase el análisis de las sentencias *Eco Swiss*, *Achmea* y *Komstroy* en el Cap. XII. Canon de revisión que, lamentablemente, le ha pasado inadvertido al TC en un supuesto de aplicación de normas imperativas de la UE al fondo de la controversia (*infra* Cap. XI).
42. STJUE, 2.9.2021, C-741/19, *Komstroy*, numeral 34.

### 3. Concepción *intermedia*

2.19. El criterio *territorial* no es adoptado en los ordenamientos jurídicos modernos en estado puro. En efecto, muchas leyes de arbitraje (*ad. ex.* británica, alemana, sueca, española, austríaca), aun inspirándose en lo esencial en este modelo, han asumido ciertas pautas *anacionales* que flexibilizan extraordinariamente las consecuencias que de un criterio estricto de territorialidad se derivan. En este sentido, la concepción *intermedia* se caracteriza por asumir, de partida, una concepción territorial del arbitraje internacional. Pero lejos de desarrollar hasta sus últimas consecuencias las líneas básicas de esta concepción, se caracteriza también por adoptar soluciones de corte *transnacional*. Puede afirmarse, en consecuencia, que ciertos postulados clásicos propios de la concepción territorial se han visto superados. De hecho, si se analizan detenidamente las Leyes de arbitraje inspiradas en la Ley Modelo de UNCITRAL (LM)[43] –entre otras, la española– se observará cómo las principales objeciones que, desde un punto de vista teórico plantea el sector transnacional (*ad. ex.* interferencia de los tribunales en el procedimiento arbitral y estricta vinculación del arbitraje con la ley de la sede del arbitraje), han sido objeto de una regulación flexible.

## II. LA LEY DE ARBITRAJE ESPAÑOLA: CONCEPCIÓN *TERRITORIAL* CON SOLUCIONES DE CONCEPCIÓN *INTERMEDIA*

2.20. Vistos los tres criterios existentes, cabe cuestionarse entonces cuál de ellos ha seguido el legislador español. A estos efectos, es preciso señalar que el artículo 1 LArb (titulado *Ámbito de aplicación*) sigue fielmente el tenor del artículo 1 LM, de tal forma que el primer párrafo del precepto consagra el criterio que, con carácter general, informa a la norma: el criterio *territorial*. La LArb sigue de este modo el criterio acogido por otras legislaciones de nuestro entorno en materia de arbitraje[44].

**Artículo 1 LArb**. *Ámbito de aplicación.*

1. *Esta ley se aplicará a los arbitrajes cuyo lugar se halle dentro del territorio español, sean de carácter interno o internacional, sin perjuicio de lo establecido en tratados de los que España sea parte o en leyes que contengan disposiciones especiales sobre arbitraje.*

43. Sobre esta Ley Modelo, *vid infra* Cap. III.

44. *Vid.* la Sección I (2) de la *Arbitration Act* británica; § 1025 ZPO alemana; y el § 46 de la *Lag om skiljeförfarande* sueca (LSF).

La adopción de este criterio no supone una novedad en nuestra legislación arbitral. De hecho, y pese a una controvertida polémica doctrinal al respecto, lo cierto es que la antigua LArb 1988 también lo asumía. De manera no tan explícita –si se quiere–, pero lo asumía.

2.21. El artículo 1 LArb es una **norma imperativa,** en virtud de la cual, siempre que las partes –o en su defecto los árbitros– designen como sede del arbitraje un lugar en España, la LArb será de aplicación. Muchas e importantes son las **consecuencias** que de esta opción legislativa se derivan; máxime si se contemplan desde la perspectiva del arbitraje *internacional*. Así, en primer lugar, el criterio territorial que asienta este precepto supone tanto como que, una vez determinado el lugar del arbitraje en territorio español, **las partes no podrán designar un ordenamiento extranjero para regir su procedimiento arbitral**. O dicho de otro modo, no es posible una remisión conflictual a un ordenamiento extranjero para regir el procedimiento arbitral. Si el lugar del arbitraje se localiza en España, el procedimiento se regirá obligatoriamente por la ley española. Desde esta perspectiva, puede afirmarse que cuando las partes se decanten por fijar el lugar del arbitraje en España conforme a lo establecido en el artículo 26 LArb, implícitamente estarán designando la ley que lo regirá. Esta solución es, por lo demás, compatible con la jurisprudencia del TJUE sobre las consecuencias que tiene la localización de la sede en un Estado miembro en la aplicación del Derecho de la UE[45].

Procedimiento arbitral en este contexto debe entenderse en sentido amplio: la elección de la sede supone, por tanto, que la *lex fori* rige, entre otras cuestiones, las notificaciones, pruebas y medidas cautelares adoptables por los árbitros.

2.22. Tal conclusión se deduce no sólo de una interpretación literal del precepto, sino también del tenor de la norma en que se inspira. En efecto, el artículo 1.2 de la LM establece que *"las disposiciones de la presente Ley..., se aplicarán únicamente si el lugar del arbitraje se encuentra en el territorio de ese Estado"*. Y como unánimemente interpreta la doctrina, la imperatividad de la *lex loci* que este precepto proclama, supone, implícitamente, la imposibilidad de designar una ley extranjera para regir el procedimiento arbitral[46]. La misma unanimidad existe entre los comentaristas de aquellos

45. STJUE, 2.9.2021, C-741/19, *Komstroy*.

46. *Vid*. CALAVROS, *Das UNCITRAL- Modellgesetz über die internationale Handelsschiedsgerichtsbarkeit*, Bielefeld, 1988, pp. 24-30; HUSSLEIN- STICH, *Das UNCITRAL- Modellgesetz über die internationale Handelsschiedsgerichtsbarkeit*, Colonia, 1990, pp. 19-23; HOLTZMAN / NEUHAUS, *A Guide to the Uncitral Model Law on International Commercial Arbitration: Legislative History and Commentary*, Deventer, 1994, pp. 35-38.

países que han adoptado la citada Ley Modelo[47]. A mayor abundamiento, una interpretación sistemática del precepto, puesto en relación con los artículos 25.2 –determinación del procedimiento– y 41.1 d/ –motivo de anulación del laudo– (ambos LArb), conduce a la misma conclusión, pues ambos preceptos exigen que el procedimiento se ajuste a lo estipulado en *"esta ley"*.

2.23. La segunda consecuencia –que tácitamente deriva de la anterior– sería que los principios de *igualdad, audiencia y contradicción* recogidos en el artículo 24 LArb se interpretarán conforme a la legislación y jurisprudencia españolas[48]. Es posible que este dato parezca obvio, pero no está de menos recordar que el supuesto de hecho que dio origen a la célebre sentencia del TJUE en el asunto *Krombach*[49] puso de manifiesto que incluso principios fundamentales como son el de *igualdad, audiencia y contradicción* reciben interpretaciones muy distintas entre los Estados miembros de la UE. Y que lo que es una clara vulneración de los Derechos de defensa a la luz del ordenamiento jurídico español puede no considerarse así a la luz del ordenamiento jurídico de un Estado de nuestro entorno. Por ello, al prohibirse la remisión conflictual en el ámbito del procedimiento arbitral, también se evita el riesgo de interpretaciones jurisprudenciales divergentes.

2.24. Ahora bien, el *criterio territorial* que con carácter general informa a la norma no impide que las partes, en base a la amplia autonomía que la LArb les atribuye, puedan acordar que el procedimiento se rija a partir de las disposiciones de un ordenamiento extranjero. Pero en el bien entendido, y esto es importante, que no operaría una remisión conflictual, sino una "**incorporación por referencia**" de las normas extranjeras[50].

47. Por lo que hace a la regulación alemana *vid.* BERGER, "Das neue deutsche Schiedsverfahrensrecht", *DZWir*, 1998, pp. 46-47; SCHLOSSER, § 1025, Núm. marginal 2, en: STEIN / JONAS, *Kommentar zur Zivilprozeßordnung*, 22.ª Ed.; GEIMER, § 1025, Núms. marginales 3 y 4, en ZOLLER, *ZPO*, Colonia, 24.ª Ed. Por lo que hace a la regulación sueca *vid.* PACHELBEL-GEHAG, *Das reformierte deutsche und schwedische Schiedsverfahrensrecht*, 2002, p. 33. Por lo que hace a la regulación británica *vid.* BRIGGS, en: REES (Ed.) *Civil Jurisdiction and Judgments*, 3.ª Ed., 2002, pp. 526-527.

48. En este sentido, AP de Madrid, 5.5.2008, ECLI:ES:APM:2008:5374.

49. STJCE, 28.3.2000, C-7/98. Sobre la relevancia de esta sentencia en el ámbito del arbitraje internacional, *vid.* GÓMEZ JENE, "Convenio arbitral y orden público europeo (a propósito de la Sentencia del TJCE de 28 de marzo de 2000 en el asunto *Krombach c. Bamberski*)", *Gaceta Jurídica de la Unión Europea y de la competencia*, núm. 209, 2000, pp. 86-92.

50. Sobre esta cuestión, comentando el § 1025 de la ZPO alemana –norma homóloga al art. 1 Larb– *vid.* por todos, GEIMER, § 1025, *cit.*, Núm. marginal 5: *"Das ausl Recht kommt aber nicht kraft kollisionsrechtl Verweisung als ausl Recht zur Anwendung, sondern innerhalb des dt Vefahrensstatuts als von den Parteien vereinbartes Regelwerk"*. Del mismo

Así, por ejemplo, es posible que las partes acuerden un procedimiento arbitral inspirado en el *cross-examination* regulado en los ordenamientos de corte anglosajón. Tal acuerdo es posible, pero, en sede de anulación, los límites de esa remisión se evalúan desde los principios procesales y jurisprudencia españoles.

2.25. La relevancia del **criterio territorial** no se constriñe únicamente a la determinación de la ley aplicable al procedimiento arbitral. Sirve también para determinar: (i) el **carácter interno o extranjero del laudo**; y, (ii) la **arbitrabilidad** de la materia. Además, (iii) tiene particular importancia para determinar la **competencia judicial internacional** de los tribunales españoles en materia de apoyo al arbitraje. No incide, sin embargo, sobre la cuestión de la **ley aplicable al convenio arbitral**[51].

2.26. En cuanto a las materias **arbitrables** (ii), parece claro que, al ser la LArb aplicable a todos los arbitrajes cuyo lugar se localice en territorio español, se considerarán como tales aquellas materias que determine el ordenamiento jurídico español.

Sin embargo, el hecho de que el legislador haya optado por calificar como *internacional* todo aquel arbitraje que resulte de una relación jurídica que *"afecte a intereses del comercio internacional"* (art. 3.1 c/ LArb[52]), así como el tenor del artículo 9.6 LArb, permiten considerar que en España puede arbitrarse sobre materias que *no* son arbitrables a la luz de la LArb. En efecto, esta última norma establece con particular nitidez que cuando *"el arbitraje fuere internacional, el convenio arbitral será válido y la controversia será susceptible de arbitraje si cumplen los requisitos establecidos por las normas jurídicas elegidas por las partes..."*. No obstante ello, y aun tratándose de una interpretación correcta, su aceptación podrá llegar a ser complicada si en el contexto de un arbitraje internacional se insiste en una aplicación estricta del artículo que regula los motivos de anulación del laudo, pues el hecho de que los árbitros resuelvan *"sobre cuestiones no susceptibles de arbitraje"* constituye un motivo de anulación del laudo expresamente previsto en el artículo 41 LArb[53].

2.27. Por lo que hace a la influencia que despliega sobre las normas que regulan la **competencia judicial internacional** de los tribunales españoles para las funciones de apoyo al arbitraje (iii), debe destacarse, en primer lugar, que **no existe un instrumento internacional que regule esta**

modo que el Considerando 13 del Reglamento Roma I prevé que las partes puedan incorporar *por referencia* a su contrato un Derecho no estatal (*vid. infra* Cap. X).

51. *Vid. infra* Cap. VIII.

52. *Vid. infra* Cap. V.

53. *Vid. infra* Caps. VIII y XII.

**cuestión**[54]. Hay que estar, por tanto, a la regulación especial que realiza el artículo 8 en relación con el artículo 1 LArb, sin desechar el juego del régimen general de las normas de competencia judicial internacional. Y así, en virtud de este régimen especial de competencia judicial internacional, **los tribunales españoles serán competentes para apoyar y controlar un arbitraje internacional cuando éste se localice en España**, con independencia de que ninguna de las partes tenga domicilio en este país. En el caso de que la sede no se localice en España o no esté determinada, la competencia judicial internacional de los tribunales españoles para realizar funciones de apoyo a un arbitraje (básicamente, nombramiento de árbitro y medidas cautelares) deriva de lo previsto en las normas que componen el régimen general de competencia judicial internacional (arts. 22 ss. LOPJ y 724 LECiv)[55].

2.28. El criterio de la competencia de los tribunales españoles en aquellos casos en los que la sede esté localizada en España es también el criterio que siguen todos aquellos ordenamientos en materia arbitral que han adoptado la LM. Por ello, cuando dos de estos ordenamientos entren hipotéticamente en juego, no podrán darse –al menos teóricamente– conflictos de competencia judicial internacional, ni positivos ni negativos. Lo anterior no obsta para que, en el contexto de la acción de anulación, las partes puedan pactar una **cláusula de sumisión** a tribunales para que éstos conozcan de la misma. Dicha cláusula debe considerarse válida a la luz del ordenamiento jurídico español si reúne los requisitos de forma y fondo pertinentes[56].

> Sirva el siguiente supuesto para comprender la anterior afirmación: Dos nacionales alemanes con residencia habitual en Alemania podrán dirimir sus controversias mediante un arbitraje con sede en Barcelona. Ahora bien, de decantarse finalmente por esta opción, es lo cierto que los tribunales de su país no podrán, en principio, declararse competentes para conocer de una acción de anulación del laudo, pues éstos sólo entrarán a conocer de la cuestión cuando el laudo se considere dictado en Alemania[57].

54. Recuérdese que el Reglamento Bruselas I *refundido* no es aplicable en este contexto (art. 1 del texto). Sobre la interpretación que el TJUE ha hecho de esta exclusión *vid. in extenso* GÓMEZ JENE, "Artículo 1", en: PÉREZ-LLORCA, *Comentario al Reglamento (UE) n.º 1215/2012 relativo a la competencia judicial, el reconocimiento y la ejecución de resoluciones judiciales en materia civil y mercantil*, Cizur Menor, 2016, pp. 60-85.
55. Con más detenimiento, *vid. infra* Cap. VII.
56. *Vid. infra* Cap. VII.
57. Paradigmático en este sentido, OLG Düsseldorf *EWiR § 1059 ZPO 2/2000*, p. 795, con nota de KRÖLL.

2.29. Por cuanto queda dicho, puede concluirse que el criterio *territorial* informa, con carácter general, la Ley de Arbitraje española. No obstante, puede afirmarse también que la LArb adopta en determinados ámbitos soluciones típicas de la concepción *intermedia*: *ad. ex*. independencia del convenio arbitral y la posibilidad de elegir normas jurídicas (*lex mercatoria*) para resolver el fondo de la controversia.

2.30. La posible **aplicación de la LArb** –*rectius*, sus normas de procedimiento arbitral– **a un arbitraje cuyo lugar radique en el extranjero** es una cuestión que la misma LArb no regula. Tampoco es necesario que lo haga, pues es ésta una cuestión que debe resolver la misma *lex loci arbitri*; es decir, la ley del lugar del arbitraje.

> **Ejemplo**: Si el arbitraje se celebra en Francia, será la norma francesa en materia de arbitraje (NCPC) la que determine si es o no posible una remisión conflictual a un ordenamiento extranjero para regir el procedimiento arbitral.

2.31. Determinadas disposiciones de la LArb son de aplicación aun cuando el arbitraje no se sustancie en territorio español.

> **Artículo 1.2 LArb**:
>
> *2. Las normas contenidas en los apartados 3,4, y 6 del artículo 8, en el artículo 9, excepto el apartado 2, en los artículos 11 y 23 y en los títulos VIII y IX de esta Ley se aplicarán aun cuando el lugar del arbitraje se encuentre fuera de España.*

Obsérvese que los preceptos aplicables aun cuando el arbitraje se celebre en el extranjero no son los preceptos que regulan el mismo procedimiento arbitral, sino preceptos relativos a ciertos casos de intervención judicial; esto es, normas procesales que han de ser aplicadas por nuestros tribunales. En concreto, esas normas son: la que regula la competencia judicial para adoptar medidas cautelares en apoyo a un arbitraje (art. 8.3); las que regulan la ejecución forzosa del laudo (arts. 8.4, 44 y 45); las que regulan el execuátur del laudo arbitral extranjero (arts. 8.6 y 46); la que regula la forma y contenido del convenio arbitral (art. 9, excepto aptdo. 2); y la que regula la competencia del árbitro para adoptar medidas cautelares (art. 23).

2.32. Ni la competencia judicial para adoptar cautelas en apoyo a un arbitraje (art. 8.3) ni la regulación del execuátur del laudo arbitral extranjero (arts. 8.6 y 46) plantean mayores problemas, pues el artículo 8.3 LArb se limita a determinar qué juez será competente para adoptar medidas cautelares en apoyo de un arbitraje que esté sustanciándose en el extranjero, en armonía con lo previsto en el artículo 722 LECiv: "... *podrá solicitar de un tribunal español la adopción de medidas cautelares quien acredite ser parte de un proceso jurisdiccional o arbitral que se siga en país extranjero..."*. Por su parte, la competencia prevista en el artículo 8.6 LArb a favor de los TSJ para conocer del execuátur del laudo extranjero tampoco plantea controversia alguna[58].

2.33. Sin embargo, la mención hecha a las normas que regulan la ejecución forzosa del laudo arbitral extranjero (arts. 8.4, 44 y 45) no es redundante y plantea importantes interrogantes. Y es que, no debe pasar desapercibida la relevancia que deriva del hecho de mantener la aplicación del artículo 45 LArb en este contexto (en cuya virtud: "*El laudo es ejecutable aun cuando contra él se haya ejercitado acción de anulación...*"), pues abona la idea de que un laudo arbitral extranjero puede ser reconocido y ejecutado en nuestro país aun cuando haya sido anulado por los tribunales del Estado en el que se dictó[59].

2.34. También resulta controvertida la aplicación del artículo 23 LArb –**competencia del árbitro para adoptar medidas cautelares**– cuando el lugar del arbitraje no se encuentre en España. En efecto, no debe olvidarse que, de ordinario, el procedimiento arbitral sustanciado en el extranjero se regirá por la ley del país en cuyo lugar se lleve a cabo (*lex loci arbitri*). Será por tanto esa ley la que regule la potestad del árbitro para adoptar medidas cautelares. Si la *lex loci arbitri* no contempla –o prohíbe expresamente– esa potestad, no parece correcto que por aplicación del artículo 23 LArb el árbitro adopte medidas cautelares (aunque, evidentemente, sólo sea con alcance para el territorio español). Ello sería tanto como desvirtuar lo previsto en aquella ley. Pero además, sería tanto como desvirtuar la autonomía de la voluntad de las partes, pues parece obvio que cuando aquéllas designan el lugar del arbitraje, indirectamente están designando la ley arbitral que lo tutelará. En consecuencia, la interpretación más correcta de este inciso pasa por aceptar que su aplicación está supeditada a lo previsto en la *lex loci arbitri*. De tal forma que, si esta ley prevé expresamente la posibilidad de que el árbitro adopte medidas cautelares, la función del inciso en cuestión es la de prolongar la facultad del árbitro para que pueda adoptar cautelas que desplieguen efectos en nuestro país. Obviamente, dichas cautelas sólo podrán ser las previstas –o equivalentes a las previstas– en nuestro ordenamiento. Por el contrario, si la *lex loci arbitri* niega expresamente esa posibilidad, el respeto a lo allí estipulado merece que también se niegue en territorio español[60].

58. Sobre las cuestiones de jurisdicción y competencia judicial internacional para adoptar medidas cautelares y conocer del execuátur del laudo *vid. infra* Cap. VII y Cap. X.
59. *Vid. infra* Cap. XII.
60. *Vid. infra* Cap. X.

2.35. No alude el segundo párrafo del artículo 1 a la posible **aplicación del artículo 8.1 LArb** (competencia judicial de los tribunales españoles para el nombramiento judicial de árbitros) a aquellos supuestos en los que todavía no se ha concretado el lugar del arbitraje. La respuesta **afirmativa** a este interrogante se deduce, sin embargo, del mismo tenor del precepto, pues contempla una serie de conexiones en cascada que garantizan la competencia de los tribunales españoles aun cuando no esté determinado aquel lugar[61].

## III. LA *TEORÍA GENERAL* DEL ARBITRAJE COMERCIAL INTERNACIONAL DESDE LA PERSPECTIVA DEL *ÁRBITRO*: RELEVANCIA Y CONSECUENCIAS

2.36. Desde una perspectiva eminentemente práctica es muy relevante saber de antemano la "posición doctrinal" de cada uno de los miembros del colegio arbitral. De ordinario, los árbitros son conocedores del significado y alcance de cada una de estas concepciones y actúan en consecuencia. Así, en virtud de la solución o soluciones que acojan los distintos ordenamientos jurídicos involucrados, pero también en virtud de la concepción teórica que los árbitros estimen más adecuada, podrán tomar decisiones relevantes tanto de cara al procedimiento arbitral como de cara al fondo del asunto.

**Ejemplo I.** Un traslado de sede o lugar del arbitraje de un Estado a otro es una decisión que adopta el colegio arbitral a partir del conocimiento que tiene del ordenamiento arbitral del Estado "de destino". Evidentemente, el traslado no se consumará si el ordenamiento jurídico en materia de arbitraje de dicho Estado no está guiado por pautas de corte *anacional*. De ahí que los árbitros deban, en primer lugar, conocer la concepción teórica que está en la base del ordenamiento del Estado de destino y, en segundo lugar, aceptar la respuesta jurídica que tal ordenamiento otorga a estos supuestos.

**Ejemplo II.** Determinación del derecho o normas aplicables al fondo de la controversia: Son imaginables también supuestos en los que el contrato controvertido en el arbitraje no prevea una cláusula de derecho aplicable. En virtud de la concepción escogida, los árbitros podrán decantarse por escoger entre el Derecho de un Estado determinado (*ad ex.* aquel que presente los vínculos más estrechos con la controversia) o la *lex mercatoria*. La elección de esta última

61. *Vid. infra* Cap. VII.

opción es frecuente entre aquellos árbitros que asumen la concepción *anacional* del arbitraje.

**Ejemplo III.** El TJUE declara que el convenio arbitral inserto en un tratado bilateral de inversiones se opone al Derecho de la UE. El alcance que esa declaración tenga para el arbitraje puede depender, en cierta medida, de la concepción teórica que asuma el árbitro. Si es tributario de una concepción *anacional* y entiende que su competencia emana exclusivamente de la voluntad de las partes –manifestada válidamente conforme su marco legal de referencia (el texto en el que se inserta el convenio)–, el alcance de la sentencia del TJUE puede quedar limitado.

2.37. En consecuencia, puede afirmarse que la postura de los árbitros sobre este particular (acogimiento de una u otra concepción teórica sobre el arbitraje internacional) es un factor a tener en cuenta en el momento de su nombramiento.

# III

# Fuentes del arbitraje comercial internacional

## I. INTRODUCCIÓN

3.1. El estudio de las fuentes del arbitraje internacional puede realizarse tomando en consideración su origen. Origen que puede ser: *internacional*, en la medida en que el texto legal haya sido concebido en el seno de una organización internacional; o *interno*, en la medida en que la norma sea fruto de la acción del legislador español. Desde esta perspectiva, en las siguientes líneas se estudiará, en primer lugar, la aplicación del *Convenio Europeo de Derechos Humanos* (CEDH)[1] al ámbito del arbitraje comercial internacional; en segundo lugar, se hará referencia tanto a las características generales de los dos convenios multilaterales más relevantes en materia de arbitraje comercial internacional, como a las características básicas del arbitraje internacional tal y como está regulado en la Ley de Arbitraje de 2003 (LArb).

3.2. Analizados los textos internacionales más importantes en este ámbito, se realizará, en tercer lugar, un breve estudio de Derecho comparado. Con ello se pretende dar a conocer las distintas soluciones que, en materia arbitral, prevén ordenamientos jurídicos ampliamente consolidados. En concreto, analizaremos someramente las soluciones previstas en los ordenamientos francés, suizo e inglés. Tal referencia al Derecho comparado se justifica por dos motivos al menos. El primero lo constituye la misma práctica de los operadores económicos españoles, que a menudo optan por fijar la sede del arbitraje en un Estado extranjero. El segundo –de carácter teórico– gira en torno a la innegable conexión que existe entre el ordenamiento arbitral del Estado sede del arbitraje (Estado de origen) y el ordenamiento arbitral del Estado de ejecución del laudo (Estado de destino). Y es que, la solución que para determinadas cuestiones ofrezca el ordenamiento arbitral del Estado de destino, puede llegar a vaciar de

1. *Convenio Europeo para la protección de los Derechos humanos y de las libertades fundamentales, de 4 de noviembre de 1950.*

contenido la solución que para ese mismo supuesto ofrezca el ordenamiento arbitral del Estado de origen –piénsese, por ejemplo, en el reconocimiento de un laudo arbitral anulado en este último Estado[2]–.

3.3. También debe hacerse una breve mención en este Capítulo a los *reglamentos de arbitraje*. De creciente complejidad, tienen por objeto regular el mismo procedimiento arbitral. Texto de referencia en este contexto puede considerarse el *Reglamento de arbitraje de la Cámara de Comercio Internacional* (CCI) –institución particularmente experimentada en la gestión de arbitrajes internacionales–. Este reglamento ha servido de modelo en la redacción de otros instrumentos, lo que justifica su toma en consideración como texto de referencia. Por fin, finalizaremos este Capítulo haciendo una escueta referencia a otros tipos de arbitraje no calificables como *comerciales*: el arbitraje de inversión, el arbitraje de consumo, el arbitraje forzoso y el arbitraje deportivo.

## II. FUENTES INTERNACIONALES

### 1. CONVENIO EUROPEO DE DERECHOS HUMANOS

3.4. Aunque a menudo cuestionado, entiendo que el CEDH es de aplicación al arbitraje comercial internacional[3]; es decir, los derechos en él consagrados deben ser respetados en todos los ámbitos que afecten al arbitraje: desde la misma firma del convenio, hasta el execuátur del laudo, pasando por el procedimiento arbitral: por ejemplo, en el juicio del árbitro sobre la validez del convenio arbitral, en el juicio del árbitro sobre la capacidad financiera de las partes para poder defenderse en un arbitraje

2. *Vid. infra* Cap. XII, Ep. III.
3. Sobre esta cuestión, y a favor de la aplicación del CEDH en el ámbito del arbitraje internacional, *vid.*: JAKSIC, *Arbitration and Human Rights*, Frankfurt a. Main, 2002; PETROCHILOS, *Procedural Law in International Arbitration*, Oxford, 2004, pp. 109-165; BESSON, "Arbitration and Human Rights", *ASA Bull*, 2006, pp. 395-416; JAKSIC, "Procedural Guarantees of Human Rights in Arbitration Proceedings", *J. Int. Arb.*, 2017, pp. 159-171; BENEDETTELLI, "Human rights as a litigation tool in international arbitration: reflecting on the ECHR experience", *Arb. Int.*, 2015, pp. 631-659; FERIA-TINTA, "Arbitration and the European Convention on Human Rights", en: MATA DONA / LAVRANOS (Eds.), *International Arbitration and EU Law*, Cheltenham, 2021, pp. 73-91. No obstante, *vid.* KAUFMANN-KOHLER / RIGOZZI, *International Arbitration. Law and Practice in Switzerland*, Oxford, 2015, p. 22: *"The ECHR is not directly applicable to arbitration in Switzerland"*; con un detenido análisis de las distintas posturas doctrinales y jurispudenciales, DE LY, "Arbitration and the European Convention on Human Rights", en LÉVY / DERAINS (Dir.), *Liber Amicorum en l'honneur de Serge Lazareff*, París, 2011, pp. 181-205: *"The more correct view, however, seems to be that the procedural guarantees of Article 6 do not apply directly in arbitration because the parties, their counsel, the arbitrators and arbitration institutions are not bound by Article 6"*, p. 196.

o en el juicio del colegio arbitral sobre la independencia o imparcialidad de un árbitro[4].

3.5. Si bien en la actividad de control y apoyo al arbitraje ejercido por los tribunales de justicia es indudable la aplicación del CEDH, en el concreto ámbito del **procedimiento arbitral** es donde la aplicación del artículo 6.1 CEDH es más controvertida. De hecho, algunas manifestaciones del TEDH pueden interpretarse en un sentido contrario a la aplicación del artículo 6.1 al arbitraje voluntario: "*In the case of voluntary arbitration, to which consent has been freely given, **no real issue arises under Article 6***"[5]. Sin embargo, si tenemos en consideración que algunos ordenamientos arbitrales prevén expresamente la competencia del mismo colegio o tribunal arbitral para pronunciarse sobre la independencia o imparcialidad de uno o incluso de todos sus miembros, habremos de convenir que, cuando el arbitraje tenga su sede en un Estado parte del CEDH y la legislación arbitral de ese Estado prevea expresamente la competencia del árbitro o tribunal arbitral para pronunciarse sobre la imparcialidad de alguno o de todos sus miembros, el tribunal arbitral deberá tener en consideración la jurisprudencia que el TEDH ha dictado en interpretación del artículo 6.1. Se trata, en esencia, de reconocer el efecto *horizontal directo* del artículo 6.1 CEDH, de tal forma que pueda ser invocado por las partes o por los árbitros en el contexto de un procedimiento arbitral. Repárese, en este sentido, que la no consideración de este efecto *horizontal directo* en el seno del procedimiento arbitral, limitando su aplicación en el concreto contexto del control judicial del laudo, aumenta injustificadamente el riesgo de anulación del laudo. Por ello, incluso entre quienes se niega ese efecto *directo* del artículo 6.1 CEDH sobre el procedimiento arbitral, sí se reconoce al menos un efecto *indirecto* (*indirecte Drittwirkung*)[6]. Cuestión distinta, a la vez que relevante para matizar el alcance del *efecto horizontal directo*, es que la protección que proporciona pueda o no ser renunciable (*infra*).

**Artículo 6.1 CEDH**: *Derecho a un proceso equitativo.*

*Toda persona tiene derecho a que su causa sea oída equitativa, públicamente y dentro de un plazo razonable, por un Tribunal independiente e*

4. *Court*, 24.6.1986, *Lithgow et al. v. UK*: "*The word 'tribunal' in Article 6 para. 1 is not necessarily to be understood as signifying a court of law of the classic kind, integrated within the standard judicial machinery of the country*". Confirma esta jurisprudencia y aplica el Convenio a un supuesto derivado de la ejecución de un laudo, *Court*, 3.4.2008, Final, 29.9. 2008, *Regent Company c. Ukraine*, Application N.° 773/03.
5. Entre otras, *Beg S.P.A. v. Italy*, Application N.° 5312/11.
6. Con más referencias, DE LY, "Arbitration and the European Convention on Human Rights", en LÉVY / DERAINS (Dir.), *Liber Amicorum en l'honneur de Serge Lazareff*, París, 2011, pp. 196 ss.

*imparcial, establecido por la ley, que decidirá los litigios sobre sus derechos y obligaciones de carácter civil o sobre el fundamento de cualquier acusación en materia penal dirigida contra ella...*

3.6. El precepto en cuestión es aplicable al arbitraje *obligatorio* (abarcando en este ámbito al *arbitraje deportivo*)[7]. Así lo ha establecido expresamente la jurisprudencia del TEDH[8]. La aplicación al arbitraje voluntario, en tanto que basado en la autonomía de la voluntad, es mucho más limitada.

3.7. En cualquier caso, el precepto transcrito contiene dos obligaciones para los Estados contratantes: (i) la obligación de ofrecer a las personas un acceso real a los tribunales; y, (ii) la obligación de que ese acceso real a la jurisdicción sea, además, de calidad. Se trata de un acceso a una jurisdicción independiente e imparcial, donde las partes sean oídas equitativa y públicamente y en un plazo razonable. Obligaciones que, sin embargo, no impiden que los Estados puedan diseñar de forma autónoma el sistema judicial que debe asegurar la aplicación de los principios citados. A partir de aquí, y partiendo de la base de que sólo serán aplicables las disposiciones del artículo 6.1 referidas al ámbito civil, el TEDH ha reiterado en su jurisprudencia que la firma de un **convenio o cláusula arbitral** no supone una vulneración de este precepto más que cuando el mismo haya sido firmado bajo *coacción.*

*Commission,* 5.3.1962, *X v. Germany*[9]*: La conclusión d'un compromis d'arbitrage entre particuliers s'analyse juridiquement en une renonciation partielle à l'exercise des droits que définit l'article 6 paragraphe 1 (...). Rien, dans le texte de cet article ni d'aucun autre article de la Convention, n'interdit expressément pareille renonciation.*

*La clause compromissoire litigieuse aurait pu, toutefois, se révéler contraire à la Convention si X ne l'avait signée que sous la contrainte.*

*Court,* 27.2.1980, *Deweer v. Belgium*[10]*: Mr. Deweer waiwed his right to have his case dealt with by a tribunal. (...) a waiver of this kind is frequently encountered in both civil matters, notably in the shape of*

7. *Commission*, 12.12.1983, *Bramelid and Malmstrom v. Sweden*, Applications N.º 8588/79; 8589/79 DR 38; *Court*, 24.6.1986, *Lithgow et al. v. UK*. Según esta jurisprudencia, en este tipo de arbitrajes deben extremarse las garantías previstas en el artículo 6. En el estricto ámbito del arbitraje *deportivo*: *Court*, 2.10.2018, *Mutu y Pechstein c. Suiza* (Requêtes nos 40575/10 et 67474/10), *Arbitraje*, 2018 (3), con nota de JULIÀ, pp. 817-835.
8. *Beg S.P.A. v. Italy*, Application N.º 5312/11.
9. Application N.º 1197/61, DR 8, p. 68.
10. Series A. N.º 35, p. 25, para. 69.

*arbitration clauses in contracts, and in criminal matters (...) The waiver does not in principle offend against the Convention.*

3.8. Respecto del **consentimiento** necesario para dotar de eficacia al convenio arbitral, el TEDH ha establecido que aquél debe ser *libre, lícito e inequívoco*[11]. De tal forma que, en determinados contextos –como el *arbitraje deportivo* internacional–, tales requisitos no siempre se dan: por ejemplo, cuando concurre una obligación de firmar el convenio arbitral para poder participar en una competición internacional[12].

3.9. Además, la firma de un convenio o cláusula arbitral no implica, no puede implicar, una renuncia ilimitada a las garantías o derechos que recoge el precepto. Como ha precisado el TEDH, "*no hay duda de que una renuncia voluntaria a un procedimiento judicial en favor de un arbitraje es en principio aceptable desde el punto de vista del artículo 6... La renuncia es posible respecto de ciertos derechos, pero no respecto de otros*"[13]. De hecho, si bien se mira, las únicas renuncias que la firma de un convenio arbitral puede implicar son, en su caso: (i) el derecho al acceso a un tribunal ordinario de justicia; (ii) el derecho a una audiencia pública; y, (iii) el derecho a obtener una resolución –laudo– motivado[14].

3.10. Por otro lado, los Estados no son responsables de las actuaciones de los árbitros hasta que no se requiera el control ejercido por los tribunales ordinarios de justicia[15]. Los árbitros, por su parte, deben tener en cuenta las garantías previstas en el CEDH[16]. También en el supuesto de que este texto no estuviera en vigor en el país sede del arbitraje, pero sí lo estuviera en el país del previsible reconocimiento del laudo. Y todavía desde la perspectiva del árbitro, cabe destacar que su falta de ***independencia* e *imparcialidad*** puede llegar a suponer –de hecho, ha supuesto ya– una vulneración del artículo 6.1 CEDH. Sin embargo, el TEDH también ha matizado que el control de esa independencia e imparcialidad es renunciable, lo que a la postre supone tanto como admitir una renuncia a la protección que, sobre esta cuestión, brinda el citado precepto[17].

11. *Vid infra* Cap. VIII, Ep. II.
12. *Vid, infra* Ep. VII en este mismo Cap.
13. *Court*, 23.2.1999, *Suovaniemi and others v. Finland*, Application N.° 31737/96.
14. No obstante, téngase en cuenta en este contexto la posible aplicación del Convenio de Ginebra (CG) -*infra* C/- y las particularidades que derivan de la aplicación del Derecho de la UE al fondo de la controversia.
15. *Commission*, 4.3.1987, *R. v. Switzerland*, Application N.° 10881/84, DR 51, pp. 83-93.
16. *Vid.*, BESSON, "Arbitration...", *cit.*, pp. 400-402.
17. *Beg S.P.A. v. Italy*, Application N.° 5312/11, 20.5.2021. Al respecto *vid*. Cap. IX.

3.11. La aplicación e interpretación estricta de los **motivos de anulación** del laudo arbitral previstos en las distintas leyes de arbitraje también es compatible con el artículo 6.1 CEDH.

> *Commision 27.11.1996, Nordström-Janzon v. The Netherlands*[18]: (The Commission) *considers that Article 6 para 1 of the Convention does not require the Dutch courts to apply a different criterion in determining whether or not to quash an arbitral award. It finds it reasonable that in this respect Dutch law requires strong reasons for quashing an already rendered award, since the quashing will often mean that a long and costly arbitral procedure will become useless and that considerable work and expense must be invested in new proceedings.*

3.12. La influencia de los Derechos humanos respecto del arbitraje no se circunscribe únicamente a los aspectos procesales descritos. Su *vis expansiva* es mucho mayor, pues alcanza también al Derecho material a cuya luz ha de resolverse la controversia. Y así, pese a las dificultades que se manifiestan en su aplicación, su invocación en el seno de los denominados ***arbitrajes de inversión*** es constante[19]. De entrada, el alcance de la expresión "trato justo y equitativo", omnipresente en los tratados bilaterales de inversión, así como la delimitación del concepto de "inversión indirecta" son objeto de interpretación frecuente desde la perspectiva de los Derechos humanos[20]. En particular, los Derecho humanos se invocan por el *inversor* para justificar sus derechos al amparo de ciertos actos legislativos adoptados por el Estado que acoge la inversión (piénsese, por ejemplo, en un privilegio tributario por razón de pertenencia a un grupo determinado[21]). De modo semejante, los Derechos humanos se invocan por parte del *Estado* que recibe la inversión para justificar, por ejemplo, un acto legislativo cuya aplicación haya podido menoscabar los derechos de un inversor (piénsese en aquel acto que legítimamente persigue cumplir con el respeto de ciertos niveles de seguridad sanitaria o medio ambiental), o también para justificar una reconvención por actuación contraria

18. Application N.º 28101/95.
19. Sobre este particular, *vid.*, SIMMA / KILL, "Harmonizing investment protection and international Human rights: First Steps towards a methodology", en: *International Investment Law for the 21 Century: Essay in Honour of Christoph Schreuer*, 2009, pp. 678-707; SANTACROCE, "The Applicability of Human Rights Law in International Investment Disputes", *ICSID Review*, 2019, pp. 136-155.
20. A este respecto, *vid.*, KNOLL-TUDOR, "The Fair and Equitable Treatment Standard and Human Rights Norm", en: DUPUY / FRANCIONI / PETERSMANN, *Human Rights in International Investment Law and Arbitration*, Oxford, 2010, pp. 310-343.
21. Al respecto, como ejemplo, *vid.* IRURETAGOIENA AGIRREZABALAGA, "Derechos humanos en el arbitraje de inversión: la incidencia de los derechos de los pueblos indígenas en la protección del TLCAN", *Arbitraje*, 2012 (2), pp. 483-494.

del inversor en sectores especialmente sensibles (*ad ex.* empleabilidad de menores o en penosas condiciones laborales). Desde esta última perspectiva, se habla una *obligación negativa* del inversor respecto de los Derechos humanos (*negative human rights obligations*)[22].

3.13. Desde una perspectiva más amplia, se constata que la jurisprudencia del TEDH juega un papel muy relevante en la resolución de conflictos que tratan supuestos tales como los relativos a confiscación de bienes, vulneración de las expectativas legítimas, arbitrariedad en la revocación de licencias y sanciones pecuniarias excesivas[23].

3.14. La aplicación del CEDH se extiende también al ámbito del **execuátur** y **ejecución** del laudo arbitral. En este particular ámbito, el TEDH ha confirmado que una ley a cuya luz se declara nula una cláusula o convenio arbitral y, en su aplicación, los tribunales competentes anulan el laudo posteriormente dictado, vulnera tanto el artículo 6 CEDH como el artículo 1 del Primer Protocolo –Protocolo adicional– al Convenio (el laudo, en tanto que título ejecutivo, como "propiedad")[24].

**Artículo 1. Protocolo adicional.** *Protección de la propiedad*

*Toda persona física o jurídica tiene derecho al respeto de sus bienes. Nadie podrá ser privado de su propiedad sino por causa de utilidad pública y en las condiciones previstas por la ley y los principios generales del Derecho Internacional.*

*Las disposiciones precedentes se entienden sin perjuicio del derecho que tienen los Estados de dictar las leyes que estimen necesarias para la reglamentación del uso de los bienes de acuerdo con el interés general o para garantizar el pago de los impuestos, de otras contribuciones o de las multas.*

La misma vulneración se aprecia cuando un Estado no ejecuta un laudo dictado contra una compañía estatal declarada en concurso[25]; cuando no asegura la ejecución del mismo en un plazo aceptable, habida cuenta de la

22. Lo que a, su vez, plantea la cuestión sobre la incidencia de los Derechos humanos para determinar la competencia del tribunal arbitral. Sobre este particular, *vid.* SANTACROCE, "The Applicability...", *cit.*, pp. 139-142.
23. *Vid.* sobre este particular, BALTHASAR, "Investment Protection in Europe: International Investment Treaties, the European Convention on Human Rights and the Need for Reform at EU Level", *SchiedsVZ*, 2018, pp. 227-233.
24. *Court*, 9.12.1994, *Stran Greek Refineries and others v. Greece*, Application N.° 13427/87; *Court*, 3.4.2008, Final, 29.9. 2008, *Regent Company c. Ukraine*, Application N.° 773/03.
25. *Court*, 3.4.2008, Final, 29.9. 2008, *Regent Company c. Ukraine*, Application N.° 773/03.

efectividad del sistema legal en el que tal ejecución se solicita[26]; o cuando se deniega injustificadamente el execuátur del laudo arbitral[27].

Sobre esta última cuestión –denegación injustificada del execuátur–, establece el **TEDH**:

> *71. In view of the above considerations, it would appear that the grounds relied on by the domestic courts were not given and/or fell outside the legal framework for denying enforcement of a foreign arbitration award allowed by the provisions of the domestic law and the New York Convention.... Be that as it may, and* ***even assuming that denying enforcement of the award on these grounds served a general interest, it has not been shown that it was proportionate to that aim.*** *In that regard, the Court notes again that the Government have advanced no arguments on this aspect of the case and that, while focusing on elements which purportedly precluded the enforcement by reason of public policy or procedural formalities,* ***the domestic courts took no account of the requirements of the protection of the applicant company's fundamental rights and the need for a fair balance to be struck between them and the general interest of the community rights.***

3.15. Por fin, y para mejor valorar la relevancia tanto del CEDH como de la jurisprudencia del TEDH que lo interpreta, debe tenerse muy en cuenta que una sentencia del TEDH constatando una vulneración del CEDH abre la vía –de forma prácticamente directa– a un *recurso de revisión* ante el TS. En efecto, el artículo 5bis LOPJ prevé, con carácter general, el recurso de revisión contra cualquier resolución judicial firme (sea del orden jurisdiccional que sea) dictada en violación de alguno de los derechos reconocidos en el CEDH. Del mismo modo, el artículo 510.2 LECiv prevé como motivo para la *revisión del laudo* arbitral el hecho de que el mismo haya sido dictado en violación de alguno de los derechos reconocidos en el CEDH[28].

## 2. CONVENIO SOBRE RECONOCIMIENTO Y EJECUCIÓN DE SENTENCIAS ARBITRALES EXTRANJERAS, HECHO EN NUEVA YORK EL 10 DE JUNIO DE 1958 (CNY) (REMISIÓN)

3.16. Tres son los ámbitos de aplicación del Convenio de Nueva **York**: reconocimiento y ejecución de laudos arbitrales, régimen general de la declinatoria y reconocimiento del convenio arbitral.

26. *Court*, 20.4.2010, Final, 4.10.2010, *Kin-stib and Majkic v. Serbia*, Application N.º 12312/05.
27. *Court*, 30.6.2022, *BTS Holding A.S. v. Slovakia*, Application N.º 55617/17.
28. *Vid. infra* Cap. XII.

3.17. Su aplicación al régimen de reconocimiento y ejecución de laudos arbitrales extranjeros es incuestionable. No sólo porque el artículo 46 LArb remite a este texto, sino también porque es el único convenio multilateral que regula esta cuestión. En el capítulo correspondiente a la asistencia judicial se analizará este régimen con particular detenimiento (*infra* Cap. XII).

3.18. El CNY regula también un régimen general para la declinatoria; esto es, un mandato de remisión al arbitraje cuando, existiendo un convenio arbitral válido, alguna de las partes pretenda ignorarlo y presente una demanda ante la jurisdicción. Su regulación se encuentra parcialmente escondida en el artículo II.3 del texto y posee la virtud de regular la cuestión –en perspectiva arbitral– mucho mejor que la norma de fuente interna: artículos 63 y ss. LECiv 2000. Su estudio se abordará en el capítulo correspondiente al convenio arbitral (*infra* Cap. VIII).

3.19. Por fin, el régimen del reconocimiento del convenio arbitral (art. II.1 y 2) debe estudiarse en relación con el artículo 9 LArb (precepto que regula la validez formal del convenio arbitral). Aparentemente, este último precepto es menos formalista que su homólogo convencional. Su estudio también se abordará en el capítulo correspondiente al convenio arbitral (*infra* Cap. VIII).

> **CNY y TJUE**: Es importante destacar, ya desde este momento, que el TJUE tiene competencia para interpretar el CNY. Ello es así porque el CNY está en vigor en todos los Estados miembros y porque el reconocimiento y execuátur del laudo extranjero es materia comprendida en el ámbito del *Espacio de Libertad, Seguridad y Justicia* (art. 4 TUE y arts. 67 y 81 TFUE)[29]. De hecho, el TJUE ha interpretado la aplicación de la cláusula de orden público en supuestos de aplicación del Derecho imperativo de la UE al fondo de la controversia (*infra* Cap. XII).

## 3. CONVENIO EUROPEO SOBRE ARBITRAJE COMERCIAL INTERNACIONAL, HECHO EN GINEBRA EL 21 DE ABRIL DE 1961

3.20. El Convenio Europeo *sobre arbitraje comercial internacional*, hecho en Ginebra el 21 de abril de 1961 (CG)[30], fue concebido por la Comisión Económica para Europa de las Naciones Unidas (NU) como texto

29. Muy ilustrativa, STJUE, 22.10.2009, C-301/08, *Bogiatzi*.
30. El CG está ratificado por España y por cerca de una treintena más de Estados. Sólo con este dato podrá entenderse su menor importancia respecto del CNY.

complementario del Convenio de Nueva York. Perseguía como objetivo prioritario fomentar el recurso del arbitraje entre los países de la Europa oriental y occidental. Los argumentos que movieron a la Comisión Económica Europea de las NU a promover este Convenio se fundaban, principalmente, en dos hechos. En primer lugar, la desconfianza que existía entre los operadores económicos de ambos bloques para someterse a la jurisdicción –ya fuera ordinaria o arbitral– de la parte contraria. En segundo lugar, el hecho de que el recurso al arbitraje en los países del Este de Europa fuera prácticamente inexistente, debido, fundamentalmente, a las estrictas condiciones que imperaban y a la estricta regulación de la autonomía de la voluntad de las partes.

3.21. La denominación del texto como "Convenio *Europeo* sobre arbitraje comercial internacional" no es la más indicada. Con ella se hace referencia al objetivo principal que promovió la creación de este texto: el fomento del arbitraje entre los dos bloques europeos entonces existentes. En cambio, las posibilidades de adhesión al Convenio no se restringen únicamente a aquellos Estados que se integren en este ámbito geográfico, ya que en virtud del artículo X.1 del texto, tal posibilidad se extiende tanto a los países miembros de la Comisión Económica Europea, como a los países admitidos en esta Comisión con derecho de voto consultivo.

3.22. El **artículo IV** del CG, piedra angular del mismo, se centra en la regulación de los aspectos organizativos del arbitraje; más concretamente en la resolución de los distintos problemas que puedan surgir en la fase organizativa del procedimiento: elección entre tribunal arbitral institucional o tribunal arbitral *ad hoc*, elección de árbitros, concreción del lugar de la sede del arbitraje y fijación de las normas que deben seguir los árbitros. La solución que se contempla para estos supuestos es, básicamente, la siguiente: el presidente de la Cámara de Comercio competente del lugar del arbitraje convenido por las partes o el Presidente de la Cámara de Comercio competente del lugar de residencia habitual o sede social del demandado asume el papel de elegir árbitros, concretar la sede del arbitraje o designar la institución arbitral cuyo reglamento regulará el arbitraje. Todo ello, claro está, en defecto de acuerdo de las partes sobre este particular.

Respecto de la sede arbitral, el artículo se apoya en la distinción entre tribunales arbitrales *ad hoc* y tribunales arbitrales institucionales. Tal distinción no carece de importancia, pues las facultades de las partes en la regulación del procedimiento varían considerablemente dependiendo del tipo de tribunal de que se trate. Así, en los primeros, la voluntad de las partes juega un papel determinante a la hora de regular el procedimiento.

En los segundos, la regulación del arbitraje se hace de acuerdo con el reglamento de la institución.

3.23. Debido, principalmente, a su carácter complementario respecto del Convenio de Nueva York, el CG no aborda directamente el procedimiento de reconocimiento y ejecución de laudos arbitrales; no obstante, su artículo IX enumera las causas de anulación del laudo arbitral, cuya apreciación por el tribunal del Estado de origen no vincula al tribunal del Estado de destino[31].

3.24. Aunque el nivel de ratificaciones de este texto haya sido mucho menor que el nivel alcanzado por el CNY[32], es importante destacar que muchas han sido las mejoras que el CG ha aportado en el marco de la regulación de los procedimientos arbitrales. Así, se regula por primera vez en el Derecho convencional del arbitraje internacional el reconocimiento de la facultad de las "*personas morales de derecho público*" a someterse a arbitraje (art. II); se reconoce a los "súbditos extranjeros" la facultad para ser árbitros (art. III); se asienta el principio de la "*kompetenz-kompetenz*" de los árbitros (art. V.3); se regula por primera vez a nivel convencional la cuestión relativa a la ley aplicable al convenio arbitral (art. VI.2); y, por último, se permite la aplicación de la *lex mercatoria* al fondo de la controversia (art. VII)[33].

## 3.1. Perspectiva general del ámbito de aplicación

3.25. El artículo **I CG** (titulado, *Campo de aplicación del Convenio*) establece:

*1. El presente Convenio se aplicará:*

*a/ a aquellos acuerdos o compromisos de arbitraje que, para solventar controversias o contiendas surgidas o por surgir de operaciones de comercio internacional, hubieren sido concertados entre personas físicas o jurídicas que tengan, en el momento de estipular un acuerdo o compromiso de este tipo, su residencia habitual o su domicilio o sede social en Estados contratantes diferentes,*

*b/ a los procedimientos y laudos arbitrales basados en los acuerdos o compromisos a que se alude más arriba en el párrafo 1.a/ de este artículo.*

31. Al respecto *vid.infra* Cap. XII.
32. No obstante, muchos Estados miembros de la UE son parte de este Convenio.
33. Sobre la ley aplicable al fondo de la controversia en el arbitraje internacional, *vid. infra* Cap. X.

A partir del tenor del precepto transcrito, el ámbito de aplicación de este instrumento puede delimitarse en base a dos criterios: el criterio *subjetivo* o personal y el criterio *objetivo*.

### 3.2. Criterio subjetivo de delimitación del ámbito de aplicación

3.26. El criterio subjetivo de aplicación del CG lo constituye la residencia habitual, domicilio o sede social de las partes. La nacionalidad de éstas es, por tanto, un criterio irrelevante a los efectos de la aplicación del texto. En consecuencia, y según el artículo I.1 del Convenio, las partes –personas físicas o jurídicas– deberán tener su residencia habitual, domicilio o sede social en Estados contratantes diferentes, de tal forma que si éstas proceden de un único Estado o alguna de ellas pertenece a un Estado que no sea parte del Convenio, éste no será aplicable. La jurisprudencia de los Estados europeos sobre este particular no es, sin embargo, homogénea. Y así, son numerosos los pronunciamientos judiciales que han afirmado –erróneamente– la aplicación del CG aun cuando una de las partes no tuviera su domicilio o residencia habitual en un Estado contratante[34]. Es más, cierta práctica jurisprudencial[35] extiende el ámbito de aplicación espacial de este instrumento en virtud de la *"cláusula de nación más favorecida"*[36]. De tal forma que si algún convenio internacional en vigor entre los países de la nacionalidad de las partes –ya sea en materia comercial o en materia de inversiones– incluye este tipo de cláusula y además contempla el recurso al arbitraje como método de resolución de controversias, el CG sería aplicable siempre que estuviera en vigor en alguno de los Estados parte.

34. De hecho, esta parece ser la postura en su momento mantenida por el Tribunal Supremo: Auto TS, 8.10.1981, *RCEA*, 1984, pp. 158-160 (con nota de FERNÁNDEZ FERNÁNDEZ); Auto TS, 14.1.1983, *RCEA*, 1984, pp. 182-184, (con nota de VIRGÓS SORIANO); Auto TS, 17.6.1983, *RCEA*, 1984, pp. 187-190; Auto TS, 22.12.1983, *RCEA*, 1984, pp. 195-196; Auto TS, 13.7.1982, *RCEA*, 1985, pp. 183-184. *Vid.* en este mismo sentido: *Corte di Appello* de Florencia, 22.10.1976, *YCA*, 1978, pp. 279-281; *Corte di Cassazione*, 18.5.1978, *YCA*, 1980, pp. 267-268; *Corte di Cassazione*, 16.10.1985, *YCA*, 1988, pp. 504-509.

35. OLG Dresden, 31.1.2007, *YCA*, 2008, pp. 510-516; *SchiedsVZ*, 2007, pp. 327-330; *IHR*, 2008, pp. 69-71.

36. Como es sabido, la *cláusula de nación más favorecida* es una cláusula prevista en los convenios internacionales en materia de comercio internacional y en virtud de la cual cada una de las partes contratantes garantiza a la otra un tratamiento tan favorable como el que haya otorgado a terceras naciones. Así, por ejemplo, una *cláusula de nación más favorecida* puede afirmar que los bienes del país B que entran en el país A no están sujetos a unos aranceles superiores a los que se cargan a bienes similares de cualquier otro país y viceversa. De este modo, ambos países aceptan que no realizarán ningún tipo de discriminación comercial contra el otro.

Este dato supone *sobreponderar* la importancia del Convenio, pues, en puridad, con esta interpretación casi se le está otorgando carácter *erga omnes*: se aplica a muchos más supuestos de los que realmente se debiera.

### 3.3. Criterio objetivo de delimitación del ámbito de aplicación

3.27. Por lo que respecta al criterio *objetivo*, el artículo I.1 establece que se aplicará a los acuerdos de arbitraje que tengan por objeto resolver contiendas surgidas o por surgir de *"operaciones de comercio internacional"*. La utilización de esta expresión supone una importante restricción respecto del ámbito de aplicación del CNY, ya que este texto es aplicable a cualquier laudo arbitral *"extranjero"* con independencia de que revista o no carácter comercial. Por ello, y por las dificultades que entraña una calificación uniforme de la palabra *"comercio"*, quizá hubiera sido aconsejable prescindir de tal término. En cualquier caso, la inclusión de este criterio de delimitación en el texto del CG obliga a plantearse su alcance.

3.28. El significado de la acepción *"operaciones de comercio"* no debería equipararse al sentido restrictivo con el que es recogido en el artículo I.3 CNY. En efecto, este precepto prevé una "declaración comercial" que, de ejercitarse por los Estados en el momento de la ratificación del texto, supone tanto como la no aplicación del Convenio para el reconocimiento de un laudo arbitral que no tenga su origen en una disputa considerada "comercial" según el ordenamiento interno del Estado que hizo dicha declaración. Tampoco es aconsejable en este contexto el recurso a la *lex fori* para calificar dicha relación. Y es que, este camino obligaría a tener en consideración las peculiaridades de cada ordenamiento aplicable, lo que se traduciría tanto en un importante déficit de seguridad jurídica –en el sentido de previsibilidad–, como en una significativa restricción del ámbito de aplicación del texto. Por ello, el mejor criterio para interpretar tal expresión es el criterio de la interpretación *autónoma*. Esta interpretación –autónoma– de los términos o conceptos recogidos en la norma convencional es la que mejor asegura la salvaguarda de los principios que informan el texto, así como una mejor consecución de sus objetivos.

## III. FUENTE INTERNA: LA LEY DE ARBITRAJE DE 2003

### 1. EN GENERAL

3.29. La Ley de Arbitraje de 2003 (LArb) está inspirada en la Ley Modelo UNCITRAL (LM)[37]. Sigue, en consecuencia, un criterio territorial. La LArb

37. Sobre esta Ley Modelo, *vid. infra* Ep. 6.

se caracteriza, entre otras cosas: (i) por ofrecer un amplio reconocimiento a la autonomía de la voluntad de las partes para diseñar su propio procedimiento; (ii) por calificar de forma novedosa los arbitrajes que deben considerarse internacionales –aquellos que conozcan de una controversia que *afecte a intereses del comercio internacional*–; (iii) por establecer una regulación flexible de las notificaciones; (iv) por limitar la intervención de los tribunales de justicia sobre el arbitraje; (v) por prever una regulación también flexible de la forma del convenio arbitral; (vi) por reconocer la potestad de los árbitros para decidir sobre su propia competencia y para adoptar medidas cautelares; y, por fin, (vii) por reconocer expresamente la aplicación de la *lex mercatoria* al fondo de la controversia.

3.30. Sin embargo, no prevé, ni la posible renuncia a la acción de anulación (como el ordenamiento francés o suizo) ni un sistema de reconocimiento/ejecución de laudos arbitrales extranjeros de nueva planta; es decir, sigue anclado al sistema del CNY 1958.

## 2. ÁMBITO DE APLICACIÓN MATERIAL

3.31. La LArb no es aplicable a todo tipo de arbitrajes. Como señala la misma Exposición de Motivos, la Ley: "*pretende ser una ley general, aplicable, por tanto, íntegramente a todos los arbitrajes que no tengan una regulación especial; pero también supletoriamente a los arbitrajes que la tengan, salvo en lo que sus especialidades se opongan a lo previsto en esa ley o salvo que alguna norma legal disponga expresamente su inaplicabilidad*". En consecuencia, escapan al ámbito de aplicación material de la LArb tanto las regulaciones para arbitrajes específicos, como la relativa al arbitraje de consumo (*infra* 5), si bien es de aplicación supletoria en este ámbito (art. 1.3 LArb).

> De hecho, el artículo 9.2 LArb establece: *Si el convenio arbitral está contenido en un contrato de adhesión, la validez de dicho convenio y su interpretación se regirán por lo dispuesto en las normas aplicables a ese tipo de contrato.*

3.32. Los **arbitrajes laborales** están expresamente excluidos del ámbito de aplicación material de la LArb (art. 1.4 LArb)[38]. Dicha exclusión, sin embargo, tampoco opera con carácter absoluto, pues la LArb

38. Sobre los efectos que esta exclusión puede tener en el ámbito de la acción de anulación, *vid*, STSJ de Madrid, 26.7.2022, ECLI:ES:TSJM:2022:10169 (con un interesante voto particular).

es de aplicación supletoria a los arbitrajes que dimanen tanto del marco que brinda el artículo 91 ET[39], como del marco de los arbitrajes laborales *obligatorios*[40].

Como es sabido, en el ámbito laboral, la expresión *arbitraje obligatorio* engloba distintas variantes. La más relevante en la práctica es la regulada en el artículo 10 del *RD-Ley 17/1977, de 4 de marzo, sobre relaciones de trabajo*[41]. En interpretación de este precepto, el TC ha señalado que: "*No por ser obligatorio deja de ser verdadero arbitraje siempre que se garanticen las condiciones de imparcialidad del árbitro y es medio idóneo de solución posible en tan excepcionales casos como los que el precepto describe*"[42]. Según la jurisprudencia del TS, para que el Gobierno (central o autonómico) pueda imponer un arbitraje obligatorio deben darse, cumulativamente, una serie de condiciones muy graves: duración de la huelga, gravedad de la misma, distanciamiento de las partes y perjuicio grave para la economía nacional[43]. Se trata, por tanto, de un recurso que sólo puede utilizarse excepcionalmente. El laudo resultante debe aplicarse como un convenio colectivo[44].

Por otro lado, el artículo 82.3 ET regula la función arbitral de la *Comisión Consultiva Nacional de Convenios Colectivos*. La función arbitral de esta Comisión ha sido analizada por el TC desde la perspectiva del *arbitraje obligatorio*[45] (*supra*).

3.33. Todavía en este contexto, debe señalarse que, en tanto que materia arbitrable, la LArb es aplicable a las controversias que persigan una indemnización de daños y perjuicios que tenga su origen en una relación laboral.

## IV. DERECHO COMPARADO

3.34. Entre los ordenamientos más importantes de nuestro entorno en materia de arbitraje internacional cabe destacar el ordenamiento **francés**, el **suizo** y el **inglés**. Ello es así por una serie de circunstancias: (i) los Estados en cuestión cuentan con una amplia tradición arbitral; (ii) la

39. En este sentido: SAN, 2.11.2012, ECLI:ES:AN:2012:4277; STS, 4.4.2014, ECLI:ES:TS:2014:1847.
40. Así, SAN, 2.11.2012, ECLI:ES:AN:2012:4277; STS, 4.4.2014, ECLI:ES:TS:2014:1847.
41. *BOE* núm. 58, 9.3.1977.
42. STC 11/1981, de 8 de abril.
43. STS, 6.6.2007, ECLI:ES:TS:2007:4624.
44. STS, 24.12.1996, ECLI:ES:TS:1996:7540.
45. STC 8/2015, de 22 de enero.

jurisprudencia dictada por los tribunales de estos Estados es particularmente sofisticada; (iii) se da la particularidad de que estos tres Estados acogen un número porcentualmente muy elevado de arbitrajes internacionales, (iv) y, por fin, estos ordenamientos (particularmente el francés y el suizo) no se inspiran en la Ley Modelo de UNICTRAL, por lo que acogen soluciones diferentes a las previstas en la LArb.

## 1. EL ORDENAMIENTO FRANCÉS: ARTÍCULOS 1442-1527 NCPC

3.35. Por su regulación, pero sobre todo por la jurisprudencia dictada en interpretación de esa regulación, el ordenamiento francés en materia de arbitraje internacional es una referencia obligada. No en vano, la LArb adopta muchas de las soluciones previstas en este ordenamiento.

3.36. La regulación en cuestión se enmarca en el *Código de procedimiento civil*. No tiene, por tanto, una regulación *ad hoc* como en el ordenamiento jurídico español. Presenta la particularidad, además, de regular por una parte el arbitraje estrictamente *interno* (arts. 1442-1503 NCPC) y por otra el arbitraje *internacional* (arts. 1504-1525 NCPC). Tal distinción obedece al hecho de que, en el ámbito del arbitraje internacional, el ordenamiento francés acoge una regulación inspirada en el criterio *anacional* o *transnacional*[46]: en esencia, el ordenamiento francés parte de la base de que el árbitro es el juez natural de los litigios en materia de comercio internacional y, en consecuencia, la normas que lo regulan desvinculan el arbitraje de los tribunales del lugar donde se celebra. Lo anterior exige que el arbitraje internacional sea regulado en un conjunto de normas específicas que prevean soluciones distintas a las soluciones establecidas en las normas que regulan el arbitraje interno.

> La doctrina francesa identifica tres principios directores en la regulación del arbitraje comercial internacional: (i) un principio de validez del convenio arbitral internacional, que se plasma en un régimen jurídico particular; (ii) procedimiento arbitral con garantías en la instancia arbitral y amplia cooperación del juez; y, (iii) un estatuto jurídico particular para el laudo arbitral internacional, que resulta la consecuencia de reconocer al arbitraje internacional como sistema de jurisdicción internacional totalmente autónomo[47].

46. *Vid. supra* Cap. II. En la doctrina, además de la doctrina citada en el capítulo anterior, *vid.* con especial referencia a la norma francesa, ANCEL, "L'arbitrage international en France (Principes et système)", *Arch. phil. droit*, 52 (2009), pp. 197-212.
47. Con más detenimiento: ANCEL, "L'arbitrage international...", *cit.*, pp. 198-212.

3.37. A partir de aquí, pueden distinguirse una serie de características propias de las normas que regulan el arbitraje comercial internacional. La primera de ellas se localiza en la regulación del convenio arbitral. En su virtud, el *convenio arbitral internacional* no está supeditado a requisito alguno de forma (art. 1507 NCPC). Pese a la aparente liberalidad del precepto –y aunque la jurisprudencia francesa no repare en ello–, debe recordarse que tal norma debe ponerse en relación con el artículo 6 CEDH y, en consecuencia, la apreciación de la *voluntad inequívoca* de las partes de someterse a arbitraje es exigible para reconocer la validez del convenio arbitral[48].

3.38. La segunda característica se concreta en la regulación del mismo *procedimiento arbitral*. Así, y a diferencia de la ley española, el ordenamiento francés permite expresamente su aplicación a arbitrajes que se celebren en el extranjero y, *sensu contrario*, permite, en principio, que otra ley que no sea la francesa sea de aplicación a procedimientos arbitrales que se celebren en Francia (art. 1505.2 NCPC). Tal opción, sin embargo, es más aparente que eficaz, pues es concebible que en su aplicación puedan llegar a darse conflictos positivos de competencia judicial internacional en materia de anulación del laudo arbitral. Este sería el caso, por ejemplo, cuando la ley escogida previese la competencia de sus tribunales para conocer de la acción de anulación por el mero hecho de aplicar tal ley al procedimiento arbitral. Es decir, la competencia judicial internacional de los tribunales franceses vendría dada por el hecho de ser Francia la sede del arbitraje, y la competencia judicial internacional de otros tribunales extranjeros vendría dada por el hecho de ser la ley de su Estado la ley aplicable al procedimiento arbitral. Pero, además, no está claro que esta opción conflictual sea compatible con la jurisprudencia del TJUE, que identifica la elección de la sede en un Estado de la UE con la aplicación necesaria de la *lex fori* al procedimiento arbitral.

> **STJUE, *Komstroy***: 33. *Esta elección, libremente efectuada por las partes, tiene como consecuencia que el Derecho francés resulte aplicable al litigio principal como* lex fori en las condiciones y dentro de los límites previstos por ese Derecho. *En particular, en virtud del artículo 1520 del Código de Enjuiciamiento Civil, los órganos jurisdiccionales franceses son competentes para conocer de los recursos de anulación interpuestos contra un laudo arbitral dictado en Francia por falta de competencia del tribunal arbitral. Pues bien, el Derecho de la Unión forma parte del Derecho vigente en todos los Estados miembros (sentencia de 6 de marzo de 2018, Achmea... apartado 41).*

48. Al respecto *vid. infra* Cap. VIII.

*34. Por consiguiente, la fijación de la sede del arbitraje en el territorio de un Estado miembro, en este caso Francia, supone que, a efectos del procedimiento iniciado en el territorio de ese Estado miembro, resulta aplicable el Derecho de la Unión, cuyo respeto debe garantizar el órgano jurisdiccional que conoce del asunto, con arreglo al artículo 19 TUE*[49].

3.39. La tercera característica –asumida por la LArb– pasa porque las partes puedan elegir, en principio, un conjunto de normas o principios jurídicos para resolver el fondo de la controversia (art. 1511 NCPC). Es decir, las partes no tienen por qué aplicar un ordenamiento jurídico *estatal* al fondo de la controversia. El único límite a esta libertad de elección radica en el respeto a las normas materiales imperativas hipotéticamente aplicables. No obstante ello, debe tenerse en cuenta que la posible aplicación de normas o principios jurídicos al fondo de la controversia dependerá también de la todavía incierta aplicación del *Reglamento Roma I* al arbitraje. De ser aplicable –como estimo–, la aplicación de normas jurídicas al fondo también es posible, pero de forma más matizada[50].

3.40. La cuarta característica relevante se localiza en el ámbito del reconocimiento y ejecución de los laudos arbitrales extranjeros (arts. 1514 ss NCPC). Estima el legislador francés que, si las partes pueden abstraerse de la aplicación de un ordenamiento jurídico concreto tanto para la regulación del procedimiento como para la regulación del fondo de la controversia, no sería de todo punto coherente denegar el reconocimiento en Francia de un laudo anulado en su país de origen. En consecuencia, a la luz del ordenamiento jurídico francés –y su posterior desarrollo jurisprudencial–, un laudo anulado en el país en el que fue dictado puede, en principio, ser reconocido y ejecutado en Francia. Ello es técnicamente posible porque, a la luz del artículo VII CNY, es posible también aplicar un régimen de execuátur de fuente interna mucho más favorable a la pretensión de la parte demandante en estos procedimientos; un régimen legal –como el francés– que, entre otras cosas, prevé un único motivo de denegación del execuátur: contrariedad del laudo con el orden público *internacional* (art. 1514 NCPC)[51].

La relevancia práctica de esta última característica es importantísima. A menudo el operador jurídico que soluciona sus controversias por esta vía tiene carácter multinacional (grandes empresas). Pues bien, el hecho de que este operador vea cómo un laudo arbitral dictado en su contra es anulado en el país en el que se dictó no le

49. STJUE, 2.9.2021, C-741/19, *Komstroy*.
50. Al respecto *vid. infra* Cap. X, Ep. VIII.
51. Sobre la aplicación del artículo VII CNY, *vid. infra* Cap. XII, Ep. III.

garantiza que, llegado el caso, sus bienes no puedan ser ejecutados: de tener bienes susceptibles de ejecución en el país vecino, bastará con instar allí el execuátur del laudo arbitral anulado.

3.41. La quinta característica se manifiesta en el ámbito de la cooperación del juez con el arbitraje (juez de apoyo). En este contexto es destacable la competencia de los tribunales franceses para nombrar árbitros cuando las partes no hayan alcanzado un acuerdo sobre el lugar del arbitraje. De tal forma que si no hay acuerdo entre las mismas ni sobre la sede del arbitraje ni sobre la forma de designar los árbitros, el ordenamiento jurídico francés prevé un *foro de necesidad* a favor del presidente del *Tribunal de Grande Instance* de París (art. 1505.4 NCPC)[52].

3.42. Finalmente, es destacable también el hecho de que las partes pueden renunciar en todo momento a la acción de anulación y al recurso de revisión contra el laudo, con independencia de que el arbitraje en cuestión tenga algún tipo de vinculación con Francia (arts. 1506 y 1522 NCPC); el citado recurso de revisión contra el laudo debe plantearse ante el colegio arbitral (art. 1502 NCPC).

En perspectiva de Derecho europeo esta disposición es muy controvertida. Y es que, como ha advertido el TJUE en sus sentencias *Eco Swiss* y *Achmea*[53], si al arbitraje en cuestión le son de aplicación normas de Derecho europeo, el control del laudo por la jurisdicción es obligatorio y, en consecuencia, irrenunciable.

## 2. EL ORDENAMIENTO SUIZO: ARTÍCULOS 176-194 DE LA LEY SUIZA DE DERECHO INTERNACIONAL PRIVADO

3.43. El ordenamiento suizo en materia de arbitraje *internacional* tiene también unas características propias que lo hacen especialmente interesante. Como en muchos otros ámbitos, el ordenamiento suizo se caracteriza en esta materia por brindar al operador jurídico un foro neutral: le ofrece, por decirlo de algún modo, un ordenamiento en el que la intromisión de sus tribunales se reduce al mínimo imprescindible. No se inspira directamente en la Ley Modelo y no sigue un sistema monista (regula de forma separada el arbitraje interno y el arbitraje internacional). Tampoco acoge una concepción *anacional* del arbitraje como la regulación francesa. Y, formalmente, no se regula en una ley *ad hoc* ni en una ley procesal, sino en el Capítulo 12 de la célebre Ley de *Derecho internacional privado* (arts.

52. Esta solución supone la plasmación legal de la jurisprudencia de la *Cour de cassation*, 1.2.2005, *Rev, Arb.*, 2005, pp. 693-695 (con nota de MUIR WATT).
53. STJCE, 1.6.1999, C-126/97 y STJUE, 6.3.2018, C-284/16, respectivamente.

176-194 LDIPr)[54]. La aplicación de este Capítulo es disponible por las partes (art. 176 LDIPr), de tal forma que las mismas pueden pactar, en su lugar, la aplicación de las disposiciones que regulan el arbitraje doméstico (Título III de la ZPO suiza).

3.44. La *internacionalidad* del arbitraje (art. 176 LDIPr) se determina únicamente a partir de un criterio *espacial* que debe cumplirse en un momento determinado (no pueden darse, por tanto, supuestos de conflicto móvil). Y así, a la luz del precepto citado, un arbitraje es *internacional* cuando una de las partes no tiene ni domicilio, ni residencia habitual ni sede en Suiza en el momento de firmarse el convenio arbitral.

3.45. El *convenio arbitral* debe constar por escrito o en cualquier forma que deje constancia de su texto. En clave conflictual se considera que el convenio arbitral es válido si lo es conforme a la ley aplicable al fondo del contrato o conforme a ley suiza (art. 178 LDIPr). Todavía en este ámbito cabe destacar que el Capítulo 12 de la LDIPr también será de aplicación a los convenios arbitrales incluidos en negocios jurídicos o actos unilaterales (mayoritariamente, estatutos sociales, pero también testamentos).

3.46. A diferencia del ordenamiento jurídico español, la regulación suiza permite que el procedimiento arbitral se rija por un ordenamiento extranjero (art. 182 LDIPr). En consecuencia, del mismo modo que expusimos en el apartado anterior, los conflictos de competencia judicial internacional tanto positivos como negativos son posibles: si al arbitraje con sede en Suiza se le aplica el ordenamiento francés al procedimiento arbitral, en principio podrían conocer de la acción de anulación tanto los tribunales suizos como los franceses.

3.47. Respecto de la ley aplicable al fondo, resulta evidente que las partes sí pueden –como en el derecho de fuente interna francés o español– someter sus controversias a la *lex mercatoria*. Ello se deduce del tenor del precepto que regula esta cuestión (art. 187 LDIPr.), que habla expresamente de normas jurídicas (*Rechtsregeln*). A falta de designación expresa por las partes, se aplicarán las normas jurídicas (*Rechtsregeln*) que presenten los vínculos más estrechos con la controversia.

3.48. Visto desde la perspectiva del arbitraje *internacional*, la característica más relevante de la regulación suiza es la prevista en el artículo 192 LDIPr., en cuya virtud, las partes pueden acordar expresamente y por

54. Este Capítulo ha sido reformado por la Ley de 19 de junio de 2020 (*Bundesgesetz über das Internationales Privatrecht (IPRG), änderung vom 19. Juni 2020*). Sobre esta reforma, MARGUERAT / NAVARRO BLAKEMORE, "La reforma de la Ley suiza de arbitraje internacional: un retoque ligero para una ley bien armada", *Arbitraje*, 2021 (1), pp. 249-266.

escrito una renuncia limitada a ejercer la acción de anulación: limitada en tanto que tal renuncia no alcanza a los supuestos en los que el laudo haya sido influenciado por algún delito penal. Además, esta renuncia limitada únicamente está permitida en aquellos supuestos en los que ninguna de las partes tenga domicilio, residencia habitual o sucursal en ese Estado[55]. Y es válida aun cuando el contrato en el que se inserta se declare nulo[56]. Todavía sobre esta renuncia cabe apuntar que el TEDH ha declarado que es compatible con el artículo 6 CEDH[57].

> La intención de este precepto es clara. Asumiendo que del arbitraje se derivan beneficios económicos para el sector servicios del país donde se celebra, la norma en cuestión tiene por objeto atraer a su foro arbitrajes internacionales que no tengan vínculos con Suiza. Ello se consigue, entre otras formas, desvinculando a los tribunales de ese país con el arbitraje en cuestión.

3.49. Asimismo merece una mención especial la regulación que este ordenamiento hace de los comúnmente conocidos como supuestos de "litispendencia internacional". En un primer momento, la jurisprudencia sobre el particular del Alto Tribunal del país helvético[58] determinó que el artículo 9 de la LDIPr –que regula los efectos de la litispendencia internacional en el ordenamiento suizo– también era aplicable a los arbitrajes. De este modo, el test para apreciar la excepción de litispendencia internacional –(i) mismas partes, mismo objeto; (ii) previsión de un plazo razonable para dictar sentencia; y, (iii) previsión de solicitud de execuátur de esa sentencia en Suiza– se hizo extensible al arbitraje comercial internacional. Advertidos, sin embargo, los severos inconvenientes que tal solución podría acarrear para cualquier arbitraje internacional con sede en Suiza (bastaría con iniciar acciones legales ante los tribunales de otro país para torpedear el devenir del arbitraje), el legislador decidió enterrar aquella jurisprudencia promulgando una nueva norma (art. 186 *1bis* LDIPr) en la que expresamente viene a permitir al árbitro que siga conociendo del arbitraje con independencia de que una de las partes inicie acciones legales

55. En la jurisprudencia, rechazando el recurso por existir acuerdo de las partes, TF, 17.10.2017, 4A_53/2017.
56. En el supuesto de autos, por falsificación de firma: TF, 18.1.2017, 4A_500/2015.
57. TEDH, 1.3.2016, *Tabbane c. Switzerland*. Sobre esta sentencia, RUEDA GARCÍA / VEDOVATTI, "The European Court of Human Rights endorses the parties' voluntary waiver of the right to annul an award in the seat of arbitration", *SAR*, N.º 26 / 2016, pp. 87-103.
58. Se trata de la célebre sentencia *Fomento* (*Schweizerisches Bundesgericht*, 14.5.2001, 4P. 37/2001 (www.bger.ch), nota de BERTI, *ZZP Int.*, 2001, pp. 370-371. *Vid.* también OETIKER, "The Principle of *Lis* Pendens in International Arbitration: The Swiss Decision in *Fomento v. Colon*", *Arb. Int.*, 2002, pp. 137-147.

con el mismo objeto ante los tribunales de otro país[59]. En consecuencia –y esto es ahora lo relevante– el ordenamiento suizo en materia de arbitraje *internacional* regula los supuestos de litispendencia internacional expresamente a favor de la competencia del árbitro.

> El dato en cuestión es importante también porque, frente a la laguna legal de la Ley de Arbitraje en este punto, la legislación suiza constituye un referente interesante.

3.50. Por fin, el execuátur del laudo extranjero está regulado de la misma forma que en nuestro ordenamiento: mediante una norma de remisión al CNY (art. 194 LDIPr).

## 3. EL ORDENAMIENTO BRITÁNICO: LA *ARBITRATION ACT* DE 1996

3.51. La *Arbitration Act* adopta un criterio territorial: es de aplicación cuando la sede del arbitraje (*seat*) esté situado en el Reino Unido (*Section* 2).

3.52. Del mismo modo que ocurre en el Derecho comparado, la autonomía de la voluntad está en la base de la norma. En términos particularmente amplios. Así, por ejemplo, las partes pueden acordar cuando dan por iniciado el arbitraje (*Section* 14), cuántos árbitros constituyen el colegio arbitral –ya sea en número par o impar– (*Section* 15), el modo de designarlos (*Section* 17,18), la competencia (*power*) de los mismos (*Section* 38), la posibilidad de dictar laudos provisionales (*Section* 39) o la forma del mismo (*Section* 52).

3.53. La característica más relevante de la *Arbitration Act* de 1996 frente a la LArb es, a mi juicio, el amplio margen de actuación judicial que prevé. Si bien es cierto que la competencia de los tribunales ordinarios de justicia puede limitarse por voluntad de las partes en algunos supuestos, su competencia en apoyo a un arbitraje es particularmente amplia. Puede acudirse a ellos, por ejemplo, para que se pronuncien sobre la competencia del árbitro (*Section* 32) o para garantizar la eficacia del procedimiento arbitral (citando testigos, preservando pruebas). Especialmente interesante resulta la posibilidad de plantear cuestiones relativas al Derecho aplicable al fondo (*Section 45; Determination of Preliminary Point of Law*).

3.54. También contempla la *Arbitration Act* soluciones muy originales respecto del laudo arbitral. La más relevante, sin duda, la que permite

59. El tenor de este precepto establece: *(Le Tribunal arbitral) statue sur sa compétence sans égard à une action ayant le même objet deja pendante entre les mêmes parties devant un autre tribunal étatique ou arbitral sauf si des motifs sérieux commandent de suspendre la procédure.*

*fundir* el laudo en una sentencia judicial (*–judgment may be entered in terms of the award– Section 66.2*), lo que necesariamente conlleva distintas implicaciones tanto para su reconocimiento en el extranjero como para impedir el reconocimiento de un laudo extranjero en el Reino Unido[60]. El papel de los jueces respecto del laudo no se limita a apreciar su posible anulación (de apreciarse alguno de los motivos previstos, básicamente, en la *Section 68*, titulada *serious irregularity*), pues la norma contempla su competencia para "variar" (*vary*), en determinados supuestos, su contenido (*Section* 67) o incluso remitir el laudo al tribunal arbitral para su reconsideración (*Section 68.3*). Además, también es posible plantear ante el juez una apelación sobre cuestiones de Derecho (*Appeal on point of law - Section 69*).

3.55. Por último, el execuátur del laudo arbitral dictado en un Estado que haya ratificado el CNY (*New York Convention Award*) se regula en cinco disposiciones que, básicamente, transcriben los artículos II, IV y V del CNY (*Section* 100 a 104).

## V. REGLAMENTOS DE LAS INSTITUCIONES DE ARBITRAJE (ARBITRAJE INSTITUCIONAL)

3.56. La mayoría de los arbitrajes, ya sean internacionales o internos, son administrados por alguna corporación de derecho público o asociación o entidad sin ánimo de lucro en cuyos estatutos se prevén funciones arbitrales. Dentro de este tipo de arbitraje *institucional* tiene cabida, por ejemplo, el arbitraje cooperativo: un arbitraje administrado por una entidad pública de carácter consultivo y asesor de las administraciones públicas[61]. Los arbitrajes *ad hoc* –administrados por las mismas partes– son minoritarios.

Los artículos 4 y 14 LArb establecen el marco legal del arbitraje institucional. El artículo 21 LArb, por su parte, regula la responsabilidad de las instituciones arbitrales y autoriza expresamente las provisiones de fondos necesarias para atender a los honorarios de los árbitros y los gastos de la institución[62].

**Artículo 4 LArb**. *Reglas de interpretación.*

*Cuando una disposición de esta ley:*

60. *Vid infra* Cap. XII.
61. Del hecho de que el arbitraje sea *cooperativo* pueden derivarse una serie de circunstancias que exijan una matización de los motivos de anulación del laudo. Como ejemplo, *vid*. STSJ del País Vasco, 15.11.2019, ECLI:ES:TSJPV:2019:2756.
62. *Vid. infra* Cap. IX, Ep. VI.

a) *Deje a las partes la facultad de decidir libremente sobre un asunto, esa facultad comprenderá la de autorizar a un tercero, incluida una institución arbitral, a que adopte esa decisión, excepto en el caso previsto en el artículo 34.*

b) *Se refiera al convenio arbitral o a cualquier otro acuerdo entre las partes, se entenderá que integran su contenido las disposiciones del reglamento de arbitraje al que las partes se hayan sometido.*

**Artículo 14 LArb.** *Arbitraje institucional.*

*1. Las partes podrán encomendar la administración del arbitraje y la designación de árbitros a:*

a) *Corporaciones de derecho público y Entidades públicas que pueda desempeñar funciones arbitrales, según sus normas reguladoras.*

b) *Asociaciones y entidades sin ánimo de lucro en cuyos estatutos se prevean funciones arbitrales.*

*2. Las instituciones arbitrales ejercerán sus funciones conforme a sus propios reglamentos.*

*3. Las instituciones arbitrales velarán por el cumplimiento de las condiciones de capacidad de los árbitros y por la transparencia en su designación, así como su independencia.*

3.57. La aceptación de un arbitraje institucional supone, a la postre, una *limitación* de la autonomía de la voluntad. Dicha limitación está refrendada por el artículo 4 LArb. La Exposición de Motivos de la Ley (EM) lo explica así: "*Esta Ley parte en la mayoría de sus reglas de que debe primar la autonomía de la voluntad de las partes. Mas esa voluntad se entiende integrada por las decisiones que pueda adoptar, en su caso, la institución administradora del arbitraje, en virtud de sus normas, o las que puedan adoptar los árbitros, en virtud del Reglamento arbitral al que las partes se hayan sometido. Se produce, por tanto, una suerte de integración del contenido del contrato de arbitraje o convenio arbitral que, por mor de esta disposición, pasa a ser en tales casos un contrato normativo. De este modo, la autonomía privada en materia de arbitraje se puede manifestar tanto directamente, a través de declaraciones de voluntad de las partes, como indirectamente, mediante la declaración de voluntad de que el arbitraje sea administrado por una institución arbitral o se rija por un reglamento arbitral*".

3.58. Por su parte, la jurisprudencia española ha interpretado la sumisión al arbitraje institucional del siguiente modo: (i) Debe realizarse con *plena libertad* en la declaración de voluntad, lo que resulta incompatible con la desigualdad de las partes o con la situación de preeminencia de una sobre la otra; (ii) las decisiones de la institución que administra el arbitraje se integran o son expresión misma de la voluntad de todas las partes que suscriben el convenio arbitral; y (iii) la institución administradora del arbitraje tiene encomendadas legalmente unas funciones y atribuidas unas responsabilidades que se traducen en *verdaderas decisiones*, cuya validez se supedita a la validez misma del consentimiento de las partes que está en el origen de su actuación[63]. También en este sentido, la jurisprudencia comparada se declara incompetente para conocer de cuestiones cuya resolución está prevista en el Reglamento de arbitraje de la institución arbitral[64].

> **STSJ de Madrid, 20.12.2016**[65]: Gráficamente expuesto: "*No cabe la menor duda de que, cuando las partes se someten a arbitraje instituciona, trasladan a la institución la capacidad de 'tomar decisiones en su lugar' e incluso de 'integrar su voluntad insuficientemente manifestada' sobre extremos de la máxima importancia*".

3.59. Además de las corporaciones clásicas de derecho público (*Cámaras de comercio*), también ejercen funciones arbitrales distintos organismos o entidades públicas. Así, por ejemplo, ejercen esta función tanto el *Consejo Superior de Deportes* y las distintas *Federaciones deportivas* (*infra* 3.88 ss.) como la *Comisión Nacional de los Mercados y la Competencia* (CNMC)[66].

3.60. A nivel internacional, una de las Instituciones más relevantes es la Corte Internacional de Arbitraje de la *Cámara de Comercio Internacional*[67]. La Corte ha elaborado un *Reglamento* de Arbitraje que tiene por objeto, básicamente, regular el procedimiento arbitral. De tal forma que la función de la Corte Internacional de Arbitraje es la de velar por el cumplimiento del Reglamento al que las partes voluntariamente se han sometido para regir su procedimiento arbitral. La Corte está asistida por una Secretaría.

3.61. El *Reglamento* regula cuestiones tales como las notificaciones o comunicaciones escritas –con sus respectivos plazos–; el modo en que se inicia el arbitraje –con la presentación de una Demanda de arbitraje que la parte debe enviar a la Secretaría–; el contenido que debe contener esa

63. STSJ de Madrid, 26.4.2017, ECLI:ES:TSJM:2017:4894.
64. *Vid.* Las referencias en, PINNA, "L'autorité des règles d'arbitrage choisies par les parties", *Les Cahiers de l'Arbitrage*, 2014, 1, pp. 9-28.
65. STSJ de Madrid, 20.12.2016, ECLI:ES:TSJM:2016:13752.
66. *Vid.* artículo 5 de la *Ley 3/2013, de 4 de junio, de creación de la Comisión Nacional de los Mercados y la Competencia* (LCNMC). En interpretación de ciertas disposiciones de esta Ley referidas a la función arbitral de la CNMC (arts. 5, 14 y 20), *vid.*, STSJ de Madrid, 20.12.2016, ECLI:ES:TSJM:2016:13752.
67. http://www.iccwbo.org/court/. Última versión: Reglamento de Arbitraje de 2021 (fecha de entrada en vigor, 1.1. 2021).

Demanda –nombre de las partes, descripción de la controversia, indicación de las pretensiones, convenio arbitral...–; el contenido de la Contestación a la Demanda; el número de árbitros que compondrán el tribunal; la forma de nombrarlos, confirmarlos, recusarlos o sustituirlos; la forma en que se entrega el expediente al tribunal; la concreción de la sede del arbitraje, el idioma y las normas aplicables al procedimiento y al fondo; el modo de celebrar las audiencias y de adoptar medidas cautelares; y, el plazo para dictar y corregir el laudo. En muchos de estos ámbitos prima, con carácter general, la autonomía de la voluntad de las partes. De tal forma que muchas de las soluciones que ofrece el Reglamento sólo se tendrán en cuenta en defecto de acuerdo entre las mismas.

3.62. No obstante, la Corte ejerce cierto control sobre el arbitraje. Así, por ejemplo, la Corte debe aprobar el *Acta de Misión* (art. 23): un documento en el que el tribunal –o colegio– arbitral detallan a la Corte el nombre y dirección de las partes, una exposición sumaria de sus pretensiones y peticiones, una lista de los puntos litigiosos, la sede del arbitraje, así como todas las precisiones posibles en relación con las normas aplicables al procedimiento. Del mismo modo, también se somete a la aprobación de la Corte el *proyecto de laudo* arbitral (art. 27). Ésta podrá ordenar modificaciones de forma y, respetando la libertad de decisión del tribunal, llamar su atención sobre puntos relacionados con el fondo de la controversia. Ningún laudo puede ser dictado por el tribunal arbitral antes de haber sido aprobado, en cuanto a su forma, por la Corte.

3.63. La tutela cautelar también es objeto de regulación. El punto de partida en este ámbito es el respeto a la autonomía de la voluntad: de su consentimiento nace la competencia del tribunal arbitral para adoptar medidas cautelares (art. 28). Para los supuestos en los que la emergencia sea tal que no pueda esperarse a la constitución del tribunal, la parte interesada podrá solicitar el nombramiento de un *árbitro de emergencia*. Dicho árbitro adoptará, en su caso, una decisión en forma de orden –no de laudo– que no es vinculante para el tribunal que deba conocer sobre el fondo (art. 29).

> Adviértase, no obstante, que cualquiera que sea la forma de una medida cautelar adoptada por un árbitro, es susceptible de ser sometida a la acción de anulación (art. 23.2 LArb)[68].

3.64. El Reglamento prevé también un *procedimiento abreviado* que será de aplicación cuando las partes así lo acuerden o en supuestos en los que la cuantía controvertida sea relativamente baja –3 M. US$– (art. 30). Dicho procedimiento está regulado en un Apéndice al Reglamento.

68. *Vid. infra* Cap. X.

3.65. La jurisprudencia francesa ha delimitado el ámbito de actuación de la Corte en relación con su Reglamento, estableciendo, entre otras cosas: (i) que los procedimientos de recusación de árbitros previstos en el Reglamento no pueden reemplazar la función de control y apoyo al arbitraje que asume la jurisdicción de la sede del arbitraje[69]; (ii) que el laudo arbitral no puede comprometer la responsabilidad de la CCI que no tiene, en sí misma, una función jurisdiccional[70]; (iii) que la obligación de revelación que afecta al candidato a árbitro no afecta a la Institución arbitral, sino al *contrato arbitral* que vincula a las partes con el árbitro[71]; (iv) que la CCI celebra con las partes un contrato para la *"organización del arbitraje"*, de tal suerte que la función jurisdiccional corresponde únicamente a los árbitros y, por tanto, la responsabilidad de la Institución no puede confundirse con la responsabilidad de los árbitros[72]; y (v) que una cláusula de limitación de la responsabilidad prevista en el Reglamento de la Institución no puede evitar la responsabilidad por dolo o negligencia grave previstas en el derecho francés[73].

Al hilo de lo anterior, cabe destacar que, en virtud del Reglamento en vigor, los tribunales franceses son competentes para conocer de cualquier acción contra la Corte en relación con la administración del arbitraje. Del mismo modo, al fondo de esta controversia se aplicará Derecho francés (art. 43).

3.66. Debe tenerse en cuenta, por fin, que el objetivo principal de los reglamentos de arbitraje –organizar el procedimiento arbitral– solo puede alcanzarse desde el respeto a la jerarquía normativa; es decir, solo puede alcanzarse sin contradecir la *ratio* de la LArb. Por ello, procede la nulidad del laudo cuando los árbitros actúen conforme a lo estipulado en un reglamento arbitral que prevea la posibilidad –contrariamente a lo previsto en la LArb– de que el laudo pueda ser votado por un número par de árbitros[74].

---

69. Ya en este sentido, *Cour de cassation*, 7.10.1987, *Rev. Arb.*, 1987, pp. 479-482. En este mismo fallo, la *Cour* aclaró que la resolución de una corte sobre la recusación del árbitro no puede calificarse de laudo arbitral.
70. *Société Kraydon v. Chambre de commerce internationale, Regional Court of Paris*, 28.5.2018, *Rev. Arb.*, 2018, pp. 835-836.
71. *Monsieur Henry Alexander Brompton Gwyn-Jones et Société Gort (Holdings) Ltd. v. Association Chambre de Commerce Internationale (CCI) et autres, Judicial Court of Paris*, 16.4.2021, *Rev. Arb.*, 2021, pp. 591-593.
72. *Monsieur H.A. Brompton Gwyn-Jones et Société Gort (Holdings) Ltd. v. Chambre de Commerce internationale (CCI), Judicial Court of Paris*, 29.10.2020, *Rev. Arb.*, 2021, pp. 800-806; *Société Kraydon v. Chambre de Commerce Internationale CCI, Court of Appeal of Paris*, 10.11.2020, *Rev. Arb.*, 2020, pp. 1208-1209.
73. *Projet Pilote Garoubé v. Chambre de Commerce Internationale (CCI), Court of Appeal of Paris*, 23.3.2021, *Rev. Arb.*, 2021, pp. 309-311.
74. STSJ de Madrid, 2.1.2019, ECLI:ES:TSJM:2019:284; STSJ de Madrid, 13.2.2021, ECLI:ES:TSJM:2021:2862.

En el supuesto de autos, los árbitros tuvieron en consideración el artículo 9.7 del Reglamento de aplicación de la *Ley de Ordenación del Transporte Terrestre* (ROTT). El precepto reglamentario –contrario a la *ratio* del artículo 12 LA– establecía, en el momento de su interpretación: *El laudo se acordará por mayoría simple de los miembros de la Junta, dirimiendo los empates el voto de calidad del Presidente. La inasistencia de cualquiera de los miembros de la Junta, con excepción del Presidente, no impedirá que se dicte el laudo.*

## VI. OTROS MARCOS NORMATIVOS: UNCITRAL E IBA

3.67. La regulación de los distintos aspectos del arbitraje no es ámbito exclusivo de los convenios internacionales, leyes estatales y reglamentos de las distintas instituciones de arbitraje. Diferentes instituciones, ya sean de carácter público o privado, han desarrollado también distintos marcos normativos no vinculantes en materia de arbitraje. De ordinario, se trata de textos consensuados por un grupo internacional de expertos en la materia y abarcan diferentes ámbitos: desde un marco modelo para la regulación del arbitraje en general, hasta un marco de referencia para cuestiones procedimentales concretas. Pese a ese carácter no vinculante que los define, su "toma en consideración" tanto por distintos legisladores como por distintos tribunales de justicia ha sido y sigue siendo constante.

3.68. En el plano legislativo es particularmente relevante el papel de UNCITRAL (también denominada CNUDMI). CNUDMI es la Comisión de las Naciones Unidas para el Derecho Mercantil Internacional. Su función principal es la de modernizar y armonizar las reglas del comercio internacional, elaborando convenios, leyes modelo y normas aceptables a escala mundial. Fruto de esta actividad es la *Ley Modelo UNCITRAL sobre Arbitraje Comercial Internacional* (1985 con enmiendas adoptadas en 2006), de referencia obligada en el ámbito arbitral. De hecho, el legislador español se basó en este texto para redactar la Ley de Arbitraje española.

3.69. También es relevante en este contexto el papel desarrollado por la *International Bar Association* (IBA). Organización internacional compuesta por operadores jurídicos, colegios profesionales de abogados y diferentes asociaciones de derecho de diferentes países, en su seno trabajan diferentes Comisiones. Una de ellas es la Comisión de Arbitraje, cuyos trabajos en forma de *rules* o *guidelines* se han convertido en importantes herramientas o referentes hermenéuticos. Así, por ejemplo, son texto de obligada referencia –incluso para los tribunales de justicia[75]– sus *Guidelines*

75. *Vid. infra* Cap. IX.

*on Conflicts of Interest in International Arbitration* y las *Rules on the Taking of Evidence in International Arbitration.*

## VII. OTROS TIPOS DE ARBITRAJE: ARBITRAJE DE INVERSIÓN, ARBITRAJE DE CONSUMO, ARBITRAJE OBLIGATORIO Y ARBITRAJE DEPORTIVO. *DISPUTE BOARDS*

### 1. ARBITRAJE DE INVERSIÓN

3.70. El arbitraje de inversión está regulado en el *Convenio sobre arreglo de diferencias relativas a inversiones entre Estados y nacionales de otros Estados, hecho en Washington el 18 de marzo de 1965* (en adelante, Convenio de Washington –CW–). El texto está compuesto por diez Capítulos. En virtud del primero se crea el Centro Internacional de Arreglo de Diferencias Relativas a Inversiones (CIADI, o ICSID en sus siglas en inglés)[76]. Dicho Centro tiene entre sus funciones administrar los arbitrajes que entren en su "Jurisdicción": básicamente, aquellos que se pacten para resolver diferencias que surjan directamente de una inversión entre un Estado Contratante y el nacional de otro Estado Contratante.

3.71. La voluntad de las partes de someterse a un arbitraje de inversión se materializa mediante un **convenio arbitral** que, de ordinario, está inserto en el mismo texto de los convenios bilaterales de protección de inversiones (convenios comúnmente denominados APPRI).

> **Arbitration without privity**: A diferencia de lo que ocurre en el ámbito comercial, en el arbitraje de inversiones el convenio arbitral no se perfecciona en un momento más o menos determinado. En el ámbito del arbitraje de inversiones existe un convenio arbitral plasmado en el texto del APPRI que constituye tanto como una oferta del Estado para someter la disputa a arbitraje –*standing offer*– que es activado directamente por el inversor en cualquiera de las formas que prevé el APPRI (iniciando un arbitraje *ad hoc* o CIADI –*infra*–), sin necesidad de contar con la intercesión de su Estado de procedencia (protección diplomática). Esta forma de entender la vigencia y aplicación directa del convenio arbitral favorece la *neutralidad* del arbitraje[77].

También puede ocurrir que dicha cláusula conceda al demandante la posibilidad de, o bien acudir a los tribunales del Estado receptor de la

76. Al respecto, www.worldbank.org/icsid/.
77. Sobre esta cuestión, PAULSSON, "Arbitration Without Privity", *ICSID Review*, 1995, pp. 232-257.

inversión, o bien acudir al arbitraje (cláusula híbrida[78]). Si finalmente se decanta por el arbitraje, el demandante podrá, a su vez, elegir entre dos tipos de arbitraje: un arbitraje *ad hoc* o un arbitraje CIADI. El alcance de la cláusula en cuestión (qué controversias abarca o deja de abarcar) suele estar delimitado en el mismo texto; de tal forma que su ámbito de aplicación puede variar –y de hecho, varía– ostensiblemente.

**Ejemplo**: *Artículo 11* APPRI de España con Guinea Ecuatorial[79]

*Toda controversia relativa a las inversiones que surja entre una de las Partes Contratantes y un inversor de la otra Parte Contratante, respecto a cuestiones reguladas por el presente acuerdo, será notificada por escrito por el inversor a la Parte Contratante receptora de la inversión. En la medida de lo posible las partes en controversia tratarán de arreglar estas diferencias mediante un acuerdo amistoso.*

*Si la controversia no pudiera ser resuelta de esta forma en un plazo de seis meses a contar desde la fecha de notificación escrita mencionada en el párrafo 1, la controversia podrá someterse, a elección del inversor, a:*

*los tribunales competentes de la Parte Contratante en cuyo territorio se realizó la inversión; o*

*a un tribunal de arbitraje ad hoc establecido conforme a las Reglas de Arbitraje de la Comisión de las Naciones Unidas para el Derecho Mercantil Internacional (CNUDMI); o*

*al Centro Internacional de Arreglo de Diferencias Relativas a Inversiones (CIADI)... ; o*

*a un tribunal de arbitraje establecido conforme a las reglas de arbitraje de la Organización para la Armonización del Derecho Mercantil en África (OHADA)*[80].

3.72. **Partes** en estos arbitrajes son, por un lado, el Estado que recibe la inversión y, por otro, tanto las personas físicas que ostenten la nacionalidad de otro Estado contratante como aquellas empresas constituidas bajo el Derecho del otro Estado contratante (art. 25.2 CW). Estos últimos deben reunir, además, la condición de inversor; esto es, haber realizado

78. *Vid. infra* Cap. VIII.
79. *BOE* núm. 10, 12.1.2004.
80. Según la AP de Madrid (Auto, 26.4.2017, ECLI:ES:APM:2017:1500A), la misma aplicación de esta cláusula es optativa para las partes. Más allá del juicio que esta interpretación merezca, es lo cierto que, en su razonamiento, la AP aplica el artículo 3.1 CCiv, cuando para interpretar un Convenio internacional debe aplicarse el Tratado de Viena sobre el Derecho de los Tratados.

una inversión en aquel Estado (típicamente, materias primas, energía e infraestructura).

3.73. Si el inversor (o parte demandante) opta por iniciar un **arbitraje *ad hoc***, el control judicial sobre el mismo recae sobre los tribunales del lugar del arbitraje. Serán estos tribunales, por tanto, los que en su caso conozcan de la acción de anulación[81]. Además, dichos laudos no están exentos de ser sometidos a un procedimiento de execuátur en aquellos Estados en los que se pretenda despachar ejecución forzosa.

3.74. Por el contrario, si el inversor opta por iniciar un **arbitraje CIADI**, el control sobre el mismo (anulación) no recae sobre los tribunales del lugar del arbitraje, sino ante una Comisión *ad hoc*. En este sentido, tanto el procedimiento de aclaración como la revisión y anulación del laudo dictado al amparo del CW solo puede llevarse a cabo en el seno de un procedimiento también *ad hoc* (arts. 50-52 CW). Los motivos de anulación del laudo están muy delimitados y se circunscriben a supuestos en los que el tribunal arbitral se hubiere constituido incorrectamente (este motivo puede incluir la falta de *imparcialidad* e *independencia* de uno de los árbitros), así como cuando se hubiere extralimitado manifiestamente en sus facultades o alguno de sus miembros se demuestre corrupto; del mismo modo, también procede la anulación cuando se haya quebrantado de forma grave alguna norma de procedimiento o el laudo carezca de motivación (art. 52 CW)[82]. En tanto que arbitrajes sometidos a un control *ad hoc*, los laudos resultantes no especifican –**carecen– de sede**. De hecho, en los laudos dictados al amparo del CW no suele especificarse el lugar de la firma. Por otro lado, la ejecución de estos laudos es directa[83]: no requieren de execuátur previo. Cuestión distinta es que en el proceso de ejecución forzosa deban observarse los motivos que impidan la ejecución, además –en su caso– de las normas del foro en materia de inmunidad[84].

81. Como ejemplos de anulación de un laudo arbitral dictado en un arbitraje *ad hoc* en materia de inversiones *vid.*: *Cour d'appel* de París, 12.4.2016, 13/22531 (en interpretación del Tratado sobre la Carta de la Energía). Esta sentencia está en el origen de la STJUE, 2.9.2021, C-741/19, *Komstroy*, que confirmó el fallo de la *Cour*. *Vid.* también, TF suizo, 25.3.2020, 4A_306/2019 (en interpretación del APPRI entre España y Venezuela).

82. Como una de las últimas referencias, anulando el laudo por constitución incorrecta del Tribunal y quebrantamiento grave de una norma del procedimiento, *vid.* Procedimiento de anulación, *Eiser c. Reino de España*, 11.6.2020, CIADI No. ARB/13/36.

83. En la jurisprudencia española: Auto JPI (núm. 101) de Madrid, 6.3.2013. Al respecto, *vid.*: RUEDA GARCÍA, "*Primera ejecución forzosa conocida de un laudo arbitral CIADI en España (Víctor Pey Casado y Fundación Presidente Allende c. República de Chile): sin execuátur*", *CDT*, 2014/1, pp. 414-430.

84. En España, *Ley Orgánica 16/2015, de 27 de octubre, sobre privilegios e inmunidades de los Estados extranjeros, las Organizaciones Internacionales con sede u oficina en España y las*

3.75. Como de lo hasta aquí dicho podrá deducirse, el arbitraje CIADI es el instrumento de resolución de controversias preferido por el inversor. Y es que, el hecho de que los laudos dictados bajo el CW queden sometidos al control de una comisión *ad hoc* especializada y que no deban someterse a execuátur constituyen dos poderosos argumentos a su favor.

**Cuestiones particulares:**

1. **Denuncia de APPRI**. En fechas recientes han sido denunciados una serie de APPRI (no solo con España, también con otros Estados)[85]. Este hecho plantea la cuestión relativa a la delimitación del ámbito de aplicación temporal del texto bilateral; es decir, qué inversiones quedan cubiertas por el texto una vez que éste deje de estar en vigor. Dentro de las interpretaciones posibles, y en defecto de especificación concreta del texto, debe prevalecer aquella en virtud de la cual el marco legal que el APPRI supone es de aplicación a toda inversión que haya sido efectivamente realizada durante la vigencia del mismo. En consecuencia, si el incumplimiento de cualquiera de las partes se produce en un momento posterior a la denuncia del APPRI, pero la inversión se hizo estando el texto bilateral en vigor, los posibles motivos de incumplimiento deben ser examinados a la luz de las disposiciones del texto (*ad ex.* interpretación de la cláusula "trato justo y equitativo").

2. **Incompatibilidad de los APPRI *intraeuropeos* y del Tratado sobre la Carta de la Energía con el Derecho de la UE**. El TJUE ha interpretado en su conocida sentencia *Achmea* que el artículo de un APPRI *intraeuropeo* (firmado entre dos Estados miembros de la UE) en virtud del cual se establece la sumisión a arbitraje entre inversor y Estado no es compatible con los artículos 267 y 344, ambos TFUE[86]. Partiendo de una circunstancia concreta (el precepto controvertido del APPRI contenía una cláusula de sumisión al *Derecho interno* del Estado inversor –Derecho que puede derivar del Derecho de la UE–),

*Conferencias y Reuniones internacionales celebradas en España* (*BOE* núm. 258, 28.10.2015). Al respecto, *vid. infra* Cap. V. Así, anulando la resolución del juez de instancia por no haber aplicado las normas de inmunidad correspondientes (FSIA), *Court of Appeals* (Second Circuit), 23.10.2017, 15-3109-cv, *Micula, et al. v. Gov't of Romania*.

85. A título de ejemplo, entre los APPRI firmados con España, han sido denunciados: el de Bolivia, Sudáfrica, Indonesia, India y Ecuador. http://www.comercio.es/acuerdos. Por otro lado, debe tenerse en cuenta en este contexto el *Acuerdo para la terminación de los tratados bilaterales de inversión entre los Estados miembros de la Unión Europea. DOUE*, 29.5.2020, L 169/1. *Vid.* también, *Instrumento de Ratificación del Acuerdo para la terminación de los tratados bilaterales de inversión entre los Estados miembros de la Unión Europea, hecho en Bruselas el 5 de mayo de 2020, BOE* núm. 226, 21.9.2021.

86. STJUE, 6.3.2018, C-284/16, *Achmea BV*.

el TJUE basa su argumentación en tres motivos, siendo los dos primeros extrapolables al ámbito del arbitraje comercial. Así, declara, en primer lugar, la imposibilidad de calificar al tribunal arbitral que surge de ese convenio como un "órgano jurisdiccional de uno de los Estado miembros" (art. 344 TFUE). En segundo lugar, en tanto que no puede considerarse "órgano jurisdiccional", confirma la incompetencia del tribunal arbitral para plantear cuestiones prejudiciales (art. 267 TFUE). En tercer y último lugar, identifica –sin mucho criterio– una serie de características propias del convenio arbitral inserto en un APPRI que, llegado el caso, pueden impedir la eficacia plena del Derecho europeo: "*resulta de un tratado mediante el cual los Estados miembros se comprometen a sustraer de la competencia de sus propios tribunales... los litigios que puedan referirse a la aplicación de ese Derecho*". A partir de aquí, en vez de restringir la validez del convenio arbitral a supuestos en los que las partes (Estado e inversor) pactasen arbitrajes con control judicial garantizado –como, irónicamente, sucedía en el supuesto de autos–, el TJUE decide declarar con carácter general la *oposición* de los artículos 267 y 344 TFUE con el convenio arbitral previsto en el artículo 8 del APPRI. En consecuencia, a partir de esta sentencia, el Tribunal extiende el ámbito de aplicación del artículo 344 TFUE (*litigación entre Estados*) a supuestos en los que solo una parte sea Estado. En sentido similar, la sentencia *PL Holdings*[87] ha extendido la jurisprudencia *Achmea* a supuestos en los que el convenio arbitral sea un convenio arbitral *ad hoc*: "*Los artículos 267 TFUE y 344 TFUE deben interpretarse en el sentido de que se oponen a una normativa nacional que permite a un Estado miembro celebrar con un inversor de otro Estado miembro un convenio arbitral ad hoc que permita continuar un procedimiento arbitral iniciado sobre la base de una cláusula arbitral, de idéntico contenido a dicho convenio, que se recoge en un acuerdo internacional celebrado entre esos dos Estados miembros y que es nula por ser contraria a esos mismos artículos*".

Por lo que hace a la interpretación del *Tratado sobre la Carta de la Energía*[88] (TCE), la sentencia *Komstroy*[89] ha establecido que "*la preservación de la autonomía y del carácter propio del Derecho de la Unión se opone a que el TCE pueda imponer las mismas obligaciones a los Estados miembros entre sí*", de tal forma que "*el artículo 26, apartado 2, letra c)* (sumisión a arbitraje) *del TCE debe interpretarse en el sentido de que no es*

87. STJUE, 26.11.2021, C-109/20, *PL Holdings Sàrl*.

88. La UE es parte del TCE y, desde esta perspectiva, el TJUE tiene competencia para interpretarlo. Así, por ejemplo, ha interpretado el concepto de "inversión" (así la misma sentencia *Komstroy*).

89. STJUE, 2.9.2021, C-741/19, *Komstroy*.

*aplicable a las controversias entre un Estado miembro y un inversor de otro Estado miembro en relación con una inversión realizada por este en el primer Estado miembro".*

Desde el "marco legal de referencia" del árbitro –marco del que emana su competencia–, la aplicación tanto de la sentencia *Achmea* como de la sentencia *Komstroy* ha sido, como cabía esperar, controvertida. Y es que, pese a la rigurosa interpretación del TJUE, los árbitros han seguido declarándose competentes para conocer de la controversia en el contexto de un arbitraje CIADI entre Estados miembros de la UE. La razón, someramente descrita, descansa sobre una aplicación cumulativa de los textos internacionales (APPRI o TCE) en relación con el CW: en la medida en que el CW constituye la base jurídica del árbitro y en la medida también en que este texto está en vigor, en puridad un árbitro no puede dejar de declararse competente para conocer de tal controversia. La reacción ante esta interpretación ha consistido, allí donde la legislación arbitral lo permite, en solicitar una declaración a título principal de ineficacia de convenio arbitral (o invitación a arbitraje)[90].

3. **El laudo de arbitraje de inversión y su conceptualización como ayuda de Estado.**

   La Comisión tiene la competencia para controlar si las medidas adoptadas por un Estado miembro pueden tener la consideración de "ayudas de Estado", en cuyo caso requieren una autorización también de la Comisión. En este contexto, se plantea si la indemnización concedida por un laudo arbitral al inversionista puede tener o no la consideración de "ayuda de Estado" y, en su caso, si tal ayuda puede estar o no justificada[91].

4. **Compatibilidad del CW con el Derecho de UE.** En la medida en que el TJUE ha señalado explícitamente que el laudo CIADI "*no está sometido, con arreglo a los artículos 53 y 54 del Convenio CIADI, a ningún control por parte de un órgano jurisdiccional de un Estado miembro en cuanto a su conformidad con el Derecho de la Unión*"[92], parece posible apreciar una incompatibilidad entre el CW y el Derecho de la UE (de

90. Sobre este particular, *vid.*, RUSCHE, "Abwehr rechtsmissbräuchlicher innereuropäischer Investoren-Staaten-Schiedsverfahren durch Verfahren vor deutschen Gerichten", *IPRax*, 2021, pp. 494-502.

91. *Vid.* al respecto, STJUE, 25.1.2022, C-638/19 P, *European Food*. *Vid.* también el documento de la Comisión: Ayuda estatal SA.54155 (2021/NN) – Laudo arbitral de Antin – España, Bruselas, 19.7.2021, C(2021) 5405 final.

92. STJUE, 25.1.2022, C-638/19 P, *European Food*; Auto TJUE, 21.9.2022, C-333/19, *Romatsa*.

difícil solución) cuando las dos partes afectadas por el laudo CIADI sean europeas (inversionista y Estado que recibe la inversión).

3.76. Por fin, es importante destacar que *arbitraje comercial internacional* y *arbitraje de inversiones* presentan ámbitos de fricción. Así, por ejemplo, el hecho de que no se haya respetado un convenio arbitral o se haya denegado el execuátur de un laudo arbitral al amparo del CNY sin concurrir motivo de denegación alguno, puede justificar un arbitraje de inversión. Para que tal arbitraje se justifique es necesario que tal proceder afecte a una inversión y el APPRI en cuestión prevea una remisión al arbitraje de inversión en términos amplios[93].

## 2. ARBITRAJE DE CONSUMO

3.77. El arbitraje de consumo está específicamente regulado en el *RD 231/2008, de 15 de febrero, por el que se regula el Sistema Arbitral de Consumo*[94]. No obstante, debe tenerse en cuenta en este contexto la *Ley 7/2017, de 2 de noviembre, por la que se incorpora al ordenamiento jurídico español la Directiva 2013/11/UE, del Parlamento Europeo y del Consejo, de 21 de mayo de 2013, relativa a la resolución alternativa de litigios en materia de consumo.*

La Directiva 2013/11/UE "*obliga a los Estados miembros a garantizar a los consumidores residentes en la UE la posibilidad de resolver sus litigios con empresarios establecidos en cualquier Estado miembro mediante la intervención de entidades de resolución alternativa que ofrezcan procedimientos de resolución alternativa o extrajudicial de litigios de consumo que sean independientes, imparciales, transparentes, efectivos, rápidos y justos*" (EM de la Ley 7/2017). La Directiva en cuestión ha sido interpretada por el TJUE[95]. En su virtud, la Directiva *no* se opone a una legislación nacional que exige el paso previo por la mediación como requisito de admisibilidad de una demanda judicial en materia de consumo. Sin embargo, *sí* se opone a una legislación nacional que exige en el marco de la mediación la asistencia de abogado y la concurrencia de una causa justa para retirarse de la misma.

3.78. La Ley 7/2017 establece un concepto amplio de *consumidor*, pues ostentan tal calificación tanto las personas físicas como jurídicas y

93. Un detallado análisis de supuestos puede verse en, DEMIRKOL, "Enforcement of International Commercial Arbitration Agreements and Awards in Investment Treaty Arbitration", *ICSID Review*, 2015, pp. 56-67.

94. *Vid.* artículo 57 del *Real Decreto Legislativo 1/2007, de 16 de noviembre, por el que se aprueba el texto refundido de la Ley General para la Defensa de los Consumidores y Usuarios y otras leyes complementarias* (TRLGDCU).

95. STJUE, 14.6.2017, C-75/16, *Livio Menini.*

entidades sin personalidad jurídica que actúen sin ánimo de lucro en un ámbito ajeno a una actividad comercial o empresarial. Por *litigo transfronterizo de consumo* se entiende aquel litigio de naturaleza contractual derivado de un contrato de compraventa o de prestación de servicios en el que el consumidor, en el momento de realizar la orden del pedido, tenga su residencia en un Estado miembro de la UE diferente a aquel en que el empresario está establecido (art. 2). El *arbitraje de consumo* está comprendido en el ámbito de aplicación de esta norma como *procedimiento de resolución alternativa con resultado vinculante,* en tanto que mediante el laudo se impone la solución adoptada (art. 3). La Ley en cuestión regula una *acreditación voluntaria* para aquellas entidades de resolución de controversias que deseen formar parte de un listado que es remitido a la Comisión Europea con el objeto de crear un listado único europeo. Dicha acreditación se obtiene cuando la entidad interesada cumple una serie de requisitos que afectan tanto a su lugar de establecimiento, estatuto y reglamento de funcionamiento, así como a los mismos procedimientos que gestionen (voluntariedad, coste gratuito para el consumidor y garantías procesales) y a las cualidades de las personas encargadas de la resolución de los procedimientos (básicamente, independencia e imparcialidad).

3.79. El *Sistema Arbitral de Consumo* es el arbitraje institucional de carácter vinculante en materia de consumo al que los empresarios o profesionales pueden adherirse voluntariamente.

> **Artículo 57.1 TRLGDCU.** *Sistema Arbitral del Consumo.*
>
> *El Sistema Arbitral del Consumo es el sistema extrajudicial de resolución de resolución de conflictos entre los consumidores y usuarios y los empresarios a través del cual, sin formalidades especiales y con carácter vinculante y ejecutivo para ambas partes, se resuelven las reclamaciones de los consumidores y usuarios, siempre que el conflicto no verse sobre intoxicación, lesión o muerte o existan indicios racionales de delito.*

Este Sistema Arbitral se organiza a través de las *Juntas Arbitrales de Consumo,* la *Comisión de las Juntas Arbitrales de Consumo,* el *Consejo General del Sistema Arbitral de Consumo* y los *Órganos arbitrales.* Las Juntas Arbitrales son los órganos administrativos de gestión del arbitraje institucional de consumo. Desempeñan, en general, cualquier actividad relacionada con el apoyo y soporte a los órganos arbitrales de consumo. Con carácter particular, realizan también las siguientes funciones: resolver sobre las ofertas públicas de adhesión al Sistema Arbitral; dar publicidad sobre las empresas adheridas; elaborar y actualizar la lista de árbitros; asegurar el recurso a la mediación previa; gestionar y custodiar los expedientes arbitrales; así como gestionar el registro de los laudos emitidos.

Son Juntas Arbitrales de Consumo tanto la Junta Arbitral Nacional como las Juntas Arbitrales territoriales constituidas mediante convenio de colaboración entre las Administraciones públicas y la Agencia Española de Consumo (AECOSAN).

3.80. La *Comisión de las Juntas Arbitrales de Consumo* (adscrito al Instituto Nacional de Consumo) tiene como competencia principal establecer criterios homogéneos en el Sistema Arbitral de Consumo, mientras que el *Consejo General del Sistema Arbitral de Consumo* vela por el funcionamiento, apoya y plantea mejoras del Sistema Arbitral de Consumo. Desde esta perspectiva, elabora directrices generales sobre supuestos de admisión de adhesión, aprueba programas de formación de árbitros, fija los criterios de cualificación de los mismos y establece los criterios para la creación de órganos arbitrales sectoriales. Por fin, los *Órganos arbitrales*, unipersonales o colegiados, son los competentes para decidir sobre la solución de los conflictos.

3.81. El **convenio arbitral** debe constar por escrito en documento firmado por las partes, en intercambio de cartas o intercambio de cualquier medio de comunicación electrónica que permita dejar constancia del acuerdo.

> El **artículo 57.4 TRLGDCU** establece que "*no serán vinculantes para los consumidores los convenios arbitrales suscritos con un empresario antes de surgir el conflicto*"; por su parte, el **artículo 58.1 TRLGDCU** prevé que "*La sumisión de las partes al Sistema Arbitral del Consumo será voluntaria y deberá constar expresamente, por escrito, por medios electrónicos o en cualquier otra forma admitida legalmente que permita tener constancia del acuerdo*"; el **artículo 82 TRLGDCU** determina que toda cláusula de estas características deberá "*ser negociada individualmente, consentida expresamente y no entrañar un desequilibrio importante de los derechos y obligaciones de las partes que se deriven del contrato*"; y, por fin, el **artículo 90.1 TRLGDCU** afirma que "*son, asimismo, abusivas las cláusulas que establezcan: 1. La sumisión a arbitrajes distintos del arbitraje de consumo, salvo que se trate de órganos de arbitraje institucionales creados por normas legales para un sector o un supuesto específico*"[96]. Por su parte, el **artículo 24 del RD 231/2008**, establece: 1. *El convenio arbitral, que podrá adoptar la forma de cláusula incorporada a un contrato o de acuerdo independiente de las partes, deberá expresar la voluntad de las partes de resolver a través del Sistema*

96. Para una interpretación de estos preceptos en sede de anulación del laudo arbitral, *vid.* STSJ de Madrid, 14.11.2018, ECLI:ES:TSJM:2018:11440. *Vid.* también STSJ de Madrid, 12.9.2019, ECLI: ES:TSJM:2019:6988 (con voto particular).

*Arbitral de Consumo las controversias que puedan surgir o hayan surgido en una relación jurídica de consumo. El convenio arbitral deberá constar por escrito, en un documento firmado por las partes o en intercambio de cartas, telegramas, telex, fax u otros medios de comunicación electrónica que permitan tener constancia del acuerdo, considerándose cumplido este requisito cuando el convenio arbitral conste y sea accesible para su ulterior consulta en soporte electrónico, óptico o de otro tipo. 2. Cuando exista oferta pública de adhesión al Sistema Arbitral de Consumo, el convenio arbitral estará válidamente formalizado por la mera presentación de la solicitud, siempre que coincida con el ámbito de la oferta. 3. Igualmente, se entenderá válidamente formalizado el convenio arbitral por la mera presentación de la solicitud si consta acreditado que ésta se formaliza durante el tiempo en el que la empresa o profesional utiliza el distintivo público de adhesión al Sistema Arbitral de Consumo, aún cuando carezca del derecho a tal uso conforme a lo previsto en esta norma. 4. En caso de que no conste la existencia de convenio arbitral en cualquiera de las formas señaladas en los apartados precedentes, la Junta Arbitral de Consumo, recibida una solicitud de arbitraje dará traslado al reclamado para su aceptación, conforme a lo previsto en el artículo 37.3, apartado b).* A su vez, este inciso del **artículo 37 del RD 231/2008** establece: *b) Si no consta la existencia de convenio arbitral previo o éste no es válido, en el plazo previsto en el apartado 4, se dará traslado de la solicitud de arbitraje al reclamado haciendo constar que ésta ha sido admitida a trámite, dándole un plazo de quince días para la aceptación del arbitraje y de la mediación previa en los supuestos en que proceda, así como para, en su caso, contestar a la solicitud formulando las alegaciones que estime oportunas para hacer valer su derecho y, en su caso, presentar los documentos que estime pertinentes o proponer las pruebas de que intente valerse.*

En interpretación jurisprudencial de estos preceptos, se ha entendido que ante una oferta pública de adhesión al Sistema Arbitral de Consumo hecha por el empresario, el convenio arbitral debe considerarse válidamente formalizado desde el momento en el que el consumidor presente la solicitud[97]. Del mismo modo, se entiende también que ante la falta de esa solicitud o ante la falta de consentimiento del reclamado de someterse al arbitraje de consumo (dentro del supuesto del artículo 24.4 RD 231/2008) el arbitraje no puede considerarse válidamente constituido, por lo que, de constituirse, el laudo debe ser anulado[98]. La consideración del convenio

97. Expresamente en este sentido, TSJ de Murcia, 20.2.2020, ECLI: ES:TSJMU:2020:589. Sobre el alcance de tal adhesión, muy ilustrativa, STSJ de Galicia, 13.10.2020, ECLI: ES:TSJGAL:2020:5799.

98. STSJ de Murcia, 22.12.2020, ECLI: ES:TSJMU:2020:2393.

arbitral como una cláusula *no* negociada de sumisión a arbitraje distinto del de consumo, suscrita por un consumidor en un contrato con un empresario y que no ha sido ratificada con posterioridad al surgimiento de la controversia, conlleva también la nulidad del laudo[99].

3.82. El **procedimiento arbitral** que regula el RD 231/2008 parte de la base –al contrario de lo previsto en la LArb– de que los arbitrajes se resuelven, excepto pacto en contrario, en equidad. La solicitud de arbitraje puede presentarse por vía telemática y no es necesario que se celebre una audiencia presencial. El laudo debe dictarse en un plazo máximo de seis meses desde que se presenta la solicitud de arbitraje.

Particular relevancia tiene en este contexto de procedimiento arbitral la cuestión relativa a la *práctica de la prueba*. Así, y a diferencia de lo que ocurre en el ámbito del arbitraje comercial, el artículo 45.1 del RD 231/2008 prevé que el colegio arbitral proponga *de oficio la práctica de pruebas que se consideren imprescindibles para la solución de la controversia*. Ante tal previsión legal, la efectiva realización o no de tal prueba por parte del colegio arbitral –*ad ex*. exhibición de contrato concluido en conversación telefónica grabada– puede ser determinante en sede de anulación[100].

3.83. Frente al laudo arbitral en materia de consumo cabe plantear la acción de anulación. Tanto la **acción de anulación** como la **ejecución forzosa** del laudo arbitral de consumo se regulan por lo dispuesto en los Títulos VII y VIII LArb[101]. Son competentes para conocer de la acción de anulación los TSJ según los criterios territoriales previstos en el artículo 8 LArb[102]. Tanto en el ámbito de la acción de anulación como en el ámbito de la ejecución forzosa del laudo deben respetarse ciertas especialidades propias del Derecho de consumo. Y así, según jurisprudencia del TJUE, el tribunal que conozca de la acción de anulación debe apreciar la nulidad del convenio arbitral y anular el laudo si estima que dicho convenio contiene una cláusula abusiva, con independencia de que el consumidor haya alegado tal cuestión en el seno del procedimiento arbitral[103]. Del mismo modo, el tribunal que conozca de la ejecución forzosa del laudo

99. STSJ de Andalucía, 4.3.2022, ECLI:ES:TSJAND:2022:4957.
100. *Vid*. STSJ de Andalucía, 30.7.2021, ECLI:ES:TSJAND:2021:12411. *Vid*. además, *infra* Cap. XII.
101. *Vid. infra* Cap. XII.
102. *Vid. infra* Cap. VII.
103. STJUE, 26.10.2006, C-168/05, *Mostaza Claro*. Sobre la controvertida aplicación de esta jurisprudencia es ilustrativa la STSJ de Madrid, 4.3.2022, ECLI:ES:TSJM.2022:2631 (con un interesante voto particular).

está obligado a apreciar de oficio el carácter abusivo del convenio arbitral[104]. Sin embargo, no es contrario al Derecho de la UE una normativa nacional que no admite la intervención de una asociación para la defensa de los consumidores en apoyo de un consumidor en un procedimiento de ejecución de un laudo arbitral contra el mismo[105].

La estadística indica que el número de laudos anulados en materia de consumo es excepcionalmente alto. De hecho, la mayoría de las anulaciones reportadas corresponden a laudos dictados en materia de consumo. Sin perjuicio del análisis de los supuestos de anulación que posteriormente se haga (Cap. XII), baste ahora con señalar que motivo particular de anulación en este contexto es el hecho de que el laudo haya sido dictado en un supuesto en el que ninguna de las partes ostente la condición de consumidor[106].

## 3. ARBITRAJE OBLIGATORIO

3.84. Además del arbitraje *obligatorio* que regula el ordenamiento jurídico español en el ámbito laboral (*supra* Ep. III.2), en el contexto internacional y comparado se encuentran diversos ejemplos de este tipo de arbitraje. No se trata –adviértase– de arbitrajes *ad hoc* de carácter voluntario regulados en distintas normas del ordenamiento jurídico.

Como son, por ejemplo, el arbitraje regulado en el *RD 1835/1991, de 20 de diciembre, sobre Federaciones Deportivas Españolas y Registro de Asociaciones Deportivas* y el arbitraje previsto en el artículo 158 de la *Ley de Propiedad Intelectual*[107]. Este tipo de arbitrajes voluntarios no son equiparables al que estuvo previsto en el artículo 38.2 de la Ley 16/1987, de Ordenación de los Transportes Terrestres (LOTT). Este precepto –declarado inconstitucional[108]– preveía la sumisión *obligatoria* de las partes al arbitraje, excepto pacto en contrario[109]. Del mismo modo, el artículo 76 e/ LCS también fue declarado nulo e inconstitucional por prever la sumisión obligatoria de la

104. STJUE, 6.10.2009, C-40/08, *Asturcom*. *Vid*. sobre esta cuestión, SAP de Madrid, 12.7.2021, ECLI:ES:APM:2021:3780A.

105. STJUE, 27.2.2014, C-470/12, *Pohotovost*.

106. STSJ de Murcia, 21.2.2020, ECLI: ES:TSJMU:2020:588.

107. *Vid. infra* Cap. V. Una lista detallada de otros tipos de arbitrajes puede verse en: ESPLUGUES MOTA, "Artículo 1", en: BARONA VILAR, *Comentarios a la Ley de Arbitraje*, 2.ª Ed., Madrid, 2011, pp. 104-122.

108. STC 174/1995, de 23 de noviembre.

109. No vamos a abundar en este particular arbitraje. No obstante, además de las sentencias que se analizan en sede de anulación, *vid*. en relación con el arbitraje de consumo, Auto AP de Madrid, 25.6.2021, ECLI:ES:APM:2021:4225A.

aseguradora a arbitraje cuando el asegurado iniciase unilateralmente esta vía; en esencia, por falta de voluntad concurrente de los litigantes[110].

3.85. Arbitraje obligatorio es, en términos generales, aquel arbitraje que la ley impone a las partes. En consecuencia, la autonomía de la voluntad no está en el origen del mismo. De ordinario, tanto las cuestiones relativas al tribunal arbitral como las cuestiones relativas al procedimiento están reguladas en la ley. El tribunal arbitral suele tener carácter permanente y el procedimiento se caracteriza por limitar extraordinariamente la autonomía de la voluntad. Por todo lo anterior, la doctrina francesa califica este tipo de arbitraje como *"jurisdiction d'exception"*[111].

3.86. Para el TEDH el arbitraje obligatorio es compatible con el CEDH, siempre y cuando se respeten las garantías previstas en el artículo 6.1 del texto.

> *95. En outre, il convient de distinguer entre arbitrage volontaire et arbitrage forcé. S'agissant d'un arbitrage forcé, en ce sens que l'arbitrage est imposé par la loi, les parties n'ont aucune possibilité de soustraire leur litige à la décision d'un tribunal arbitral. Celui–ci doit offrir les garanties prévues par l'article 6 § 1 de la Convention (Suda, précité, § 49)*[112].

Por su parte, para el TC, el *arbitraje obligatorio "sí resulta compatible con el derecho reconocido el artículo 24 CE cuando el control judicial a realizar por los tribunales ordinarios no se restringe a un juicio externo, sino que alcanza también a aspectos de fondo de la cuestión sobre la que versa la decisión"*; es decir, *"si en ningún caso excluye el ulterior conocimiento jurisdiccional de la cuestión y su fin resulta proporcionado y justificado"* [113].

> Como ejemplos de este tipo de arbitraje desde la perspectiva del Derecho comparado cabe citar el *Tribunal de Arbitraje Laboral* previsto en el ordenamiento jurídico danés y el *Tribunal Arbitral Tributario* previsto en el ordenamiento jurídico portugués[114].

110. STC 1/2018, de 11 de enero. Al respecto, *vid. infra* Cap. V.
111. PINNA, "Réflexions sur l'arbitrage forcé", *Gazette du Palais*, 14-16 diciembre 2008, pp. 1-8.
112. *Court*, 2.10.2018, *Mutu y Pechstein c. Suiza (Requêtes nos 40575/10 et 67474/10)*, *Arbitraje*, 2018 (3), con nota de JULIÀ, pp. 817-835.
113. Como último referente y citando sentencias anteriores, STC 1/2018, de 11 de enero.
114. Sobre el marco legal que los regula, *vid.* las referencias citadas en las sentencias del TJUE dictadas en la siguiente nota. En particular, sobre el arbitraje tributario portugués, *vid.*, SÁNCHEZ FREIRE / GORJÃO HENRIQUES, "Arbitraje de Disputas Tributarias en Portugal", *SAR*, N.º 23 / 2015, pp. 95-105.

3.87. En cualquier caso, de las particularidades citadas se derivan una serie de importantes consecuencias en perspectiva internacional. Por un lado, se trata de órganos que están facultados para elevar cuestiones prejudiciales ante el TJUE: su origen legal y el carácter jurisdiccional de sus resoluciones son elementos que avalan tal facultad[115]. Sin embargo, los laudos dictados en el seno de estos arbitrajes no podrán ser reconocidos en aplicación del CNY, pues su artículo 1.2 limita la aplicación del texto a los laudos arbitrales dictados por un tribunal o colegio arbitral nombrado por las partes: "*La expresión 'sentencia arbitral' no sólo comprenderá las sentencias dictadas por los árbitros nombrados para casos determinados, sino también las sentencias dictadas por los órganos arbitrales permanentes a los que* ***las partes*** *se hayan sometido*".

## 4. ARBITRAJE DEPORTIVO

3.88. El Derecho del deporte está integrado por un conjunto de normas jurídicas de diferentes orígenes: tanto de fuente interna como de fuente internacional; y tanto de carácter público como de carácter privado. Se da la circunstancia, además, de que el peso de las instituciones deportivas en la organización de eventos internacionales es de tal relevancia que el sometimiento a arbitraje *jurídico* que las mismas contemplan en sus estatutos constituye el cauce habitual de resolución de disputas: disputas entre deportistas y asociaciones, pero también entre distintos operadores deportivos entre sí o con las distintas asociaciones deportivas. En este contexto, el Tribunal Arbitral del Deporte (*Tribunal Arbitral du Sport* [TAS] con sede en Lausana, Suiza[116]) se erige como el Tribunal Arbitral de referencia en este ámbito.

En el contexto del arbitraje *jurídico* deportivo se plantean cuestiones particularmente complejas. De un lado, la arbitrabilidad de la materia puede verse afectada por limitaciones legales previstas en los ordenamientos jurídicos de los distintos Estados implicados. Puede ocurrir, en efecto, que por disposición legal expresa ciertas cuestiones de un modo u otro vinculadas al Derecho del deporte se consideren inarbitrables. Por otro lado, la cuestión relativa al consentimiento del deportista a someterse a arbitraje –prácticamente, obligado– ha generado una importante jurisprudencia del TEDH que requiere de particular atención. A estas dos

115. Respectivamente, STJCE, 17.10.1989, 109/88, *Handels- og Kontorfunktionaereres Forbund*; y, STJUE, 12.6.2014, C-377/13, *Ascendi Beiras Litoral*; Auto TJUE, 13.12.2021, C-224/21, *VX*. Sobre los factores que deben tenerse en cuenta para dilucidar qué organismos pueden tener la condición de "órgano jurisdicional" a los efectos del artículo 267 TFUE, *vid*. STJUE, 21.1.2020, C-274/14, *Banco Santander*.

116. www.tas-cas.org.

cuestiones nos referimos a continuación. Punto de partida es, en cualquier caso, la compatibilidad del arbitraje *jurídico* deportivo con el CEDH.

> *98. En ce qui concerne le cas spécifique de l'arbitrage sportif, elle considère qu'il y a un intérêt certain à ce que les différends qui naissent dans le cadre du sport professionnel, notamment ceux qui comportent une dimension internationale, puissent être soumis à une juridiction spécialisée qui soit à même de statuer de manière rapide et économique. En effet, les manifestations sportives internationales de haut niveau sont organisées dans différents pays par des organisations ayant leur siège dans des États différents, et elles sont souvent ouvertes à des athlètes du monde entier. Le recours à un tribunal arbitral international unique et spécialisé facilite une certaine uniformité procédurale et renforce la sécurité juridique. Cela est d'autant plus vrai lorsque les sentences de ce tribunal peuvent faire l'objet de recours devant la juridiction suprême d'un seul pays, en l'occurrence le Tribunal fédéral suisse, qui statue par voie définitive. Sur ce point, la Cour rejoint donc le Gouvernement et reconnaît qu'un mécanisme non étatique de règlement des conflits en première et/ou deuxième instance, avec une possibilité de recours, bien que limitée, devant un tribunal étatique, en dernière instance, pourrait constituer une solution appropriée en ce domaine*[117].

3.89. El Título VIII (*De la solución de conflictos en el deporte*) de la *Ley 39/2022, de 30 de diciembre, del Deporte*[118] (LD) limita, a diferencia de su antecesora, la **arbitrabilidad de la materia** de forma indirecta. Así, en vez de proclamar con carácter general la arbitrabilidad de los conflictos que surjan en este ámbito, el Capítulo I del citado Título (*De la naturaleza de los actos*) distingue entre actos administrativos y actuaciones de carácter privado (arts. 116 y 117 LD, respectivamente). Cabe destacar, en este sentido, el carácter administrativo de determinados laudos dictados por el *Consejo Superior de Deportes.*

> **Artículo 116.** *Actos de carácter administrativo.*
>
> *1. Tienen naturaleza administrativa aquellos actos dictados por cualquiera de los* órganos del Consejo Superior de Deportes en el ejercicio de potestades o competencias *públicas previstas en la presente ley o en cualesquiera otras disposiciones.*
>
> *Asimismo, tienen esta condición las resoluciones que adopte el Tribunal Administrativo*

117. *Court*, 2.10.2018, *Mutu y Pechstein c. Suiza* (Requêtes nos 40575/10 et 67474/10), *Arbitraje*, 2018 (3), con nota de JULIÀ, pp. 817-835.

118. *BOE* núm. 314, 31.12.2022.

*del Deporte en el ejercicio de las competencias que le reconoce el título VII.*

*2. Específicamente, tienen carácter administrativo:*

*a) Los laudos dictados por el Consejo Superior de Deportes en el ejercicio de la función arbitral establecida en el artículo 9 del Real Decreto-ley 5/2015, de 30 de abril, de medidas urgentes en relación con la comercialización de los derechos de explotación de contenidos audiovisuales de las competiciones de fútbol profesional.*

*b) Los dictados en el procedimiento de concesión, gestión, comprobación, control y reintegro de ayudas y subvenciones públicas...*

Por su parte, el Capítulo II del mismo Título (*De la resolución de conflictos*) regula, por un lado (art. 118 LD), el régimen de impugnación de actos administrativos, entre los que se encuentran los laudos arbitrales previstos en el artículo 116 LD arriba transcrito. Por otro (art. 119 LD), proclama indirectamente la arbitrabilidad de los conflictos de naturaleza privada calificados como tal en el artículo 117 LD.

**Artículo 117**. *Actuaciones de carácter privado.*

*Tendrán naturaleza privada:*

*a) Los acuerdos y medidas que pueda adoptar la asamblea general de las federaciones deportivas españolas en relación con la organización de la federación y de las competiciones que le correspondan a la misma.*

*b) Las actuaciones relativas a la interpretación de los convenios de integración y separación de las federaciones autonómicas en las federaciones deportivas españolas.*

*c) Las actuaciones relativas a la interpretación de los convenios de coordinación vigentes entre las federaciones deportivas españolas y las ligas profesionales correspondientes, siempre que no se trate de las materias previstas en el artículo 116.2.e).*

*d) Todas las actuaciones relativas a licencias deportivas distintas a la establecida en el artículo 97.3.*

*e) Las actuaciones relativas a la organización de la competición, inscripciones, descensos, ascensos y cualesquiera otras derivadas de las mismas, incluidos los elementos disciplinarios ligados a la práctica, organización y desarrollo de la competición y las responsabilidades derivadas de las mismas de acuerdo con lo dispuesto en el artículo 97.2.*

*f) La aplicación de los sistemas de prevención de la insolvencia a la que se refiere el artículo 95.b).*

*g) Los conflictos que puedan surgir en relación con el cese o la moción de censura de los cargos de los órganos federativos y con el funcionamiento de la federación o liga cuando no afecte a funciones públicas.*

*h) Los conflictos que puedan surgir en relación con la explotación económica de las competiciones deportivas de toda índole.*

*i) Los convenios y contratos que celebren agentes privados en relación con la ejecución de competiciones en edad escolar o universitaria.*

*j) Los contratos y convenios que celebren las federaciones deportivas en relación con la actividad deportiva no oficial.*

*k) Los conflictos que puedan surgir en el seno de las entidades deportivas y mercantiles de toda índole que participen en la actividad deportiva regulada en esta ley y con exclusión de aquellos que expresamente se atribuyen al control económico del Consejo Superior de Deportes.*

*l) Cualesquiera otras actuaciones que no tengan atribuido carácter administrativo conforme a lo dispuesto en esta ley.*

**Artículo 119.** *Conflictos de naturaleza privada.*

*1. Los tribunales del orden civil serán competentes para conocer de las cuestiones relativas a cualesquiera actuaciones previstas en el artículo 117, salvo las relativas a la prevención de la insolvencia.*

2. ....

*3. Las federaciones deportivas españolas y las ligas profesionales* ***deberán establecer*** *en sus estatutos o reglamentos, o mediante acuerdos de la asamblea general,* ***un sistema común de carácter extrajudicial de solución de conflictos.*** *El Consejo Superior de Deportes, de acuerdo con lo establecido en el punto af) del artículo 14, establecerá reglamentariamente los requisitos de dicho sistema, que deberá contar con la adecuada publicidad de su contenido.* ***Tendrá en todo caso carácter voluntario y gratuito para las personas deportistas, que deberán manifestar su aceptación expresa.***

*Si fuera un sistema de carácter internacional se establecerá, expresamente, una forma para la ejecución de los laudos o acuerdos que puedan adoptarse, sin perjuicio de lo establecido en la Ley 60/2003, de 23 de diciembre, de Arbitraje, y en la Ley 5/2012, de 6 de julio, de mediación en asuntos civiles y mercantiles.*

*4. Contra los laudos o acuerdos que puedan adoptarse en el marco del sistema extrajudicial de solución de conflictos a que se refiere el apartado anterior podrá ejercitarse la acción de anulación o solicitarse la revisión ante la jurisdicción civil en los términos previstos en el título VII de la Ley 60/2003, de 23 de diciembre, de Arbitraje, o la acción de nulidad, conforme a lo dispuesto en el artículo 23.4 de la Ley 5/2012, de 6 de julio, de mediación en asuntos civiles y mercantiles.*

3.90. Por otro lado, entre las competencias del *Consejo Superior de Deportes* está: *La administración del arbitraje y la designación de árbitros en relación con las discrepancias que puedan suscitarse sobre la comercialización y explotación de los derechos audiovisuales en las competiciones, en los términos previstos en el artículo 9 del Real Decreto-ley 5/2015, de 30 de abril, de medidas urgentes en relación con la comercialización de los derechos de explotación de contenidos audiovisuales de las competiciones de fútbol profesionales* (art. 14 ñ/ LD).

Del mismo modo, el *Real Decreto 1835/1991, de 20 de diciembre, sobre Federaciones deportivas españolas* incluye todo un capítulo –IX *Conciliación extrajudicial*– destinado a regular tanto la función arbitral de las Federaciones deportivas como la validez del convenio arbitral, las materias arbitrables[119] y el procedimiento arbitral (arts. 34 a 39). Cada Federación puede constituir cuantos Comités estime necesarios (art. 21 RD 1835/1991). Y así, por ejemplo, *la Real Federación Española de Fútbol* tiene constituido un Comité Jurisdiccional que asume amplias funciones arbitrales. Los laudos que dicta este Comité son objeto de control por el TSJ correspondiente[120].

3.91. Por lo que se refiere a la **jurisprudencia** del TS en este particular contexto de arbitrabilidad, es importante destacar que consideró su momento como inarbitrables las cuestiones relativas a dopaje, si bien esta jurisprudencia debe interpretarse a la luz de la posterior *Ley Orgánica 11/2021, de 28 de diciembre, de lucha contra el dopaje en el deporte*[121].

3.92. Mención especial merece el ***arbitraje deportivo*** **impuesto** por determinadas asociaciones internacionales que, en clara posición

119. *Vid. infra* Cap. V.

120. Así, anulando un laudo dictado por este Comité Jurisdiccional por notificación defectuosa, STSJ de Madrid, 18.2.2020, ECLI: ES:TSJM:2020:2335. También anulando el laudo dictado por este Comité, por apreciarse *cosa juzgada*, STSJ de Madrid, 12.6.2020, ECLI: ES:TSJM:2020:7851; por apreciar falta de consentimiento para someterse al Comité, falta de notificación y nombramiento de árbitro, STSJ de Madrid, 13.7.2022, ECLI:ES:TSJM:2022:10137.; por no ser arbitrable la controversia (derecho laboral), STSJ de Madrid, 18.1.2022, ECLI:ES:TSJM:2022:97. No lo anula, STSJ de Madrid, 10.12.2021, ECLI:ES:TSJM:2021:14835; STSJ de Madrid, 22.3.2022, ECLI:ES:TSJM:2022:7340.

121. *BOE* núm. 312, 28.12.2021.*Vid. infra* Cap. V.

dominante, tienen por función organizar los campeonatos mundiales de su especialidad (*Ein-Platz-Prinzip*). Dichas asociaciones imponen a los deportistas que quieran participar en las competiciones que organizan una sumisión a arbitraje deportivo (de ordinario, al TAS). En esencia, la disyuntiva que plantea este arbitraje es la siguiente: por un lado, es indudable que existe consentimiento del deportista de someterse a arbitraje; pero, por otro, resulta que si no presta ese consentimiento no puede participar en la competición que de forma exclusiva (en clara posición dominante) organiza la asociación a la que pertenece. El Tribunal Supremo alemán (*BGH*) ha reconocido expresamente esa posición de dominio de las asociaciones deportivas en el mercado; sin embargo, ha sentenciado que no constituye un abuso de las mismas el hecho de que obliguen a los deportistas a someterse a este tipo de arbitrajes. Ello es así, en primer lugar, porque el arbitraje TAS al que se someten respeta todas las garantías procesales de las partes; y, en segundo lugar, porque el laudo resultante siempre podrá ser objeto de control por instancias judiciales (incluido el Tribunal Supremo suizo)[122].

3.93. En sentido similar, el TEDH ha reconocido expresamente, en fallo posterior, la independencia del TAS, al entender que la misma no queda afectada por el mero hecho de que su financiación corra a cargo de federaciones deportivas[123]. Sin embargo, en ese mismo fallo, el TEDH se ha hecho eco de la disyuntiva arriba planteada y, aceptando el argumento de los deportistas en virtud del cual si éstos no aceptan el convenio arbitral no pueden participar en competiciones internacionales, ha sentenciado que, en tan particular contexto, no puede hablarse de consentimiento libre e inequívoco.

> *113. En l'occurrence, la Cour considère que le choix qui s'offrait à la requérante n'était pas de participer à une compétition plutôt qu'à une autre, en fonction de son acceptation ou sa non–acceptation d'une clause d'arbitrage. En effet, contrairement au choix offert aux requérants des affaires Tabbane, Eiffage S.A. et autres, et Transportes Fluviais do Sado S.A. (décisions précitées) – qui avaient eu la possibilité de conclure un contrat avec un partenaire commercial plutôt qu'avec un autre –, le seul choix offert à la requérante était soit d'accepter la clause d'arbitrage et de pouvoir gagner sa vie en pratiquant sa discipline au niveau professionnel, soit de ne pas l'accepter et de devoir renoncer complétement à gagner sa vie en pratiquant sa discipline à un tel niveau.*

---

122. *Bundesgerichtshof*, 7.6.2016, ECLI:DE:BGH:2016:070616UKR6.15.0.
123. *Court*, 2.10.2018, *Mutu y Pechstein c. Suiza* (Requêtes nos 40575/10 et 67474/10), *Arbitraje*, 2018 (3), con nota de JULIÀ, pp. 817-835.

*114. Eu égard à la restriction que la non–acceptation de la clause d'arbitrage aurait apportée à la vie professionnelle de la requérante, l'on ne peut pas affirmer que cette dernière a accepté cette clause de manière libre et non équivoque*[124].

3.94. En una línea muy similar, el TS ha sentenciado que *no* cabe "*considerar que se ha otorgado libremente dicho consentimiento (sumisión al TAS) si se exige como requisito sine qua non para ejercer su profesión, estando la cláusula compromisoria incluida en el documento de adhesión (licencia federativa)*"[125].

Habida cuenta de la jurisprudencia española en este ámbito –particularmente estricta–, cobra especial interés la acción de *no* reconocimiento del laudo arbitral TAS; es decir, en tanto en cuanto la jurisprudencia española considera que en determinados supuestos no se aprecia consentimiento de la parte (de ordinario, el deportista) de someterse a arbitraje, mientras que los árbitros y jurisprudencia comparada entienden que sí lo hay, dictado laudo sobre el fondo (de ordinario, en el seno de un arbitraje TAS con sede en Suiza), es concebible solicitar el *no* reconocimiento del mismo ante el TSJ competente. De este modo, las federaciones nacionales no podrían implementar la sanción del laudo en España[126].

## 5. *DISPUTE BOARDS*

3.95. Comúnmente definido como un mecanismo alternativo de resolución de controversias, los *Dispute Boards* se entienden típicamente vinculados a proyectos de construcción de medio o largo plazo de ejecución[127]. En su virtud, las partes se someten a un órgano de resolución de controversias para plantear cualquier desacuerdo que pueda surgir a lo largo de la ejecución de la obra o el contrato[128]. Una ventaja muy relevante de este mecanismo de resolución de disputas es que los plazos que se acuerdan para dictar las resoluciones que resuelven sobre las desavenencias surgidas en la ejecución de la obra suelen ser muy cortos. Además, a diferencia del arbitraje –que se inicia una vez constatada la diferencia–, el *Dipute Board* tiene una función preventiva muy marcada, pues, de ordinario, los

124. *Court*, 2.10.2018, *Mutu y Pechstein c. Suiza* (Requêtes nos 40575/10 et 67474/10), *Arbitraje*, 2018 (3), con nota de JULIÀ, pp. 817-835.

125. STS, 25.4.2017, ECLI:ES:TS:2017:1621.

126. Sobre la acción de *no* reconocimiento del laudo arbitral extranjero, *vid. infra* Cap. XII.

127. Sobre esta figura, *in extenso*, NUVIALA LAPIEZA, *Los Dispute Boards como mecanismo jurídico de resolución de conflictos en los contratos internacionales de ingeniería y construcción*, Cizur Menor, Aranzadi, 2020.

128. También puede acordarse el *Dispute Board* en otros ámbitos: entre otros, investigación y desarrollo y propiedad intelectual.

expertos que lo componen tienen facultades de inspección de la infraestructura u obra. De hecho, en muchas ocasiones constituyen el paso previo al arbitraje, pues de no cumplirse con la resolución que se dicte en su seno, la parte afectada podrá, en principio, acudir al arbitraje[129].

129. Sobre distintos problemas que puede plantear el incumplimiento de la resolución del *Dispute Board, vid.*, IGLESIA CONZÁLEZ / FRANCO VERGEL, "La ejecución vía arbitraje de las decisiones ´Binding but not final´ de los ´Dispute Adjudication Boards´en contratos FIDIC. Experiencias recientes en arbitraje internacional", *Anuario de Arbitraje*, 2020, pp. 257-275.

# IV

# Carácter internacional del arbitraje

## I. RELEVANCIA DE LA INTERNACIONALIDAD DEL ARBITRAJE

4.1. Del hecho de que el arbitraje sea o no *internacional* se derivan una serie de consecuencias de particular importancia. Así, si el arbitraje se considera *internacional*:

(i) La **arbitrabilidad subjetiva** puede verse afectada, por cuanto si una de las partes es un Estado, organización o sociedad controlada por un Estado no podrá invocar las prerrogativas de su propio derecho para sustraerse a las obligaciones dimanantes del convenio arbitral (art. 2.2 LArb).

(ii) La validez del **convenio arbitral** podrá someterse a lo establecido en las *normas jurídicas* elegidas por las partes (art. 9.6 LArb).

(iii) Si como consecuencia de ese carácter internacional, la controversia se rige por normas jurídicas, la **arbitrabilidad** de la materia se constata a la luz de esas normas jurídicas (art. 9.6 LArb).

(iv) En el contexto de **nombramiento judicial de árbitro**, el tribunal competente debe tener en consideración la regla acerca de la conveniencia de que el árbitro único o el tercer árbitro sea de nacionalidad diferente a la de las partes (art. 15.6 y expresamente la EM de la LArb).

(v) El **fondo de la controversia** también podrá regirse por esas *normas jurídicas* (art. 34.2 LArb).

(vi) El **cómputo de los plazos** que concede la LArb para la corrección, aclaración y complemento del laudo aumentan ostensiblemente, pues los diez y veinte días inicialmente previstos para el arbitraje interno, se convierten en uno y dos meses respectivamente (art. 39.5 LArb).

4.2. De entre las particularidades apuntadas, conviene detenerse en el alcance de la tercera (iii). En efecto, si bien se mira, por mor del artículo 9.6 LArb, los árbitros podrán resolver sobre materias que, *a priori*, no se consideren **arbitrables** a la luz del derecho español. Evidentemente, esta última afirmación no puede aceptarse en toda su extensión, pues sabido es que determinadas materias, por su propia naturaleza, no pueden ser arbitrables –en general, ámbitos donde estén implicados intereses públicos o sectores estratégicos–. De hecho, un laudo que resolviese sobre alguna de estas materias podría ser anulado en aplicación de la cláusula de *orden público*. Sin embargo, no es menos cierto también que existen una serie de materias cuya arbitrabilidad resulta especialmente controvertida. Materias que, en caso de ser sometidas al juicio de árbitros, no justificarían por sí mismas el juego de la citada cláusula de orden público *–ad ex.* determinadas transacciones sobre valores mobiliarios y determinados contenciosos del ámbito societario–. Pues bien, si el arbitraje en cuestión tiene carácter *internacional*, las partes podrán convenir la aplicación de cualesquiera normas jurídicas al fondo de la controversia (art. 9.6 LArb). Y si según esas normas jurídicas la cuestión es arbitrable, una acción de anulación basada en la *inarbitrabilidad* de la materia no debería prosperar[1].

4.3. La regulación en cuestión no es en absoluto novedosa en el derecho comparado, pues cuenta ya con un fuerte arraigo en el ordenamiento jurídico francés[2]. De hecho, este ordenamiento jurídico acepta sin ambages las consecuencias que de esta opción de política legislativa se derivan: al permitir que la arbitrabilidad sea una cuestión apreciable a la luz de las *normas jurídicas* aplicables al fondo de la controversia, excluye la *no* arbitrabilidad de la materia como motivo de denegación del exequátur del laudo arbitral.

> Es más, en aquellos supuestos en los que la materia objeto de controversia fuera a todas luces *no* arbitrable –especial interés del Estado, protección de valores jurídicos fundamentales– el simple juego de la cláusula de orden público debe ser suficiente para denegar el exequátur del laudo arbitral extranjero. Por ello, de no apreciarse tal interés, debe aceptarse una interpretación amplia del concepto de *arbitrabilidad* y, en consecuencia, no debe denegarse el exequátur en supuestos controvertidos[3]. Incluso con independencia de que las partes hayan elegido o no *normas jurídicas* aplicables al fondo de la controversia.

1. *Vid. infra* Cap. V y Cap. XII.
2. *Vid.* art. 1504 y ss. NCPC.
3. Sobre esta cuestión, con ulteriores referencias, FOUCHARD / GALLIARD / GOLDMAN, *Traité de l'arbitrage commercial international*, París, 1996, p. 1010 ss.

4.4. Todavía sobre este particular debe apuntarse que la aplicación de "normas jurídicas" al fondo de la controversia es una opción expresamente prevista, aunque de forma matizada, en el *Reglamento Roma I sobre ley aplicable a las obligaciones contractuales* (*Reglamento Roma I*); norma de conflicto (de carácter imperativo) a mi juicio aplicable por los árbitros[4].

4.5. Por fin, cabe destacar también que, además de las consecuencias apuntadas, existen otras que derivan de la misma práctica del arbitraje *internacional*. El supuesto más evidente es aquél en el que las partes deciden aplicar un Derecho al fondo de la controversia cuyas disposiciones legales son ciertamente atípicas en perspectiva de Derecho comparado. En estos casos, aun existiendo acuerdo de las partes para aplicar el Derecho controvertido, debe contemplarse una reinterpretación del mismo si la cuestión se está resolviendo en el marco de un arbitraje internacional –que no interno–.

> Un supuesto muy controvertido lo encontramos en la misma legislación francesa. Así, la legislación en materia de contratos de distribución preveía que, aquellos contratos que no contuviesen una cláusula estableciendo el precio en el que el bien debería ser vendido en subsecuentes transacciones, debían considerarse nulos. Como tan atípica regulación no tiene parangón en el Derecho comparado, en su aplicación arbitral ha sido reinterpretado para adaptarlo a la realidad *internacional*[5].

4.6. Vistas someramente las consecuencias más importantes que del carácter *internacional* del arbitraje se derivan, corresponde entonces analizar los criterios elegidos por el legislador para determinar cuándo un arbitraje merece tal calificación.

## II. CRITERIOS PARA DETERMINAR LA *INTERNACIONALIDAD* DEL ARBITRAJE

4.7. Tres son los criterios escogidos por el legislador para determinar el carácter *internacional* del arbitraje. Los dos primeros se basan en un criterio espacial. El tercero responde a un criterio puramente *económico*.

> **Artículo 3.1 LArb.** *Arbitraje internacional*:
>
> *1. El arbitraje tendrá carácter internacional cuando en él concurra alguna de las siguientes circunstancias:*

4. *Vid. infra* Cap. X.
5. Sobre esta cuestión, GAILLARD, "The Role of the Arbitrator in determining the Applicable Law", en: NEWMAN / HILL (Eds.), *The Leading Arbitratiors' Guide to International Arbitration*, 2004, p. 211.

*a) Que, en el momento de celebración del convenio arbitral, las partes tengan sus domicilios en Estados diferentes.*

*b) Que el lugar del arbitraje, determinado en el convenio arbitral o con arreglo a éste, el lugar del cumplimiento de una parte sustancial de las obligaciones de la relación jurídica de la que dimane la controversia o el lugar con el que ésta tenga una relación más estrecha, esté situado fuera del Estado en que las partes tengan sus domicilios.*

*c) Que la relación jurídica de la que dimane la controversia afecte a intereses del comercio internacional.*

## 1. EL CRITERIO ECONÓMICO: *INTERESES DEL COMERCIO INTERNACIONAL*

4.8. El criterio *económico* es, sin duda, el criterio más relevante, en tanto que considera varias perspectivas para determinar la internacionalidad del arbitraje. De hecho, una interpretación amplia de este criterio hace innecesaria –como se verá– la aplicación de otros criterios para determinar la internacionalidad del mismo: este criterio, por sí mismo, abarca muchos más supuestos de los que pueda abarcar cualquiera de las otras conexiones previstas en el artículo 3 de LArb. Por ello, procede analizarlo en primer lugar.

4.9. Elástico y hasta cierto punto incierto se percibe el significado y alcance de la expresión *intereses del comercio internacional*. Tan es así que, un primer acercamiento al criterio en cuestión plantea de forma inmediata dos interrogantes: La primera de ellas gira en torno al alcance del término *comercio*; la segunda –todavía más polémica– gira en torno al alcance del término *internacional*.

4.10. El término *comercio* que utiliza el precepto no refleja fielmente la realidad a la que pretende referirse. El término *comercio* representa, antes bien, una realidad más amplia que la estrictamente comercial. De hecho, el alcance de este término ya planteó ciertas dudas en el proceso de redacción de la Ley Modelo de UNCITRAL (LM). Como consecuencia de esas dudas, los redactores de la LM introdujeron una nota a pie en el mismo artículo 1 *pidiendo "una interpretación amplia para que abarque las cuestiones que se plantean en todas las relaciones de índole comercial, contractuales o no"*[6]. Además, la referida nota incluye una lista meramente indicativa de las operaciones que pueden calificarse como tal. Así, las relaciones de índole comercial comprenden *"cualquier operación comercial de suministro*

6. Éste es el verbo que expresamente emplea la misma nota explicativa de la Secretaría de UNCITRAL que se anexa a la LM (marginal 11).

*o intercambio de bienes o servicios, acuerdo de distribución, representación o mandato comercial, transferencia de créditos para su cobro ('factoring'), arrendamiento de bienes de equipo con opción de compra ('leasing'), construcción de obras, consultoría, ingeniería, concesión de licencias, inversión, financiación, banca, seguros, acuerdo o concesión de explotación, asociaciones de empresas y otras formas de cooperación industrial o comercial, transporte de mercancías o de pasajeros por vía aérea, marítima, férrea o por carretera"*.

A la vista de tan dilatada acepción, quizá hubiera sido más apropiado utilizar una expresión más amplia y acorde con la realidad actual como, por ejemplo, *tráfico económico*; expresión que no sólo asume implícitamente la existencia de distintos operadores económicos que participan del arbitraje, sino que, además, refleja mucho mejor la vasta realidad a la que éste trasciende.

4.11. Tampoco resulta sencillo delimitar el alcance del término *internacional* en este contexto. Con todo, la misma Exposición de Motivos de la Ley apunta dos coordenadas que sirven de guía para interpretarlo. Así, en primer lugar, reconoce explícitamente que con la expresión *"intereses del comercio internacional"* se pretende dar cabida –en el ámbito del arbitraje *internacional*– a supuestos en los que, no concurriendo ninguno de los factores recogidos en los numerales a) y b) del precepto –factores espaciales de internacionalidad–, *"resulte indudable su carácter internacional a la luz de las circunstancias del caso"*. Se trata, por tanto, de supuestos que geográficamente pueden estar localizados únicamente en territorio español –y que desde esta perspectiva bien podrían reputarse como supuestos estrictamente *internos*–, pero en los que concurren una serie de factores que, por su intensidad o relevancia, afectan a los *intereses del comercio internacional*. Desde esta perspectiva, el hecho de que ambas partes sean españolas y tengan su residencia habitual en España, así como que el arbitraje se celebre en territorio español, con aplicación del Derecho también español, no obsta para entender que la controversia puede afectar a los citados *intereses del comercio internacional*[7].

No deja de llamar la atención este inciso del artículo 3 LArb visto en perspectiva de Derecho internacional privado, pues se trata de una norma que *internacionaliza* supuestos que a la luz de las conexiones clásicas de las normas de conflicto –residencia habitual,

7. También es éste el punto de partida de la jurisprudencia francesa. Como referentes jurisprudenciales *vid.*, *Cour d'appel* de París, 14.3.1989, *Rev. Arb.*, 1991, pp. 355-356; *Cour de cassation*, 28.1.2003, *Rev. crit. DIP*, 2003, pp. 641-642 (con nota de JAULT-SESEKE); *Cour de cassation*, 8.10.2009, *Rev. Arb.*, 2011, pp. 126-130 (con nota de PERREAU-SAUSSINE). En la doctrina, *vid*, LEBOULANGER, "The Notion d'intérèts du Commerce International", *Rev. Arb.*, 2005, pp. 488-504.

nacionalidad– serían considerados *internos*. El hecho de que el legislador introduzca este criterio es relevante. Implica que los arbitrajes en apariencia internos pero que afecten a los *intereses del comercio internacional* se acogen al beneficio de la *internacionalidad*: plazos más largos, regulación más favorable sobre la validez formal del convenio arbitral y, sobre todo, posibilidad de aplicar las indeterminadas *normas jurídicas* al fondo de la controversia –con la consiguiente posibilidad de neutralizar la aplicación de un ordenamiento jurídico concreto, tanto en lo que hace al fondo de la controversia como lo que hace a la validez del convenio arbitral–. Se trata, en consecuencia, de otorgar al operador económico una amplia autonomía, exonerándolo de una sumisión a las normas de un ordenamiento jurídico concreto.

4.12. La segunda coordenada hace referencia al desarrollo jurisprudencial comparado de tan controvertida expresión, pues según el legislador: "*Se trata de un criterio ampliamente desarrollado en otros ordenamientos*". Siendo esto así, y asumiendo –como debemos asumir– el origen francés de la expresión, el recurso a la jurisprudencia gala para entender su significado y alcance resulta obligado. Y es que, si el legislador ha querido adoptar el concepto francés de arbitraje *internacional*, lo coherente será también ceñirse a su desarrollo jurisprudencial.

Una primera incursión en este ámbito demuestra ya que toda la jurisprudencia existente –con escasas y superadas excepciones– tiene como característica común el hecho de otorgar al término en cuestión un alcance especialmente amplio[8]. En efecto, en interpretación de la expresión *intereses del comercio internacional*, el punto de partida sería el siguiente: el carácter *internacional* del arbitraje debe ser determinado en función de la realidad económica que subyace a la controversia[9]. No depende de la voluntad de las partes. Desde esta perspectiva, basta con que la operación económica consistente en una transferencia de bienes, servicios o títulos sea *tranfronteriza*. Es suficiente, por tanto, que el litigio sometido a arbitraje verse sobre una operación que no se desarrolle económicamente en un solo Estado[10]. A estos efectos, poco importa también que una de las partes se considere consumidor[11]. La nacionalidad de las partes o de los

8. Un pormenorizado análisis de la jurisprudencia francesa en este ámbito hasta el año 1996 puede verse en FOUCHARD / GAILLARD / GOLDMAN, *cit.*, p. 54 y ss.

9. Como referencia doctrinal en este contexto, *vid.* FOUCHARD, "Quand il arbitrage est-il international?", *Rev. Arb.*, 1970, pp. 59-77.

10. *Cour d'appel* de París, 14.6.2001, *Rev. Arb.*, 2001, p. 773.

11. Textualmente: "*Dès lors que le contrat met en cause des intérêts du commerce international, sans qu'il importe qu'il réalise un achat destiné à l'usage personnel de l'acheteur*", *Cour de cassation*, 21.5.1997, *Rev. crit. DIP*, 1998, p. 87.

árbitros, la ley aplicable al contrato, el lugar del arbitraje o incluso el lugar de ejecución del laudo son criterios, a estos efectos, inoperantes[12].

Partiendo de estos postulados, la jurisprudencia ha precisado que no es necesario que el contrato en cuestión se haya ejecutado; esto es, no es necesario que dicha transferencia de bienes, servicios o títulos se haya llevado realmente a cabo[13]. Del mismo modo, una controversia surgida a raíz de ciertas divergencias en la interpretación de un contrato de colaboración entre dos sociedades francesas, con domicilio en Francia, para ejecutar de forma conjunta un proyecto en el extranjero, también afecta a los *intereses del comercio internacional*[14]. La misma consideración merece tanto un contrato de "conseiller" firmado entre una sociedad –en el supuesto de autos, una multinacional– y un no comerciante de nacionalidad francesa[15], como un contrato de agente comercial entre una sociedad francesa y un nacional francés, y en virtud del cual, éste último realiza parte de su trabajo en el extranjero[16].

## 2. EL CRITERIO ESPACIAL: DOMICILIO DE LAS PARTES EN ESTADOS DIFERENTES

4.13. Si finalmente la jurisprudencia española asume –como estimo debe asumir– la misma línea interpretativa que han asumido los tribunales galos, habremos de convenir entonces que los criterios espaciales recogidos en los numerales a) y b) del precepto quedan prácticamente vacíos de contenido. Ello es así porque el criterio *económico* tiene un alcance mucho más amplio que los criterios meramente espaciales. O dicho de otro modo, cuando un supuesto sea enmarcable en alguno de los supuestos enumerados en los numerales a) o b) del precepto, es prácticamente seguro que el supuesto en cuestión también afectará a los *intereses del comercio internacional*. Es más, puede incluso afirmarse que los numerales a) y b) del precepto sobran.

12. *Cour d'appel* de París, 17.1.2002, *Rev. Arb.*, 2002, p. 391. Esta última frase se repite insistentemente en la jurisprudencia gala. En este sentido, además de las sentencias citadas anteriormente, *vid.* las referencias citadas en FOUCHARD / GAILLARD / GOLDMAN, *cit.*, p. 66, nota a pie 197. *Vid.* también LEBOULANGER, *cit.*, p. 502.
13. *Cour d'appel* de París, 25.11.1993, *Rev. Arb.*, 1993, pp. 730 ss.
14. *Vid.* las referencias jurisprudenciales citadas en FOUCHARD / GAILLARD / GOLDMAN, *cit.*, p. 68.
15. *Cour de cassation*, 28.1.2003, *Rev. crit. DIP*, 2003, pp. 641-642 (con nota de JAULT-SESEKE).
16. *Cour d'appel* de París, 17.1.2002, *Rev. Arb.*, 2002, p. 396.

Bien es cierto que esta última afirmación puede resultar algo contundente. Sin embargo, con ella no estamos defendiendo nada nuevo: el criterio *económico* que asumió nuestro legislador para determinar la internacionalidad del arbitraje es, de hecho, el único criterio utilizado por el legislador francés en este contexto[17].

4.14. Ahora bien, el hecho de que finalmente el legislador optara por introducir –o mantener– los criterios *espaciales* para concretar la internacionalidad del arbitraje puede justificarse por tres motivos: (i) por influencia de la LM[18]; (ii) por lo incierto de la interpretación jurisprudencial (amplia o restringida) del criterio *económico*; y, (iii) por el ámbito de aplicación de la misma LArb, que engloba, además del arbitraje comercial, el arbitraje testamentario (art. 10 LArb) y el arbitraje societario (art. 11 bis LArb).

4.15. En cualquier caso, los criterios *espaciales* para determinar el carácter internacional de un arbitraje, que operan con carácter alternativo (no cumulativo), son:

- *Que, en el momento de la celebración del convenio arbitral, las partes tengan sus domicilios en Estados diferentes*. Esta conexión también es particularmente favorable a la "internacionalización" del arbitraje. Basta, en efecto, con que el criterio del *domicilio en distintos Estados* se cumpla únicamente en el momento de celebración del convenio arbitral para que el arbitraje pueda ser calificado como tal. Con independencia de que, en un momento posterior, las partes en el convenio puedan llegar a tener su domicilio en el mismo Estado.

  Aunque inusual, el supuesto puede llegar a darse. Así, por ejemplo, es concebible un cambio de sede social de una sociedad, acompañado de una reestructuración de toda la actividad comercial –centrándola en un único Estado– de una de las partes firmantes del convenio.

- *Que el lugar del arbitraje, determinado en el convenio arbitral o con arreglo a éste, el lugar del cumplimiento de una parte sustancial de las obligaciones de la relación jurídica de la que dimane la controversia o el lugar con el que ésta tenga una relación más estrecha, esté situado fuera del Estado en que las partes tengan sus domicilios*. Aun cuando las partes tengan su domicilio en un mismo Estado, el arbitraje puede considerarse internacional en ciertos supuestos. Para ello, debe darse una de las tres condiciones siguientes: (i) que el lugar del arbitraje esté localizado

17. Artículo 1504 NCPC: "*Est international l'arbitrage qui met en cause des intérêts du commerce international*". Sin ulteriores precisiones.

18. Pues los citados criterios están recogidos en el artículo 1 LM.

en un Estado distinto al del domicilio de las partes; (ii) que una parte sustancial de la obligación de la que dimane la controversia deba cumplirse en otro Estado; o, (iii) que la controversia tenga una relación más estrecha con un Estado extranjero que con el Estado del domicilio de las partes.

El primer punto de conexión es innecesario: desde el momento en que dos partes con domicilio en España eligen sede del arbitraje en el extranjero, el arbitraje se regirá –de ordinario– por la ley de ese país y el laudo dictado requerirá de exequátur en España. El segundo y tercer punto de conexión se solaparán –también de ordinario– con el criterio de los "*intereses del comercio internacional*". Sea como fuere, y en la medida en que se trata de conexiones cuya *ratio* es la de internacionalizar el arbitraje, deben ser objeto de una interpretación amplia: así, *parte sustancial* de la obligación no debe ser necesariamente una parte mayoritaria o relevante de la misma; basta con que sea una parte meramente *significativa.*

## III. ARBITRAJE INTERNO Y APLICACIÓN DEL DERECHO EXTRANJERO

4.16. Todavía en este contexto relativo al carácter *internacional* del arbitraje, cabe plantearse la posible aplicación del Derecho extranjero a un arbitraje estrictamente *interno*. Es decir, ¿pueden las partes acordar la aplicación de un Derecho extranjero al fondo de la controversia en un arbitraje *interno*?

4.17. La cuestión es controvertida. En esencia, se trata de determinar si en un supuesto estrictamente interno puede ser de aplicación un sistema de normas de conflicto, en cuya virtud, las partes puedan someterse a un Derecho extranjero. Para responder a esta cuestión, debe procederse, en primer lugar, a concretar la norma a cuya luz dilucidar *cuándo* estamos ante un supuesto *internacional* que justifique la aplicación de un Derecho extranjero al fondo de la controversia. O dicho de otro modo, debe determinarse previamente qué norma determina la *internacionalidad* del supuesto: el artículo 3 LArb o la norma de conflicto aplicable.

Un primer acercamiento a la cuestión invita a pensar que solo podrá aplicarse Derecho extranjero al fondo de la controversia cuando el arbitraje pueda considerarse internacional a la luz del artículo 3 LArb[19]. Sin embargo, dependiendo de cuál sea la norma de conflicto aplicable

19. En este sentido, SÁNCHEZ LORENZO, "Derecho aplicable al fondo de la controversia en el arbitraje comercial internacional", *REDI*, 2009/1, pp. 39-74.

–artículo 34 LArb, artículo VII Convenio de Ginebra o *Reglamento Roma I sobre ley aplicable a las obligaciones contractuales*– la respuesta puede variar. Y así, únicamente si la norma de conflicto aplicable al supuesto es el artículo 34 LArb, la internacionalidad del supuesto debe medirse a la luz del artículo 3 LArb. Por el contrario, si la norma de conflicto aplicable es el *Reglamento Roma I* –cuestión controvertida a nivel doctrinal[20]–, el criterio de *internacionalidad* debe venir definido por este texto. Ello es básicamente así porque la norma interna (3 LArb) no puede desplazar la aplicación del Reglamento europeo.

Si –como particularmente estimo[21] –el *Reglamento Roma I* ha de ser aplicado por los árbitros, el criterio de *internacionalidad* a tener en cuenta en este contexto debe ser el establecido en este instrumento. En su virtud, el Reglamento "*se aplicará a las obligaciones contractuales en materia civil y mercantil en las situaciones que impliquen un conflicto de leyes*". Establecido de este modo el criterio que permite calificar de *internacional* el supuesto –*situaciones que impliquen un conflicto de leyes*–, queda todavía por determinar si la mera remisión a un Derecho extranjero da o no lugar a un supuesto de *conflicto de leyes*.

4.18. Pues bien, un argumento relevante para interpretar que la sola remisión a un Derecho extranjero "conflictualiza" el supuesto lo aporta el mismo tenor del artículo 3.3 del texto europeo: *Cuando todos los demás elementos pertinentes de la situación estén localizados en el momento de la elección en un país distinto de aquel cuya ley se elige, la elección de las partes no impedirá la aplicación de las disposiciones de la ley de ese otro país que no puedan excluirse mediante acuerdo.* El TJUE, por su parte, no se ha pronunciado directamente sobre el alcance de este precepto[22].

A mi juicio, sin embargo, la mera remisión a un Derecho extranjero, cuando todos los demás elementos del supuesto están vinculados con un solo Estado, constituye un supuesto que, por sí mismo, no reúne la intensidad suficiente como para activar la aplicación del Reglamento (*ex* art. 1.1); es decir, entiendo que no hay una internacionalidad de magnitud suficiente como para poder hablar de *conflicto de leyes*, pues la mera remisión no garantiza que el supuesto controvertido presente una relación relevante con la "vida" de otro Estado. Repárese, en este contexto, que, para la Comisión Europea, una situación que implica un *conflicto de leyes* es aquélla que contiene "*uno o más elementos ajenos a la vida social*

20. *Vid. infra* Cap. X.
21. *Vid. infra* Cap. X.
22. La STJUE en el asunto *Vinyls* (8.6.2017, C-54/16) hace alusión al mismo y lo pone en relación con el artículo 13 del Reglamento de Insolvencia. Pero del fallo no pueden extraerse conclusiones definitivas respecto de la cuestión que aquí se trata.

*interna de un país y que son susceptibles de aplicarse a varios sistemas jurídicos"*[23]. Además, si la relación con otro Estado no fuera necesaria para aplicar el Reglamento, el artículo 1 (a cuyo tenor, *El presente Reglamento se aplicará.... a las situaciones que impliquen un conflicto de leyes*) sobraría. Es decir, si se aceptase la interpretación en virtud de la cual la mera remisión al Derecho extranjero activa la aplicación del Reglamento, resultaría que el texto en cuestión podría aplicarse a cualquier supuesto interno en el que las partes acordasen la aplicación de Derecho extranjero al fondo de la controversia. Lo cual llevaría a concluir que el tenor del artículo 1 sería a todas luces innecesario: la mera remisión a un Derecho extranjero generaría automáticamente tal situación de *conflicto de leyes*.

Parece dudoso, además, que tal "externalización" del supuesto tenga que ser necesariamente consentida por el legislador interno: éste sólo debería aceptar la sumisión a un Derecho que no sea el suyo cuando la internacionalidad del supuesto sea de tal grado que lo justifique (no hay por qué forzar a un extranjero vinculado a otra cultura jurídica a someterse a Derecho español). De no apreciarse tal intensidad, las partes no deberían poder abstraerse *conflictualmente* del derecho patrio: podrán incorporar a su contrato disposiciones íntegras de un Derecho extranjero; pero ante cualquier conflicto o laguna, éstas siempre se interpretarán a la luz del Derecho y jurisprudencia españoles.

4.19. Lo anterior no implica que un supuesto meramente interno (partes y árbitros residentes en un mismo Estado) no pueda "conflictualizarse" (esto es, internacionalizarse hasta provocar un conflicto de leyes). Lo que ocurre es que la internacionalización de un supuesto se consigue estableciendo la sede del arbitraje en un Estado distinto. En efecto, en principio, quien pretenda internacionalizar un supuesto para conseguir la aplicación del *Reglamento Roma I* sólo tendrá que establecer –mediante el pertinente convenio arbitral– la sede del arbitraje en otro Estado. De este modo, la *conflictualidad* del supuesto queda garantizada.

## IV. DOMICILIO *VERSUS* RESIDENCIA HABITUAL

4.20. El segundo párrafo del artículo 3 LArb regula dos supuestos excepcionales, pero de particular importancia: (i) la determinación del domicilio de las partes cuando éstas tengan más de uno; y, (ii) la determinación del domicilio cuando no conste ninguno.

23. Así, *Propuesta de Reglamento del PE y del Consejo relativo a la ley aplicable a las obligaciones extracontractuales ("Roma II")*, Bruselas, 22.7.2003, COM (2003) 427 final.

**Artículo 3.2 LArb:**

*2. A los efectos de lo dispuesto en el apartado anterior, si alguna de las partes tiene más de un domicilio, se estará al que guarde una relación más estrecha con el convenio arbitral; y si una parte no tiene ningún domicilio, se estará a su residencia habitual.*

4.21. Siendo dos o más los domicilios que tenga alguna de las partes, para determinar cuál de ellos es el más relevante a los efectos de considerar el arbitraje como internacional habrá que estarse al que "*guarde una relación más estrecha con el convenio arbitral*". Ciertamente, la cuestión más relevante que plantea este inciso pasa por concretar el alcance de la expresión "*relación más estrecha*". A este respecto, poco ayudan los trabajos preparatorios de la Comisión encargada de redactar la LM (norma modelo que inspira la LArb). En principio, para determinar qué domicilio guarda una relación más estrecha con el convenio arbitral podrá estarse tanto a criterios meramente fácticos como jurídicos; es decir, podrá estarse tanto a criterios de naturaleza puramente subjetiva, como a criterios técnicamente delimitados[24]. Ello, sin embargo, no es óbice para intuir que, en caso de coincidencia entre domicilio y lugar de la firma del convenio arbitral –de ordinario, coincidente también con el lugar de la firma del contrato principal–, deba ser éste el domicilio escogido. Del mismo modo, podrá tenerse en cuenta el lugar en el que efectivamente la parte tenía su *residencia habitual* en el momento de la firma del convenio arbitral.

4.22. Precisamente ese punto de conexión –*residencia habitual*– es el elegido por el legislador para concretar el domicilio desconocido de una parte. A estos efectos, debe entenderse la residencia habitual en clave de Derecho internacional privado; esto es, como una conexión fáctica, donde la relación con un concreto medio se deduce a partir de elementos objetivamente comprobables antes que de un mecanismo de carácter jurídico.

24. Como es el caso de la conexión "vínculos más estrechos" que utiliza el *Reglamento Roma I sobre la ley aplicable a las obligaciones contractuales*.

*V*

# Arbitrabilidad de la materia en el arbitraje internacional

## I. ARBITRABILIDAD *OBJETIVA*

### 1. EN GENERAL

5.1. La arbitrabilidad de la controversia está regulada, de forma general, en el artículo 2 LArb. Este precepto tiene la virtualidad de regular en dos párrafos distintos las dos perspectivas desde las que debe abordarse el estudio de la arbitrabilidad: el ámbito *objetivo* y el ámbito *subjetivo* (*infra* 2). Junto con el artículo 2 LArb, debe considerarse también el artículo 11 bis LArb, que regula específicamente la arbitrabilidad en el concreto ámbito del Derecho de sociedades (*infra*).

**Artículo 2 LArb** (*Materias objeto de arbitraje).*

*1. Son susceptibles de arbitraje las controversias sobre materias de libre disposición conforme a derecho.*

5.2. Dos han sido los criterios tradicionalmente utilizados en el Derecho comparado para delimitar las materias susceptibles de ser sometidas a arbitraje: el criterio de *libre disposición* conforme a Derecho y el criterio *patrimonial*[1]. Las dificultades inherentes al primer criterio (básicamente, diferentes grados de disponibilidad y alto número de disposiciones legales que la restringen), así como la mayor sencillez en la concreción del segundo, se han erigido en los principales argumentos a favor del criterio *patrimonial*[2]. Tan sólidos argumentos, sin embargo, no encontraron eco en el legislador español, que optó por dar continuidad al criterio de *libre*

1. En su virtud, serán arbitrables las materias de naturaleza patrimonial. El primer criterio citado es utilizado, entre otros muchos, por el ordenamiento francés y belga (art. 2059 del *Code civil* y art. 1076 del *Code judiciaire*, respectivamente). El segundo criterio está contemplado en el ordenamiento suizo y alemán (art. 177 de la Ley suiza de DIPr. y § 1030 de la ZPO, respectivamente).
2. Por todos, HANOTIAU, "L'arbitrabilité", *R. des C.*, 2002, pp. 107-112.

*disposición* ya asentado en la antigua Ley de 1988. Tal circunstancia no deja de ser hasta cierto punto lamentable, pues el criterio *patrimonial*, además de ser de fácil concreción, refleja en mejor medida el *favor arbitrandum* que informa a la LArb. Se trata, además, de un criterio que ha sido extensa y favorablemente interpretado –en concreto, por el Tribunal Supremo suizo–, resultando de ello unas amplias coordenadas que bien podrían servir de referencia para los supuestos especialmente controvertidos.

> En concreto: *"toutes les prétentions qui ont une valeur pécuniaire pour les parties, à titre d'actif ou de passif, autrement dit les droits qui présentent pour l'une au moins de celle-ci, un intérêt pouvant être apprécié en argent"*[3].

5.3. Sea como fuere, es lo cierto también que la norma en vigor únicamente se limita a enunciar el criterio de la libre disposición. Sin ulteriores referencias o delimitaciones. En palabras del legislador, eso es así porque en este contexto *"Basta con establecer que la arbitrabilidad de una controversia coincide con la disponibilidad de su objeto para las partes"*. Circunstancia ésta que, a su vez, no impedirá que *"por razones de política jurídica haya o pueda haber cuestiones que sean disponibles para las partes y respecto de las que se quiera excluir o limitar su carácter arbitrable"*. A partir de aquí, la doctrina considera que, con carácter general, la disponibilidad debe apreciarse respecto de las ***consecuencias* de la controversia**[4]. En palabras del TSJ de Madrid: *"no cabe considerar disponible una materia, cuando, sometida a arbitraje la decisión acerca de la misma, las consecuencias de éste se hayan de proyectar necesariamente sobre otra materia, relación jurídica o derechos y obligaciones no disponibles"*[5]. Así, por ejemplo, la disolución del vínculo que implica el divorcio no es arbitrable, porque tal disolución –consecuencia última del divorcio– solo puede otorgarla un juez. Sin embargo, el reparto de los bienes entre los cónyuges sí es arbitrable, porque ambos pueden llegar por sí mismos a un acuerdo sobre el particular. El alcance de esta regla –arbitrabilidad de las *consecuencias*– puede ser modulado por el legislador cuando así lo recomienden motivos de política legislativa.

> Cierta jurisprudencia, por su parte, define el test de la arbitrabilidad del siguiente modo: *"**mientras sea posible el desistimiento, la renuncia o la transacción** dentro del proceso, cuyo límite viene marcado no solo por el art. 1814 del Código civil sino también por el interés u orden*

3. *Tribunal Federal*, 23.6.1992, *Rev. Arb.*, 1993, p. 691 (con nota de KNOEPFLER).
4. VIRGÓS SORIANO / GARCIMARTÍN ALFÉREZ, *Derecho procesal civil internacional*, 2.ª Ed., Madrid, 2007, pp. 330-331; MONTERO AROCA, "Artículo 2", en: BARONA VILAR, *Comentarios a la Ley de Arbitraje*, 2.ª Ed., Madrid, 2011, pp. 140-145.
5. STSJ de Madrid, 13.7.2015, ECLI:ES:TSJM:2015:8881.

*público y el perjuicio para tercero (artículo 6.2 del Código Civil), es posible que la controversia se dirima por medio de arbitraje"*[6].

5.4. Lo anteriormente dicho, sin embargo, mantiene abiertas ciertas cuestiones que no se resuelven con la mera constatación del carácter disponible de la materia (*ad. ex.* competencia exclusiva *versus* arbitrabilidad). Por ello, hubiera sido perfectamente compatible con lo pretendido por el legislador regular en la misma norma ese tipo de cuestiones[7].

5.5. En cualquier caso, el **marco de la arbitrabilidad** podría esbozarse de la siguiente manera: con carácter general, son arbitrables tanto las relaciones *contractuales* como las *extracontractuales*[8]. Así, son arbitrables –con los matices que pueda imponer la ley– las cuestiones relativas al Derecho societario, Derecho de la competencia, propiedad industrial e intelectual, contratos de agencia, Derecho matrimonial, Derecho de sucesiones e incluso ciertos ámbitos del Derecho público. Por el contrario, **no** son susceptibles de ser sometidas a arbitraje las controversias *–rectius*, pretensiones– relativas al derecho de la personalidad, filiación, patria potestad y demás cuestiones relativas al estado civil de las personas. Asimismo, y aunque la Ley no lo diga expresamente, tampoco son arbitrables las cuestiones en que, con arreglo a las Leyes, deba intervenir el Ministerio Fiscal. Razones de interés general y perjuicio de terceros también pueden limitar la arbitrabilidad de la materia.

5.6. Antes de entrar en el análisis de los ámbitos más relevantes es importante destacar que el ***momento*** para apreciar la arbitrabilidad del supuesto es aquel en el que surge el conflicto y no aquel en el que se firma el contrato (o se formaliza el convenio arbitral).

> **TSJ de Madrid, 13.7.2015**: *"cuando el legislador refiere la 'arbitrabilidad' a la controversia, está situando el momento decisivo para definir la disponibilidad de las partes en el tiempo del conflicto y de la determinación de las pretensiones, más que en el momento en que se inicia la relación causal y, en su caso, se formaliza, al tiempo de ella, el convenio arbitral"... "la disponibilidad o no de la materia ha de ser analizada en el momento de surgir la controversia, pues lo que en un momento dado pudo ser disponible y, por ello, arbitrable, puede dejar de serlo ulteriormente"* [9].

6. Con cita de más jurisprudencia, Auto AP de Madrid, 1.2.2019, ECLI:ES:APM:2019:70A.
7. Como así lo ha hecho, por ejemplo, el legislador alemán. Sobre esta cuestión *in extenso, vid.* GÓMEZ JENE, "Primeras reflexiones en torno al Proyecto de Ley de Arbitraje", *Diario La Ley*, 20. 10. 2003, pp. 1-3. *Vid.* también en este sentido la Enmienda núm. 101 del Grupo Parlamentario Socialista (*BOCG*- Congreso, 6.11.2003, Serie A núm. 173-8).
8. Expresamente en este sentido, STSJ de Castilla La Mancha, 22.3.2021, ECLI:ES:TSJCLM:2021:746.
9. STSJ de Madrid, 13.7.2015, ECLI:ES:TSJM:2015:8881.

A mi juicio, podría incluso precisarse algo más ese momento y entender que, en el contexto del *conflicto*, el momento concreto es el de la resolución de la acción de anulación. Y es que, los cambios legislativos de última hora –que pueden publicarse incluso estando ya presentada la acción de anulación– pueden decantar definitivamente la cuestión de un lado u otro.

## 2. ARBITRABILIDAD DEL DERECHO SOCIETARIO

5.7. La arbitrabilidad del Derecho de sociedades está regulado en una norma *ad hoc* de la LArb. Dicha norma se introdujo en la LArb por la *Ley 11/2011, de 20 de mayo, de reforma de la Ley 60/2003, de 23 de diciembre y de regulación del arbitraje institucional en la Administración del Estado*[10] (en adelante, Ley 11/2011).

> **Artículo 11 bis LArb**. *Arbitraje estatutario.*
>
> *1. Las sociedades de capital podrán someter a arbitraje los conflictos que en ellas se planteen.*
>
> *2. La introducción en los estatutos sociales de una cláusula de sumisión a arbitraje requerirá el voto favorable de, al menos, dos tercios de los votos correspondientes a las acciones o a las participaciones en que se divida el capital social.*
>
> *3. Los estatutos sociales podrán establecer que la impugnación de los acuerdos sociales por los socios o administradores quede sometida a la decisión de uno o varios árbitros encomendándose la administración del arbitraje y la designación de los árbitros a una institución arbitral.*
>
> **Artículo 11 ter LArb**. *Anulación por laudo de acuerdos societarios inscribibles.*
>
> *1. El laudo que declare la nulidad de un acuerdo inscribible habrá de inscribirse en el Registro Mercantil. El "Boletín Oficial del Registro Mercantil" publicará un extracto.*
>
> *2. En el caso de que el acuerdo impugnado estuviese inscrito en el Registro Mercantil, el laudo determinará, además, la cancelación de su inscripción, así como la de los asientos posteriores que resulten contradictorios con ella.*

5.8. Dos notas caracterizan este precepto. Por un lado, la *regla de los dos tercios* de los votos para introducir un convenio arbitral en los estatutos

10. *BOE* núm. 121, 21.5.2011.

sociales[11]. Por otro, la incomprensible limitación de la autonomía de la voluntad que supone la obligación de recurrir a un arbitraje institucional; o dicho de otro modo, la incomprensible prohibición de someterse a un arbitraje *ad hoc*. Desde una perspectiva estrictamente técnica, solo merece atención la primera nota enunciada, por lo que no abundaremos en los motivos que hayan podido llevar al legislador a imponer el arbitraje institucional en este ámbito.

5.9. Desde el punto de vista del Derecho de sociedades, la regla recogida en el artículo 11.3 LArb suscita al menos dos cuestiones que la doctrina ha planteado y resuelto del siguiente modo: la *ampliación* del objeto del convenio arbitral debería requerir la misma mayoría reforzada para ser aceptada; mientras que la *reducción* del objeto del mismo únicamente debería requerir la mayoría simple[12].

5.10. Por su parte, la jurisprudencia ha interpretado su alcance estableciendo que: (a) la *regla de los dos tercios* de los votos solo es aplicable a las sociedades de capital[13]; (b) únicamente opera cuando se pretenda *introducir* un convenio arbitral en los estatutos, pero no cuando se pretenda *modificar sin carácter sustancial* el tenor de una cláusula ya introducida (por ejemplo, para someterse expresamente a una determinada institución arbitral)[14]; y, (c) el hecho de que el artículo 11 bis únicamente prevea que el convenio arbitral contenido en los estatutos sociales vincule a la sociedad y a los socios, no obsta para que también pueda incluirse un convenio arbitral en el contexto de unos pactos de carácter *extraestatutario*[15].

5.11. Más importantes son, a mi juicio, las cuestiones vinculadas al *consentimiento* que esta regla plantea. Y en concreto, la cuestión relativa a la extensión de los efectos del convenio arbitral a quienes no han consentido en vincularse al mismo –ya sea en calidad de socio ausente o disidente–[16].

11. Como es sabido, el quorum de los dos tercios está previsto en la LSC como regla de mayoría legal reforzada para determinados supuestos (en relación con las sociedades limitadas, art. 199 b/).
12. Ya en este sentido, OLAVARRÍA IGLESIA, "Artículo 11 bis", en: BARONA VILAR, *Comentarios a la Ley de Arbitraje*, 2.ª Ed., Madrid, 2011, pp. 645-693.
13. STSJ de Madrid, 24.5.2018, ECLI:ES:TSJM:2018:2724.
14. Sentencia JPI Victoria-Gasteiz, 9.3.2018, ECLI:ES:JPI:2018:86; SAP Victoria-Gasteiz, 12.11.2018, ECLI:ES:APVI:2018:1039. Considera que *no* es una modificación sustancial el cambio del arbitraje *ad hoc* por el arbitraje *institucional* y/o el cambio de arbitraje de *equidad* por arbitraje de *derecho*: SAP de Madrid, 14.11.2022, ECLI:ES:APM:2022:16699.
15. Citando jurisprudencia de otras audiencias, Auto AP de Oviedo, 5.4.2021, ECLI:ES:APO:2021:452A.
16. También plantea dudas, desde el prisma constitucional, OLIVENCIA RUIZ, "Artículo 11 bis", en: GONZÁLEZ SORIA, *Comentarios a la nueva Ley de Arbitraje*, 2.ª Ed., Cizur Menor, pp. 175-176.

En este sentido, es menester recordar que el TEDH ha declarado contrario al artículo 6 CEDH la extensión de los efectos del convenio arbitral a un socio que no prestó consentimiento expreso para someterse a arbitraje[17]. Y en el mismo sentido, el TC ha establecido que: "*la autonomía de la voluntad de las partes –**de todas las partes**– constituye la esencia y el fundamento de la institución arbitral*"[18]. Es decir, entiendo que, a la luz de esta jurisprudencia, no es posible equiparar ese acuerdo social con un acuerdo de sometimiento arbitraje.

En cualquier caso, la regla en cuestión implica una corrección de la jurisprudencia que el TS estableció en su sentencia de 9.7.2007[19]. Ante un supuesto de hecho muy particular, el TS exigió de forma expresa la "aceptación de los afectados" para llevar a cabo la modificación de los estatutos de una sociedad (limitada); modificación que tendría por objeto, o bien incluir un convenio arbitral para la resolución de los conflictos sociales, o bien ampliar el ámbito objetivo del convenio ya existente. En otras palabras: el TS vino a exigir la regla de la unanimidad para incluir un convenio arbitral en los estatutos de una sociedad (limitada). Regla de unanimidad que debe ser reconsiderada a la luz del artículo 11 bis; por lo menos hasta que los tribunales españoles aclaren si, como consecuencia de la jurisprudencia del TEDH antes citada, es o no posible equiparar un acuerdo societario con un acuerdo de sumisión a arbitraje.

> La jurisprudencia comparada ha sido especialmente cautelosa con esta cuestión. De tal forma que, por ejemplo, exige el consentimiento unánime de los accionistas para introducir un convenio arbitral en el texto de unos estatutos ya vigentes[20].

5.12. Abstracción hecha de lo anterior, puede afirmarse que, en general, son **arbitrables** los litigios que se susciten entre la Sociedad y sus administradores o socios, o entre aquéllos y éstos o entre éstos entre sí[21]. En particular, son arbitrables: la compraventa de acciones[22]; la nulidad de

17. Con más detenimiento, *vid. infra* Cap. VIII.
18. STC 174/1995, de 23 de noviembre.
19. STS, 9.7.2007, ECLI:ES:TS:2007:5668.
20. *Oberster Gerichtshof* austríaco, 21.12.2017 – 6 Ob 104/17p, *SchiedsVZ*, 2018, pp. 372-378 (con nota de KRAUS).
21. STSJ del País Vasco, 11.4.2016, ECLI:ES:TSJPV:2016:626. Aún cuando esté en cuestión la condición de socio, Auto AP de Castellón, 22.12.2021, ECLI:ES:APCS:2021:241A.
22. Implícitamente, SAP de Madrid, 18.3.2004, ECLI:ES:APM:2004:4100.

la Junta General[23]; la impugnación de acuerdos sociales[24]; la responsabilidad del administrador[25]; el derecho de separación de uno de los socios (esto es, el derecho del accionista a separarse de la sociedad anónima a cambio del reembolso por parte de la sociedad de sus acciones)[26]; el derecho de información de los mismos[27], así como su expulsión –en el caso, de una cooperativa[28]–; y, por supuesto, la disolución y liquidación de la sociedad[29].

5.13. Y por lo que respecta al **alcance del convenio arbitral**, la Dirección General de los Registros y del Notariado (DGRN) precisó en su momento que cuando se inserta un convenio en los estatutos de una sociedad y éstos se inscriban en el Registro Mercantil, el convenio vincula tanto a socios presentes como futuros[30]. También quedan afectados por el convenio arbitral incluido en los estatutos de una sociedad quienes ostenten la condición de socio, pues la eficacia de la norma estatutaria alcanza a terceros que no intervinieron en su redacción[31].

Obsérvese, sin embargo, que quien haya adquirido acciones pero no la condición de socio –por no llevar a cabo la correspondiente

23. Recogiendo jurisprudencia del TS, Auto AP de Madrid, 1.2.2019, ECLI:ES:APM:2019:70A.
24. SAP de Barcelona, 4.4.2014, ECLI:ES:APB:2014:15003; Auto TSJ Madrid, 18.09.2014, ECLI:ES:TSJM:2014:55A; Auto AP Valencia, 22.5.2017, ECLI:ES:APV:2017:1817A; recogiendo jurisprudencia del TS, Auto AP de Madrid, 1.2.2019, ECLI:ES:APM:2019:70A; Auto AP de León, 15.7.2021, ECLI:ES:APLE:2021:893A.
25. Auto AP de Barcelona, 28.9.2010, ECLI:ES:APB:2010:5651A; Auto AP de Madrid, 23.11.2020, ECLI: ES:APM:2020:5894A.
26. SAP de Madrid, 24.9.2002, ECLI:ES:APM:2002:10945. *Vid.* además, en relación con esta sentencia, la STC 9/2005, de 17 de enero. En sentido similar, Auto JM de Cádiz de 4.2.2004, ECLI:ES:JMCA:2004:2A. En la doctrina, sobre esta cuestión, FÉRNANDEZ DEL POZO, "La arbitrabilidad de un derecho estatutario de separación por 'justa causa' en una Sociedad Anónima. En torno a la STC 9/2005, de 17 de enero de 2005", *RdS*, 2006, núm. 1, pp. 269-309.
27. Auto AP Valencia, 22.5.2017, ECLI:ES:APV:2017:1817A.
28. Auto AP Barcelona, 27.12.2018, ECLI:ES:APBI:2018:1693A.
29. STSJ de Madrid, 1.02.2016, ECLI:ES:TSJM:2016:701; Auto AP Zaragoza, 5.6.2017, ECLI:ES:APZ:2017:1732A; STSJ del País Vasco, 17.1.2020, ECLI:ES:TSJPV:2020:5. En el contexto del nombramiento judicial de árbitro, STSJ de Galicia, 20.2.2019, ECLI: ES:TSJGAL:2019:464. En una controversia relativa a la disolución de un despacho de abogados, STSJ de Navarra, 25.2.2019, ECLI: ES:TSJNA:2019:47. En la jurisprudencia comparada, en el mismo sentido, *Cour de cassation*, 27.2.2013, *Rev. Arb.*, 2015, pp. 797-802.
30. Resolución de la DGRN de 19.2.1998, *BOE* núm. 61, 12.3.1998. En el mismo sentido, STS, 18.4.1998, ECLI:ES:TS:1998:2489. En términos generales, SAP de Navarra, 4.6.2001, *RCEA*, 2002, pp. 170-187.
31. Auto JM de Cádiz, 4.2.2004, ECLI:ES:JMCA:2004:2A, citando las Resoluciones pertinentes de la DGRN.

inscripción en el Libro registro de acciones nominativas– no se ve afectado por el convenio arbitral correspondiente[32]. En principio, tampoco quedarían afectados por el convenio arbitral inserto en los estatutos de una sociedad mercantil aquellos socios que fueron excluidos de su votación y que, posteriormente, impugnan tales estatutos por considerarlos ilegales[33].

En este ámbito del alcance del convenio arbitral en el derecho societario es importante analizar la condición de socio o no que reúnan las partes y la relevancia que esa condición tiene sobre el negocio jurídico controvertido. Y en este sentido, por ejemplo, debe analizarse si la controversia deriva de un incumplimiento que tiene su origen en un crédito que una sociedad concede a una persona, precisamente, por su condición de socio de la misma[34].

5.14. Pese al marco de arbitrabilidad descrito, cierta jurisprudencia ha matizado que no son arbitrables las acciones *impugnatorias ejercitadas contra acuerdos contrarios al orden público*, por considerarse que se trata de cuestiones que se encuentran fuera del poder de disposición de las partes[35]. En sentido similar, se ha declarado inarbitrable una controversia relativa a la nulidad –radical– de una sociedad anónima[36], así como una controversia que gira en torno a la forma en la que deba administrarse una sociedad –en concreto, se solicitaba un cambio de administrador único a administrador mancomunado en el marco de una sociedad de responsabilidad limitada[37]–. Tal interpretación es, a mi juicio, controvertida, porque el hecho de que tal cambio conlleve o exija una modificación formal de los estatutos de la sociedad no supone necesariamente que la controversia en cuestión no tenga carácter dispositivo[38].

5.15. El carácter *imperativo* de ciertas normas que conforman el Derecho de sociedades no obsta para que las controversias en las que deban ser de aplicación puedan ser sometidas a arbitraje de *equidad*. Así lo reconoce expresamente la jurisprudencia posterior a la mencionada reforma de la

---

32. En este sentido, *vid*. SAP de Vizcaya, 12.1.2002, *RCEA*, 2003, pp. 162-170.
33. Así, SAP de Valencia, 19.4.2000, *RCEA*, 2000, pp. 198-201.
34. La jurisprudencia sobre el alcance del convenio arbitral en este ámbito no es homogénea. *Vid*. las referencias en, CAMPO CANDELAS, "Arbitraje estatutario y controversia no societaria. Comentario al Auto de la AP de Alicante (sección 5.ª) de 24 de enero de 2018", *Revista Aranzadi Doctrinal*, Noviembre 2018.
35. Auto AP de Valladolid, 5.3.2018, ECLI:ES:APVA:2018:449A.
36. Auto AP de Madrid, 9.2.2004, ECLI:ES:APM:2004:976A.
37. Auto AP de La Rioja, 16.3.2000, *RCEA*, 2000, pp. 181-183.
38. Esta argumentación no es más que la extrapolación, *mutatis mutandis*, del razonamiento hecho por el TS en su sentencia del 18.4.1998, ECLI:ES:TS:1998:2489.

LArb operada por la *Ley 11/2011*[39]. Lo que ocurre es que en el seno del arbitraje de equidad deben aplicarse las normas que se consideren imperativas; de tal forma que su no aplicación puede conllevar la anulación del laudo[40].

5.16. El análisis de la arbitrabilidad del Derecho de sociedades hasta aquí realizado no cambia si el supuesto en cuestión es *internacional*. En efecto, el hecho de que el artículo 24 de Reglamento Bruselas I *refundido* prevea un foro exclusivo en materia de sociedades (en cuya virtud los órganos jurisdiccionales del Estado en el que la sociedad esté domiciliada son exclusivamente competentes para conocer de determinadas materias societarias), no impide que tales materias –excepción hecha de la relativa a la nulidad de la sociedad– puedan someterse a arbitraje.

5.17. Por fin, las cuestiones íntimamente vinculadas a un ***concurso*** no pueden ser sometidas a arbitraje[41]. En principio, merecen tal calificación las cuestiones para cuyo conocimiento el juez del concurso tiene jurisdicción exclusiva y excluyente (*ad. ex.* la calificación del mismo)[42]. Y por lo que respecta a los procedimientos que *no* se consideren íntimamente vinculados al concurso, debe tenerse en cuenta lo previsto en el artículo 140 TRLC[43].

## 3. ARBITRABILIDAD DEL DERECHO DE LA COMPETENCIA

5.18. Tras la conocida sentencia del TS de EEUU en el asunto *Mitsubishi*[44] y la también conocida jurisprudencia del TJUE en el asunto *Eco Swiss*[45], la arbitrabilidad del derecho de la competencia es pacíficamente admitida. Su tratamiento corresponde, por tanto, al ámbito de la aplicación de las normas imperativas al fondo de la controversia antes que al ámbito de la arbitrabilidad[46].

5.19. En particular, es común encontrar convenios arbitrales en el concreto ámbito del control de fusiones *intra* UE (EU *Merger control*). En efecto, de ordinario, para obtener la autorización de la Comisión, las empresas involucradas en una fusión deben asumir una serie de compromisos

39. STSJ de Madrid, 8.1.2018, ECLI:ES:TSJM:2018:46.
40. *Vid. supra* Cap. X.
41. Ya en este sentido, BELTRÁN, "La calificación y la conclusión del concurso de acreedores", en: URÍA / MENÉNDEZ, *Curso de Derecho Mercantil II*, Madrid, 2007, p. 1113.
42. *Vid.* Auto TSJ de Cataluña, 19.9.2019, ECLI:ES:TSJCAT:2019:570A.
43. *Vid. infra* Cap. X.
44. *Mitsubishi Motors v. Soler Chrysler-Plymouth* (1985) 473 US.
45. TJUE, 1.6.1999, C-126/97.
46. *Vid. infra* Ep. 1.6 y Cap. XII.

(*Commitments*) que pueden tener un carácter estructural o simplemente contemplar una serie de actuaciones (*Structural* o *behavioural Commitments*). Habida cuenta de los largos plazos que la implementación de las actuaciones o medidas propuestas por la Comisión requiere, es habitual la inclusión de convenios arbitrales en dichos *Commitments*, particularmente en los *behavioural Commitments*[47].

> Los convenios arbitrales incluidos en estos *Commitments* son de los denominados "open-ended" o "non-privy" en la medida en que pueden ser alegados por cualquier beneficiario de las medidas acordadas por dichos *Commitments*[48].

## 4. ARBITRABILIDAD EN ÁMBITOS CONCRETOS DEL DERECHO CIVIL Y MERCANTIL

5.20. Con carácter previo al estudio de la arbitrabilidad en los concretos ámbitos del Derecho civil y mercantil conviene insistir en que la cuestión relativa a la misma ***nulidad*** del contrato –total o parcial– en el que se inserta el convenio arbitral es, en términos generales, arbitrable[49]. De hecho, tal afirmación está en el origen del principio *kompetenz-kompetenz*[50].

> Así, por ejemplo, son arbitrables las disputas relativas a la *nulidad* de contratos de ***permuta financiera***[51].

5.21. Sentado lo anterior, podría esbozarse el siguiente marco de *arbitrabilidad* según el sector del Derecho civil o mercantil controvertido:

En el ámbito de la ***propiedad industrial*** –especialmente en materia de marcas– la arbitrabilidad es ampliamente aceptada. El artículo 40 de Ley de **Marcas**[52] admite expresamente el sometimiento a arbitraje de los litigios sobre violación de marcas. Pero aún más, pues el artículo 28 del mismo cuerpo legal prevé, con carácter general, el sometimiento a arbitraje de las cuestiones litigiosas surgidas con ocasión del procedimiento para el registro de una marca. La arbitrabilidad del Derecho de **patentes**

47. Sobre esta cuestión: BLANKE, *The Use and Utility of International Arbitration in EC Commission Merger Remedies*, European Law Publishing, 2006, pp. 57-84; RADICATI DE BROZOLO, "EU Merger Control Commitments and Arbitration: *Reti Televisive Italiane v. Sky Italia*", *Arb. Int.*, 2013, pp. 223-241.
48. RADICATI DE BROZOLO, "EU Merger Control...", *cit.*, p. 224.
49. Auto AP de Palma de Mallorca, 25.5.2017, ECLI:ES:APIB:2017:172A; SAP de Ciudad Real, de 30.6.2017, ECLI:ES:APCR:2017:739.
50. *Vid. infra* Cap. IX.
51. Auto AP de Palma de Mallorca, 25.5.2017, ECLI:ES:APIB:2017:172A.
52. Ley 17/2001, de 7 de diciembre, de Marcas (*BOE* núm. 294, de 8 de diciembre) Texto consolidado (última modificación 25.7.2015).

es más restringida. Así, el artículo 136.2 de la Ley de Patentes[53] establece: *"No son de libre disposición, y quedan excluidas de la mediación o el arbitraje, las cuestiones relativas a los procedimientos de concesión, oposición o recursos referentes a los títulos regulados en esta Ley, cuando el objeto de la controversia sea el cumplimiento de los requisitos exigidos para su concesión, su mantenimiento o su validez"*.

5.22. En perspectiva europea cabe destacar que el *Acuerdo sobre un Tribunal Unificado de Patentes*[54] prevé, por lo que ahora importa, la creación de un *Centro de Mediación y Arbitraje* en materia de Patentes. Así, su artículo 35 dispone:

> **Artículo 35.** *Centro de Mediación y Arbitraje en materia de Patentes.*
>
> *1. Por el presente Acuerdo se crea un Centro de Mediación y Arbitraje en materia de Patentes (en lo sucesivo "Centro"). Tendrá sedes en Liubliana y en Lisboa.*
>
> *2. El Centro prestará servicios de mediación y arbitraje en los litigios sobre patentes que pertenezcan al ámbito de aplicación del presente Acuerdo. El artículo 82 se aplicará mutatis mutandis a los acuerdos alcanzados mediante la utilización de los servicios del Centro, incluidos los acuerdos alcanzados por mediación. No obstante, no podrá anularse ni limitarse una patente en un procedimiento de arbitraje o mediación....*

Del *Acuerdo* en cuestión no puede deducirse que la competencia del Centro sea "exclusiva" para conocer de las controversias ligadas a la ***patente europea***. Se trata, por tanto, de un Centro –una Corte– más a la que las partes podrán o no someterse. Para conocer de la acción de anulación de los laudos que en su seno se dicten serán competentes o bien los tribunales de Liubliana (Eslovenia) o bien los tribunales de Lisboa (Portugal)[55]. Por otro lado, si las partes deciden someterse a un arbitraje administrado por el Centro y logran un laudo por acuerdo, el mismo *tendrá fuerza ejecutiva en todos los Estados miembros contratantes* (art. 82.1 del *Acuerdo*).

La cuestión más importante que el citado precepto plantea es la relativa al límite de *arbitrabilidad* que impone: ...*no podrá anularse ni limitarse una patente en un procedimiento de arbitraje o mediación*. Tal límite plantea, a su vez, la duda sobre su mismo ámbito de aplicación, pues puede interpretarse que tal disposición solo afecta a los arbitrajes administrados por

53. *Ley 24/2015, de 24 de julio, de Patentes.*
54. *DOUE*, 20.6.2013, C 175/1. A fecha de 1.1.2023, España no es parte.
55. Sobre la posibilidad de prorrogar / derogar la competencia judicial internacional en materia de anulación de laudos, *vid. infra* Cap. VII.

el Centro, o por el contrario, puede interpretarse también que tal disposición constituye una norma imperativa aplicable en todos los Estados parte. Por la armonización que implica, esta última interpretación es la más consistente con el *Acuerdo* en particular y con el Derecho europeo en general.

5.23. Las disputas en materia de ***propiedad intelectual*** también son arbitrables. De hecho, debe tenerse en cuenta en este contexto el papel de la *Comisión de Propiedad Intelectual*[56]. Esta Comisión está formada por dos Secciones, la primera de la cuales ejerce, entre otras, funciones de mediación y arbitraje. Tanto para la mediación como para el arbitraje rige el *principio de voluntariedad*[57]: las partes no están obligadas a someterse al mismo.

5.24. Las controversias que dimanen del cumplimento de un ***contrato de agencia*** son arbitrables, por más que la Disposición Adicional de la Ley 12/1992, de 27 de mayo del Contrato de Agencia –una norma de competencia territorial– pueda sugerir otras interpretaciones[58].

La jurisprudencia de las Audiencias sobre este particular fue, en un primer momento, contradictoria. Aun así, prevaleció aquélla que supo interpretar el verdadero alcance de la Disposición Adicional de la citada norma. En este sentido, por ejemplo, el Auto de la AP de Barcelona de 28.5.2009 estableció: "*En contra de la opinión del apelante, entiende este Tribunal –compartiendo el criterio que sostienen la mayor parte de las Audiencias– que la Disp. adic. de la ley reguladora del contrato de agencia es una norma de competencia territorial que no impide la sumisión a arbitraje*"[59]. La polémica en torno a la calificación de tal norma como norma de competencia territorial quedó zanjada con la STS de 15.11.2010, si bien en esta sentencia no se hace expresa mención a la arbitrabilidad de la materia: "*La Disp. adic. de la Ley 12/1992 contiene una norma de competencia territorial, pues busca la identificación del órgano judicial español que, teniendo jurisdicción y competencia objetiva para ello, debe conocer de un litigio*

56. Artículos 193 y 194 de la *Ley de Propiedad Intelectual* (LPI) –texto refundido–. *Vid., RD-l 2/2018, de 13 de abril y RD-l 24/2021, de 2 de noviembre.*

57. Artículo 4.1 del *RD 1023/2015, de 13 de noviembre, por el que se desarrolla reglamentariamente la composición, organización y ejercicio de funciones de la Sección Primera de la Comisión de Propiedad Intelectual.*

58. A cuyo tenor: "*Las competencias para el conocimiento de las acciones derivadas del contrato de agencia corresponderá al Juez del domicilio del agente, siendo nulo cualquier pacto en contrario*".

59. Auto AP de Barcelona, 28.5.2009, JUR 2009, 421063; *Arbitraje*, 2010 (1), pp. 266-268 (con nota de JIMÉNEZ BLANCO).

*concreto*"[60]. A mi juicio, a la misma conclusión que han llegado las AP –arbitrabilidad de los contratos de agencia– debe llegarse aun cuando se interprete que esa Disposición actúa como una suerte de norma de competencia judicial internacional –foro exclusivo– (*infra*). En cualquier caso, la jurisprudencia más reciente ha confirmado la arbitrabilidad de estos contratos[61].

Ahora bien, pese a ser arbitrable, el Derecho de agencia tiene carácter imperativo, por lo que su no aplicación cuando proceda –agente operando en territorio de la UE– debe llevar aparejada, en principio, tanto la anulación del laudo como la denegación de su execuátur (si el laudo es dictado en el extranjero)[62].

5.25. El derecho de **seguros** también es arbitrable. En efecto, por más que el TC haya declarado inconstitucional el artículo 76.e) de la Ley de Contrato de seguro (LCS)[63], la arbitrabilidad de esta materia no está en discusión. De hecho, el TC no cuestionó la arbitrabilidad de la materia en sí, sino la –a mi juicio, aparente– potestad unilateral del asegurado para someter el conflicto a arbitraje. Además, el precepto anulado delimitaba su aplicación al ámbito de *seguros de defensa jurídica*.

La **STC 1/2018** de 11 de enero hace una interpretación literal del precepto declarado inconstitucional y, si bien toma en consideración el artículo 203 de la Directiva 2009/138 del que trae causa (en tanto que precepto que transpone este último artículo), no hace –a mi juicio– una lectura sistemática con la legislación en materia de seguros. El precepto de la Directiva citada establece: ***Arbitraje****. Los Estados miembros preverán, con vistas a la solución de todo litigio que pueda surgir entre la empresa de seguros de defensa jurídica y el asegurado y sin perjuicio de cualquier derecho de recurso a una instancia jurisdiccional que eventualmente hubiera previsto el derecho nacional, un procedimiento arbitral u otro procedimiento que ofrezca garantías comparables*

60. STS, 15.11.2010, ECLI:ES:TS:2010:6112, con nota de TORRALBA MENDIOLA, *CCJC*, 87, 2010, pp. 1659-1666. Posteriormente, en el mismo sentido, Auto AP de Barcelona, 17.5.2018, ECLI:ES:APB:2018:3004A; Auto AP de Madrid, 9.6.2021, ECLI:ES:APM:2021:2632A. Fuera del estricto ámbito arbitral, pero negando la validez de un acuerdo de sumisión a tribunales belgas a partir de una errónea interpretación del artículo 25 del Reglamento Bruselas I *refundido*, SAP de Barcelona, 21.12.2018, ECLI:ES:APB:2018:12911.
61. Auto AP Valencia, 17.9.2018, ECLI:ES:APV:2018:3064A; Auto AP Huesca, 19.2.2019, ECLI:ES:APHU:2019:6A; Auto AP de Santander, 17.6.2019, ECLI:ES:APS:2019:300A; aceptando la declinatoria por sumisión a arbitraje en un "contrato de subagencia", Auto AP Barcelona, 9.3.2021, ECLI:ES:APB:2021:1952A.
62. *Vid. infra* en este mismo Cap., Ep. 6.2.
63. STC 1/2018, de 11 de enero.

*de objetividad*. El tenor del precepto declarado inconstitucional era, sin duda, desafortunado, pero una lectura sistemática del mismo a la luz de la LCS y otras regulaciones en materia de seguro permitía concluir que el arbitraje era activable tanto por el asegurador como por el asegurado.

En cualquier caso, es referencia necesaria en este contexto el artículo 97.4 de la *Ley 20/2015, de 14 de julio, de ordenación, supervisión y solvencia de las entidades aseguradoras y reaseguradoras*[64] que, puesto en relación con el artículo 97.1 y 2 permite entender que son arbitrables los conflictos que puedan surgir entre tomadores de seguro, asegurados, beneficiarios, terceros perjudicados o derechohabientes con entidades aseguradoras, siempre que se respete la protección que el ordenamiento dispense a la parte débil[65].

> **Artículo 97.** *Mecanismos de solución de conflictos.*
>
> *1. Los conflictos que puedan surgir entre tomadores de seguro, asegurados, beneficiarios, terceros perjudicados o derechohabientes de cualesquiera de ellos con entidades aseguradoras se resolverán por los jueces y tribunales competentes.*
>
> *2. Asimismo, podrán someter voluntariamente sus divergencias a decisión arbitral en los términos de los artículos 57 y 58 del texto refundido de la Ley General para la Defensa de los Consumidores y Usuarios y otras leyes complementarias, aprobado por el Real Decreto Legislativo 1/2007, de 16 de noviembre.*
>
> *4. En cualquier caso, y salvo aquellos supuestos en que la legislación de protección de los consumidores y usuarios lo impida, también podrán someter a arbitraje las cuestiones litigiosas, surgidas o que puedan surgir, en materia de libre disposición conforme a derecho, en los términos de la Ley 60/2003, de 23 de diciembre, de Arbitraje.*

Las controversias que dimanen tanto de un contrato de seguro **de grandes riesgos** como de un contrato de **reaseguro** son arbitrables. Recuérdese además que, en este tipo de seguros, prima la autonomía de la voluntad frente la aplicación de las normas imperativas que constituyen la LCS (respectivamente, art. 44 y 79 LCS)[66].

Admitida la arbitrabilidad, debe repararse no obstante que cuando en la concreta contratación pueda distinguirse entre tomador del seguro

64. *BOE* núm. 168, de 15.7.2015.

65. Auto AP de Orense, 16.12.2020, ECLI:ES:APOU:2020:597A. Auto AP de Logroño, 2.7.2021, ECLI:ES:APLO:2021:460A.

66. Auto AP de Zamora, 17.1.2020, ECLI: ES:APZA:2020:2A

y asegurado, la validez del convenio arbitral queda supeditada a que el mismo haya sido firmado por ambos[67].

> **Acción directa y contrato de seguro.** En el Derecho anglosajón se califica como obligación contractual la acción en virtud de la cual el tercero perjudicado reclama la cobertura prevista en el contrato de seguro. Se entiende, por tanto, que el tercero perjudicado debe someter al arbitraje previsto en el contrato de seguro cualquier reclamación basada en el mismo. Desde la perspectiva del Derecho de la UE, tal calificación es *incompatible* con la acción directa prevista por la ley del lugar donde se manifiesta el daño y en virtud de la cual el perjudicado reclama al asegurador ante los tribunales del lugar donde se produjo el daño. Por tanto, un laudo arbitral dictado como consecuencia de activar el convenio arbitral previsto en el contrato de seguro para, de algún modo, socavar el efecto de la acción directa no puede circular en los Estados miembros de la UE[68].

En el contexto *intraeuropeo* debe tenerse particularmente en cuenta el artículo 15 del Reglamento Bruselas I *refundido*[69]. En virtud de este precepto –inserto en la *Sección* que regula la competencia judicial internacional en materia de seguros–: "*Únicamente prevalecerán sobre las disposiciones de la presente sección los acuerdos: 1) posteriores al nacimiento del litigio*". Es decir, en virtud de este precepto debe entenderse que solo podrán considerarse válidos los convenios arbitrales firmados entre la parte débil (asegurado) y el asegurador una vez nacido el litigio. Es cierto que frente a esta interpretación amplia del inciso reproducido podría esgrimirse que el término "acuerdo" inserto en el tenor de la citada norma solo hace referencia a acuerdos de elección de foro y no a convenios arbitrales, de tal forma que la restricción enunciada no alcanzaría a estos últimos. Ayudaría también a sostener esta interpretación el hecho de que el arbitraje está expresamente excluido del ámbito de aplicación material del citado texto. Sin embargo, aceptar una interpretación tan restringida limitaría ostensiblemente la eficacia del artículo 15

67. Auto AP de Málaga, 22.11.2021, ELCI:ES:APMA:2021:1537A.
68. STJUE, 20.6.2022, C-700/20, *London Steam-Ship*. Sobre esta sentencia, *vid.* GÓMEZ JENE, "*Prestige* y Arbitraje europeo: a propósito de la sentencia *London Steam-Ship* del TJUE (asunto C-700/20)", *CDT*, 2022/2, pp. 1088-1099; *vid.* también, GILABERT ALBANO, "El caso `Prestige´ en el año de su vigésimo aniversario: problemas pasados, presentes y futuros", *Revista de Derecho del Sistema Financiero*, 2022/4.
69. *Reglamento 1215/2012 del Parlamento Europeo y del Consejo de 12 de diciembre de 2012 relativo a la competencia judicial, el reconocimiento y la ejecución de resoluciones judiciales en materia civil y mercantil, DOUE* L 351, 20.12.2012. Este Reglamento deroga al Reglamento 44/2001.

del Reglamento (protección de la parte débil), lo que, a su vez, va contra el criterio del TJUE en interpretación de este instrumento. Por otro lado, el hecho de que el arbitraje esté excluido del ámbito de aplicación del Reglamento no impide que éste pueda aplicarse cuando la eficacia del convenio arbitral se plantee a título incidental[70]. En cualquier caso, esta restricción temporal no opera frente a contratos de reaseguros y grandes riesgos, en tanto que entre las partes en estos contratos no existe propiamente una parte débil[71].

5.26. Dentro del particular ámbito de ***consumo***, y teniendo siempre en consideración los límites que en este ámbito impone el ordenamiento jurídico, se ha aceptado expresamente la arbitrabilidad de las obligaciones legales de *información y gestión proactiva* de una comercializadora eléctrica en el marco de un contrato de suministro[72].

5.27. Respecto de las disputas relativas a las ***cuestiones matrimoniales***, deben considerarse arbitrables todos aquellos aspectos que no estén encomendados en exclusiva a los poderes públicos; todos aquellos aspectos, en definitiva, sobre los que las partes puedan llegar a un acuerdo (test de "arbitrabilidad de las consecuencias"). Así, por ejemplo, es perfectamente arbitrable la liquidación del régimen económico matrimonial[73]. Lo anterior, en el concreto ámbito de las *crisis matrimoniales*, significa tanto como que, excepto la misma *disolución del vínculo*, los demás aspectos relativos al divorcio son arbitrables. De hecho, la jurisprudencia comparada acepta la arbitrabilidad de los *derechos de guarda y visita*[74].

5.28. Tampoco cabe duda sobre la arbitrabilidad del ***Derecho de sucesiones***[75], pues así lo declara expresamente el artículo 10 LArb:

---

70. Expresamente en este sentido, STJCE, 25.7.1991, C-190/89, *Mar Rich*. Sobre la exclusión del arbitraje del ámbito de aplicación del Reglamento *vid*. Cap. X y las referencias allí citadas.

71. Sobre la interpretación de lo que a la luz del Derecho de la UE debe entenderse por "grandes riesgos" y la relevancia de esta cuestión de cara a la concreción de la competencia judicial internacional, *vid*. STJUE, 27.4.2023, C-352/21, *A1*.

72. Sobre el arbitraje de consumo *vid*. *infra* Cap. III, STSJ de Cataluña, 22.7.2021, ECLI:ES:TSJCAT:2021:7608.

73. Auto AP de Jaén, 5.11.2020, ECLI: ES:APJ:2020:1099A. Como ejemplo de arbitrabilidad de la liquidación de la sociedad de gananciales: SAP de Sevilla, 29.3.2001, *RCEA*, 2002, pp. 149-154.

74. Sobre esta cuestión, así como el posible reconocimiento en España de un laudo arbitral extranjero que resuelva sobre este particular, *vid*., ABARCA JUNCO / GÓMEZ JENE, "Arbitraje familiar internacional", *CDT*, 2012/1, pp. 7-19.

75. Sobre este tipo de arbitraje, *vid*. MERINO MERCHÁN / CHILLÓN MEDINA, *Tratado de Derecho Arbitral*, 4.ª Ed., Madrid, 2014, pp. 454-461.

**Artículo 10**. *Arbitraje testamentario.*

*También será válido el arbitraje instituido por disposición testamentaria para solucionar diferencias entre herederos no forzosos o legatarios por cuestiones relativas a la distribución o administración de la herencia.*

En el mismo sentido, el artículo 8 del *Reglamento de sucesiones*[76] prevé expresamente el sobreseimiento de un procedimiento de sucesión incoado de oficio si las partes en el mismo acuerdan resolver la sucesión extrajudicialmente en el Estado miembro cuya ley fue elegida por el causante. Y si el procedimiento sucesorio no fue incoado de oficio, el citado reglamento *"no debe obstar para que las partes resuelvan extrajudicialmente la sucesión, por ejemplo, ante un notario, en un Estado miembro que hayan elegido, en caso de que ello sea posible en virtud de la ley de dicho Estado miembro. Tal posibilidad debe existir aunque la ley aplicable a la sucesión no sea la de dicho Estado miembro"* (considerando 29).

Por su parte, la jurisprudencia ha delimitado las cuestiones arbitrables que pueden plantearse en el ámbito sucesorio. Y así, con carácter general, es admisible el arbitraje testamentario en cuestiones relativas a la distribución o administración de la herencia entre herederos no forzosos o legatarios. Sin embargo, ni las legítimas ni las declaraciones de herederos *ab intestato* ni las herencias futuras son arbitrables[77].

5.29. La materia referida a los ***arrendamientos urbanos*** también es arbitrable[78].

**Artículo 4.5.** *Ley Arrendamientos Urbanos.*

*Las partes podrán pactar la sumisión a mediación o arbitraje de aquellas controversias que por su naturaleza puedan resolverse a través de estas formas de resolución de conflictos, de conformidad con lo establecido en la legislación reguladora de la mediación en asuntos civiles y mercantiles y del arbitraje.*

Así, por ejemplo, es arbitrable la misma resolución del contrato de arrendamiento por falta de pago con el correspondiente desahucio[79],

76. *Reglamento (UE) n.º 650/2012 del PE y del Consejo de 4 de julio de 2012 relativo a la competencia, la ley aplicable, el reconocimiento y la ejecución de las resoluciones, a la aceptación y la ejecución de los documentos públicos en materia de sucesiones mortis causa y a la creación de un certificado sucesorio europeo.*

77. *Vid.* la recopilación de jurisprudencia del TS sobre la cuestión, en STSJ de Extremadura, 1.2.2021, ECLI:ES:TSJEXT:2021:231 (anulando un laudo que resolvió sobre una futura herencia). *Vid.* también, STSJ de Madrid, 2.3.2021, ECLI:ES:TSJM:2021:23.

78. *Ley 29/1994, de 24 de noviembre, de arrendamientos urbanos,* texto consolidado. Expresamente en este sentido, AP de Barcelona, 22.2.2021, ECLI:ES:APB:2021:913A.

79. Auto AP de Madrid, 19.9.2011, ECLI:ES:APM:2011:12224A.

cualquier conflicto que tenga por objeto la determinación de la renta del mercado[80], la fijación de la indemnización a la que, en su caso, pueda tener derecho el arrendatario, así como el reparto de gastos de la comunidad de vecinos[81]. También son arbitrables los conflictos derivados de la ***propiedad horizontal***[82].

5.30. Por fin, y con carácter particular, debe apuntarse que la jurisprudencia española considera arbitrables los ***contratos de alta dirección***, en tanto que no se consideran regulados por el **Derecho laboral**[83]. También lo son los contratos de ***prestación de servicios entre Letrado y cliente***, con la renuncia que ello implica al procedimiento de ***Jura de Cuentas*** (arts. 34 y 35 LECiv)[84].

## 5. ARBITRABILIDAD EN ÁMBITOS DEL DERECHO PÚBLICO

5.31. Las posibilidades de acudir al arbitraje para solucionar controversias en el ámbito del *Derecho público* son más limitadas que en el ámbito del *Derecho privado*, en tanto que la arbitrabilidad de este sector del ordenamiento jurídico se limita como consecuencia del *interés general* y la tutela de *terceros* que preserva. Ambas circunstancias –interés general y tutela de terceros– constituyen los límites de la arbitrabilidad en este ámbito. Así, por ejemplo, cuestiones típicas del ámbito administrativo tales como la impugnación de actos administrativos o las relativas a tramitación de expedientes de contratación y adjudicación no son, por definición, arbitrables. El interés público que subyace a estos supuestos justifica tal limitación. Junto con estos límites infranqueables, también puede tener cierta trascendencia para delimitar la arbitrabilidad en el ámbito del Derecho público el hecho de que las administraciones deban actuar en el tráfico jurídico como sujetos jurídicos-públicos que, como tales, no gozan de una autonomía de la voluntad en los mismos términos que los sujetos típicamente privados[85].

80. Anterior a la entrada en vigor de la LAU, STS, 20.11.1989, RJ 1989, 7894.

81. SAP de Lugo, 8.10.1997, *RCEA*, 1998, pp. 157-159.

82. STS, 27.9.2006, ECLI:ES:TS:2006:5499; STS, 27.5.2007, ECLI:ES:TS:2007:4499 (pese a considerar que el convenio arbitral no cubría el conflicto en cuestión). Sobre la vinculación que tiene la sumisión a arbitraje para cada uno de los propietarios, *vid*, STSJ de Las Palmas de Gran Canaria, 22.12.2022, ECLI:ES:TSJICAN:2022:3435.

83. SAP de Barcelona, 27.3.2008, ECLI:ES:APB:2008:3436. Anulando un laudo por resolver una relación laboral (materia no arbitrable), *vid*. STSJ de Madrid, 14.9.2021, ECLI:ES:TSJM:9230. Repárese, además, en la exclusión del arbitraje laboral del ámbito de aplicación de la LArb; al respecto *vid. infra* Cap. III.

84. STSJ de Madrid, 28.4.2021, ECLI:ES:TSJM:2021:5212.

85. Al respecto, *vid.*, BALLESTEROS PANIZO, "El criterio de la arbitrabilidad en Derecho administrativo", *Revista General de Derecho Administrativo*, Núm. 55, 2020. Un

5.32. Con todo, las regulaciones legales más recientes, partiendo del respeto a los límites arriba descritos, están ampliando considerablemente el ámbito de la arbitrabilidad en este sector del ordenamiento jurídico. Este hecho debe tenerse muy presente a la hora de interpretar la jurisprudencia sobre la arbitrabilidad en este concreto ámbito, pues las férreas soluciones a las que en su momento pudieran llegar los tribunales (declarando la no arbitrabilidad de la controversia) puede que sean incompatibles con las nuevas regulaciones en la materia, mucho más permisivas a este respecto. En efecto, como hemos advertido anteriormente –y reconoce expresamente la jurisprudencia– la arbitrabilidad es un concepto *dinámico* –especialmente dinámico en el ámbito del Derecho público–, cuyos contornos están específicamente definidos por normas especiales.

5.33. Desde la perspectiva descrita, destaca especialmente el *Real Decreto-ley 3/2020, de 4 de febrero, de medidas urgentes por el que se incorporan al ordenamiento jurídico español diversas directivas de la Unión Europea en el ámbito de la contratación pública en determinados sectores; de seguros privados; de planes y fondos de pensiones; del ámbito tributario y de litigios fiscales*[86] (en adelante, *Real Decreto-ley 3/2020*). Compuesto de tres Libros, a los efectos de la arbitrabilidad es especialmente relevante el primero de ellos: *Transposición de la Directiva 2014/25/UE del Parlamento Europeo y del Consejo, de 26 de febrero de 2014, relativa a la contratación por entidades que operan en los sectores del agua, la energía, los transportes y los servicios postales, y la Directiva 2014/23/UE, del Parlamento Europeo y del Consejo, de 26 de febrero de 2014, relativa a la adjudicación de contratos de concesión*. Tanto el objeto como el ámbito de aplicación subjetivo y objetivo de este Libro primero son particularmente amplios. En esencia, el texto tiene como objeto la regulación del procedimiento de adjudicación de los contratos de obras, de suministro y de servicios cuando contraten entidades públicas y privadas e incluye en su ámbito de aplicación contratos de suministro, obras y servicios así como contratos de concesión de obras y servicios, incluidos contratos relativos a la prospección, extracción de petróleo, gas, carbón y otros combustibles sólidos (artículo 14). A efectos de constatar la arbitrabilidad de todos estos contratos es determinante el artículo 123 del mismo, pues permite expresamente la remisión al arbitraje de derecho.

5.34. Recuérdese, por otro lado, que aunque de forma mucho más tímida, ya la Disposición Adicional Primera (titulada, *Contratación en el extranjero*) de la *Ley 9/2017, de 8 de noviembre, de Contratos del Sector Público,*

ejemplo muy ilustrativo de la arbitrabilidad y sus límites en el ámbito administrativo puede verse en el complejo supuesto de hecho que subyace a la STS (Con), 17.11.2021, ECLI:ES:TS:2021:4174.

86. *BOE* núm. 31, 5.2.2020.

*por la que se transponen al ordenamiento jurídico español las Directivas del Parlamento Europeo y del Consejo 2014/23/UE y 2014/24/UE, de 26 de febrero de 2014*[87], vino a reconocer explícitamente el régimen de la arbitrabilidad en el ámbito de estos contratos con empresas extranjeras.

> **Disposición adicional primera.** *Contratación en el extranjero.*
>
> *2. En los contratos con empresas españolas se incluirán cláusulas de sumisión a los Tribunales españoles.*
>
> *3. En los contratos con empresas extranjeras se procurará la incorporación de cláusulas de sumisión a los Tribunales españoles para resolver las discrepancias que puedan surgir. Cuando no sea posible, se procurará la incorporación de cláusulas de arbitraje. En estos contratos se podrá transigir previa autorización del Consejo de Ministros o del órgano competente de las Comunidades Autónomas y entidades locales.*
>
> La peculiaridad de esta Disposición radica en que limita la sumisión a arbitraje por razón de la nacionalidad de una de las partes; de tal manera que solo la permite en aquellos supuestos en los que se contrate con *empresas extranjeras.* Esta particular limitación plantea la cuestión relativa a la posible sumisión a arbitraje cuando la parte contratante sea una filial –constituida bajo derecho español– de una empresa extranjera. En este particular contexto, parece que debe operar la limitación establecida en el numeral 2.

5.35. Por fin, cabe recordar que la Disposición adicional única de la Ley 11/2011 introdujo un procedimiento *ad hoc* obligatorio para resolver las controversias jurídicas relevantes (aquellas que tengan una cuantía superior a 300.000 €) que se susciten entre la Administración General del Estado y organismos públicos o entre distintos Entes de derecho público. Dichas controversias se dirimen en el seno de una Comisión Delegada del Gobierno para la Resolución de Controversias Administrativas.

5.36. La jurisprudencia en interpretación del alcance de la *arbitrabilidad* en el ámbito del Derecho público es relevante. Sin olvidar que tal relevancia debe examinarse siempre a la luz del marco legal de arbitrabilidad vigente en el momento de suscitarse la controversia, debe señalarse que el TS ha venido precisando el alcance de la misma a la luz de las distintas normas de Derecho administrativo que expresamente excluyen la arbitrabilidad de la materia[88]. Y así, por ejemplo, no es posible el arbitraje

87. *BOE* núm. 272, 9.11.2017.

88. Por ejemplo, artículo 31 de la *Ley 33/2003, de 3 de noviembre, del Patrimonio de las Administraciones Públicas*; artículo 7.3 de la *Ley 47/2003, de 26 de noviembre, General Presupuestaria.*

sobre los bienes y derechos del Patrimonio del Estado. En particular no es arbitrable una controversia que verse sobre la caracterización jurídica de un bien de propiedad de una autoridad portuaria como patrimonial o demanial.

**STS, 20.12.2017**: *Por mucho que se distinga entre contratos administrados y contratos privados, o entre bienes demaniales y patrimoniales, siempre existirá, tanto en unas como en otras modalidades, un fondo de Derecho Público indisponible, sobre el que no es posible ni la transacción ni el compromiso o el arbitraje privado*[89].

5.37. Cuestión particular es la relativa a la arbitrabilidad de determinadas materias estrechamente vinculadas a ámbitos de **interés económico general** (típicamente, **energía**). En este contexto, la jurisprudencia española es excesivamente estricta a la hora de determinar la arbitrabilidad de la materia; lejos de la postura que sobre la misma cuestión sostienen los tribunales de los países de nuestro entorno[90]. Dos sentencias merecen particular atención en este ámbito: la sentencia de la AP de Madrid de 29.5.2007[91] y la sentencia del TSJ de Madrid de 13.7.2015[92].

En virtud de la primera sentencia citada, se procedió a la anulación de un laudo por inarbitrabilidad de la materia, cuando, en puridad, el motivo de nulidad debería haber sido el de orden público; en concreto, por no aplicación de las normas reglamentarias imperativamente aplicables a una determinada cuestión. En efecto, la no aplicación de esas normas imperativas –que, en el supuesto de autos, calculaban una retribución de la actividad del suministro del gas conforme a una fórmula matemática– puede ser motivo de nulidad conforme al orden público; pero no conforme al motivo de inarbitrabilidad. La arbitrabilidad de las normas imperativas es cuestión ampliamente aceptada, entre otros, por el mismo TJUE[93].

La segunda sentencia citada descarta la arbitrabilidad de la materia –*contratos de punto de salida por una interconexión internacional (de gas)*– por entender que la competencia para conocer de este tipo de contratos recae sobre la *Comisión Nacional de Mercados y de la Competencia* (CNMC). A juicio

89. STS, 20.12.2017, ECLI:ES:TS:2017:4617.
90. *Vid*. la postura de los tribunales portugueses a favor de la arbitrabilidad, PERALES VISCASILLAS, "Arbitraje y arbitrabilidad de las controversias en el sector gasista", *SAR*, N.º 29 / 2017, pp. 9-42.
91. SAP de Madrid, 29.5.2007, ECLI:ES:AP:2007:6931.
92. STSJ de Madrid, 13.7.2015, ECLI:ES:TSJM:2015:8881.
93. *Vid. infra* Cap. XII.

del TSJ, tal competencia exclusiva derivaría de la misma LCNMC[94] (en concreto, de su art. 12). Pues bien, tal y como ha sido advertido, una cosa es la competencia para conocer de los conflictos que dimanen del derecho de acceso a las redes de transporte en sí (cuestión para lo que la CNMC ostenta la competencia exclusiva) y otra bien distinta es que esa competencia se extienda a todos los conflictos que deriven en un momento posterior –esto es, obtenido ya el acceso–, cual es el modo de gestionar la capacidad y condiciones de acceso acordadas en un contrato con el transportista. Cuestión que, según el test de arbitrabilidad de las "*consecuencias* de la controversia", debe considerarse arbitrable[95].

5.38. Con carácter especial, se acepta la arbitrabilidad de determinadas controversias entre la ***Hacienda pública*** y los obligados tributarios[96]. De hecho, la aplicación del arbitraje a las obligaciones tributarias con efectos exclusivamente "inter partes" está expresamente aceptada.

> A título meramente informativo, cabe destacar que las instituciones europeas trabajan en el diseño de un procedimiento arbitral para resolver las disputas de carácter tributario[97].

Con todo, la sumisión a arbitraje también encuentra límites expresamente queridos por el legislador en este ámbito.

> **Artículo 7.3. Ley General Presupuestaria.**
>
> *3. Sin perjuicio de lo establecido en el apartado 2 del artículo 10 de esta ley, no se podrá transigir judicial ni extrajudicialmente sobre los derechos de la Hacienda Pública estatal, ni someter a arbitraje las contiendas que se susciten respecto de los mismos, sino mediante real decreto acordado en Consejo de Ministros, previa audiencia del de Estado en pleno.*

5.39. En el concreto ámbito del ***Derecho del deporte*** es de resaltar, por la repercusión que tiene respecto del arbitraje deportivo, que el ordenamiento jurídico español prohíbe expresamente la sumisión a arbitraje de "*aquellas* (cuestiones) *que se relacionen con el control de las sustancias y métodos prohibidos en el deporte y seguridad en la práctica deportiva*"[98]. Tal y

---

94. *Ley 3/2013, de 4 de junio, de creación de la Comisión Nacional de los Mercados y la Competencia.*
95. Ya en este sentido, PERALES VISCASILLAS, "Arbitraje y arbitrabilidad de las controversias en el sector gasista", *cit.*, pp. 33-39.
96. Una enumeración de supuestos puede verse en FALCÓN Y TELLA, "El arbitraje tributario", *Quincena Fiscal Aranzadi*, núm. 2 / 1995, (BIB 1995, 1244).
97. European Commission – Press release: *Fair Taxation: Commission welcomes new rules to resolve tax disputes*, Brussels, 10.10.2017.
98. Artículo 35 del *Real Decreto 1835/1991, de 20 de diciembre, sobre Federaciones deportivas españolas* (versión consolidada).

como ha señalado el TS, tanto esta disposición como el necesario consentimiento inequívoco del deportista afectado de someterse a arbitraje, pueden restringir extraordinariamente la eficacia en España del laudo arbitral dictado por el *Tribunal Arbitral del Deporte* (TAS)[99]. Con todo, esta jurisprudencia debe matizarse a la luz de la posterior *Ley Orgánica 11/2021, de 28 de diciembre, de lucha contra el dopaje en el deporte*[100], cuyo artículo 30 establece que los laudos dictados por tribunales arbitrales constituidos como instancia de apelación de las decisiones de las federaciones deportivas internacionales deben reconocerse en España. Lo cual debe suponer, en principio, tanto como aceptar la arbitrabilidad de las cuestiones resueltas por estos concretos laudos[101].

> **Artículo 30.** *Efectos de las sanciones.*
>
> 2. *Cualesquiera resoluciones dictadas por las autoridades antidopaje de otros Estados, por las federaciones o entidades internacionales competentes o por los tribunales arbitrales cuando actúen como instancia de apelación de las decisiones de las federaciones deportivas internacionales o de la Agencia Mundial Antidopaje, serán reconocidas de manera inmediata y desplegarán plenos efectos en España, en los términos y condiciones establecidos en el Código Mundial Antidopaje y correspondan al ámbito de competencias de esa entidad...*

## 6. ARBITRABILIDAD, FOROS EXCLUSIVOS Y NORMAS IMPERATIVAS

### 6.1. Arbitrabilidad y foros exclusivos de competencia judicial internacional

5.40. Es sabido que el artículo 24 del Reglamento Bruselas I *refundido* recoge una serie de *foros exclusivos*, en cuya virtud, los tribunales designados son los únicos competentes para conocer de ciertas controversias. Así, por ejemplo, el párrafo primero del citado artículo establece que, en materia de derechos reales inmobiliarios y de contratos de arrendamiento, son *exclusivamente* competentes los tribunales del Estado miembro donde el inmueble se halle sito. Con independencia de que las partes en el litigio sean extranjeras o residan en otro Estado. Pues bien, ante una regulación de este tipo, ¿debe entenderse entonces que un litigio que verse sobre el arrendamiento de un inmueble sito –por ejemplo– en Francia no puede ser sometido al juicio de árbitros en España?; esto es ¿queda subordinada

99. STS, 25.4.2017, ECLI:ES.TS:2017:1621. *Vid. supra* Cap. III, Ep. VII.
100. *BOE* núm. 312, 28.12.2021.
101. Sobre el reconocimiento de estos laudos, *vid. infra* Cap. XII.

la arbitrabilidad de la materia a la existencia de un foro exclusivo de competencia judicial internacional?

5.41. A mi juicio, por más que el párrafo segundo del artículo 722 LECiv sugiera una respuesta afirmativa[102], el problema debe resolverse, con carácter general, asumiendo el juego de dos planos distintos en este contexto. Y así, debe entenderse que la *libre disponibilidad* de la materia que exige la LArb para someter la controversia a arbitraje es un criterio distinto –y por tanto desvinculado– del criterio que, en un momento dado, pueda asumir el legislador para determinar la exclusividad de determinados foros de competencia judicial internacional[103]. Desde esta misma perspectiva, debe señalarse también que el comúnmente denominado *Informe Schlosser* al Convenio de Bruselas de 1968 (CB) –hoy, Reglamento Bruselas I *refundido*– aborda expresamente esta cuestión en su comentario al precepto relativo a los foros exclusivos, señalando que el Convenio –Véase, Reglamento Bruselas I *refundido*– *"no limita la libertad de las partes para someter un litigio a un tribunal arbitral"*[104]. En consecuencia, abstracción hecha de las materias que de por sí no son susceptibles de someterse al juicio de árbitros (*ad ex.* ejecución de resoluciones judiciales –art. 24.5 RB I *refundido*–) y de las materias cuya arbitrabilidad no esté permitida por las leyes de cada Estado (de ordinario, cuestiones relativas a la nulidad radical de las sociedades y las cuestiones relativas a la de nulidad de patentes, marcas y diseño industrial), las materias comprendidas en los foros exclusivos sí son, en principio, arbitrables: en particular, los contratos de arrendamiento, disolución de sociedades y decisiones de sus órganos.

5.42. La interpretación aquí defendida no siempre ha encontrado eco en la jurisprudencia comparada. De hecho, existe cierta jurisprudencia –extracomunitaria, eso sí– en cuya virtud se considera inarbitrable un asunto para cuya resolución esté previsto un foro de competencia judicial exclusivo.

> En concreto, el Alto Tribunal de Zagreb rechazó el execuátur de un laudo arbitral dictado en Suiza por entender que la disputa

102. Sobre esta norma, *vid. infra* Cap. X, Ep. VII.

103. Sobre esta cuestión, además, existe práctica unanimidad doctrinal. Así, entre otros, *vid.* BOUZA VIDAL, "La arbitrabilidad de los litigios en la encrucijada de la competencia judicial internacional y de la competencia arbitral", *REDI*, 2000, pp. 377-380; GARCIMARTÍN ALFÉREZ, *Derecho internacional privado*, 4.ª Ed., Cizur Menor, 2017, p. 170. En la doctrina comparada, GEIMER, *Internationales Ziviprozessrecht*, 7.ª Ed., Colonia, 2015, p. 1441.

104. Marginal 63 (*DOCE*, C-189, 28.7.1990, p. 203). Recuérdese que el CB fue sustituido por el Reglamento Bruselas I y éste último fue derogado por el Reglamento Bruselas I *refundido*; circunstancia ésta que no obsta para que en la interpretación de este último pueda –más bien, deba– recurrirse a los diferentes *Informes* al CB.

objeto de controversia (bases de cálculo de un contrato de arrendamiento de un bien inmueble) era competencia *exclusiva* de los tribunales del lugar donde el bien se hallaba sito (Zagreb)[105]. Debe llamarse la atención, no obstante, que el tribunal no aplicó el CNY a la controversia, pues Croacia hizo en su momento uso de la reserva *comercial* prevista en el mismo.

### 6.2. Arbitrabilidad y normas imperativas

5.43. Poco controvertida resulta, sin embargo, la cuestión relativa a la arbitrabilidad de las **normas imperativas**: normas que persiguen asegurar la consecución de ciertos objetivos del ordenamiento jurídico –por ejemplo, las disposiciones en materia de *Derecho de la competencia*–. En efecto, si tal cuestión era ya de por sí pacífica, tras la célebre sentencia *Eco Swiss* del TJUE[106] puede afirmarse que la polémica ha quedado definitivamente zanjada en sentido positivo.

En puridad, la cuestión planteada ante el TJUE giraba, básicamente, en torno a la posible nulidad de un laudo arbitral por no aplicación al fondo de la controversia de las disposiciones europeas sobre el Derecho de la competencia (en el caso, antiguo art. 81 TCE). Sin embargo, al manifestarse a favor de la nulidad del laudo en aplicación de la cláusula de orden público, es obvio que el Tribunal asumió implícitamente la arbitrabilidad de estas disposiciones. Incluso puede afirmarse que el Tribunal también asumió –implícitamente– la doctrina del "*second look*" que deriva de la jurisprudencia norteamericana[107].

Pero además, la entrada en vigor del comúnmente conocido como *Primer Reglamento del Consejo para la aplicación de las normas de competencia* no hace sino reforzar esta tendencia[108]. Y es que, la aplicación descentralizada de los antiguos artículos 81 y 82 TCE (actuales 101, 102 TFUE) que el citado Reglamento proclama, no solamente supone un reconocimiento

105. *High Commercial Court*, Pz-3932/08-3, 20.8.2008. Sobre esta sentencia, UZELAC, "(In) arbitrability and Exclusive Jurisdiction. Parallels That Matter" en: *International Arbitration and International Commercial Law: Synergy, Convergence and Evolution, Liber Amicorum Eric Bergsten*, 2011, pp. 451-466.

106. STJCE, 1.6.1999, C-126/97 (con comentario de ÁLVAREZ GONZÁLEZ, *Diario La Ley*, núm. 4895, 30.9.1999).

107. *Vid. infra* Cap. XII,

108. *Reglamento n.º 1/2003 del Consejo, de 16 de diciembre de 2002, relativo a la aplicación de las normas sobre competencia previstas en los artículos 81 y 82 del Tratado CE* (*DOCE* L 1, 4.1.2003). Sobre esta cuestión, ARROYO APARICIO, "La aplicación descentralizada de los artículos 81 y 82 del Tratado CE según el Reglamento CE n.º 1/2003", en: *Estudios de Derecho de la Competencia*. Universidad de Córdoba, Madrid, 2005, pp. 249-272.

de la competencia del árbitro para aplicar estas normas, sino también un reconocimiento de su deber de aplicarlo[109].

Nuestro ordenamiento y jurisprudencia también han sido pacíficos en este punto. En cuanto al ordenamiento jurídico, porque él mismo prevé la sumisión a arbitraje en determinados sectores regulados (baste con citar la regulación *ad. hoc* que contiene el *Reglamento de la Comisión del Mercado de las Telecomunicaciones*[110]). En cuanto a nuestra jurisprudencia, porque ha sabido distinguir –salvo en contadas excepciones– entre el ámbito de la disponibilidad y el ámbito de la arbitrabilidad de las normas imperativas[111].

> **AP de Madrid, 29.7.2005**[112]: "*El argumento arranca de una dualidad cierta, pero concluye* mezclando *conceptos separados. Pues, ciertamente el Acuerdo del Consejo de Ministros contiene normas imperativas protectoras de un interés público... sobre cuyo presupuesto, efectivamente se previene un control público, que se ejercita exclusivamente desde la esfera administrativa, para supervisión del cumplimiento de las obligaciones de esa naturaleza asumidas... y, sin perjuicio de ello ... se confía el control de los conflictos nacidos de aquellas relaciones jurídico privadas al arbitraje privado*".

5.44. Por otro lado, no debe olvidarse que en el ámbito de los ***contratos de agencia*** –presumiendo su arbitrabilidad–, las disposiciones correspondientes del Derecho europeo han sido calificadas por el TJUE como disposiciones imperativas (*Ingmar*[113]). En consecuencia, supuesta una controversia sobre este particular, los árbitros deberán aplicarlas aun cuando el empresario se halle establecido en un país tercero y el contrato se rija por la ley de este país en virtud de una de sus cláusulas.

> La jurisprudencia alemana ha ido demasiado lejos en la interpretación de esta sentencia del TJUE. Así, el *OLG* de Munich[114] ha considerado nulo un convenio arbitral (que designaba un colegio

109. Sobre esta cuestión, con ulteriores referencias, *vid.* ABDELGAWAD, "L'arbitrage international et le nouveau règlement d'application des articles 81 et 82 CE", *Rev. Arb.*, 2004, pp. 253-282.
110. *BOE* núm. 232, 5.9.1996.
111. *Vid. infra* Cap. XII.
112. SAP de Madrid, 29.7.2005, ECLI:ES:APM:2005:9531. En el mismo sentido, SAP de Madrid, 6.2.2007, ECLI:ES:APM:2007:3485.
113. STJCE, 9.11.2000, C-381/98, *Ingmar*.
114. *OLG* Munich, 17.5.2006, *SchiedsVZ*, 2007, (con nota de QUINKE), pp. 246-254. *Vid.* al respecto, RÜHL, "Die Wirksamkeit von Gerichtsstands –und Schiedsvereinbarungen im Lichte der Ingmar–Entscheidung des EuGH (OLG München)", *IPRax*, 2007, pp. 294-297.

arbitral con sede en un país extranjero) por entender que al someterse la controversia al juicio de árbitros "peligraba" la aplicación del derecho material alemán en este ámbito (tal y como estaba previsto en la cláusula de derecho aplicable correspondiente). Elucubración a futuro inadmisible, pues, en caso de concretarse, siempre podría actuar el orden público -motivo de denegación del execuátur del laudo– como freno. Otro matiz -más acorde con la jurisprudencia del TJUE– plantea la sentencia de la *High Court* británica en el asunto *Accentuate v. Asigra*[115]. En él, la *High Court* entendió que un convenio arbitral y la cláusula de ley aplicable devenían inaplicables (*unenforceable*) si el Derecho elegido para regir el fondo de la controversia de un contrato de agencia no era el Derecho de un país miembro (en el supuesto, canadiense). Repárese, en efecto, en que, tal y como estableció la *High Court*, el laudo resultante de tal controversia no sería reconocido en el Reino Unido (por infracción del orden público material).

## 7. CUESTIONES DE ARBITRABILIDAD EN PERSPECTIVA *INTERNACIONAL*

5.45. Por último, cabe referirse a la relevancia de la *arbitrabilidad* desde la perspectiva del arbitraje internacional. En este contexto, la cuestión se plantea en los siguientes términos: en la medida en que los criterios de arbitrabilidad carecen de una regulación uniforme, resulta que lo que puede ser arbitrable en aplicación del ordenamiento jurídico español, puede no serlo en aplicación de un ordenamiento extranjero. Siendo esto así, debe concretarse el **ordenamiento jurídico a cuya luz se determinará la arbitrabilidad** de la controversia.

5.46. Tradicionalmente, dos han sido las leyes propuestas para regular esta cuestión: la ley aplicable al convenio arbitral y la ley del lugar del arbitraje[116]. La norma española, por su parte, establece tres puntos de conexión alternativos para regular la arbitrabilidad. Así, además de la ley aplicable al convenio arbitral y de la ley aplicable al lugar del arbitraje (derecho español), también contempla la ley aplicable al fondo del asunto. De tal forma que, basta con que la materia sea arbitrable conforme a una de estas tres leyes, para que los tribunales españoles deban aceptar la arbitrabilidad del supuesto. Lo anterior es tanto como afirmar que el legislador permite arbitrar en España sobre materias que no son

115. *Accentuate Ltd v. Asigra Inc*, 30.10.2009, (2009) EWHC 2655 (QB), www.bailii.org
116. Sobre esta cuestión *in extenso*, *vid.* HANOTIAU, "L'arbitrabilité", *R. des C.*, 2002, pp. 64-93.

arbitrables a la luz del derecho español, siempre y cuando sí lo sean a la luz de las *normas jurídicas* o derecho extranjero aplicable al fondo de la controversia. Circunstancia ésta que, necesariamente, debe tenerse en cuenta en sede de anulación: no cabrá apreciar motivo de nulidad del laudo basado en la inarbitrabilidad de la materia, cuando el Derecho extranjero aplicable al fondo de la controversia sí acepte tal arbitrabilidad[117]. Único límite en este contexto es el juego de la cláusula de orden público.

**Artículo 9.6 LArb.**

*6. Cuando el arbitraje fuere internacional, el convenio arbitral será válido y la controversia susceptible de arbitraje si cumplen los requisitos establecidos por las normas jurídicas elegidas por las partes para regir el convenio arbitral, o por las normas jurídicas aplicables al fondo de la controversia, o por el derecho español*[118].

5.47. La *ratio* de esta norma de conflicto es clara: pretende favorecer la designación de España como sede de arbitrajes internacionales[119]. En abstracto, tal opción puede tener sentido si pudiera constatarse de antemano que el futuro laudo no desplegará efectos en España: lo coherente –cabe sostener– es que, en principio, sea el tribunal del lugar donde el laudo vaya a desplegar efectos el que juzgue sobre esta cuestión. De hecho, debe tenerse en cuenta que el mismo CG permite el reconocimiento del laudo anulado en el Estado de origen cuando el motivo de anulación haya sido, precisamente, la inarbitrabilidad de la materia. Desde esta perspectiva, el razonamiento expuesto es totalmente coherente con el sistema de reconocimiento y ejecución del laudo extranjero en vigor en España[120]. Con todo, además del problema relativo a la determinación de los efectos del laudo arriba apuntado, debe limitarse el alcance de esta opción a supuestos en los que no sean de aplicación normas imperativas que, de algún modo, pudieran limitar la autonomía de la voluntad de las partes.

117. *Vid. infra* Cap. XII.

118. Este precepto también regula la ley aplicable al convenio arbitral. Al respecto, *vid. infra* Cap. VIII. Sobre el impacto de este artículo en el ámbito de la acción de anulación *vid. infra* Cap. XII.

119. Ya en este sentido, VIRGÓS SORIANO / GARCIMARTÍN ALFÉREZ, *Derecho procesal civil internacional*, 2.ª Ed., Madrid, 2007, pp. 330-331.

120. Sobre esta cuestión, *vid. infra* Cap. XII.

## II. ARBITRABILIDAD *SUBJETIVA*

### 1. LOS ESTADOS COMO PARTES EN UN ARBITRAJE INTERNACIONAL

5.48. Es incontrovertido que tanto Estados como entes estatales pueden someterse a arbitraje. El artículo 2 LArb parte de esta premisa para regular una cuestión determinante que, de forma recurrente, plantea la participación de cualquiera de éstos en el arbitraje: la aplicación o no de las prerrogativas contempladas en su derecho.

> **Artículo 2 LArb.** *Materias objeto de arbitraje*:
>
> *2. Cuando el arbitraje sea internacional y una de las partes sea un Estado o una sociedad, organización o empresa controlada por un Estado, esa parte no podrá invocar las prerrogativas de su propio derecho para sustraerse a las obligaciones dimanantes del convenio arbitral.*

5.49. El precepto en cuestión no hace más que plasmar una consolidada práctica jurisprudencial en materia arbitral: la imposibilidad de que los Estados y sus entes dependientes puedan hacer valer las prerrogativas de su ordenamiento jurídico.

El origen de esta regulación –plasmada ya en la mayoría de las legislaciones de los Estados de nuestro entorno[121]– se encuentra en la jurisprudencia francesa. En un principio, la cuestión se abordó en clave conflictual, aplicando en este contexto la ley que regía el convenio arbitral[122]. Sin embargo, la jurisprudencia posterior se desprendió de las ataduras conflictuales y llegó a la solución de la cuestión por aplicación de una regla *material* del arbitraje internacional[123]. En su virtud, la validez de un convenio arbitral inmerso en un contrato internacional concluido por un Estado –o un ente de ese Estado– se fundamenta en las necesidades y los usos del comercio internacional. O dicho de otro modo, un Estado –o el ente tras el que actúa– está obligado por el convenio arbitral con independencia de las disposiciones de su Derecho nacional. Esta afirmación constituye, además, un *principio general de Derecho transnacional* –para otros, *una regla material del derecho del arbitraje internacional*–.

121. *Ad ex.* art. 177 Ley suiza de DIPr., arts. 1676 y 1700 del *Code judiciaire* belga.

122. Así, el conocido asunto "San Carlo", *Cour de cassation,* 14.4.1964, *JDI*, 1965, pp. 646-648 (con nota de GOLDMAN).

123. Se trata de las sentencias *Galakis* y *Gatoil* de 2.5.1996 y 17.12.1991. Sobre su desarrollo –y referencias– *vid.* HANOTIAU, "L'arbitrabilité", *R. des C.*, 2002, pp. 47-49. *Vid.* También GAILLARD, "L'interférence des Jurisdictions de Siège dans le Déroulement de l'arbitrage", *Liber Amicorum Claude Reymond*, pp. 83-96.

5.50. En la práctica arbitral son muchos los laudos que han asumido tal interpretación. Paradigmático a este respecto, por constituir uno de los primeros referentes, es el laudo parcial dictado en el marco del arbitraje *ad hoc* entre *Elf Aquitaine France* y la *National Iranian Oil Company*[124].

> El laudo en cuestión establecía: "*The Sole Arbitrator has, therefore –in accordance with considerations of equity and generally recognized principles of international law– reached the conclusion that the arbitration clause of the Agreement cannot be set aside by the Islamic Republic of Iran unilaterally and the Single Article Act and the decision made by the Special Committee under that Act has not deprived the arbitration clause of its operability*".

5.51. Por último, cabe destacar que la aplicación de la prohibición asentada en el artículo 2.2 LArb (invocar prerrogativas de su propio Derecho para sustraerse a la aplicación del convenio) también opera cuando sea la contraparte (y no el Estado) la que ponga en duda la validez del convenio arbitral.

> De hecho, este supuesto está en el origen de la sentencia *Gatoil*, donde una empresa panameña invocaba la nulidad del convenio arbitral firmado por una sociedad iraní alegando que ésta no había obtenido las autorizaciones parlamentarias necesarias.

## 2. INMUNIDAD Y ARBITRAJE COMERCIAL INTERNACIONAL

5.52. La sumisión de un Estado a arbitraje debe entenderse como una renuncia a la inmunidad de *jurisdicción*. La explicación que subyace a esta afirmación reside en la misma esencia de la inmunidad: ésta pretende proteger al Estado de ser demandado ante la *jurisdicción* de otro Estado –*par im parem Imperium non habet*–. Precisamente porque la inmunidad es de *jurisdicción*, en puridad no puede reclamarse inmunidad en el arbitraje: el árbitro actúa por mandamiento de las partes, no en nombre de ninguna soberanía estatal[125]. En efecto, el hecho de firmar un convenio arbitral es, en sí mismo, un acto de renuncia a la inmunidad de *jurisdicción* ampliamente entendida; en tanto que acto o manifestación de *aceptación* de la competencia del árbitro para que el Estado pueda someterse a arbitraje, con la consiguiente renuncia a la jurisdicción de los tribunales ordinarios de justicia. O dicho de otro modo: la no aplicación de la inmunidad

124. *YCA*, 1986, pp. 97-104. Más referencias pueden verse en HANOTIAU, "L'arbitrabilité", *R. des C.*, 2002, pp. 51-54.

125. REYMOND, "Souveraineté del l'État et participation à l'arbitrage", *Rev. Arb.*, 1985, p. 521 : "Il n'y a pas place pour l'immunité de juridiction dans un mécanisme où n'existe aucun conflit de souveraineté".

en el arbitraje es, sencillamente, consecuencia del previo compromiso de arbitrar.

**Artículo 17 *Convención NU sobre las Inmunidades Jurisdiccionales de los Estados y de sus Bienes***[126]. *Efectos de un convenio arbitral.*

*Si un Estado concierta por escrito un convenio con una persona natural o jurídica extranjera a fin de someter a arbitraje todo litigio relacionado con una transacción mercantil, ese Estado no podrá invocar la inmunidad de jurisdicción ante un tribunal de otro Estado, por lo demás competente, en ningún proceso relativo: a) a la validez, la interpretación o la aplicación del convenio arbitral; b) el procedimiento de arbitraje, o; c) la confirmación o anulación del laudo; a menos que el convenio arbitral disponga otra cosa.*

**Artículo 16 LOPI**[127]. *Procesos relativos a los efectos de un convenio arbitral.*

*Cuando un Estado extranjero haya convenido con una persona natural o jurídica nacional de otro Estado la sumisión a arbitraje de toda controversia relativa a una transacción mercantil, salvo acuerdo de las partes en otro sentido en el convenio arbitral o en la cláusula compromisoria, el Estado no podrá hacer valer la inmunidad ante un órgano jurisdiccional español en un proceso relativo a:*

*a) La validez, interpretación o aplicación de la cláusula compromisoria o del convenio arbitral;*

*b) El procedimiento de arbitraje, incluido el nombramiento judicial de los árbitros;*

*c) La confirmación, la anulación o la revisión del laudo arbitral; o*

*d) El reconocimiento de los efectos de los laudos extranjeros.*

5.53. En interpretación de este último precepto, los tribunales han matizado que la *inmunidad de jurisdicción* sí puede invocarse o incluso apreciarse de oficio en los procesos judiciales que se pudieran iniciar en relación con el arbitraje (en el caso, execuátur), siendo de aplicación en este contexto judicial el artículo 16 LOPI para apreciar tal inmunidad. En aplicación de este precepto, los tribunales han rechazado repetidamente la alegada ***inmunidad de jurisdicción*** en sede de execuátur[128]. No obs-

126. Todavía no en vigor, aunque España está adherido al mismo.

127. *Ley Orgánica 16/2015, de 27 de octubre, sobre privilegios e inmunidades de los Estados extranjeros, las Organizaciones Internacionales con sede u oficina en España y las Conferencias y Reuniones internacionales celebradas en España.*

128. Auto TSJ de Madrid, 28.9.2016, ECLI:ES:TSJM:2016:424A; Auto TSJ Madrid, 14.11.2016, ECLI:ES:TSJM:2016:468A. Al respecto, HERÍAS HERNÁNDEZ, "Consideraciones

tante, la todavía incipiente jurisprudencia en esta materia incurre en ciertas contradicciones.

Así, resulta criticable la afirmación en virtud de la cual: "*con carácter previo, debe rechazarse que se haya producido la renuncia a la inmunidad de jurisdicción por el hecho de aceptar el sometimiento a arbitraje en caso de controversia*" (Auto 14.11.2016), contraria –a la correcta– afirmación de la anterior resolución en el tiempo, a cuyo tenor: "*(el artículo 16 LOPI)... veda al Estado extranjero la posibilidad de alegar la inmunidad de jurisdicción si previamente ha acordado someter a un procedimiento arbitral las controversias derivadas de una determinada transacción mercantil*" (Auto 28.9.2016). La primera afirmación puede deberse al *Informe* que, en virtud del artículo 27.2 LCJI, emite el Ministerio de Asuntos Exteriores y Cooperación (MAEC) sobre el alcance de la inmunidad del Estado extranjero en el pleito en cuestión. A este respecto, debe advertirse que el contenido de dichos Informes no siempre es pacífico; lo que, a su vez, debe servir para insistir en el carácter *no* vinculante de los mismos (art. 54.2 LOPI).

**Artículo 27.2 LCJI.**

*2. Los órganos jurisdiccionales españoles comunicarán al Ministerio de Asuntos Exteriores y de Cooperación la existencia de cualquier procedimiento contra un Estado extranjero a los solos efectos de que aquel emita un informe en relación con las cuestiones relativas a la inmunidad de jurisdicción y ejecución, del que dará traslado al órgano jurisdiccional competente por la misma vía.*

5.54. Cuestión distinta es la que gira en torno al alcance de la ***inmunidad de ejecución***. A este respecto, tanto la jurisprudencia española como comparada entienden que debe interpretarse de forma particularmente estricta, de tal suerte que, con excepción de las cuentas bancarias de las misiones diplomáticas, cualquier otro bien del Estado podría, en principio, ser objeto de un despacho de ejecución[129].

Repárese en que la *inmunidad de ejecución* solo es apreciable en el ámbito de la ejecución forzosa del laudo, pero no en el procedimiento

acerca de la inmunidad de jurisdicción y ejecución a propósito del execuátur de dos laudos arbitrales internacionales en España", *Arbitraje*, 2017 (1), pp. 191-200.

129. Según jurisprudencia del TC, para llevar a cabo la efectiva ejecución de la sentencia (o laudo), el juez debe adoptar todas las medidas legalmente posibles con la intensidad necesaria para remover la obstaculización que pueda producirse (STC 18/1997, de 10 de febrero). En la jurisprudencia comparada, especialmente ilustrativa, *Bundesverfassungsgericht* (Tribunal Constitucional alemán), 6.12.2006, –2 BvM 9/03–.

de homologación del mismo (execuátur). En este procedimiento, el demandante únicamente obtiene una *declaración de ejecutabilidad*[130].

5.55. La inmunidad de *ejecución* es renunciable; es decir, el Estado afectado podrá renunciar antes o después de la controversia y de manera expresa o tácita a dicha *inmunidad*. En efecto, aunque la LOPI no utiliza la expresión *renuncia de inmunidad de ejecución*, tal renuncia se deduce de los artículos 17 a 20 de la referida Ley. Y es que, parece claro que cuando un Estado *consiente* (en expresión de la Ley) en quedar sometido por medidas de ejecución, está, al mismo tiempo y como consecuencia inmediata de ese consentimiento, *renunciando* a tal *inmunidad*. Con todo, dicha renuncia debe reunir una serie de requisitos formales. Si se trata de un consentimiento expreso, habrá de contenerse en un acuerdo internacional, en un contrato escrito, o en una declaración –o comunicación escrita– ante el tribunal en un proceso determinado (art. 18.1 LOPI). Por el contrario, únicamente se considerará que existe consentimiento tácito cuando el Estado extranjero haya asignado bienes de su propiedad a la satisfacción de la demanda objeto de proceso (art. 18.2. LOPI). La jurisprudencia española, por su parte, acepta la renuncia expresa a la *inmunidad de ejecución*[131].

5.56. El alcance de esta renuncia es particularmente amplio, pues, de constatarse, los bienes del Estado dedicados a fines públicos *no* comerciales (cuentas bancarias destinadas a ser utilizadas en el desempeño de las funciones diplomáticas; bienes de naturaleza militar; bienes del banco central; bienes del patrimonio cultural; y, buques y aeronaves del Estado) no podrán ser objeto de medidas de ejecución (*ex* art. 20.3 LOPI).

5.57. En perspectiva comparada cabe destacar la jurisprudencia francesa, que acepta la posibilidad de que la inmunidad de *ejecución* sea objeto de una renuncia expresa. Así, si en un primer momento entendió que tal inmunidad quedaba suspendida en virtud de un acuerdo "expreso y especial" al respecto, la jurisprudencia más reciente ha establecido que basta con que tal acuerdo sea "expreso" para considerar que el Estado ha renunciado a dicha ejecución. En consecuencia, un *acuerdo expreso* en virtud del cual el Estado renuncia a su inmunidad de ejecución es suficiente para poder despachar la misma incluso contra los bienes (activos) de las misiones diplomáticas[132].

130. Sobre esta cuestión *vid. infra* Cap. XII.

131. Auto TSJ de Madrid, 28.9.2016, ECLI:ES:TSJM:2016:424A.

132. *Cour de Cassation*, 13.5.2015, n.º 13-17751. Al respecto, FRANC-MENGET, *Cahiers de l'arbitrage*, 2015 (3), pp. 505 ss. En cualquier caso, la jurisprudencia sobre esta cuestión es muy numerosa. Como referencias clásicas *vid.* TGI de París, 8.7.1970, Asunto *SEEE*, *JDI*, 1971, pp. 131-133; *Cour de Cassation*, 11.6.1991, asunto *Soabi*, *Rev. Arb.*, 1991, pp. 637-640; en materia de inmunidad de ejecución *vid. Cour de Cassation*, 6.7.2000, *Rev.*

5.58. Por fin, la jurisprudencia del TJUE en interpretación de lo que debe entenderse por *inmunidad de jurisdicción y ejecución* puede ser relevante para determinados supuestos de apoyo al arbitraje, como, por ejemplo, en el ámbito de las medidas cautelares en aplicación del régimen de reconocimiento previsto en el Reglamento Bruselas I *refundido*[133]. En estos supuestos, la interpretación que ha hecho el TJUE de ambos términos gira en torno a la clásica distinción entre supuestos *iure gestionis* e *iure imperio*: negando expresamente el valor absoluto de la *inmunidad*, limita su apreciación para aquellos supuestos en los que la autoridad pública actúe en ejercicio del poder público (*iure imperii*)[134].

*Arb.*, 2001, pp. 114-118; *Cour d'appel* de París, 12.12.2001, *Rev. Arb.*, 2003, pp. 417-421 (ambas con nota de LEBOULANDER).

133. *Vid. infra* Cap. X.

134. Sobre la interpretación de estos términos, *vid.* STJUE, 3.9.2020, C 186/19, *Supreme Site Services*. *Vid.* también, STJUE, 11.6.2015, C-226/13 y acumulados, *Helenische Republik.*

# VI

# Notificaciones, comunicaciones y cómputo de plazo

## I. NOTIFICACIONES Y COMUNICACIONES: MANIFESTACIÓN DE LA TUTELA JUDICIAL EFECTIVA

6.1. La notificación y comunicación de cualquier actuación en el seno del arbitraje es un elemento clave en un contexto de preservación o control de las garantías de las partes; o lo que es lo mismo, una garantía capital de cara a la preservación del laudo. No en vano, la notificación es un motivo *ad hoc* de anulación o denegación del execuátur del laudo arbitral. Siendo esto así, llama la atención que el artículo 8 LArb no prevea expresamente el tribunal competente para otorgar el auxilio judicial en materia de notificación vinculada al arbitraje (en concreto, el juez de la sede). Ante esta circunstancia, y en la medida en que negar tal auxilio podría desembocar en una vulneración del artículo 24 CE (*tutela judicial efectiva*), debe entenderse que, de ser necesario, el juez deberá prestar ese auxilio, por más que la LArb no haga expresa referencia a ello.

6.2. Asumiendo lo anterior, son imaginables en perspectiva *internacional* dos contextos donde se requiera el auxilio judicial para librar una notificación. Por un lado, (i) puede plantearse la conveniencia de que los árbitros recurran al auxilio judicial para librar las notificaciones pertinentes a una parte con residencia en el extranjero; por otro (ii) puede ocurrir que una de las partes en el procedimiento judicial de apoyo (nombramiento de árbitro) o control (anulación o execuátur) también resida en el extranjero. Pues bien, para proceder a la notificación en ambos contextos pueden ser de aplicación una serie de instrumentos internacionales, según se trate de un supuesto europeo o con terceros Estados y según se den o no los requisitos de aplicación que el instrumento en cuestión exija. En este Capítulo abordaremos el estudio de los posibles textos aplicables (textos tanto de fuente interna como de fuente internacional). Baste ahora con llamar la atención sobre su posible aplicación tanto en el contexto del procedimiento arbitral como en los procedimientos judiciales de apoyo y control al arbitraje.

De ordinario no será necesario recurrir a estos instrumentos en el seno del procedimiento arbitral. Si se trata de un arbitraje institucional, porque el mismo reglamento de la institución regulará la cuestión. En cambio, si se trata de un arbitraje *ad hoc* en el que las partes no hayan llegado a un acuerdo al respecto, puede resultar incluso aconsejable. En cualquier caso, sí son de aplicación cuando deba notificarse a una parte en un procedimiento judicial de control o auxilio judicial al arbitraje con domicilio en el extranjero.

## 1. RÉGIMEN GENERAL

6.3. El principio que impera en el ámbito de las notificaciones y comunicaciones en el arbitraje –tanto interno como internacional- es el de la autonomía de la voluntad. El artículo 5 LArb lo reconoce expresamente *ab initio*: ***Salvo acuerdo en contrario de las partes*** *y con exclusión, en todo caso, de los actos de comunicación realizados dentro de un procedimiento judicial.* La jurisprudencia, por su parte, admite sin reservas el juego de la autonomía de la voluntad en este ámbito[1]. El límite a esta autonomía está, evidentemente, en el respeto al artículo 24 CE.

Este punto de partida es un lugar común tanto en el Derecho comparado como en los Reglamentos de arbitraje de las instituciones internacionales más relevantes.

6.4. Sólo para los supuestos en los que las partes: (i) así lo quieran; (ii) no alcancen un acuerdo sobre la forma de las notificaciones –cómo, cuándo y dónde se consideran recibidas-; o, (iii) no estén en el marco de un arbitraje *institucional*, entra en juego lo establecido en el párrafo a) del artículo 5, en cuya virtud:

**Artículo 5 LArb**. *Notificaciones, comunicaciones y cómputo de plazo.*

*a) Toda notificación o comunicación se considerará recibida el día en que haya sido entregada personalmente al destinatario o en que haya sido entregada en su domicilio, residencia habitual, establecimiento o dirección. Asimismo, será válida la notificación o comunicación realizada por télex, fax u otro medio de telecomunicación electrónico, telemático o de otra clase semejante que permitan el envío y la recepción de escritos y documentos*

1. STSJ de Madrid, 19.2.2015, ECLI:ES:TSJM:2015:14008. Anulando el laudo por no seguir el cauce diseñado por las partes, STSJ de Madrid, 15.3.2018, ECLI:ES:TSJM:2018:3106. En sede de ejecución, dando por válida la notificación pactada por las partes, Auto AP Valencia, 27.4.2020, ECLI: ES:APV:2020:777A.

*dejando constancia de su remisión y recepción y que hayan sido designados por el interesado. En el supuesto de que no se descubra, tras una indagación razonable, ninguno de esos lugares, se considerará recibida el día en que haya sido entregada o intentada su entrega, por correo certificado o cualquier otro medio que deje constancia, en el último domicilio, residencia habitual, dirección o establecimiento conocidos del destinatario.*

6.5. El régimen que establece este inciso es muy flexible. Distinto, por tanto, del régimen general de notificación que rige en el ámbito jurisdiccional. Por eso, una correcta interpretación de este inciso exige una desvinculación con los criterios procesales que marca la LECiv, aceptando la relevancia que en este ámbito tiene la autonomía de la voluntad de las partes.

Este razonamiento sobre el modo de entender la notificación en el arbitraje no fue entendido en toda su extensión en las primeras interpretaciones jurisprudenciales del artículo 5 LArb. De hecho, este artículo fue sometido en su momento a una *cuestión de inconstitucionalidad*[2]; cuestión que no fue admitida a trámite[3]. En esencia, la AP que planteó dicha cuestión entendía contrario a la CE la rebaja de requisitos exigidos para la notificación de los laudos frente a los requisitos exigidos para la notificación de las sentencias judiciales. Se alegaba, de este modo, una vulneración de los artículos 9, 14 y 24 CE –seguridad jurídica, igualdad y tutela judicial efectiva-. Frente a la inseguridad jurídica objetada, el TC estimó que la norma controvertida es "*una norma clara que no incide ni en la vertiente objetiva –certeza- ni en la vertiente subjetiva –previsibilidad- del principio de seguridad jurídica, toda vez que aparece redactada con la claridad como para eliminar cualquier sombra de incertidumbre acerca de su contenido y alcance*". Frente a la supuesta vulneración del principio de igualdad, el TC entendió que "*se prescinde de las diferencias sustantivas existentes entre ambos tipos de resolución*". Y frente a la supuesta vulneración del derecho a la tutela judicial efectiva, el TC señaló que, a la luz de las circunstancias del supuesto de hecho, "*sólo a (la demandada) le era exigible un comportamiento acorde con las mínimas reglas de diligencia procesal, comunicando, si era el caso, el cambio de domicilio*".

El Auto de inadmisión del TC no sólo es importante por despejar definitivamente todo atisbo de duda respecto del ámbito de la autonomía de la voluntad en el ámbito de la notificación arbitral; también es importante porque asienta las bases de una correcta interpretación de la LArb. En

2. Auto AP de Madrid, 28.3.2005, ECLI:ES:APM:2005:2463A.
3. Auto TC 301/2005, de 5 de julio.

efecto, el Auto en cuestión insiste -sin necesidad de hacerlo- en los criterios que caracterizan al arbitraje y que deben primar en la interpretación de las normas que lo regulan:

> "*conviene no olvidar que en los arbitrajes no existe una representación causídica, necesaria para la mayor parte de los procesos y cuya intervención tiende a evitar los problemas que ocasiona la notificación personal de las resoluciones judiciales. ... A mayor abundamiento, hay que señalar que el laudo arbitral es el resultado de un procedimiento cuya legitimidad se ancla en el convenio arbitral; de tal suerte que lo dispuesto en el precepto cuestionado no sólo trata de salvar la posición de quien actúa de buena fe, sino también la buena fe contractual o convencional* (art. 1258 CCiv)".

Por su parte, el TSJ de Madrid ha hecho suyo en este contexto el razonamiento que en el seno de la cuestión de inconstitucionalidad planteó el Fiscal General del Estado: "*aunque exista semejanza entre el Laudo Arbitral y la Sentencia, no son idénticos, ni siquiera equiparables a los efectos de exigir una misma regulación para los actos de comunicación de tales resoluciones, fundamentalmente, por la relevancia que en el primer caso debe atribuirse a la voluntad de las partes*"[4]. Y, a partir de aquí, ha concluido en este concreto ámbito –de notificación del laudo arbitral-, "*que si, pese a los vicios de cualquier gravedad en la notificación, puede afirmarse que el interesado llegó a conocer el acto o resolución por cualquier medio –y, por lo tanto, pudo defenderse frente al mismo-, o no lo hizo exclusivamente por su negligencia o mala fe, no cabe alegar lesión alguna de las garantías constitucionales, dado el principio antiformalista y el principio general de buena fe que rigen en esta materia*"[5]. En sentido similar, "*no cabe que el interesado alegue que la notificación se produjo en un lugar o con persona improcedente cuando recibió sin problemas y sin reparo alguno otras recogidas en el mismo sitio o por la misma persona*"[6].

6.6. Por tanto, una lectura del artículo 5 LArb a partir de la jurisprudencia constitucional permite interpretar lo siguiente:

La notificación *personal* es válida cualquiera que sea el lugar en el que se produzca. Relevante es, a los efectos de una posible acción de anulación o execuátur, que quede constancia de que efectivamente ha sido hecha. De no realizarse a título personal, deberá librarse -salvo acuerdo

4. STSJ de Madrid, 14.10.2014, ECLI:ES:TSJM:2014:12937.
5. STSJ de Madrid, 7.5.2019, ECLI:ES:TSJM:2019:11025; STSJ de Madrid, 3.3.2020, ECLI: ES:TSJM:2020:3225. Con un razonamiento muy similar en sede de ejecución, Auto AP Valencia, 27.4.2020, ECLI: ES:APV:2020:777A.
6. STSJ de Madrid, 3.3.2020, ECLI: ES:TSJM:2020:3225. *Vid*. también, Auto AP Madrid, 24.11.2021, ECLI:ES:APM:2021:5331A.

en contrario de las partes- en el domicilio, residencia habitual, establecimiento o dirección del destinatario.

**Acuerdo de unificación de criterios de la AP de Madrid de 28.9.2006**[7]:

10.º Notificación del laudo por correo certificado y exigencias de la "indagación razonable":

***A)*** *Cabe la notificación del laudo en el "domicilio, residencia habitual, establecimiento o dirección" del interesado sin necesidad de que sea recogida por el propio interesado.*

6.7. Ni el precepto ni la práctica del arbitraje comercial internacional exigen una *garantía* del conocimiento efectivo del contenido de la misma. Podría concluirse, por tanto, que la simple presunción de conocimiento es suficiente para considerarse hecha. Sin embargo, habida cuenta de la transcendencia de esta cuestión (en tanto que manifestación evidente del respeto de los derechos de defensa), y en defecto del juego de la autonomía de la voluntad, parece prudente orientarse por los criterios apuntados por el TJUE en su jurisprudencia.

Así, "*no sólo es preciso procurar que el destinatario de un documento lo reciba realmente, sino también que se le permita conocer y comprender de forma efectiva y completa el sentido y alcance de la acción ejercitada contra él en el extranjero, de manera que pueda preparar oportunamente su defensa y ejercer efectivamente sus derechos en el Estado miembro de origen*". Además, "*una tercera persona puede recibir válidamente un documento judicial en nombre y por cuenta del destinatario*", si bien "*esta posibilidad debe circunscribirse, no obstante, a supuestos definidos con claridad, en aras de garantizar de la mejor manera posible el respeto del derecho de defensa del destinatario*". Por fin, "*la facultad de un tercero para recibir un documento judicial en lugar del destinatario del mismo sólo puede aplicarse en el caso de personas adultas que se encuentren en la residencia del destinatario, ya se trate de miembros de su familia que vivan en la misma dirección que éste o de personas empleadas por él en dicha dirección*"[8].

6.8. La **forma** de la notificación no está condicionada a requisitos concretos. Basta con que en ella se identifiquen emisor y destinatario, lugar/es de entrega y objeto de la misma. Cualquier **medio** que deje constancia de la emisión y recepción es admisible; sin orden de preferencia. Los

7. *Acuerdos de Unificación de Criterios del Orden Civil de la Audiencia Provincial de Madrid* (Actualización: octubre de 2020) -www.poderjudicial.es-.
8. STJUE, 2.3.2017, C-354/15, *Marcus*.

*medios electrónicos* son, por tanto, medios aptos para llevar a cabo la notificación. De hecho, procede la nulidad del laudo cuando el árbitro no libre las notificaciones al correo electrónico o SMS designado por las partes para ello[9].

**Acuerdo de unificación de criterios de la AP de Madrid de 28.9.2006:**

10.º Notificación del laudo por correo certificado y exigencias de la "indagación razonable":

***B)*** *La notificación del laudo ha de realizarse por medio que acredite la recepción en el domicilio del destinatario precisamente del laudo cuya ejecución se pretende, sea por la intervención de notario que acredite el contenido del envío, sea por utilizar buro-fax con acuse de recibo u otro medio que deje constancia del contenido de la comunicación y de su recepción.*

Para los arbitrajes encuadrados en la Administración pública (de ordinario, Junta Arbitral de Transportes) debe aplicarse la Ley del Procedimiento Administrativo Común de las Administraciones Públicas (LPAC) para realizar las comunicaciones pertinentes. Esta circunstancia puede llegar a ser muy relevante de cara a concretar el transcurso del plazo de caducidad de la acción de anulación[10].

6.9. En supuestos excepcionales de **cambio de domicilio** sin posterior comunicación de este dato, se impone al emisor la obligación de "*indagar razonablemente*" el nuevo paradero del destinatario[11]. Esta indagación de carácter fáctico no es, a mi juicio, totalmente equiparable a la "*diligencia debida*" exigible al juez que debe recurrir a la notificación edictal[12]. Exigir tal formalismo sería ir contra el mismo espíritu del precepto. Por ello, el emisor debe recurrir a aquellas vías que, (i) estando a su alcance

9. STSJ de Madrid, 15.3.2018, ECLI:ES:TSJM:2018:3106. Negando la nulidad del laudo por entender que las notificaciones por correo electrónico se realizaron correctamente, STSJ de Madrid, 16.3.2022, ECLI:ES:TSJM:2022:3130.

10. STSJ de Cataluña, 3.6.2022, ECLI:ES:TSJCAT:2022:5880.

11. Sobre el alcance de "indagación razonable" en el contexto de la ejecución del laudo, *vid.* Auto AP de Madrid, 16.7.2020, ECLI: ES:APM:2020:3792A. En el contexto de la anulación de un laudo de consumo, validando los actos de la institución arbitral: STSJ de Cataluña, 21.3.2022, ECLI:ES:TSJCAT:2022:3157.

12. Otra opinión, PICÓ I JUNOY, "El nuevo sistema de notificaciones y plazos en el arbitraje", *Anuario de Justicia Alternativa*, 2004, pp. 41-42. Sobre el alcance de esa *diligencia debida* cuando el demandado solo tenga una residencia vacacional en España y, por tanto, la notificación deba librarse en el extranjero, *vid.*, STC 50/2017, de 8 de mayo.

y (ii) suponiendo un coste proporcionado, puedan suministrarle el dato controvertido[13].

**Acuerdo de unificación de criterios de la AP de Madrid de 28.9.2006:**

10.º Notificación del laudo por correo certificado y exigencias de la "indagación razonable":

*C) La **indagación razonable** sobre el domicilio debe ser evaluada en atención a las circunstancias de cada supuesto, pero en todo caso deberá contemplar la indagación en los registros públicos de los que se pueda extraer algún dato que permita localizar el domicilio o residencia del interesado.*

Lo anterior es compatible con la jurisprudencia constitucional en este punto. En su virtud, no puede alegar indefensión quien con su conducta y actitud (en el supuesto de autos, no dando a conocer el cambio de domicilio) determinó "*que no se consiguiera efectuar la comunicación personal de cuya falta ahora se queja*"[14]. Es decir, si la parte que cambió de domicilio compareció en el procedimiento arbitral y formuló alegaciones, "*sólo a ella le es exigible un comportamiento acorde con las mínimas reglas de diligencia procesal, comunicando, si era el caso, el cambio de domicilio. La eventual falta de buena fe 'procesal' que se apunta en el Auto de planteamiento, de existir, sólo sería achacable a la demandada*"[15].

6.10. La cuestión relativa a la persona que debe realizar esa "*indagación razonable*" es controvertida. Así, mientras un sector y cierta jurisprudencia sostienen que tal indagación recae sobre el árbitro, otro sector sostiene que tal indagación recae exclusivamente sobre la contraparte. A este respecto, entiendo que la respuesta viene condicionada por varias circunstancias: entre otras, si se trata o no de un arbitraje de consumo, si se trata o no de un arbitraje institucional. De tal forma que, mientras que en el ámbito del arbitraje de consumo o institucional el árbitro –junto con la institución- debe asumir un papel relevante, en el ámbito de un arbitraje *ad hoc* el papel relevante debe asumirlo la contraparte. Y es que, en este supuesto, no es misión del árbitro investigar el paradero de las partes[16].

13. Incluso se estima que ni siquiera esto es necesario. En este sentido, "*no se trata de probar la diligencia de quien notifica, sino de descartar la situación en que conociendo o debiendo conocer el domicilio... quien notifica... escoge hacer una notificación en otro sitio*" (MANTILLA SERRANO, *Ley de Arbitraje, Una perspectiva internacional*, Madrid, 2005, p. 66).
14. STC 7/2003, de 20 de enero. En el mismo sentido, extrapolando el razonamiento al ámbito arbitral: SAP de Asturias, 17.11.2003, ECLI:ES:APO:2003:3906.
15. Auto TC 301/2005, de 5 de julio.
16. MANTILLA SERRANO, *cit.*, pp. 65-67.

En el ámbito de los arbitrajes de consumo, la jurisprudencia exige que esa indagación razonable sea asumida por el árbitro o a la entidad que administra el arbitraje[17]. Adviértase, sin embargo, que estos supuestos son muy distintos a los que se plantean en el ámbito del arbitraje comercial *internacional*.

6.11. La **prueba** de que la notificación fue correctamente librada corresponde hacerla a quien la libró y, para corroborar que realmente la notificación la libró quien debía hacerlo –por ejemplo, institución arbitral- los TSJ, en sede de anulación, pueden actuar de oficio en tal apreciación[18]. En efecto, *"se está en presencia de un componente de contenido negativo de modo que... será la parte contraria la que corra con la carga de probar la realidad de las comunicaciones en cuya inobservancia se apoya la pretensión deducida"*[19]. Como medios de prueba pueden servir la prueba **documental** (que demuestre conocimiento del laudo) y/o la prueba **testifical** (*ad ex.* el testigo confirma el acuerdo de las partes de notificarse por correo electrónico)[20]. Cuando las partes hayan acordado la notificación mediante **correo electrónico**, la prueba de que el correo no llegó a la carpeta de entrada (por recepción del correo como spam, correo no deseado u otra causa similar) corresponde a quien alega esta circunstancia[21]. Además, la jurisprudencia entiende aplicable en este contexto el artículo 162.2 LECiv, en cuya virtud, constatada la correcta remisión del acto de comunicación por correo electrónico, transcurridos *"tres días sin que el destinatario acceda a su contenido, se entenderá que la comunicación ha sido efectuada legalmente desplegando plenamente sus efectos"*[22]. Por otro lado, para la prueba de que la documentación adjunta al correo ha sido correctamente descargada, los TSJ vienen aceptando el criterio de un tercero independiente (*ad ex.* sistema *confirmsign*)[23].

6.12. Por lo que hace a la **jurisprudencia española** sobre **notificación** en sede de **anulación**[24], cabe destacar que los TSJ han estimado este motivo

17. SAP de Madrid, 16.5.2006, ECLI:ES:APM:2006:5015A. Más referencias y a favor de la indagación por parte del árbitro, GASCÓN INCHAUSTI, "La notificación del laudo arbitral como requisito para su ejecución forzosa", *Arbitraje*, 2008 (1), pp. 104-105.
18. *Vid. infra* Cap. XII. Esta actuación de oficio está expresamente prevista en el artículo 41.2 LArb.
19. Con apoyo en el artículo 217 LECiv, STSJ de Galicia, 13.12.2019, ECLI: ES:TSJGAL:2019:7456.
20. Ilustrativo de un control de la notificación en sede de ejecución, Auto AP Córdoba, 16.9.2021, ECLI:ES:APCO:2021:339A.
21. Aportando dictamen y declarándose en consecuencia la nulidad del laudo, STSJ de Madrid, 7.2.2023, ECLI:ES:TSJM:2023:1378.
22. Auto AP de Madrid, 18.6.2020, ECLI: ES:APM:2020:2765A.
23. STSJ de Galicia, 28.1.2022, ECLI:ES:TSJGAL:2022:676.
24. *Vid.* además la jurisprudencia citada en el Cap. XII en el contexto de la ejecución del laudo.

y han anulado el laudo cuando se notifica a una dirección de correo electrónico distinta a la habilitada para recibir notificaciones[25]; cuando no exista prueba de que haya sido notificado el demandante del inicio del procedimiento arbitral[26]; cuando se libra una notificación a un domicilio erróneo y no se evacuan posteriores notificaciones al domicilio acordado procediendo a la notificación por edictos -Junta Arbitral de transporte-[27]; cuando existiendo dos domicilios del demandado únicamente se libra la notificación en uno de ellos[28]; cuando una vez notificado el procedimiento –consumo- no consta ninguna notificación más[29]; cuando se omite la citación a la parte demandada para una segunda vista oral[30]; cuando no se notifica ni la composición del colegio arbitral ni el nombre de los árbitros[31]; o cuando no se notifique a una de las partes el nombramiento de un árbitro presidente sustituto[32]. Del mismo modo, se ha estimado también que, ante un pacto expreso de notificación en el domicilio de las partes, procede la anulación del laudo cuando únicamente se libra en el domicilio de los representantes legales -sin indagación previa sobre el domicilio de las partes-[33]. La notificación debe, además, prever un plazo lo suficientemente amplio como para que quien la reciba pueda defenderse adecuadamente. El no otorgamiento de dicho plazo o el otorgamiento de un plazo exiguo (*ad ex.* tres días) justifica la anulación del laudo[34]. Y en concreto, procede la anulación en este contexto cuando en la notificación referente al inicio del procedimiento arbitral se otorga al demandado un plazo específico para formular alegaciones (siete días), pero no desde que se le notifica, sino desde que se remite la notificación, "*circunstancia ésta que de suyo produce efectiva indefensión puesto que difícilmente puede correr un plazo cuya existencia se desconoce, hasta que la misma sea conocida*"[35]. Por otro lado, cuando son varias las partes demandadas, la no notificación de la

25. En el contexto de un arbitraje de consumo, STSJ de Galicia, 30.11.2020, ECLI:ES:TSJGAL:2021:7407.
26. STSJ de Madrid, 3.3.2020, ECLI: ES:TSJM:2020:3225; STSJ de Galicia, 17.3.2022, ECLI:ES:TSJGAL:2022:1998.
27. STSJ de Castilla y León, 23.12.2021, ECLI:ES:TSJCL:2021:4867.
28. STSJ Islas Canarias, 12.12.2017, ECLI:ES:TSJICAN:2017:3891; STSJ de Madrid, 15.6.2021, ECLI:ES:TSJM:2021:7373.
29. STSJ de Galicia, 22.6.2021, ECLI:ES:TSJGAL:2021:4113.
30. STSJ de Murcia, 13.6.2019, ECLI:ES:TSJMU:2019:1400.
31. STSJ de Galicia, 13.12.2019, ECLI: ES:TSJGAL:2019:7456.
32. En el contexto de un arbitraje de consumo, TSJ de Madrid, 2.10.2020, ECLI: ES:TSJM:2020:12154.
33. STSJ de Madrid, 9.12.2015, ECLI:ES:TSJM:2015:14008.
34. SAP de Madrid, 30.4.2009, ECLI.ES:APM:2009:7037; SAP de Castellón, 18.9.2009, ECLI:ES:APCS:2009:738.
35. SAP de Madrid, 24.2.2003, ECLI:ES:APM:2003:2371.

demanda de arbitraje a una de ellas supone la anulación parcial del laudo, en el sentido de dejar sin efecto los pronunciamientos del mismo que afecten a la parte demandada no notificada[36].

## 2. EL REGLAMENTO EUROPEO DE NOTIFICACIÓN

6.13. En el ámbito de la notificación *intracomunitaria* (con excepción de Dinamarca) puede aplicarse el *Reglamento (UE) 2020/1784 del Parlamento Europeo y del Consejo de 25 de noviembre de 2020 relativo a la notificación y traslado en los Estados miembros de documentos judiciales y extrajudiciales en materia civil o mercantil ("notificación y traslado de documentos")* (Reglamento de notificación *refundido*)[37]. La aplicación de este texto al arbitraje (en el contexto de un procedimiento arbitral) está, a mi juicio, fuera de toda duda. Primero, porque a diferencia de lo previsto en otros Reglamentos europeos en materia de DIPr., el arbitraje no está expresamente excluido de su ámbito de aplicación material. Segundo, porque no es el árbitro el que realiza la notificación directamente, sino que precisa del auxilio que le brindan las autoridades del país sede del arbitraje que ejercen de organismos *transmisores* -competentes para notificar o trasladar el documento a otro Estado miembro-. Y, tercero, porque la jurisprudencia del TJUE en interpretación del antiguo Reglamento de notificación que este instrumento deroga se caracteriza por haber extendido extraordinariamente su ámbito de aplicación. El ejemplo más relevante es, sin duda, la sentencia del TJUE en el asunto *Tecom*[38].

> En el supuesto de hecho que da origen a esta sentencia, se trataba de aplicar el Reglamento para notificar un escrito de requerimiento en otro Estado miembro. En tanto que no existía en ese momento un procedimiento abierto, el documento en cuestión es calificado como *documento extrajudicial* y se plantea entonces la aplicación del Reglamento a este tipo de documentos. El TJUE afirma que el texto es de aplicación a los *documentos privados cuya transmisión formal a su destinatario residente en el extranjero sea necesaria para el ejercicio, la prueba o la salvaguardia de un derecho o de una pretensión jurídica en materia civil y mercantil*. Esta interpretación –insiste el TJUE- *contribuye necesariamente al buen funcionamiento del mercado interior*.

36. STSJ de Madrid, 25.6.2021, ECLI:ES:TSJM:2021:7409.
37. *DOUE* L 405, 2.12.2020.
38. STJUE, 11.11.2015, C-223/14, *Tecom*. Sobre esta sentencia, *vid*. FORNER DELAYGUA, "Concepto de 'documento extrajudicial' en el Reglamento (CE) n.º 1393/2007, de 13 de noviembre de 2007, de notificaciones", *La Ley Unión Europea*, 29.2.2016.

En consonancia con lo anterior, el ámbito de aplicación *personal* también es particularmente amplio e incluye personas físicas, jurídicas y Estados (en actuaciones de *iure gestionis*[39]). De tal modo, que los cauces previstos en el Reglamento pueden aplicarse, en principio, cuando el árbitro requiera el auxilio judicial para proceder a la notificación. Su aplicación es sin embargo imperativa para notificar a las partes en el contexto de un procedimiento judicial de *control* (anulación o execuátur) o *auxilio judicial* al arbitraje.

6.14. Constatada entonces la aplicabilidad de este texto a arbitrajes (tanto en el contexto del procedimiento arbitral como en el contexto de procedimientos judiciales de apoyo y control al mismo) que versen sobre materia civil y mercantil (en tanto ámbito de aplicación material), procede destacar las líneas generales del mismo:

El Reglamento de notificaciones se aplica en materia civil y mercantil cuando un documento *judicial* o *extrajudicial* deba transmitirse de un Estado miembro a otro para ser notificado o trasladado en este último. El Reglamento es de aplicación *obligatoria* cuando haya de realizarse una notificación en un Estado miembro y prevalece, además, sobre Convenios internacionales que regulen la misma materia. Únicos dos supuestos en los que el Reglamento no es de aplicación son: (i) aquél en el que el domicilio de la persona a la que haya de notificarse el documento sea *desconocido*; y, (ii) aquél en el que la parte a la que deba notificarse en un Estado miembro distinto al Estado donde se sustancie el procedimiento haya designado o deba tener un *representante autorizado* en este último Estado.

**Concepto de documento extrajudicial**: El TJUE ha establecido que, para reforzar el buen funcionamiento del mercado interior, procede interpretar el concepto de "documento extrajudicial" en sentido amplio. En consecuencia, el texto es de aplicación para notificar tanto documentos que emanan de una autoridad pública o de un funcionario público como documentos privados que tengan una importancia específica en el ordenamiento jurídico del que se trate[40].

**Domicilio desconocido:** A este respecto, los considerandos del Reglamento matizan el alcance de tal exclusión, puntualizando lo siguiente: "Cuando un destinatario carezca de dirección conocida a los efectos de notificación o traslado en el Estado miembro del foro, *pero sí haya designado una o varias direcciones conocidas* en uno o más Estados miembros a los efectos de notificación o traslado, el

39. Sobre el alcance de la inclusión de los Estados en el ámbito de aplicación de este Reglamento, *vid.* STJUE, 11.6.2015, C-226/13 y acumulados, *Helenische Republik.*

40. STJUE, 11.11.2015, C-223/14, *Tecom.*

documento debe transmitirse a dicho Estado miembro para su notificación o traslado al amparo del presente Reglamento".

Además, cuando se desconozca la dirección de la persona a la que haya de notificarse o trasladarse el documento en otro Estado miembro, este último Estado miembro debe proporcionar asistencia para determinar la dirección de la persona a notificar: a) *designando autoridades* a las que los *organismos transmisores* puedan dirigir solicitudes para determinar la dirección de la persona a la que haya de notificarse o trasladarse el documento; b)permitiendo que personas de otros Estados miembros presenten *solicitudes de información*, incluso por vía electrónica, sobre direcciones de las personas a las que haya de notificarse o trasladarse el documento, bien directamente a registros con información domiciliaria, bien a otras bases de datos de consulta pública mediante un formulario normalizado disponible en el Portal Europeo de e-Justicia; o, c) *proporcionando información detallada*, a través del Portal Europeo de e-Justicia, sobre cómo encontrar las direcciones de las personas a las que haya de notificarse o trasladarse el documento (art. 7).

**Concepto de representante autorizado:** Por *representante autorizado* puede entenderse, por ejemplo, al abogado de la parte que tiene su domicilio en el Estado miembro distinto del Estado donde se sustancia el procedimiento. En relación con el sector de los seguros, el TJUE ha establecido "*que la designación por una empresa de seguros distintos del seguro de vida de un representante en el Estado miembro de acogida incluye también la habilitación de ese representante para recibir un escrito de interposición en materia de indemnización por un accidente de tráfico*"[41]. Queda por determinar, sin embargo, si una Embajada puede o no considerarse representante autorizado de un Estado miembro de la UE, de tal forma que la notificación de una hipotética acción de anulación o execuátur del laudo pudiera hacerse directamente ante la Embajada sita en el Estado ante cuyos tribunales se tramita la anulación o el execuátur, sin necesidad de aplicar el Reglamento[42].

6.15. El Reglamento contempla diferentes modos de notificación *sin ninguna jerarquía* entre ellos. Es decir, pueden utilizarse indistintamente cualquiera de las vías previstas tanto para la notificación de documentos *judiciales* como *extrajudiciales* (art. 21). Estas vías son:

41. STJUE, 27.2.2020, C-25/19, *Corporis*.

42. Esta cuestión no se planteó en el contexto de la cuestión prejudicial que dio origen a la STJUE,11.6.2015, C-226/13 y acumulados, *Helenische Republik*. De su lectura tampoco puede obtenerse una conclusión al respecto.

**(I) A través de organismos *transmisores* y organismos *receptores*** designados por cada Estado miembro (art. 3). La transmisión de documentos entre estos organismos podrá realizarse por cualquier medio adecuado, siempre que el contenido del documento recibido sea fiel y conforme al del documento expedido. Junto con los documentos a notificar, el órgano *transmisor* debe adjuntar siempre un anexo en el idioma del Estado miembro requerido (Anexo I, conformado por los Formularios A hasta L[43]) en el que se precisan, entre otras muchas cosas, los datos tanto de los organismos transmisor y receptor como del requirente y destinatario. La solicitud se envía al órgano receptor, quien informará al destinatario adjuntando siempre el Formulario L del Anexo I en el que, básicamente, se le informa que puede negarse a recibir la notificación si la ha recibido en un idioma que no entienda o no sea el idioma oficial del Estado requerido. Si el destinatario se niega a aceptar el documento por no estar debidamente traducido, podrá subsanarse la notificación.

Los documentos que deban ser objeto de notificación o traslado, solicitudes, certificaciones, resguardos, fes públicas y comunicaciones efectuadas con arreglo a los formularios del anexo I entre *organismos transmisores* y *organismos receptores*, entre dichos organismos y los órganos centrales (infra), o entre los órganos centrales de los distintos Estados miembros, se transmitirán a través de un *sistema informático descentralizado*. Este sistema estará operativo a partir de mayo de 2025.

**(II) Por medio de agentes diplomáticos o consulares** (arts. 16 y 17). En virtud de estos preceptos, cada Estado miembro podrá utilizar la vía diplomática o consular para transmitir documentos judiciales con fines de notificación o traslado a los *organismos receptores* o a los órganos centrales de otro Estado miembro. Del mismo modo, por medio de sus agentes diplomáticos o funcionarios consulares podrá notificar o dar traslado de documentos judiciales a las *personas* que residan en otro Estado miembro. No obstante, un Estado miembro

43. Formularios A (Solicitud de Notificación); B y C (Solicitud de determinación de la dirección de la persona a la que haya de notificarse) (ambos de uso facultativo); D (Acuse de recibo); E (Solicitud de información adicional para la notificación o el traslado de documentos); F (Comunicación de devolución de la solicitud y del documento); G (Comunicación de retransmisión de la solicitud y el documento al organismo receptor territorialmente competente); H (Acuse de recibo del organismo receptor territorialmente competente al organismo transmisor); I (Solicitud de información relativa al cumplimiento o incumplimiento de los trámites de notificación o traslado de documentos) (de uso facultativo); J (Respuesta a la solicitud de información relativa al cumplimiento o incumplimiento de los trámites de notificación o traslado de documentos) (de uso facultativo).

podrá comunicar a la Comisión que se opone a la notificación o el traslado en su territorio de documentos judiciales dirigidos a *personas*, a menos que los documentos vayan a notificarse o trasladarse a nacionales del Estado miembro de origen.

**(III)** **Por medio de correo certificado** (art. 18). Dicha notificación podrá hacerse directamente al destinatario mediante carta certificada con acuse de recibo o equivalente.

**(IV)** **Por notificación y traslado electrónico** (art. 19). Esta notificación está supeditada a que la persona a notificar haya prestado previamente *consentimiento expreso* a la utilización de medios electrónicos a los efectos de notificar. En concreto, se podrá notificar o trasladar documentos judiciales *directamente a las personas con dirección conocida* de traslado o notificación en otro Estado miembro por cualquier medio electrónico de notificación o traslado disponible con arreglo al Derecho del Estado miembro del foro, siempre que: (a) los documentos se envíen y se reciban por medios electrónicos mediante servicios cualificados de entrega electrónica certificada; y –cumulativamente- (b) el destinatario haya prestado previamente *consentimiento expreso a la utilización de medios electrónicos* de notificación o traslado para notificar o trasladar documentos en el transcurso de procedimientos judiciales.

Del mismo modo, también podrá recurrirse a este cauce si: (a) el destinatario ha prestado previamente *consentimiento expreso al órgano o autoridad jurisdiccional* que conozca del asunto o a la parte encargada de trasladar o notificar documentos en ese asunto para que se valga de correos electrónicos enviados a una dirección de correo electrónico específica a efectos de notificación y traslado de documentos en el transcurso de dicho procedimiento y; (b) el destinatario confirme la recepción del documento con un acuse de recibo en el que conste la fecha de recepción.

**(V)** **Mediante solicitud directa de notificación** (art. 20). Cualquier persona interesada en el proceso judicial abierto en el Estado de origen puede efectuar notificación de documentos judiciales directamente por medio de agentes judiciales, funcionarios u otras personas competentes del Estado miembro requerido cuando tal notificación esté permitida conforme al Derecho interno de ese Estado miembro.

En cualquier caso, para la aplicación de esta última vía así como para la aplicación práctica del Reglamento (direcciones, personal e idiomas de trabajo, entre otras) debe consultarse el *Atlas Jurídico Europeo en materia civil* (www.e-justice.europa.eu).

6.16. Tal y como ha establecido el TJUE, la notificación por *servicio postal* con arreglo al Reglamento se considerarán válidamente practicados, incluso cuando el documento no haya sido entregado personalmente a su destinatario, siempre que lo haya sido a una persona adulta que viva con el destinatario o que esté empleada por este en ese mismo lugar y que pueda y quiera aceptar el documento, a menos que el Derecho del Estado miembro del foro solo permita la notificación o el traslado del documento al propio destinatario[44].

6.17. Por otro lado, y sea cual fuere la vía utilizada para efectuar la notificación, los objetivos del Reglamento no pueden alcanzarse debilitando, de ninguna manera, el derecho de defensa de sus destinatarios. En consecuencia, no solo es preciso procurar que el destinatario de un documento lo reciba realmente, sino también que se le permita conocer y comprender de forma efectiva y completa el sentido y alcance de la acción ejercitada contra él en el extranjero[45]. En línea con lo anterior, el TJUE ha precisado también que el envío del hoy Formulario L del Anexo I (que informa al notificado de su derecho a rechazar la notificación si no está convenientemente traducida) es obligado sea cual fuere la vía utilizada para notificar[46]. Es por ello que en los considerandos del Reglamento se dice expresamente: "En todos los casos en que el documento no se notifique o traslade en la lengua oficial o en una de las lenguas oficiales del lugar de notificación o traslado, *el organismo receptor debe informar al destinatario, por escrito mediante el formulario L del anexo I, de que el destinatario puede negarse a aceptar el documento que se notifica o traslada si no está redactado en una lengua que el destinatario entienda ni en la lengua oficial o una de las lenguas oficiales del lugar en que deba efectuarse la notificación o el traslado.* Esta norma debe aplicarse asimismo a las notificaciones o traslados posteriores una vez que el destinatario haya ejercido el derecho a negarse a aceptar documentos. El derecho a negarse a aceptar documentos debe aplicarse también a la notificación o el traslado directos, electrónicos, mediante agentes diplomáticos o funcionarios consulares o mediante servicios postales. Debe ser posible subsanar la notificación o el traslado no aceptados enviando una traducción del documento al destinatario". En un primer momento, el requirente debe cargar con los costes de la traducción.

6.18. Por fin, cabe destacar que el Reglamento de Notificaciones prevé que cada Estado miembro designe un Órgano central encargado, por un lado, de facilitar información a los organismos transmisores y, por otro, de buscar soluciones a las dificultades que puedan surgir en la transmisión

44. STJUE, 2.3.2017, C-354/15, *Henderson*.
45. STJUE, 8.11.2015, C-384/14, *Alta Realitat*.
46. STJUE, 8.11.2015, C-384/14, *Alta Realitat*.

de documentos. Excepcionalmente, este Órgano central también puede realizar funciones de notificación (art. 4).

## 3. EL CONVENIO DE LA HAYA EN MATERIA DE NOTIFICACIÓN

6.19. Para las comunicaciones con terceros Estados *–extracomunitarios-* puede considerarse la aplicación del *Convenio relativo a la notificación o traslado en el extranjero de documentos judiciales y extrajudiciales en materia civil o comercial*, hecho en La Haya el 15 de noviembre de 1965 (CLH 1965). En su aplicación, el árbitro no realiza la notificación directamente, sino que debe dirigirse a la autoridad judicial del país de la sede del arbitraje, quien, a su vez, dará traslado a la Autoridad Central del país requerido[47]. Es requisito para aplicar el Convenio que el domicilio del destinatario sea conocido. No se exige que la notificación se redacte directamente en la lengua oficial del Estado requerido. Sin embargo, la Autoridad Central de este Estado podrá solicitar que se redacte en ese idioma (art. 5). Del mismo modo que ocurre en el ámbito del Reglamento europeo, la notificación se regula a partir de un régimen similar de certificados (art. 6) y no está sujeta a tasas o costas, aunque sí a gastos. Por el contrario, y a diferencia de lo previsto en el régimen europeo, la denegación de cooperación por parte de la Autoridad Central del Estado requerido es posible cuando estime que dicha colaboración puede llegar a perjudicar su soberanía o seguridad (art. 13).

> En aplicación de este Convenio, el TS de EEUU ha aceptado expresamente la vía de la notificación por correo electrónico[48].

6.20. En la medida en que este texto no es directamente aplicable por los árbitros, no procede en ningún caso la nulidad del laudo por inaplicación de este instrumento para efectuar las notificaciones a la parte residente en el extranjero[49].

## 4. LEY DE COOPERACIÓN JURÍDICA INTERNACIONAL

6.21. En defecto de aplicación del reglamento europeo o del texto convencional –ya sea por no estar ratificado en el Estado en el que se solicita la notificación, ya sea por voluntad de la parte afectada- la asistencia judicial deberá tramitarse por el cauce previsto en los artículos 20 a 28 de la *Ley de*

47. La *Autoridad Central* solo puede recibir las peticiones de notificación de otro Estado contratante (art. 2).
48. *Water Splash Inc v. Menon*, 22.5.2017, SC (USA), No. 16-254.
49. Estimando, además, que su inaplicación no produce indefensión: STSJ de Andalucía, 6.10.2021, ECLI:ES:TSJAND:2021:17789.

*cooperación jurídica internacional en materia civil* (LCJI). Según el artículo 9 LCJI, la asistencia judicial podrá solicitarse y tramitarse por cualquiera de las siguientes vías: consular o diplomática; autoridades centrales; directamente entre los órganos jurisdiccionales; y, por conducto notarial. Único requisito es que cualquiera de la vía elegida esté prevista como cauce de cooperación en el ordenamiento jurídico de los Estados implicados. Respecto de la notificación en sí, la LCJI distingue entre la notificación a librar en el extranjero y la notificación a librar en España (arts. 21 y 22, respectivamente). La notificación podrá librarse en el extranjero bien a través de la autoridad central, bien directamente a la autoridad competente del Estado requerido (art. 21). Para librar la notificación en España podrán utilizarse las vías anteriormente citadas (art. 22). En este contexto de notificación, transcurridos seis meses desde la fecha de envío del documento, la autoridad competente proveerá a instancia de parte interesada aun cuando no haya podido certificar que la notificación ha tenido lugar (art. 24). Los documentos objeto de notificación o traslado al extranjero deberán acompañarse de una traducción a la lengua oficial del Estado de destino o a una lengua que el destinatario entienda (art. 25).

> La jurisprudencia comparada ha matizado -en aplicación de su derecho interno (derecho francés)- que, cuando la notificación se realice por el cauce diplomático, en la medida en que la autoridad diplomática solo ejerce de "autoridad de transmisión", debe demostrarse que o bien la notificación llegó al destinatario o bien se intentó hacérsela llegar[50].

## 5. EL CAUCE *AD HOC* PARA LA NOTIFICACIÓN DE ESTADOS EN PROCEDIMIENTOS DE AUXILIO Y CONTROL AL ARBITRAJE

6.22. Puede ocurrir que tanto en procedimientos de apoyo al arbitraje (nombramiento de árbitro) como en procedimientos de control (execuátur, anulación) una de las partes implicadas sea un Estado[51]. En tan particular contexto, debe examinarse, en primer lugar, la posible aplicación del Reglamento de notificaciones al supuesto (*supra*). Solo en caso de que no fuera aplicable el Reglamento (por ser el Estado demandado un Estado no miembro de la UE o por considerarse que las Embajadas constituyen "representantes autorizados" -*supra* 6.14-), sería de aplicación, en primer lugar, el Derecho convencional ratificado por España y, subsidiariamente,

50. *Cour d'appel* de Paris (Chambre 16), 19.5.2022, N.° RG 21/11112 – N.° Portalis 35L7-V-B7F-CD3TG.

51. Así, por ejemplo, en el contexto del nombramiento de árbitro, *vid.* STSJ de Madrid, 29.3.2019, ECLI:ES:TSJM:2019:5562.

las normas del ordenamiento jurídico interno que regulan este particular supuesto: el artículo 27.1 LCJI y el artículo 54.1 LOPI.

**Artículos 3.1 y 41.2 del Convenio de Viena sobre Relaciones Diplomáticas de 18 de abril de 1961.**

*3.1. Las funciones de una misión diplomática consisten principalmente en:*

*a) Representar al Estado acreditante ante el Estado receptor.*

*41.2. Todos los asuntos oficiales de que la misión esté encargada por el Estado acreditante han de ser tratados con el Ministerio de Relaciones Exteriores del Estado receptor por conducto de él o con el Ministerio que se haya convenido.*

**Artículo 27 LCJI.** *Emplazamientos y comunicaciones judiciales dirigidos a Estados extranjeros.*

*1. Los emplazamientos, citaciones, requerimientos y cualesquiera otros actos de comunicación judicial dirigidos a Estados extranjeros se realizarán por vía diplomática a través del Ministerio de Asuntos Exteriores y de Cooperación, debiendo comunicarse por nota verbal y de conformidad con lo establecido en la Convención de Viena sobre Relaciones Diplomáticas de 18 de abril de 1961.*

**Artículo 54 LOPI.** *Procedimiento de comunicación entre el Ministerio de Asuntos Exteriores y de Cooperación y los órganos jurisdiccionales españoles.*

*1. El Ministerio de Asuntos Exteriores y de Cooperación remitirá el emplazamiento o la notificación del órgano jurisdiccional a la misión diplomática o a la representación permanente española correspondiente, a los efectos de su traslado al Ministerio de Asuntos Exteriores del Estado extranjero o al órgano competente de la organización internacional.*

**Artículo 22 de la Convención NU sobre las Inmunidades Jurisdiccionales de los Estados y de sus Bienes** (no en vigor). *Notificación de la demanda.*

*1. La notificación de la demanda u otro documento por el que se incoe un proceso contra un Estado se practicará:*

*a) de conformidad con cualquier convenio internacional aplicable que obligue al Estado del foro y al Estado interesado; o*

*b) de conformidad con cualquier arreglo especial de notificación entre el demandante y el Estado interesado, si no lo prohíbe la legislación del Estado del foro; o*

*c) a falta de tal convenio o arreglo especial:*

*i) transmitiéndola por vía diplomática al Ministerio de Relaciones Exteriores del Estado interesado; o*

*ii) por cualquier otro medio aceptado por el Estado interesado, si no lo prohíbe la legislación del Estado del foro.*

6.23. Como puede observarse, el texto convencional aplicable en este ámbito es el Convenio de Viena sobre Relaciones Diplomáticas, al que expresamente remite el artículo 27.1 LCJI. Esta cuestionable remisión al Convenio de Viena –que, en esencia, regula las funciones de las misiones diplomáticas- debe entenderse hecha en el contexto de la notificación al artículo 41.2, en interpretación sistemática con el artículo 3 del mismo texto[52]. En su virtud, debe entenderse, a mi juicio, que el órgano judicial tiene que notificar al Ministerio de Asuntos Exteriores (MAEC) para que sea éste quien –mediante nota verbal– notifique a la Embajada del Estado demandado sita en España. Que la notificación debe hacerse en la Embajada extranjera sita en España, además de haber sido la práctica constante del MAEC, se deduce tanto del artículo 3 del Convenio de Viena (en cuya virtud, la Embajada del Estado extranjero asume la representación en España de su Estado en sentido amplio –una suerte de "representante autorizado"–) como del artículo 41.2 (en cuya virtud, la Embajada extranjera debe, en particular, tratar con los Ministerios españoles los asuntos que su Estado le haya encomendado).

Repárese, sin embargo, que el cauce arriba descrito es distinto del cauce previsto en el artículo 54 LOPI (comunicaciones entre el Ministerio de Asuntos Exteriores y los órganos judiciales españoles). Así, el artículo 54 LOPI –cuyo título no refleja con precisión el supuesto que regula– prevé que el MAEC remita la notificación a la misión diplomática española en el Estado extranjero demandado, para que sea esa misión diplomática la que, a su vez, remita la notificación al Ministerio de Asuntos Exteriores de ese Estado.

52. Y no al artículo 27 del texto convencional, como he destacado en otra sede. *Vid.*, GOMEZ JENE, "Artículo 27. Emplazamientos y comunicaciones judiciales dirigidos a Estados extranjeros", en: MÉNDEZ GONZÁLEZ / PALAO MORENO (Dirs.), *Comentarios a la Ley de cooperación jurídica internacional en materia civil*, Tirant lo Blanch, Valencia, 2017, pp. 350-360.

En perspectiva estrictamente técnica podría incluso aceptarse que este segundo cauce es el más respetuoso con los derechos de defensa del Estado demandado, en tanto que traslada la notificación a su territorio (notificación en el territorio del demandado). Lo anterior, sin embargo, en absoluto implica que el primer cauce descrito no sea respetuoso con los derechos de defensa del Estado afectado. Importante es, y en ambos supuestos se cumple, que el órgano jurisdiccional no notifique directamente al Estado demandado. El primer cauce descrito, sin embargo, tiene la virtualidad de hacer de la Embajada el "representante autorizado" para recibir notificaciones de los tribunales del Estado donde se haya sita. Así se desprende, de hecho, de una interpretación sistemática de los artículos 3 y 41.2 del Convenio de Viena arriba citado. Desde una perspectiva eminentemente práctica, el cauce en cuestión tiene la enorme virtud de ser el más rápido y efectivo. Por fin, este primer cauce es el mejor se adapta a la litigación con un Estado, pues la mayoría de los contenciosos con Estados extranjeros tienen relación con el personal de su Embajada (relaciones laborales) y, desde esta perspectiva, el itinerario que prevé el artículo 54 LOPI supone tanto como una "peregrinación" absurdamente larga y costosa. De hecho, para aquellos supuestos en los que la Embajada esté directamente involucrada en el pleito, el cauce de notificación debería ser exclusivamente el primer cauce descrito: del MAEC a la Embajada extranjera sita en España.

Todavía en este sentido cabe señalar que, un pronunciamiento futuro del TJUE sobre si las Embajadas pueden o no considerarse "representantes autorizados" a los efectos de la aplicación del Reglamento de notificaciones (*supra* 6.14), podría ser determinante para en este contexto, pues aún sin tratarse de un pronunciamiento directamente vinculante para supuestos *extra*europeos, abundaría en la idea de que el primer cauce descrito es mejor cauce.

En cualquier caso, estimo que nuestro ordenamiento contiene normas contradictorias sobre el cauce que debe seguir la notificación al Estado extranjero demandado: mientras que el artículo 27.1 LCJI prevé –mediante remisión al Convenio de Viena sobre Relaciones Diplomáticas- que la comunicación se haga a la Embajada extranjera en España; el artículo 54 LOPI, por su parte, prevé que esa comunicación se haga a la Embajada española en el Estado extranjero.

Con todo, tanto la *Asesoría Jurídica* del Ministerio de Asuntos Exteriores español (AJI) como cierta doctrina entienden -a mi juicio erróneamente- que no hay contradicción ninguna, por cuanto la interpretación que debe darse al artículo 41.2 del Convenio de Viena coincide con el cauce descrito por el artículo 55 LOPI. En este sentido, afirma la AJI: "*11.- El régimen previsto en el artículo 54 de la Ley Orgánica de Inmunidades se encuentra en plena armonía con la Ley de CJIMC, con el mandato de la Convención de Viena de 1961 y con la Convención de Nueva York de 2004, en cuyo artículo 22.1.c se establece el mismo sistema que previó nuestro Legislador en la LO de Inmunidades y la Ley de CJMI de 2015, cuatro años después de que el Reino de España se hubiera adherido a la citada Convención de Nueva York*"[53].

6.24. Ante este complejo marco normativo debe determinarse entonces si existe algún tipo de jerarquía entre los cauces descritos o si, por el contrario, ambos pueden invocarse indistintamente. Pues bien, la respuesta a la cuestión así suscitada debe resolverse del siguiente modo: en principio, debe prevalecer el cauce previsto en el convenio internacional en vigor que regula esta cuestión (al que, además, remite expresamente el artículo 27.1 LCJI) sobre el cauce previsto en el artículo 54 LOPI. De tal forma que solo en aquellos supuestos en los que, a la luz de las circunstancias (*ad ex.* no ratificación del Convenio de Viena por los Estados implicados), no pudiera seguirse el cauce previsto en el texto internacional (*infra*), entraría en juego el cauce previsto en el artículo 54 LOPI. Esta interpretación estaría, además, en línea con la *ratio* del mismo artículo 54 LOPI. En efecto, no puede pasar desapercibido en este contexto que el citado precepto se inspira en el artículo 22 de la *Convención NU sobre las Inmunidades Jurisdiccionales de los Estados y de sus Bienes de 2004*[54]; precepto que diseña un cauce de transmisión por vía diplomática con el Ministerio de Relaciones Exteriores del Estado interesado muy similar al previsto en el artículo 54 LOPI. Ahora bien, como explicita el mismo precepto, el cauce descrito es de aplicación *subsidiaria* "a cualquier convenio internacional aplicable" o "cualquier arreglo especial de notificación entre el demandante"; es decir, el mismo artículo 54 LOPI reconoce la posible aplicación de cualquier otro convenio internacional: en nuestro particular contexto, el Convenio de Viena sobre Relaciones Diplomáticas. En consecuencia, el cauce estrictamente aplicable para notificar a un Estado extranjero demandado en un procedimiento de apoyo o control al arbitraje es el previsto en el citado Convenio de Viena.

53. Informe AJI de 15 de junio de 2021, N.º: 22438 CJB/MBP (inédito). También en este sentido, *vid*, IZQUIERDO / ROBLES, "Dificultades asociadas a la ejecución de resoluciones extranjeras frente a Estados soberanos en España", *La Ley Mediación y Arbitraje*, 2021, 07.

54. Convenio, además, de cuestionable éxito. Pasados casi veinte años desde que fuera adoptado, no está en vigor (aunque España está adherido al mismo).

No obstante lo anterior, podría incluso defenderse la aplicación alternativa de las normas citadas, siguiendo un simple criterio de eficacia: se trataría de aplicar aquella norma que garantizase la notificación de la forma más rápida posible sin poner en riesgo ni la *inmunidad soberana* ni los *derechos de defensa* del Estado afectado. Así visto, ningún inconveniente debería plantear el hecho de que una notificación se tramite por el cauce del artículo 54 LOPI en vez de por el cauce previsto en el Convenio de Viena: ambas vías garantizarían perfectamente tanto la *inmunidad soberana* del Estado afectado (evitando cualquier comunicación directa entre tribunales del foro y la misión diplomática) como sus *derechos de defensa*. Con todo, entiendo que la jerarquía superior del texto internacional frente a la norma interna debe suponer que, solo en defecto de aplicación del Convenio, deba ser de aplicación el cauce descrito por la norma interna.

6.25. Lo que en cualquier caso es evidente es que el hecho de que se utilice uno u otro cauce no supone automáticamente vulneración alguna de una norma esencial del procedimiento (vulneración de los *derechos de defensa* del Estado demandado) que justifique, por ejemplo, una nulidad de actuaciones. No obstante ello, el TSJ de Madrid ha apreciado una nulidad de actuaciones en el contexto de un procedimiento de nombramiento de árbitro porque el MAEC utilizó en su momento el cauce del Convenio de Viena frente al cauce previsto en el artículo 54 LOPI para notificar al Estado extranjero, siendo que ni *la inmunidad soberana* ni los *derechos de defensa* del Estado quedaron mínimamente afectados, pues éste acusó recibo de tal notificación y no interesó en tiempo y forma tal nulidad de actuaciones[55].

6.26. Por lo que respecta a la jurisprudencia comparada –particularmente, Reino Unido- se constata que únicamente se exige la notificación por *canal diplomático*, sin reparar en el "circuito" que debe seguir la notificación[56].

6.27. Por fin, conviene advertir que el tribunal que esté conociendo del procedimiento de apoyo o control al arbitraje deberá poner en conocimiento del MAEC la existencia del mismo para que éste emita informe *no* vinculante sobre cuestiones relativas a la inmunidad de jurisdicción (art. 27.2 LCJI y arts. 52 y 54 LOPI)[57].

55. Auto TSJ de Madrid, 29.6.2021, ECLI:ES:TSJM:2021:594A. El auto contiene un acertado y estudiado voto particular cuyo sentido comparto plenamente.

56. *Supreme Court, General Dynamics United Kingdom Ltd. v. State of Libya*, 25.6.2021, (2021) UKSC 22.

57. Sobre estos informes, *vid. supra* Cap. V.

## 6. UNA CUESTIÓN CONTROVERTIDA: LA NOTIFICACIÓN DEL LAUDO

6.28. Mayor problema plantea en la práctica la **notificación del laudo.** En este concreto ámbito, las Audiencias Provinciales suelen exigir un grado de formalismo propio de los procedimientos judiciales, sin reparar suficientemente en dos datos fundamentales: (1) Que las disposiciones de la LArb no deben interpretarse a partir de criterios procesales propios de la jurisdicción; y, (2) que el mismo artículo 37.7 LArb, cuando regula la forma en que los árbitros deben proceder a la notificación del laudo, proclama sobre todo y ante todo la primacía de **la autonomía de la voluntad** de las partes en este ámbito.

Por ello, estimo que no son afortunadas las resoluciones judiciales que insisten en ubicar la cuestión de la notificación del laudo arbitral bajo los mismos parámetros procesales que marca la LECiv; esto es, no es acertado equiparar automáticamente el tenor del artículo 37.7 LArb con el tenor del artículo 161 LECiv. El primero se inspira –como toda la LArb- en un criterio *antiformalista* (no pretende diseñar un procedimiento *ad hoc* para llevar a cabo la entrega del laudo); el segundo, por el contrario, se inspira en un criterio formalista. Y en este sentido, entiendo que resulta ajeno al espíritu de la LArb afirmar que: "*La propia naturaleza del laudo arbitral, como resolución que dirime la controversia suscitada entre las partes y cuya eficacia es equiparable a la de una sentencia, obliga a mantener en su notificación las mismas garantías que son legalmente exigibles para las sentencias*"[58].

6.29. En **perspectiva internacional** la autonomía de la voluntad de las partes es determinante y, por ello, es irrelevante a la hora de juzgar la correcta notificación del laudo el hecho de que tal acto se haya consumado conforme a la ley procesal española: "*Frente a ello, lo primero que cabe decir es que la notificación del laudo arbitral, del mismo modo que las restantes notificaciones en el proceso arbitral, debía efectuarse en la forma pactada entre las partes en los 'Terms of Reference',* ***siendo aquí irrelevantes las formas de notificación previstas en las leyes procesales españolas y francesas***"[59].

# II. CÓMPUTO DE PLAZOS

6.30. Fijado el día en que la comunicación se entiende hecha, comenzarán a computarse los plazos previstos en la LArb:

58. Auto AP de Madrid, 21.12.2006, ECLI:ES:APM:2006:13508A. En el mismo sentido, Auto AP de Madrid, 9.4.2007, ECLI:ES:APM:2007:5093A.
59. Auto JPI núm. 3 de Rubí, 11.6.2007, *SAR*, N.º 5 / 2009, 171-188 (con nota de GÓMEZ JENE).

**Artículo 5 LArb.** *Notificaciones, comunicaciones y cómputo de plazo.*

*b) Los plazos establecidos en esta Ley se computarán desde el día siguiente al de recepción de la notificación o comunicación. Si el último día del plazo fuere festivo en el lugar de recepción de la notificación o comunicación, se prorrogará hasta el primer día laborable siguiente. Cuando dentro de un plazo haya de presentarse un escrito, el plazo se entenderá cumplido si el escrito se remite dentro de aquél, aunque la recepción se produzca con posterioridad. Los plazos establecidos por días se computarán por días naturales.*

Como gráficamente ha señalado la jurisprudencia, "*el cómputo de los plazos fijados por días, será por días naturales; de manera que debe ser ejercitado ineludiblemente en el tiempo determinado en la ley; se trata de un '**plazo fatal**', que implica la extinción de un derecho que nace con un plazo de vida, un derecho de duración limitada y se extingue por el transcurso de plazo sin necesidad de otro requisito; por ello la caducidad puede y debe ser apreciada de oficio, no siendo susceptible de interrupción*"[60].

6.31. El supuesto de aplicación más importante de este precepto es, sin duda, el relativo al plazo para interponer la acción de anulación. En el Capítulo dedicado al estudio de la acción de anulación se analiza la jurisprudencia que esta cuestión ha generado[61]. Con carácter muy excepcional, el cómputo de plazo también se ha planteado desde la perspectiva de lo que la jurisprudencia ha denominado "acción de arbitraje": el plazo que se concede para impugnar, vía arbitraje, la resolución de un determinado organismo (*ad ex.*, resolución de la Asamblea General de una Cooperativa contra la que cabe acudir al arbitraje). En tan particular contexto, la admisión de circunstancias excepcionales para mantener viva una acción que ha caducado "*desdibujaría hasta hacer irreconocibles no solo la caducidad de la acción sino la propia figura del desistimiento, al vulnerar normas básicas que afectan a la seguridad jurídica como uno de los pilares del Estado de Derecho (art. 9.2 CE) en la medida que la sumisión a unas reglas de juego jurídico conocidas de antemano por todos facilita la buena fe en el tráfico jurídico y dota a las relaciones jurídicas de la fortaleza necesaria para la armonía social*". En consecuencia, el laudo resultante de un arbitraje cuyo plazo de "acción" para iniciarse ha caducado, debe ser anulado[62].

---

60. STSJ Castilla-La Mancha, 19.112020, ECLI: ES:TSJCLM:2020:2818.
61. *Vid. infra* Cap. XII.
62. STSJ Castilla-La Mancha, 19.112020, ECLI: ES:TSJCLM:2020:2818.

VII

# Límite a la intervención judicial y tribunales competentes para las funciones de apoyo y control del arbitraje

## I. RENUNCIA A LAS FACULTADES DE IMPUGNACIÓN Y LÍMITE A LA INTERVENCIÓN JUDICIAL

7.1. Es un lugar común en la regulación del arbitraje –tanto interno como internacional– distinguir entre las funciones que asume el colegio arbitral y las funciones que en este contexto puede asumir un tribunal judicial. Desde esta perspectiva, puede afirmarse que, en la actualidad, la mayoría de los ordenamientos en materia arbitral –y desde luego, aquellos que se inspiran en la LM (art. 5)– incorporan una serie de disposiciones que tienen por objeto **delimitar la competencia judicial en el ámbito arbitral,** tanto desde una perspectiva temporal como desde una perspectiva material; o dicho de otro modo, incorporan una serie de disposiciones que tienen por objeto **garantizar** la menor injerencia posible del juez estatal en el devenir del procedimiento arbitral.

### 1. RENUNCIA TÁCITA A LAS FACULTADES DE IMPUGNACIÓN

7.2. Como primer cauce pare reducir la dimensión judicial en el arbitraje, la LArb regula expresamente la renuncia tácita de las partes a las facultades de impugnación.

> **Artículo 6 LArb**: *Renuncia tácita a las facultades de impugnación.*
>
> *Si una parte, conociendo la infracción de alguna norma dispositiva de esta Ley o de algún requisito del convenio arbitral, no lo denunciare dentro del plazo previsto para ello o, en su defecto, tan pronto como le sea posible, se considerará que renuncia a las facultades de impugnación previstas en esta Ley.*

Esta renuncia no es más que una manifestación del principio de la autonomía de la voluntad. También lo entiende así cierta jurisprudencia: "*las partes son dueñas del arbitraje en todos sus extremos y esa situación provoca que las mismas puedan consentir las infracciones que puedan existir a lo largo del arbitraje, de manera que si una parte conoce una infracción y no la denuncia a tiempo, debe deducirse su voluntad intrínseca o tácita, extraída de los actos que lleva a cabo, de consentirla, y ello, en definitiva, por aplicación de la doctrina de los actos propios que ha sido recogida en innumerables sentencias del Tribunal Supremo*"[1]. No obstante, esta renuncia no opera "*respecto a hechos de los cuales o no existe disponibilidad de las partes o hay algún elemento contrario al orden público*"[2].

7.3. La eficacia del artículo 6 LArb se manifiesta en toda su extensión en sede de anulación. Y así, por ejemplo, impide considerar la falta de imparcialidad e independencia del árbitro, como motivo de anulación del laudo, cuando los motivos que la justifican ya eran conocidos durante el arbitraje y no se denunciaron ante el mismo tribunal arbitral (*temporaneidad* de la recusación)[3]. También impide entrar a examinar el nombramiento de árbitro único realizado por el presidente de una Junta Arbitral cuando en ningún momento posterior se haya denunciado tal nombramiento[4]; lo anterior, "*siempre que no aparezcan concernidos otros derechos fundamentales irrenunciables –tales como la observancia del principio de igualdad en la conformación misma y en la sustanciación del arbitraje*"[5].

7.4. Con todo, el alcance del artículo 6 LArb debe quedar particularmente limitado cuando la denuncia se refiera a los *requisitos del convenio arbitral*. Así, por más que el precepto en cuestión señale expresamente que la falta de cualquier *requisito del convenio arbitral* debe denunciarse tan pronto como sea posible (so pena de entenderse que existe renuncia a una futura impugnación por este motivo), es lo cierto que la jurisprudencia del TEDH sobre el control de la validez del convenio impone una reinterpretación de este precepto en este punto concreto. De tal forma que la *no* denuncia por el demandado de esos requisitos en el momento que este precepto exige (por ejemplo, por no personación), no puede impedir que la validez del convenio se revise en el contexto de una acción de anulación[6].

7.5. Por otro lado, estimo que el artículo 6 LArb tiene un ámbito de aplicación *espacial* –respecto del procedimiento arbitral– limitado: su

1. SAP de Valladolid, 9.2.2006, ECLI:ES:APVA:2006:302.
2. STSJ de Cataluña, 10.5.2012, ECLI:ES:TSJCAT:2012:5856.
3. STSJ de Madrid, 26.5.2015, ECLI:ES:TSJM:2015:6571.
4. STSJ de Cataluña, 19.4.2021, ECLI:ES:TSJCAT:2021:4825.
5. Entre otras, STSJ de Madrid, 4.11.2016, ECLI:ES:TSJM:2016:11933.
6. *Vid. infra* Cap. VIII.

invocación no es posible una vez dictado el laudo, pues a partir de entonces, la denuncia de algún defecto del laudo es meramente opcional (art. 39 LArb)[7].

7.6. Por último, en la aplicación de este precepto también debe tenerse en cuenta la *dimensión* del Derecho europeo; de tal forma que, a su amparo, no cabe negar una posible revisión del Derecho de la UE en el contexto de la acción de anulación[8].

## 2. LÍMITE A LA INTERVENCIÓN JUDICIAL

7.7. Por lo que hace a la cuestión relativa a la intervención judicial en el ámbito arbitral, cabe destacar que el legislador español ha optado por un modelo de intervención ***mínima***. Así se deduce tanto de una interpretación literal del artículo 7 LArb como de la misma Exposición de Motivos de la Ley.

> **Artículo 7 LArb**: *Intervención judicial.*
>
> *En los asuntos que se rijan por esta ley no intervendrá ningún tribunal, salvo en los casos en que ésta así lo disponga.*
>
> **EM:** *"la intervención judicial en los asuntos sometidos a arbitraje ha de limitarse a los procedimientos de apoyo y control, expresamente previstos por la ley".*

Tal criterio de intervención judicial *mínima* es, efectivamente, el previsto en la LM UNCITRAL (art. 5). Sin embargo, es cierto también que está lejos de las tendencias más actuales en la materia, que se caracterizan por abrir la *intervención judicial* incluso para supuestos que no presenten vinculación con el foro. Paradigmático en este sentido es el *foro de necesidad* previsto en el artículo 1595 NCPC francés, que prevé la intervención judicial en el ámbito arbitral para aquellos casos que pudieran derivar en una vulneración de la tutela judicial efectiva (*denegación de justicia*)[9].

7.8. En cualquier caso, una primera aproximación al precepto que regula esta cuestión induce a pensar que la *intervención judicial* únicamente

7. *Vid. infra* Cap. XI.

8. Esta cuestión se planteó en su momento ante el TJUE, en interpretación de la norma equivalente de la Ley de Arbitraje sueca (asunto C-135/21, *Athena Investment*). La cuestión prejudicial fue, sin embargo, retirada. Para entender el alcance y relevancia de la *tutela judicial efectiva* en la dimensión europea puesta en relación con los ordenamientos jurídicos de los Estados miembros es muy ilustrativa la STJUE, 13.3.2007, C-432/05, *Unibet*.

9. *In extenso*, SÁNCHEZ LORENZO, "El principio de mínima intervención judicial en el arbitraje comercial internacional", *Arbitraje*, 2016 (1), pp. 13-44.

es posible antes del inicio y/o después de la finalización del mismo procedimiento arbitral (*ad. ex.* nombramiento del árbitro y anulación del laudo). No obstante, un estudio más reposado de la cuestión, poniendo en relación este precepto con el artículo 8 LArb, conduce inexorablemente a ampliar su ámbito de aplicación. Y es que, tanto la asistencia judicial en la práctica de la prueba (art. 8.2 LArb), como la adopción judicial de medidas cautelares (art. 8.3 LArb), constituyen medidas que, de ordinario, se sustanciarán en paralelo al procedimiento arbitral.

7.9. En coherencia con lo estipulado en esta norma, parece también que, en principio, serán esas dos funciones –práctica de la prueba y adopción de medidas cautelares– las únicas asumibles por un juez en el marco de un procedimiento arbitral –ya sea interno o internacional–. Sin embargo, estimo que, aunque no previsto en el tenor del precepto en particular, ni en la LArb en general, el apoyo judicial puede ser necesario para librar una **notificación** con todas las garantías. El respeto a la *tutela judicial efectiva* exige, en efecto, que las partes puedan demandar del juez de primera instancia de la sede del arbitraje su apoyo en este ámbito. Ya sea para librar dicha notificación en España, ya sea para librarla en el extranjero[10]. Es por ello por lo que, aunque la notificación no esté expresamente comprendida entre las materias previstas en el ámbito de las *funciones de apoyo* del juez, debe incluirse en el mismo.

7.10. Por el contrario, posibles controversias en torno al **lugar** o **idioma** del arbitraje, sobre una "**declaración de inexistencia de laudo**"[11], o incluso sobre el **nombramiento del árbitro efectuado por las partes** (que no nombramiento *judicial*)[12], no podrán ser resueltas acudiendo a la vía judicial. Aun cuando expresamente lo quieran las partes. Ello es así como consecuencia de la intervención judicial *mínima* que pretende la LArb.

## II. TRIBUNALES COMPETENTES PARA LAS FUNCIONES DE APOYO Y CONTROL

7.11. Por aplicación del artículo 7 LArb, el punto de partida en este contexto es que un juez no podrá conocer, en principio, de otros aspectos procedimentales que no sean los expresamente tasados en el artículo 8

10. Al respecto *vid. supra* Cap. VI.
11. Aun dictado a la luz de otras circunstancias, Auto TSJ de Madrid, 1.12.2022, ECLI:ES:TSJM:2022:509A.
12. Así, por ejemplo, los tribunales alemanes se han negado a conocer de un supuesto en el que se solicitaba una declaración de invalidez del nombramiento del árbitro: OLG Munich, *Beschluss*, 26.6.2019 – 34 SchH 6/18, *SchiedsVZ* 2019, pp. 283-287. Téngase en cuenta, a este respecto, que el ordenamiento alemán en materia de arbitraje también se inspira en la LM.

LArb[13]. Y las materias que el artículo 8 enumera, abstracción hecha de la acción de anulación y execuátur, son: nombramiento y remoción judicial de árbitros; práctica de pruebas, adopción de medidas cautelares y ejecución forzosa del laudo arbitral.

**Diligencias preliminares y arbitraje**: Las diligencias preliminares son preparatorias de un *juicio* (art. 256 LECiv) y el arbitraje no lo es. Además, extender las diligencias al ámbito arbitral implicaría tanto como restringir la autonomía de la voluntad de las partes respecto del procedimiento arbitral[14].

## 1. NOMBRAMIENTO Y REMOCIÓN JUDICIAL DE ÁRBITROS

7.12. En virtud del artículo 8.1 LArb, para el *nombramiento y remoción judicial de árbitros* es competente el TSJ (Sala de lo Civil y de lo Penal) de la Comunidad Autónoma donde tenga lugar el arbitraje; de no estar aún determinado, el del domicilio o residencia habitual de cualquiera de los demandados; si ninguno de ellos tuviere domicilio o residencia habitual en España, el del domicilio o residencia habitual del actor; y si éste tampoco los tuviere en España, el de su elección.

7.13. Esta norma solo es aplicable cuando la sede del arbitraje se localice en España. No opera, sin embargo, cuando la sede del arbitraje no esté localizada en España o la misma no haya sido fijada por las partes (sede indeterminada). Y no opera porque el artículo 1.2 LArb no incluye al artículo 8.1 entre las normas de la LArb que son de aplicación aun cuando la sede del arbitraje no esté en España[15].

Lo anterior no supone que los tribunales españoles no puedan ser competentes para nombrar árbitro cuando la sede del arbitraje esté localizada en el extranjero o cuando la misma no esté determinada. En estos casos, los tribunales españoles pueden ser competentes a la luz de los foros de competencia previstos en el régimen general de competencia judicial internacional. En consecuencia, para los supuestos en los que la sede del arbitraje se fije en el extranjero o no esté determinada, los tribunales españoles serán competentes: (i) cuando el domicilio del demandado esté en España; (ii) por sumisión expresa o tácita de las partes; o (iii)

13. Excepción hecha –insistimos– del auxilio en el ámbito de la notificación. Al respecto *vid. supra* Cap. VI.
14. SAP de Madrid, 24.7.2008, ECLI:ES:APM:2008:12764.
15. A diferencia de lo que ocurre con los apartados 3, 4 y 6 del artículo 8, que sí son de aplicación aun cuando el lugar del arbitraje se encuentre fuera de España (art. 1.2 LArb).

cuando pueda apreciarse el juego del *foro de necesidad* (art. 22 octies 3 *in fine* LOPJ)[16].

Pese al razonamiento anterior, el TSJ de Madrid se ha declarado *prima facie* territorialmente competente para *tramitar* una demanda de *nombramiento de árbitro* en aplicación del artículo 8.1. LArb estando la sede del arbitraje internacional sin determinar[17].

## 2. PRÁCTICA DE PRUEBA, ADOPCIÓN DE MEDIDAS CAUTELARES Y EJECUCIÓN FORZOSA DEL LAUDO ARBITRAL

### 2.1. Práctica de prueba

7.14. En virtud del artículo 8.2 LArb, para la asistencia judicial de la **práctica de pruebas** es competente: (i) el JPI del lugar del arbitraje; o (ii) el JPI del lugar donde hubiere de prestarse la asistencia. Interpretado este precepto a la luz del artículo 33 LArb, cabe concluir que tanto las partes como el árbitro podrán solicitar *directamente* ante el JPI que interese (el de la sede o el del lugar donde deba prestarse) la práctica de prueba. Adviértase, no obstante, que cuando el arbitraje tenga su sede en el extranjero, ni el árbitro ni las partes podrán solicitar la práctica de la prueba *directamente* ante uno de los JPI señalados. Ello es así porque el artículo 1.2. LArb tampoco contempla la aplicación de esta norma cuando el arbitraje tenga su sede en el extranjero.

Ahora bien, el hecho de que el artículo 1.2 LArb no prevea expresamente la aplicación de este apartado del artículo 8 cuando el lugar del arbitraje se encuentre fuera de España no quiere decir que los tribunales españoles no puedan practicar pruebas en apoyo de un arbitraje que se esté desarrollando o vaya a desarrollarse en el extranjero. Lo único que quiere decir es que, en estos supuestos, ni el árbitro ni las partes podrán solicitar *directamente* al juez español la práctica de la prueba. Por tanto, en estos supuestos de arbitraje con sede en el extranjero, los árbitros o las partes deberán interesar al juez del Estado de la sede del arbitraje la práctica de la prueba, para que éste, a su vez, solicite la cooperación judicial

16. El artículo 1505.4.ª NCPC francés prevé expresamente un *foro de necesidad* en el ámbito del arbitraje internacional que entra en juego cuando una de las partes en el mismo se encuentre en riesgo de denegación de justicia.

17. Auto TSJ de Madrid, 8.5.2018, ECLI:ES:TSJM:2018:182A. *Vid.* también la sentencia posterior en cuya virtud se nombra árbitro en este procedimiento: STSJ de Madrid, 29.3.2019, ECLI:ES:TSJM:2019:5562. Sobre el auto citado y la más que posible aplicación del *foro de necesidad* en este contexto, *vid.*, GÓMEZ JENE, "Nombramiento de árbitros en supuestos de sede indeterminada (a propósito del Auto del TSJ de Madrid de 8 mayo de 2018)", *CDT*, 2019/1, pp. 758-763.

internacional de los tribunales españoles. En este particular contexto, será de aplicación el régimen general de cooperación internacional en materia de prueba: es decir, el Reglamento europeo para los supuestos *intra*europeos; y el régimen previsto tanto en los convenios internacionales como en la Ley de cooperación jurídica internacional (LCJI) para los supuestos *extra*europeos. Sobre la aplicación de estos textos nos remitimos al capítulo correspondiente[18].

### 2.2. Adopción de medidas cautelares

7.15. Con carácter general, los tribunales españoles son internacionalmente competentes para adoptar **medidas cautelares** en dos supuestos: (i) respecto de personas o bienes que se hallen en territorio español y la medida deba cumplirse en España; y, (ii) cuando los tribunales españoles sean competentes para conocer del asunto principal[19].

**Artículo 22 sexies LOPJ.**

*Los Tribunales españoles serán competentes cuando se trate de adoptar medidas provisionales o de aseguramiento respecto de personas o bienes que se hallen en territorio español y deban cumplirse en España. Serán también competentes para adoptar estas medidas si lo son para conocer del asunto principal.*

El primer supuesto no plantea mayores problemas: en tanto que se den las circunstancias descritas, el juez español es competente para adoptar medidas cautelares en apoyo de un arbitraje con sede en España o con sede en el extranjero. El segundo supuesto, por el contrario, sí plantea mayores dudas. Repárese, por comparación con el primer inciso –cautelas para asegurar bienes en España–, que el segundo inciso está pensado para que el juez español conceda medidas cautelares cuya eficacia deba desplegarse en el extranjero: si tuvieran que desplegar eficacia en España bastaría con alegar el primer inciso. A partir de aquí, es cierto que una interpretación literal del inciso invitaría a deducir que solo sería de aplicación para supuestos estrictamente jurisdiccionales; esto es, solo se aplicaría a supuestos en los que un juez –y no un árbitro– fuese competente para conocer sobre el fondo de la controversia. De tal suerte que su aplicación no alcanzaría a supuestos de "mero" apoyo a un arbitraje, en tanto que en estos supuestos es el árbitro –y no el juez– el que conoce sobre el fondo.

18. *Vid. infra* Cap. X.
19. En la jurisprudencia, *vid.* Auto AP de Oviedo de 12.4.2019, (ECLI:ES:APO:2019:483A) analizando la competencia judicial en un supuesto de aplicación de las Reglas CCI Uniformes para la ejecución de las garantías en un supuesto de adopción "inaudita parte" de la medida cautelar de suspensión de la ejecución de aval.

Sin embargo, una interpretación de este inciso inspirada en el modo en que el TJUE ha interpretado la relación entre las medidas cautelares en apoyo de un arbitraje y el hoy Reglamento Bruselas I *refundido*[20] permite sostener que el precepto en cuestión también otorga competencia judicial internacional al juez español en supuestos en los que, haciendo abstracción del convenio arbitral, tuviera competencia *–en abstracto–* para conocer sobre el fondo del asunto. De tal modo que si en una aplicación *abstracta* de los foros de competencia judicial internacional (ya sean los previstos en un Reglamento, Convenio o norma procesal interna), el juez español resultare competente para conocer sobre el fondo, también tendría competencia para otorgar la tutela cautelar en apoyo de un arbitraje. Esta interpretación permite que un juez español pueda declararse competente para adoptar medidas cautelares en apoyo de un arbitraje con sede en España aun cuando las mismas fueran a desplegar efectos únicamente en territorio extranjero; ya fuera en un único territorio o en varios territorios extranjeros simultáneamente (por encontrarse los bienes objeto de tutela cautelar en distintos Estados). O lo que es lo mismo: esta interpretación permite otorgar competencia judicial internacional al juez español como *juez de apoyo* de un arbitraje internacional con sede en España y que, en consecuencia, su resolución cautelar se reconozca en el espacio judicial europeo por aplicación del Reglamento Bruselas I *refundido*[21].

> La interpretación anterior exige interpretar que, *en abstracto*, el convenio arbitral determinando la sede del arbitraje en territorio español *equivale* a una cláusula de sumisión a tribunales españoles. A partir de esta simulación en abstracto, se podría entender cumplido el requisito de competencia sobre el fondo establecido en el artículo 22 sexies LOPJ.

7.16. En cualquier caso, respecto de las medidas cautelares que deban adoptarse en apoyo de un arbitraje con sede en España o en el extranjero (suponiendo la existencia de bienes en territorio español), el artículo 8.3 LArb establece la competencia del *Tribunal* del lugar en el que el laudo deba ser ejecutado y, en su defecto, el del lugar donde las medidas deban producir su eficacia (art. 724 LECiv)[22]. La referencia genérica que tanto el artículo 8.3 LArb como el artículo 724 LECiv hacen al *Tribunal* competente, sin concretar dicha competencia en los JPI o, en su caso, en los TSJ, plantea la duda de si, en el concreto contexto de la acción de **anulación** o solicitud de **execuátur**, los tribunales competentes para dictar estas cautelas deben

20. *Vid. infra* Cap. X.
21. *Vid. infra* Cap. X.
22. *Vid. infra* Cap. X.

ser los JPI o los TSJ que conocen de la acción de anulación o execuátur[23]. Pues bien, a este respecto, el TSJ de Madrid ha establecido, por un lado, su competencia general para conocer de una solicitud de medidas cautelares vinculadas a una acción de *anulación*[24]; sin embargo, ha negado específicamente su competencia objetiva para otorgar una medida cautelar consistente en la *suspensión* de la ejecución del laudo[25]. Por otro lado, el TSJ de Cataluña ha negado su competencia para conocer de una solicitud de medidas cautelares vinculadas al procedimiento de *execuátur* de un laudo extranjero. Para este TSJ, dicha competencia debe residenciarse en los JPI. Y ello, básicamente, por los siguientes motivos: (i) por el carácter de órganos de última instancia de los TSJ; (ii) porque los JPI son también los órganos competentes para la ejecución del laudo, lo que redunda en mayor eficacia y economía procesal; (iii) porque al residenciar la competencia en los JPI se garantiza un régimen de recursos frente a la resolución que las adopte; y, (iv) porque los JPI son también los órganos competentes para otorgar cautelas cuando el arbitraje se está desarrollando tanto en España como en el extranjero[26].

7.17. Por otro lado, en aquellos supuestos en los que una de las partes se encuentre en situación **concursal**, la competencia del juez del concurso prevalece, en principio, sobre la del juez competente conforme al artículo 8 LArb[27] (art. 86 ter 2 5.° LOPJ). Debe repararse, no obstante, que el artículo 54.1 TRLC establece una aparente excepción respecto de las medidas cautelares adoptadas por un *árbitro*, que parecen no quedar afectadas por la competencia del juez del concurso. Sin embargo, en tanto en cuanto muchas de las medidas cautelares que pueda adoptar un árbitro necesitarán de la *autoritas* del juez para ser desplegar su eficacia, la jurisdicción del juez del concurso, para acordar su suspensión, puede deducirse del artículo 54.2 TRLC.

---

23. Repárese, además, que el artículo 54.2 LCJI prevé expresamente la posibilidad de solicitar cautelas en el contexto de un procedimiento de execuátur. *Vid. infra* Cap. XII.
24. En este caso, la medida se solicitó mediante *Otrosí* en la misma demanda de anulación parcial, Auto TSJ de Madrid, 21.6.2021, ECLI:ES:TSJM:2021:298A.
25. STSJ de Madrid, 14.6.2022, ECLI:ES:TSJM:2022:8086.
26. Particularmente motivada, y declarándose objetiva y territorialmente *incompetente*, Auto TSJ Cataluña, 30.7.2014, ECLI:ES:TSJCAT:2014:442A. Sin entrar a analizar esta cuestión, pero aceptando implícitamente la competencia del JPI, Auto AP de Madrid, 7.7.2021, ECLI:ES:APM:2021:3673A. Declarándose incompetente por entender que la demanda de medidas cautelares no está unida a la demanda de execuátur, Auto TSJ de Madrid, 15.3.2022, ECLI:ES:TSJM:2022:107A.
27. Expresamente en este sentido, Auto AP de La Rioja, 8.10.2009, *SAR*, N.° 9 / 2010, pp. 121-126 (con nota de GÓMEZ JENE).

**Artículo 86 ter 2 5.° LOPJ.**

*2. En todo caso, la jurisdicción del juez del concurso será exclusiva y excluyente en las siguientes materias:*

*5.° Las medidas cautelares que afecten o pudieran afectar a los bienes y derechos del concursado integrados o que se integren en la masa activa, cualquiera que sea el tribunal o la autoridad administrativa que la hubiera acordado, excepto las que se adopten en los procesos civiles sobre capacidad, filiación, matrimonio y menores.*

**Artículo 54 TRLC.** *Medidas cautelares.*

*1. La jurisdicción exclusiva y excluyente del juez del concurso se extiende a cualquier medida cautelar que afecte o pudiera afectar a los bienes y derechos del concursado integrados o que se integren en la masa activa, cualquiera que sea el tribunal o la autoridad administrativa que la hubiera acordado, excepto las que se adopten en los procesos civiles sobre capacidad, filiación, matrimonio y menores,* ***así como de cualquiera de las adoptadas por los árbitros en el procedimiento arbitral.***

*2. Si el juez del concurso considerase que las medidas adoptadas por otros tribunales o autoridades administrativas pueden suponer un perjuicio para la adecuada tramitación del concurso de acreedores, acordará la suspensión de las mismas, cualquiera que sea el órgano que las hubiera decretado, y podrá requerirle para que proceda al levantamiento de las medidas adoptadas. Si el requerido no atendiera de inmediato al requerimiento, el juez del concurso planteará conflicto de jurisdicción, conflicto de competencia o cuestión de competencia, según proceda.*

### 2.3. Ejecución forzosa del laudo

7.18. En virtud de los artículos 8.4 LArb, 85.5 LOPJ y 545.2 LECiv, para denegar o autorizar la **ejecución forzosa del laudo** es competente el JPI del lugar en que se haya dictado el laudo. Para la ejecución forzosa del laudo arbitral extranjero es competente el JPI designado con arreglo a los mismos criterios establecidos para determinar la competencia del TSJ en materia de execuátur. Ello es así, además, aun cuando el arbitraje verse sobre materias atribuidas al conocimiento de los Juzgados de lo Mercantil[28].

28. Como consecuencia del cambio operado en este contexto por la *Ley Orgánica 5/2011, de 20 de mayo, complementaria de la Ley 11/2011, de 20 de mayo de reforma de la Ley 60/2003, de 23 de diciembre. Vid.* expresamente en este sentido, Auto AP de León, 23.11.2018, ECLI: ES:APLE:2018:1416A.

Adviértase, por fin, que cuando se pretenda la ejecución de un laudo extranjero, habrá de solicitarse previamente la declaración de ejecutabilidad (execuátur) del mismo ante el TSJ competente.

## 3. ACCIÓN DE ANULACIÓN Y EXECUÁTUR

7.19. En virtud del artículo 8.5 LArb, para conocer de la ***acción de anulación*** es competente el TSJ (Sala de lo Civil y de lo Penal) de la Comunidad Autónoma donde el laudo se hubiere dictado[29]. Lo anterior tanto para los laudos dictados en materia comercial como en materia de consumo.

En relación con un supuesto estrictamente interno, la jurisprudencia ha precisado que esta norma es imperativa y que, puesta en relación con el artículo 54.1 *LEC in fine* (a cuyo tenor, *Tampoco será válida la sumisión expresa o tácita en los asuntos que deban decidirse por el juicio verbal* [como es la acción de anulación]), impide que las partes puedan acordar el foro competente para conocer de la acción de anulación[30]. Es decir, si las partes eligen Madrid como sede del arbitraje, no pueden elegir la competencia del TSJ del País Vasco para conocer de la acción de anulación. Tal jurisprudencia, sin embargo, no debe ser extrapolable a supuestos internacionales (*infra* III en este mismo Capítulo).

7.20. En virtud del artículo 8.6 LArb, para conocer del ***execuátur*** del laudo arbitral extranjero es competente el TSJ (Sala de lo Civil y de lo Penal) de la Comunidad Autónoma del domicilio o lugar de residencia de la parte frente a la que se solicita el reconocimiento o del domicilio o lugar de residencia de la persona a quien se refieren los efectos del laudo; subsidiariamente, el lugar de ejecución o lugar donde el laudo deba producir sus efectos[31]. Lo anterior sin perjuicio de la competencia de los juzgados de primera instancia expresamente prevista en ciertos convenios bilaterales[32].

El hecho de que no haya bienes en España susceptibles de ser ejecutados es irrelevante en este contexto[33]. El artículo 22 octies 3 LOPJ proclama de forma especialmente nítida la competencia "amplia" de los tribunales

29. *Vid.* además, art. 73.1.c/ LOPJ.
30. Auto TSJ de Madrid, 12.9.2019, ECLI:ES:TSJM:2019:242A.
31. *Vid.* además, art. 73.1c/ LOPJ.
32. Así, declarándose *incompetente* a la luz del convenio bilateral con China: Auto TSJ de Navarra, 30.5.2012, ECLI:ES:TSJNA:2012:2A. *Vid. infra* Cap. XII.
33. En este sentido, Auto TSJ de Madrid, 18.4.2018, ECLI:ES:TSJM:2018:113A.

españoles en este contexto, de tal forma que no exige vínculo alguno con el país para que los tribunales puedan declararse competentes en materia[34].

**Artículo 22.3 octies LOPJ.**

*Los Tribunales españoles no podrán abstenerse o declinar su competencia... cuando se trate del reconocimiento y la ejecución de resoluciones judiciales, decisiones arbitrales y acuerdos de mediación dictados por los Tribunales extranjeros.*

Tal concepción amplia de la competencia judicial internacional en materia de execuátur está plenamente justificada. En esencia, no es más que la manifestación lógica de la *tutela judicial internacionalmente efectiva* que subyace a nuestras normas en materia de DIPr. Y es que, instar el execuátur de un laudo arbitral en España aun sabiendo que el demandado no dispone de bienes ejecutables en este territorio puede tener consecuencias de indudable interés: por ejemplo, impide que el demandado pueda desplegar en el futuro su actividad en o desde este Estado.

7.21. Del mismo modo, los TSJ también son competentes para conocer de una acción **de *no* reconocimiento** del laudo arbitral extranjero. Esta acción es posible, a mi juicio, por varios motivos: en primer lugar y en perspectiva constitucional, porque no hay razón, en principio, para negar al justiciable esa tutela; en segundo lugar, porque tampoco hay razón para negar respecto del laudo arbitral una acción que sí está expresamente prevista para la sentencia judicial extranjera; y, en tercer lugar, porque tras la derogación de los artículos 952 ss. LEC 1881, la aplicación de determinadas disposiciones de la *Ley de cooperación jurídica internacional en materia civil* (LCJI) en materia de reconocimiento y ejecución (Título V) debe extenderse al laudo arbitral extranjero, por más que esta Ley no haga referencia al mismo[35]. Y en este particular contexto sería de aplicación el artículo 42.2 LCJI, que expresamente permite solicitar este tipo de reconocimiento[36].

La LCJI establece la competencia de los JPI para conocer del execuátur de sentencias extranjeras (art. 52). Esta circunstancia suscitó en su momento la duda en torno al tribunal competente para conocer del execuátur del laudo arbitral extranjero, pues en tanto que *lex posterior* podía interpretarse que la competencia así establecida abarcaba tanto a sentencias como laudos extranjeros. Sin embargo, tal interpretación no era, de inicio, sostenible, en tanto que la LCJI no hace referencia alguna al órgano competente para conocer del

34. En el mismo sentido, Auto TSJ de Madrid, 18.4.2018, ECLI:ES:TSJM:2018:113A.
35. *Vid. infra* Cap. XII.
36. *Vid. infra* Cap. XII.

execuátur del laudo arbitral extranjero, mientras que la LArb sí hace tal referencia. Es decir, no hay necesidad de extender la aplicación de la LCJI a un supuesto ya previsto en la LArb, que, además, es *lex specialis* en este contexto. La jurisprudencia de los TSJ, por su parte, ha confirmado este extremo, precisando, además, que frente a sus resoluciones de execuátur de laudos extranjeros no cabe recurso alguno[37].

7.22. En perspectiva concursal, cierta jurisprudencia ha establecido que cuando quiera hacerse valer el laudo extranjero en el seno de un concurso –por ejemplo, como crédito litigioso–, la **competencia** para conocer del **reconocimiento *incidental*** del mismo corresponde al **juez del concurso** *ex* artículo 44.2 LCJI[38]. A la misma conclusión se llega por aplicación de la norma que realmente regula este supuesto (art. 52.3 LCJI).

**Artículo 44.2 LCJI.**

*Cuando el reconocimiento de una resolución extranjera se plantee de forma incidental en un procedimiento judicial, el juez que conozca del mismo deberá pronunciarse respecto a dicho reconocimiento en el seno de cada procedimiento judicial según lo dispuesto en las leyes procesales.*

**Artículo 52.3 LCJI.**

*Si la parte contra la que se insta el exequátur estuviera sometida a proceso concursal en España y la resolución extranjera tuviese por objeto algunas de las materias competencia del juez del concurso, la competencia para conocer de la solicitud de exequátur corresponderá al juez del concurso y se sustanciará por los trámites del incidente concursal.*

Con todo, la afirmación así hecha es, a mi juicio, matizable. Y es que, si realmente no es necesario el reconocimiento o execuátur para hacer valer el laudo como crédito litigioso en el seno del concurso –y en mi opinión no lo es–, tampoco es necesario el reconocimiento *incidental* del mismo[39]. Como mucho, podría hablarse en este contexto de un reconocimiento *automático* del laudo extranjero[40].

37. A título de ejemplo, Auto TSJ de Cataluña, 19.5.2016, ECLI:ES:TSJCAT:2016:192A. Explicando los motivos que legalmente amparan esta imposibilidad de recurrir, Auto TSJ de Valencia, 11.9.2020, ECLI:ES:TSJCV:2020:128A.

38. AP Barcelona, 12.7.2017, ECLI:ES:APB:2017:6207.

39. Sobre esta cuestión *vid. infra* Cap. XII.

40. Sobre este tipo de reconocimiento, *vid.* por todos, GASCÓN INCHAUSTI, "Reconocimiento y ejecución de resoluciones judiciales extranjeras en la Ley de cooperación jurídica internacional en materia civil", *CDT*, 2015/2, p. 166. Sobre esta cuestión *vid. infra* Cap. XII.

En cualquier caso, es importante advertir –más allá del estricto ámbito concursal– del desajuste que se produce en el régimen de la competencia judicial internacional cuando se insta el reconocimiento *incidental* del laudo en vez del reconocimiento a *título principal* del mismo. Repárese, en efecto, que para conocer del *reconocimiento incidental* es competente el juez que conoce del fondo del asunto (de ordinario, un juzgado de primera instancia), mientras que para conocer del reconocimiento del laudo arbitral a *título principal* es competente el TSJ correspondiente[41].

### 4. OTRAS COMPETENCIAS

7.23. Lo anteriormente dicho no resuelve una cuestión particularmente controvertida que no regula la LArb. Dicha cuestión se suscita como consecuencia del principio de la autonomía de la voluntad de las partes que informa a la misma, y se concreta en determinar si éstas, en aplicación del citado principio, pueden prolongar la competencia del juez a supuestos no contemplados en la letra del artículo 8 (*ad. ex.* dejar en manos del juez la determinación del lugar o del idioma del arbitraje); es decir, si las partes, de mutuo acuerdo, pueden recurrir al juez para solicitar que resuelva sobre cuestiones para las que carece de competencia (*ad. ex.* fijar la sede del arbitraje).

Desde una perspectiva estrictamente teórica, y tomando como referencia otros supuestos legales, la doctrina tiende a manifestarse en términos negativos sobre esta cuestión[42]. La reflexión que subyace a esta opinión se basa, principalmente, en motivos de índole económica. En mi opinión, una respuesta negativa se deriva también del mismo principio de la autonomía de la voluntad. No en vano, el reverso de este principio exige de las partes un papel activo en la resolución de toda controversia procedimental que ellas, por sí mismas –o por mediación del árbitro–, puedan solucionar.

## III. *PRORROGATIO* Y *DEROGATIO FORI* EN LA ACCIÓN DE ANULACIÓN

7.24. En principio, la acción de anulación sólo podrá ejercitarse ante los TSJ territorialmente competentes contra los laudos arbitrales que hayan sido dictados en territorio español. Desde una perspectiva inversa, resulta –también, en principio– que los tribunales españoles *no* son competentes

41. Sobre los efectos del reconocimiento a título *incidental* sobre el reconocimiento a título *principal*, *vid. infra* Cap. XII.

42. Así, WAGNER, *Prozessverträge*, Tubingia, 1998, pp. 598 ss.

para conocer de la acción de anulación de un laudo arbitral que haya sido dictado en el extranjero.

Con todo, existe alguna controvertida sentencia española sobre este particular. Así, por ejemplo, la AP de Las Palmas se declaró en su momento competente para conocer de una acción de anulación de un "laudo" dictado por la OMPI en Suiza[43]. No así el TSJ de Madrid, que en su momento declaró su incompetencia para conocer de la acción de anulación de un laudo dictado en Copenhague[44].

7.25. No obstante lo anterior, puede plantearse en la práctica la posibilidad de designar como sede del arbitraje el lugar de un Estado y como tribunales competentes para conocer de la acción de anulación los tribunales de otro Estado. Se trataría, en definitiva, de analizar la eficacia de una cláusula de jurisdicción en cuya virtud se designan como tribunales para conocer de la acción de anulación los tribunales de un Estado distinto al de la sede del arbitraje.

**Ejemplo:** Las partes quieren pactar la sede del arbitraje en España y la competencia de la *Cour d'appel* de París para conocer de la acción de anulación. ¿Sería posible tal pacto? ¿Qué normas lo regulan?

Para contestar a esta cuestión debe concretarse, en primer lugar, la ley o leyes a cuya luz debe comprobarse la eficacia de la *derogatio fori* por un lado, y la eficacia de la *prorrogatio fori* por otro. Estas normas son, por un lado, las normas procesales del Estado cuya competencia se quiere derogar y, por otro, las normas procesales del Estado cuya competencia se quiere prorrogar. En el ordenamiento jurídico español, la norma que regula la *derogatio fori* en este supuesto es el artículo 22 ter 4 LOPJ, pues las normas del Reglamento Bruselas I *refundido* no son aplicables al supuesto (en tanto que el arbitraje está excluido de su ámbito de aplicación material, *ex* art. 1).

**Artículo 22 ter 4 LOPJ.**

*4. No obstante, la competencia establecida conforme a lo dispuesto en el apartado 1 de este artículo podrá ser excluida mediante acuerdo de elección de foro a favor de un Tribunal extranjero. En tal caso, los Tribunales suspenderán el procedimiento y sólo podrán conocer de la pretensión deducida en el supuesto de que los Tribunales extranjeros designados hubieren declinado su competencia.*

---

43. SAP Las Palmas de Gran Canaria, *AEDIPr.*, 2006, pp. 819-821 (con nota de ARTUCH IRIBERRI).
44. ATSJ de Madrid, 1.2.2012, ECLI:ES:TSJM:2012:29A.

El límite que fija el artículo 22 ter 5 LOPJ no es aplicable en este contexto, pues la competencia para conocer de la acción de anulación no está entre las *competencias exclusivas* a favor de los tribunales españoles (art. 22 LOPJ).

7.26. Por su parte, determinados ordenamientos jurídicos en materia de arbitraje admiten expresamente una *prorrogatio fori* a favor de sus tribunales en las cuestiones relativas a control y apoyo al arbitraje. Ejemplo paradigmático en este sentido es el artículo 1505 NCPC francés:

> *En materia de arbitraje internacional, salvo acuerdo en contrario, el juez de apoyo del procedimiento arbitral será el presidente del Tribunal de Grande Instance de París cuando:*
>
> *3.º Las partes hayan otorgado expresamente competencia a los tribunales estatales franceses para conocer de las controversias relativas al procedimiento arbitral...*

Las normas procesales españolas, por el contrario, ni contemplan ni rechazan expresamente esta opción. Y desde esta perspectiva, no se aprecia argumento alguno en contra de una *prorrogatio fori* a favor de los tribunales españoles en este contexto. Es más, puede incluso afirmarse que el artículo 22 bis 1 LOPJ implícitamente lo permite.

> **Artículo 22 bis 1 LOPJ**. .... *No surtirán efectos los acuerdos que atribuyan competencia a los Tribunales españoles ni las estipulaciones similares incluidas en un contrato si son contrarios a lo establecido en los artículos 22 quáter, 22 quinquies, 22 sexies y 22 septies, o si se excluye la competencia de los tribunales españoles exclusivamente competentes conforme lo establecido en el artículo 22.*
>
> En mi opinión –más allá de la difícil interpretación que el inciso reproducido sugiere–nada hay en una cláusula de sumisión a tribunales españoles para que conozcan de la acción de anulación del laudo que pueda calificarse como *contrario* a lo establecido en los preceptos citados. De hecho, el artículo 22 quinquies, que regula, entre otras, la competencia judicial especial en materia contractual y extracontractual, supedita su aplicación a la existencia de una cláusula de sumisión (*en defecto de sumisión expresa....*).

7.27. Así las cosas, si las partes prevén en una cláusula de jurisdicción la prórroga de competencia a favor de un tribunal distinto del tribunal de la sede del arbitraje para conocer de una acción de anulación, dicha prórroga debería reputarse válida a la luz del ordenamiento jurídico español. No obstante, para que dicha cláusula sea plenamente operativa, debe constatarse que el ordenamiento jurídico del otro Estado implicado también acepta esa *derogatio* o *prorrogatio fori*.

**Riesgos de la *prorrogatio fori*:** Pese al aparente atractivo de designar los tribunales de un Estado distinto al de la sede o lugar del arbitraje para conocer de la acción de anulación, debe advertirse de los riesgos que esta opción conlleva. En concreto, puede ocurrir que la sentencia que anula el laudo, dictada en un Estado distinto al de la sede del arbitraje, se encuentre con ciertos obstáculos para circular por otros Estados (reconocimiento). Ello es así, porque, en principio, los sistemas de reconocimiento de sentencias extranjeras están pensados para sentencias que resuelven sobre el fondo del asunto en materia civil y mercantil, tras un juicio plenario. Desde esta perspectiva, debe repararse en que una sentencia de anulación de un laudo no resuelve propiamente sobre el fondo de la controversia (eso lo hace el laudo). Además, el control del laudo se hace de acuerdo con unos parámetros –garantías procesales– propios de ese Estado (legal o jurisprudencialmente establecidos); parámetros que no tienen por qué coincidir con los parámetros de otros Estados ni tienen por qué aceptarse en otros Estados. Por ello, es al menos imaginable que dictado un laudo en un Estado concreto, su ejecución se sustancie en ese mismo Estado sin que la sentencia dictada en el extranjero anulándolo pueda ser reconocida en el Estado donde se ejecuta: puede ocurrir, en efecto, que esa sentencia no se califique como materia civil o mercantil a los efectos de aplicar la norma que regula el reconocimiento y ejecución de sentencias extranjeras (norma análoga a la LCJI) y/o que se considere que es una sentencia que no resuelve estrictamente sobre el fondo.

## IV. UN SUPUESTO ESPECIAL: LAS *ANTI-SUIT INJUNCTION*

7.28. El derecho procesal anglosajón contempla la posibilidad de que un tribunal dicte una orden judicial (*anti-suit injunctions* o *injunctions to restrein judicial proceedings*) que tiene por objeto prohibir a una determinada parte que inicie –o prosiga– un procedimiento en el extranjero cuando para la resolución de la controversia se hubiere firmado una cláusula de sumisión a sus tribunales o a un arbitraje con sede en ese país[45]. Del mismo modo, la orden judicial puede tener por objeto prohibir a una

45. Sobre estas medidas, referido al arbitraje *vid*. GAILLARD (Ed.), *Anti-Suit Injunctions in International Arbitration, iai series on internacional arbitration*, 2005; *Vid*. también: FERNÁNDEZ ROZAS, " Anti- Suit Injunctions et Arbitrage commercial international : Mesures adressées aux parties et au Tribunal arbitral ", *Libro Homenaje al Profesor Juan Antonio Carrillo Salcedo*, pp. 575-586; y, GAILLARD, " Il est interdit d'interdire:

determinada parte o incluso al árbitro que inicie –o prosiga– un arbitraje con sede en otro país, por entender los tribunales que la dictan que son los únicos competentes para conocer de esa disputa (*anti-arbitration injunction*)[46]. La espiral que inicia este caso ha dado lugar a un tercer supuesto: los tribunales del país en el que se desarrolla el arbitraje –o los mismos árbitros– dictan una orden prohibiendo a los tribunales extranjeros que dictaron la primera prohibición que prohíban el arbitraje y que conminen a las partes a seguir con el –*il est interdit d'interdire*[47]–. Por fin, esta forma tan agresiva –y frecuente[48]– de proteger la competencia también puede ser ejercitada por el árbitro. Esta última es menos habitual: consiste en que el árbitro dicta una orden conminando a alguna de las partes a que no prosiga la vía judicial[49].

En la jurisprudencia española se encuentra algún pronunciamiento sobre este requerimiento judicial tan particular: *Se trata, en algún modo, de una técnica anglosajona llamada anti-suit injuntions o "requerimiento de no demandar" que son órdenes o requerimientos que emite un Juez, a instancia de una de las partes, prohibiendo iniciar un arbitraje u ordenándole desistir o suspender el iniciado. En derecho continental son vistas con desconfianza y por ello en el art. 7 LA se establece este principio de intervención mínima del Juez en que dispone que los asuntos que se rijan por esta LA no intervendrá ningún Tribunal, salvo en los casos en que ésta (LA) así lo disponga*[50].

7.29. Así las cosas, procede analizar la respuesta que el ordenamiento jurídico (tanto de fuente interna como europeo) da a estos dos supuestos: (i) aquél en el que el juez prohíbe a una de las partes que siga un **procedimiento judicial** en otro país por entender que existe un convenio arbitral válido (*anti-suit injunction*); (ii) aquél en el que el juez prohíbe a una de las partes –y a los árbitros– que sigan un **arbitraje** en el

Réflexions sur l'utilisation des Anti-suit Injunctions dans l'arbitrage commercial international ", *Rev. Arb.*, 2004, pp. 47-62.

46. Así, por ejemplo, los tribunales de Malasia dictaron en su momento una *anti-suit* para detener un arbitraje *ad hoc* con sede en Madrid en un supuesto en el que el árbitro fue nombrado por el mismo TSJ de Madrid: DOSHI / UDGATA, "Anti-Arbitration injunction by Malaysian High Court-un (measured) invocation of sovereign immunity", *Arb. Int.*, 2020, pp. 415-418. El execuátur de esta *anti-arbitration injuction* fue denegado por Auto núm. 260/2023, de 10.4.2023, del JPI núm. 72 de Madrid.

47. GAILLARD, " Il est interdit d'interdire...", *cit.*, pp. 47-62.

48. Una pormenorizada recopilación hasta principios de 2007 puede verse en: DUTTA / HEINZE, "Anti-suit injunctions zum Schutz von Schiedsvereinbarungen", *RIW*, 2007, pp. 411-419.

49. Este es, por ejemplo, el supuesto que subyace a la sentencia del TJUE en el asunto *Gazprom* (*infra*).

50. STSJ de Cataluña, 22.5.2017, ECLI: ES:TSJCAT:2017:12519.

extranjero por entender que el convenio arbitral es **nulo** (*anti-arbitration injunction*)[51].

Por la relevancia que en este contexto tiene la jurisprudencia del TJUE para dar respuesta a los dos supuestos enunciados procede distinguir, en cada uno de ellos, el origen de la medida: es decir, procede distinguir si la misma ha sido dictada por un órgano judicial de un Estado miembro de la UE o por un órgano judicial de un Estado no miembro de la UE (supuesto más frecuente). Y ello, con independencia de que en ambos supuestos se llegue a la misma respuesta: ni las *anti-suit injunction* ni las *anti-arbitration injunction* son, en principio, reconocibles en España.

7.30. La respuesta al supuesto (i) –el juez prohíbe a una de las partes que siga un **procedimiento judicial** en otro país por entender que existe un convenio arbitral válido– fue en su momento resuelta por el TJUE en sentido negativo en la sentencia *West Tankers*[52]; sentencia, a su vez, confirmada en este punto por la sentencia *Gazprom*[53]. En efecto, el TJUE sentenció que una orden dictada por los tribunales de un Estado miembro (en el supuesto de autos, una *anti-suit* dictada por un tribunal inglés) para obligar a una parte a no comenzar o continuar un procedimiento judicial en otro Estado miembro, por entender que existía un convenio arbitral válido, no es –sintéticamente dicho– compatible con el principio de *confianza mutua* que informa el *espacio judicial europeo.* En concreto, el TJUE señaló que *"el hecho de que, mediante 'una anti-suit injunction', se impida a un órgano jurisdiccional de un Estado miembro... pronunciarse... sobre la propia aplicación de éste al litigio que conoce, equivale necesariamente a* ***arrebatarle*** *la facultad de pronunciarse sobre su propia competencia"*. La posterior entrada en vigor del Reglamento Bruselas I *refundido*, con la introducción en su texto de un Considerando 12 que matiza el alcance de la exclusión del arbitraje del ámbito de aplicación material de este instrumento, en nada afecta a la jurisprudencia *West Tankers*[54]. Así lo ha interpretado la jurisprudencia comparada[55].

51. Sobre la *Anti-arbitration injunction*, desde un detenido estudio de la jurisprudencia británica, GARNETT, "Anti-arbitration injunctions: walking the tightrope", *Arb. Int.*, 2020, pp. 347-372.
52. Sentencia *West Tankers* (oficialmente denominada *Allianz*), 10.2.2009, C-185/07.
53. Sentencia *Gazprom*, 13.5.2015, C-563/13. Sobre esta sentencia, *vid*. GÓMEZ JENE, "*Anti-suit injunctions* en forma de laudo arbitral (a propósito de la sentencia *Gazprom* del TJUE)", *CDT*, 20015/2, pp. 440-447.
54. Sobre esta modificación, *vid*. GÓMEZ JENE, "Arbitraje internacional y Reglamento Bruselas I *refundido*", *Arbitraje*, 2015 (1), pp. 15-48. Sobre la relevancia de este Considerando 12, *vid. infra* Cap. XII.
55. *High Court of Justice*, 22.5.2018, *Holding Ltd & Ors v. Public Joint-Stock Company 'Bank Otkritie Financial Corporation'*, (2018) EWHC 1343 (Comm).

Ya antes de la sentencia *West Tankers*, el TJUE se pronunció sobre la compatibilidad de este tipo de medidas en el *espacio judicial europeo* en el asunto *Turner*[56] (en este supuesto, los jueces británicos dictaron una orden con el objeto de que no se siguiese un determinado pleito ante los tribunales judiciales españoles). La respuesta del TJUE fue ya entonces tajante: el hoy Reglamento Bruselas I *refundido "se opone a que se dicte una orden conminatoria mediante la cual un órgano jurisdiccional de un Estado contratante prohíbe a una parte en el procedimiento en curso ante él iniciar o proseguir un procedimiento judicial ante un órgano jurisdiccional de otro Estado contratante"*. Y ello, *"aun cuando dicha parte actúe de mala fe"* con la intención de obstaculizar el procedimiento en curso. Para el TJUE, *"la prohibición impuesta por un órgano jurisdiccional a una parte, bajo pena de sanción de iniciar o proseguir un procedimiento judicial ante un órgano jurisdiccional extranjero va en detrimento de la competencia de éste para resolver el litigio. En efecto, dado que se prohíbe al demandante mediante una orden conminatoria que inicie tal procedimiento, es preciso constatar que existe una* ***injerencia*** *en la competencia del órgano jurisdiccional extranjero"*. A partir de aquí justificó su sentencia en torno a los siguientes argumentos: el respeto al principio de *confianza mutua* que subyace al citado Reglamento; la imposibilidad de proceder a un control de competencia de un juez por parte del juez de otro Estado contratante; y, el detrimento de la eficacia del Reglamento (*efecto útil*) que supondría aceptar la compatibilidad de estas medidas con su articulado.

7.31. A mi juicio, el criterio asumido por el TJUE en su jurisprudencia es también extrapolable a los supuestos extracomunitarios. Y ello, aun cuando el cauce legal que debe aplicarse en estos supuestos no sea el previsto en el Reglamento Bruselas I *refundido*. En efecto, en estos supuestos, de ser aplicable la LCJI (cuestión en sí misma controvertida), el cauce legal aplicable sería, en principio, el previsto en su Título V. Ocurre, sin embargo, que la misma aplicación de este Título es muy controvertida: el sistema de reconocimiento y ejecución de sentencias extranjeras que este Título diseña está pensado para aplicarse a sentencias firmes que resuelvan sobre el fondo –en juicio plenario– una controversia civil o mercantil. Y una *anti-suit injunction* no es, desde luego, una resolución judicial que resuelva sobre el fondo; tampoco parece que sea una resolución judicial en materia civil o mercantil. Esta circunstancia, por sí misma, constituye un argumento técnico suficiente para justificar la imposibilidad de reconocer una *anti-suit injunction* extranjera en España. Pero aun asumiendo la aplicación de la LCJI al reconocimiento de esa *anti-suit* (no UE), resulta

56. STJUE, 27.4.2004, C-159/02, *Turner*.

que la misma LCJI exige una serie de requisitos muy particulares para reconocerla. Así, si convenimos que la *anti-suit injunction* puede calificarse como una suerte de medida cautelar –aun sin serlo propiamente–, habremos de recordar que el punto de partida de la LCJI en este punto pasa por restringir en la medida de lo posible su reconocimiento (art. 41.4 LCJI). De tal modo, además, que si la resolución extranjera contiene una medida que es desconocida en el ordenamiento jurídico español –como es la *anti-suit*– debe adaptarse a una medida conocida en este ordenamiento, que tenga efectos equivalentes y persiga una finalidad e intereses similares (art. 44.4 LCJI). Como es fácilmente entendible, tal adaptación se antoja difícil de conseguir, habida cuenta de las particulares exigencias que contiene una *anti-suit injunction*.

**Artículo 41.4 LCJI.**

*4. Sólo serán susceptibles de reconocimiento y ejecución las medidas cautelares y provisionales, cuando su denegación suponga una vulneración de la tutela judicial efectiva, y siempre que se hubieran adoptado previa audiencia de la parte contraria.*

**Artículo 44.4 LCJI.**

*4. Si una resolución extranjera contiene una medida que es desconocida en el ordenamiento jurídico español, se adaptará a una medida conocida que tenga efectos equivalentes y persiga una finalidad e intereses similares, si bien tal adaptación no tendrá más efectos que los dispuestos en el Derecho del Estado de origen. Cualquiera de las partes podrá impugnar la adaptación de la medida.*

Por fin, en el extremo e improbable caso de que la *anti-suit* dictada en un tercer Estado pudiese franquear los obstáculos que tanto el artículo 41.4 LCJI como el artículo 44.4 LCJI suponen, todavía debería tenerse en consideración la posible aplicación de alguno de los motivos de denegación previstos en el artículo 46 LCJI. Entre ellos, el orden público (por motivación insuficiente[57]), la falta de una conexión razonable del juez que la dicta con el supuesto o incluso una posible "inconciliabilidad" de decisiones son motivos a tener particularmente en cuenta.

7.32. Por lo que atañe a la respuesta que debe darse al supuesto (ii) –el juez prohíbe a una de las partes que siga un **procedimiento arbitral** en otro país por entender que el convenio arbitral es nulo (*anti-arbitration injunction*)–, estimo que los argumentos empleados para dar respuesta al supuesto (i) son *mutatis mutandis* aplicables en este escenario; es decir, entiendo que procede dar la misma respuesta que hemos dado

57. *Vid.* sobre este particular STC 132/1991, de 17 de junio.

al supuesto (i). Tanto si la medida se dicta por un tribunal de un Estado miembro de la UE como si la medida se dicta por un tribunal de un Estado no miembro de la UE. Si se dicta por un tribunal de un Estado miembro, porque la jurisprudencia del TJUE arriba citada es perfectamente extrapolable a este supuesto: también en este contexto la *anti-arbitration injunction* supone una *injerencia* intolerable en la competencia del tribunal del Estado de destino; una *injerencia* que tiene por objeto, precisamente, *arrebatar* la competencia judicial de los tribunales de la sede para controlar el arbitraje[58]. De hecho, juzgar que el convenio arbitral no es válido no implica ni mucho menos que deba ser competente el tribunal que dicta la *anti-arbitration injunction* para conocer del fondo del asunto. Las reglas de competencia judicial internacional aplicables –en la mayoría de los supuestos, las previstas en el Reglamento Bruselas I *refundido*– también pueden establecer la competencia judicial de los tribunales de otro Estado miembro. En consecuencia, esa ambición –casi desmedida– del tribunal que dicta la *anti-arbitration injunction* por hacer valer su criterio sobre la validez del convenio arbitral no tiene por qué ser respetada ni por los jueces españoles ni por los jueces de otros Estados. En particular, si la *anti-arbitration injunction* se dicta por los tribunales de un tercer Estado, la misma aplicación de la LCJI a su reconocimiento es, como hemos descrito arriba, muy controvertida y tanto los artículos 41.4 como 44.4 LCJI suponen un obstáculo difícilmente franqueable. Además, la concurrencia de un motivo de denegación del reconocimiento es también muy posible (*ad ex.* orden público por falta de motivación o falta de conexión razonable del juez que la dicta con el supuesto). Y todavía situados en este particular supuesto, cabe señalar que el principio ampliamente admitido a nivel mundial de la *Kompetenz-kompetenz* (art. 22 LArb) supone tanto como que, una vez constituido el colegio arbitral, los tribunales de justicia no deberían pronunciarse a título principal sobre la validez del convenio arbitral[59]. Este argumento justificaría, también por sí solo, que el colegio arbitral no se considerase afectado por la citada *anti-arbitration injunction*. En consecuencia, y tal y como ha señalado el TSJ de Cataluña, cabe concluir que *"los jueces no pueden prohibir a las partes que inicien un arbitraje"*[60].

Para los ordenamientos jurídicos en materia de arbitraje que se inspiren en una concepción *transnacional* del arbitraje internacional pueden

58. La jurisprudencia inglesa es, precisamente por ello, reacia al otorgamiento de este tipo de medida: *"such an order would interfere with the supervisory jurisdiction of the court at the seat of arbitration"*; *vid.* GARNETT, "Anti-arbitration injunctions: walking the tightrope", *Arb. Int.*, 2020, p. 348.

59. *Vid. infra* Cap. VIII, Ep. XII y Cap. IX, Ep. VII.

60. STSJ de Cataluña, 22.5.2017, ECLI: ES:TSJCAT:2017:12519.

esgrimirse dos argumentos más[61]. Uno gira en torno a la eficacia de la misma sentencia que dicta la *anti-suit injunction* o la *anti-arbitration injunction*. Otro en torno a la desvinculación del árbitro internacional con el ordenamiento jurídico de la sede del arbitraje. Y así, del mismo modo que para los ordenamientos jurídicos que acogen esta concepción no tiene ninguna eficacia la sentencia judicial que anula un laudo arbitral[62], tampoco debe tener eficacia la sentencia judicial que dicta este tipo de medida. Por fin, la obligación del árbitro internacional de cumplir su función no debe verse alterada ni por la intercesión de los tribunales de la sede del arbitraje, ni por la intercesión de los tribunales de otro Estado[63].

61. Sobre la concepción transnacional, *vid supra* Cap. II.
62. *Vid. infra* Cap. XII.
63. GAILLARD, " Il est interdit d'interdire... ", *cit.*, pp. 47-62.

# VIII

# El convenio arbitral

## I. DE LA NORMA CONVENCIONAL A LA NORMA INTERNA

8.1. La forma y el contenido del convenio arbitral está regulado en tres normas: en el artículo II.2 CNY; el artículo I.2 a) CG y el artículo 9 LArb.

**Artículo II.2 CNY**: *La expresión acuerdo por escrito denotará una cláusula compromisoria incluida en un contrato o un compromiso, firmado por las partes o contenidos en un canje de cartas o telegramas.*

**Artículo I.2.a) CG**: *A los fines de la aplicación del presente Convenio, se entenderá por: a) 'acuerdo o compromiso arbitral', bien sea una cláusula compromisoria incluida en un contrato, o bien un compromiso, contrato o compromiso separado firmados por las partes o contenidos en un intercambio de cartas, telegramas o comunicaciones por teleimpresor y, en las relaciones entre Estados cuyas leyes no exijan la forma escrita para el acuerdo o contrato arbitral, todo acuerdo o compromiso estipulado en la forma permitida por dichas leyes.*

**Artículo 9 LArb**: *1. El convenio arbitral, que podrá adoptar la forma de una cláusula incorporada a un contrato o de acuerdo independiente, deberá expresar la voluntad de las partes de someter a arbitraje todas o algunas de las controversias que hayan surgido o puedan surgir respecto de una determinada relación jurídica, contractual o no contractual.*

*2. Si el convenio arbitral está contenido en un contrato de adhesión, la validez de dicho convenio y su interpretación se regirán por lo dispuesto en las normas aplicables a ese tipo de contrato.*

*3. El convenio arbitral deberá constar por escrito, en un documento firmado por las partes o en un intercambio de cartas, telegramas, télex, fax u otros medios de telecomunicación que dejen constancia del acuerdo.*

*Se considerará cumplido este requisito cuando el convenio arbitral conste y sea accesible para su ulterior consulta en soporte electrónico, óptico o de otro tipo.*

*4. Se considerará incorporado al acuerdo entre las partes el convenio arbitral que conste en un documento al que éstas se hayan remitido en cualquiera de las formas establecidas en el apartado anterior.*

*5. Se considerará que hay convenio arbitral cuando en un intercambio de escritos de demanda y contestación su existencia sea afirmada por una parte y no negada por la otra.*

8.2. La primera dificultad que plantea este marco regulatorio es la relativa a la determinación de cuál de las tres normas es de aplicación en un supuesto *internacional* (si se trata de un supuesto estrictamente *interno* es siempre de aplicación el artículo 9 LArb). A este respecto, cabe apuntar lo siguiente: en principio, son de aplicación prioritaria las normas convencionales (así lo recuerda el art. 1.1. LArb). Y ello, pese a que el artículo 9 LArb sea de aplicación *aun cuando el lugar del arbitraje se encuentre fuera de España* (art. 1.2. LArb). Sin embargo, en el particular contexto de la eficacia del convenio arbitral, el **artículo II.2 CNY** cede ante el artículo 9 LArb. Ello es así porque el artículo VII CNY (*cláusula de mayor favorabilidad*) permite expresamente la aplicación de normas más favorables a las previstas en el CNY tanto para el reconocimiento del convenio como del laudo arbitral[64], y, en este sentido, es claro que el artículo 9 LArb es una norma más favorable a la validez *formal* del convenio arbitral que el artículo II.2 CNY. De tal forma que, planteada una declinatoria ante los tribunales españoles, la determinación de la validez *formal* del convenio arbitral deberá hacerse a partir de los criterios recogidos en el artículo 9 LArb.

El mismo criterio sigue la jurisprudencia comparada, si bien utilizando otros argumentos. Así, el TS de EEUU ha establecido que en la medida en que "*nothing in the text of the Convention imposes a "rule of consent that displaces domestic law*"; y en la medida también en que "*the drafters sought to impose baseline requirements on contracting states*", llega a la conclusión de que "*the New York Convention does not prohibit the application of domestic law addressing the enforcement of arbitration agreements*". Y más concretamente, llega a la conclusión de que "*the New York Convention does not conflict with the enforcement of arbitration agreements by nonsignatories under domestic-law equitable estoppel doctrines*"[65].

64. *Vid. infra* Cap. XII.

65. *Supreme Court, Certiorari* 1.6.2020, *GE Energy Power Conversion France SAS v. Outokumpu Stainless USA, LLC.* Sobre esta sentencia, SENDLMEIER, "Formlose Schiedsbindung

8.3. Respecto del **artículo I.2 a) CG**, debe tenerse en cuenta, sobre todo, lo restringido de su aplicación (ambas partes deben tener su domicilio o sede en un Estado parte). Prevalece, cuando sea aplicable, sobre el artículo II.2 CNY, por cuanto el CG es un texto que complementa al CNY (*supra* III). Se trata de una norma particularmente favorable a la validez del convenio arbitral, pues acepta expresamente la validez del mismo incluso cuando haya sido concluido de forma *oral*. Repárese, no obstante, que la *oralidad* como forma de concluir un convenio arbitral ha sido aceptada por la jurisprudencia del TS siempre y cuando se den en el supuesto una serie de circunstancias a partir de las cuales se infiera que hubo una *voluntad inequívoca* de las partes de someterse al juicio de árbitros (*infra* 2).

8.4. Constatada por tanto la aplicación preferente del artículo 9 LArb, tal y como se ha concluido anteriormente, en adelante me referiré exclusivamente a este precepto. En este sentido, la **definición** de lo que debe entenderse por *convenio arbitral* se encuentra aparentemente escondida en su primer párrafo: un ***contrato procesal***[66] en virtud del cual las partes que lo suscriben –personas físicas o jurídicas– acuerdan someter a arbitraje todas o algunas de las controversias que hayan surgido o puedan surgir respecto de una determinada relación jurídica, contractual o no contractual.

> Se entiende por *contrato procesal* aquel que tiene su base en la autonomía de la voluntad, produce *efectos procesales* y sus requisitos de constitución, eficacia y nulidad se rigen por normas procesales (LArb), antes que por normas de derecho material (Código civil)[67]. Tal calificación es común en la jurisprudencia y doctrina alemanas. En concreto, el TS alemán califica al convenio arbitral como una "*subcategoría del contrato procesal*"[68]. En su concepción más extrema, el hecho de que el mismo se rija por normas procesales y no materiales implicaría que del convenio arbitral solo se derivan cargas y facultades, pero no derechos y obligaciones. Por ello, cierto sector

Dritter – Lockerung des Freiwilligkeitserfordernisse in der internationalen Handelsschiedsgerichtsbarkeit?", *IPRax*, 2021, pp. 381-391.

66. En este sentido, *vid.* WAGNER, *Prozessverträge*, Tubingia, 1998, pp. 324-331 y pp. 578-598. *Vid.* también, GEIMER, *Internationales Zivilprozessrecht*, 7.ª Ed., Colonia, 2015, p. 1433.

67. Sobre esta denominación, así como un análisis detallado de las consecuencias que estos contratos producen, *vid.* FERNÁNDEZ BALLESTEROS / RIFÁ SOLER / VALLS GAMBAU, *Derecho procesal práctico*, Madrid, 1995, p. 762. *Vid.* también los inconvenientes que tal denominación plantea en, DE BENITO LLOPIS-LLOMBART, *El convenio arbitral. Su eficacia obligatoria*, Madrid, 2010, pp. 71-78.

68. "*Unterfall des Prozessvertrages*". Sobre la naturaleza jurídica –*Rechtsnatur*– del convenio arbitral en la doctrina y jurisprudencia alemana, *vid.* ESLAMI, *Die Nichtöffentlichkeit des Schiedsverfahrens*, Mohr Siebeck, Tubingia, 2016, pp. 15-35.

doctrinal se refiere a la "doble naturaleza" del mismo[69]. Por lo que se refiere a nuestra jurisprudencia, es de destacar que el TS no se ha hecho eco de forma expresa de tal clasificación: "*Las cláusulas del convenio arbitral, como las de cualquier negocio jurídico, deben ser interpretadas con arreglo a las normas generales sobre interpretación contenidas en los preceptos del Cc que se refieren a los contratos (STS 27 de mayo de 2007, rec. 2613/2000)*"[70]. En sentencia posterior y en un supuesto relativo a la calificación de una cláusula de sumisión a tribunales, el TS ha matizado que, "*si admitiéramos que en principio la distinción pudiera ser aceptable* (cláusulas de sumisión como cláusulas `preprocesales'); *sin embargo no se puede llevar a los extremos a los que llega la sentencia impugnada* (su incumplimiento no deriva en daños y perjuicios), *ya que, en ocasiones... a través de un pacto de sumisión a la jurisdicción... se establece también el alcance de determinados derechos económicos*"[71]. Este dato es relevante, pues si se extrapola dicho razonamiento al convenio arbitral, de su incumplimiento (*ad ex.* demandar ante la jurisdicción) podría, según las circunstancias, derivarse responsabilidad (*infra* 12.2).

Jurisprudencia menor posterior sí ha abundado en esta cuestión y, aunque sin pronunciarse expresamente al respecto, parece admitir al menos implícitamente la calificación de *contrato procesal*: "*Por el convenio arbitral las partes se obligan a someter a arbitraje todas o alguna de las controversias surgidas o que puedan surgir de una determinada relación jurídica. Más allá de ese compromiso sobre la forma en que deben dirimir las controversias, del convenio arbitral no nacen obligaciones o prestaciones en sentido estricto de carácter patrimonial. El convenio arbitral es el pacto que da vida al arbitraje y... sus efectos se agotan con el inicio del procedimiento arbitral*"[72].

8.5. La expresión *convenio arbitral* engloba tanto a la *cláusula arbitral* –convenio arbitral inserto en un contrato principal– como al *acuerdo arbitral* –convenio arbitral adoptado al margen del citado contrato principal–. Acuerdo, éste último, que podrá adoptarse incluso cuando ya haya sido iniciada la vía judicial.

69. A favor de una "doble naturaleza" material y procesal, VIRGÓS SORIANO / GARCIMARTÍN ALFÉREZ, *Derecho procesal civil internacional*, 2.ª Ed., Madrid, 2007, p. 311.

70. STS, 20.11.2008, ECLI:ES:TS:2008:6660.

71. STS, 12.1.2009, ECLI:ES:TS:2009:263. Al respecto, *vid. infra* 12.2.

72. SAP de Barcelona, 19.4.2016, ECLI:ES:APB:2016:3809. *Vid.* también el *auto* de inadmisión del recurso extraordinario por infracción procesal y el recurso de casación interpuesto contra esta sentencia: Auto TS de 19.12.2018, ECLI:ES:TS:2018:13634A.

## II. *CONSENTIMIENTO* COMO CONDICIÓN DE EFICACIA DEL CONVENIO ARBITRAL

8.6. El *consentimiento* de ambas partes constituye el requisito o condición de eficacia del convenio arbitral. Sin consentimiento –de ambas partes– no hay convenio. Desde esta perspectiva, la cuestión nuclear consiste en determinar cuándo puede interpretarse que, efectivamente, la voluntad expresada de las partes puede entenderse como voluntad de someterse al convenio arbitral. Pues bien, para entender que dicha voluntad existe, debe constatarse, en primer lugar, la capacidad de las partes para otorgar consentimiento. A partir de ahí, y en la medida en que la prueba de dicho consentimiento no es siempre sencilla, la doctrina ha identificado una serie de principios a cuya luz puede interpretarse si en el supuesto controvertido hubo o no consentimiento.

**Disenso, olvido y preterición en la negociación del convenio arbitral**. Es posible que en la negociación del convenio arbitral, lejos de dejar la cuestión abierta, las partes no lleguen a un acuerdo sobre la sede del arbitraje, el idioma o la institución arbitral; es decir, que en la fase de negociación del convenio arbitral se constate un disenso expreso sobre alguno de estos extremos. Pues bien, en estos supuestos de disenso expreso sobre alguno de estos puntos entiendo que no hay convenio arbitral: el desacuerdo expreso sobre alguno de estos puntos afecta –"arrastra"– la validez del convenio arbitral. En efecto, como ha destacado la doctrina civilista, "*es preciso distinguir entre los términos que han quedado abiertos por un disenso de las partes, de aquellos otros que han sido olvidados y de los que han sido conscientemente omitidos en la negociación. En los dos últimos puede proponerse con más seguridad una integración judicial de los términos fallidos (arts. 1128, 1258 CC y 780 LECiv). En el primer caso, en la duda, no hay contrato*"[73].

El hecho de que el convenio arbitral pueda calificarse como contrato procesal, en nada afecta a este estadio anterior de negociación.

**Ejemplo**: En un intercambio de correos electrónicos se plantea lo siguiente: propuesta de A: "pactamos arbitraje con sede en Londres"; respuesta de B: "No, pactamos arbitraje con sede en Madrid". Ninguna comunicación posterior aclara este punto. En consecuencia, hay un disenso expreso sobre la sede que afecta a la conclusión del convenio arbitral.

73. CARRASCO PERERA, *Derecho de contratos*, 3.ª Ed., Aranzadi, Cizur menor, 2020, p. 284, 6/18.

## 1. CAPACIDAD PARA OTORGAR CONSENTIMIENTO

8.7. La capacidad se rige por la ley personal / nacional del otorgante (art. 9.1. CCiv). La falta de *capacidad* para firmar un convenio arbitral (por concurrir en la parte que lo firma alguna prohibición legal) conlleva la nulidad del laudo. Para que esto ocurra, el tribunal que conozca de tal acción debe constatar, en primer lugar, que la ley personal de la parte cuya incapacidad se alega prevé una prohibición legal al respecto; y, en segundo lugar, que esa prohibición ha sido efectivamente incumplida. La constatación de ambas circunstancias conduce –así la jurisprudencia comparada– a la anulación del laudo[74].

> La jurisprudencia española también es clara al respecto. En su virtud, debe declararse nulo (*ex* art. 41.1.a/ LArb) el laudo resultante de un convenio arbitral firmado por el tutor en nombre del incapacitado sin mediar la necesaria autorización judicial (*ex* art. 271.3 CCiv)[75].

## 2. PRINCIPIOS DE INTERPRETACIÓN DEL CONSENTIMIENTO

8.8. Para interpretar si realmente hubo o no consentimiento de las partes en someterse a arbitraje o si el convenio arbitral es o no formalmente válido, un sector doctrinal ha identificado tres principios que deben servir de guía en este ámbito: el principio de la ***buena fe***; el principio de ***interpretación efectiva***; y, el principio de interpretación ***contra proferentem***[76].

8.9. El principio de ***buena fe*** implica que la auténtica y verdadera intención de las partes debe prevalecer siempre sobre la intención declarada. Este principio encuentra aplicación cuando ambas intenciones sean distintas. En su virtud, la intención de las partes debe examinarse en su contexto; desde el momento de la firma del contrato hasta el surgimiento de la disputa. El principio de ***interpretación efectiva*** –asumido por la jurisprudencia inglesa más reciente en la interpretación de las cláusulas híbridas (*infra* 7)– supone que, ante dos interpretaciones posibles, debe prevalecer aquélla a cuya luz prevalezca la validez del convenio arbitral. Por fin, el principio ***contra proferentem*** supone que cuando deban interpretarse

74. *Cour of Appeal* de Estocolmo, *State of Ukraine v. Norsk Hydro ASA*, 17.12.2007, T 3108-06, ITA Monthly Report (Kluwerarbitration, May 2008), Vol. VI, Issue 5. Al respecto *vid.*, CORDERO MOSS, "Legal Capacity, Arbitration and Private International Law", en: *Convergence and Divergence in Private International Law. Liber Amicorum Kurt Siehr*, Schulthess, 2010, pp. 619-633.

75. TSJ de Madrid, 15.9.2015, ECLI:ES:TSJM:2015:10503. *Vid. infra* Cap. XII.

76. GAILLARD / SAVAGE, *Fouchard Gaillard Goldman on International Commercial Arbitration*, Kluwer Law International, 1999, pp. 257-262.

cláusulas oscuras, tal interpretación no debe beneficiar a la parte que las redactó[77].

8.10. La apreciación de estos principios por los tribunales españoles es limitada; lo cual es, hasta cierto punto, lógico: recuérdese que la jurisprudencia de la Europa continental está marcada por lo que al respecto ha establecido el TEDH: "*voluntad inequívoca*" (*infra*). Por ello, su interpretación debe hacerse de forma compatible con lo establecido por el citado Tribunal. Con todo, estimo que la toma en consideración de estos principios, a la luz de la jurisprudencia del TEDH, bien hubiera podido justificar interpretaciones distintas de las que finalmente han sido asumidas; por ejemplo, en el contexto de la interpretación de las cláusulas híbridas. Especialmente importante para evaluar la eficacia de estas cláusulas es el *principio de interpretación efectiva* (*infra* 7 y 10).

> La escasa jurisprudencia que –acertadamente– toma en consideración estos principios para guiarse en la interpretación sobre la validez del convenio arbitral, se refiere al ***principio de conservación del acuerdo de arbitraje***: "*El artículo 9 establece los elementos esenciales de la voluntad del convenio arbitral... prevaleciendo, en su interpretación, el principio de conservación del acuerdo de arbitraje o favor arbitri*"[78]. En su virtud, "*una cláusula que cuente con deficiencias debe ser interpretada a favor de la aplicación del procedimiento arbitral, superando cualquier deficiencia en cuanto a redacción o contenido. El no restringir la aplicación del arbitraje ante los supuestos de deficiencias o patologías que pueden ser superables, es la esencia del* favor arbitralis, *pues éstas no afectan a los elementos esenciales que ratifican la voluntad de las partes de someterse al arbitraje*"[79].

## 3. CONSENTIMIENTO: *VOLUNTAD INEQUÍVOCA*

8.11. Pese a que la *voluntad* de las partes como condición de validez del convenio ha sido objeto de una interpretación dispar –de hecho, los tribunales han llegado a identificar distintos grados de voluntad (*patente* v. *inequívoca*)–, hoy es indubitado que aquélla debe ser *inequívoca*. Referencia necesaria en este contexto es la sentencia del TEDH en el asunto *Suda c.*

77. Con más detenimiento, GAILLARD / SAVAGE, *cit.*, pp. 257-261.
78. STSJ de Cataluña, 1.2.2018, ECLI:ES:TSJCAT:2018:559; STSJ de Cataluña, 21.11.2019, ECLI:ES:TSJCAT:2019:10658. En sentido similar, STSJ de Madrid, 4.2.2020, ECLI: ES:TSJM:2020:684. Particularmente detallado, Auto AP de Logroño, 2.7.2021, ECLI:ES:APLO:2021:460A.
79. Auto AP de Logroño, 2.7.2021, ECLI:ES:APLO:2021:460A.

*République Tchèque*[80], pues en ella se interpreta la eficacia de la sumisión a arbitraje desde la perspectiva del artículo 6 CEDH[81]. En su virtud:

> 48. *El Tribunal recuerda que el derecho al acceso a un tribunal –garantía que deriva del artículo 6 § 1 de la Convención– no implica, en materia civil, la obligación de someterse a una jurisdicción de tipo clásico, integrada en las estructuras judiciales ordinarias de un país... El artículo 6 no se opone a la creación de tribunales arbitrales con el fin de juzgar ciertas diferencias de naturaleza patrimonial que enfrente a particulares. Nada impide a los justiciables renunciar a su derecho a un tribunal en favor de un arbitraje, a condición de que esa renuncia sea* ***libre, lícita e inequívoca****... El derecho a un tribunal reviste en efecto una máxima importancia en las sociedades democráticas como para que una persona pierda tal beneficio por el sólo hecho de suscribir un acuerdo parajudicial. En un ámbito que se revela de* ***orden público*** *para los Estados miembros, una medida o solución denunciada como contraria al artículo 6 requiere un* ***control particularmente intenso****.*

8.12. La jurisprudencia del TC, del TS y de los TSJ es coherente con la jurisprudencia del TEDH, pues también exige la constatación de una *voluntad inequívoca* para apreciar el consentimiento de las partes de someterse a arbitraje. Así, por ejemplo:

> **STC de 2.12.2010 y STC de 12.1.2018**[82]: La renuncia al ejercicio de las acciones ante los tribunales mediante una sumisión al arbitraje debe ser "***explicita, clara, terminante e inequívoca****, y si bien, por la protección que se debe dispensar a la buena fe, se ha declarado que la renuncia puede inferirse de la conducta de los titulares del derecho,* ***no es lícito deducirla de una conducta no suficientemente expresiva del ánimo de renunciar***".

> **STC de 15.6.2020**[83]: "*En este sentido, no cabe duda de que una mera revisión formal solo puede ser compatible con las exigencias del artículo 24 CE cuando la decisión arbitral es consecuencia de un verdadero y real convenio arbitral,* ***entendido este como la manifestación expresa de la voluntad de ambas partes de someterse a él***".

> **STS de 27.6.2017**: "*la cláusula de sumisión a arbitraje, para ser tenida por eficaz, es necesario que manifieste la* ***voluntad inequívoca*** *de las*

80. STEDH, 28.10.2010, núm. 1643/06.
81. En el supuesto concreto se trataba de estudiar la extensión de los efectos de un convenio arbitral a un accionista minoritario en el marco de un arbitraje societario a la luz del artículo 6 CEDH.
82. STC 136/2010, de 2 de diciembre; STC 1/2018, de 11 de enero.
83. STC 46/2020, de 15 de junio.

*partes de someter todas o algunas de las cuestiones surgidas o que puedan surgir de relaciones jurídicas determinadas a la decisión de uno o más árbitros"*[84].

8.13. En consecuencia, lo decisivo para apreciar el *consentimiento* de las partes de someterse a arbitraje es la efectiva constatación de *una voluntad inequívoca* al respecto. Voluntad que, en principio, no puede ampliarse o extenderse a terceros (*infra* 6). Además, como también puede deducirse de la jurisprudencia del TEDH: (i) el consentimiento de someterse a arbitraje es de interpretación particularmente *estricta, restrictiva y rigurosa*; (ii) la valoración de la voluntad inequívoca como prueba del consentimiento es una cuestión de **orden público**; y, (iii) la valoración de la voluntad inequívoca como prueba del consentimiento exige un **control** judicial particularmente **intenso**. Lo anterior debe tenerse obligatoriamente en cuenta a la hora de interpretar la validez del convenio arbitral a la luz del artículo 9 LArb. En efecto, por más que la LArb se haya esforzado en rebajar los requisitos formales del convenio arbitral para considerarlo formalmente válido, la *voluntad inequívoca* de sometimiento a arbitraje debe, siempre y en todo caso, constatarse. La interpretación del artículo 9 LArb a la luz del artículo 6 CEDH así lo exige.

**Apreciación de la *voluntad inequívoca***: El hecho de que un convenio arbitral pueda dar lugar a cierta confusión, no impide apreciar *voluntad inequívoca* de someterse a arbitraje[85]. Además, la *voluntad inequívoca* puede deducirse tanto de las circunstancias como de los actos o actuaciones de las partes: *inequívoca* es, por ejemplo, la voluntad del demandante de arbitraje, por más que en sede de anulación esgrima la invalidez del convenio arbitral[86]; *inequívoca* es también la voluntad de la parte que reconviene en el arbitraje sin impugnar la validez del convenio arbitral[87]. En sentido similar, no puede prosperar la acción de anulación por invalidez del convenio arbitral cuando quien la promueve ha planteado previamente en sede judicial una declinatoria por vigencia del convenio arbitral[88].

84. ECLI:ES:TS:2017:2500 (con cita de otras sentencias anteriores del mismo TS).
85. STS, 10.7.2007, ECLI:ES:TS:2007:4828; muy esclarecedor, Auto AP de Logroño, 2.7.2021, ECLI:ES:APLO:2021:460A.
86. STSJ de Castilla La Mancha, 22.3.2021, ECLI:ES:TSJCLM:2021:746.
87. STSJ de Madrid, 12.9.2019 ECLI:ES:TSJM:2019:6988.
88. STSJ del País Vasco, 28.9.2021, ECLI:ES:TSJPV:2021:2512: *"la exigencia de la buena fe –artículo 7 del Código Civil–, de la que se deriva la necesidad de mantener los propios actos no puede permitir que las partes cambien constantemente sus pretensiones dependiendo de sus intereses puntuales, sino que es exigible un comportamiento consistente"*.

**Elevación a público de contrato privado que contiene un convenio arbitral**. El hecho de que un contrato privado se eleve a público, recogiendo en la correspondiente escritura la práctica totalidad de las cláusulas del contrato privado menos el convenio arbitral y otras cláusulas accesorias, no puede ser interpretado como una novación modificativa con entidad suficiente para dejar sin efecto el convenio arbitral[89].

8.14. El reverso de la voluntad inequívoca es la *renuncia* –también inequívoca– a la jurisdicción ordinaria que *"ha de ser clara, terminante, incondicional e inequívoca, aunque* ***no resulta imprescindible que sea expresa****, ya que puede deducirse de actos inequívocos y concluyentes"*[90]. Con todo, esta última afirmación debe acogerse con cierta cautela, pues aceptarla en toda su extensión supondría tanto como tener que negar la validez de las cláusulas híbridas de sometimiento a jurisdicción y arbitraje (*infra*).

## III. CONTENIDO Y REQUISITOS FORMALES DEL CONVENIO ARBITRAL

8.15. En la medida en que la *voluntad* puede deducirse tanto de las circunstancias como de los actos o actuaciones de las partes, pocos son los **requisitos formales** que impone la LArb al **contenido** del convenio arbitral. De hecho, bien mirado, el único requisito que exige el párrafo primero del artículo 9 LArb es que del tenor del mismo se *deduzca* o *aprecie* la *voluntad* de las partes de someter a arbitraje todas o alguna de las controversias que hayan surgido o puedan surgir entre ellas. En palabras del legislador: *"La voluntad de las partes sobre la existencia del convenio arbitral se superpone a sus requisitos de forma"*. Lo anterior supone tanto como aceptar que el legislador ha hecho prevalecer el principio de *favor negotii* (o favor *arbitralis*) sobre el principio *de seguridad jurídica*; principio –este último– que en su momento informó la concepción del artículo II CNY[91]. De hecho, una lectura comparada del artículo 9 LArb con la norma que lo inspira (art. 7 LM), denota que aquél se ha desprendido de ciertos rigores formalistas que éste sí prevé. El resultado de esta aproximación es que para constatar la *voluntad inequívoca*, basta, en principio, con que el convenio arbitral conste por *escrito*. No es necesario, siempre en principio, que

89. AP de Bilbao, 7.2.2019, ECLI:ES:APBI:2019:294A.

90. Citando sentencias del TS: STSJ de Madrid, 13.12.2016, ECLI:ES:TSJM:2016:13260; Auto TSJ País Vasco, 7.11.2018; ECLI:ES:TSJPV:2018:277A.

91. Sobre esta cuestión *in extenso*, *vid*. GÓMEZ JENE, *El arbitraje comercial internacional en la Unión Europea: La eficacia del laudo arbitral*, Madrid, 2000, pp. 53-69. Por lo demás, debe apuntarse que este cambio de criterio constituye, hoy por hoy, la tónica general en el Derecho comparado.

esté firmando[92], ni que la cláusula del contrato en cuestión utilice la expresión "convenio arbitral", ni que emplee el término "arbitraje"[93]. Tampoco es necesario que el convenio incluya disposiciones sobre el número de árbitros, lugar o idioma del arbitraje.

Esta orientación *antiformalista* ya estaba en cierto modo presente en la jurisprudencia anterior a la entrada en vigor de la LArb. STS de 6.2.2003: "*lo decisivo para la validez del convenio arbitral no es tanto la firma de las partes o la utilización de determinadas fórmulas* como la prueba de la voluntad inequívoca de las partes *contractuales de someter sus controversias a arbitraje, siendo destacable en este sentido cómo la jurisprudencia más reciente de esta Sala se pronuncia en contra de las 'fórmulas sacramentales' como condicionantes de la validez de las cláusulas de sumisión a arbitraje y a favor, en cambio, del criterio respetuoso con la voluntad de las partes...*"[94].

Tras la entrada en vigor de la LArb, STSJ de Cataluña: "*El artículo 9 establece los elementos esenciales de la voluntad del convenio arbitral... prevaleciendo, en su interpretación, el principio de conservación del acuerdo de arbitraje o favor arbitri*"[95].

***Favor arbitri* y efecto relativo del convenio arbitral:** El principio de *favor arbitri* tiene límites impuestos por la jurisprudencia del TJUE: por ejemplo, cede cuando el convenio arbitral quede afectado por su efecto relativo (*infra* 8.43).

8.16. Por otro lado, nada impide que las partes prevean en el convenio arbitral cualquier especificación respecto de la formación, especialidad y experiencia de los árbitros. De tal modo, que incluso puede preverse un convenio arbitral que solo designe árbitros de una determinada comunidad religiosa.

La sentencia *Jivraj* de la *High Court of Justice*[96] estimó que un convenio arbitral que designaba como árbitros tres miembros de una

92. STSJ de Murcia, 26.7.2021, ECLI:ES:TSJMU:2021:1619.

93. En el contexto de una declinatoria en el ámbito del arbitraje societario, Auto AP de Oviedo, 5.4.2021, ECLI:ES:APO:2021:452A; en el contexto de nombramiento de árbitro, STSJ de Madrid, 29.3.2019, ECLI:ES:TSJM:2019:5562; STSJ de Navarra, 4.12.2020, ECLI: ES:TSJNA:2020:382. *Vid.* también, con cita de más jurisprudencia, aceptando la declinatoria por sumisión a una Subcomisión de Vigilancia (Convenio Marco de Asistencia Sanitaria), Auto AP de Granada, 8.7.2021, ECLI:ES:APGR:2021:925A.

94. STS de 6.2.2003, ECLI:ES:TS:2003:713.

95. STSJ de Cataluña, 1.2.2018, ECLI:ES:TSJCAT:2018:559. En sentido muy similar, en el contexto de nombramiento de árbitro, STSJ de Madrid, 4.2.2020, ECLI:ES:TSJM:2020:684. *Vid* también Auto AP de Logroño, 2.7.2021, ECLI:ES:APLO:2021:460A.

96. *High Court of Justice* (QB), 26.6.2009, (2009) EWHC 1364 (QB). www.bailii.org.

determinada comunidad religiosa era nulo, en la medida en que incurría en una discriminación (religiosa) a la luz de lo previsto en la *Directiva 2000/78/CE del Consejo de 27 de noviembre de 2000, relativa al establecimiento de un marco general para la igualdad de trato en el empleo y la ocupación*. Recurrida la sentencia, la *Court of Appeal* estimó que nada había de discriminatorio en un convenio arbitral firmado voluntariamente entre operadores jurídicos que libremente acordaban someter sus disputas a arbitraje[97]. Y, en efecto, no hay nada en la jurisprudencia del TJUE en materia de discriminación[98] que impida a las partes que deciden solventar sus diferencias de una forma *privada*, designar un colegio arbitral con las características que estimen apropiadas. Aceptar otra interpretación iría contra la misma esencia del arbitraje (autonomía de la voluntad).

8.17. Sin embargo, no debe olvidarse que el artículo 9 LArb parte de la base de que el convenio arbitral debe referirse a una relación jurídica determinada (requisito de *fondo*). La **determinabilidad** de dicha relación es, pues, exigible[99]; lo cual no implica que el tenor literal del convenio deba hacer referencia expresa a la *controversia* concreta que pueda surgir en el cumplimiento del contrato en el que se inserta. Por ello, son comúnmente aceptados en la jurisprudencia comparada convenios arbitrales de tenores tan escuetos como: "*Arbitration*" (sin más referencias), pero vinculados a una relación comercial determinada.

**Supuestos internacionales**: La jurisprudencia española se ha hecho mayoritariamente eco de esta corriente jurisprudencial, considerando válido un convenio arbitral inserto en un correo electrónico del siguiente tenor: "*ag/arb Londres. Siendo de aplicación la ley inglesa*". Este tenor, puesto en relación con el formulario de fletamento correspondiente (al que se remitía el correo electrónico y que preveía un convenio arbitral), hace prueba del consentimiento de someterse a arbitraje. Máxime cuando esa forma de contratación es la habitual en el sector profesional controvertido (marítimo)[100]. En

97. *Court of Appeal (Civil Division)*, 22.6.2010, (2010) EWCA Civ 712. www.bailii.org. Sobre esta sentencia, YANG, "*Nurdin Jivraj v. Sadruddin Hashwani*: The English Court of Appeal Erects a Regulatory Barrier to Appointment of Arbitrators in the Name of Anti-Discrimination", *J. Int. Arb.*, 2011, pp. 243-254. En perspectiva general, PFEIFFER, "Pflicht zur diskriminierungsfreien Schiedsrichterauswahl?- Ein Skizze", *Festschrift für Bernd von Hoffmann*, 2011, pp. 1042-1050.

98. Básicamente, la relativa al *principio de igualdad* de trato.

99. El mismo criterio es exigible en el ámbito de las *cláusulas de jurisdicción* reguladas en el artículo 25 del Reglamento Bruselas I *refundido*: STJUE, 20.4.2016, C-366/13, *Profit*.

100. Auto TSJ de Andalucía, 28.10.2014, ECLI:ES:TSJAND:2014:161A. En sentido similar, Auto TSJ Cataluña, 6.5.2016, ECLI:TSJCAT:2016:208A.

sentido muy similar, también ha considerado válido un convenio arbitral con este tenor: "*CAN normas y arbitraje (Centro Algodonero Nacional, Barcelona)*" inserto en el anverso de un documento firmado por ambas partes[101].

En sentido similar, se ha considerado válida una cláusula del siguiente tenor: "*Este contrato deberá íntegramente interpretarse y aplicarse de conformidad con las Leyes de la República de Eslovenia. El arbitraje tendrá lugar en Ljubljana, República de Eslovenia*"[102].

**Supuestos internos**: También puede constatarse la voluntad de las partes de someterse a arbitraje en supuestos en los que el contenido del convenio arbitral sea –sólo aparentemente– contradictorio:

*"Para cuantas cuestiones puedan suscitarse en relación con el presente contrato, ambas partes se someten al arbitraje de la Cámara de Comercio de Madrid, según la Ley 36/88, de 5 de diciembre, asumiendo ambas partes la obligación de cumplir decisión contenida en el laudo arbitral que se dicte, sin perjuicio de lo cual y a los solos efectos de determinar la jurisdicción competente, con renuncia al propio fuero que pudiere corresponderles, formulan ambas partes expreso sometimiento a los juzgados y tribunales de Madrid Capital"*[103].

*"Toda cuestión o desavenencia (a salvo la impugnación de acuerdos sociales) entre socios o entre estos y la sociedad, se someterán a arbitraje de equidad, sometiéndose todos ellos al fuero de la Sociedad con renuncia al propio, si fuera distinto"*[104].

En igual sentido, debe considerarse válido el convenio arbitral que hace referencia a una institución arbitral que ha dejado de existir con la denominación incluida en la letra del convenio por haberse fusionado con otra institución arbitral bajo una –nueva y distinta– denominación[105].

No obstante la jurisprudencia citada, existen también pronunciamientos –a mi juicio erróneos– que declaran nulos convenios arbitrales de cuyo tenor se infiere sin el menor atisbo de duda la voluntad *inequívoca* de las partes de someterse a arbitraje. Así, la

101. Acogiendo expresamente la jurisprudencia del Auto citado en la nota anterior, Auto AP Sevilla, 24.9.2020, ECLI: ES:APSE:2020:587A.
102. Auto AP de Barcelona, 22.6.2020, ECLI: ES:APB:2020:4743A.
103. Auto AP de Asturias, 2.2.2006, *RCEA*, 2007, pp. 93-95.
104. Auto AP de Alicante, 24.1.2018, ECLI:ES:APA:2018:58A.
105. *Cour d'Appel* de París, 20.3.2012, *SchiedsVZ*, 2013, pp. 238-239.

SAP de Madrid de 13.7.2009[106] declaró inválido el siguiente convenio arbitral: "*En caso de controversia, diferencia respecto de la interpretación de cualquiera de los artículos de este CONTRATO, las PARTES procurarán resolverlo inmediatamente, tratando de llegar a una solución amistosa, en el plazo de 15 días, transcurridos los cuales someterán la cuestión a un arbitraje de equidad*". El particular juicio que sobre el alcance del término *controversia* hace la sentencia –que entiende referido únicamente a la interpretación del contrato– no es aceptable. El consentimiento de someterse a arbitraje queda fuera de toda duda: se trataba, además, de una cláusula inserta en un contrato firmado por ambas partes.

Del mismo modo la SAP de Córdoba de 25.1.2022[107] declaró que no alcanzaba a la concreta controversia –nulidad de un contrato de franquicia– un convenio arbitral inserto en unas CGC (circunstancia relevante) del siguiente tenor: "*En caso de producirse cualquier divergencia, discrepancia, litigio o diferencia de interpretación sobre el contenido o aplicación del presente contrato, ambas partes se someten expresamente y con renuncia a su propio fuero, a la decisión del asunto o litigio planteada mediante el arbitraje institucional de la corete de arbitraje de la Cámara de Comercio de Sevilla, a la cual encargan la administración del arbitraje y la designación de árbitros. El arbitraje será de derecho y se desarrollará por el procedimiento abreviado*". En interpretación de la AP –que no comparto– "*La referencia exclusiva a interpretación y cumplimiento da noticias de un contrato en vigor, y precisamente lo que en la demanda se cuestiona es la ausencia de elementos esenciales del mismo...*". El principio de separabilidad del convenio arbitral respecto del contrato en el que se inserta justifica, a mi juicio, otra interpretación.

En sentido igualmente erróneo, la SAP de Zamora de 27.2.2019[108] declaró inválido, por inexistencia de la entidad designada, el siguiente convenio arbitral: "*El despacho (y los abogados que lo conforman) y BCEISS renuncian expresamente a acudir a cualquier otro fuero que por Ley pudiera corresponderles, incluyendo la renuncia expresa a acudir al procedimiento de jura de cuentas o de similar naturaleza sometiéndose expresa e irrevocablemente a arbitraje de derecho, al nombramiento de un (1) árbitro que designe el Tribunal Arbitral de Madrid y al procedimiento y reglamento de dicha institución par que dirima la resolución de cualesquiera disputas que pudieran surgir en relación con la ejecución e interpretación del*

106. SAP Madrid, 13.7.2009, *Arbitraje*, 2010 (1), pp. 273-276 (con nota de GÓMEZ JENE y nota de STAMPA CASAS).
107. SAP de Córdoba, 25.1.2022, ECLI:ES:APCO:2022:27A.
108. SAP de Zamora, 27.2.2019, ECLI:ES:APZA:2019:19A.

*presente pliego y la presentación del servicio, obligándose las partes a asumir y cumplir el laudo que en su día se dictare"*. La mención al "Tribunal Arbitral de Madrid" bien hubiera podido entenderse hecha, a partir de una obligada interpretación en *favor arbitri*, a la Corte de Arbitraje de la Cámara de Comercio de Madrid, como así lo ha entendido jurisprudencia más certera[109]; interpretación –esta última– que, además, está en línea con la jurisprudencia del TS: *"una cláusula que puede dar lugar a cierta confusión no elimina el convenio arbitral"*[110].

Por otro lado, la jurisprudencia demuestra también que las partes firman cláusulas de cuyo tenor no puede deducirse la *voluntad inequívoca* de las partes de someterse a arbitraje y, en consecuencia, se declaran nulas: *"Las divergencias que se produzcan en la ejecución de la obra, se dirimirán en primer lugar, por la Dirección de Obra. En segundo término, por el Arquitecto autor del proyecto, si no coincidiera con la Dirección de Obra. En su defecto, se acudirá a un arbitraje de equidad de la Corte de Arbitraje de Madrid. En caso de no producirse acuerdo, las partes renuncian al fuero legal que pudiera asistirles, sometiéndose expresamente a los Tribunales de la ciudad de Madrid"*[111].

Otra cláusula igualmente nula[112] –tanto por no demostrar la voluntad de las partes de someterse a arbitraje, como por romper con los más elementales principios de imparcialidad, como por introducir una segunda instancia judicial– sería la siguiente: *"Para la resolución de cuantas cuestiones o diferencias se susciten en la aplicación o interpretación de este contrato, las partes se someten en primera instancia obligatoria al Arbitraje de Equidad realizada por el Órgano de Arbitraje designado por la Junta General de Accionistas de (nombre de la sociedad) y en segunda instancia, a la Jurisdicción de los Juzgados y Tribunales de Madrid capital, con renuncia a cualquier otro Fuero que pudiera corresponderles"*[113].

Por fin, resulta contradictorio y, por tanto nulo, un convenio del siguiente tenor: *"En el caso de que cualquiera de las previsiones contenidas en este acuerdo se convierta en razón de litigio para cualquiera de*

109. Auto AP de Salamanca, 12.3.2019, ECLI:ES:APSA:2019:95A. Sobre la prueba de la existencia de la Corte de Arbitraje *vid.*, Auto AP de Madrid, 17.6.2021, ECLI:ES:APM:2021:2960A.
110. STS, 10.7.2007, ECLI:ES:TS:2007:4828.
111. Auto de la AP de Madrid, 6.6.2001, *RCEA*, 2002, pp. 187-191.
112. SAP de Madrid, 2.4.2004, ECLI:ES:APM:2004:4960.
113. Que no arbitral. De hecho, nada obsta para que las partes puedan acordar que el laudo pueda ser revisado en una segunda instancia arbitral. En sentido similar, *vid.* el artículo 52 del *Convenio sobre arreglo de diferencias relativas a inversiones entre Estados y nacionales de otros Estados, hecho en Washington el 18 de marzo de 1965* (CW).

*las partes o si la terminación del acuerdo o la procedencia o montante de las compensaciones fijadas por el franquiciador no logran aquiescencia del franquiciador, la cuestión se determinara por arbitraje de derecho ante la jurisdicción de los Juzgados y Tribunales de Murcia"*[114].

**Jurisprudencia comparada:** Por su parte, y solo a título de ejemplo, cabe destacar que la jurisprudencia comparada ha apreciado voluntad de las partes de someterse a arbitraje de los siguientes convenios arbitrales:

(i). *"Tous différends découlant de la présente convention seront tranchés définitivement à Paris, suivant le règlement de conciliation et d'arbitrage de la Chambre de commerce internationale (ou tribunal de commerce), par un ou plusieurs arbitres nommés conformément à ce règlement et avec application du droit français"*[115].

(ii). *"ARBITRATION.- Any disputes and disagreements that may arise out of or in connection with this Contract have to be settled between the Parties by negotiations. If no consent can be reached, the Parties shall submit their dispute to the empowered jurisdiction of Geneva, Switzerland"*[116].

8.18. La LArb también hace una interpretación particularmente amplia del requisito relativo a la plasmación por *escrito* del convenio arbitral: no solo se admite expresamente cualquier modo de contratación electrónica y se acepta la sumisión a arbitraje mediante una **cláusula por referencia** (art. 9.3 y 9.4), sino que, además, dicha referencia ni siquiera debe explicitar que el convenio arbitral forme parte del contrato[117]. En palabras de la EM de la LArb: *"Se consagra también la validez de la llamada cláusula arbitral por referencia, es decir, la que no consta en el documento contractual principal, sino en un documento separado, pero se entiende incorporada al contenido del primero por la referencia que en él se hace al segundo. Asimismo, la voluntad de las partes sobre la existencia del convenio arbitral se superpone a sus requisitos de forma"*.

**Artículo 9.3 y 4 LArb.**

*3. El convenio arbitral deberá constar por escrito, en un documento firmado por las partes o en un intercambio de cartas, telegramas, télex, fax u otros medios de telecomunicación que dejen constancia del acuerdo.*

114. Auto AP de Tarragona, 25.1.2017, ECLI:ES:APT:2017:152A.

115. *Vid. Cour de cassation*, 28.1.2003, *Rev. crit. DIP*, 2003, pp. 641-642.

116. TF, 15.9.2015, 4A_136/2015.

117. A diferencia de lo que establece el art. 7.6 de la LM: *"La referencia hecha en un contrato a un documento que contiene una cláusula compromisoria constituye acuerdo de arbitraje siempre que el contrato conste por escrito y la referencia implique que esa cláusula forma parte del contrato"*.

*Se considerará cumplido este requisito cuando el convenio arbitral conste y sea accesible para su ulterior consulta en soporte electrónico, óptico o de otro tipo.*

*4. Se considerará incorporado al acuerdo entre las partes el convenio arbitral que conste en un documento al que éstas se hayan remitido en cualquiera de las formas establecidas en el apartado anterior.*

En consecuencia, al superarse incluso la letra del artículo 7 LM, no debe haber inconveniente en asumir lo pretendido por el grupo de expertos que redactó este precepto; esto es, debe aceptarse sin reparos que el "intercambio" al que hace alusión el tercer párrafo de la norma no debe implicar que ambos documentos hagan alusión al convenio arbitral, ni siquiera que una o las dos cartas estén firmadas. Pues, en puridad, lo único que pretende el precepto es un *consentimiento escrito de cada parte*[118].

8.19. Ahora bien, pese a lo anterior, son imaginables una serie de supuestos –altamente controvertidos– donde, aun no existiendo propiamente ese *consentimiento escrito de cada parte*, puede considerarse válido el convenio arbitral. Dichos supuestos, que no han sido objeto de regulación por el legislador[119], son básicamente dos: (i) el que gira en torno a la validez de la cláusula *semiescrita*; y, (ii) el que gira en torno a la validez del convenio arbitral contenido en un documento gestionado por un tercero –normalmente, sociedad de mediación–.

**Advertencia.** Lo que a continuación se diga debe entenderse siempre sin perjuicio de lo establecido en el párrafo sexto del precepto, pues puede ocurrir –y de hecho ocurrirá– que un convenio que se considere nulo en aplicación estricta de los párrafos tercero y cuarto de la norma se considere válido en el contexto internacional por cumplir los requisitos establecidos en las *normas jurídicas* elegidas por las partes. Único requisito común a ambas regulaciones es que del criterio escogido y de las circunstancias del supuesto pueda deducirse una *voluntad inequívoca* de las partes de someterse a arbitraje.

118. A este respecto, *vid.* HOLTZMANN / NEUHAUS, *A Guide To The UNCITRAL Model Law On International Commercial Arbitration*, Deventer, 1994, p. 236: "*It should be noted that the 'exchange' of letters, telexes, etc. does not require that both mention the arbitration agreement, or even that one or both letters be signed. What is sought is a written form of assent from each party*".

119. Dada la relevancia del tema, combinada con el carácter *antiformalista* que reviste el precepto, hubiera sido apropiado establecer alguna pauta al respecto. Pauta que, por ejemplo, sí ha incorporado el legislador alemán (§1031.2 ZPO).

8.20. Con el término cláusula *semiescrita* se designa a las cláusulas que nacen a partir de una oferta planteada por una parte de forma unilateral sin recibir contestación de la otra al respecto. De hecho, así podría calificarse al controvertido convenio arbitral que finalmente dio origen a la sentencia *Marc Rich* del TJUE: un convenio arbitral incluido en un texto transmitido por télex como contestación a una oferta de compra de petróleo, y sobre el cual no hubo contestación posterior[120].

Pues bien, en puridad, una interpretación rigurosa, tanto literal como teleológica del precepto –no se constata un consentimiento escrito de cada parte– conduce, en principio –y sólo en principio–, a negar la validez de dicho convenio. Sin embargo, esta última afirmación puede ser matizada cuando en el supuesto concreto concurran una serie de circunstancias que otorguen al juzgador la certeza de que la parte que guardó silencio conocía la existencia del convenio arbitral e implícitamente lo consintió.

> Paradigmático en este sentido es el Auto del TS de 28.3.2000[121], cuando constatando que de los documentos aportados no puede deducirse el consentimiento escrito de cada parte, señala: "*dichos documentos no cumplirían con las exigencias formales impuestas en el art. IV, 1 b/ del Convenio. Sin embargo... esta Sala ha orientado su esfuerzo hacia la búsqueda de la efectiva voluntad de las partes de incluir en el contenido del contrato la indicada cláusula de compromiso o, en general, de someter la cuestión litigiosa a arbitraje, en el conjunto de las comunicaciones mantenidas y actuaciones llevadas a cabo entre una y otra parte en la relación negocial*".

Tal certeza puede deducirse de determinadas circunstancias. Así, por ejemplo, cuando la parte en cuestión ejecutó, siquiera de forma parcial, alguna de las obligaciones contenidas en el mismo contrato[122]. Del mismo modo, puede considerarse que hubo voluntad de quedar sometido al convenio arbitral cuando el silencio constituya la forma habitual de prestar consentimiento en un sector determinado[123].

120. Dicho convenio fue considerado válido por los jueces británicos; no así por los jueces italianos. El supuesto sirve, en consecuencia, para llamar la atención sobre la necesidad de una armonización de esta cuestión en el seno de la Unión Europea. Sobre la relevancia de la citada sentencia *Marc Rich vid.* GÓMEZ JENE, *El arbitraje... cit.*, pp. 106-122.

121. *RCEA*, 2000, pp. 253-255 (citando otros Autos en la misma dirección). De dicción muy similar *vid.* también el Auto del TS de 14.7.1998, *RCEA*, 1999, pp. 287-289.

122. Maneja este argumento, entre otras circunstancias, para esgrimir la validez del convenio arbitral el Auto del TS de 18.4.2000, *RCEA*, 2000-2001, pp. 267-268; Auto del TS de 24.11.1998, *RCEA*, 1999, pp. 307-310.

123. Este es el criterio en el que se apoya la ley alemana para aceptar la validez de las cláusulas *semiescritas*. No obstante, negando la eficacia del convenio arbitral por

8.21. Igualmente controvertido puede resultar el examen de la validez del **convenio arbitral contenido en un documento gestionado por un *tercero*** –normalmente, sociedad de mediación–. La solución a estos supuestos, sin embargo, también puede obtenerse a partir de los criterios anteriormente citados[124]; esto es, constatando la existencia de relaciones comerciales habituales entre las partes[125], constatando que la forma de contratar se adecúa a los usos comerciales del sector afectado[126], y, sobre todo, constatando que realmente hubo voluntad de las partes de someter la controversia a arbitraje. La copiosa jurisprudencia del TS en el ámbito del execuátur del laudo arbitral debe coadyuvar a resolver la laguna legal que encierra el artículo 9 LArb., en tanto que es perfectamente compatible con el tenor del precepto actualmente en vigor. Y así, por ejemplo, debe reputarse nulo el convenio arbitral cuando el mediador no pueda demostrar que el documento que contenía el convenio arbitral fue efectivamente enviado a la parte que guardó silencio[127]; o, cuando a las confirmaciones de venta sin firmar por las partes, no se acompañe documento alguno que haga prueba de la existencia de algún tipo de contrato que determine relaciones habituales[128].

Sobre este particular sigue siendo importante el **Auto del TS de 1.4.2003**[129]. Dictado en el marco de un execuátur de un laudo arbitral extranjero, recoge la doctrina de este tribunal en la materia –en interpretación, indirecta si se quiere, del artículo II CNY–: *"en relación con la deducción de la inequívoca voluntad de las partes de someter sus controversias a arbitraje a partir de la existencia de comunicaciones entre mediadores, ha entendido que concurría en aquellos supuestos en que por los Consejos de Administración de las empresas mediadoras que intervinieron en la negociación se habían expedido sendas certificaciones en las que manifestaban haber actuado en el negocio jurídico por*

no apreciarse consentimiento en un supuesto de intercambio de CGC, BGH, *Urteil*, 26.11.2020, ECLI:DE:BGH:2020:261120UIZR245.19.0.

124. Pues muchos de los Autos del TS –entre ellos, algunos de los ya citados– resuelven sobre cláusulas *semiescritas* remitidas por sociedades mediadoras.

125. Aunque finalmente no se aceptara la existencia del convenio arbitral, sopesa esta circunstancia el Auto del TS de 29.9.1998, *RCEA*, 1999, pp. 296-299. En aplicación de la nueva LArb, expresamente a favor de esta interpretación, AP de Barcelona, 13.11.2007, ECLI:ES:APB:2007:13617.

126. Expresamente en este sentido, Auto del TS de 18.4.2000, *RCEA*, 2000-2001, pp. 267-268. En aplicación de la nueva LArb, también expresamente a favor de esta interpretación, AP de Barcelona, 13.11.2007 ECLI:ES:APB:2007:13617.

127. Paradigmático, Auto del TS de 16.4.1996, ECLI:ES:TS:1996:357A.

128. Auto del TS de 29.9.1998, *RCEA*, 1999, pp. 296-299; muy similar, Auto del TS de 17.2.1998, *RCEA*, 1999, pp. 281-283.

129. Auto del TS de 1.4.2003, ECLI:ES:TS:2003:3649A.

*cuenta de las empresas principales (ATS 24.11.1998); a la vista del propio reconocimiento por la demandada de la intervención del mediador (ATS 29.2.2000); a partir de la existencia de comunicaciones del intermediario tanto al mediador de la solicitante como a la propia demandada, en este caso reforzado por los actos propios de la demandada al comparecer en el procedimiento arbitral (ATS 29.2.2000); de la comunicación realizada por mediador especificando que el fletador aceptaba las condiciones del armador (AS 28.11.2000); de la existencia de comunicaciones entre intermediarios negando la demandada aquellas comunicaciones que le beneficiaban y rechazando las que le perjudicaban (ATS 31.7.2000); de las comunicaciones de los intermediarios con referencia al fletamento de un buque anterior y en el que se aceptó la sumisión a arbitraje (ATS 26.2.2002); a la vista de los actos propios de la demandada al comparecer ante el Tribunal arbitral presentando un fax dirigido a la parte contraria asegurando 'arbitraje de su parte'; y, por último, a la vista del dato contenido en los antecedentes de hecho del laudo arbitral, en los que se recogía la remisión por las partes a un acuerdo por escrito, celebrado para llevar a pleno efecto el contenido del contrato inicial, y no negado por las partes (ATS 20.2.2001). Por el contrario se ha entendido que no concurría la inequívoca voluntad de las partes de someter sus controversias a arbitraje a partir de la existencia de comunicaciones entre mediadores en los siguientes supuestos: en primer lugar, como consecuencia de la ausencia de firma de la demandada en la confirmación de venta remitida por el mediador (ATS 17.2.1998); en segundo lugar, como consecuencia de la ausencia de un contrato de comisión, mandato, agencia corretaje o similar que determinara relaciones habituales entre la entidad demandada y la mediadora (ATS 29.2.1998), y, en tercer lugar, a la vista de la existencia únicamente del sello de la mediadora, existiendo contradicción entre la documentación aportada y, fundamentalmente, a la vista de la existencia de una cláusula de sumisión expresa a los tribunales españoles".*

Todavía en este contexto, debe tenerse presente que la transmisibilidad de los convenios arbitrales insertos en *conocimientos de embarque* que se rijan por Derecho español (LNM) es una cuestión regulada en una norma *ad hoc* (art. 251 LNM) *–infra–*.

8.22. Por fin, cabe destacar que la jurisprudencia ha considerado nulo el convenio arbitral –"casi ilegible"– inserto en un **albarán** no firmado por las partes. En efecto, un albarán es un documento funcionalmente inapropiado, no equiparable a un contrato; circunstancia que –como destaca la jurisprudencia– impide un análisis razonable de la objetivación de la voluntad de las partes[130].

130. STJ Galicia, 10.4.2019, ECLI:ES:TSJGAL:2019:2539.

## IV. CONVENIO ARBITRAL INSERTO EN LAS *CGC*

8.23. Para supuestos estrictamente internos, y por lo que respecta a la aplicación de la *Ley 7/1998, de 13 de abril, de Condiciones Generales de la Contratación* (CGC), la calificación del adherente como consumidor o no tiene particular importancia a la hora de examinar la validez de la cláusula que contiene el convenio arbitral. En efecto, como de la jurisprudencia del TS se deduce, el convenio arbitral inserto en unas CGC aplicadas a un adherente que *no* es consumidor no está sometido al control de transparencia y abusividad que prevé la LCGC para las CGC pactadas con consumidores. Por ello, en supuestos en los que el adherente no sea consumidor, únicamente deben controlarse los requisitos de incorporación (arts. 5 y 7 LCGC): básicamente, referencia expresa a las CGC, oportunidad real de conocer las mismas y redacción sencilla y clara[131].

**STS, 30.4.2015**[132]. *1.- La normativa contenida en la Ley 7/1998, de 13 abril, de Condiciones Generales de la Contratación, es aplicable a todas las condiciones generales, se encuentren en contratos concertados con consumidores o en contratos en los que ninguna de las partes merece esta consideración.*

*Pero dicha ley no establece un régimen uniforme para unas y otras. Mientras que las normas relativas a la incorporación (art. 5 y 7) y a la interpretación de las condiciones generales (art. 6) son aplicables a todo tipo de condiciones generales, el régimen de la nulidad de las condiciones generales es diferente según que el contrato en el que se integren se haya celebrado o no con un consumidor.*

*Mientras que en el caso de que el adherente no merezca la calificación legal de consumidor o usuario, solo es aplicable la regla contenida en el art. 8.1 de la Ley de Condiciones Generales de la Contratación, que se limita en la práctica a reproducir el régimen de la nulidad contractual por contrariedad a norma imperativa o prohibitiva del Código Civil, en el caso de que el contrato integrado por condiciones generales se haya concertado con un consumidor, es aplicable el régimen de nulidad por abusividad, establecido actualmente en el Texto Refundido de la Ley General para la Defensa de los Consumidores y Usuarios, que desarrolla la Directiva 1993/13/CEE, sobre cláusulas no negociadas en contratos concertados con consumidores...*

131. Además de la jurisprudencia que se cita a continuación, *vid.* Auto AP Barcelona, 22.2.2021, ECLI:ES:APB:2021:913A. *Vid.* también, SAP de Lugo, 14.9.2021, ECLI:ES:APLU:2021:568; TSJ de Madrid, 20.12.2022, ECLI:ES:TSJM:2022:15300.

132. STS, 30.4.2015, ECLI:ES:TS:2015:1923. En el mismo sentido, anterior, SAP de Madrid, 12.7.2007, ECLI:ES:APM:2007:15504.

*2.- Varias conclusiones pueden extraerse de lo expuesto. La primera, que en nuestro ordenamiento jurídico la nulidad de las cláusulas abusivas no se concibe como una técnica de protección del adherente en general, sino como una técnica de protección del adherente que tiene la condición legal de consumidor o usuario, esto es, cuando este se ha obligado con base en cláusulas no negociadas individualmente.*

*Una segunda conclusión sería que, en nuestro ordenamiento jurídico las condiciones generales insertas en contratos en los que el adherente no tiene la condición legal de consumidor o usuario, cuando reúnen los requisitos de incorporación, tienen, en cuanto al control de contenido, el mismo régimen legal que las cláusulas negociadas, por lo que sólo operan como límites externos de las condiciones generales los mismos que operan para las cláusulas negociadas, fundamentalmente los previstos en el art. 1255 del Código Civil , y en especial las normas imperativas, como recuerda el art. 8.1 de la Ley de Condiciones Generales de la Contratación.*

**STSJ de Madrid, 13.12.2016**[133]: *"por contraste con lo que sucede por ministerio de la ley respecto de las cláusulas de sumisión a arbitraje en contratos de adhesión en los que intervengan consumidores, cuando se trata de contratos de adhesión celebrados entre empresarios o profesionales, el carácter abusivo de ese convenio no puede hacerse derivar del mero hecho de ser una cláusula predispuesta: sólo sería predicable si de ella se derivara un desequilibrio importante entre las partes"*.

**STS de 27.6.2017**[134]: Control de incorporación del convenio arbitral en CGC en contratos **SWAPS**: *"Dada la naturaleza negocial y la trascendencia que tiene la voluntad de las partes de renunciar a la solución jurisdiccional de los litigios que puedan producirse respecto de determinadas cuestiones, que entronca con su justificación constitucional, tiene especial relevancia que el convenio arbitral sea el resultado de la negociación de las partes o se encuentre contenido en un contrato de adhesión, que ha sido predispuesto por una de las partes, que es la que ha escogido la solución arbitral como la más conveniente a sus intereses, y que la otra parte haya prestado consentimiento por la adhesión a tal contrato"*.

8.24. En clave de DIPr, la inserción del convenio arbitral en las CGC[135] exige un estudio específico, pues plantea –al menos teóricamente– una

133. STSJ de Madrid, 13.12.2016, ECLI:ES:TSJM:2016:13260.

134. ECLI:ES:TS:2017:2500. Aceptando la validez del convenio arbitral inserto en unas CGC de servicios financieros (Mercado MEFF de Futuros y Opciones), Auto AP de Madrid, 15.11.2022, ECLI:ES:APM:2022:1784A.

135. En este contexto nos referimos únicamente a las CGC incluidas en contratos concluidos entre comerciantes.

serie de interrogantes relacionadas con la ley aplicable al control de incorporación del convenio arbitral en las CGC. En efecto, teniendo en cuenta los convenios internacionales aplicables en este ámbito (CNY y CG), y teniendo en cuenta también el artículo 9.3 LArb, se plantea la cuestión relativa a la concreción de la ley aplicable a cuya luz se regula el control de incorporación de un convenio arbitral en las CGC. Situados en este contexto, dos son las leyes hipotéticamente aplicables: la ley aplicable al contrato y la ley del lugar del arbitraje (*lex loci arbitri*). Un argumento a favor de la ley aplicable al contrato constituye el mismo artículo 3 de la Ley sobre Condiciones Generales de la Contratación (LCGC), a cuyo tenor, la LCGC es aplicable cuando el contrato en el que las CGC se insertan se rija por derecho español. Por otro lado, un argumento a favor de la ley aplicable al lugar del arbitraje es el basado en la naturaleza procesal del convenio arbitral: en tanto que contrato procesal (*infra* 1), su eficacia procesal se regiría por la ley del lugar del arbitraje.

La polémica así descrita en torno a la ley aplicable al control de incorporación queda prácticamente vacía de contenido si convenimos que tal cuestión está implícitamente regulada –en tanto que norma material– por el artículo II CNY. Y es que, si este precepto fuera de aplicación al supuesto, el altísimo número de ratificaciones del CNY aseguraría su aplicación a todas las relaciones comerciales basadas en contratos con CGC. La cuestión radica, por tanto, en determinar si el artículo II CNY regula o no esta materia. A mi juicio, una respuesta positiva a la misma se deduce extrapolando *mutatis mutandis* la jurisprudencia del TJUE en interpretación del artículo 25 del Reglamento Bruselas I *refundido* (cláusulas de sumisión a tribunales) al ámbito del convenio arbitral. En su virtud, quedan incluidas en el ámbito de aplicación del citado precepto las cuestiones de *fondo* que estén necesariamente vinculadas con las cuestiones de *forma* de la cláusula; de tal forma que, en tanto cuestión íntimamente vinculada con la validez del convenio arbitral, el control de incorporación estaría regulado por el artículo II CNY[136].

8.25. El TS, por su parte, ha aplicado sistemáticamente el artículo II CNY en este contexto, si bien en un momento anterior a la promulgación de la LCGC. En virtud de su jurisprudencia, puede considerarse válido el convenio arbitral: (i) cuando las CGC que lo contiene se encuentren insertas en el cuerpo principal del contrato y hayan sido firmado por ambas partes; y, (ii) cuando las CGC estuviesen en un documento aportado junto

136. Ya en este sentido, VIRGÓS SORIANO / GARCIMARTÍN ALFÉREZ, "Artículo 3. Ámbito territorial. Disposiciones imperativas", en MENÉNDEZ / DÍEZ-PICAZO (Dirs.), *Comentarios a la Ley sobre Condiciones Generales de la Contratación*, Madrid, 2002, pp. 202-203.

al contrato –debidamente firmado por las partes contratantes–, siempre que en éste se hiciese una referencia genérica a las CGC (no necesariamente a la cláusula). En igual sentido, el *intercambio* de las CGC, con independencia de que el contrato principal se hubiera determinado de forma oral, sería prueba suficiente de la voluntad de las partes de someter el litigio a arbitraje. La misma consideración positiva merece el hecho de que el contrato que contiene la CGC hubiera sido aceptado mediante una confirmación de venta en la que se hace una remisión en bloque al contrato tipo[137]. Mayores dudas plantea, sin embargo, el hecho de que las CGC que contienen la cláusula no se encuentren incorporadas ni en el contrato –aunque en éste se haga una mención genérica a las CGC– ni en la documentación que acompaña; supuesto que, en principio, debe resolverse negando la validez del convenio arbitral[138].

8.26. Aceptada entonces la aplicación del artículo II CNY para regular la cuestión relativa al control de incorporación (requisitos), debe concluirse también que por aplicación del artículo VII CNY (*cláusula de mayor favorabilidad –supra* 1–), los tribunales deberán aplicar en este contexto el artículo 9.4 en relación con el artículo 9.3, ambos LArb (*infra* 8.18).

8.27. La jurisprudencia comparada, por su parte, ha interpretado que la remisión a unas CGC previamente rechazadas en el contexto de una cadena de contratos de seguro y reaseguros celebrados posteriormente con intermediarios, no permite deducir una voluntad inequívoca de sumisión a arbitraje. Ni aun teniendo en cuenta los usos comerciales del sector en cuestión[139].

## V. EL CONVENIO ARBITRAL *INTERNACIONAL*: LEY APLICABLE

### 1. EN GENERAL

8.28. Con carácter previo al estudio de la cuestión relativa a la ley aplicable al convenio arbitral debe delimitarse el alcance de la misma. En efecto, partiendo de la base de que la Europa continental está vinculada a la jurisprudencia del TEDH, en cuya virtud el convenio arbitral debe plasmar la *voluntad inequívoca* de las partes de someterse a arbitraje, y partiendo de la base también de la naturaleza procesal del convenio arbitral (el convenio arbitral como *contrato procesal*), habremos de convenir que el examen de la

137. Auto del TS de 17.2.1998, *Diario La Ley*, 25.11.1998, con comentario de AGUILAR GRIEDER, "Reconocimiento de laudos arbitrales extranjeros: un nuevo paso en la compresión del sistema".

138. Auto del TS de 26.5.1998, *RCEA*, 1998, pp. 233-234.

139. TF, 4.10.2017, 4A_150/2017, *ASA Bull*, 2018, pp. 116-132.

ley aplicable al convenio arbitral exige una delimitación previa. Así, parece correcto sostener que el análisis en "términos de ley aplicable" solo tiene sentido si de una lectura del mismo o de un análisis de las circunstancias que rodean a su celebración se aprecia una *voluntad inequívoca* de las partes de someterse a arbitraje. Si tal voluntad no se aprecia, el debate sobre la ley aplicable al mismo no tiene mucho sentido: aunque el supuesto convenio se considere válido a la luz de una ley concreta (por más que no se aprecie *voluntad inequívoca*), tal elección choca con la cláusula de orden público, en la medida en que no puede aceptarse la aplicación de una ley extranjera que consagre la validez de un convenio arbitral de cuyo análisis no se aprecie *voluntad inequívoca*. Y al contrario, tal debate puede llegar a tener una relevancia crucial si, constatada tal voluntad, el juego de las distintas leyes hipotéticamente aplicables puede derivar en que el convenio arbitral se considere válido o nulo por reunir o no unos determinados requisitos de forma: es decir, porque la ley finalmente aplicable exija requisitos de forma que otra ley no exija (por ejemplo, incluir el término *arbitraje* en su tenor). En cualquier caso, en virtud de la naturaleza procesal del convenio arbitral, parece acertado otorgar un papel preponderante a la *lex loci arbitri* frente a *lex contractus* en defecto de acuerdo de las partes sobre el particular.

8.29. Teniendo siempre en mente lo anterior, dos ejemplos ayudarán a entender la relevancia que puede llegar a tener la cuestión relativa a la *ley aplicable* al convenio arbitral.

> **Ejemplo I**: *El caso BCY v BCT*[140]. Un contrato de compraventa de acciones fue objeto de una larga negociación. Durante la misma, circularon entre las partes implicadas hasta siete borradores del contrato en cuestión. La segunda y siguientes versiones del borrador incluían un convenio arbitral en el que se establecía un arbitraje CCI con sede en Singapur, y se concretaba como ley aplicable al contrato la ley del Estado de Nueva York. Después de varios meses de negociación no se llegó finalmente a un acuerdo y, en consecuencia, el contrato no fue firmado. Una de las partes inició un arbitraje reclamando daños por *enriquecimiento injusto* y *promissory estoppel* (obligaciones precontractuales reguladas por el Derecho de Nueva York). En este contexto, se planteó ante los tribunales de Singapur la cuestión relativa a la eficacia del convenio arbitral (*rectius*, la válida "formación" del mismo). Tal cuestión exigía determinar, previamente, la ley a cuya luz debía darse respuesta a la misma: la ley de Singapur, en tanto que ley de la sede del arbitraje, o la ley del Estado de Nueva York, en tanto que ley aplicable al contrato. La cuestión

140. *High Court of Singapore*, 9.11.2016, *BCY v. BCZ*, *Lloyd's Law Reports*, Part 11 (2016) Vol. 2, 7.12.2016, pp. 583-599. *Vid.* también toda la jurisprudencia allí citada.

era relevante, pues según la ley elegida, la respuesta a la cuestión planteada era distinta. Finalmente, los tribunales estimaron que la conexión que presentaba los vínculos más estrechos con el supuesto era la ley que regía el fondo del contrato.

**Ejemplo II**: *El caso Sulamerica*[141]. *Sulamerica* y *Endesa*, dos empresas brasileñas concertaron un contrato de seguro, en virtud del cual, la segunda aseguraba a la primera ciertos riesgos en la construcción de un embalse. El contrato se regía por derecho brasileño y contenía una cláusula híbrida, con sumisión a arbitraje en Londres, por un lado, y sumisión a los tribunales de Brasil, por otro. En virtud de la ley del lugar del arbitraje, la cláusula híbrida era válida. En virtud de la ley aplicable al fondo del contrato (brasileña), la cláusula era inválida. La *Court of Appeal*, si bien reconoció que, en principio, la cuestión debía regirse por la ley aplicable al contrato, entendió que en el caso concreto debía aplicarse la ley del lugar del arbitraje, pues solo a la luz de esa ley la cláusula era válida. En definitiva, la *Court* basó su razonamiento en un *pro-validation approach* (*mutatis mutandis, principio de interpretación efectiva –supra* 2.1–).

8.30. Como puede apreciarse de los ejemplos transcritos, la jurisprudencia comparada demuestra que, pese a la importancia de la cuestión, las soluciones adoptadas no son homogéneas. Las consecuencias de esta falta de homogeneidad son relevantes en la práctica: dependiendo de la conexión que se escoja, el juicio sobre la validez del convenio arbitral puede conducir a soluciones opuestas.

8.31. El contexto así descrito se debe, básicamente, a que la mayoría de los ordenamientos jurídicos de nuestro entorno no contempla una norma *ad hoc* que regule esta cuestión. Ni siquiera los reglamentos de las Cortes de arbitraje más importantes a nivel internacional contemplan previsión alguna al respecto[142]. Lo anterior es hasta cierto punto llamativo, habida cuenta de que el Derecho convencional sí prevé una norma para regular esta cuestión: concretamente, en el artículo VI.2 CG.

**Artículo VI CG**. *Competencia de los tribunales judiciales estatales.*

*2. Al examinar y pronunciar resolución sobre la cuestión de la existencia o validez del acuerdo o compromiso arbitral, los tribunales nacionales de*

---

141. *Sulamerica CIA Nacional De Seguros SA & Ors v. Enesa Engenharia SA & Ors*, 16.5.2012, (2012) EWCA Civ 638. Al respecto *vid.*, ARZANDEH, "The Law Governing Arbitration Agreements in England", *Lloyd's Maritime and Commercial Law Quarterly*, (2013) LMCLQ, Feb. 2013, pp. 31-35.

142. Ni el Reglamento de arbitraje de la CCI, ni el Reglamento LCIA prevén disposición alguna al respecto.

*los Estados contratantes ante los cuales se hubiere promovido dicha cuestión deberán, en lo referente a la capacidad jurídica de las partes, atenerse a la Ley que les sea aplicable a éstas, y en lo concerniente a las restantes materias decidirán:*

a) *según la ley a que hayan sometido las partes el acuerdo o compromiso arbitral;*

b) *no existiendo una indicación al respecto,* ***según la ley del país donde deba dictarse el laudo;***

c) *careciéndose de indicación sobre la ley a la cual hayan sometido las partes el acuerdo o compromiso arbitral y, si en el momento en que la cuestión sea sometida a un tribunal judicial no hubiere posibilidad de determinar cuál será el país en que habrá de dictarse fallo arbitral, entonces según la ley aplicable en virtud de las reglas de conflicto del tribunal estatal conocedor del asunto.*

La aplicación de esta norma de conflicto es muy restringida, pues, como hemos dicho ya, el CG tiene un ámbito de aplicación espacial reducido (ambas partes deben tener su domicilio o sede en un Estado parte). En cualquier caso, si el supuesto reúne los requisitos para que este texto internacional sea aplicable, la norma en cuestión desplaza la aplicación de la norma interna (en el ordenamiento jurídico español, desplaza la aplicación del artículo 9.6 LArb)[143].

8.32. Pese a la existencia de esta norma convencional, un estudio detenido de la jurisprudencia comparada permite afirmar que la mayoría de los tribunales que se han confrontado con esta cuestión no han tenido en consideración las conexiones previstas en el artículo VI.2 CG, decantándose, en defecto de elección expresa de las partes, por aplicar la ***lex contractus***; esto es, la ley aplicable al contrato en el que se inserta el convenio arbitral[144]. También parece ser ésta la solución mayoritariamente aceptada

143. Como un ejemplo de aplicación de este precepto en la jurisprudencia española, Auto AP de Barcelona, 22.6.2020, ECLI: ES:APB:2020:4743A. En aplicación de esta norma, la AP señala al Derecho esloveno como derecho aplicable al convenio arbitral. Sin embargo, habida cuenta de la similitud de la norma eslovena con la española, resuelve a la luz del Derecho y jurisprudencia española y declara válido un convenio arbitral del siguiente tenor: "*21. Este contrato deberá íntegramente interpretarse y aplicarse de conformidad con las Leyes de la República de Eslovenia. El arbitraje tendrá lugar en Ljubljana, República de Eslovenia*".

144. Como uno de los primeros antecedentes en este sentido, *vid*. OLG Munich, 7.4.1989 – 23 U 6310/88, *RIW*, 1990, pp. 585-586. También expresamente en este sentido: *Swenska Petroleum Exploration AB v. Lithuania* (2005) EWHC 2437; *Sonatrach Petroleum Corp. (BVI) v. Ferrell International Ltd* (2002) 1 All ER (Comm) 627. *Vid*. también el exhaustivo análisis jurisprudencial hecho en la sentencia *BCY v. BCT supra*. Sin embargo,

en la doctrina comparada[145]. Lo anterior sin perjuicio de que, a la luz de las particulares circunstancias del supuesto, pueda justificarse la elección de uno u otro criterio (recurriendo *de facto* a la conexión de "vínculos más estrechos")[146].

8.33. Para alcanzar esta solución, son distinguibles distintas vías, tanto de origen legal (expresamente previstas en el ordenamiento arbitral), como de origen jurisprudencial. La solución inglesa, por ejemplo, es de corte jurisprudencial y se basa en una aproximación en tres escalones: (i) la elección expresa de las partes; (ii) la elección implícita de las partes; y, (iii) en defecto de ambas, la elección de la ley que tenga la conexión más estrecha y real con el supuesto[147]. La solución francesa es de origen jurisprudencial[148] y posterior plasmación legal[149]; en su virtud, la validez del convenio arbitral no queda sometida a ningún ordenamiento jurídico. Su validez se deduce a partir de la sola constatación de la voluntad de las partes[150]. Por su parte, la solución española –de corte legal– se ha inspirado profundamente en la solución que prevé el ordenamiento suizo (art. 178.2 de la Ley suiza de DIPr.). Dicha solución se plasma en la *norma de conflicto* que constituye el artículo 9.6 LArb.

tomando como criterio el lugar del arbitraje, *FirstLink Investments Corp Ltd v GT Payment Pte Ltd and others* (2014) SGHRC 12.

145. Al respecto, BOND, "What were they thinking? The Law Governing the Arbitration Agreement"; PITKOWITZ, "The Law Applicable to the Arbitration Agreement", ambos trabajos en, *Liber Amicorum en l'honneur de William Laurence Craig*, LexisNexis, París, 2016, pp. 29-56 y pp. 275-288, respectivamente. *Vid.* también la doctrina citada en las sentencias de referencia *infra*. La doctrina alemana, sin embargo, se decanta por la aplicación de la ley del lugar del arbitraje: LACHMANN, *Handbuch für die Schiedsgerichtspraxis*, 3.ª Ed., Colonia, 2008, p. 76; GEIMER, *Internationales Zivilprozessrecht*, *cit.*, p. 1435.

146. Una detallada descripción de supuestos puede verse en: BOND, "What were they thinking....", *cit.*, pp. 49-55.

147. Expresamente en este sentido, § 25 sentencia *Sulamerica*, *infra*.

148. *Cour de cassation*, 20.12.1993, *Rev. Arb.*, 1994, p. 116-118. Se trata de la célebre sentencia *Dalico*. En su virtud: *la existencia y eficacia del convenio arbitral deben ser valoradas, subordinadas a las normas imperativas del Derecho francés y al orden público internacional, a la luz de la común intención de las partes, no siendo necesaria ninguna remisión a derecho nacional alguno* (la traducción es nuestra).

149. Artículo 1507 NCPC: *La convention d'arbitrage n'est soumisse à aucune condition de forme.*

150. Para ver los inconvenientes de esta opción en el contexto del reconocimiento del laudo arbitral, *vid.* la sentencia *Dallah Real Estate and Tourism Holding Company v. the Ministry of Religious Affairs, Gouverment of Pakistan*, 3.11.2010, (2010) UKSC 46. Sobre la misma *vid*, CUNIBERTI, "Quelle coordination entre systèmes juridiques adoptant des représentations diferentes de l'arbitrage International?", *Les Cahiers de l'Arbitrage / The Paris Journal of International Arbitration*, 2010-1; pp. 159-171; GRIERSON / TAOK, "Dallah: Conflicting Judgements from the U. K. Supreme Court and the Paris Cour d'Appel", *J. Int. Arb.*, 2011, pp. 407-422.

**Naturaleza procesal del convenio arbitral.** Es preponderante en la jurisprudencia inglesa la vinculación de la *lex contractus* con la ley aplicable al convenio arbitral. Casualmente, en esta jurisprudencia se aprecia que la *lex contractus* aplicable al fondo de la controversia es la ley inglesa. De este modo, se alcanza una deseable armonía entre la ley aplicable al fondo y la ley aplicable al convenio arbitral: en ambos casos se aplica la ley inglesa. Cabe sin embargo cuestionarse si los tribunales ingleses hubieran llegado a la misma conclusión si la *lex contractus* no hubiera sido la ley inglesa; es decir, ¿hubieran llegado a la misma conclusión en un supuesto en el que la ley aplicable al fondo hubiera sido una ley extranjera?; o, por el contrario, ¿hubieran preponderado en ese caso una aproximación más vinculada a *lex loci arbitri* (ley del foro)? A mi juicio, la naturaleza procesal del convenio arbitral exige que, en defecto de acuerdo entre las partes, deba preponderarse la *lex loci arbitri*. En el bien entendido, además, que la conexión de la autonomía de la voluntad solo sería operativa si no contradijese abiertamente la ley del foro (por ejemplo, sí sería apreciable si dicha ley exigiese requisitos adicionales de validez del convenio arbitral). En este sentido, no es compatible con la jurisprudencia del TEDH que pueda aceptarse por los tribunales de un Estado firmante del CEDH un convenio arbitral que sea válido conforme a la ley de un Estado no firmante del mismo e inválido conforme a la ley del Estado firmante (por no concurrir una voluntad *inequívoca*). No en vano la validez del convenio es cuestión de *orden público.*

**El artículo V.1.a) CNY ¿Una norma de conflicto?** Un relevante sector doctrinal[151] e importe jurisprudencia comparada[152] ven en el artículo V.1.a) CNY la norma a cuya luz determinar la *ley aplicable* al convenio arbitral; es decir, ven en este precepto una suerte de *norma de conflicto: 26. ... article V(1)(a) of the Convention establishes two uniform international conflict of laws rules.* La consecuencia de tal calificación –a mi juicio, discutible– es que, por evidente jerarquía normativa, debería ser este precepto (y no el artículo 9.6 LA) el que finalmente determinase la *ley aplicable* al convenio arbitral. Esta norma establece: "*1. Sólo se podrá denegar el reconocimiento y la ejecución... a)* (cuando el convenio arbitral)... *no es válido en virtud de la Ley a que las partes lo han sometido, o si nada se hubiera indicado*

151. Como primer exponente, VAN DEN BERG, *The New York Arbitration Convention of 1958*, Kluwer, 1981, p. 291.

152. *Supreme Court*, 26.10.2021, *Kabab-Ji SAL v. Kout Food Group*, (2021) UKSC 48; *BGH, Urteil*, 26.11.2020, ECLI:DE:BGH:2020:261120UIZR245.19.0.

*a este respecto, en virtud de la Ley del país en que se haya dictado la sentencia"*. Leído el precepto en "clave conflictual", resultaría que el convenio arbitral se rige, en primer lugar, por la ley elegida por las partes y, en defecto de tal elección, por la ley del país donde se dictó el laudo. Pues bien, asumiendo la más que relativa relevancia de este debate (en la inmensa mayoría de los supuestos, el convenio arbitral se regirá por la ley que rige el contrato en el que se inserta o por la ley de la sede del arbitraje) y más allá también de que el precepto en cuestión exige una reinterpretación a la luz de la jurisprudencia del TEDH –en cuya virtud debe constatarse una *voluntad inequívoca* de someterse a arbitraje para que el convenio arbitral se considere válido (lo cual, a su vez, puede restringir extraordinariamente el juego de los puntos de conexión que el precepto prevé)[153]– entiendo que esta norma ni puede calificarse como norma de conflicto ni tiene, por tanto, como función determinar cuál es la ley aplicable al convenio arbitral. En primer lugar, porque las cuestiones de *ley aplicable* no son objeto de regulación del CNY; en efecto, el artículo I CNY delimita el ámbito de aplicación de este texto al "reconocimiento y la ejecución de las sentencias arbitrales" y el artículo II CNY constituye una norma material que regula el contorno formal del convenio arbitral. Es decir, de haberse querido regular la cuestión relativa a *ley aplicable* al convenio arbitral, el mismo título del CNY lo habría reflejado de algún modo, como así lo reflejan todos los convenios internacionales que regulan cuestiones de *ley aplicable*. Las cuestiones de *ley aplicable* por un lado y *reconocimiento y ejecución* por otro constituyen dos pilares del DIPr. autónomos entre sí; dos pilares que, de ningún modo, se entremezclan en su aplicación, en tanto que cada tipo de norma –norma de conflicto o norma que regula un motivo de denegación del reconocimiento o execuátur– se aplica en contextos procesales distintos. Si realmente el CNY hubiera querido regular la *ley aplicable* al convenio arbitral, el mismo texto hubiera incorporado un capítulo propio de cuestiones de *ley aplicable*, desligándolo expresamente del ámbito del *reconocimiento y ejecución* de laudos arbitrales. Por otro lado, si se insiste en considerar que el artículo V.1.a) CNY constituye la norma de conflicto aplicable a la validez del convenio arbitral, también habría de considerarse que el artículo V.2.a) CNY constituye la norma de conflicto aplicable a la *arbitrabilidad*; de tal suerte que la arbitrabilidad quedaría regida por la ley del país del reconocimiento del laudo y no por la ley del

153. *Vid. supra* en este mismo Cap. e *infra* Cap. XII.

lugar del arbitraje (conclusión, a todas luces, absurda). Por fin, si realmente esa norma cumple un propósito conflictual, habría que consecuentemente forzar la aplicación del artículo VII CNY para garantizar la aplicación de la norma de conflicto más favorable a la validez del convenio arbitral (siempre, evidentemente, con respeto a la jurisprudencia del TEDH). Recuérdese, en este sentido, que el artículo VII permite la aplicación de un sistema de normas de reconocimiento del laudo más favorables a las previstas en el mismo CNY. Situados en tal contexto es difícil imaginar cómo podría operar el artículo VII en este ámbito; es decir, no se ve cómo por aplicación del artículo VII puede llegarse a la aplicación de una norma de conflicto sobre la ley aplicable al convenio arbitral más favorable a la validez del mismo (porque prevea, por ejemplo, puntos de conexión alternativos y no jerarquizados). Y es que, el artículo VII prevé una remisión en bloque de todos los motivos de denegación del reconocimiento a un sistema más favorable; no permite una remisión aislada de un solo inciso del artículo V. Por fin, lo anterior supondría también que el artículo V.1.a) CNY sería de aplicación en sede de anulación del laudo internacional; cosa que, hasta la fecha, ni siquiera ha sido considerado por los tribunales españoles.

## 2. EN PARTICULAR: EL ARTÍCULO 9.6 LARB

8.34. Especialmente relevante –y quizá también especialmente compleja– resulta la regulación en clave conflictual que recoge el **sexto párrafo** del artículo 9 LArb. Reservada para aquellos supuestos en los que el arbitraje revista carácter **internacional**, el párrafo en cuestión encierra, por un lado, una disposición material –*la controversia será susceptible de arbitraje*–[154], y, por lo que ahora importa, una norma de conflicto con tres puntos de conexión de aplicación *alternativa* destinados a concretar las normas u ordenamiento jurídico a cuya luz se apreciará la validez del convenio arbitral.

**Artículo 9.6 LArb.**

*6. Cuando el arbitraje fuere internacional, el convenio arbitral será válido y la controversia susceptible de arbitraje si cumplen los requisitos establecidos por las normas jurídicas elegidas por las partes para regir el convenio arbitral, o por las normas jurídicas aplicables al fondo de la controversia, o por el derecho español.*

154. Sobre el significado de este inciso, *vid infra* Cap. XII.

Este precepto refleja perfectamente lo que doctrinalmente se denomina *pro-validation approach*[155]. En palabras del legislador: "*En lo que respecta a la ley aplicable al convenio arbitral, se opta por una solución inspirada en un principio de conservación o criterio más favorable a la validez del convenio arbitral. De este modo, basta que el convenio arbitral sea válido con arreglo a cualquiera de los tres regímenes jurídicos señalados en el apartado 6 del artículo 9*" (EM). Es decir, puede darse incluso el supuesto en el que el convenio arbitral no pueda considerarse formalmente válido a la luz de la ley (o normas jurídicas) expresamente elegidas por las partes, pero que, sin embargo, sí pueda considerarse formalmente válido conforme a uno de los otros dos puntos de conexión enunciados en el precepto (normas jurídicas aplicables al fondo o derecho español). En este caso, y siempre y cuando pueda apreciarse *voluntad inequívoca*, el convenio arbitral sería válido.

8.35. Respecto de los **puntos de conexión** que utiliza el precepto, cabe realizar una serie de observaciones.

(i) La *primera* de ellas gira en torno al alcance de la expresión *normas jurídicas* utilizada en los dos primeros puntos. A este respecto debe destacarse que el artículo 34 LArb insiste en que a la hora de aplicar e interpretar las *normas jurídicas*, los árbitros deberán tener en cuenta los *usos aplicables*[156]. Entre esos usos cabe considerar los *usos comerciales.*

Pues bien, en la medida en que el artículo 25 del Reglamento Bruselas I *refundido* (*acuerdos atributivos de competencia*) también regula la validez de las cláusulas de jurisdicción tomando como referencia los *usos comerciales*, entiendo que la jurisprudencia del TJUE en interpretación de este precepto constituye una referencia válida y perfectamente extrapolable al ámbito del convenio arbitral. De hecho, seguir esta senda no constituiría ninguna novedad, pues ya la *Corte di Cassazione* italiana tomó en consideración una alegación de parte en el sentido de que el artículo II.2 CNY fuera interpretado de acuerdo con las directrices marcadas por el TJUE sobre el sentido del mencionado precepto[157].

Así, y sin ánimo de exhaustividad[158], estimamos especialmente relevante lo asentado por el citado Tribunal en la sentencia *Castelleti*[159], en cuya virtud: "*se presume que las partes contratantes han dado su consentimiento a la cláusula atributiva de competencia (léase convenio arbitral) cuando*

155. A título de ejemplo, BOND, "What were they thinking....", *cit.*, pp. 32-33.

156. *Vid. infra* Cap. X.

157. *Corte di Cassatione*, 28.10.1993, núm. 10704, *Riv. dir. int. pr. proc.*, 1994, pp. 631-635.

158. Además de lo que a continuación se diga, *vid.* también la sentencia *Gasser*, 9.12.2003, C-116/02 y la sentencia *Coreck*, 9.11.2000, C-387/98, ambas del TJUE.

159. STJCE, 16.3.1999, C-159/97.

*el comportamiento de las mismas corresponda a un uso que rige en el ámbito del comercio internacional en el que operan y que conocen o* ***debieran conocer****"*. Del mismo modo, asentó que *"La existencia de un uso, que debe comprobarse en el sector comercial en el que las partes contratantes ejercen su actividad,* ***queda acreditada cuando los operadores de dicho sector siguen un comportamiento determinado de modo general*** *y regular al celebrar cierta clase de contratos.* ***No es necesario que dicho comportamiento esté acreditado en determinados países*** *ni, en particular, en todos los Estados contratantes. No cabe exigir sistemáticamente una forma de publicidad específica. La impugnación ante los Tribunales de un comportamiento que constituye un uso no basta para hacer que pierda su condición de uso"*. Además, determinó que *"Las exigencias concretas que engloba el concepto de 'forma conforme a los usos'* ***deben valorarse exclusivamente a la luz de los usos comerciales del sector del comercio internacional*** *de que se trate, sin tener en cuenta las exigencias particulares que pudieran establecer las disposiciones nacionales"*. E igualmente, estableció en esa misma sentencia que *"El conocimiento del uso debe apreciarse en relación con las partes originarias del convenio atributivo de competencia, sin que la nacionalidad de las mismas tenga repercusión alguna a este respecto. La existencia de dicho conocimiento quedará acreditada, con independencia de toda forma de publicidad específica,* ***cuando en el sector comercial en el que operan las partes se siga de modo general y regular un determinado comportamiento*** *al celebrar cierta clase de contratos, de modo que pueda considerarse como una práctica consolidada"*.

8.36. Constatada la posible –y más que recomendable[160]– aplicabilidad de los criterios jurisprudenciales asentados por el TJUE en interpretación de la validez formal de la *cláusula atributiva de competencia*, la *segunda* observación anunciada afecta a la idoneidad de la técnica legislativa empleada por el legislador en este precepto (ii). Y es que, en la medida en que la expresión *normas jurídicas* hace alusión *a normas de varios ordenamientos* (así el legislador en la EM), la prueba de su contenido no siempre será cuestión sencilla.

Por ello, en mi opinión, para dar cabida a *las normas jurídicas* y los usos mercantiles como criterios para evaluar la validez del convenio arbitral, hubiera bastado con decirlo expresamente en el tenor de la norma. Regulando desde una perspectiva material; renunciando a la técnica conflictual. La mejor solución en este sentido hubiera pasado por adaptar el tenor del artículo 25.1 c/ del Reglamento Bruselas I *refundido* al ámbito del convenio arbitral, en

160. Pues, de asumirse, incorporaría un alto grado de uniformidad y seguridad jurídica. Sobre esta cuestión, más detenidamente, GÓMEZ JENE, "Primeras reflexiones en torno al Proyecto de Ley de Arbitraje", *Diario La Ley*, 20.10.2003, pp. 3-5.

cuya virtud, será válida una cláusula de sumisión *"en el comercio internacional, en una forma conforme a los usos que las partes conocieren o debieren conocer y que, en dicho comercio, fueran ampliamente conocidos y regularmente observados por las partes en los contratos del mismo tipo en el sector comercial considerado"*[161].

8.37. Por fin, el último punto de conexión enumerado (*derecho español*) coincidirá a menudo con el derecho de la sede del arbitraje. No obstante, tal coincidencia no tiene por qué darse, pues en muchos supuestos la validez del convenio arbitral será examinada en el contexto de la declinatoria planteada ante el juez español, con independencia del lugar del mismo.

**Regulación convencional del convenio arbitral: CMR**. Debe tenerse en cuenta que, para ámbitos muy específicos, existen convenios internacionales que de un modo u otro exigen requisitos adicionales de validez del convenio arbitral. Este es el caso, por ejemplo, del artículo 33 del Convenio CMR[162]: *El contrato de transporte puede contener una cláusula atribuyendo competencia a un Tribunal arbitral, a condición de que esta cláusula prevea que dicho Tribunal arbitral aplicará el presente Convenio*. Esta disposición ensalza el carácter imperativo de las normas que contiene el texto y su *ratio* es clara: impedir la sumisión, por el juego de las normas de conflicto del foro, a cualquier otra regulación que no sea el mismo CMR. Por tanto, cuando al supuesto controvertido le sea de aplicación el texto convencional, el convenio arbitral solo será válido si cumple con las exigencias establecidas en el precepto[163].

## VI. EXTENSIÓN DEL CONVENIO ARBITRAL A TERCEROS

### 1. CON CARÁCTER GENERAL: EXTENSIÓN A TERCEROS

8.38. Cuestión no regulada ni en la Ley de Arbitraje ni en los Convenios internacionales es la que concierne a la extensión de los efectos del convenio arbitral –tanto a terceros como a un grupo de sociedades–. Pocos ordenamientos jurídicos regulan expresamente esta cuestión.

161. Así lo sugerimos ya, *vid*. GÓMEZ JENE, "Primeras reflexiones...", *cit.*, y así lo propusieron también diversos grupos parlamentarios. En este sentido, *vid*. la Enmienda núm. 2 firmada por el Grupo Parlamentario Vasco; y, la Enmienda núm. 104 firmada por el Grupo Parlamentario Socialista, en: *BOCG*, Congreso, 6.11.2003, Serie A. Núm. 173-8.

162. *Convenio relativo al Contrato de Transporte Internacional de Mercancías por Carretera (CMR), hecho en Ginebra el 19 de mayo de 1956.*

163. Anulando el laudo por considerar que el convenio arbitral no reunía los requisitos que exige el citado precepto, STSJ de Cataluña, 27.5.2022, ECLI:ES:TSJCAT:2022:7368.

El artículo 14 de la *Ley Peruana de Arbitraje* constituye uno de los primeros precedentes en este sentido. En su virtud:

*El convenio arbitral se extiende a aquellos cuyo consentimiento de someterse a arbitraje, según la buena fe, se determina por su participación activa y de manera determinante en la negociación, celebración, ejecución o terminación del contrato que comprende el convenio arbitral o al que el convenio esté relacionado. Se extiende también a quienes pretendan derivar derechos o beneficios del contrato, según sus términos.*

8.39. El punto de partida sobre esta particular cuestión pasa por considerar que la extensión de los efectos del convenio arbitral a terceros no firmantes del mismo, en tanto que aparente quiebra de principios contractuales sólidamente asentados –*relatividad*–, solo debe consentirse en supuestos excepcionales en los que la implicación del tercero no firmante con el contrato que incluye el convenio pueda establecerse de forma indubitada: por ejemplo, además de la cesión y subrogación del contrato, aceptación del convenio por *actos propios* o concluyentes (el tercero ha estado directamente implicado en la ejecución del contrato desde el principio; o ha participado en la negociación y conclusión del mismo, así como parcialmente en su ejecución)[164]. El examen de estas circunstancias excepcionales debe hacerse caso a caso.

**STSJ de Madrid, 2.3.2021**[165]. Constituye "*doctrina reiteradísima, que, a la hora de ponderar la existencia y efectos de un convenio arbitral, es imprescindible preservar las exigencias de la buena fe y de la congruencia con los propios actos: este Tribunal ha conferido especial trascendencia a la coherencia que la pretensión de anulación guarde con la propia conducta del recurrente, lo cual a su vez también es expresión del principio general de buena fe, del que es concreción la máxima ne venire contra factum proprium*".

**Ejemplos de *no* extensión de los efectos**:

**STS, 27.5.2007**[166]. El TS niega la extensión del convenio arbitral inserto en los Estatutos de una Comunidad para dirimir las controversias entre comuneros, a las reclamaciones de éstos últimos contra la Comunidad.

164. Sobre la doctrina de los *actos propios* para determinar la existencia de un contrato que incluye el convenio arbitral, STSJ de Madrid, 21.3.2017, ECLI:ES:TSJM:2017:3280.
165. STSJ de Madrid, 2.3.2021, ECLI:ES:TSJM:2021:23.
166. STS, 27.5.2007, ECLI:ES:TS:2007:4499.

**STS, 11.2.2010**[167]. El TS niega la extensión del convenio firmado entre dos empresas al administrador de una de ellas, "*que intervino en el contrato exclusivamente en su calidad de representante*".

**Ejemplo de extensión de los efectos:**

**STS, 26.5.2005**[168]. El TS acepta –con argumentos pocos convincentes– la extensión del convenio arbitral a un banco español que actuaba como **avalista** de una empresa española en el contexto de una transacción entre esa empresa y una empresa extranjera. En palabras del TS: "*La presente cuestión se centra en el área a la que la moderna doctrina científica denomina 'transmisión del convenio arbitral' y que estudia la cuestión de si un contrato concede derechos a un tercero, éste está vinculado por la cláusula arbitral contenida en el contrato. Permitiendo esta figura introducir en el campo de aplicación del mismo litigio a partes que no firmaron el contrato. Y en todo momento hay que afirmar que en el presente caso la cláusula o convenio arbitral plasmado en el contrato... supone la necesaria extensión de su aplicación a las partes directamente implicadas en la ejecución del contrato. Tal afirmación, además, puede tener su base en lo que se dice en la exposición de motivos de la actual LA 2003 que aunque no sea aplicable guarda una magnífica relación con este tema y que habla de la 'cláusula arbitral de referencia', la que se puede definir como aquella que no consta en el documento contractual principal, sino en documento separado, pero que se entiende incorporada al contenido del primero por la referencia que en él se hace al segundo*".

Esta sentencia no solo se aleja del criterio mantenido en la jurisprudencia comparada sobre esta cuestión (*infra* 8.49), sino que, además, es difícilmente conciliable con la posterior jurisprudencia del TEDH sobre la extensión de los efectos del convenio arbitral (*supra*). En efecto, el hecho de que una sociedad –ya sea un banco u otro tipo– garantice las obligaciones que otra sociedad asuma con respecto a una tercera, no implica necesariamente que deba conocer el contrato principal. De hecho, de ordinario, el garante tendrá firmado su propio contrato de garantía con la sociedad garantizada. Cuestión distinta es, evidentemente, el hecho de que el garante haya intervenido directamente en el contrato principal[169].

167. STS, 11.2.2010, ECLI:ES:TS:2010:1669.

168. STS, 26.5.2005, ECLI:ES:TS:2005:3403.

169. *Vid*. también, VERDERA SERVER, "Artículo 9", en: BARONA VILAR, *Comentarios a la ley de arbitraje*, 2.ª Ed., Madrid, 2011, pp. 395-396.

**STSJ de Madrid, 24.4.2018**[170]. *"En consecuencia, la árbitro aplica la teoría de los actos propios para llegar a la conclusión de que (la sociedad M) se subrogó tácitamente en el contrato de 18 de marzo de 2005, y por tanto también en la cláusula arbitral, de forma correcta, pues ello implica, en el contexto analizado, que una sociedad no puede invocar su independencia jurídica para no quedar vinculada por una cláusula arbitral contenida en un contrato devenido litigioso, cuando su ha aprovechado de sus consecuencia y/o de sus beneficios, ya que dicha pretensión entra en contradicción, desde un punto de vista objetivo, con su anterior conducta".*

**Tribunal Federal suizo, 17.4.2019**[171]: Extiende los efectos del convenio arbitral en el marco de un contrato de distribución. Además de otras circunstancias, el convenio especificaba *"for and behalf of the 'Distributor' RX AG* (el tercero)".

8.40. En el contexto de la acción de anulación del laudo, cabe destacar que, en general, los TSJ solo han aceptado la extensión de los efectos del convenio arbitral en aquellos supuestos en los que se constate, sin atisbo de duda, la involucración del tercero en la ejecución del contrato que contiene la cláusula[172]; es decir, cuando a la luz de los hechos pueda apreciarse una "voluntad inequívoca" de la parte no firmante del convenio de quedar sometido al mismo.

**STSJ de Madrid, 13.12.2016**[173]: *"es axioma incontrovertido que **la interpretación extensiva de la cláusula arbitral** –a terceros que no la han suscrito o a situaciones o ámbitos de aplicación no comprendidos claramente en ella– **ha de estar sólidamente sustentada**, no solo por la exigencia de la voluntad de la sumisión y por escrito como fundamento de la existencia del convenio arbitral (arts. 9.1 y 9.3 LA) –lo que no excluye su emisión tácita, deducida de actos concluyentes, v. gr., por falta de oposición al arbitraje incoado (art. 9.5 LA)– sino porque, al fin y a la postre, la inferencia de esa voluntad lleva aparejada una radical consecuencia jurídica: nada más y nada menos que la renuncia al derecho de acceso a la jurisdicción, 'núcleo duro' –en locución del TC– o 'contenido esencial' –en expresión de la Constitución misma (art. 53.1 CE) del derecho fundamental a la tutela judicial efectiva...".*

En consecuencia, cuando no pueda constatarse la voluntad inequívoca de todas las partes de someterse a arbitraje, procede la anulación del laudo, por *invalidez del convenio arbitral*.

170. STSJ de Madrid, 24.4.2018, ELCI:ES:TSJM:2018:3981.
171. *Tribunal Federal* suizo, 17.4.2019, 4A_646/2018, 145 III 199.
172. STSJ de Madrid, 16.12.2014, ECLI:ES:TSJM:2014:15736.
173. Citando sentencias anteriores, STSJ de Madrid, 13.12.2016, ECLI:ES:TSJM:2016:13260. En idéntico sentido, Auto TSJ del País Vasco, 7.11.2018, ECLI:ES:TSJPV:2018:277A.

Así, por ejemplo, procede la nulidad del laudo arbitral dictado como consecuencia de un acuerdo de la Junta Directiva de la SGAE de someterse a arbitraje, sin el consentimiento de todos sus miembros: "*Una eventual oscuridad o el silencio de los Estatutos sobre la voluntad asociativa en una materia como la sujeción a arbitraje –y máxime cuando éste tiene por objeto un 'conflicto interno' sobre el ejercicio de sus funciones por la Asociación en la gestión y fijación de la retribución que se sigue de la explotación de los derechos de propiedad intelectual de sus asociados–, no pueden ser equiparados, en modo alguno, a una aceptación tácita, como si lo no vedado estuviese permitido , y más sin mediar consulta previa por los cauces estatutariamente previstos. En tales tesituras, la emisión de una voluntad de sumisión a arbitraje no puede tildarse de clara e inequívoca renuncia al derecho de dirigirse a los Tribunales de Justicia en defensa de sus intereses legítimos*"[174].

8.41. Por otro lado, en supuestos muy concretos (arrendamientos de inmuebles, por ejemplo) en los que la parte demandada esté conformada por dos personas físicas distintas, puede considerarse que el convenio arbitral no afecta a la persona codemandada que no firmó el contrato en el que se inserta el convenio arbitral, declarando en consecuencia la nulidad parcial del laudo en lo relativo a los pronunciamientos que afecten a la persona no firmante del mismo[175].

8.42. Esta última jurisprudencia en interpretación del alcance del convenio arbitral a terceros no firmantes es, a mi juicio, la única posible. De hecho, esta jurisprudencia está en línea con la jurisprudencia del TJUE sobre la extensión a terceros de una cláusula de sumisión a tribunales. Para el TJUE, el *principio de relatividad de los contratos* está presente en este contexto: "*una cláusula atributiva de competencia incluida en un contrato solo puede producir efectos, en principio, entre las partes que acordaron celebrar ese contrato*"[176]; si bien, desde la perspectiva del consentimiento: "*Para que esa cláusula sea oponible a un tercero, es necesario, en principio, que éste haya prestado su consentimiento a ese efecto*"[177]. De hecho, si extrapolamos la jurisprudencia del TJUE en interpretación de la extensión de los efectos de las cláusulas de sumisión a tribunales tampoco sería posible, en principio,

174. STSJ de Madrid, 24.5.2018, ECLI:ES:TSJM:2018:2724.
175. STSJ de Cataluña, 13.5.2022, ECLI :ES:TSJCAT:2022:5847.
176. STJUE, 28.6.2017, C-436/16, *Leventis*.
177. STJUE, 21.5.2015, C-352/13, *CDC*. En aplicación también del principio de relatividad de los contratos (art. 1257 CCiv.) y negando la extensión del convenio arbitral, Auto AP Jaén, 18.3.2021, ECLI:ES:APJ:2021:125A.

extender el convenio arbitral al fiador de la parte que firma el contrato que incluye el convenio arbitral[178].

8.43. Por fin, para el particular ámbito del **seguro**, es necesario recordar que el TJUE ha proclamado el llamado *"efecto relativo del convenio arbitral"*. En su virtud, el convenio arbitral firmado entre un asegurador y un tomador del seguro no puede vincular a la persona perjudicada por el daño asegurado que desee entablar una acción directa contra el asegurador ante el tribunal del lugar en el que se produjo el hecho dañoso[179].

## 2. CESIÓN DE CONTRATO Y SUBROGACIÓN

8.44. Dos excepciones a la regla general de no transmisibilidad serían, a mi juicio, tanto ***la cesión del contrato*** como la ***subrogación***. En virtud del ***contrato de cesión*** *todos* los derechos y obligaciones del contrato originariamente otorgado por el cedente y el cedido permanecen inalterados; mantienen su validez y vigencia. El cesionario queda subrogado en el lugar del cedente con consentimiento del cedido. La jurisprudencia del TS en interpretación de este negocio jurídico ha precisado que la cesión del contrato *"produce la transmisión del conjunto de los efectos de un determinado contrato a un tercero, pero siempre entendiendo dicha cesión* ***con carácter unitario****, o sea, con todo lo explicitado en el primitivo contrato, o sea, sin que suponga la sustitución de un contrato por otro posterior, pues en este caso surgiría la figura de la novación"*[180]. Así las cosas, es lógico concluir que cuando el cesionario firma la cesión del contrato acepta todas las cláusulas del mismo, incluido, evidentemente, el convenio arbitral. La independencia del convenio arbitral que proclama el artículo 22 LArb respecto de las demás cláusulas del contrato no opera en este contexto, pues dicha independencia se concibe a los solos efectos de que el árbitro pueda entrar a valorar la nulidad del contrato donde el convenio se inserta[181]. Por otro lado, excluir el citado convenio del contrato cedido implicaría modificar una cláusula del mismo, lo que a la postre impediría calificar el negocio jurídico como *cesión de contrato*.

8.45. Argumentos similares son esgrimibles en el supuesto de ***subrogación*** y así lo entiende también la jurisprudencia que acepta *"sin dificultad alguna la extensión de la cláusula arbitral de terceros en casos de sucesión contractual con la correspondiente asunción de derechos y obligaciones y entre*

---

178. STJUE, 15.5.2003, C-266/01, *Tiard*.
179. GÓMEZ JENE, "*Prestige* y Arbitraje europeo: a propósito de la sentencia *London Steam-Ship* del TJUE (asunto C-700/20)", *CDT*, 2022/2, pp. 1088-1099.
180. STS, 19.9.1998, ECLI:ES:TS:1998:5226.
181. *Vid. infra* Cap. IX.

*ellas la de sumisión a arbitraje"*[182]. Con carácter particular, el TS ha aceptado expresamente la subrogación de una aseguradora en el arbitraje; matizando, sin embargo, que no alcanza el convenio arbitral a aquellas aseguradoras que, lejos de actuar como subrogadas en la posición contractual de su asegurada, son traídas al pleito por el ejercicio de la acción directa[183]. Del mismo modo, se ha aceptado la extensión de los efectos del convenio arbitral en un contexto de subrogación tanto en un contrato de franquicia como en un contrato de obra[184]; así como en un supuesto en el que una entidad que tiene carácter de Administración Pública se subroga en la posición contractual de una entidad del sector público que *no* tiene ese carácter de Administración Pública (siendo, evidentemente, que todos los contratos incluyen un convenio arbitral)[185].

8.46. En línea con lo anterior, cabe destacar, además, que ninguna de las normas que rigen la validez formal del convenio arbitral (art. II CNY; Art. I.2.a) CG y 9 LArb) exigen para el mismo requisito adicional alguno en los supuestos citados de transmisión del contrato principal.

## 3. CON CARÁCTER PARTICULAR: LOS GRUPOS DE EMPRESA (*DOCTRINE OF GROUP OF COMPANIES*)

8.47. El asunto que doctrinalmente sirve como punto de partida para el estudio de estos supuestos es el comúnmente conocido como *Dow Chemical*[186]. La particularidad de este supuesto radica en que los criterios adoptados por el colegio arbitral para vincular la sociedad matriz al convenio arbitral fueron refrendados por la *Cour d'appel* de París. Desde entonces, la práctica arbitral ha ido pergeñando una serie

182. Con cita de jurisprudencia anterior, STSJ de Madrid, 26.10.2021, ECLI:ES:TSJM:2021:11837; STSJ de Madrid, 29.6.2021, ECLI:ES:TSJM:2021:7291. *Vid.* también, STSJ de Madrid, 13.2.2013, ECLI:ES:TSJM:2013:8205; STSJ de Madrid, 22.7.2013, ECLI:ES:TSJM:2013:8247.

183. STS, 20.11.2008, ECLI:ES:TS:2008:6660.

184. Respecto del contrato de franquicia, a la luz de un análisis de las circunstancias (actos propios), STSJ de Madrid, 24.4.2018, ECLI:ES:TSJM:2018:3981. Respecto del contrato de obra, Auto AP de Barcelona, 7.2.2019, ECLI: ES:APB:2019:451A.

185. STSJ del País Vasco, 15.11.2017, ECLI:ES:TSJPV:2017:3948. No obstante, la eficacia del laudo queda afectada si prospera una nulidad de la adjudicación que está en el origen del contrato (como continuación de este procedimiento, STS (Con), 17.11.2021, ECLI:ES:TS:2021:4174).

186. Laudo CCI núm. 4131/1982, *Rev. Arb.*, 1984, pp. 137-150. Laudo confirmado por la *Cour d'appel* de París, 21.10.1983, *Rev. Arb.*, 1984, pp. 98-101. Sobre estas cuestiones, por todos, AGUILAR GRIEDER, *La extensión de la cláusula arbitral a los componentes de un grupo de sociedades en el arbitraje comercial internacional*, Santiago de Compostela, 2001; *Idem*, "Arbitraje comercial internacional y grupos de sociedades", *CDT*, 2009/1, pp. 5-28.

de circunstancias que, cumulativamente consideradas, pueden llevar a extender los efectos del convenio arbitral a una sociedad del grupo *no* firmante del mismo (en muchos casos, a la matriz). Así, por ejemplo, han sido consideradas circunstancias relevantes: la efectiva participación de la sociedad no suscriptora en la negociación o ejecución del contrato; la constatación de una voluntad común de las partes de someter a dicha sociedad al contrato litigioso; la constatación de una fuerte apariencia de ser la sociedad no firmante la verdadera parte contractual; así como la realización de la prestación característica del contrato por la sociedad no firmante[187]. Doctrinalmente se han distinguido hasta tres condiciones para que la doctrina sobre el *Grupo de empresas* pueda ser aplicable; esto es, para extender el convenio arbitral a sociedades *no* firmantes del mismo: (i) la existencia de una clara estructura de grupo (con una clara jerarquía y estructura operacional); (ii) una participación activa de la sociedad *no* firmante en las negociaciones y redacción del contrato que contiene la cláusula; y, (iii) una intención común de las sociedades vinculadas en someterse a arbitraje[188]. Tales circunstancias deben ponderarse caso por caso; a la luz de la distinta intensidad con que se manifiesten[189]. En cualquier caso, es cierto también que, por un lado, tales condiciones son de difícil apreciación en la práctica; por otro, suponen una excepción a principios del derecho contractual tan asentados como el de *relatividad de los contratos* (art. 1257 CCiv); y, finalmente, rebajan ostensiblemente el grado de seguridad jurídica que la firma de un convenio arbitral exige. Por ello, lo anterior solo es aceptable si de las circunstancias puede apreciarse una *voluntad inequívoca* de la sociedad no firmante de someterse a arbitraje.

8.48. La cuestión no está expresamente regulada en la **LArb** y la **jurisprudencia española** más relevante al respecto se concreta en una serie de fallos de distintos TSJ: son destacables, una sentencia del TSJ de Madrid[190],

187. Para una enumeración más exhaustiva, AGUILAR GRIEDER, "Arbitraje comercial..." *cit.*, p. 21.

188. BREKOULAKIS, *Third Parties in International Commercial Arbitration*, Oxford, 2011, pp. 154-164.

189. Sobre la relevancia de las circunstancias del caso, así como un análisis detallado de distintos supuestos que pueden plantearse, *vid.*, HANOTIAU, *Complex Arbitrations – Multiparty, Multicontract, Multi-issue and Class Actions*, Kluwer Law International, 2005, pp. 49-100; HANOTIAU, "Groups of Companies in International Arbitration", en: MISTELIS / LEW (ED.), *Pervasive Problems in International Arbitration*, Kluwer, 2006, pp. 279-290.

190. STSJ de Madrid, 16.12.2014, ELCI:ES:TSJM:2014:15736. Debe repararse en que al supuesto de autos no le era de aplicación la LArb 2003.

dos fallos casi idénticos del TSJ de Valencia[191] y un auto del TSJ del País Vasco[192].

En virtud de la resolución del TSJ de Madrid, se acepta la extensión de los efectos del convenio arbitral a una empresa directamente vinculada en la ejecución de un contrato de distribución. En concreto, se daba la particularidad de que el convenio arbitral estaba inserto en un Pacto de Socios. En virtud de este Pacto se creaba una sociedad A que, a su vez, adquiría otra sociedad B propiedad de los socios firmantes del Pacto, siendo, además, que los contratos de distribución inicialmente aportados a la sociedad A fueron cedidos a la sociedad B. En este contexto, el TSJ asume el criterio del árbitro, en virtud del cual, no extender los efectos del convenio arbitral a la sociedad creada mediante el Pacto implicaría la imposible ejecución del mismo Pacto.

En virtud de las resoluciones del TSJ de Valencia, requisitos determinantes de la extensión son: (i) la pertenencia de la sociedad no suscriptora a un grupo de sociedades; (ii) participación efectiva de la sociedad no suscriptora en la relación contractual litigiosa; y (iii), tras una valoración pormenorizada de los elementos fácticos, la subsunción de los mismos en una determinada figura jurídica que permita confirmar la solución adoptada por los árbitros en base a los hechos concretos. Entre dichas figuras jurídicas cabe destacar el "estoppel" (doctrina de los actos propios).

En virtud del auto del TSJ del País Vasco, debe estarse a las circunstancias del caso concreto para constatar, a su luz, si las sociedades no firmantes tuvieron conocimiento de la cláusula a partir de una implicación directa y objetiva en la negociación y/o ejecución del contrato. En este supuesto, el TSJ aceptó la extensión de los efectos del convenio a ciertas empresas del grupo que no firmaron el contrato en el que el convenio estaba inserto.

8.49. La aplicación de esta "doctrina" a nivel comparado ha generado un problema de relevancia práctica importante, pues, en su interpretación, los tribunales franceses han rebajado ostensiblemente los requisitos para apreciar la voluntad de la parte *no* firmante de someterse a arbitraje.

191. STSJ Valencia, 19.11.2014, ECLI:ES:TSJCV:2014:10330; STSJ Valencia, 5.5.2015, ECLI:ES:TSJCV:2015:3413.

192. Extendiendo los efectos del convenio a empresas no firmantes del mismo: Auto TSJ del País Vasco, 7.11.2018, ECLI:ES:TSJPV:2018:277A. En un supuesto similar (interno), en el que no se acepta tal extensión, *vid.* Auto AP de Barcelona, 29.4.2021, ECLI:ES:APB:2021:3412A.

Hasta tal punto que, según su práctica actual, se conforma con apreciar la sola *implicación directa* de la sociedad *no* firmante en la ejecución del contrato –que contiene el convenio– para vincularla al mismo[193].

El auto anteriormente citado del TSJ del País Vasco ha puntualizado a este respecto que *"no se trata de examinar la validez o no de la jurisprudencia francesa aplicada por el Tribunal Arbitral para concluir su competencia arbitral respecto de las hoy demandantes, sino si en su aplicación... se ajusta o no a las exigencias de nuestro ordenamiento jurídico"*.

El resto de la **jurisprudencia comparada**, por su parte, no solo no acepta la aplicación de esta doctrina a partir de circunstancias tan tenues; sino que, antes al contrario, se caracteriza en este punto por estrechar al máximo los márgenes de aceptación de esa extensión de los efectos del convenio. Es decir, la búsqueda de esa *voluntad inequívoca* se impone como criterio a cuya luz aceptar la extensión de los efectos del convenio.

Así, la ***High Court of Justice*** inglesa anuló parcialmente un laudo dictado en Londres por entender que el tribunal arbitral, en aplicación de la doctrina del "Grupo de compañías", extendió su competencia de forma errónea. Para la *High Court*, esta forma de extender los efectos del convenio arbitral *"está abierto a críticas sustanciales y adolece de serias deficiencias (errores) de Derecho"*[194].

Del mismo modo, la ***Court of Appeals* del Segundo Circuito** de EEUU denegó el execuátur de un laudo arbitral en aplicación de la cláusula de orden público por entender que una de las sociedades involucradas no había otorgado el consentimiento necesario para someterse a arbitraje. Para la *Court*, la extensión de los efectos solo es posible cuando *"the totality of the evidences supports an objective intention to agree to arbitrate"*[195]. Y, en este sentido, se ha matizado que la extensión de los efectos del convenio arbitral a terceros no firmantes del mismo es posible cuando del supuesto controvertido pueda deducirse claramente que la parte no firmante obtiene un *beneficio directo* ("direct benefit") del contrato que contiene el convenio arbitral (doctrina del *estoppel)*[196].

193. *Cour de cassation*, 27.3.2007, *Rev. Arb.*, 2007, p. 347 (si bien referido a un supuesto de contratos en cadena). Más evidente, *Cour de cassation*, 7.11.2012, *Rev. Arb.*, 2012, p. 876: *"L'effet de la clause d'arbitrage international contenue dans le contrat initial s'étendant aux parties directement impliquées dans l'exécution du contrat"*.

194. *High Court of Justice, Queens Bench Division Commercial Court, Peterson Farms Inc. V. C & M Farming Limited*, 4.2.2004, (2002) EWHC 121 (Comm).

195. *United States Court of Appeals, Second Circuit*, 14.4.2005, *YCA*, 2005, pp. 1158 ss.

196. *American Bureau of Shipping v Tencara Shipyard*, 17.3.1999, 170 F.3d 349 (2nd Cir. 1999).

En coherencia con lo anterior, la ***Court of Appeals* del Quinto Circuito** de EEUU sí aceptó la extensión de los efectos del convenio arbitral porque el contrato en el que se insertaba el convenio arbitral preveía la responsabilidad de la empresa firmante sobre cualquier incumplimiento de las empresas del grupo. Como gráficamente expone: "C. *USA made its proverbial bed; therein it must lie. The company signed an agreement specifying that the actions of its affiliates could constitute its own breach. Whether C USA's non-signatory affiliates themselves be subject to the arbitration is irrelevant: C USA 'assum(ed) the obligation of its affiliates' performance*'"[197].

Por su parte, el ***Tribunal Federal*** suizo ha estimado –como previamente habían estimado los árbitros– que un Acuerdo de garantía (*Guarantee Agreement*) firmado entre dos sociedades de un mismo grupo, en cuya virtud se garantizaba el pago de lo establecido en un contrato, y en el que se hacía expresa referencia al contrato garantizado (que incluía el convenio arbitral), no vinculaba a la sociedad garante[198]. En este sentido, el Tribunal Federal hace una clara distinción entre una *cesión de crédito* y un *acuerdo (o contrato) de garantía*. De tal modo que, a diferencia de los primeros, los contratos de garantía no transfieren derechos y obligaciones; antes al contrario, crean una nueva relación jurídica entre las partes. En el caso, la alusión al contrato servía sólo para identificar las obligaciones a garantizar. Pero nada más[199].

Sin embargo, el mismo ***Tribunal Federal*** sí extiende los efectos del convenio arbitral en el marco de un contrato de distribución en el que, además de otras circunstancias, el convenio especificaba "*for and behalf of the 'Distributor' RX AG* (sociedad del grupo no firmante)"[200].

8.50. La doctrina comparada también es prácticamente unánime en este ámbito: el punto de partida es –otra vez– la constatación de una *voluntad*

197. *United States Court of Appeals for the Fifth Circuit*, 7.1.2020, N.° 18-11192, *Soaring Wind Energy, LLC v. CATIC USA*.

198. *Tribunal Federal*, 19.8.2008, 4A_128/2008, (www.bger.ch). Al respecto, *vid*. NAEGELI / SCHMITZ, Switerland: Strict Test for the Extension of Arbitration Agreements to Non-Signatories", *SchiedsVZ*, 2009, pp. 185-188. Una recopilación de la jurisprudencia suiza a este respecto puede verse en la sentencia del *Tribunal Federal*, 6.10.2016, 4A_310/2016, *ASA Bull.*, 2017, pp. 150-152.

199. Repárese, no obstante, que los efectos de un acuerdo o contrato de este tipo se determinarán conforme a lo establecido en la ley que lo rija (en el supuesto, la ley italiana).

200. *Tribunal Federal* suizo, 17.4.2019, 4A_646/2018, 145 III 199. Sobre esta sentencia, SENDLMEIER, "Formlose Schiedsbindung Dritter – Lockerung des Freiwilligkeitserfordernisse in der internationalen Handelsschiedsgerichtsbarkeit?", *IPRax*, 2021, pp. 381-391.

*inequívoca* como prueba del consentimiento: la renuncia al juez predeterminado por la ley que la firma de un convenio arbitral a la postre supone, exige una prueba contundente[201]. En definitiva:

> *Except for countries heavily influenced by the French legal system, the group of companies' doctrine does not appear to have received much support in further jurisdictions. In fact, a detailed survey covering 24 countries worldwide recently showed that an overwhelming majority of the jurisdictions surveyed do not recognized the doctrine*[202].

## 4. CON CARÁCTER ESPECIAL: EL ARTÍCULO 251 LNM

8.51. El artículo 251 de la Ley de Navegación Marítima (LNM) establece una regla especial de transmisión del convenio arbitral previsto en un *conocimiento de embarque*:

> **Artículo 251 LNM.** *Eficacia traslativa.*
>
> *... El adquirente del conocimiento de embarque adquirirá todos los derechos y acciones del transmitente sobre las mercancías, excepción hecha de los acuerdos en materia de jurisdicción y arbitraje, que requerirán el consentimiento del adquirente en los términos señalados en el capítulo I del título IX.*

8.52. En perspectiva de DIPr. la dificultad de esta norma radica en determinar cuándo es de aplicación. Y es que, *a priori*, la norma en cuestión podría ser aplicable cuando el conocimiento de embarque se rija por derecho español[203] y/o cuando el arbitraje tenga su sede en España.

A mi juicio, la conexión a retener en este contexto debe ser, en principio, la primera. En consecuencia, el artículo 251 LNM solo debería aplicarse cuando el *conocimiento de embarque* se rija por derecho español –con

201. Desde la perspectiva constitucional, MANSEL, "Vertretungs- und Formprobleme bei Abschluss einer Schiedsvereinbarung – zur subjektiven Reichweite von Schiedsklauseln in Konzernstituationen", *Festschrift für Georg Maier Reiner zum 70 Geburtstag*, Munich, 2010, p. 407-410. *Vid.* también, LACHMAN, *Handbuch..., cit.*, pp. 135-136; JÜRSCHIK, *Die Ausdehnung der Schiedsvereinbarung auf konzernzugehörige Unternehmen*, Hamburgo, 2011, pp. 81-178 (pronosticando el no reconocimiento en Alemania de un laudo arbitral dictado como consecuencia de extender los efectos del convenio a una sociedad no firmante). Para una exhaustiva crítica, con más referencias, BREKOULAKIS, *Third Parties..., cit.*, pp. 175-198.

202. WILSKE / SHORE / AHRENS, "The 'Group of Companies Doctrine' – Where is the Heading?", *The American Review of International Arbitration*, 2006, p. 85. Más recientemente, MIŠOVIC, "Binding non-signatories to arbitrate: the United States approach", *Arb. Int.*, 2021, pp. 749-768.

203. Téngase en cuenta en este contexto el artículo 5.1 del *Reglamento Roma I sobre ley aplicable a las obligaciones contractuales.*

independencia de la sede del arbitraje–. Ello debería ser así porque la conexión de la ley aplicable al conocimiento de embarque es la que mejor asume, encarna o refleja el principio de la autonomía de la voluntad de las partes, en tanto que ley expresamente escogida por ellas. Desde esta perspectiva, cabe presumir que será ésta la ley que mejor conozca el profesional del sector, con lo que ello supone respecto de las consecuencias de su aplicación (previsibilidad). Finalmente, cabe destacar también que el criterio de la ley aplicable al *conocimiento de embarque* ha sido el escogido por el TJUE para interpretar la extensión de los efectos de una cláusula de jurisdicción incluida en un conocimiento de embarque[204]. En cualquier caso, si de las circunstancias del supuesto puede deducirse que dicha ley presenta los vínculos más estrechos con la controversia, debería descartase el juego de otras conexiones en este contexto.

## VII. CLÁUSULAS HÍBRIDAS: EL CONVENIO ARBITRAL *OPCIONAL* O *UNILATERAL*

8.53. Un supuesto cada vez más frecuente en la contratación internacional –máxime desde que existe jurisprudencia favorable sobre el particular– es el relativo a la inclusión de una cláusula *híbrida, opcional* o *unilateral* en el contrato. Con esta denominación se hace referencia a un tipo de cláusula que prevé la sumisión alternativa a arbitraje y tribunales o la sumisión alternativa a distintos tribunales. Dependiendo de la posición procesal de las partes, se distinguen teóricamente dos tipos de cláusulas: (i) **cláusulas simétricas**: aquéllas que dejan en manos del *demandante* (con independencia de su posición contractual) la opción de elegir entre arbitraje o jurisdicción, o entre las distintas jurisdicciones designadas en la cláusula; (ii) **cláusulas asimétricas**: aquéllas que dejan en manos de una sola parte la opción de elegir entre arbitraje y/o jurisdicción o varias jurisdicciones.

8.54. La jurisprudencia española sobre la validez de estas cláusulas es contradictoria. De hecho, incluso existen pronunciamientos contradictorios sobre esta cuestión de un mismo tribunal.

> **Ejemplo I: Cláusula simétrica.** STSJ de las Islas Canarias de 19.6.2015[205]: Declara inválida una cláusula del siguiente tenor: 1.- *"Si por cualquier causa surgiese discrepancia en relación con la interpretación o cumplimiento de este Contrato, ambas partes, con expresa renuncia a su domicilio, se someten a los Juzgados y Tribunales de Las Palmas de Gran Canaria".* 2.- *"Las partes intervinientes acuerdan que todo litigio,*

204. STJUE, 7.2.2013, C-543/10, *Refcom*.
205. STSJ de las Islas Canarias, 19.6.2015, ECLI: ES:TSJICAN:2015:773.

*discrepancia, cuestión o reclamación resultantes de la aplicación o interpretación del siguiente contrato, o relacionado con él directa o indirectamente, se resolverá definitivamente mediante arbitraje administrado por la Corte Nacional de Arbitraje Civil y Mercantil de la Asociación Nacional de Jurisdicción Arbitral (ANJAR), incluida la designación de Arbitro"....* Para el TSJ, en dicha cláusula *no hay voluntad inequívoca, pues si así fuera existiría sumisión a una o a otra fórmula de resolución de conflicto, pero no ambas conjuntamente dado que estas dos formas no son complementarias sino, muy al contrario, excluyentes.*

**Ejemplo II: Cláusula simétrica.** STSJ de Madrid de 1.2.2016[206]: Declara implícitamente válida una cláusula del siguiente tenor: *ARBITRAJE: Todas las cuestiones que puedan suscitarse entre los accionistas y la sociedad o entre aquellos directamente por su condición de tales, serán sometidos a arbitraje de equidad, regulado en la ley de arbitraje española de 5 de diciembre de 1988, comprometiéndose las partes a estar y pasar por el laudo que en su caso se dicte, sin perjuicio de su derecho de acudir ante los tribunales de justicia y de lo previsto en las leyes para la impugnación de acuerdos sociales.*

**Ejemplo III. Cláusula simétrica.** STSJ de Madrid de 13.12.2016[207]: Declara inválida una cláusula del siguiente tenor: *29. El proveedor y D acuerdan que las diferencias que pudieran existir en la interpretación y cumplimiento de este Pedido, en lo referente a la ejecución del mismo, serán resueltas amistosamente, sometiéndose ambos, en el caso de que no fuera suficiente, al arbitraje de la Corte Civil y Mercantil de Arbitraje (CIMA) web: www.cimaarbitraje.com*

*30. El proveedor y D se someten expresamente a los Juzgados y Tribunales de Cádiz, con renuncia de cualquier otro fuero o domicilio que pudieran corresponderles.*

La interpretación del TSJ de Madrid se apoya en el criterio establecido por el TS en su sentencia de 11.2.2010, en cuya virtud: *"la sumisión a la decisión arbitral ha de entenderse con carácter decisorio y exclusivo, no de forma concurrente o alternativa con otras jurisdicciones"*[208]. Y, sin embargo, choca con la interpretación que el mismo TS ha hecho respecto de los supuestos en los que –a salvo

206. STSJ de Madrid, 1.2.2016, ECLI:ES:TSJM:2016:701. *Vid.* también como ejemplo de cláusula que somete, en el ámbito societario, unas disputas a arbitraje y otras a jurisdicción: Auto AP de Barcelona, 1.12.2021, ECLI:ES:APB:2021.11496A.

207. STSJ de Madrid, 13.12.2016, ECLI:ES:TSJM:2016:13260. *Vid.* también en el mismo sentido, SAP de Zaragoza, 28.12.2017, ECLI:ES:APZ:2017:2813.

208. STS, 11.2.2010, ECLI:ES:TS:2010:1669.

una lectura del convenio controvertido (no recogido en la sentencia)– el contrato contiene un convenio arbitral y como conexión de cierre una cláusula de sumisión a tribunales: "*Para la Audiencia, siendo incuestionable que las partes convinieron que 'cualquier discrepancia sobre la interpretación del presente documento será resuelta mediante arbitraje de equidad', sin embargo, tal pacto no es suficiente para reputar inequívoca su voluntad, cuando, como aquí acontece, también fijaron en el mismo pacto otro referente a la sumisión (competencia territorial) al fuero de los tribunales de Igualada, pues la exigencia de 'voluntad inequívoca' a que se refiere la Ley no puede conciliarse con que, en la misma cláusula en que figura el pacto arbitral se incluya otra referente a la sumisión de las partes al fuero voluntario. Pues bien, esta interpretación no se acomoda a la doctrina de esta Sala, que ha señalado que la sumisión dirigida a fijar el fuero voluntario no elimina aquella voluntad inequívoca de sumisión a arbitraje, sino que 'obedece al interés de seguir tal fuero territorial en lo que sea ajeno al arbitraje o en el caso de que se renuncie voluntariamente a éste'*"[209]. Adviértase que después de este último fallo el operador económico introdujo en sus contratos cláusulas simétricas del tenor expuesto en el segundo ejemplo. La sentencia del mismo TS de 11.2.2010 hizo una interpretación muy errática sobre el particular, pues si bien parece aceptar nuevamente este tipo de cláusulas, introdujo la mención arriba señalada que ha servido para que el TSJ anule un laudo por declarar dicho convenio nulo.

**Ejemplo IV: Cláusula simétrica.** STSJ de Madrid de 13.4.2018[210]: En el contexto de un procedimiento de nombramiento de árbitro, declara implícitamente la validez de una cláusula del siguiente tenor: *Para toda cuestión que pudiera suscitarse entre las partes, se someten a un arbitraje de equidad, con arreglo a las normas de la Ley de 23 de diciembre de 1953, y en último caso, a la competencia de los Tribunales y Juzgados de Madrid, haciendo expresa renuncia a cualquier otro tipo de fuero que pudiera corresponderles.*

**Ejemplo V: Cláusula simétrica**. Auto de la AP de Barcelona de 7.2.2019[211]: La AP declara válida una cláusula simétrica compuesta de dos artículos: el primero preveía el convenio arbitral y el segundo la cláusula de sumisión a tribunales, y entre ambos constaba la expresión "*... sense perjuici de la seva clàusula arbitral...*".

209. STS, 10.7.2007, ECLI :ES:TS:2007:4828.
210. STSJ de Madrid, 13.4.2018, ECLI:ES:TSJM:2018:4005.
211. Auto AP de Barcelona, 7.2.2019, ECLI: ES:APB:2019:451A.

**Ejemplo VI: Cláusula simétrica**: STSJ de Cataluña de 25.3.2019[212]: En el contexto de un procedimiento de nombramiento de árbitro, declara implícitamente la validez de una cláusula del siguiente tenor: *Las cuestiones que pudieran suscitarse en la interpretación, cumplimiento o incumplimiento del presente contrato, serán sometidas a arbitraje de equidad, en la forma prevista por la Ley Civil. En todo caso, ambas partes, haciendo expresa renuncia a cualquier otro fuero, se someterán a los Juzgados y Tribunales de Reus.*

**Ejemplo VII. Cláusula simétrica:** Auto de la AP de León de 16.10.2020[213]. La AP aprecia la ineficacia de un convenio inserto en un contrato de arrendamiento para uso distinto de vivienda del siguiente tenor: *Sometimiento a arbitraje y, subsidiariamente, a tribunales: Las partes se someten a arbitraje y, subsidiariamente por imperativo legal a los Juzgados y Tribunales de Astorga.*

**Ejemplo VIII. Cláusula simétrica:** Auto de la AP de Badajoz de 4.6.2021[214]. En el contexto de la impugnación de honorarios de letrado, se declara la validez –y remite al arbitraje– de una cláusula del siguiente tenor: *La minuta de honorarios definitiva estará sujeta al régimen fiscal de retenciones e IVA. procedente y, en caso de disconformidad del cliente con su importe, podrá optar por ejercitar las acciones judiciales que le asistan o por impugnarla ante la Junta de Gobierno del Ilustre Colegio de Abogados de Badajoz, sometiéndose a su decisión arbitral, que el Letrado desde este momento acepta, obligándose a acatar y cumplir su resolución..*

**Ejemplo IX. Cláusula simétrica**: SAP de la AP de Madrid de 1.12.2021[215]. Declara la ineficacia del convenio inserto en un contrato de arrendamiento del siguiente tenor: *Ambas partes libremente acuerdan someterse a Arbitraje de conformidad con lo establecido en la Ley 36/1998, de 5 de Diciembre y a la Jurisdicción de los Tribunales de Madrid.*

**Ejemplo X. Cláusula simétrica:** STSJ de Madrid de 13.7.2022[216]. En el contexto de un arbitraje ante el *Comité Jurisdiccional de la Real Federación Española de Fútbol* se discute la validez de esta cláusula: *"... respecto de las cuestiones que puedan surgir de la interpretación y cumplimiento del presente contrato, ambas partes podrán acudir al Comité Jurisdiccional y Conciliación de la RFEF, al (sic) los Tribunales de justicia*

212. STSJ de Cataluña, 25.3.2019, ECLI:ES:TSJCAT:2019:4075.
213. Auto AP de León, 16.10.2020, ECLI:ES:APLE:2020:954A.
214. Auto AP de Badajoz, 4.6.2021, ECLI:ES:APBA: 2021:326A.
215. SAP de Madrid, 1.12.2021, ECLI:ES:APM:2021:14498.
216. STSJ de Madrid, 13.7.2022, ECLI:ES:TSJM:2022:10137.

*de la FIFA y se reservan el derecho de someterse a la jurisdicción de los Tribunales de Salamanca (España) para resolver cualquier controversia derivada del presente documento".*

Sobre esta particular cláusula dice el TSJ: *La referencia en el párrafo primero a tres foros de resolución, en la medida en que se establecen como una posibilidad de acudir a cualquiera de ellos, en principio no invalidará la cláusula de sumisión, en el bien entendido en que, si se sujeta a uno de ellos, excluye los demás.*

8.55. En el plano **internacional,** estas cláusulas –tanto simétricas como asimétricas– o bien prevén la sumisión alternativa a tribunales de distintos países designados en la misma cláusula; o bien prevén la sumisión alternativa a tribunales o arbitraje en distintos países; o bien prevén en beneficio de una sola parte (de ordinario, financiador) la sumisión a todo aquel tribunal que esta parte elija.

**Ejemplo I. Cláusula simétrica.** Auto AP de Madrid, 18.10.2013[217]. Se confirma el Auto de un JM de Madrid declarándose incompetente por haber estimado válida una cláusula de sumisión, o bien a arbitraje o bien a los tribunales de los Países Bajos.

**Ejemplo II**: **Cláusula asimétrica**. "*Sin perjuicio de lo establecido en la cláusula X del contrato (cláusula en la que las partes eligen una jurisdicción determinada) la parte A podrá someter unilateralmente cualquier disputa a arbitraje en los términos previstos en la cláusula Y de este contrato* (cláusula en la que se contemplan los detalles del arbitraje: sede, institución arbitral, número de árbitros...)".

**Ejemplo III. Cláusula asimétrica.** *High Court*, 24.5.2013[218]: Considera válida una cláusula asimétrica del siguiente tenor: *(a) The courts of England have exclusive jurisdiction to settle any dispute arising out of or in connection with this Agreement... (c) This clause ... is for the benefit of the Lender only. As a result, the Lender shall not be prevented from taking proceedings related to a Dispute in any other courts in any jurisdiction. To the extent allowed by law, the Lender may take concurrent proceedings in any number of jurisdictions*[219].

217. Auto AP de Madrid, ECLI:ES:APM:2013:1988A. Apoyándose en esta sentencia y declarando expresamente la validez de una cláusula híbrida en un supuesto internacional, Auto AP de Barcelona, 21.7.2021, ECLI:ES:APB:2021:8906A.

218. *High Court*, 24.5.2013 (2013) EWHC 1328 (Comm).

219. La *High Court* ha establecido, además, que este tipo de cláusula también otorga competencia exclusiva al tribunal designado a los efectos de la aplicación del artículo 31.2 del Reglamento Bruselas I *refundido*: *High Court*, 3.2.2017, (2017) EWHC 161 (Comm).

8.56. Por lo que respecta a la validez de las cláusulas híbridas *asimétricas* referidas únicamente a tribunales de justicia (sin sumisión alternativa a arbitraje), cabe destacar que, en un principio, fueron de validez controvertida, siendo la jurisprudencia comparada particularmente contradictoria en su interpretación[220]. Sin embargo, jurisprudencia posterior del TJUE ha venido a confirmar implícitamente su validez.

> Así, a diferencia de la *High Court* (*supra* párrafo anterior), la *Cour de cassation* francesa declaró en su momento la invalidez de una cláusula híbrida asimétrica que no establecía con precisión los tribunales *judiciales* (no arbitrales) afectados por tal sumisión[221], mientras que sí aceptó la validez de una cláusula híbrida asimétrica que establecía con precisión los distintos tribunales ante los que una sola parte podía demandar[222]. Para la *Cour de cassation*, este último tipo de cláusulas son válidas en la medida en que cumplan con los objetivos que el TJUE ha establecido en su jurisprudencia en interpretación del artículo 25 del Reglamento Bruselas I *refundido*, (cláusulas de sumisión a tribunales). Dichos objetivos son: existencia de un consentimiento de los interesados, previsibilidad y seguridad jurídica[223]. En cualquier caso, estimo que la validez de estas cláusulas híbridas asimétricas referidas exclusivamente a jurisdicción (que no a arbitraje) debe aceptarse, en la medida en que el TJUE, en fallo posterior, no ha declarado inválida una cláusula del siguiente tenor: *El presente contrato y las relaciones derivadas del mismo entre las partes se regirán e interpretarán de conformidad con el Derecho... de Irlanda, y las partes se someten a la competencia de los tribunales de... Irlanda. Apple (Sales International) se reserva el derecho de iniciar acciones contra el revendedor ante los tribunales de la demarcación en el que esté situado el domicilio del revendedor o bien en cualquier país en el que Apple (Sales International) sufra un perjuicio*[224].

8.57. Por lo que hace a las cláusulas híbridas *asimétricas* con sumisión a tribunales y arbitraje, cabe destacar que la jurisprudencia comparada las acepta con condiciones. Así, en un supuesto de aplicación de la Ley alemana sobre CGC –aplicable entre comerciantes–, el Tribunal Supremo

220. Al respecto, NESBITT / QUINLAN, "The Status and Operation of Unilateral or Optional Arbitration Clauses", *Arb. Int.*, 2006, pp. 133-149; LÓPEZ DE ARGUMEDO / BALSAMEDA, "La controvertida validez de las cláusula híbridas y asimétricas en Europa", *Diario La Ley*, 25.2.2014.

221. *Cour de cassation*, 26.9.2012, *Banque Rothschild* y *Cour de cassation*, 25.3.2015, *Danne Holding*.

222. *Cour de cassation*, 7.10.2015, *eBizcuss*.

223. STJUE, 20.4.2016, C-366/13, *Profit*.

224. STJUE, 24.10.2018, C-595/17, *Apple Sales International*.

alemán (*Bundesgerichtshof*) ha sentenciado que es abusiva una cláusula que solo concede al predisponente la posibilidad de optar entre arbitraje y jurisdicción[225]. Jurisprudencia menor ha matizado, sin embargo, el alcance de aquella jurisprudencia, otorgando validez a una cláusula asimétrica si el predisponente demuestra un interés justificado en la elección entre arbitraje y jurisdicción y la forma de ejercer el derecho de elección entre ambos foros queda nítidamente regulada[226].

8.58. Es cierto que, si bien se mira, una cláusula híbrida *simétrica* o *asimétrica* que deja al criterio del demandante o al criterio de una sola parte la opción de recurrir o bien a arbitraje o bien a la jurisdicción encierra una aparente –y solo aparente– contradicción: por un lado, manifiesta una voluntad expresa de sometimiento a tribunales (la cláusula de jurisdicción individualmente considerada), y por otro, manifiesta también una voluntad inequívoca de someterse a arbitraje (el convenio arbitral individualmente considerado). Se trata por tanto de sumisiones aparentemente excluyentes entre sí que, sin embargo, conviven de forma conjunta en el texto de una misma cláusula.

Pues bien, a falta de norma interna, europea o internacional que regule expresamente la validez / invalidez de esta cláusula y a falta también de jurisprudencia concluyente al respecto (del TJUE, por ejemplo), cabe plantearse entonces por el criterio que debe guiar su interpretación. En este sentido, y en la medida en que tanto el convenio arbitral como la cláusula de jurisdicción tienen su origen en la voluntad de las partes, estimo que el mejor criterio para interpretarla pasa por indagar en la verdadera intención de las partes involucradas en el momento en que la misma fue suscrita o inserta en el contrato. A este respecto, el tenor literal de la cláusula híbrida será determinante. A partir de aquí, si de su interpretación desde el principio de la *buena fe*, tomando en consideración los elementos relevantes de la negociación, puede advertirse que la auténtica voluntad de las partes pasaba por mantener el cauce de la jurisdicción y el cauce del arbitraje simultáneamente abiertos, entiendo que esa voluntad debe respetarse. No en vano, insertar este tipo de cláusula tiene mucho sentido: desde el momento en que se firma el contrato hasta que surge la controversia suele transcurrir un amplio periodo de tiempo que, a su vez, puede dar lugar a un cambio importante de las circunstancias (piénsese, por ejemplo, en los efectos que produce sobre el justiciable una huelga indefinida del personal al servicio de la administración de justicia). De tal

225. *BGH*, 24.9.1998 – III ZR 133/97, *NJW*, 1999, pp. 282-283.

226. *OLG* Bremen, 28.6.2006, *SchiedsVZ*, 2007, pp. 51-52. Sobre la jurisprudencia alemana sobre este particular, *vid.*, BÄLZ / STOMPFE, "Asymmetrische Streitbeilegungsklauseln in internationalen Wirtschaftsverträgen", *SchiedsVZ*, 2017, pp. 157-164.

forma que, a la luz de las circunstancias existentes en el momento de plantear la controversia, pueda resultar más o menos recomendable activar una vía u otra de resolución de conflictos. En un contexto internacional, lo anterior es todavía más evidente. Así entendida, este tipo de cláusula es, a mi juicio, de todo punto compatible con la voluntad *inequívoca* de las partes de someterse a arbitraje. En efecto, se trata de una manifestación "más sofisticada" de la autonomía de la voluntad que se caracteriza por reservar un margen a las partes para que reconsideren su opción en el mismo momento de plantear la controversia. Por ello, habrá de convenirse que el hecho de que las partes reserven al futuro demandante (sea éste quien sea) la opción de elegir entre una u otra vía no puede considerarse incompatible con su también voluntad de someterse a arbitraje: existe una voluntad inequívoca por ambas partes de que, en su caso, pueden someterse a arbitraje; y esa voluntad es compatible con una reserva para someterse, también en su caso, a la jurisdicción. Esta interpretación respeta, además, el alto estándar de seguridad jurídica (en términos de previsibilidad) que aportan tanto la cláusula de sumisión a tribunales como el convenio arbitral. El hecho de que solo una de las partes pueda activar dicha bifurcación no modifica la conclusión anterior: seguridad jurídica (certeza y previsibilidad) son constatables y no puede afirmarse que se dé una quiebra del "principio de igualdad de armas".

**Cláusulas híbridas y Reglamento Bruselas I *refundido*.** Es sabido que el Reglamento

Bruselas I *refundido* excluye de su ámbito de aplicación material el arbitraje (*ex* art. 1). Esta exclusión afecta, por tanto, al convenio arbitral[227]. Sin embargo, es sabido también que la cláusula de sumisión expresa está materialmente regulada en el mismo texto (art. 25, *Prórroga de competencia*). Así las cosas, no está claro si el Reglamento es o no aplicable para determinar la validez formal de una cláusula híbrida que prevé indistintamente la sumisión a arbitraje o jurisdicción. A mi juicio, en virtud del *efecto útil* que informa al Reglamento, estas cláusulas deben quedar incluidas en el ámbito de aplicación material del texto cuando el tribunal elegido sea el de un Estado miembro. Se trata, en efecto, de "atraer" al ámbito de aplicación del Reglamento una materia en principio excluida del mismo –el convenio arbitral– para evitar que una materia incluida –la cláusula de

227. Sobre esta cuestión, con todo detenimiento, GÓMEZ JENE, "Artículo 1", en: PERÉZ-LLORCA, *Comentario al Reglamento (UE) 1215/2012 relativo a la competencia judicial, el reconocimiento y la ejecución de resoluciones judiciales en materia civil y mercantil*, Cizur Menor, 2016, pp. 71-86.

sumisión a tribunales– quedara excluida por el mero hecho de que la cláusula contenga también una sumisión alternativa a arbitraje.

8.59. Aceptando el razonamiento anterior, y limitándonos ahora al contexto de la cláusula híbrida –simétrica o asimétrica– que prevea, indistintamente, la sumisión a jurisdicción o arbitraje, cabe señalar lo siguiente desde la perspectiva del Derecho europeo y español: si la cláusula determina expresamente la competencia de un tribunal español y la sede del arbitraje en cualquier lugar extranjero (no necesariamente UE), debería –en principio– apreciarse su validez por aplicación del artículo 25 del Reglamento Bruselas I *refundido,* en tanto que dicha cláusula constituye una manifestación de la autonomía de la voluntad expresamente prevista en el tenor de la norma y cumple los objetivos de previsibilidad y seguridad jurídica que el TJUE reclama para las cláusulas de jurisdicción[228]. Si, por el contrario, la cláusula en cuestión prevé la jurisdicción de un tribunal extranjero no miembro de la UE y la sede del arbitraje en España, la validez de la misma –presumiendo el consentimiento– se deduce por aplicación del 22 ter 4 LOPJ en relación con el artículo 9 LArb.

## VIII. CONVENIO ARBITRAL Y MEDIACIÓN: *CLÁUSULAS ESCALACIÓN*

8.60. También cada vez con mayor con frecuencia –sobre todo, en la litigación internacional–, las partes acuerdan dotarse de un régimen procesal caracterizado por prever una transición entre una primera fase de cooperación y una posterior de confrontación. Este régimen se regula en las comúnmente denominadas cláusulas *escalación*: cláusulas contractuales, en cuya virtud, la resolución de cualquier conflicto entre las partes debe acometerse de forma gradual; culminando distintas fases –o escalones–. Empezando por una primera fase de negociación (mediación) y, llegado el caso, terminando en una fase de confrontación (arbitraje). Dependiendo del tenor de la cláusula, lo anterior implica en la práctica que las partes sólo podrán plantear la vía arbitral cuando, previamente, hayan intentado o agotado el cauce de la mediación[229].

228. Recuérdese que el artículo 25 citado es de aplicación cuando el tribunal designado en la cláusula sea el de un Estado miembro; con independencia de que una o ambas partes residan fuera de la UE.

229. Sobre las "cláusulas escalación", véase: PRYLES, "Multi-Tiered Dispute Resolution Clauses", *J. Int. Arb.*, 2001, pp. 159-176; LEW / MISTELLIS / KRÖLL, *Comparative International Commercial Arbitration*, La Haya, 2003, pp. 182-185; BERGER, "Rechtsprobleme vom Eskalationsklauseln", en: *Grenzüberschreitungen. Beiträge zum Internationalen Verfahrensrecht und zu Schiedsgerichtsbarkeit. Festschrift für Peter Schlosser zum 70. Geburstag*, Tubingia, 2005, pp. 19-35; *Idem*, "Law and Practice of Escalation Clause", *Arbitration International*, 2006, pp. 1-17. TOCHTERMANN, "Agreements to

8.61. Las cláusulas *escalación* –en sentido amplio– se insertan tanto en contratos celebrados entre operadores económicos como en convenios internacionales, tales como los *Acuerdos para la promoción y la protección recíprocas de inversiones entre Estados* (comúnmente denominados APPRIs). Así, por ejemplo, el artículo IX del APPRI hispano-argentino[230], titulado *Solución de controversias entre partes contratantes*, establece:

> *Cualquier controversia entre las Partes relativa a la interpretación o aplicación del presente Acuerdo será resuelta, hasta donde sea posible, por medios diplomáticos.*
>
> *Si el conflicto no pudiera resolverse de ese modo en el plazo de seis meses desde el inicio de las negociaciones será sometido, a petición de cualquiera de las dos partes, a un Tribunal de Arbitraje.*

En el ámbito de la contratación internacional, un ejemplo de cláusula *escalación* es el siguiente:

> *In the event any dispute arise between the Parties regarding the application or interpretation of this Agreement, X's and Y's Project Managers shall use their best good faith efforts to reach a reasonable, equitable and mutually agreed upon resolution of the item or items in dispute. In the event that the project managers cannot so resolve the disputed matter(s) within fifteen (15) days, the parties shall use their best good faith efforts to agree, within a further ten (10) day period, upon an appropriate method of non-judicial dispute resolution, including mediation or arbitration. In the event the parties shall decide that any disputed matters shall be resolved by arbitration, such arbitral proceedings shall be governed by the ICC Rules of Arbitration and by the provisions set forth in subsection 2 of this article*[231].

8.62. Dependiendo del tenor literal de la cláusula, pueden distinguirse dos tipos de cláusulas *escalación*: por un lado, aquellas que imponen una transición desde la mediación al arbitraje (cláusulas *escalación obligatorias*) y, por otro, aquellas que *no* imponen esa transición, sino que únicamente contemplan la posibilidad de someterse a mediación antes que al arbitraje (cláusulas *escalación facultativas*). Ambas plantean cuestiones distintas; o,

---

Negotiate in the Transnational Context – Issues of Contract Law and Effective Dispute Resolution", *Rev. dr. unif.*, 2008, pp. 685-712; FERNÁNDEZ PÉREZ, "Cláusulas escalonadas multifunción en el arreglo de controversias comerciales internacionales", *CDT*, 2017/1, pp. 99-124.

230. *Acuerdo para la promoción y la protección recíprocas de inversiones entre el Reino de España y la República Argentina* (*BOE núm.* 277, 18.11.1992).

231. Tomo el ejemplo de: BERGER, "Rechtsprobleme...", *cit.*, p. 22.

cuanto menos, cuestiones cuya solución debe ser matizada a la luz de esa obligatoriedad. De ahí la conveniencia de su estudio por separado.

## 1. CLÁUSULA *ESCALACIÓN* FACULTATIVA

8.63. Desde el momento en que la transición entre mediación y arbitraje se concibe como un mero trámite optativo –*mere right to comply*– dejan automáticamente de plantearse cuestiones de capital relevancia en el ámbito de la *escalación obligatoria*. En efecto, cuestiones como la relativa a la concreción del cauce procesal que debe invocarse cuando una de las partes inicia directamente la vía arbitral sin someterse a la mediación; como la relativa a lo que debe entenderse por "intento obligado" de mediación; o como la relativa a las consecuencias que se derivan del incumplimiento del plazo fijado para llevar a cabo la misma, no se plantean en el ámbito de escalación *facultativa*.

8.64. En el contexto de la escalación *facultativa* basta, por tanto, con que una de las partes inicie el arbitraje para constatar una renuncia tácita a la mediación; renuncia tácita *unilateral* que pone fin a la misma. Cuestión –aparentemente– distinta es la que se plantea cuando una parte inicia la mediación antes que el arbitraje. En este escenario, la eficacia de esa sumisión a mediación dependerá del comportamiento de la contraparte. Así, si esta última decide no comparecer a la mediación, deberá entenderse que la vía arbitral queda expedita. Es decir, la falta de voluntariedad y cooperación para iniciar la mediación es suficiente como para considerar este cauce como superado: *Nadie está obligado a mantenerse en el procedimiento de mediación ni a concluir un acuerdo*[232]. Pero aún más, pues incluso el sometimiento inicial de la contraparte a mediación no impedirá una renuncia a la misma en cualquier momento posterior. Desde esta perspectiva –se afirma– las partes pueden utilizar el cauce de la cláusula facultativa para

232. Artículo 6.3 de la *Ley 5/2012, de 6 de julio, de mediación en asuntos civiles y mercantiles*, BOE núm. 162, 7.7.2012 (Ley de Mediación). Desde la perspectiva de la mediación internacional, el artículo 8.1 b) del *Reglamento de Mediación de la CCI* (en vigor desde 1.1.2014) establece: *Un Procedimiento que se haya iniciado conforme al Reglamento concluirá mediante una confirmación por escrito del Centro a las partes cuando alguna de las circunstancias siguientes ocurra en primer término: b) que alguna de las partes notifique por escrito al Mediador, en cualquier instante posterior a la recepción de la nota del Mediador conforme al Artículo 7(2), que dicha parte ha decidido no proseguir con la mediación*. Por su parte, el artículo 11 de la *Ley Modelo UNCITRAL sobre Conciliación Comercial Internacional* (2002) establece. *El procedimiento de conciliación se dará por terminado: c) Al hacer las partes al conciliador una de declaración de que dan por terminado el procedimiento de conciliación, en la fecha de tal declaración; o d) Al hacer una parte a la otra o las otras partes y al conciliador, si se hubiere designado, una declaración de que da por terminado el procedimiento de conciliación, en la fecha de tal declaración.*

diseñar su propia estrategia procesal, pues indirectamente deciden en qué momento concreto quieren someterse al arbitraje[233].

## 2. CLÁUSULA *ESCALACIÓN* OBLIGATORIA

8.65. Cuando la cláusula *escalación* contempla un escenario de obligada transición desde la mediación al arbitraje *–obligation to comply–* las cuestiones anteriormente planteadas adquieren mayor relevancia[234]. Así, respecto de la concreción del cauce procesal que debe invocarse cuando una de las partes inicia directamente la vía arbitral sin someterse a la obligada mediación, cabe señalar lo siguiente. De entrada, en perspectiva de DIPr., la ley que regula esta cuestión es la *lex loci arbitri* (ley del lugar donde se celebra el arbitraje). Será en consecuencia esta ley la que disponga cómo debe actuar el árbitro cuando una de las partes alegue la infracción en cuestión.

En aplicación de la LArb –aplicable si el arbitraje se celebra en España– el árbitro deberá estar a lo establecido en el artículo 22 LArb (*potestad de los árbitros para decidir sobre su propia competencia*). En su virtud, es claro que el árbitro es competente para conocer de esta cuestión[235]. Procesalmente, la parte que quiera hacer valer esta excepción deberá hacerlo tan pronto como se plantee durante las actuaciones arbitrales; a más tardar, en el momento de presentar la contestación (art. 22.2 LArb). Si ninguna parte hace valer la excepción en el momento procesal señalado, se entenderá que renuncia a la mediación y, en consecuencia, a la alegación de esta cuestión en una hipotética impugnación del futuro laudo (art. 6 LArb)[236].

8.66. En cualquier caso, al hacerse valer el cauce de la mediación, el árbitro debe declararse incompetente, cuanto menos, hasta que la misma se intente. Esta es la solución que las legislaciones más experimentadas en materia de mediación (como la británica) prevén.

---

233. Con más referencias, BERGER, "Rechtsprobleme...", *cit.*, p. 22.

234. Como ejemplo de las numerosas cuestiones que plantean este tipo de cláusulas, *vid.* un exhaustivo análisis jurisprudencial en, PRYLES, "Multi-Tiered...", *cit.*, pp. 161-175. *Vid.* también, TOCHTERMANN, "Agreements to Negotiate...", *cit.*, pp. 688-710.

235. De hecho, sólo el árbitro es competente para conocer de esta cuestión. El artículo 7 LArb (titulado, *Intervención judicial*) excluye la competencia del juez en este contexto. Al respecto *vid. supra* VII.

236. Expresamente en este sentido, STSJ de Madrid, 7.3.2023, ECLI:ES:TSJM:2023:2591. Constata que el plazo de dos meses de negociación previa fue cumplido, STSJ de Madrid, 20.12.2016, ECLI:ES:TSJM:13752.

***Section 9 (2), Arbitration Act* 1996:**

*An application may be made notwithstanding that the matter is to be referred to arbitration only after the exhaustion of other dispute resolution procedures.*

La jurisprudencia comparada también se decanta por adoptar esta solución. Así, tanto el Tribunal Supremo alemán[237] como la Corte de casación francesa[238] han declarado en este contexto la incompetencia temporal del árbitro –o juez–. La misma conclusión ha alcanzado la jurisprudencia suiza, pues si bien en un primer momento el Tribunal Federal adoptó un criterio contrario[239], en sus sentencias más recientes ha reconocido la eficacia de una cláusula *escalación* que preveía la sumisión obligatoria a la mediación[240].

Del mismo modo, la doctrina comparada participa mayoritariamente del criterio establecido tanto por la *Arbitration Act* británica como por los Altos Tribunales citados[241]. Y es lógico que así sea. No aceptar aquella interpretación supone tanto como vulnerar los principios de autonomía de la voluntad de las partes y *pacta sunt servanda*. Si las partes acordaron libremente conceder una oportunidad al cauce de la mediación antes que iniciar cualquier otro cauce de confrontación (ya sea arbitraje o jurisdicción), así deberá procederse. No respetar ese cauce supondría tanto como un incumplimiento del acuerdo pactado.

8.67. En consecuencia, si las partes pactaron una cláusula *escalación* obligatoria, la mediación deberá intentarse. Tal intento no debe considerarse incompatible con la voluntariedad que caracteriza a la mediación: el hecho de que deba intentarse no impide que, en cualquier momento posterior, las partes puedan desvincularse[242]. Lo que debe entenderse por "**intento**" en este contexto no es una cooperación inmediata y directa entre las partes, sino la participación en un proceso del que podrá –o no– surgir esa cooperación[243].

237. *Bundesgerichtshof*, 18.11.1998, (VII ZR 344/97), *NJW*, 1999, pp. 647-650.

238. *Cour de cassation*, 6.7.2000, *Rev. Arb.*, 2001, p. 750 (con nota de JARROSON).

239. *Kassationsgericht Zürich*, 15.3.1999, *ASA Bull*, 2002, pp. 373-376 (con nota crítica de VOSER, pp. 376-381).

240. *Tribunal Federal*, 6.6.2007, 4A_18/2007; *Tribunal Federal*, 16.3.2016, 4A_628/2015. www.bger.ch.

241. Además de JARROSON / VOSER citados en las dos notas anteriores, *vid.* BERGER, "Rechtsprobleme...", *cit.*, pp. 25-27 (con más referencias jurisprudenciales).

242. A no ser, claro está, que la cláusula establezca otra cosa.

243. Ya en este sentido, con apoyo en la jurisprudencia comparada, BERGER, "Rechtsprobleme...", *cit.*, p. 32.

8.68. La siguiente cuestión que esta primera conclusión plantea –obligatoriedad de iniciarse la mediación– es la que gira en torno al momento procesal a partir del cual puede entenderse que la mediación ha sido, cuanto menos, intentada. La cuestión reviste su importancia pues, salvo que las partes hayan establecido otra cosa, se entenderá que tras el intento –fallido– de mediación podrá iniciarse el arbitraje: las partes se sometieron a mediación (como preveía la cláusula), pero –insistimos– *nadie está obligado a mantenerse en el procedimiento de mediación ni a concluir un acuerdo*[244].

El momento procesal a partir del cual se entiende que el procedimiento de mediación se ha iniciado es el previsto en el artículo 16 de la Ley de Mediación; esto es, el momento en que, en cumplimiento de lo estipulado en la cláusula, una parte *solicita* el inicio de la misma. En caso de sometimiento a una institución, ese momento será el previsto en su reglamento[245]. Debe insistirse, no obstante, en la relevancia de lo que las partes hayan podido pactar a este respecto, pues es habitual que estas cláusulas establezcan un periodo mínimo de negociación o mediación.

8.69. Si la cláusula *escalación* prevé un plazo para intentar la mediación, dicho plazo deberá respetarse. Si una de las partes acude al arbitraje sin que el plazo estipulado se hubiera agotado, la parte interesada podrá, en los términos descritos anteriormente, invocar ante el árbitro su –todavía– falta de competencia.

8.70. Desde la perspectiva del árbitro, la cláusula *escalación* obligatoria también tiene su importancia, pues no en vano es de esta misma cláusula de donde emerge su competencia. Por ello, en el examen de su propia competencia, el árbitro debe comprobar que los distintos estadios previstos en esa cláusula han sido culminados. Todo ello en los términos hasta ahora descritos: en defecto de especificación expresa, bastará con que constate que entre las partes hubo, cuanto menos, un "intento" de mediación. La no observancia por el árbitro de las etapas –o fases– establecidas en la cláusula conduce irremisiblemente a la anulación del laudo. Así lo ha reconocido expresamente la jurisprudencia comparada[246].

244. Artículo 6.3 de la *Ley de Mediación*.

245. Así, por ejemplo, el *Reglamento de Mediación de la CCI* establece dos momentos distintos de inicio, dependiendo de que exista o no acuerdo entre las partes para someterse al Reglamento (arts. 2 y 3).

246. *Tribunal Federal* suizo, 16.5.2011, 4A_46/2011, *ASA Bull*, 2011, pp. 643-665. En sentido similar, anulando un laudo de jurisdicción y suspendiendo el procedimiento arbitral hasta que la mediación fuera intentada, *Tribunal Federal* suizo, 16.3.2016, 4A_628/2015.

## IX. UN SUPUESTO ESPECIAL: LA REGULACIÓN DEL CONVENIO ARBITRAL EN LA LEY DE NAVEGACIÓN MARÍTIMA (ART. 468 LNM)

8.71. El artículo 468 de la *Ley de Navegación Marítima*[247] (LNM) establece una más que cuestionable limitación a la eficacia tanto de las cláusulas de jurisdicción como de sumisión a arbitraje (convenio arbitral).

> **Artículo 468 LNM.** *Cláusulas de jurisdicción y arbitraje.*
>
> *Sin perjuicio de lo previsto en los convenios internacionales vigentes en España y en las normas de la Unión Europea, serán nulas y se tendrán por no puestas las cláusulas de sumisión a una jurisdicción extranjera o* ***arbitraje*** *en el extranjero, contenidas en los contratos de utilización del buque o en los contratos auxiliares de la navegación, cuando no hayan sido negociadas individual y separadamente.*
>
> *En particular, la inserción de una cláusula de jurisdicción o arbitraje en el condicionado impreso de cualquiera de los contratos a los que se refiere el párrafo anterior no evidenciará, por sí sola, el cumplimiento de los requisitos exigidos en el mismo.*

8.72. Limitando ahora el alcance de este precepto al ámbito del arbitraje comercial internacional[248], cabe señalar lo siguiente. En perspectiva de DIPr., el tenor de la norma es desafortunado por dos motivos. Primero, porque parece imponer una forma de consentimiento –negociación individual y separada– para que el convenio pueda considerarse válido. Segundo, porque una lectura *a contrario sensu* del citado artículo lleva a interpretar que aquellos convenios arbitrales que designen algún lugar español como sede del arbitraje están excluidos de su ámbito de aplicación material. Es decir, que la *negociación separada* como requisito necesario para que el convenio arbitral que designe sede en el extranjero se considere válido, no es exigible cuando ese mismo convenio prevea un arbitraje con sede en España.

8.73. Sea como fuere, y por lo que a los efectos de la validez del convenio arbitral se refiere, debe quedar claro que este precepto no debe ser de aplicación en ningún caso. En efecto, no ha tenido en cuenta el legislador que el reconocimiento del convenio arbitral es una cuestión regulada en el CNY; un texto –recuérdese– que tiene eficacia *erga omnes*. Tal eficacia supone que el CNY se aplica siempre al reconocimiento del convenio

247. *BOE* núm. 180, de 25.7.2014.

248. Sobre el efecto de este artículo sobre las cláusulas de sumisión a tribunales, *vid.* GÓMEZ JENE, "Las cláusulas de jurisdicción y arbitraje en la nueva Ley de Navegación Marítima", *CDT*, 2014/1, pp. 112-129.

arbitral, lo que a su vez supone que la referencia hecha al convenio arbitral en el tenor del artículo 468 LNM sea totalmente redundante. En concreto, el *consentimiento* como condición de eficacia del convenio arbitral (su *existencia*, en definitiva), el control de incorporación del mismo en las CGC, así como su *validez formal* son cuestiones reguladas, en principio, por el artículo II CNY (*supra*).

8.74. Ni siquiera una hipotética aplicación del artículo VII CNY permite asumir otra solución. Como hemos señalado (*supra* 1), el citado precepto actúa como una suerte de "pasarela" para, en su virtud, aplicar al reconocimiento del convenio o del laudo arbitral una norma más favorable. Sin embargo, en la medida en que el artículo 468 LNM no es una norma que favorezca el reconocimiento del convenio arbitral (antes al contrario, impone unos requisitos formales muy estrictos), aplicar el artículo VII CNY no es una opción posible. Ni invocando el adagio *lex posterior derogat anterior*, ni invocando el carácter de *lex specialis* del artículo 468 LNM. Ello es así porque la norma convencional sólo permite aplicar el artículo VII CNY cuando la remisión al precepto del ordenamiento interno facilite –que no dificulte– el reconocimiento del convenio[249]. Es decir, lo que el artículo VII pretende es que, en su aplicación, se reconozcan convenios arbitrales que en aplicación estricta del artículo II CNY no serían reconocibles. Y no al contrario. Invocar el artículo VII CNY para, en su virtud, aplicar una norma como el artículo 468 LNM, sería tanto como ir contra la misma *ratio* del CNY, cual es favorecer el reconocimiento de convenios y laudos arbitrales. En consecuencia, permitir la aplicación del artículo VII CNY para aplicar el artículo 468 LNM sería tanto como incumplir una obligación internacional.

Lo que por el contrario sí está en línea con la finalidad del CNY es aplicar el artículo VII CNY –incluso de oficio[250]– para, en su virtud, llegar a la aplicación del artículo 9 LArb, pues, como hemos apuntado anteriormente, esta norma rebaja los requisitos formales que debe reunir el convenio arbitral para considerarse válido.

8.75. El razonamiento así expuesto conduce a afirmar que, pese al nuevo artículo 468 LNM, el precepto realmente aplicable para determinar la validez de la cláusula arbitral inserta en un contrato de *utilización de buque* o en un *contrato auxiliar de la navegación* es el artículo 9 LArb. Así es, pues, en la medida en que la regulación del convenio en la LArb está

249. *Vid. infra* Cap. XII.

250. Como así lo hacen, entre otros, los tribunales franceses (como último referente importante *vid. Cour d'appel* de París, 4.12.2002, *Rev. Arb.*, 2003, pp. 1286-1289, con nota de GAILLARD) y los tribunales alemanes: *BGH* (Tribunal Supremo), *Beschluß* del 25.9.2003 – III ZB 68/02, *IHR* 6/2003, pp. 298-299.

inspirada en el principio *favor negotii* y en la medida también en que el mismo artículo V.1 a/ CNY remite al artículo II CNY para determinar la validez formal del convenio arbitral, la interpretación más coherente pasa por aceptar una remisión al artículo 9 LArb –vía artículo VII CNY– para determinar la validez formal del mismo.

8.76. Lo anterior en el contexto de la LNM significa lo siguiente: el laudo resultante del arbitraje iniciado en virtud del convenio arbitral contenido en un contrato –por ejemplo, auxiliar de la navegación– podrá ser reconocido en más de ciento cincuenta Estados (firmantes del CNY). Muchos de los tribunales de los Estados en los que dicho reconocimiento puede invocarse, aceptan expresamente la validez del convenio arbitral inserto en un contrato de este tipo; es decir, aceptan expresamente la validez de la cláusula de sumisión a arbitraje inserta en documentos gestionados por terceros. Tal es la interpretación hecha por el TS (*supra* 3) y tal es también la interpretación hecha en otras latitudes[251].

> La jurisprudencia del Reino Unido –tan paradigmática como relevante en este ámbito– no arroja la menor duda al respecto. Así, en su sentencia *National Navigation v. Endesa*[252] la *High Court* estableció, respecto de la validez del convenio arbitral inserto en un conocimiento de embarque, que: "*it is well – established that where the bill of lading purports to incorporate a charter, but fails to identify its date or other details of the charter concerned, that is not fatal to the incorporation of the charter if it can be otherwise be properly identified*".

8.77. Por otro lado, cabe pensar que quien pretenda hacer valer el artículo 468 LNM para invalidar la eficacia de un convenio arbitral –válido en aplicación del artículo 9 LArb– podría, *prima facie*, o bien instar el *no* reconocimiento del laudo, o bien plantear una demanda sobre el fondo ante los tribunales españoles (*ex* art. 469 LNM). Bien mirado, sin embargo, esta estrategia procesal tiene, al menos teóricamente, poco recorrido. En efecto, partiendo de la base de que el artículo 468 LNM no debe considerarse como una norma imperativa, el reconocimiento del laudo no podrá denegarse por este motivo. O dicho de otro modo, la aplicación de la cláusula de *orden público* (artículo V CNY) no procede en este contexto. Y si por el contrario, los jueces españoles consideran que sí procede dicha calificación y, en consecuencia, deniegan el execuátur del laudo, todavía

251. También es el criterio jurisprudencial aceptado en Australia. En este sentido, *vid.* GASKELL, "Australian recognition and enforcement of foreign charter party arbitration clauses", *Lloyd's Maritime and Commercial Law Quarterly*, (2014) LMCLQ, Mayo 2014, pp. 174-182.

252. *National Navigation Co v. Endesa Generación SA*, 1.4.2009, *High Court of Justice, Queen's Bench Division*, (2009) EWHC 196 (Comm). www.bailii.org.

podrá instarse el mismo execuátur ante cualquier otra jurisdicción que acepte la validez del convenio arbitral no negociado separadamente. Por fin, plantear una demanda sobre el fondo ante los tribunales españoles, ya sea antes o después de que se inicie el arbitraje previsto en el convenio, tampoco resuelve problema alguno. En estos supuestos, los árbitros se amparan en el principio universalmente aceptado de *Kompetenz-kompetenz*[253] para, en su virtud, iniciar o proseguir un arbitraje por más que una de las partes haya –o vaya a– desistir del mismo para personarse ante la jurisdicción.

8.78. Como conclusión de lo hasta aquí dicho, resulta que, en el ámbito del arbitraje comercial internacional, el artículo 468 LNM no puede aplicarse. Ello es así porque el reconocimiento del convenio arbitral está regulado por el artículo II CNY. Y tal y como ha establecido el TS en su jurisprudencia, el *consentimiento* –entendido como condición de eficacia o existencia del convenio arbitral– es una cuestión regulada por este precepto. Por otro lado, en aplicación del artículo VII CNY, para reconocer un convenio arbitral puede aplicarse el artículo 9 LArb, pero no el artículo 468 LNM.

## X. CONVENIO ARBITRAL Y EXTINCIÓN DE PERSONALIDAD JURÍDICA DE UNA DE LAS PARTES

8.79. Es sabido que la extinción de una sociedad no lleva aparejada de forma automática la extinción de su personalidad jurídica respecto de aquellas relaciones jurídicas en las que aquélla, de un modo u otro, siga implicada. En este sentido, puede hablarse de una "personalidad jurídica latente" hasta que se agoten definitivamente todas y cada una de las relaciones jurídicas en las que aquélla estaba implicada. Como ha destacado la jurisprudencia, incluso después de la cancelación registral *"persiste todavía la personalidad jurídica de la sociedad extinguida como centro residual de imputación en tanto no se agoten totalmente las relaciones jurídicas de que la sociedad es titular"*[254].

8.80. Desde esta perspectiva, se plantea si, una vez disuelta una sociedad –sea esta de capital o no–, el convenio arbitral inserto en los estatutos de la misma o incluso en distintos contratos de algún modo en vigor conserva o no su eficacia. A mi juicio, la vigencia del convenio arbitral en estos supuestos no debe quedar en entredicho. En efecto, en la medida en que la controversia tenga su origen en el incumplimiento de un contrato

253. *Vid. infra* Cap. IX.

254. Auto AP de Barcelona, 14.11.2017, ECLI:ES:APB:2017:8609A. *Vid.* también, SAP de Barcelona, 9.5.2022, ECLI:ES:APB:2022:4828.

todavía en vigor, el convenio inserto en tal contrato seguirá siendo válido. Así lo entiende también la jurisprudencia: *Es evidente que el hecho de la extinción de una UTE no tiene por qué llevar aparejada la imposibilidad de que frente a terceros o entre las empresas que la integraban surjan controversias derivadas de diversas fuentes. Nada impediría –en abstracto– que, al igual que se ventilarían ante los órganos de la jurisdicción, tales controversias puedan ser resueltas a través del cauce arbitral siempre que la materia lo permita y existiese un convenio de sumisión a arbitraje que no contemplase como cláusula de agotamiento el momento de la disolución de la agrupación temporal*[255].

## XI. CONVENIO ARBITRAL E INSOLVENCIA DE UNA PARTE (*IMPECUNIOSITY*)

8.81. Resulta especialmente controvertido determinar si el convenio arbitral deviene ineficaz –o sin valor– cuando las partes implicadas –o particularmente una de ellas– sea **económicamente insolvente**; es decir, cuando una de las partes carezca de recursos económicos suficientes para sufragar el arbitraje. No se trata, por tanto, de un supuesto estricto de *insolvencia*, cuya regulación –como se verá– sigue un cauce distinto[256]. Así delimitado, resulta que el supuesto en cuestión está regulado de forma muy tangencial en el artículo 21.2 LArb *in fine*:

> **Art. 21.2 LArb.** *Responsabilidad de los árbitros y de las instituciones arbitrales. Provisión de fondos.*
>
> *2. Salvo pacto en contrario, tanto los árbitros como la institución arbitral podrán exigir a las partes las provisiones de fondos que estimen necesarias para atender a los honorarios y gastos de los árbitros y a los que puedan producirse en la administración del arbitraje. A falta de provisión de fondos por las partes, los árbitros podrán suspender o dar por concluidas las actuaciones arbitrales. Si dentro del plazo alguna de las partes no hubiere realizado su provisión, los árbitros, antes de acordar la conclusión o suspensión de las actuaciones, lo comunicarán a las demás partes, por si tuvieren interés en suplirla dentro del plazo que les fijaren.*

8.82. Desde un plano estrictamente teórico, la cuestión puede resolverse tomando en consideración tres aproximaciones o perspectivas distintas: una perspectiva material o sustantiva; una perspectiva estrictamente procesal; y, una perspectiva basada en la aplicación de principios

255. STSJ de Madrid, 6.2.2020, ECLI: ES:TSJM:2020:706.
256. *Vid. supra* Cap. X.

generales del arbitraje internacional[257]. Así, en virtud de la perspectiva material, la cuestión relativa a la pérdida de eficacia del convenio arbitral debería ser una cuestión que tratar como un mero incumplimiento contractual, aplicando por tanto las sanciones y remedios previstos en el ordenamiento material aplicable. Desde una perspectiva estrictamente procesal, el carácter de contrato procesal del convenio arbitral llevaría a considerar que la pérdida de eficacia del mismo demandaría una protección en clave de tutela judicial (acceso a la justicia). La adopción de este último criterio llevaría –siempre en un plano estrictamente teórico– a interpretar que el convenio arbitral no puede suponer, en supuestos de *impecuniosity*, un obstáculo a la jurisdicción. Por fin, la aplicación de principios generales del arbitraje internacional (*Kompetenz-kompetenz*) llevaría a dejar en manos del árbitro la resolución de esta cuestión[258].

Ninguna de estas tres perspectivas puede –por sí misma– dar una solución satisfactoria a la cuestión relativa a la eficacia del convenio en supuestos de este tipo. Y es que, sea cual fuera la perspectiva que se adopte, la conclusión definitiva sobre la eficacia del convenio arbitral debe tener en consideración una importante constelación de factores: desde la misma internacionalidad del supuesto, hasta la propia aptitud de las partes, pasando por un análisis sobre la posibilidad de financiar el arbitraje. Del mismo modo, debe jugar un papel relevante en este contexto la jurisprudencia del TEDH en interpretación del artículo 6.1. CEDH (por lo que respecta al *acceso a la justicia*). No es posible, por tanto, dar una solución definitiva a esta cuestión que, como en otros ámbitos, debe ser objeto de análisis caso por caso.

8.83. En cualquier caso, la internacionalidad del supuesto se antoja como una cuestión particularmente relevante en este contexto. Y es que, mientras que para supuestos estrictamente internos la adopción de la perspectiva o criterio procesal (con la consiguiente garantía del acceso a la justicia) puede tener mucho sentido, para supuestos internacionales la adopción de esa misma perspectiva o criterio puede tener consecuencias nefastas para alguna de las partes: la desconsideración del convenio arbitral no solo no garantiza el acceso a una jurisdicción determinada, sino que, además, puede dar lugar a indeseables estrategias de *forum shopping*. Repárese, en este sentido, que en defecto de cláusula de sumisión expresa a tribunales, los criterios de competencia judicial internacional previstos

257. *Vid.* más detenidamente, ENGHOLM CARDOSO, " Impecunious parties in international commercial arbitration ", *Arb. Int.*, 2020, pp. 123-146.

258. GAILLARD, "Impecuniosity of Parties and its Effect on Arbitration: a French View", en: GERMAN INSTITUTION OF ARBITRATION (Ed.), *Financial Capacity of the Parties*, Frankfurt am M., 2004, pp. 67-86.

en los ordenamientos procesales de cada Estado no tienen por qué ser uniformes y, aun siéndolo –Estados miembros UE–, siempre será posible una alternancia entre el foro general (domicilio del demandado) y el foro especial aplicable (de ordinario, foro especial en materia contractual). Incluso serían concebibles supuestos de *litispendencia internacional* si cada parte optase por presentar demandas ante tribunales de Estados distintos (siendo uno de ellos no miembro de la UE).

8.84. También para los supuestos internacionales cobra particular importancia tomar como guía hermenéutica una interpretación estricta del artículo II.3 CNY. Y más concretamente, una interpretación estricta de los términos *ineficaz o inaplicable*[259]*: El Tribunal... remitirá a las partes al arbitraje, a instancia de una de ellas, a menos que compruebe que dicho acuerdo* (convenio arbitral) *es nulo, ineficaz o inaplicable.*

8.85. La jurisprudencia –tanto interna como comparada– ha ido matizando el alcance de esta cuestión a la luz de las particularidades de cada caso. Punto de partida de la jurisprudencia interna en este contexto es, con todo, que la *"voluntaria renuncia al acceso a los Tribunales del Estado no es admisible si se realiza de una forma tal que... la actuación en él de quien carece de recursos para litigar se revele, en la práctica, como ineficaz en el ejercicio de su defensa"*[260]. A partir de aquí, la eficacia del convenio puede quedar salvada en ciertos supuestos; por ejemplo, cuando la parte solvente (de ordinario demandante) asuma en términos amplios todos los costes del arbitraje[261]; es decir, tal asunción de costes debe alcanzar no solo a los honorarios de los árbitros, sino también los honorarios de los letrados de la contraparte. De tal forma que si la parte demandante no está en disposición de cubrir tales honorarios y la participación de éstos se reputa necesaria *–ad. ex.* por la dificultad de la controversia–, el convenio arbitral debe perder su eficacia[262].

La jurisprudencia francesa ha matizado el alcance de la situación de insolvencia del demandado en el arbitraje. En este sentido, la *Cour de cassation* ha sentenciado que, el hecho de que el demandado en el arbitraje no pueda satisfacer los costes del arbitraje, no puede

259. En este sentido, por todos, ENGHOLM CARDOSO, "Impecunious parties in international commercial arbitration", *Arb. Int.*, 2020, pp. 135-140.

260. STSJ de Madrid, 2.7.2019, ECLI:ES:TSJM:2019:5253.

261. En la jurisprudencia española *vid.* Auto AP de Barcelona, 29.4.2009, *SAR*, N.º 9 / 2010, pp. 136-137 (con nota de GÓMEZ JENE).

262. Así, *BGH* (Tribunal Supremo alemán), 14.9.2000 – III ZR 33/00. Sobre esta cuestión, con todo detenimiento y con un estudio de derecho comparado, *vid.* GERMAN INSTITUTION OF ARBITRATION (Ed.), *Financial Capacity of the Parties*, Frankfurt am M., 2004.

suponer que a éste se le prive de su derecho de reconvención en el seno del mismo. Para la *Cour*, la demanda reconvencional es *indisociable* de la demanda principal y, en consecuencia, queda comprendida en el derecho fundamental de acceso a la justicia e igualdad entre las partes[263].

8.86. En consideración a esta jurisprudencia puede afirmarse que una carencia de recursos *grave, real y efectiva* puede llegar a suponer una limitación inaceptable de los derechos de defensa de alguna de las partes[264]. Desde esta perspectiva se han identificado tres condiciones que deben darse cumulativamente para aceptar la pérdida de eficacia del convenio arbitral: (i) que la parte sin recursos haya intentado encontrar financiación *externa* para cubrir los gastos del arbitraje; (ii) que la parte con recursos no quiera asumir las provisiones de fondos necesarias; y, (iii) que, como consecuencia de lo anterior, la parte sin recursos no consiga en tiempo oportuno acudir al arbitraje y sí a la vía judicial[265]. A mi juicio, cabría incluso una cuarta condición, cual es la relativa a la proporción (o desproporción) entre los costes del arbitraje y la cuantía en disputa.

## XII. CONVENIO ARBITRAL Y RENUNCIA TÁCITA A LAS FACULTADES DE IMPUGNACIÓN

8.87. De ordinario, la parte que entienda que el convenio arbitral adolece de algún requisito de validez –y que, por ende, no le vincula– planteará la cuestión ante quien corresponda a la primera ocasión: en efecto, si una parte entiende que el convenio arbitral no le vincula, lo más frecuente es que lo plantee ante el colegio arbitral, como tarde, en la contestación a la demanda[266]. Puede ocurrir, no obstante, que esa misma parte decida no personarse en el arbitraje y plantear la falta de tal requisito en un momento muy posterior: en sede de anulación del laudo arbitral. En este contexto, debe determinarse qué efecto despliega el **artículo 6 LArb** (*renuncia tácita a las facultades de impugnación*), pues, en su virtud, cabría sostener que, para basar la acción de anulación del laudo en la invalidez

263. *Cour de cassation*, 28.3.2013, *Pirelli, Pourvoi* n.º 11-27770.

264. CALDERÓN CUADRADO, "Arbitraje e insuficiencia económica sobrevenida", *Revista General de Derecho Procesal*, 55 (2021), p. 42; CREMADES, "La falta de recursos económicos para participar al arbitraje pactado", *SAR*, 8/2010, pp. 151-164; ENGHOLM CARDOSO, "Impecunious parties in international commercial arbitration", *Arb. Int.*, 2020, pp. 123-146; VIRGÓS SORIANO, "Arbitraje e insolvencia: manual de instrucciones", www.almacendederecho.org.

265. *Vid.* también las circunstancias concretas que apunta VIRGÓS SORIANO, "Arbitraje e insolvencia: manual de instrucciones", www.almacendederecho.org.

266. Artículo 22.2 LArb.

formal del convenio arbitral, habría sido necesario plantear previamente dicha invalidez ante el colegio arbitral.

8.88. A mi juicio, sin embargo, la aplicación del artículo 6 LArb en este contexto no tiene recorrido. En efecto, en la medida en que el TEDH ha establecido que la revisión del convenio arbitral es cuestión de *orden público* que requiere, además, de un examen particularmente *intenso*, es evidente que el examen de oficio que debe hacer el juez sobre la validez del convenio arbitral no puede quedar limitado por la aplicación del artículo 6 LArb[267]. Por tanto, no es necesario que las partes esgriman la invalidez del convenio arbitral en el mismo arbitraje. Siempre podrán plantearlo en sede de anulación, sin quedar condicionadas por su personación o no en el arbitraje.

## XIII. CONVENIO ARBITRAL Y DEMANDA SOBRE EL FONDO ANTE UN TRIBUNAL JUDICIAL

8.89. Si pese a la existencia de un convenio arbitral válido, una de las partes plantea una demanda sobre el fondo ante la jurisdicción y la parte demandada responde a la misma sin excepcionar mediante declinatoria la existencia del convenio arbitral, se entenderá que ambas partes renuncian al arbitraje. El juez, aun apreciando la existencia y validez del convenio, no puede remitir a las partes al arbitraje. El TS ha sido tajante a este respecto: *"La cláusula de sumisión a arbitraje no produce efectos si no se opone como excepción en el proceso, para lo cual está legitimado únicamente el demandado que, por sí o por las personas en las que trae causa, la ha aceptado expresamente frente al demandante"*[268].

Esta interpretación es, por lo demás, perfectamente coherente con la idea en virtud de la cual la competencia del árbitro no nace con la misma firma del convenio arbitral. Dicha competencia nace en un momento posterior, cual es el de la incoación del arbitraje (*receptum arbitri*)[269].

8.90. Lo anterior no implica en absoluto que el convenio arbitral pierda, con esa renuncia puntual, su vigencia. Lo anterior solo supone que, en un supuesto determinado, las partes pueden decantarse por la jurisdicción

267. *Vid. supra* Ep. II en este mismo Capítulo.

268. STS, 11.2.2010, ECLI:ES:TS:2010:1669. Siguiendo esta jurisprudencia, SAP de Barcelona, 22.5.2017; ECLI:ES:APB:2017:5488; Auto AP de Madrid, 11.3.2019, ECLI: ES:APM:2019:811A; SAP de Toledo, 28.10.2020, ECLI: ES:APTO:2020:1649; SAP de Bilbao, 28.10.2021, ECLI:ES:APBI:2021:2874; SAP de Madrid, 10.2.2022, ECLI:ES:APM:2022:2955.

269. DE BENITO LLOPIS-LLOMBART, *El convenio arbitral. Su eficacia obligatoria*, Madrid, 2010, p. 72.

ordinaria antes que por el arbitraje; sin que tal comportamiento suponga tanto como que el convenio inserto en un contrato vivo no pueda activarse en una controversia ulterior que nazca de ese mismo contrato, si una de las partes así lo desea[270].

## 1. EFECTO *POSITIVO* Y *NEGATIVO* DEL CONVENIO ARBITRAL. LA DECLINATORIA

8.91. Como es bien sabido, el convenio arbitral produce los denominados efectos *positivo* y *negativo*. El efecto *positivo* del convenio arbitral está regulado en el artículo II. 3 CNY y en el artículo 11.1 LArb (inspirado en el artículo 8.1 LM).

> **Artículo II.3 CNY**: *El Tribunal de uno de los Estados contratantes al que se someta un litigio respecto del cual las partes hayan concluido un acuerdo en el sentido del presente artículo* (un convenio arbitral), *remitirá a las partes al arbitraje, a instancia de una de ellas, a menos que compruebe que dicho acuerdo es nulo, ineficaz o inaplicable.*
>
> **Artículo 11 (1 y 2) LArb**: *1. El convenio arbitral obliga a las partes a cumplir lo estipulado e impide a los tribunales conocer de las controversias sometidas a arbitraje, siempre que la parte a quien interese lo invoque mediante declinatoria. El plazo para la proposición de la declinatoria será dentro de los diez primeros días del plazo para contestar a la demanda.*
>
> *2. La declinatoria no impedirá la iniciación o prosecución de las actuaciones arbitrales.*
>
> **Artículo 8.1 LM**: *El tribunal al que se someta un litigio sobre un asunto que es objeto de un acuerdo de arbitraje remitirá a las partes al arbitraje si lo solicita cualquiera de ellas, a más tardar, en el momento de presentar el primer escrito sobre el fondo del litigio, a menos que se compruebe que dicho acuerdo es nulo, ineficaz o de ejecución imposible.*

8.92. El efecto *positivo* del convenio arbitral –consagrado en las tres normas citadas– no es otra cosa que la perspectiva o manifestación procesal del principio *pacta sunt servanda* (art. 1091 del CCiv): el convenio arbitral es ley entre las partes y las obliga a cumplir lo "procesalmente" estipulado[271]. Siendo esto así, la interrogante que este efecto plantea es la de

270. Expresamente en este sentido, Auto AP de Valladolid, 3.5.2021, ECLI:ES:APVA:2021:546A; Auto AP Valladolid, 17.5.2021, ECLI:ES:APVA:2021:709A; Auto AP de Valladolid, 30.9.2021, ECLI:ES:APVA:2021:1111A. Anteriormente, en sede de anulación, STSJ de Madrid, 13.2.2013, ECLI:ES:TSJM:2013:8205.

271. Por todos, ARIAS LOZANO, "Artículo 11", en: ARIAS LOZANO (Coor.), *Comentarios a la Ley de Arbitraje de 2003*, Cizur Menor, 2005, p. 102.

determinar si, efectivamente, de la firma del convenio arbitral dimana alguna obligación *stricto sensu* para las partes. La respuesta a esta cuestión sólo puede ser positiva. Repárese, en efecto, en que la obligación principal que deriva para las partes como consecuencia de la firma del convenio es una obligación *negativa* consistente precisamente en no plantear ante la jurisdicción lo que –mediante convenio arbitral– quedó comprometido para la vía arbitral. Y así, si las partes acordaron dirimir sus conflictos mediante arbitraje, cumplir *lo estipulado* equivale a no acudir a la vía jurisdiccional.

8.93. El efecto *negativo* del convenio arbitral refleja, por su parte, la eficacia excluyente de la jurisdicción que tiene el convenio arbitral. Este efecto del convenio arbitral supone que los tribunales deben abstenerse de conocer de las controversias que quedan cubiertas por el convenio arbitral. En principio, el efecto negativo se manifiesta cuando alguna de las partes lo hace valer ante la jurisdicción.

8.94. El tratamiento procesal que el ordenamiento jurídico español prevé para hacer valer la función negativa del convenio arbitral es el de la *declinatoria.* En el derecho convencional, la declinatoria está regulada en el artículo VI.1 CG. En el derecho de fuente interna, la declinatoria está regulada en los artículos 11 LArb y 63 ss. LECiv. En ambas regulaciones, la declinatoria exige la comparecencia y propuesta del demandado para hacer valer la eficacia del convenio arbitral.

**Artículo VI.1 CG**: *1. Toda excepción o declinatoria por incompetencia de tribunal estatal basada en la existencia de un acuerdo o compromiso arbitral e intentada ante el tribunal estatal ante el cual se promovió el asunto por una de las partes del acuerdo o compromiso arbitral, deberá ser propuesta por el demandado, so pena de pérdida de derechos por vencimiento del plazo, antes o en el mismo momento de presentar sus pretensiones o alegaciones en cuanto al fondo según que la Ley del país del tribunal considere tal excepción o declinatoria como una cuestión de derecho procesal o sustantivo.*

Los artículos 63 y 64 LECiv (que conforman el Capítulo III) regulan el contenido de la declinatoria, la legitimación para proponerla, el tribunal competente para conocer de ella, el momento procesal de su proposición y sus efectos inmediatos. No obstante, el artículo 11 LArb (*supra*) prevé una regulación especial en lo que se refiere a la legitimación, el momento de su proposición y sus efectos inmediatos.

**Artículo 63.1 LECiv**: *Mediante la declinatoria, el demandado y los que puedan ser parte legítima en el juicio promovido podrán denunciar la* *falta de jurisdicción del tribunal ante el que se ha interpuesto la demanda, por corresponder el conocimiento de ésta a tribunales extranjeros, a órganos de otro orden jurisdiccional, a árbitros o a mediadores, excepto en los supuestos en que exista un pacto previo entre un consumidor y un empresario de someterse a un procedimiento de resolución alternativa de litigios de consumo y el consumidor sea el demandante*[272].

8.95. En consecuencia, presentada una demanda ante los tribunales de justicia sobre un asunto sometido a arbitraje, la parte demandada deberá, dentro de los diez primeros días para responder a la demanda, hacer uso de este instituto procesal para conseguir la abstención del tribunal (art. 64.1 LECiv).

**Declinatoria, plazo de 10 días y Reglamento Bruselas I *refundido*.** Si la demanda presentada basa la competencia judicial internacional del tribunal en algún foro de los previstos en el RB I *refundido* (general o especial), precisamente por estar el demandado domiciliado en un Estado miembro de la UE, se plantea la cuestión relativa a la vigencia del plazo de diez días previsto en la LECiv para presentar la declinatoria por existencia de convenio arbitral; esto es, se plantea si el plazo de diez días previsto en la LECiv puede verse o no alterado por el hecho de que la competencia judicial internacional dimane del Reglamento Bruselas I *refundido* y no de la norma procesal interna. En efecto, a la luz de la jurisprudencia del TJUE en interpretación del artículo 26.1 del Reglamento debe entenderse que el demandado puede impugnar la competencia en cualquier momento siempre que no haya contestado todavía a la demanda o haya causado sumisión tácita: en palabras del Tribunal, hasta que se presente "la primera actuación de defensa"[273]. El artículo 28.1 del Reglamento también parece soportar esta interpretación, en la medida en que establece que, si transcurrido el plazo para contestar a la demanda, tal contestación no se presenta, el órgano jurisdiccional todavía tiene la obligación de controlar de oficio su propia competencia. Siendo esto así, no parece que tenga mucho sentido que pueda producirse lo que se ha dado en denominar una "intermitencia" de la competencia judicial: el juez debería pronunciarse sobre el alcance de la declinatoria

272. Redacción dada por la *Ley 7/2017, de 2 de noviembre, por la que se incorpora al ordenamiento jurídico español la Directiva 2013/11/UE, del Parlamento Europeo y del Consejo, de 21 de mayo de 2013, relativa a la resolución alternativa de litigios en materia de consumo.*

273. STJCE, 24.6.1981, 150/80, *Elefanten Schuh*; STJCE, 22.10.1981, 27/81, *Rohr*; STJUE, 13.6.2013, C-144/12, *Goldbet Sportwetten*. Entiendo, a estos efectos que la declinatoria no puede considerarse como "la primera actuación de defensa".

presentada en el plazo previsto en el ordenamiento interno; de tal forma que, si no la aceptase y, en consecuencia, dejase pasar el plazo correspondiente para contestar a la demanda, todavía debería pronunciarse sobre su propia competencia en el supuesto de que el demandado no presentase contestación (pronunciamiento que el juez debe hacer por mandato del artículo 28.1). Y si esto es así –es decir, si el juez debe pronunciarse al final del plazo para contestar a la demanda sobre su competencia– no acaba de entenderse que la presentación de la declinatoria deba ceñirse al plazo temporal previsto en el ordenamiento interno de un Estado miembro. Además, la *uniformidad* exigible en la interpretación del Reglamento europeo impone también que deba estarse al cumplimiento del hito (contestación de la demanda) antes que al cumplimiento de un plazo establecido unilateralmente por el derecho procesal interno de un Estado miembro[274]. Este criterio, por fin, ha sido adoptado por cierta jurisprudencia interna[275]. Así las cosas, entiendo que el razonamiento anterior es extrapolable a supuestos en los que se excepcione la competencia judicial mediante convenio arbitral; esto es, cuando se haga valer por el cauce de la declinatoria la validez del convenio arbitral. El hecho de que el arbitraje esté excluido del ámbito de aplicación del RB I *refundido* no debe afectar a esta conclusión. A mi juicio, el *efecto útil* del Reglamento exige que el texto se aplique a este supuesto, donde la eficacia del convenio arbitral se plantea de forma incidental.

8.96. En cualquier caso, la declinatoria no es apreciable de *oficio*[276]. A partir de este momento procesal, la actuación de los tribunales de justicia puede ser distinta según sea o no de aplicación el régimen convencional (según sea o no de aplicación el artículo VI CG) y según se haya iniciado o no el arbitraje en otro Estado parte[277].

Lo anterior sin perder de vista el posible *efecto relativo* del convenio arbitral en el seno del espacio judicial europeo[278].

274. *Vid.* estos argumentos, en QUINTANA, "Declinatoria de competencia judicial y Derecho de la UE", www.almacendederecho.org. *Vid.* el argumento del Decreto del JM de Huelva de 14.8.2020, accesible desde el artículo citado: *"El Reglamento de la Unión no sigue un sistema de plazos, sino de actos propios del demandado"*.

275. SAP de Girona, 28.1.2022, ECLI:ES:APGI:2022:119. *Vid.* además, la jurisprudencia recogida en el trabajo citado en la nota anterior.

276. SAP de Madrid, 27.2.2018, ECLI:ES:APM:2018:3290; SAP de A Coruña, 24.6.2021, ECLI:ES:APC:2021:1376; SAP de Córdoba, 31.10.2022, ECLI:ES:APCO:2022:748.

277. *Vid infra* Cap. IX.

278. *Vid. infra* Cap. IX, Ep. VII.

8.97. En un ***contexto interno*** (demanda presentada ante tribunales españoles y arbitraje con sede en España), el hecho de que el TS haya acogido la tesis débil del principio *kompetenz-kompetenz* tiene, a mi juicio, una consecuencia clara: la resolución judicial (*auto*) negando la validez del convenio, una vez firme, tiene efectos de cosa juzgada[279] y, por tanto, los árbitros deberán quedar vinculados a la misma.

En perspectiva estrictamente procesal, téngase en cuenta que, frente al auto que *desestima* la declinatoria (el juez aprecia la invalidez del convenio) solo cabe recurso de reposición (art. 66.2 LECiv). Cuestión distinta es que vuelva a plantearse la incompetencia del juzgado y consiguiente validez del convenio arbitral en la apelación de la sentencia que resuelve sobre el fondo[280]. Frente a la sentencia de la Audiencia que en apelación aprecia la validez del convenio arbitral, cabe recurso extraordinario por infracción procesal[281].

Por otro lado, frente al auto que *estima* la declinatoria (el juez aprecia la validez del convenio y, en consecuencia, se abstiene de enjuiciar sobre el fondo) cabe recurso de apelación (art. 66.1 LECiv). Sin embargo, frente al auto de la Audiencia resolviendo el auto estimatorio no cabe ni recurso de casación ni recurso extraordinario por infracción procesal[282]. Motivo –a mi juicio, discutible– que en este contexto aceptan las AP para remitir o "devolver" el asunto a la jurisdicción es el relativo a la inexistencia de la corte arbitral designada en el convenio[283].

**Declinatoria y juicio cambiario**. Pese a existir jurisprudencia contradictoria sobre la posibilidad de alegar la declinatoria dentro del juicio cambiario, las últimas resoluciones judiciales sobre este particular se muestran favorables a ello. La doctrina también participa de este criterio[284]. Sobre todo cuando las partes en

279. La cuestión relativa a si la resolución firme despliega o no efectos de cosa juzgada es controvertida en la doctrina. Sobre este particular, *vid*, DE BENITO LLOPIS-LLOMBART, *El convenio arbitral…, cit.*, pp. 201-234.

280. *Vid*. el supuesto de hecho que da origen a la STS de 24.11.2017, ECLI:ES:TS:2017:4091.

281. Así la STS de 24.11.2017, citada en la nota anterior.

282. Auto TS, 19.2.2008, *Arbitraje*, 2009 (1), pp. 276-277. Para una crítica a este auto, *vid*., GASCÓN INCHAUSTI, "Régimen de recursos frente a las resoluciones sobre la eficacia excluyente de un convenio arbitral", *Arbitraje*, 2009 (2), pp. 232-236. *Vid*. en el mismo sentido, más recientemente, Auto TS, 23.1.2019,ECLI:ES:TS:2019:282A.

283. Auto AP de Madrid, 15.7.2019, ECLI:ES:APM:2019:2720A. También constituye motivo para que los TSJ no nombren árbitro (*vid. infra* Cap. IX).

284. Así, HEREDIA CERVANTES, "¿Puede invocarse dentro del juicio cambiario la declinatoria de arbitraje alegando la existencia de un convenio entre el acreedor y el

el juicio cambiario sean, a su vez, las partes de la relación causal subyacente[285].

**Declinatoria y juicio monitorio.** Es posible plantear declinatoria en el contexto de un juicio monitorio. En este supuesto, la declinatoria debe promoverse en el plazo de los diez primeros días de los que se cuentan para la oposición[286]. También es posible plantear la declinatoria en el seno de un procedimiento ordinario que provenga, a su vez, de un procedimiento monitorio. La jurisprudencia es uniforme en este sentido[287].

8.98. En un ***contexto internacional*** (demanda presentada ante tribunales españoles y arbitraje con sede en el extranjero), el juicio *negativo* sobre la validez del convenio en sede de *declinatoria* tiene una importancia relativa. De entrada, porque esa resolución que declara la validez o invalidez del convenio no puede reconocerse en un Estado miembro de la UE en aplicación del Reglamento Bruselas I *refundido*[288]. Y además, porque la jurisprudencia de muchos Estados relevantes en materia de arbitraje internacional ha elevado a rango de auténtico principio general el principio de *Kompetenz-kompetenz*[289]. De tal forma que, la resolución judicial –de ordinario negando la validez del convenio arbitral– no será reconocida en esos Estados y, en consecuencia, no afectará para nada al juicio que los árbitros hagan sobre la validez del mismo. Y si bien es cierto que esa resolución negando la validez del convenio garantiza una posterior denegación del execuátur del laudo arbitral en España (la existencia de una resolución judicial dictada en el foro inconciliable con el laudo constituye motivo de denegación del mismo), no lo es menos que tal solución solo es válida para un operador que exclusivamente opere en este país. Si opera en otros Estados, tendrá que sopesar las posibilidades de que el laudo despliegue su eficacia allí donde opere.

***Excursus*. El cauce de la *declinatoria***: ¿un cauce adecuado para el arbitraje ***internacional*?** Consideremos el siguiente supuesto: Una parte –ignorando deliberadamente la existencia del convenio arbitral- interpone demanda ante la jurisdicción española. La

---

deudor cambiario? Comentario al Auto de la AP de Madrid 18.ª de 29 de enero 2013", *Arbitraje*, 2014 (1), pp. 177-183 y pp. 184-185.

285. Expresamente en este sentido, AP Sevilla, 8.2.2018, ECLI:ES:APSE:2018:346A; SAP Sevilla, 18.10.2018, ECLI:ES:APSE:2018:2231.

286. Auto AP Palma de Mallorca, 7.2.2019, ECLI:ES:APIB:2019:23A.

287. Con cita de resoluciones judiciales anteriores, Auto AP Oviedo, 16.5.2018, ECLI:ES:APO:2018:501A.

288. *Vid. infra* Cap. XII.

289. *Vid. infra* Cap. IX.

otra parte opta por no contestar a esa demanda e iniciar directa y paralelamente el arbitraje acordado en el convenio arbitral –por ejemplo, en Ginebra–. Bien mirado, la parte que incumple la obligación *negativa* de acudir a la jurisdicción que impone el convenio arbitral no es, precisamente, la que inicia el arbitraje. Antes al contrario: incumple quien presenta la demanda ante la jurisdicción. Por ello, y como consecuencia del efecto negativo del principio de *kompetenz-kompetenz* (*infra* Cap. IX.2), en un supuesto como el descrito, es muy probable que los árbitros se declararán competentes e ignorarán el hecho de que el litigio esté pendiente ante nuestros tribunales.

El problema que de este modo se plantea tiene difícil solución si insistimos en una interpretación literal del artículo 11 *in fine* LArb: partiendo de su tenor *("siempre que la parte a quien interese lo invoque mediante declinatoria")* la personación de la parte demandada en la jurisdicción –y demandante en el arbitraje– parece requisito necesario para la abstención de los tribunales. ¿Es ésta la solución más justa para quien *no* incumple su compromiso de acudir a la vía arbitral?

Para llegar a una armonía de soluciones en este contexto y primar el comportamiento de quien ha respetado lo inicialmente pactado –acudir al arbitraje–, entiendo que sería necesario superar la remisión que con carácter general hace el artículo 11 LArb al régimen de la *declinatoria* y entenderlo hecho al régimen previsto en la LECiv para los supuestos de falta de competencia *internacional* (art. 36.2.3.ª LECiv 2000). En virtud de este precepto: "2. *Los tribunales civiles españoles se abstendrán de conocer de los asuntos que se les sometan... 3.ª Cuando no comparezca el demandado emplazado en debida forma, en los casos en que la competencia internacional de los tribunales españoles únicamente pudiera fundarse en la sumisión tácita de las partes*".

El mandato que recoge esta norma, aplicado a nuestro supuesto, supondría tanto como que, presentada una demanda ante la jurisdicción ordinaria sobre un asunto sometido a arbitraje en otro Estado, los tribunales se abstendrían de oficio si, transcurrido el plazo del demandado para comparecer, no comparece. O dicho de otro modo: si existiendo un convenio arbitral, una parte presenta una demanda sobre el fondo ante la jurisdicción, la *no* personación de la otra parte pasado un determinado plazo debería entenderse como la voluntad de esta parte de *no* renunciar al arbitraje. Esta sería, a mi juicio, la solución más adecuada con la parte cumplidora con lo estipulado en el convenio arbitral. Lo anterior, claro está, cuando de los términos del contrato se deduzca la existencia de un convenio arbitral válido.

## 2. INCUMPLIMIENTO DEL CONVENIO ARBITRAL: RESPONSABILIDAD

8.99. El artículo 11.1 LArb establece que el *convenio arbitral obliga a las partes a cumplir lo estipulado*. Como ha sido advertido[290], tal tenor plantea de inmediato la cuestión relativa a su alcance, pues no está claro si a partir del mismo las partes asumen únicamente facultades y cargas procesales o asumen también derechos y obligaciones. La calificación del convenio arbitral como *contrato procesal* podría tener, al menos teóricamente, consecuencias directas sobre esta cuestión, pues, de llevar hasta sus últimas consecuencias los efectos de tal calificación, debería llegarse a la conclusión de que las partes, en virtud de la firma del convenio, solo asumen cargas y facultades, pero no derechos y obligaciones (*supra* 1).

8.100. No existe de momento jurisprudencia española determinante sobre las consecuencias que se derivan del incumplimiento de un *convenio arbitral*; esto es, de las consecuencias que se derivan de acudir a la jurisdicción –de ordinario, extranjera– aun sabiendo de la existencia de un convenio arbitral válido (*ad ex.* por tratarse de un convenio tipo)[291]. Sin embargo, sí existe jurisprudencia sobre las consecuencias que se derivan de plantear una demanda en un país extranjero cuando el contrato controvertido preveía una cláusula de sumisión a tribunales españoles (y a derecho español). Para el TS, tal proceder es un hecho generador de responsabilidad por incumplimiento contractual[292].

> Debe matizarse, no obstante, que en el caso concreto el TS tuvo particularmente en cuenta dos circunstancias muy relevantes: (i) que los honorarios de los abogados no podían reclamarse por el cauce de las "costas procesales", tal y como las regula el ordenamiento procesal español; y (ii), que la mala fe de la parte que demandó en

290. DE BENITO LLOPIS-LLOMBART, *El convenio..., cit.*, pp. 81-82.

291. *Vid.* no obstante, SAP Sevilla, 4.10.2018, ECLI:ES:APSE:2018:2193. En este supuesto la AP no apreció responsabilidad del abogado al iniciar el cauce jurisdiccional antes que el arbitraje, pues el tenor del convenio se consideró confuso.

292. STS, 12.1.2009, ECLI:ES:TS:2009:263; *REDI*, 2009, pp. 225-227, (con nota de ÁLVAREZ GONZÁLEZ). *Vid.* también, TORRALBA MENDIOLA, "Sentencia de 12 de enero de 2009: Responsabilidad civil contractual; daños y perjuicios: Cláusula de sumisión al Derecho español y a tribunales españoles", *CCJC*, 2009, núm. 81, pp. 1189 ss.; DE BENITO LLOPIS-LLOMBART, *El convenio..., cit.*, pp. 89-94. En la jurisprudencia comparada, en el mismo sentido, *vid. BGH*, 17.10.2019 – III ZR 42/19.

el extranjero era manifiesta, por cuanto el contrato se regía por derecho español y, sin embargo, aquél pretendió la aplicación de unas "*punitive damages*" previstas en el ordenamiento estadounidense.

A la luz de esta jurisprudencia podría considerarse que la mera interposición de una demanda ante un tribunal extranjero (aun previendo el contrato controvertido un convenio arbitral) es tanto como un hecho generador de responsabilidad por incumplimiento contractual. A mi juicio, sin embargo, para que tal responsabilidad pueda ser apreciada, deben concurrir en el supuesto una serie de circunstancias –no necesariamente de forma cumulativa–. A saber: que el tribunal ante el que se presente la demanda estime la *declinatoria* (aprecie la validez del convenio); que los honorarios de los abogados no puedan reclamarse por el cauce de las "costas"; y/o, cuando se aprecie mala fe del demandante (*ad ex*. por buscar la aplicación de penas de indemnización expresamente excluidas por las partes).

8.101. Por su parte, la jurisprudencia extranjera sí se ha enfrentado a esta cuestión, reconociendo implícitamente la posibilidad de que el convenio arbitral genere también derechos y obligaciones. Y así, un laudo arbitral en el que una de las partes es condenada, entre otras cosas, a pagar todos los gastos producidos a la contraparte como consecuencia de haber iniciado acciones judiciales sobre la misma cuestión ante un tribunal extranjero en violación de un convenio arbitral válido, ha sido confirmado –*no* anulado– por el Tribunal Federal suizo[293].

293. TF, 26.10.2015, 4A_69/2015, *Bull ASA*, 2017, pp. 382-389.

# IX

# Los árbitros

## I. EL CONTRATO ARBITRAL

9.1. Puede definirse el contrato arbitral (*Schiedsrichtervertrag*)[1] como aquel contrato, en cuya virtud, una parte (las partes en el arbitraje) pacta con otra parte (el árbitro) la prestación de un servicio consistente en resolver una disputa legal a cambio de un precio cierto[2].

9.2. El contrato arbitral es un contrato deficientemente regulado –tanto a nivel interno como a nivel comparado–. En efecto, en la medida en que la Ley Modelo de UNCITRAL (LM) no recoge disposición alguna al respecto, y en la medida también en que esta Ley ha sido ampliamente adoptada (en más de veinte países), resulta extraño encontrar una legislación arbitral que regule expresamente esta figura. Esta circunstancia es especialmente lamentable, pues el contrato arbitral es un contrato de calificación compleja. Ello es así porque –como se verá– la función del árbitro se despliega en dos ámbitos o planos distintos. De tal modo que mediante el contrato arbitral, el árbitro acepta y asume dos funciones: por un lado, su función de juzgador (el arbitraje como equivalente jurisdiccional); y, por otro lado, de forma paralela y compatible con su función de juzgar, asume también la función propia de quien, por medio de contrato, se erige en prestador de servicios.

Esta realidad es de capital trascendencia a la hora de determinar la responsabilidad del árbitro (*infra* 5), pues como ha sido advertido:

1. En la jurisprudencia francesa: *contrat d'arbitrage* o *contrat d'investiture*, *Cour d'appel* de París, 13.12.2001, *Rev. Arb.*, 2001, p. 934.
2. Son muchos los estudios doctrinales dedicados al contrato arbitral. Particularmente interesantes son los estudios elaborados por la doctrina suiza y alemana. A título de ejemplo pueden verse: VOGT, *Der Schiedsrichtervertrag nach schweizerischem und internationalem Recht*, Aachen, 1996; GAL, *Die Haftung des Schiedsrichters in der internationalen Handelsschiedsgerichtsbarkeit*, Tubingia, 2009; HOLZBERGER, *Die materiellrechtliche und kollisionsrechtliche Einordnung des Schiedsrichtervertrages*, Frankfurt am M., 2015.

*"a efectos de incumplimiento y responsabilidad del árbitro, no hay uno y otra sólo cuando éste último no emite su laudo (resultado y prestación principal típica), sino cuando en el desarrollo de su actuación contractual no adecua su actividad a los deberes contractuales y legales que le vienen señalados y le son exigibles –más allá del simple 'laudar'–"*[3].

9.3. A partir de lo anteriormente dicho, puede entenderse que la ***calificación*** jurídica del contrato arbitral no es cosa sencilla. Más bien al contrario. Y es que, la doble función que, en virtud de este contrato, asume el árbitro frente a las partes (juez, por un lado, y prestador de servicios, por otro) impide que pueda clasificarse de forma automática en algunas de las categorías legalmente reconocidas. Tampoco ayuda en este contexto el hecho de que, en la mayoría de los supuestos, el contrato arbitral se perfecciona implícitamente; esto es, sin la firma expresa de un documento escrito redactado al efecto.

La doctrina alemana ha estudiado detenidamente esta cuestión. Así, tras un exhaustivo estudio de los orígenes del contrato arbitral (*'Qui arbitrium pecunia compromissa reciperit, eum sentenciam dicere cogam'*) y un exhaustivo estudio también de las distintas teorías que subyacen a este contrato (*Amstheorie*, *Prozessrechtliche Theorie* y *Prozessualen-materiellrechtlichen Theorie*), coincide en señalar mayoritariamente que el contrato arbitral es un contrato *sui generis*[4]; un contrato de naturaleza híbrida cuya eficacia se despliega, como mínimo, en dos ámbitos distintos pero estrechamente vinculados (juzgador y prestador de servicios); un contrato, por tanto, que si bien guarda cierta relación con los contratos de prestación de servicios no puede englobarse dentro de esta categoría (por más que cierto sector doctrinal incluso estime que éste queda incluido en el ámbito de aplicación de la Directiva de servicios[5]). En efecto, basta con pensar en el poder o facultad de dirección del árbitro (*Weisungsrecht*), para entender la imposibilidad de calificar el contrato arbitral como contrato de prestación de servicios en sentido estricto.

9.4. Pero no sólo la calificación del contrato arbitral es cuestión compleja. También lo es la cuestión relativa a su ***perfección*** (formación): en la medida en que, de ordinario, cada parte nombra un árbitro y éstos nombran al árbitro presidente, ¿cómo se establece la relación jurídica entre

3. RIVERO HERNÁNDEZ, "Incumplimiento y responsabilidad de los árbitros", *Libro Homenaje al profesor Manuel Albadalejo García*, Universidad de Murcia, 2004, p. 4221.

4. Con más referencias, GAL, *Die Haftung*..., *cit.*, pp. 57-59. La jurisprudencia francesa acoge expresamente esta calificación: *Cour d'appel* de París, 13.12.2001, *Rev. Arb.*, 2001, p. 934.

5. *Directiva 2006/123/CE del Parlamento Europeo y del Consejo de 12.12.2006 relativa a los servicios en el mercado interior.*

las partes y los árbitros que no ha nombrado esa parte? A este respecto, la construcción doctrinal más interesante pasa por interpretar que esa forma de designar los árbitros (cada parte nombra uno y los designados nombran al árbitro presidente[6]) lleva implícita la concesión entre ambas partes de un *poder* de representación (*Vollmacht*) para que cada una de ellas actúe en nombre de la otra en el nombramiento del árbitro correspondiente. O dicho de otro modo, las partes asumen que cada una de ellas actúa en representación de la otra cuando nombra a un árbitro. El *poder* así concebido se entiende irrevocable (*unwiderrufliche Vollmacht*) y, en última instancia, tiene su origen en el mismo convenio arbitral[7]. A partir de esta interpretación debe entenderse, además, que la voluntad de las partes pasa por vincularse contractualmente con todo el colegio arbitral.

9.5. Como consecuencia de lo hasta aquí dicho, puede concluirse que la obligación que asume el árbitro mediante este contrato *sui generis* es una obligación tanto de medios –entre otras, preservar los derechos de defensa de las partes– como de resultado –el árbitro debe dictar un laudo ejecutable–. Su incumplimiento puede derivar en responsabilidad; pero en un régimen de responsabilidad distinto dependiendo del ámbito de actuación del árbitro (actividad *cuasi* jurisdiccional y actividad no jurisdiccional –*infra* 5–).

## II. NÚMERO DE ÁRBITROS, CAPACIDAD, NOMBRAMIENTO Y ACEPTACIÓN

### 1. NÚMERO DE ÁRBITROS

9.6. El **número** de árbitros que componen el colegio arbitral dependerá, de ordinario, de la voluntad de las partes y de la cuantía en disputa. En defecto de este acuerdo, será el reglamento de la institución que administra el arbitraje el que regule la cuestión; y en los arbitrajes *ad hoc* la solución dependerá de lo que establezca la ley que rija el procedimiento arbitral (recuérdese, si el arbitraje tiene su sede en España, esa ley será obligatoriamente la española).

9.7. En perspectiva de Derecho comparado, la opción normativa mayoritariamente adoptada en los ordenamientos jurídicos de nuestro entorno pasa por dejar a las partes la concreción del número de árbitros que debe componer el colegio[8]. En el ordenamiento jurídico español

6. Como así lo establece, por ejemplo, el artículo 15 LArb.
7. Con más detenimiento, HOLZBERGER, *Die materiellrechtliche..., cit.*, pp. 43-48.
8. Así, por ejemplo, en el ordenamiento jurídico alemán, francés e inglés: respectivamente, § 1034 ZPO, art. 1451 CPC francés y *Section* 15 *Arbitration Act*.

esta manifestación de la autonomía de la voluntad está limitada, pues el número total de árbitros que componen –o compongan– el tribunal debe ser ***impar***[9]. En defecto de acuerdo, el colegio arbitral estará compuesto por un solo árbitro.

**Artículo 12 LArb.** *Número de árbitros.*

*Las partes podrán fijar libremente el número de árbitros, siempre que sea impar. A falta de acuerdo, se designará un solo árbitro.*

En consecuencia, los colegios arbitrales constituidos en aplicación de la LArb –es decir, los colegios arbitrales que actúen en los arbitrajes internos y en los arbitrajes internacionales con sede en España– siempre deberán reunir un número impar de árbitros. El incumplimiento de esta norma –en tanto que norma imperativa–, acarrea la nulidad del laudo por aplicación del artículo 41.d/ LArb (irregularidades procedimentales[10]), si bien ciertos TSJ también aplican de oficio el artículo 41.f/ LArb (contrariedad con el orden público[11]). La aplicación de la cláusula de orden público en estos supuestos genera, no obstante, ciertas asimetrías –siquiera aparentes–, pues tal cláusula no se aplica en el contexto del execuátur del laudo extranjero dictado por dos árbitros (*infra* 9.8). Por otro lado, si no se insta la anulación del laudo dictado por un número par de árbitros, su ejecución es, en principio, posible[12].

9. En el mismo sentido, art. 1451 CPC francés.

10. STSJ de Madrid, 9.2.2016, ECLI:ES:TSJM:2016:1535; STSJ de Murcia, 13.5.2016, ECLI:ES:TSJMU:2016:1055. Como continuación de esta jurisprudencia y abriendo la puerta a la responsabilidad de los árbitros y de la institución arbitral, STSJ de Madrid, 11.3.2019, ECLI:ES:TSJM:2019:2585. También anulando un laudo de la *Junta Arbitral de Transporte* pero sin citar el motivo de anulación, STSJ de Asturias, 11.3.2019, ECLI: ES:TSJAS:2019:841. Anulando el laudo por haberse dictado solo por la presidenta de la Junta Arbitral, STSJ de Madrid, 28.6.2019, ECLI:ES:TSJM:2019:5164. No obstante, *no* anula el laudo ante un supuesto de número par de árbitros en aplicación del artículo 9.7 del *Reglamento de Ordenación de los Transportes Terrestres,* TSJ de Andalucía, 9.10.2017, ECLI:ES:TSJAND:2017:16094.

11. Así, STSJ de Madrid, 2.11.2016, ECLI:ES:TSJM:2016:11924; STSJ de Madrid, 4.4.2017, ECLI:ES:TSJM:2017:3911, que analiza la norma reglamentaria y, a partir de ahí, aprecia vulneración del principio de jerarquía normativa (art. 9.3 CE), al infringirse el artículo 12.1 LArb. *Vid.* también, STSJ de Madrid, 11.7.2017, ECLI:ES:TSJM:2017:8080; STSJ de Madrid, 26.9.2017, ECLI:ES:TSJM:2017:9472; STSJ de Extremadura, 21.10.2020, ECLI: ES:TSJEXT:2020:905 (entendiendo vulnerados los artículos 9.3 y 14 de la CE); STSJ de Madrid, 19.1.2021, ECLI:ES:TSJM:2021:143 (también entendiendo vulnerados los citados preceptos de la CE); STSJ de Madrid, 12.3.2021, ECLI:ES:TSJM:2021:2862; STSJ de Andalucía, 25.10.2021, ECLI:ES:TSJAND:2021:17794 (también entendiendo vulnerados los citados preceptos de la CE). Anulando el laudo porque el colegio solo estuvo conformado por el presidente sin los dos vocales (infringiendo así el principio de colegialidad), STSJ de Extremadura, 3.5.2023, ECLI:ES:TSJEXT:2023:513.

12. Auto AP de Sevilla, 12.9.2019, ECLI:ES.APSE:2019:1511A.

**Número par de árbitros y Junta Arbitral de Transportes.** La jurisprudencia española en materia de anulación del laudo arbitral por estar el tribunal conformado por un número par de árbitros se circunscribe, toda ella, a los arbitrajes celebrados por las distintas *Juntas Arbitrales de Transporte*. Se trata, por tanto, de una problemática muy localizada que no se advierte en otros ámbitos.

9.8. Debe destacarse que tal limitación a la autonomía de la voluntad, aun siendo una opción de política legislativa mayoritaria en nuestro entorno cultural, no se da en todos los ordenamientos jurídicos[13]. Es más, ordenamientos jurídicos de países con mayor tradición arbitral prevén expresamente que el colegio pueda estar formado por dos árbitros (o por un número par)[14]. El hecho de que el legislador no contemplara en su momento esta interesante opción de política legislativa no significa –no debe significar– que el laudo dictado en el extranjero por un colegio arbitral compuesto por un número par de árbitros (porque así lo permitía la *lex loci arbitri*) no sea susceptible de ser reconocido y ejecutado en España. En efecto, no es contrario al orden público –no atenta contra ningún principio fundamental del ordenamiento jurídico español– ni afecta a ninguno de los otros motivos de denegación del execuátur previstos en el Convenio de Nueva York (CNY), el hecho de que un colegio arbitral haya estado constituido por un número par de árbitros, cuando esa opción esté expresamente prevista en la *lex loci arbitri*[15]. Por tanto, las consecuencias del incumplimiento de la limitación prevista en la LArb deben considerarse única y exclusivamente en el estricto marco de su aplicación.

El reconocimiento o execuátur del laudo extranjero dictado por un colegio arbitral formado por dos árbitros porque así lo permite la *lex loci arbitri* y la irremisible anulación de un laudo arbitral dictado en España por un colegio arbitral formado por un número par de árbitros ilustran perfectamente el distinto tratamiento que, en sede de execuátur –o anulación–, deben tener las *normas imperativas*, por un lado, y el *orden público*, por otro. Y es que, el hecho de que una norma extranjera prevea una solución distinta a lo establecido por

13. Así, *Section* 15 *Arbitration Act* británica; § 1034 ZPO alemana.

14. *Ad. ex. Section* 15 *Arbitration Act* británica.

15. En este sentido, SAP de Málaga, 7.2.2006, JUR 2006\185737, en relación con un laudo arbitral dictado por dos árbitros en Berlín en el año 1993. En el mismo sentido, otorgando expresamente el execuátur de un laudo dictado en el Reino Unido por un colegio arbitral formado por dos árbitros (*ex Section* 15 *Arbitration Act*): Auto TSJ Valencia, 8.6.2012, ECLI:TSJCV:2012:69A; Auto TSJ Cataluña, 16.10.2014, ECLI:ES:TSJCAT:2014:324A. Otorgando el execuátur de un laudo arbitral dictado por cuatro árbitros en virtud del artículo 10 del Protocolo de Arbitraje, Auto TSJ de Madrid, 30.4.2019, ECLI:ES:TSJM:2019:452A.

una norma imperativa española no es suficiente para activar la cláusula de orden público.

9.9. Ahora bien, si, en aplicación de la LArb, las partes firman un convenio arbitral que prevea la formación de un colegio arbitral con un número par de árbitros, el convenio en cuestión no podrá considerarse *totalmente* nulo; tal convenio se considerará *parcialmente* nulo, pues la nulidad sólo afectará a la parte relativa al número de árbitros[16]. Por otro lado, siempre que se respete el límite impuesto por el artículo 12 LArb –colegio formado por un número impar de árbitros–, el número inicialmente previsto en el convenio arbitral podrá **modificarse** por las partes en un acuerdo posterior.

9.10. En la práctica internacional, algo más del sesenta por ciento de los arbitrajes se resuelven por un colegio arbitral compuesto por tres árbitros[17]. El hecho de que esto sea así tiene su sentido. Las partes así lo prefieren, pues de este modo cada una de ellas tiene la posibilidad de nombrar a uno de los tres miembros del colegio (art. 15 LArb; arts. 12 ss. Reglamento CCI). Para entender este dato –incontestable y universalmente reconocido– es obligado hacer una distinción entre "árbitro de parte" y "árbitro presidente". En efecto, cada uno de ellos tiene una función en el seno del colegio arbitral. Así, los "árbitros de parte", sin perjuicio de actuar en justicia según su leal saber y entender, tienen como misión asegurar el correcto entendimiento por los demás miembros del colegio arbitral de los puntos de vista de la parte que lo nombró. Bien entendida, esta actitud conduce a un *equilibrio* en el seno del colegio arbitral que garantiza la mejor solución de la controversia[18]. Esta forma de entender la composición del colegio arbitral es tanto más importante en los arbitrajes *internacionales*, donde deben resolverse controversias entre partes que pertenecen –en muchos supuestos– a zonas geográficas y culturales muy distantes y distintas.

La doctrina en torno a la cuestión arriba apuntada es muy abundante y está profundamente dividida entre los que se manifiestan en los términos arriba descritos y entre los que niegan que deba aceptarse tal distinción entre árbitros. A este respecto, baste con apuntar que lo anteriormente dicho no implica que el "árbitro de parte"

16. Expresamente en este sentido –aunque referida a la LArb de 1988–: SAP de Cantabria de 9.9.1993 (AC 1993/1601); STS, 26.7.2003, ECLI:ES:TS.2003:5374. En la jurisprudencia comparada, en un supuesto similar, OLG Frankfurt am Main, 11.7.2013, *SchiedsVZ*, 2013, pp. 294-296.
17. Fuente: *ICC Dispute Resolution Bull*, 2016 N.º 1.
18. Sobre el alcance de este *equilibrio*, ALONSO PUIG, "Artículo 17", en: GONZÁLEZ SORIA (Coor.), *Comentarios a la Nueva Ley de Arbitraje 60/2003, de 23 de diciembre*, 2.ª Ed., Cizur Menor, 2011, pp. 252-254.

no esté obligado a ser y permanecer independiente e imparcial y a poner de relieve toda circunstancia en relación con el supuesto (*infra*). Lo que ocurre es que ese test de imparcialidad debe tener un alcance distinto según se trate del "árbitro presidente" o del "árbitro de parte". De no ser así, nada impediría que un árbitro pudiera ser acusado de ser parcial por la misma parte que lo nombró en sede de anulación (alegando la concurrencia de circunstancias desconocidas hasta ese momento).

## 2. CAPACIDAD

9.11. Según el ordenamiento español pueden ser árbitros las personas naturales que se hallen en pleno ejercicio de sus derechos civiles, siempre que no se lo impida la legislación a la que puedan estar sometidos en el ejercicio de su profesión. Además, salvo acuerdo en contrario de las partes, la nacionalidad de una persona no será obstáculo para que actúe como árbitro.

**Artículo 13 LArb**. *Capacidad para ser árbitro.*

*Pueden ser árbitros las personas naturales que se hallen en el pleno ejercicio de sus derechos civiles, siempre que no se lo impida la legislación a la que puedan estar sometidos en el ejercicio de su profesión. Salvo acuerdo en contrario de las partes, la nacionalidad de una persona no será obstáculo para que actúe como árbitro.*

9.12. En principio, las **personas jurídicas**, por medio de personas físicas, sí pueden actuar como árbitros[19]. Repárese en que, de ordinario, la inclusión del nombre de una persona jurídica en el convenio arbitral se hace a los efectos de que ésta actúe como autoridad nominativa de una persona física. Debe advertirse, además, que el artículo 13 LArb no lo prohíbe expresamente y que, bien mirado, no se aprecia razón relevante para justificar una opinión contraria. Coadyuva a esta interpretación el hecho de que la Ley de Mediación[20] sí prevea expresamente en su artículo 11.1 la posibilidad de que las personas jurídicas actúen como mediadoras; y si no hay obstáculo para que las personas jurídicas actúen como mediadoras, tampoco debería haberlo en el ámbito del arbitraje. Por lo demás, la jurisprudencia interna que se ha confrontado con este particular no es concluyente.

19. También en este sentido, PERALES VISCASILLAS, *El seguro de responsabilidad civil en el arbitraje*, Madrid, 2013, pp. 105-115.
20. *Ley 5/2012, de 6 de julio, de mediación en asuntos civiles y mercantiles.*

Así, por ejemplo, ha estimado que un convenio arbitral a cuyo tenor se nombra árbitro único *"a la Secretaría del Comité de Ética y Arbitraje de la marca M.R.W"* no es válido. Esta decisión tiene sentido, pues en este caso la Secretaría no actuaba como autoridad nominativa[21].

9.13. En perspectiva de Derecho internacional privado, la **capacidad** para ser árbitro vendrá determinada por su ley personal / nacional (art. 9.1. CCiv). En consecuencia, puede ser designado árbitro una persona que a la luz de su ley personal tenga capacidad de obrar plena. No obstante, debe distinguirse en este contexto entre la cuestión relativa a la *capacidad de obrar*, por un lado, y las posibles *incompatibilidades y prohibiciones* para ejercer de árbitro, por otro. Así, la *plena capacidad de obrar* se rige por la ley nacional/personal del árbitro (art. 9.1. CCiv). Será por tanto esta ley la que determine las circunstancias limitativas de esa capacidad y su alcance (básicamente, minoría de edad e incapacidad además de las prohibiciones legales). Por el contrario, las posibles *limitaciones e incompatibilidades* (jueces, fiscales...) en tanto que específicas para el arbitraje, se rigen por la *lex loci arbitri*. Por ello, precisamente, esas limitaciones e incompatibilidades están reguladas en las leyes de arbitraje.

9.14. Como ejemplo de *limitación* prevista en la *lex loci arbitri* cabe destacar que el artículo 15 de LArb[22] –de aplicación tanto a los arbitrajes internos como internacionales con sede en España– exige, en los tribunales formados por tres o más árbitros, la condición de "jurista" de alguno de ellos.

**Artículo 15.1 LArb**. *Nombramiento de árbitros.*

*1. Salvo acuerdo en contrario de las partes, en los arbitrajes que no deban decidirse en equidad, cuando el arbitraje se haya de resolver por árbitro único se requerirá la condición de jurista al árbitro que actúe como tal.*

*Cuando el arbitraje se haya de resolver por tres o más árbitros, se requerirá que al menos uno de ellos tenga la condición de jurista.*

9.15. Dependiendo entonces del número de árbitros que compongan el colegio arbitral, los requisitos que deben reunir para desempeñar su función varían ostensiblemente. En el supuesto de que un colegio arbitral esté formado por un único árbitro, la voluntad de las partes prevalece sobre cualquier condicionamiento que la Ley imponga; de tal forma que las partes podrán acordar libremente la condición o condiciones

21. Auto AP de Barcelona, 28.9.2012, *Arbitraje*, 2013 (2), pp. 516-518 (con nota de LINARES RODRÍGUEZ).

22. En su redacción dada por la *Ley 11/2011, de 20 de mayo, de reforma de la Ley 60/2003.*

que aquél debe reunir para asumir tal encargo –jurista, ingeniero, arquitecto...–. En defecto de tal acuerdo, el árbitro deberá ostentar la condición de *jurista*[23].

No especifica la Ley qué debe entenderse por *jurista*. Según el DRAE, el término *jurista* tiene dos acepciones: (i) aquél que ejerce una profesión jurídica; y, (ii) aquél que se dedica al estudio, interpretación y aplicación del derecho (jurisconsulto). A mi juicio, el denominador común de ambas acepciones reside en la posesión de una licenciatura o grado en Derecho. No ostenta esa condición, por consiguiente, quien no esté en posesión de alguno de esos dos títulos, con independencia de que haya realizado una formación de posgrado en la materia.

9.16. Sin embargo, cuando el colegio arbitral esté o deba estar formado por tres o más árbitros, la Ley exige que al menos *uno* de ellos tenga la condición de *jurista*. En efecto, una lectura neutra del párrafo en cuestión lleva a interpretar que, en el caso de que el colegio arbitral esté integrado por tres o más árbitros, al menos uno de ellos deberá –necesariamente– ostentar la condición de jurista. Es decir, en estos supuestos la autonomía de la voluntad de las partes queda limitada y, en consecuencia, las partes no pueden escapar a tal limitación mediante acuerdo en contrario.

Para un sector doctrinal, la restricción que este inciso del artículo 15 impone al principio de la autonomía de la voluntad no tiene justificación alguna[24]. Por ello, reclama una interpretación sistemática del inciso en cuestión, coherente con la *ratio* del precepto en particular y de la Ley en general; una interpretación a cuya luz la limitación enunciada sólo sea exigible en defecto de acuerdo de las partes. A mi juicio, sin embargo, tal interpretación *sistemática* no puede asumirse sin más, pues el tenor literal de la norma es claro (*in claris non fit interpretatio*). Pero, además, la solución que contempla la norma está totalmente justificada: el complejo control de los derechos y principios procesales –garantías, en definitiva– que rigen el procedimiento arbitral y las consecuencias que de su defectuosa aplicación pueden derivarse –responsabilidad– reclaman un alto nivel de profesionalización. De ahí, la importancia de incluir un jurista en el tribunal o colegio arbitral.

23. Expresamente en este sentido, STSJ de Madrid, 6.2.2018, ECLI:ES:TSJM:2018:1303; STSJ de Galicia, 19.9.2018, ECLI:ES:TSJGAL:2018:4324.

24. ALONSO PUIG, "Artículo 15", en: GONZÁLEZ SORIA (Coor.), *Comentarios a la nueva Ley de Arbitraje*, 2.ª. Ed., Cizur Menor, 2011, pp. 217-222.

## 3. NOMBRAMIENTO Y ACEPTACIÓN

### 3.1. Nombramiento

9.17. La autonomía de la voluntad de las partes se impone también en el ámbito relativo al nombramiento del árbitro. Sea para la designación de un solo árbitro, sea para la designación de un colegio arbitral, las partes podrán acordar libremente el procedimiento para la designación del mismo. En caso de arbitraje institucional, habrá de estarse al reglamento de la institución.

**Artículo IV.1 CG.**

*Las partes en un acuerdo o compromiso arbitral podrán, según su libre criterio, prever:*

b) *que sus diferencias o contiendas sean sometidas para su resolución a un procedimiento arbitral ad hoc; es este caso, las partes tendrán, entre otras, las siguientes facultades:*

i) *nombrar los árbitros o establecer los modos o fórmulas conforme a los cuales se designarán los árbitros en el caso de una controversia.*

**Artículo 15.2** párrafo segundo LArb.

*Las partes podrán acordar libremente el procedimiento para la designación de los árbitros, siempre que no se vulnere el principio de igualdad...*

9.18. De ordinario, en el arbitraje con **tres árbitros**, cada parte nombrará uno, y los dos árbitros designados por las partes, nombrarán al tercero, quien actuará como presidente del colegio arbitral. Si no hubiera acuerdo entre las partes o una de las mismas no nombra árbitro en el plazo establecido para ello, habrá de estarse, en primer lugar, a la posible aplicación del CG en este contexto[25]. Este texto –de aplicación muy residual– prevé el recurso al Presidente de la Cámara de Comercio competente del país en el cual tenga su residencia habitual o su sede social la parte omitente en el momento de la presentación de la demanda de arbitraje (art. IV.3).

En defecto de aplicación de la norma convencional, es de aplicación la LArb. En su virtud, si una parte no nombra el árbitro que le corresponde en el plazo establecido (30 días siguientes a la recepción del requerimiento de la otra parte para que lo haga), o los árbitros elegidos por las partes no consiguen ponerse de acuerdo sobre el tercer árbitro en el plazo igualmente establecido (30 días contados desde la última aceptación), tanto el nombramiento del árbitro de la parte que no ha cumplido en tiempo,

25. Sobre el criterio de aplicación espacial, *vid. supra* Cap. III.

como el nombramiento del árbitro presidente debe hacerse por vía judicial (art. 15.2.b/ LArb). En el arbitraje con **más de tres árbitros**, todos serán nombrados por el tribunal competente a petición de cualquiera de las partes (art. 15.2.c/ LArb).

9.19. La jurisprudencia, en interpretación de los convenios arbitrales insertos en contratos de adhesión, ha matizado que *"no cabe... privar al adherente de toda posibilidad de intervenir en el procedimiento de designación de árbitros"*. Esta privación supone una infracción del principio de igualdad y la consiguiente anulación del laudo[26]. Del mismo modo, la falta de notificación en forma del nombramiento de un árbitro suplente justifica la nulidad del laudo[27].

> **Ejemplo de nombramiento previsto en Reglamento de Institución arbitral.** Por su particularidad, bien puede ponerse como otro ejemplo de cauce de nombramiento la siguiente cláusula prevista en el Reglamento de la *London Maritime Arbitrators Associations* (LMAA): *"The reference shall be to three arbitrators. A party wishing to refer a dispute shall appoint its arbitrator and send notice of such appointment in writing to the other party requiring the other party to appoint in its own arbitrator within 14 calendar days of that notice and stating that it will appoint its arbitrator as sole arbitrator and gives notice that it has done so within the 14 days specified, the party referring a dispute to arbitration may, without the requirement of any further prior notice to the other party, appoint its arbitrator as sole arbitrator and shall advise the other party accordingly"*[28].

### 3.2. Procedimiento judicial para la designación de árbitros

9.20. La LArb regula un procedimiento *ad hoc* para el nombramiento de árbitros que es de aplicación en ausencia de acuerdo entre las partes[29]. Dicho procedimiento permite nombrar tanto un árbitro único como un árbitro presidente (habiendo nombrado las partes el respectivo árbitro)[30] y

26. STSJ de Madrid, 16.7.2014, ECLI:TSJM:2014:10360.
27. STSJ de Galicia, 29.1.2019, ECLI:ES:TSJM:2019:447. *Vid. supra* Cap. VI e *infra* Cap. XII.
28. La cláusula en cuestión originó ciertas disputas en su aplicación, pero no se cuestionó su validez, *vid. ARI v. WXJ*, 20.6.2022, (2022) EWHC 1543 (Comm).
29. Sobre la competencia judicial internacional y territorial de los tribunales españoles en este ámbito, *vid. supra* Cap. VII. Sobre esta cuestión *in extenso*, PÉREZ DE PRADA, *El nombramiento judicial de árbitros*, Aranzadi, Cizur Menor, 2021.
30. STSJ de las Islas Canarias, 25.5.2020, ECLI: ES:TSJICAN:2020:376.

se basa en el nombramiento *judicial*. Para poder invocarlo las partes deben haber agotado previamente el cauce que, en su caso, hayan establecido[31].

**Artículo 15.3 LArb.**

*3. Si no resultare posible designar árbitros a través del procedimiento acordado por las partes, cualquiera de ellas podrá solicitar al Tribunal competente el nombramiento de los árbitros o, en su caso, la adopción de las medidas necesarias para ello.*

En interpretación de este precepto, los TSJ han entendido que para *"decidir si procede acordar el nombramiento de árbitro,* (el tribunal) *ha de atender como elemento primordial a la buena o mala fe que evidencie la conducta pre-procesal de las partes, a su* voluntad congruente con *u* obstante *–de forma expresa o tácita– al cumplimiento efectivo del convenio arbitral"*[32]. Desde esta perspectiva, las partes deben demostrar ante el tribunal su interés en la materialización del nombramiento de árbitro antes de acudir a la vía judicial; de tal forma que no procede el nombramiento de árbitro si las partes *no* han acudido previamente a la institución arbitral designada en el convenio[33]. A partir de aquí, el tribunal debe verificar: (i) que tras activar –cualquier parte– el cauce previsto para el nombramiento no ha sido posible llegar a un acuerdo; o, (ii) que el demandado en este procedimiento se ha negado efectivamente a nombrar árbitro.

9.21. Tomando como referencia lo anterior, la jurisprudencia ha establecido que procede el nombramiento de árbitro: cuando ambas partes reconozcan en sus escritos la necesidad de un nombramiento judicial[34]; cuando la parte demandada permanece en rebeldía[35]; cuando el demandado se allane a la demanda de nombramiento (y en este contexto, sin necesidad de justificar intento de las partes por llegar a un acuerdo de designación)[36]; cuando el convenio designa de forma genérica un arbitraje

31. STSJ de Madrid, 23.11.2015, ECLI:TSJM:2015:13479; STSJ de Madrid, 13.12.2017, ECLI:ES:TSJM:2017:14013.

32. STSJ de Madrid, 21.3.2017, ECLI:ES:TSJM:2017:3263; STSJ de Madrid, 16.5.2017, ECLI:ES:TSJM:2017:5177; STSJ de Madrid, 13.11.2018, ECLI: ES:TSJM:2018:11696; STSJ de Madrid, 6.11.2020, ECLI: ES:TSJM:2020:12434; STSJ de Madrid, 7.10.2022, ECLI:ES:TSJM:2022:12227.

33. STSJ de Madrid, 7.3.2017, ECLI:TSJM:2017:2506; STSJ del País Vasco, 25.11.2020, ECLI:ES:TSJPV:2020:408.

34. STSJ del País Vasco, 13.10.2020, ECLI: ES:TSJPV:2020:378; STSJ de Cataluña, 8.7.2020, ECLI: ES:TSJCAT:2020:6360; STSJ de Murcia, 4.12.2020, ECLI: ES:TSJMU:2020:2394.

35. STSJ de Murcia, 20.4.2017, ECLI:TSJMU:2017:722. En el supuesto, la parte demandada también permaneció en rebeldía en el procedimiento de nombramiento de árbitro.

36. STSJ de Madrid, 1.10.2019, ECLI:ES:TSJM:2019:9200; en el mismo sentido (y sin condena en costas, precisamente, por el allanamiento), STSJ de Galicia, 23.7.2020, ECLI:

institucional (de tal suerte que, en estos supuestos, el tribunal también designa la institución competente)[37]; así como cuando de la lectura del convenio (sin incluir el término arbitraje) se advierte la voluntad de las partes de someter el pleito al criterio de un tercero[38].

En el concreto ámbito del arbitraje **societario** también cabe el nombramiento judicial de árbitro, por más que el controvertido tenor del artículo 11 bis 3 LA solo permita el arbitraje institucional[39] y por más que los tribunales no puedan, en aplicación del artículo 15 LA, nombrar instituciones arbitrales. En efecto, como gráficamente ha señalado la jurisprudencia, *"está claro que el artículo 11 bis 3 LA no dice lo que dice en detrimento de las competencias que a las Salas de lo Civil y Penal de los TSJ atribuye un artículo 15 LA que, claramente, solo prevé la designación de árbitros"* y, desde esta perspectiva, no debe efectuarse *"una interpretación en contra de la cláusula arbitral estatutaria y del artículo 15 LA, como si esa voluntad de sumisión a arbitraje hubiese de decaer ante la falta de previsión y/o de acuerdo sobre la institución que hubiera de administrar el arbitraje relativo a la impugnación de acuerdos sociales"*[40].

9.22. Por el contrario, la jurisprudencia ha estimado –a mi juicio, de forma discutible– que no procede el nombramiento de árbitro si no es posible localizar la corte arbitral reseñada en el contrato[41]; y, en el contexto del arbitraje *societario*, cuando la demanda de formalización judicial del arbitraje se dirige únicamente contra un socio y no contra la sociedad[42].

> En este último supuesto, el demandante de formalización judicial del arbitraje pretendía la disolución de la sociedad. Establece a este respecto el artículo 366 LSC que "la solicitud de disolución judicial debe dirigirse contra la propia sociedad", de manera –dice el TSJ– *"que no puede accederse a la formalización del arbitraje que se*

ES:TSJGAL:2020:4418; STSJ de Navarra, 6.3.2023, ECLI:ES:TSJNA:2023:127.

37. STSJ de las Islas Canarias, 6.2.2020, ECLI:ES:TSJICAN:2020:114.

38. STSJ de Madrid, 29.3.2019, ECLI:ES:TSJM:2019:5562; STSJ de Navarra, 4.12.2020, ECLI: ES:TSJNA:2020:382.

39. *Vid. supra* Cap V.

40. STSJ de Madrid, 7.10.2022, ECLI:ES:TSJM:2022:12227; STSJ de Navarra, 26.9.2022, ECLI.ES:TSJNA:2022:537.

41. STSJ de Madrid, 8.10.2019, ECLI:ES:TSJM:2019:9199; STSJ de Madrid, 3.12.2019, ECLI: ES:TSJM:2019:13523. En sentido similar, existe jurisprudencia que tampoco acepta la declinatoria por sumisión a arbitraje si no es posible localizar la corte referida en el convenio arbitral. Tanto esta última jurisprudencia como la jurisprudencia del TSJ es cuestionable: como ha advertido el TS, *"una cláusula que puede dar lugar a cierta confusión no elimina el convenio arbitral"*. Cuestión distinta es que hubiese existido *disenso expreso* sobre la corte. *Vid. supra* Cap. VIII.

42. STSJ de Murcia, 3.7.2020, ECLI:ES:TSJMU:2020:1690.

*interesa, pues no se dan los requisitos necesarios para que el convenio arbitral produzca sus efectos, lo que sí se hubiera producido si el ahora demandante hubiese requerido a la sociedad en lugar de limitar el requerimiento a uno sólo de los socios".*

9.23 En aquellos supuestos en los que las partes no estén de acuerdo sobre el número de árbitros que deben resolver la disputa, los tribunales se han inclinado por nombrar un único árbitro (en aplicación del art. 12 *in fine*)[43].

9.24. El nombramiento de árbitro en supuestos en los que una de las partes esté en **concurso** es, en principio, posible. No obstante, el TSJ correspondiente debe examinar si la relación jurídica que subyace a la controversia está o no íntimamente vinculada al concurso[44]. De estarlo, el TSJ no debería proceder a tal nombramiento hasta que el juez del concurso se manifestase sobre la procedencia o no de la suspensión de los efectos del convenio arbitral. De no estarlo (*ad ex.* porque la acción no esté íntimamente vinculada al concurso; o lo que es lo mismo, la acción no afecta a la competencia exclusiva del juez del concurso) no hay, en principio, inconveniente para llevar a cabo tal nombramiento. Ahora bien, situados en este particular contexto de competencia para llevar a cabo tal nombramiento, debe todavía determinarse si, en aquellos supuestos en los que el demandante de nombramiento sea también parte concursada, es o no exigible la autorización de la administración concursal para proceder a tal nombramiento. Pues bien, ante tan particular supuesto, entiende la jurisprudencia que la autorización de la administración concursal no es preceptiva. En efecto, el artículo 119.1 TRLC establece que, *"el deudor conservará la capacidad para actuar en juicio, pero necesitará la autorización de la administración concursal para presentar demandas, interponer recursos, desistir, allanarse total o parcialmente y transigir litigios cuando la materia litigiosa pueda afectar a la masa activa"*. Y en la medida en que el nombramiento de árbitro es calificable como un acto de preparación de la demanda, será una vez nombrado el árbitro –y no antes– cuando, a la vista del escrito de demanda, deba pronunciarse la administración concursal sobre tal autorización[45].

9.25. El nombramiento judicial de árbitro se sustancia por los cauces del **juicio verbal**.

**Artículo 15.4. LArb.**

*4. Las pretensiones que se ejerciten en relación con lo previsto en los apartados anteriores se sustanciarán por el cauce del juicio verbal.*

43. STSJ de Madrid, 23.10.2020, ECLI: ES:TSJM:2020:12155.
44. Sobre esta cuestión *vid. infra* Cap. X.
45. STSJ de Andalucía, 25.11.2011, ECLI:ES:TSJAND:2011:13405.

Desde esta perspectiva, y aunque el artículo 438.4 LECiv no lo prevea expresamente, el Tribunal podrá acordar la celebración de vista aunque las partes no lo hayan solicitado[46]. En cualquier caso, en tanto que juicio sustanciado por el cauce del juicio verbal, es posible que a lo largo del procedimiento las partes lleguen a un acuerdo sobre la validez del convenio arbitral y que, en consecuencia, interesen al tribunal la homologación del acuerdo transaccional (*ex* art. 443.1 LECiv)[47].

9.26. En principio, el tribunal sólo puede rechazar la petición de nombramiento cuando aprecie la inexistencia del convenio arbitral[48].

**Artículo 15.5. LArb.**

*5. El Tribunal únicamente podrá rechazar la petición formulada cuando aprecie que, de los documentos aportados, no resulta la existencia de un convenio arbitral.*

A diferencia de lo que ocurre en el contexto de la declinatoria, la valoración sobre la eficacia del convenio arbitral en esta sede debe ser "superficial"; una valoración *prima facie*, de *cognitio* limitada. Es decir, para ser apreciada tal invalidez, debe ser tan evidente que no necesite de interpretación alguna. En palabras del legislador en la EM: "*debe destacarse que el juez no está llamado en este procedimiento a realizar, ni de oficio ni a instancia de parte, un control de validez del convenio arbitral o una verificación de la arbitrabilidad de la controversia, lo que, de permitirse, ralentizaría indebidamente la designación y vaciaría de contenido la regla de que son los árbitros los llamados a pronunciarse, en primer término, sobre su propia competencia. Por ello, el juez sólo debe desestimar la petición de nombramiento de árbitros en el caso excepcional de inexistencia de convenio arbitral, esto es, cuando prima facie pueda estimar que realmente no existe un convenio arbitral; pero el juez no está llamado en este procedimiento a realizar un control de los requisitos de la validez del convenio*".

Por su parte, tanto la jurisprudencia del TS como de los TSJ confirman este criterio de *control* limitado[49]. No obstante ello, habida cuenta

46. STSJ de Galicia, 14.12.2018, ECLI:ES:TSJGAL:2018:6743, STSJ de Galicia, 22.2.2019, ECLI: ES:TSJGAL:2019:463.

47. En la jurisprudencia, *vid.* STSJ de Madrid, 19.10.2017, ECLI:ES:TSJM:2017:11063.

48. En este sentido, STSJ de Barcelona, 8.4.2019, ECLI:ES:TSJCAT:2019:4085. *Vid.* también, STSJ de Madrid, 6.11.2020, ECLI:ES:TSJM:2020:12434; STSJ de Islas Baleares, 30.1.2023, ECLI:ES:TSJBAL:2023:177.

49. STS, 27.6.2017, ECLI:ES:TS:2017:2500. Respetando este criterio, STSJ de Madrid, 13.3.2018, ECLI:ES:TSJM:2018:2489; STSJ Navarra, 21.5.2018, ECLI:ES:TSJNA:2018:232. *Vid.* también, STSJ de Galicia, 24.7.2014, ECLI:ES:TSJGAL:2014:5482 (en este caso, el convenio cuya invalidez se apreció de oficio establecía: "arbitraje del Banco Popular Español, S. A."); TSJ de Madrid, 14.5.2015, ECLI:ES:TSJM:2015:6567. *Vid.* también, STSJ de Burgos, 25.10.2017, ECLI:ES:TSJCL:2017:3831.

de la tesis débil finalmente asumida por el TS sobre el principio *Kompetenz-kompetenz*, en determinados supuestos (*ad ex.* valoración de cláusulas híbridas[50]) quizá sería preferible, por razones de economía procesal, un pronunciamiento definitivo sobre la validez del mismo en esta sede.

9.27. A pesar de lo que expresamente dice la EM de la LArb en relación con la *arbitrabilidad* de la materia (*el juez no está llamado... a una verificación de la arbitrabilidad de la controversia*), debe destacarse que algunos TSJ la examinan antes de proceder al nombramiento del árbitro. En este punto, por tanto, la jurisprudencia es contradictoria: mientras que ciertos TSJ llevan erróneamente a cabo ese control[51]; otros lo rechazan expresamente[52]. Situados en esta disyuntiva, solo cabe recordar –para demostrar el error en el que incurren los TSJ que examinan la *arbitrabilidad* en este contexto– que la misma puede verse afectada por algún cambio legislativo; de tal forma que, lo que pueda no ser arbitrable en el momento de nombramiento de árbitro, sí pueda serlo en un momento inmediatamente posterior (y viceversa). De ahí la importancia de examinar la *arbitrabilidad* de la materia en el momento posterior de la acción de anulación[53].

9.28. Hecha la valoración *prima facie* sobre la validez del convenio, el TSJ competente para la designación del árbitro debe confeccionar una lista con tres nombres por cada árbitro que deba ser nombrado, teniendo cumulativamente en cuenta a estos efectos: (i) los requisitos establecidos por las partes para serlo; (ii) la necesaria independencia e imparcialidad de los mismos; y, (iii) con carácter especial para los arbitrajes internacionales, la conveniencia en su caso de nombrar un árbitro de nacionalidad distinta a la de las partes. Además, también podrán requerir a una *institución arbitral* para que, a la luz del perfil exigido por las partes, confeccione la lista de árbitros[54]. Una vez confeccionada tal lista, se procede al nombramiento de los árbitros por sorteo (art. 15.6 LArb). Frente a la resolución del TSJ nombrando árbitro/s no cabe recurso alguno (art. 15.7 LArb).

**Artículo 15.6 y 7 LArb.**

*6. Si procede la designación de árbitros por el Tribunal, éste confeccionará una lista con tres nombres por cada árbitro que deba ser nombrado. Al confeccionar dicha lista el Tribunal tendrá en cuenta los requisitos*

50. *Vid. supra* Cap. VIII.
51. STSJ Islas Canarias, 23.7.2018, ECLI:ES:TSJICAN:2018:1178; STSJ de Cataluña, 12.9.2018, ECLI:ES:TSJCAT:2018:7466; STSJ de Cataluña, 13.9.2018, ECLI:ES:TSJCAT:2018:7465; STSJ de Cataluña, 21.11.2019, ECLI:ES:TSJCAT:2019:10658.
52. Entre estos, los TSJ de Madrid y Murcia: STSJ de Madrid, 12.6.2018, ECLI:ES:TSJM:2018:8104; STSJ de Murcia, 14.3.2019, ECLI: ES:TSJMU:2019:565.
53. *Vid. supra* Cap. V.
54. STSJ de Madrid, 13.01.2015, ECLI:TSJM:ES:2015:199.

*establecidos por las partes para ser árbitro y tomará las medidas necesarias para garantizar su independencia e imparcialidad. En el supuesto de que proceda designar un solo árbitro o un tercer árbitro, el Tribunal tendrá también en cuenta la conveniencia de nombrar un árbitro de nacionalidad distinta a la de las partes y, en su caso, a la de los árbitros ya designados, a la vista de las circunstancias concurrentes. A continuación, se procederá al nombramiento de los árbitros mediante sorteo.*

*7. Contra las resoluciones definitivas que decidan sobre las cuestiones atribuidas en este artículo al tribunal competente no cabrá recurso alguno.*

9.29. Por fin, la jurisprudencia de los TSJ en este contexto ha matizado también: (i) que en este tipo de procesos es perfectamente posible el allanamiento[55]; (ii) que es posible homologar judicialmente un acuerdo de las partes sobre la designación de árbitro o incluso de institución arbitral[56]; (iii) que las alegaciones de prejudicialidad penal "*resultan ajenas*" a este procedimiento, pues, en su caso, deben plantearse ante el árbitro[57]; y (iv) que este tipo de procedimientos no está previsto para impugnar el nombramiento de árbitro[58].

### 3.3. Nombramiento en caso de pluralidad de demandantes o demandados

9.30. En supuestos complejos en los que exista más de un demandante o demandado debe preservarse el derecho de participar en el nombramiento del árbitro de cada una de las partes. Con este fin, la LArb contempla una regla *ad hoc* para este tipo de supuestos.

**Artículo 15.2 *in fine* LArb.** *Nombramiento de los árbitros.*

*En caso de pluralidad de demandantes o de demandados, éstos nombrarán un árbitro y aquéllos otro. Si los demandantes o los demandados no se pusieran de acuerdo sobre el árbitro que les corresponde nombrar, todos los árbitros serán designados por el Tribunal competente a petición de cualquiera de las partes.*

9.31. Es común que, en los arbitrajes con pluralidad de demandantes o demandados, las partes que actúan conjuntamente como demandantes o demandados no lleguen a un acuerdo sobre el árbitro que les corresponde nombrar. No en vano, los intereses de cada una de estas partes pueden ser muy distintos. Desde esta perspectiva, la solución que prevé la LArb para

55. STSJ de Madrid, 13.11.2018, ECLI: ES:TSJM:2018:11696.
56. STSJ de Madrid, 25.4.2023, ECLI:ES:TSJM:2023:4578.
57. STSJ de Las Palmas de Gran Canaria, 19.7.2017, ECLI:ES:TSJICAN:2017:623.
58. STSJ de Madrid, 17.11.2015, ECLI:TSJM:ES:2015:13470.

estos supuestos se inspira en los reglamentos de distintas instituciones arbitrales (entre otros, reglamentos CCI y AAA). En su virtud, todas las partes implicadas tienen derecho a participar en el nombramiento de los árbitros; bien entendido que, si no llegan a ningún acuerdo sobre el particular, también a todas las partes implicadas se les priva de tal derecho, pasando el Tribunal competente (o la Corte, en el arbitraje institucional) a nombrar a los tres árbitros. Esta solución es, por lo demás, compatible con la jurisprudencia de la *Cour de cassation* en el asunto *Dutco*[59]: en un arbitraje con pluralidad de demandados, la *Cour* estimó que todas las partes implicadas tenían derecho a participar en la designación del colegio arbitral, de tal forma –además– que las partes no pueden renunciar a su derecho a nombrar árbitro *antes* de que nazca la disputa[60].

9.32. Pero aún más, si la *ratio* de esta norma pretende que todas las partes implicadas participen en el nombramiento del árbitro con el mismo peso específico, habrá de aceptarse que, toda f**órmula** de nombramiento libremente pactada por las partes que en su aplicación práctica suponga de un modo u otro una vulneración del principio de igualdad *–ad ex.* por pactarse unos porcentajes inaplicables, o la aleatoriedad de un sorteo–, cuestiona a la postre de forma particularmente grave la validez del nombramiento acordado; de tal suerte que, ante estos supuestos, la mejor opción pasa por prescindir del cauce pactado y dejar en manos de la Corte el nombramiento de todos los árbitros[61].

### 3.4. Aceptación

9.33. Recibida la comunicación de su nombramiento, recaen sobre el árbitro una serie de obligaciones para hacerlo efectivo.

> **Artículo 16 LArb**. *Aceptación de los árbitros.*
>
> *Salvo que las partes hayan dispuesto otra cosa, cada árbitro, dentro del plazo de 15 días a contar desde el siguiente a la comunicación del nombramiento, deberá comunicar su aceptación a quien lo designó. Si en el plazo establecido no comunica la aceptación, se entenderá que no acepta su nombramiento.*

9.34. La autonomía de la voluntad rige también en el ámbito de la aceptación del nombramiento del árbitro. Son las mismas partes, por tanto, las

59. *Cour de cassation*, 7.1.1992, *Rev. Arb.*, 1992, pp. 470-475 (con comentario de BELLET).

60. *Cour de cassation*, 7.1.1992, *Rev. Arb.*, 1992, pp. 470-475: *"le principe de l'egalité des parties dans la désignation des arbitres est d'ordre public, qu'on ne peut y renoncer qu'après la naissance du litige"*.

61. Aunque no anula el laudo, véase el supuesto de hecho que resuelve la STSJ de Madrid, 24.3.2023, ECLI:ES:TSJM:2023:2605 (con un sólido e interesante voto particular).

que, en su caso, diseñan cómo debe desarrollarse tan particular procedimiento. Si las partes no dicen nada al respecto, la regulación de la LArb se limita a establecer un plazo temporal para comunicar la aceptación; sin ni tan siquiera exigir la forma *escrita* para la misma. Es decir, la aceptación del árbitro podrá realizarse de forma *oral* ante la parte que lo designó.

9.35. No es tal, sin embargo, la forma en la que el árbitro comunica su aceptación en la práctica. Así, tanto desde la perspectiva de los reglamentos de arbitraje como desde la perspectiva del arbitraje *ad hoc*, la aceptación se realiza por *escrito*. De hecho, el escrito de aceptación suele contener ya manifestaciones sobre independencia e imparcialidad[62].

## III. MOTIVOS DE ABSTENCIÓN Y RECUSACIÓN: INDEPENDENCIA E IMPARCIALIDAD

### 1. INDEPENDENCIA E IMPARCIALIDAD

9.36. El **artículo 17.1** LArb proclama, por un lado, la *independencia* e *imparcialidad* como requisitos o pautas de comportamiento que deben regir la función del árbitro; y, por otro, establece una serie de limitaciones que el árbitro debe respetar en su relación con las partes.

> **Art. 17.1 LArb**. *Motivos de abstención y recusación.*
>
> *1. Todo árbitro debe ser y permanecer durante el arbitraje independiente e imparcial. En todo caso, no podrá mantener con las partes relación personal, profesional o comercial.*

9.37. En tanto que arbitraje (autonomía de la voluntad), la valoración de la *independencia e imparcialidad* de los árbitros no pasa necesariamente por los cauces utilizados para su valoración en sede judicial[63]. Es por ello por lo que la Exposición de Motivos de la LArb establece: "*Se elimina el reenvío a los motivos de abstención y recusación de jueces y magistrados, por considerar que no siempre son adecuados en materia de arbitraje ni cubren todos los supuestos*". Repárese, en efecto, que en el arbitraje las partes participan directamente en el nombramiento del árbitro, lo que no ocurre en la jurisdicción ordinaria. No obstante lo anterior, y aun reconociendo la diferencia entre ambos escenarios, es obligado destacar que la jurisprudencia

62. Para un gráfico supuesto de los inconvenientes que pueden surgir tanto en las formas como en los tiempos de aceptación del nombramiento, *vid.*, *High Court of Justice (Queen's Bench Division)*, ARI v. WXJ, 20.6.2022, (2022) EWHC 1543 (Comm).

63. Midiendo la imparcialidad del árbitro desde criterios propios de la independencia e imparcialidad del juez tomando en consideración jurisprudencia del TEDH, STSJ de Madrid, 9.7.2013, *Arbitraje*, 2014 (1), pp. 195-201 (con nota de GÓMEZ JENE).

del TEDH sí ha reconocido, en su muy relevante sentencia *Beg c. Italia*[64], la posible extrapolación a los árbitros de los criterios de *independencia* e *imparcialidad* aplicables a los jueces. Esta circunstancia supone, por tanto, que la EM de la LArb debe leerse de una forma muy matizada; respetando los criterios que asume el TEDH para interpretar la *independencia e imparcialidad* de los árbitros a la luz de los criterios aplicables a la magistratura y, en consecuencia, evitando la compartimentación en niveles estancos de los criterios de *independencia* e *imparcialidad* de unos y otros, como pareciera que sugiere la LArb. De hecho, cierta jurisprudencia interna también ha reconocido expresamente la posibilidad de tener en cuenta "*de un modo puramente indicativo, las causas de abstención previstas en el art. 219 LOPJ para Jueces y Magistrados*"[65]. En cualquier caso, desde que el TEDH dictara la referida sentencia no es posible afirmar –como se ha hecho– que "*el principio de voluntariedad y autonomía de la voluntad en que se basa el arbitraje... impide que los motivos de abstención y recusación de los árbitros sean equiparables a los motivos de abstención o recusación de los jueces...*"[66].

9.38. Con carácter previo al estudio de las consecuencias que de la jurisprudencia del TEDH sobre este tema se derivan, procede determinar qué se entiende en el concreto contexto arbitral por *independencia* y qué se entiende por *imparcialidad*.

A este respecto, la jurisprudencia ha establecido, de forma prácticamente unánime, una distinción basada en el alcance general de la *independencia* y el alcance limitado (al supuesto) de la *imparcialidad*. Así, ya apuntaron las Audiencias en su momento que: "*la* ***independencia*** *es un concepto objetivo apreciable a partir de las relaciones del árbitro con las partes, mientras que la* ***imparcialidad*** *apunta más a una actitud del árbitro necesariamente subjetiva frente a la controversia que se le plantea. Esta última debe entenderse fundamentalmente como un deber ético esencial del árbitro. La* ***independencia*** *depende de relaciones pasadas o presentes con las partes que puedan ser catalogadas y verificadas, mientras que la* ***imparcialidad*** *es un estado mental y por tanto más difícil de evaluar. Ahora bien, el requisito de la independencia no garantiza en sí mismo la imparcialidad del árbitro, ya que incluso un árbitro independiente puede ser parcial*"[67]. Los TSJ han asumido una interpretación muy similar: "*La* ***independencia*** *a la que se refiere la LA... hace alusión a un*

64. *Beg S.P.A. v. Italy, Application,* N.° 5312/11, 20.5.2021.

65. STSJ de Madrid, 28.1.2015, ECLI:ES:TSJM:2015:1286.

66. STSJ de Cataluña, 18.1.2022, ECLI:ES:TSJCAT:2022:1278; STSJ de Cataluña, 3.10.2022, ECLI:ES:TSJCAT:2022:7543.

67. SAP de Madrid, 5.5.2008, JUR 2008\177811; SAP de Madrid, 12.12.2011, JUR 2012\26837. *Vid.* también, AP de Madrid, Sec. 12.ª, 30.6.2011, *Arbitraje,* 2012 (2), pp. 528-546.

*concepto objetivo apreciable a partir de la relación del árbitro con las partes y la* ***imparcialidad*** *se refiere más a la relación de los árbitros con la propia controversia siendo de índole más subjetiva y difícil de probar"*[68]. La jurisprudencia comparada ha matizado, además, que la *independencia* está en la esencia de la función jurisdiccional del árbitro, por lo que de no darse tal "obligación esencial" el laudo debe anularse[69]. La doctrina, por su parte, entiende que la diferencia básica entre una y otra está en el alcance de cada una de ellas: mientras que la independencia es *absoluta* (no se refiere a un proceso determinado), la imparcialidad es *relativa* (toma en consideración un proceso determinado)[70].

> La distinción así plasmada se corresponde también con la adoptada en el seno de los tribunales arbitrales. Por ejemplo: *Impartiality referes to the absence of bias or predisposition towards a party. Independence is characterized by the absence of external control*[71].

9.39. Asumida entonces esta distinción entre *independencia* e *imparcialidad*, la primera referencia que debe tomarse para interpretar el alcance de ambos conceptos en general y el artículo 17.1 LArb en particular la proporciona la jurisprudencia del TEDH; en su ya citada sentencia *Beg c. Italia*. Esta sentencia se caracteriza, en primer lugar, por haber aceptado la competencia *ratione personae* del TEDH para enjuiciar el caso:

> *64... The Court notes that the ACR (el tribunal arbitral) is not a domestic court but rather a special agency of the Rome Chamber of Commerce, a local authority established under public law.*
>
> *126. This access to a court is not necessarily to be understood as access to a court of law of the classic kind, integrated within the standard judicial machinery of the country; thus, the "tribunal" may be a body set up to determine a limited number of specific issues, provided always that it offers the appropriate guarantees.*

9.40. Confirmada por el TEDH la aplicación del artículo 6 CEDH al juicio sobre la *independencia* e *imparcialidad* del árbitro, es importante destacar que, en su sentencia, el Tribunal de Estrasburgo ha valorado de forma más estricta la *independencia e imparcialidad* de los árbitros a cómo, de ordinario, lo han hecho los tribunales de justicia. De hecho, esta sentencia declara la falta de *independencia* del árbitro, en contra del criterio

68. Citando jurisprudencia anterior de otros TSJ, STSJ de Asturias, 3.4.2018, ECLI:ES:TSJAS:2018:1170; STSJ de Madrid, 25.5.2021, ECLI:ES:TSJM:2021:6576.
69. *Cour d'appel* de París, 13.6.1996, *Rev. Arb.*, 1997, pp. 251-253 (con nota de GAILLARD).
70. En este sentido, MONTERO AROCA, "Artículo 17", en: BARONA VILAR (Coor.), *Comentarios a la Ley de Arbitraje*, 2.ª Ed., Madrid, 2011, p. 860.
71. *Mathias Kruck and others v. Kingdom of Spain*, ICSID Case No. ARB/15/23.

expresado por tres instancias judiciales consecutivas (desde la primera instancia hasta la casación). Esta circunstancia es, a mi juicio, determinante, pues introduce en la interpretación de la regulación arbitral aplicable un régimen de apreciación de la *independencia e imparcialidad* mucho más sensible de lo que hasta ahora ha venido admitiendo la jurisprudencia, tanto interna como comparada. Hasta tal punto que quizá sea pertinente una matización de la propia jurisprudencia del TC sobre el alcance del artículo 24 CE en este particular contexto.

> El control del juicio de los jueces sobre la *independencia* e *imparcialidad* del árbitro está implícitamente incluido en el conjunto de garantías que tutela el artículo 24 CE[72]. Y, en mi opinión, cabe plantearse si tal control está interpretado con los matices y sensibilidad que ha impuesto la referida sentencia del TEDH.

9.41. Las cuestiones más relevantes sobre las que se pronuncia el TEDH en su fallo podrían resumirse así. En primer lugar, importa destacar que, a diferencia de lo que ocurre en el ámbito estrictamente judicial, para el TEDH la independencia e imparcialidad del árbitro es **renunciable**; renuncia que se entiende hecha desde el momento en que no se denuncia oportunamente la existencia de la causa que pone en cuestión la independencia o imparcialidad del mismo: por ejemplo, no invocando en el momento oportuno el cauce previsto por la institución arbitral para examinar la cuestión[73]. Sentado lo anterior, *parámetros* para valorar la "duda razonable" sobre la *independencia* del árbitro son, entre otros, la forma de nombramiento y determinación del mandato, la independencia respecto de las partes, la existencia de salvaguardas contra presiones externas y la ***apariencia*** de independencia. Por su parte, para valorar la *imparcialidad* –entendida como ausencia de prejuicios o sesgos (*bias*)–, el TEDH impone la aplicación cumulativa de un test *subjetivo* y de un test *objetivo*. En virtud del test *subjetivo*, deben tomarse como referencia las convicciones personales y la conducta del juez (árbitro), comprobando si en el caso concreto el juez (o árbitro) mostró algún prejuicio o parcialidad. Desde esta perspectiva subjetiva, la imparcialidad se presume mientras no se demuestre lo contrario. En virtud del test *objetivo*, debe comprobarse si, además de la conducta del juzgador, existen hechos constatables que puedan hacer dudar de su imparcialidad. Para ello, el punto de vista de la parte afectada es importante, pero no determinante. Lo que es determinante es que ese temor pueda estar objetivamente justificado. El test *objetivo* es de carácter funcional, tomando en consideración las conexiones personales, profesionales y financieras entre el juzgador y las partes.

72. STC 9/2005, de 17 de enero.

73. En este sentido, STSJ de Cataluña, 3.10.2022, ECLI:ES:TSJCAT:2022:7543.

9.42. Por otro lado, el TEDH también ha establecido en esta jurisprudencia que, en tanto en cuanto los conceptos de *independencia* e *imparcialidad* están estrechamente vinculados entre sí, su control puede hacerse –y así lo ha hecho respecto de la independencia e imparcialidad del árbitro– de forma conjunta.

En el supuesto concreto que dio origen a la sentencia comentada, el TEDH ha establecido que ante una mera aceptación de nombramiento (sin revelación de circunstancia alguna –sin *disclousure*–) puede legítimamente presumirse que no existe relación o interés alguno entre el árbitro y alguna de las partes. Sin embargo, ante esa falta de información, debe expresamente demostrarse que la parte perjudicada era conocedora de la información no revelada. Del mismo modo, el TEDH ha insistido en la importancia de la *apariencia* en ese contexto, afirmando que ante una *apariencia* de falta de imparcialidad (debido a la falta de revelación de las relaciones entre uno de los árbitros con la empresa matriz de la empresa demandada) el artículo 6 CEDH queda vulnerado.

A la misma conclusión se ha llegado en el contexto de la anulación de un laudo de inversión CIADI. Como en su momento estableció la Comisión *ad hoc* de anulación, "*A juicio del Comité, la independencia e imparcialidad de un árbitro es una norma fundamental de procedimiento. Esto significa que el árbitro no solo tiene el deber de ser imparcial e independiente, sino que también debe ser percibido como tal por un tercero observador independiente y objetivo*"[74].

9.43. En una línea muy similar, el TS ha precisado que, junto con la *realidad* de la *imparcialidad* del árbitro, es también importante la *apariencia* de imparcialidad. Es precisamente por ello que el árbitro tiene la ***obligación de revelar*** a las partes toda circunstancia que pueda provocar en ellas una ***duda justificada*** sobre su imparcialidad e independencia[75]. De tal suerte, además, que su no revelación puede llegar a derivar en responsabilidad del árbitro[76].

---

74. Procedimiento de anulación, *Eiser c. Reino de España*, 11.6.2020, CIADI N.º ARB/13/36.
75. En la jurisprudencia española: STS de 6.10.2015, ECLI:ES:TS:2015:4125; la extensa SAP de Madrid, 30.6.2011, *Arbitraje*, 2012 (2), pp. 528-546; ECLI:ES:APM:2011:11690. En la jurisprudencia comparada, *Cour de cassation*, 4.7.2012 (n.º 11-19.624). En la doctrina, *vid.*, FERNÁNDEZ ROZAS, "Contenido ético del deber de revelación del árbitro y consecuencias de su transgresión", *Arbitraje*, 2013 (3), pp. 799-839.
76. STS, 6.10.2015; ECLI:ES:TS:2015:4125. Más explícito, el TSJ de Asturias (STSJ de Asturias, 3.4.2018, ECLI:ES:TSJAS:2018:1170): *Para los arbitrajes es central el concepto de "dudas razonables", que también habrá de tener consecuencias en la responsabilidad arbitral.* En la jurisprudencia menor, en igual sentido, SAP de Madrid, 12.12.2011, ECLI:ES:APM:2011:16787.

9.44. Para asegurar que el árbitro cumple con esta obligación de revelación, la LArb reconoce y permite a las partes una conducta procesal particularmente activa; pero bien entendido que la LArb no impone a las partes ningún deber de investigación o averiguación al respecto.

**Artículo 17.2. LArb**

*2. La persona propuesta para ser árbitro deberá revelar todas las circunstancias que pueden dar lugar a dudas justificadas sobre su imparcialidad e independencia. El árbitro, a partir de su nombramiento, revelará a las partes sin demora cualquier circunstancia sobrevenida.*

*En cualquier momento del arbitraje cualquiera de las partes podrá pedir a los árbitros la aclaración de sus relaciones con alguna de las partes.*

9.45. Esta norma es imperativa. La *obligación de revelación* es tanto como una *obligación de información* que tiene el árbitro respecto de las partes; una obligación de información que tiene como fin tanto la salvaguarda de la **libertad de las partes** para elegir árbitro como el **derecho de recusación** que las asiste. O dicho de otro modo, la *obligación de revelación* pretende garantizar, servir o asegurar tanto la independencia del mismo árbitro como la legítima confianza de las partes respecto del colegio arbitral[77].

**STSJ de Madrid, 2.9.2015**[78]: *La aportación al proceso arbitral de esos datos sirve para abrir un debate contradictorio al objeto de decidir a continuación si reúne el árbitro estas garantías básicas para el arbitraje, pero no implica que necesariamente deba renunciar a participar en la resolución arbitral.*

Consecuencia de lo anterior es que el deber de revelación existe aun cuando el árbitro –o los miembros de la Corte que intervienen en la administración del arbitraje– sean y se sientan imparciales e independientes[79]. Además, el derecho de las partes a solicitar información respecto de las relaciones tanto profesionales como personales del árbitro es ejercitable "*en cualquier momento*", por lo que las instituciones arbitrales no pueden limitar temporalmente la *obligación de revelación* del árbitro[80].

77. En este sentido, LOQUIN, "La dualité des fonctions de l'obligation de révélation", en: *Liber amicorum Philippe Marele*, Dalloz, 2013, pp. 487 ss.

78. STSJ de Madrid, 2.9.2015, ECLI:ES:TSJM:2015:10184. *Vid.*, también STSJ de Madrid, 2.6.2016, ECLI:ES:TSJM:2016:6626.

79. Expresamente en este sentido, STSJ de Madrid, 16.9.2020, ECLI: ES:TSJM:2020:9479.

80. Expresamente en este sentido, *Cour d'appel* de París, 10.3.2011, citado en PINNA, "L'autorité des règles d'arbitrage choisies par les parties", *Les Cahiers de l'arbitrage*, 2014/1, pp. 15-16.

9.46. Durante el arbitraje, los árbitros no pueden mantener con las partes relación personal, profesional o comercial. Se trata de una *verdadera prohibición*, cuyo incumplimiento puede acarrear –de hecho, ha acarreado ya– la anulación del laudo[81].

9.47. Cuestión controvertida es la que gira en torno al alcance de ese deber de revelación y los efectos que produce su inobservancia en sede de **anulación**. A mi juicio, el deber de revelación debe interpretarse a partir de un concepto *amplio* de la expresión ***"dudas justificadas"***, en línea con la jurisprudencia del TEDH. De tal modo que en la interpretación de lo que debe entenderse por *duda justificada* el criterio de la *apariencia* es particularmente relevante. Se trata, claro está, de circunstancias **desconocidas** para alguna de las partes; pues si las mismas son conocidas antes del arbitraje, no hay obligación de revelación[82].

> **TSJ de Asturias, 3.4.2018**[83], en interpretación de la expresión "dudas justificadas": *sospechas objetivamente justificadas, es decir, exteriorizadas y apoyadas en datos objetivos.*

9.48. Partiendo entonces de un criterio amplio de la citada expresión, el árbitro debe revelar todas y cada una de las circunstancias –desconocidas para alguna de las partes– que puedan cuestionar su imparcialidad o independencia. Si bien es cierto que determinada jurisprudencia también lo entiende así –*cualquier duda sobre si determinados hechos o circunstancias deben ser revelados debe resolverse a favor de la revelación*– no lo es menos que otra jurisprudencia no acaba de extraer las consecuencias que de la falta de esa revelación pueden llegar a derivarse: la nulidad del laudo[84]. El deber de revelación así entendido exime al árbitro de ponderar *ex ante* la relevancia que la circunstancia en sí tiene respecto del supuesto; es decir, el árbitro no debe medir el alcance de la circunstancia en sí para decidir si la pone o no de manifiesto: el árbitro simplemente debe poner de manifiesto todas y cada una de las circunstancias que de uno u otro modo puedan vincularle con alguna de las partes. El juicio sobre el peso específico que la suma de cada circunstancia tiene sobre el caso es posterior. Y le corresponde realizarlo o bien a él mismo (caso de ser árbitro único) o bien

81. STSJ de Madrid, 4.11.2016, ECLI:ES:TSJM:2016:11933.

82. STSJ de Navarra, 28.11.2019, ECLI:ES:TSJNA:2019:515. Por ejemplo, era conocido el nombramiento en otros arbitrajes por el mero hecho de haber sido parte (STSJ de Madrid, 13.10.2021, ECLI.ES:TSJM:2021:10764; STSJ de Madrid, 6.7.2021, ECLI:ES:TSJM:2021:7799).

83. Citando sentencias anteriores de otros TSJ, STSJ de Asturias, 3.4.2018, ECLI:ES:TSJAS:2018:1170.

84. STSJ de Madrid, 27.10.2017, ECLI:ES:TSJM:2017:14034, con voto particular que merece consideración.

al colegio arbitral. En definitiva, es exigible una *declaración por exceso*[85]. Esta declaración por exceso incluso ha sido codificada por la IBA en sus *Rules of Ethics for International Arbitrators*[86]:

> *4.1. A prospective arbitrator should disclose* ***all facts or circumstances*** *that may give rise to justifiable doubts as to his impartiality or Independence. Failure to make such disclosure creates an appearance of bias, and may itself be a ground for disqualification even though the non-disclosed facts or circumstances would not of themselves justify disqualification.*

9.49. En coherencia con lo hasta aquí dicho, es posible sostener que cierta jurisprudencia interna no parece interpretar la *independencia* e *imparcialidad* del árbitro ni las consecuencias que de la infracción del deber de revelación se derivan conforme a los estrictos criterios establecidos por el TEDH en su reciente jurisprudencia.

> **STSJ de Madrid, 14.4.2016**: El Tribunal no anuló –cuando entiendo que hubiera debido anular– un laudo dictado por un colegio arbitral en el que el árbitro presidente no puso de manifiesto el hecho de haber sido árbitro en arbitrajes anteriores con una de las partes implicadas. Circunstancia de la que tuvo conocimiento la contraparte en un momento posterior al arbitraje. Esta falta de revelación no quiere decir que esa circunstancia hubiese podido por sí misma condicionar su independencia e imparcialidad en el arbitraje en cuestión; simplemente quiere decir que incumplió con una obligación que pesa sobre él y que, como consecuencia de tal omisión, se burló la *apariencia* de independencia del árbitro por un lado y, por otro, una de las partes se vio privada de ejercer su derecho a la recusación[87]. Además, la no revelación de tan particular circunstancia puede llegar a ser más o menos grave dependiendo de si el árbitro actúo en supuestos materialmente similares (*ad ex.* contrato de SWAPS). Y es que, puede darse la circunstancia de que el árbitro conozca, como consecuencia de sus actuaciones anteriores, unos

85. Ya en este sentido, con más referencias, FERNÁNDEZ ROZAS, "Contenido ético del deber de revelación del árbitro y consecuencias de su trasgresión", *Arbitraje*, 2013 (3), p. 821. El TSJ de Cataluña entiende, sin embargo, que la coincidencia en Comisiones, Congresos de arbitraje como ponentes en asociaciones de fomento del arbitraje y cursos de formación "carecen de relevancia suficiente para entender que comprometen la imparcialidad e independencia del árbitro", hasta tal punto que "son circunstancias que ni siquiera tienen que ser reveladas" (STSJ de Cataluña, 3.10.2022, ECLI:ES:TSJCAT:2022:7543).

86. Versión de 27.4.2009.

87. STSJ de Madrid, 14.4.2016, ECLI:ES:TSJM:2016:3300. Por el contrario, se constata que el árbitro sí advirtió de la participación en otros arbitrajes, contra la afirmación contraria de la demandante de anulación, STSJ de Madrid, 28.1.2015, ECLI:ES:TSJM:2015:1286.

argumentos que no se debatan en el seno del arbitraje posterior, lo que, a su vez, cercena la tutela judicial efectiva de la parte que no puede discutirlos.

**STSJ de Madrid, 4.11.2016**: *"lo determinante para apreciar la parcialidad del árbitro no es la infracción del deber de revelación –por más que pueda ser un indicio de la falta de neutralidad– sino que lo esencial es que las circunstancias no reveladas a las partes en el procedimiento arbitral denotaran la falta de condiciones de imparcialidad o independencia"*[88].

**STSJ de Madrid, 10.1.2017**: En este supuesto, el TSJ anuló el laudo por falta de imparcialidad del árbitro, pero tras analizar la intensidad del nexo ocultado con el supuesto (Jefe de la Asesoría Jurídica de una entidad que colabora estrechamente con una de las partes)[89]. En mi opinión, es la omisión del deber de revelación en sí misma considerada lo que justifica la anulación del laudo (*apariencia* de independencia); y no –la siempre posterior– ponderación de esa omisión en el conjunto de las circunstancias del supuesto. De nuevo, al proceder de tal modo, una parte se vio privada de ejercer en toda su extensión su derecho de recusación.

**STSJ de Madrid, 11.5.2021**: *"En todo caso, la no revelación a cada una de las partes demandantes arbitrales de que estaban sustanciándose otros procedimientos por hechos idénticos, no se explica en qué medida pudo determinar una actuación de la árbitro contraria a la deontología exigible en la elaboración jurídica del laudo, ni tampoco en qué grado la apartó del desempeño normado de su tarea de interpretación y decisión jurídica de la controversia que le fue sometida. No se argumenta, en definitiva, la lesión material que pudo sufrir la empresa vendedora por el hecho de que una misma árbitro resolviese diferentes arbitrajes, siendo en todos ellos demandada. Parece en realidad que se cuestiona sobre un argumento formal (la resolución de varios asuntos idénticos) la profesionalidad o lealtad de la árbitro, sin aportar prueba que pueda respaldar un reproche a su actuación por haber sido intencionadamente en perjuicio de una parte; no puede sostenerse sobre tan genérica imputación como contiene la demanda en este punto una pretensión de nulidad"*[90].

En la jurisprudencia comparada también se advierten supuestos que, a mi juicio, han interpretado la independencia e imparcialidad

88. STSJ de Madrid, 4.11.2016, ECLI:ES:TSJM:2016:11933.
89. STSJ de Madrid, 10.1.2017, ECLI:ES:TSJM:2017:43.
90. En el contexto de un arbitraje de consumo: STSJ de Madrid, 11.5.2021, ECLI:ES:TSJM:2021:5201. Idéntico párrafo, STSJ de Madrid, 25.5.2021, ECLI:ES:TSJM:2021:6576; STSJ de Madrid, 20.7.2021, ECLI:ES:TSJM:2021:8855.

del árbitro de una forma que hoy podría considerarse incompatible con la jurisprudencia del TEDH. Así, la *Cour de cassation* francesa ha estimado que la *no revelación* de una circunstancia (once años de trabajo en el despacho de abogados de la parte demandada) lejana en el tiempo (diez años) no era un hecho lo suficientemente relevante como para anular el laudo[91]. Del mismo modo, ha considerado que la *no revelación* de una relación negocial frecuente y regular de uno de los árbitros con un grupo de empresas vinculadas con una de las partes en el arbitraje (una de las empresas del grupo, garante de una de las empresas parte en el arbitraje) no constituía circunstancia lo suficientemente grave como para provocar una duda razonable sobre la imparcialidad e independencia del árbitro[92]. Sin embargo, jurisprudencia posterior ha interpretado que determinadas afirmaciones hechas por el árbitro sobre el abogado de una de las partes en el contexto de un homenaje a título póstumo –afirmaciones como, *"le consultaba todas cuestiones importantes"* o *"dentro de tres semanas coincidiría con él en unas audiencias en las que él actuaría como abogado y yo como árbitro y esperaba con impaciencia escuchar sus formidables argumentos de filo de cuchillo"*– conducen a crear una duda razonable sobre la independencia e imparcialidad del árbitro[93].

9.50. Como bien puede constatarse, las primeras interpretaciones transcritas no parecen estar en la línea de interpretación que en su momento apuntó el TS y posteriormente ha confirmado el TEDH sobre la *apariencia* de imparcialidad[94] (*supra*). Aun a riesgo de ser reiterativos: la infracción del *deber de revelación* cercena el *derecho de recusación* que, en defecto de renuncia o conocimiento previo de las circunstancias, asiste a las partes. Nada hay que demostrar –el TEDH no lo exige, pero el TSJ sí– sobre la

91. *Cour de cassation*, 10.10.2012, *Rev. Arb.*, 2013, pp. 129-130 (con nota de JARROSON). La *Cour de cassation* casa y anula una sentencia de la *Cour d'appel* de París (10.3.2011) que anuló un laudo por entender que el árbitro había omitido una circunstancia lo suficientemente importante, cual es que había sido "of counsel" durante once años del despacho de abogados de la parte demandante (1989-2000). Repárese, no obstante, en la lejanía en el tiempo de tal circunstancia. En este concreto punto, la jurisprudencia española y francesa difieren notablemente.

92. *Cour de cassation*, 25.6.2014, *Rev. Arb.* 2015, pp. 75-77 (con nota de BOLLÉE).

93. Se trata de la célebre sentencia de la *Cour d'appel* de París, 10.1.2023, N.° RG 20/18330 – N.° Portalis 35L7-V-B7E-CCZ4M (el abogado y árbitro homenajeado fue el prof. E. Gaillard). Llama la atención, no obstante, que la *Cour* en ningún momento tome en consideración la *apariencia* de imparcialidad, como sí hace el TEDH.

94. Apreciando la *apariencia* de parcialidad, STSJ de Andalucía, 15.11.2021, ECLI:ES:TSJAND:2021:17797; advirtiendo de la *"importancia de las apariencias"*, STSJ de Madrid, 8.6.2021, ECLI:ES:TSJM:2021:6578; STSJ de Madrid, 6.7.2021, ECLI:ES:TSJM:2021:7839; voto particular Auto TSJ de Madrid, 9.9.2021, ECLI:ES:TSJM:2021:511A. Anteriormente, STSJ de Madrid, 15.2.2019, ECLI:ES:TSJM:2019:6284.

forma en que la infracción del deber de revelación puede afectar o determinar la actuación del árbitro. El problema es siempre anterior: al no haberse revelado todas las circunstancias, la *apariencia* de imparcialidad queda inevitablemente manchada y, además, ha condicionado –da igual en qué medida– el derecho de recusación que asiste a las partes.

9.51. Para evaluar la falta de independencia e imparcialidad del árbitro a partir de las circunstancias reveladas, ciertos TSJ han entendido que deben *"penetrar, por razones de justicia, en el substrato real"* del asunto, pues de no hacerse así se *"estaría negando a unos ciudadanos el derecho fundamental de tutela judicial, pues no veríamos causa o tacha contra la independencia o imparcialidad arbitral, con tanta claridad"*[95]. Es decir, en este concreto marco de independencia e imparcialidad, debe procederse a una revisión intensa y profunda de los hechos. A partir de aquí, es evidente que no toda circunstancia o cúmulo de circunstancias justifican una falta de *apariencia* de independencia o imparcialidad del árbitro[96]. La relación de supuestos o circunstancias listados en la *IBA Guidelines on Conflicts of Interest in International Arbitration* (*infra* 9.53) son, en cualquier caso, una referencia necesaria.

***Double-hatting:*** Con esta expresión (que bien podría traducirse como *doble sombrero*) se hace alusión al conflicto que puede generar en la *independencia* e *imparcialidad* del árbitro el hecho de que actúe en procedimientos más o menos relacionados indistintamente como árbitro, abogado o perito. Ejemplo: Actúa como árbitro y se plantea ante él cómo debe interpretarse cierta jurisprudencia; siendo que en otro arbitraje actuó como abogado y defendió una interpretación concreta de esa jurisprudencia.

Asumida la importancia de la *revelación*, en la **jurisprudencia española** no se ha apreciado falta de independencia e imparcialidad cuando el árbitro-presidente se integra –con posterioridad a la fecha de la firma del laudo– al despacho de abogados que representó los intereses legales de una de las partes en el arbitraje controvertido[97]; ni cuando el árbitro es designado nominalmente y de mutuo acuerdo en el convenio arbitral, conociendo ambas partes que ese árbitro fue abogado de una de las partes en un pleito anterior[98].

95. STSJ de Asturias, 3.4.2018, ECLI:ES:TSJAS:2018:1170.
96. *Vid.* por ejemplo, STSJ de Cataluña, 20.7.2022, ECLI:ES:TSJCAT:2022:10454.
97. AP de Madrid, nota anterior.
98. Habiendo sido, además, abogado de ambas partes, STSJ de Murcia, 21.2.2014, ECLI:ES:TSJMU:2014:374. No obstante, anulando el laudo en un supuesto similar de nombramiento nominal de árbitro, STSJ de Asturias, 3.4.2018, ECLI:ES:TSJAS:2018:1170.

Tampoco procede cuando un antiguo letrado de las partes (no vinculado al arbitraje) hubiera sido compañero de despacho del árbitro quince años atrás[99]; ni cuando el letrado de una de las partes forme parte de la Junta de Gobierno del Colegio de Abogados que preside el árbitro, aun cuando aquél también hubiere sido, ocho años antes, socio del mismo despacho que el árbitro[100]. Y, por fin, tampoco procede cuando abogado de parte y árbitro sean profesores de la misma Facultad de Derecho (si bien, adscritos a Departamentos distintos)[101] o pertenezcan a una misma asociación profesional, o sean miembros de un órgano directivo de su profesión[102].

Por lo que se refiere a la misma *asociación profesional*, la AP de Madrid afirmó que el hecho de que un letrado y dos de los árbitros (incluido el presidente) formen parte de la Junta Directiva del *Club Español del Arbitraje* (CEA) no constituye un motivo de recusación. La decisión es obvia. El CEA constituye una plataforma de profesionales independientes activos en el área del arbitraje que tiene como principales objetivos promover el arbitraje en la comunidad empresarial y jurídica y servir de foro de intercambio de ideas entre todos los especialistas. Aceptar una recusación por pertenencia a esta asociación sería tanto como promover su propia disolución.

Por fin, sí se ha entendido que hay falta de imparcialidad cuando uno de los árbitros designados está incluido en el poder para pleitos que otorgó una de las partes[103]; o cuando el árbitro –notario en ejercicio– ha sido con anterioridad al arbitraje y durante el mismo notario de una de las partes (a la sazón, un banco)[104].

9.52. Un problema particular en este ámbito es el que se plantea cuando, transcurrido el plazo para ejercitar la acción de anulación, la parte afectada tiene conocimiento de circunstancias que no fueron puestas de manifiesto en su momento y que, sin embargo, bien hubieran podido afectar a la imparcialidad del árbitro. En la práctica, se ha denunciado esta circunstancia instando la *revisión* del laudo (*ex* art. 43 LArb).

99. STSJ de Navarra, 28.11.2019, ECLI:ES:TSJNA:2019:515.

100. STSJ de Aragón, 8.1.2013, ECLI:ES:TSJAR:2013:15. En este caso, el árbitro puso de relieve estas circunstancias en el momento oportuno, mostrando las partes su conformidad.

101. STSJ del País Vasco, 15.11.2019, ECLI: ES:TSJPV:2019:2756.

102. AP de Madrid, 15.2.2008, ECLI:ES:APM:2008:2246. Para un comentario a esta sentencia, *vid*. VILLANÚA, *SAR*, N.º 2 / 2009, pp. 129-143.

103. SAP de Barcelona, 3.10.2003, *RCEA*, 2004, pp. 187-189 (con nota de GONZALO QUIROGA).

104. STSJ de Madrid, 4.11.2016, ECLI:ES:TSJM:2016:11933.

La STS de 6.10.2015 que resuelve sobre esta cuestión no aprecia, a la luz de las circunstancias y el modo en que se planteó la cuestión –*maquinación fraudulenta* del árbitro–, falta de imparcialidad del mismo. Sin embargo, reprocha al árbitro su incumplimiento (no revelación) y advierte sobre su posible responsabilidad, a la vez que no impone las costas al demandante: *No obstante esta desestimación, concurren circunstancias en la actuación del árbitro, al no dar adecuado cumplimiento a la previsión del art. 17 de la Ley de Arbitraje que justifican la existencia de dudas de derecho de suficiente entidad para no imponer las costas al demandante*[105].

9.53. La imparcialidad e independencia no sólo se predican respecto del árbitro; también se predica respecto de la **institución** llamada a administrar el arbitraje[106]. Lo anterior con una matización importante: el carácter público o privado de la misma. Y es que, como ha matizado la jurisprudencia, la institución pública "*sirve con objetividad los intereses generales y actúa de acuerdo con los principios de eficacia, jerarquía, descentralización, desconcentración y coordinación, con sometimiento pleno a la ley y al Derecho, por lo que exigir independencia e imparcialidad a la institución pública es una redundancia*"[107]. A partir de esta distinción, parece lógico aceptar que los motivos de abstención y los deberes de revelación y de información que asisten a los árbitros son, *mutatis mutandis*, exigibles a las instituciones arbitrales privadas. De tal forma que el cuestionamiento de la neutralidad de una Corte, "*tiene que sustentarse en razones objetivas, en motivos que, considerados con idéntica objetividad, más allá de las conjeturas o de las meras sospechas, sean aptos para comprometer la debida ecuanimidad de la Corte, atendidas las circunstancias del caso concreto*"[108]. Y así, por ejemplo, existe falta de imparcialidad e independencia cuando la Corte que administra el arbitraje es accionista de la parte demandada en el arbitraje y no pone de relieve tal circunstancia a lo largo del mismo[109]; o cuando el presidente de la Corte sea, además,

105. STS, 6.10.2015, ECLI:ES:TS:2015:4125.

106. STSJ de Madrid, 13.11.2014, ECLI:ES:TSJM:2014:14692; STSJ de Madrid, 28.1.2015, ECLI:ES:TSJM:2015:1286; STSJ de Madrid, 4.11.2016, ECLI:ES:TSJM:2016:11933; STSJ de Madrid, 26.7.2018, ECLI:ES:TSJM:2018:10643; STSJ de Madrid, 15.2.2019, ECLI:ES:TSJM:2019:6284; STSJ de Madrid, 12.9.2019, ECLI:ES:TSJM:2019:6983; STSJ de Galicia, 5.6.2020, ECLI: ES:TSJGAL:2020:2654; STSJ de Cataluña, 18.1.2022, ECLI:ES:TSJCAT:2022:1278; STSJ de Madrid, 8.6.2021, ECLI:ES:TSJM:2021:6578.

107. STSJ del País Vasco, 15.11.2019, ECLI: ES:TSJPV:2019:2756.

108. STSJ de Madrid, 28.1.2015, ECLI:ES:TSJM:2015:1286; STSJ de Cataluña, 18.1.2022, ECLI:ES:TSJCAT:2022:1278.

109. En el supuesto de autos, la Corte poseía un 30% de las acciones de la demandada. *Vid.* la primera sentencia citada en la nota anterior.

consejero de una empresa dependiente de la empresa matriz que actúa como demandante en el arbitraje[110].

La inobservancia de los deberes de revelación puede no solamente suponer la anulación del laudo, sino también condicionar la eficacia a futuro del convenio arbitral una vez que aquél ha sido anulado: "*De suerte que si la Corte llamada a administrar el arbitraje se muestra parcial en una concreta sustanciación del arbitraje, y así se declara, dicha parcialidad puede tener consecuencias pro futuro y afectar a la ulterior eficacia del Convenio: en unas circunstancias como las concurrentes en el presente caso, en que la parcialidad atañe al nombramiento de un concreto árbitro, podrá sostenerse la subsistencia del Convenio, pero, como mínimo, la Sala entiende que la parte afectada por la parcialidad de la Corte tendrá a su alcance invocar –o no– en un eventual arbitraje ulterior esa parcialidad sobrevenida a la ratificación del propio Convenio, privándolo de eficacia in casu y para el futuro, dado su carácter normativo*"[111].

9.54. En perspectiva ***internacional***, las *IBA Guidelines on Conflicts of Interest in International Arbitration*[112] aspiran a marcar unas pautas o directrices de admisión general. Pautas o directrices que ni son exhaustivas ni en modo alguno vinculan a los tribunales de justicia –en tanto que no se trata de normas de derecho positivo[113]–. No obstante, su apreciación e interpretación por los tribunales de justicia españoles es constante[114].

> Estas *Guidelines* (Directrices) prevalecen sobre las *Rules of Ethics for International Arbitrators* (Reglas Éticas) en aquellos ámbitos cuyos contenidos se solapen.

Divididas en dos partes, recogen siete estándares generales (*General Standards* –GS–) y reflejan una serie de situaciones prácticas que pretenden servir como guía para determinados supuestos (*Practical Application of*

110. STSJ de Madrid, 26.7.2018, ECLI:ES:TSJM:2018:10643 (con voto particular sobre la relevancia de esa circunstancia en sede de anulación).

111. STSJ de Madrid, 4.11.2016, ECLI:ES:TSJM:2016:11933.

112. *Directrices IBA sobre Conflictos de Intereses en Arbitrajes Internacionales*. Las actuales fueron adoptadas el 23.11.2014. Las anteriores fueron adoptadas el 22.5.2004 por el Consejo de la IBA. www.ibanet.org/legalpractice/Arbitration.

113. STSJ de Madrid, 2.9.2015, ECLI:ES:TSJM:2015:10184; STSJ de Madrid, 6.10.2015, ECLI:ES:TSJM:2015:11461; STSJ de Madrid, 17.12.2015, ECLI:ES:TSJM:2015:14368; STSJ de Madrid, 14.4.2016, ECLI:ES:TSJM:2016:3300; STSJ de Madrid, 2.6.2016, ECLI:ES:TSJM:2016:6626; STSJ de Madrid, 4.11.2016, ECLI:ES:TSJM:2016:11933; STSJ de Madrid, 10.1.2017, ECLI:ES:TSJM:2017:43; STSJ de Madrid, 27.10.2017, ECLI:ES:TSJM:2017:14034; STSJ de Asturias, 3.4.2018, ECLI:ES:TSJAS:2018:1170. Destacando su no "exhaustividad" en un contexto en el que se anuló el laudo de inversión, *vid*. Procedimiento de anulación, *Eiser c. Reino de España*, 11.6.2020, CIADI No. ARB/13/36 (numeral 226).

114. *Vid*. las sentencias citadas en la nota anterior.

*the General Standards*). Parten del *principio general* de que todo árbitro debe ser imparcial e independiente hasta el momento en el que se dicte el laudo (1 *Principio general*). Las dudas justificables de independencia e imparcialidad se interpretan en términos estrictos: el árbitro no deberá aceptar su designación si tuviere dudas acerca de su imparcialidad o independencia (2 *Conflicto de Intereses*). En los supuestos en los que existan hechos o circunstancias que originen dudas a las partes sobre la imparcialidad o independencia del árbitro, éste tiene la obligación de revelarlos (3 *Revelaciones del Árbitro*). Con carácter general, una vez reveladas dichas circunstancias, si las partes no presentan ninguna objeción adicional se entenderá su renuncia a presentar objeciones en un estadio posterior (4 *Renuncia de las partes*). Su ámbito de aplicación afecta por igual a presidentes de tribunales arbitrales, árbitros únicos y coárbitros, independientemente de cómo sean nombrados; afecta también a los secretarios de tribunales arbitrales (5 Ámbito de aplicación).

En cuanto a los posibles conflictos de intereses, las Directrices parten de la base de que el árbitro ostenta la identidad del bufete de abogados al que pertenece, sin perjuicio de las circunstancias de cada caso. Ahora bien, el hecho de que el bufete del árbitro intervenga en alguna actividad con una de las partes, ni quiere decir que necesariamente tal hecho origine un conflicto de intereses, ni que haya que revelarlo (6 *Relaciones*). Las partes tienen el deber de informar al tribunal arbitral y las demás partes sobre cualquier relación directa o indirecta que hubiera con el árbitro; el árbitro, por su parte, debe realizar averiguaciones de manera razonable para identificar la existencia de posibles conflictos de intereses (7 *El deber de las partes y del árbitro*).

Los supuestos que deben servir de guía (Segunda parte) se enmarcan en cuatro listados: listado *rojo irrenunciable*; listado *rojo renunciable*; listado *naranja* y listado *verde*. Los listados no son exhaustivos, sino meramente indicativos. Además, debe repararse en que los límites entre unos y otros pueden ser difusos.

El listado *rojo irrenunciable* recoge una serie de supuestos en los que se entiende que existe un conflicto de intereses irrenunciable: identidad clara entre árbitro y abogados de una parte; el árbitro es gerente, administrador o miembro del comité de vigilancia o tiene una relación de control sobre una de las partes del arbitraje o sobre una entidad que tiene un interés económico directo en el laudo. El listado *rojo renunciable*, por su parte, recoge una serie de supuestos en los que el conflicto es serio, pero renunciable. En estos supuestos el conflicto se salva si las partes, conociendo la circunstancia controvertida, acuerdan expresamente mantener al árbitro en el colegio arbitral. Ejemplo de estos supuestos son: el árbitro prestó asesoramiento legal o emitió dictamen respecto de la controversia a una de las partes; intervino en el asunto en el pasado; tiene interés directo o indirecto en la controversia (acciones o pariente cercano con interés significativo en la controversia, etc.).

El listado *naranja* enumera una serie de situaciones específicas que, dependiendo de las circunstancias de cada caso, pueden crear dudas acerca de la imparcialidad o independencia del árbitro. Se trata de una serie de casos en los que se entiende que las partes aceptan al árbitro si, una vez revelados los hechos o circunstancias que correspondan, las partes no objetan al árbitro dentro del plazo establecido. La mera revelación de estos datos no implica la existencia de un conflicto de interés. La única intención que subyace en este estadio es la de informar a las partes acerca de situaciones sobre las que pueden querer realizar averiguaciones adicionales para mejor decidir si efectivamente existen dudas fundadas sobre la imparcialidad e independencia del árbitro. Ejemplos de estos supuestos son: el árbitro actuó como abogado a favor o en contra de alguna de las dos partes en los últimos tres años; el árbitro había sido designado como tal en dos o más ocasiones por alguna de las partes; o su despacho representó a alguna de las partes en los últimos tres años.

Por fin, la lista *verde* incluye una serie de supuestos en los que se entiende que, desde un punto de vista objetivo, no existe conflicto de intereses: haber emitido dictámenes sobre una cuestión materia del arbitraje; un bufete asociado o unido por alianza con el bufete del árbitro presta servicios a una de las partes; o, el árbitro tiene relación con el abogado de una de las partes por pertenecer a la misma asociación profesional.

9.55. En el particular contexto del arbitraje de **inversiones**, las Comisiones *ad hoc* de anulación de laudos abordan la falta de *independencia* e *imparcialidad* del árbitro en un examen o razonamiento en tres escalones: (i) en primer lugar, la Comisión constata si el solicitante de anulación del laudo realmente renunció o no a su derecho a plantear la cuestión, en la medida en que ésta fuera planteada con la oportunidad o celeridad suficiente; (ii) en segundo lugar, la Comisión constata si la parte que solicita la anulación del laudo por falta de independencia e imparcialidad de uno de los árbitros ha podido demostrar que un tercero, a partir de una evaluación razonable de los hechos, apreciaría una *apariencia* evidente u obvia de la falta de imparcialidad o independencia del árbitro; y, (iii) en tercer lugar, la Comisión debe examinar si la supuesta falta de independencia o imparcialidad ha tenido un efecto sustancial en el laudo[115].

115. Procedimiento de anulación, *Eiser c. Reino de España*, 11.6.2020, CIADI No. ARB/13/36.

En el caso *Eiser c. Reino de España* la Comisión *ad hoc* constató que uno de los árbitros no reveló: (i) una relación profesional de más de quince años con un **perito** con un rol importante en el caso en cuestión; ni (ii) que fue hasta cuatro veces nombrado árbitro por una parte que, a su vez, utilizaba ese mismo perito; ni (iii) que había trabajado en al menos ocho casos como abogado con ese mismo perito en otros arbitrajes. Para la citada Comisión, el hecho de que algunos medios muy especializados hubieran dado noticia, siquiera indirectamente, de alguna de estas circunstancias no puede suponer que la parte que alega la falta de independencia e imparcialidad del árbitro deba tener conocimiento de esa relación. Incumbe a la parte que alega la independencia e imparcialidad del árbitro probar que la otra parte tenía noticia de esta relación. Por otro lado, el hecho de que las partes y no los abogados contraten a los peritos no impide que deba aplicarse el test de *independencia* e *imparcialidad* para un árbitro que, a su vez, ha trabajado como abogado con ese perito (con un rol importante) en distintos casos.

## 2. RECUSACIÓN

9.56. A partir de estos parámetros, la LArb regula tanto los motivos como el procedimiento de **recusación**.

**Artículo 17.3 LArb.**

*3. Un árbitro sólo podrá ser recusado si concurren en él circunstancias que den lugar a dudas justificadas sobre su imparcialidad e independencia, o si no posee las cualificaciones convenidas por las partes. Una parte sólo podrá recusar al árbitro nombrado por ella, o en cuyo nombramiento haya participado, por causas de las que haya tenido conocimiento después de su designación.*

**Artículo 18 LArb.** *Procedimiento de recusación.*

*1. Las partes podrán acordar libremente el procedimiento de recusación de los árbitros.*

*2. A falta de acuerdo, la parte que recuse a un árbitro expondrá los motivos dentro de los quince días siguiente a aquel en que tenga conocimiento de la aceptación o de cualquiera de las circunstancias que puedan dar lugar a dudas justificadas sobre su imparcialidad o independencia. A menos que el árbitro recusado renuncie a su cargo o que la otra parte acepte la recusación, corresponderá a los árbitros decidir sobre ésta.*

*3. Si no prosperase la recusación planteada con arreglo al procedimiento acordado por las partes o al establecido en el apartado anterior, la parte recusante podrá, en su caso, hacer valer la recusación al impugnar el laudo.*

9.57. De constante alegación y de infrecuente apreciación, la recusación debe enjuiciarse *in casu*, partiendo, como ha establecido el TC, de una presunción de imparcialidad[116].

> En el supuesto que dio origen a esta sentencia del TC, se estimó que no vulnera el derecho a un juez imparcial el hecho de que uno de los árbitros tuviera una amistad íntima con el padre de una de las partes[117].

Además, el planteamiento jurisdiccional de la recusación requiere, para ser apreciada, que el actor acredite la realidad y la trascendencia de las circunstancias que justifican las dudas sobre las mismas, así como el previo sometimiento de esta cuestión al juicio arbitral mediante la recusación formulada dentro de los plazos previstos en el artículo 18.2 LA; de tal forma que si no se lleva a cabo la recusación formal dentro de dicho plazo, la misma no debe, en principio, ser aceptada en sede judicial[118]. En efecto, el no planteamiento de la recusación en sede arbitral cuando los motivos que la justifican eran ya conocidos, puede interpretarse como una *renuncia* a la recusación, expresamente admitida por el TEDH en la sentencia arriba comentada.

9.58. En defecto de acuerdo entre las partes, la recusación debe resolverse en el seno del colegio arbitral. Su *no* resolución –el silencio del colegio al respecto– es motivo de anulación del laudo (incongruencia omisiva)[119]. Por su parte, la jurisprudencia ha interpretado que el plazo que concede la LArb para plantearla (15 días desde el momento en que se tuvo conocimiento de la circunstancia) debe *conciliarse* con *"la necesidad de que la parte tenga conocimiento exacto de los motivos en que se funda la recusación, y máxime cuando esos motivos de sospecha se originen con ocasión de hechos producidos durante la tramitación de la causa"*[120]. Evidentemente, el juicio que haga el colegio o la institución arbitral sobre la procedencia o no de la recusación, en nada condiciona el juicio que sobre la misma cuestión pueda hacerse en sede de anulación[121].

116. STC 9/2005, de 17 de enero. No obstante, esta sentencia debe leerse a la luz de la STEDH arriba citada (nota núm. 61).
117. También así la SAP que da origen al recurso de amparo: AP de Madrid, 24.9.2002, JUR 2003\22969.
118. STSJ de Navarra, 28.11.2019, ECLI:ES:TSJNA:2019:515.
119. SAP de Madrid, 31.1.2006, ECLI:ES:APM:2006:691.
120. STSJ de Madrid, 3.11.2015, ECLI:ES:TSJM:2015:12656.
121. Muy elocuente, *Cour d'appel* de Reims, 2.11.2011, *Rev. Arb.*, 2012, pp. 112-114 (con nota de HENRY).

## IV. FALTA O IMPOSIBILIDAD DE EJERCICIO DE LAS FUNCIONES. ÁRBITRO SUSTITUTO. TRIBUNAL ARBITRAL TRUNCADO

9.60. El artículo 19.1 LArb regula tanto el supuesto en el que el árbitro –o uno de ellos– no pueda o no quiera ejercer sus funciones, como el supuesto de su remoción judicial por falta de imparcialidad. Eno coherencia con lo anterior, el artículo 20 LArb regula cómo debe procederse al nombramiento de un árbitro sustituto.

> **Artículo 19.1 LArb.** *Falta o imposibilidad de ejercicio de las funciones.*
>
> *1. Cuando un árbitro se vea impedido de hecho o de derecho para ejercer sus funciones, o por cualquier otro motivo no las ejerza dentro de un plazo razonable, cesará en su cargo si renuncia o si las partes acuerdan su remoción. Si existe desacuerdo sobre la remoción y las partes no han estipulado un procedimiento para salvar dicho desacuerdo, se aplicarán las siguientes reglas:*
>
> a) *La pretensión de remoción se sustanciará por los trámites del juicio verbal. Se podrá acumular la solicitud de nombramiento de árbitros, en los términos previstos en el artículo 15, para el caso de que se estime la remoción.*
>
> *Contra las resoluciones definitivas que se dicten no cabrá recurso alguno.*
>
> b) *En el arbitraje con pluralidad de árbitros los demás árbitros decidirán la cuestión. Si no pudieren alcanzar una decisión, se aplicará lo dispuesto en el párrafo anterior.*
>
> **Artículo 20 LArb.** *Nombramiento de un árbitro sustituto.*
>
> *1. Cualquiera que sea la causa por la que haya que designar un nuevo árbitro, se hará según las normas reguladoras del procedimiento de designación del sustituido.*
>
> *2. Una vez nombrado el sustituto, los árbitros previa audiencia de las partes, decidirán si ha lugar a repetir actuaciones ya practicadas.*

9.61. Puede ocurrir –en supuestos excepcionales– que uno de los árbitros (de ordinario, de parte) que conforma el colegio arbitral se niegue a participar en las deliberaciones o incluso presente la renuncia a seguir ejerciendo su función sin justificación suficiente en un momento muy avanzado del arbitraje[122]. Dependiendo de las circunstancias y del momento

122. Tal comportamiento puede dar incluso pie a una acción de responsabilidad contra el árbitro.

procesal en el que esto ocurra (amplia oportunidad del árbitro disidente para participar y etapa final de las deliberaciones), la solución puede pasar –también en supuestos excepcionales– por proseguir el arbitraje con un colegio arbitral formado únicamente por los dos árbitros restantes. Esta fue, de hecho, la solución adoptada por los árbitros en el célebre asunto *Himpurna California Energy c. República de Indonesia*[123]. Tal solución es compatible con lo previsto en el artículo 19.1 b) LArb, pues prevé que, en este tipo de supuestos, sean los demás árbitros los que decidan sobre la cuestión. En coherencia con lo anterior, en virtud del artículo 20 LArb serán también los árbitros los que resuelvan sobre la conveniencia o no de repetir actuaciones una vez nombrado un árbitro sustituto.

## V. ÁRBITRO Y MEDIADOR: RÉGIMEN DE INCOMPATIBILIDAD

9.62. La *Ley 11/2011 de reforma de la Ley de Arbitraje*[124] reguló, entre otras cuestiones, el régimen de incompatibilidad entre la función de mediador y árbitro en el marco del mismo conflicto. Fuertemente inspirada en la Ley Modelo UNCITRAL sobre Conciliación Comercial Internacional[125], la regulación en cuestión se basa en el respeto al principio de la autonomía de la voluntad. De tal forma que, en primer lugar, serán las partes quienes establezcan si debe haber o no un régimen de incompatibilidad entre mediador y árbitro. En defecto de acuerdo entre las partes sobre el particular, la LArb prohíbe expresamente el ejercicio de ambas funciones en el mismo conflicto:

> **Artículo 17.4 LArb.** *Motivos de abstención y recusación.*
>
> *4. Salvo acuerdo en contrario de las partes, el árbitro no podrá haber intervenido como mediador en el mismo conflicto entre éstas.*

9.63. La solución así prevista es, a mi juicio, correcta. Y lo es, básicamente, por dos motivos: en primer lugar, porque existen notables diferencias entre el modo de ejercer la función de mediador y el modo de ejercer la función de árbitro; y, en segundo lugar, porque en el tránsito entre una y otra forma de resolución de conflictos pueden darse una multitud de

123. *Vid.* el laudo en, *YCA*, 2000, p. 186 ss.

124. *Ley 11/2011, de 20 de mayo, de reforma de la Ley 60/2003, de 23 de diciembre, de Arbitraje y de regulación del arbitraje institucional en la Administración General del Estado* (*BOE* núm. 121, 21.5.2011).

125. El artículo 12 de la *Ley Modelo UNCITRAL sobre Conciliación Comercial Internacional* (2002) titulado *El conciliador como árbitro* establece: *Salvo acuerdo en contrario de las partes, el conciliador no podrá actuar como árbitro en una controversia que haya sido o sea objeto del procedimiento conciliatorio ni en otra controversia que surja a raíz del mismo contrato o relación jurídica o de cualquier contrato o relación jurídica conexos.*

supuestos distintos (*Slim Mediation*, MED-ARB o ARB-MED) que bien justifican que sean las partes quienes decidan sobre la cuestión.

9.64. Las diferencias entre el modo de ejercer la función de mediador y árbitro son, desde un punto de vista procesal, notables. Sin ánimo de abundar en esta cuestión, baste ahora con señalar que en la medida en que el mediador y el árbitro tienen funciones distintas, el procedimiento para cumplir con su función también lo es. Así, es sabido que el mediador –a diferencia del árbitro– centra su labor en la búsqueda de una solución consensuada con las partes; bien entendido, además, de que no tiene una competencia específica para decidir sobre la controversia. El árbitro, por su parte, sí decide sobre la controversia y, en consecuencia, tiene la obligación de resolverla dictando el laudo. Tan crucial diferencia entre las funciones encomendadas a uno y otro se plasma necesariamente en el modo de llevarlas a cabo: mientras que el árbitro debe observar escrupulosamente los principios de igualdad, audiencia y contradicción para con ambas partes, el mediador desempeña su función dentro de unos amplios márgenes de maniobrabilidad. Siendo esto así, son fácilmente imaginables distintos supuestos en los que la imparcialidad del mediador reconvertido en árbitro pueda quedar cuestionada.

9.65. En cuanto a la diversidad de supuestos que pueden darse, debe observarse que de los tres casos clásicos de interacción entre la mediación y el arbitraje (*Slim Mediation*, MED-ARB o ARB-MED) pueden derivarse tan distintas consecuencias que hacen que tanto el juego de la autonomía de la voluntad en este contexto, como subsidiariamente, la regla de incompatibilidad entre el mediador y el árbitro, tengan todo su sentido. Así, por ejemplo, en un supuesto de MED-ARB (las partes pactan primero una mediación y, en caso de no llegarse a un acuerdo, se someten a arbitraje)[126], permitir la compatibilidad entre la función de mediador y árbitro resulta polémico, pues la eficacia de la mediación puede llegar a resentirse: ninguna parte pondrá información sensible encima de la mesa si piensa que, posteriormente, el mediador puede convertirse en árbitro.

9.66. En consecuencia, en defecto de acuerdo entre las partes sobre la compatibilidad entre el ejercicio de mediador y árbitro en el mismo conflicto, la opción más acertada es la prevista en la LArb: imponer la prohibición. Repárese, además, que esta solución se corresponde con la solución adoptada en la legislación comparada[127].

126. Sobre el MED-ARB, *vid.* THOMSON, "MED-ARB. A Fresh Look", en, http://www.claudethomson.com/docs/Med-Arb_A_Fresh_Look.pdf.

127. Así, a título de ejemplo, *vid.* art. 16. 1 de la Ley de Mediación austríaca (*Zivilrechts-Mediations-Gesetz*). Sobre este particular, PITKOWITZ / RICHTER, "May a Neutral

## VI. LA RESPONSABILIDAD CIVIL DEL ÁRBITRO

### 1. LA RESPONSABILIDAD CIVIL DEL ÁRBITRO: DELIMITACIÓN

9.67. Desde un punto de vista estrictamente teórico, la distinción entre la responsabilidad contractual y extracontractual es relativamente sencilla. La primera deriva de un incumplimiento imputable al deudor en virtud de un título; la segunda deriva de la causación de un daño sin que medie relación contractual alguna. Como es sabido, la primera se rige en el Derecho español por los artículos 1101 y ss. CCiv y la segunda por los artículos 1902 y ss., también CCiv.

Pese a esta distinción entre las normas del CCiv aplicables, es común en la doctrina señalar que, a efectos meramente "prácticos", la consecuencia más relevante de esta calificación radica, sobre todo, en el régimen legal de la prescripción (muy distinto según la responsabilidad controvertida se califique como contractual o como extracontractual). Bien mirado, sin embargo, las consecuencias que de tal calificación se derivan son muchas: entre otras, el grado de culpa exigible; la legitimación para reclamar indemnización; el alcance de los daños indemnizables; o, las causas de extinción de la obligación[128].

En nuestro concreto contexto –contexto de arbitraje internacional, y por ende, contexto de Derecho internacional privado–, la calificación de la responsabilidad como contractual o extracontractual se erige en una cuestión clave, pues dependiendo de la calificación que se otorgue a esa responsabilidad las normas de competencia judicial internacional serán distintas, como también serán distintas las normas de conflicto aplicables. Normas de competencia judicial y ley aplicable que, obviamente, prevén puntos de conexión muy distintos según se trate de una responsabilidad contractual o extracontractual. Así, por ejemplo, si la responsabilidad en cuestión se califica como responsabilidad *contractual*, los tribunales españoles podrán declararse competentes cuando el servicio haya sido o deba ser prestado en España; si, por el contrario, se califica como responsabilidad *extracontractual*, los tribunales españoles serán competentes, en principio, cuando el hecho del que derive la responsabilidad demandada se haya producido o pueda producirse en España (con más detenimiento, *infra*).

---

Third Person Serve as Arbitrator and Mediator in the same Dispute?", *SchiedsVZ*, 2009, pp. 225-232.

128. Sobre esta cuestión, con todo detenimiento, REGLERO CAMPOS, "Conceptos generales y elementos de delimitación", en: REGLERO CAMPOS, (Coor.), *Tratado de Responsabilidad Civil*, Tomo I, Cizur Menor, 2008, pp. 136-144.

9.68. Pues bien, el hecho de que la función del árbitro se equipare a la función del juez (en palabras del Tribunal Constitucional, el arbitraje como *equivalente jurisdiccional*[129]) ha supuesto que tanto en la doctrina como en la jurisprudencia exista cierta tendencia a equiparar la responsabilidad del árbitro con la responsabilidad del juez[130]. Desde esta perspectiva –se afirma– "*la responsabilidad del árbitro... debe correr en paralelo a la responsabilidad exigida a jueces y magistrados*"[131]. De tal modo que la responsabilidad del árbitro constituiría una suerte de responsabilidad *extracontractual*.

9.69. A mi juicio, la responsabilidad del árbitro respecto de las partes es **contractual**, en la medida en que emana del contrato arbitral. No así respecto de terceros, que, en su caso, podrá considerarse extracontractual[132]. Así lo ha declarado el TS español: "*La jurisdicción arbitral se basa en un contrato de derecho privado, y va dirigida a la liquidación de una relación jurídica controvertida, de modo que la voluntad de las partes... es la única causa originadora del arbitraje;... concertado el contrato... y aceptado por los árbitros el encargo que se les hace, aquellos pueden imponer su parecer a las partes y el laudo es obligatorio para ellas porque quisieron previamente que les obligara*"[133].

Aunque ni en la doctrina ni en la jurisprudencia española –no así en la extranjera, (*infra* C/)– se haya hecho distinción alguna entre los distintos ámbitos de actuación –y por ende, distintos ámbitos de responsabilidad del árbitro– es lo cierto que esta responsabilidad **contractual** se manifiesta en dos ámbitos, en dos planos, en dos dimensiones: el plano de la **actuación *cuasi* jurisdiccional** y el plano de la **actuación *no jurisdiccional***. A cada uno de estos ámbitos, planos o dimensiones le corresponde un régimen distinto de responsabilidad. Así, si nos referimos a su ámbito de actuación *cuasi* jurisdiccional (el árbitro en tanto que juez), nos referimos a la muy limitada responsabilidad prevista en el artículo 21.1 de la LArb (*infra* 9.75); responsabilidad que, en cualquier caso, dimana del contrato arbitral. Si, del mismo modo, nos referimos a la responsabilidad que el árbitro asume respecto de las *partes*; es decir, si nos referimos a ese ámbito

129. Sobre la improcedencia de tal expresión y la delimitación su alcance por el TC, *vid. supra* Cap. I.

130. MERINO MERCHÁN, *Estatuto y Responsabilidad del Árbitro*, Cizur Menor, 2004, pp. 155-219. En la jurisprudencia española, como último referente, véase la SAP de Sevilla, 30.4.2010, *Arbitraje*, 2011 (1), pp. 262-265.

131. MERINO MERCHÁN, "Responsabilidad por error arbitral. Presupuestos procesales para su ejercicio", *Arbitraje*, 2011 (1), p. 227.

132. En efecto, contractual en tanto que afecta a las *partes* en el arbitraje. Evidentemente, también es concebible un régimen de responsabilidad *extracontractual* del árbitro: en concreto, cuando sus decisiones afecten a un tercero.

133. STS, 3.3.1989, ECLI:ES:TS:1989:1554. También en este sentido, *Cour de cassation*, 15.1.2014, (n.º 11-17.196).

de actuación en el que el árbitro no juzga, no "dice el derecho", no asume una función jurisdiccional, nos referimos también a una responsabilidad que dimana del mismo contrato arbitral.

Este régimen de responsabilidad es *mutatis mutandis* aplicable al **mediador**. También él asume su función a partir de un contrato y tiene una función *cuasi* jurisdiccional que cumplir. La jurisprudencia comparada, por su parte, ha apreciado responsabilidad en el mediador, si bien equiparando su régimen de responsabilidad con el régimen de los abogados[134].

### 1.1. La actuación *cuasi* jurisdiccional

9.70. Al ámbito de actuación *cuasi* jurisdiccional (o de equivalente jurisdiccional) del árbitro corresponde toda y cualquier actividad que pertenece a su actividad de *iurisdictio*, de "imperium" para administrar la justicia: es el ámbito de las decisiones, de los juicios, (los criterios, las determinaciones) del árbitro sobre los derechos tanto materiales como procesales de las partes. Es el ámbito, en definitiva, de los ejercicios intelectuales de opinión del árbitro.

9.71. A este ámbito de actuación *cuasi* jurisdiccional del árbitro pertenece el juicio que, en definitiva, constituye el laudo. Pero también pertenece a este ámbito de actuación otro tipo de decisiones del árbitro sobre los derechos procesales o materiales de las partes, como, por ejemplo, el juicio del árbitro sobre la validez del convenio arbitral (*ex*. art. 9 LArb); el juicio del árbitro sobre la propia competencia (*ex*. art. 22 LArb); el juicio del árbitro sobre la arbitrabilidad de la materia (*ex*. art. 2 LArb); el juicio del árbitro sobre la internacionalidad del arbitraje (*ex*. art. 3 LArb); el juicio del árbitro sobre la admisión de pruebas (*ex*. art. 25 LArb); el juicio del árbitro sobre la adopción de medidas cautelares (*ex*. art. 23 LArb); el juicio sobre la extensión o profundidad de la motivación del laudo (*ex* art. 37.4 LArb); y, el juicio del árbitro de aclaración o complemento del laudo (*ex*. art. 39 LArb).

En ese ámbito de enjuiciamiento de decisión, de actuación *cuasi* jurisprudencial, la responsabilidad del árbitro es una responsabilidad limitada por la ley –en España, por la LArb– al *dolo*, *mala fe* y *temeridad* (*ex*. art. 21 LArb)[135]. De tal modo que, en sus juicios, el árbitro no es responsable,

134. BGH, 21.9.2017, IX ZR 34/17, *SchiedsVZ*, 2018, pp. 196-200.

135. Según cierta jurisprudencia comparada (EEUU), en este ámbito *cuasi-jurisprudencial* la inmunidad del árbitro puede ser absoluta: MARTÍNEZ-FRAGA, "La inmunidad absoluta del árbitro: una equivocación con orígenes históricos", *CDT*, 2020/2, pp. 54-575.

salvo que en su actuación intervenga con dolo, mala fe o temeridad. En ese ámbito de responsabilidad, el alcance de la misma es la establecida para el dolo en el segundo párrafo del artículo 1107 CCiv: "*En caso de dolo responderá el deudor de todos los* (daños y perjuicios) *que conocidamente deriven de la falta de cumplimiento de la obligación*".

### 1.2. La actuación *no* jurisdiccional

9.72. Al margen de su actuación *cuasi* jurisdiccional, con la firma del contrato arbitral (contrato *sui generis–infra* Ep. 1–) el árbitro asume otro tipo de obligaciones; un tipo de obligaciones que no consisten en juzgar sobre los derechos de las partes, pero que también le son exigibles; un tipo de obligaciones, en fin, que debe cumplir porque también se ha comprometido a ellas con las partes. Este tipo de obligaciones son de naturaleza distinta a la naturaleza de la actuación jurisdiccional.

9.73. Obligaciones dentro de su actuación *no* jurisdiccional son, por ejemplo, la obligación del árbitro de poner de manifiesto a las partes las circunstancias que puedan poner en duda su imparcialidad e independencia (*ex* art. 17.2 LArb); la obligación del árbitro de mantenerse independiente e imparcial (*ex* art. 17.1 LArb); la obligación de nombrar al tercer árbitro (*ex* art.15 b/ LArb); la obligación del árbitro de renunciar a su cargo si fuere recusado y existiere causa de ello o la otra parte aceptare la recusación (*ex* art. 18.2 LArb); la obligación de concurrir con los otros árbitros a las deliberaciones del tribunal y votar (*ex* art. 35 LArb); la obligación de dictar el laudo en plazo (*ex* art. 37 LArb); la obligación de motivar el laudo (*ex* art. 37.4 LArb)[136]; la obligación del árbitro de permanecer en su cargo, si no concurre motivo que justifique su renuncia[137]; y otras muchas.

9.74. Como podrá observarse, las obligaciones citadas no forman parte de la actividad *cuasi* jurisdiccional del árbitro. Y precisamente por ello, en el ámbito de esta actuación *no* jurisdiccional el árbitro debería ser responsable frente a las partes en los términos previstos en el régimen general de la responsabilidad (arts. 1091 y 1101 CCiv[138]). Es decir, en el ámbito de la actividad *no* jurisdiccional, el árbitro debería estar sujeto al régimen de la responsabilidad contractual ordinario.

136. Sobre las excepciones a la obligación de motivar, *vid. infra* Cap. XI.

137. *Vid.*, SCHÜTZE, "Der Rücktritt des Schiedsrichters vom Amt", en: *Festschrift für Gerhard Wegen*, 2015, Munich, pp. 751-757.

138. A cuyo tenor: *Quedan sujetos a la indemnización de los daños y perjuicios causados los que en el cumplimiento de sus obligaciones incurrieren en dolo, negligencia o morosidad, y los que de cualquier modo contravinieron al tenor de aquélla.*

### 1.3. La solución del ordenamiento jurídico español

9.75. El doble régimen de responsabilidad arbitral así expuesto está ampliamente reconocido tanto en la doctrina como en la jurisprudencia comparada[139] y es consecuencia –como se ha recalcado ya– de la particular naturaleza del contrato arbitral. Sin embargo, los preceptos de la LArb aplicables en este contexto no despejan las dudas relativas al modelo de responsabilidad adoptado por el legislador español. Es decir, a la luz del tenor de los artículos 21.1 y 37.2 *in fine* LArb[140] no está claro si el legislador ha optado por un régimen de responsabilidad como el expuesto o, por el contrario, se ha decantado por un **régimen de responsabilidad único; un régimen de responsabilidad basado –exclusivamente–** en el artículo 21 LArb.

> **Artículo 21.1 LArb.** *Responsabilidad de los árbitros y de las instituciones arbitrales. Provisión de fondos.*
>
> *1. La aceptación obliga a los árbitros y, en su caso, a la institución arbitral, a cumplir fielmente el encargo, incurriendo, si no lo hicieren, en responsabilidad por los daños y perjuicios que causaren por mala fe, temeridad o dolo. En los arbitrajes encomendados a una institución, el perjudicado tendrá acción directa contra la misma, con independencia de las acciones de resarcimiento que asistan a aquélla contra los árbitros.*
>
> *Se exigirá a los árbitros o a las instituciones arbitrales en su nombre la contratación de un seguro de responsabilidad civil o garantía equivalente, en la cuantía que reglamentariamente se establezca. Se exceptúan de la contratación de este seguro o garantía equivalente a las Entidades públicas*

139. En la doctrina comparada, véase: LOQUIN, "La dualité du régime de la responsabilité de l'arbitre", *La Semaine Juridique*, 24.2.2014, pp. 392-398; PÖRNBACHER / KNIEFF, "Liability of Arbitrators – Judicial Immunity versus Contractual Liability", *Czech (& Central European) Yearbook of Arbitration*, 2012, pp. 212-230; POUDRET / BESSON, *Comparative Law of International Arbitration*, 2.ª Ed., Londres, 2007, pp. 375-376; CLAY, *L'arbitre*. París, 2000, p. 704; *Fouchard Gaillard Goldman on International Commercial Arbitration*, Kluwer Law International, 1999, p. 619.
En la jurisprudencia comparada, véase, *Cour de cassation*, 15.1.2014, *Rev. Arb.*, 2014, p. 222; *Cour de cassation*, 6.12.2005, *Rev. Arb.*, 2006, pp. 126-138 (con nota de JARROSON); *Finnish Supreme Court*, 31.1.2005, en: MÖLLER, "The Finnish Supreme Court and the Liability of Arbitrators", *J. Int. Arb.*, 2006, pp. 95-99. En particular, en la jurisprudencia norteamericana, *Baar v. Tigerman* (1983) (189 Cal Rptr 834), http://law.justia.com/; *E. C. Ernst v. Mannhattan Const. Co. of Texas* (9.5.1977) 559 F.2d 1026, http://openjurist.org/; *Morgan Phillips v. JAMS/Endispute*, 44 Cal Rptr 3d 782 (Call. App, 2006), http://www.lawlink.com/.

140. El tenor de estos preceptos fue modificado por la *Ley 11/2011, de 20 de mayo, de reforma de la Ley 60/2003, de 23 de diciembre, de Arbitraje y de regulación del arbitraje institucional en la Administración General del Estado* (*BOE* núm. 121, 21.5.2011).

*y a los sistemas arbitrales integrados o dependientes de las Administraciones públicas.*

9.76. A este respecto, el argumento –a mi juicio– **más relevante a favor de este** doble régimen de responsabilidad se encuentra –implícitamente– en la nueva redacción dada al artículo **37.2 *in fine* LArb** a cuyo tenor:

> *... Salvo acuerdo en contrario de las partes, la expiración del plazo sin que se haya dictado laudo definitivo no afectará a la eficacia del convenio arbitral ni a la validez del laudo dictado, sin perjuicio de la responsabilidad en que hayan podido incurrir los árbitros.*

Coadyuva también en este contexto el hecho de que la jurisprudencia española anterior a la reforma operada por la Ley 11/2011[141] viniera reconociendo –al menos, indirectamente– este doble régimen de responsabilidad. La sentencia de referencia en este contexto fue, en su momento, la sentencia del TS de 22.6.2009[142]. Compatible con los planos o ámbitos descritos –actuación *cuasi* jurisdiccional *v.* actuación no jurisdiccional– el Alto Tribunal destacó en esta resolución que: "*para que exista esta responsabilidad es menester que la infracción cometida en el cumplimiento del encargo revista carácter manifiesto y que, cuando menos, ser producto de una grave negligencia. La LA (...) restringe la responsabilidad a 'los daños y perjuicios que causaren por mala fe, temeridad o dolo' (artículo 21 LA), por considerar que sólo los daños causados intencionalmente o mediando grave negligencia pueden determinar la exigencia de responsabilidad a los árbitros sin amenazar la autonomía de actuación necesaria para el ejercicio de la voluntad de las partes*". Del mismo modo, el fallo en cuestión establece un régimen de responsabilidad particularmente limitado para los supuestos en los que el árbitro resuelva en equidad: "*Resulta, por lo tanto, evidente que cuando el arbitraje es un arbitraje de equidad resulta especialmente relevante la justicia del resultado obtenido y su coherencia con los principios sustantivos que deban inspirar la solución del caso, por lo que, desde el punto de vista de la responsabilidad de los árbitros, no pueden tomarse en consideración de manera aislada la omisión de reglas o premisas de carácter formal o institucional, aunque pudiera considerarse grave en una resolución jurisdiccional*".

> Esta sentencia establece, además, los criterios que de forma cumulativa deben darse para apreciar la responsabilidad civil del árbitro. Tales criterios son: (i) Desde un punto de vista positivo, la infracción cometida en el cumplimiento del encargo debe revestir un carácter manifiesto y, cuando menos, ser producto de una grave negligencia. (ii) Desde un punto de vista negativo, la responsabilidad del árbitro

141. *Vid.* la nota anterior.
142. ECLI:ES:TS:2009:5722.

no podrá apreciarse en casos en los que no se excedan los límites de los inevitables márgenes de error. (iii) De acuerdo con los principios generales en materia de responsabilidad civil, la responsabilidad de los árbitros exige también la existencia de un perjuicio económico efectivo en el patrimonio o en los derechos de los interesados. (iv) Del mismo modo, la apreciación de la responsabilidad exige un requisito de ligamen causal entre la acción u omisión productoras del daño y perjuicio y el resultado. (v) Por fin, el daño o perjuicio no debe poder ser reparado de otra forma, por lo que el árbitro deviene responsable en último término.

9.77. La jurisprudencia menor –incluso la jurisprudencia anterior a la citada sentencia del TS– acoge implícitamente la distinción entre los planos o ámbitos descritos. Particularmente paradigmática es la resolución de la AP de León de 15.11.2002[143], en cuya virtud, se condenó al árbitro a pagar una indemnización a una de las partes por haber dictado el laudo fuera del plazo establecido. Es decir, la Audiencia no condenó al árbitro en el marco de su actuación de juzgar (ámbito *cuasi* jurisdiccional), sino en el ámbito de su actuación *no* jurisdiccional; esto es, en el ámbito de sus obligaciones respecto de las partes: si se comprometió con las partes a dictar el laudo en un plazo determinado, así debió hacerlo.

También son particularmente esclarecedores por lo que a la asunción de este doble régimen de responsabilidad se refiere tanto el auto de la AP de Barcelona de 28.9.2010[144] como la sentencia de la AP de Santander de 18.1.2017[145]. Tal y como explica la primera resolución citada –en línea con el criterio aquí defendido–, "*ni la inaplicación de la norma imperativa daría lugar por si sola a responsabilidad del árbitro de derecho; ni la responsabilidad del árbitro tiene su origen típico en la inaplicación de normas imperativas*". En efecto, la decisión del árbitro sobre si una norma –imperativa o no– debe ser de aplicación es, en definitiva, una decisión que forma parte de su actuación *cuasi*-jurisdiccional. Exactamente el mismo criterio sigue la segunda resolución citada; si bien la AP de Santander basa tal distinción en aplicación del artículo 21 LArb (sin apreciar en este contexto el posible juego del régimen general de responsabilidad): "*aunque el Tribunal Superior de Justicia estimara que el laudo fue incongruente, es patente que ello obedece no a un defecto burdo o grosero del mismo fruto de una actitud de desidia o ignorancia propias de la temeridad, ni desde luego a una conducta deliberada y buscada de propósito con fines espurios, como requiere el dolo o la mala fe, sino a una concreta valoración del caso que puede admitir otras y que se*

143. SAP León, 15.11.2002, ECLI:ES:APLE:2002:1908.

144. Auto AP Barcelona, 28.9.2010, ECLI:ES:APB:2010:5651A.

145. SAP de Santander, 18.01.2017, ECLI:ES:APS:2017:157.

*revela, como tantas veces en el mundo del derecho, como opinable y defendible a la vista del contenido del arbitraje y las posiciones mantenidas por las partes"*. De nuevo, se constata la falta de responsabilidad del árbitro cuando el motivo de anulación del laudo se ha debido a un juicio del árbitro (actuación *cuasi*-jurisdiccional)[146].

Las sentencias del JPI núm. 43 de Madrid de 20.9.2013[147], de la AP de Madrid de 27.10.2014[148] y del TS de 15.2.2017[149] tampoco abundan en la distinción entre el régimen de responsabilidad previsto con carácter especial en la LArb y el régimen general de responsabilidad previsto en el CCiv. Los tres fallos contemplan un único régimen de responsabilidad aplicable: el previsto en el artículo 21 LArb[150] y, en su virtud, declaran la responsabilidad de dos de los árbitros por infringir el principio de colegialidad (actividad *no* jurisdiccional) a la luz del citado artículo 21 LArb; sin considerar las normas que, en aplicación del régimen propuesto, hubieran sido aplicables (arts. 1101 ss. CCiv). Esta línea interpretativa se mantiene en la posterior sentencia de la AP de Asturias de 24.9.2020, que apreció *negligencia inexcusable* de un árbitro que asumió su nombramiento aún a sabiendas de que carecía de la necesaria *independencia* e *imparcialidad* para ejercer como tal (de nuevo, actividad *no* jurisdiccional)[151]; circunstancia que, previamente, había supuesto además la anulación del laudo[152].

> La sentencia del TS arriba citada se caracteriza por dos aspectos relevantes. En primer lugar, por desterrar definitivamente el criterio de la "antijuridicidad dañina intencional" que de forma un tanto peculiar (se basaba en la inexistente teoría alemana del "*Widerrecht lichen*" [*sic*]) había asumido el TS en su sentencia de 26.4.1999[153]. En segundo lugar, y como consecuencia de lo anterior, por confirmar

146. En la misma línea, siquiera sea implícitamente, SAP Madrid, 5.10.2018, ECLI:ES:APM:2018:13226.
147. JPI núm. 43 de Madrid, 20.9.2013, *Arbitraje*, 2013 (3), pp. 901-906.
148. SAP de Madrid, 27.10.2014, ECLI:ES:APM:2014:19638. Sobre la misma, *vid.* GÓMEZ JENE / THOMALE, "Schiedsrichterhaftung in der internationalen Schiedsgerichtsbarkeit (zu OLG Madrid 27.10.2014 – Sektion 8, Urteil Nr. 499)", *IPRax*, 2015, pp. 462-465.
149. STS de 15.2.2017, ECLI:ES:TS:2017:362. *Vid.* respecto de la responsabilidad de las instituciones arbitrales, STS, 14.9.2018, ECLI:ES:TS:2018:3142.
150. A cuyo tenor: "La aceptación obliga a los árbitros... a cumplir fielmente el encargo, incurriendo, si no lo hiciere, en responsabilidad por los daños y perjuicios que causare *la mala fe, temeridad o dolo...*".
151. SAP de Asturias, 24.9.2020, ECLI:ES:APO:2020:3812. El TS ratificó la apreciación hecha por la AP (Auto de inadmisión, 26.10.2022, ECLI:ES:TS:2022.14903A).
152. STSJ de Asturias, 3.4.2018, ECLI:ES:TSJAS:2018:1170.
153. STS, 26.4.1999, ECLI:ES:TS:1999:2782. Siguiendo esta jurisprudencia, SAP de Vizcaya, 6.3.2002, ECLI:ES:APBI:2002:739.

que un comportamiento *temerario* **no** exige intencionalidad alguna: *"la temeridad no tiene que ser intencional...La temeridad se identifica con una negligencia inexcusable, con un error manifiesto y grave, carente de justificación... por parte de quienes conocen su oficio y debieron aplicarlo... A una conducta de quien ignora con arreglo a una mínima pauta de razonabilidad los derechos de quienes encargaron el arbitraje y las atribuciones propias de los árbitros... A una conducta, en definitiva, insólita o insospechada que está al margen del buen juicio de cualquiera"*.

9.78. El hecho de que *no* se distinga entre el doble régimen de responsabilidad propuesto (actuación *cuasi*-jurisdiccional y actuación *no* jurisdiccional) tiene consecuencias especialmente desfavorables para el árbitro cuya responsabilidad se declara. Y es que, de ser aplicable el régimen de responsabilidad común al supuesto de responsabilidad en el ámbito de la actividad *no* jurisdiccional del árbitro, la sanción para el mismo no sería tan grave: podría ser declarado responsable por un mero incumplimiento contractual, sin tener que apreciarse *temeridad*.

9.79. Por fin, y pese a que el artículo 37.2 *in fine* LArb no exija la **nulidad del laudo como requisito previo** para poder apreciar responsabilidad, es lo cierto que de no darse tal anulación difícilmente podrán darse de forma cumulativa los requisitos que el TS ha establecido para que aquélla pueda ser apreciada (*supra*).

### 1.4. La jurisprudencia comparada

9.80. La distinción entre actuación *cuasi-jurisdiccional* y *no* jurisdiccional como criterio a partir del cual delimitar la responsabilidad del árbitro se advierte también en la jurisprudencia comparada. Y así, la misma diferenciación ha sido asumida –al menos implícitamente– por la *Cour d'appel* de París en su sentencia de 31.3.2015[154]. En su virtud, la *Cour* aprecia responsabilidad solidaria de los árbitros por no laudar en el plazo estipulado, incumpliendo así la obligación contractual que deriva del contrato arbitral. Es decir, mediante esta sentencia, la *Cour* aprecia responsabilidad de los árbitros en el ámbito *no* jurisdiccional de su función: el compromiso de laudar en plazo. Un ámbito, como puede observarse, ajeno al ámbito de su "*Imperium*" para administrar justicia.

9.81. Y por lo que hace a la nulidad del laudo como requisito previo para poder apreciar la responsabilidad del árbitro, se constata también que el criterio en su momento adoptado por el TS es el que impera a nivel

154. *Cour d'appel* de París, 31.3.2015, 14/05436. Al respecto *vid.*, HENRY, "La responsabilité de l'arbitre pour reddition de sentence tardive", *Cahiers de l'arbitrage*, 2015/2, pp. 313 ss.

comparado: la nulidad del laudo es, en principio (*supra*), requisito necesario para poder apreciar responsabilidad del árbitro[155].

## 2. RESPONSABILIDAD CIVIL INTERNACIONAL

### 2.1. Competencia judicial internacional en materia de responsabilidad

9.82. Visto entonces el doble régimen de responsabilidad (*cuasi* jurisdiccional y *no* jurisdiccional) que asume el árbitro con la firma del contrato arbitral; y visto también que ese doble régimen de responsabilidad es, en cualquier caso, un régimen de responsabilidad *contractual*, cabe preguntarse ahora por el régimen legal de la competencia judicial internacional. Es decir, cabe preguntarse cuáles son y qué establecen las normas que regulan la posible competencia de los tribunales de un Estado determinado para conocer de esta responsabilidad.

El punto de partida en este contexto –competencia judicial internacional– es el siguiente: sea cual sea el régimen de responsabilidad que se demande al árbitro –responsabilidad en el ámbito de su actividad *cuasi* jurisdiccional o responsabilidad en el ámbito de su actividad *no* jurisdiccional–, las normas de competencia judicial internacional aplicables serán, en tanto que ambos ámbitos de actuación son de origen contractual, o bien el *foro general* (domicilio del demandado), o bien el *foro especial* por razón de la materia (contractual). Lo anterior sin descartar la posible aplicación del *foro por conexidad procesal* en el caso de que la demanda se dirija contra más de un árbitro (pluralidad de demandados).

9.83. En tanto que materia *contractual*, las normas de competencia judicial internacional previstas en el Reglamento Bruselas I *refundido*[156] (RB I *refundido*) son, en principio, de aplicación (*ex* art. 1 del Reglamento). En consecuencia, sea cual fuere el Estado europeo donde se plantee una acción de este tipo, la norma que designará el tribunal competente será la misma para todos los Estados miembros (el RB I *refundido*). No obstante lo anterior, para aplicar el RB I *refundido* debe comprobarse que el supuesto controvertido reúne dos condiciones. La primera condición

155. Así, *OLG* Viena, 12.1.2016, *SchiedsVZ*, 2016, pp. 167-170. En la doctrina suiza, BERNET / ESCHMENT, "Liability of Arbitrators under Swiss Law: Legal Basis and Limitations of Arbitral Immunity", *SchiedsVZ*, 2016, pp. 189-194.

156. *Reglamento 1215/2012 del Parlamento Europeo y del Consejo de 12 de diciembre de 2012 relativo a la competencia judicial, el reconocimiento y la ejecución de resoluciones judiciales en materia civil y mercantil*, *DOUE* L 351, 20.12.2012. Este Reglamento deroga al Reglamento 44/2001.

–como hemos adelantado ya– se cumple: la responsabilidad civil del árbitro está incluida en el ámbito de aplicación material del Reglamento (*ex* art. 1). La segunda condición es que el supuesto en cuestión reúna el requisito de aplicación personal que el mismo Reglamento exige, a saber: que el demandado (el árbitro) esté domiciliado en la Unión Europea (*ex* art. 2). Se trata, en definitiva, de verificar que el supuesto controvertido cumple cumulativamente con dos requisitos de aplicación necesarios –material y personal– para que puedan aplicarse alternativamente los foros arriba citados.

9.84. Respecto del requisito de aplicación *material* debe señalarse lo siguiente. Una primera lectura del artículo 1 del RB I *refundido*[157] podría llevar a la errónea conclusión de que la responsabilidad del árbitro, en tanto que materia íntimamente vinculada al arbitraje, queda excluida del mismo[158]. En efecto, en la medida en que el arbitraje, como tal, es una materia expresamente excluida del ámbito de aplicación material del Reglamento, podría interpretarse que todo aquello que de un modo u otro queda vinculado al mismo queda excluido del ámbito de aplicación del Reglamento.

Sin ánimo de terciar ahora en ese debate –inclusión *versus* exclusión del arbitraje del ámbito de aplicación material del RB I *refundido*[159]–, puede afirmarse con rotundidad que la responsabilidad civil del árbitro es una materia que, en cualquier caso, está incluida en el ámbito de aplicación material del Reglamento. Ello es así porque: (i) la responsabilidad contractual está incluida en el ámbito de aplicación del Reglamento (*ex* art.

157. A cuyo tenor: *1. El presente Reglamento se aplicará en materia civil y mercantil con independencia de la naturaleza del órgano jurisdiccional. No incluirá, en particular, las materias fiscal, aduanera y administrativa. 2. Se excluirá del ámbito de aplicación del presente Reglamento: a) el estado y la capacidad de las personas físicas, los regímenes matrimoniales, los testamentos y las sucesiones; b) la quiebra, los convenios entre quebrado y acreedores y demás procedimientos análogos; c) la seguridad social; d) el arbitraje.*

158. Ejemplo de interpretación errónea: *Cour d'appel* de París (Chambre 16), 22.6.2021, RG 21/07623. Para una crítica a esta interpretación, reclamando una cuestión prejudicial: REMIEN, "Étroitement liée? – Zur internationalen Zuständigkeit für die Schadensersatzklage gegen einen Schiedsrichter nach Aufhebung des Schiedsspruchs und Art. 1 Abs. 2 lit. d), 7 Abs. 1 lit. b) EuGVVO (zu Cour d'appel de Paris vom 22.6.2021 – N.° RG 21/07623 – N.° Portalis 35L7-V-B7F-CDQJZ, nach Tribunal Judiciaire de Paris vom 31.3.2021 – N.° RG 19/00795, N.° Portalis 35J-W-B7D-COXPH)", *IPRax*, 2021, pp. 585-591; MANKOWSKI, "Ist die Brüssel Ia – VO auf die Schiedsrichterhaftung wegen Verletzung einer Offenbarungspflicht anwendbar?", *SchiedsVZ*, 6/2021, pp. 310-315.

159. GÓMEZ JENE, "Propuestas de inclusión del arbitraje en el Reglamento 44/2001", *CDT*, 2010/1, pp. 339-358. *Vid.* también, GÓMEZ JENE, "Arbitraje internacional y Reglamento Bruselas I *refundido*", *Arbitraje*, 2015 (1), pp. 15-48.

7); y, (ii) porque la sentencia del TJUE en el asunto *Van Uden*[160] estableció con meridiana nitidez respecto de la relación arbitraje y el hoy RB I *refundido* que, en la medida en que el objeto de la controversia *"no se refiera al arbitraje como materia, sino a la salvaguarda de derechos de naturaleza muy variada... la inclusión del supuesto en el ámbito de aplicación del Convenio (hoy RB I refundido) viene determinada no por su propia naturaleza, sino por la naturaleza de los derechos cuya salvaguarda garantizan"*. O dicho de otro modo, en la medida en que la relación contractual entre árbitro y parte es una relación contractual con independencia de que se geste en el contexto arbitral, su inclusión en el ámbito de aplicación del Reglamento es incontestable.

9.85. Respecto del requisito de aplicación *personal* –domicilio del demandado (árbitro) en la UE–, debe destacarse lo siguiente. La no residencia habitual del demandado en un país miembro de la UE impide que las normas de competencia del RB I *refundido* sean aplicables; es decir, en principio, si el árbitro cuya responsabilidad pretende demandarse no reside en la UE –por ejemplo, por tratarse de un árbitro con residencia en un país de América Latina–, los foros de competencia que prevé el Reglamento no son de aplicación al supuesto. Ello, no obstante, no quiere decir que un árbitro sin residencia habitual en la UE no pueda ser demandado en Europa por responsabilidad. Lo que ocurre es que ese árbitro sólo podrá ser demandado conforme a los foros de competencia judicial internacional previstos en el ordenamiento autónomo de cada Estado (*infra*).

En consecuencia, si el árbitro tuviese su residencia habitual en la UE (con independencia de la nacionalidad que ostente), serían competentes para conocer de este tipo de supuestos, o bien los tribunales del lugar de la residencia habitual del árbitro (*ex* art. 4), o bien los tribunales del lugar en el que hubieren sido o debieren ser prestados los servicios (art. 7.1.b/ *in fine*). Por fin, si la demanda se dirigiese contra dos o más árbitros al mismo tiempo y éstos tuviesen su residencia en la UE, podrían ser demandados ante el domicilio de cualquiera de ellos (*ex* art. 8.1).

**Artículo 4.1.** *R Bruselas I refundido.*

*Salvo lo dispuesto en el presente Reglamento, las personas domiciliadas en un Estado miembro estarán sometidas, sea cual sea su nacionalidad, a los órganos jurisdiccionales de dicho Estado.*

160. Sentencia del TJUE, de 17.11.1998, C-391/95. *Vid.* además, Cap. X y Cap. XII. Sobre esta sentencia, véase GASCÓN INCHAUSTI / GÓMEZ JENE, "Arbitraje, medidas cautelares y Convenio de Bruselas (A propósito de la Sentencia del TJCE de 17 de noviembre de 1998 en el asunto *Van Uden c. Deco Line)*", *Tribunales de Justicia*, 1999, 4, pp. 303-318.

**Artículo 7.1.** *R Bruselas I refundido.*

*Una persona domiciliada en un Estado miembro podrá ser demandada en otro Estado miembro:*

*1) a) en materia contractual, ante el órgano jurisdiccional del lugar en el que se haya cumplido o deba cumplirse la obligación de sirva de base a la demanda;*

*b) a efectos de la presente disposición, y salvo pacto en contrario, dicho lugar será: ...*

*- cuando se trate de una prestación de servicios, el lugar del Estado miembro en el que, según el contrato, hayan sido o deban ser cumplidos los servicios.*

**Artículo 8.1.** *R Bruselas I refundido.*

*Una persona domiciliada en un Estado miembro también podrá ser demandada:*

1) *si hay varios demandados, ante el órgano jurisdiccional del domicilio de cualquiera de ellos, siempre que las demandas estén vinculadas entre sí por una relación tan estrecha que resulte oportuno tramitarlas y juzgarlas al mismo tiempo a fin de evitar resoluciones que podrían ser contradictorias si se juzgasen los asuntos separadamente.*

9.86. Desde la perspectiva de nuestro supuesto –responsabilidad del árbitro– puede entenderse, en principio, que el lugar en el que hubieren sido o debieren ser prestados los servicios es el lugar donde se hubiere celebrado o debieren celebrarse las audiencias del arbitraje. Es decir, en virtud del artículo 7.1 del RB I *refundido*, podría afirmarse que los tribunales tanto internacional como territorialmente competentes para conocer de estos supuestos son los tribunales del lugar del arbitraje[161]. Con todo, la competencia del tribunal del lugar donde se celebraron las audiencias del arbitraje no es ni mucho menos evidente. Y es que, como ha matizado el TJUE, el punto de partida a la hora de interpretar las reglas de competencia del RB I *refundido* pasa por aceptar que las normas de competencia judicial que regulan los foros especiales por razón de la materia deben interpretarse en sentido "restrictivo", como excepción a "*la regla general de la competencia de los órganos jurisdiccionales del domicilio del demandado*"[162]. Y

161. Repárese, en efecto, que el artículo 7.1 del RB I *refundido* es una norma de competencia judicial mixta: determina tanto la competencia judicial internacional como territorial (STJUE, 3.5.2007, C-386/05, *Color Drack*).

162. Como una de las últimas referencias, STJUE, 16.1.2014, C-45/13, *Kainz;* STJUE, 7.3.2018, C-560/16, *E.on*.

por lo que hace al concreto ámbito de aplicación del foro especial en *materia contractual*, el TJUE ha precisado que *"responde a un* ***objetivo de proximidad*** *y viene motivada por la existencia de un* ***estrecho vínculo de conexión*** *entre el contrato y el tribunal que debe conocer del mismo"*[163].

> El hecho de que un árbitro que desarrolla mayoritariamente su actividad profesional en un país determinado pueda ser demandado (en aplicación del foro especial en materia contractual) en el país sede del arbitraje, siendo que en esa sede ni se celebraron las audiencias ni las deliberaciones, no parece ajustarse, en principio, a la voluntad del TJUE de interpretar restrictivamente los foros especiales. Sin embargo, tampoco debe obviarse el hecho de que un árbitro puede prever *razonablemente* que puede ser demandado ante los tribunales del lugar de la sede del arbitraje. Esta cuestión, por tanto, bien requeriría de un pronunciamiento del TJUE.

9.87. Por lo que hace a la aplicación estricta del foro por *conexidad procesal* (pluralidad de demandados), baste con señalar que, para supuestos de responsabilidad de árbitros con domicilio en la UE que hayan formado parte del mismo panel, los requisitos que impone el TJUE para su aplicación quedar**ían**, en principio, cubiertos. Así, admitiendo que la aplicación de este foro debe hacerse de forma estricta, parece también que su aplicación a estos supuestos de responsabilidad puede calificarse como *previsible* y que, en consecuencia, el hecho de activarlo no debería considerarse como un *abuso de derecho*[164]. En efecto, las relaciones entre los demandados (árbitros) es previa al nacimiento de la circunstancia que origina la responsabilidad (el ilícito se originará, por definición, una vez constituido el colegio arbitral); y difícilmente podrá afirmarse que, ante este tipo de supuestos, el demandante formula su demanda con el solo propósito de que *"uno de los demandados se sustraiga de la competencia de los tribunales del Estado donde se encuentra su domicilio"*[165]. Además, para la apreciación del riesgo de resoluciones *inconciliables* (contradictorias, según el tenor del art. 8.1), el TJUE ha especificado que no basta con una mera divergencia en la solución del litigio, *"sino que hace falta también que tal divergencia se inscriba en el marco de una misma situación de hecho y de Derecho"*[166]. En el caso, tal coincidencia está asegurada. De hecho, no puede ignorarse que, de no mediar contrato arbitral, el derecho aplicable a la responsabilidad de cada árbitro puede llegar a ser distinto (de ordinario, se aplicaría el

163. STJUE, 11.3.2010, C-19/09, *Wood Floor*.

164. Sobre los límites en la aplicación de este precepto, *vid.* GARCIMARTÍN ALFÉREZ, *Derecho internacional privado*, 6.ª Ed., Civitas, Madrid, 2021, pp. 142-143.

165. STJUE, 12.6.2012, C-616/10, *Solvay* y STJUE, 20.4.2016, C-366/13, *Profit*.

166. STJUE, 20.4.2016, C-366/13, *Profit*.

derecho del lugar de su residencia, *infra*); circunstancia ésta –distintos derechos aplicables– que ya tuvo expresamente en cuenta el TJUE para permitir la aplicación de este foro de competencia[167].

**Responsabilidad de árbitro y Convenio de Lugano.** Lo hasta aquí dicho en aplicación del RB I *refundido* es, *mutatis mutandis*, de aplicación para un colegio arbitral formado por árbitros domiciliados en la UE, pero también en Suiza, Noruega e Islandia (Estados parte en este Convenio).

9.88. Por fin, en caso de que no fuera de aplicación el RB I *refundido* para determinar la competencia judicial internacional de los tribunales de un Estado miembro en supuestos de responsabilidad del árbitro (porque el árbitro no tuviera su residencia habitual en la UE), la competencia judicial internacional de los tribunales españoles se determinará conforme a lo dispuesto en el artículo 22 *quinquies* LOPJ. En aplicación de este precepto, los tribunales españoles son competentes en esta materia "*cuando la obligación objeto de la demanda se haya cumplido o deba cumplirse en España*".

## 2.2. Ley aplicable a la responsabilidad del árbitro

9.89. Supuesta la competencia judicial internacional de los tribunales españoles en aplicación de los foros de competencia judicial descritos (RB I *refundido* o art. 22 quinquies LOPJ), queda todavía por determinar la ley aplicable a la responsabilidad del árbitro.

9.90. En este contexto, tal y como ocurre en el ámbito de la competencia judicial internacional, se plantea también la cuestión relativa a la concreción de la norma a cuya luz se determinará el derecho aplicable. Y es que, también en este ámbito conviven en el ordenamiento jurídico español normas de fuente *interna* y normas de fuente *europea:* en concreto, el artículo 10.5 del CCiv y el *Reglamento Roma I sobre ley aplicable a las obligaciones contractuales*[168] (en adelante, *Reglamento Roma I*). La primera cuestión radica, por tanto, en determinar cuál de estas dos normas debe aplicarse para concretar la ley que rige la responsabilidad.

La interrogante así planteada no debe suscitar, en principio, mayores dificultades. En efecto, lejos de las dudas que en su momento planteó la exclusión del arbitraje del ámbito de aplicación material del hoy RB I *refundido*, la aplicación del *Reglamento Roma I* a esta cuestión no es

167. STJUE, 12.6.2012, C-616/10, *Solvay*.

168. *Reglamento (CE) núm. 593/2008, del Parlamento Europeo y del Consejo, de 17 de junio de 2008, sobre Ley aplicable a las obligaciones contractuales* (Roma I). *DOUE* L 177/6 de 4.7.2008.

controvertida. Así, el tenor de su artículo 1 es claro en cuanto que –únicamente– excluye de su ámbito de aplicación material algo tan concreto como "los convenios de arbitraje"[169]. Tan precisa delimitación –frente a la muy genérica que utiliza el RB I *refundido* ("arbitraje")– permite sostener sin atisbo de duda que el contrato arbitral (*Schiedsrichtervertrag*), en tanto que contrato en materia civil y mercantil, está incluido en el ámbito de aplicación material del *Reglamento Roma I*[170]. En consecuencia, son las normas de conflicto de este Reglamento las que determinan la ley aplicable a un contrato arbitral[171].

9.91. Siendo esto así, procede estudiar entonces qué normas, de entre las previstas en el *Reglamento Roma I* –de aplicación imperativa–, pueden ser de aplicación a nuestro supuesto. Pues bien, en virtud de este Reglamento, la relación contractual del árbitro con las partes se rige, en primer lugar, por la ley que ambas hayan elegido o de la que resulte de manera inequívoca de los términos del contrato (elección expresa o concluyente *ex* art. 3). Esta ley no tiene por qué estar vinculada con el supuesto de hecho, no tiene por qué regir todos los aspectos del contrato y no tiene por qué ser la misma a lo largo de la relación contractual (*ex* art. 3).

> En efecto, nada impide que un árbitro con nacionalidad y residencia habitual en Perú pacte la aplicación del Derecho francés al contrato arbitral, aun cuando el arbitraje del que traiga causa ese contrato no tenga relación alguna con este país.

Del mismo modo, nada impide que las partes pacten un régimen de responsabilidad *ad hoc*; esto es, un régimen de responsabilidad regido por una ley distinta de aquella que rige otros aspectos del contrato. Y nada impide tampoco que, en cualquier momento de la relación contractual, las partes acuerden el sometimiento del contrato a una ley distinta de la inicialmente prevista.

9.92. En el supuesto de que el contrato arbitral no contenga cláusula expresa de ley aplicable; esto es, en el supuesto de que las partes no hayan

169. El artículo 1 del Reglamento Roma I establece: *1. El presente Reglamento se aplicará a las obligaciones contractuales en materia civil y mercantil en las situaciones que impliquen un conflicto de leyes. No se aplicará, en particular, a las materias fiscales, aduaneras y administrativas. 2. Se excluirán del ámbito de aplicación del presente Reglamento: e) los convenios de arbitraje y de elección del tribunal competente.*

170. Ya en este sentido, VON HOFFMANN, "Der internationale Schiedsrichtervertrag –eine kollisionsrechtliche Skizze", *Festschrift für Ottoarndt Glossner zum 70. Geburstag*, Heidelberg, 1994, pp. 143-153. En el mismo sentido, con múltiples referencias, HOLZBERGER, *Die materiellrechtliche..., cit.*, pp. 81-158.

171. El Reglamento es de aplicación en todos los Estados miembros de la UE (excepto Dinamarca) y tiene carácter universal o *erga omnes* (art. 2): la ley designada por sus normas de conflicto se aplica aunque no sea la de un Estado miembro.

hecho uso de esa facultad reconocida en el artículo 3 del *Reglamento Roma I* (*Libertad de elección*), el juez que conozca del asunto deberá determinar cuál, de entre las posibles leyes aplicables, debe regir el contrato arbitral; por lo que ahora importa, qué ley determina la responsabilidad del árbitro. Para este cometido, el artículo 4 del *Reglamento Roma I* (*Ley aplicable a falta de elección*) establece un punto de conexión específico para una serie de contratos (compraventa de mercaderías, prestación de servicios, derechos reales inmobiliarios, franquicia, distribución, etc.). Obviamente, un contrato tan particular como es el *contrato arbitral* no está recogido en la serie de contratos enumerados en aquel precepto. En consecuencia, y en la medida en que este contrato está incluido en el ámbito de aplicación material del Reglamento, se impone su clasificación entre las categorías de contratos listados en el precepto en cuestión. A este respecto, la categoría en que mejor encaja el *contrato arbitral* es la categoría relativa a los contratos de *prestación de servicios*[172]. En su virtud, el derecho aplicable a un *contrato arbitral* es el derecho del lugar de la residencia habitual del árbitro (art. 4.1. b/ del Reglamento[173]). Y, en concreto, el lugar de la residencia habitual del árbitro es el lugar desde el cual desarrolla su actividad (el lugar donde se encuentra su despacho profesional). A estos efectos, entiendo que no puede considerarse como residencia habitual el lugar del arbitraje. De entrada, porque el mismo arbitraje puede desarrollarse en distintos lugares –países– y, además, porque el lugar del arbitraje carece de la necesaria *durabilidad* –en el sentido de estabilidad en el tiempo– como para ser considerado punto de conexión a los efectos del artículo 4 del Reglamento.

9.93. No obstante lo anterior, se discute si el artículo 4.3 del Reglamento puede tener trascendencia en el ámbito del contrato arbitral[174].

**Artículo 4.3.** *R Roma I.*

> 3. *Si del conjunto de circunstancias se desprende claramente que el contrato presenta vínculos más estrechos con otro país distinto del indicado en los apartados 1 o 2, se aplicará la ley de este otro país.*

Se trata de una excepción al derecho designado por la norma de conflicto aplicable (art. 4.1.b/) y, en consecuencia, debe interpretarse de forma particularmente estricta. Con todo, como posibles derechos que presenten "vínculos más estrechos" con el contrato arbitral pueden considerarse: (i) el derecho que rige el convenio arbitral; (ii) el derecho que rige

172. También en este sentido, HOLZBERGER, *Die materiellrechtliche..., cit.*, pp. 132-157.

173. b) *el contrato de prestación de servicios se regirá por la ley del país donde el prestador de servicios tenga su residencia habitual;*

174. Con más referencias, HOLZBERGER, *Die materiellrechtliche..., cit.*, pp. 143-157.

el procedimiento arbitral; y, (iii) el derecho del lugar o sede del arbitraje. Pues bien, no parece que ninguno de estos tres derechos pueda presentar "claramente" un vínculo más estrecho con el contrato arbitral que el vínculo que presenta el derecho de la residencia habitual del árbitro. En efecto, ninguno de ellos puede proporcionar más seguridad jurídica a las partes –y sobre todo al árbitro– que el derecho de su residencia habitual; ni siquiera el derecho del lugar del arbitraje, pues, en última instancia, ese lugar puede venir determinado no ya por las partes, sino por el colegio arbitral. Es decir, el derecho de un lugar que se concreta en un momento posterior a la firma del contrato arbitral difícilmente podrá presentar un vínculo más estrecho con el citado contrato que el derecho del lugar de residencia del árbitro. El hecho de que el tribunal sea colegiado no modifica en nada la conclusión anterior: tres árbitros que tienen distinta nacionalidad y residencia habitual no tienen un vínculo claramente más estrecho con la ley del lugar del arbitraje que con la ley de la residencia habitual de cada uno de ellos. Es cierto que la aplicación individualizada a cada árbitro del derecho correspondiente (el derecho de la residencia habitual de cada uno de ellos) pueda llevar a soluciones distintas –*ad ex.* apreciación o no de responsabilidad–, pero esa es una cuestión ajena a la que ahora se discute.

Lo anterior no es incompatible con aceptar que el derecho de la sede del arbitraje (en tanto que *lex loci arbitri*) puede llegar a ser particularmente relevante a la hora de concretar o enjuiciar los márgenes de actuación del árbitro. Esta posibilidad de tomar en consideración el derecho de la sede del arbitraje se deduce también del artículo 12.2 del *Reglamento Roma I.*

**Artículo 12.2.** *R Roma I.*

2. *En lo que se refiere a las modalidades de cumplimiento y a las medidas que se deben tomar en caso de cumplimiento defectuoso, se tendrá en cuenta la ley del país donde tenga lugar el cumplimiento.*

9.94. En consecuencia: supuesta la competencia judicial internacional de los tribunales de un Estado miembro de la UE para conocer de un supuesto de responsabilidad del árbitro, la ley aplicable para determinar tanto la existencia como el ámbito de esa responsabilidad será, en defecto de elección expresa o concluyente, la ley de la residencia habitual del árbitro (en tanto que prestador del servicio).

El hecho de que las partes se sometan a un arbitraje institucional en nada cambia el marco legal anteriormente descrito. Repárese, en este sentido, que el nombramiento del árbitro en el arbitraje institucional también corresponde a las partes. En el arbitraje institucional ocurre que, junto al contrato arbitral, existe un contrato más (también *sui generis*): el contrato que vincula a las partes con la institución y en virtud del cual ésta última vela por el correcto desarrollo del arbitraje (*Schiedsorganisationsvertrag* –contrato de organización del arbitraje–). Dicho contrato también entra en el ámbito de aplicación material del *Reglamento Roma I* y, en consecuencia, valen también en este contexto las afirmaciones anteriormente hechas sobre el juego de las conexiones previstas en los artículos 3 y 4 del mismo[175].

9.95. Por fin, debe señalarse que la ley finalmente aplicable al contrato arbitral –bien sea la elegida por las partes, bien sea la de la residencia habitual del árbitro– goza de un ámbito de aplicación muy amplio. Así, la ley en cuestión regirá: la interpretación del contrato; el cumplimiento de las obligaciones que genere; las consecuencias de un incumplimiento total o parcial de esas obligaciones (incluida la evaluación del daño); los diversos modos de extinción de las obligaciones; y, las consecuencias de la nulidad del contrato (art. 12).

## VII. PRINCIPIO *KOMPETENZ-KOMPETENZ*

9.96. En virtud del principio de *Kompetenz-Kompetenz*[176], los árbitros tienen potestad para conocer sobre su propia competencia cuando ésta sea impugnada; esto es, tienen potestad para decidir sobre la misma validez del convenio arbitral. Esta particular competencia del árbitro no depende del hecho de que únicamente se haya impugnado la validez del mismo convenio arbitral o del hecho de que se haya impugnado la validez del contrato en su totalidad. En ambos supuestos, el árbitro decide sobre la validez o eficacia del citado convenio. De hecho, para que esto pueda ser así, se proclama también la "separabilidad" o autonomía del convenio arbitral respecto del contrato principal.

> El principio en cuestión tiene un claro objetivo, cual es el de proteger decididamente al arbitraje frente a aquellas maniobras procesales que pretendan dar al traste con su correcto devenir.

Este principio está recogido en nuestro ordenamiento en dos normas: una de fuente internacional (art. V.3 CG) y otra de fuente interna (art. 22 LArb).

175. Con más referencias, HOLZBERGER, *Die materiellrechtliche..., cit.*, pp. 167-170.

176. Sobre esta cuestión, más detenidamente, MAYER, *L'autonomie de l'arbitre international dans l'appréciation de sa prope compétence, R. des C.*, 1989, Vol. 217, pp. 327-452. *Vid.* también, DIMOLITSA, "Autonomie et *Kompetenz-Kompetenz*", *Rev. Arb.*, 1998, pp. 305-358. La expresión, por lo demás, trasciende al arbitraje: en el ámbito de la cesión de competencias a las instituciones de la UE, *vid.* sentencia del TC alemán (*Bundesverfassungsgericht*), 5.5.2020, párrafo 102.

**Art. V.3 CG**. *Declinatoria del tribunal arbitral por incompetencia.*

*3. A reserva de que se pueda ulteriormente apelar conforme a la lex fori contra el indicado laudo del tribunal de árbitro ante un tribunal estatal competente, el tribunal de arbitraje cuya competencia fuere impugnada no deberá renunciar al conocimiento del asunto y tendrá la facultad de fallar su propia competencia y sobre la existencia o validez del acuerdo o compromiso arbitral o del contrato transacción u operación de la cual forma parte dicho acuerdo o compromiso.*

**Art. 22.1 LArb**:

*1. Los árbitros estarán facultados para decidir sobre su propia competencia, incluso sobre las excepciones relativas a la existencia o a la validez del convenio arbitral o cualesquiera otras cuya estimación impida entrar en el fondo de la controversia. A este efecto, el convenio arbitral que forme parte de un contrato se considerará como un acuerdo independiente de las demás estipulaciones del mismo. La decisión de los árbitros que declare la nulidad del contrato no entrañará por sí sola la nulidad del convenio arbitral.*

9.97. El ámbito de aplicación del artículo 22.1 LArb es muy amplio, en la medida en que no solo concede al árbitro la facultad para decidir sobre su propia competencia, también faculta al árbitro para conocer sobre cualquier excepción relativa a la existencia del convenio arbitral, así como *cualquier otra cuya estimación le impida entrar al fondo de la controversia*. Entre estas últimas excepciones se encuentran, por ejemplo, (i) la apreciación de la **cosa juzgada** de un laudo anterior sobre el procedimiento que está resolviendo[177]; o (ii) la apreciación del *efecto relativo* que la jurisprudencia del TJUE ha impuesto al convenio arbitral para determinados supuestos en su sentencia *London Steam-Ship*[178].

**Litispendencia y *Kompentez-kompetenz***: También de la citada sentencia del TJUE puede deducirse que, en la dimensión europea, el principio de *Kompetenz-kompetez* cede en aquellos casos en los que un tribunal estatal esté conociendo *antes* que el árbitro de un caso entre las mismas partes y con el mismo objeto[179].

9.98. En cualquier caso, la potestad del árbitro para juzgar sobre su propia competencia tiene dos manifestaciones o efectos. Tales efectos no son más que una *prolongación* de los ya conocidos efectos *positivo* y *negativo*

177. STSJ del País Vasco, 10.4.2019, ECLI:ES:TSJPV:2019:1445. Sobre el alcance de la cosa juzgada en el laudo arbitral, *vid. infra* Cap. XI.

178. STJUE, 20.6.2022, C-700/20, *London Steam-Ship*. *Vid. supra* Cap. VIII.

179. *Vid.* también *infra* Cap. X. Ep. X.

del convenio arbitral y se manifiestan en aquellos supuestos en los que se plantea la validez del citado convenio[180]. En este sentido, el efecto *positivo* de este principio se "localiza" en la figura del árbitro. En su virtud, será él quien justifique su propia competencia sin que pueda oponérsele el argumento consistente en que un órgano cuya competencia no está establecida no puede decidir sobre la misma. O dicho de otro modo, no podrá negarse la competencia del árbitro sobre el argumento de que ésta misma está en duda. El efecto *negativo*, por su parte, se "localiza" en los tribunales ordinarios de justicia. En su interpretación clásica, éstos no podrán conocer de una controversia sobre la que *ya* estén conociendo los árbitros.

> Como puede apreciarse, el efecto *negativo* de este principio no es más que una prolongación del efecto negativo del convenio arbitral.

9.99. Sin embargo, es en la apreciación de este *efecto* donde realmente puede apreciarse la confianza que el legislador deposita en la institución arbitral. Así, una interpretación *pro-arbitraje* de este efecto lleva a proclamar la incompetencia de los tribunales de justicia hasta que el mismo árbitro resuelva sobre su propia competencia. Desde la perspectiva del derecho francés –ampliamente desarrollado jurisprudencialmente–, tal manifestación supone tanto como la incompetencia de los tribunales de justicia incluso en aquellos supuestos en los que se recurra a estos *antes* que a la vía arbitral[181]. En efecto, la jurisprudencia francesa ha reconocido en reiteradas ocasiones de forma expresa la *prioridad* del árbitro –su competencia– para conocer de la existencia y validez del convenio arbitral[182]. Se trata, en palabras de la doctrina gala, de concebir al árbitro como un "juez de parte entera". Y como tal, él mismo debe apreciar su propia competencia sin depender de la decisión de un juez sobre el particular. En consecuencia con lo anterior, la *Cour de cassation* francesa ha interpretado que existe una violación de este principio cuando los jueces declaran la manifiesta inaplicación de un convenio arbitral cuyo tenor designa de forma contradictoria dos instituciones arbitrales[183].

9.100. La jurisprudencia española, por su parte, no solo no se ha alineado con la jurisprudencia gala, sino que, antes al contrario, ha descartado expresamente conceder tan amplio alcance a este principio. Así, el TS ha descartado expresamente la aplicación de la "tesis fuerte" del principio

---

180. Sobre esta cuestión, por todos, GALLIARD, "L'effet négatif de la compétence-compétence", Études de procédure et d'arbitrage en l'honneur de Jean-François Poudret, Lausanne, 1999, pp. 387-402.

181. Siempre y cuando el convenio arbitral no sea "manifiestamente nulo". Paradigmática, *Cour de cassation*, 21.5.1997, *Rev. Arb.*, 1997, pp. 534-538 (con nota de GAILLARD).

182. En este sentido, *Cour de cassation*, 16.11.2004, *Rev. Arb.*, 2005, pp. 674-675.

183. *Cour de cassation*, 20.2.2007, *Rev. Arb.*, 2007, pp. 775-777 (con nota de TRAIN).

de *kompetenz-kompetenz* en el ordenamiento jurídico español, acogiendo de forma expresa la "tesis débil" del mismo. En virtud de esta tesis, corresponde al juez que conoce de la declinatoria un examen completo y exhaustivo de la eficacia del convenio. En palabras del TS:

> *Existen dos tesis sobre esta cuestión. La primera sería la llamada "tesis fuerte" del principio kompetenz-kompetenz... conforme a la cual la actuación del órgano judicial en caso de planteamiento de declinatoria debería limitarse a realizar un análisis superficial... La segunda sería la llamada "tesis débil", según la cual el órgano judicial ante el que se planteara la declinatoria de jurisdicción por sumisión a arbitraje ha de realizar un enjuiciamiento completo sobre la validez, eficacia y aplicabilidad del convenio arbitral...*
>
> *Este tribunal considera que no existen razones para sostener la tesis fuerte del principio kompetenz-kompetenz en nuestro ordenamiento jurídico y limitar el ámbito del conocimiento del juez cuando resuelve la declinatoria de jurisdicción*[184].

Respecto de esta sentencia, debe destacarse, no obstante, que fue dictada en un contexto de interpretación de una cláusula arbitral inserta en un contrato de permuta financiera; y, que tal y como ha interpretado cierta jurisprudencia menor posterior, la misma *no* considera *per se* la nulidad de una cláusula de sometimiento a arbitraje contenida en un contrato de adhesión celebrado entre profesionales[185].

## 1. EL EFECTO POSITIVO DE LA *KOMPETENZ-KOMPETENZ*

9.101. El principio de *Kompetenz-kompetenz* supone algo más que una mera cesión de competencia al árbitro para que él mismo examine la validez del convenio arbitral. Supone también –y este sería su efecto positivo– que, una vez constituido el colegio arbitral, únicamente los árbitros son competentes para pronunciarse al respecto. O dicho de otro modo, una vez constituido el colegio arbitral, los tribunales de justicia no podrán pronunciarse a título principal sobre la validez del convenio arbitral[186].

184. STS, 27.6.2017, ECLI:ES:TS:2017:2500. Haciéndose eco de esta jurisprudencia, Auto AP de Valencia, 9.7.2019, ECLI:ES:APV:2019:2570A; Auto AP de Bilbao, 15.11.2019, ECLI:ES:APBI:2019:2093A; SAP de Mérida, 6.4.2021; ECLI:ES:APBA:2021:540; Particularmente detallado, Auto AP de Logroño, 2.7.2021, ECLI:ES:APLO:2021:460A.

185. Auto AP de Santander, 17.6.2019,ECLI:ES:APS:2019:300A.

186. Esta incompetencia de los tribunales también se deduce de los artículos 7 y 8 de la Ley y no es incompatible con la jurisprudencia del TS sobre la eficacia débil del principio *kompetenz-kompetenz* (STS, 27.6.2017, *supra*). En la jurisprudencia comparada, expresamente en este sentido, *Cour de cassation*, 5.1.1999, *Rev. Arb.*, 1999, pp. 260-262 (con nota de FOUCHARD).

Del mismo modo, serán también los árbitros los únicos competentes para conocer de la excepción consistente en la extralimitación de su misma competencia.

> En su aplicación práctica, los árbitros declaran la invalidez del convenio mediante laudo. Laudo que puede ser sometido a acción de anulación[187].

Repárese, por otro lado, en que este efecto no impide que cualquier parte pueda presentar demanda sobre el fondo ante un tribunal de justicia (con matices). Lo que ocurre es que si el colegio arbitral ya está constituido, el tribunal judicial debería remitir a las partes al arbitraje para defender en su seno la validez / invalidez o eficacia / ineficacia del convenio. En cualquier caso, la apreciación que sobre estas cuestiones haga el colegio arbitral, en nada supeditará a la que en su momento pueda hacer el tribunal judicial en sede de anulación del laudo.

## 2. EL EFECTO NEGATIVO DE LA *KOMPETENZ-KOMPETENZ*

9.102. En virtud de la función negativa del principio de *Kompetenz-kompetenz,* los tribunales de justicia no deberían pronunciarse sobre la validez del convenio arbitral si sobre el fondo de la cuestión *ya* estuviese conociendo un tribunal arbitral[188]. O dicho de otro modo: planteado el mismo pleito con posterioridad ante los tribunales de justicia, a menos que éstos interpreten que el convenio arbitral es "*manifiestamente nulo*", deberían posponer su decisión hasta que el colegio arbitral se hubiere manifestado al respecto. De tal forma que, si los árbitros se declarasen competentes, los tribunales deberían, en principio, sobreseer el proceso judicial, pues la cuestión relativa a la validez del convenio arbitral debería ser resuelta en sede de anulación.

9.103. En el Derecho convencional, tal prioridad del árbitro sobre la jurisdicción se concibe de forma limitada, de tal suerte que el efecto negativo de la *competencia-competencia* no entra automáticamente en juego si se hubiere incoado un procedimiento arbitral *antes* que el procedimiento judicial: también es necesario que el órgano judicial estime que no concurren motivos lo suficientemente sólidos como para apartarse de esa regla de prioridad temporal a favor del árbitro. Es decir, la discreción del juez

187. STSJ de Catalunya, 16.4.2015, ECLI:ES:TSJCAT:2015:3086.

188. Sobre esta cuestión, por todos, GAILLARD, "L'effet négatif de la compétence-compétence" Études de procédure et d'arbitrage en l'honneur de Jean-François Poudret, Lausanne, 1999, pp. 387-402. La jurisprudencia francesa es tajante a este respecto: *Cour de cassation,* 25.4.2006; 23.5.2006; y, 11.7.2006, *Rev. crit. DIP*, 2007, pp. 128-131 (con nota de JAULT- SESEKE, pp. 131-139).

no se limita a constatar si el convenio arbitral es o no manifiestamente nulo; también podrá apreciar la concurrencia de otras circunstancias que, por su relevancia, aconsejen entrar a conocer sobre el fondo. Así lo regula el **artículo VI.3 CG.**

**Artículo VI.3 CG.** *Competencia de los tribunales judiciales estatales.*

*3. Si una de las partes de un acuerdo o compromiso arbitral hubiere ya incoado un procedimiento arbitral antes de recurrirse ante un tribunal judicial, en tal caso el tribunal judicial de uno de los Estados contratantes, al cual se haya dirigido posteriormente otra de las partes con una demanda o pretensión referente al mismo objeto o diferencia entre las mismas partes o la cuestión de la inexistencia, nulidad o caducidad del acuerdo o compromiso arbitral, deberá diferir toda resolución sobre la competencia del tribunal arbitral hasta el momento en que éste dicte su laudo sobre el fondo del asunto, siempre que el tribunal estatal no tenga motivos suficientemente graves para desviarse de esta norma.*

9.104. Esta solución basada en un criterio *temporal* no está prevista en la LArb, de tal forma que –aunque deseable– la decisión que adopten los tribunales españoles al respecto (diferir o no el juicio sobre la validez del convenio) no tiene, en principio, por qué extenderse a todo arbitraje internacional: solo afecta a arbitrajes entre partes con residencia o sede en Estados contratantes del CG. No obstante ello, existe una encomiable jurisprudencia que ha extendido esta solución a supuestos en los que el CG no era de aplicación. De tal forma que acepta sin mayores inconvenientes esta regla de prioridad temporal a favor del árbitro o efecto negativo de la *Kompetenz-kompetenz*; lo que a la sazón implica que no entran a conocer sobre el fondo si el arbitraje *ya* está iniciado y, en consecuencia, trasladan el juicio sobre la validez del convenio a la acción de anulación.

**Auto de la AP de Madrid de 5.5.2010**[189]: *La cuestión relativa a si la cláusula contractual recogida en el contrato novatorio contiene o no una cláusula arbitral, y si ésta es o no válida, y en consecuencia si el arbitraje se ha constituido o no válidamente, son cuestiones que deben ser resueltas por el propio árbitro, sin perjuicio de la posibilidad de plantear tal cuestión en vía jurisdiccional mediante el ejercicio de la acción de anulación previsto en el art. 40 LA... Una vez iniciado el procedimiento arbitral, ha de ser en su seno donde se debata y resuelva sobre la existencia de la cláusula arbitral y su validez; por ello si, como acontece en el presente supuesto, una vez iniciado el procedimiento arbitral se formula demanda, no cabrá resolver sobre la existencia o inexistencia de la cláusula arbitral en el proceso judicial...*

189. Auto núm. 320/2010 de la AP de Madrid (Sec. 12.ª) de 5.5.2010, *Arbitraje*, 2011 (1), pp. 266-270 (con nota de ARTUCH IRIBERRI).

**STSJ de Cataluña de 22.5.2017**[190]: *b) los jueces no pueden interferir en un arbitraje ya litispendente.*

9.105. Este efecto es, por lo demás, compatible con la "tesis débil" del principio *kompetenz-kompetenz* asumida por el TS. Y es que, si bien se lee, la sentencia del TS que confirma esta "tesis débil" distingue implícitamente entre dos supuestos: (i) aquel en el que se demanda en primer lugar ante la jurisdicción (*Al regular cómo puede alegarse la existencia de un convenio arbitral en un litigio ya iniciado...*[191]); y, (ii) aquel en el que se inicia en primer lugar el arbitraje (*Lo expuesto es compatible con el hecho de que si se ha iniciado un procedimiento arbitral...*[192]). De tal forma que, en el contexto del primer supuesto, el juez debe realizar un análisis riguroso de la validez del convenio; mientras que en el contexto del segundo supuesto, el juez no deberá resolver la cuestión; el juez simplemente deberá remitir a las partes al arbitraje: ... *si se ha iniciado un procedimiento arbitral... los árbitros... son competentes para pronunciarse sobre su propia competencia, y su decisión sobre este punto solo puede ser revisada mediante la acción de anulación...*[193]. En este supuesto de arbitraje *ya* iniciado, el control de la validez del convenio se realiza *ex post*; en sede de anulación.

## 3. MOMENTO PROCESAL PARA SU PLANTEAMIENTO Y APRECIACIÓN

9.106. En aras del mejor devenir del procedimiento arbitral, la Ley de Arbitraje distingue claramente entre el momento procesal en el que las *partes* deben presentar la excepción en cuestión y el momento procesal en que los árbitros deben pronunciarse sobre su apreciación.

**Artículo 22.2 LArb.**

*2. Las excepciones a las que se refiere el apartado anterior deberán oponerse a más tardar en el momento de presentar la contestación, sin que el hecho de haber designado o participado en el nombramiento de los árbitros impida oponerlas. La excepción consistente en que los árbitros se exceden del ámbito de su competencia deberá oponerse tan pronto como se plantee, durante las actuaciones arbitrales, la materia que exceda de dicho ámbito.*

*Los árbitros sólo podrán admitir excepciones opuestas con posterioridad si la demora resulta justificada.*

190. STSJ de Cataluña, 22.5.2017,ECLI: ES:TSJCAT:2017:12519.
191. STS, 27.6.2017, ECLI:ES:TS:2017:2500, Numeral 3 de la sentencia.
192. STS, 27.6.2017, ECLI:ES:TS:2017:2500, Numeral 7 de la sentencia.
193. STS, 27.6.2017, ECLI:ES:TS:2017:2500, Numeral 7 de la sentencia.

*3. Los árbitros podrán decidir las excepciones de que trata este artículo con carácter previo o junto con las demás cuestiones sometidas a su decisión relativas al fondo del asunto. La decisión de los árbitros sólo podrá impugnarse mediante el ejercicio de la acción de anulación del laudo en el que se haya adoptado. Si la decisión fuese desestimatoria de las excepciones y se adoptase con carácter previo, el ejercicio de la acción de anulación no suspenderá el procedimiento arbitral.*

9.107. Para las partes, el momento está extraordinariamente limitado, pues deberá oponerse *"a más tardar en el momento de presentar la contestación"*. Bien es cierto que los árbitros –y sólo ellos– podrán admitir excepciones presentadas con posterioridad. Sin embargo, esta facultad de los árbitros no es absoluta, pues sólo deberán admitir aquellas excepciones cuya tardía presentación esté justificada.

9.108. El momento procesal en el que los árbitros pueden resolver sobre la cuestión es, por el contrario, extraordinariamente flexible. Tan es así que, en realidad, se deja en sus manos la concreción del momento en el que pueden pronunciarse sobre la cuestión. En virtud de la complejidad del supuesto podrán optar por resolverla, tanto al inicio del procedimiento arbitral –mediante laudo interlocutorio o parcial–, como en el mismo laudo final.

9.109. Por otro lado, pero todavía situados en este contexto –examen de los árbitros de su propia competencia–, cabe preguntarse sobre el efecto de la decisión que finalmente adopten en torno a la validez del convenio arbitral. Desde esta perspectiva, el supuesto más frecuente será aquél en el que los árbitros confirmen la validez del convenio y, en consecuencia, entren a conocer sobre el fondo de la controversia. En estos supuestos, sólo podrá impugnarse la validez del convenio mediante la acción de anulación.

En principio, lo anterior únicamente es válido cuando se haya iniciado la vía arbitral *antes* que la vía judicial –efecto *positivo* de la competencia-competencia–. Y es que, tanto el artículo 11 LArb como la jurisprudencia del TS –asumiendo la "tesis débil" de la misma– no permiten concluir que la solución sea la misma cuando se hubiera recurrido a la vía judicial *antes* que a la vía arbitral.

Por el contrario, si el colegio arbitral entendiese que es incompetente, su decisión la hará saber mediante laudo. Contra dicho laudo podrá ejercitarse la acción de anulación[194]. Sin embargo, tal acción

194. No obstante *vid. infra* jurisprudencia en contra en Cap. XII.2.

sólo podrá motivarse en aplicación de alguno de los motivos previstos en el artículo 41 LArb; esto es, no podrá esgrimirse como motivo de anulación el hecho de que los árbitros hayan errado en esa concreta cuestión[195].

195. Expresamente en este sentido, *BGH*, 6.6.2002, *EWiR* § 1059 ZPO 1/03, p. 295 (con nota de KRÖLL). Sobre la relevancia de esta sentencia desde un punto de vista teórico, *vid.* VOIT, "Die Entscheidung des Schiedsgerichts über die eigene Unzuständigkeit als Prüfstein der dogmatischen Grundlagen des Schiedsverfahrensrechts", *Festschrift für Hans- Joachin Musielak*, Munich, 2004, pp. 595-617. Además, tal supuesto no es tan excepcional. *Vid.*: *Cour d'appel* de París, 16.6.1988, *Rev. Arb.*, 1989, pp. 309-311 (con nota de JARROSSON); *Cour d'appel* de París, 21.6.1990, *Rev. Arb.*, 1991, pp. 96-98 (con nota de DELVOLVÉ); *Cour d'appel* de París, 7.7.1994, *Rev. Arb.*, 1995, pp. 107-110 (con nota de JARVIN).

# X

# El procedimiento arbitral

## I. LA SUSTANCIACIÓN DE LAS ACTUACIONES ARBITRALES. PRINCIPIOS GENERALES

### 1. PRINCIPIOS DE IGUALDAD, AUDIENCIA Y CONTRADICCIÓN

10.1. El procedimiento arbitral debe sustanciarse con respeto a los principios de igualdad, audiencia y contradicción. Estos tres principios rigen en el ámbito del debate entre las partes y su inobservancia –acreditada– lleva aparejada la anulación del laudo[1].

**Artículo 24.1 LArb**:

*Deberá tratarse a las partes con igualdad y darse a cada una de ellas suficiente oportunidad de hacer valer sus derechos.*

Esta norma, de carácter imperativo, supone un límite a la autonomía de la voluntad. Las partes podrán, efectivamente, acordar el devenir del procedimiento arbitral, pero respetando siempre los principios enumerados. Del mismo modo, los árbitros deben velar porque ninguna parte ostente privilegio o ventaja alguna en detrimento de la otra. Repárese en que este precepto impone límites tanto a determinados preceptos de la misma LArb (especialmente al artículo 30) como a los reglamentos de cualquier institución arbitral a cuya luz se desarrolle el procedimiento en España.

10.2. Cierta jurisprudencia menor ha destacado que los principios enumerados en el artículo 24 LArb deben interpretarse de conformidad con la jurisprudencia del TC en interpretación de las normas procesales aplicables a los procesos judiciales.

**SAP de Madrid de 9.2.2010**[2]: *La jurisprudencia constitucional (por todas STC 19/2004...) ha diseñado los contornos del derecho de defensa.*

1. Expresamente en este sentido, STSJ de Madrid, 10.5.2022, ECLI:ES:TSJM:2022:5894.
2. ECLI:ES:APM:2010:2181.

> *Mantiene que debe garantizar el derecho a acceder al proceso y los recursos legalmente establecidos en condiciones de poder ser oído y ejercer la defensa de los derechos e intereses legítimos en un procedimiento en el que se respeten los principios de bilateralidad, contradicción e igualdad de armas procesales. Esta consideración impone a los órganos decisorios, entre otras exigencias, un deber de diligencia en la realización de los actos de comunicación procesal que asegure, en la medida de lo posible, su recepción por los destinatarios, dándoles así la oportunidad de defensa (por todas, STC 18/2002...). Sólo de esta manera se preserva un conocimiento, por parte de quienes ostentan algún derecho o interés, de la existencia de un proceso, permitiendo con ello que se encuentren en condiciones idóneas de impetrar la protección de sus posiciones jurídicas (por todas, STC 26/1999...). En la Ley de Arbitraje* ***existe un acogimiento explícito*** *de esta doctrina jurisprudencial. En su artículo 24 se hace referencia concreta a la vigencia en el procedimiento arbitral de los principios de igualdad, audiencia y contradicción, reseñando que deberá tratarse a las partes con igualdad y darse a cada una de ellas suficiente oportunidad para hacer valer sus derechos. En el artículo 30 se contienen manifestaciones concretas de estos principios al señalar que las partes deberán ser citadas a las audiencias con suficiente antelación y podrán intervenir en ellas directamente o por medio de sus representantes (artículo 30.2) y ordenar que de todas las alegaciones escritas, documentos y demás instrumentos que una parte aporte a los árbitros se dará traslado a la otra parte. Asimismo, se pondrán a disposición de las partes los documentos, dictámenes periciales y otros instrumentos probatorios en que los árbitros puedan fundar su decisión.*

10.3. Esa extrapolación *absoluta* de la jurisprudencia constitucional al arbitraje ni es necesaria ni si compadece bien con la jurisprudencia más reciente del TC[3]. Recuérdese, en este sentido, que la autonomía de la voluntad juega un papel determinante en el diseño del procedimiento arbitral y, en consecuencia, una renuncia voluntaria a determinadas actuaciones –*ad ex*. turnos de réplica– no debe significar necesaria y automáticamente una vulneración de los principios enumerados[4]. Pero es que, además, no creo que tal extrapolación sea querida por la ley. En efecto, si bien se mira, el tenor del artículo 24 LArb solo otorga a las partes una oportunidad

3. STC 17/2021, de 15 de febrero; STC 65/2021, de 15 de marzo; STC 79/2022, de 27 de junio.
4. Un ejemplo muy ilustrativo puede verse en el asunto del que trae causa la sentencia del TF, 26.4.2016, 4A_342/2015. Las partes acordaron un calendario procesal. A la luz –según la parte interesada– de nuevas circunstancias, se solicitó un turno de réplica adicional. El tribunal arbitral rechazó razonadamente tal turno. En anulación se estimó que la decisión razonada del tribunal arbitral no vulneraba ninguno de los principios arriba citados.

"***suficiente***" para que éstas hagan valer sus derechos de defensa. No exige –como sí exige el artículo 18 LM– una oportunidad "*plena*" para hacer valer tales derechos.

En consecuencia, la autonomía de la voluntad de las partes puede actuar sobre este ámbito y, en su virtud, las partes pueden protegerse *ex ante* frente a posibles maniobras encaminadas a dilatar la duración del procedimiento[5]. Además, tal interpretación a favor del juego de la autonomía de la voluntad y parcial restricción de los derechos de defensa está en línea con los artículos 29.2 y 31 LArb. En aplicación de estos preceptos, los árbitros podrán considerar improcedente –por razón de la demora en la que pudiera incurrirse– la modificación o ampliación de la demanda o de la contestación de la demanda (art. 29.2). También podrán continuar sus actuaciones aun cuando el demandado no presente contestación en plazo (art. 31 b/) o una de las partes no comparezca a una audiencia o no presente pruebas (art. 31. c/).

10.4. El ***principio de igualdad*** impide que una parte ostente una posición de privilegio sobre la otra, aunque dicha posición no haya sido deliberada o maliciosamente buscada: "*no es necesario –para que se infrinja el principio de igualdad– que la parte más fuerte haya actuado consciente de su prepotencia para situarse en una posición de privilegio, sino que basta con que la otra parte se encuentre limitada en su posibilidad de actuación*"[6].

La infracción de este principio es apreciable ya desde el momento del nombramiento del árbitro. Según el TSJ de Madrid, se infringe dicho principio: "*cuando el convenio arbitral disponga que la designación de un árbitro o de la mayoría de los árbitros se realice por una sola de las partes; y que las partes acuerden designar al árbitro o árbitros de entre los que figuren en una lista elaborada por un tercero cuando esa lista de árbitros entrañe un desequilibrio a favor de uno de los contratantes: así sucede, por ejemplo, si en la lista sólo figuran miembros de una determinada asociación a la que pertenezca sólo una de las partes; o también, en según qué casos, cuando la designación del árbitro se produjera sin libertad real de una de las partes, porque se impusiera como cláusula de adhesión de un contrato-tipo o como una condición general de contratación*". Y en concreto, se infringe este principio –y se anula el laudo– cuando por mor del contrato de adhesión se priva "*al adherente de toda posibilidad de intervenir en el procedimiento de designación de árbitros –adherente cuya autonomía de la voluntad, por definición, está seriamente restringida–, cuando el pre-disponente impone a la Asociación arbitral que lo ha de nombrar, prescindiendo, además, del*

5. En este sentido, ESPADA MÉNDEZ, "Artículo 24", en: ARIAS LOZANO (Coor.), *Comentarios a la Ley de Arbitraje de 2003*, Cizur Menor, 2005, pp. 252-256.
6. STSJ de Madrid, 21.7.2015, ECLI:ES:TSJM:2015:8883.

*procedimiento ordinario que esa Asociación sigue para la designación de árbitros, en el que intervienen ambas partes en un momento del procedimiento"*[7]. No se infringe este principio, por el contrario, cuando la parte demandada opte por permanecer en rebeldía a lo largo del procedimiento[8].

10.5. Las *instituciones arbitrales* deben respetar el principio de igualdad: tanto en la designación de árbitros (art.15 LArb) como en la sustanciación de las actuaciones arbitrales (art. 24 LArb).

> **STSJ de Madrid, 23.3.2017**[9]: *"Las funciones que desempeñan las Cortes de arbitraje al administrarlo –nombramiento de árbitros, comunicaciones entre las partes, fe del procedimiento arbitral...– han de estar presididas, es incuestionable, por el respeto al principio de igualdad, lo que es tanto como decir que la Corte arbitral ha de actuar con neutralidad respecto de las partes, con desinterés respecto del thema decidendi, y con independencia, con ausencia de vínculos de sujeción –más allá de los que son propios o inherentes al arbitraje institucional– que puedan poner en entredicho, fundadamente, al ecuanimidad de su proceder.*
>
> ...
>
> *Esa neutralidad subjetiva y ese desinterés objetivo, necesarios en el caso concreto, se predica, desde luego, de cada uno de los miembros de la Corte, pero también de la Corte misma y, por inexcusable conexión o consecuencia, se ha de extender a la corporación, asociación o entidad sin ánimo de lucro que haya creado la Corte y que pueda intervenir, más o menos directamente, en la designación de sus órganos de gobierno"*.

En consecuencia, cuando se constate, por ejemplo, que la entidad administradora del arbitraje es la misma que redacta el contrato que incluye el convenio arbitral, la misma que redacta la demanda de arbitraje y la misma que en tiempo anterior y coetáneo a la solicitud de arbitraje ha asesorado al demandante, procede la anulación de laudo dictado bajo sus auspicios por infracción del principio de igualdad[10].

10.6. El ***principio de audiencia,*** por su parte, exige que las partes tengan oportunidad de participar y ser oídas en el procedimiento. Se entiende vulnerado este principio, por ejemplo, cuando una parte pone en conocimiento del árbitro con suficiente antelación su imposibilidad real –y demostrada– de acudir a la audiencia y éste no considera tal

7. STSJ de Madrid, 21.7.2015, ECLI:ES:TSJM:2015:8883.
8. STSJ de Valencia, 26.4.2012, ECLI:ES:TSJCV:2012:3914.
9. STSJ de Madrid, 23.3.2017, ECLI:ES:TSJM:2017:3278.
10. Así STSJ de Madrid, 23.3.2017, *cit.*, nota anterior; STSJ de Madrid, 4.5.2017, ECLI:ES:TSJM:2017:4765.

circunstancia[11], o, cuando en el acto de la vista, el árbitro no considera las alegaciones y documentación presentadas por una de las partes en un plazo inmediatamente *posterior* al fijado, pero suficiente como para poder ser estudiadas[12]. Por otro lado, la jurisprudencia española distingue entre el alcance de este principio en el seno de un arbitraje de *derecho* y en el seno de un arbitraje de *equidad*. En este último tipo de arbitrajes, el *principio de audiencia "ha de ser interpretado por el árbitro en un sentido amplísimo y facilitando al máximo el cumplimiento de este principio"*.

En la jurisprudencia comparada llama especialmente la atención la jurisprudencia suiza. Así, para el *Tribunal Federal*, el derecho de *audiencia* se refiere –sobre todo– a la constatación de los *hechos* y no tanto a la aplicación del *derecho*. Es decir, que mientras que para la constatación de los *hechos* las partes deben ser escuchadas, para la aplicación del derecho ese derecho se restringe extraordinariamente. Ello es así como consecuencia del principio *iura novit curia*. De hecho, con carácter general, no procede anular un laudo arbitral cuando el tribunal arbitral no haya escuchado a las partes en aplicación del derecho. En palabras del *Tribunal Federal*: *"Como regla general, en virtud del adagio iura novit curia, los tribunales estatales o arbitrales aprecian libremente el alcance jurídico de los hechos y pueden decidir también sobre la base de reglas de derecho distintas de las invocadas por las partes"*[13].

10.7. El ***principio de contradicción*** está en la base del derecho a ser oído y en su virtud es exigible un debate sobre las posiciones de las partes[14]. Su alcance en el marco del procedimiento arbitral ha sido objeto de interpretación, tanto en la jurisprudencia interna como en la jurisprudencia comparada. La jurisprudencia interna entiende vulnerado este principio cuando *"la decisión judicial (laudo arbitral) se haya pronunciado sobre temas o materias no debatidas oportunamente en el proceso y respecto de las cuales, por consiguiente, las partes no tuvieron oportunidad de ejercitar adecuadamente su derecho de defensa, formulando o exponiendo las alegaciones y argumentos que tuvieran por conveniente en apoyo de sus respectivas posiciones procesales"*[15]. En este sentido, se constata una vulneración del *principio de contradicción*

11. Elocuente, SAP de Navarra, 24.5.2004, ECLI:ES:APNA:2004:542. *Vid*. también, en el contexto de un arbitraje seguido ante una Junta Arbitral de Transporte, STSJ de Castilla y León, 26.4.2021, ECLI:ES:TSJCL:2021:1734.
12. En el muy particular contexto de un arbitraje seguido ante una Junta Arbitral de Transporte, STSJ de Castilla y León, 26.4.2021, ECLI:ES:TSJCL:2021:1734.
13. *Tribunal Federal*, 15.4.2015, 4A_554/2014. Anteriormente, en el mismo sentido, *Tribunal Federal*, 5.8.2013, 4A_214/2013.
14. STC 179/2021, de 25 de octubre.
15. SAP de Barcelona, 11.3.2009, ECLI:ES:APB:2009:6144. En términos muy similares, anulando el laudo: STSJ del País Vasco, 12.11.2015; ECLI:ES:TSJPV:2015:3159.

cuando no se da traslado a una de las partes de la reconvención[16] o de los escritos de alegaciones y documentos referidos a diligencias aportadas por la contraparte[17]; cuando se excluye a una de las entidades (de cuatro) firmantes del contrato que incluye el convenio[18]; o cuando el colegio arbitral considera que la parte demandada no contestó a la demanda o no realizó alegaciones a la misma, siendo que, en realidad, sí se contestó o hicieron alegaciones a la misma[19].

10.8. La jurisprudencia francesa, por su parte, se ha venido pronunciando en el mismo sentido. Paradigmático: *"la jurisdicción arbitral debe imperativamente respetar y hacer respetar el principio de contradicción; este principio significa que cada parte haya estado en medida de hacer valer sus argumentos de hecho y de derecho, de conocer los argumentos de su adversario y discutirlos, así como que ningún escrito y ningún documento haya sido sometido al conocimiento de los árbitros sin que haya sido igualmente trasladado a la otra parte y, en fin, que ningún argumento de hecho o de derecho haya sido utilizado de oficio por el tribunal arbitral sin que las partes hayan sido invitadas a presentar sus observaciones"*[20].

En consonancia con este criterio, los tribunales franceses han anulado un laudo fundado sobre disposiciones de Derecho material aplicadas directamente por los árbitros; sin invitar a las partes a presentar o formular las alegaciones pertinentes sobre tal aplicación[21]. Del mismo modo, se ha denegado el execuátur del laudo cuando se ha podido demostrar que el tribunal arbitral resolvió previamente una cuestión de incompetencia sin dar trámite a las partes para que se pronunciasen sobre la misma. Y ello, además, con independencia de que los árbitros hubiesen actuado conforme a lo previsto en el reglamento de la institución que administraba el arbitraje (que –adviértase– no preveía tal trámite contradictorio)[22].

> Si confrontamos la jurisprudencia suiza y francesa sobre los principios de *audiencia* y *contradicción* se constata que, mientras que para los tribunales suizos la interpretación del *principio de audiencia* a la

16. STSJ de Andalucía, 11.3.2015, ECLI:ES:TSJAND:2015:825.
17. STSJ de Madrid, 4.7.2012, ECLI:ES:TSJM:2012:9664. STSJ de Catalunya, 16.6.2014, ECLI:ES:TSJCAT:2014:5545. *Vid.* también, STSJ de Cataluña, ECLI:ES:TSJCAT:2021:11611.
18. STSJ de Madrid, 3.5.2023, ECLI:ES:TSJM:2023:4922.
19. STSJ de Castilla La Mancha, 20.9.2021, ECLI:ES:TSJCL:3276.
20. *Cour d'appel* de París, 16.1.2003, *Rev. Arb.*, 2004, pp. 369-382 (con nota de JAEGER).
21. *Cour d'appel* de París, 3.12.2009, *Rev. Arb.*, 2010, pp. 105-107. *Cour de cassation*, 23.7.2010, *Rev. Arb.*, 2011, p. 445 (con nota de CHAINAIS). También anulando un laudo por infringir este principio en el contexto de un arbitraje de inversión, *Cour d'appel* de París, N.º 14/19164, 15.3.2016.
22. *Cour de cassation*, 26.6.2013, *Rev. Arb.*, 2013, pp. 1022-1023 (con nota de LAAZOUZI).

luz del adagio *iura novit curia* no impide que los tribunales arbitrales puedan resolver sobre cuestiones de Derecho material sin dar audiencia a las partes, para los tribunales franceses la interpretación del *principio de contradicción* supone tanto como que las partes en el arbitraje deben tener la posibilidad de realizar alegaciones sobre el derecho aplicable.

10.9. Por fin, cabe destacar que, ante determinados supuestos –imposibilidad probada de acudir a la audiencia–, la anulación del laudo se justifica en la infracción *cumulativa* de los principios enumerados[23].

## 2. PRINCIPIO DE COLEGIALIDAD Y SECRETO DE LAS DELIBERACIONES

### 2.1. Aspectos generales

10.10. El *principio de colegialidad* rige en las deliberaciones de los árbitros[24]. Un momento –el de las deliberaciones de los árbitros– que es posterior en el tiempo al del debate entre las partes. En su virtud, en el seno del colegio arbitral tiene que darse una deliberación y votación verdadera y colectiva[25]. Se produce, por tanto, una quiebra del principio de colegialidad cuando los árbitros que componen el colegio arbitral no se reúnen conjuntamente para deliberar y laudar sobre el asunto sometido a arbitraje.

> La jurisprudencia norteamericana ha sintetizado perfectamente el objeto, sentido y alcance de este principio: "*The opportunity to deliberate, and, if possible, to convince their fellows, is the right of the minority, of which they cannot be deprived by the arbitrary will of the majority*"[26].

23. STSJ de Madrid, 7.11.2017, ECLI:ES:TSJM:2017:11927.
24. Los estudios doctrinales sobre el particular son muy numerosos. Especialmente en la doctrina francesa. A este respecto cabe destacar: HASCHER, "Principes et pratique de procédure dans l'arbitrage commercial internationale", *R. des C.*, Vol. 279, 1999, pp. 140-161 ; BREDIN, "Le secret du délibéré arbitral" y REYMOND, "Le Président du tribunal arbitral", ambos trabajos en: *Etudes offertes à Pierre Bellet*, París, 2001, pp. 71-81 y pp. 467-482, respectivamente; JAEGER, *Cour d'Appel* de París, 16.1.2003 (nota), *Rev. Arb.*, 2004, pp. 382-389; KESSEDJIAN, *JDI*, 2004, pp. 174-182 (nota a la misma sentencia); LEBOULANGER, "Principe de collégialité et délibéré arbitral", *Mélanges en l'honneur de Fr. Knoepfler*, París, 2005, pp. 259-267. En la doctrina española, *vid.* FERNÁNDEZ ROZAS, "Clearer Ethics Guidelines and Comparative Standars for Arbitrators", *Liber Amicorum Bernardo Cremades*, Madrid, 2010, pp. 441-445.
25. BREDIN, *op. cit.*, p. 74.
26. *Supreme Court of Pennsylvania* en el asunto *Commonwealth ex rel. Claghorn v. Cullen*, 13 Pa 132 (1850), citada en *Supreme Court of Pennsylvania*, 4.01.1990, *Goeller v. Liberty*

10.11. En el arbitraje –y sobre todo en el arbitraje internacional– ni la deliberación ni la votación están sujetas a particulares exigencias, sino que ambas se acomodan a las circunstancias fácticas de cada caso[27]. Así, por ejemplo, no es lo mismo reunir un colegio arbitral cuando cada árbitro reside en un país distinto, que reunir un colegio arbitral cuyos árbitros residen en la misma ciudad[28]. Y tampoco es lo mismo la deliberación en el seno de un colegio arbitral cuyos árbitros no comparten la misma cultura jurídica o ni tan siquiera la misma concepción del arbitraje, que la deliberación en el seno de un colegio arbitral cuyos árbitros sí tienen esos puntos en común[29].

10.12. Del mismo modo, el *principio de colegialidad* adquiere un contenido distinto cuando se refiere a decisiones de mero impulso de procedimiento que cuando se refiere a decisiones relativas al fondo. Las primeras, las decisiones procedimentales, no requieren –en principio– de la participación de todos los árbitros, aun cuando sobre ellas también incida la colegialidad: el hecho de que el presidente del colegio arbitral esté habilitado para firmar en solitario las órdenes procesales o impulsar por sí solo el procedimiento no le exime de su deber de notificar –por la vía convenida– de todas y cada una de las decisiones que tome[30]. Las segundas, las decisiones relativas al fondo, requieren, en cambio, una verdadera deliberación y votación entre los árbitros. Así, por ejemplo, exigen siempre deliberación y votación decisiones en torno a la competencia o incompetencia del colegio arbitral, las decisiones en torno a la adopción o no de medidas cautelares, y, en todo caso, la decisión en torno al sentido del fallo. Ahora bien, cualquiera que sea el modo y manera de llevar a cabo las deliberaciones y votaciones en un arbitraje (en reunión presencial, por escrito, por video-conferencia, por teléfono) y cualquiera que sea su flexibilidad e informalidad, la colegialidad impone sus límites: tiene que darse una deliberación y votación verdadera y colectiva.

10.13. El *principio de colegialidad* en el arbitraje –tanto interno como internacional– se justifica en torno a dos argumentos. En virtud del primero

*Mut. Ins. Co.* 523 Pa. 541 (1990). http://law.justia.com/cases/pennsylvania/supreme-court/1990/523-pa-541-1.html.

27. Como uno de los primeros referentes jurisprudenciales expresamente en este sentido, *vid. Cour de cassation*, 28.1.1981, *Rev. Arb.*, 1982, pp. 425-428 (con nota de FOUCHARD). *Vid.* también, *Cour d'Appel* de París, 16.1.2003, *Rev. Arb.*, 2004, pp. 369-382.
28. LEBOULANGER, *cit*, pp. 141-145.
29. La distinta "intensidad" de control del *principio de colegialidad* en virtud de la internacionalidad del supuesto es pacíficamente aceptada. En este sentido, y con relación a la reciente modificación de la norma francesa en materia de arbitraje, *vid.* GAILLARD / LAPASSE, "Le nouveau droit français de l'arbitrage interne et international", *Recueil Dalloz*, 20.1.2011, n.º 3, p. 185.
30. Expresamente en este sentido, LEBOULANGER, *cit.*, p. 260; HASCHER, *cit.*, p. 144.

–en cierta medida cuestionable–, la colegialidad garantiza a las partes que sus argumentos serán debatidos en el seno del colegio arbitral[31]. Mucho más sutil y refinado es el argumento en virtud del cual la colegialidad garantiza la imparcialidad del árbitro frente a la parte que lo nombró[32]. En efecto, esa incidencia del principio de colegialidad en el arbitraje se explica porque la colegialidad conviene, interesa y ayuda a la imparcialidad de los árbitros; a la imparcialidad de cualquier árbitro en el seno de las deliberaciones y, muy en particular, a la imparcialidad de los árbitros designados por las partes.

10.14. El *principio de colegialidad* es un principio fuertemente arraigado tanto en la doctrina como en la jurisprudencia comparada[33]. Hasta tal punto arraigado que su calificación como "verdadero principio transnacional" es unánime[34]. Su vulneración supone, en cualquier caso, la nulidad del laudo o la denegación del execuátur del mismo, por aplicación de la cláusula de orden público (art. 41 LArb y art. V CNY, respectivamente)[35]. Con independencia, incluso, de la concepción amplia o estricta que sobre el orden público impere en el ordenamiento jurídico del Estado afectado (*interno* o *internacional*).

10.15. En la **jurisprudencia comparada**, la referencia al principio de colegialidad es constante. Particularmente en la jurisprudencia francesa, pero también en la jurisprudencia suiza, estadounidense y china.

> ***Cour d'Appel* de París, 16.1.2003**[36]: *... las decisiones importantes deben ser tomadas por todos los árbitros, por mayoría, con el fin de evitar una infracción de la cláusula de arbitraje, por cuanto la presencia de los árbitros designados por las partes en el seno del tribunal arbitral constituye para ellas una garantía moral y psicológica de que sus pareceres serán*

31. En virtud de este argumento se asume que el árbitro de parte tiene como una de sus funciones asegurarse que los argumentos aducidos por la parte que lo nombró son discutidos en el seno del colegio. Aduce este motivo, HASCHER, *cit.*, pp. 141-142 y REYMOND, *cit.*, p. 473. En la jurisprudencia comparada, adoptando expresamente este criterio: *Cour d'Appel* de París, 16.1.2003, *Rev. Arb.*, 2004, pp. 369-382 (con notas de JAEGER y KESSEDJIAN).
32. JAEGER, *cit.*, p. 384. También en el mismo sentido, LEBOULANGER, *cit.*, pp. 265-266. Desde la perspectiva del secreto de las deliberaciones, BREDIN, *cit.*, pp. 74-77.
33. FOUCHARD / GAILLARD / GOLDMAN, *Traité de l'arbitrage commercial international*, París, 1996, p. 760 ; LEBOULANGER, *cit.*, p. 266. También en este sentido *Cour d'Appel* de París, 16.1.2003, *Rev. Arb.*, 2004, pp. 369-382 (con notas de JAEGER y KESSEDJIAN) y el *Tribunal Federal*, 16.10.2003, *Bull ASA*, 2004, pp. 364-367.
34. *Vid*. la doctrina citada en la nota a pie anterior.
35. LEBOULANGER, *cit.*, p. 260 ; HASCHER, *cit.*, pp. 141-145. *Vid.* además, la jurisprudencia citada *infra* en texto.
36. *Cour d'appel* de París, 16.1.2003, *Rev. Arb.*, 2004, pp. 369-371.

*escuchados, aunque no sean aceptados. La obligación de instruir el caso y de juzgarlo juntos, es algo reconocido unánimemente, porque la fuerza del principio de colegialidad tiene asiento tanto en la voluntad de las partes como en la necesidad de que exista un tribunal imparcial e independiente.... La exigencia de las deliberaciones constituye una regla fundamental del procedimiento arbitral que garantiza la naturaleza jurisdiccional de la decisión que alcance el tribunal arbitral,... el principio de colegialidad supone que cada uno de los árbitros haya tenido la facultad de debatir cualquier decisión con sus colegas.*

***Cour de cassation,* 8.7.2009**[37]: *el principio de colegialidad supone que cada uno de los árbitros haya tenido la facultad de debatir cualquier decisión con sus compañeros.*

***Tribunal Fédéral* suizo, 16.10.2003**[38]: *....el orden público procesal exige que cada árbitro pueda participar en las deliberaciones; es decir, plantear sus opiniones y pronunciarse sobre aquellas que planteen sus coarbitros.*

***Supreme Court* China, 11.7.2008**[39]: *Where the arbitrators hold a first deliberation and agree on certain findings, and such findings are later modified during the drafting stage, this requires that a second deliberation be held before the rendering of the arbitral award, and in particular that a minority opinion be discussed and not merely integrated into the arbitral award without further discussion.*

10.16. En la **jurisprudencia española**, el principio en cuestión está ya consolidado. Se aprecia –e interpreta– de forma expresa por primera vez por la AP de Madrid en su sentencia de 10.6.2011[40] y se asienta con la sentencia del TSJ del País Vasco de 18.4.2017[41]. Además, no cabe olvidar que existían ya ciertos precedentes jurisprudenciales que apuntaban en ese mismo sentido (aunque sin referirse expresamente a este *principio*). Así, el TS ya tuvo ocasión de señalar que: *"aunque baste la mayoría de votos para dictar el laudo, se requiere la concurrencia de la totalidad de los árbitros nombrados para que el órgano colegiado cumpla legalmente la función arbitral"*[42].

37. *Cour de cassation*, 8.7.2009, *Rev. Arb.*, 2009, pp. 658-659.
38. *Tribunal Federal*, 16.10.2003, *Bull ASA*, 2004, pp. 364-368.
39. *Supreme People's Court of the People's Republic of China*, 11.7.2008, *Guangying Garment v. Eurasia* (2008); www.kluwerarbitration.com.
40. La infracción de este principio condujo a la nulidad de laudo: SAP de Madrid (Sección 28.ª), 10.6.2012. Sobre esta sentencia, GÓMEZ JENE, "Principio de colegialidad", *Arbitraje*, 2012 (1), pp. 257-264 y pp. 275-280.
41. STSJ del País Vasco, 18.4.2017, ECLI:ES:TSJPV:2017:405. Esta sentencia hace expresa referencia a la sentencia de la AP de Madrid citada en la nota anterior.
42. STS de 13.7.1982, *RCEA*, 1984, pp. 128-130.

En el mismo sentido se había pronunciado también la jurisprudencia menor. En efecto, la misma AP de Madrid afirmó en su momento que: *a las deliberaciones de un Tribunal deben ser convocados todos sus miembros, para intercambiar opiniones y puntos de vista y llegar de esa manera a formar la opinión del Tribunal. Si uno de los componentes del Tribunal no es convocado a sus deliberaciones y la decisión se adopta por los demás, creemos que se produce un vicio sustancial en el desarrollo del procedimiento que provocaría la nulidad de la resolución*[43]. Se enmarca también dentro del mismo criterio hermenéutico el razonamiento de la AP de Madrid a cuya luz debe anularse un laudo dictado por dos árbitros por renuncia del tercero antes de producirse la deliberación[44]. La AP de Ourense, por su parte, anuló un laudo en atención a que no todos los árbitros tuvieron posibilidad de intervenir en determinada diligencia[45]. Por otro lado, jurisprudencia posterior ha anulado un laudo al entender que la falta de notificación a uno de los árbitros para acudir a la vista, deliberación y fallo del laudo supone tanto como que el mismo se dictó por un número par de árbitros[46]. Tal calificación del supuesto de hecho no es correcta, pues en puridad es la infracción del *principio de colegialidad* lo que lleva a que el laudo se dicte por un número par de árbitros (lo que en sí mismo, si está justificado, no es motivo de anulación).

10.17. Todavía en relación con el *principio de colegialidad* es obligado destacar que la no atención de este principio por parte del colegio arbitral constituye un supuesto de "ignorancia inexcusable" que, irremisiblemente, conlleva a apreciar la responsabilidad civil de los árbitros implicados[47].

43. SAP de Madrid, 28.2.2006; ECLI:ES:APM:2006:6752.

44. SAP de Madrid, 11.12.2003, ECLI:ES:APM:2003:13423. En palabras de la AP de Madrid: *En el presente caso consta en el propio laudo que se emitió con la ausencia del árbitro... los otros dos árbitros, lejos de proceder a nombrar un sustituto al árbitro dimisionario y renunciante a continuar con su cometido,... prosiguieron, con su ausencia y sin sustituto, con las labores de deliberación y emisión del laudo... La actuación expuesta... irremisiblemente acarrea su nulidad.*

45. SAP de Ourense, 25.3.1999, *RCEA*, 1999, pp. 237- 239. En palabras de la AP de Ourense: *Las pruebas habrán de practicarse, asimismo, con sujeción al principio de inmediación es decir, ante todos y cada uno de los árbitros que habrán de valorarlas para decidir.*

46. STSJ de Murcia, 13.5.2016, ECLI:ES:TSJMU:2016:1055.

47. Expresamente en este sentido, Sentencia JPI núm. 43 Madrid, 20.9.2013, *Arbitraje,* 2013 (3), pp. 901-906; Confirmando esta sentencia, SAP de Madrid, 27.10.2014, ECLI:ES:APM:2014:19638. Y confirmando esta última, STS, 15.2.2017, ECLI:ES:TS:2017:362. Al respecto, *vid. supra* Cap. IX.

### 2.2. El control judicial del *principio de colegialidad*

10.18. En garantía del *principio de colegialidad* y como instrumento de control de su observancia por los tribunales de justicia, la Ley de Arbitraje exige que, en el caso de que el laudo arbitral haya sido firmado únicamente por dos árbitros, consten en el mismo las razones de la falta de firma del tercero (art. 37.3 *in fine* LArb). Y es que, la falta de firma de uno de los árbitros sugiere, de entrada, una quiebra del *principio de colegialidad*. Por ello, la ley exige que se expliciten las razones que han conducido a tal situación; razones que, además, han de dar quienes firman el laudo, han de constar en el propio laudo, y han de consistir en una explicación creíble sobre la falta de la firma de su compañero. Repárese, por tanto, en que no se trata de una mera "formalidad"; se trata de una exigencia de *esencia*, porque su objeto es hacer posible el control judicial de la colegialidad.

El control judicial de la ausencia de firma consiste en verificar si, en el caso concreto, está fundada o resulta infundada la sospecha que levanta la ausencia de firma. Y la intensidad y alcance de ese control dependerá de las razones esgrimidas para explicar la firma ausente; bien entendido, además, que ese control judicial de la ausencia de firma es un juicio externo, ajeno al contenido del laudo; un juicio formal propio del juicio de anulación del laudo arbitral practicable de oficio (art. 41.2 LArb).

### 2.3. Secreto de las deliberaciones

10.19. El control de la colegialidad pasa, inevitablemente, por el control de lo actuado por los árbitros. En consecuencia, podría mal entenderse que el principio de colegialidad queda cubierto por el *secreto de deliberación*. Interpretación inaceptable, pues sabido es que el secreto de deliberación no constituye un principio del arbitraje –en general– ni de la LArb –en particular–, que ni lo establece ni regula y que sólo le otorga un papel residual (artículo 38.3 LArb)[48]. Por ello, el secreto de deliberación no está regulado en ninguna norma relevante de arbitraje (Reglamento de arbitraje UNCITRAL, Ley Modelo UNCITRAL de arbitraje, Reglamento de arbitraje de la CCI).

Que el secreto de deliberación *no* es un principio general del arbitraje lo evidencia, además, el hecho de que su infracción no determina la anulación del laudo. Así ha sido expresamente señalado en la jurisprudencia comparada[49]. Se trata, por tanto, de un proceder cuyo incumplimiento

48. *Vid. infra* Ep. 9 de este Cap.

49. *Cour d'Appel* de París, 19.3.1981, *Rev. Arb.*, 1982, p. 84 ; *Cour d'Appel* de París, 9.10.2008, *Rev. Arb.*, 2009, p. 352.

está desprovisto de sanción[50]. Y desde esta perspectiva, no debe perderse de vista que el secreto de deliberación sólo alcanza a las *opiniones individuales y su confrontación*, referidas y limitadas al fondo de la controversia, no a la organización o al modo de proceder de las deliberaciones[51].

10.20. Sentado lo anterior, no puede sorprender que para controlar una hipotética vulneración del principio de colegialidad, los jueces deban estudiar escritos –*ad ex.* correos electrónicos– redactados e intercambiados entre los árbitros. Tal proceder, además de ser una práctica constante en la jurisprudencia comparada[52], está evidentemente comprendido en el ámbito de aplicación del juicio "externo" de anulación[53].

## 3. CONFIDENCIALIDAD

10.21. En tanto que derecho de las partes, el deber de **confidencialidad** también debe presidir las actuaciones arbitrales[54].

**Artículo 24.2 LArb:**

*2. Los árbitros, las partes y las instituciones arbitrales, en su caso, están obligadas a guardar la confidencialidad de las informaciones que conozcan a través de las actuaciones arbitrales.*

10.22. El deber de confidencialidad impone a las partes afectadas la prohibición de divulgar a personas ajenas a la controversia información relativa al mismo. Tal obligación legal pretende, por un lado, crear un entorno "estanco" que favorezca el devenir del procedimiento arbitral; pero también y sobre todo preservar a las partes de las posibles consecuencias –tanto estéticas como de fondo– que de la divulgación de información pueda derivarse.

10.23. Interesados en la confidencialidad de tales informaciones pueden ser tanto las partes como cualquier tercero que demuestre interés cierto en ello: por ejemplo, los árbitros, la corte de arbitraje, los peritos, secretarios o intérpretes. No obstante lo anterior, es obligado señalar que la violación del deber de confidencial que incumbe a los árbitros no lleva

50. Ya en este sentido, BREDIN, *cit.*, pp. 80-81.
51. LOQUIN, «*L'examen du projet de sentence par l'institution et la sentence au deuxième degré*», *Rev. Arb.*, 1990, p. 459.
52. *Ad. ex. Cour d'Appel* de París, 10.1.2008, núm. 05/23814 (www.dalloz.fr/jurisprudence).
53. *Vid. infra* Cap. XII.
54. En general, sobre la confidencialidad, FERNÁNDEZ ROZAS, "Trayectoria y contornos del mito de la confidencialidad en el arbitraje internacional", *Arbitraje*, 2009 (2), pp. 335-378.

aparejada, en principio, la nulidad del laudo[55]. Solo podría considerarse la nulidad del mismo en supuestos extremos en los que el incumplimiento del deber de confidencialidad suponga un perjuicio claro en los derechos de defensa de las partes[56].

## 4. AUTONOMÍA DE LA VOLUNTAD

10.24. Asentados en el artículo 24 LArb los principios básicos que informan el procedimiento arbitral, el artículo 25 LArb se limita a consagrar la relevancia de la autonomía de la voluntad en este ámbito. Solo en defecto de acuerdo entre las partes, serán los árbitros quienes dirijan el procedimiento:

> **Artículo 25 LArb.** *Determinación del procedimiento.*
>
> 1. *Conforme a lo dispuesto en el artículo anterior, las partes podrán convenir libremente el procedimiento al que se hayan de ajustar los árbitros en sus actuaciones.*
>
> 2. *A falta de acuerdo, los árbitros podrán, con sujeción a lo dispuesto en esta Ley, dirigir el arbitraje del modo que consideren apropiado.*

10.25. La secuencia que trazan los artículos 24 y 25 LArb es de todo punto coherente, pues esbozado el marco dentro del cual debe desarrollarse el procedimiento arbitral, se brinda a continuación un amplio espacio a la autonomía de voluntad de las partes. Muchas son las formas en las que las partes pueden plasmar el alcance de dicha autonomía. Así, las partes pueden imponerse el cumplimiento de un protocolo concreto con plazos previamente establecidos u optar por tomar las decisiones correspondientes a la luz del mismo devenir del procedimiento arbitral. También pueden delimitar su acuerdo a un ámbito concreto del procedimiento arbitral –*ad ex.* forma en que deben librarse las notificaciones– o a una forma concreta de llevar a cabo las actuaciones –*ad ex.* primar la escritura respecto de la oralidad–. Todo ello, claro está, dentro del respeto a los principios procesales básicos anteriormente citados.

10.26. La autonomía de la voluntad en este contexto no tiene un límite temporal. De hecho, podrán modificar decisiones previamente tomadas y con independencia del criterio del colegio arbitral. Ahora bien, si finalmente éste fuera el caso, entiendo que estaría justificada una posible renuncia del árbitro al cumplimiento de su encargo. Del mismo modo,

55. TF suizo, 4A_510_2015, 8.3.2016, en relación con las manifestaciones hechas por un árbitro a la prensa sobre un arbitraje TAS.

56. Ya en este sentido, FERNÁNDEZ ROZAS, "Trayectoria y contornos del mito de la confidencialidad...", *cit.*, p. 362.

las partes podrán convenir la aplicación del reglamento de arbitraje de alguna institución arbitral sin someterse a su administración. Incluso podría vislumbrarse la posibilidad de que las mismas acuerden el recurso a una segunda instancia arbitral[57].

10.27. La falta de acuerdo de las partes o su inactividad sobrevenida supone la competencia del colegio arbitral; bien entendido, además, que la inactividad de las partes a lo largo del procedimiento no tiene por qué acarrear la nulidad del laudo arbitral[58].

## II. EL LUGAR DEL ARBITRAJE

10.28. La elección del lugar del arbitraje es un hecho de crucial importancia en el ámbito del arbitraje *internacional*. Y es que, tanto la *competencia judicial internacional* de los tribunales para conocer de las acciones de apoyo y control del mismo, como la determinación de su carácter interno o extranjero, puede depender de tal elección. De hecho, la mera designación del lugar del arbitraje tiene –en perspectiva procesal– unos efectos equivalentes a los de una cláusula de sumisión expresa a tribunales (*prorrogatio fori*). En efecto, si bien se mira, no debe haber ningún inconveniente en admitir que la mera designación de una ciudad concreta –*ad ex*. Ginebra, París, Londres– en el convenio o cláusula arbitral produce los mismos efectos procesales que una cláusula de sumisión a tribunales; unos efectos que en el concreto ámbito del *control* del arbitraje suponen tanto como otorgar a los tribunales de esa ciudad una competencia *exclusiva y excluyente* para conocer de la acción de anulación[59].

> **High Court of Justice, 28.6.2007**[60]: *29.... The effect of them is that the agreement as to the seat of an arbitration is akin to agreement to an exclusive jurisdiction clause. Not only is there agreement to the arbitration itself but also to the courts of the seat having supervisory jurisdiction over that arbitration. By agreeing to the seat, the parties agree that any challenge*

57. Opción que goza de cierto predicamento desde hace tiempo en la doctrina alemana. Así, en este sentido, SCHLOSSER, § 1042, Núm. marginal 4, en STEIN / JONAS, *Kommentar zur Zivilprozeßordnung*, 22.ª Ed.; GEIMER, § 1042, Núm. marginal 46, en ZOLLER, *ZPO*, 28.ª Ed., Colonia, 2010. Por lo demás, esta tendencia empieza a consolidarse en los reglamentos de arbitraje más recientes: Así, a título de ejemplo, *vid.* los artículos 52-61 del Reglamento de arbitraje de CIMA (2015).
58. Expresamente en este sentido, SAP de Asturias, 11.6.2002, *RCEA*, 2003, pp. 326-328.
59. *Vid.* Cap. VII. *Vid.* también ATSJ de Madrid, 1.2.2012, ECLI:ES:TSJM:2012:29A.
60. *High Court of Justice (Queen's Bench Division, Commercial Court)*, 28.6.2007, (2007) EWHC 1541 (Comm). En este fallo, el tribunal concedió una *injunction "preventing a challenge to the award in any jurisdiction other than this court"*.

*to an interim or final award is to be made only in the courts of the place designated as the seat of the arbitration.*

10.29. Puede afirmarse, en cualquier caso, que en el ámbito del arbitraje internacional la concreción del lugar constituye un acto en virtud del cual las partes –o en su defecto los árbitros– establecen una conexión o vínculo con un *forum* concreto y su Derecho procesal: no en vano, la acción de anulación se sustanciará ante los tribunales de ese Estado y la posible vulneración de garantías procesales se interpretará conforme a las normas en vigor en aquel lugar. Desde esta perspectiva, podría afirmarse también que con la concreción de dicho lugar las partes o, en su defecto, los árbitros, "anclan" el arbitraje a un foro determinado.

10.30. Para la concreción del lugar o sede del arbitraje habrá de estarse, en caso de arbitraje institucional, al reglamento de la institución. En su defecto, tanto el CG como la LArb se basan en la autonomía de la voluntad.

**Artículo IV.1 CG.**

*Las partes en un acuerdo o compromiso arbitral podrán, según su libre criterio, prever:*

*b) que sus diferencias o contiendas sean sometidas para su resolución a un procedimiento arbitral ad hoc; es este caso, las partes tendrán, entre otras, las siguientes facultades:*

*ii) Determinar el lugar de la sede o emplazamiento del tribunal arbitral.*

**Artículo 26 LArb**: *Lugar del arbitraje.*

1. *Las partes podrán determinar libremente el lugar del arbitraje. A falta de acuerdo, lo determinarán los árbitros, atendidas las circunstancias del caso y la conveniencia de las partes.*

2. *Sin perjuicio de lo dispuesto en el apartado anterior, los árbitros podrán, previa consulta a las partes y salvo acuerdo en contrario de éstas, reunirse en cualquier lugar que estimen apropiado para oír a los testigos, a los peritos o a las partes, o para examinar o reconocer objetos, documentos o personas. Los árbitros podrán celebrar deliberaciones en cualquier lugar que estimen apropiado.*

Las reglas en cuestión (CG, LArb y Reglamentos) se aplican a supuestos de *olvido* o *preterición* de la cuestión de la determinación de la sede (cuestión conscientemente *omitida* por las partes en la negociación del convenio arbitral). Sin embargo, si hay un **desacuerdo**

**expreso** o disenso de las partes sobre el particular, estimo que no hay convenio arbitral[61].

10.31. La jurisprudencia ha reconocido expresamente la competencia del árbitro para designar el lugar del arbitraje cuando no haya acuerdo de las partes al respecto. Ahora bien, la jurisprudencia también ha matizado que el árbitro no puede designar un lugar que, por los motivos que fueren, produzca indefensión a alguna de las partes o un desequilibrio entre las mismas[62]. De hecho, la elección de una sede de forma caprichosa por el árbitro, sin reparar en las circunstancias del caso, puede suponer –de hecho, ha supuesto ya– la anulación del laudo[63].

10.32. La posibilidad de que los árbitros se reúnan en cualquier lugar de la geografía mundial está expresamente admitida en el segundo párrafo del artículo 26 LArb. De una interpretación excesivamente amplia de este párrafo podría defenderse la posibilidad de que, aun estando designada la sede en territorio español, el arbitraje se desarrollara íntegramente en el extranjero. La cuestión así planteada, ciertamente polémica a nivel doctrinal[64], nos sitúa entre los límites del *criterio territorial* que informa a la norma (art. 1) y el carácter meramente formal que inspira la designación de la sede arbitral (art. 26). Pues bien, emplazados en este particular marco, entiendo que el criterio territorial también repercute –prevalece– sobre el citado carácter formal. Aceptar otra interpretación sería tanto como desarticular la coherencia interna de la misma norma; tanto como tolerar "ficciones" sobre el carácter interno o extranjero del laudo arbitral; tanto, en definitiva, como asumir una doctrina *anacional* del arbitraje internacional.

La jurisprudencia sueca –importante en materia de arbitraje internacional– corrobora esta interpretación, pues ha negado la competencia de sus tribunales para conocer de una acción de anulación sobre un laudo arbitral aparentemente dictado en Estocolmo: árbitro inglés, audiencias en Francia y deliberaciones en Inglaterra[65]. Las consecuencias que de esta decisión se derivan son verdaderamente

61. *Vid. supra* Cap. VIII, Ep. II, 8.6.
62. Auto TSJ de Madrid, 11.7.2017, ECLI:ES:TSJM:2017:368A.
63. SAP de Vizcaya, 6.6.2007, ECLI:ES:APBI:2007:1621. *Vid. infra* Cap. XII.
64. Así, en el marco de la Ley Modelo (art. 20), implícitamente a favor HOLTZMAN / NEUHAUS, *A Guide to the Uncitral Model Law on International Commercial Arbitration: Legislative History and Commentary*, Deventer, 1994, pp. 593-596; expresamente en contra, CALAVROS, *Das UNCITRAL- Modellgesetz über die internationale Handelsschiedsgerichtsbarkeit*, 1988, p. 109.
65. *Vid.* la referencia en VIRGÓS SORIANO, "Arbitraje comercial internacional y Convenio de Nueva York de 1958", *Diario la Ley*, 26.3.2007, nota a pie 18.

importantes, ya que puede suponer tanto como que la parte afectada no encuentre un foro donde plantear su acción –al entender los tribunales de ese segundo foro que la competencia debe recaer exclusivamente en los tribunales del lugar designado en el laudo–.

Por ello, entiendo también que la facultad que el segundo párrafo del artículo 26 LArb brinda a los árbitros para oír a testigos o llevar a cabo deliberaciones en otros lugares ajenos al de la sede arbitral debe interpretarse en sentido parcialmente estricto; esto es, como una posibilidad real, que no debe convertirse, empero, en la opción general[66].

10.33. Para designar un lugar de la geografía española como sede del arbitraje ***no* es necesario que las partes o los árbitros tengan algún tipo de nexo**, conexión o vínculo con el país (*ad. ex.* no se requiere ni domicilio, ni residencia habitual en España). Consecuencia de esta "desvinculación consentida" es que cualquier **criterio** puede ser válido para fijar el lugar del arbitraje. Así, por ejemplo, las condiciones de trabajo, las funciones de apoyo al arbitraje que asuman los tribunales de ese Estado, los costes del procedimiento, o incluso estudios prospectivos en torno a la ejecución del futuro laudo arbitral, constituyen todos ellos criterios que, bien de forma aislada, bien de forma conjunta, sirven para tomar una decisión al respecto.

10.34. En aplicación del principio de la autonomía de la voluntad que informa a la norma, la **fijación del lugar del arbitraje** corresponde a las **partes**. Sólo en **defecto de acuerdo** entre ellas serán los árbitros quienes decidan sobre la cuestión "atendidas las circunstancias del caso". Y así, lejos de gozar de una libertad absoluta en este ámbito, deberán adoptar su decisión en base a los intereses de las partes (*ad. ex.* costes).

En el supuesto de que se trate de un arbitraje *institucional*, habrá que estar a lo previsto en el reglamento de la Institución. En este punto, llama poderosamente la atención el hecho de que prácticamente ninguno de estos textos se decante por adoptar una solución específica sobre la cuestión. De hecho, el criterio más común consiste en dejar en manos del "Centro" o la "Corte" –que no el colegio arbitral– la decisión al respecto, estudiadas las circunstancias concretas del caso[67]. Este criterio tiene todo

66. Como uno de los pocos ejemplos existentes en la jurisprudencia: STSJ de Madrid, 4.5.2021, ECLI:ES:TSJM: 2021:5098: arbitraje institucional (LCIA) con sede en Madrid, pero audiencias celebradas –por acuerdo expreso de las partes– en Londres.

67. *Vid.* respectivamente, art. 18 del Reglamento de arbitraje de la CCI (2021) y art. 16 del Reglamento suizo de arbitraje internacional (2004). Como excepción a esta regla, puede traerse a colación el artículo 16.1 del Reglamento de arbitraje de la LCIA, a cuyo tenor, en ausencia de acuerdo entre las partes, *"la sede del arbitraje será Londres, salvo que la Corte de la LCIA... estime otro lugar más apropiado"*.

su sentido, pues previene el problema que surge cuando los árbitros no son capaces de ponerse de acuerdo sobre la cuestión. Para los arbitrajes *ad hoc*, los árbitros pueden servirse de los criterios que estimen pertinentes, pero siempre cuidando los intereses de las partes.

> En perspectiva estrictamente interna, la jurisprudencia ha matizado que el lugar del arbitraje no tiene por qué coincidir con el domicilio de la sede de la Institución[68]. Del mismo modo, el acuerdo sobre el lugar del arbitraje recogido en el Acta de Misión prevalece sobre circunstancias posteriores que puedan poner en cuestión dicha elección (*ad ex.* hacer mención de un lugar –ciudad– distinta en escritos posteriores de las partes)[69].

10.35. La decisión adoptada por los árbitros designando algún lugar de la geografía española como sede del arbitraje no **es susceptible de ser recurrida ante los tribunales de justicia**. Así se deduce del artículo 7 LArb, en cuya virtud la intervención de los tribunales está restringida a los supuestos expresamente previstos en la misma LArb. Y es evidente que este supuesto no está contemplado en la letra de la Ley. La no intervención judicial en este contexto tiene por finalidad evitar que cualquiera de las partes intente obstaculizar el correcto devenir del arbitraje mediante medidas dilatorias. Por ello, no debe reputarse como laguna legal el hecho de que la nueva norma no prevea la intervención de los tribunales de justicia en este supuesto[70]. No obstante lo anterior, la decisión adoptada por los árbitros pueda ser impugnada en sede de anulación, reconduciendo la cuestión en torno a alguno de los motivos previstos en el artículo 41 LArb.

10.36. En defecto de acuerdo entre los árbitros sobre el lugar del arbitraje –y en defecto de reglamento arbitral–, decidirá el presidente del colegio[71]. Ello es así porque la concreción del lugar del arbitraje debe considerarse como una cuestión de "ordenación" del procedimiento arbitral en el sentido previsto en el artículo 35 LArb. De tal forma que la solución que prevé este precepto –facultad del presidente del colegio arbitral para adoptar por sí mismo determinadas decisiones– es aplicable en este contexto.

68. Auto TSJ de Madrid, 12.9.2019, ECLI:ES:TSJM:2019:242A.
69. Auto TSJ de Madrid, 15.12.2020, ECLI:ES:TSJM:2020:633A.
70. Sin embargo, *vid.* BORGES, "Die Anerkennung und Vollstreckung von Schiedssprüchen nach dem neuen Schiedsverfahrensrecht", *ZZP*, 1998, p. 505. En este contexto es de destacar que el tenor del § 1026 ZPO es prácticamente idéntico al tenor del art. 7 LArb, por lo que lo lógico es deducir que tampoco la regulación alemana admite la intervención judicial en este contexto.
71. Supuesto poco probable, pero posible en el marco de un arbitraje *ad hoc*.

10.37. Cuestión especialmente polémica es la que gira en torno a la posibilidad de que las **partes modifiquen la decisión** previamente alcanzada por el colegio arbitral. La doctrina comparada no es pacífica en este contexto[72]. La doctrina española, por su parte, aboga por limitar *temporalmente* el alcance de la autonomía de la voluntad; de tal forma que las partes podrían hacer uso de esa autonomía hasta el momento en que el colegio arbitral aceptase su nombramiento[73].

A este respecto, cabe realizar las siguientes observaciones. Pese a lo improbable de que este tipo de supuesto llegue a darse, la respuesta a esta cuestión debe matizare a la luz del cambio propuesto, pues una cosa es que el cambio en cuestión se refiera a un lugar *parte* de la geografía española y otra que el cambio en cuestión se refiera a un lugar situado en el *extranjero*. Si el lugar elegido es un lugar –una ciudad– situada en el extranjero, la decisión en cuestión supone mucho más que un mero cambio del lugar del arbitraje: la decisión en cuestión supone tanto como un cambio del marco legal del arbitraje; un cambio, en definitiva, de *lex arbitri*. En efecto, en la medida en que la LArb es de aplicación imperativa *"a los arbitrajes cuyo lugar se halle dentro del territorio español"* (art. 1.1 LArb), designar como sede –o lugar– del mismo un lugar situado en el extranjero supone tanto como un cambio de la ley que debe regirlo. Lo cual, a su vez, supone también un cambio de jurisdicción respecto de las acciones de apoyo y control del arbitraje. Pese a ello, entiendo que nada en la letra o espíritu del precepto impiden que las partes puedan hacer uso de tal facultad. Incluso puede afirmarse que el párrafo segundo del artículo 26 LArb contempla implícitamente esta posibilidad.

Bien es cierto que una cosa es rectificar la decisión de los árbitros al inicio del procedimiento arbitral, y otra bien distinta es rectificarla habiendo llevado ya a cabo una serie de actuaciones –audiencias, etc.–. Pero los inconvenientes que de un traslado del lugar del arbitraje puedan derivarse no tienen por qué limitar el alcance de la autonomía de la voluntad de las partes. De hecho, situados en este contexto, lo lógico es pensar que mediante dicho traslado las partes pretenden preservar la eficacia del arbitraje. En cualquier caso, un cambio por las partes de la decisión finalmente adoptada por el colegio arbitral sobre el lugar del arbitraje justifica una posible renuncia de los árbitros a sus funciones.

72. Con más referencias, GEIMER, § 1042, Núm. marginal 46, en ZOLLER, *ZPO*, 28.ª Ed., Colonia, 2010.

73. En este sentido, con más citas, ALZAGA VILLAMIL, "Artículo 26", en: GONZÁLEZ SORIA, (Coor.), *Comentarios a la nueva Ley de Arbitraje*, 2.ª. Ed, Cizur Menor, 2011, p. 398; PALAO MORENO, "Artículo 26", en: BARONA VILAR, *Comentarios a la Ley de Arbitraje*, 2.ª. Ed., Madrid, pp. 1202-1203.

10.38. El lugar escogido por las partes –o en su defecto por los árbitros– debe constar en el laudo arbitral (art. 37.5 LArb)[74]. Sin embargo, puede ocurrir –y de hecho ocurre– que el lugar que en dicho laudo conste no sea, ni el lugar elegido por las partes –porque no hicieron elección expresa sobre este particular–, ni el lugar en el que se llevaron a cabo las pertinentes audiencias (*ad. ex.* porque el árbitro hizo constar en el laudo el domicilio de su residencia habitual)[75]. Llegados a este extremo surge la cuestión de determinar el lugar en el que el laudo debe considerarse efectivamente dictado[76]. Pues bien, siguiendo en este punto lo ya asentado en la jurisprudencia comparada, estimo que la primera conexión a tener en cuenta debería ser la del *lugar en la que efectivamente se llevaron a cabo las audiencias.* En el supuesto de que aquel lugar no pudiera determinarse –*ad ex.* por ser varios los lugares donde aquéllas se llevaron a cabo– podría considerarse como lugar relevante el *lugar donde se llevó a cabo la última audiencia.* Y para aquellos arbitrajes en los que el colegio arbitral esté compuesto por tres árbitros, el hecho de que uno de ellos haga constar en el laudo un lugar distinto al que han hecho constar los demás árbitros debe considerarse como un dato irrelevante[77].

## III. INICIO DEL ARBITRAJE

10.39. Incluso la fecha del inicio del arbitraje es una cuestión que depende de las mismas partes. Ellas pueden convenir en qué momento entienden que el arbitraje se ha iniciado. En defecto de tal acuerdo, se entenderá que el arbitraje se inicia *en la fecha en la que el demandado haya recibido el requerimiento* de someter la controversia a arbitraje. En los arbitrajes institucionales esta fecha será la que establezca el Reglamento en cuestión.

**Artículo 27 LArb.**

*Salvo que las partes hayan convenido otra cosa, la fecha en el que el demandado haya recibido el requerimiento de someter la controversia a arbitraje se considerará la de inicio del arbitraje.*

74. *Vid. infra* Cap. XI.

75. Este fue el supuesto de hecho que originó la sentencia del OLG Düsseldorf *EWiR § 1059 ZPO 2/2000*, 795 (con nota de KRÖLL). En concreto, en este caso las audiencias se celebraron en Zurich, pero el árbitro hizo constar en el laudo la ciudad de su domicilio (Dusseldorf).

76. Repárese en que es esta una cuestión clave, sobre todo a los efectos de concretar los tribunales competentes para conocer de la acción de anulación.

77. Expresamente en este sentido, *Cour d'appel* de París, 22.9.1995, *Rev. Arb.*, 1996, pp. 100-109 (con nota de GAILLARD): *"la circonstance tenant au fair que l'un des arbitres a signé la sentence dans un autre pays est à elle seule inopérante".*

La determinación de este momento procesal supone una novedad importante respecto de la antigua LArb 1988. Esta ley establecía en su artículo 22.1 que el procedimiento arbitral comenzaba cuando los árbitros hubiesen notificado a las partes por escrito la aceptación del arbitraje. La aplicación práctica de este precepto demostró que tal momento procesal –notificación de la aceptación– fomentaba ciertas tácticas procesales tendentes a dilatar el inicio del arbitraje (por ejemplo, la negativa de alguna parte a nombrar árbitro). La regulación ahora en vigor pretende evitar este tipo de conductas y, para alcanzar tal objetivo, fija un momento previo. La EM lo explica así: *El inicio del arbitraje se fija en el momento en que una parte recibe el requerimiento de la otra de someter la controversia a decisión arbitral. Parece lógico que los efectos jurídicos propios del inicio del arbitraje se produzcan ya en ese momento, incluso aunque no esté perfectamente delimitado el objeto de la controversia. Las soluciones alternativas permitirían actuaciones tendentes a dificultar el procedimiento.*

## IV. IDIOMA DEL ARBITRAJE

10.40. La cuestión relativa al *idioma* del arbitraje, de suma relevancia práctica, es regulada por la LArb desde el principio de la autonomía de la voluntad de las partes. Dicha autonomía se concibe en su más amplia expresión; esto es, sin limitación alguna. Por ello, y a diferencia de lo establecido en la antigua LArb 1988 (art. 24.2), en virtud del artículo 28 LArb el idioma en cuestión no tiene por qué ser un idioma conocido por las partes, ni tiene por qué ser el idioma oficial del lugar en el que se desarrollará la actuación arbitral.

**Artículo 28.1 LArb.**

*Las partes podrán determinar libremente el idioma o los idiomas del arbitraje. A falta de acuerdo, y cuando las circunstancias del caso no permitan delimitar la cuestión, el arbitraje se tramitará en cualquiera de las lenguas oficiales en el lugar donde se desarrollen las actuaciones. La parte que alegue desconocimiento del idioma tendrá derecho a audiencia, contradicción y defensa en la lengua que utilice, sin que esta alegación pueda suponer la paralización del proceso.*

*Salvo que en el acuerdo de las partes se haya previsto otra cosa, el idioma o los idiomas establecidos se utilizarán en los escritos de las partes, en las audiencias, en los laudos y en las decisiones o comunicaciones de los árbitros, sin perjuicio de lo señalado en el párrafo primero.*

*En todo caso, los testigos, peritos y terceras personas que intervengan en el procedimiento arbitral, tanto en actuaciones orales como escritas podrán utilizar su lengua propia. En las actuaciones orales se podrá habilitar como intérprete o cualquier persona conocedora de la lengua empleada, previo juramento o promesa de aquélla*[78].

10.41. En la medida en que las disposiciones de la nueva LArb son de aplicación a todos los arbitrajes que se celebren en España[79], nada obsta para que en un arbitraje estrictamente interno las partes puedan hacer uso de la facultad que este precepto les confiere. No será este el supuesto más frecuente; sin embargo, en ciertos arbitrajes calificados como internos por la propia LArb, podría considerarse la posibilidad de que el procedimiento se sustanciará en un idioma extranjero. Tal sería el supuesto, por ejemplo, cuando el colegio arbitral estuviese formado por uno o varios árbitros de nacionalidad extranjera.

10.42. La libre elección del idioma se erige como una importante *ventaja* del arbitraje respecto de la jurisdicción ordinaria, pues contribuye decididamente a rebajar costes y a agilizar el procedimiento. Dichos costes, sin embargo, sólo se verán efectivamente disminuidos cuando los árbitros que conformen el colegio arbitral estén en disposición de realizar su labor en el idioma escogido. De ahí, la relevancia de tener en cuenta esta cuestión a la hora de nombrarlos.

10.43. Los *criterios* que pueden retener las partes para adoptar una decisión al respecto pueden ser de distinta índole. Frente a la típica conexión utilizada por los reglamentos arbitrales más importantes –idioma en el que está redactado el convenio arbitral o idioma en el que está redactado el contrato principal–, también pueden tenerse en cuenta otras conexiones como, por ejemplo, el idioma del país cuya Ley es aplicable al fondo de la controversia, o el idioma del país de la sede del arbitraje[80]. De igual forma, puede optarse por elegir un idioma, que aun sin tener una vinculación estrecha con el supuesto, sí pueda garantizar, por ejemplo, un menor recurso a las traducciones.

10.44. Cuestión controvertida en este ámbito es la que gira en torno a la posibilidad de que las partes *cambien* el idioma inicialmente acordado; esto es, estando el procedimiento arbitral en curso. Para cierto sector doctrinal este cambio *no* sería posible, pues supondría tanto como alterar

78. Redacción dada por la *Ley 11/2011 de reforma de la Ley de Arbitraje.*

79. *Vid. supra* Cap. II.

80. En este sentido, BREINSTENSTEIN, "La langue de l'arbitrage: Une langue abstraite?", *ASA Bull.*, 1995, pp. 18-22.

actuaciones arbitrales consumadas, en curso o ya previstas[81]. Para otro sector doctrinal, el cambio del idioma inicialmente pactado solo es posible hasta el momento en que los árbitros acepten su encargo[82]; o hasta el momento en el que se firme el *acta de misión*[83]. Es decir, la autonomía de la voluntad de las partes en este ámbito estaría *temporalmente* limitada. A mi juicio, sin embargo, ninguna de esas dos interpretaciones refleja la intención que subyace a la Ley de Arbitraje. De hecho, nada en su letra induce a pensar en tal sentido. Por ello, estimo que la autonomía de la voluntad no debe limitarse y que, en virtud de la misma, el cambio de idioma es una opción que las partes pueden ejercitar en cualquier momento. Cierto es que decidirse por esta opción puede implicar un retraso en el procedimiento arbitral que, a la postre, impida cumplir con el plazo exigido por la Ley para dictar el laudo. Incluso puede llegar a justificar la renuncia del árbitro. Pero cierto es también que puede suponer todo lo contrario, pues puede coadyuvar decididamente a un mejor desarrollo del procedimiento arbitral. Por ello, si baremadas las circunstancias pertinentes, las partes deciden modificar la decisión inicialmente tomada, nada obsta para que así lo hagan. El artículo 28 LArb no lo prohíbe expresamente, y una interpretación teleológica de la norma –inspirada en el máximo respeto a la autonomía de la voluntad de las partes–, aboga por dar una respuesta positiva a esta cuestión.

10.45. La posibilidad que otorga el artículo 28 LArb de trabajar simultáneamente en uno o varios idiomas es una opción que, aunque aparentemente atractiva, puede llegar a desvirtuar las ventajas anteriormente citadas. En efecto, decantarse por el uso simultáneo de dos o más idiomas puede suponer tanto como dilatar el procedimiento en el tiempo, así como aumentar significativamente sus costes. Pero lo que aún es más grave, puede originar que los diferentes escritos, comunicaciones o audiencias sean interpretados de forma diferente. Con todo, si finalmente las partes se decantan por seguir un procedimiento bilingüe, es conveniente considerar la opción de dictar el laudo en un único idioma[84]. Y ello, sin perjuicio de que la Ley no lo exija expresamente.

81. En interpretación de las normas alemanas, MÜNCH, § 1045, Núm. marginal 5, en: *MünchKommZPO*, 2.ª Ed.

82. PALAO MORENO, "Artículo 28", en: BARONA VILAR, *Comentarios a la Ley de Arbitraje*, 2.ª. Ed., Madrid, p. 1239.

83. *Vid*. PINNA, "L'autorité des règles d'arbitrage choisies par les parties", *Les Cahiers de l'arbitrage*, 2014, 1, pp. 9-28.

84. En este sentido *vid*. DERAINS / SCHWARTZ, *A Guide to the New ICC Rules of Arbitration*, La Haya, 1998, p. 215. Los autores traen a colación una cláusula inserta en los "Terms of Reference" de un arbitraje institucional (CCI) que bien podría servir de modelo para los arbitrajes bilingües: *"The language of the proceedings will be English. However, French will be allowed as an optional language, bearing in mind that the English*

10.46. En defecto de acuerdo entre las partes, *"el arbitraje se tramitará en cualquiera de las lenguas oficiales en el lugar donde se desarrollen las actuaciones"*. Es decir, en defecto de reglamento arbitral y si las partes no se ponen de acuerdo sobre el idioma, los árbitros tienen un poder de decisión muy limitado sobre la cuestión: solo podrán optar entre una de las *lenguas oficiales* del lugar donde se desarrollen las actuaciones.

La solución que de este modo prevé la LArb está pensada para supuestos estrictamente internos. De hecho, la solución adoptada es, en clave internacional, atípica, alejada de las soluciones que prevén las normas más sensibles a esta realidad: *ad ex.* lengua en la que está redactado el contrato; lengua en la que está redactado el convenio arbitral; lengua del Estado cuya ley es la aplicable al fondo del contrato[85].

En el supuesto de que se trate de un arbitraje *institucional*, la circunstancia a tener en cuenta estará, de ordinario, prevista en el reglamento de la Institución. Así, la circunstancia relevante que suelen retener estos reglamentos es la del idioma en el que está redactado el convenio arbitral. Para los arbitrajes *ad hoc*, los árbitros pueden servirse de los mismos criterios que en su momento sopesaron las partes (*supra*).

Las reglas en cuestión (LArb y Reglamentos) se aplican a supuestos de *olvido* o *preterición* de la cuestión del idioma (cuestión conscientemente *omitida* por las partes en la negociación del convenio arbitral). Sin embargo, si hay un **desacuerdo expreso** o disenso de las partes sobre el particular, estimo que no hay convenio arbitral[86].

10.47. Si, como particularmente estimo, la determinación del idioma constituye una cuestión de "ordenación" del procedimiento arbitral en el sentido previsto en el artículo 35 LArb, en el supuesto de que los árbitros no alcancen un acuerdo sobre este extremo, habrá de estarse a lo estipulado en este artículo. De tal forma que, salvo disposición contraria de las partes, la decisión se adoptará por mayoría. Si no hubiere mayoría –*ad. ex.* porque cada árbitro propone un idioma diferente–, la decisión será tomada por el presidente. La decisión adoptada por los árbitros no es susceptible de ser recurrida ante los tribunales de justicia. Así se deduce del artículo 7 LArb, en cuya virtud, la intervención de los tribunales está restringida a los supuestos expresamente previstos en la misma LArb. Y

*will remain the main language of the proceedings and that any procedural Order and any Award will be made in that language"*.

85. *Vid.* LAMÈTHE, "Las langues de l'arbitrage international: liberté raisonné de choix ou contraintes réglementées?", *JDI*, 2007, pp. 1175-1193.

86. *Vid. supra* Cap. VIII, Ep. II, 8.6.

del mismo modo que ocurre con el supuesto relativo a la concreción de la sede del arbitraje (10.35), este concreto supuesto no está contemplado en la letra de la Ley. Por tanto, y a diferencia de lo que ocurre en otros países, no debería ser posible encontrar en nuestra jurisprudencia sentencias que resuelvan sobre esta cuestión[87]. La no intervención judicial en este contexto tiene por finalidad evitar que cualquiera de las partes intente obstaculizar el correcto devenir del arbitraje mediante medidas dilatorias. Cuestión distinta es que posteriormente pretenda reconducirse esta cuestión argumentando en torno a alguno de los motivos de anulación previstos en el artículo 41 LArb.

10.48. El hecho de que las partes –o los árbitros– elijan un idioma determinado para el arbitraje no supone que toda la documentación que se maneje en el mismo deba estar traducida a dicho idioma.

**Artículo 28.2 LArb.**

*Los árbitros, salvo oposición de alguna de las partes, podrán ordenar que, sin necesidad de proceder a su traducción, cualquier documento sea aportado o cualquier actuación realizada en idioma distinto al del arbitraje.*

Este inciso del artículo 28 LArb concede a los árbitros un amplio margen de maniobra. En efecto, una vez determinado el idioma del arbitraje, el margen de actuación de los árbitros se incrementa notablemente, pues el inciso en cuestión les permite considerar cualquier documento escrito en otra lengua, así como llevar a cabo "*cualquier actuación*" en un idioma distinto del inicialmente designado. En un contexto de arbitraje internacional, nada obsta para otorgar a esta expresión un amplio alcance, entendiendo que tienen cabida bajo la misma todas las actuaciones necesarias para el correcto desarrollo del arbitraje: entre otras, interrogatorio de testigos y peritos. Lo anterior, evidentemente, preservando los derechos de defensa de las partes.

10.49. Por último, cabe destacar que el precepto en cuestión no regula las consecuencias jurídicas que dimanan de la entrega por las partes de uno o varios **documentos en un idioma diferente al acordado**. Este supuesto es concebible en dos momentos procesales distintos: (i) antes o (ii) después de haber sido elegido el idioma del arbitraje. Por lo que hace al primer momento procesal aludido, parece lógico inferir que de no coincidir el idioma en el que el documento está redactado con el idioma finalmente elegido para la sustanciación del procedimiento arbitral, los árbitros deberán otorgar un plazo adecuado a la parte interesada para que

87. Este supuesto puede parecer infrecuente. Sin embargo, *vid. Oberster Gerichtshof*, 4.12.1994, *YCA*, 1997, pp. 263-265.

dicho documento sea traducido. Más controvertido resulta, sin embargo, el supuesto en el que habiendo sido ya concretado el idioma del arbitraje –segundo momento procesal–, alguna de las partes insistiera en entregar los documentos en un idioma distinto al acordado. Situados en este contexto, entiende un importante sector doctrinal que la entrega de tales documentos habrá de reputarse como no acontecida[88]. Sin negar la coherencia de tal afirmación, entiendo que tal proceder es excesivamente arriesgado, pues podría llegar a justificar una acción de anulación del laudo arbitral. Por ello, parece más prudente optar –al menos en un primer momento– por garantizar los derechos de defensa de la parte, otorgándole un plazo razonable para enmendar dicho error. Evidentemente, si la parte afectada insistiera en su comportamiento –con fines claramente dilatorios– cobraría todo su sentido la primera opción descrita.

10.50. La **jurisprudencia española** en interpretación de este precepto es escasa. Sin embargo, en interpretación de la primera versión de este artículo 28, tuvo ocasión de afirmar que, si de las actuaciones de las partes se desprende una voluntad implícita de celebrar el arbitraje en un idioma distinto al inicialmente pactado –sin queja al respecto a lo largo del procedimiento arbitral–, no procede una posterior anulación del laudo en base a esta circunstancia[89]. El tenor actual del precepto no impide, a mi juicio, mantener esta jurisprudencia, pues la voluntad implícita de cambiar el idioma inicialmente pactado no deja de ser una manifestación más de la autonomía de la voluntad.

10.51. Tampoco es abundante la **jurisprudencia comparada** sobre este particular. Con todo, son conocidos en este contexto los asuntos *Bombardier* y *Blow Pack* resueltos por la *Cour d'appel* de París[90]. En virtud del primer asunto, la *Cour* estimó que una alteración unilateral por parte de los árbitros del idioma inicialmente acordado por las partes, para incluir en el procedimiento documentos en otro idioma (alemán) sin la correspondiente traducción, no suponía una vulneración de los derechos de defensa. La *Cour* llegó a esta conclusión analizando los particulares datos del caso y, en este sentido, tomó en consideración el hecho de que ambas partes estuvieran domiciliadas en un país de habla alemana. Sin embargo, en el posterior asunto *Blow Pack,* la *Cour* anuló el laudo arbitral

88. SCHLOSSER, § 1045, Núm. marginal 2, en: STEIN / JONAS, *Kommentar zur Zivilprozessordnung,* 22.ª Ed.
89. SAP de Madrid, 17.6.2008, *Arbitraje,* 2009 (2), pp. 570-576 (con nota de VILLAMARÍN LÓPEZ).
90. *Cour d'appel* de París, 23.6.2005 y 2.4.2013, respectivamente. Sobre ambas sentencias, *vid.* PINNA, "L'autorité des règles d'arbitrage choisies par les parties", *Les Cahiers de l'Arbitrage,* 2014, 1, pp. 11-14.

porque los árbitros basaron su decisión en un dictamen pericial escrito en alemán, parcialmente traducido al francés (idioma del arbitraje). Para la *Cour*, tal proceder de los árbitros suponía una vulneración del *principio de contradicción*.

## V. DEMANDA Y CONTESTACIÓN

10.52. La fecha de la presentación de la demanda, pero sobre todo, la fecha de la presentación de la contestación, son hitos procesales importantes. Repárese en que la fecha en que se presenta la contestación marca el momento temporal a partir del cual corre el plazo legalmente establecido para dictar el laudo[91]. La concreción de estos plazos depende de la voluntad de las partes. Solo en defecto de acuerdo entre ellas –y a salvo el arbitraje institucional–, los árbitros fijan el plazo temporal. Tanto la demanda como la contestación a la misma deben contener una descripción de los hechos en que se funda y las pretensiones de cada parte. Además, es importante destacar que, en principio y salvo criterio en contrario de los árbitros, el contenido tanto de la demanda como de la contestación puede modificarse o ampliarse durante el curso del procedimiento arbitral.

> **Artículo 29 LArb.** *Demanda y contestación.*
>
> *1. Dentro del plazo convenido por las partes o determinado por los árbitros y a menos que las partes hayan acordado otra cosa respecto del contenido de la demanda y de la contestación, el demandante deberá alegar los hechos en que se funda, la naturaleza y las circunstancias de la controversia y las pretensiones que formula, y el demandado podrá responder a lo planteado en la demanda...*
>
> *2. Salvo acuerdo en contrario de las partes, cualquiera de ellas podrá modificar o ampliar su demanda o contestación durante el curso de las actuaciones arbitrales, a menos que los árbitros lo consideren improcedente por razón de la demora con que se hubiere hecho.*

10.53. La jurisprudencia ha interpretado de forma particularmente flexible tanto el alcance del suplico de la demanda arbitral como la posibilidad de ampliar sus plazos de presentación. Así, *"la fijación del objeto del arbitraje no exige, ni muchísimo menos, la precisión del suplico de una demanda, ni tiene los límites temporales para su determinación previstos en la LEC, de ahí la frecuencia con que, al cumplir su función pacificadora, los árbitros hayan de integrar, ampliándola, la causa debatida, en orden a decidir suficientemente*

91. *Vid. infra* Cap. XI.

*sobre ella"*[92]. De tal forma que entra dentro de la función arbitral ampliar *"la causa debatida, en orden a decidir suficientemente sobre ella, analizando, por ejemplo, aspectos que sea consecuencia lógica de la pretensión formulada aun cuando no hayan sido alegados de forma explícita"*[93].

## VI. FORMA DE LAS ACTUACIONES ARBITRALES

### 1. CON CARÁCTER GENERAL

10.54. Dentro de los límites que imponen los principios de *igualdad, audiencia* y *contradicción*, la **autonomía de la voluntad** de las partes rige la configuración del procedimiento arbitral. Solo en defecto de acuerdo entre las partes, los árbitros podrán dirigir tal procedimiento, pero siempre dentro de los límites que marca la LArb.

> **Artículo 25 LArb**. *Determinación del procedimiento.*
>
> *1. Conforme a lo dispuesto en el artículo anterior, las partes podrán convenir libremente el procedimiento al que se hayan de ajustar los árbitros en sus actuaciones.*
>
> *2. A falta de acuerdo, los árbitros podrán, con sujeción a lo dispuesto en esta Ley, dirigir el arbitraje del modo que consideren apropiado...*

10.55. Asentada la primacía del principio de la autonomía de la voluntad y delimitado el margen de actuación de los árbitros para dirigir el procedimiento arbitral en defecto de acuerdo entre las partes, la LArb ofrece un marco legal suficiente para regular las actuaciones arbitrales. Este marco legal está configurado en el artículo 30 LArb; precepto que deja al criterio de las partes y, limitadamente, al criterio de los árbitros, la concreción de la vía oral o la escrita para abordar el procedimiento. De tal forma que la adopción del trámite escrito u oral depende, en principio, del criterio adoptado al respecto por las partes y, en su defecto, del criterio adoptado al respecto por los árbitros. Con todo, antes de que los árbitros adopten una decisión sobre la conveniencia o no de celebración de audiencias, deben recabar la opinión de cada parte, de tal suerte que basta con que una sola de las partes solicite la celebración de audiencia (vista) para que los árbitros deban convocarla. Es decir, el criterio de los árbitros está sucesivamente condicionado: en un primer momento, por el acuerdo inicial de las partes al respecto y, en un momento posterior, pero

92. Haciéndose eco de la jurisprudencia del TSJ de Madrid, como una de las últimas referencias, TSJ de Murcia, 4.9.2020, ECLI: ES:TSJMU:2020:1805.

93. Como referencia, citando jurisprudencia anterior, STSJ de Madrid, 29.6.2021, ECLI:ES:TSJM:2021:7291.

previo a su decisión al respecto, por la voluntad de cualquiera de las partes de celebrar audiencia.

**Artículo 30.1 y 2 LArb**. *Forma de las actuaciones arbitrales.*

*1. Salvo acuerdo en contrario de las partes, los árbitros decidirán si han de celebrarse audiencias para la presentación de alegaciones, la práctica de pruebas y la emisión de conclusiones, o si las actuaciones se sustanciarán solamente por escrito. No obstante, a menos que las partes hubiesen convenido que no se celebren audiencias, los* árbitros las señalarán *si cualquiera de las partes lo solicitara.*

*2. En cualquier caso, las partes deben ser citadas a todas las audiencias con suficiente antelación y podrán intervenir en ellas directamente o por medio de sus representantes.*

10.56. Como se desprende del segundo párrafo del precepto reproducido, bien por la voluntad de ambas partes o por una de ellas, bien por voluntad del colegio arbitral, la celebración de audiencias debe siempre y en cualquier caso comunicarse a las partes con *antelación suficiente*. La concreción de lo que debe entenderse por *antelación suficiente* es de interpretación necesariamente subjetiva. Depende, entre otros muchos factores, de la voluntad de las partes, del plazo que hayan convenido para que los árbitros dicten el laudo, de la complejidad técnica de la controversia y del carácter internacional o no del arbitraje. Por ello, los plazos establecidos en las leyes procesales, si bien pueden resultar orientativos, no tienen por qué replicarse en el contexto arbitral. No obstante lo anterior, en la interpretación de la referida expresión debe tenerse en cuenta que la rapidez del procedimiento y la obligación de las partes de colaborar con el correcto devenir del mismo son características propias del arbitraje que, en su aplicación, permiten amoldar de forma flexible los plazos.

10.57. Por otro lado, la **autodefensa** es posible en el arbitraje: las partes pueden intervenir en el mismo *directamente* o por medio de sus representantes[94]. Con todo, la jurisprudencia ha matizado que ejercer esta forma de defensa no impide por sí misma que, en sede de anulación, pueda apreciarse indefensión. De hecho, son concebibles supuestos en los que la autodefensa no se ejercite con un mínimo de eficacia y, en consecuencia, pueda prosperar la anulación de laudo[95].

94. Haciendo expresa referencia a ello, STSJ de Madrid, 22.12.2020, ECLI:ES:TSJM:2020:15107. Sobre las consecuencias de la falta de acreditación de la representación del Letrado en el arbitraje, *vid.* STSJ de Madrid, 9.9.2021, ECLI:ES:TSJM:2021:9205.

95. STSJ de Madrid, 2.7.2019, ECLI:ES:TSJM:2019:5253. *Vid.* también Cap. XII (asistencia letrada).

10.58. El **traslado de documentos** a todas las partes es parte esencial del principio de contradicción y, por ello, la LArb lo exige expresamente.

> **Artículo 30.3 LArb**. *Forma de las actuaciones arbitrales.*
>
> *De todas las alegaciones escritas, documentos y demás instrumentos que una parte aporte a los árbitros se dará traslado a la otra parte. Asimismo, se pondrán a disposición de las partes los documentos, dictámenes periciales y otros instrumentos probatorios en que los árbitros puedan fundar su decisión.*

No cumplir con esta obligación de dar traslado de documentos a las partes puede suponer la anulación del laudo (por posible vulneración del principio de contradicción) y, en su caso, dar lugar a la apreciación de responsabilidad del árbitro[96]. En su interpretación jurisprudencial, los tribunales han entendido que no se conculca dicho precepto cuando la prueba documental no transmitida no ha sido tenida en cuenta por el tribunal arbitral; de tal forma que no pueda apreciarse una indefensión material[97]. Por lo que hace al específico escrito de *conclusiones* de las partes, cabe distinguir entre dos supuestos: si se acuerda que los escritos se presentarán de forma simultánea (no sucesiva) no cabe apreciar una falta de traslado de las mismas como motivo de anulación[98]. Si, por el contrario, se acuerda –siquiera sea de forma implícita– un traslado sucesivo (no simultáneo) de las mismas, su no traslado entre las partes sí constituye motivo de anulación (vulneración del principio de contradicción)[99].

> **Secretario arbitral:** Es común en los arbitrajes de cierta complejidad que el tribunal designe un secretario. De ordinario su función está regulada en el Reglamento de cada Institución (CCI; LCIA...). En general, el secretario tiene por función, entre otras, la organización y custodia de toda la documentación del proceso arbitral; la comunicación a las partes, por orden del Árbitro presidente, de la iniciación de cada momento procesal, incluidas las notificaciones, citaciones y/o emplazamientos y traslado de documentos que pudiera conllevar cada fase del procedimiento; la certificación de cualquier extremo del proceso arbitral a petición del Árbitro presidente; el anuncio del comienzo y finalización de las audiencias que se celebren en el transcurso del procedimiento, así como la

96. Anulando expresamente el laudo por este motivo, recopilando jurisprudencia anterior, STSJ de Cataluña, 20.12.2021, ECLI:ES:TSJCAT:2021:11611. *Vid. infra* Cap. IX.
97. STSJ de Madrid, 18.11.2021, ECLI:ES:TSJM:2021:12545.
98. Expresamente en este sentido, STSJ de Navarra, 28.11.2019, ECLI: ES:TSJNA:2019:515.
99. Anulando el laudo en consecuencia, STSJ de Cataluña, 20.12.2021, ECLI:ES:TSJCAT:2021:11611.

preparación protocolaria de las mismas. En ningún caso puede considerarse que su función es equivalente a la de un árbitro[100].

## 2. INCOMPARECENCIA DE LAS PARTES

10.59. La actuación de la parte demandante y de la parte demanda se regula en la LArb siguiendo un criterio cronológico (art. 31 LArb). Y así, si las partes no previeron otra cosa, serán los árbitros quienes a la luz de las causas alegadas tomen una decisión sobre el desarrollo del procedimiento arbitral en supuestos de incomparecencia de alguna de ellas. En concreto, el artículo 31 LArb regula la incomparecencia en tres supuestos distintos:

1. El demandante no presenta la demanda en plazo: en este supuesto, los árbitros darán por terminadas las actuaciones, a menos que, oído el demandado, éste manifieste su voluntad de ejercitar alguna pretensión.

2. El demandado no presenta su contestación en plazo: en este supuesto, los árbitros continuarán las actuaciones, sin que esa omisión se considere como allanamiento o admisión de los hechos alegados por el demandante.

3. Una de las partes no comparece a una audiencia o no presenta pruebas: en este supuesto, los árbitros podrán continuar las actuaciones y dictar el laudo con fundamento en las pruebas de que dispongan.

## 3. ADMISIBILIDAD, PRÁCTICA Y VALORACIÓN DE LA PRUEBA

10.60. Cuestión específica es la que gira en torno a la **admisibilidad, práctica y valoración de la prueba**. Las normas que con carácter general regulan este punto son el artículo 25.2 *in fine*, el artículo 29.1 *in fine*, así como el artículo 31 c/ LArb. Punto de partida en la interpretación de estos preceptos es, por un lado, la amplia autonomía de las partes para ajustar los parámetros de las reglas de prueba[101]; y, por otro, las amplias facultades del árbitro para actuar, incluso de oficio, en este ámbito. De hecho, en la práctica, el amplio margen de actuación del árbitro deriva, a su vez, de la autonomía de la voluntad de las partes, en la medida en que éstas se someten a un reglamento de arbitraje que expresamente otorga al árbitro ese amplio margen de actuación. También habrá de tenerse en cuenta en este ámbito de admisibilidad, práctica y valoración de prueba

100. STSJ de las Islas Canarias, 8.4.2020, ECLI: ES:TSJICAN:2020:437.

101. Expresamente en este sentido, STC 65/2021, de 15 de marzo.

la *flexibilidad* inherente al procedimiento arbitral, con la correspondiente atenuación del principio de preclusión[102].

**Artículo 25.2 *in fine***: *Esta potestad de los árbitros comprende la de decidir sobre admisibilidad, pertenencia y utilidad de las pruebas, sobre su práctica, incluso de oficio, y sobre su valoración.*

**Artículo 29.1 *in fine***: *Las partes, al formular sus alegaciones, podrán aportar todos los documentos que consideren pertinentes o hacer referencia a los documentos u otras pruebas que vayan a presentar o proponer.*

**Artículo 31 c/**: *Salvo acuerdo en contrario de las partes, cuando, sin alegar causa suficiente a juicio de los árbitros:*

*c/ Una de las partes no comparezca a una audiencia o no presente pruebas, los árbitros podrán continuar las actuaciones y dictar el laudo con fundamento en las pruebas de que dispongan.*

10.61. La jurisprudencia de los TSJ ha interpretado sistemáticamente estos preceptos. En este sentido –paradigmática–:

**TSJ del País Vasco, 25.4.2017**[103]:*"Dejando a salvo los casos en que los árbitros deciden de oficio sobre la práctica de la prueba, se puede afirmar que esta nace, o si se quiere, aparece en el procedimiento arbitral, cuando es propuesta por alguna de las partes. Si bien, la mera proposición no la incorpora ni la integra en él con plena eficacia. Queda incorporada cuando es admitida. E integrada con plena eficacia cuando, además de admitida, ha sido practicada...*

*Por lo tanto, la práctica de una prueba exige, en línea de principio, que esta haya sido propuesta, y propuesta, que haya sido admitida; es decir, que la proposición es condición de posibilidad de la admisión, y esta a su vez, de la práctica. Así las cosas, cabría diferenciar en relación con las pruebas propuestas entre: (i) las que no han sido admitidas y (ii) las que sí lo han sido; y a su vez, dentro de las admitidas entre: (iii) las que han sido practicadas y (iv) las que no lo han sido...*

*La proposición de los medios de prueba es una facultad y una carga de las partes. Mientras que el juicio sobre su admisión constituye un deber del árbitro.*

*Sentado lo anterior...cuando se trata de documentos a disposición de las partes, y por ello, susceptibles de acompañamiento o aportación, no es*

102. Muy ilustrativo, el voto particular de la STSJ de Madrid, 2.11.2022, ECLI:ES:TSJM:2022:13266.

103. TSJ del País Vasco, 25.4.2017, ECLI:ES:TSJPV:2017:408.

*posible sostener que la prueba documental ha sido propuesta y admitida, pero que no se ha practicado...*

*Como hemos visto, la ley faculta a las partes para aportar todos los documentos que consideren pertinentes y también para hacer referencia a los documentos u otras pruebas que vayan a presentar o proponer (art. 29), pero no condiciona la emisión del laudo al hecho cierto de su presentación o propuestas ni menos aún impide que se dicte si no llegan a tener lugar".*

10.62. *Objeto de prueba* serán los hechos que guarden relación con la tutela que se pretenda obtener en el arbitraje. A menudo, también será objeto de prueba el Derecho aplicable al fondo de la controversia, máxime si éste es Derecho extranjero o si el colegio arbitral está compuesto por árbitros con formación jurídica extranjera. Y por lo que se refiere a los *medios de prueba,* ni el orden de su práctica, ni la forma en que deben llevarse a cabo deben seguir necesariamente el cauce estipulado en la LECiv.

10.63. Por otro lado, y por más que la LArb autorice a los árbitros a que practiquen *de oficio* las pruebas pertinentes, su práctica debe constreñirse a aquellas cuestiones que no hayan quedado suficientemente aclaradas por las partes. Para la **práctica** de la prueba rige el *principio de inmediación*: la práctica debe realizarse, en la medida de lo posible, ante todos y cada uno de los árbitros[104]. Pero, además, los árbitros deberán poner en conocimiento de las partes su voluntad de practicarlas para que éstas actúen en consecuencia. De hecho, el laudo es anulable cuando la prueba pericial se haya realizado sin su presencia[105]. Otro de los límites de la acción arbitral en este contexto es el que gira en torno a la capacidad de las partes para soportar los costes que de la obtención de la prueba pueden derivarse. Exigir de las partes una prueba de coste desorbitado podría incluso acarrear el juego de la cláusula de orden público –en su vertiente procesal– en sede de anulación[106]. En cualquier caso, debe tenerse presente que para la práctica de la prueba, tanto los árbitros como las partes podrán solicitar la **asistencia judicial** (art. 33 LArb).

10.64. En principio, no es posible realizar una nueva **valoración** de la prueba en el procedimiento de anulación del laudo[107]. Solo las valoraciones absolutamente irracionales o las que se hagan vulnerando los derechos de

104. Aunque en interpretación de la LArb 1988, SAP de Madrid, 9.2.2004, ECLI:ES:APM:2004:1675.

105. SAP de Ciudad Real, 14.1.2002, *RCEA*, 1999, pp. 157-159. Más jurisprudencia, *vid. infra* Cap. XII.

106. En este sentido, SCHLOSSER, *cit.*, Núm. marginal 9.

107. Expresamente en este sentido, STSJ del País Vasco, 17.1.2018, ECLI:ES:TSJPV:2018:4.

defensa de las partes pueden tener cabida en este contexto[108]. Desde esta perspectiva, la jurisprudencia ha matizado que, para que la omisión de la prueba o la incorrecta ejecución de la misma pueda ser considerada en sede de anulación del laudo, debe demostrarse que *"la actividad probatoria que no fue admitida o practicada era decisiva en términos de defensa, esto es, que hubiera podido tener una influencia decisiva en la resolución del pleito, por ser potencialmente trascendente para el sentido de la resolución"*[109]. Tal valoración exige un control del tribunal de la actividad probatoria realizada en el laudo. Y así, por ejemplo, el total silencio sobre ciertos medios probatorios, *"sin explicación ni justificación alguna, provoca una apariencia de arbitrariedad en el tribunal arbitral desde el momento en que la ausencia de la valoración de esos medios probatorios impide conocer las razones por las que se desprecia su consideración en una de las cuestiones más importantes debatidas"*[110].

## 4. LOS PERITOS

10.65. Dentro de los medios de prueba posibles –interrogatorios de partes y testigos, examen de documentos públicos y privados, etc.–, seguramente sea el **dictamen de peritos** el que mayores controversias suscite. En efecto, aunque el colegio arbitral no pueda delegar sus funciones en un tercero, es práctica habitual que éstos se valgan del dictamen de un experto para dirimir la controversia. En principio, la posibilidad de nombrar o no perito también depende de la voluntad de las partes. Solo en defecto de acuerdo, los árbitros pueden actuar en este ámbito[111].

> **Artículo 32 LArb**. *Nombramiento de peritos por los árbitros*
>
> 1. *Salvo acuerdo en contrario de las partes, los árbitros podrán nombrar, de oficio o a instancia de parte, uno o más peritos par que dictaminen sobre materias concretas y requerir a cualquiera de las partes para que facilite al perito toda la información pertinente, le presente para su inspección todos los documentos u objetos pertinentes o les proporcione acceso a ellos.*

108. STSJ del País Vasco, 25.5.2017, ECLI:ES:TSJPV:2017:1254. Por vulnerar los derechos de defensa de las partes, asumiendo el árbitro la valoración pericial (calígrafo), STSJ de Madrid, 17.5.2013, ECLI:ES:TSJM:2013:8227.

109. STC 76/2010, de 18 de noviembre, FJ 4. Haciéndose eco de esta jurisprudencia y anulando el laudo en consecuencia, STSJ de Madrid, 3.11.2014, ECLI:ES:TSJM:2014:13598.

110. Anulando el laudo, STSJ de Madrid, 5.4.2018, ECLI:ES:TSJM:2018:3635. Aún sin anular el laudo, *vid.* también un razonamiento similar en: STSJ de Madrid, 12.4.2018, ECLI:ES:TSJM:2018:3985. Anulando el laudo por no valorar una prueba (pero sin precisar la relevancia de la misma para la resolución del fondo), STSJ Castilla y León, 16.1.2019, ECLI:ES:TSJCL:2019:624.

111. Expresamente en este sentido, STSJ de Islas Baleares, 3.11.2020, ECLI: ES:TSJBAL:2020:931.

*2. Salvo acuerdo en contrario de las partes, cuando una parte lo solicite o cuando los árbitros lo consideren necesario, todo perito, después de la presentación de su dictamen, deberá participar en una audiencia en la que los árbitros y las partes, por sí o asistidas de peritos, podrán interrogarle.*

*3. Lo previsto en los apartados precedentes se entiende sin perjuicio de la facultad de las partes, salvo acuerdo en contrario, de aportar dictámenes periciales por peritos libremente designados.*

De este precepto es destacable el segundo párrafo, pues, en su virtud, la contradicción con el perito solo se produce si la parte interesada así lo solicita o el colegio arbitral lo estima necesario. De tal forma que la no celebración de un trámite de conclusiones no tiene, por sí misma, incidencia en la consideración de la anulación del laudo[112].

10.66. En tanto que prueba de apreciación libre, la valoración del dictamen pericial corresponde al colegio o tribunal arbitral. Ahora bien, la revisión de esa valoración en sede de anulación es posible cuando afecte al derecho a la tutela judicial efectiva de alguna de las partes, por incurrir los árbitros en error patente, arbitrariedad, irracionabilidad o se contradigan las reglas de la sana crítica. Y según ha establecido el TS en su jurisprudencia, se vulneran las reglas de la *sana crítica*: (i) cuando no consta en el laudo valoración alguna en torno al resultado del dictamen pericial; (ii) cuando se prescinde del contenido del dictamen, se omiten datos o se alteran, deduciendo del mismo conclusiones distintas; (iii) cuando el tribunal llegue a conclusiones distintas basándose en apreciaciones de dictámenes inexistentes; o (iv) cuando los razonamientos del tribunal en torno a los dictámenes atenten contra la lógica y la racionalidad; sean arbitrarios, incoherentes y contradictorios o lleven al absurdo[113].

10.67. Según la **jurisprudencia española**[114], circunstancias tales como la relevancia del dictamen no considerado o la forma de nombrar al perito han supuesto la nulidad del laudo. Así, el hecho de que *no* sea posible determinar el modo en que fue designado el perito cuyo dictamen sería finalmente asumido por las partes[115], o el hecho de que no se practicara una prueba pericial de posible relevancia[116], han sido motivos suficientes para justificar la anulación del laudo. Y al contrario, pues no faltan resoluciones

112. STSJ de Galicia, 23.2.2022, ECLI:ES:TSJGAL:2022:1390.

113. Para una acertada recopilación de la jurisprudencia del TS al respecto, *vid.* SAP de Granada, 15.3.2019, ECLI:ES:APGR:2019:726.

114. *Vid.* además la jurisprudencia citada en el apartado correspondiente al *orden público* como motivo de anulación del laudo, *infra* Cap. XII.

115. SAP de Alicante, 11.1.2000, *RCEA*, 2000-2001, pp. 143-145.

116. SAP de Burgos, 13.5.2002, *RCEA*, 2003, pp. 304-307.

judiciales en las que se ha considerado que la falta de una prueba pericial –valorado su alcance– no supone la anulación del mismo[117].

10.68. Por su parte, tanto en **la jurisprudencia comparada** como en las Comisiones *ad hoc* de anulación de laudos de inversión CIADI se ha planteado la cuestión relativa a la independencia de los peritos. De tal forma que, en ciertos supuestos (*ad ex.* el laudo se basa en el informe del perito cuya independencia se cuestiona), la falta de revelación de todas las circunstancias que puedan poner en duda la neutralidad del perito en general o respecto de uno de los árbitros en particular, puede ocasionar la nulidad del laudo[118].

## 5. LOS TESTIGOS

10.69. La participación de los testigos en el procedimiento arbitral también exige ciertas cautelas. De entrada, una vez admitida la prueba testifical por el colegio arbitral, la no realización de la misma debe quedar ampliamente explicada en el laudo. El solo argumento de la celeridad del procedimiento, sin haber contemplado la adopción de soluciones flexibles para que pueda practicarse, también puede conducir a la anulación del laudo[119]. Para ello, la parte afectada debe demostrar lo que, con carácter general, debe demostrarse en el ámbito de la prueba: *que tal actividad probatoria era decisiva en términos de defensa.* Además, la jurisprudencia ha precisado que, para que la declaración de un testigo tenga valor probatorio, es necesario que la parte a quien perjudique dicha declaración tenga oportunidad procesal de interrogarle directamente[120].

10.70. En el siguiente epígrafe hacemos referencia a la forma en que, de ordinario, los testigos prestan declaración.

## 6. *IBA RULES ON THE TAKING OF EVIDENCE*

10.71. En los arbitrajes *internacionales* es habitual la aplicación –ya sea por acuerdo de las partes, ya sea por decisión de los árbitros– de las comúnmente denominadas *IBA Rules sobre práctica de prueba*[121] (en adelante, *IBA*

117. SAP de Orense, 4.4.2002, *RCEA*, 2003, pp. 292-294. En la jurisprudencia comparada, *BayObLG*, 15.12.1999, *EWiR* 4/2000, pp. 199-200.

118. BGH, 2.5.2017 – I ZB 1/16, *SchiedsVZ*, 2017, pp. 317-323. Respecto de los laudos CIADI, Procedimiento de anulación, *Eiser c. Reino de España*, 11.6.2020, CIADI No. ARB/13/36 (*supra* Cap. IX).

119. STSJ de Madrid, 3.11.2014, ECLI:ES:TSJM:2014:13598.

120. STSJ de Andalucía, 11.5.2021, ELCI:ES:TSJAND:2021:9589.

121. *IBA Rules on the Taking of Evidence in International Commercial Arbitration*. Última versión adoptada el 17.12.2020; http://www.ibanet.org/legalpractice/Arbitration.cfm#Guides.

*Rules*). Se trata de un texto de amplio consenso entre los prácticos de los países de tradición anglosajona –*Discovery*– y los prácticos de los países de tradición continental. Dicho texto, además, puede ser de aplicación tanto para arbitrajes internacionales que se desarrollen entre Estados con semejante tradición jurídica, como para arbitrajes estrictamente internos.

> Pese a su amplia aceptación, debe recordarse que las *IBA Rules* no son el único texto en la materia. Así, por ejemplo, en el seno de UNCITRAL también se han aprobado las *UNCITRAL Notes on Organizing Arbitral Proceedings*, con un ámbito de aplicación similar. Del mismo modo, deben mencionarse las *Reglas sobre la tramitación eficiente de los procedimientos en el arbitraje internacional* (Reglas de Praga)[122]. Y aunque de relevancia menor, también merecen consideración tanto las *Applications for Interim Measures* como las *Applications for Security for Costs* del *Chartered Institute of Arbitrators*.

10.72. Compuesta de nueve artículos, las *IBA Rules* se basan en un principio de eficiencia –entendido, también, en clave económica–. Se conciben para complementar el elenco de normas que regulan esta cuestión –sobre todo, las previstas en los reglamentos de las instituciones de arbitraje– desde el respeto a la autonomía de la voluntad de las partes. Dependiendo de esa voluntad o, en su caso, de los árbitros, su aplicación puede ser total o parcial. Límite a tal aplicación es la existencia de alguna disposición legal que pueda entrar en conflicto con las mismas. En el supuesto de que las *IBA Rules* no regulen algún aspecto relativo a la práctica de prueba, el tribunal arbitral podrá llevar a cabo la prueba de la forma más acorde a sus principios generales (art. 1). Las *IBA Rules* parten de la base de que el colegio arbitral *debe* consultar con las partes el procedimiento para la práctica de la prueba. En general, deben consultar los aspectos relativos al ámbito, tiempo y forma de practicar la prueba. En particular, presentación y preparación de declaraciones testimoniales y dictámenes de peritos, así como requisitos, procedimiento y formato aplicables a la exhibición de documentos y tratamiento de cuestiones relativas a ciberseguridad y protección de datos (art. 2).

10.73. Son objeto de una exhaustiva regulación: (i) la presentación de documentos (art. 3); (ii) los testigos (art. 4); (iii) los peritos (arts. 5 y 6); (iv) las inspecciones *in situ* por el colegio arbitral (art. 7); (v) las audiencias probatorias (art. 8); y, (vi) la admisibilidad y valoración de pruebas (art. 9). De particular relevancia en la práctica son los tres primeros aspectos, así como el relativo a las audiencias.

---

122. www.praguerules.com.

10.74. Respecto de la *presentación de documentos* (i), las *IBA Rules* prevén que la petición de los mismos (*solicitud de exhibición*) contenga, básicamente, una declaración sobre su relevancia y sobre los motivos por los cuales la parte que los solicita supone que están en poder de la otra parte. A su vez, la parte requerida puede presentar objeciones sobre la conveniencia de exhibir los documentos solicitados. Finalmente, es el tribunal arbitral el que decide sobre el alcance de la solicitud; es decir, sobre qué documentos deben o no presentarse. Los documentos presentados al colegio arbitral deben estar traducidos al idioma del arbitraje.

10.75. En cuanto a los *testigos* (ii), las *IBA Rules* exigen que cada parte identifique los testigos que desea presentar dentro del plazo estipulado. El tribunal arbitral puede ordenar a las partes que presente una *Declaración Testimonial* de cada uno de ellos. Dicho documento identifica al testigo y recoge una descripción de los hechos que deben constituir prueba. La eficacia de esta *Declaración* se supedita a la comparecencia del testigo a la vista; de tal forma que, si solicitada su comparecencia, no comparece, la Declaración no se tiene en cuenta. Excepcionalmente y a la luz de hechos nuevos que no pudieron tratarse en un primer momento, pueden presentarse *Declaraciones adicionales*.

10.76. Los *peritos* son objeto de regulación desde dos prismas distintos: el *perito designado por la parte* y el *perito designado por el tribunal* o colegio arbitral (iii). Por lo general, las partes se valen de peritos que ellas mismas designan. Dicho perito debe presentar obligatoriamente un *Dictamen Pericial* en el que se precisen sus conclusiones a partir de una descripción de los métodos, pruebas e información utilizados. El colegio arbitral puede ordenar la deliberación conjunta de los peritos de parte, de tal forma que queden fijados por escrito los puntos de acuerdo y desacuerdo entre ambos. Del mismo modo que ocurre con los testigos, los peritos de parte deben comparecer a la vista para defender su dictamen. Por su parte, el tribunal o colegio arbitral también puede designar peritos. Su nombramiento, no obstante, puede ser objetado por las partes (por ejemplo, por falta de cualificación o independencia). Para realizar su Dictamen, estos peritos pueden solicitar a las partes la información que estimen necesaria. Y del mismo modo que ocurre con el perito de parte, éstos deben comparecer a las vistas o audiencias para poder ser interrogados. También excepcionalmente, y a la luz de hechos nuevos que no pudieron tratarse en un primer momento, pueden presentarse *Dictámenes adicionales*.

10.77. Las *IBA Rules* también regulan con particular detalle las *audiencias*; tanto las *presenciales* como las *telemáticas*. El punto de partida en este contexto es el del "pleno control" del tribunal sobre las mismas; es decir, el tribunal limita o excluye cualquier comparecencia, pregunta o respuesta si entiende que resultan irrelevantes o gravosas para el procedimiento. El orden de declaración de los testigos y peritos también es objeto de regulación. Con carácter general, los testigos de la parte demandante deben comparecer en primer lugar. En segundo lugar, comparecen los testigos de la parte demandada y, por fin, comparecen los peritos en el mismo orden.

Las audiencias en remoto o *telemáticas* pueden acordarse por el colegio arbitral, previa audiencia de las partes. Con todo, para celebrar este tipo de audiencias debe establecerse un protocolo de actuación (determinando, por ejemplo, la tecnología a emplear, tiempos de las partes, forma de presentar documentos y medidas para asegurar la eficacia del interrogatorio a los testigos).

> **Audiencias telemáticas y derechos de defensa**. El problema más importante que se plantea en este contexto virtual tiene su origen en la falta de acuerdo entre las partes sobre el particular; es decir, cuando ante la falta de acuerdo sobre el modo de celebrarse las vistas (telemáticas o físicas) deben decidir los árbitros. El acuerdo de los árbitros sobre el particular debe velar, en cualquier caso, por el respeto de las garantías procesales previstas en la *lex loci arbitri* tal y como han sido interpretadas por la jurisprudencia de ese país. Cuestiones sensibles en este contexto, analizadas ya en la jurisprudencia comparada, han sido, entre otras, el efecto de los diferentes usos horarios (*ad ex*, empezar unas vistas a las 6 am en el horario de una de las partes) y el comportamiento de los testigos en la vista (interferencia en la sala desde la que testifica)[123].

## 7. ASISTENCIA JUDICIAL PARA LA PRÁCTICA DE PRUEBAS

10.78. Para la obtención de determinadas pruebas, el árbitro o las partes pueden recurrir al auxilio judicial. La LArb lo autoriza expresamente:

> **Artículo 33 LArb**. *Asistencia judicial para la práctica de pruebas.*
>
> 1. *Los árbitros o cualquiera de las partes con su aprobación podrán solicitar del Tribunal competente asistencia para la práctica de pruebas, de conformidad con las normas que le sean aplicables sobre medios de prueba. Esta práctica podrá consistir en la práctica de la prueba ante el Tribunal*

123. Sobre este particular, *Oberster Gerichtof* (Austria), 23.7.2020, 18 ONc 3/20s (www.risk.bka.gv.at). Sobre esta sentencia y cuestiones relativas a las vistas virtuales, *vid*. PERALES VISCASILLAS, "Audiencias virtuales y debido proceso", *SAR*, N.° 42 / 2021, pp. 9-30.

*competente o en la adopción por éste de las concretas medidas necesarias para que la prueba pueda ser practicada ante los árbitros.*

2. *Si así se le solicitare, el Tribunal practicará la prueba bajo su exclusiva dirección. En otro caso, el Tribunal se limitará a acordar las medidas pertinentes. En ambos supuestos el Secretario judicial entregará al solicitante testimonio de las actuaciones.*

10.79. En un contexto internacional, el instrumento legal aplicable a la solicitud de ese auxilio –o cooperación judicial– dependerá de cuál sea el Estado donde pretenda solicitarse. Y así, si la prueba fuera a realizarse en un Estado miembro de la UE, el *Reglamento europeo en materia de prueba* no sería directamente aplicable para pruebas destinadas al mismo procedimiento arbitral; sí al contexto judicial de anulación o execuátur. Si, por el contrario, la prueba hubiera de realizarse en un Estado *no* miembro de la UE, habría de determinarse la posible aplicación del *Convenio de La Haya de 1970 relativo a la obtención de pruebas en el extranjero en materia civil y mercantil*. En defecto de aplicación de Convenio internacional, o por voluntad de la parte que solicita el auxilio, podrá solicitarse también la aplicación de la norma interna: la *Ley de cooperación jurídica internacional*.

Pese a la posibilidad teórica de recurrir al auxilio judicial en este contexto, debe reconocerse que en la práctica su aplicación es muy residual[124]. Recurrir a la autoridad judicial en estos supuestos implica, entre otras cosas, una inevitable dilación del procedimiento arbitral.

### 7.1. El Reglamento europeo en materia de obtención de pruebas

10.80. La aplicación del *Reglamento (UE) 2020/1783 del PE y del Consejo de 25 de noviembre de 2020 relativo a la cooperación entre los órganos jurisdiccionales de los Estados miembros en el ámbito de la obtención de pruebas en materia civil o mercantil (obtención de pruebas) (versión refundida)* –Reglamento de prueba– a supuestos relacionados con un arbitraje es muy controvertida. Por un lado, el artículo 1 en su primer párrafo establece que el Reglamento se aplica en *materia civil y mercantil*, lo que a *priori* permite defender la aplicación del Reglamento por extrapolación de los mismos argumentos que en su momento esgrimió el TJUE en su sentencia *Van Uden* para aplicar el hoy Reglamento Bruselas I *refundido* a las medidas cautelares en apoyo a un procedimiento arbitral[125]. Sin embargo, el párrafo 2 del mismo artículo estable que: *"No se solicitará la obtención de pruebas que no estén destinadas*

124. Una selección de jurisprudencia suiza sobre este particular puede verse en *Bull ASA*, 1994, pp. 306-318.

125. *Vid. infra* en este mismo Cap. Ep. 7.1.

*a utilizarse en procedimientos judiciales iniciados o que se prevea incoar"*. La referencia expresa a *procedimientos judiciales* que hace este párrafo parece delimitar la aplicación del texto al concreto contexto jurisdiccional.

10.81. En cualquier caso, sí es concebible la aplicación de este Reglamento, por ejemplo, en el contexto de un procedimiento judicial de anulación de un laudo arbitral. En este sentido, además de extrapolar el razonamiento que en su momento esgrimió el TJUE en su sentencia *Van Uden* para integrar el arbitraje en el ámbito de aplicación del Reglamento Bruselas I *refundido* (*supra*), podría argumentarse también que la acción de anulación es materia de *arbitraje* que, a su vez, es *materia civil y mercantil* a los efectos del Reglamento. Repárese, en efecto, que el arbitraje está dentro de la lista de materias que, aun considerándose materia civil y mercantil, quedan excluidas del ámbito de aplicación material del Reglamento Bruselas I *refundido*. En consecuencia, aunque solo sea por la aplicación del Reglamento en el procedimiento de anulación del laudo, procede hacer somera mención a su funcionamiento.

> **Materia civil y mercantil (interpretación del TJUE):** La indagación de la dirección de una persona a la que debe notificarse una resolución judicial *no* constituye una "diligencia de obtención de pruebas" comprendida en el ámbito de aplicación de dicho Reglamento[126].

10.82. El Reglamento de obtención de prueba se aplica en materia civil y mercantil cuando un órgano jurisdiccional de un Estado miembro, de conformidad con su ordenamiento jurídico, solicite: (i) la práctica de diligencias de obtención de pruebas por el órgano jurisdiccional *requerido* (órgano judicial del lugar donde debe practicarse la prueba) –arts. 12 a 18 del Reglamento–; y, (ii) la obtención de pruebas directamente por el órgano jurisdiccional *requirente* (art. 19 del Reglamento). A estos efectos, por órgano jurisdiccional deben entenderse también otras autoridades que ejerzan funciones jurisdiccionales, o actúen conforme a poderes delegados por una autoridad jurisdiccional o bajo el control de una autoridad jurisdiccional, y que sean competentes en virtud del Derecho nacional para obtener pruebas a efectos de procedimientos judiciales en materia civil y mercantil.

10.83. El texto en cuestión prevé que cada Estado miembro designe un Órgano central encargado, por un lado, de facilitar información a los órganos jurisdiccionales y, por otro, de buscar soluciones en caso de que una solicitud plantee dificultades. Excepcionalmente, este Órgano central también puede trasladar solicitud de prueba al órgano jurisdiccional

126. STJUE, 9.9.2021, Asuntos acumulados C-208/20 y C-256/20, *Toplofikatsia Sofia*.

requerido y es, en todo caso, el órgano encargo de gestionar las solicitudes de obtención *directa* de pruebas por el órgano jurisdiccional *requirente*.

10.84. La *solicitud* tanto para la práctica de diligencias de obtención de pruebas por el órgano jurisdiccional *requerido* (i), como para la obtención de pruebas directamente por el órgano jurisdiccional *requirente* (ii) es muy similar. La solicitud se presenta mediante formulario que incluye el Anexo I del Reglamento (Formularios A hasta L[127]; en caso de *solicitud*, formulario A o L, según corresponda [i o ii]) y debe especificar: el órgano jurisdiccional *requirente* y, en su caso, el órgano jurisdiccional *requerido*; nombre y dirección de las partes; tipo de causa judicial y objeto de la misma; descripción de diligencias; y, en caso de que la solicitud tenga por objeto tomar declaración a una persona, nombre de la misma y preguntas que deben formulársele. La solicitud se redactará en la *lengua* oficial del Estado miembro requerido y se tramitará –al igual que el resto de comunicaciones– a través de un *sistema descentralizado seguro* (el mismo que debe operar en el ámbito de la notificación). A su vez, el órgano jurisdiccional *requerido* expedirá un acuse de recibo en un plazo de siete días desde la recepción de la solicitud. Este órgano deberá informar al órgano jurisdiccional requirente se la solicitud no pudiera ejecutarse por no contener todos los datos necesarios.

10.85. El cauce para la *obtención de pruebas por el órgano jurisdiccional requerido* (i) se basa en la comunicación directa entre órganos jurisdiccionales. Así, el órgano jurisdiccional ante el que se halle iniciada o se prevea invocar la causa (órgano *requirente*) debe remitir directamente al órgano jurisdiccional competente de otro Estado miembro (órgano *requerido*) una solicitud mediante el formulario A que incluye el Anexo I del Reglamento. El órgano jurisdiccional *requerido* debe cumplir con dicha petición, a no ser que: (i) el procedimiento en cuestión sea incompatible con el Derecho del Estado de ese órgano *requerido*; o (ii) existan grandes dificultades

127. Formularios A (Solicitud de Obtención de Prueba); B (Acuse de recibo de una solicitud de diligencias de obtención de pruebas); C (Notificación de traslado de una solicitud de obtención de pruebas); D (Petición de información complementaria para la diligencia de obtención de pruebas); E (Acuse de recibo de la provisión de fondos o adelanto); F (Solicitud de información sobre un retraso) (de uso facultativo); G (Respuesta a solicitud de información sobre un retraso) (de uso facultativo); H (Notificación relativa a la solicitud de procedimientos especiales o de recurso a la tecnología de comunicaciones); I (Notificación de la fecha, hora y lugar de ejecución de la obtención de pruebas y condiciones para la participación); J (Notificación de retraso); K (Información sobre la ejecución de la solicitud de obtención de pruebas); L (Solicitud de obtención directa de pruebas); M (Información procedente del órgano central o la autoridad competente relativa a la obtención directa de pruebas); y N (Información sobre los aspectos técnicos asociados a la realización de una videoconferencia o a la utilización de otra tecnología de telecomunicaciones).

de hecho. En caso de concurrir alguno de los citados impedimentos, el órgano *requerido* debe informar al órgano *requirente* (art. 12).

10.86. Para la *ejecución* de la solicitud de obtención de prueba, el órgano jurisdiccional requerido tiene un plazo de noventa días. La misma se hará de acuerdo con el Derecho interno del Estado *requerido;* si bien el órgano jurisdiccional *requirente* podrá solicitar (siempre mediante formulario) la ejecución conforme a algún procedimiento especial previsto en su Derecho interno. Del mismo modo, el mismo órgano jurisdiccional *requirente* podrá solicitar el uso de una tecnología de telecomunicación específica (por ejemplo, videoconferencia). En la *ejecución* de la solicitud, tanto los *mandatarios* del órgano jurisdiccional *requirente* (personal judicial designado) como las *partes* y sus *representante*s tendrán derecho a estar presentes cuando el órgano *requerido* realice las diligencias de obtención de prueba si así lo prevé el Derecho del Estado miembro del órgano jurisdiccional *requirente.*

10.87. No obstante lo anterior, el Reglamento también prevé ciertos supuestos de *denegación de ejecución* de la solicitud de obtención de prueba. Así, una concreta solicitud para *tomar declaración* o *interrogar* a una persona no se ejecutará cuando dicha persona invoque el derecho de negarse a declarar o la prohibición de declarar prevista en el Derecho del Estado miembro del órgano jurisdiccional *requerido* o prevista en el Derecho del Estado miembro del órgano jurisdiccional *requirente.* Con carácter general, la ejecución de una solicitud solo podrá denegarse, además de por los motivos relativos a la prueba consistente en la *toma de declaración,* cuando: a) la solicitud no se inscriba en el ámbito de aplicación del Reglamento; b) si según el Derecho del Estado del tribunal requerido la ejecución no entra en el ámbito de las competencias judiciales; c) si el órgano jurisdiccional requirente no accede a subsanar defectos lagunas existentes en la solicitud previa en un plazo de treinta días; o, d) no se cumpla la provisión de fondos que en su caso sea necesaria.

10.88. Por su parte, los requisitos para la *obtención directa de pruebas por el órgano jurisdiccional requirente* (ii) se regulan en el artículo 19 del Reglamento. En aplicación de este precepto, si un órgano jurisdiccional solicita obtener pruebas directamente en otro Estado miembro, presentará una solicitud al órgano central o a la autoridad competente de dicho Estado miembro (Formulario L del Anexo I). Además, únicamente podrá llevarse a cabo la obtención directa de prueba cuando pueda llevarse a cabo de forma *voluntaria;* de tal forma que si la obtención directa de pruebas implica que deba tomarse declaración o interrogar a una persona, el órgano jurisdiccional requirente informará a dicha persona de que la obtención de pruebas tendrá carácter voluntario. En su caso, la obtención de pruebas será efectuada por un miembro del personal judicial o por cualquier otra persona, como, por ejemplo, un perito, designado con arreglo al Derecho del Estado miembro del tribunal requirente.

10.89. En un plazo de treinta días a partir de la recepción de la solicitud para la obtención directa de pruebas, el órgano central o la *autoridad competente* del Estado miembro requerido informará al órgano jurisdiccional *requirente* de si se ha aceptado la solicitud y, en su caso, informará a este mismo órgano jurisdiccional de las condiciones con arreglo a las cuales la obtención directa de pruebas debe llevarse a cabo (Formulario M del Anexo I). En cualquier caso, el Órgano central podrá denegar la obtención directa de prueba si: a) la solicitud no tiene cabida en el ámbito de aplicación del Reglamento; b) la solicitud no contiene todos los datos necesarios; o, c) la obtención directa de pruebas es contraria a los principios fundamentales del Derecho de su Estado miembro.

10.90. Para llevar a cabo esta obtención directa de pruebas, el Reglamento prevé también que, con carácter facultativo, los Estados miembros puedan prever en su Derecho nacional que sus órganos jurisdiccionales puedan solicitar a sus agentes diplomáticos o funcionarios consulares, en el territorio de otro Estado miembro y en la zona en que estén acreditados, la obtención de pruebas en los locales de la misión diplomática o del consulado, sin que sea necesaria una solicitud previa, de manera voluntaria y sin aplicación de medidas coercitivas, mediante la toma de declaración o el interrogatorio de nacionales del Estado miembro al que representan (artículo 21).

**Interpretación del Reglamento por el TJUE**. El TJUE ha precisado que el texto en cuestión "*no regula la obtención transfronteriza de pruebas de un modo exhaustivo, sino que únicamente pretende facilitar dicha obtención, permitiendo el recurso a otros instrumentos que persigan el mismo objetivo... siempre que sean compatibles con las disposiciones de dicho Reglamento*". En consecuencia, el TJUE admite que, "*en determinadas circunstancias, en particular si la parte citada en calidad de testigo está dispuesta a comparecer voluntariamente, puede resultar más sencillo, más eficaz y más rápido, para el órgano jurisdiccional competente, interrogarle según las disposiciones de su Derecho nacional en lugar de recurrir a los procedimientos de obtención de pruebas previstos por el Reglamento n.º 1206/2001*"[128].

En sentido similar, el TJUE ha reconocido que "*puede ocurrir que, en determinadas circunstancias, al tribunal que ordena una prueba pericial*

128. STJUE, 6.9.2012, C-170/11, *Lippens*.

*de ese tipo le resulte más sencillo, eficaz y rápido proceder a tal obtención de pruebas prescindiendo del citado Reglamento"*. De tal forma que ha autorizado expresamente la prueba pericial encargada por el tribunal de un Estado miembro a realizarse en el territorio de otro Estado miembro consistente en una inspección ocular de una red e infraestructura ferroviaria gestionada por una empresa privada para pronunciarse sobre si dicha infraestructura pudo haber contribuido a que se produjera un accidente y, en caso afirmativo, en qué medida. Es decir, el TJUE ha afirmado *"que un tribunal nacional que considere conveniente ordenar la práctica de una prueba pericial en el territorio de otro Estado miembro no tiene necesariamente la obligación de recurrir al modo de obtención de pruebas previsto en los artículos 1, apartado 1, letra b), y 17 del Reglamento n.º 1206/2001"*. Ahora bien, la realización de pruebas en el territorio de otro Estado miembro reguladas por el derecho del Estado del tribunal que conoce sobre el fondo del asunto tiene un límite: *"Es necesario precisar, no obstante, que, en la medida en que el perito designado por un tribunal de un Estado miembro debe trasladarse al territorio de otro Estado miembro a fin de desarrollar allí la actividad pericial que se le ha encomendado, tal peritaje podría afectar, en determinadas circunstancias, al ejercicio del poder público del Estado miembro en el que debe llevarse a cabo, especialmente cuando se trate de una pericia efectuada en lugares relacionados con el ejercicio del poder público o en lugares en los que, en virtud del Derecho del Estado miembro en que haya de realizarse, esté prohibido el acceso o la realización de determinadas actividades o sólo se permitan a personas autorizadas"*[129]. Ante estas circunstancias, por tanto, la prueba solo puede practicarse en aplicación del Reglamento y no conforme al derecho del Estado cuyo tribunal conoce del fondo del asunto.

10.91. Por fin, debe tenerse en cuenta que el Reglamento de obtención de prueba *prevalece* sobre las disposiciones contenidas en convenios o acuerdos bilaterales o multilaterales celebrados por los Estados miembros que tengan el mismo ámbito de aplicación que el Reglamento en cuestión.

### 7.2. El Convenio de La Haya relativo a la obtención de pruebas

10.92. Para la obtención de pruebas con terceros Estados *–extraeuropeos–* puede considerarse la aplicación del *Convenio relativo a la obtención de pruebas en el extranjero en materia civil o mercantil*, hecho en La Haya el 18 de marzo de 1970 (CLH 1970). El Convenio es de aplicación facultativa. De hecho, tras la entrada en vigor de la *Ley de cooperación jurídica internacional*

129. STJUE, 21.2.2013, C-332/11, *ProRail*.

–LCJI– (*infra*), la invocación de una u otra vía conduce al mismo resultado, pues ambos textos prevén los mismos cauces de cooperación.

10.93. En su aplicación, el árbitro no realiza la prueba directamente, sino que debe dirigirse a la autoridad judicial para que ésta, a su vez, se dirija a la Autoridad Central del país de la sede del arbitraje. Esta Autoridad dará traslado de la prueba a la Autoridad Central del país requerido. La petición de prueba se canaliza en forma de *comisión rogatoria*. Dicha *comisión* debe identificar la autoridad requerida, las partes y la prueba a realizar. Además, deberá ir redactada en la lengua de la autoridad del Estado requerido. La *comisión* no se ejecuta cuando la persona designada en la misma alegue una exención o prohibición prevista o bien en la legislación del Estado requerido o bien en la legislación del Estado requirente. El Convenio prevé, además, que diplomáticos o comisarios del Estado requirente obtengan pruebas de nacionales del Estado al que representen (arts. 15 ss.).

### 7.3. Ley de cooperación jurídica internacional

10.94. En defecto de aplicación del texto convencional –ya sea por no estar ratificado en el Estado en el que se solicita la prueba, ya sea por voluntad de la parte afectada– la asistencia judicial deberá tramitarse por el cauce previsto en los artículos 29 a 32 de la *Ley de cooperación jurídica internacional en materia civil* (LCJI). Según el artículo 9 LCJI, la asistencia judicial podrá solicitarse y tramitarse por cualquiera de las siguientes vías: consular o diplomática; autoridades centrales; directamente entre los órganos jurisdiccionales; y, por conducto notarial. Único requisito es que la vía elegida esté prevista como cauce de cooperación en el ordenamiento jurídico de los Estados implicados. Respecto de la diligencia de la obtención de prueba en sí, el artículo 31 LCJI distingue entre la prueba consistente en tomar declaración a una persona, el examen de testigos y las pruebas documentales. Para tramitar cada una de estas pruebas, el precepto en cuestión exige una serie de requisitos formales: básicamente, identificación y localización de la persona o documento y cumplir con los requisitos que, en particular, contemple la legislación del Estado requirente.

## 8. UNA PRÁCTICA ESPECIAL: EL *DISCOVERY*

10.95. Un aspecto controvertido en el ámbito teórico del arbitraje comercial internacional es el que gira en torno a la implementación de la célebre institución procesal anglosajona del *Pre-trial Discovery* en el seno de un procedimiento arbitral. El *Discovery* constituye una fase procesal previa al proceso principal –*trial*– que se caracteriza, básicamente, por tres circunstancias: (i) por el papel activo que asumen las partes en la concreción de las pruebas que utilizarán en su defensa –lo que indirectamente supone un papel "inactivo" del juez en esta fase del proceso–; (ii) por la posibilidad que tienen las partes de solicitarse mutuamente información que consideren relevante; y, (iii) por el amplísimo margen con el que cuentan para aportar todo tipo de pruebas que para su defensa estimen pertinentes.

> La relevancia de esta figura procesal es tal, que alrededor del 80% de los litigios civiles que se suscitan en Estados Unidos finalizan en esta fase mediante una transacción judicial.

10.96. Pues bien, partiendo de la especialidad que esta forma de articular el proceso civil supone, se plantea –siempre a nivel teórico– la posible traslación de esta figura procesal al marco de un procedimiento arbitral internacional. Y desde esta perspectiva, se diferencia entre la regulación estadounidense y la británica, pues aunque similares en su concepción, difieren en su ámbito de aplicación. Lo anterior sin olvidar que esta figura procesal se aplica ya en el ámbito procesal europeo; en concreto en el contexto de las acciones de daños ejercidas por infracción del Derecho de la competencia[130].

10.97. En EEUU el ***Discovery*** está regulado en las *Federal Rules of Civil Procedure* (arts. 3-37 FRCP). El principio del *adversary system* sobre el que se sustenta tiene por objeto hacer recaer sobre las partes lo que podría denominarse la "instrucción" del proceso, y, desde esta perspectiva, destaca las cuatro funciones primordiales que el *Discovery* detenta. Funciones que pueden denominarse: (1) acercamiento o conocimiento de –y entre– las partes con carácter previo al proceso principal; (2) examen de veracidad del expediente (calificando como expediente lo que en el Derecho procesal anglosajón se conoce como el *pleadings*); (3) delimitación del objeto de la controversia del *trial*; y, (4) el aseguramiento de las pruebas.

> Respecto del ámbito de aplicación espacial de esta norma cabe destacar que el TS americano ha matizado que el §1782 del *US Federal Code* (norma procesal civil que faculta a los órganos judiciales a otorgar asistencia judicial a tribunales extranjeros –incluso en forma de *Discovery*–) no es aplicable a tribunales arbitrales con sede en el extranjero[131].

130. En interpretación del artículo 283 bis LEC, STJUE, 10.11.2022, C-163/21, *Paccar.*
131. Al respecto, NAHMIAS REISS, "ZF Automotive US Inc. v. Luxshare Ltd. El futuro del 'discovery' en EE.UU. en apoyo al arbitraje internacional", *SAR*, N.º 45 / 2022, pp. 49-61.

10.98. Las **materias** objeto del *Discovery* –esto es, las pruebas que pueden presentar o solicitar las partes– se concretan en todos aquellos materiales o informaciones que ellas mismas consideren o puedan considerar relevantes. Desde esta perspectiva, caracteriza al *Discovery* el hecho de que, en principio, a lo largo de esta fase procesal puede reclamarse la investigación de cualquier material. La FRCP incluso permite que las partes indaguen en el sistema informático de cualquiera de ellas o pregunten sobre hechos o circunstancias que no afecten *directamente* a la controversia principal –lo que comúnmente se conoce como *fishing expedition*–. Los escasos límites en este ámbito quedan tasados en el artículo *–rule–* 26 (b) FRCP: el denominado *prohibited fishing expeditions* (que engloba, por ejemplo, determinados secretos empresariales); los *privileges* que derivan de la quinta Enmienda de la Constitución estadounidense; y, el denominado *Work-Product Rule*, que aunque tiene por objeto delimitar el acceso de una de las partes a los documentos y materiales que maneja la otra parte en la preparación del proceso, no alcanza a aquellas informaciones consideradas imprescindibles para alguna de ellas y que, además, no puedan ser conseguidas de otra forma.

10.99. Los **medios** con que cuentan las partes para alcanzar sus pretensiones en la fase del *Pre-trial Discovery* son de variada índole: se concretan en las *depositions*, en los *written interrogatories*, en el *production of documents*, en el *entry upon land*, en el *medical examination*, y, finalmente, en el *request for admision*.

El medio más utilizado en la práctica es el de las *depositions*. Basadas en el principio de oralidad, las *depositions* tienen por objeto que los testigos, o incluso una de las partes, respondan a ciertas preguntas planteadas por la otra parte. Se plantean en un momento procesal en el que no participa el juez –o por lo menos, no es obligatorio que lo haga–. De ordinario en el interrogatorio únicamente intervienen, además de las partes y/o testigos, un funcionario de la Administración de Justicia que hace las veces de notario. Debe destacarse, sin embargo, que debido al uso fraudulento que de estas figuras han hecho las partes –o mejor, los abogados de las partes– su aplicación es restringida.

El papel que asumen las partes en esta fase del procedimiento está controlado por un completo conjunto de **sanciones** que puede dirigirse tanto contra abogados y testigos, como contra aquella parte que no participe. Sanciones que son dictadas por el mismo juez, y cuyo objeto puede consistir en imponer una sanción pecuniaria *–contemp of court–*, o incluso en una misma suspensión temporal del *Discovery*.

10.100. Las **obligaciones** de las partes en el ***Pre-trial* británico** están reguladas en la Parte 31 de la *Civil Procedure Rules* (CPR). Dicha Parte lleva por título *Disclousure and Inspection of Documents*. Con carácter general puede afirmarse que esta regulación se caracteriza por restringir el amplísimo margen de maniobra que, en principio, otorga el *Discovery* a las partes. En efecto, la *Rule* 31.8 establece que: „*A party's duty to disclose documents is limited to documents which are or have been in his control*". Y así, documentos que sólo sirvan para ilustrar sobre antecedentes del supuesto controvertido o documentos que no aporten de forma directa algún dato relevante al proceso, quedan excluidos de esta fase denominada "*disclosure and inspection of documents*". Una delimitación similar ha padecido la *cross-examination* (interrogatorio cruzado).

10.101. Como puede observarse, el *Pre-trial Discovery* o *disclousure* –sobre todo en su regulación británica– es una figura *prima facie* atractiva para ser aplicada en el marco de un procedimiento arbitral. Y ello, básicamente, porque deja en manos de las partes la "instrucción" del procedimiento. En este sentido, la igualdad de armas, la mayor facilidad en la búsqueda de pruebas, el control de cada parte de su posición en el proceso y la previsibilidad son, todos ellos, importantes factores a favor del *Discovery*. Al menos, teóricamente. Sin embargo, su posible implementación al arbitraje internacional –incluso desde la misma experiencia norteamericana– es controvertida. Tan es así que la misma jurisprudencia de este país es contradictoria en lo que respecta a la aplicación del *Discovery* en el arbitraje: ciertas sentencias judiciales se han mostrado contrarias a la extensión del *Discovery* al procedimiento arbitral, ciertas sentencias lo han aceptado expresamente, y otras dejan en manos de los árbitros la posibilidad de implementarlo[132].

En cualquier caso, la implementación de un *Discovery* en un arbitraje debe considerarse distinguiendo dos supuestos: aquél en el que *las partes* convienen voluntariamente en someterse a este procedimiento; y aquél otro en el que los árbitros deciden aplicarlo. El primer supuesto sería, en principio, posible. Una sumisión expresa y el respeto a los principios de igualdad, audiencia y contradicción condicionarían esta opción. El segundo supuesto, por el contrario, es mucho más controvertido. Y es que, debido a los altos costes que lleva aparejado, no parece posible que los árbitros puedan decantarse unilateralmente por esta opción.

10.102. Aun en el supuesto de que las partes optaran expresamente por someterse a un *Discovery*, debe destacarse que la realidad contrastada demuestra que existen serios riesgos en su implementación: tratamiento de pruebas innecesarias, elevados costes, posible desvelo de secretos

132. TIEF, *Discovery und Informationspflichten der Parteien in der Internationalen Schiedsgerichtsbarkeit*, Frankfurt a. Main, 2000, pp. 24-40.

industriales. Siendo entonces el coste el principal escollo para una aplicación del *Discovery* en un arbitraje internacional con sede en la Europa continental, debe analizarse en clave económica su *eficiencia*; es decir, procede realizar una evaluación de los costes del proceso en relación con la exactitud del resultado. Desde esta perspectiva, los estudios que se han centrado en el análisis de la aplicación del *Discovery* en el seno de un arbitraje internacional en clave de eficiencia económica han llegado a la conclusión de que su aplicación permite un mejor conocimiento del supuesto controvertido –lo que se traduce en un laudo más ajustado–, pero que genera unos costes –honorarios– tan elevados que plantea una seria disyuntiva: eficacia cuestionable si los costes que genera son mayores que el posible beneficio económico derivado de un laudo más elaborado[133].

10.103. En consecuencia, sólo a partir de una férrea limitación de algunos instrumentos del *Discovery* como son: la no aplicación del *initial disclosure*; la delimitación de las pruebas que pueden solicitar las partes; la concreción de una regla sobre los costes –trasladando como regla general su carga al perdedor (*loser pays all*)–; el ejercicio de un control arbitral sobre las *depositions* formuladas y los testigos elegidos; así como la concreción de ciertas sanciones ante ciertas actitudes de las partes, podrían justificar la implementación de un *Discovery* en un arbitraje con sede en la Europa continental. Y ello, sin olvidar que la LArb no permite una remisión conflictual en el ámbito del procedimiento arbitral: únicamente podría aplicarse porque las partes lo adaptasen al procedimiento.

## 9. DOS SUPUESTOS PARTICULARES: INCORPORACIÓN DE TERCEROS EN EL PROCEDIMIENTO (*JOINDER*) Y CONSOLIDACIÓN DE PROCESOS

10.104. La LArb no regula la posibilidad de *incorporación de terceros en el procedimiento arbitral* o el *supuesto de consolidación de procesos*[134]. Se trata, no obstante, de supuestos que sí están regulados en los reglamentos de

133. Con más detenimiento, SCHÄFFLER, *Zulässigkeit und Zweckmäßigkeit der Anwendung angloamerikanischer Beweismethoden in deutschen und internationalen Schiedsverfahren*, 2003, p. 153 ss.

134. Sobre estas cuestiones, con más referencias, SÁNCHEZ POS, "La constitución del tribunal en el arbitraje con pluralidad de partes", *Arbitraje*, 2015 (1), pp. 97-121; *Idem*, "La entrada e intervención de terceros en el arbitraje comercial internacional", *CDT*, 2020/1, pp. 365-385. En la doctrina comparada, GEIMER, "Dritte als weitere Parteien im Schiedsverfahren", *Balancing of Interests. Liber Amicorum Peter Hay zum 70 Geburstsτag*, Recht und Wirtschaft GmbH, Frankfurt am Main, 2005, pp. 163-180; desde la perspectiva de la jurisprudencia norteamericana, BRUNER, "Joinder of Nonsignatories in International Arbitration", *The International Construction Law Review* (2021 Pt 3), pp. 266-283.

arbitraje (por ejemplo, artículos 7 y 10 del Reglamento CCI 2021). La solución que, con carácter general, prevén estos textos se basa o bien en la voluntad de las partes –para el primer caso– o bien en el criterio de la Corte a la luz de la voluntad de las partes –para el segundo caso–.

## VII. POTESTAD PARA ADOPTAR MEDIDAS CAUTELARES

10.105. Los tribunales judiciales y los árbitros pueden adoptar medidas cautelares en apoyo de un arbitraje. Por lo que respecta a éstos últimos, en apoyo del arbitraje que estén resolviendo. Por lo que respecta a los tribunales judiciales, tanto en apoyo de un arbitraje interno, como en apoyo de un arbitraje internacional con sede en España, como en apoyo de un arbitraje internacional con sede en el extranjero.

El marco normativo que regula esta cuestión es extraordinariamente amplio y complejo; particularmente por lo que se refiere a la competencia de los tribunales judiciales y el tipo de medida cautelar que pueden adoptar. En efecto, además de los Reglamentos europeos y Convenios internacionales aplicables –sobre los que iremos haciendo referencia– el marco legal de fuente interna está conformado por disposiciones de la LArb, la LOPJ, la LECiv y la LCJI. Punto de partida en este análisis lo constituyen, en cualquier caso, los artículos 11.3 y 23.1 ambos LArb, en tanto que conforman las normas que dan entrada al sistema cautelar en el arbitraje.

Respecto de los **tribunales de justicia**:

**Artículo 11.3 LArb.**

3. *El convenio arbitral no impedirá a ninguna de las partes, con anterioridad a las actuaciones arbitrales o durante su tramitación, solicitar de un tribunal la adopción de medidas cautelares.*

Respecto de los árbitros:

**Artículo 23.1 LArb.**

1. *Salvo acuerdo en contrario de las partes, los árbitros podrán, a instancia de cualquiera de ellas, adoptar las medidas cautelares que estimen necesarias respecto del objeto del litigio. Los árbitros podrán exigir caución suficiente al solicitante.*

10.106. Como de la lectura de estos preceptos se deduce, la potestad tanto de los tribunales judiciales como del árbitro para adoptar cautelas en apoyo de un arbitraje depende de la *voluntad de las partes*. Es decir, depende de que las partes hayan acordado la posibilidad de solicitarlas o, cuanto menos, que no hayan rechazado expresamente esa posibilidad.

Desde esta perspectiva, un pacto entre las partes –ya sea antes o durante el transcurso del arbitraje– en virtud del cual ambas renuncian a la tutela cautelar (ya sea en sede judicial o en sede arbitral) es, en principio, posible. Ello es así porque los mismos motivos que en su momento esgrimieron las partes para dirimir sus controversias por la vía arbitral –v. g. confidencialidad, costes...– son extensibles al ámbito de la tutela cautelar[135]. Consecuencia de lo anterior es que ni el árbitro ni los jueces podrán actuar de oficio. Únicamente podrán actuar cuando no existiendo pacto en contrario de las partes, alguna de ellas solicita las pertinentes cautelas –principio *dispositivo* en materia cautelar–. Importa destacar, además, que por más que la tutela cautelar pueda considerarse parte integrante de la *tutela judicial efectiva* (art. 24 CE), las garantías que tal tutela comprende están, en principio, excluidas del ámbito del arbitraje[136].

> Las afirmaciones anteriores se desprenden del tenor de la Ley. Por lo que respecta al juez, de forma expresa en el artículo 721.2 LECiv: *Las medidas cautelares previstas en este Título no podrán en ningún caso ser acordadas de oficio por el tribunal, sin perjuicio de lo que se disponga para los procesos especiales...* Por lo que respecta a los árbitros, de forma implícita en el artículo 23.1 LArb: *Salvo acuerdo en contrario de las partes, los árbitros podrán, a instancia de cualquiera de ellas...*

10.107. Por otro lado, el hecho de que la LArb otorgue a los árbitros la potestad para adoptar medidas cautelares no supone que con ello se esté excluyendo la competencia jurisdiccional en este contexto. Desde esta perspectiva, el artículo 23 LArb se limita a establecer una *compatibilidad* entre la vía arbitral y la vía judicial. Como precisa la Exposición de Motivos de la LArb: "*Esta norma no deroga ni restringe la posibilidad, prevista en los artículos 8 y 11 de esta ley y en la Ley de Enjuiciamiento Civil, de que la parte interesada inste de la autoridad judicial la adopción de medidas cautelares. Las potestades arbitral y judicial en materia cautelar son alternativas y concurrentes, sin perjuicio del juego del principio de buena fe procesal*".

10.108. Puede afirmarse, por tanto, que a diferencia de lo que ocurre en otros ámbitos[137], el sistema cautelar arbitral que regula el artículo 23 LArb no debe entenderse como un sistema desvinculado del sistema cautelar

135. También en este sentido, con más argumentos: VIRGÓS SORIANO / GARCIMARTÍN ALFÉREZ, *Derecho procesal civil internacional. Litigación internacional*, 2.ª Ed., Madrid, 2007, pp. 356-357.

136. Particularmente claro: ATC 179/1991, de 17 de junio. En sentido muy similar: STC 9/2005, de 17 de enero. No obstante, la cuestión relativa a la renuncia a la tutela cautelar en el arbitraje es controvertida. Al respecto: MALLANDRICH MIRET, *Medidas cautelares y arbitraje*, Barcelona, 2010, pp. 62-88.

137. *Ad. ex.* el alcance de la cosa juzgada *formal* en el arbitraje.

jurisdiccional. De hecho, estimo que para que éstas puedan ser otorgadas en el seno de un arbitraje con sede en España, deben concurrir los presupuestos clásicos recogidos en el artículo 728 LECiv (*infra* 6.1) –también previstos en el *proyecto revisado* del artículo 17 LM[138]–. A partir de aquí, la jurisprudencia entiende que las normas pertinentes de la LECiv (arts. 721 a 747) pueden *complementar* la interpretación del artículo 23 LArb[139].

10.109. En clave de *Derecho internacional privado* la ley que regula la posibilidad o no de adoptar medidas cautelares (bien sea por el juez, bien sea por el árbitro) así como la posibilidad de renunciar o no a la tutela cautelar es la *lex loci arbitri* (en tanto que ley aplicable al procedimiento arbitral): la aplicación de esta ley es el resultado de la elección de la sede del arbitraje por las partes y, por tanto, expresión de la voluntad de las mismas.

> La jurisprudencia comparte este criterio: "*Así, si las partes no han dispuesto nada al respecto, ni excluyen ni permiten la adopción de medidas cautelares por tribunales estatales, la posibilidad de solicitar medidas cautelares a los tribunales estatales debe ser decidida por la Ley que regula el procedimiento arbitral*"[140].

## 1. MEDIDAS CAUTELARES ADOPTADAS POR EL JUEZ

10.110. En perspectiva *internacional*, la eficacia de la medida cautelar puede plantearse en diversos contextos. Con independencia del lugar del arbitraje, son especialmente relevantes los siguientes: (i) aquél en el que la medida cautelar es acordada por un tribunal judicial español y quiere hacerse valer en el extranjero; y, (ii) aquél en el que la medida cautelar es adoptada por un tribunal judicial extranjero y quiere hacerse valer en España. Cuando la medida cautelar quiera solicitarse ante un tribunal judicial español para hacerse valer en España en apoyo de un arbitraje con sede en el extranjero, deberá tenerse en cuenta la posible aplicación de los Reglamentos europeos que a continuación se citan, reparando especialmente en los ámbitos de aplicación material y espacial. Cuando, por los motivos que fueren, no sean de aplicación los distintos Reglamentos europeos, será de aplicación la regulación procesal interna.

El análisis de los supuestos arriba citados exige, con carácter previo, identificar los textos legales que regulan tal cuestión. Y así, además de

138. Documento A/CN.9/WG.II/WP.128, Nueva York, 23 a 27 de febrero de 2004. Texto disponible en: http://www.uncitral.org/sp-index.htm.
139. STSJ de Cataluña, 7.4.2016, *Arbitraje*, 2016 (3), pp. 846-850 (con nota de LINARES RODRÍGUEZ).
140. Auto AP de Madrid, de 8.6.2009, ECLI:ES:APM:2009:12151A.

las normas procesales previstas tanto en la LArb, como en la LOPJ, en la LECiv, en la LCJI y, en su caso, en el TRLC, debe analizarse hasta qué punto son aplicables en este contexto dos reglamentos europeos que expresamente excluyen el arbitraje (en sí mismo considerado) de su ámbito de aplicación material (*ex* art. 1 de ambos textos): el Reglamento Bruselas I *refundido* y el *Reglamento por el que se establece el procedimiento relativo a la orden europea de retención de cuentas*[141] (en adelante, Reglamento *OERC*). Previamente, sin embargo, conviene hacer una breve referencia al artículo VI del Convenio de Ginebra, por cuanto su tenor hace expresa referencia a medidas *provisionales* o *preventivas*.

### 1.1. El artículo VI del Convenio de Ginebra

10.111. El CG aborda la tutela cautelar de forma muy tangencial; no prevé, de hecho, ninguna norma de competencia judicial internacional al respecto.

> **Artículo IV.4 CG.**
>
> *4. Si una de las partes solicitase medidas provisionales o preventivas de conservación o seguridad ante una autoridad judicial, no deberá ello estimarse como incompatible con el acuerdo o compromiso arbitral, ni como un sometimiento del asunto al tribunal judicial para que éste resuelva en cuanto al fondo.*

10.112. El propósito último que informa este precepto es el de garantizar la competencia del tribunal arbitral para conocer sobre el fondo del asunto aun cuando se soliciten medidas cautelares ante un tribunal estatal.

10.113. A la luz de las leyes actuales (que contemplan expresamente la posibilidad de adoptar medidas cautelares en apoyo de un arbitraje) la relevancia de este precepto es muy residual. No obstante, cabe recordar que, antes de la entrada en vigor de la LArb, los tribunales españoles –de forma aislada desde una perspectiva comparada– encontraron en esta norma un cauce idóneo para adoptar medidas cautelares en arbitrajes internacionales[142].

---

141. *Reglamento (UE) n.º 655/2014 del Parlamento Europeo y del Consejo por el que se establece el procedimiento relativo a la orden europea de retención de cuentas a fin de simplificar el cobro transfronterizo de deudas en materia civil y mercantil* (*DOUE* L 189/59 de 27.6.2014).

142. SAP de Asturias, 19.2.1992, AC 1993/176; Auto AP de Cádiz, 12.7.1992, *RCEA*, 1992, pp. 221-224 (con nota de BARONA VILAR, pp. 224-230).

### 1.2. El artículo 35 del Reglamento Bruselas I refundido

10.114. Aunque el artículo 1 de este Reglamento excluya expresamente el *arbitraje* de su ámbito de aplicación material, el alcance de esta exclusión fue en su momento matizada por el TJUE. En concreto, en virtud de su sentencia *Van Uden*[143], todos aquellos procedimientos –denominados de *aplicación*– cuyo objeto verse directamente sobre arbitraje y cuya resolución se revele indispensable para su desarrollo (*ad. ex.* procedimiento para el nombramiento de un árbitro) están excluidos del ámbito de aplicación material del Reglamento. Por el contrario, los procedimientos –denominados de *apoyo*– cuyo objeto no sea absolutamente indispensable para solventar inconvenientes que afecten al normal devenir del arbitraje (*ad. ex.* medidas cautelares), sí quedan incluidos en el ámbito de aplicación material del texto[144]. En consecuencia, en virtud de tan particular distinción –procedimiento de *apoyo* v. procedimiento de *aplicación*– la *tutela cautelar* que regula el artículo 35 del Reglamento es compatible, en tanto que procedimiento de *apoyo*, con el arbitraje internacional.

> **Artículo 35** Reglamento Bruselas I *refundido.*
>
> *Podrán solicitarse a los órganos jurisdiccionales de un Estado miembro medidas provisionales o cautelares previstas por la ley de dicho Estado miembro, incluso si un órgano jurisdiccional de otro Estado miembro es competente para conocer sobre el fondo.*

10.115. La cuestión relativa a la calificación de esta norma es particularmente controvertida. Por un lado, se afirma que este precepto constituye una norma de *remisión* que se limita a consentir una *disociación* entre el proceso principal y el proceso cautelar[145]. O dicho de otro modo, se trata de una norma que permite que se insten medidas cautelares o provisionales ante un tribunal distinto de aquél en el que o bien se está sustanciando o bien se va a sustanciar la controversia. Por otro, se afirma que esta norma es una auténtica norma de competencia judicial internacional: un *foro especial* compatible con el foro principal[146]. La jurisprudencia del TJUE a este respecto no es concluyente y, si bien es cierto que ha precisado que *"el artículo* (35) *puede fundamentar la competencia del juez de medidas*

143. STJUE de 17.11.1998, C-391/95, *Van Uden*. Sobre esta cuestión, GÓMEZ JENE, "Artículo 1", en: *Comentario al Reglamento (UE) 1215/2012 relativo a la competencia judicial, el reconocimiento y la ejecución de resoluciones judiciales en materia civil y mercantil*, Cizur Menor, 2016, pp. 71-86.

144. STJUE *Van Uden*, *cit.* nota anterior.

145. Por todos, GASCÓN INCHAUSTI, *Medidas cautelares de proceso civil extranjero (Art. 24 del Convenio de Bruselas)*, Granada, 1998, p. 173.

146. GARCIMARTÍN ALFÉREZ, *Derecho internacional privado*, 6.ª Ed., Madrid, Civitas, 2021, pp. 201-202.

*provisionales"*[147], no lo es menos que el precepto no contiene foro alguno a cuya luz constatar esa competencia (*ad ex.* lugar de localización del bien embargable).

10.116. En cualquier caso, según la jurisprudencia del TJUE, el **concepto de medida cautelar** debe ser objeto de una interpretación *autónoma*. Desde esta perspectiva, cautelares son aquellas medidas que *"están destinadas a mantener una situación de hecho o de Derecho para salvaguardar los derechos cuyo reconocimiento se solicita"*. Como condiciones deben reunir, por un lado, *"la existencia de un vínculo de conexión real entre el objeto de las medidas solicitadas y la competencia territorial del Estado contratante del juez que conoce del asunto"*, pues requiere de este juez *"una circunspección particular y un conocimiento profundo de las circunstancias concretas en las que deben producir sus efectos las medidas solicitadas"*; de tal forma que, *"según el caso, y en especial según los usos mercantiles, debe poder limitar su autorización en el tiempo o, respecto a la naturaleza de los bienes o mercancías que son objeto de las medidas solicitadas, exigir garantías bancarias o designar un depósito judicial y, de manera general, supeditar su autorización a todos los requisitos que garanticen el carácter provisional o cautelar de la medida que ordena"*[148].

10.117. Por lo que respecta a la *materia* sobre la que debe tratar la medida para que pueda considerarse incluida en el ámbito de aplicación del Reglamento, el TJUE ha especificado, en primer lugar, que el actual artículo 35 no puede invocarse para incluir en su ámbito de aplicación medidas provisionales o cautelares relativas a materias que están excluidas del mismo[149]. A partir de ahí, ha considerado que su inclusión en el ámbito del Reglamento viene determinada no por la propia naturaleza de la medida, sino ***por la naturaleza de los derechos cuya salvaguardia garantizan***[150]. Esta última afirmación es clave para entender qué medidas cautelares en apoyo de un arbitraje están incluidas en el ámbito de aplicación del texto europeo. Y así, por ejemplo, quedaría *excluida* del ámbito de aplicación del Reglamento una medida que pretendiese salvaguardar los costes del mismo *arbitraje* (recuérdese, materia excluida del ámbito de aplicación material del Reglamento). Por el contrario, quedaría *incluida* en el ámbito de aplicación material del Reglamento una medida que pretendiese salvaguardar los derechos de una parte en relación con

147. STJUE, 3.9.2020, C 186/19, *Supreme Site Services*.

148. STJUE, 17.11.1998, C-391/95, *Van Uden*. Sobre esta sentencia, *vid.*, GASCÓN INCHAUSTI / GÓMEZ JENE, "Arbitraje, medidas cautelares y Convenio de Bruselas" (a propósito de la sentencia del TJCE de 17 de noviembre de 1998 en el asunto *Van Uden c. Deco Line*), *Tribunales de Justicia*, 1999/4, pp. 303-318.

149. STJUE, 27.3.79, 143/78, *De Cavel I* y STJUE de 17.11.1998, C-391/95, *Van Uden*.

150. STJUE, 27.4.1999, C-99/96, *Mietz* y *Van Uden*, *cit.* nota anterior. Más recientemente, en el mismo sentido, STJUE, 3.9.2020, C 186/19, *Supreme Site Services*.

una compraventa mercantil (materia incluida en el ámbito de aplicación material del Reglamento).

10.118. Delimitado el ámbito de aplicación del Reglamento en relación con las medidas cautelares dictadas en apoyo de un arbitraje, queda todavía por determinar en qué supuestos un juez puede acogerse al sistema cautelar del RB I *refundido*; esto es, queda todavía por determinar qué requisitos debe cumplir el supuesto para que el citado sistema cautelar sea de aplicación. A este respecto, entiendo que deben darse cumulativamente tres circunstancias para que el sistema cautelar del Reglamento sea de aplicación en un arbitraje: (i) debe constatarse que la naturaleza de los derechos a tutelar por la cautela están incluidos en el ámbito de aplicación material del Reglamento; (ii) debe constatarse también que se cumple el criterio de aplicación *personal* del texto *–domicilio del demandado* en un Estado miembro de la UE–; y, por fin, (iii) debe verificarse *–en abstracto–* que la "competencia" del árbitro se corresponda con la competencia de los jueces de algún Estado miembro para conocer sobre el fondo en virtud de las normas de competencia judicial internacional recogidas en el Capítulo II del Reglamento.

10.119. Si se cumplen estos requisitos podrán adoptarse, en principio, medidas cautelares en apoyo a un arbitraje en aplicación del RB I *refundido*. Y decimos que "en principio" porque puede ocurrir que, aun cumpliéndose esos requisitos, la medida solicitada sea *incompatible* con el sistema del Reglamento (por ejemplo, por tratarse de una *anti-suit injunction*). En tal caso, la medida no podrá adoptarse en aplicación del artículo 35 ni reconocerse por la vía del Capítulo III del Reglamento[151].

10.120. Con carácter general, solo las medidas cautelares adoptadas por un *órgano jurisdiccional competente en cuanto al fondo del asunto* pueden ser reconocidas y ejecutadas en otro Estado miembro a partir del cauce previsto en el Capítulo III del Reglamento (excepción hecha de las medidas cautelares adoptadas *inaudita parte* que, en cualquier caso, están excluidas del ámbito de aplicación del Reglamento)[152]. Por el contrario, las medidas cautelares ordenadas por un *órgano jurisdiccional que* ***no*** *es competente en cuanto al fondo del asunto* solo deben desplegar eficacia en el territorio de su Estado; es decir, no pueden ser reconocidas / ejecutadas en otro Estado miembro en aplicación del Capítulo III del Reglamento[153]. Pues bien, tal distinción entre *órgano jurisdiccional competente* y *órgano jurisdiccional*

151. Sobre la exclusión de las *anti-suit injunction* del ámbito de aplicación del Reglamento, *vid. supra* Cap. VII.

152. *Vid.* artículo 2 a/ del Reglamento y el Considerando 33 del mismo.

153. *Vid.* Considerando 33 del Reglamento.

*incompetente para conocer del fondo* es difícilmente extrapolable al arbitraje: en virtud del convenio arbitral, el único órgano competente para conocer sobre el fondo de la controversia es el árbitro. Siendo esto así, y si llevamos hasta sus últimas consecuencias la distinción entre *órgano competente* y *órgano incompetente* sobre el fondo en un contexto arbitral, resultaría que las medidas cautelares adoptadas por un juez en apoyo a un arbitraje en aplicación del artículo 35 del RB I *refundido* serían siempre medidas cautelares ordenadas por un órgano judicial *no competente* en cuanto al fondo. O lo que es lo mismo, serían medidas *no* susceptibles de ser reconocidas en otro Estado miembro en aplicación del Capítulo III del Reglamento.

Tan férrea interpretación vaciaría de contenido la sentencia *Van Uden*, pues ningún sentido tendría declarar la *compatibilidad* del Reglamento con el arbitraje en materia cautelar si posteriormente la medida no puede reconocerse / ejecutarse en otro Estado miembro por el cauce previsto en el Capítulo III de este instrumento. Por ello, estimo que las medidas cautelares adoptadas por el juez de la sede del arbitraje deberían considerarse, a los efectos de la aplicación del Capítulo III del Reglamento, como medidas adoptadas por un juez competente "*en abstracto*" sobre cuanto al fondo. Esta interpretación es, además, la única que garantizaría la aplicación del Reglamento en el ámbito arbitral.

> **Convenio de Lugano II**[154] **(CL) y arbitraje**: En la medida en que Suiza es sede habitual de arbitrajes internacionales debe tenerse en cuenta la aplicación del Convenio de Lugano para reconocer en Estados miembros de la UE medidas cautelares adoptadas por un juez suizo en apoyo de un arbitraje con sede en Suiza. Recuérdese que el cauce de reconocimiento y ejecución previsto en este texto es prácticamente idéntico al previsto en el hoy derogado *Reglamento Bruselas I*. Por otro lado, en virtud del Protocolo núm. 2 que lo acompaña, la jurisprudencia del TJUE en interpretación del Reglamento Bruselas I debe ser tenida en cuenta en interpretación del CL. Por lo tanto, lo arriba dicho es *mutatis mutandis* válido en aplicación de este texto.

### 1.3. El Reglamento de la *Orden Europea de Retención de Cuentas* (OERC)

10.121. Para amortiguar los efectos negativos que tiene la exclusión de las medidas *inaudita parte* del cauce de reconocimiento y ejecución del Reglamento, el legislador europeo ha promulgado un instrumento que

154. *Convenio relativo a la competencia judicial y a la ejecución de resoluciones judiciales en materia civil y mercantil, hecho en Lugano el 30 de octubre de 2007.*

prevé la adopción de una medida *inaudita parte* específica; medida, que una vez adoptada, será reconocida en los demás Estados miembros sin necesidad de procedimiento alguno. Se trata de la *Orden Europea de Retención de Cuentas* (OERC), que también puede ser de aplicación en apoyo a un arbitraje.

10.122. En efecto, el artículo 1 de este Reglamento es similar al artículo 1 del RB I *refundido*. Así, tras proclamar la aplicación del texto a la materia civil y mercantil, excluye de forma expresa el *arbitraje* de su ámbito de aplicación material. Tal exclusión plantea entonces la cuestión de determinar si el razonamiento desarrollado por el TJUE en su sentencia *Van Uden* (*supra* 10.114) es o no extrapolable a este Reglamento, al objeto de determinar si un juez puede o no dictar una OERC en apoyo de un arbitraje.

10.123. Pese a lo controvertido de la cuestión[155], entiendo que una OERC sí puede ser adoptada en apoyo de un arbitraje por el juez competente –de ordinario, el juez de la sede–, pese a que el arbitraje en sí mismo esté excluido del ámbito de aplicación del Reglamento. En efecto, en aras de preservar la *coherencia* tanto en la *aplicación* como en la *interpretación uniforme* de los Reglamentos en cuestión (argumentos a menudo esgrimidos por el TJUE en su jurisprudencia) y en aras también de dotar de la máxima *eficacia* a los mismos[156], considero que la distinción en su momento hecha por el TJUE entre procedimientos de *aplicación* y procedimientos de *apoyo* al arbitraje tiene plena vigencia en este contexto. Y así, por ejemplo, no podría adoptarse una OERC que tuviera por efecto asegurar los costes del mismo arbitraje (*security for costs*), pero, en cambio, sí tendría cabida en el ámbito de aplicación del Reglamento una OERC que tuviera por objeto asegurar el cumplimiento de la cuestión sometida a arbitraje (siempre y cuando, claro está, la cuestión sometida a arbitraje se considerase materia civil y mercantil a los efectos de la aplicación del mismo).

10.124. En línea con lo anterior (*coherencia* entre Reglamentos), considero también que no hay ninguna razón para apartarse del razonamiento hecho por el TJUE en su interpretación del artículo 35 del RB I *refundido*; en cuya virtud, la exclusión de la materia *civil y mercantil* debe considerarse a partir de ***la naturaleza de los derechos cuya salvaguardia garantizan.*** De tal forma que, si éstos se consideran materia *civil y mercantil,* deben quedar incluidos en el ámbito de aplicación material del Reglamento OERC.

155. A favor de la exclusión del arbitraje en sentido amplio, JIMÉNEZ BLANCO, "La Orden Europea de Retención de Cuentas: avances y limitaciones", *AEDIPr*, 2014-2015, pp. 245-246.

156. Aunque en interpretación del *Reglamento de notificación*, los argumentos esgrimidos por el TJUE en su sentencia *Tecom* (11.11.2015, C-223/14), basados en los objetivos del Reglamento, son, a mi juicio, *mutatis mutandis* extrapolables a este contexto.

10.125. En cuanto a la importancia del Reglamento OERC, baste con señalar que se trata de un instrumento cautelar "de aplicación *alternativa* a las medidas cautelares previstas en el Derecho nacional" (art. 1.2) y al RB I *refundido*. El texto permite al acreedor obtener una OERC para evitar que el deudor pueda retirar o transferir fondos depositados en una cuenta bancaria abierta en un Estado miembro. El Reglamento en cuestión sólo puede aplicarse a *deudas pecuniarias* en materia civil y mercantil y en asuntos transfronterizos (asunto transfronterizo es aquel en el que la cuenta o cuentas bancarias se mantienen en un Estado miembro que no sea ni el Estado miembro del órgano jurisdiccional ante el que se solicite la orden, ni el Estado miembro del domicilio del acreedor).

10.126. La OERC puede solicitarse en cualquier momento; esto es: *antes* de incoar el procedimiento –o el arbitraje– contra el deudor sobre el fondo del asunto; *mientras* se incoa el procedimiento –o el arbitraje–; y *después* de que se haya obtenido laudo, sentencia, transacción o documento público con fuerza ejecutiva[157]. A este respecto, son competentes para dictar una OERC *antes* de incoar un procedimiento los tribunales que, en abstracto y en aplicación de las normas de competencia del RB I *refundido*, fueran competentes para conocer del fondo (art. 6). En caso de existir convenio arbitral con concreción de la sede del arbitraje, dichos tribunales serán los tribunales de la sede del arbitraje.

10.127. El procedimiento es *inaudita parte*: al deudor ni se le notifica la solicitud de OERC, ni se le oye antes de dictarla. La solicitud se hace, en cualquier caso, mediante un formulario estandarizado (art. 8). Como medida cautelar que es, para dictar una OERC los tribunales tienen que apreciar que concurre tanto una apariencia de buen derecho (*fumus bonis iuris*) como un peligro por la mora procesal (*periculum in mora*). Por ello, el acreedor debe presentar pruebas suficientes para convencer al juez de la urgencia y riesgo existentes (art. 7). Deberá, además, prestar caución suficiente para garantizar la indemnización de cualquier daño que se le pueda ocasionar al deudor. Constatados estos extremos, el órgano jurisdiccional adoptará su resolución mediante procedimiento escrito (art. 9). Dictada la OERC con arreglo al Reglamento, se reconocerá en los Estados miembros sin necesidad de procedimiento alguno. También tendrá fuerza ejecutiva sin necesidad de declaración de fuerza ejecutiva (art. 19). Por fin, la OERC se ejecutará con arreglo a los procedimientos aplicables a la ejecución de órdenes nacionales equivalentes en el Estado miembro de ejecución.

157. No obstante, es de destacar que el Reglamento en ningún momento habla de "laudos". Si introducimos este término es porque estimamos que el arbitraje, en las condiciones arriba descritas, está incluido en el ámbito de aplicación material del mismo.

10.128. Como conclusión de lo hasta aquí dicho, puede afirmarse que, en aras de una interpretación coherente entre Reglamentos, la jurisprudencia *Van Uden* es perfectamente extrapolable al ámbito del Reglamento OERC. En consecuencia, es posible adoptar en su aplicación una OERC por el juez de apoyo que garantice la salvaguarda de una controversia de naturaleza civil y mercantil sometida a arbitraje.

### 1.4. Ordenamiento interno

10.129. Supuesta la voluntad de las partes para activar la tutela cautelar, en el contexto judicial se plantean dos cuestiones particularmente relevantes. Por un lado, la cuestión relativa a la *competencia judicial internacional*, a los efectos de determinar en qué supuestos el juez español puede declararse competente para otorgar la tutela cautelar a cualquier parte implicada en un arbitraje internacional con sede en España o en el extranjero. Este particular régimen de competencia judicial se regula en el artículo 22 sexies LOPJ, en relación con el artículo 722 LECiv, y –en su caso– en relación también con los reglamentos europeos y convenios internacionales citados en el epígrafe anterior. Por otro lado, es también muy importante el alcance del mismo *régimen cautelar*; esto es, el régimen legal que regula, entre otros, los presupuestos, capacidad, momento y tipos de medida que pueden adoptarse en apoyo de un arbitraje. Como es sabido, dicho régimen se recoge en los artículos 721 LECiv y ss.

10.130. Como hemos abordado ya en el Capítulo correspondiente[158], el precepto que otorga **competencia judicial internacional** al juez español para dictar medidas cautelares en apoyo de un arbitraje internacional con sede en el extranjero o en España es, esencialmente, el artículo 22 sexies LOPJ. Debe tenerse en consideración que este precepto deberá aplicarse, en su caso, en relación con otras normas previstas en los reglamentos europeos y convenios internacionales (típicamente, artículo 35 del Reglamento Bruselas I *refundido*). Una vez delimitada la competencia judicial internacional de los tribunales españoles para conocer de este tipo de supuestos, queda todavía por determinar qué tribunal es el **territorialmente** competente para, en su caso, otorgarlas. A este respecto, y como también expusimos en el Capítulo correspondiente, la referencia genérica a *tribunal* que hace el artículo 8.3 LArb debe entenderse hecha, en materia de medidas cautelares, al Juzgado de Primera Instancia del lugar en el que el laudo deba ser ejecutado y, en su defecto, el del lugar donde las medidas deban producir su eficacia[159]. El mismo criterio

158. *Vid. supra* Cap. VII.

159. No obstante, *vid. supra* Cap. VII y la jurisprudencia allí citada. *Vid.* también en este Capítulo los supuestos en los que es el Juez del concurso el competente para otorgar medidas cautelares.

habrá de aplicarse cuando el arbitraje esté sustanciándose en el extranjero (art. 724 LECiv *in fine*), cuando el lugar del arbitraje esté por determinar, o cuando se solicite la tutela cautelar *ante causam*[160].

**Artículo 724 LECiv.** *Competencia en casos especiales.*

*Cuando las medidas cautelares se soliciten estando pendiente un proceso arbitral o la formalización judicial del arbitraje, será tribunal competente el del lugar en que el laudo deba ser ejecutado, y, en su defecto, el del lugar donde las medidas deban producir su eficacia.*

10.131. El artículo 722 LECiv, por su parte, determina quién y en qué momento puede solicitar la tutela cautelar en el particular contexto arbitral. Y ello, tanto para los arbitrajes internos como para los arbitrajes internacionales. Bien entendido, no obstante, que su aplicación en los supuestos internacionales queda supeditada a que el juez sea internacionalmente competente conforme a los criterios establecidos en el artículo 22 sexies LOPJ; es decir, que el supuesto de hecho reúna los criterios establecidos en ese precepto para que el juez pueda declararse competente en materia de tutela cautelar (*ad ex.* existencia de bienes en territorio español susceptibles de ser protegidos).

**Artículo 722 LECiv.** *Medidas cautelares en procedimiento arbitral y litigios extranjeros.*

*Podrá pedir al Tribunal medidas cautelares quien acredite ser parte de convenio arbitral con anterioridad a las actuaciones arbitrales. También podrá pedirlas quien acredite ser parte de un proceso arbitral pendiente en España; o, en su caso, haber pedido la formalización judicial a que se refiere el artículo 15 (LA); o en el supuesto de un arbitraje institucional, haber presentado la debida solicitud o encargo a la institución correspondiente según su Reglamento.*

*Sin perjuicio de las reglas especiales previstas en los Tratados y Convenios o en las normas comunitarias que sean de aplicación, también se podrá solicitar de un Tribunal español por quien acredite ser parte de un proceso jurisdiccional o arbitral que se siga en un país extranjero la adopción de medidas cautelares si se dan los presupuestos legalmente previstos salvo en los casos en que para conocer del asunto principal fuesen exclusivamente competentes los tribunales españoles.*

10.132. Desde el estricto prisma arbitral, el artículo 722 LECiv merece una crítica. En efecto, el precepto impone un límite –difícilmente

160. En este sentido, DÍEZ-PICAZO GIMÉNEZ, en: DE LA OLIVA / DÍEZ-PICAZO GIMÉNEZ / VEGAS TORRES / BANCLOCHE PALAO, *Comentarios a la Ley de Enjuiciamiento Civil*, Madrid, 2001, p. 1214; CUCARELA GALIANA, *El procedimiento arbitral (Ley 60/2003, de 23 de diciembre, de Arbitraje)*, Bolonia, 2004, p. 310.

explicable– a la competencia judicial internacional del juez español para adoptar medidas cautelares, cual es que el asunto resuelto en el arbitraje sea objeto de competencia *exclusiva* de los tribunales españoles. Tal límite no tiene sentido en perspectiva arbitral (quizá sí lo tenga en perspectiva jurisdiccional), pues como hemos visto ya, determinadas materias sometidas a foros de competencia judicial exclusivos son perfectamente arbitrables (muy particularmente, los contratos de arrendamiento sobre bienes inmuebles)[161]. Y si resulta que son arbitrables –que lo son– no hay motivo alguno para que el legislador prohíba la tutela cautelar en estos supuestos.

10.133. Por otro lado, una lectura aislada del segundo párrafo podría llevar a la errónea conclusión de que, en el contexto de un *arbitraje internacional* con sede en el extranjero, solo podrán solicitarse cautelas una vez iniciado el arbitraje: "*quien acredite ser parte de un proceso jurisdiccional o arbitral que se siga en un país extranjero*". Pues bien, una interpretación sistemática de este párrafo, puesto en relación con el primero, permite concluir que la tutela cautelar *ante causam* es posible tanto si el arbitraje tiene su sede en España como si la tiene en el extranjero. Otra interpretación haría de peor condición al justiciable que, incluso residiendo en España, haya pactado tanto sumisión a tribuales extranjeros como a arbitraje en el extranjero; lo cual, evidentemente, no tiene mucho sentido.

10.134. En cuanto al *régimen cautelar*, es sabido que para adoptar una medida cautelar deben concurrir como **presupuestos** el peligro por la mora procesal o *periculum in mora*, la apariencia de buen derecho o *fumus bonis iuris* y la caución que debe prestar el demandante de tales medidas (art. 728 LECiv).

> **Artículo 728 LECiv**. *Peligro por la mora procesal. Apariencia de buen derecho. Caución.*
>
> *1. Sólo podrán acordarse medidas cautelares si quien las solicita justifica, que, en el caso de que se trate, podrían producirse durante la pendencia del proceso, de no adoptarse las medidas solicitadas, situaciones que impidieren o dificultaren la efectividad de la tutela que pudiere otorgarse en una eventual sentencia estimatoria.*
>
> *No se acordarán medidas cautelares cuando con ellas se pretenda alterar situaciones de hecho consentidas por el solicitante durante largo tiempo, salvo que éste justifique cumplidamente las razones por las cuales dichas medidas no se han solicitado hasta entonces.*
>
> *2. El solicitante de medidas cautelares también habrá de presentar con su solicitud los datos, argumentos y justificaciones documentales*

161. *Vid. supra* Cap. V.

*que conduzcan a fundar, por parte del Tribunal, sin prejuzgar el fondo del asunto, un juicio provisional e indiciario favorable al fundamento de su pretensión. En defecto de justificación documental, el solicitante podrá ofrecerla por otros medios de prueba, que deberá proponer en forma en el mismo escrito.*

*3. Salvo que expresamente se disponga otra cosa, el solicitante de la medida cautelar deberá prestar caución suficiente para responder, de manera rápida y efectiva, de los daños y perjuicios que la adopción de la medida cautelar pudiera causar al patrimonio del demandado.*

*El tribunal determinará la caución atendiendo a la naturaleza y contenido de la pretensión y a la valoración que realice, según el apartado anterior, sobre el fundamento de la solicitud de la medida...*

Con mucho criterio, cierta jurisprudencia ha matizado que el análisis de estos presupuestos debe seguir un orden, de tal forma que solo si se supera el requisito para apreciar el presupuesto del *periculum in mora* procede examinar el requisito del *fumus bonis iuris*[162].

10.135. Por lo que hace a la apreciación del *periculum in mora*, la jurisprudencia ha especificado que: *"exige... que exista un riesgo, racionalmente previsible y objetivo, bien de que la parte demandada pudiera aprovecharse del estado de pendencia inherente a la duración del proceso para hacer inefectiva la tutela judicial que podría otorgar la sentencia resolutoria de la contienda o bien del advenimiento en ese ínterin de situaciones susceptibles de impedir o dificultar la efectividad de lo que pudiera obtener la otra parte en el procedimiento principal. Ello pudiera provenir tanto del demandado como de terceros o estar desprovisto de toda atribución subjetiva, en tanto que este requisito se configura en términos objetivos, bastando con la mera probabilidad de que se vayan a producir durante la tramitación del proceso acontecimientos que interfieran en la eficacia de la tutela que en su día pudiera otorgarse"*[163].

10.136. Y por lo que hace a la apreciación del *fumus bonis iuris*, la jurisprudencia ha matizado que: *"No se trata de prejuzgar, pero sí de constatar que la pretensión de la parte solicitante tiene el grado de solidez necesario para motivar la concesión de la tutela cautelar"*[164]. Desde esta perspectiva, el mero planteamiento de la demanda arbitral es un hecho, por sí mismo y en

162. Así, siguiendo expresamente el criterio establecido por el Auto AP de Madrid, 11.1.2019, ECLI:ES:APM:2019:74A, Auto JM núm. 7 de Madrid, 11.4.2019, ECLI:ES:JMM:2019:38A.

163. Auto N.º 38/2023, AP de Madrid (Sección 28.ª), 30.1.2023.

164. Auto N.º 38/2023, AP de Madrid (Sección 28.ª), 30.1.2023.

principio, insuficiente como para generar una apariencia de buen derecho[165].

10.137. Las **medidas adoptables** por el juez –ya sea en apoyo a un arbitraje que se esté celebrando en España, ya sea en apoyo a un arbitraje que se esté celebrando en el extranjero– son, con carácter general, las previstas en el artículo 726 LECiv y con carácter específico, las previstas en el artículo 727 LECiv.

> La jurisprudencia ha matizado que no puede instarse como medida cautelar "la suspensión de un procedimiento arbitral" existiendo ya laudo. Si acaso podrá reproducirse la medida solicitada ante el órgano competente para la ejecución del laudo[166]. Sí es posible, sin embargo, instar como medida anticipatoria (*ex* art. 726.2 LEC) la suspensión de un convenio arbitral[167], así como la adopción *inaudita parte* de una medida cautelar de suspensión de la ejecución de aval[168] o de embargo en fábrica de trenes ensamblados y comprados por un Estado extranjero a través de una sociedad[169].

10.138. En virtud del artículo 722 LECiv, está **legitimado** para solicitar medidas cautelares quien acredite ser parte en un proceso arbitral pendiente en España o en el extranjero; quien haya pedido la formalización judicial del arbitraje o quien acredite haber presentado la debida solicitud (de arbitraje) ante la institución correspondiente.

10.139. Tanto el artículo 722 LECiv como el artículo 11.3 LArb (*supra*) reconocen expresamente la posibilidad de adoptar medidas cautelares ***ante causam*** –en concreto, antes de que alguna parte haya pedido la formalización judicial del arbitraje–. Constatada por tanto esa posibilidad, el artículo 730 LEC regula el supuesto.

> **Artículo 730.2 y 3 LECiv**. *Momentos para solicitar las medidas cautelares.*
>
> *2. Podrán solicitarse medidas cautelares antes de la demanda si quien en ese momento las pide alega y acredita razones de urgencia o necesidad.*

165. Auto AP de Madrid, 15.11.2022, ECLI:ES:APM:2022:1814A.
166. Auto AP Bizkaia, 5.2.2007, ECLI:ES:APBI:2007:148A.
167. Auto JM núm. 7 de Madrid, 11.4.2019, ECLI:ES:JMM:2019:38A.
168. Auto AP de Oviedo de 12.4.2019, (ECLI:ES:APO:2019:483A). Sobre este auto y la cuestión relativa a la competencia judicial en relación a la validez de la misma garantía (aval), *vid.* SÁNCHEZ LORENZO, "Competencia judicial internacional de los tribunales españoles para la adopción de medidas cautelares *inaudita altera pars* en apoyo de un arbitraje CCI (Auto de la AP de Oviedo 12 abril 2019", *La Ley Mediación y Arbitraje*, 2020, 4. Negando la medida cautelar consistente en la suspensión del pago previsto en una contragarantía, Auto AP de Ourense, 1.9.2021, ECLI:ES:APOU:2021:525A.
169. Auto AP de Madrid, 7.7.2021, ECLI:ES:APM:2021:3673A.

*En este caso, las medidas que se hubieran acordado quedarán sin efecto si la demanda no se presentare ante el mismo Tribunal que conoció de la solicitud de aquéllas en los veinte días siguientes a su adopción...*

*3. El requisito temporal a que se refiere el apartado anterior no regirá en los casos de formalización judicial del arbitraje o de arbitraje institucional. En ellos, para que la medida cautelar se mantenga, será suficiente con que la parte beneficiada por éste lleve a cabo todas las actuaciones tendentes a poner en marcha el procedimiento arbitral.*

En consecuencia, una interpretación sistemática y teleológica de las normas aplicables conducen inexorablemente a aceptar la competencia del juez para adoptar medidas cautelares *ante causam* en apoyo a un arbitraje –ya sea interno, internacional con sede en España o internacional con sede en el extranjero–.

Lo cual, evidentemente, no es óbice para afirmar que una cautela de este tipo únicamente deberá adoptarse en situaciones –extremas– en las que "*la exigencia de una respuesta judicial lo más rápida e inmediata posible sea incompatible con el tiempo mínimamente indispensable para preparar y redactar la demanda (de arbitraje)*"[170].

En línea con lo anterior, la jurisprudencia ha adoptado medidas cautelares *ante causam* en apoyo de un arbitraje –ya sea interno o internacional– en supuestos en los que concurran razones de urgencia y necesidad extrema. Y precisa que, para mantenerlas, *es necesario realizar las actuaciones tendentes a formalizar el arbitraje*[171].

En la jurisprudencia comparada es célebre –por representativa– la sentencia de la *High Court* británica en el asunto *ExxonMobil v. Venezuela*. En aplicación de la *Arbitration Act* de 1996, se concedió en primera instancia una *Mareva Injuction* que tenía por objeto congelar bienes por una importantísima cantidad de dinero. El arbitraje que conocería sobre el fondo de la cuestión tendría su sede en Nueva York. En el momento de solicitarse las cautelas no se había presentado la demanda de arbitraje. En segunda instancia las cautelas concedidas fueron levantadas por entenderse que no había ni vínculo ni bienes suficientes en el Reino Unido para ser congelados[172].

170. GASCÓN INCHAUSTI, *La adopción de medidas cautelares con carácter previo a la demanda*, Barcelona, 1999, p. 44.

171. Auto AP de Madrid, 8.6.2009, ECLI:ES:APM:2009:12151A.

172. *Mobil Cerro Negro Limited v. Petróleos de Venezuela S.A., High Court of Justice, Queen's Bench Division, Commercial Court*, 20.3.2008, www.bailii.org/ew/cases/.

10.140. Si bien como regla general el juez "*proveerá a la petición de medidas cautelares previa audiencia del demandado*" (art. 733 LECiv), de forma excepcional y por razones de urgencia también podrá adoptar cautelas sin contradicción previa –***inaudita parte***– (art. 733.2 LECiv)[173].

> **Artículo 733 LECiv.** *Audiencia al demandado. Excepciones.*
>
> *1. Como regla general, el tribunal proveerá a la petición de medidas cautelares previa audiencia del demandado.*
>
> *2. No obstante lo dispuesto en el apartado anterior, cuando el solicitante así lo pida y acredite que concurren razones de urgencia o que la audiencia previa puede comprometer el buen fin de la medida cautelar, el tribunal podrá acordarla sin más trámites mediante auto, en el plazo de cinco días, en el que razonará por separado sobre la concurrencia de los requisitos de la medida cautelar y las razones que han aconsejado acordarla sin oír al demandado...*

10.141. La **ampliación** de medidas cautelares, incluso sin audiencia del demandado, también es posible. Basta para ello con que: (i) la petición de ampliación pretenda lograr el mismo objetivo que la cautela inicial; que (ii) sigan concurriendo los presupuestos previstos en el artículo 728 LECiv (*fumus bonis iuris, periculum in mora* y caución); y que (iii) la ampliación de las medidas contribuya a lograr el fin pretendido por la cautela inicial.

> En el supuesto ventilado mediante Auto por el JPI núm. 42 de Madrid (21.6.2006), el juez accedió a prolongar la vigencia de unas cautelas acordadas dos años antes. Dichas cautelas tenían por objeto impedir que la parte demandada en el arbitraje ejecutase las garantías otorgadas por la parte demandante para asegurar el cumplimiento de sus obligaciones[174].

10.142. Además, y del mismo modo que ya preveía la antigua LArb, también podrán solicitarse medidas cautelares **después** de que el laudo haya sido dictado. Y así, por ejemplo, la jurisprudencia ha adoptado como medida cautelar una anotación preventiva de demanda de ejecución de laudo arbitral[175].

173. Para un ejemplo de medida *inaudita parte* en el ámbito marítimo por aplicación de un Convenio internacional, Auto AP Palma de Mallorca, 11.3.2019, ECLI: ES:APIB:2019:55A. Por otro lado, sobre la *no* consideración del convenio arbitral en un supuesto de medidas cautelares *inaudita parte* ante demanda dictadas en un contexto de aplicación de la Ley de Defensa de la Competencia al fondo de la controversia, *vid.* auto AP Barcelona, 6.5.2019, ECLI:ES:APB:2019:2643A.

174. *Vid.* con más detalle, *Actualidad Jurídica Uría Menéndez*, 17-2007, pp. 124-125.

175. Auto AP de Madrid, 6.6.2005, ECLI:ES:APM:2005:4850A.

10.143. Para el supuesto particular en el que las **medidas cautelares se soliciten frente a un Estado** (en tanto que parte en el arbitraje) deberá tenerse en particular consideración las limitaciones que establece el artículo 17 LOPI en defecto de consentimiento de aquél para que se adopten este tipo de medidas (art. 18 LOPI).

**Artículo 17 LOPI.** *Inmunidad del Estado extranjero respecto de medidas de ejecución.*

*1. Los órganos jurisdiccionales españoles se abstendrán de adoptar medidas de ejecución u otras medidas coercitivas contra bienes del Estado extranjero, tanto antes como después de la resolución judicial, salvo que dicho Estado lo haya consentido, de manera expresa o tácita.*

*2. Después de la resolución judicial, los órganos jurisdiccionales españoles podrán también adoptar medidas de ejecución si se ha determinado que los bienes objeto de aquellas se utilizan o están destinados a ser utilizados por el Estado con fines distintos de los oficiales no comerciales, siempre que se encuentren en territorio español y tengan un nexo con el Estado contra el que se ha incoado el proceso, aunque se destinen a una actividad distinta de la que dio lugar al litigio.*

**Artículo 18 LOPI**. *Consentimiento a la adopción de medidas de ejecución.*

*1. El consentimiento expreso del Estado extranjero al que se refiere el artículo anterior habrá de contenerse en:*

*a) acuerdo internacional;*

*b) un contrato escrito; o*

*c) una declaración ante el tribunal o una comunicación escrita en un proceso determinado.*

*2. Se considera que existe consentimiento tácito a los efectos del artículo anterior únicamente cuando el Estado extranjero ha asignado bienes de su propiedad a la satisfacción de la demanda objeto del proceso.*

### 1.5. Eficacia en el extranjero de la medida cautelar adoptada por el Tribunal español

10.144. En aquellos supuestos en los que la sede del arbitraje se localice en España –y las partes no hayan excluido expresamente la posibilidad de adoptar medidas cautelares– puede considerarse la opción de solicitar cautelas ante un tribunal español para, posteriormente, instar su reconocimiento y ejecución en el extranjero. La eficacia de tal medida dependerá del país donde quiera hacerse valer. De hecho, dependiendo de que el supuesto sea *intra* europeo o no, la solución será una u otra.

10.145. Así, en el contexto *intra* europeo, el reconocimiento / ejecución de la medida será en principio posible por el cauce previsto en el Reglamento Bruselas I *refundido* (arts. 36-57). Es decir, la medida adoptada por un tribunal español en apoyo de un arbitraje debe ser reconocible en un Estado miembro si la medida está incluida en el ámbito de aplicación *material* del mismo y es compatible con el sistema del Reglamento[176]. No es necesario, sin embargo, que el domicilio del demandado se encuentre en la UE. Por su parte, para determinar si la medida adoptada por los tribunales españoles puede reconocerse en un contexto *extra* europeo habrá de estarse a las normas procesales de cada país en concreto.

### 1.6. Eficacia en España de la medida cautelar adoptada por el Tribunal extranjero

10.146. Para aquellos supuestos en los que la medida sea adoptada por un tribunal extranjero y quiera hacerse valer en España, habrá de estarse también a la distinción anteriormente hecha entre supuestos *intra* europeos y supuestos *extra* europeos. En el contexto *intra* europeo, el reconocimiento de la medida será en principio posible en España por el cauce previsto en el Reglamento Bruselas I *refundido* (arts. 36-57)[177]. Por el contrario, si la sede del arbitraje está localizada en un Estado *no* miembro de la UE y sus tribunales adoptan medidas cautelares en apoyo del arbitraje, su reconocimiento en España no será, en principio, posible: el artículo 41.4 LCJI prohíbe con carácter particular el reconocimiento de las medidas cautelares *inaudita parte* y establece con carácter general que *"Sólo serán susceptibles de reconocimiento y ejecución aquellas medidas cuya denegación suponga una vulneración de la tutela judicial efectiva"*. Tal restricción obliga de hecho a interesar ante los tribunales españoles aquellas medidas cautelares que deban desplegar eficacia en España.

> Las medidas cautelares reguladas en el artículo 748 TRLC no se consideran en este contexto, pues difícilmente pueden dictarse en apoyo a un arbitraje.

176. Por más que el juez que adopte la medida no sea el juez del fondo (pues sobre el fondo resuelve el árbitro). *Vid.* el razonamiento al respecto *supra* en este Cap. el Ep. B/. *El Reglamento Bruselas I refundido.*

177. *Vid.* la nota anterior.

## 2. MEDIDAS CAUTELARES ADOPTADAS POR EL ÁRBITRO

10.147. La ***potestad de los árbitros para adoptar medidas cautelares*** constituye una de las novedades más relevantes de la LArb. Prevista ya tanto en las legislaciones arbitrales de nuestro entorno como en los reglamentos de arbitraje de las instituciones más importantes, el precepto en cuestión se inspira directamente en el artículo 17 LM.

> **Artículo 23.1 LArb**: *Potestad de los árbitros de adoptar medidas cautelares.*
>
> *1. Salvo acuerdo en contrario de las partes, los árbitros podrán, a instancia de cualquiera de ellas, adoptar las medidas cautelares que estimen necesarias respecto del objeto del litigio. Los árbitros podrán exigir caución suficiente al solicitante.*

10.148. Por mor del artículo 1.2 LArb –que prevé la aplicación del artículo 23 LArb aun cuando el lugar del arbitraje se encuentra fuera de España– su ámbito de aplicación *espacial* es, cuanto menos, controvertido, pues su aplicación a arbitrajes que se sustancien en el extranjero puede chocar con la *lex loci arbitri*[178].

10.149. En cualquier caso, la aplicación de este precepto no es *automática*, pues está condicionada a que se den una serie de presupuestos que rigen su aplicación –tanto para el arbitraje interno como para el arbitraje internacional[179]–. Y así, del mismo modo que ocurre en el ámbito de las medidas cautelares adoptadas por el juez (art. 726.1 LECiv), el árbitro solo debe acceder a otorgar cautelas cuando constate su **instrumentalidad** respecto del proceso principal *–los árbitros podrán..., adoptar las medidas cautelares que estimen necesarias respecto del objeto del litigio–*. En este sentido, deben darse, además, los presupuestos anteriormente descritos: apariencia de buen derecho o *fumus bonis iuris*, el peligro por la mora procesal o *periculum in mora* y la caución.

> Tales requisitos coinciden con los "estándares" que identifica la doctrina comparada: (i) riesgo de daño serio o irreparable; (ii) urgencia; (iii) *prima facie case on the merits*; y, (iv) *prima facie jurisdiction*[180].

10.150. El presupuesto de la **caución** tiene su propia configuración en el artículo 23 LArb y, en su virtud, "*Los árbitros podrán exigir caución suficiente al solicitante*". A partir de este último inciso podría interpretarse que

---

178. Al respecto, *vid. supra* Cap. II.

179. Sobre ésta y todas las cuestiones que se plantean en este ámbito *vid.* BARONA VILAR, *Medidas cautelares en el arbitraje*, Madrid, 2006.

180. Con más referencias, BORN, *International Commercial Arbitration*, 2.ª Ed. 2014, pp. 2468-2483.

la parte demandante de la cautela queda exonerada de la necesidad de ofrecer caución. No es ésa –a mi juicio– la mejor interpretación posible. En efecto, partiendo de la *ratio* que subyace a este presupuesto –asegurar los daños que el demandante pueda producir al demandado al instar la medida–, lo coherente es interpretar que, a partir del ofrecimiento de caución hecho por el demandante, el árbitro tiene la facultad de eximir o no de tal caución una vez valoradas las circunstancias del caso.

10.151. Constatados dichos presupuestos, el proceso cautelar debe respetar, con carácter general, los principios de igualdad, audiencia y contradicción que rigen el procedimiento arbitral (art. 24 LArb). Lo anterior no es de aplicación a supuestos de adopción de una medida cautelar *inaudita parte*. A partir de ahí, los árbitros podrán acordar qué tipo de cautela llevar a cabo, su duración, así como la posibilidad de modificación y alzamiento.

10.152. Desde un plano estrictamente teórico, los árbitros no están sujetos al régimen cautelar de la LECiv –procedimiento contradictorio, plazos, oralidad...–. Sin embargo, considerando las características inherentes a toda medida cautelar –instrumentalidad, provisionalidad, temporalidad, variabilidad y proporcionalidad–, considerando los principios generales que informan su adopción, y considerando también el marco legal que brinda la LECiv –concepto amplio de medida cautelar, aceptación expresa de medidas cautelares *inaudita parte* y *ante causam*...– es difícil desvincularse de sus dictados. El hecho de que para la ejecución de las medidas cautelares pueda ser necesario recurrir a la autoridad judicial, no hace sino recomendar tal opción.

> Con todo, la jurisprudencia del TJUE brinda un interesante marco conceptual –autónomo– que bien podría tenerse en cuenta para delimitar el concepto de medida cautelar. En su virtud, se consideran medidas cautelares aquellas que estén "*destinadas a mantener una situación de hecho o de Derecho para salvaguardar derechos cuyo reconocimiento se solicita, además, al Juez* (léase, al árbitro) *que conoce del fondo del asunto*"[181].

10.153. La Ley de Arbitraje no especifica qué medidas cautelares puede otorgar el árbitro sin auxilio del juez. La omisión parece intencionada, pues antes de prever un listado exhaustivo en la materia –con la dificultad que ello conlleva–, resulta más adecuado que la misma práctica arbitral vaya planteando y modulando el tipo de cautela necesaria para cada supuesto concreto. La doctrina comparada ha identificado una serie de medidas cautelares otorgadas por los árbitros en la práctica internacional. Dichas medidas se inspiran, sobre todo, en los sistemas cautelares

181. STJCE, 26.3.1992, C- 261/90, *Reichert*.

previstos en las leyes anglosajonas de arbitraje. Y así, se distinguen las siguientes categorías de medidas[182]:

- *Orders Preserving Status Quo*: Destinadas a preservar un *status quo* determinado; por ejemplo, no ejecutar un aval aunque se den las circunstancias para hacerlo.
- *Orders Prohibiting Aggravation of Parties' Disputes*: Destinadas a no agravar la disputa entre las partes; por ejemplo, exigencia de confidencialidad.
- *Orders Requiring Specific Performance of Contractual Obligations*: Destinadas a que se cumplan parcialmente ciertas obligaciones previstas en el contrato.
- *Orders Requiring Security for Underlying Claims*: Destinadas a evitar una desinversión del demandado sobre sus bienes.
- *Orders Requiring Security for Costs:* Destinadas a asegurar los costes del arbitraje que, en principio, deba soportar el demandado.
- *Orders for Inspection of Property:* Destinadas, por ejemplo, a inspeccionar un lugar concreto.
- *Antisuit Orders*: Destinadas a evitar que alguna de las partes plantee la disputa ante un tribunal ordinario de justicia.

10.154. Por su parte, en la práctica interna, la *Dirección General de los Registros y del Notariado*[183] (DGRN) ha matizado que es necesario el auxilio del juez para que una medida cautelar adoptada por el árbitro –consistente en una anotación preventiva de una prohibición de disponer sobre ciertas fincas que deberían ser objeto de escritura de compraventa– pueda ser inscrita en el Registro de la Propiedad (Res. DGRN, 20.2.2006[184]). En el mismo sentido, también ha exigido el auxilio judicial para la inscripción en el Registro de la Propiedad de una medida cautelar adoptada por el árbitro consistente en una anotación preventiva de demanda (Res. DGRN, 26.7.2018[185]).

10.155. Nada dice la LArb respecto de la competencia del árbitro para adoptar medidas **cautelares *inaudita parte*** –*ex parte*–. Sin embargo, entiendo que el silencio del legislador en este punto debe interpretarse

182. Con todo detenimiento, BORN, *International Commercial Arbitration*, 2.ª Ed. 2014, pp. 2484-2502.

183. En la actualidad, *Dirección General de Seguridad Jurídica y Fe Pública*.

184. *BOE* núm. 70, 23.3.2006.

185. *BOE* núm. 188, 4.8.2018. Confirmando esta interpretación, SAP de Girona, 4.3.2022, ECLI:ES:APGI:2022:287.

en sentido positivo[186]. De entrada, porque como hemos apuntado ya, las normas aplicables de la LECiv en materia de medidas cautelares complementan la interpretación del artículo 23 LArb. Y desde esta perspectiva, si la LECiv permite las medidas *inaudita parte* y la LArb concede al colegio arbitral la potestad de adoptar medidas cautelares, carecería de sentido conceder esta competencia específica al juez en apoyo a un arbitraje y negársela al árbitro. Razones obvias de coherencia interna del proceso cautelar aconsejan, por tanto, extender esa potestad al árbitro. Evidentemente, tal potestad constituye una excepción al principio de contradicción que únicamente debe aceptarse cuando concurran circunstancias excepcionales. Este razonamiento ha sido corroborado, además, por cierta jurisprudencia, que ha aceptado en supuestos excepcionales la competencia del árbitro para adoptar medidas cautelares *inaudita parte*[187].

> A mayor abundamiento, puede apuntarse también que el *proyecto revisado* del artículo 17 LM ya otorga expresamente esa facultad al colegio arbitral.

Adoptar medidas cautelares *inaudita parte* es, por tanto, teórica y prácticamente posible a la luz de la LArb. Sin embargo, se han expuesto varios motivos que demuestran –al menos parcialmente– su relativa importancia en la práctica *internacional*. En concreto, en aquellos supuestos en los que la medida deba desplegar su eficacia en un Estado distinto del Estado en que se dictaron. Y es que, si bien es cierto que –al menos teóricamente– podría instarse el execuátur de la medida en aplicación del CNY, no lo es menos que la LCJI solo permite excepcionalmente el reconocimiento de medidas cautelares. Además, por mor del mismo procedimiento de execuátur (procedimiento *contradictorio*), el efecto sorpresa inherente a este tipo de medida desaparece[188].

10.156. También puede ser competente el árbitro para adoptar medidas cautelares ***ante causam***. En la práctica, tal medida suele ser adoptada por el árbitro de emergencia. Regulado con particular detalle en los reglamentos de las instituciones arbitrales más importantes[189], esta figura está prevista nada más que para valorar la adopción de medidas cautelares

186. También en este sentido, FERNÁNDEZ ROZAS, "Arbitraje y justicia cautelar", *RCEA*, 2007, pp. 48-50.

187. STSJ de Cataluña, 7.4.2016, *Arbitraje*, 2016 (3), pp. 846-850 (con nota de LINARES RODRÍGUEZ).

188. *Vid infra* Cap. XII.

189. *Vid*. a título de ejemplo el artículo 29 del Reglamento de la Corte de Arbitraje de la CCI 2021 y el Apéndice V del mismo. En sentido similar, entre otros, el Reglamento de CIMA.

previas a la constitución del colegio arbitral: su función consiste únicamente en conceder o no la medida solicitada.

Desde un estricto plano teórico, son concebibles conflictos de competencia entre el árbitro de emergencia y los jueces. Ese sería el supuesto, por ejemplo, cuando una parte solicite la medida cautelar ante la jurisdicción y la otra ante el árbitro. El riesgo evidente de resoluciones contradictorias solo puede corregirse sometiendo la decisión del árbitro a la acción de anulación (por más que su resolución adopte la forma de *orden procesal*).

10.157. Aunque no es necesario que así sea, la medida cautelar adoptada por el árbitro puede revestir la **forma** de laudo *–laudo parcial–* o de *orden procesal*. Sea cual fuere la forma que adopte *–laudo parcial* u *orden procesal–*, frente a la medida cautelar adoptada por el árbitro cabe la acción de anulación. Del mismo modo, también le son de aplicación las normas de ejecución forzosa del laudo (arts. 44 y 45 LArb), con la consiguiente remisión, en última instancia, a los artículos 548 y ss. LECiv.

**Artículo 23.2 LArb**. *Potestad de los árbitros de adoptar medidas cautelares.*

2. *A las decisiones arbitrales sobre medidas cautelares, cualquiera que sea la forma que revistan, les serán de aplicación las normas sobre anulación y ejecución forzosa de laudos.*

## VIII. NORMAS APLICABLES AL FONDO DE LA CONTROVERSIA

### 1. ARBITRAJE DE EQUIDAD *VERSUS* ARBITRAJE DE DERECHO

10.158. Una característica relevante tanto del arbitraje interno como del arbitraje internacional es la relativa a la posibilidad de resolver la controversia en *equidad* y no en *derecho*. Tal posibilidad está regulada tanto el Derecho convencional como el Derecho interno.

**Artículo VII.2 CG:**

2. *Los árbitros actuarán en calidad de "amigables componedores" si tal es la voluntad de las partes y se lo permite la ley aplicable al arbitraje.*

**Artículo 34.1 LArb:**

*Los árbitros sólo decidirán en* ***equidad*** *si las partes les han autorizado expresamente para ello.*

**Ubicación del artículo 34 LArb en el Título VI.** La ubicación del artículo 34 LArb en el Título VI *–Del pronunciamiento del laudo y de la* *terminación de las actuaciones*– es muy discutible. Y es que, la decisión sobre *equidad* o *derecho* impregna de un modo u otro y en mayor o menor medida el procedimiento arbitral (piénsese en la prueba del derecho extranjero o los dictámenes y ratificación de los mismos sobre la interpretación del derecho o las normas jurídicas aplicables[190]). Quizá por ello la ubicación de esta norma encontraría mejor asiento entre los artículos 28 y 29 LArb. La cuestión, habida cuenta de la jurisprudencia existente, no es menor, pues se ha estimado –a mi juicio erróneamente– que el motivo de anulación previsto en el artículo 41.1.d) –el procedimiento arbitral no se ha ajustado al acuerdo de las partes– no es aplicable a supuestos en los que se debata sobre si la resolución tuvo que ser en *derecho* o en *equidad*; precisamente, por estimarse que esta cuestión no es de carácter procedimental: *"el arbitraje sea de equidad o de derecho no es cuestión que afecte al 'procedimiento', sino al laudo, por lo que no cabe apreciar quebrantamiento del procedimiento pactado"*[191]. Técnicamente podría sostenerse que, efectivamente, tal elección no tiene carácter estrictamente procedimental, pero desde el momento en que la elección por una u otra vía pueda condicionar –condiciona de hecho– el procedimiento, la elección en cuestión debería darse a conocer siempre en el contexto de la sustanciación de las actuaciones arbitrales y no en el siempre posterior momento del dictado del laudo. De ahí que tal cuestión debiera considerarse incluida en el ámbito de aplicación del motivo de anulación citado.

10.159. Sintéticamente expuesto, puede afirmarse que el *arbitraje de derecho* es aquel en cuya virtud el árbitro resuelve la controversia aplicando uno o varios ordenamientos jurídicos al fondo de la controversia. Por su parte, *arbitraje de equidad* es aquel en cuya virtud el árbitro resuelve la controversia aplicando únicamente su leal saber y entender: *"cuando se trata de arbitraje de equidad prima la misión pacificadora del árbitro"*[192]. Es decir, los árbitros que resuelven en equidad no tienen que aplicar necesariamente todo tipo de normas sustantivas o procesales. Puede afirmarse, por tanto, que el arbitraje de *equidad* se basa y centra en los hechos.

A los efectos de entender el alcance del arbitraje de equidad, resulta especialmente ilustrativa la STS de 22.6.2009[193]: *"Cuando*

190. Reconociendo expresamente la prueba del Derecho extranjero, STSJ de Madrid, 16.12.2022, ECLI:ES:TSJM:2022:15320.

191. STSJ de Andalucía, 28.7.2021, ECLI:ES:TSJAND:2021:12409.

192. STSJ de Navarra, 20.3.2023, ECLI:ES:TSJNA:2023:128.

193. STS, 22.6.2009, ECLI:ES:TS:2009:5722. *Vid.* también, STS, 15.12.1987, ECLI:ES:TS:1987:8047. Para una acertada exégesis de la jurisprudencia del TS, STSJ del País Vasco, 11.12.2019, ECLI:ES:TSJPV:2019:2423.

*se trata de arbitraje de equidad, la exigencia del carácter manifiesto del error cometido por negligencia y su incidencia en el carácter injusto del resultado resulta especialmente relevante. La aplicación de la equidad no supone, como ha declarado esta Sala, prescindir de los principios generales del Derecho y la justicia, ni contravenir el Derecho positivo (según la STS de 30 de mayo de 1987 la jurisprudencia no declara que los laudos de equidad deban desconocer o contravenir las normas de Derecho positivo, sino que viene a afirmar que no se apliquen exclusivamente normas de Derecho de forma rigurosa), sino más bien atenerse a criterios de justicia material fundados en principios de carácter sustantivo y premisas de carácter extrasistemático para fundar la argumentación, las cuales tienen un valor relevante en la aplicación del Derecho, aunque pueda prescindirse, dado el carácter esencialmente disponible del objeto del arbitraje, de aquellas reglas que tienden a la protección del sistema jurídico como institución, especialmente de aquellas que persiguen salvaguardar la seguridad jurídica, cuando no se advierte que en el caso concretamente examinado tengan más transcendencia que la de garantizar la coherencia institucional y la autoridad del Derecho y los tribunales".*

10.160. A diferencia de lo que establecía la antigua LArb 1988 (en defecto de acuerdo, los árbitros resolvían en equidad), la Exposición de Motivos de la LArb en vigor destaca que es "*muy discutible que la voluntad de las partes de someterse a arbitraje, sin más especificaciones, pueda presumirse que incluya la de que la controversia sea resuelta en equidad y no sobre la base de los mismos criterios jurídicos que si hubiere de resolver un tribunal*". En consecuencia, el artículo 34.1 LArb establece que los árbitros sólo decidirán en **equidad** si las partes les han autorizado para ello. La prevalencia que la LArb otorga al *arbitraje de derecho* frente al *arbitraje de equidad* no es más que un reflejo de lo que ocurre en la práctica internacional, donde el *arbitraje de equidad* es una opción que las partes eligen con carácter excepcional[194].

10.161. Se considera que las partes se han sometido a un arbitraje de *equidad* cuando hayan hecho una remisión literal a la *equidad*, pero también cuando utilicen términos similares como "*ex aqueo et bono*", "*decisión en conciencia*" o especifiquen que el árbitro actuará como "*amigable componedor*". Sin embargo, una remisión híbrida a "*derecho aplicable y equidad*" o "*normas jurídicas y equidad*" hacen que o bien el arbitraje deba considerarse

194. A título de ejemplo, baste con señalar que según la estadística publicada por la Corte internacional de arbitraje de la CCI, en el año 2017 únicamente el 1% de los asuntos fueron resueltos en *equidad* u otras normas distintas a ordenamientos nacionales (Fuente: *ICC Dispute Resolution Bulletin, 2018 Issue 2*). En sentido similar, es revelador el trabajo de KIFFER: estudia el alcance del concepto de *Amiable Composition* a la luz de la jurisprudencia arbitral de la CCI. De 1992 a 2005 analiza diecisiete supuestos, *Bull. ICC*, Vol. 18 / N.º 1, 2007, pp. 51-115.

en derecho –primera expresión–, o bien que las normas jurídicas sean necesariamente aplicables al fondo de la controversia –segunda expresión–[195].

10.162. La aplicación del leal saber y entender para resolver en equidad tiene sus **límites**. El más importante, sin duda, es el que gira en torno a la aplicación de las normas materiales imperativas. En efecto, por más que un laudo en equidad pueda ser dictado según el leal saber y entender del árbitro, apartándose por tanto de la aplicación de ciertas normas vigentes, no es menos cierto que tal discrecionalidad no puede suponer tanto como la inaplicación, sin más, de normas materiales imperativas[196]. Por tanto, si al supuesto que subyace al arbitraje de equidad le son de aplicación normas imperativas, éstas deben ser aplicadas. Su inaplicación podría suponer, de hecho, una vulneración del artículo 6.3 CCiv[197]. Lo anterior, no obstante, en el bien entendido de que un laudo dictado en equidad en errónea aplicación de una norma material imperativa no conlleva *per se* su anulación por la aplicación de la cláusula de orden público[198].

> Por ello, la afirmación *"la resolución sobre una base esencialmente jurídica de un arbitraje de equidad carece de incidencia en el orden público"*[199] debe entenderse circunscrita a supuestos en los que no sean aplicables normas imperativas.

10.163. A partir del respeto al límite señalado, la posibilidad de apreciar un error *in iudicando* o *in procedendo* en sede de anulación del laudo es –debe ser– muy limitada. Tanto el TC como el TS han insistido en esta circunstancia en diferentes ocasiones. Y así, partiendo de la base de que el arbitraje de equidad está *"caracterizado por la simplicidad de forma procesales y el uso del arbitrio ('saber y entender') por los jueces árbitros designados por las partes, no obligados a la motivación jurídica"*[200], el TS especificó en su momento (en interpretación de la antigua LArb) que, desde el punto de vista del procedimiento *"no existen para el árbitro de equidad unas formas*

195. *Vid.* en este sentido, la Exposición de Motivos de la LArb (VII).

196. Muy ilustrativo, citando jurisprudencia anterior, Auto AP de Barcelona, 28.9.2010, ECLI:ES:APB:2010:5651A. *Vid.* también, STSJ de Andalucía, 11.5.2021, ECLI:ES:TSJAND:2021:9589.

197. Este precepto establece: *"Los actos contrarios a las normas imperativas y a las prohibitivas son nulos de pleno derecho, salvo que en ellas se establezca un efecto distinto para el caso de contravención"*. Ya en este sentido, MONTERO AROCA, "Artículo 4", en: MONTERO AROCA (Dir.), *Comentario breve a la Ley de Arbitraje*, Madrid, 1990, p. 40.

198. Auto AP de Barcelona, 28.9.2010, ECLI:ES:APB:2010:5651A: *"La anulación por el motivo del artículo 41.1 f., tanto para los laudos de derecho como para los de equidad, sólo permite anular los contrarios al orden público, no los contrarios a una norma imperativa"*. Sobre la cláusula de orden público como motivos de anulación, *vid. infra* Cap. XII.

199. STSJ del País Vasco, 25.4.2023, ECLI:ES:TSJPV:2023:11.

200. STC 43/1988, de 16 de marzo.

*solemnes mediante las cuales haya precisamente de cumplir con la exigencia de la audiencia..."*[201]; y desde el punto de vista de la resolución *material* de la controversia y la *motivación* de la misma, la *"ausencia de formas excluye la necesidad de razonamientos y motivación de ningún orden bastando la manifestación de la voluntad decisoria"*[202]. Hasta tal punto que –según afirma el TC– *"debe quedar meridianamente claro que es el tribunal arbitral el único legitimado para optar por la solución que considere más justa y equitativa, teniendo en cuenta todas las circunstancias del caso, incluso si tal solución es incompatible con la que resultaría de la aplicación de las normas del derecho material"*[203]. Tal argumentación ha sido asumida en términos similares por varios TSJ en interpretación de la LArb en vigor[204].

## 2. NORMAS JURÍDICAS Y *LEX MERCATORIA*

10.164. La cuestión relativa al derecho –o *normas jurídicas*– aplicables al fondo de la controversia en el arbitraje comercial internacional con sede en España está expresamente regulada tanto en el artículo VII.1 del Convenio de Ginebra como en el artículo 34.2 y 3 LArb. Esta circunstancia –regulación *expresa* de la cuestión en las normas citadas– justifica por sí misma este epígrafe, si bien debe llamarse la atención sobre la posible aplicación del *Reglamento Roma I* en este contexto (*infra*); aplicación que, de confirmarse, hace difícilmente aplicable el régimen que pasamos a describir. En cualquier caso, el régimen de regulación *expresa* no es uniforme y, por ello, procede analizar el alcance de cada precepto.

**Artículo VII.1 CG.**

*Derecho aplicable.*

*1. Las partes podrán según su libre criterio determinar de común acuerdo la ley que los árbitros habrán de aplicar al fondo de la controversia. Si no existiere indicación por las partes en lo que concierne al derecho aplicable, los árbitros aplicarán la ley procedente de conformidad con la regla de conflicto que los árbitros estimaren apropiadas en el caso en cuestión. En ambos casos, los árbitros tendrán en cuenta las estipulaciones del contrato y los usos mercantiles.*

201. STS, 11.12.1987, ECLI:ES:TS:1987:8752.
202. STS, 4.2.1983, RJ 1983\807.
203. STC 17/2021 de 15 de febrero.
204. STSJ de Asturias, 25.4.2017, ECLI:ES:TSJAS:2017:1416. En el mismo sentido, STSJ del País Vasco, 19.9.2017, ECLI:ES:TSJPV:2017:2792. En interpretación de la *equidad* en el estricto ámbito del derecho societario, STSJ del País Vasco, 11.12.2019, ECLI:ES:TSJPV:2019:2423.

**Artículo 34.2 y 3 LArb**

2. *Sin perjuicio de lo dispuesto en el apartado anterior,* ***cuando el arbitraje sea internacional****, los árbitros decidirán la controversia de conformidad con las* ***normas jurídicas*** *elegidas por las partes. Se entenderá que toda indicación del derecho u ordenamiento jurídico de un Estado determinado se refiere, a menos que exprese lo contrario, al derecho sustantivo de ese Estado y no a sus normas de conflicto de leyes.*

*Si las partes no indican las normas jurídicas aplicables, los árbitros aplicarán las que estimen apropiadas.*

3. *En todo caso, los árbitros decidirán con arreglo a las estipulaciones del contrato y tendrán en cuenta los usos aplicables.*

10.165. En principio, la solución prevista en el artículo VII.1 CG desplaza la aplicación del artículo 34 LArb. Y así, por mandato expreso del precepto convencional, los árbitros quedan vinculados a un sistema de normas de conflicto: el de su elección; pero, en cualquier caso, quedan vinculados a un sistema de normas de conflicto. Con la restricción evidente que ello supone: los árbitros no podrán aplicar al fondo de la controversia más que aquel derecho que designe la norma de conflicto elegida. Bien puede afirmarse, por tanto, que la aplicación del artículo VII.1 CG desvirtúa en particular medida la solución prevista en la LArb para esta cuestión.

10.166. Por otro lado, una primera lectura del artículo VII.1 CG podría llevarnos a la errónea conclusión de que, en supuestos en los que este Convenio sea de aplicación, no es posible aplicar *normas jurídicas* al fondo de la controversia (*infra*). Repárese en que este precepto únicamente hace mención de la "ley" o "derecho aplicable". Sin embargo, en la medida en que la misma norma permite la remisión al sistema de normas de conflicto que el árbitro estime pertinente, la aplicación de *normas jurídicas* al fondo de la controversia será posible si el sistema de normas de conflicto elegido por el árbitro permite tal aplicación.

10.167. Por lo que respecta al artículo 34 LArb, varias son las cuestiones que suscita. En primer lugar, y en relación con la expresión *normas jurídicas*, cabe plantearse cuál es su verdadero alcance, pues si bien es obvio que en ella también se está haciendo alusión a la denominada *Lex Mercatoria*, es lo cierto que la expresión en cuestión engloba –por lo menos– dos acepciones diferentes[205]. Así, en su acepción *clásica*, se estaría refiriendo a

205. Sobre esta cuestión, más detenidamente y con más referencias, *vid.*: CALVO CARAVACA / CARRASCOSA GONZÁLEZ, *Derecho internacional privado*, Vol. II, Granada, 2016, pp. 866-873; SÁNCHEZ LORENZO, "Derecho aplicable al fondo de la

un conjunto de usos, contratos-tipos, etc. que regulan únicamente aspectos concretos de la contratación internacional. Por el contrario, en su acepción *avanzada*, la *Lex Mercatoria* habría de entenderse como un verdadero ordenamiento jurídico, que como tal, estaría codificado[206].

A mi juicio, sin embargo, ninguna de las dos acepciones describe con exactitud lo que hoy en día debe entenderse por *Lex Mercatoria*. En efecto, lejos de considerarla únicamente como un conjunto de principios generales –ya sean codificados o no–, su conceptualización más correcta es la que pasa por entender que la *Lex Mercatoria* es, también –y quizá sobre todo–, un método para alcanzar decisiones (*method of decision-making*)[207]. En su virtud, los árbitros decidirán la controversia partiendo de un análisis legal comparado –y ponderado–, concretando, a partir de dicho análisis o estudio, la norma o normas jurídicas más ampliamente aceptadas en el sector en cuestión y estrechamente vinculadas con el supuesto controvertido. Las fuentes que podrán utilizar para este menester serán todas aquellas reglas y/o compilaciones de principios mercantiles, de convenios internacionales –ratificados o no–, así como de laudos arbitrales y de trabajos de investigación existentes sobre la cuestión. Lo anterior, con la restricción evidente que supone la necesaria aplicación de las normas materiales imperativas (caso de ser aplicables).

Solo aceptando esta interpretación –*Lex Mercatoria* como método– los árbitros estarán en las mejores condiciones para afrontar su aplicación, pues a tenor del incipiente número de Principios codificados con vocación para regular supuestos del comercio internacional (piénsese en los Principios de UNIDROIT, o en los comúnmente conocidos como *Principios Lando*) se corre incluso el riesgo de que los árbitros acaben necesitando del apoyo de un sistema conflictual para localizar los Principios finalmente aplicables. O lo que es lo mismo, se corre el riesgo de terminar aplicando aquello que en un principio se quiso evitar. A mayor abundamiento, cabe destacar que esta interpretación es compatible con la pretensión del

---

controversia en el arbitraje comercial internacional", *REDI*, 2009/1, pp. 39-74. Sobre la cuestión, *in extenso, vid.* BERGER, *The Creeping Codification of the Lex Mercatoria*, La Haya, 1999. *Vid.* también, TEUBNER, "Die unmögliche Wirklichkeit der *lex mercatoria*: Eine Kritik der théorie ludique du droit", *Festchrift für Wolfgang Zöllner zum 70 Geburtstag*, 1998, pp. 565-588; MICHAELS, "The True *Lex Mercatoria*: Law Beyond the State", *Indiana Journal of Global Legal Studies*, 2007, pp. 447-468.

206. Para entender el alcance de esta afirmación, *vid.* en su totalidad el trabajo de BERGER, *cit.*, (nota anterior). Por otro lado, y como podrá imaginarse, tal afirmación ha suscitado toda una avalancha de críticas. En este sentido, además de los autores españoles citados en la nota anterior, *vid.* también, v. BAR / MANKOWSKI, *Internationales Privatrecht*, 2.ª Ed., 2003, Munich, pp. 75-93.

207. En este sentido, por todos, GAILLARD, "Transnational Law: A Legal System or a Method of Decision Making?", *Arb. Int.*, 2001, pp. 55-71; esp. 62 ss.

legislador en este contexto. Y es que, como él mismo reconoce, *"en algunos casos lo que ha de aplicarse son normas de varios ordenamientos o reglas comunes del comercio internacional"*[208].

10.168. En segundo lugar, y en relación con lo anterior, debe llamarse la atención sobre esa particular distinción entre *normas jurídicas* y *usos* que hace la Ley. Así, y aceptando como debe aceptarse que el primer término alude a la ya citada *Lex Mercatoria*, llama la atención que el último párrafo del artículo 34 LArb únicamente haga alusión a los *usos aplicables*. Parece, por tanto, que estos *usos* no son considerados parte de esa *Lex Mercatoria*.

Sea como fuere, la diferenciación entre *usos* y *Lex Mercatoria* en nada desvirtúa nuestra interpretación anterior sobre lo que debe entenderse por *Lex Mercatoria*: ésta se concreta a partir de la aplicación de principios generales; no a partir de la aplicación de usos del comercio internacional. De hecho –y por eso creemos que esa distinción entre *usos* y *normas jurídicas* está justificada–, cuando los árbitros deciden la controversia conforme a una Ley estatal deberán tener en cuenta los usos aplicables (así lo exige el párrafo tercero del artículo en cuestión), y no tanto los principios generales como pueden ser, por ejemplo, los Principios de UNIDROIT.

> La jurisprudencia española ha identificado una serie de características propias de los usos. En concreto, el uso requiere: (i) una *práctica generalizada* y *continuada* en un determinado sector comercial; (ii) convicción de la obligatoriedad de su cumplimiento (*opinio iuris*); y, (iii) no debe contravenir el *orden público*. Puede afirmarse, por tanto, que el uso es una *práctica obligatoria*; no una mera "práctica comercial". Esta última no es obligatoria ni exige una práctica generalizada y continuada para su apreciación[209].

10.169. En cualquier caso, debe llamarse la atención sobre la importancia que el legislador parece dar en este ámbito a la *Lex Mercatoria*. El ejemplo más representativo de esta afirmación se encuentra en el párrafo segundo *in fine* del artículo 34 LArb, pues, en su virtud: *"Si las partes no indican las normas jurídicas aplicables, los árbitros aplicarán las que estimen apropiadas"*. De hecho, y dependiendo del alcance que quiera otorgarse a la expresión *normas jurídicas*, podría incluso entenderse que el legislador prefiere el recurso a la *Lex Mercatoria* antes que a un ordenamiento jurídico

208. *Vid.* la Exposición de Motivos de la Ley (VII).

209. Sobre esta distinción, *vid.*, PANCORBO LÓPEZ, "Notas sobre la caracterización jurídica de los usos comerciales", *Derecho de los Negocios*, Feb. 2010, N.° 233, pp. 5-16. En la doctrina comparada, *vid.* GAILLARD, "La distinction des principes généraux du droit et des usages du commerce international", Études offertes à Pierre Bellet, París, 1991, pp. 203-217.

estatal. Tal sería el caso, en efecto, si se interpretase que por *normas jurídicas* únicamente debe entenderse la citada *Lex Mercatoria*. Sin embargo, esta interpretación estricta de la expresión *normas jurídicas* no es correcta, pues tal denominación debe interpretarse en su sentido más amplio, entendiendo que su tenor también hace referencia a las leyes de un ordenamiento estatal. En palabras del legislador: "*La ley prefiere la expresión 'normas jurídicas aplicables' a la de 'derecho aplicable', en la medida en que esta última parece englobar la exigencia de remisión a un concreto ordenamiento jurídico de un Estado, cuando en algunos casos (repetimos) lo que ha de aplicarse son normas de varios ordenamientos o reglas comunes del comercio internacional*".

Pese lo hasta aquí dicho, la relevancia de la *Lex Mercatoria* no debe ser exagerada. Máxime si confrontamos los datos que nos ofrece la práctica arbitral. Así, según una reveladora estadística de la CCI, podría incluso afirmarse que las partes no gustan de someterse voluntariamente a sus dictados[210], pues a su aplicación sólo se llega cuando el contrato controvertido guarda silencio sobre la cuestión relativa a las normas aplicables al fondo de la controversia[211]. En la jurisprudencia española no existe ninguna sentencia relevante sobre esta cuestión. A mayor abundamiento, tampoco debe ocultarse que su interpretación no siempre resulta tan sencilla[212].

10.170. Por otro lado, pero en armonía con lo anterior, el artículo 34 LArb consagra también lo que la doctrina francesa conoce con la expresión "*voie directe*"[213]; esto es, consagra la posibilidad de que, en defecto de elección expresa de las partes, los árbitros determinen las *normas jurídicas*

210. Según el *Informe estadístico* de la CCI correspondiente al año 2002, de los cerca de 700 contratos sometidos a arbitraje, únicamente uno contenía una cláusula de sumisión a los Principios de UNIDROIT. El 79,4 % de los contratos contenía una cláusula de ley aplicable –a un concreto ordenamiento estatal–. El 18,3% (119 contratos) no contenía ningún tipo de cláusula al respecto. El 1,6 de los contratos contenían una cláusula de sumisión a arbitrajes de equidad, y únicamente el 0,7 % de los mismos sometían la controversia a reglas o principios generales (Fuente: *Bull. ICC*, Vol. 14 / N.º 1). En la estadística del año 2004, un solo contrato se regía por principios generales de derecho (Fuente: *Bull. ICC*, Vol. 16 / N.º 1). El *Informe estadístico* de 2015 muestra la misma tendencia: el 85% de los contratos sometidos a arbitraje contenían una cláusula de ley aplicable. A su vez, el 99% de estas cláusulas hacían referencia explícita a una ley estatal (2015 *ICC Dispute Resolution Statistics*).

211. Paradigmático: Laudo SCC 117/1999, *Stockholm Arbitration Report*, 2002:1, con nota de FERNÁNDEZ-ARMESTO, pp. 59-81.

212. A título de ejemplo, *vid.* BONELL, "A 'Global' Arbitration Decided on the Basis of the Unidroit Principles", *Aufbruch nach Europa. 75 Jahre Max- Planck Institut für Privatrecht*, Tubingia, 2001, pp. 771-784.

213. Sobre esta cuestión, y como uno de los primeros referentes, *vid.* DERAINS, "Les normes d'application immédiate dans la jurisprudence arbitrale internationale", Études offertes à B. Goldman, París, 1982, pp. 29-35. *Vid.* también, GAILLARD, "The Role of

aplicables al fondo de la controversia –ya sea una ley estatal, ya sean unos principios generales– sin sujeción al sistema conflictual en vigor en el país donde se celebre el arbitraje. Se trata de una opción expresamente querida por el legislador, pues en la misma Exposición de Motivos de la LArb se establece con meridiana claridad que *"La ley no sujeta a los árbitros a un sistema de reglas de conflicto"*.

10.171. Esta opción, muy discutida a nivel doctrinal[214], tiene tanto ventajas como desventajas. Ventajas si aceptamos que el sistema conflictual del país –neutral– en el que se celebre el arbitraje no tiene por qué tener relación alguna con la controversia que en el arbitraje se dilucide. Y desventajas, si convenimos que tal vía comporta necesariamente una importante merma de seguridad jurídica –en el sentido de previsibilidad– para las partes. Con todo, el debate así planteado puede ser estéril si finalmente el *sistema de normas de conflicto* aplicable por los árbitros debe ser el sistema de *normas de conflicto de fuente europea*. A continuación desarrollamos esta idea.

## 3. *REGLAMENTO ROMA I* Y ARBITRAJE INTERNACIONAL

10.172. Pese al aparente atractivo de la *"voie directe"*, su aplicación real es controvertida, pues debe tenerse en cuenta la posible aplicación en este contexto del *Reglamento Roma I sobre ley aplicable a las obligaciones contractuales*[215] (en adelante, *Reglamento Roma I*). En efecto, pese a que doctrinalmente es muy controvertida la cuestión relativa a la misma aplicación de este Reglamento al arbitraje, estimo que los argumentos a favor de la aplicación del *Reglamento Roma I* en el ámbito arbitral son, en principio, más sólidos que aquellos que abogan por su no aplicación[216].

the Arbitrator in Determining the applicable Law", en: NEWMAN / HILL (Edts.), *The Leading Arbitrators' Guide to International Arbitration*, 2004, pp. 185-216.

214. Sobre todo en la doctrina alemana. A este respecto, *vid.*, las críticas de SANDROCK, "Die objektive Anknüpfung von Verträgen nach § 1051 Abs. 2 ZPO", *RIW*, 2000, pp. 321-328; esp. 323; y, SCHÜTZE, "Die Bestimmung des anwendbaren Rechts im Schiedsverfahren und die Feststellung seines Inhalts", *Law of International Business and Dispute Settlement in the 21st Century. Liber Amicorum Karl- Heinz Böckstiegel*, 2001, pp. 715-725.

215. *Reglamento (CE) núm. 593/2008 del Parlamento Europeo y del Consejo de 17 de junio de 2008 sobre la ley aplicable a las obligaciones contractuales* (Roma I). *DOUE* L 177/6 de 4.7.2008.

216. La doctrina que se ha pronunciado al respecto es anterior a las sentencias del TJUE *Achmea, Komstroy* y *London Steam Ship* (Cap. III). Estas sentencias permiten, a mi juicio, deducir –implícitamente– la aplicación del Reglamento Roma I al arbitraje. En la doctrina española, en contra de la aplicación del Reglamento Roma I en el ámbito arbitral, DE MIGUEL ASENSIO, "Los Reglamentos Roma I y Roma II en el arbitraje comercial internacional", *Arbitraje*, 2017 (3), pp. 661-738. En la doctrina extranjera,

**Relevancia del debate: *Cour d'appel* de París, 25.2.2020**[217]. Ante la falta de acuerdo sobre ley aplicable al fondo de la controversia, la *Cour* confirma que la elección de los Principios UNIDROIT hecha por el tribunal arbitral es correcta. No se plantea la *Cour* si, para determinar las normas jurídicas aplicables al fondo, el tribunal arbitral hubiera debido o no aplicar el Reglamento Roma I, con las consecuencias que de ello hubieran podido derivarse (aplicación del Derecho con el que la controversia presentase los vínculos más estrechos en vez de los Principios UNIDROIT).

10.173. El punto de partida para terciar en esta discusión es el siguiente: la Unión dispone de competencia compartida con los Estados miembros en el concreto ámbito del *espacio de libertad, seguridad y justicia* (art. 4 TFUE). A partir de aquí, tanto el artículo 67 como el artículo 81, ambos TFUE e insertos en el Título V –*Espacio de Libertad, Seguridad y Justicia*– demuestran que, al menos implícitamente, el arbitraje está incluido en el ámbito de aplicación de este *Espacio*. Así, el artículo 67.4 TFUE establece que: "*La Unión facilitará la tutela judicial, garantizando en especial el principio de reconocimiento mutuo de las resoluciones judiciales y* ***extrajudiciales*** *en materia civil*". Por su parte, el artículo 81 TFUE –inserto en el Capítulo que regula específicamente la *Cooperación judicial en materia civil*–, que actúa como base jurídica del *Reglamento Roma I*, afecta también al arbitraje, pues establece en su párrafo 1: "*La Unión desarrollará una cooperación judicial en asuntos civiles con repercusión transfronteriza, basada en el principio de reconocimiento mutuo de las resoluciones judiciales y* ***extrajudiciales***". De ahí que, en el párrafo 2 de este precepto, se conmine a las instituciones

también en contra: HAUSMANN, „Anwendbares Recht vor deutschen und italienischen Schiedsgerichten – Bindung an die Rom I-Verordnung oder Sonderkollisionesrecht?", KRONKE / THORN (Ed.), *Grenzen überwinden – Prinzipien bewahren, Festschrift für Bernd von Hoffmann*, Verlag Gieseking, 2011, pp. 971-986 (con numerosas referencias); SCHILF, "Römische IPR-Verordnungen – kein Korsett für internationale Schiedsgerichtsbarkeit", *RIW*, 2013, pp. 678-691; NUEBER, "Nochmals: Schiedsgerichtsbarkeit ist vom Anwendungsbereich der ROM I-VO nicht erfasst", *SchiedsVZ*, 2014, pp. 186-191; BABIC, "Rome I Regulation: binding authority for arbitral tribunals in the European Union?", *J. Priv. Int'l. L.*, 2017, pp. 71-90; WILINSKI, "Interaction between international commercial arbitration and EU law before the award ins rendered", en: MATA DONA / LAVRANOS (Eds.), *International Arbitration and EU Law*, Edward Elgar Publishing, Cheltenham, 2021, p. 15. En la doctrina comparada, a favor: FAWCETT / CARRUTHERS, *Cheshire, North & Fawcett: Private International Law*, 14.ª Ed., Oxford, 2008, p. 684; McGUIRE, "Grenzen der Rechtswahlfreiheit im Schiedsverfahrensrecht?", *SchiedsVZ*, 2011, pp. 257-267; MANKOWSKI, "Rom I – VO und Schiedsverfahren", *RIW*, 2011, pp. 30-44; CZERNICH, "Die Rom I-VO als Grundlage für die Anwendung von Eingriffsnormen durch Schiedsgerichte", *RIW*, 2016, pp. 701-706.

217. *Cour d'appel* de París, 25.2.2020, Pôle 01, ch. 01, n.º 17/18001.

europeas a adoptar medidas para garantizar el reconocimiento mutuo de resoluciones *extrajudiciales*; la notificación de documentos *extrajudiciales* y el desarrollo de métodos *alternativos* de resolución de litigios. Con estos elementos a la vista, es lógico interpretar que las medidas adoptadas para lograr *la compatibilidad de las normas aplicables en los Estados miembros en materia de conflictos de leyes* (art. 81.2.c/) deban afectar también al arbitraje[218]. En efecto, el objetivo último del DIPr europeo en general y de las normas de Derecho aplicable en particular es el de alcanzar, en la medida de lo posible, una armonía y previsibilidad de soluciones: seguridad jurídica, en definitiva. En este sentido, los Reglamentos de ley aplicable –y otros que contienen normas de conflicto– tienen como función nuclear la de determinar la ley aplicable al fondo de la controversia con independencia absoluta de los tribunales (alemanes, franceses o españoles) que vayan a conocer del asunto: si todos los jueces aplican el mismo sistema de normas de conflicto, todos llegarán –sea cual fuere el juez que finalmente conozca– a la aplicación del mismo Derecho[219]. Así entendido, y teniendo en cuenta que el arbitraje está materialmente incluido en el ámbito del *Espacio de Libertad, Seguridad y Justicia* no hay motivo alguno para no *involucrar* o *implicar* a los árbitros (de un arbitraje con sede en el territorio de la UE) en la consecución de tan relevante objetivo para el correcto funcionamiento del mercado interior; o visto de anverso, no hay motivo alguno para *apartar* a los árbitros en la consecución de tan relevante objetivo. La armonía y previsibilidad se podrá lograr de forma más eficaz si los árbitros también aplican el sistema europeo de normas de conflicto. El artículo 81 TFUE no invita, de hecho, a pensar de forma contraria. Apartar al árbitro de este objetivo, además de que no está previsto ni el artículo 81 TFUE ni en el mismo Reglamento Roma I, va directamente contra su misma *ratio* y, lo que es aún más grave, supone tanto como alejar al justiciable que se somete a arbitraje de los principios que inspiran la cooperación judicial en materia civil en el seno de la Unión. Por ello, aun negando que los preceptos citados tanto del TUE como del TFUE puedan constituir base jurídica para regular el arbitraje, habrá que aceptar que, como mínimo, el árbitro no puede ignorar –en tanto que imperativas– ciertas normas previstas en el Reglamento Roma I; de la misma forma que un árbitro no puede ignorar, antes de declararse competente, la posible

218. Otra opinión, HAUSMANN, "Anwendbares Recht vor deutschen und italienischen Schiedsgerichten – Bindung an die Rom I-Verordnung oder Sonderkollisionesrecht?", KRONKE / THORN (Ed.), *Grenzen überwinden – Prinzipien bewahren, Festschrift für Bernd von Hoffmann*, Verlag Gieseking, 2011, pp. 971-986.

219. Expresamente en este sentido el Considerando 6 del Preámbulo del *Reglamento Roma I*.

*litispendencia* con un tribunal de un Estado miembro como consecuencia de la aplicación del Reglamento Bruselas I *refundido*[220].

10.174. Partiendo entonces de la consideración anterior, se entenderán mejor los argumentos que sostienen la aplicación del *Reglamento Roma I* por el árbitro. Así: (i) El *Reglamento Roma I* es una *norma imperativa*: las normas de conflictos son normas imperativas[221]. Siendo norma imperativa, los árbitros no pueden prescindir de su aplicación. Además, el Reglamento no solo prevé una serie de normas de conflicto; el Reglamento regula el límite de la autonomía de la voluntad para elegir un derecho aplicable al fondo (por ejemplo, artículo 3.4 del texto); regula también el juego de las normas imperativas y de policía tanto del foro como de terceros Estados, así como el alcance de la ley aplicable al contrato. El árbitro no debería poder abstraerse de la aplicación de las normas imperativas en la forma –muy restringida, eso sí– en que el Reglamento prevé su aplicación (artículo 9 del texto)[222]. Lo anterior, sin perder de vista que la aplicación de la norma imperativa viene determinada por ella misma; no depende ni de la voluntad de las partes ni de la voluntad del árbitro. Desde esta perspectiva, puede afirmarse, además, que la aplicación de este Reglamento al arbitraje preserva la *autonomía* del Derecho de la UE, en tanto que asegura el juego de las normas imperativas del Derecho de la UE. Es muy dudoso, en este sentido, que el TJUE tolere la no aplicación de normas de policía del foro en un arbitraje con sede en la UE por el simple hecho de que las partes se hayan sometido al derecho de un tercer Estado. Tomando en consideración la jurisprudencia del TJUE en relación con la *autonomía* del Derecho de la UE, el hecho de que el laudo no vaya a producir efectos en su territorio no parece argumento suficiente como para que el árbitro pueda desactivar la aplicación de esas normas. Desde una perspectiva inversa, constituye ya jurisprudencia consolidada que la no aplicación de normas imperativas de la UE en el contexto de un arbitraje con sede en el extranjero lleva aparejada la denegación del execuátur del laudo resultante en la UE[223]. (ii) El *Reglamento Roma I* únicamente excluye de su ámbito de aplicación material "los convenios de arbitraje"[224]. Y como

220. Consecuencia inevitable de la STJUE, 20.6.2022, C-700/20, *London Steam-Ship*. *Vid supra* Cap. VIII.

221. Desde el punto de vista del ordenamiento jurídico español, *vid.* el artículo 12.6 CCiv.

222. Las sentencias del TJUE en los asuntos *Achmea* y *Komstroy* (Cap. III) consolidan esta afirmación.

223. En concreto, la no aplicación, en el seno de un arbitraje con sede en Canadá, del Derecho de agencia de un Estado miembro a un agente que opera en Europa. A este respecto, *vid. supra* Cap. V.

224. El artículo 1 del Reglamento Roma I establece: *1. El presente Reglamento se aplicará a las obligaciones contractuales en materia civil y mercantil en las situaciones que impliquen un conflicto de leyes. No se aplicará, en particular, a las materias fiscales, aduaneras*

insistentemente recuerda el TJUE, las materias excluidas de los ámbitos de aplicación de los Reglamentos de DIPr deben interpretarse de la forma más estricta posible[225]. (iii) El *Reglamento Roma I* es tanto como un cauce que regula –en términos particularmente amplios– la *autonomía de la voluntad* de las partes en lo relativo a la ley aplicable al fondo del asunto. Tan es así que el punto de partida es el respeto a la misma, con el único límite que impone el posible juego de las normas materiales imperativas. No es cierto, por tanto, que en aplicación del Reglamento se cercene la autonomía de la voluntad de las partes en este ámbito. (iv) Tampoco es cierto que por aplicación del Reglamento se impida la aplicación de *normas jurídicas* al fondo de la controversia: el Considerando 13 del Reglamento admite expresamente su incorporación *por referencia* al contrato. (v) La aplicación del *Reglamento Roma I* en los arbitrajes de derecho no excluye la posibilidad de que las partes puedan someterse al arbitraje de equidad: el *Reglamento Roma I* solo se aplica a los arbitrajes de derecho. El límite de los arbitrajes de equidad es el respeto a las normas *materiales* imperativas; pero no está vinculado a una norma imperativa no material (como es la norma de conflicto). (vi) La posible aplicación del Convenio de Ginebra en este contexto no enturbia o dificulta la aplicación del *Reglamento Roma I* en el ámbito arbitral: al contrario de lo que se afirma, el Reglamento no debe ceder ante el Convenio de Ginebra por aplicación de su artículo 25 (precepto que regula las relaciones entre el Derecho convencional vigente en la materia y el Reglamento). Y es que, si se estudia la jurisprudencia del TJUE en interpretación del artículo 71 del *Reglamento Bruselas I refundido* (norma equivalente al artículo 25 del *Reglamento Roma I*), se constata que el Tribunal europeo ha optado por otorgar primacía al Derecho europeo frente a los convenios multilaterales que también regulan materias incluidas en el ámbito de aplicación de aquel Reglamento[226]. En términos más amplios, es sabido que la primacía del Derecho de la UE frente a los tratados multilaterales es cuestión firmemente asentada en la jurisprudencia del TJUE[227]. (vii) El hecho de que los Considerandos del Reglamento solo hagan alusión a los *tribunales judiciales* no es un dato lo suficientemente relevante como para excluir la aplicación de este instrumento por los árbitros. En efecto, como ha precisado el TJUE, la eficacia de un considerando

*y administrativas. 2. Se excluirán del ámbito de aplicación del presente Reglamento: e) los convenios de arbitraje y de elección del tribunal competente.*

225. Como uno de los últimos referentes, STJUE, 23.10.2014, C-302/13, *FlyLAL*.

226. Así, STJUE, 4.5.2010, C-533/08, *TNT*; STJUE, 19.12.2013, C-452/12, *Nipponkoa*; STJUE, 4.9.2014, C-157/13, *Nickel*. Sabido es que, en la medida de lo posible, tanto el *Reglamento Roma I* como el *Reglamento Bruselas I refundido* deben interpretarse de forma coherente (Considerando 7 del *Reglamento Roma I*).

227. Entre otras, STJCE, 27.2.1962, 10/61, *Comisión c. Italia*; STJUE, 7.7.2005, C-147/03, *Comisión c. Austria*.

como herramienta hermenéutica depende, básicamente, de que lo plasmado en su letra no vaya contra el *sistema* y *objetivos* del instrumento en que se inserta[228]. (viii) Tampoco es relevante el hecho de que la aplicación obligatoria del Reglamento por los árbitros pueda suponer un obstáculo para la designación de sedes de arbitraje en Europa.

10.175. En consecuencia, estimo que, en los arbitrajes internacionales con sede en un Estado miembro de la UE, el régimen del *Reglamento Roma I* es obligatoriamente aplicable por los árbitros. En su virtud, las partes pueden designar libremente el ordenamiento jurídico –o principios generales– aplicables al fondo de la controversia. Del mismo modo, las partes podrán realizar lo que doctrinalmente se conoce con el término de *depeçage*: la aplicación de diferentes ordenamientos jurídicos o principios generales a diferentes partes del contrato. Sin embargo, en defecto de elección por las partes de la ley aplicable al fondo, los árbitros deben aplicar el ordenamiento jurídico que presente los "vínculos más estrechos" con el supuesto, a partir del cauce diseñado en el mismo Reglamento (que, de hecho, permite cierto margen de apreciación al árbitro –*ex* art. 4.4).

10.176. Por fin, y en tanto que norma imperativa del Derecho de la UE, su efectiva aplicación o no por el árbitro debe ser objeto de revisión en el contexto de la acción de anulación del laudo[229].

> **Reglamento Roma II y arbitraje internacional**: Los argumentos hasta aquí expuestos son *mutatis mutandis* esgrimibles para justificar la aplicación del Reglamento Roma II al arbitraje[230]. Si bien por la materia que regula (conflicto de leyes en el marco de las obligaciones extracontractuales) su aplicación en sede arbitral será residual, es cierto también que, como se trata de un texto que es mucho más que una mera norma de conflicto, los supuestos en los que pueda ser de aplicación pueden llegar a ser muy relevantes. Un buen ejemplo de ello lo constituye, a mi juicio, el supuesto que está en el origen de la sentencia *London Steam-Ship* del TJUE: Sin ánimo de exhaustividad[231], baste ahora con señalar que en el arbitraje que se siguió

228. STJUE, 16.1.2004, C-45/13, *Kainz*.

229. En contra, WILINSKI, "Interaction between international commercial arbitration and EU law before the award ins rendered", en: MATA DONA / LAVRANOS (Eds.), *International Arbitration and EU Law*, Edward Elgar Publishing, Cheltenham, 2021, p. 15.

230. *Reglamento (CE) núm. 864/2007 del Parlamento Europeo y del Consejo, de 11 de julio de 2007, relativo a la ley aplicable a las obligaciones extracontractuales.*

231. Sobre el supuesto de hecho, *vid.*, GÓMEZ JENE, "*Prestige* y Arbitraje europeo: a propósito de la sentencia *London Steam-Ship* del TJUE (asunto C-700/20)", *CDT*, 2022/2, pp. 1088-1099.

en Londres (sin la personación del Reino de España) podría haberse invocado la aplicación del artículo 18 de este texto.

### 3.1. Ley aplicable

10.177. El Reglamento se basa en la *autonomía de la voluntad* para determinar la ley aplicable al fondo de la controversia; de tal forma que las partes podrán designar la ley que consideren, con independencia de que esa ley esté o no vinculada con el supuesto de hecho (art. 3.1). Sin embargo, establece un claro límite a la autonomía de la voluntad cuando el supuesto es "genuinamente europeo" (art. 3.4).

**Artículo 3 R Roma I.** *Libertad de elección.*

*1. El contrato se regirá por la Ley elegida por las partes. Esta elección deberá manifestarse expresamente o resultar de manera inequívoca de los términos del contrato o de las circunstancias del caso. Por esta elección, las partes podrán designar la Ley aplicable a la totalidad o solamente a una parte del contrato...*

*4. Cuando todos los demás elementos pertinentes de la situación en el momento de la elección se encuentren localizados en uno o varios Estados miembros, la elección por las partes de una ley que no sea la de un Estado miembro se entenderá sin perjuicio de la aplicación de las disposiciones del Derecho comunitario, en su caso, tal como se apliquen en el Estado miembro del foro, que no puedan excluirse mediante acuerdo.*

**Elección de Ley española y Convención de Viena sobre contratos de compraventa de mercaderías.** Es sabido que la Convención de Viena es de aplicación facultativa (art. 6). No obstante, si las partes eligen Ley española para regir el contrato y no hacen exclusión expresa de su aplicación, ésta será aplicable con independencia de que las partes sean nacionales o residentes en Estados que no la hayan ratificado (art. 1).

10.178. Como puede apreciarse, tanto el régimen previsto en el artículo 34 LArb como el régimen previsto en el *Reglamento Roma I* parten del principio de la *autonomía de la voluntad*. El problema surge, básicamente, cuando no existe acuerdo entre las partes sobre este particular, pues las soluciones que prevén ambos regímenes para estos supuestos son distintas. Así, el artículo 34.2 LArb establece que, en supuestos de falta de acuerdo entre las mismas, serán los árbitros quienes determinen "*las normas jurídicas aplicables*", teniendo en cuenta las estipulaciones del contrato y los usos correspondientes. El *Reglamento Roma I*, por su parte, delimita mucho más la discreción del árbitro en este contexto; de tal forma que, además de la "delimitación europea" (prevista en el art. 3.4 *supra*), prevé una conexión específica para distintos tipos de contrato (de ordinario, prevé como ley aplicable la Ley de la residencia habitual de la persona que deba realizar la prestación característica –art. 4.1–). Solo si del conjunto de circunstancias el árbitro constata que el contrato presenta vínculos más estrechos con otro país distinto del indicado por la conexión prevista, aplicará la Ley de ese otro país (art. 4.3).

10.179. La disparidad de soluciones que ambas normas contemplan para supuestos de falta de elección de ley aplicable por las partes puede tener consecuencias relevantes de cara a la *anulación* del laudo. En efecto, en la medida en que el Reglamento es una norma imperativa, si el árbitro establece la ley aplicable a la controversia siguiendo el cauce previsto en el artículo 34.2 LArb en vez de seguir el cauce previsto en el *Reglamento Roma I*, podría considerarse en sede de *anulación* una hipotética violación del artículo 24.2 CE (por no resolver conforme al "sistema de fuentes establecido" [232]). Y en este sentido, "*Será tarea del Tribunal Constitucional a través del recurso de amparo constitucional, revisar la selección del derecho formulada por los jueces ordinarios en determinadas circunstancias bajo el parámetro del artículo 24.1 CE*"[233].

### 3.2. Leyes de policía, *normas jurídicas* y orden público

10.180. Destacábamos más arriba que el *Reglamento Roma I* –en principio, aplicable por los árbitros– es mucho más que una mera norma de conflicto que designa el Derecho o ley aplicable al fondo de la controversia; constituye también el texto que regula el juego de las normas imperativas y de policía tanto del foro como de terceros Estados. De este modo, el Reglamento aborda de forma somera cuándo y en qué medida deben aplicarse esas normas y qué consecuencias se derivan de esa aplicación. Las siguientes disposiciones del Reglamento son relevantes a estos efectos.

> **Artículo 9**. *Leyes de policía.*
>
> 1. *Una ley de policía es una disposición cuya observancia un país considera esencial para la salvaguardia de sus intereses públicos, tales como su organización política, social o económica, hasta el punto de exigir su aplicación a toda situación comprendida dentro de su ámbito de*

232. Como una de las últimas referencias, en el contexto de la relevancia constitucional de la cuestión prejudicial, STC 37/2019, de 26 de marzo. *Vid.* también STC 120/2021, de 31 de mayo, sobre la relevancia de la cuestión prejudicial en el ámbito del artículo 24.2 CE.

233. STC 120/2021, de 31 de mayo.

*aplicación, cualquiera que fuese la ley aplicable al contrato según el presente Reglamento.*

*2. Las disposiciones del presente Reglamento no restringirán la aplicación de las leyes de policía de la ley del foro.*

*3. También podrá darse efecto a las leyes de policía del país en que las obligaciones derivadas del contrato tienen que ejecutarse o han sido ejecutadas en la medida en que dichas leyes de policía hagan la ejecución del contrato ilegal. Para decidir si debe darse efecto a estas disposiciones imperativas, se tendrá en cuenta su naturaleza y su objeto, así como las consecuencias que se derivarían de su aplicación o inaplicación.*

En interpretación del último inciso de este precepto, **STJUE, 18.10.2016**[234]: "*El artículo 9, apartado 3, del Reglamento... debe interpretarse en el sentido de que excluye que el juez del foro pueda aplicar, como normas jurídicas, leyes de policía que no sean las del Estado del foro o las del Estado en el que las obligaciones derivadas del contrato tienen que ejecutarse o han sido ejecutadas, pero no se opone a que dicho juez tome en consideración esas otras leyes de policía como circunstancia de hecho en la medida en que el Derecho nacional aplicable al contrato en virtud de las disposiciones de ese Reglamento lo prevea*".

**Artículo 21.** *Orden público del foro*

*Sólo podrá excluirse la aplicación de una disposición de la ley de cualquier país designada por el presente Reglamento si esta aplicación es manifiestamente incompatible con el orden público del foro.*

10.181. Por manifestación expresa del TJUE, "*una ley de policía es una* disposición imperativa *cuya observancia un país considera esencial para la salvaguardia de sus intereses públicos, tales como su organización política, social o económica*"[235]. También por manifestación expresa del TJUE, el artículo 9 del Reglamento Roma I constituye una "medida de excepción" que debe interpretarse de forma estricta[236]. Sentado lo anterior, "*incumbe al juez nacional* (y, en su caso, al árbitro), *a la hora de apreciar el carácter de 'ley de policía' de la ley nacional que se propone aplicar en lugar de la ley elegida expresamente por las partes en el contrato, tener en cuenta no sólo los términos exactos de aquella ley sino también su concepción general y el conjunto de circunstancias en las que se promulgó, para poder deducir de ello que tal ley reviste carácter imperativo, en la medida en que conste que el legislador nacional la adoptó con la finalidad de proteger un interés considerado esencial por el Estado miembro de*

234. STJUE, 18.10.2016, C-135/15, *Nikiforidis*.
235. STJUE, 17.10.2013, C 184/12, *Unamar*; STJUE, 18.10.2016, C-135/15, *Nikiforidis*.
236. STJUE, 18.10.2016, C-135/15, *Nikiforidis*.

*que se trate"* (en el caso, Derecho de agencia) . De tal forma que, por ejemplo, un juez –y por tanto también un árbitro– puede dejar de aplicar la ley designada por las partes (incluso si se tratara de una ley de otro Estado miembro de la UE fruto, a su vez, de la transposición de una Directiva) y aplicar la *lex fori* cuando entienda que la *lex fori* dispensa una mayor protección que la ley designada por las partes y que, además, tal grado de protección se considera *crucial* por el legislador del Estado del foro[237]. El razonamiento así hecho por el TJUE reconoce implícitamente un amplio margen de discrecionalidad a cada Estado para argumentar primero y declarar después el carácter *crucial* de una disposición. Hasta tal punto que no queda automáticamente vinculado por las normas de un Estado miembro que, además, tienen su origen en una Directiva de la UE.

> **Ley de lucha contra la morosidad en las operaciones comerciales**[238]. Tomando como referencia el criterio hermenéutico del TJUE arriba descrito –particularmente amplio– debe concluirse, a mi juicio, que la *Ley de lucha contra la morosidad* constituye una norma de policía en el sentido del artículo 9 del Reglamento Roma I. Varios argumentos sostienen esta afirmación: (i) el mismo Considerando de la Directiva que está en el origen de la norma (2000/35/CE, derogada por la Directiva 2011/7/UE) es muy elocuente sobre los ámbitos cruciales de índole económica y social sobre los que esta Ley actúa -*"Onerosas cargas administrativas y financieras pesan sobre las empresas, y especialmente sobre las pequeñas y medianas, debido a los plazos de pago excesivos y a la morosidad. Estos problemas son además una de las principales causas de la insolvencia que amenaza la propia supervivencia de las empresas y se traduce en la pérdida de numerosos puestos de trabajo"*; (ii) el mismo título de la norma (*"lucha"*) es ilustrativo del papel determinante de esta Ley en el logro de objetivos claves para un Estado; y, (iii) en el particular contexto empresarial español (formado principalmente por PYMES), el carácter crucial de la norma deriva también de la especial protección que estas empresas requieren.

10.182. En cuanto al alcance del **orden público** del *foro* en el contexto de la ley aplicable debe advertirse sobre el carácter limitado de su apreciación. Además, el precepto arriba descrito hace mención de una disposición concreta del Derecho aplicable al fondo, de tal forma que la función preventiva de esta cláusula se entiende satisfecha cuando el árbitro *inaplica* la disposición o disposiciones concretas contrarias al orden público. Es

237. STJUE, 17.10.2013, C 184/12, *Unamar* (en el contexto de los contratos de agencia).
238. *Ley 3/2004, de 29 de diciembre, por la que se establecen medidas de lucha contra la morosidad en las operaciones comerciales* (modificada por Ley 15/2010, de 15 de julio).

decir, la aplicación de la cláusula de *orden público* no supone en absoluto la "inaplicación en bloque" del Derecho aplicable al fondo de la controversia; pues puede que el juego de la cláusula de orden público solo afecte a disposiciones concretas de ese Derecho.

10.183. En coherencia con lo anterior, pero visto ahora desde la práctica arbitral, se han advertido supuestos excepcionales en los que ciertas normas –incluso imperativas– del Derecho aplicable al fondo de la controversia pueden llegar a ser contrarias al llamado orden público *internacional* o al orden público de una gran mayoría de Estados[239]. Ante supuestos tan excepcionales, la doctrina entiende que, precisamente por tratarse de normas contrarias a principios de orden público ampliamente reconocidos en la comunidad internacional, no deberían ser de aplicación al fondo de la controversia. Aunque las partes se hubieran sometido expresamente a las mismas. La Resolución del *Institut de Droit International,* adoptada en el contexto de la decimoctava Comisión –titulada, *Arbitratation Between States, State Enterprises, or State Entities, and Foreign Enterprises*–, constituye un argumento a favor en este sentido, pues según su artículo 2: "*In no case shall an arbitrator violate principles of international public policy as to which a broad consensus has emerged in the international community*"[240].

10.184. A modo de conclusión de lo hasta aquí expuesto, puede afirmarse que las soluciones previstas en el artículo 9 del *Reglamento Roma I* respecto de la aplicación de normas de policía son muy similares –si no idénticas– a las soluciones propuestas por los prácticos del arbitraje que, en principio, han dudado de la aplicación del *Reglamento Roma I* al mismo. Y es que: "*They* (arbitrators) *cannot allow arbitration to be used to circumvent those rules*"[241].

## IX. TERMINACIÓN DE LAS ACTUACIONES. *FUNCTUS OFFICIO*

10.185. Con carácter general, los árbitros cesarán en sus funciones con el laudo definitivo (art. 38.1 LArb). Sin embargo, los árbitros también ordenarán la terminación de las actuaciones cuando: (i) el demandante no presente su demanda o desista de su demanda, a menos que el demandado

239. *Vid.* el ejemplo en un supuesto de contrato de explotación petrolífera en, GAILLARD, "The Role of the Arbitrator in Determining the Applicable Law", en: NEWMAN / HILL (Eds.), *The Leading Arbitrators' Guide to International Arbitration,* Juris Publishing, 2004, pp. 214-215.

240. Ya en este sentido, GAILLARD, "The Role of Arbitratror...", *cit.*, pp. 214-215. Las resoluciones del *Institut de Droit International* pueden consultarse en: http://www.idi-iil.org/en/publications-par-categorie/resolutions/

241. RADICATI DI BROZOLO, "Ethics and the law applicable to the merits in arbitration", *Mélanges en l'honneur du Professeur Pierre Mayer,* LGDJ, 2015, p. 767.

se oponga a ello y los árbitros le reconozcan un interés legítimo en obtener una solución definitiva del litigio (arts. 31 y 38.2 LArb); (ii) las partes acuerden dar por terminadas las actuaciones (art. 38.2 LArb); y, (iii) los árbitros comprueben que la prosecución de las actuaciones resulta innecesaria o imposible (art. 38.2 LArb). Se constata, por tanto, que la LArb prevé una forma *normal* de finalización del procedimiento arbitral (dictado del laudo) y una serie de formas *anormales* de finalización (desistimiento, acuerdo de las partes y prosecución innecesaria o imposible)[242].

**Artículo 38.1.2 LArb.** *Terminación de las actuaciones.*

*1. Sin perjuicio de lo dispuesto en el artículo anterior, sobre notificación y, en su caso, protocolización del laudo, y en el artículo siguiente, sobre su corrección, aclaración y complemento, las actuaciones arbitrales terminarán y los árbitros cesarán en sus funciones con el laudo definitivo.*

*2. Los árbitros también ordenarán la terminación de las actuaciones cuando:*

a) *El demandante desista de su demanda, a menos que el demandado se oponga a ello y los árbitros le reconozcan un interés legítimo en obtener una solución definitiva del litigio.*

b) *Las partes acuerden dar por terminadas las actuaciones.*

c) *Los árbitros comprueben que la prosecución de las actuaciones resulta innecesaria o imposible.*

10.186. Junto con la concreción de las formas de finalización del procedimiento arbitral, se constata también que el precepto contempla tres actuaciones posteriores al dictado del laudo que –a juzgar por el tenor del precepto– podrían considerarse incluidas en el estricto ámbito de lo que es el procedimiento arbitral: (i) notificación; (ii) protocolización; y (iii) corrección, aclaración, complemento o rectificación del laudo. La delimitación así hecha es importante, pues una infracción cometida en cualquiera de estos estadios podría quedar amparada en sede de anulación por el artículo 41.1.d) LArb (infracción del procedimiento pactado por las partes).

10.187. Con todo, la prolongación del procedimiento arbitral hasta el momento de la solicitud de corrección, aclaración, complemento o rectificación del laudo (art. 39 LArb) plantea, a mi juicio, un problema de

242. Al respecto, BARONA VILAR, "Artículo 38" en BARONA VILAR, *Comentarios a la Ley de Arbitraje*, 2.ª Ed., 2011, Madrid, pp. 1538-1571; ALONSO PUIG, "Artículo 38" en GONZÁLEZ-BUENO, *Comentarios a la Ley de Arbitraje, Consejo General del Notariado*, 2014, pp. 757-773.

interpretación sobre el alcance del artículo 6 LArb. En efecto, el artículo 6 LArb impone una *obligación* a las partes de poner en conocimiento del tribunal, a lo largo del procedimiento arbitral, cualquier infracción de la LArb. De tal forma que, por aplicación de este precepto, pudiera entenderse –como ha entendido cierta jurisprudencia– que el trámite de la corrección, aclaración, complemento o rectificación es *obligado* antes de solicitar cualquier anulación del laudo. Sin embargo, tal interpretación chocaría, a mi entender, con el carácter meramente *potestativo* que el artículo 39 LArb otorga a la solicitud de la corrección, aclaración, complemento o rectificación del laudo: si este último artículo concede a las partes –que no impone– una solicitud de corrección del laudo, prolongar hasta ese momento el procedimiento arbitral puede suponer tanto como una colisión entre la *obligación* que impone el artículo 6 LArb con la *potestad* que otorga el artículo 39 LArb. Por ello, si este precepto prolonga el procedimiento arbitral hasta el momento de la solicitud de corrección, aclaración, complemento o rectificación del laudo, habría que entender que la obligación que impone el artículo 6 LArb cesa desde el momento en que se dicta el laudo[243].

> En relación estricta con la *Terminación de las actuaciones*, la jurisprudencia ha matizado que solicitar de forma imprecisa "ser apartado del arbitraje" no puede equipararse con el desistimiento. Por ello, no tiene repercusión en la anulación del laudo el hecho de que una parte solicite "ser apartado del arbitraje" y los árbitros denieguen tal pretensión. El cauce apropiado para "apartarse del arbitraje" es el desistimiento[244].

10.188. La LArb impone al árbitro el deber de **conservar la documentación** del procedimiento durante dos meses una vez terminadas las actuaciones. Este plazo vendrá a coincidir, de ordinario, con el dispuesto para plantear la acción de anulación, y durante el mismo, las partes podrán solicitar a los árbitros que le remitan los documentos presentados por cada una de ellas. El árbitro solo podrá negarse a tal solicitud cuando considere que la misma puede atentar contra el secreto de deliberación

> **Artículo 38.3 LArb.**
>
> *3. Transcurrido el plazo que las partes han hayan señalado a este fin o, en su defecto, el de dos meses desde la terminación de las actuaciones, cesará la obligación de los árbitros de conservar la documentación del procedimiento. Dentro de ese plazo, cualquiera de las partes podrá solicitar a los árbitros que le remitan los documentos presentados por ella. Los*

243. Al respecto, más detenidamente, *supra* Cap. VII e *infra* Cap. XI, Ep. II.
244. STSJ de Madrid, 10.12.2021, ECLI:ES:TSJM:2021:10535.

*árbitros accederán a la solicitud siempre que no atente contra el secreto de la deliberación arbitral y que el solicitante asuma los gastos correspondientes al envío, en su caso.*

Una correcta ponderación de los intereses en juego –derecho de las partes a ejercer la acción de anulación– exige una interpretación estricta de lo que debe entenderse en este contexto por *"secreto de la deliberación"*. De tal forma que al amparo de esta expresión no pueda negarse el acceso a información que, de un modo u otro, coadyuven a demostrar la vulneración de alguna garantía procesal relevante en sede de anulación. Así, por ejemplo, es posible afirmar que toda deliberación sobre el fondo –interpretación y aplicación del Derecho aplicable– debe quedar, en principio, amparada por el secreto de deliberación; no así, sin embargo, las deliberaciones (si es que pueden calificarse así) sobre aspectos meramente formales o procedimentales (*ad ex.* correos electrónicos que demuestren una fecha de deliberación que afecte a un posible incumplimiento del *principio de colegialidad*).

## X. ARBITRAJE Y PROCEDIMIENTO JUDICIAL

### 1. EFECTOS DE LA LISTISPENDENCIA (*LIS PENDENS*) Y COSA JUZGADA (*RES IUDICATA*) EN EL ARBITRAJE INTERNACIONAL

10.189. La litispendencia surge, básicamente, a partir de un conflicto de jurisdicciones: dos órganos jurisdiccionales conocen simultáneamente del mismo asunto entre las mismas partes. Las normas que regulan la litispendencia y conexidad pretenden evitar, por tanto, los procedimientos paralelos que puedan surgir como consecuencia de que dos tribunales distintos entren a conocer del mismo pleito entre las mismas partes, otorgando de ordinario la competencia al tribunal que conoció en primer lugar: *prior tempore, potior iure.*

**STS, 20.12.2005**[245]: *"la litispendencia es un mecanismo procesal para evitar la simultánea tramitación de dos procesos, entre los que existe una determinada interdependencia (identidad, o conexión cualificada de prejudicialidad), mediante la exclusión del segundo en el tiempo. Su utilización como defensa por la parte responde al legítimo derecho del demandado a no verse sometido dos veces a un proceso en los mismos términos 'de eadem re ne bis sit actio', pero, además de dicho fundamento privado, existe un fundamento público, que legitima su apreciación de oficio consistente en el principio de univocidad procesal, que exige evitar dos o más resoluciones*

245. STS, 20.12.2005, ECLI:ES:TS:2005:7399.

*firmes contradictorias –incompatibles–, a lo que cabe añadir, por un lado, la oportunidad de evitar fraudes (en relación con defectos u omisiones procesales, y deficiencias probatorias), y, por otro, la conveniencia social de no producir un inútil derroche de energías sociales como consecuencia de la doble actividad procesal, lo cual robustece el instituto con una importante razón de economía procesal".*

En su dimensión internacional, la litispendencia debe regularse de forma más laxa, en tanto que deben ponderarse necesariamente distintos factores que no se manifiestan en los supuestos estrictamente internos (además de independencia y funcionamiento del poder judicial, aproximaciones legales distintas a esta cuestión). En su dimensión estrictamente *europea*, la litispendencia está regulada en distintos Reglamentos de DIPr (particularmente relevantes en nuestro contexto, artículos 29 a 34 del Reglamento Bruselas I *refundido*). En su dimensión *extra*europea (terceros Estados), la litispendencia está regulada en las normas de fuente interna (artículos 39 y 40 LCJI).

10.190. Todas estas normas no son, en principio –y solo en principio (*infra*)–, aplicables al arbitraje. Ello es así porque la competencia del árbitro emana de un convenio arbitral y no de una norma de competencia judicial internacional y porque la validez de dicho convenio debe ser examinada por el mismo árbitro (*Kompetenz-kompetenz*)[246]. De tal forma, que será su apreciación sobre la validez del convenio arbitral –posteriormente corroborada o no en sede de anulación– la que le otorgue su competencia para conocer del asunto. Además, en virtud del efecto negativo del principio de *Kompetenz-kompetenz*, un tribunal judicial no debería pronunciarse sobre la validez del convenio arbitral si sobre el fondo *ya* estuviese conociendo un tribunal arbitral. Así lo *recomienda* con carácter general el artículo VI.3 CG –cuyo ámbito de aplicación territorial es, con todo, bastante limitado–[247].

10.191. Lo anterior, sin embargo, no impide que en un contexto internacional los tribunales de un Estado puedan juzgar, a la luz de su ordenamiento procesal y/o arbitral o incluso a la luz de un ordenamiento arbitral extranjero, sobre la validez del convenio arbitral en sede de declinatoria y, tras considerarlo inválido, entren a conocer sobre el fondo antes que un árbitro. Del mismo modo, nada impide que un árbitro entre posteriormente a conocer del mismo asunto por entender que el convenio arbitral sí es válido. Es decir, son imaginables supuestos en los que el tribunal de un Estado estime en sede de declinatoria que el convenio arbitral no

246. *Vid. supra* Cap. IX, Ep. VII.
247. *Vid. supra* Cap. IX, Ep. VII.

es válido y se declare en consecuencia competente para conocer sobre el fondo y que el árbitro, a su vez, se declare competente por entender que el convenio arbitral sí es válido y que dicha valoración del convenio arbitral sea incluso corroborada en sede de anulación por los tribunales del lugar del arbitraje.

10.192. La solución a este particular conflicto –conoce un tribunal y coetáneamente un árbitro o primero conoce un tribunal y a continuación un árbitro– no está específicamente codificada, de tal suerte que la respuesta es incierta. En efecto, no existe norma procesal internacional, europea o interna que establezca expresamente quién debe ser finalmente competente en esa "carrera" a nivel internacional entre árbitro y juez para conocer de la controversia (internacional, en tanto que ubicados en distintos Estados).

10.193. En el estricto ámbito de la UE, el "Considerando 12" del Reglamento Bruselas I *refundido* establece que la resolución judicial dictada por un tribunal de un Estado miembro sobre la validez o invalidez del convenio arbitral no podrá ser reconocida en aplicación del Reglamento[248], lo cual denota el interés del legislador europeo por que una sentencia dictada en un Estado miembro que no sea el de la sede del arbitraje no interfiera en su desarrollo. En perspectiva *extra*europea, la solución debe ser muy similar a la prevista en el Considerando citado del Reglamento Bruselas I *refundido*, pues es muy discutible que una resolución judicial extranjera que verse sobre la validez del convenio arbitral pueda ser reconocida en España por el cauce previsto en la legislación procesal interna (LCJI). Repárese, en efecto, que tal resolución no resuelve sobre el fondo de la controversia; simplemente juzga sobre una cuestión que, en sí misma, es cuestión de *orden público* –validez del convenio arbitral–[249].

Lo anterior, sin embargo, no impide que la decisión sobre el fondo dictada en primera instancia por el tribunal judicial que entendió inválido el convenio arbitral en sede de declinatoria sí pueda reconocerse por los cauces del Reglamento citado[250]. Y ello, aunque exista un arbitraje en curso o incluso ya un laudo en el Estado miembro donde se pretenda su reconocimiento. El laudo, sin embargo, no podrá reconocerse en el

248. Sobre esta cuestión, *in extenso*, GÓMEZ JENE, "Artículo 1", en: *Comentarios al Reglamento (UE) n.º 1215/2012 relativo a la competencia judicial, el reconocimiento y la ejecución de resoluciones judiciales en materia civil y mercantil*, Cizur Menor, Aranzadi, 2016, pp. 57-85.

249. *Vid. supra* Cap. VIII *e infra* Cap. XII.

250. Al respecto, *infra* Cap. XII.

Estado miembro cuyos tribunales estén conociendo o hayan conocido del asunto[251].

**Litispendencia y *Kompentez-kompetenz*:** Como apuntáramos en el Capítulo anterior, en la dimensión europea, el árbitro no debería entrar a conocer en aquellos supuestos en los que un tribunal estatal haya entrado a conocer *antes* que el árbitro. Y es que, a partir de la jurisprudencia asentada en la sentencia *London Steam*, la suerte del laudo es incierta: por entrar a conocer con posterioridad al tribunal estatal, el laudo puede ser anulado o su reconocimiento o execuátur rechazado en cualquier Estado miembro.

10.194. Por fin, hay que destacar que, según jurisprudencia constante del TS, la litispendencia constituye motivo de denegación del **reconocimiento o execuátur** del laudo arbitral extranjero[252].

## 2. ARBITRAJE Y PREJUDICIALIDAD PENAL

10.195. La cuestión relativa a la prejudicialidad penal en relación con el arbitraje no está regulada en el ordenamiento jurídico español. Ni la LECiv ni la LArb contienen previsión legal al respecto. Por otro lado, tanto el artículo 10.2 LOPJ como el artículo 40 LECiv regulan la cuestión en el marco de los procedimientos judiciales, por lo que se plantea la duda relativa a la aplicación de las soluciones previstas en estas normas en aquellos supuestos en los que la prejudicialidad penal se plantee en el seno de un arbitraje.

**Artículo 10.2 LOPJ.**

*2. No obstante, la existencia de una cuestión prejudicial penal de la que no pueda prescindirse para la debida decisión o que condicione directamente el contenido de ésta determinará la suspensión del procedimiento mientras aquélla no sea resuelta por los órganos penales a quienes corresponda, salvo las excepciones que la ley establezca.*

**Artículo 40 LECiv.** *Prejudicialidad penal.*

*1. Cuando en un proceso civil se ponga de manifiesto un hecho que ofrezca apariencia de delito o falta perseguible de oficio, el tribunal civil, mediante providencia, lo pondrá en conocimiento del Ministerio Fiscal, por si hubiere lugar al ejercicio de la acción penal.*

251. Esto último se deduce, entre otras, de la STJUE, 20.6.2022, C-700/20, *London Steam-Ship*. *Vid. infra* Cap. XII.

252. *Vid. infra* Cap. XII.

*2. En el caso a que se refiere el apartado anterior, no se ordenará la suspensión de las actuaciones del proceso civil sino cuando concurran las siguientes circunstancias:*

*1.ª Que se acredite la existencia de causa criminal en la que se estén investigando, como hechos de apariencia delictiva, alguno o algunos de los que fundamenten las pretensiones de las partes en el proceso civil.*

*2.ª Que la decisión del tribunal penal acerca del hecho por el que se procede en causa criminal pueda tener influencia decisiva en la resolución sobre el asunto civil.*

*3. La suspensión a que se refiere el apartado anterior se acordará, mediante auto, una vez que el proceso esté pendiente sólo de sentencia.*

*4. No obstante, la suspensión que venga motivada por la posible existencia de un delito de falsedad de alguno de los documentos aportados se acordará, sin esperar a la conclusión del procedimiento, tan pronto como se acredite que se sigue causa criminal sobre aquel delito, cuando, a juicio del tribunal, el documento pudiera ser decisivo para resolver sobre el fondo del asunto.*

10.196. La jurisprudencia actual sobre este particular se caracteriza por trasladar al ámbito arbitral los efectos del artículo 40 LECiv[253]. Así, el TC ha asumido expresamente la aplicación de estos preceptos cuando la prejudicialidad penal se plantee en sede arbitral. De tal forma que la prioridad de la jurisdicción penal sobre el arbitraje está supedita a las circunstancias concretas de cada caso en interpretación estricta de la norma citada.

**TSJ de Andalucía, 17.6.2021**[254]: *Pese a las exigencias de celeridad propias del procedimiento arbitral, no hay razón para excluir la aplicación analógica del artículo 10.2 LOPJ y artículo 40 LEC al procedimiento arbitral, al preponderar la identidad de razón (art. 4.2. código civil) sobre las diferencias de naturaleza existente entre el laudo arbitral y la sentencia...*

*Y en la medida en que la razón de ser de los artículos 10.2 LOPJ y 40 LEC estriba, por un lado, en el interés de evitar resoluciones ejecutivas contradictorias, y especialmente en la atribución exclusiva y excluyente de la competencia para la restitución del orden jurídico como consecuencia de una infracción penal, es claro a juicio de esta Sala que existe la aludida identidad de razón: por la misma razón por la que un órgano de la*

253. STSJ de Madrid, 3.7.2012, ECLI:ES:TSJM:2012:9716; haciendo alusión a otros incisos del artículo 40 LECiv, STSJ de Extremadura, 20.10.2022, ECLI:ES:TSJEXT:2022:1204.

254. STSJ de Andalucía, 17.6.2021, ECLI:ES:TSJAND:2021:9587. *Vid.* también en sentido similar, STSJ de Cataluña, 22.1.2018, ECLI:ES:TSJCAT:2018:13.

*jurisdicción civil no puede dictar resolución ejecutoria cuando el asunto esté expuesto a un pronunciamiento de la jurisdicción penal que pueda suponer unas consecuencias jurídicas diferentes e incompatibles con las acordadas, tampoco podrá hacerlo un árbitro con el valor reconocido a un laudo por el ordenamiento jurídico. Puede también explicarse esta idea de otro modo: el ordenamiento jurídico pretende evitar cualquier interferencia en la determinación de las consecuencias de la comisión de un delito, ya provenga de un órgano judicial ajeno a la jurisdicción penal, ya de un pacto entre partes, que de ninguna manera podría resultar vinculante o privar de efectos a los que en el futuro pudiera determinar el juez penal.*

**STC de 4.4.2022**[255]: *En razón de la cuestión que ese plantea en el presente recurso de amparo el precepto a considerar es el art. 40 LEC, que regula la prejudicialidad penal en los procesos judiciales civiles y cuya normativa es perfectamente trasladable a los procesos arbitrales, teniendo en cuenta la naturaleza jurídica privada de estos, limitados, como están, a controversias sobre materias de libre disposición.*

10.197. Asumida la aplicación de los preceptos citados para enjuiciar la relevancia de la prejudicialidad penal sobre el arbitraje debe partirse de una interpretación restrictiva de los mismos, de tal forma que solo debe aceptarse tal prejudicialidad cuando en el supuesto se constate la concurrencia de circunstancias estrechamente vinculadas con la causa criminal.

**STC de 4.4.2022**[256]: *"... ante el planteamiento de una cuestión prejudicial penal, el tribunal arbitral, a fin de valorar la concurrencia de un supuesto de prejudicialidad legalmente previsto, ha de ponderar en primer lugar si alguno de los hechos investigados en el proceso penal fundamenta las pretensiones de las partes en el proceso arbitral. Ello exige una conexión causal directa e inmediata, desde el punto de vista fáctico, entre el hecho investigado y la pretensión ejercitada en vía arbitral. Pero no basta con eso, puesto que, en segundo lugar, el tribunal arbitral debe también analizar si la decisión del tribunal penal sobre tales hechos tiene o no influencia decisiva en la decisión arbitral a adoptar".*

**Auto TS, 1.10.2013**[257]: *"el artículo 40.2 LEC no solo exige, en el apartado 1.º, la existencia de una causa criminal por unos hechos de apariencia delictiva que fundamenten la pretensión del proceso civil, sino también, en el 2.º, que la decisión del tribunal penal acerca del hecho por el que procede la causa criminal pueda tener una influencia decisiva en la resolución*

255. STC 50/2022, de 4 de abril.

256. STC 50/2022, de 4 de abril.

257. Auto TS, 1.10.2013, ECLI:ES:TS:2013:8828A. En el mismo sentido, aplicando este razonamiento al supuesto, STS, 4.4.2013, ECLI:ES:TS:2013:1569.

*sobre el asunto civil (Sentencia de fecha 4 de abril de 2013 (RJ 2013, 2929) recurso n.º 73/2011)".*

**TSJ de Madrid, 15.12.2020**[258]: *La mera interposición de una querella o una denuncia ante el Juzgado de Instrucción correspondiente sobre unos hechos relacionados con los que son objeto de discusión en un proceso civil no lleva aparejado, por sí sola, el efecto suspensivo que acarrea la llamada prejudicialidad penal. Ni siquiera la admisión a trámite de la iniciativa penal y la incoación por tanto de las oportunas Diligencias Previas. Resultaría contrario a Derecho y de injusta proyección cuando menos dilatoria esta concepción automaticista. De aceptarse la virtualidad de la mera existencia de una causa penal para lograr la suspensión por prejudicialidad del proceso civil en curso, estaríamos depositando en manos del litigante civil un mecanismo capaz de paralizar a su antojo el transcurso del proceso, consecuencia indeseada e inadmisible que debe eludirse a través del juicio de ponderación comparativa de efectos, objeto y relación. En este sentido, para que pueda operar la indicada prejudicialidad, hemos de hallarnos ante una verdadera y relevante conexión entre la causa penal y la causa civil; una relación de influencia que, en algunos supuestos concretos incluso llega a perfilarse con requisitos propios en la Ley de Enjuiciamiento Civil adicionales a los que ya por sí recoge el artículo 40 (por ejemplo en el caso del artículo 569 LEciv)...*

*Insistimos una vez más: esta mera existencia no es suficiente para lograr la paralización del asunto civil si no se acredita –como no sucedió– esa íntima y directa relación e influencia de los hechos indiciariamente constitutivos de delito sobre la resolución del litigio civil en función de lo que concretamente se ventila en éste.*

10.198. Tomando entonces en consideración este criterio particularmente estricto, el árbitro debe valorar, en el curso del procedimiento arbitral, hasta qué punto la controversia está o no estrechamente vinculada con la causa penal y actuar en consecuencia. Si estima y motiva que no hay conexión estrecha entre el pleito penal y la controversia arbitral, el arbitraje debe seguir su curso. Aún más, si incluso estimase que sí hay conexión estrecha entre ambas causas, podría seguir el arbitraje hasta el momento inmediatamente anterior al dictado del laudo. A la misma conclusión debe llegarse incluso en supuestos extremos en los que el mismo juez penal dicte resolución requiriendo información sobre el curso del arbitraje o incluso solicitando la suspensión del mismo. En efecto, tal suspensión no tiene que producir, sin más, ese efecto de forma inmediata.

258. STSJ de Madrid, 15.12.2020, ECLI:ES:TSJM:2020:14643. *Vid.* también, STSJ de Madrid, 15.12.2020, ECLI:ES:TSJM:2020:14630.

Y es que, incluso aceptando la competencia del juez de lo penal para ordenar la suspensión del procedimiento arbitral, nada debería impedir que el arbitraje pudiese seguir sustanciándose, por lo menos, hasta el momento inmediatamente anterior al dictado del laudo[259]. De hecho, el artículo 40.3 LEC indica que la suspensión se acordará *"una vez el proceso esté pendiente solo de sentencia"*. El TSJ de Madrid, por su parte, parece avalar esta solución en su jurisprudencia, pues además de hacerse eco del inciso citado, ha afirmado que: *"el árbitro debió acordar la suspensión del procedimiento de arbitraje, una vez llegado ésta a la fase de resolución y dictado del laudo"*. En cualquier caso, continuar con las actuaciones arbitrales hasta por lo menos ese momento es una opción que respeta plenamente la esencia de la prejudicialidad (evitación de sentencias contradictorias) a la vez que garantiza la eficacia del arbitraje.

Como ha establecido el TC, dictar laudo sin tener en consideración el requerimiento judicial de *información* del procedimiento arbitral no debe suponer, en principio, la anulación del mismo[260]. En concreto, en el supuesto de hecho que dio origen a la anulación inicial del laudo por parte del TSJ de Madrid, un Juzgado Central de Instrucción dictó *auto* requiriendo a la institución arbitral para informar (que no acordar) sobre la suspensión del procedimiento arbitral. Al no proceder los árbitros a tal suspensión y dictar laudo, el TSJ decide anularlo en aplicación de la cláusula de orden público. El TC, por su parte, anuló esta resolución por estimar que el TSJ hizo una irrazonable extensión de la noción de orden público.

Este supuesto plantea, además, la cuestión relativa a la competencia del juez de lo penal para dictar un auto *de suspensión* del procedimiento arbitral, pues podría interpretarse que el artículo 7 LA (que no deja de ser una excepción admitida por el artículo 10.2 LOPJ) veda la competencia del juez de lo penal para suspender el procedimiento arbitral. Sin embargo, en la medida en que el mismo precepto limita su aplicación a *"los asuntos que se rijan por esta ley"* parece defendible la competencia del juez de lo penal para detener el procedimiento arbitral, en tanto que no queda afectado por el ámbito de aplicación del artículo 7 LA.

259. En la doctrina alemana, en el mismo sentido, GEIMER, *Internationales Zivilprozessrecht*, Colonia, 7.ª Ed., 2015, p. 1453.

260. STC 79/2022, de 27 de junio, anulando STSJ de Madrid, 8.11.2019, ECLI:ES:TSJM:2019:9272. *Vid.* también, STSJ de Madrid, 4.10.2019, ECLI:ES:TSJM:2019:9202 (anulada por el TC en su STC 50/2022, de 4 de abril). Para un comentario de estas sentencias *vid.* ÁLVAREZ SANZ, *Arbitraje*, 2021 (1), pp. 373-376. *Vid.* la sentencia posterior del TSJ de Madrid, 27.4.2023, desestimando la anulación del laudo (con voto particular).

En cualquier caso, el juicio del árbitro sobre el alcance o no de la prejudicialidad penal sobre el arbitraje es un juicio que no puede, en principio, ser objeto de revisión en sede de anulación. En palabras del TC: *"el control judicial meramente externo que ha de llevar a cabo el órgano judicial... excluyendo toda consideración de fondo sobre sus razonamientos, es aplicable al caso"*[261].

10.199. La jurisprudencia *francesa*, por su parte, ha establecido en este contexto una clara diferenciación entre arbitraje *interno* y arbitraje *internacional*. De tal suerte que, en el ámbito del arbitraje internacional –y solo en este ámbito–, la regla *"le criminel tient le civil en l'état"*[262] no es de aplicación[263]. Razones relativas al alcance de la autonomía de la voluntad, así como de la misma eficacia del arbitraje, justifican esta distinción. En consecuencia, la prejudicialidad penal no es cuestión que deba considerarse en el arbitraje internacional. En la jurisprudencia *suiza*, la prejudicialidad penal tampoco se ha considerado; ni siquiera en el contexto de un arbitraje interno[264].

## 3. ARBITRAJE Y PREJUDICIALIDAD CIVIL

10.200. Del mismo modo que ocurre con la prejudicialidad penal, la cuestión relativa a la prejudicialidad civil en relación con el arbitraje no está regulada en el ordenamiento jurídico español. Ni la LECiv ni la LArb contienen previsión legal al respecto. En consecuencia, y en la medida en que el artículo 43 LECiv regula la cuestión en el marco de los procedimientos judiciales, se plantea la duda –al igual que en el ámbito de la prejudicialidad penal– relativa a la aplicación de la regla prevista en el citado precepto de la LECiv a aquellos supuestos en los que la prejudicialidad civil se plantee en el seno de un arbitraje.

> **Artículo 43 LECiv**. *Prejudicialidad civil.*
>
> *Cuando para resolver sobre el objeto del litigio sea necesario decidir acerca de alguna cuestión que, a su vez, constituya el objeto principal de otro proceso pendiente ante el mismo o distinto tribunal civil, si no fuere posible la acumulación de autos, el tribunal, a petición de ambas partes o de una de ellas, oída la contraria, podrá mediante auto decretar la suspensión*

261. STC 50/2022, de 4 de abril. En el mismo sentido, STC 79/2022, de 27 de junio.
262. Que bien podría traducirse como: *lo penal precede a lo civil.* Esta regla está recogida en el artículo 4 del *Code de prócedure pénale* (CPP).
263. *Cour de cassation*, 25.10.2005, *Rev. Arb.*, 2006, pp. 103-105.
264. TF, 15.2.2015, 4A_587/2015, *ASA Bull*, 2017, pp. 439-442.

> *del curso de las actuaciones, en el estado en que se hallen, hasta que finalice el proceso que tenga por objeto la cuestión prejudicial.*

10.201. Pues bien, a este respecto cabe señalar que, en la medida en que el TC ha establecido que la regla de prejudicialidad penal prevista en el artículo 40 LECiv *"es perfectamente trasladable a los procesos arbitrales, teniendo en cuenta la naturaleza jurídica privada de estos, limitados, como están, a controversias sobre materias de libre disposición" (supra)*, nada impide que, *mutatis mutandis*, pueda trasladarse ese razonamiento al ámbito de la prejudicialidad civil, con la consiguiente consideración en el contexto arbitral de la regla establecida en el artículo 43 LECiv. En consecuencia, entiendo también que es teóricamente posible la apreciación de la prejudicialidad civil en sede de anulación, si bien el margen de control del tribunal es tan estrecho como el previsto para la apreciación de la prejudicialidad penal[265].

## XI. ARBITRAJE INTERNACIONAL Y CONCURSO

10.202. El tratamiento de la relación arbitraje / concurso demanda una aproximación desde la distinción entre dos ámbitos o escenarios: el ámbito estrictamente interno y el ámbito internacional. Ello es así porque, como se verá, la *internacionalidad* del supuesto invierte el principio de *vis attractiva concursus* que, con carácter general, rige para los concursos internos.

### 1. EL ÁMBITO INTERNO: EL ARTÍCULO 140 TRLC

10.203. La eficacia del convenio arbitral en supuestos de concurso está regulada en el artículo 140 TRLC. El principio que subyace a este precepto es el de no afectación de la *vis attractiva concursus* al arbitraje.

> **Artículo 140 TRLC.** *Pactos de mediación, convenios y procedimientos arbitrales.*
>
> 1. *La declaración de concurso, por sí sola, no afectará a la vigencia de los pactos de mediación ni a los convenios arbitrales suscritos por el deudor.*
>
> 2. *Los procedimientos de mediación y los procedimientos arbitrales en tramitación a la fecha de la declaración de concurso continuarán hasta la terminación de la mediación o hasta la firmeza del laudo. La representación y defensa del concursado en estos procedimientos se regirá por lo establecido para los juicios declarativos en el capítulo I de este título.*

265. Sobre esta cuestión, con cita de la jurisprudencia más relevante, *vid*. el minucioso voto particular que contiene la STSJ de Madrid, 13.7.2022, ECLI:ES:TSJM:2022:9812.

3. *El juez del concurso, de oficio o a solicitud del concursado, en caso de intervención, o de la administración concursal, en caso de suspensión, podrá acordar, antes de que comience el procedimiento de mediación o de que se inicie el procedimiento arbitral, la suspensión de los efectos de esos pactos o de esos convenios, si entendiera que pudieran suponer un perjuicio para la tramitación del concurso. Queda a salvo lo establecido en los tratados internacionales.*

4. *En caso de fraude, la administración concursal podrá impugnar ante el juez del concurso los pactos de mediación y los convenios y procedimientos arbitrales.*

10.204. El primer párrafo del precepto transcrito se limita a proclamar la regla general de *no afectación* del concurso a la eficacia del convenio arbitral. El segundo párrafo, por su parte, regula el efecto que la apertura del concurso tiene sobre los procedimientos de mediación y arbitraje *en tramitación* en el momento de declararse tal apertura: en esencia, asegurar la sustanciación del arbitraje hasta la firmeza del laudo. El tercer párrafo, por fin, contempla una excepción a la aplicación de la regla general de *no afectación* de la declaración del concurso sobre la eficacia del convenio. En virtud de dicha excepción, la eficacia del convenio dependerá del perjuicio que el mismo *pueda suponer* para la tramitación del concurso. De tal forma que, si antes de comenzar un arbitraje, el juez entiende que el convenio arbitral firmado por el deudor concursal puede suponer un *perjuicio* para la tramitación del concurso, podrá acordar la suspensión de sus efectos.

10.205. Para interpretar el artículo 140 TRLC es obligado tener en consideración tanto el principio del que parte –*no vis attractiva concursus*– como la norma del que deriva: el derogado artículo 52 LC[266]. Y así, en la medida en que el primer párrafo del precepto es copia literal de la primera frase de citado artículo 52.1 LC, estimo que para su interpretación siguen siendo válidos los criterios hermenéuticos que el legislador estableció en su momento para interpretarlo. Desde esta perspectiva, el punto de partida que debe regir la interpretación del artículo 140 TRLC es que, para todos aquellos supuestos que no guarden una *relación inmediata* con el concurso, el principio de *vis attractiva concursus* debe atenuarse. En consecuencia, la posible intervención del juez para mitigar los efectos del convenio arbitral debe limitarse a: (i) supuestos en los que quede acreditada la relación inmediata (o vinculación estrecha) del supuesto controvertido con la tramitación del concurso; o (ii) supuestos en los que el juez

266. Sobre este precepto, GÓMEZ JENE, "Concurso y arbitraje internacional", *CDT*, 2010/2, pp. 92-103.

entienda que la activación del convenio arbitral podría suponer un *perjuicio* para la tramitación del concurso[267]. La función del juez en este ámbito consiste, por tanto, en *calificar* el conflicto por un lado y *valorar* las consecuencias de la activación del convenio arbitral por otro. De modo que solo si la controversia que pretende someterse a arbitraje tiene su fundamento jurídico en la legislación concursal y guarda una relación inmediata con el concurso; o, alternativamente, si la resolución de la controversia vía arbitral pudiera suponer un perjuicio para la tramitación del concurso, el juez *debe* declarar la suspensión de los efectos del convenio arbitral. El criterio hermenéutico así expuesto debe operar, además, con independencia de la posición procesal –demandante o demandado– que asuma el deudor concursado o el administrador concursal en el arbitraje.

La Exposición de Motivos de la *Ley 11/2001 de reforma de la Ley de Arbitraje* enumera una serie de acciones que, en principio, **no** cabe calificar como estrechamente vinculadas al concurso. La delimitación que establece dicha EM puede servir como guía de interpretación del artículo 140 TRLC: *Se pretende con ella mantener la vigencia del convenio arbitral siempre que se proyecte sobre meras acciones civiles que, pese a que pudieran llegar a tener trascendencia patrimonial sobre el deudor concursal, podrían haberse planteado con independencia de la declaración del concurso. Es el caso, entre otras, de las acciones relativas a la existencia, validez o cuantía de un crédito, las destinadas al cobro de deudas a favor del deudor, las acciones reivindicatorias de propiedad sobre bienes de un tercero en posesión del deudor concursal y los litigios relativos a planes de reorganización concluidos entre el deudor y sus acreedores antes de la declaración de apertura. No obstante lo anterior, se faculta al órgano jurisdiccional competente, para suspender de efectos los pactos o convenios arbitrales previamente suscritos, si entendiese que los mismos pueden suponer un perjuicio para la tramitación del concurso.*

En términos similares, la jurisprudencia ha entendido que el alcance de la ineficacia de los convenios arbitrales queda, en principio, limitado a los litigios o controversias cuya competencia objetiva viene atribuida con exclusividad a los Jueces de lo Mercantil (artículos 44, 52 y 53 TRLC): "*En efecto, si la razón de ser de la ineficacia sobrevenida de los convenios arbitrales no puede ser otra que la de preservar la competencia exclusiva y excluyente de los Juzgados de los Mercantil en los asuntos atribuidos por la ley a los mismos, es evidente que tal ineficacia queda sin justificación en los casos en que el concursado (o*

267. Una enumeración de supuestos que pueden considerarse estrecha y no estrechamente vinculados al concurso puede verse en VIRGÓS SORIANO, "Arbitraje e insolvencia: manual de instrucciones", www.almacendederecho.org, núm. 99-110.

*la administración concursal) sí podrían interponer una demanda ante un Juzgado de Primera Instancia"*[268].

10.206. Para valorar el posible *perjuicio* que sobre la tramitación del concurso pueda producir la activación del convenio arbitral, el juez deberá tomar en consideración el interés colectivo de los acreedores[269]. A partir de aquí, la jurisprudencia ha precisado en aplicación de la antigua LC que supuestos que suponen un *perjuicio* para el concurso y que, por ende, llevan a la suspensión de los efectos del convenio arbitral son aquellos que aseguren una **dilación importante** y/o supongan unos **costes inasumibles** para un concurso sin tesorería ni apenas masa activa[270].

Estos criterios habrán de ser baremados a la luz de las circunstancias de cada supuesto y tomando en consideración toda una serie de factores, entre los que resulta especialmente relevante el factor de la *internacionalidad*. En efecto, en la medida en que la internacionalidad del supuesto supone tanto como una conversión automática del principio *vis attractiva* en principio *no vis attractiva concursus* (así, artículo 56 TRLC y Reglamento de Insolvencia *refundido –infra–*) y en la medida también en que la suspensión de los efectos del convenio no garantiza por sí misma la competencia del juez español para conocer de la disputa, habrán de analizarse de forma prospectiva las consecuencias que de tal suspensión puedan derivarse: en supuestos internacionales, la competencia del juez vendrá determinada por la aplicación de los foros de competencia del Reglamento Bruselas I *refundido*, que podrán prever o no la competencia del juez español (*infra*); en supuestos internos, habrá de analizarse la competencia objetiva.

> **STS, 1.12.2022**[271]: *En nuestro caso, consta que el juez del concurso de acreedores... había acordado la suspensión de efectos del convenio arbitral que se había incluido en el contrato que la concursada había concertado ....*
>
> *El efecto de esa resolución judicial es que la jurisdicción para conocer de las eventuales controversias derivadas de este contrato correspondería a los tribunales ordinarios, sin que además se alteren las reglas de competencia legales. Esto es: la decisión del juez del concurso se limita a suspender,*

268. STSJ de Andalucía, 25.11.2011, ECLI:ES:TSJAND:2011:13405.
269. HEREDIA CERVANTES, "Arbitraje y mediación en el Texto Refundido de la Ley Concursal", *La Ley Mediación y Arbitraje*, 2020, 04.
270. Sentencia JM de Santander, 30.9.2019, ECLI:ES:JMS:2019:1003. Esta sentencia fue revocada y dejada sin efecto en apelación; sin embargo, la sentencia de la AP se limita a apreciar falta de legitimación pasiva del demando y en ningún momento se enfrenta con la validez de los criterios localizados por la sentencia del JM (SAP de Santander, 16.9.2021, ECLI:ES:APS:2021:1097). Sobre la cuestión relativa a los costes inasumibles *–impecuniosity– vid. infra* Cap. VIII, Ep. XI.
271. STS, 1.12.2022, ECLI:ES:TS:2022:4484.

*durante el concurso, la eficacia de la cláusula arbitral, pero no altera las reglas sobre competencia objetiva establecidas por la Ley.*

**STS, 21.3.2023**[272]: "*El art. 52.1 LC* (actual 140 TRLC), *cuando prescribe la facultad del juez del concurso de suspender la eficacia del convenio arbitral, no contiene ninguna previsión que atribuya a su vez la competencia al juez del concurso para conocer en todo caso de las cuestiones afectadas por el convenio arbitral. Razón por la cual, rigen las reglas generales de atribución de competencia objetiva...*".

Además, habrá de ponderarse también hasta qué punto está justificado una quiebra tan seria de los derechos procesales que las partes implicadas libremente se han otorgado al pactar expresamente un cauce de resolución de conflictos –que puede ser arbitraje, pero también una jurisdicción concreta–.

10.207. En cualquier caso, el precepto en cuestión deja abiertas una serie de cuestiones particularmente relevantes. Dichas cuestiones se concretan en: (i) determinar en qué momento del concurso debe constatar el juez el posible perjuicio del convenio arbitral sobre el mismo (repárese en que el párrafo 3 del artículo 140 TRLC únicamente exige tal manifestación antes del inicio del arbitraje, pero sin especificar en qué fase o fases del concurso procede); (ii) determinar si es o no obligatorio el pronunciamiento del juez sobre los efectos del convenio aunque las partes estén de acuerdo en iniciar un arbitraje; es decir, determinar si las partes deben poner en conocimiento del juez su voluntad de iniciar un arbitraje para que éste valore la eficacia del convenio, o, por el contrario, la función del juez en este contexto depende de la voluntad de las partes; y, finalmente, (iii) delimitar el *alcance* de la suspensión de los efectos del convenio.

10.208. Respecto de la primera cuestión (i) –**momento del concurso en el que juez puede pronunciarse sobre la eficacia del convenio**– cabe empezar destacando que el mismo queda *temporalmente* acotado por mor de una aplicación sistemática de los dos primeros párrafos del artículo 140 TRLC. Así, el párrafo 2 del artículo 140 TRLC puesto en relación con el párrafo 1 del mismo precepto sirve para concretar el momento o plazo procesal a partir del cual el juez del concurso puede valorar la eficacia del convenio arbitral. En virtud del párrafo 1, ese plazo empieza a correr desde la fecha en que se dicta la resolución judicial que declara el concurso. Y no antes. Siendo esto así, el juez no puede dictar resolución judicial alguna resolviendo sobre la eficacia del convenio si todavía no ha sido dictada la citada declaración. Lo anterior se entiende perfectamente

272. STS, 21.3.2023, ECLI:ES:TS:2023:1144.

si en el momento previo a la declaración existe ya un arbitraje *tramitado*, pues por imperativo del artículo 140.2 TRLC el juez no puede interferir en el desarrollo del mismo. Aceptar otra interpretación supondría tanto como privar a la parte interesada en tramitar el inicio de un arbitraje de su derecho a hacerlo mientras no exista declaración de concurso que lo impida. Esta interpretación está, además, en línea con la *ratio* de la LArb. En efecto, no existiendo declaración de concurso y, por tanto, no existiendo circunstancia alguna que excepcione lo previsto en la LArb, habrá de respetarse lo en ella establecido; a saber, que ningún juez podrá entrar a valorar a título principal la validez de un convenio arbitral (art. 7 LArb). En circunstancias "normales" –esto es, sin existir declaración de concurso– esa valoración sobre la validez del convenio corresponde, en principio, al árbitro (art. 22 LArb)[273].

10.209. Ahora bien, si, como hemos visto, es fácilmente determinable el momento a partir del cual el juez del concurso puede valorar la eficacia del convenio (desde el mismo momento en que existe declaración y antes de que se tramite el arbitraje), no queda tan claro –el precepto no lo regula– el espacio temporal durante el cual puede realizarse tal valoración; es decir, en qué fase o fases del concurso puede realizarse. A este respecto, cabe señalar que la razón última de activar un convenio arbitral una vez declarado el concurso descansa en la pretensión de que el laudo resultante –que produce efecto de cosa juzgada material (art. 43 LArb)– se haga valer ante el juez del mismo, quien quedará por él vinculado y le dará el tratamiento concursal que corresponda (art. 141 TRLC). La administración concursal, por su parte, debe incluir necesariamente en la lista de acreedores los créditos reconocidos en un laudo arbitral (art. 260 TRLC). Por ello, es lógico imaginar que los interesados –de ordinario, acreedores– que constaten un incumplimiento de las obligaciones libremente asumidas optarán por tramitar el inicio del arbitraje en un momento inmediatamente posterior al conocimiento de la declaración del concurso, pues de demorar en exceso su decisión, corren el riesgo de ver reconocido su derecho una vez concluido el mismo.

10.210. Por otro lado, también son concebibles supuestos en los que la parte interesada en tramitar el inicio del arbitraje sea la administración concursal. Siendo esto así, y debido a las peculiaridades propias de cada concurso estimamos que, en principio –y partiendo de la base de que el arbitraje no se ha tramitado por ninguna de las partes–, el plazo para que el juez valore la eficacia del convenio arbitral debe prolongarse a lo largo de todas las fases del concurso hasta la conclusión del mismo (ya sea por

273. *Vid.* no obstante la jurisprudencia del TS sobre el alcance del principio *Kompentenz-kompetenz, supra* Cap. IX.

cumplimiento del convenio –art. 467 TRLC– ya sea por finalización de la fase de liquidación).

10.211. La jurisprudencia sobre este particular es muy escasa. No obstante, ha matizado que no procede el nombramiento judicial de árbitro en la fase de liquidación del concurso. Lo cual, interpretado a *sensu contrario* y a la vista del tenor del fallo, permite afirmar que sí puede realizarse en fases anteriores[274].

**Arbitraje tramitado *versus* arbitraje iniciado.** El párrafo 2 del artículo 140 TRLC encierra cierta polémica, pues nada dice sobre el ordenamiento (concursal o arbitral) que debe aplicarse para concretar el momento en el que el arbitraje se entiende *tramitado*. Y es que, según se considere de aplicación el Texto Refundido o la Ley de Arbitraje, el momento en cuestión varía notablemente en el tiempo[275]. La escasa jurisprudencia existente, por su parte, se decanta –a mi juicio, erróneamente– por aplicar el criterio establecido en el artículo 27 LArb[276] (recuérdese, *salvo pacto en contrario, fecha en la que el demandado haya recibido el requerimiento*). En efecto, debe repararse en que el juego del artículo 27 LArb en este contexto se compadece mal –muy mal– con lo que pretende regular el artículo 140.2 TRLC, pues, en puridad, el primer criterio que utiliza el artículo 27 LArb para determinar el inicio de un arbitraje es el de la autonomía de la voluntad ("*Salvo que las partes hayan convenido otra cosa...*"). Conexión que tiene todo su sentido cuando el inicio del arbitraje marque el *dies a quo*, pero que no puede aceptarse en el ámbito concursal. De hecho, si se acepta la aplicación del artículo 27 LArb a estos supuestos resulta que son las partes quienes, por sí mismas, pueden determinar cuándo un arbitraje está o no en tramitación a los efectos de la Ley concursal; lo cual, a su vez, supone tanto como una quiebra injustificable de los principios de *unidad legal*, *unidad de disciplina* y *unidad de procedimiento* que informan al ordenamiento concursal. Además, el artículo 140.2 TRLC no se refiere a un procedimiento arbitral *iniciado* (que es lo que regula el artículo 27 LArb); el artículo 140.2 TRLC se refiere expresa y conscientemente a un procedimiento arbitral *tramitado*. O lo que es

274. STSJ Islas Canarias, 22.10.2014, ECLI:ES:TSJICAN:2014:2688.

275. GÓMEZ JENE, "Arbitraje tramitado *v.* arbitraje iniciado (Sentencia de la Audiencia Provincial de Madrid (Sección Octava) n.º 379/2010, de 20 de septiembre de 2010)", *Arbitraje*, 2011 (2), Vol. IV, pp. 542-548.

276. Anterior a la entrada en vigor del TRCL, pero en cualquier caso válida. Así, por ejemplo, STSJ de Catalunya, 15.6.2015, ECLI:ES:TSJCAT:2015:6236; Auto JM Sevilla, 20.2.2018, ECLI:ES:JMSE:2018:27A. También parece ser éste el criterio adoptado –al menos implícitamente– por el JM de Santander, 30.9.2019, ECLI:ES:JMS:2019:1003 (revocada por SAP de Santander, 16.9.2021, ECLI:ES:APS:2021:1097).

lo mismo: para determinar la vigencia de un convenio arbitral ante una declaración de concurso, el TRLC no exige que el arbitraje esté *iniciado*; el TRLC sólo pretende determinar si efectivamente se ha llevado a cabo o no el primer *trámite* necesario para que el arbitraje se inicie (*tramitado*); con independencia absoluta de los efectos procesales que el inicio de ese arbitraje produzca conforme a la LArb[277]. Repárese, a mayor abundamiento, que el hito que marca el TRLC es, en tanto que anterior en el tiempo, más favorable a la preservación de la eficacia del convenio arbitral que el hito marcado en la misma LArb. No deja de ser llamativo, en consecuencia, que la asunción del criterio establecido en el artículo 27 LArb vaya contra el mismo interés de las partes de someterse a arbitraje. Por fin, la interpretación así propuesta coincide plenamente con la interpretación que debe darse a la expresión "en curso" que recoge el artículo 18 del Reglamento de Insolvencia *refundido* (*infra*).

**Inicio del arbitraje con posterioridad a la declaración del concurso**: Cierta jurisprudencia menor interpretó en su momento que del hoy derogado artículo 52.2 LC –actual artículo 140.2 TRLC– se deducía la imposibilidad de iniciar un procedimiento arbitral con posterioridad a la declaración del concurso[278]. A mi juicio, sin embargo, nada hay en la letra del inciso derogado ni en la letra del actual artículo 140.2 TRLC que invite a realizar tal interpretación. Antes al contrario, para resolver esta cuestión, deben ponerse en relación los dos primeros párrafos del artículo 140 TRLC. En este sentido, es claro que el párrafo primero permite expresamente el inicio de procedimientos arbitrales tras la apertura de un concurso. Y así, si (i) la declaración de concurso *no* afecta al convenio arbitral; (ii) el convenio subyace a una relación comercial sin vinculación inmediata con el concurso; y, cumulativamente (iii) la activación del mismo no supone un perjuicio para la tramitación del mismo (*ex* párrafo primero del art. 140 TRLC) es obvio que tal declaración no puede afectar al efecto que el convenio produce: la apertura de un procedimiento arbitral. El artículo 111 TRLC (*Continuación del ejercicio de la actividad profesional o empresarial*) está en línea con esta interpretación, pues en su *ratio* está que, pese a la declaración de concurso, el deudor concursado pueda seguir sometiéndose a arbitraje en el marco de su actividad profesional.

277. También a favor de esta interpretación, VIRGÓS SORIANO, "Arbitraje e insolvencia: manual de instrucciones", www.almacendederecho.org.

278. Auto JM Sevilla, 20.2.2018, ECLI.ES:JMSE:2018:27A. Implícitamente en contra y matizando la respuesta en virtud de la fase en que se encuentre el concurso: STSJ Islas Canarias, 22.10.2014, ECLI:ES:TSJICAN:2014:2688.

10.212. La cuestión relativa a la **obligación –o no– de recurrir al juez para que se pronuncie sobre la cuestión relativa a la eficacia del convenio arbitral** en supuestos de concurso (ii) merece también cierta reflexión. Dicho en los términos que anteriormente utilizábamos: ¿debe el juez del concurso pronunciarse obligatoriamente sobre la eficacia del convenio aunque las partes estén de acuerdo en iniciar un arbitraje?, o lo que es lo mismo, ¿deben las partes poner en conocimiento del juez su voluntad de iniciar un arbitraje para que éste valore la eficacia del convenio, o, por el contrario, la función del juez en este contexto depende de la voluntad de las partes?

El punto de partida para contestar a estas cuestiones lo constituye el párrafo 3 del citado artículo 140 TRLC: *El juez del concurso, de oficio o a solicitud del concursado, en caso de intervención, o de la administración concursal, en caso de suspensión, podrá acordar, antes de que... se inicie el procedimiento arbitral, la suspensión de los efectos de esos... convenios...* A partir del tenor transcrito se deduce claramente que, iniciado ya el arbitraje, *no* procede una declaración del juez del concurso sobre la posible suspensión de los efectos del convenio. Del mismo modo, parece que, además de la actuación de oficio del juez del concurso, solo el concursado o la administración concursal pueden solicitar ante el juez la suspensión de los efectos del convenio arbitral. En consecuencia, el concursado o la administración concursal tienen la *potestad* –que no obligación– de solicitar la suspensión de los efectos del convenio. Único requisito temporal es que la cuestión debe plantearse antes de que se *inicie* el procedimiento arbitral. En armonía con el párrafo 2 del mismo precepto, por inicio en este contexto debe entenderse *inicio de la tramitación* del procedimiento arbitral.

10.213. Por lo que hace al ***alcance* de la suspensión de los efectos del convenio arbitral** (iii), nada obsta –el precepto no lo impide– para que tal suspensión pueda imponerse de forma particularmente restringida, delimitando la suspensión del convenio de forma *temporal* y respecto de algún tipo de acción en particular[279].

## 2. EL ÁMBITO INTERNACIONAL: EL REGLAMENTO EUROPEO DE INSOLVENCIA Y EL LIBRO CUARTO DEL TRLC

10.214. Lo hasta aquí dicho es válido en toda su extensión para supuestos estrictamente internos, pero debe ser necesariamente matizado para **supuestos internacionales**. Y así, partiendo de la base de que el artículo 140 TRLC es aplicable para supuestos en los que todos los elementos se

279. Ya en este sentido, VIRGÓS SORIANO, "Arbitraje e insolvencia: manual de instrucciones", www.almacendederecho.org.

localicen en España –declaración de concurso, sede del arbitraje y domicilio de los interesados en España– cabe plantearse entonces si esta norma también es de aplicación para supuestos en los que la sede del arbitraje no estuviese localizada España; es decir, cabe plantearse si la citada norma es o no de aplicación en aquellos casos en los que el deudor concursal y el acreedor hubieran pactado la sede del arbitraje en el extranjero y, en caso de aplicarse, cabe todavía plantearse qué efectos tendría esa declaración de suspensión de la eficacia de los efectos del convenio en un arbitraje con sede en el extranjero.

10.215. Con carácter previo al estudio de las cuestiones arribas suscitadas es obligado hacer un ejercicio de contextualización, consistente en delimitar el ámbito de aplicación de las normas hipotéticamente aplicables en supuestos internacionales y las consecuencias de esa delimitación. En efecto, en el contexto internacional debe tenerse muy presente que el principio de *vis attractiva concursus* que informa al concurso *interno* se torna en un principio de *no vis attractiva concursus*: así se desprende tanto del artículo 56 TRLC, como de la jurisprudencia del TJUE en interpretación del ámbito de aplicación material del Reglamento de insolvencia *refundido* respecto de los Reglamentos Bruselas I *refundido* (*infra*) y Roma I.

**Artículo 56 TRLC.** *Alcance internacional de la jurisdicción.*

*En el ámbito internacional la jurisdicción del juez del concurso comprende únicamente el conocimiento de aquellas acciones que tengan su fundamento jurídico en la legislación concursal y guarden una relación inmediata con el concurso.*

**Sentencia TJUE, 4.12.2019**[280]. *Delimitación del ámbito de aplicación del Reglamento de insolvencia respecto del Reglamento Bruselas I refundido.*

*25 A este respecto... procede señalar que, basándose en el considerando 6 del Reglamento n.º 1346/2000, y en aras de garantizar el efecto útil de dicho Reglamento, el Tribunal... ha declarado que el artículo 3, apartado 1, de este atribuye a los tribunales del Estado miembro competente para abrir el procedimiento de insolvencia una competencia internacional para*

280. Entre otras, STJUE, 4.12.2019, C-493/18, *UB*. Aunque la sentencia se dicta en interpretación del hoy derogado Reglamento 1346/2000, sus conclusiones son perfectamente extrapolables al ámbito del Reglamento de insolvencia refundido. Más jurisprudencia del TJUE sobre el particular puede verse en, GÓMEZ JENE, "Artículo 1", en: *Comentario al Reglamento (UE) 1215/2012 relativo a la competencia judicial, el reconocimiento y la ejecución de resoluciones judiciales en materia civil y mercantil*, Cizur Menor, 2016, pp. 57-88.

*conocer de* ***las acciones que se deriven directamente del procedimiento de insolvencia y que guarden estrecha relación con él*** *....*

*26 Por lo tanto, a fin de dilucidar si una acción está comprendida dentro de la competencia internacional de los tribunales del Estado miembro en cuyo territorio se ha abierto el procedimiento de insolvencia, procede determinar si dicha acción cumple los* ***dos criterios acumulativos*** *mencionados.*

*27 En lo que atañe* ***al primer criterio****, a fin de dilucidar si una acción se deriva directamente de un procedimiento de insolvencia, procede observar que de reiterada jurisprudencia del Tribunal de Justicia se desprende que el criterio decisivo para determinar el ámbito al que corresponde una demanda no es el contexto procesal en el que esta se inscribe,* ***sino el fundamento jurídico de la propia demanda****. Según este enfoque, procede dilucidar si la fuente del derecho o de la obligación que sirve de base a la demanda son las normas generales del Derecho civil y mercantil o normas especiales, propias de los procedimientos de insolvencia...*

*28 En lo que respecta al* ***segundo criterio,*** *para determinar si una acción guarda estrecha relación con un procedimiento de insolvencia, también es jurisprudencia reiterada que el factor determinante para decidir si se aplica la exclusión establecida en el artículo 1, apartado 2, letra b), del Reglamento n.º 44/2001* ***es la intensidad del vínculo existente entre la acción ejercitada y el procedimiento de insolvencia...***

10.216. La "inversión" del citado principio a la luz del Reglamento Bruselas I *refundido* tiene como consecuencia fundamental que si el supuesto internacional controvertido no guarda una relación *inmediata* con el concurso, la suspensión de los efectos del convenio arbitral supondría tanto como la aplicación de los foros de competencia judicial internacional previstos en ese Reglamento para determinar el juez internacionalmente competente[281]. Es decir, el hecho de que el juez del concurso suspenda los efectos del convenio arbitral no supone que él pueda declararse automáticamente competente para conocer de la controversia sometida a arbitraje; solo supone que para determinar el juez competente entran en juego las normas de competencia judicial internacional previstas en el Reglamento Bruselas I *refundido* (típicamente, foro general del domicilio del demandado o foro especial en materia contractual). De tal forma que el juez del concurso podrá suspender los efectos del convenio arbitral en aplicación del artículo 140 TRLC, pero tal suspensión no le garantiza que

281. Ya en este sentido, HEREDIA CERVANTES, "Arbitraje y mediación en el Texto Refundido de la Ley Concursal", *La Ley Mediación y Arbitraje*, 2020, 04. En la jurisprudencia: Sentencia JM de Santander, 30.9.2019, ECLI:ES:JMS:2019:1003.

tenga competencia internacional para conocer de la cuestión sometida a arbitraje. Es por ello por lo que, tal y como hemos apuntado más arriba (10.206), el hipotético juego de estas normas de competencia debe ser considerado por el juez del concurso a la hora de valorar la posible suspensión de los efectos del convenio arbitral.

10.217. En cualquier caso, en un contexto internacional, el marco legal aplicable al tratamiento del convenio arbitral dependerá tanto de la sede del arbitraje (localizada en un Estado miembro de la UE o en un tercer Estado) como del hecho de que el arbitraje esté o no en curso en el momento en el que se dicte la declaración de concurso. Así, son al menos concebibles los siguientes supuestos: (i) *Arbitraje con sede en un Estado miembro de la UE ya iniciado* en el momento en el que se insta la suspensión de los efectos del convenio arbitral; (ii) *Arbitraje con sede en un Estado miembro de la UE no iniciado* en el momento en que se insta la suspensión de los efectos del convenio arbitral; (iii) *Arbitraje con sede en un tercer Estado* (no miembro) *ya iniciado* en el momento en que se insta la suspensión de los efectos del convenio arbitral; y, (iv) *Arbitraje con sede en un tercer Estado* (no miembro) *no iniciado* en el momento en que se insta la suspensión de los efectos del convenio arbitral. En tanto que los supuestos descritos se agrupan en función del carácter *intraeuropeo* o *extraeuropeo* que los mismos revistan, el análisis se hará en los siguientes epígrafes de acuerdo con esta realidad.

10.218. Previo tal análisis y dejando ahora de lado la relevancia de la concepción teórica que sobre el arbitraje internacional tengan los árbitros que conozcan del asunto[282], conviene apuntar que, desde la perspectiva del tribunal arbitral con sede en el extranjero (ya sea un Estado miembro o no miembro de la UE), es imaginable que la suspensión de los efectos del convenio arbitral previo al inicio del arbitraje por parte del juez español no produzca automáticamente las consecuencias deseadas. Puede ocurrir, de hecho, que el tribunal o colegio arbitral no asuma sin más su vinculación a esa resolución si, por ejemplo, las normas procesales del foro no contemplan o desechan expresamente la suspensión de los efectos del convenio en casos de insolvencia de alguna de las partes firmantes del mismo. En este contexto, solo un hipotético reconocimiento de la resolución española ante los tribunales del lugar de la sede del arbitraje podría tener consecuencias de cara a la competencia del árbitro; régimen de reconocimiento

282. *Vid. supra* Cap. II. La relevancia de esta cuestión no es poca, pues es al menos imaginable que un árbitro tributario de la concepción *transnacional* del arbitraje internacional entienda que no queda vinculado por la situación concursal de una de las partes ("el árbitro internacional no tiene foro"). Eso sí, la suerte que un laudo dictado en tales circunstancias pueda correr en nuestro país (vía execuátur) es, cuanto menos, incierta.

que, además, variará según la sede del arbitraje se localice o no en un Estado miembro de la UE.

### 2.1. Los supuestos *intraeuropeos*: el Reglamento europeo de insolvencia

10.219. El Reglamento de insolvencia *refundido*[283] regula *expresamente* la ley aplicable a los efectos que un procedimiento de insolvencia despliega sobre un arbitraje en curso e *implícitamente* la ley aplicable a los efectos que un procedimiento de insolvencia despliega sobre un convenio arbitral que todavía no ha sido activado ("convenio arbitral inerte" o supuesto de arbitraje *no* en curso).

10.220. En efecto, a diferencia de su predecesor –que no establecía nada al respecto–, el Reglamento de insolvencia *refundido* determina la ley aplicable a los efectos que un procedimiento de insolvencia despliega sobre un arbitraje en curso. Se trata de un precepto que solo será de aplicación cuando el arbitraje tenga su sede en un Estado miembro de la UE.

> **Artículo 18.** *Efectos del procedimiento de insolvencia sobre procesos en curso o procedimientos arbitrales en curso.*
>
> *Los efectos del procedimiento de insolvencia sobre procesos en curso o procedimientos arbitrales en curso en relación con un bien o un derecho que formen parte de la masa del deudor se regirán exclusivamente por la ley del Estado miembro en el que esté en curso dicho proceso o en el que tenga su sede el tribunal arbitral.*

10.221. Antes de la entrada en vigor de este Reglamento, la jurisprudencia comparada mantenía posturas enfrentadas sobre cuál debía ser la ley aplicable a los efectos que un concurso podía tener sobre un procedimiento arbitral en curso; es decir, no había acuerdo sobre la ley a cuya luz se regulan los efectos que una declaración de concurso (de alguna de las partes en el arbitraje) podía –y puede– tener sobre el mismo. Así, para la jurisprudencia inglesa, tal cuestión debía quedar sometida a la *lex loci arbitri*. Para la jurisprudencia suiza, por su parte, la ley aplicable en este contexto debía ser la *lex societatis*[284]. El Reglamento zanja definitivamente

283. *Reglamento (UE) 2015/848 del PE y del Consejo de 20 de mayo de 2015 sobre procedimientos de insolvencia*, DOUE L 141, 5.6.2015.

284. Sobre esta controversia, *vid.* HEREDIA CERVANTES, *Arbitraje y concurso internacional*, Madrid, 2007, pp. 35-49; KINDLER, "*Lex loci arbitri* vs. *Lex fori concursus* vs. *Lex societatis*: Die Insolvenz der ausländischen Schiedspartei nach der (geplanten) Reform der EuInsVo", en: *Ars Aequi et Boni in Mundo. Festschrift für Rolf A. Schütze zum 80. Geburtstag*, Munich, 2014, pp. 221-229. A favor de adoptar el criterio de la ley aplicable al convenio arbitral, PENADÉS FONT, "El arbitraje internacional en el

esta cuestión, designando la *lex loci arbitri* como la ley a cuya luz deben apreciarse los efectos que una declaración de concurso tiene sobre la eficacia del convenio arbitral. Se trata, si bien se mira, de una conexión de todo punto coherente con el principio de *no vis attractiva concursus* que rige en el ámbito de la insolvencia internacional.

10.222. Ahora bien, el hecho de que los efectos del procedimiento de insolvencia sobre arbitrajes en se rijan por la ley de la *sede* del arbitraje, no obsta para que el tribunal arbitral deba tener en consideración los efectos que la misma apertura del concurso pueda tener sobre el arbitraje: el más relevante, la posible sustitución del deudor concursado por el administrador concursal.

10.223. La expresión "*en curso*" debe interpretarse de forma autónoma, sin remisión expresa a disposición alguna del ordenamiento (concursal o arbitral) del Estado sede del arbitraje. Desde esta perspectiva –de interpretación autónoma– se ha precisado que el momento relevante para entender que el arbitraje está "*en curso*" es aquél en el que el actor haya completado las actuaciones necesarias que de él dependan, conforme a la *lex loci arbitri*, para que el arbitraje comience[285].

> Esta interpretación autónoma coincide, por lo demás, con la aproximación que hace al respecto el artículo 140 TRLC (arbitraje *tramitado*) y constituye, de este modo, un argumento más a favor de no aplicar la LArb para determinar si el arbitraje está o no iniciado a los efectos de aplicar el citado precepto de la TRLC.

10.224. Por otro lado, y en la medida en que el Reglamento solo regula de forma expresa la eficacia del convenio arbitral en supuestos en los que el arbitraje *ya está en curso*, cabe preguntarse si este texto también es de aplicación para supuestos en los que se plantee la eficacia del convenio cuando el arbitraje todavía no esté iniciado. Pues bien, la respuesta a este segundo supuesto debe ser, a mi juicio, positiva: el Reglamento también es de aplicación para determinar la ley aplicable a los efectos del convenio "inerte" (aquel cuyo efecto –el arbitraje– todavía no se ha manifestado en tanto que el arbitraje no se ha iniciado)[286]. En concreto, el supuesto estaría

---

Reglamento Europeo de insolvencia: crítica a la propuesta de reforma", *ADC*, 2014, pp. 265-283.

285. GARCIMARTÍN / VIRGÓS, "Article 18", en: BORK / VAN ZWIETEN, *Commentary on the European Insolvency Regulation*, 2.ª Ed., Oxford, 2021; VIRGÓS SORIANO, "Arbitraje e insolvencia: manual de instrucciones", www.almacendederecho.org.

286. Ya en este sentido, JM de Santander, 30.9.2019, ECLI:ES:JMS:2019:1003 (aunque revocada, este planteamiento no se pone en duda por la AP - SAP de Santander, 16.9.2021, ECLI:ES:APS:2021:1097).

comprendido en el artículo 7.2 e/ del Reglamento, en cuya virtud la ley aplicable será la *lex concursus*.

> *1. Salvo que se disponga de otro modo en el presente Reglamento, la ley aplicable al procedimiento de insolvencia y a sus efectos será la del Estado miembro en cuyo territorio se abra dicho procedimiento ("el Estado de apertura del procedimiento").*
>
> *2. La ley del Estado de apertura del procedimiento determinará las condiciones de apertura, desarrollo y conclusión del procedimiento de insolvencia. Dicha ley determinará en particular: ...*
>
> *e) los efectos del procedimiento de insolvencia sobre los contratos vigentes en los que el deudor sea parte;*

En consecuencia, si el concurso se abriese en España, los efectos del convenio arbitral "inerte" serían los previstos en el TRLC en tanto que *lex concursus*. Y en concreto, en lo previsto en el artículo 140 TRLC arriba comentado: con carácter general, no opera el principio de *vis attractiva* y, por tanto, su vigencia permanece inalterada.

### 2.2. Los supuestos *extraeuropeos*: el Libro cuarto TRLC

10.225. Para aquellos supuestos en los que no sea de aplicación el Reglamento de Insolvencia (por localizarse la sede del arbitraje en un Estado no miembro), el TRLC establece soluciones similares a las previstas en el Reglamento de insolvencia *refundido*.

En consecuencia, si el *arbitraje está iniciado* en un tercer Estado en el momento en el que se dicta la declaración de concurso en España, los efectos de esa declaración sobre el arbitraje en curso se rigen por la *lex loci arbitri*. Así se deduce, a mi juicio, del artículo 731 TRLC[287].

> **Artículo 731 TRLC.** *Juicios declarativos pendientes.*
>
> *Los efectos de la declaración de concurso sobre los juicios declarativos pendientes que se refieran a un bien o derecho de la masa activa se regirán exclusivamente por la ley de Estado en el que estén en curso.*

10.226. Sin embargo, la eficacia del convenio arbitral en aquellos supuestos en los que el arbitraje todavía no esté iniciado en el momento en el que se dicte la declaración de concurso ("convenio arbitral inerte") debería regirse por la *lex concursus*. De nuevo, si el concurso se declararse

287. Ya en este sentido, VIRGÓS SORIANO, "Arbitraje e insolvencia: manual de instrucciones", www.almacendederecho.org.

por un tribunal español, la eficacia del convenio inerte quedaría determinada por lo previsto en el artículo 140 TRLC.

## XII. ARBITRAJE INTERNACIONAL Y *ACCIONES DE DAÑOS POR INFRACCIONES DEL DERECHO DE LA COMPETENCIA*

10.227. La comúnmente denominada *Directiva de Daños*[288] regula en sus artículos 18 y 19 los aspectos procesales relacionados con el arbitraje: la suspensión del plazo para ejercer una acción de daños cuando el arbitraje esté sustanciándose (art. 18) y los efectos que un acuerdo extrajudicial (que puede tener la forma de laudo) debe tener sobre cualquier reclamación que pueda suscitarse ante los tribunales de justicia (art. 19). Dichos preceptos han sido transpuestos en un nuevo Título VI de la *Ley de Defensa de la Competencia* (LDC)[289]. En concreto, en los artículos 81 y 77 respectivamente. A continuación hacemos breve referencia a estos preceptos siguiendo el orden numeral dado por la LDC.

> **Derecho de daños y convenio arbitral**. Es pacífico que el Derecho de daños es materia arbitrable. Ahora bien, en la medida en que el TJUE ha establecido que una cláusula de sumisión a tribunales no abarca, por sí misma, las controversias que surjan en el marco de una supuesta responsabilidad delictual en la que hubiere podido incurrir una parte a causa de una determinada conducta en el ámbito de un cártel ilícito[290], parece evidente que este tipo de controversias exigen, para su resolución mediante arbitraje, de un convenio arbitral *ad hoc*.

### 1. EL ARTÍCULO 77 DE LA *LEY DE DEFENSA DE LA COMPETENCIA*: EFECTOS DE LAS SOLUCIONES EXTRAJUDICIALES SOBRE EL DERECHO AL RESARCIMIENTO DE DAÑOS

10.228. El artículo 77 LDC regula los efectos que las resoluciones extrajudiciales despliegan sobre el derecho al resarcimiento de daños.

288. *Directiva 2014/104/EU del Parlamento Europeo y del Consejo de 26 de noviembre de 2014 relativa a determinadas normas por las que se rigen las acciones por daños en virtud del Derecho nacional, por infracciones del Derecho de la competencia de los Estados miembros y de la Unión Europea* (DOUE, 5.12.2014, L 349).

289. *Real Decreto-ley 9/2017, de 26 de mayo, por el que se transponen directivas de la Unión Europea en los ámbitos financiero, mercantil y sanitario, y sobre desplazamiento de trabajadores. BOE* núm. 126, 27.5.2017.

290. STJUE, 21.5.2015, C-352/13, *CDC Hydrogen Peroxide*.

**Artículo 77 LDC.** *Efectos de las soluciones extrajudiciales sobre el derecho al resarcimiento de los daños.*

*1. El derecho al resarcimiento de daños y perjuicios de la persona perjudicada que hubiera sido parte en un acuerdo extrajudicial se reducirá en la parte proporcional que el sujeto infractor con quien hubiera alcanzado el acuerdo tenga en el perjuicio que la infracción del Derecho de la competencia le ocasionó.*

*2. Los infractores con los que no se hubiera alcanzado un acuerdo extrajudicial no podrán exigir del infractor que hubiera sido parte en el acuerdo una contribución por la indemnización restante.*

*3. No obstante lo dispuesto en el apartado anterior, cuando los coinfractores que no hubieran alcanzado un acuerdo extrajudicial no pudieran pagar la indemnización restante, la persona perjudicada podrá reclamársela a aquel con quien celebró el acuerdo, salvo pacto en contrario.*

*4. Al determinar el importe de la contribución que un coinfractor puede recuperar de cualquier otro coinfractor con arreglo a su responsabilidad relativa por el daño causado por la infracción del Derecho de la competencia, los tribunales tendrán debidamente en cuenta los daños y perjuicios abonados en el contexto de un acuerdo extrajudicial previo en el que haya participado el coinfractor respectivo.*

Por lo que al arbitraje se refiere, el citado precepto se limita a reconocer los efectos que, en cualquier caso, le son propios al laudo arbitral: principalmente, cosa juzgada. Como es obvio, dictado el laudo, lo en él resuelto habrá de tenerse en cuenta en pleitos posteriores. La complejidad de los pleitos en materia de daños, así como la diversidad de partes implicadas, exige un reconocimiento expreso de los efectos que un laudo puede tener sobre controversias posteriores entre algunas de las partes implicadas en el arbitraje anterior.

## 2. EL ARTÍCULO 81 DE LA *LEY DE DEFENSA DE LA COMPETENCIA*: EFECTO SUSPENSIVO DE LA SOLUCIÓN EXTRAJUDICIAL DE CONTROVERSIAS

10.229. La LDC contempla de forma expresa la posibilidad de que las partes resuelvan o, en su caso, reconduzcan sus controversias al arbitraje.

**Artículo 81 LDC.** *Efecto suspensivo de la solución extrajudicial de controversias.*

*Los tribunales que conozcan de una acción de daños por infracciones del Derecho de la competencia podrán suspender el procedimiento durante un máximo de dos años en caso de que las partes en el procedimiento estén intentando una vía de solución extrajudicial de la controversia relacionada con la citada pretensión.*

Más allá de la prueba sobre la *arbitrabilidad* de esta materia que este precepto supone, importa destacar que, en su interpretación, el juez ostenta una amplia discrecionalidad. La ley no marca ámbito alguno a partir del cual delimitar la *facultad* del juez para suspender el procedimiento. Así las cosas, en principio solo debería tenerse en cuenta la invalidez manifiesta del convenio arbitral como factor condicionante de la *no* suspensión del procedimiento judicial. Con todo, la falta de armonización tanto de la validez formal como material del convenio arbitral a nivel europeo supone un evidente riesgo de pronunciamientos contradictorios.

# XI

# El laudo arbitral

## I. EL LAUDO ARBITRAL

11.1. Mediante el laudo arbitral se pone fin a la controversia entre las partes. En defecto de acuerdo entre las mismas, los árbitros decidirán la controversia en un solo laudo o en tantos laudos como estimen necesarios.

**Artículo 37.1 LArb:**

*Salvo acuerdo en contrario de las partes, los árbitros decidirán la controversia en un solo laudo o en tantos laudos parciales como estimen necesarios.*

En la mayoría de los supuestos, el laudo resolverá sobre el incumplimiento de un contrato. Pero también es posible que mediante laudo se interprete una cláusula del contrato (sin posteriores pronunciamientos de condena). Del mismo modo, mediante el dictado de laudos *parciales* los árbitros pueden resolver la controversia de forma escalonada[1]. Tal opción es frecuente en la práctica: así, por ejemplo, es común que en un primer laudo se juzgue si hay o no responsabilidad y, en un segundo laudo, el alcance de la misma.

11.2. El laudo arbitral puede dictarse con o sin acuerdo entre las partes. Si hay acuerdo que ponga fin total o parcialmente a la controversia, los árbitros darán por terminadas las actuaciones con respecto a los puntos acordados y, si las partes lo solicitan y los árbitros no aprecian motivo para oponerse, harán constar ese acuerdo en forma de laudo en los términos convenidos por aquéllas. Este laudo tendrá la misma eficacia que cualquier otro laudo dictado sobre el fondo del litigio (art. 36 LArb).

1. La expresión *–laudo parcial–* que utiliza el precepto es desafortunada: en realidad está haciendo mención de laudos definitivos que de forma consecutiva resuelven sobre el fondo. Con más detenimiento, BARONA VILAR, "Artículo 37", en: BARONA VILAR, *Comentarios a la Ley de Arbitraje*, 2.ª Ed., 2011, Madrid, p. 1464.

11.3. El laudo arbitral despliega efectos de **cosa juzgada**[2]. En consecuencia, al laudo arbitral se le deben reconocer, en principio, los mismos efectos que el artículo 222 LEC reconoce a las sentencias judiciales; básicamente, exclusión de un proceso ulterior cuyo objeto sea idéntico al resuelto en un proceso anterior.

Un límite a lo anterior puede darse, sin embargo, en supuestos muy específicos de *dimensión europea*; en concreto, cuando la controversia que resuelve el laudo sea inconciliable con lo resuelto en una resolución judicial dictada incluso con posterioridad: "*un laudo arbitral solamente puede desplegar efectos, en el marco del artículo* (45.1.c/ del RB I refundido) *a través de una sentencia dictada en sus términos* (sentencia que *funde* el laudo arbitral) *si ello no obstaculiza el derecho a la tutela judicial efectiva reconocido en el artículo 47 de la Carta de los Derechos Fundamentales de la Unión Europea... y permite alcanzar los objetivos de libre circulación de las resoluciones en materia civil y de confianza recíproca en la justicia en el seno de la Unión en condiciones al menos tan favorables como las resultantes de la aplicación de este Reglamento*"[3]. Desde esta concreta perspectiva, bien puede afirmarse que el efecto de cosa juzgada que despliega el laudo cede respecto del efecto de cosa juzgada que despliega una resolución dictada por un tribunal de un Estado miembro de la UE si aquél obstaculiza de algún modo la libre circulación de las resoluciones judiciales en materia civil y mercantil.

11.4. En cualquier caso, el laudo arbitral también produce lo que la jurisprudencia del TS ha dado en denominar "**efecto reflejo o indirecto**", que es el que "*deriva de contener la afirmación de un hecho destinado a integrar el supuesto de una relación jurídica en la que es parte un tercero y constituye la materia de un posterior proceso*"[4].

En el supuesto que da origen al pronunciamiento transcrito, las conclusiones alcanzadas por un árbitro sobre el engaño llevado a cabo por unas entidades financieras que conducen a la nulidad de

2. Con cita de jurisprudencia del TC y del TS sobre el alcance de la cosa juzgada, STSJ del País Vasco, 10.4.2019, ECLI:ES:TSJPV:2019:1445. También en el ámbito contencioso: STSJ Islas Canarias, 19.3.2019, ECLI:ES.TSJICAN:2019:1663. *Vid.* también, Auto AP Málaga, 6.7.2021, ECLI:ES:APMA:2021:982A y STS, 10.5.2022, ECLI:ES:TS:2022:1837 (respecto del alcance de un laudo sobre un contencioso posterior sin que concurra identidad de partes). Anteriormente, ilustrativa, SAP de Bilbao, 16.5.2018, ECLI:ES:APBI:2018:1212. Sobre el alcance de la cosa juzgada y su posible apreciación como motivo de anulación, *vid. infra* Cap. XII.
3. STJUE, 20.6.2022, C-700/20, *London Steam-Ship*. Sobre esta sentencia, *vid.* GÓMEZ JENE, "*Prestige* y Arbitraje europeo: a propósito de la sentencia *London Steam-Ship* del TJUE (asunto C-700/20)", *CDT*, 2022/2, pp. 1088-1099.
4. STS, 10.5.2022, ECLI:ES:TS:2022:1837. *Vid.* también STS, 25.5.2010, ECLI:ES:TS:2010:3036.

un contrato son asumidas en sede judicial en un supuesto estrechamente vinculado al resuelto en el laudo.

## 1. PLAZO PARA DICTAR EL LAUDO ARBITRAL

11.5. La regla que regula el **plazo** en el que debe dictarse el laudo es relativamente compleja, sin parangón en el Derecho comparado. Su aplicación, no obstante, será residual, pues en los arbitrajes institucionales el plazo para dictar el laudo está regulado en el reglamento de la institución.

**Artículo 37.2 LArb:**

*Salvo acuerdo en contrario de las partes, los árbitros decidirán la controversia dentro de los seis meses siguientes a la fecha de presentación de la contestación a que se refiere el artículo 29 o de expiración del plazo para presentarla. Salvo acuerdo en contrario de las partes, este plazo podrá ser prorrogado por los árbitros por un plazo no superior a dos meses, mediante decisión motivada. Salvo acuerdo en contrario de las partes, la expiración del plazo sin que se haya dictado laudo definitivo no afectará a la eficacia del convenio arbitral ni a la validez del laudo dictado, sin perjuicio de la responsabilidad en que hayan podido incurrir los árbitros.*

Como puede observarse, la LArb permite que las partes –en virtud de la autonomía de la voluntad– fijen un plazo para que los árbitros dicten el laudo. También es posible que las mimas deleguen la concreción de ese plazo en los árbitros. Ahora bien, si las partes no hacen uso de esa facultad –ya sea al inicio del arbitraje, ya sea durante la tramitación del mismo–, el plazo que los árbitros tienen para dictar el laudo está limitado a un máximo de ocho meses: seis meses iniciales y una prórroga adicional de dos meses que los mismos árbitros pueden otorgarse.

11.6. Pese a la primacía de la autonomía de la voluntad así establecida, puede afirmarse que la regla de ocho meses (seis más dos) que en defecto de tal autonomía opera es excesivamente estricta (por lo exiguo del plazo). En efecto, es fácil imaginar que en los arbitrajes *ad hoc* –los institucionales se rigen en este punto por su reglamento– las partes no pacten inicialmente un plazo y que, sustanciada ya la controversia, las mismas estén hasta tal punto enfrentadas que sea imposible alcanzar un acuerdo al respecto. Pues bien, en aquellos supuestos en los que las partes no logren ponerse de acuerdo respecto de la duración del arbitraje –*ad ex.* porque una parte, consciente de lo exiguo del plazo, intente prolongar injustificadamente su duración para posteriormente plantear una acción de anulación por incumplimiento de ese plazo–, entendemos que una interpretación sistemática y teleológica de la norma, acorde con la *ratio* que inspiró su redacción, debe prevalecer sobre la delimitación temporal que recoge la LArb. Y así, si en un arbitraje *internacional* las partes no logran ponerse de acuerdo respecto de la duración del mismo, un plazo razonablemente superior a los ocho meses previstos no debería suponer automáticamente la terminación de las actuaciones arbitrales y el cese de los árbitros. Las circunstancias concretas de cada caso deben tenerse especialmente en cuenta en sede de anulación[5].

## 2. FORMA: EL LAUDO ESCRITO

11.7. El laudo debe constar por **escrito** y ser firmado por los árbitros, quienes *podrán* dejar constancia de su voto a favor o en contra. La facultad que otorga el precepto a los árbitros para hacer constar el sentido de su voto invita a pensar que, bajo la ley española, un laudo firmado por todo el tribunal sin precisar si hubo mayoría o unanimidad es válido.

> La *Cour de cassation* anuló, en su momento, un laudo arbitral porque el mismo estaba firmado por los tres árbitros, sin precisar si hubo unanimidad o mayoría. En el supuesto, el laudo fue firmado por mayoría, y tal circunstancia no se hizo constar en el mismo[6].

Cuando el colegio esté compuesto por más de un árbitro, bastarán las firmas de la mayoría o sólo la de su presidente. En estos supuestos, sin embargo, deben ponerse de relieve las razones de la falta de una o más firmas. Por escrito, a efectos de la LArb, se entiende todo laudo cuyo contenido y firmas consten y sean accesibles para ulterior consulta en soporte electrónico (art. 37.3 LArb).

## 3. LA MOTIVACIÓN DEL LAUDO

11.8. En virtud del artículo 37.4 LArb, el laudo debe ser *siempre* **motivado**. La obligación de motivar, de forma adecuada y suficiente, está plasmada en el artículo 120.3 CE (3. *Las sentencias serán siempre motivadas y se pronunciarán en audiencia pública*). Pero adviértase que, en estricta perspectiva constitucional, tal obligación se impone únicamente a las sentencias judiciales; no a los laudos arbitrales. La motivación de la sentencia constituye una garantía esencial para el justiciable, por cuanto la sentencia –y no el laudo– constituye una manifestación de un poder del Estado; y, por tanto, una derivación de la tutela judicial efectiva (art. 24.1 CE). El laudo arbitral, sin embargo, tiene su origen en un convenio arbitral que es manifestación y fruto de la *autonomía de la voluntad* (art.

5. *Vid. infra* Cap. XII.
6. *Cour de cassation*, 1.4.2015, ECLI:FR:CCASS:2015:C100342.

10 CE); mientras que la sentencia es manifestación y fruto de la *tutela judicial efectiva* (art. 24 CE). Distingue también el laudo de la sentencia judicial el hecho de que, en aquellos casos en los que las partes alcancen un acuerdo sobre su contenido, no es necesaria motivación alguna (art. 36 LArb como manifestación del art. 10 CE). Y en línea con lo anterior, no puede olvidarse que el Derecho convencional –ratificado por España– reconoce expresamente la posibilidad de que el laudo se dicte sin motivación (art. VIII CG). De tal forma que, al menos teóricamente, si verdaderamente las partes así lo acordaron, en el marco de un **arbitraje *internacional*** entre partes de un Estado parte del CG, la ***no* motivación** del laudo como motivo de anulación (o motivo de denegación del reconocimiento) debe aplicarse con particular cautela. Esta última circunstancia –posibilidad teórica de dictar un laudo no motivado porque así lo consiente el Derecho convencional– se torna también en un argumento de peso para defender que la motivación *insuficiente* del laudo no puede considerarse cuestión de *orden público*.

11.9. De lo anterior se deduce que el *test de motivación* del *laudo* arbitral no debe ser exactamente igual que el *test de motivación* de la *sentencia* judicial. Pero lo anterior no implica que la motivación del laudo no deba seguir parámetro alguno; no implica, por ejemplo, que la motivación del laudo escape a la arbitrariedad, a lo absurdo, a lo ilógico o a lo irracional: la motivación es, siempre y en cualquier caso, garantía frente a la arbitrariedad. De hecho, es desde el respeto a unos parámetros mínimos de coherencia, racionalidad o lógica que, a su vez, garantizan la inexistencia de arbitrariedad en el árbitro, como mejor se entiende la **similitud** que el TC ha reconocido entre **la motivación de la sentencia y la motivación del laudo**: *"Aunque es obvio que, desde la perspectiva constitucional, la semejanza entre las resoluciones judiciales y los laudos arbitrales no es desde luego absoluta, ello no significa que cuando hablamos del deber de motivación de unas y otras no se pueda enjuiciar su cumplimiento* ***con parecido canon de control****"*. E insiste, *"no cabe duda de que* ***la operación de enjuiciamiento de ambos tipos de resoluciones debe valerse de parecidos criterios****, de modo que se puede afirmar que sólo a aquel laudo que sea irrazonable, arbitrario o haya incurrido en error patente podrá imputársele un defecto de motivación vulnerador del art. 37.4 LA (y reiteramos, no del art. 24.1 CE)"*[7]. Es por ello por lo que el TC ha encontrado cierta similitud de criterio entre el control de la motivación del laudo arbitral en sede de anulación y el control de la motivación de la sentencia judicial en sede de amparo: *"las posibilidades de control judicial*

7. STC 17/2021, de 15 de febrero. Haciéndose eco del *"parecido canon de control"*, STSJ de Cataluña, 24.3.2021, ECLI:ES:TSJCAT:2021:5335. *Vid*. también el voto particular de la STSJ de Madrid, 19.4.2022, ECLI:ES:TSJM:2022:5159.

*sobre la motivación del Laudo son en cierto modo similares a las que el Tribunal reconoce cuando revisa en amparo las decisiones judiciales"*[8].

Sentadas así las bases del alcance de *la motivación* del laudo y su control, el TC ha precisado que: *"respecto a la motivación de los laudos ha de aclararse que tan siquiera se requiere una argumentación exhaustiva y pormenorizada de todos los aspectos y perspectivas que las partes pueden tener de la cuestión que se decide, pues el derecho a obtener una resolución fundada, favorable o adversa, es garantía frente a la arbitrariedad e irrazonabilidad y ello, en materia de arbitraje, implica que la resolución ha de contener los elementos y razones de juicio que permitan conocer cuáles han sido los criterios jurídicos o de equidad que fundamentan la decisión, que no deben resultar arbitrarios. En tal sentido, conviene señalar que '... no pueden considerarse razonadas ni motivadas aquellas resoluciones que, a primera vista, y sin necesidad de mayor esfuerzo intelectual y argumental, se comprueba que parten de premisas inexistentes o patentemente erróneas o siguen un desarrollo argumental que incurre en quiebras lógicas de tal magnitud que las conclusiones alcanzadas no pueden basarse en ninguna de las razones aducidas' (STC 164/2002, de 17 de septiembre)"*[9]. Y asumiendo esta perspectiva, el mismo Tribunal ha delimitado el **alcance del artículo 37.4 LArb**. Para el TC, el precepto citado *"no impone expresamente que el árbitro deba decidir sobre todos los argumentos presentados por las partes o que deba indicar las pruebas en las que se ha basado para tomar su decisión sobre los hechos, o motivar su preferencia de una prueba sobre otra... Es decir, de la regulación legal tan sólo se sigue que el laudo ha de contener la exposición de los fundamentos que sustentan la decisión, pero no que la motivación deba ser convincente o suficiente, o que deba extenderse necesariamente a determinados extremos. No cabe deducir de la previsión legal la necesidad de que el árbitro analice en el laudo todas las pruebas y argumentos de las partes, sino tan solo que consten las razones de la decisión, sin que tampoco se obligue a que tales razones deban ser correctas, según el criterio del juez que deba resolver sobre su impugnación"*[10]. En el bien entendido –conviene insistir en ello– que un laudo arbitral podrá ser anulado ***"cuando carezca de motivación, o esta sea arbitraria, ilógica, absurda o irracional"***[11].

8. STC 65/2021, de 15 de marzo. Haciéndose eco de este inciso, *vid*. el voto particular de la STSJ de Madrid, 19.4.2022, ECLI:ES:TSJM:2022:5159.
9. STC 17/2021, de 15 de febrero.
10. STC 17/2021 de 15 de febrero.
11. STC 65/2021, de 15 de marzo; en idéntico sentido, STC 79/2022, de 27 de junio. Apreciando este matiz, STSJ de Madrid, 19.4.2022, ECLI:ES:TSJM:2022:5159. En consecuencia, reclamando una interpretación ponderada de esta jurisprudencia del TC, *vid*., entre otros, el voto particular tanto de la STSJ de Madrid, 21.4.2021, ECLI:ES:TSJM:2021:4401, como de la STSJ de Madrid, 19.4.2022, ECLI:ES:TSJM:2022:5159; STSJ de Madrid, 17.1.2023, ECLI:ES:TSJM:2013:316.

**Observación:** Afirma el TC que la motivación que exige el artículo 37.4 LArb *"es un requisito de exclusiva configuración legal, por lo que resulta indudable que podría ser prescindible a instancias del legislador"*[12]. Pues bien, aun siendo indudable que se trata de un requisito de configuración legal y que ciertamente podría ser prescindible, la afirmación así hecha debe necesariamente matizarse según el contexto en que se haga. Como a continuación analizaremos, por expreso mandato del TJUE, la aplicación de normas imperativas del Derecho de la UE al fondo de la controversia tiene que poder ser "examinada" en el seno de la acción de anulación. Y es evidente, por otro lado, que tal examen solo es posible en el contexto de la motivación del laudo. Por tanto, una norma que eximiese a los árbitros de toda motivación en supuestos de aplicación de normas imperativas del Derecho de la UE al fondo de la controversia sería contraria a la jurisprudencia del TJUE[13]. Del mismo modo que parece incompatible con la jurisprudencia del TJUE hacer extensibles a supuestos de aplicación de normas imperativas de la UE afirmaciones del siguiente tenor: *"la motivación de los laudos no se integra en un derecho fundamental"*; o, el árbitro *"no tiene que motivar su preferencia por una norma u otra"*[14]. De hecho, para mejor entender que la motivación del laudo en aplicación de derecho imperativo de la UE se integra en *"el derecho a la tutela judicial efectiva reconocido en el artículo 47 de la Carta"* es particularmente ilustrativa la sentencia *London Steam-Ship* del TJUE[15].

11.10. Por mandato expreso tanto del TJUE –por lo que hace a la aplicación de *normas imperativas*– como del TC –por lo que hace a la distinción entre arbitraje de *derecho* y arbitraje de *equidad*–, hemos de matizar que la motivación del laudo, pese a no regirse por los estándares propios de las sentencias judiciales, deber ser más o menos detallada, según se trate: (i) de un laudo dictado en derecho con aplicación de *normas imperativas*; (ii) de un laudo dictado en *derecho*; o, (iii) de un laudo dictado en *equidad*.

11.11. En efecto, en los laudos de **derecho con aplicación de normas imperativas**, el TJUE ha impuesto expresamente un control de la motivación del laudo que alcance al "examen" de las normas imperativas aplicadas, hasta el punto de permitir al juez de la anulación plantear una cuestión prejudicial en caso de duda sobre la interpretación del Derecho

12. STC 17/2021 de 15 de febrero.
13. STJUE de 6.3.2018, C-284/16, *Achmea*. Al respecto, *vid. infra* Cap. XII.
14. STSJ de Madrid, 10.12.2021, ECLI:ES:TSJM:2021:10535.
15. *Vid. supra* nota a pie núm. 3.

imperativo de la UE hecha por el árbitro[16]. Y para realizar ese control o "examen" de las normas imperativas aplicadas es difícilmente cuestionable que el laudo debe contener una motivación: una motivación necesaria e irrenunciable; tan irrenunciable que la mera aplicación de estas normas imperativas al fondo de la controversia restringe, en su caso, la misma aplicación del artículo VIII CG (renuncia a la motivación del laudo)[17].

**Crítica a la STC 65/2021**: Afirma el TC en esta sentencia que: *"la motivación de los laudos arbitrales carece de incidencia en el orden público"*. La expresión debe acogerse con cautela, pues su aplicación sin más puede ser tanto contraria a la jurisprudencia europea como contradictoria con su propia jurisprudencia (en concreto, respecto de lo que sí puede ser objeto de revisión en la acción de anulación en aplicación de la cláusula de *orden público*)[18]. En efecto, llevar hasta sus últimas consecuencias tal afirmación, obliga a tomar en consideración el motivo de anulación previsto en el artículo 41.1.d/ LArb para anular un laudo no motivado (irregularidades procedimentales), cuando en puridad este motivo de anulación se basa en el ajuste del procedimiento arbitral a lo pactado por las partes. En la medida en que la motivación es obligatoria, el juego de la autonomía de la voluntad para pactar cierto nivel de motivación solo opera de forma limitada y "hacia arriba" (pactando una motivación más "detallada" de la que pueda considerarse suficiente). Por tanto, es difícil justificar la aplicación de aquel inciso en este contexto. Además, tal aproximación es incompatible con la jurisprudencia del TJUE sobre el nivel de *control* del laudo arbitral cuando el mismo resuelva en aplicación del Derecho de la UE (como ocurre en el supuesto que está en el origen de la sentencia criticada)[19]. De hecho, cabría preguntarse, en dimensión *europea*, si dejar circular

16. STJUE de 6.3.2018, C-284/16, *Achmea*. Al respecto, *vid. supra* Cap. II, Ep. II e *infra* Cap. XII.

17. Sobre esta particular *vid.*, GÓMEZ JENE, "Arbitraje europeo: una crítica a la sentencia del Tribunal Constitucional 65/2021, de 15 de marzo", *CDT*, 2021/2, pp. 745-753. Siguiendo el razonamiento hecho en este comentario y reconociendo expresamente la revisión *in iudicando* del Derecho imperativo de la UE, *vid.* el certero Auto TSJ de Madrid,11.1.2022, ECLI:ES:TSJM:2022:81A. Incluso entre los defensores de la tesis *minimalista* del control del laudo (*infra* Cap. XII) se reconoce expresamente que en supuestos de aplicación de normas imperativas el laudo debe aportar un plus de motivación: RADICATI Di BROZOLO, "L'illicéité „qui crève lex yeux": critère de contrôle des sentences au regard de l'ordre public international (à propos de l'arrêt Thalès de la Cour d'appel de Paris)", *Rev. Arb.*, 2005, pp. 547-548.

18. *Vid. infra* Cap. XII.

19. *Vid. infra* Cap. XII. *Vid.* además, GÓMEZ JENE, "Arbitraje europeo: una crítica a la sentencia del Tribunal Constitucional 65/2021, de 15 de marzo", *CDT*, 2021/2, pp. 745-753.

un laudo sin motivación alguna obstaculiza, en el sentido expuesto en la sentencia *London Steam-Ship*, *"el derecho a la tutela judicial efectiva reconocido en el artículo 47 de la Carta"*. No está de menos recordar, en este sentido, que para la Sala especializada en Derecho de la Competencia del TS alemán (*Kartellsenat, BGH*) el control del laudo arbitral por parte del juez estatal cuando la controversia verse sobre este Derecho "no tiene límite"[20]. Y por último, cabe insistir en que la motivación es una obligación impuesta por una norma imperativa (art. 37.4 LArb), por lo que la motivación deficiente supone a la postre el incumplimiento de un mandato impuesto por una norma imperativa, lo que a su vez, y según el mismo TC, puede suponer una vulneración del orden público[21]. Así las cosas, no puede extrañar que jurisprudencia posterior de varios TSJ haya matizado –a mi juicio, correctamente– el alcance de tal expresión (*supra* 11.14).

11.12. En el concreto ámbito del **arbitraje de *equidad*** la motivación no tiene por qué alcanzar el nivel de motivación requerido para el arbitraje de derecho. En este sentido, el TC ha matizado que: *"El canon de motivación, en este caso, es más tenue, si bien es imprescindible que se plasmen en el laudo los fundamentos –no necesariamente jurídicos– que permitan conocer cuáles son las razones, incluso sucintamente expuestas, por las que el árbitro se ha inclinado por una de las posiciones opuestas de los litigantes"*[22].

Esta sentencia del TC anuló una sentencia del TSJ de Madrid que, a su vez, anulaba un laudo de equidad que disolvía una sociedad mercantil. La sentencia anulada del TSJ establecía: *"El laudo... no da respuesta a todas las cuestiones planteadas en el arbitraje, no valora las pruebas en su integridad, y no contiene una motivación suficiente para llegar a una conclusión tan importante como la disolución de una sociedad"*[23]. Para el TC, sin embargo, la decisión impugnada (y anulada –sentencia del TSJ–), *"es, cuando menos, irrazonable y vulnera el derecho a la tutela judicial efectiva sin indefensión (art. 24.1 CE). ... En este contexto, este Tribunal entiende que la decisión del órgano judicial de anular el laudo por insuficiente motivación (art. 37 LA), fue contraria al canon constitucional de razonabilidad de las resoluciones judiciales (art. 24.1 CE), conclusión que se refuerza además por el comportamiento de la Sala,*

20. *BGH, Beschluss*, 27.9.2022, ECLI:DE:BGH:2022:270922BKZB75.21.0 *Vid. infra* Cap. XII.
21. STC 17/2021, de 15 de febrero.
22. STC 17/2021, de 15 de febrero. Anteriormente, en el mismo sentido, STSJ del País Vasco, 11.12.2019, ECLI.ES:TSJPV:2019:2423. *Vid.* también, anulando el laudo en equidad por falta de motivación, STSJ de Asturias, 21.10.2021, ECLI:ES:TSJAS:2021:3063.
23. STSJ de Madrid, 1.8.2018, ECLI:ES:TSJM:2018:46. Sentencia del TSJ posteriormente anulada por el TC en su sentencia 17/2021 de 15 de febrero.

*que entró en el fondo del asunto sobrepasando los límites constitucionales del deber de motivación y congruencia".*

11.13. El límite a esta "licencia" del árbitro en el contexto de la motivación del laudo en *equidad* está, evidentemente, en el hecho de que a la controversia que subyazca al laudo le sean de aplicación normas imperativas. En este caso, el laudo debe resolverse en derecho (por más que las partes quieran someterse al arbitraje de "equidad") y el canon de motivación debe cumplir con el criterio impuesto por el TJUE.

11.14. En cualquier caso, la jurisprudencia del TC citada sobre la *esencia, justificación* y *alcance* de la motivación propia para las sentencias judiciales ha sido en cierta medida extrapolada por la mayoría de los TSJ al ámbito de la motivación de los laudos arbitrales: *"la necesidad de motivación tiene la ventaja de satisfacer el modo más completo las aspiraciones de justicia de las partes. Con este requisito se cumple una triple finalidad: el conocer las razones de la decisión que se adopte, el de evitar la arbitrariedad y el permitir el control de la resolución arbitral a través del ejercicio de la acción de anulación en los términos previstos en el art. 41 de la Ley de Arbitraje"*[24]. De tal modo que, en aplicación de estos parámetros, los TSJ han interpretado que la nula o muy deficiente motivación constituye motivo tanto de denegación del execuátur del laudo arbitral extranjero[25] como de anulación del laudo dictado en España[26]. En el bien entendido que la apreciación de la falta de motivación se realiza desde una perspectiva especialmente restrictiva. El hecho de que cierta y muy delimitada jurisprudencia del TSJ de Madrid (anulada por el TC) haya podido ir más allá en la *revisión* de la motivación del laudo no desvirtúa la afirmación así hecha[27].

**ATSJ del País Vasco, 19.4.2012**[28]. *"...en ningún caso cabrá admitir como decisiones motivadas y razonadas aquéllas en las que, a primera vista y sin necesidad de mayor esfuerzo intelectual y argumental, se comprueba que parten de premisas inexistentes o patentemente erróneas o siguen un desarrollo argumental que incurre en quiebras lógicas de tal magnitud que las conclusiones alcanzadas no pueden considerarse basadas en ninguna de las razones aducidas".*

24. STSJ de Madrid, 25.6.2012, ECLI:ES:TSJM:2012:9715.
25. *Vid. infra* Cap. XII.
26. *Vid. infra* Cap. XII.
27. STC 17/2021, de 15 de febrero; STC 65/2021 de 15 de marzo. *Vid*. también el sustancioso voto particular del Auto TSJ de Madrid, 9.9.2021, ECLI:ES:TSJM:2021:511A.
28. Auto TSJ del País Vasco, 19.4.2012, ECLI:ES:TSJPV:2012:2A.

**STSJ del País Vasco, 25.9.2020**[29]. *"Un laudo únicamente contravendría el orden público si careciese de una motivación efectiva, fundamentada en Derecho".*

**STSJ de Andalucía, 28.9.2021**[30]. *"Es una exigencia de orden público la existencia de una motivación suficiente y no arbitraria o ilógica de los laudos, y por tanto puede invocarse como causa de nulidad de los mismos bajo la cobertura del orden público".*

Anulando el laudo por falta de motivación en aplicación de la cláusula de orden público:

**TSJ de Galicia, 2.5.2012**[31].*"El laudo de Derecho emitido... es verdaderamente parco, porque ni contiene una valoración del árbitro acerca de la prueba practicada ni una acotación de los elementos de convicción tomados en consideración que nos conduzcan a ir desgranando, siquiera sea a lo largo de la inexistente argumentación, unos hechos probados, ni contiene una fundamentación jurídica más allá de la inane y genérica invocación de los 'arts. 1088 ss. y concordantes, del vigente Cc'. En consecuencia, no es que ni siquiera se detenga a efectuar una calificación jurídica del contrato y una interpretación de su contenido para analizar el alcance de las obligaciones de las partes conforme a la técnica jurídica, es que desconocemos las razones por las que estima la demanda y desestima la excepción planteada, porque ni de la forma más somera se exponen".*

**TSJ de Asturias, 21.10.2021**[32]. El laudo carece *"de la mínima motivación que permitan conocer las razones y el fundamento de las mismas, así como si son conformes, o no, con los principios sustantivos que deben inspirar la solución del caso sometido por las partes".*

**TSJ de Andalucía, 15.11.2021**[33]. La motivación referida a la excepción de caducidad es *"objetivamente incomprensible".*

---

29. STSJ del País Vasco, 25.9.2020, ECLI: ES:TSJPV:2020:374; en sentido muy similar, STSJ del País Vasco, 4.4.2022, ECLI:ES:TSJPV:2022:33. También posterior a la jurisprudencia del TC, aceptando una interpretación similar, STSJ de Madrid, 24.3.2022, ECLI:ES:TSJM:2022:3549. *Vid.* también el voto particular de la STSJ de Madrid, 19.4.2022, ECLI:ES:TSJM:2022:5159.
30. STSJ de Andalucía, 28.9.2021, ECLI:ES:TSJAND:2021:12446.
31. STSJ de Galicia, 2.5.2012, ECLI:ES:TSJGAL:2012:4853.
32. STSJ de Asturias, 21.10.2021, ECLI:ES:TSJAS:2021:3063.
33. STSJ de Andalucía, 15.11.2021, ECLI:ES:TSJAND:2021:17797. En esta sentencia, sin embargo, no se precisa el motivo concreto de anulación: el laudo se anula por falta de motivación, pero sin encuadrar este motivo en ninguno de los numerales del artículo 41 LArb.

**TSJ de Galicia, 17.3.2023**[34]**.** Con cita expresa de la STC 65/2021, *"No se trata de que haya una motivación errónea sino de que la motivación es inexistente"*.

11.15. De lo hasta aquí dicho puede concluirse, por tanto, que el derecho a obtener un laudo *motivado* presenta, al menos, dos manifestaciones: por un lado, el laudo debe contener los elementos y razones de juicio que permitan conocer cuáles han sido los criterios jurídicos que fundamentan la decisión; por otro (para los laudos en derecho), la motivación debe contener una fundamentación en Derecho, lo que conlleva la garantía de que la decisión no sea consecuencia de una aplicación arbitraria de la legalidad, ni resulte manifiestamente irrazonable, incurse en un error patente o en una evidente contradicción entre los fundamentos jurídicos, o, entre éstos y el fallo[35]. Sentado lo anterior, para descartar vicios de arbitrariedad o irrazonabilidad en la motivación del laudo, basta por lo general con constatar que el mismo contiene un *razonamiento que permita conocer los criterios jurídicos esenciales que fundamentan el laudo*, aunque éste sea considerado incorrecto por el juez de anulación[36]. Y delimitado así el control de la motivación, excede al mismo la valoración de la prueba hecha en el laudo –con los límites que la misma jurisprudencia ha impuesto[37]–, la valoración de los razonamientos jurídicos y la valoración de las conclusiones que alcance. Lo anterior sin olvidar –porque así lo exige el TJUE– que en supuestos de aplicación de normas *imperativas* al fondo de la controversia, el control de la motivación debe alcanzar un "examen" de las normas aplicadas[38].

11.16. También tanto en la jurisprudencia como en la doctrina **comparada** se defiende de forma prácticamente unánime el carácter restringido con el que debe procederse a la revisión de la motivación[39]. De hecho, constituye una referencia clásica en este contexto la sentencia de la *Court of Appeal* inglesa en el asunto *Bremer Handelsgesellschaft*:

> *All that is necessary is that the arbitrators should set out what, on their view of the evidence, did or did not happen and should explain succinctly why, in the light of what happened, they have reached their decision and what that decision is. This is all that is meant by a 'reasoned award'*[40].

34. STSJ de Galicia, 17.3.2023, ECLI:ES:TSJGAL:2023:2189.
35. STC 64/2010 de 18 de octubre. *Vid.* la jurisprudencia citada en el Cap. XII al analizar el orden público como motivo de anulación del laudo.
36. *Vid.* en sentido similar, STC 65/2021, de 15 de marzo.
37. *Vid. infra* Cap. XII.
38. *Vid. infra* Cap. XII.
39. BORN, *International Commercial Arbitration*, 2.ª Ed., 2014, pp. 3042-3043.
40. *Bremer Handeslsgesellschaft v. Westzucker* (1981) 2 Lloyd's rep. 130, pp. 132-33.

La jurisprudencia más reciente del Tribunal Supremo alemán (BGH) ha establecido, por su parte, un canon de motivación para los laudos arbitrales algo más exigente que el canon establecido por el TC; canon que, en cualquier caso, debe entenderse sin perjuicio del respeto a lo dicho por el mismo Tribunal respecto del control intenso del laudo que se dicte en aplicación de normas imperativas *antitrust* (11.11) y que, además, debe entenderse tomando en consideración que el ordenamiento jurídico alemán prevé expresamente la renuncia a la motivación (§ 1054.2 ZPO), por lo que su falta no puede considerarse cuestión de orden público; sí en cambio una irregularidad procedimental (§ 1059.2.1 d/ ZPO; art. 41.1.d/ LArb):

> *Unless the parties agree otherwise, the reasoning of an arbitral award must merely comply with certain minimum requirements. It must not be obviously contradictory or inconsistent with the decision and must not be limited to empty phrases. It is sufficient if the arbitral tribunal gives a brief summary of the considerations supporting the award. However, the arbitral tribunal must address the issues which, in its view, are central to the outcome of the arbitral proceedings. In addition, it must comment on the main defenses of the parties, but not deal with every point of the parties' submissions*[41].

11.17. Este carácter restringido es el que, a mayor abundamiento, se asume en el ámbito del *arbitraje de inversión*. Repárese, en efecto, que el artículo 52.1.e/ CW únicamente exige que se "*expresen*" en el laudo "*los motivos en que se funde*".

11.18. Por fin, cabe concluir este apartado recordando que, en aplicación de la autonomía de la voluntad, las partes pueden pactar un grado de motivación particularmente intenso o detallado; tal acuerdo tendrá, en su caso, especial relevancia en sede de anulación, pues –entonces sí– los jueces deberán adecuar su control al nivel de motivación pactado[42].

## 4. EL CONTENIDO DEL LAUDO: FECHA, LUGAR Y COSTAS

11.19. En el laudo debe constar la **fecha** en la que fue dictado y el **lugar** del arbitraje. El laudo se considera dictado en ese lugar. Además, los árbitros deben pronunciarse en el laudo sobre las **costas** del arbitraje. Los conceptos que incluyen esas costas son: honorarios y gastos de los árbitros y de los defensores o representantes de las partes, el coste del servicio prestado por la institución administradora del arbitraje y los demás gastos

41. BGH, *Beschluss* 9.12.2021 – I ZB 21/21, *SchiedsVZ*, 4/2022, pp. 228-236.
42. Así lo destaca también el TC: STC 65/2021, de 15 de marzo.

originados en el arbitraje. En el bien entendido, claro está, que el árbitro no está obligado a liquidar en el laudo las diferentes partidas citadas[43].

11.20. La fijación e imposición de las **costas** también debe ser motivada. De hecho, la falta de motivación en este punto puede llevar a la nulidad del pronunciamiento del laudo sobre este particular –nulidad parcial, por tanto[44]–. Del mismo modo, tanto la no imposición íntegra de las costas a la parte vencida –*sustancialmente* vencida– sin justificación alguna al respecto, como la aplicación del principio de vencimiento cuando las partes hubieren pactado expresamente otro criterio, puede suponer la nulidad del pronunciamiento del laudo sobre el particular[45]. Lo primero supone, en consecuencia, que la imposición íntegra de las costas a la parte *sustancialmente* vencida (por estimación casi total de las pretensiones iniciales) no debe suponer la anulación del respectivo pronunciamiento del laudo[46]. Por otro lado, la desestimación íntegra de la demanda sin condena en costas a la demandante no supone necesariamente la nulidad del laudo. Una decisión razonada al respecto, que evidencie la falta de arbitrariedad de la decisión, es compatible con una excepción justificada al criterio de vencimiento que, con carácter general, prevé la LECiv[47].

Además, y tal y como ha reconocido cierta jurisprudencia, en el particular contexto del arbitraje *internacional* debe tenerse en cuenta la práctica comparada, que contempla criterios para calcular las costas distintos a los previstos en las leyes procesales (*ad ex*. colaboración de las partes con el colegio arbitral). Criterios internacionalmente aceptados y que difícilmente pueden considerarse contrarios al orden público[48].

11.21. Todavía respecto de las costas cabe señalar que, en el caso de que una de las partes **adelante la cuantía** de la contraparte en concepto de provisión de fondos y la Secretaría de la Corte no establezca el importe definitivo de los gastos y honorarios de los árbitros y, por tanto, tampoco los liquide, cabrá solicitar el derecho de reembolso de pago por tercero (*ex* artículo 1158 CCiv) cuando concurran las siguientes circunstancias: (i) que la parte afectada, ante la falta de pago de la contraparte, hubiera tenido que abonar la totalidad de la suma fijada por la Corte; (ii) que no hubiera quedado acreditado que esa cantidad previamente abonada fuera menor; (iii) que quede acreditado que se tratan de gastos comunes; y (iv)

43. Auto AP de Santander, 12.11.2019, ECLI:ES:APS:2019:371A.
44. STSJ de Madrid, 11.10.2016, ECLI:ES:TSJM:2016:10733.
45. Respectivamente, STSJ de Madrid, 21.1.2019, ECLI:ES:TSJM:2019:971 y STJS de Cataluña, 7.4.2022, ECLI:ES:TSJCAT:2022:3872.
46. STSJ de Madrid, 25.6.2021, ECLI:ES:TSJM:2021:7409.
47. STSJ de Madrid, 11.7.2022, ECLI.ES:TSJM:2022:9675.
48. Auto TSJ del País Vasco, 7.11.2018, ECLI: ES:TSJPV:2018:277A.

que exista resolución firme (laudo) que establezca que esos gastos comunes deben satisfacerse por mitad[49].

> **Costas y ejecución forzosa**: la AP de Madrid ha destacado que, en sede de ejecución forzosa, debe incluirse el importe de las costas, *"sin perjuicio de que éstos se hayan cobrado o no por el referido letrado actuante, o si ha sido a través de empresa o por minuta independiente. Lo esencial es que la cantidad es líquida y determinada conforme al artículo 572.1 LEC, no ha existido oposición alguna al citado concepto en ninguno de los procedimientos ya citados, y el concepto se ha devengado a favor de la ejecutante desde el momento en que se llevaron a cabo las actuaciones procesales en el procedimiento de arbitraje"*[50].

### 5. LA NOTIFICACIÓN DEL LAUDO (REMISIÓN)

11.22. La **notificación** del laudo a las partes se hará en la forma y en el plazo acordado y, en su defecto, mediante entrega a cada una de ellas de un ejemplar firmado –art. 37.7 LArb–. Sobre los problemas que suscita la notificación del laudo, nos remitimos al Capítulo correspondiente[51]. Cabe señalar, no obstante, que la **protocolización** del laudo es potestativa. En consecuencia, cualquiera de las partes, a su costa, podrá instar de los árbitros que el laudo sea protocolizado antes de la notificación (art. 37.8 LArb).

> Si el laudo es protocolizado corresponde al notario –y no al árbitro– su notificación. Por tanto, en estos supuestos no puede aceptarse una infracción del art. 37.7 LArb –que impone a los árbitros la notificación del laudo– como motivo de anulación del laudo[52].

## II. CORRECCIÓN, ACLARACIÓN, COMPLEMENTO Y EXTRALIMITACIÓN DEL LAUDO

11.23. Salvo que las partes hayan acordado otro plazo, dentro de los diez días siguientes a la notificación del laudo, cualquier parte *podrá* solicitar a los árbitros la corrección de cualquier error de cálculo, tipográfico o de naturaleza similar, la aclaración de un punto o de una parte concreta del laudo y/o el complemento del laudo respecto de peticiones

49. SAP de Sevilla, 30.12.2021, ECLI:ES:APSE:2021:2523.
50. Auto AP de Madrid, 20.1.2017, ECLI:ES:APM:2017:341A.
51. *Vid. supra* Cap. VI.
52. En este sentido, AP de Barcelona, 18.1.2008, JUR 2008\138941, *Arbitraje*, 2009 (2), pp. 524-528, (con nota de GARCÍA-LUBÉN BARTHE).

formuladas y no resueltas en él. En efecto, el artículo 39.1 LArb[53], en términos excesivamente amplios, establece:

**Artículo 39.1 LArb.**

*Dentro de los diez días siguientes a la notificación del laudo, salvo que las partes hayan acordado otro plazo, cualquiera de ellas* ***podrá****, con notificación a la otra, solicitar a los árbitros:*

a) *La corrección de cualquier error de cálculo, de copia, tipográfico o de naturaleza similar.*

b) *La aclaración de un punto o de una parte concreta del laudo.*

c) *El complemento del laudo respecto de peticiones formuladas y no resueltas en él.*

d) *La rectificación de la extralimitación parcial del laudo, cuando se haya resuelto sobre cuestiones no susceptibles de arbitraje.*

11.24. El precepto en cuestión concede –que no impone– un cauce potestativo para que las partes soliciten la corrección, aclaración, complemento o rectificación por extralimitación del laudo: *cualquiera de ellas* (partes) *podrá*. Y en tanto que cauce potestativo, debe ser objeto de una interpretación estricta o restringida, en el sentido de que no siempre debe considerarse necesario invocar la corrección, aclaración o complemento del mismo como *condición previa* para ejercer la acción de anulación. Así, por ejemplo, ante una falta de motivación mínima del laudo, la acción de anulación debería poder instarse sin solicitar previamente el trámite de la aclaración ante el colegio arbitral. Repárese, además, que en aras a preservar la inalterabilidad o invariabilidad del laudo, es claro que lo esencial del mismo no puede ser objeto de modificación alguna.

11.25. La jurisprudencia, no obstante, ha adoptado criterios distintos en virtud del inciso del artículo 39 invocado. En el contexto del ***complemento*** *del laudo* (**artículo 39.1.c/ LA**) cierta jurisprudencia ha asumido un criterio estricto de interpretación. Y así, en el marco de una acción de anulación en el que se hacía valer la falta de motivación del laudo, cierta jurisprudencia ha precisado que: *"no nos encontramos ante un supuesto de laudo incompleto –39.1.c/ LA– sino de un supuesto de falta de exhaustividad en su motivación, de forma que el eventual laudo complementario no tendría que valorar si resolver cuestiones añadidas a las resueltas en el laudo definitivo, sino si el fallo inicial debía ser modificado de manera radical; porque si planteado el complemento, el árbitro lo estimase, no debería añadir algo a su fallo, sino emitir un nuevo fallo radical y diametralmente opuesto al anterior, lo que haría al laudo*

53. Este artículo fue modificado por la *Ley 11/2011, de 20 de mayo.*

*complementario contrario al principio de invariabilidad de las resoluciones a que se refiere el artículo 214.1 LEC, plenamente aplicable al procedimiento arbitral"*[54].

11.26. Por su parte, en el contexto de la ***rectificación por extralimitación parcial*** *del laudo* (**artículo 39.1.d/ LA**), la jurisprudencia es contradictoria. De tal modo que mientras en un primer momento cierta jurisprudencia no apreciaba obligación de pasar por este trámite como requisito para ejercer la acción de anulación[55], otra –en una interpretación a mi juicio muy estricta del precepto–, exige el paso previo por la solicitud de corrección antes de instar la de anulación[56]. Es decir, concibe la aplicación de este inciso como cauce previo necesario para instar la anulación del laudo. En este sentido –se dice– *"su finalidad última estriba en 'agilizar el proceso arbitral y evitar actuaciones judiciales', siendo la demanda de nulidad un remedio excepcional que exige el agotamiento de los incidentes pertinentes, tal cual el mencionado de corrección, y de ahí que el artículo 40 LA prevea que dicha demanda pueda ejercitarse sólo contra 'un laudo definitivo', esto es, una vez intentado su complemento, aclaración o corrección de la corrección o aclaración como cauce previo"*[57]. Incluso se esgrime la aplicación del artículo 6 LArb (*renuncia tácita a las facultades de impugnación*) en este contexto[58] y se juzga como comportamiento *desidioso* el del demandante de anulación que no discute la extralimitación en sede arbitral[59].

11.27. Pues bien, como hemos expresado anteriormente, el particular ámbito de aplicación *espacial* del artículo 6 LArb debería limitarse, respecto del procedimiento arbitral, hasta el momento en que se dictase el laudo definitivo; sin tomar en consideración el plazo para solicitar la *corrección, aclaración, complemento o rectificación* del laudo[60]. A partir de ese momento (una vez dictado el laudo) entraría en juego el artículo 39 LArb y ya no debería poder invocarse el artículo 6 LArb. Es decir, la aplicación

54. STSJ del País Vasco, 11.4.2016, ECLI:ES:TSJPV:2016:626. En sentido similar, STSJ Castilla - La Mancha, 25.3.2019, ECLI:ES:TESJCLM:2019:931.
55. STSJ de 25.11.2013, ECLI:ES:TSJCAT:2013:11562.
56. STSJ de Galicia,12.11.2019, ECLI:ES:TSJGAL:2019:6248 (con cita de otras sentencias con el mismo criterio).
57. Particularmente estricto es en este ámbito del TSJ de Galicia: STSJ de Galicia, 13.2.2020, ECLI: ES:TSJGAL:2020:1230; STSJ de Galicia, 24.11.2020, ECLI: ES:TSJGAL:2020:6717; STSJ de Galicia, 11.3.2021, ECLI:ES:TSJGAL:2021:1731; STSJ de Galicia, 16.12.2021, ECLI:ES:TSJGAL:2021:7791; STSJ, 13.1.2022, ECLI:ES:TSJGAL:2022:555 (si bien estas sentencias se dictan en el contexto de la anulación de un laudo de consumo). *Vid.* también, citando jurisprudencia de otros TSJ, STSJ del País Vasco, 25.9.2020, ECLI: ES:TSJPV:2020:374.
58. STSJ del País Vasco, 25.9.2020, ECLI: ES:TSJPV:2020:374.
59. STSJ de Madrid, 15.12.2020, ECLI:ES:TSJM:2020:14643.
60. *Vid. supra* Cap. VII. Respecto de la delimitación *espacial* del procedimiento arbitral –cuando se entiende iniciado y cuando finalizado–, *vid. supra* Cap. X.

del artículo 6 LArb no debería solaparse con la aplicación del artículo 39 LArb. Solo así puede entenderse que un precepto *imponga* la impugnación de la infracción (art. 6 LArb) y el otro *conceda facultativamente* la solicitud de corrección, aclaración, complemento o extralimitación del laudo (art. 39 LArb): es decir, mientras que en el marco del *estricto* procedimiento arbitral la hipotética infracción debe necesariamente denunciarse (*ex* art. 6 LArb); la posible corrección, aclaración o complemento del laudo podrá facultativamente solicitarse (*ex* art. 39 LArb).

Asumiendo los límites *espaciales* propuestos para ambas normas, habrá de convenirse que una interpretación rigurosa del artículo en cuestión se compadece mal con el carácter *potestativo* que expresamente otorgó el legislador al cauce de solicitud de corrección, aclaración, complemento y, en su caso, extralimitación del laudo. Repárese, en efecto, que el primer párrafo de este precepto faculta a las partes –que no las impone– a solicitar dicha aclaración, complemento o rectificación. Y es de todo punto lógico, además, que tal *opción* sea simplemente eso: una opción; pues no es lo mismo una mera corrección aritmética que una rectificación del laudo por extralimitación del mismo. Los riesgos que esta opción comporta –vulneración de la invariabilidad del laudo si se modifica sustancialmente– recomienda que sea la parte afectada la que elija la estrategia procesal que estime conveniente: o pedir la rectificación o pedir directamente la anulación. Por otro lado, imponer el paso por el cauce potestativo que diseña el artículo 39 LArb puede llegar a constituir una suerte de "*second shot*" para el árbitro. Lo cual, además de compadecerse mal con la esencia del arbitraje (en tanto que "*one shot*" para las partes), puede generar –genera, de hecho– una legítima desconfianza en la parte que, al no haber visto correctamente resuelta su pretensión, se ha visto obligada a acudir a la aclaración o rectificación del laudo. En efecto, a nadie se le oculta que la parte que debe instar la aclaración o rectificación está "avanzando" ya una posible acción de anulación, con lo que ello implica sobre una posible revelación de los argumentos para la misma. Por fin, hacer una interpretación amplia del artículo 39 LArb puede suponer, además, una vulneración del principio de *invariabilidad* o *inmodificabilidad* de las resoluciones judiciales (art. 214 LEC), extrapolable al laudo arbitral.

> Un cauce distinto para complementar el laudo es el que consiste en devolverlo desde la jurisdicción de anulación al árbitro: así, en el contexto de una acción de anulación de un laudo de consumo (lo que en sí mismo podría justificar otro criterio), el TSJ de Cataluña anuló parcialmente un laudo (declaración del árbitro de falta de competencia para resolver) y remitió el asunto de nuevo al mismo

árbitro para resolver sobre la pretensión que no había sido resuelta[61]. Esta opción, expresamente prevista en la *Arbitration Act* británica[62], no está, sin embargo, prevista en nuestro ordenamiento.

11.28. El hecho de que un laudo contenga un número elevado de errores, que exija también un número elevado de **correcciones**, no tiene relevancia, en principio, en la acción de anulación del laudo[63].

11.29. Por fin, los árbitros deben resolver –previa audiencia de las partes– sobre las solicitudes de aclaración y corrección de errores en el plazo de diez días; y sobre la solicitud de complemento en el plazo de veinte días (art. 39.2 LArb). Estos plazos aumentan ostensiblemente si el **arbitraje es internacional**, pues los diez y veinte días previstos se convierten en uno y dos meses, respectivamente (art. 39.5 LArb).

El *laudo aclaratorio* –en sí mismo considerado– puede ser objeto de una acción de anulación y, en consecuencia, ser anulado. Este será el caso, por ejemplo, cuando resuelva cuestiones no sometidas al juicio de los árbitros (*extra petita*)[64]. Pero aún más, un laudo aclaratorio es susceptible de ser anulado cuando se dicta sin seguir el procedimiento previsto en el citado artículo 39 LArb: bien por superarse el plazo legalmente establecido para dictarlo, bien por no conceder audiencia a las partes, o bien por alterar significativamente el contenido del laudo (vulnerando el *principio de inmodificabilidad* o *invariabilidad* de las resoluciones firmes)[65].

61. STSJ de Cataluña, 6.6.2013, ECLI:ES:TSJCAT:2013:6227. Explicando el alcance de esta sentencia, STSJ de Cataluña, 15.9.2022, ECLI:ES:TSJCAT:2022:8219.
62. *Vid. supra* Cap. III.
63. STSJ de Madrid, 16.12.2022, ECLI:ES:TSJM:2022:15320.
64. SAP de Ourense, 7.3.2002, *RCEA*, 2003, pp. 246-248.
65. STSJ de Madrid, 18.1.2017, ECLI:ES:TSJM:2017:104.

# XII

# Control judicial en el arbitraje comercial internacional

## I. INTRODUCCIÓN

12.1. A lo largo de los capítulos anteriores hemos estudiado la competencia de los tribunales ordinarios de justicia para **apoyar** a los tribunales arbitrales. **Típicamente**, para librar notificaciones, realizar pruebas o adoptar medidas cautelares. Hemos visto también que, desde la perspectiva del juez español, la sede del arbitraje es, a estos efectos, irrelevante: tanto si el arbitraje tiene su sede en España como en el extranjero, el juez español es competente –con las matizaciones ya expuestas– para actuar en apoyo de un arbitraje.

12.2. Corresponde por tanto analizar en este capítulo las dos acciones que pueden plantearse desde la perspectiva del **control** del arbitraje: la *acción de anulación* y el reconocimiento o execuátur del laudo extranjero. Ambas acciones tienen por objeto examinar la eficacia formal del laudo arbitral. De hecho, los motivos a cuya luz se examina esa eficacia –o validez– del laudo son prácticamente idénticos en ambos contextos. Tomando en consideración tal circunstancia, y sin perjuicio del análisis pormenorizado de cada uno de los motivos de anulación –o denegación del reconocimiento o execuátur– que posteriormente realizaremos, conviene empezar este capítulo abordando, en primer lugar, la regulación de la acción de anulación prevista en la LArb. En segundo lugar estudiaremos cada uno de los motivos que pueden invocarse para lograr la anulación o la denegación del reconocimiento o execuátur del laudo. En tercer lugar analizaremos el procedimiento de reconocimiento o execuátur que regula la *Ley de cooperación jurídica internacional en material civil y mercantil* (LCJI). Finalizaremos este Capítulo haciendo una breve referencia tanto a la revisión como a la ejecución forzosa del laudo arbitral.

## II. ANULACIÓN DEL LAUDO ARBITRAL

### 1. CUESTIONES GENERALES

12.3. El artículo 40 LArb (*Acción de anulación del laudo*) establece:

> *Contra un laudo definitivo podrá ejercitarse la acción de anulación en los términos previstos en este título.*

Este precepto está inspirado en el artículo 34.1 LM y, en armonía con lo establecido en las legislaciones de otros Estados de nuestro entorno, recoge el principio de legalidad procesal en materia de anulación del laudo arbitral. Es decir, supone tanto como el corolario del procedimiento arbitral, en la medida en que garantiza el derecho fundamental a la tutela judicial efectiva de las partes. La acción de anulación supone también el único proceso de impugnación de la validez del laudo arbitral contemplado en la Ley.

> En este sentido, ha señalado el TC que: "*el Laudo arbitral no puede ser objeto directo de impugnación por medio del recurso de amparo*" y que "*este Tribunal carece de jurisdicción para enjuiciar el Laudo arbitral en sí mismo considerado, por cuanto acto no referible a ningún tipo de poder* público (*art. 41.2 LOTC), resulta extraño al ámbito y función del proceso constitucional de amparo (SSTC 176/1996, de 11 de noviembre F. 1; 13/1997, de 27 de enero, F. 2). Sólo en la medida... en que las supuestas vulneraciones alegadas sean referibles a la actuación del órgano jurisdiccional que conoció del recurso frente al Laudo, estará justificado que este Tribunal enjuicie una eventual lesión del derecho a la tutela judicial efectiva" (STC 176/1996, de 11 de noviembre, F. 1)*[1].

12.4. Si bien el artículo 34 LM habla, al igual que lo hacía la LArb 1988, de *recurso* de anulación del laudo arbitral, la LArb supera dicha expresión, considerada técnicamente incorrecta por el legislador (*vid*. EM). Se argumenta, en este sentido, que en estricta técnica procesal, el *recurso* nace en el ámbito jurisdiccional: exige la presencia de una relación jurídico-procesal y la preexistencia de un acto procesal contra el que interponerlo. Condiciones que no se dan en el ámbito de la anulación de un laudo arbitral. Por ello, es más acertado el uso de la expresión "***acción*** de anulación" del laudo arbitral.

12.5. La acción de anulación no se restringe únicamente a los laudos arbitrales *definitivos*. Alcanza también a los **laudos *parciales* o *interlocutorios***: alcanza, por ejemplo, al laudo parcial que resuelve sobre la

1. STC núm. 9/2005, de 17 de enero.

validez del convenio arbitral[2], al laudo interlocutorio que, sin juzgar sobre el fondo, establece la falta de legitimación pasiva de uno de los demandados, o al laudo interlocutorio que se pronuncia sobre el requisito habilitante de las partes para someterse a arbitraje –en términos de un necesario consentimiento previo de una autoridad pública–[3]. En efecto, pese que un primer acercamiento a la cuestión invite a pensar lo contrario ("*Contra un laudo definitivo podrá ejercitarse la acción de anulación...*"), es lo cierto que los argumentos a favor de que los laudos parciales o interlocutorios puedan someterse a la acción de anulación se desprenden –implícitamente– del párrafo tercero *in fine* del artículo 22.3 LArb: "*Los árbitros podrán decidir las excepciones de que se trata este artículo con carácter previo o junto con las demás cuestiones sometidas a su decisión relativas al fondo del asunto... . Si la decisión fuese desestimatoria de las excepciones y se adoptase con carácter previo, el ejercicio de* ***la acción de anulación no suspenderá el procedimiento arbitral***". Sin embargo, la acción de anulación no podrá interponerse frente a la resolución de los árbitros denegando la corrección del laudo[4]. Tampoco cabe la acción de anulación frente al acuerdo de la entidad administradora del arbitraje en cuya virtud decide no inhibirse de su administración[5].

12.6. Por lo que hace al **alcance de la revisión** del laudo en sede de anulación, tanto doctrina como jurisprudencia comparada entienden que el examen de los motivos de anulación –en tanto que extrínsecos al fondo de la cuestión– deben ser objeto de un exhaustivo grado de control[6]. *Sin límite alguno* para entrar a investigar y profundizar en todos y cada uno de los elementos de hecho o de derecho que afecten al vicio denunciado[7].

12.7. Por fin, conviene insistir en la idea de que mediante la acción de anulación sólo podrá obtenerse la nulidad total o parcial del laudo; y no su modificación, pues, en principio, no es posible la revisión de fondo del laudo.

2. En la jurisprudencia comparada, anulando un laudo parcial por invalidez del convenio arbitral: *TF*, 4.10.2017, 4A_150/2017, *ASA Bull.*, 2018, pp. 116-132.
3. STSJ de Madrid, 30.10.2019, ECLI:ES:TSJM:2019:11975.
4. STJS de Castilla-León, 22.11.2017, ECLI:ES:TSJCL:2017:4554.
5. Auto TSJ de Cataluña, 3.12.2018, ECLI: ES:TSJCAT:2018:686A.
6. FOUCHARD / GAILLARD / GOLDMAN, *Traité de l'arbitrage commercial international*, París, 1996, p. 939.
7. Expresamente en este sentido: *Cour de cassation*, 6.1.1987, *Rev. Arb.*, 1987, pp. 469-473 (con nota de LEBOULANGER). Para una interesante comparación de la jurisprudencia francesa relativa a la intensidad del control en anulación (distinguiendo entre *qué* es objeto de control y *cómo* se ejerce ese control) *vid*. ADAM, "Panorama de jurisprudencia francesa", *SAR*, N.º 6/2009, pp. 117-127.

## 2. LEGITIMACIÓN

12.8. Como es sabido, la legitimación es un presupuesto preliminar del proceso susceptible de ser examinado antes de entrar a la cuestión de fondo, "*de modo que la pretensión es inviable cuando quien la formula no pueda ser considerado 'parte legítima'*"[8]. Desde esta perspectiva, la acción de anulación debe ser ejercitada por las partes o por un tercero que demuestre un interés cierto y legítimo *en la solución de la disputa* sometida a arbitraje. Es irrelevante, a estos efectos, la situación procesal que las partes hayan adoptado durante el procedimiento arbitral; de hecho, la parte rebelde tiene legitimación para ejercitar la acción de anulación[9].

> Cierta jurisprudencia ha matizado que, con carácter especial, carece de legitimación aquella parte que vea plasmado en el laudo "*aquello que perseguía con su inicial pretensión*"[10].

Los *terceros*, por su parte, sólo podrán plantear tal acción cuando se vieran afectados directamente por la relación jurídico-material debatida y probaran que desconocían la existencia del procedimiento arbitral del que dimana el laudo cuya anulación se solicita; o bien, cuando aun conociendo la existencia del procedimiento, se le hubiese negado indebidamente su intervención[11].

> Interés cierto y legítimo en la solución de la disputa puede tener un *administrador concursal* o una sociedad perteneciente a un grupo[12]. Del mismo modo, puede tener interés cierto y legítimo un colectivo cuya Junta Directiva haya tomado la decisión de someter una cuestión a arbitraje sin recabar el consentimiento del mismo[13].

8. STS de 2.4.2014, ECLI: ES:TS:2014:1237. Con cita de esta sentencia, STSJ de Madrid, 24.4.2018, ECLI: ES:TSJM:2018:3982. En el marco de un arbitraje testamentario, haciendo referencia al notario que otorgó el testamento, STSJ de Madrid, 2.3.2021, ECLI:ES:TSJM:2021:23. También sobre esta cuestión, STSJ del País Vasco, 23.12.2022, ECLI:ES:TSJPV:2022:3052.
9. STSJ Islas Canarias, 18.5.2022, ECLI:ES:TSJICAN:2022:596; STSJ Islas Canarias, 7.7.2022, ECLI:ES:TSJICAN:2022:1349.
10. En el caso, se solicitó la disolución de una sociedad y el laudo así lo acordó; STSJ Castilla y León, 29.4.2021, ECLI:ES:TSJCL:2021:1735. Con todo, esta jurisprudencia debe acogerse con mucha cautela y, en su caso, tal pretensión debe incluir las costas.
11. Ya en te sentido, COULLAUT SANTURTÚN, "Artículo 40" en: ARIAS LOZANO, *Comentarios a la Ley de Arbitraje de 2003*, Cizur Menor, 2005, p. 385. En la jurisprudencia: STSJ de Madrid, 27.6.2017, ECLI:ES:TSJM:2017:7181; STSJ de Madrid, 24.4.2018, ECLI:ES:TSJM:2018:3982; STSJ de Madrid, 2.3.2021, ECLI:ES:TSJM:2021:23.
12. STSJ de Madrid, 13.10.2016, ECLI:ES:TSJM:2016:11921.
13. También acertada, STSJ de Madrid, 24.5.2018, ECLI:ES:TSJM:2018:2724.

12.9. Sin embargo, **ni los árbitros ni las instituciones arbitrales** tienen legitimación *activa* para ser parte en una acción de anulación[14]. En efecto, por definición, no pueden tener un *interés cierto y legítimo en la solución de la disputa*; más bien deben mantenerse imparciales e independientes frente a la misma. Así lo entendió en su momento el mismo TC: *"el árbitro como tal no puede personarse y actuar como una parte más en los procesos que puedan desencadenarse con ocasión del laudo"*[15].

12.10. En cuanto a la legitimación *pasiva*, la acción *no* podrá ir dirigida contra el colegio arbitral[16].

## 3. POSIBLE RENUNCIA, DESISTIMIENTO Y ALLANAMIENTO A LA ACCIÓN DE ANULACIÓN

12.11. Otra cuestión no solucionada de forma expresa por el legislador es la relativa a la ***renuncia* a la acción de anulación** del laudo arbitral tal y como se contempla en algún ordenamiento jurídico de nuestro entorno (*ad. ex.* los ordenamientos suizo, belga y francés).

> El artículo 192 de la Ley suiza de DIPr. prevé la posibilidad de que las partes renuncien expresamente a la acción de anulación (o, en su caso, acoten los motivos de anulación apreciables por el tribunal). Tal renuncia no opera en supuestos en los que las partes puedan estar involucradas en causas penales (art. 190a) y solo es posible si las partes en el arbitraje no tienen su domicilio, residencia habitual o establecimiento en Suiza[17]. El ordenamiento jurídico belga prevé límites muy similares[18]. Por su parte, el ordenamiento jurídico francés ha dado un paso más, pues, en el marco de los arbitrajes internacionales, tal renuncia a la acción de anulación es posible aun sin condiciones (no exige, por tanto, "desvinculación" de las partes con Francia)[19].

La renuncia en cuestión –de estar prevista en el ordenamiento jurídico del lugar del arbitraje– puede tener sentido en el marco de un arbitraje internacional: la idea que subyace a esta opción legislativa es la de ofrecer a los operadores jurídicos un foro totalmente neutral en el que dirimir sus

---

14. Auto TSJ de Navarra, 17.3.2017, ECLI:ES:TSJNA:2017:10A; STSJ de Madrid, 29.10.2019, ECLI: ES:TSJM:2019:11974.
15. Auto TC 326/1993, de 28 de octubre.
16. SAP de Bizkaia, 24.2.2006, ECLI.ES:APBI:2006:61; STSJ de Madrid, 24.4.2018, ECLI:ES:TSJM:2018:3982.
17. *Vid. supra* Cap. III.
18. En término muy similares, *vid.* el art. 1718 del *Code judiciaire* belga.
19. *Vid.* art. 1522 NCPC.

controversias, sin injerencias de los tribunales de ese foro. Se argumenta, en este sentido, que si el laudo no va a desplegar efectos en el Estado sede del arbitraje, no tiene por qué haber un control del mismo. De este modo, además, se restringe el control del laudo al momento del reconocimiento o execuátur.

12.12. La LArb, por su parte, no prevé ni una renuncia general a la acción de anulación ni una renuncia específica a la acción de anulación para los laudos dictados y "desvinculados" de España. En consecuencia, se plantea la cuestión de determinar si la acción de anulación prevista en la LArb es o no renunciable por las partes. Pues bien, a mi juicio, la respuesta a la misma depende en gran medida de la base jurídica que se invoque para calificar la acción de anulación; es decir, depende en gran medida de que se conciba la acción de anulación directamente vinculada al arbitraje o directamente vinculada a la jurisdicción. Si se concibe la acción de anulación como prolongación del arbitraje y al arbitraje anclado al artículo 10 CE (*autonomía de la voluntad*), la renuncia a la misma es defendible. Si, por el contrario, se concibe la acción de anulación como recurso –aunque técnicamente no lo sea– y por tanto directamente anclado al artículo 24 CE, la renuncia a la misma es cuestionable: "*El derecho de acceso al recurso constituye una de las manifestaciones fundamentales del derecho a la tutela judicial efectiva proclamado en el artículo 24.1 CE... . Esta vertiente del artículo 24.1 CE no constituye en puridad un derecho del ciudadano a que se establezca un recurso frente a las decisiones judiciales que le afecten, sino un derecho a que no se le prive de los recursos previstos por el ordenamiento jurídico*"[20]. En consecuencia, si se asimila en este contexto la acción de anulación con un recurso, puede concluirse que la misma es parte integrante del derecho a la tutela judicial efectiva y que, como tal, no es disponible por las partes[21]. En palabras del mismo TC: "*Los derechos constitucionales son irrenunciables*"[22].

> Esta parece ser la posición del TS, pues declaró ineficaz una renuncia escrita a la impugnación judicial de la decisión adoptada por los árbitros[23]. Para el TS, la renuncia a la impugnación judicial del laudo hecha en aquel momento –bajo la antigua LArb– vulneraba tanto el artículo 24.1 CE como el artículo 6.2 CCiv, a cuyo tenor: *La exclusión voluntaria de la ley aplicable y la renuncia a los derechos en ella reconocidos sólo serán válidas cuando no contraríen el interés o el orden público ni perjudiquen a terceros.*

20. STC 69/2005, de 9 de abril.
21. En este sentido, REMÓN PEÑALVER, "Sobre la anulación del laudo: el marco general y algunos problemas", *InDret*, 3/2007, p. 13.
22. STC 11/1981, de 8 de abril.
23. STS, 10.3.1986, ECLI:ES:TS.1986:1139.

12.13. En cualquier caso, debe tenerse muy presente en este contexto las consecuencias que de la sentencia *Achmea* del TJUE se derivan, pues, en su virtud, no parece posible renunciar a la acción de anulación cuando al fondo de la controversia le sea de aplicación Derecho europeo[24].

12.14. El **desistimiento** a la acción de anulación ya planteada se rige por el cauce previsto en la LECiv (arts. 19-20). Es decir, se reconoce al actor la posible renuncia a la acción ya ejercitada (acción de anulación), siempre y cuando no haya impedimento legal a la misma (art. 20.1 LECiv). En interpretación de este precepto, en el contexto de la anulación del laudo, los tribunales verifican si la renuncia está incursa en prohibición legal, conculca el interés general o perjudica el interés de tercero.

12.15. Estos tres criterios deben reunirse también para aceptar el **allanamiento**: la posibilidad de que el demandado exprese su conformidad con la petición de la parte demandante en la acción de anulación; o como ha establecido el TS: "*Conforme a reiterada jurisprudencia (por todas, sentencias 11/2012, de 19 de enero , 571/2018, de 15 de octubre , y 173/2020, de 11 de marzo ), el allanamiento es una manifestación de conformidad con la petición contenida en la demanda, hecha por el demandado al contestar a ella, o en otro momento procesal, y constitutivo de un medio de extinción del proceso a virtud del reconocimiento y conformidad del demandado, que puede comprender todas las materias de carácter privado que sean objeto de pretensión por las partes y que sean disponibles por ellas, porque no es lícito, dentro del orden jurídico, oponerse a que los interesados hagan de lo suyo lo que a bien tengan*"[25]. En cualquier caso, cabe destacar que la jurisprudencia ha venido aceptando de forma constante ambas opciones procesales[26].

> **STC 46/2020 de 15 de junio y STC 55/2021 de 15 de marzo**: Estas sentencias del TC vienen a poner fin a una particular jurisprudencia del TSJ de Madrid (siempre con voto particular)[27] en virtud de la cual no se aceptaba el desistimiento por motivos de interés general en el contexto de la acción de anulación del laudo; en concreto –sostenía el TSJ– por la defensa del arbitraje como institución y de los efectos que la Ley atribuye a los laudos:

24. *Vid. supra* Cap. III.
25. STS, 15.6.2020, citada por el TSJ de Madrid en sede de execuátur de laudo arbitral, Auto TSJ de Madrid, 7.7.2020, ECLI: ES:TSJM:2020:263A.
26. Como uno de los últimos ejemplos, STSJ Castilla La Mancha, 16.4.2019, ECLI:ES:TSJCLM:2019:1095; STSJ de Navarra, 2.10.2020, ECLI: ES:TSJNA:2020:266; STSJ de Madrid, 3.3.2022, ECLI:ES:TSJM:2022:2623. Como ejemplo en el que no procede por afectar a la legitimación pasiva, STSJ País Vasco, 12.9.2022, ECLI:ES:TSJPV:2022:1979.
27. Auto TSJ de Madrid, 4.4.2017, ECLI:ES:TSJM:2017:99A. *Vid.* posteriormente, STSJ de Madrid, 13.12.2018, ECLI:ES:TSJM:2018:12822.

*"cabalmente, no cabe defender la eliminación del ordenamiento jurídico... de una sentencia firme porque las partes así lo quieran"*[28]. La primera sentencia citada del TC anula una serie de resoluciones judiciales de este órgano partiendo de la base de que el proceso civil *"se inspira en el principio básico de disposición de las partes para regular sus intereses privados o, lo que es lo mismo, para iniciar la actividad jurisdiccional, determinar el objeto del proceso y ponerle fin en el momento que estimen conveniente, sin necesidad de esperar a la sentencia y siempre que la relación jurídica discutida responda únicamente a una naturaleza subjetiva-privada"... ; "fruto precisamente de ese poder de disposición de las partes que consagra el principio dispositivo, el proceso puede finalizar antes de dictarse sentencia a través de una resolución judicial que, sin entrar a resolver sobre el fondo del asunto, refleje la voluntad de las partes de ponerle fin, por* ***no subsistir el interés legítimo*** *que subyace en la pretensión de tutela"*. De tal suerte, que *"las decisiones recurridas* ***no deslindan el terreno del litigio subyacente*** *(aún pendiente, a pesar de la existencia de un laudo, pues del otro modo no tendría sentido la búsqueda de un acuerdo extrajudicial)* ***del objeto del procedimiento de anulación,*** *obviando que son presupuestos de la estimación de la demanda no sólo la existencia del vicio de anulación que se invoca, sino también la existencia del interés legítimo, cuestión ésta que pertenece al ámbito estricto subjetivo de las partes, máxime cuando no se acredita la existencia de intereses de terceros en juego. Por esta razón, con independencia de que la causa de pedir de la anulación afecte al orden público o no, es lo cierto que la cuestión de fondo es jurídico-privada y disponible, por lo que, en nuestro sistema procesal civil, para que haya una decisión, se requiere que las partes acrediten su interés en litigar"*. La segunda sentencia citada del TC se apoya en gran medida en la sentencia parcialmente transcrita para llegar a la misma conclusión, abundando en el *principio básico de disposición de las partes* que informa a la misma LECiv y descartando la afectación de interés público por apreciación de tal desistimiento. Jurisprudencia posterior tanto del TSJ de Madrid como otros TSJ ha aceptado sin ambages el criterio del TC y ha extendido su aplicación tanto a supuestos de *allanamiento* como a supuestos de *desistimiento*, previa constatación de que en el supuesto controvertido el allanamiento no está incurso en prohibición legal, no entraña fraude de ley, conculca

28. STSJ de Madrid, 9.2.2016, ECLI:ES:TSJM:2016:1532. En el mismo sentido, Auto TSJ de Madrid, 4.4.2017, ECLI:ES:TSJM:2017:100A; Auto TSJ de Madrid, 7.12.2017, ECLI:ES:TSJM:2017:581A. Como consecuencia de no aceptar el allanamiento, dicta sentencia y anula el laudo: STSJ de Madrid, 26.4.2017:ECLI:ES:TSJM:2017:4907.

el interés general o se realiza en perjuicio de tercero (arts. 19 y 21 LECiv)[29].

12.16. Por otro lado, ciertos TSJ han aceptado la **homologación judicial** de un acuerdo alcanzado entre las partes bien en el seno de una acción de anulación, bien en el seno de un procedimiento de execuátur. En el seno de una acción de anulación se han homologado acuerdos en cuya virtud las partes convienen que el laudo "carece de eficacia alguna y no es ejecutable"[30]; o se han homologado acuerdos cuyo alcance transciende al *thema decidendi* del mismo arbitraje[31]. En el seno de un procedimiento de execuátur se han homologado acuerdos en cuya virtud se pacta un calendario de pago de la condena prevista en el laudo[32].

El artículo 19 LECiv constituye el marco legal que fija el alcance, límites y procedimiento para alcanzar el acuerdo transaccional. El precepto es aplicable tanto en el marco de una acción de anulación como en el marco de un reconocimiento o execuátur.

**Poder especial**. Repárese en que para solicitar el desistimiento, el allanamiento o una transacción no es suficiente con un poder *general* para pleitos; es necesario un poder *especial* (art. 25.2.1.º LECiv).

## 4. MOTIVOS DE ANULACIÓN (REMISIÓN)

12.17. Los motivos de anulación que prevé el artículo 41 LArb son prácticamente los mismos que están previstos en el artículo 34 de la LM.

**Artículo 41 LArb**. *Motivos*.

*El laudo sólo podrá ser anulado cuando la parte que solicita la anulación alegue y pruebe:*

a) *Que el convenio arbitral no existe o no es válido.*

29. STSJ de Madrid, 15.12.2020, ECLI:ES:TSJM:2020:14629. *Vid.* también, STSJ de Madrid, 23.12.2020, ECLI:ES:TSJM:2020:14628; STSJ de Madrid, 13.2.2021, ECLI:ES:TSJM:2021:2862; Auto TSJ de Madrid, 13.4.2021, ECLI:ES:TSJM:2021:193A; STSJ de Madrid, 26.5.2021, ECLI:ES:TSJM:2021:5205; STSJ de Madrid, 14.9.2021, ECLI:ES:TSJM:2021:9230; STSJ de Andalucía, 20.1.2022, ECLI.ES:TSJAND:2022:4481; STSJ de Murcia, 13.10.2022, ECLI:ES:TSJMU:2022:1888; STSJ de Asturias, 14.6.2022, ECLI:ES:TSJAS:2022:1788.

30. Auto TSJ de Aragón, 6.6.2019, ECLI:ES:TSJAR:2019:131A (debe advertirse, no obstante, que a la luz de la resolución no es posible advertir los motivos de anulación alegados en autos).

31. Auto TSJ de Madrid, 5.10.2021, ECLI:ES:TSJM:2021:458A, con un interesante voto particular.

32. Auto TSJ del País Vasco, 16.9.2021, ECLI:ES:TSJPV:2021:283A.

b) *Que no ha sido debidamente notificada de la designación de un árbitro o de las actuaciones arbitrales o no ha podido, por cualquier otra razón, hacer valer sus derechos.*

c) *Que los árbitros han resuelto sobre cuestiones no sometidas a su decisión.*

d) *Que la designación de los árbitros o el procedimiento arbitral no se han ajustado al acuerdo entre las partes, salvo que dicho acuerdo fuera contrario a una norma imperativa de esta Ley, o, a falta de dicho acuerdo, que no se han ajustado a esta Ley.*

e) *Que los árbitros han resuelto sobre cuestiones no susceptibles de arbitraje.*

f) *Que el laudo es contrario al orden público.*

El precepto en cuestión establece que los motivos de anulación contenidos en los párrafos b), e) y f) podrán ser apreciados *de oficio* o a instancia del Ministerio Fiscal por el tribunal que conozca de la acción de anulación. Lo cual podría indicar a *sensu contrario* que para que prosperen los motivos de anulación recogidos en los párrafos a), c) y d) debe ser la parte interesada la que los alegue y pruebe. A este respecto, sin embargo, debe aceptarse la reinterpretación que impone la jurisprudencia del TEDH, en cuya virtud, la validez del convenio arbitral debe apreciarse de oficio[33]. Además, la jurisprudencia ha precisado que el *control de oficio* de los citados motivos de anulación se erige, antes que en una facultad del Tribunal, en un verdadero deber, dada la naturaleza pública de los intereses en juego[34]. Esta afirmación es extensible al control que, también de oficio, debe hacer el tribunal de determinados motivos de denegación del execuátur.

12.18. Los *motivos de anulación* del laudo arbitral enumerados en el párrafo primero del artículo 41 no solo se corresponden con los motivos de anulación previstos en el artículo 34 LM. Se corresponden también con los motivos de anulación previstos en las leyes de arbitraje que han adoptado la LM y se corresponden en gran medida con los motivos de denegación del reconocimiento o execuátur previstos en el Convenio de Nueva York de 1958 (CNY). De este singular cúmulo de circunstancias se derivan una serie de importantes consecuencias que no deben pasar inadvertidas. Así, por un lado, la coincidencia de los motivos de anulación entre las distintas legislaciones arbitrales supone tanto como que, en este ámbito, deberá tenerse en cuenta (en aras de una armonía de soluciones) lo establecido

33. *Vid. infra* el siguiente epígrafe.
34. STSJ de Madrid, 23.10.2015, ECLI:ES:TSJM:2015:12653.

en la jurisprudencia comparada. Por otro lado, y en la medida en que en el pasado fue el Tribunal Supremo (TS) el órgano judicial competente para conocer del reconocimiento o execuátur del laudo arbitral extranjero, la consolida jurisprudencia del TS en este ámbito constituye un referente importante. También sigue siendo hasta cierto punto válida la copiosa jurisprudencia de las Audiencias dictada en interpretación de la antigua LArb 1988, pues, en términos generales, los motivos de anulación de la antigua LArb coinciden con los motivos de anulación de la LArb 2003.

Siendo esto así –y también porque a los efectos de este trabajo su tratamiento conjunto resulta más económico–, el estudio particular de cada uno de los motivos de anulación del laudo se hará de forma conjunta con el motivo equivalente de denegación del reconocimiento o execuátur del laudo arbitral extranjero (*infra* 3).

12.19. En cualquier caso, debe insistirse en la idea de que los motivos de anulación enumerados en este precepto constituyen una ***lista cerrada***, en cuya virtud, el laudo arbitral sólo podrá ser anulado en aplicación de uno de los motivos expresamente tasados. No podrá recurrirse, por tanto, a motivos adicionales. Además, la apreciación o no de alguno de estos motivos solo puede realizarse en el marco de la acción de anulación interpuesta ante el correspondiente TSJ. No procede un posterior examen en el marco de la ejecución forzosa (por más que las partes lo aleguen en el recurso de apelación contra el Auto del Juzgado despachando ejecución)[35].

## 5. TRES PARTICULARIDADES

12.20. Pese al importante paralelismo apuntado entre los motivos de anulación y los motivos de denegación del reconocimiento o execuátur, no pueden dejar de advertirse en este contexto tres importantes circunstancias propias de la acción de anulación. La primera se concreta en la carga de la prueba en los supuestos de vulneración de los derechos de defensa. La segunda se concreta en el carácter abierto y flexible a partir del cual debe interpretarse el hecho de que el laudo haya sido dictado fuera de plazo. La tercera circunstancia deriva de la particular regulación que el artículo 9 LArb hace sobre la *arbitrabilidad* cuando la controversia sea internacional. Tres circunstancias que exigen particular atención.

35. La jurisprudencia sobre este particular es tan abundante como clara: Auto AP Madrid, 29.9.2006, ECLI:ES:APM:2006:6322A; Auto AP Madrid, 6.9.2006, ECLI:ES:APM:2006:6351A; Auto AP Madrid, 29.11.2006, ECLI:ES:APM:2006:13314A. *Vid*. además, el último Ep. de este Cap. XII.

### 5.1. Derechos de defensa y validez del convenio arbitral controlables de oficio

12.21. Tanto el artículo 34 LM como el artículo 41 LArb y el artículo V CNY contemplan como motivo de anulación/denegación del reconocimiento o execuátur del laudo el hecho de que el demandante de anulación –o demandado en el reconocimiento o execuátur– no haya podido hacer valer sus **derechos de defensa**. Desde esta perspectiva, ocurre además que, tanto en el ámbito de la LM como en el ámbito del CNY, la prueba de tal vulneración recae sobre la parte afectada; esto es, sobre la parte que solicita la anulación o sobre la parte que se opone al reconocimiento.

12.22. Pues bien, es precisamente en este último punto donde el artículo 41 LArb se aparta de lo estipulado en el artículo 34 LM y V CNY. Y así, a diferencia de lo previsto en estos preceptos, el artículo 41.2 LArb establece expresamente que la salvaguarda de los derechos de defensa podrá ser apreciada *"por el tribunal que conozca de la acción de anulación* ***de oficio*** *o a instancia del Ministerio Fiscal en relación con los intereses cuya defensa les esté legalmente atribuida"*.

12.23. Los supuestos más frecuentes de vulneración de los derechos de defensa giran en torno a la **notificación** en sus diversas manifestaciones (notificación de demanda de arbitraje, de nombramiento de árbitro o árbitro suplente, de laudo... )[36]. Pues bien, como consecuencia del control de oficio que en este ámbito impone el artículo 41 LArb, en la práctica será finalmente la parte que se oponga al motivo de anulación basado en una incorrecta notificación la que tenga que demostrar que la notificación fue correctamente librada. Circunstancia que, lejos de ser considerada como un agravio hacia ella, se erige como la solución más coherente[37]. Así lo destacó en su momento –al menos implícitamente– el TJUE[38], y así lo puso de manifiesto en su momento un sector doctrinal, pues parece evidente que será esta parte quien mejor pueda demostrar que la notificación fue hecha, *"quien esté en mejores condiciones para controlar la corrección de la misma y, llegado el caso, quien mejor pueda subsanar los posibles defectos a un menor coste"*[39]. Jurisprudencia interna posterior, en un supuesto relativo a

36. Al respecto, *supra* Cap. VI.
37. La jurisprudencia también se ha hecho eco del alcance de este cambio, acogiéndolo de forma muy favorable: STSJ de Madrid, 23.10.2015, ECLI:ES:TSJM:2015:12653.
38. En el marco del hoy Reglamento Bruselas I *refundido*, *vid.* entre otras, STJCE, 10.10.1996, C-78/95, *Hendrikman*; STJCE, 21.4.1993, C-172/91, *Sonntag*; STJCE, 3.7.1990, C-305/88, *Lancray*; STJCE, 15.7.1982, 228/81, *Pendy Plastic*; STJCE, 16.6.1981, 166/80, *Klomps*.
39. VIRGÓS SORIANO / GARCIMARTÍN ALFÉREZ, "El Convenio de Bruselas y las propuestas para su reforma: una crítica radical", en: BORRÁS (Ed.), *La revisión de los*

la falta de notificación de la composición del colegio arbitral, ha acogido expresamente esta interpretación[40].

12.24. También en aplicación *de oficio* del artículo 41.2 LArb, el TSJ de Madrid ha tenido ocasión de anular un laudo arbitral cuando, admitida a trámite una reconvención en el seno del procedimiento arbitral, no se dio traslado a la contraparte para presentar las oportunas alegaciones[41]. De este modo, la aplicación de este motivo de anulación permite también restringir el recurso a la cláusula de orden público en este ámbito.

12.25. Por lo que respecta al **control de oficio de la validez del convenio arbitral**, conviene recordar que tal interpretación viene impuesta por el TEDH. En efecto, en la medida en que el TEDH ha establecido que la revisión del convenio arbitral es cuestión de *orden público* que requiere, además, de un examen particularmente *intenso*, es evidente que el motivo de anulación basado en la invalidez del convenio arbitral es subsumible en el motivo de anulación del *orden público*; o lo que es lo mismo, el motivo de anulación basado en la invalidez del convenio arbitral es apreciable de oficio[42].

12.26. Por fin, cabe recordar que a la hora de valorar / apreciar el respeto de los derechos de defensa –o la aplicación de cualquier otra causa de anulación– deben tenerse en cuenta las consecuencias que de la *renuncia tácita a las facultades de impugnación* (artículo 6 LArb) pueden derivarse.

### 5.2. Laudo dictado fuera de plazo

12.27. A diferencia de lo estipulado en la LArb 1988, la LArb 2003 **no contempla** como motivo de anulación del laudo el hecho de que éste haya sido dictado "**fuera de plazo**", siendo que el primer inciso del artículo 37.2 LArb establece, en defecto de acuerdo entre las partes, una delimitación temporal sobre el particular:

---

*Convenios de Bruselas de 1968 y de Lugano de 1988 sobre competencia judicial y ejecución de resoluciones judiciales: una reflexión preliminar española*, Madrid, 1998, pp. 77-135.

40. STSJ de Galicia, 13.12.2019, ECLI: ES:TSJGAL:2019:7456. *Vid. supra* Cap. VI.

41. STSJ de Madrid, 17.5.2018, ECLI:ES:TSJM:2018:5801.

42. *Vid. supra* Cap. VIII. Acepta este control de oficio, en determinados supuestos, STSJ de Madrid, 2.3.2021, ECLI:ES:TSJM:2021:23. No obstante, sin reparar en esta cuestión, STJS de Madrid, 28.4.2021, ECLI:ES:TSJM:2021:5212: "*no se invoca en ningún momento como causa de anulación la prevista en el artículo 41.1.a) de la Ley de Arbitraje (inexistencia o invalidez del convenio arbitral), causa que, dado el texto de la propia norma, ha de ser expresamente 'alegada y probada' por la parte que la invoque, de tal modo que esta Sala ni puede entrar a valorar de oficio tal cuestión, ni llevar a cabo una interpretación extensiva de ésta como de ninguna de las demás causas en las que pueda fundamentarse la acción de nulidad en virtud de la naturaleza extraordinaria de esta acción*".

**Artículo 37.2 Larb:**

*Salvo acuerdo en contrario de las partes, los árbitros decidirán la controversia dentro de los seis meses siguientes a la fecha de presentación de la contestación a que se refiere el artículo 29 o de expiración del plazo para presentarla. Salvo acuerdo en contrario de las partes, este plazo podrá ser prorrogado por los árbitros por un plazo no superior a dos meses, mediante decisión motivada. Salvo acuerdo en contrario de las partes, la expiración del plazo sin que se haya dictado laudo definitivo no afectará a la eficacia del convenio arbitral ni a la validez del laudo dictado, sin perjuicio de la responsabilidad en que hayan podido incurrir las partes.*

12.28. La relevancia de este precepto en sede de anulación debe analizarse tomando en consideración dos cuestiones. Por un lado, que el tenor actualmente en vigor es fruto de la última reforma de la LArb (operada por la *Ley 11/2011*); en su virtud, el tenor del artículo 37.2 *in fine* dificulta especialmente la anulación de laudo arbitral por este motivo. Recuérdese: *Salvo acuerdo en contrario de las partes, la expiración del plazo sin que se haya dictado laudo definitivo no afectará a la eficacia del convenio arbitral* ***ni a la validez del laudo dictado...*** . Por otro lado, que la aplicación de esta norma será muy residual, en la medida en que esta cuestión está regulada en los reglamentos de las instituciones arbitrales[43].

La jurisprudencia *anterior* a la entrada en vigor de la misma LArb en materia de anulación del laudo por haber sido dictado fuera de plazo era abundante y hasta cierto punto contradictoria. Así, existían tanto interpretaciones flexibles de este motivo de anulación[44], como interpretaciones excesivamente estrictas[45].

El Tribunal Supremo, por su parte, aceptó en su momento una interpretación flexible del cómputo de plazo para laudar. Así, por ejemplo, en un supuesto en el que se discutía la posible responsabilidad de los árbitros, el TS afirmó: "*... el retraso en emitir el laudo no se debió a una posición intelectual de los mismos con dicha intencionalidad, sino a imponderables que se pueden imputar a verdaderas situaciones ajenas a su voluntad, como fue que las partes sometidas al arbitraje iniciaron tratos con intención de solucionar la cuestión a debatir con propuesta de transacción incluida, lo que unido a la petición de alguna prueba, como*

43. Sobre lo que supone la sumisión a arbitraje institucional, *vid. supra* Cap. III, Ep. V.

44. Por ejemplo: STS, 26.4.1999, *RCEA*, 1999, pp. 244-249; SAP de Córdoba, 3.5.1999, *RCEA*, 1999, pp. 257-259; SAP de Burgos, 21.7.2000, *RCEA*, 2000-2001, pp. 227-234; SAP de Baleares, 22.2.2002, *RCEA*, 2003, pp. 227-232.

45. Entre otras: SAP de Madrid, 18.1.1998, *RCEA*, 1998, pp. 184-187; SAP de Madrid, 18.2.2000, *RCEA*, 2000-2001, pp. 172-176.

*era la aportación de la determinación del importe del carbón vendido, y la unión a los autos de las actas firmadas por todos los trabajadores especificando las primas satisfechas por la empresa;* ***hizo lógico tal retardo****"*[46].

El mismo criterio flexible adoptaron los tribunales en interpretación del artículo 37 LArb *anterior* a su reforma por la *Ley 11/2011*. Y si bien es cierto que no faltaron pronunciamientos anulando el laudo por este motivo, ciertos tribunales se hicieron eco de las circunstancias propias de cada caso para no anular el laudo por ese mismo motivo[47].

12.29. En cualquier caso, la cuestión que todavía plantea el artículo 37.2 LArb en sede de anulación es la de determinar si, en su virtud, puede anularse el laudo cuando: (i) en defecto de acuerdo entre las partes, aquél es dictado con posterioridad a los ocho meses previstos; y, (ii) existiendo acuerdo de las partes sobre la duración del procedimiento arbitral, aquél es dictado con posterioridad al plazo acordado.

12.30. La anulación del laudo en este segundo supuesto –laudo dictado con posterioridad a la fecha acordada– es posible a la luz del artículo 41 d/ LArb[48]. No obstante, deben ponderarse en este contexto las circunstancias o motivos que produjeron tal retraso. Si de la ponderación de esas circunstancias no puede eximirse la culpa de los árbitros en el retraso de su función, el laudo no sólo puede ser anulado, sino que, además, aquéllos pueden ser declarados civilmente responsables[49]. Del mismo modo, la anulación del laudo en el primer supuesto descrito –laudo dictado con posterioridad al plazo previsto en la Ley– también podría ser, en principio, posible. Cierto es que el tenor de la norma no favorece tal interpretación (*supra*), y cierto es también que la jurisprudencia ha destacado que *"el artículo 37.2 (Larb) establece taxativamente la validez del laudo arbitral, aun en caso de haber mediado tal circunstancia de extemporaneidad al dictarlo... y dictarlo fuera de plazo, en todo caso, no está previsto dentro de las causas tasadas de anulación del artículo 41 de la Ley de Arbitraje"*[50]. Además, las circunstancias y complejidad técnica que rodean ciertos supuestos –notificaciones, peritajes... – exigen una interpretación muy flexible de los plazos previstos en

46. STS, 26.4.1999, *RCEA*, 1999, pp. 244-249.

47. Así, SAP de Cantabria (Secc. 2.ª) Sentencia núm. 167/2005, 8.4.2005, AC 2005, 490; SAP de Madrid, 29.7.2005, ECLI:ES:APM:2005:9531.

48. También en este sentido, STSJ de Galicia, 23.2.2022, ECLI:ES:TSJGAL:2022:1390.

49. SAP de Madrid, 23.12.2008, ECLI:ES:APM:2008:19585. También es este el criterio en la jurisprudencia francesa, que ya ha reconocido expresamente tal responsabilidad si el laudo ha sido previamente anulado por este motivo. Al respecto *vid. supra* Cap. IX.

50. STSJ de Madrid, 30.7.2013, ECLI:ES:TSJM: 2013:11505 (con cita de jurisprudencia de otros TSJ en el mismo sentido).

el citado precepto. Con todo, estimo que en este particular contexto deben ponderarse una serie de circunstancias para, en su caso, valorar si procede o no la nulidad del laudo. En este sentido, un estudio de la jurisprudencia permite extractar, al menos, tres criterios relevantes que pueden llegar a justificar la nulidad del laudo: (i) la posible *indefensión* en la que pueda verse sometida alguna de las partes; (ii) las distintas *actitudes* que éstas adopten respecto del transcurso del plazo; y (iii) la *trascendencia* que ese retraso pueda tener para las mismas[51]. Si, desde la perspectiva que ofrecen estos tres criterios, se diesen dilaciones graves en el plazo para laudar sin justificación alguna, la nulidad del laudo (*ex* artículo 41 b/ LArb) podría considerarse.

### 5.3. Arbitrabilidad de la materia en perspectiva *internacional*

12.31. También requiere especial atención el motivo de anulación basado en la **inarbitrabilidad** de la materia cuando deba ser valorado en el marco de un arbitraje *internacional*. En efecto, como ya quedara expuesto[52], el artículo 9.6 LArb contiene una importante **excepción** en este contexto, pues establece con meridiana claridad que cuando "*el arbitraje fuere internacional, el convenio arbitral será válido y la controversia* ***será susceptible de arbitraje*** *si cumplen los requisitos establecidos por las normas jurídicas elegidas por las partes...* ".

12.32. Una vez constatado el **carácter *internacional* del arbitraje** y constatada también la aplicación de *normas jurídicas* (que engloba la *lex mercatoria*) al fondo de la controversia, parece obvio que el juez español no podrá ampararse en el motivo que constituye la *inarbitrabilidad* de la diferencia para anular el laudo arbitral cuando la materia en cuestión sí sea arbitrable conforme a las normas jurídicas elegidas por las partes. O dicho de otro modo, una acción de nulidad basada en la *no* arbitrabilidad de la materia no debe prosperar si se constata que el laudo ha sido dictado en el marco de un arbitraje *internacional* en el que se han aplicado *normas jurídicas* al fondo de la controversia que sí permiten la arbitrabilidad de la materia en cuestión. En efecto, si se constata el carácter *internacional* del arbitraje –*ad. ex.* porque la controversia afecte a intereses del comercio internacional– y, cumulativamente, la controversia se rige por un *derecho extranjero* a cuya luz se acepta la arbitrabilidad de la materia, el laudo dictado no debería ser anulado en aplicación de este motivo de nulidad. Único límite a esta afirmación es el juego de la cláusula de orden público: esto es, que la materia en cuestión pertenezca a un sector del

51. *Vid.* SAP A Coruña, 13.11.2006, ECLI:ES:APC:2006:2338 y SAP de Vizcaya, 5.5.2009, ECLI:ES:APBI:2009:1164 (con más referencias).

52. *Vid. supra* Cap. V.

ordenamiento jurídico que regule, o bien valores jurídicos fundamentales, o bien objetivos básicos del legislador[53].

## 6. ANULACIÓN PARCIAL Y PLAZO PARA EJERCER LA ACCIÓN DE ANULACIÓN

### 6.1. Anulación parcial

12.33. El tercer párrafo del artículo 41 contempla expresamente la posibilidad de proceder a una **anulación parcial** del laudo arbitral.

> **Artículo 41.3 LArb:**
>
> *En los casos previstos en los párrafos c) y e) del apartado 1, la anulación afectará sólo a los pronunciamientos del laudo sobre cuestiones no sometidas a decisión de los árbitros o no susceptibles de arbitraje, siempre que puedan separarse de las demás.*

12.34. La anulación *parcial* enunciada se refiere a dos motivos de nulidad concretos: extralimitación de los árbitros (incongruencia *extra petita* y otras manifestaciones) y arbitrabilidad. Efectivamente, puede que solo una parte de la controversia sea inarbitrable y puede también que la incongruencia o extralimitación se manifieste también de forma limitada[54]. De tal modo que la anulación del laudo pueda ser parcial. Sin embargo, la invalidez del convenio arbitral, la vulneración de los derechos de defensa o las irregularidades procedimentales (art. 41.1 a/, b/ y d/, respectivamente) constituyen motivos de anulación que invalidan automáticamente el laudo en su integridad; no son motivos de anulación, por tanto, que puedan considerarse de forma matizada de cara a una anulación parcial. Y así, por ejemplo, si el convenio arbitral es inválido, el laudo debe, en principio, anularse[55].

12.35. Ahora bien, no ocurre lo mismo con el *orden público* como motivo de anulación. En efecto, aunque el precepto no lo contemple, es innegable que la apreciación del orden público como motivo de anulación también

53. De hecho, a lo largo del proceso de gestación del CNY se consideró la posibilidad de prescindir de la inarbitrabilidad de la materia como motivo de denegación del laudo. Sobre esta cuestión *vid.* FOUCHARD / GAILLARD / GOLDMAN, *Traité de l'arbitrage commercial internacional*, 1996, Núm. marginal 1706.

54. Para un ejemplo de anulación parcial por aplicación del artículo 41.1.c/, STSJ del País Vasco, 13.12.2019, ECLI:ES:TSJPV:2019:3811; STSJ de Madrid, 17.1.2023, ECLI:ES:TSJM:2023:316.

55. Como excepción a lo arriba dicho, respecto del alcance del convenio arbitral y declarando la nulidad parcial del laudo, STSJ de Cataluña, 13.5.2022, ECLI:ES:TSJCAT:2022:5874. *Vid. supra* Cap. VIII (8.41).

puede ser parcial: los árbitros pueden vulnerar el orden público de distintas formas en un aspecto, cuestión o pronunciamiento concreto de la controversia, de tal forma que en el laudo pueda delimitarse el concreto ámbito de tal vulneración. Siendo esto así, y teniendo en cuenta que el artículo 41.3 LArb no recoge el orden público como motivo de anulación de apreciación parcial, se impone una interpretación teleológica del precepto basada en su auténtica *ratio*: la conservación, en la medida de lo posible, del laudo[56]. En consecuencia, debe admitirse la nulidad parcial del laudo por aplicación del orden público a un aspecto, cuestión o pronunciamiento concreto del mismo. De hecho, los tribunales aceptan con carácter general esta interpretación y, en consecuencia, han venido anulando parcialmente laudos arbitrales en aplicación de la excepción de *orden público*[57]. Único requisito en este contexto es que las cuestiones objeto de nulidad "*tengan sustantividad propia y no parezcan indisolublemente unidos a la cuestión principal*"[58]. Y así, por ejemplo, se ha procedido a anular únicamente un pronunciamiento concreto del laudo que, de aceptarse, hubiera supuesto tanto como consentir dos veces el mismo pago de una cantidad debida por un concepto determinado (certificaciones)[59]; un pronunciamiento concreto del laudo por infracción de las reglas de la carga de la prueba[60]; así como un pronunciamiento concreto del laudo por no aplicar a la cuestión específicamente debatida determinadas normas imperativas[61]. Del mismo modo, se ha anulado únicamente la parte del laudo relativa a los *intereses* fijados[62]; o la parte relativa a las costas, por imponerse sin una motivación "*que supere el canon de arbitrariedad o se acomode a las reglas de la lógica*"[63].

56. Ya en este sentido, CADARSO PALAU, "Artículo 41", en: GONZÁLEZ SORIA (Coor.), *Comentarios a la nueva Ley de Arbitraje*, Aranzadi, Cizur Menor, 2011, p. 593. *Vid.* también en el mismo sentido (basándose en el "principio de permanencia de los actos") las consideraciones del MF en la STC 65/2021, de 15 de marzo.

57. SAP de A Coruña, 15.3.2002, *RCEA*, 2003, pp. 256-259; STSJ de Madrid, 2.2.2016, ECLI:ES:TSJM:2016:702; STSJ de Madrid, 11.10.2016, ECLI:ES:TSJM:2016:10733; STSJ de Madrid, 13.12.2018, ECLI:ES:TSJM:2018:12822; STSJ de Madrid, 1.10.2019, ECLI:ES:TSJM:2019:9201; STSJ del País Vasco, 24.6.2021, ECLI:ES:TSJPV:2021:1331. Anulando el laudo respecto de una parte codemandada, STSJ de Madrid, 25.6.2021, ECLI:ES:TSJM:2021:7409.

58. Paradigmática, SAP de Sevilla, 20.12.1996, *RCEA*, 1998, pp. 111-114.

59. STSJ del País Vasco, 24.6.2021, ECLI:ES:TSJPV:2021:1331.

60. STSJ de Madrid, 12.2.2019, ECLI:ES.TSJM:2019:978.

61. STSJ de Madrid, 13.12.2018, ECLI:ES:TSJM:2018:12822.

62. STSJ de Andalucía, 12.1.2015, ECLI:ES:TSJAND:2015:826.

63. STSJ de Madrid, 11.10.2016, ECLI:ES:TSJM:2016:10733. En sentido similar, STSJ de Madrid, 21.1.2019, ECLI:ES:TSJM:2019:971.

### 6.2. Plazo para ejercer la acción de anulación

12.36. El plazo establecido por la LArb para ejercitar la acción de anulación es de dos meses. Para determinar el momento a partir del cual empieza a computarse dicho plazo habrá de estarse al artículo 5.b) LArb.

**Artículo 41.4 LArb:**

*La acción de anulación del laudo habrá de ejercitarse dentro de los dos meses siguientes a su notificación o, en caso de que se haya solicitado corrección, aclaración o complemento del laudo, desde la notificación de la resolución sobre esta solicitud, o desde la expiración del plazo para adoptarla.*

**Artículo 5. b) LArb:**

*Salvo acuerdo en contrario de las partes y con exclusión, en todo caso, de los actos de comunicación realizados dentro de un procedimiento judicial, se aplicarán las disposiciones siguientes:*

*...*

*b) Los plazos establecidos en esta ley se computarán desde el día siguiente al de la recepción de la notificación o comunicación. Si el último día del plazo fuere decisivo en el lugar de recepción de la notificación o comunicación, se prorrogará hasta el primer día laborable siguiente. Cuando dentro de un plazo haya de presentarse un escrito, el plazo se entenderá cumplido si el escrito se remite dentro de aquél, aunque la recepción se produzca con posterioridad. Los plazos establecidos por días se computarán por días naturales.*

La jurisprudencia es pacífica por lo que respecta a la naturaleza *civil o sustantiva* (no procesal) del plazo y a las consecuencias que de ello se derivan. En este sentido, desde el particular prisma de la acción de anulación[64]:

*Según vienen entendiendo los diversos tribunales que actualmente ostentan competencias en la materia y que han resuelto cuestiones similares... el mencionado plazo de dos meses desde la notificación del laudo para la interposición de la demanda de anulación es –al igual que los previstos para el ejercicio de las acciones de revisión de sentencias judiciales firmes (art. 512 LEC) o de reclamación de indemnización por error judicial (art. 293.1.a LOPJ), entre otras– un plazo de **caducidad** (no de prescripción) de naturaleza civil o sustantiva (no procesal).*

*Por su condición de tal, y al hallarse fijado por meses, dicho plazo debe computarse de fecha a fecha, según lo previsto en el art. 5 Cc, debiendo iniciarse su cómputo el día siguiente al de la recepción de la notificación*

64. *Vid.* además, *supra* Cap. VI.

*o comunicación del laudo (art. 5.b) LA), sin excluir el mes de agosto... que únicamente es inhábil a efectos procesales (art. 183 LOPJ), como tampoco los días festivos, sin perjuicio de considerar prorrogado el plazo hasta el primer día laborable siguiente, si el último fuera festivo en el lugar de recepción de la notificación o comunicación (art. 5.b) LA), incumbiendo a la parte que demanda la anulación del laudo la alegación y la acreditación de la observancia del plazo en el ejercicio de dicha acción y, en especial, la del dies a quo (ATS 1.ª 4 de diciembre de 2012 y STS 1.ª 43/2013 de 6 de febrero, FJ 3).*

*Además, como tal plazo de caducidad, **no es susceptible de interrupción o suspensión**, ni siquiera por el ejercicio de la propia acción ante órgano jurisdiccional incompetente (SSTS 1.ª 23 de septiembre de 2004... ) o por error judicial (SSTS 1.ª de 11 de mayo de 2001,... ).*

*Asimismo, la sujeción al breve plazo de caducidad establecido en el art. 41.4 LA alcanza a la acción anulatoria en su conjunto y a todos los motivos de anulación previstos en ella, según se desprende de la doctrina sentada en la STC 288/1993, de 4 de octubre*[65].

Por otro lado, cierta jurisprudencia ha aceptado expresamente la aplicación del artículo 135 LEC (plazo en gracia) en el contexto de la acción de anulación[66].

12.37. La sujeción a los plazos así descrita se erige en cuestión fundamental cuando lo realmente pretendido sea la anulación del **laudo de parcial o de jurisdicción**. Y así, por ejemplo, si lo que está en cuestión en anulación es la extensión de los efectos del convenio arbitral y tal cuestión ha sido resuelta en un laudo previo de jurisdicción, el plazo a tomar en consideración es el que se computa desde que se dicta este último laudo, y no el que empieza a computarse por un laudo posterior sobre el fondo de la cuestión[67].

12.38. Por fin, todavía en relación con el plazo ejercer la acción de anulación, la jurisprudencia ha matizado: (i) que la acción de anulación puede plantearse aun estando pendiente la aclaración del laudo[68]; (ii) que la fecha que recoge el laudo de aclaración o subsanación es la que configura

65. STSJ de Madrid, 29.10.2015; ECLI:ES:TSJM:2015:12654. *Vid*, también, STSJ de Madrid, 11.5.2022, ECLI:ES:TSJM:2022:5815; aceptando la caducidad de la acción, STSJ de Murcia, 2.3.2023, ECLI:ES:TSJMU:2023:171. Para un razonamiento exhaustivo sobre la naturaleza sustantiva del plazo, así como de la categoría jurídica de la *caducidad*: STSJ de Asturias, 20.2.2017, ECLI:ES:TSJAS:2017:858.

66. STSJ de Asturias, 20.2.2017, ECLI:ES:TSJAS:2017:858.

67. Expresamente en este sentido, STSJ de Madrid, 11.5.2022, ECLI:ES:TSJM:2022:5815.

68. STSJ de Madrid, 24.5.2018, ECLI:ES.TSJM:2018:2724.

el *dies a quo* para el cómputo del plazo de presentación de la demanda de anulación y que tal plazo debe suspenderse hasta que se resuelva sobre la petición de justicia gratuita (caso de solicitarse)[69]; y, (iii) que la falta de cualquier notificación sobre el procedimiento arbitral altera el plazo de caducidad que, en consecuencia, habrá de computarse desde el momento en que el actor tiene efectivo conocimiento de la existencia del laudo[70].

## 7. ACCIÓN DE ANULACIÓN Y PERVIVENCIA DEL CONVENIO ARBITRAL

12.39. La siguiente reflexión que se suscita en este contexto gira en torno a las consecuencias que la anulación del laudo tiene sobre la misma competencia del colegio arbitral. Es decir, si finalmente se estima la acción de anulación y se anula el laudo, ¿qué órgano es competente para resolver sobre el fondo de la controversia: el colegio arbitral o un tribunal judicial?

12.40. La respuesta a esta cuestión es aparentemente sencilla, y depende, básicamente, del motivo apreciado para determinar tal anulación. Así, parece obvio que, si la anulación del laudo se basa en la inexistencia o invalidez del convenio arbitral y/o en la inarbitrabilidad de la materia, la vía de la jurisdicción ordinaria queda abierta. Por el contrario, si el laudo fuera anulado –por ejemplo– por estimarse que la designación de los árbitros no se ajustó al acuerdo entre las partes, parece lógico deducir que debe retornarse a la vía arbitral para resolver la controversia. En efecto, en la medida en que esa circunstancia no afecta a la validez del convenio arbitral, y en la medida también en que éste sigue conservando su vigencia, debe instarse la vía arbitral para resolver el fondo de la controversia.

12.41. Tal es el criterio que asume la LArb 2003, pues al regular las consecuencias que se derivan de la expiración del plazo para dictar el laudo (art. 37.2), destaca expresamente que esta circunstancia "*no afectará a la eficacia del convenio arbitral*". En palabras de la AP de Madrid: "*en base a lo establecido en el citado artículo 37.2., (la vigencia o validez del convenio arbitral) no se ve afectada por la terminación de las actuaciones arbitrales y cese de los árbitros, por lo que nada obsta a que se pueda solicitar nuevamente la aplicación de la cláusula arbitral*"[71]. Y en el mismo sentido se pronunció el TS en su

69. STSJ de Madrid, 16.3.2022, ECLI:ES:TSJM:2022:3130.

70. STSJ de Castilla La Mancha, 14.10.2022, ECLI:ES:TSJCLM:2022:2690. No obstante *vid.* STSJ de Madrid, 11.10.2022, ECLI:ES:TSJM:2022:12221.

71. SAP de Madrid, 7.6.2011, ECLI:ES:APM:2011:8819. En sentido similar, aunque el laudo anulado tuviese su origen en un contrato de SWAP: AP de Burgos, 27.1.2017, ECLI:ES:APBU:2017:215A.

sentencia de 2.7.2007[72]. En su virtud, el retorno a la vía arbitral sólo puede impedirse "*en aquellos casos en los cuales el laudo arbitral haya sido objeto de anulación por una causa que comporte la imposibilidad de dictar nuevo laudo para resolver la cuestión controvertida*".

El Auto de la AP de Burgos de 27.1.2017 es muy esclarecedor a este respecto: Acepta la declinatoria de jurisdicción para someter nuevamente a arbitraje una controversia relativa a un contrato de Swap previamente resuelta en un arbitraje cuyo laudo fue anulado[73]. Esta interpretación está en línea con la jurisprudencia asentada por el TS en la citada sentencia de 2.7.2007.

12.42. Ahora bien, entre las circunstancias que pueden dejar expedita la vía de la jurisdicción ordinaria no sólo están la invalidez del convenio arbitral y la *no* arbitrabilidad de la materia. Atendiendo a las circunstancias fácticas que rodean al supuesto de hecho controvertido, y so pena de imponer una carga desproporcionada al justiciable, puede llegar a tener sentido primar la vía jurisdiccional sobre la arbitral. Pero en el bien entendido de que la regla general es la de primar la eficacia del convenio arbitral (art. 37.2 LArb).

De hecho, la STS de 2.7.2007 anteriormente citada impone la vía jurisdiccional frente al arbitraje tras constatar lo accidentado del supuesto de hecho. Pero sólo por ese motivo. Una atenta lectura de la sentencia en cuestión denota que el punto de partida del TS en estos supuestos es el de respetar la prevalencia del convenio arbitral.

12.43. La misma solución ha sido adoptada en el Derecho comparado. Paradigmático es, en este sentido, el § 1059.5 de la legislación procesal alemana.

## 8. PLANTEAMIENTO DE LA ACCIÓN DE ANULACIÓN (PROCEDIMIENTO)

12.44. Tal y como establece el artículo 42 LArb, la acción de anulación se sustancia por los cauces del ***juicio verbal***, sin perjuicio de que deban cumplirse ciertas especialidades[74]. Así, debe acompañar al escrito de demanda: (i) los documentos justificativos de la pretensión (sin necesidad

72. *SAR*, 1/ 2008, pp. 178-180 (con nota de GÓMEZ JENE). *Vid.* también, STS de 18.6.2008, ECLI:ES:TS:2008:3129.

73. Auto AP de Burgos, 27.1.2017, ECLI:ES:APBU:2017:215A.

74. Introducidas por la *Ley 11/2011, de 20 de mayo, de reforma de la Ley 60/2003, de 23 de diciembre, de Arbitraje y de regulación del arbitraje institucional en la Administración General del Estado* (*BOE* núm. 121, de 21.5.2011).

de formalismo alguno como, por ejemplo, su cita a modo recopilatorio en otrosí); (ii) el convenio arbitral y el laudo; y, en su caso, (iii) proposición de los medios de prueba cuya práctica interese el actor. Del escrito de demanda se da traslado al demandado para que conteste en un plazo de veinte días. En la contestación, acompañada de los documentos justificativos de su oposición, el demandado debe proponer todos los medios de prueba de que intente valerse. Con la finalidad de evitar en la medida de lo posible la celebración de la vista, el precepto citado contempla, además, el traslado al actor del escrito de contestación a la demanda y de los documentos que lo acompañen para que, en su caso, pueda presentar documentos adicionales o proponer la práctica de prueba. En el bien entendido de que en este momento no cabe más que complementar o precisar argumentos ya conocidos, sin que pueda introducirse ninguna alegación o petición nueva. Si, por el contrario, el actor introduce en este momento procesal elementos que alteren sustancialmente lo aportado en la demanda, debe darse al demandado traslado de los mismos para que alegue sobre ellos lo que en su derecho convenga[75].

12.45. En su caso, la parte demandada podrá interponer declinatoria de jurisdicción, ya sea internacional[76] o territorial, en los términos previstos en los artículos 63 a 65 LECiv[77].

12.46. El hecho de que ambas partes soliciten conjuntamente la celebración de **vista** no significa necesariamente que ésta deba celebrarse. En este punto, el artículo 42.1.c/ es aparentemente contradictorio. Así, el primer inciso del precepto parece indicar que la mera solicitud de celebración de vista por las partes implica que ésta debe celebrarse. Sin embargo, el inciso siguiente del precepto matiza que tal vista no se celebrará –por más que ambas partes lo soliciten– "*cuando la única prueba propuesta sea la de documentos, y éstos ya se hubieran aportado al proceso sin resultar impugnados, o en el caso de los informes periciales no sea necesaria la ratificación, el Tribunal dictará sentencia, sin más trámite*".

**Artículo 42.1.c) Larb:**

*c) Contestada la demanda o transcurrido el correspondiente plazo, el Secretario Judicial citará a la vista, si así lo solicitan las partes en sus escritos de demanda y contestación. Si en sus escritos no hubieran solicitado la*

75. Ya en este sentido, BARONA VILAR, "Artículo 42", en: BARONA VILAR, *Comentarios a la Ley de Arbitraje*, 2.ª Ed., 2011, Madrid, pp. 1804-1805.
76. Sobre la posibilidad de someter la acción de anulación a la jurisdicción de tribunales extranjeros, *vid. supra* Cap. VII.
77. Como ejemplo de supuesto de declinatoria territorial aceptada por el tribunal *vid.*, Auto TSJ de Madrid, 15.12.2020, ECLI:ES:TSJM:2020:633A.

*celebración de vista, o cuando la única prueba propuesta sea la de documentos, y éstos ya se hubieran aportado al proceso sin resultar impugnados, o en el caso de los informes periciales no sea necesaria la ratificación, el Tribunal dictará sentencia, sin más trámite.*

12.47. Por otro lado, y en la medida en que el tribunal puede apreciar de oficio causas de nulidad no invocadas por las partes (vulneración de los derechos de defensa, arbitrabilidad, orden público y, a mi juicio, la validez del convenio arbitral), es evidente que también podrá proponer prueba dirigida a verificar la concurrencia de una de esas posibles causas de nulidad[78].

***Nulidad de actuaciones***: El TSJ de Madrid ha aceptado en alguna ocasión el *incidente excepcional de nulidad de actuaciones* en el procedimiento de anulación del laudo arbitral[79]. Su tramitación sigue el cauce previsto en el artículo 228 LECiv (en relación con el artículo 241 LOPJ): es competente el TSJ que conoció de la anulación y debe ejercitarse en un plazo de veinte días desde que se notificó la sentencia que resolvió sobre la nulidad del laudo. Su admisión a trámite no afecta a la ejecución del laudo, salvo que de forma expresa se acuerde lo contrario. Si, por fin, se estima la nulidad, se repondrán las actuaciones al estado inmediatamente anterior al defecto que la haya originado. Así, por ejemplo, si la nulidad se basa en que no se escucharon dos de los cinco testigos inicialmente propuestos, bastará con que declaren los testigos rechazados. No es necesario, por tanto, con que vuelvan a declarar los que ya lo hicieron. Tanto contra la resolución por la que se inadmite a trámite el incidente, como contra la resolución que resuelva el incidente, no cabe recurso alguno.

**Costas del procedimiento (cuantía)**: Particularmente controvertido entre los TSJ es la cuestión relativa a la cuantía del procedimiento para calcular las costas, por los diferentes pareceres al respecto[80]. Para el TSJ de Madrid y otros –incluidas AP–, la

78. Se trata, en palabras del tribunal, de *"la consecuencia lógica y natural del deber de actuación que la Ley impone al Tribunal (art. 41.2 LArb)"*. Auto TSJ de Madrid, 22.3.2017, ECLI:ES:TSJM:2017:161A.

79. Auto TSJ de Madrid, 1.12.2015, ECLI:ES:TSJM:2015:662A y Auto de Aclaración TSJ de Madrid, 27.1.2016, ECLI:ES:TSJM:2016:1AA. También es fruto de la apreciación de un incidente de nulidad de actuaciones la STSJ de Madrid, 2.6.2016, ECLI:ES:TSJM:2016:6626. Sobre este incidente en un contexto de consideración de jurisprudencia posterior del TJUE, *vid.*, STC 151/2022, de 30 de noviembre.

80. Sobre esta cuestión, con más referencias, FLORES SEGURA / LÓPEZ CARMONA, "La cuantificación de los procedimientos de anulación de laudos arbitrales", *Diario La Ley*, 1.6.2022.

tasación de costas debe realizarse *"en función de la valoración del trabajo que realmente haya supuesto la representación y defensa, teniendo en cuenta todas las circunstancias que rodearon su intervención profesional, entre los que el interés económico de las cuestiones debatidas no es más que uno de los factores, junto al de la complejidad de la intervención profesional, entre otros"*. Y así, haciéndose eco de jurisprudencia del TS, ha establecido que *"la tasación debe ser una media ponderada y razonable dentro de los parámetros de la profesión, no solo calculada de acuerdo a criterios de cuantía, sino además adecuada a las circunstancias concurrentes en el pleito, el grado de complejidad del asunto, la fase del proceso en que nos encontramos, los motivos del recurso, la extensión y desarrollo del escrito de impugnación del mismo, la intervención de otros profesionales en la misma posición procesal y las minutas por ellos presentadas a efectos de su inclusión en la tasación de costas, sin que, para la fijación de esa media razonable que debe incluirse en la tasación de costas, resulte vinculante el preceptivo informe del Colegio de Abogados, ni ello suponga que el abogado que ha minutado no pueda facturar a su representado el importe íntegro de los honorarios concertados con su cliente por sus servicios profesionales"*. Sin embargo, para aquellas demandas en las que lo resuelto en el laudo carece de interés económico (*ad ex.* laudo sobre competencia) la cuantía habrá de considerarse como *indeterminada*[81].

Pese a lo anterior y como una de las últimas referencias (con alusión a la jurisprudencia de otros TSJ con diferente interpretación), el TSJ de Murcia ha matizado con mucho criterio que *"la acción de anulación de laudos arbitrales tiene, a la vista de los motivos tasados establecidos en el artículo 41 de la Ley de Arbitraje, una naturaleza formal y abstracta, desvinculada del concreto interés económico decidido en el procedimiento arbitral, cuya fiscalización de fondo le está vedada a esta Sala; razón por la que, a diferencia de éste, la pretensión de anulación del laudo ha de considerarse en todo caso de cuantía inestimable"*[82].

Y por lo que a la imposición de las costas se refiere, merece atención –por coherente– el criterio adoptado por algún TSJ: (1) TSJ de Madrid: sin anular el laudo, no impone las costas *"pues el caso planteado es controvertido en Derecho"*; y, pese a anular el laudo, no impone las costas a ninguna de las partes por estimar que *"han sido rechazadas dos de las pretensiones anulatorias de la actora. También repara la Sala en las dificultades de Derecho que el caso suscita en relación con la*

81. Auto TSJ de Madrid, 14.1.2015, ECLI: ES:TSJM:2015:686A.

82. Auto Aclaratorio TSJ de Murcia, 20.6.2018, ECLI:ES:TSJMU:2018:29AA; STSJ de Murcia, 21.2.2020, ECLI: ES:TSJMU:2020:588.

*determinación del orden público económico como motivo de anulación"*[83]; (2) TSJ de Cataluña: pese a anular el laudo, no impone las costas a ninguna de las partes por estimar que *"los defectos son imputables al laudo, siendo lógica la postura de la parte demandada defendiendo su validez (art. 394 de la LEC)"*[84]; o al establecer que *"no se imponen las costas de este procedimiento a ninguna de las partes ya que la acción de nulidad es estimada parcialmente, siendo razonable la postura de la demandada en pro del mantenimiento del laudo"*[85]; (3) TSJ de Andalucía: no impone las costas a ninguna de las partes: (i) *"al haber sido desestimadas varias de las causas de nulidad esgrimidas y no parecer injustificada la oposición a la demanda formulada al no tratarse de una causa de nulidad que pueda calificarse como patente"*[86]; o (ii) *"porque la apreciación de las causas de nulidad que se han considerado concurrentes ha requerido un análisis no exento de dudas jurídicas"*[87]; o (iii) *"por cuanto, al menos, en parte, la desestimación de la demanda ha dependido de una circunstancia posterior a su interposición e incierta en aquel momento, y teniendo en cuenta que en la jurisdicción penal no se consideró positivamente probada la certeza de la fecha"*[88]. Tampoco faltan pronunciamientos en los que se aprecia temeridad del demandante, *"al ejercitar la acción de anulación de laudo arbitral sin fundamento jurídico"*, con el consiguiente reflejo en las costas[89].

12.48. Por su parte, el párrafo segundo del artículo 42 LArb establece que frente a la sentencia que dicte el TSJ correspondiente en el marco de una acción de anulación **no cabe recurso alguno**.

Esta disposición es coherente con el límite que establecen los artículos 468 y 477.2 de la LECiv para el *recurso extraordinario por infracción procesal* y el *recurso de casación*. En efecto, es sabido que son recurribles por estos cauces las sentencias dictadas en *segunda instancia* por las Audiencias Provinciales. En cambio, debe repararse en que las resoluciones dictadas en los juicios verbales sobre anulación de laudos arbitrales son resoluciones dictadas en una única instancia. Así lo destacó en su momento el TS, cuando la competencia

83. Respectivamente, 16.12.2014, ECLI.ES:TSJM:2014:15736; STSJ de Madrid, 28.1.2015, ECLI.ES:TSJM:2015:1286.
84. STSJ de Cataluña, 23.5.2019, ECLI:ES:TSJCAT:2019:5729.
85. STSJ de Cataluña, 7.4.2022, ECLI:ES:TSJCAT:2022:3872.
86. STSJ de Andalucía, 6.10.2021, ECLI:ES:TSJAND:2021:17798.
87. STSJ de Andalucía, 15.11.2021, ECLI:ES:TSJAND:2021:17797. En el mismo sentido, STSJ de Andalucía, 29.6.2021, ECLI:ES:TSJAND:2021:9588.
88. STSJ de Andalucía, 17.6.2021, ECLI:ES:TSJAND:2021:9587.
89. STSJ de Castilla La Mancha, 21.3.2022, ECLI:ES:TSJCLM:2022:756.

para la anulación del laudo recaía en las Audiencias: "*la intervención de las Audiencias Provinciales no se contrae a la revisión de lo resuelto en una anterior instancia, sino al examen primero y único de la pretensión anulatoria, por lo que no se trata de una segunda instancia*"[90].

## III. RECONOCIMIENTO Y EXECUÁTUR DE LAUDOS ARBITRALES EXTRANJEROS

### 1. NORMA DE REMISIÓN (ART. 46 LARB)

12.49. La LArb no regula expresamente ni el procedimiento de reconocimiento / execuátur del laudo arbitral extranjero ni los motivos de denegación del reconocimiento / execuátur.

> **Artículo 46 LArb.** *Carácter extranjero del laudo. Normas aplicables.*
>
> *1. Se entiende por laudo extranjero el pronunciado fuera del territorio español.*
>
> *2. El execuátur de laudos extranjeros se regirá por el Convenio sobre reconocimiento y ejecución de las sentencias arbitrales extranjeras, hecho en Nueva York, el 10 de junio de 1958, sin perjuicio de lo dispuesto en otros convenios internacionales más favorables a su concesión, y se sustanciará según el procedimiento establecido en el ordenamiento procesal civil para el de sentencias dictadas por tribunales extranjeros.*

12.50. En relación directa con lo estipulado en el artículo 1 LArb, el primer párrafo de este precepto reafirma el *criterio territorial* que informa a la norma. Pero esta vez, desde la perspectiva del laudo arbitral. Así, y en virtud del citado criterio, se reputará como laudo interno –y por lo tanto sustraído al procedimiento de reconocimiento o execuátur– todo aquel laudo dictado en territorio español. Por el contrario, se reputará como laudo extranjero –y por tanto susceptible de ser sometido a aquel procedimiento– cualquier laudo que *no* haya sido dictado en dicho territorio. Ello será así con independencia de la nacionalidad, domicilio, o residencia habitual de las partes; esto es, con independencia de que ambas sean españolas o de que ambas tengan o no su domicilio o residencia habitual en España. En consecuencia, siempre que el laudo arbitral se dicte en el extranjero, para desplegar sus efectos en España deberá someterse al procedimiento de reconocimiento o execuátur.

12.51. Asentado este criterio, el segundo párrafo de la norma realiza una *remisión por referencia* al instrumento legal que regula, principalmente, los motivos de denegación del reconocimiento o execuátur del

90. Auto TS, 15.9.2006, ECLI:ES:TS:2006:14428A.

laudo arbitral. Se trata, en realidad, de una técnica de remisión ya utilizada en los ordenamientos jurídicos de nuestro entorno[91]. El texto al que con carácter general remite el precepto –Convenio de Nueva York de 1958 (CNY)– es, sin duda, el texto de referencia en materia de reconocimiento y execuátur de laudos arbitrales extranjeros. Tan es así, que la alusión que el tenor de este párrafo hace a "otros convenios internacionales más favorables" debe considerarse redundante, pues el CNY es el único Convenio *multilateral* aplicable en este ámbito. El procedimiento de reconocimiento y execuátur, por su parte, está regulado en la LCJI (*infra*).

12.52. En el concreto ámbito del ***Derecho del deporte*** debe tenerse en consideración el particular cauce establecido en la *Ley Orgánica 11/2021, de 28 de diciembre, de lucha contra el dopaje en el deporte*[92] para los laudos dictados sobre la materia incluida en su ámbito de aplicación. Así, la remisión que esta Ley hace a la LCJI debe entenderse hecha, por lo que a los motivos de denegación del reconocimiento o execuátur se refiere, al CNY.

> **Artículo 30.** *Efectos de las sanciones.*
>
> *8. El reconocimiento y ejecución de las sentencias firmes dictadas por los tribunales extranjeros en materia de dopaje y de los laudos dictados por tribunales arbitrales cuando no actúen como instancia de apelación de las decisiones de las federaciones deportivas internacionales o de la Agencia Mundial Antidopaje se ajustará a lo establecido en el título V de la Ley 29/2015, de 30 de julio, de cooperación jurídica internacional en materia civil, sobre el reconocimiento y ejecución de resoluciones judiciales y documentos públicos extranjeros, de la inscripción en Registros públicos, y de las normas internacionales aplicables en España.*
>
> *9. Durante la tramitación del correspondiente procedimiento de reconocimiento se suspenderán provisionalmente los efectos de la licencia del deportista en España en el supuesto de que la sanción fuese de suspensión o inhabilitación para competir, no pudiendo en ningún caso ser superior la duración de la suspensión provisional a la de la sanción de inhabilitación que se hubiere impuesto.*

## 2. EL CONVENIO DE NUEVA YORK (CNY): ÁMBITO DE APLICACIÓN

12.53. Tres son los ámbitos de aplicación del Convenio de Nueva York: reconocimiento/execuátur de laudos arbitrales, régimen general de la

91. *Vid.* § 1061.1 ZPO alemana y art. 194 de la Ley suiza de DIPr.
92. *BOE* núm. 312, 28.12.2021.

declinatoria[93] y reconocimiento del convenio arbitral[94]. En esta sede me ocuparé únicamente del primer ámbito citado, centrando la atención en los puntos más controvertidos: requisitos (art. IV CNY); motivos de denegación del reconocimiento y execuátur del laudo (art. V CNY), y alcance de la cláusula de compatibilidad (art. VII CNY).

12.54. Con carácter previo, sin embargo, conviene recordar que el CNY pretende favorecer en la máxima medida el reconocimiento o execuátur del laudo arbitral extranjero. Tal pretensión se manifiesta, por lo menos, en cuatro aspectos: (i) establece un número muy limitado de motivos de denegación del reconocimiento o execuátur (art. V); (ii) hace recaer sobre el demandado en el procedimiento de reconocimiento o execuátur la carga de la prueba (Art. V: *Sólo se podrá denegar el reconocimiento y la ejecución de la sentencia, a instancia de la parte contra la cual es invocada...* ); (iii) permite expresamente el reconocimiento o execuátur del *laudo arbitral recurrido* en el país de origen (Art. VI); y (iv) concede un amplio margen de discrecionalidad al juez del reconocimiento o execuátur.

12.55. Desde esta perspectiva, puede afirmarse que, en términos generales, la jurisprudencia española es muy favorable al execuátur del laudo arbitral extranjero[95].

> **Auto TSJ de Catalunya, 15.12.2016**[96]: *Hemos de establecer un principio favorable a la obtención del execuátur, en tanto se ha de partir de la presunción de la regularidad, validez y eficacia del laudo arbitral extranjero que solamente cede cuando se pruebe la concurrencia de alguna de las causas tasadas citadas que para la denegación del reconocimiento se establecen en el CNY, pero desplazando la carga de justificar la concurrencia del motivo o motivos que lo pudieran impedir hacia la parte frente a la que se pretende hacer valer la eficacia del laudo.*

12.56. La concesión de un amplio margen de discrecionalidad al juez del execuátur deriva del deseo de los redactores del Convenio de acabar con el *doble execuátur* del laudo arbitral imponía el *Convenio de Ginebra sobre reconocimiento y ejecución de sentencias arbitrales* de 26 de septiembre de 1927 –texto sustituido por el CNY– y, en cuya virtud, el laudo únicamente obtenía el execuátur en el país de destino si previamente había

93. *Vid. supra* Cap. III.
94. *Vid. supra* Cap. VIII.
95. De hecho, de cerca de cuarenta autos dictados por los TSJ en esta materia desde 2011, el execuátur del laudo ha sido denegado en una única ocasión: Auto TSJ de Madrid, 14.2.2017, ECLI:ES:TSJCAT:2017:136A.
96. Con cita de más autos en el mismo sentido, Auto TSJ de Catalunya, 15.12.2016, ECLI:ES:TSJCAT:2016:494A. En sentido similar, Auto TSJ Madrid, 28.9.2016, ECLI:ES:TSJM.2016:424A.

obtenido una declaración de ejecutividad en el país de origen. El CNY elimina de raíz ese doble control y hace recaer sobre el juez del Estado de destino la suerte del execuátur.

Por eso se afirma que el CNY es un texto basado en una concepción *multilocalisatrice* del arbitraje internacional; esto es, una concepción que concibe al arbitraje internacional fundado sobre una pluralidad de ordenamientos: todos aquellos en los que se pretenda el execuátur del laudo[97].

En nuestra práctica jurisprudencial, sin embargo, se ha denegado –*rectius*, pospuesto– el execuátur del laudo arbitral extranjero porque el mismo no obtuvo esa declaración de ejecutividad en el Estado de origen (Canadá)[98].

## 3. EL ARTÍCULO IV CNY: REQUISITOS

12.57. El artículo IV CNY regula los elementos que deben aportarse junto con la demanda de reconocimiento o execuátur del laudo extranjero. En tanto que norma convencional, su aplicación desplaza la norma interna. Por tanto, y aunque exista cierta jurisprudencia afirmando lo contrario, el artículo 399 LECiv no es aplicable en este contexto[99]. Con buen criterio, la doctrina y jurisprudencia comparada entiende que estos requisitos no deben considerarse "condiciones de admisibilidad" de la demanda de execuátur, sino mera "prueba" para iniciar el procedimiento[100].

**Artículo IV CNY:**

1. *Para obtener el reconocimiento y ejecución previstos en el artículo anterior, la parte que pida el reconocimiento y la ejecución deberá presentar, junto con la demanda:*

   a) *El original debidamente* ***autenticado*** *de la* ***sentencia*** *o una copia de ese original, que reúna las condiciones requeridas para su autenticidad.*

   b) *El original del* ***acuerdo*** *a que se refiere el artículo 2.º o una copia que reúna las condiciones requeridas para su autenticidad.*

97. Por todos, GAILLARD, *Aspects philosophiques du droit de l'arbitrage international*, Boston, 2008, pp. 47-60.
98. Auto TSJ de Madrid, 14.2.2017, ECLI:ES:TSJCAT:2017:136A.
99. *Vid.*, Auto TSJ de Madrid, 18.4.2018, ECLI:ES:TSJM:2018:113A.
100. *OLG* Munich, *Beschluss*, 20.12.2019, *SchiedsVZ*, 2020, pp. 145-147; esp. p. 146 (con nota de PIKA).

2. *Si esa sentencia o ese acuerdo no estuvieran en un idioma oficial del país en que se invoca la sentencia, la parte que pida el reconocimiento y la ejecución de esta última deberá presentar una* ***traducción*** *a ese idioma de dichos documentos. La traducción deberá ser* ***certificada por un traductor oficial o un traductor jurado****, o por un agente diplomático o consular.*

12.58. Varias son las cuestiones que suscita este precepto. En primer lugar, se constata que dos son los *elementos* que deben aportarse junto con la demanda de reconocimiento o execuátur: laudo arbitral –o copia autenticada del mismo– y convenio arbitral –o copia autenticada del mismo–. En segundo lugar, el carácter de la traducción (jurada o privada).

### 3.1. Copia autenticada del laudo y del convenio arbitral

12.59. Por más que la exhibición de esos documentos pueda considerarse un ejemplo de economía documental, no es menos cierto que la aportación en este momento procesal del convenio arbitral –o su copia autenticada– no parece un requisito necesario. Menos aún si se interpreta este requisito como "condición de admisibilidad" de la demanda de reconocimiento o execuátur. En efecto, es difícilmente discutible que la **aportación del convenio arbitral** (o de la copia autenticada debidamente legalizada) en este estadio del procedimiento de execuátur puede constituir una fuente adicional de problemas. Piénsese, por ejemplo, en los supuestos en que el convenio es fruto de un intercambio de telegramas, o en la referencia genérica al convenio arbitral contenido en el reverso de un contrato junto con las condiciones generales de la contratación. Además, de la necesaria autentificación de su copia pueden derivarse importantes dificultades, pues pretender la autentificación de la copia de un convenio arbitral concebido a partir de un intercambio de telegramas o de correos electrónicos puede traer aparejados toda una cadena de inconvenientes, e incluso devenir en un trámite de imposible cumplimiento. Por ello, es en principio deseable que la exigencia de este requisito sea interpretada de la forma más generosa posible, entendiendo que el mero incumplimiento de alguna exigencia puramente formal no puede dar al traste con el reconocimiento o execuátur del laudo arbitral. A mayor abundamiento, puede incluso afirmarse que la exhibición del convenio arbitral no parece, *a priori*, un requisito que deba ser indispensable para iniciar el proceso de homologación, sino más bien un elemento cuya hipotética invalidez pudiera configurar una causa de denegación del execuátur. Es en este contexto donde, en realidad, debe cobrar relevancia el convenio arbitral, y no en el estadio previo –inicio del procedimiento–.

12.60. Tal interpretación flexible ha sido expresamente asumida por la **jurisprudencia** comparada. Así, por ejemplo, cierta jurisprudencia alemana ha recalcado expresamente que la validez del convenio arbitral a los efectos de la aplicación del artículo IV es irrelevante. De tal forma que se considera cumplido el requisito que este precepto impone cuando se aporta el contrato que contiene una cláusula de remisión general a las CGC donde está inserto el convenio arbitral[101]. En sentido similar, el TS austríaco ha interpretado que queda cumplido el requisito de exhibición del convenio arbitral cuando se presenta una copia simple del mismo y ésta no es cuestionada[102].

12.61. La jurisprudencia de nuestro Alto Tribunal en este contexto ha sido aparentemente más formalista, pues en ciertas resoluciones ha insistido en la necesidad de aportar el convenio arbitral debidamente legalizado. En palabras del TS, la "*presentación por el solicitante se erige en presupuesto necesario para poder dictar una resolución sobre el objeto de este especial procedimiento homologador*"[103]. Esto último con muchos matices. Así, en algunos supuestos el TS ha denegado el execuátur del laudo arbitral en aplicación del artículo IV CNY, por entender que: "*la aplicación del principio de economía procesal aconseja que se prescinda de tal posibilidad de subsanación, toda vez que aun en el supuesto de que se procediera a la misma, el execuátur solicitado habría de denegarse al no haber logrado aportar la solicitante los documentos que permitiesen sostener sin ambages que en semejante relación contractual se incluía la cláusula compromisoria que motivó el procedimiento arbitral*"[104]. Sin embargo, en otros supuestos, ha entendido que se cumple la exigencia del artículo IV CNY cuando se aporta copia del contrato y de las "*Condiciones Estándar, entre las cuales se halla la relativa a la sumisión a arbitraje en Los Ángeles*"[105]. Y en esta misma línea ha llegado incluso a eximir de este requisito a la parte demandante del execuátur, tras constatar la voluntad de la parte demanda de someterse a arbitraje: "*Los únicos documentos que la parte demandante ha acompañado son, por una parte, una confirmación de contrato... conteniendo en la cláusula 6 del apartado 'OTRAS CONDICIONES' la referencia a arbitraje en Londres según Fosfa 11, confirmación en la que no aparecía rubrica alguna... . Sin embargo, y a efectos de verificación del cumplimiento del requisito examinado, no resulta posible desconocer el comportamiento seguido por la sociedad oponente en el curso del procedimiento arbitral*

101. *OLG* Schleswig, *Beschluss* del 30.3.2000, *RIW*, 2000, pp. 706-709. En sentido similar, *OLG* Munich, *Beschluss*, 20.12.2019, *SchiedsVZ*, 2020, pp. 145-147 (con nota de PIKA).
102. *OGH*, 3.9.2008, *IPRax*, 2009, pp. 352-354 (con comentario de OTTO, pp. 362-364).
103. Autos TS, 1.4.2003, ECLI:ES:TS:2003:3649A y 26.10.2004, ECLI:ES:TS:2004:12148A.
104. Auto TS, 1.4.2003, ECLI:ES:TS:2003:3649A.
105. Auto TS, 31.5.2005, ECLI:ES:TS:2005:6700A.

*al comparecer ante el órgano arbitral, no sólo no oponiéndose a la competencia del Tribunal Arbitral, sino discutiendo el fondo de la cuestión planteada y formulando reconvención, debiendo concluirse de dichos actos el conocimiento y aceptación de la sumisión a arbitraje"*[106].

La jurisprudencia más reciente de los TSJ, por su parte, se muestra particularmente sensible a las formas de contratación de cada sector. Y desde esta perspectiva ha matizado que en el ámbito del Derecho marítimo: "*La autenticidad se alcanza con la presentación de la copia del correo electrónico y la declaración escrita del Corredor que intervino, pues no cabe exigir otros instrumentos auténticos debido al modo normal de contratación de las pólizas de fletamento"*[107].

12.62. Cuestión particularmente controvertida en la interpretación de este precepto es la que gira en torno a **la ley a cuya luz debe apreciarse la autenticidad del laudo** –o convenio– arbitral[108]. La cuestión así planteada no ha recibido una respuesta unánime. Ni desde el punto de vista doctrinal, ni desde el punto de vista jurisprudencial. Así, para un determinado sector, la autenticidad del laudo se determinará siempre de acuerdo con las disposiciones internas del Estado de destino; de tal modo que únicamente tendría aplicación la regla *locus* cuando así lo determinase la legislación del Estado ante el que se insta el reconocimiento o execuátur[109]. Sin embargo, otra corriente doctrinal aboga por flexibilizar aquel criterio e interpretar que el silencio del CNY debe entenderse como una opción que se ofrece al tribunal que conoce del reconocimiento o execuátur. Tal interpretación incluso ha encontrado cierto refrendo jurisprudencial, pues existen supuestos relevantes en los que el tribunal, adoptando un criterio atípicamente flexible, ha delegado en la parte interesada en el reconocimiento o execuátur del laudo la elección de la ley aplicable a la autentificación de los documentos que acompañan a la demanda[110]; y, desde esta perspectiva, ha dado por buena la autentificación de los citados documentos cuando ésta se haya llevado a cabo en aplicación de la ley del lugar en el que se dictó el laudo[111].

106. Auto TS, 4.3.2003, ECLI:ES:TS:2003:2447A.
107. Auto TSJ de Andalucía, 28.10.2014, ECLI:ES:TSJAND:2014:161A. No obstante *vid.*, Auto TSJ de Cataluña, 19.9.2019, ECLI:ES:TSJCAT:2019:570A.
108. A diferencia de su predecesor, el *Convenio sobre reconocimiento y ejecución de sentencias arbitrales*, hecho en Ginebra el 26 de septiembre de 1927, cuyo art. 4.1 asentaba la regla *locus*.
109. Paradigmática: *Corte di Apello* de Milán, 21.12.1979, *YCA*, 1982, p. 339.
110. *Oberste Gerichtshof* (Tribunal Supremo) austriaco, 11.6.1969, *YCA*, 1977, p. 232.
111. *Oberste Gerichtshof* (Tribunal Supremo) austriaco, 26.11.1997, *IPRax*, 2000, pp. 429-431 (con nota crítica de HAAS, pp. 432-435); *Supreme Court of Appeal* (Bulgaria), 23.2.1999, *YCA*, 2000, pp. 678-682.

En mi opinión, a falta de disposición convencional, la opción más correcta pasa por aplicar el derecho del Estado requerido, pues el procedimiento de autentificación del laudo se inscribe en un procedimiento más amplio de reconocimiento o execuátur que se regula por el derecho de ese Estado. En consecuencia, entiendo que, a la luz del artículo 54 de la LCJI, la autenticidad del documento debe observar los requisitos que impone el ordenamiento jurídico español. Ahora bien, lo anterior no obsta para que, situados en este ámbito, los tribunales deban adoptar un criterio flexible acorde con el objetivo principal del Convenio. Desde esta perspectiva, entiendo criticables aquellas resoluciones judiciales que, interpretando rigurosamente el requisito de la autentificación, han rechazado el reconocimiento o execuátur del laudo por el hecho de que la autenticidad de la copia se circunscribiera únicamente a las firmas de los árbitros y no a todo su contenido[112]; por el hecho de que la copia no incorporara el nombre de los árbitros[113]; por el hecho de que el convenio arbitral contenido en las condiciones generales de un contrato no hubiera sido debidamente autenticado[114]; o, finalmente, por la falta de legalización de una única firma en un laudo arbitral dictado por tres árbitros[115]. Mucho más acorde con el mencionado objetivo resultan, sin embargo, aquellas otras resoluciones judiciales que han considerado como documento equivalente a la copia autenticada del laudo la *ordonnance d'exequatur* emitida por un tribunal francés, debidamente legalizada de acuerdo con el Convenio de La Haya de 1961[116]; las que han aceptado la competencia del cónsul del Estado requerido para autenticar el laudo o la firma del notario que lo autentifica[117]; como aquellas otras que han reconocido un amplio abanico de instituciones oficiales para otorgar dicha autentificación[118].

12.63. A la misma actitud favorable de cara a la consecución de los objetivos convencionales responde aquella jurisprudencia que rechaza expresamente la configuración de **requisitos adicionales** a los tasados en el tenor del artículo IV CNY. Y es que, existe práctica unanimidad –tanto en la jurisprudencia como en la doctrina– en considerar como requisitos

112. *OLG* Colonia, 10.6.1969, *YCA*, 1977, p. 236.

113. *Idem.*

114. *Corte di Appello* de Trieste, 2.7.1982, *YCA*, 1985, pp. 463.

115. *Corte di Cassazione*, 14.3.1995, *YCA*, 1996, pp. 607-609.

116. OLG Hamburgo, 21.5.1969, *YCA*, 1977, p. 236.

117. Tribunal de *Grande Instante* de Estrasburgo, 9.10.1970, *YCA*, 1977, p. 244; *Corte di Appello* de Brescia, 27.12.1980, *YCA*, 1983, p. 384.

118. Por ejemplo, la *Secretary of the London Metal Exchange* (sentencia del *Hanseatisches Oberlandesgericht* de Hamburgo, 27.7.1978, *YCA*, 1979, p. 267); o, la Secretaría del *Vereins der Getreidehändler* de la Bolsa de Hamburgo (sentencia del *Tribunal de Grande Instante* de Estrasburgo, *Rev. Arb.*, 1970, p. 170).

exigibles únicamente los enunciados en el citado artículo. Por tanto, no es correcto exigir en este contexto la copia autenticada de la confirmación del laudo emitido por el tribunal judicial del lugar donde aquél fue dictado[119], o la traducción del laudo al idioma de la parte demandada[120].

### 3.2. Traducción

12.64. Otra cuestión especialmente polémica en este contexto es la que gira en torno a la obligatoriedad de aportar la **traducción jurada** de los *elementos* enunciados. En claro retroceso respecto de lo estipulado en el Convenio de Ginebra de 1927 y ajeno a las corrientes actuales en materia de reconocimiento o execuátur, llama poderosamente la atención el hecho de que el CNY se haya decantado explícitamente por exigir la traducción jurada de los documentos anteriormente estudiados.

A este respecto, cabe señalar que, pese a la contundencia con que se expresa el artículo IV CNY, un minoritario sector doctrinal, partiendo de concepciones inspiradas en la utilidad práctica del Convenio, considera que su aplicación solo procede cuando la traducción sea necesaria para facilitar la labor del juez; para esta concepción, pues, la traducción no tiene carácter obligatorio[121]. Tal postura doctrinal fue en un primer momento asumida de forma excepcional por algún tribunal que, teniendo muy presente el fin último del texto neoyorquino, procedió al reconocimiento del laudo sin exigir ningún tipo de traducción[122]. En la actualidad, puede afirmarse que dicha interpretación flexible se expande con fuerza en los Estados de nuestro entorno. Y ello, tanto por vía legislativa como por vía jurisprudencial. Así, y como referente legislativo más inmediato, cabe citar la Ley de arbitraje sueca, cuyo legislador ya quiso eximir del requisito de traducción a todos aquellos laudos dictados en noruego, danés e inglés[123]. Y por lo que hace al referente jurisprudencial –perfectamente extrapolable al sistema español, como a continuación se verá– cabe traer a colación la jurisprudencia alemana[124]; jurisprudencia que acepta

119. Para una interpretación correcta en este sentido, *vid.*: *Tribunal de Première Instance* de Bruselas, 25.1.1996, *YCA*, 1997, p. 647; *Cour d'Appel* de Bruselas, 24.1.1997, *YCA*, 1997, pp. 657-658.
120. También correctamente: *Court of Appeal* de Atenas, *YCA*, 1976, pp. 186-187.
121. SCHLOSSER, Anhang § 1061, Núm. marginal 70, en: STEIN / JONAS, *Kommentar zur Zivilprozeßordnung*, 22.ª Ed..
122. *President of the District Court* de Amsterdam, 12.7.1984, *YCA*, 1985, p. 488.
123. *Vid.* von PACHELBEL-GEHAG, *Das reformierte deutsche und schwedische Schiedsverfahrensrecht*, Frankfurt am M., 2002, pp. 204-209.
124. *Vid. BGH* (Tribunal Supremo), *Beschluß*, 25.9.2003 – III ZB 68/02, *IHR*, 6/2003, pp. 298-299; *SAR*, N.º 3/2008, pp. 131-133 (con nota de GÓMEZ JENE); *OLG* Munich, 23.2.2007, *YCA*, 2008, pp. 517-523; *OLG* Celle, 31.5.2007, *YCA*, 2008, pp. 524-533.

expresamente, incluso de oficio, la aplicación del artículo VII CNY –cláusula de compatibilidad– en este contexto. Ello significa, por tanto, que las disposiciones procesales pertinentes del derecho procesal alemán –a la sazón, menos formalistas– desplazan la aplicación del citado artículo IV.2 y que, en consecuencia, la traducción privada es posible[125].

12.65. Desde la perspectiva española, y sin perjuicio de lo que posteriormente se diga sobre el ámbito de aplicación del artículo VII CNY, lo cierto es que la aplicación de este precepto en este estadio del reconocimiento o execuátur es tan posible como aconsejable, pues conduce finalmente a la aplicación del artículo 144 LECiv (*vid.* art. 54.4.d/ LCJI); artículo que –recordémoslo– autoriza expresamente **la traducción privada** del documento pertinente: en nuestro caso, el laudo. En consecuencia, a diferencia de lo que ocurre en algunos Estados de nuestro entorno, donde ya ni la misma traducción del laudo es exigible, en el sistema español de reconocimiento o execuátur la traducción del laudo y del convenio arbitral sigue siendo necesaria. En el bien entendido, sin embargo, de que una traducción privada debería ser suficiente.

12.66. De no aceptarse esta interpretación, esto es, de permanecer anclado al tenor del artículo IV.2 sin aceptar las posibilidades que brinda el artículo VII, cabría preguntarse todavía si el traductor competente debería ser el traductor del Estado de origen o el del Estado de destino. Pues bien, en principio, la competencia de cualquiera de ellos puede ser admitida, lo que no obsta para intuir que la competencia del traductor del Estado de destino es la que mejor garantiza su aceptación por el tribunal. El TS, por su parte, ha considerado suficiente a estos efectos que la traducción hubiera sido realizada por persona con el título de "*traductor oficial e intérprete jurado*", aunque aquélla no hubiera cumplido "*las prevenciones establecidas en el Reglamento para las tareas realizadas por la Oficina de Interpretación de Lenguas del Ministerio de Asuntos Exteriores*"[126].

## 4. MOTIVOS DE DENEGACIÓN DEL EXECUÁTUR Y MOTIVOS DE ANULACIÓN DEL LAUDO: ARTÍCULO V CNY Y ARTÍCULO 41 LARB

12.67. Los **motivos** que excepcionalmente pueden conducir a la denegación del reconocimiento o execuátur del laudo arbitral están enumerados

125. En concreto se trata de los §§ 1025.4 y 1064.3 ZPO. Especialmente relevante es este último precepto, pues no es que ya no exija traducción jurada, es que ni siquiera exige traducción.

126. Auto TS del 14.1.1983 (con nota de VIRGÓS SORIANO), *RCEA*, 1984, p. 182. En igual sentido, *Corte di Appello* de Mesina, 19.5.1976, *YCA*, 1980, pp. 266-267.

en el artículo V CNY. Constituyen, en principio, una *lista cerrada* de motivos, lo que –al menos teóricamente– impide que los Estados parte puedan exigir motivos adicionales previstos en sus Derechos internos. Se dividen, también en principio, en dos grupos: (1) aquellos que deben ser invocados por la parte demandada; y, (2) aquellos que son apreciables de oficio por el Tribunal.

12.68. Los motivos que, en principio, deben ser invocados por la parte demandada son: (a) invalidez del convenio arbitral; (b) vulneración de los derechos de defensa; (c) incongruencia entre el contenido del laudo y el del convenio arbitral; (d) irregularidades en la composición del tribunal arbitral y/o en el procedimiento arbitral; y, por último, respecto del laudo, (e) que no sea aún obligatorio para las partes o que haya sido anulado o suspendido por una autoridad competente del país en que, o conforme a cuya Ley, ha sido dictado. Los motivos, en principio, apreciables de oficio son: (a) la no arbitrabilidad de la controversia y (b) la contrariedad con el orden público del Estado requerido. Y decimos "en principio" porque, por exigencia del TEDH, la lista de motivos de denegación del reconocimiento o execuátur invocables por el demandante y los apreciables de oficio deben ser objeto de una importante reinterpretación. En efecto, del mismo modo que ocurre en el contexto de la anulación del laudo, en la medida en que el TEDH ha establecido que la revisión del convenio arbitral es cuestión de *orden público* que requiere, además, de un examen particularmente *intenso*, es evidente que el motivo de denegación del reconocimiento o execuátur basado en la invalidez del convenio arbitral es perfectamente subsumible en el motivo de denegación del *orden público*; o lo que es lo mismo, el motivo de denegación basado en la invalidez del convenio arbitral es apreciable de oficio[127].

12.69. De una primera lectura de los motivos enunciados se deduce ya que la **revisión de fondo del laudo arbitral** queda descartada. Afirmación que, aun siendo tan válida en sede de *reconocimiento o execuátur* como en sede de *anulación*, no deja de presentar dificultades de apreciación práctica (*infra*).

### 4.1. *Excurso*: un motivo adicional y una reinterpretación

12.70. Antes de proceder al estudio de cada uno de los motivos enumerados, se imponen dos importantes aclaraciones. Una relativa al número de motivos de denegación del reconocimiento o execuátur del laudo; otra relativa a una necesaria reinterpretación del motivo de denegación consistente en la vulneración de los derechos de defensa.

127. *Vid. supra* Cap. VIII.

12.71. En efecto, respecto de la primera aclaración, explicábamos anteriormente que la lista que recoge el artículo V CNY debe entenderse como una **lista cerrada**; circunstancia que, al menos desde un punto de vista teórico, supone tanto como rechazar la posibilidad de que los tribunales que conozcan del reconocimiento o execuátur puedan recurrir a otros motivos de denegación que no sean los anteriormente citados. Pues bien, debe advertirse desde este momento que para dar acogida a otros motivos de denegación, como pueden ser la apreciación o constatación de un supuesto de "**litispendencia**" o la existencia de una sentencia –o laudo– dictado en el foro **inconciliable** con el laudo cuyo reconocimiento o execuátur se solicita, el TS extiende –a mi juicio, correctamente– el alcance de la noción de orden público para dar cabida en este motivo a esos supuestos. Repárese, no obstante, que los instrumentos más modernos en materia de reconocimiento y ejecución prevén como motivos específicos de denegación tanto la litispendencia como el carácter inconciliable de la resolución extranjera[128]. La "petrificación" del CNY –dificultad de actualizar sus preceptos– exige por tanto que, en su aplicación, la noción de orden público abarque estos supuestos.

12.72. La segunda aclaración que sugiere el artículo V CNY –aclaración parcialmente motivada por la entrada en vigor de la LArb– es la que gira en torno a la **carga de la prueba ante una posible vulneración de los derechos de defensa**. En efecto, por más que el citado artículo V CNY haga recaer la carga de esta prueba sobre la parte demandada, deben tenerse presente en este contexto dos circunstancias ciertamente relevantes. La primera circunstancia dimana de la misma jurisprudencia del Tribunal Supremo, en cuya virtud "*el examen de la concurrencia o no de la vulneración de los derechos constitucionales de audiencia y defensa y la correlativa proscripción de la indefensión supone que al informar éstos el orden público procesal interno puedan y deban ser examinados sin necesidad de denuncia de parte*"[129]. En directa relación con esta línea jurisprudencial, la segunda circunstancia relevante concierne al giro legislativo que en materia de anulación del laudo arbitral ha introducido el legislador. Y es que, en claro distanciamiento con lo estipulado en el citado precepto convencional, la nueva LArb permite expresamente un control de oficio de los derechos de defensa en sede de anulación (*supra*). En consecuencia, por más que el tenor del artículo V CNY sea meridianamente claro en lo que a la carga de la prueba se refiere, en virtud de la jurisprudencia del TS y de la nueva LArb, parece correcto admitir que, en determinados supuestos, aquella carga deberá ser asumida por la parte demandante del execuátur o incluso por el tribunal de oficio.

128. *Vid. infra* Ep. 4.10.

129. Auto TS, 24.11.1998 (con nota de MICHINEL ÁLVAREZ), *RCEA*, 1999, pp. 302-303.

12.73. Por fin, debe insistirse también en este contexto en que el hecho de que el laudo haya sido dictado **fuera de plazo** no supone necesariamente que deba denegarse su reconocimiento o execuátur[130]. Tal circunstancia podría –en casos extremos– justificar la aplicación de la cláusula de *orden público*.

12.74. A partir de lo hasta aquí dicho, procede analizar de forma individualizada los motivos de denegación del reconocimiento, execuátur / anulación que, *prima facie*, pueden ser invocados por la parte demandada en el procedimiento de reconocimiento o execuátur –o acción de anulación–.

### 4.2. Invalidez del convenio arbitral (art. V.1.a/ CNY –art. 41.1.a/ Larb–) (remisión)

12.75. La invalidez del convenio arbitral como motivo de denegación del execuátur o anulación de laudo está previsto, respectivamente, en el artículo V.1.a/ CNY y en el artículo 41.1.a/ LA:

**Artículo V.1.a/ CNY:**

1. *Solo se podrá denegar el reconocimiento y la ejecución de la sentencia, a instancia de la parte contra la cual es invocada, si esta parte prueba ante la autoridad competente del país en que se pide el reconocimiento y ejecución:*

    a) *Que las partes en el acuerdo a que se refiere el artículo II estaban sujetas a alguna incapacidad en virtud de la ley que es aplicable o que dicho acuerdo no es válido en virtud de la ley a que las partes lo han sometido, o si nada se hubiera indicado a este respecto, en virtud de la ley del país en que se haya dictado la sentencia;*

**Artículo 41.1.a/ LArb:**

1. *El laudo solo podrá ser anulado cuando la parte que solicita la anulación alegue y pruebe:*

    a) *Que el convenio arbitral no existe o no es válido.*

12.76. En este contexto –**invalidez del convenio arbitral**–, las reflexiones hechas en el Capítulo VIII tanto en torno a la validez material y formal del convenio a la luz del artículo 9 LArb, como sobre el carácter de norma de conflicto del artículo V.1.a/ CNY, son perfectamente extrapolables al concreto contexto del reconocimiento o execuátur, por lo que nos remitimos a lo allí dicho. Interesa, con todo, insistir en la idea de que, en sede de

130. Auto TSJ de Madrid, 23.1.2018, ECLI:ES:TSJM:2018:14A.

reconocimiento o execuátur, la validez formal del convenio arbitral debe constatarse, en principio, a la luz del artículo II CNY. No obstante, en caso de ser más favorable la norma del ordenamiento interno del Estado de destino para el reconocimiento del convenio arbitral (en España, artículo 9 LArb), por aplicación del artículo VII CNY podrá ser la norma interna y no el artículo II CNY la norma finalmente aplicable a la validez formal del mismo[131]. Por tanto, pese a que el artículo V.1.a/ CNY haga referencia a la ley del lugar del arbitraje, la posible aplicación del artículo VII CNY permite, a su vez, una remisión a la ley del Estado de destino para determinar la validez del convenio arbitral. Y así, si el reconocimiento o execuátur se insta en España, es posible apreciar dicha validez a la luz del artículo 9 LArb.

> La reflexión anterior solo tiene recorrido, claro está, en aquellos supuestos en los que, o bien *no* se haya instado la anulación del laudo en el Estado de origen en aplicación de este motivo, o bien se haya instado pero no haya sido apreciada tal validez / invalidez. En el contexto de la acción de anulación en el Estado de origen, el tribunal aplica, de ordinario, la *lex arbitri* para determinar la validez / invalidez del convenio.

12.77. Cabe advertir también que cierta jurisprudencia, en interpretación literal del artículo 41.1.a/ LArb, ha entendido –a mi juicio erróneamente– que, en la medida en que el precepto únicamente prevé como causa de anulación el hecho de que el convenio arbitral *no* exista o *no* sea válido, dicha acción solo cabe "*contra el laudo que desestime la inexistencia del convenio arbitral; no, en el caso contrario*"[132]. En sentido similar, se argumenta –también de forma errónea– que entrar a evaluar el juicio del árbitro sobre la invalidez o ineficacia del convenio arbitral supondría tanto como infringir el principio de *kompetenz-kompetenz*[133]. De tal forma que, según esta jurisprudencia, solo cabría la acción de anulación frente al laudo –de jurisdicción, parcial o final– que considerase válido el convenio arbitral y no frente al laudo que lo considerase inválido. Tal planteamiento no puede aceptarse, pues de la misma forma que negar el cauce de la jurisdicción puede suponer tanto como una vulneración de la *tutela judicial efectiva* (art. 24 CE), negar el cauce del arbitraje puede suponer tanto como una vulneración de la autonomía de la voluntad

131. Sobre el artículo VII *vid infra* Ep. 3.5.
132. SAP de Vizcaya, 29.4.2005, ECLI:ES:APBI:2005:1211.
133. En el contexto de la anulación de un laudo dictado en un arbitraje comercial: STSJ de Madrid, 22.6.2021, ECLI:ES:TSJM:2021:7284. En el contexto de la anulación de un laudo dictado en un arbitraje de inversiones, STSJ de Madrid, 10.11.2021, ECLI:ES:TSJM:2021:12271.

de las partes (art. 10 CE). Además, el principio de *kompetenz-kompetenz* ampliamente considerado no es incompatible con la revisión del laudo que declara inaplicable un convenio arbitral: este principio solo implica que los árbitros tienen competencia para conocer sobre su propia competencia cuando la misma se impugne (a la sazón, separabilidad del convenio arbitral respecto del contrato en el que se inserta). Y así, si este principio en su tesis fuerte no es incompatible con la revisión del laudo que declara inaplicable un convenio arbitral, mucho menos deberá serlo a la luz de su tesis débil, como es la que acoge la jurisprudencia del TS español[134]. Por otro lado, argumentar que no es posible la revisión de validez o aplicación del convenio arbitral a un supuesto concreto, amparándose en los estrechos límites de revisión que en el contexto de la acción de anulación del laudo arbitral ha marcado el TC también es, a mi juicio, erróneo, por cuanto el TEDH ha sentenciado que, respecto de la aplicación del convenio arbitral, el control debe ser especialmente "*intenso*"[135]. Y tal control –especialmente "*intenso*"– debe desplegarse –como hemos advertido ya– tanto sobre el juicio de validez o aplicación del convenio arbitral (art. 24 CE) como sobre el juicio de su invalidez o inaplicación (art. 10 CE).

En este punto, la jurisprudencia de los TSJ es contradictoria: frente a las resoluciones arriba citadas que niegan la revisión del juicio del árbitro sobre la invalidez o inaplicabilidad del convenio arbitral, perviven otras que implícita (en un contexto de sucesión contractual) o explícitamente sí revisan tal juicio[136].

En perspectiva comparada, cabe señalar que el artículo 1492.1 NCPC francés prevé expresamente que el juicio del árbitro declarándose erróneamente incompetente constituye por sí mismo motivo de anulación: *Le recours en annulation n'est ouvert que si: 1° Le tribunal arbitral s›est déclaré à tort compétent ou incompétent*. Es decir, el ordenamiento jurídico que lleva al extremo el principio de *kompetenz-kompetenz*, prevé como motivo de anulación el juicio erróneo del árbitro tanto sobre la validez como la invalidez del convenio arbitral. Por su parte, el legislador alemán ha propuesto en fechas muy recientes, en el contexto de una revisión de la ZPO, la inclusión

134. Sobre este principio, *vid. supra* Cap. IX.

135. Así, STSJ del País Vasco, 21.2.2022, ECLI:ES:TSJPV:2022:21. Sobe el control "intenso" del convenio arbitral, *vid. supra* Cap. VIII.

136. Implícitamente: STSJ de Madrid, 7.9.2021, ECLI:ES:TSJM:2021:9207; explícitamente: STSJ de Andalucía, 28.7.2021, ECLI:ES:TSJM:2021:12409 ("*Pero no hay inconveniente en replantear la cuestión en esta acción*"). También aceptando tal revisión, STSJ del País Vasco, 21.2.2022, ECLI:ES:TSJPV:2022:21.

de un nuevo motivo de anulación específico para este supuesto (*Aufhebung falsch-negativer Zuständigkeitentscheidugen*)[137].

12.78. Por fin, debe advertirse que la falta de armonización a nivel comparado de la *forma* del convenio arbitral ha originado –en sede de reconocimiento y execuátur– supuestos particularmente controvertidos[138]. Y ello aun cuando la validez del convenio se hubiese apreciado tanto por los tribunales del Estado de origen como por los tribunales del Estado de destino a la luz de la misma ley.

> En el asunto *Dallah*, la *Supreme Court* británica llegó a la conclusión –tras un exhaustivo examen de las circunstancias del caso– que entre las partes implicadas no existía un convenio arbitral. En consecuencia, rechazó el execuátur del correspondiente laudo (dictado en Francia). Ese mismo laudo había sido previamente sometido a anulación en Francia. La *Cour d'Appel* de París –que realizó un examen igualmente exhaustivo– entendió, por el contrario, que entre las partes sí existía un convenio arbitral[139].

### 4.3. Incapacidad de las partes (art. V.1 a/ CNY)

12.79. En cuanto a la **incapacidad de las partes** como causa de invalidez del convenio arbitral habrá que estarse, en principio, a lo dispuesto en su ley personal (art. 9.1 CCiv para las personas físicas y art. 9.11 CCiv para las personas jurídicas). En este punto, y pese a la influencia que tiene el ordenamiento francés sobre la LArb, no parece aconsejable llevar hasta sus últimas consecuencias la solución jurisprudencial francesa en materia de validez del convenio arbitral internacional, a cuyo tenor *"la validité de la convention devant être controlée au regard des seules exigentes de l'ordre public international"*[140]. Y es que, si como es comúnmente aceptado, las disposiciones en materia de minoría de edad y de formación de la voluntad de las partes no quedan afectadas por la aplicación de la cláusula de orden público internacional, al menos teóricamente podría reputarse como válido el convenio arbitral firmado, por ejemplo, por un menor de

137. *Eckpunkten des Bundesministeriums der Justiz zur Modernisierung des deutschen Schiedsverfahrensrechts*, 18.4.2023.

138. *Vid.* no obstante *supra* Cap. VIII sobre la jurisprudencia del TEDH en este ámbito.

139. Sobre esta sentencia *vid*, CUNIBERTI, "Quelle coordination entre systèmes juridiques adoptant des représentations différentes de l'arbitrage International?", *Les Cahiers de l'Arbitrage / The Paris Journal of International Arbitration*, 2010 (1), pp. 159-171; GRIERSON / TAOK, "Dallah: Conflicting Judgements from the U. K. Supreme Court and the Paris Cour d'Appel", *J. Int. Arb.*, 2011, pp. 407-422.

140. *Cour d'Appel* de París, *Rev. Arb.*, 1993, pp. 281-287, esp. 284-285 (con nota de SYNVET).

edad. Supuesto éste que no resulta aceptable[141], como bien ha establecido la jurisprudencia española[142].

### 4.4. Vulneración de los derechos de defensa (art. V.1.b/ CNY –art. 41.1.b/ LArb–)

12.80. La vulneración de los derechos de defensa como motivo de denegación del reconocimiento, execuátur o anulación de laudo está previsto, respectivamente, en el artículo V.1.b/ CNY y en el artículo 41.1.b/ LArb:

**Artículo V.1.b/ CNY:**

1. *Solo se podrá denegar el reconocimiento y la ejecución de la sentencia, a instancia de la parte contra la cual es invocada, si esta parte prueba ante la autoridad competente del país en que se pide el reconocimiento y ejecución:*

    b) *Que la parte contra la cual se invoca la sentencia arbitral no ha sido debidamente notificada de la designación del árbitro o del procedimiento de arbitraje o no ha podido, por cualquier otra razón, hacer valer sus medios de defensa;*

**Artículo 41.1.b/ LArb:**

1. *El laudo solo podrá ser anulado cuando la parte que solicita la anulación alegue y pruebe:*

    b) *Que no ha sido debidamente notificada de la designación de un árbitro o de las actuaciones arbitrales o no ha podido, por cualquier otra razón, hacer valer sus derechos.*

12.81. La **vulneración de los derechos de defensa** constituye un motivo de anulación o denegación del execuátur del laudo apreciable de oficio por el tribunal. Abstracción hecha de las consecuencias que de la nula o deficiente **notificación** se deducen[143], la vulneración de los **derechos de defensa** supone que una parte no ha podido hacer valer de forma adecuada sus derechos y, en consecuencia, se ha producido indefensión. Por lo que hace a la acción de anulación, porque así lo establece el artículo 41.2 LArb. Y por lo que hace al reconocimiento y execuátur del laudo arbitral, porque así lo ha establecido el TS en su jurisprudencia:

141. Para una fuerte crítica a la jurisprudencia francesa en este punto (con ulteriores referencias), *vid.* SANDROCK, "Neue Lehren zur internationalen Schiedsgerichtsbarkeit und das klassische Internationale Privat- und Prozeβrecht", en: *Festschrift für Hans Stoll*, 2001, pp. 665-667.

142. STSJ de Madrid, 15.9.2015, ECLI:ES:TSJM:2015:10503.

143. Sobre esta cuestión, *vid. supra* Cap. VI.

*"Manifiesta en su recurso la parte solicitante de execuátur que del propio laudo arbitral presentado queda suficientemente acreditado el respeto a los principios de audiencia del demandado en el procedimiento de origen, negando que esta Sala pueda requerir de oficio acreditación de circunstancia alguna atinente a tal cuestión al disponer el art. V del CNY que las causas de no ejecución sólo se pueden esgrimir a instancia de parte, quien además ha de soportar la carga de la prueba de lo alegado. Dicha alegación... en nada ha de afectar a la validez y eficacia de la providencia recurrida. En primer lugar, porque el examen de la concurrencia o no de la vulneración de los derechos constitucionales de audiencia y defensa y de la correlativa proscripción de la indefensión supone que al informar éstos el orden público procesal interno puedan y deban ser examinados sin necesidad de denuncia de parte"*[144].

12.82. En perspectiva estrictamente interna, no constituye necesariamente una vulneración de los derechos de defensa el hecho de que las partes hayan participado en el arbitraje **sin asistencia letrada**[145], pues este supuesto está implícitamente contemplado en el artículo 30.2 LArb.

**Artículo 30.2 LArb.** *Formas de las actuaciones arbitrales.*

*Las partes serán citadas a todas las audiencias con suficiente antelación y podrán intervenir en ellas directamente o por medio de sus representantes.*

12.83. Por otro lado, en sede de reconocimiento o execuátur, para la apreciación de este motivo de denegación no es necesaria la rebeldía del demandado. O dicho de otro modo, no es requisito para la aplicabilidad de este inciso del artículo V CNY que el laudo arbitral cuyo reconocimiento se pretende haya sido dictado en rebeldía[146]. Tampoco exige el precepto que para la valoración del respeto a los referidos derechos haya que estarse a un ordenamiento determinado, por lo que, en principio, nada impide que aquélla pueda hacerse de forma *autónoma*, sin referencia a un Derecho nacional concreto. No es necesario, por tanto, permanecer anclado a lo estipulado en el apartado a) del artículo 5 LArb en sede de execuátur. Entre otras cosas, porque lo estipulado en este precepto es susceptible de ser modificado por la voluntad de las partes[147].

Con todo, determinada jurisprudencia del TJUE en interpretación del actual artículo 45.1 b) del RB I *refundido* puede –que no

144. Auto TS, 24.11.1998, *RCEA* 1999, pp. 302-303.

145. En aplicación de la antigua LA, SAP de Jaén, 3.2.1999, *RCEA*, 1999, pp. 178-180. No obstante, pueden apreciarse ciertos límites en este contexto. A este respecto, *vid.*, STSJ de Madrid, 2.7.2019, ECLI:ES:TSJM:2019:5253. *Vid. supra* Cap. X (autodefensa).

146. Auto TS, 10.2.1984, *RCEA*, 1984, pp. 197-200 (con nota de ARCE ARNAIZ).

147. *Vid. supra* Cap. VI.

debe– servir como referencia en este contexto. Así, los requisitos exigidos en el precepto –notificación de *forma regular* y con *tiempo suficiente* para defenderse– deben darse cumulativamente; esto es, el juez del Estado requerido para otorgar el execuátur debe comprobar que la notificación fue realizada de *"forma regular"* y que, *además*, el demandado *"dispuso de tiempo suficiente para defenderse"* (STJCE, 3.7.1990, *Lancray*). La regularidad de la decisión ha de apreciarse conforme al Derecho del Estado de origen –en el arbitraje, recuérdese, mayor flexibilidad y posible juego de la autonomía de la voluntad de las partes–, mientras que la estimación del *"tiempo suficiente para la defensa"* se hará a partir de apreciaciones de naturaleza fáctica. Desde esta última perspectiva, el juez del Estado requerido podrá tener en cuenta los hechos excepcionales acaecidos después de la notificación regularmente hecha (STJCE, 16.6.1981, *Klomps*). Además, su apreciación no estará vinculada a la que, sobre el mismo particular, haya realizado el juez del Estado de origen (STJCE, 14.7.1982, *Pendy Plastic*).

12.84. Por lo que hace a la aplicación jurisprudencial del precepto en cuestión, puede afirmarse que no ha planteado mayores inconvenientes. Incluso aceptando que en numerosas ocasiones su apreciación se plantea desde la perspectiva que ofrece la cláusula de *orden público*, es lo cierto que, aunque frecuentemente invocado, en escasas ocasiones ha prosperado. Así, se ha estimado la denegación del reconocimiento del laudo arbitral en base al motivo que recoge este precepto cuando determinados documentos fueron puestos por una parte a disposición del colegio arbitral, y éste, a su vez, no advirtió de la existencia de dichos documentos a la parte contraria[148], o no concedió un plazo determinado para examinarlos[149]; también cuando –entre otras causas– el demandado recibió la notificación para comparecer ante el tribunal arbitral sin tiempo suficiente para preparar su defensa[150]; así como cuando la parte demandada no fue notificada de la designación del árbitro[151].

12.85. Los supuestos así descritos son, *mutatis mutandis*, conciliables con lo asentado en la jurisprudencia de los tribunales españoles en el

148. *Gerechtshof* de Amsterdam, 16.7.1992, *YCA*, 1994, p. 708; *Landgericht* de Bremen, 20.1.1983, *YCA*, 1987, pp. 486-487.

149. *Arrondissementsrechtbank* de Rotterdam, 2.10.1997, *YCA*, 1998, pp. 731-733; *Gerechtshof* de La Haya, 28.4.1998, *YCA*, 1998, pp. 733-734.

150. *Corte di Cassazione*, 3.4.1987, *YCA*, 1992, pp. 532-533; Auto TS, 4.12.1981, *RCEA*, 1984, pp. 165- 167.

151. *Oberlandesgericht* de Colonia, 10.6.1976, *YCA*, 1979, p. 259; Auto TS, 7.10.1986, *RCEA*, 1987, pp. 177-178.

marco de la **anulación** del laudo. Tanto en el ámbito de **la notificación**, como la **práctica de la prueba,** como en el ámbito de la **rebeldía.**

12.86. En efecto, respecto de la forma y tiempo de la **notificación** a los efectos de la aplicación tanto del artículo V CNY como del artículo 41 LArb, valen las consideraciones hechas en el Capítulo correspondiente a la notificación[152]. Respecto del análisis de la **práctica de la prueba**, nos remitimos con carácter general a lo dicho en el epígrafe correspondiente al *orden público* como motivo de anulación, en la medida en que los tribunales se amparan mayoritariamente en este expediente para anular el laudo por un defecto en la práctica de la misma[153]. Excepcionalmente, cierta jurisprudencia ha encuadrado –con acierto– este concreto motivo de anulación en un supuesto específico de vulneración de las reglas de la *carga* de la prueba.

> **TSJ de Andalucía, 17.1.2022**: *"Las normas de la Ley de Enjuiciamiento Civil sobre la distribución de la carga de la prueba no constituyen orden público, como se deriva del hecho de que una institución arbitral, o las partes del arbitraje, pueden establecer otras. Lo relevante es, pues, si es cierto que la declaración de hechos probados o no probados parte de un criterio sobre la distribución de la carga probatoria que haya hecho imposible o extraordinariamente difícil a una de las partes defender sus derechos, es decir, si le ha causado indefensión"*[154].

Sobre el modo de operar este motivo de anulación, señala la misma sentencia:

> *"No basta, desde luego, con decir que no se ha recibido la documentación requerida (mera alegación de parte), sino que es exigible para desvincularse del contrato señalar qué documentos han sido requeridos y no aportados, pues esto es lo que desplazaría a la otra parte la cara de probar que sí fueron aportados"*.

En cuanto a la **rebeldía del demandado**, debe tenerse presente que su declaración requiere cumulativamente dos elementos. El elemento objetivo de su *inactividad* y el elemento subjetivo de *falta de voluntad*, ya sea para no comparecer o para no contestar a la demanda.

152. *Vid. supra* Cap. VI.

153. *Vid. supra* en este mismo Cap.

154. STSJ de Andalucía, 17.1.2022, ECLI:ES:TSJAND:2022:3550. Otro criterio, asumiendo que la distribución de la carga de la prueba sí es cuestión de orden público (por aplicación del art. 217 LECiv) en supuesto de arbitraje de consumo, STSJ de Las Palmas de Gran Canaria, 26.5.2022, ECLI:ES:TSJICAN:2022:979.

No puede considerarse rebelde, por tanto, quien presenta en plazo la contestación a la demanda sin acompañar el justificante del ingreso correspondiente a los gastos de administración y honorarios arbitrales. El laudo que declara a una de las partes rebelde a luz de aquellas circunstancias es objeto de anulación[155].

### 4.5. Incongruencia entre el contenido del laudo y el del convenio arbitral (art. V.1.c/ CNY –art. 41.1.c/ LArb–). Incongruencia *ultra petita, extra petita* y *citra petita*

12.87. La *incongruencia* en sus distintas vertientes puede ser motivo de denegación del execuátur o motivo de anulación. Puede considerarse que un laudo es incongruente cuando en su tenor no se aprecia *coherencia entre los hechos aportados por las partes y sus pretensiones, oportunamente deducidas en el procedimiento arbitral, y la decisión del árbitro*[156].

**Artículo V.1.c/ CNY:**

1. *Solo se podrá denegar el reconocimiento y la ejecución de la sentencia, a instancia de la parte contra la cual es invocada, si esta parte prueba ante la autoridad competente del país en que se pide el reconocimiento y ejecución:*

    c) *Que la sentencia se refiere a una diferencia no prevista en el compromiso o no comprendida en las disposiciones de la cláusula compromisoria, o contiene decisiones que exceden de los términos del compromiso o de la cláusula compromisoria; no obstante, si las disposiciones de la sentencia que se refieren a las cuestiones sometidas al arbitraje pueden separarse de las que no han sido sometidas al arbitraje, se podrá dar reconocimiento y ejecución a las primeras;*

**Artículo 41.1.c/ LArb:**

1. *El laudo solo podrá ser anulado cuando la parte que solicita la anulación alegue y pruebe:*

    c) *Que los árbitros han resuelto sobre cuestiones no sometidas a su decisión.*

12.88. En sede de **reconocimiento o execuátur**, el motivo de denegación transcrito es, en cuanto a su apreciación, de relativa importancia. En esencia, este motivo persigue otorgar al juez del Estado de destino un efectivo control de la función llevada a cabo por el tribunal arbitral. Para

155. STSJ del País Vasco, 13.7.2016, ECLI:ES:TSJPV:2016:1196.
156. STSJ de Cataluña, 31.1.2022, ELCI:ES:TSJCAT:2022:1279.

su aplicación es preceptivo que el convenio arbitral sea válido. Desde un punto de vista jurisprudencial, se constata que su apreciación como motivo de denegación es muy infrecuente. De hecho, antes que para denegar el reconocimiento del laudo, sirve para otorgar su reconocimiento parcial[157]. En cualquier caso, los referentes jurisprudenciales que abordan el alcance de este precepto son escasos. Además, cuando lo hacen, parten de contextos muy específicos[158].

12.89. Mayor aplicación tiene este motivo en el contexto de la **anulación** del laudo arbitral. Enmarcable en el tenor del actual artículo 41.1 c/ LArb, la incongruencia entre el contenido del laudo y el del convenio arbitral ha sido tenida en cuenta en supuestos en que los árbitros han resuelto más allá de lo expresamente solicitado (*ultra petita*)[159]; en supuestos en los que han resuelto sobre cuestiones no planteadas por las partes, de tal forma que alteran la causa de pedir (*extra petita*)[160]; así como en otros supuestos en los que, por ejemplo, han resuelto sin tener en cuenta las disposiciones específicas contempladas en el mismo convenio arbitral –*ad. ex.* condición de socios de la empresa[161], determinados conceptos expresamente excluidos del arbitraje[162]– o han procedido a la sustitución del árbitro sin seguir el procedimiento para ello diseñado[163].

> El alcance de la incongruencia –de ordinario, omisiva– ha sido interpretado por la jurisprudencia en el marco de la acción de anulación del laudo tomando como referencia la jurisprudencia del TS sobre el particular. Punto de partida podría ser el siguiente: *"la congruencia no se mide en relación con los razonamientos o con la*

157. Repárese en que el precepto en cuestión establece expresamente que "si las disposiciones de la sentencia que se refieren a las cuestiones sometidas al arbitraje pueden separarse de las que no han sido sometidas al arbitraje, se podrá dar el reconocimiento y ejecución de las mismas". Como uno de los escasísimos referentes, *vid. Corte di Apello* de Trento, 14.1.1981, *YCA*, 1983, pp. 386-388.

158. En la jurisprudencia española *vid.* Auto TS, 26.4.1984, *RCEA*, 1985, pp. 215-217 (con nota de CALVO CARAVACA, *REDI*, 1986, pp. 206-210). *Vid.* además el célebre asunto *Götaverken c. GNMTV*, Tribunal Supremo sueco, 13.8.1979, *YCA*, 1981, pp. 237-242.

159. *Ad. ex.*, SAP de Badajoz, 9.1.2002, *RCEA*, 2003, pp. 158-162.

160. Entre otras, SAP de Alicante, 29.1.1999, *RCEA*, 1999, pp. 172-174; SAP de Orense, 7.3.2002, *RCEA*, 2003, pp. 246-248; SAP de A Coruña, 15.3.2002, *RCEA*, 2003, pp. 256-257; STSJ del País Vasco, 13.12.2019, ECLI:ES:TSJPV:2019:3811; STSJ de Madrid, 17.1.2023, ECLI:ES:TSJM:2023:316 (*ad ex.* la demandante pide una indemnización por costes incurridos en 54 días y el árbitro la concede por 59).

161. *Ad. ex.* SAP de Vizcaya, 12.1.2002, *RCEA*, 2003, pp. 162-170. *Vid.* también la SAP de Jaén, 13.2.2004, ECLI:ES:APJ:2004:203, donde se anula el laudo porque la composición del colegio arbitral no se ajustó al convenio arbitral firmado entre las partes.

162. STSJ de Galicia, 3.12.2015, ECLI:ES:TSJGAL:2015:9491 (anulando el laudo sin enunciar el motivo de nulidad).

163. SAP de Madrid, 9.2.2004, ECLI:ES:APM:2004:1675.

*argumentación, sino poniendo en relación lo pretendido en la demanda con la parte dispositiva de la sentencia"*[164]. A partir de aquí, está admitido que: *"El deber de congruencia consiste en la exigencia derivada de la necesaria conformidad que ha de existir entre la sentencia y las pretensiones que constituyen el objeto del proceso (STS, 18.5.2012) y se cumple cuando la relación entre el fallo y las pretensiones procesales no están sustancialmente alterados en su configuración lógico-jurídica (STS, 14.4.2011). La labor de contraste o comparación no requiere que se realice de modo estricto, esto es, que se constate una exactitud literal o rígida en la resolución establecida, sino que se faculta para que se decida sobre el mismo objeto coincidiendo o denegándolo en todo o en parte (STS, 4.10.1993)"*[165]. En sentido similar, también está pacíficamente admitido que: *"la necesaria congruencia como motivo de nulidad del laudo arbitral... ha de ser examinada, por un lado, teniendo presente el convenio arbitral, y se refiere, por otro, a las alegaciones realizadas por las partes en el proceso arbitral, debiéndose examinar conforme a la obligada flexibilidad que preside el señalado proceso arbitral; no produciéndose si existe el debido ajuste entre lo solicitado y lo decidido. Ello sin perjuicio de que el desajuste –de existir– pueda también suponer una infracción de los principios de defensa, audiencia y contradicción desde el punto de vista del orden público procesal"*[166]. De tal forma que para su apreciación, determinante de nulidad, requiere *"una falta de correspondencia clara ente el objeto del procedimiento y lo resuelto, con el objeto y alcance del veredicto arbitral, pero no con respecto a determinados argumentos que puedan constar en el cuerpo de la resolución arbitral"*[167].

Y por lo que hace en concreto a la incongruencia *extra petita*, la jurisprudencia de los TSJ ha extrapolado la jurisprudencia tanto del TC como del TS al arbitraje, estableciendo que: *"para que el desajuste entre el fallo y los términos en que las partes hayan formulado sus pretensiones tenga transcendencia es preciso que suponga 'una modificación sustancial del objeto procesal con la consiguiente indefensión y sustracción a las partes del verdadero debate contradictorio, impidiéndoles ejercitar oportunamente su derecho de defensa' (STC 3/2011 de 14 de febrero, FD 3)"*[168]. O lo que es lo mismo: *"Con lo que la incongruencia* extra petita

164. ATS, 6.10.2021, ECLI:ES:TS:2021:12846A, citado en la STSJ de Madrid, 21.12.2021, ECLI:ES:TSJM:2021:15062 y STSJ de Madrid, 21.12.2021, ECLI:ES:TSJM:2021:15063.
165. STSJ del País Vasco, 2.12.2015, ECLI:ES:TSJPV:2015:3571.
166. STSJ de Cataluña, 31.1.2022, ECLI:ES:TSJCAT:2022:1279.
167. STSJ de Madrid, 7.9.2021, ECLI:ES:TSJM:2021:9207. Vid. también STSJ de Navarra, 20.3.2023, ECLI:ES:TSJNA:2023:128.
168. STSJ de Madrid, 11.10.2016, ECLI:ES:TSJM:2016:10733. En el mismo sentido, STSJ de Aragón, 10.3.2017, ECLI:ES:TSJAR:2017:386. *Vid.* también, STSJ de Madrid, 2.9.2015,

*(fuera de lo pedido)... comporta la alteración de los hechos fundamentales, causa de pedir, en que las partes basen sus pretensiones"*[169]. Y en concreto, no existe incongruencia *extra petita, "cuando, en virtud del principio iura novit curia , tanto el Árbitro como el Juez se limitan a aplicar normas distintas de las invocadas por las partes, sin alterar el componente fáctico esencial de la acción ejercitada ni la causa petendi"*[170].

12.90. Un supuesto problemático desde el contexto de la anulación del laudo es el que plantea la **incongruencia omisiva** (*citra petita*). En efecto, aunque su invocación en sede de anulación no sea muy frecuente, su solo planteamiento genera una cadena de interrogantes tales como su misma aceptación y las consecuencias que de su apreciación se derivan. Ello es así porque, en puridad, esta modalidad de incongruencia no está prevista en la letra del artículo 41 c/ LArb. Además, la jurisprudencia en este punto es contradictoria, pues frente a resoluciones que niegan expresamente la posibilidad de plantear la incongruencia *ex silentio* como motivo de anulación[171], otras la aprecian y anulan el laudo en su aplicación (ya sea en aplicación de este inciso, ya sea en aplicación de la cláusula de orden público –*infra*–)[172]. Tal marco jurisprudencial es hasta cierto punto entendible, pues el cauce *prima facie* más adecuado para corregir una incongruencia *citra petita* no es la acción de anulación, sino la solicitud del *complemento* del laudo previsto en el artículo 39 de la misma LArb[173].

En aquellos casos en los que sí se ha contemplado la posible aplicación de la incongruencia *omisiva* como motivo de anulación[174], el criterio de interpretación seguido ha sido el configurado también por la jurisprudencia del TS, a cuyo tenor: *"la modalidad de incongruencia* (omisiva) *... solo existe... cuando habiendo dejado el órgano judicial sin respuesta alguna de las cuestiones planteadas por las partes, no quepa interpretar razonablemente el silencio como una desestimación tácita, al poder inferirse que es así del conjunto de los razonamientos contenidos en la resolución, teniendo en cuenta que la satisfacción del derecho a la tutela judicial efectiva no exige una respuesta explícita y*

ECLI:ES:TSJM:2015.10184; STSJ de Madrid, 15.12.2020, ECLI:ES:TSJM:2020:14643; anulando parcialmente el laudo, STSJ de Cataluña, 31.1.2022, ECLI:ES:TSJCAT:2022:1279.

169. ATS, 6.10.2021, ECLI:ES:TS:2021:12846A, citado en STSJ de Madrid, 21.12.2021, ECLI:ES:TSJM:2021:15062.
170. STSJ de Catalunya, 25.11.2013, ECLI:ES:TSJCAT:2013:11562.
171. Aun en aplicación de la antigua LArb: SAP de Alicante, ECLI:ES:APA:1998:3551.
172. SAP de Barcelona, 8.11.2006, JUR 2007, 123330. Por no haber resuelto sobre la recusación del árbitro, *vid. supra* Cap. IX. *Vid.* también, STSJ Castilla y León, 16.1.2019, ECLI:ES:TSJCL:2019:624.
173. Sobre la aplicación estricta de este precepto, *vid. supra* Cap. XI.
174. Aun sin anular el laudo, STSJ de Madrid, 18.11.2021, ECLI:ES:TSJM:2021:12571.

*pormenorizada a todas y cada una de las alegaciones que se aducen como fundamento de la pretensión"*[175].

### 4.6. Irregularidades procedimentales (art. V.1.d/ CNY –art. 41.d/ LArb)

12.91. Lo que bien puede denominarse **irregularidades procedimentales** constituye tanto un motivo de denegación del execuátur como un motivo de anulación del laudo.

**Artículo V.1.d/ CNY:**

1. *Solo se podrá denegar el reconocimiento y la ejecución de la sentencia, a instancia de la parte contra la cual es invocada, si esta parte prueba ante la autoridad competente del país en que se pide el reconocimiento y ejecución:*

   d) *Que la constitución del Tribunal arbitral o el procedimiento arbitral no se han ajustado al acuerdo celebrado entre las partes o, en defecto de tal acuerdo, que la constitución del Tribunal arbitral o el procedimiento arbitral no se han ajustado a la Ley del país donde se ha efectuado el arbitraje.*

**Artículo 41.1.d/ LArb:**

1. *El laudo solo podrá ser anulado cuando la parte que solicita la anulación alegue y pruebe:*

   d) *Que la designación de los árbitros o el procedimiento arbitral no se han ajustado al acuerdo entre las partes, salvo que dicho acuerdo fuera contrario a una norma imperativa de esta Ley, o, a falta de dicho acuerdo, que no se han ajustado a esta ley.*

12.92. En el ámbito del ***reconocimiento y execuátur*** del laudo se advierte que el precepto en cuestión viene, por un lado, a destacar la efectiva vigencia de la autonomía de la voluntad de las partes en el marco del procedimiento arbitral (i); y, por otro, a establecer la ley aplicable que operará en defecto de acuerdo (ii).

12.93. La posibilidad de denegar el execuátur porque en la constitución del tribunal o en el procedimiento no se haya respetado el "*acuerdo celebrado entre las partes*" (i) plantea la cuestión relativa al alcance o límites de ese acuerdo. En efecto, a diferencia del artículo V.1.a/ CNY –donde la autonomía de la voluntad de las partes se materializa en la elección de un ordenamiento jurídico concreto–, del tenor del artículo V.1.d/ CNY puede

175. STS, 4.1.2010, ECLI:ES:TS:2010:446.

deducirse que el juego de la autonomía de la voluntad de las partes no se limita a elegir un ordenamiento aplicable, sino que puede extenderse más allá haciendo abstracción de cualquier ordenamiento jurídico. De tal modo que, a mi juicio, tal autonomía comprende también la posibilidad de que las partes se sustraigan del ámbito de una ley estatal, incluyendo, por tanto, todos y cada uno de los acuerdos sobre el procedimiento arbitral a que hayan llegado al margen de un ordenamiento (y, en su caso, al margen de un reglamento arbitral). Y es que, una cosa es que la LArb exija que el procedimiento arbitral que se sustancie en territorio español se rija por sus mismas disposiciones[176], y otra bien distinta es que deba denegarse el reconocimiento o execuátur de un laudo arbitral dictado al amparo de un ordenamiento extranjero que sí permita dichos acuerdos. El límite de tal autonomía en sede de reconocimiento o execuátur está en el respeto a los principios procesales básicos que impone la LArb (art. 24).

> Este razonamiento está también presente en la jurisprudencia relativa al execuátur del laudo extranjero, pues el mismo ha sido otorgado cuando el tribunal arbitral ha estado compuesto por un número *par* de árbitros, tal y como preveía el acuerdo entre las partes al respecto, en concordancia con lo previsto en la *lex loci arbitri*[177].

12.94. Por lo que respecta a la segunda hipótesis –ley aplicable en defecto de acuerdo (ii)– cabe decir que engloba tanto los supuestos en los que el convenio arbitral no haga referencia al acuerdo entre las partes sobre este particular, como los casos en que, existiendo una apariencia de acuerdo, éste resulta inoperante por efectiva falta de voluntad de una de las partes[178].

12.95. Por otro lado, existe unanimidad doctrinal en considerar que el precepto no podrá aplicarse cuando, por motivos tácticos de la parte demandada, no pueda llevarse a cabo la designación de los árbitros conforme a lo previsto por la *lex loci arbitri*. Del mismo modo, tampoco operará dicha excepción cuando lo establecido en el convenio arbitral no se ajuste a lo estipulado en aquel ordenamiento[179]. Por el contrario, sí resulta de aplicación este precepto cuando, vulnerando lo previsto en las normas aplicables al procedimiento arbitral (colegio arbitral formado

176. *Vid. supra* Cap. II.

177. *Vid. supra* Cap. IX.

178. LÓPEZ ANTÓN, "Ejecución en España de laudos arbitrales extranjeros (La aplicación del Convenio de Nueva York)", *Diario La Ley*, 1985/2, p. 1203; ARCE ARNAIZ, "Nota" al Auto TS del 10.2.1984, *RCEA*, 1984, p. 202.

179. Auto TS 3.6.1982, *RCEA*, 1984, 177-180; Auto TS del 10.2.1984, *RCEA*, 1984, pp. 200-202.

imperativamente por un número impar de árbitros), el laudo es dictado por dos árbitros[180].

12.96. Uno de los escasos antecedentes jurisprudenciales donde dicho precepto se ha considerado para rechazar el reconocimiento de un laudo arbitral ha puesto de manifiesto las contradicciones en las que pueden incurrirse cuando este inciso se pone en relación con otros motivos de denegación que recoge el texto neoyorquino –concretamente con el artículo V.1.e/ CNY–. Y así, en un supuesto en el que las partes establecieron de forma precisa el procedimiento para nombrar tres árbitros, resultó que una vez nombrado por cada parte el árbitro correspondiente, el tercero no fue designado de acuerdo con la forma establecida en el convenio arbitral, sino que los dos árbitros ya designados se inclinaron por aplicar la norma imperativa contenida en la *lex loci arbitri* (ley inglesa). Solicitado el reconocimiento del laudo resultante ante la *Corte di Apello* de Florencia, éste fue rechazado en aplicación del inciso que ahora consideramos[181].

Como ha sido observado, este supuesto pone de manifiesto una situación tan insatisfactoria como inevitable: al proceder los árbitros en la forma descrita, la denegación del reconocimiento del laudo tuvo su base legal en el artículo V.1.d/ CNY[182]. Pero de haber procedido en la forma estipulada en el convenio arbitral, ignorando, por tanto, la aplicación de una norma imperativa de la *lex loci*, la nulidad del laudo y su consiguiente denegación del reconocimiento (*ex* art. V.1.e/ CNY) también hubiera sido posible. Esta circunstancia invita a sugerir la no aplicación del precepto cuando deba respetarse el juego de normas imperativas en presencia[183].

12.97. Desde la perspectiva de la ***anulación* del laudo** (artículo 41.1.d/ LArb), puede afirmarse que la anterior jurisprudencia de las Audiencias en interpretación del entonces en vigor 45.2 LArb 1988 sigue siendo perfectamente válida en este contexto. Y en este sentido, puede afirmarse también que los árbitros no se ajustan al acuerdo adoptado por las partes –acuerdo consistente en resolver sobre el fondo de la controversia– cuando ésta no sea resuelta directamente por el colegio arbitral, o cuando su resolución se deje en manos de uno de los árbitros[184]. Del mismo modo, también se

180. BGH, 21.5.2008, III ZB 14/07, *SchiedsVZ*, 2008, pp. 195-196.

181. *Corte di Appello* de Florencia, 13.4.1978, *YCA*, 1979, pp. 295-296.

182. VAN DEN BERG, *The New York Arbitration Convention of 1958*, Deventer, 1981, pp. 327-330.

183. GENTINETTA, *Die Lex Fori Internationaler Handelsschiedsgerichtsbarkeit*, Berna, 1973, p. 302.

184. Ciertamente representativo en este contexto resulta el siguiente laudo –anulado-: *"Dictaminamos que por parte del árbitro D. J. se procederá a efectuar las comprobaciones necesarias para ver si realmente existe el problema y con la gravedad que se ha mostrado ante*

ha apreciado la aplicación de este motivo de anulación cuando el colegio arbitral estuvo formado por un número par de árbitros[185]; cuando la institución que administró el arbitraje decidió unilateralmente designar un solo árbitro[186]; cuando *no* hubiera sido posible determinar el modo en que fue designado el perito cuyo dictamen sería finalmente asumido por las partes[187]; y, evidentemente, cuando concurra en el árbitro una apariencia de parcialidad[188].

Repárese en que una cosa es la anulación de laudo porque el colegio estuvo integrado por dos árbitros –lo que supone que el arbitraje se celebró en España con la consiguiente aplicación de la LArb– y otra bien distinta –a la vez que compatible con la anterior– es la *no* denegación del execuátur del laudo arbitral dictado al amparo de un arbitraje cuya *lex loci arbitri* sí permite que el colegio arbitral esté compuesto por un número par de árbitros (*ad. ex. section* 15 *Arbitration Act* británica). Si la ley que rige el procedimiento arbitral lo permite, en sede de execuátur no debe prosperar la denegación del laudo en base a este motivo[189].

En cualquier caso –y como de los ejemplos anteriores puede deducirse–, para que proceda la anulación del laudo arbitral en base a este motivo, sirven todavía hoy las consideraciones hechas en torno al motivo equivalente previsto en la antigua LArb 1988: "*no basta con que se haya producido un quebrantamiento de formas esenciales del procedimiento; es también necesario que dicha irregularidad haya tenido una incidencia material concreta, ocasionando un efectivo e irreparable menoscabo de los derechos de la recurrente*"[190]. Jurisprudencia posterior así lo ha confirmado: "*no basta para la nulidad el simple incumplimiento formal de las normas, especialmente las procesales, establecidas para la garantía de esos derechos, sino que es imprescindible la efectiva conculcación del derecho fundamental, es imprescindible que se produzca*

*este Colegio. En caso afirmativo se deberá proceder a sustituir todas y cuantas piezas sean necesarias hasta lograr el correcto funcionamiento, correcto funcionamiento que deberá ser ratificado por D. J.*". SAP de Ourense, 25.3.1999, *RCEA*, 1999, pp. 237-238.

185. SAP de Asturias, 31.1.2002, *RCEA*, 2003, pp. 205-208; STSJ de Madrid, 9.2.2016, ECLI:ES:TSJM:2016:1535 (con cita de sentencias anteriores sobre el mismo motivo).
186. AP de Cantabria, 3.3.2005, AC 2005, 585. En este caso fue de aplicación el art. 41.d/ LArb 2003.
187. SAP de Alicante, 11.1.2000, *RCEA*, 2000-2001, pp. 143-145.
188. STSJ de Andalucía, 15.11.2021, ECLI:ES:TSJAND:2021:17797. Al respecto, *vid. supra* Cap. IX.
189. *Vid. supra* Cap. IX.
190. GARBERÍ LLOBREGAT, "El recurso de anulación en la Ley de Arbitraje (Consecuencias prácticas de la interpretación restrictiva de sus normas reguladoras)", *AC*, 1997 (BIB 1997, 72).

*la efectiva indefensión de la parte por el incumplimiento procesal, pues lo que se protege no es la norma procesal sino el derecho garantizado por esta"*[191].

### 4.7. Laudo no obligatorio o suspendido en el país de origen (art. V.1.e/ CNY)

12.98. Especialmente polémico resulta el motivo de denegación contemplado en el artículo V.1 e/ CNY. Se trata, por decirlo de alguna manera, del verdadero talón de Aquiles del Convenio[192].

**Artículo V.1.e/ CNY:**

1. *Solo se podrá denegar el reconocimiento y la ejecución de la sentencia, a instancia de la parte contra la cual es invocada, si esta parte prueba ante la autoridad competente del país en que se pide el reconocimiento y ejecución:*

   e) *Que la sentencia no es aún obligatoria para las partes o ha sido anulada o suspendida por una autoridad competente del país en que, o conforme a cuya ley, ha sido dictada esa sentencia.*

12.99. Como del tenor del precepto se desprende, en el mismo inciso cohabitan simultáneamente tres motivos diferentes de denegación del reconocimiento del laudo: (a) su obligatoriedad; (b) su suspensión; y, (c) su anulación. Repárese, no obstante, en que el hecho de que el laudo no sea obligatorio o esté suspendido o anulado no supone automáticamente la denegación del reconocimiento o exequátur del mismo. El precepto controvertido otorga al juez del Estado de destino la facultad *–podrá, may–* de hacerlo; no impone la obligación de denegar tal reconocimiento o execuátur.

#### *A. Laudo no obligatorio en el país de origen*

12.100. Por lo que respecta a la ***no* obligatoriedad del laudo**, el Convenio parece designar como ley aplicable para determinar el alcance

191. STSJ de Castilla La Mancha, 14.12.2018, ECLI:ES:TSJCLM:2018:3058. En sentido similar, STSJ de Cataluña, 20.12.2021, ECLI:ES:TSJCAT:2021:11611. *Vid.* también, STSJ de Madrid, 2.3.2021, ECLI:ES:TSJM:2021:23, con cita de jurisprudencia del TC sobre el alcance de la indefensión.

192. Motivo por el cual ha suscitado tanto interés en la doctrina. En la doctrina española, *vid.* SABATER MARTÍN, *La eficacia en España de los laudos arbitrales extranjeros*, Madrid, 2002. En la doctrina extranjera (con ulteriores referencias), *vid.* NIENABER, *Die Anerkennung und Vollstreckung im Sitzstaat aufgehobener Schiedssprüche*, Frankfurt a. Main, 2002 (con recensión nuestra en *RCEA*, 2004); GHARAVI, *The International Effectiveness of the Annulment of an Arbitral Award*, 2002. *Vid.* también, FOUCHARD / GAILLARD / GOLDMAN, *Traité de l'arbitrage commercial international*, París, 1996, Núm. Marginal 1676 ss.

del término "obligatorio" la del Estado en que, o conforme a cuya ley, aquél fue dictado. Tal criterio incluso ha encontrado aplicación jurisprudencial[193]. Sin embargo, debido a que las diferentes leyes hipotéticamente en juego parecen referirse al segundo motivo de denegación que este mismo inciso recoge –suspensión del laudo–, cierto sector doctrinal[194] y cierta práctica jurisprudencial[195] se han esforzado en perfilar una segunda vía, basada en una interpretación *autónoma* del término. A este respecto, es justo recordar que algunos de los primeros antecedentes doctrinales que estudiaron el alcance del término objeto de estudio parecían partir de una concepción *autónoma* del mismo, centrando la cuestión en torno a la delimitación de los supuestos incluidos bajo el ámbito de esta expresión[196].

12.101. El objetivo último de esta segunda opción –interpretación *autónoma* del término "obligatorio"– sería el de extender la aplicación del instrumento neoyorquino a aquellos laudos que para alcanzar dicho carácter obligatorio requieran la declaración de ejecutividad en el Estado de origen. De tal modo que, aceptando tal interpretación autónoma, el execuátur del laudo podría otorgarse incluso en ausencia de dicha declaración. De hecho, si dicha declaración fuera necesaria para otorgar el execuátur del laudo, en puridad estaríamos ante un *doble execuátur*, que, como tal, está sustraído al ámbito de aplicación del Convenio[197]. Es decir, de exigirse una declaración de ejecutividad dictada por los tribunales de la sede del arbitraje para otorgar el execuátur del laudo extranjero, en puridad se estaría procediendo contra la misma *ratio* del CNY, que pasa, precisamente, por liberar de tal requisito a la parte interesada. En efecto, como de los trabajos preparatorios del mismo se deduce, el CNY pretende, sobre

193. *Corte di Appello* de Florencia, 8.10.1977, *YCA*, 1979, pp. 291-292; implícitamente, *Bundesgerichtshof*, 10.5.1984, *YCA*, 1985, 429; *Court d'appel* de Rouen, 13.11.1984, *JDI*, 1985, pp. 473-489.

194. SANDERS, "A Twenty Years Review of the Convention on the Recognition and Enforcement of Foreign Arbitral Awards", *The International Lawyer*, 13 / 1979, pp. 275-276; VAN DEN BERG, *The New York Convention..., cit.*, pp. 341-346; LÓPEZ ANTÓN, *cit.*, p. 1204; DOLINAR, "Vollstreckung aus einem ausländischen, einen Schiedsspruch bestätigenden Exequaturteils, Gedanken zur Merger-Theorie", *Wege zur Globalisierung des Rechts, Festschrift für Rolf A. Schütze*, 1999, Munich, pp. 190-193.

195. Como resoluciones pioneras sobre esta particular, *vid. Tribunale* de Nápoles, 30.6.1976, *YCA*, 1979, p. 279; *Supreme Court* de Suecia, 13.8.1979, *YCA*, 1981, pp. 240-241; *President of the District* de Ámsterdam, 12.7.1984, *YCA*, 1985, pp. 489-490.

196. *Cfr.* ROBERT, "La Convention de New York du 10 de juin 1958 pour la reconnaissance et l'exécution des sentences arbitrales étrangères", *Rev. Arb.*, 1958, p. 79; BREDIN, "La Convention de New York du 10 de juin 1958 pour la reconnaissance et l'exécution des sentences arbitrales étrangères", *JDI*, 1960, p. 1018.

197. *Vid. infra* en este mismo Cap. Ep. 4.

todo, acabar con el *doble execuátur* del laudo arbitral que imponía el Convenio de Ginebra de 1927[198].

En este contexto, y pese a la redacción del precepto –con referencias constantes a la ley aplicable en cada supuesto– la interpretación que, en principio, debe prevalecer es la que entiende que el alcance del término "obligatorio" ha de ser resuelto a partir de una interpretación *autónoma* del término. Ello no obstaría, sin embargo, para que ambas vías pudieran combinarse atendiendo a las circunstancias del supuesto[199].

12.102. La jurisprudencia del TS sobre el particular es clara, en cuanto que ha asumido una interpretación *autónoma* del término "obligatorio", desvinculada del ordenamiento jurídico del Estado en el que se dictó el laudo.

> **Auto TS, 20.7.2004**[200]: *Consecuentemente, no se puede, como hace la parte frente a la que se pretende la homologación, vincular la obligatoriedad del laudo al execuátur de los tribunales del país donde fue dictado, pues se estaría identificando erróneamente el carácter obligatorio de la resolución arbitral, a los efectos de su reconocimiento, con la eficacia de éste en el Estado en que fue dictado, confundiendo condición de reconocimiento con condición de eficacia en aquel Estado que confiere en el mismo fuerza ejecutiva a la resolución arbitral, y a la que no se puede referir el requisito de obligatoriedad –no haber sido suspendida o anulada la sentencia arbitral– que se deriva del art. V.1.e/ CNY, tanto más cuando, como se acaba de decir, dicho requisito no se ha de examinar conforme a la legislación del Estado donde fue dictado el laudo.*

Sin embargo, jurisprudencia más reciente del TSJ de Madrid se ha desvinculado de tal interpretación, anudando el sentido de tal término a la ley del Estado de origen del laudo.

> **Auto TSJ, 14.2.2017**[201]: *Hay que tener en cuenta que el derecho aplicable a la obligatoriedad de la sentencia arbitral es el derecho aplicable a la*

198. Expresamente en este sentido, Auto TSJ de Murcia, 12.4.2019, ECLI:ES:TSJMU:2019:12A.
199. En este sentido *vid.* el supuesto planteado por SANDROCK, "Wann wird ein ausländischer Schiedsspruch im Sinne des Art. V Abs 1 Buchst. (e) der New Yorker Konvention und des § 1044 ZPO „verbindlich"?", en: *Festschrift für Reinhold Trinkner zum 65. Geburtstag, Heidelberg,* 1995, pp. 678-679. *Vid.* también SCHLOSSER, *cit.*, Núm. marginal 127; FOUCHARD / GAILLARD / GOLDMAN, *cit.*, Núm. marginal 1684.
200. Auto TS, 20.7.2004, ECLI:ES:TS:2004:9443A; *RCEA*, 2005, pp. 200-203 (con nota de CUARTERO RUBIO). Tomando como referencia esta resolución, auto TSJ de Murcia, 12.4.2019, ECLI:ES:TSJMU:2019:12A.
201. Auto TSJ, 14.2.2017, ECLI:ES:TSJM:2017:136A. En un plano distinto, analizando la *firmeza* del laudo a la luz de la ley procesal del lugar donde se dictó, Auto TSJ de Madrid, 28.9.2016, ECLI:ES:TSJM:2016:424A.

*misma que emana del ordenamiento jurídico donde fue dictado el mismo, no una norma autónoma al mismo.*

### B. *Laudo suspendido en el país de origen*

12.103. La **suspensión** del laudo como motivo de denegación tanto del reconocimiento como del execuátur también es controvertida. Particularmente controvertida a la luz de la LArb, pues –como se verá *infra*– el artículo 45 LArb incide directamente sobre el artículo V.1.e/ CNY. En cualquier caso, a la hora de interpretar el ámbito de este motivo de denegación debe tenerse muy presente la aplicación del artículo VI CNY (*infra*), pues este precepto tiene como intención declarada limitar la apreciación de este motivo de denegación.

#### a. El punto de partida: suspensión *ex lege* o suspensión *ad hoc*

12.104. Del mismo modo que preveía la antigua ley francesa en materia de arbitraje[202], ciertos ordenamientos jurídicos contemplan la **suspensión** ***ex lege*** de la ejecución del laudo mientras esté pendiente ante sus tribunales la acción de anulación. Este dato –suspensión *ex lege*– es, a los efectos del execuátur, determinante; pues, no es lo mismo una suspensión *ex lege* que una suspensión declarada judicialmente. Muchos son los motivos que justifican esta particular diferenciación en torno a los efectos que la *suspensión* del laudo debe tener en sede de execuátur[203]. Me limito ahora a apuntarlos[204]. Así, aceptar la mera suspensión *ex lege* del laudo arbitral como motivo de denegación, además de ser contrario a lo establecido en el ordenamiento jurídico español (*infra*), supone tanto como incentivar estrategias procesales encaminadas a dilatar en el tiempo el incumplimiento de lo estipulado en el mismo. En efecto, bastaría con instar la anulación del laudo para conseguir, por la mera suspensión *ex lege*, una valiosa dilación en el tiempo para llevar a cabo todo tipo de maniobras

202. Así el hoy derogado art. 1486 NCPC. La nueva regulación del arbitraje tanto interno como internacional está recogida en el *Décret n.º* 2011-48 de 13.1.2011, *Journal Officiel de la République Française*, 14.1.2011. *Vid. supra* Cap. III.

203. Diferenciación aceptada de forma prácticamente unánime en la doctrina: VAN DEN BERG, *The New York Convention... , cit*, pp. 351-352; POUDRET / BESSON, *Comparative Law of International Arbitration*, Zurich, 2007, 2.ª Ed., p. 846, numeral 923; KAUFMANN-KOHLER / RIGOZZI, *Arbitrage international. Droit et pratique à la lumière de la LDIP*, Zurich, 2006, p. 359, numeral 895; *Fouchard Gaillard Goldman on International Commercial Arbitration*, Boston, 1999, p. 981. No obstante, en contra, DÍEZ-HOCHLEITNER / HEREDIA CERVANTES, "Execuátur en España de laudos anulados y suspendidos en el Estado de origen", *SAR*, N.º 13, 2012, pp. 93-108.

204. Para un desarrollo pormenorizado de todas las cuestiones relativas a este particular, *vid.* GÓMEZ JENE, "Execuátur del laudo suspendido en el Estado de origen", *Arbitraje*, 2010 (1), pp. 85-127.

encaminadas a no satisfacer el pago de lo estipulado en el mismo. Limitar en lo posible este tipo de comportamientos fue, precisamente, lo que en su momento quisieron los redactores del CNY[205]. De ahí que el artículo VI CNY –al igual que el artículo 45 LArb– parta del principio general de *ejecución provisional* del laudo. De tal forma que el execuátur del laudo arbitral *pendiente* de anulación en el Estado de origen está expresamente permitido. Esta es, además, la interpretación que unánimemente han asumido el Tribunal Supremo sueco, el Tribunal Supremo italiano, el Tribunal Supremo francés, el Tribunal Supremo suizo y el Tribunal Supremo inglés[206]. La jurisprudencia española, por su parte, sigue esta misma senda y, en consecuencia, concede el execuátur del laudo extranjero aun estando pendiente la acción de anulación en el Estado de origen[207].

12.105. Si los argumentos así descritos no fueran suficientemente convincentes, debe señalarse todavía que, a la luz del ordenamiento jurídico español, aplicable en virtud del artículo VII CNY, el reconocimiento del laudo suspendido *ex lege* es, sencillamente, imperativo. En efecto, es sabido que el artículo VII CNY encierra en su tenor una *cláusula de compatibilidad* (*infra*); una cláusula, en cuya virtud, las reglas del CNY se configuran como un "estándar regulatorio mínimo", admitiendo la prevalencia de aquellas normas nacionales sobre reconocimiento y execuátur de laudos más favorables al mismo que las normas convencionales. En aplicación de este precepto, las normas correspondientes de la LArb, en tanto que normas más favorables al reconocimiento o execuátur, se aplican a este tipo de supuestos. Y así, si el artículo 45 LArb –que se aplica al arbitraje desarrollado en el extranjero por mandato legal (*ex* art. 1.2. LArb)– exige la ejecución del laudo aunque penda la acción de anulación, es evidente que también está condicionando la decisión –previa– en torno a su execuátur; esto es, el artículo 45 LArb obliga a ejecutar el laudo aunque penda la acción de anulación en el extranjero y, en consecuencia, para tener en cuenta esta circunstancia en sede de execuátur. De hecho, nunca podrá hacerse efectivo el mandato de aplicación que contempla el artículo 1.2 LArb sobre el artículo 45 LArb si se restringe su aplicación a la estricta ejecución; sin tenerlo en consideración en sede de execuátur.

205. VAN DEN BERG, *The New York Convention... , cit.*, pp. 351-352.

206. *Supreme Court*, 13.8.1979, *YCA*, Vol. VI, 1981, pp. 237-242 (se trata del célebre asunto *Götaverken); Corte di Cassazione*, 3.11.1992, *YCA*, Vol. XIX, 1994, pp. 685-686; *Cour de Cassation*, 10.3.1993, *YCA*, Vol. XIX, 1994, pp. 662-663; *Tribunal Féderal*, 4A_403/2008, 12.12.2008 (www.bger.ch); y, *High Court of Justice*, 27.4.2005, *YCA*, Vol. XXXI, 2006, pp. 853-866; respectivamente.

207. Auto JPI núm. 3 de Rubí, 11.6.2007, *SAR*, N.° 5, 2009, pp. 171-189 (con nota de GÓMEZ JENE). En la jurisprudencia de los TSJ, *vid.*, Auto TSJ de Madrid, 23.1.2018, ECLI:ES:TSJM:2018:14A.

En consecuencia, la única hipótesis de aplicación del artículo 45 LArb a supuestos internacionales es la que abarca tanto el supuesto del execuátur del laudo –declaración de ejecutividad– como el supuesto posterior de ejecución forzosa[208].

> Lo anterior, claro está, no impide que el demandado en execuátur –y ejecutado en la posterior ejecución– pueda suspender la misma prestando las garantías que el artículo 45.1 LArb le impone: caución por el valor de la condena más los daños y perjuicios que pudieran derivarse en la demora de la ejecución del laudo.

12.106. Hasta aquí el razonamiento relativo al reconocimiento o execuátur del laudo suspendido *ex lege*. Queda todavía por estudiar si esta postura a favor del reconocimiento o execuátur del laudo así suspendido es extrapolable al reconocimiento o execuátur del **laudo suspendido por declaración expresa** (***ad hoc***) del tribunal que conoce de la acción de anulación. Pues bien, para estos supuestos, puede que la cuestión merezca una respuesta distinta. En efecto, no puede obviarse que, cuando la suspensión se produce como consecuencia de un procedimiento *ad hoc*, el tribunal del Estado de origen que la acuerda –debidamente razonada, atendidas las circunstancias del caso a la luz de los motivos de anulación del laudo que su ordenamiento contempla– implícitamente está reconociendo la existencia de un riesgo cierto de anulación; un riesgo de anulación que se manifestará en mayor o menor medida, pero un riesgo en definitiva. Desde esta perspectiva se constata, además, que allí donde el ordenamiento jurídico prevea este tipo de suspensión, su concesión se limita a supuestos muy excepcionales.

> Este fue el caso, por ejemplo, en el conocido asunto *Gas Natural c. Sonatrach*, pues el laudo dictado en Suiza fue expresa y razonadamente suspendido por el *Tribunal Federal*[209] mientras se sustanciaba la acción de anulación.

En consecuencia, puede afirmarse que la suspensión *ad hoc* de este modo decretada arroja –siquiera implícitamente– ciertas dudas sobre la misma pervivencia del laudo; circunstancia que, a su vez, conviene evaluar en sede de reconocimiento o execuátur.

12.107. Por fin, no está de menos señalar que, en perspectiva de *lege ferenda*, el borrador de Convenio que sirve de base para una revisión del CNY (*Draft Convention on International Enforcement of Arbitration Agreements*

208. Otra opinión, GARCIMARTÍN ALFÉREZ / SÁNCHEZ FERNÁNDEZ, "Sobre el reconocimiento en España de laudos arbitrales extranjeros anulados o suspendidos en el Estado de origen", *CDT*, 2016/1, pp. 111-124.

209. *Ordonnance*, TF de 9.10.2010, inédita.

*and Awards*)[210] se caracteriza por suprimir la *suspensión* de laudo –en cualquiera de sus variantes– como motivo de denegación del reconocimiento o execuátur. El motivo de tal supresión radica, principalmente, en la inseguridad jurídica que genera. Y es que, si bien existe una mayoritaria jurisprudencia a favor del reconocimiento del laudo suspendido (*supra*), no es menos cierto que debido a su constante alegación existe un riesgo latente –e indeseable– de que los tribunales extiendan esa *suspensión* al reconocimiento o execuátur del laudo[211].

b. Execuátur del laudo suspendido y posterior anulación del mismo

12.108. Si, en consonancia con lo anteriormente dicho, se otorgarse el execuátur del laudo suspendido –ya sea *ex lege*[212] ya sea por declaración expresa del tribunal– y éste fuere posteriormente anulado por los tribunales del Estado en el que se dictó, cabe preguntarse entonces: (i) si sería posible el reconocimiento de la sentencia judicial que anula el laudo; y, de serlo, (ii) cuál sería el cauce procesal que, a la luz del ordenamiento jurídico español, habría que invocar para homologar la sentencia judicial que anula el laudo.

12.109. Pues bien, el reconocimiento de la sentencia judicial que anula el laudo es, a mi juicio, controvertido. En efecto, pese al innegable atractivo que presenta esta opción en el concreto contexto de nuestro ordenamiento jurídico (en su caso, reconocimiento incidental vía LCJI) es lo cierto que por tratarse de una sentencia que no resuelve sobre el fondo, por un lado, y que juzga sobre una serie de garantías procesales, por otro, la aplicación del mismo sistema de normas de reconocimiento y ejecución a estos supuestos puede ser cuestionado[213].

12.110. Pero incluso asumiendo la aplicación del sistema de normas de reconocimiento y ejecución (por ejemplo, en forma de reconocimiento

210. La *Draft Convention* está publicada en: VAN DEN BERG, "Hypothetical Draft Convention on the International Enforcement of Arbitration Agreements and Awards. Explanatory Note", en: *50 Years of the New York Convention. ICCA International Arbitration Conference. Congress series no. 14*, Wolters Kluwer, 2009, pp. 651-678.

211. VAN DEN BERG, "Hypothetical Draft Convention on the International Enforcement of Arbitration Agreements and Awards. Explanatory Note", en: *50 Years of the New York Convention. ICCA International Arbitration Conference. Congress series no. 14*, 2009, p. 663.

212. Recuérdese a este respecto que nuestra jurisprudencia es contradictoria. *Cfr* el Auto JPI núm. 5 de Madrid, 6.5.2009; Auto AP de Madrid (Sección 10.ª), 16.11.2009; y, Auto de aclaración de la AP de Madrid (Sección 10.ª), 22.12.2009, *SAR*, N.º 7, 2010, pp. 119-122, (con nota crítica de GÓMEZ JENE, pp. 123-128), con el Auto JPI núm. 3 de Rubí, 11.6.2007, *SAR*, N.º 5, 2009, pp. 171-189 (con nota de GÓMEZ JENE).

213. Vid. supra Cap. VII, 7.27.

incidental), es obligado reparar en que el órgano jurisdiccional que conoce del execuátur del laudo arbitral no es el mismo órgano jurisdiccional que conoce del reconocimiento de la sentencia judicial que lo anula. Lo cual, a su vez, puede generar ciertas dudas respecto del cauce a seguir en estos supuestos.

12.111. En efecto, hemos dicho ya que tras la reforma de la LArb por la *Ley 11/2011*[214], la competencia judicial internacional para conocer del reconocimiento o execuátur del laudo extranjero recae, con carácter general, en el TSJ de la Comunidad Autónoma del domicilio o lugar de residencia de la parte frente a la que se solicita el reconocimiento, o del domicilio o lugar de residencia de la persona a quien se refieren los efectos de aquél[215]. La ejecución del laudo, una vez concedido el execuátur –esto es, concedida la declaración de ejecutividad–, recae sobre el JPI competente conforme a los mismos criterios (art. 8.6 LArb). Por su parte, el reconocimiento de la sentencia judicial que anula el laudo recae sobre el JPI del domicilio de la parte frente a la que se solicita el reconocimiento o ejecución, o de la persona a quien se refieran los efectos de la resolución judicial extranjera (art. 52 LCJI). Frente a la resolución del Juzgado, otorgando o denegando el reconocimiento de esta sentencia, cabe recurso de apelación (art. 55 LCJI).

> Por lo que hace al régimen procesal aplicable al reconocimiento de esta sentencia habrá de estarse, de considerarse aplicable, al régimen previsto en los artículos 41 y ss. LCJI, pues el Reglamento Bruselas I *refundido* no es aplicable, por razón de la materia, a este tipo de sentencias (*ex* art. 1)[216].

Junto con el complejo marco competencial descrito (TSJ para conocer del execuátur del laudo y JPI para conocer del reconocimiento de la sentencia extranjera que anula el laudo), importa destacar que la LCJI prevé la posibilidad de instar el reconocimiento *incidental* en un procedimiento judicial (*infra* Ep. 3.10). En nuestro contexto, lo anterior supone tanto como que, al menos teóricamente, podría instarse el reconocimiento *incidental* de la sentencia judicial que anula el laudo ante el TSJ que está conociendo del execuátur del laudo arbitral. Repárese, no obstante, que este reconocimiento *incidental* no impide que, a su vez, pueda solicitarse

214. *Ley 11/2011, de 20 de mayo, de reforma de la Ley 60/2003, de 23 de diciembre, de Arbitraje y de regulación del arbitraje institucional en la Administración General del Estado* (*BOE* núm. 121, de 21.5.2011).

215. *Vid. supra* Cap. VII. *Vid.* también, las excepciones a esta regla previstas en los convenios bilaterales con China, Brasil y Uruguay (*infra* 3.8).

216. Sobre el alcance de la exclusión del arbitraje del ámbito de aplicación material de este texto *vid.*, GÓMEZ JENE, "Arbitraje internacional y Reglamento Bruselas I *refundido*", *Arbitraje*, 2015 (1), pp. 15-48.

a título principal el reconocimiento de la misma (*ex* art. 44.2 LCJI *in fine*); esto es, nada impide, de considerarse aplicable el sistema de normas de reconocimiento y ejecución a este tipo de sentencias que no conocen sobre el fondo, que la parte interesada en obtener el reconocimiento de la sentencia que anula el laudo pudiese acudir a un procedimiento de reconocimiento a título principal –ya sea para solicitar el reconocimiento o la denegación del reconocimiento de la misma–. Pues bien, en la medida en que para conocer de ese reconocimiento a título principal de la sentencia extranjera que anula el laudo arbitral son competentes los Juzgados de Primera Instancia (*ex* art. 52 LCJI), podría llegar a darse un supuesto verdaderamente controvertido –por la distinta jerarquía de los tribunales implicados–: y es que, nada obsta para que, en principio, el TSJ pueda otorgar –o denegar– el reconocimiento *incidental* de la sentencia extranjera y, paralelamente, el Juzgado competente para conocer del reconocimiento a título principal de la sentencia que anula el laudo deniegue –u otorgue– el reconocimiento con carácter *erga omnes* de la misma. De llegarse a soluciones distintas debería prevalecer, en principio, la del Juzgado que ha conocido a título principal del reconocimiento de la sentencia que anula el laudo (sin perjuicio, claro está, de que esta resolución pueda recurrirse en apelación primero y casación después –*ex* art. 55 LCJI–). Lo anterior, en cualquier caso, sirve también para poner en cuestión la aplicación del sistema de reconocimiento y execuátur previsto en la LJCI a este tipo de supuestos.

12.112. En línea similar con lo anteriormente expuesto cabe advertir que, en puridad, el reconocimiento *incidental* está pensado para procedimientos judiciales *en curso* en el momento de instarse el mismo. Es decir, está pensado para aquellos procedimientos en los que está pendiente la homologación del laudo arbitral extranjero. En consecuencia, queda todavía por determinar qué órgano judicial debe conocer del reconocimiento de la sentencia judicial que anula el laudo cuando el execuátur del mismo ya ha sido otorgado.

La respuesta a esta cuestión puede deducirse, a mi juicio, de las normas de competencia judicial previstas en el LCJI. En su virtud, para conocer de ese reconocimiento –que ya será a título principal– deben conocer los Juzgados de Primera Instancia (*ex* art. 52 LCJI). El título obtenido en este procedimiento podría, en su caso, hacerse valer ante el Juzgado de Primera Instancia que esté conociendo de la ejecución forzosa.

12.113. Lo hasta aquí descrito, demuestra, en cualquier caso, que los riesgos de una posterior anulación del laudo cuyo execuátur se ha concedido pueden conjurarse en sede de ejecución, aportando la pertinente caución en los términos previstos en el artículo 45 LArb. Y aún más, pues incluso en el supuesto extremo de que la anulación se declárese una vez despachada la ejecución, cabría plantearse una acción judicial posterior alegando enriquecimiento injusto, injustificado o pago de lo indebido. Lo anterior sin descartar que conceder el reconocimiento o execuátur del laudo anulado pueda, en supuestos muy excepcionales, constituir la mejor opción. En el siguiente epígrafe analizamos esta cuestión.

### 4.8. Laudo anulado en el país de origen (art. V.1.e/ CNY)

#### A. *Con carácter general*

12.114. El tercer motivo de denegación del reconocimiento o execuátur previsto en el artículo V.1.e/ CNY es que el laudo haya sido *anulado* por los tribunales del Estado de origen. Para valorar correctamente el alcance de este motivo de denegación debe tenerse en cuenta, de entrada, que el mismo tenor del artículo V.1 e/ CNY *faculta* –que no exige– la denegación del reconocimiento o, en su caso, execuátur cuando el laudo haya sido anulado en el Estado de origen: *se podrá denegar el reconocimiento.* La versión en inglés es aún más clara respecto tal carácter facultativo, pues utiliza el verbo *may*.

> Merece consideración, en este sentido, el auto del TSJ de Murcia del 12.4.2019[217] que en términos muy genéricos (y en *obiter dicta*) establece: "*los laudos arbitrales son el resultado de una convención privada no vinculada con la jurisdicción del país en el que son dictados, con la consecuencia de que la eventual anulación de un laudo por los tribunales del lugar del arbitraje no afectaría necesariamente a su subsistencia jurídica a los meros efectos de su reconocimiento por un tercer Estado*".

12.115. Desde esta perspectiva, un amplio sector doctrinal se manifiesta a favor de la aplicación del CNY para reconocer un laudo que previamente ha sido anulado en el país de origen[218]. Y hemos de destacar también que hasta la fecha existe cierto cuerpo jurisprudencial que

217. Auto TSJ de Murcia, 12.4.2019, ECLI:ES:TSJMU:2019:12A.

218. Sin ánimo de exhaustividad, *vid.*: FOUCHARD, "La Portée internationale de l'annulation de la sentence arbitrale dans son pays d'origine", *Rev. Arb.*, 1997, pp. 329-352; LASTENOUSE, "Why Setting Aside an Arbitral Award is not Enough to Remove it froom the International Scene", *J. Int. Arb.*, 1999, pp. 25-48. A favor de dejar la cuestión en manos de los tribunales en interpretación de cada caso, PETROCHILOS, "Enforcing Awards annulled in their State of Origin under the New York Convention", *ICLQ*, 1999, pp. 856-888. Sobre este tema, con carácter general y con todo detenimiento, *vid.* FERNÁNDEZ ROZAS, *Tratado del Arbitraje Comercial en America Latina*, Madrid, 2008, pp. 1193-1203; REDFNER / HUNTER / BLACKABY / PARTASIDES, *Teoría y práctica del Arbitraje Comercial Internacional*, 4.ª Ed., Cizur Menor, 2006, pp. 617-621.

se caracteriza bien por haber reconocido directamente laudos arbitrales extranjeros anulados en su país de origen, bien por haberse manifestado a favor de aceptar este tipo de supuestos[219]. En la jurisprudencia francesa –implacable en este sentido– destacan, además de los clásicos supuestos *Norsolor*[220], *Hilmarton I*[221] y *Chromalloy*[222], el asunto *Sonatrach*[223], el asunto *Sovereign*[224], los asuntos *Putrabali*[225] y *Betchel*[226] y, *más recientemente*, los asuntos *Maximov*[227] y *República de Benín*[228]. En la jurisprudencia estadounidense destaca el asunto *Chromalloy*[229] (el execuátur de este laudo se instó en Francia y en Estados Unidos) y más recientemente el asunto *Commisa*[230]. En la jurisprudencia británica, debe citarse la sentencia de la

219. Para una exhaustiva enumeración *vid.*, CREMADES / TEJADA CALLER, "El reconocimiento del laudo anulado. Una retrospectiva", *La Ley Mediación y Arbitraje*, 2020, 01.

220. *Cour de Cassation*, 9.10.1984, *YCA*, 1986, pp. 484-491.

221. *Vid.*, *YCA*, 1994, 214-222; *Rev. Arb.*, 1993, pp. 327-341. No debe pasar desapercibida en este contexto la sentencia de la *Cour de Cassation* de 10.6.1997 en relación con el reconocimiento del laudo arbitral dictado en el asunto *Hilmarton II*, *Rev. Arb.*, 1997, pp. 376-377 (con nota de FOUCHARD); *JDI*, 1997, pp. 1033-1034 (con nota de GAILLARD).

222. Repárese en que en este supuesto se solicitó –y se otorgó- el reconocimiento del laudo anulado por la *Cour d'appel* de El Cairo tanto en Francia (*Rev. Arb.*, 1997, pp. 395-399) como en EEUU (*YCA*, 1997, pp. 1001-1012; *Rev. Arb.*, 1997, pp. 439-450).

223. *Tribunal de première instance*, Bruselas, 6.12.1988, *Bull ASA*, 1989, 213 ss; *YCA*, 1990, p. 370 ss.

224. *Cour d'Appel* de Luxemburgo, 28.1.1999, *YCA*, 1999, pp. 714-723. La particularidad de este supuesto radica en que, en el momento de otorgarse el reconocimiento del laudo, su anulación estaba pendiente ante los tribunales suizos. Sin embargo, la *Cour d'Appel* de Luxemburgo reconoció explícitamente en su sentencia que, en aplicación de las disposiciones de su Derecho interno –que no del CNY-, el laudo podría ser reconocido aun habiendo sido anulado en el Estado de origen.

225. *Cour d'Appel* de París, 31.3.2005, *Rev. Arb.*, 2006, pp. 665- 666 (con nota de GAILLARD) y *Cour de Cassation*, 29.7.2007, *Rev. Arb.*, 2007, pp. 507-517 (con nota de GAILLARD). Sobre esta sentencia, resulta de particular interés: HULBERT, *Arb. Int.*, 2009, pp. 157-172.

226. *Cour d'Appel* de París, 29.9.2005, *Rev. Crit. DIP*, 2006, 387-391 (con nota de SZEKELY).

227. *Cour d'Appel* de París, 1.4.2014 N.º 12/15479, confirmado por la *Cour de Cassation*, 25.5.2016, N.º 14-20532, ECLI:FR:CCAS:2016:C100550. El execuátur de este laudo dictado en Rusia fue, no obstante, denegado en Holanda y Reino Unido. Al respecto, *vid.* CREMADES / TEJADA CALLER, "El reconocimiento del laudo anulado. Una retrospectiva", *La Ley Mediación y Arbitraje*, 2020, 01.

228. *Cour d'appel* de París, 11.1.2022, N.º 20/17923.

229. *Tribunal de Distrito de Columbia, Chromalloy Aeroservices c. République arabe d'Egypte*, *Rev. Arb.*, 1997, pp. 439-450.

230. Commisa: *United States District Court of New York*, 27.8.2013, *Arbitraje*, 2014 (1), pp. 295-301, con nota de COJO, pp. 284-294. Dicha sentencia ha sido confirmada en segunda instancia (*US Court of Appeals for the Second Circuit*, 2.8.2016). Sobre esta sentencia, GAILLARD, "La vision américaine des sentences annulées au siège (Observations sur les arrêts Pemex et Thai-Lao Lignite de la Cour d'appel fédérale du 2e circuit des 2 août 2016 et 20 juillet 2017)", *Rev. Arb.*, 2017, pp. 1147-1165.

*High Court* dictada con ocasión del asunto *Yukos*[231]. En la jurisprudencia holandesa, la sentencia de la *Court of Appeal* de Ámsterdam también con ocasión del asunto *Yukos*[232]. Y en la jurisprudencia belga destaca –únicamente– el asunto *Sonatrach*[233].

12.116. Por lo que respecta al ordenamiento jurídico español, debe advertirse, de entrada, que el principio *ex nihilo nihil fit* (nada surge de la nada) que subyace al criterio de *no* reconocimiento del laudo anulado no es aplicable en términos absolutos[234]. En efecto, como en el próximo epígrafe estudiaremos, por imperativo del Convenio de Ginebra (CG[235]), en determinados supuestos debe darse eficacia en España al laudo anulado en el Estado de origen. Es decir, en tanto que el CG está ratificado por España y en tanto que este instrumento consiente en ciertos supuestos el execuátur del laudo anulado en origen, no puede afirmarse con rotundidad que la anulación del laudo en el Estado de origen suponga inexorablemente la denegación de su *execuátur* en España. A mayor abundamiento, puede destacarse también que ciertos parajes de la nueva LArb parecen fomentar esta postura favorable al reconocimiento o, en su caso, *execuátur* del laudo *anulado* en el Estado de origen. Tal percepción deriva, básicamente, del tenor del segundo párrafo del artículo 1 de la LArb, pues este precepto determina qué normas de la LArb son de aplicación aun cuando el arbitraje no se sustancie en territorio español[236]. Entre ese conjunto de normas destacan aquellas disposiciones que regulan la ejecución forzosa del laudo (arts. 8.4, 44 y 45) y aquéllas otras que regulan el execuátur del laudo arbitral extranjero (arts. 8.6 y 46). La mención hecha a estas últimas podría parecer redundante, pero es lo cierto que al ponerlas en relación con el artículo 45 –en cuya virtud: "*El laudo es ejecutable aun cuando contra él se haya ejercitado acción de anulación...* "–, cobra cierto sentido la idea de que puede otorgarse el reconocimiento o, en su caso, execuátur un laudo arbitral extranjero aun cuando haya sido anulado por los tribunales del lugar en el que se dictó.

231. Particularmente relevante: *Yukos Capital S.a.r.L. v. OJSC Oil Company*, 3.7.2014, (2014) EWHC 2188 (Comm).

232. *Court of Appeal* de Ámsterdam, 28.4.2009 (*case* 200.005.269/01), *Rev. Arb.*, 2009, pp. 557-561 (con nota de BOLLÉE). *Vid.* también un comentario a esta sentencia en: NACIMIENTO / DROP, "Recognition and Enforcement of Annulled Arbitral Awards", *SchiedsVZ*, 2009, pp. 272-276.

233. *Tribunal de première instante*, Bruselas, 6.12.1988, *YCA*, 1990, 370-375.

234. Muy elocuente, rechazando expresamente la vigencia del principio *ex nihilo nil fit* en el ámbito del reconocimiento del laudo anulado, *Yukos Capital S.a.r.L. v. OJSC Oil Company*, 3.7.2014, (2014) EWHC 2188 (Comm).

235. *Vid. supra* Cap. III.

236. *Vid. supra* Cap. II.

12.117. Pese a la cadena de argumentos expuestos a favor del reconocimiento o execuátur del laudo extranjero anulado en origen, estimo que, en principio, la interpretación favorable al execuátur o reconocimiento debe acogerse con ciertas cautelas. De tal forma que solo cuando concurran en el supuesto una serie de circunstancias más o menos excepcionales (*infra* C/), el execuátur o reconocimiento del laudo *anulado* estaría justificado.

12.118. Desgranando por orden inverso los argumentos anteriormente expuestos, y para aquellos supuestos en los que no sea de aplicación el CG, estimo, en primer lugar, que la interpretación más correcta del artículo 45 LArb pasa por limitar su aplicación a los supuestos internos en los que la anulación del laudo estuviera pendiente (en sintonía, por tanto, con lo previsto en el artículo VI CNY). Si por el contrario dicha anulación ya hubiera sido declarada, en principio, el reconocimiento o, en su caso, execuátur no debería otorgarse[237].

12.119. Además de estos argumentos de tipo "técnico", existe otro de índole "prospectivo" que debe ser considerado. En efecto, se ha argumentado que reconocer un laudo arbitral anulado en su país de origen puede suponer tanto como un mecanismo corrector para cualquier anulación "más o menos caprichosa"[238]; entendiendo por caprichosa aquella anulación que se deba a algún motivo peculiar. Un ejemplo de este tipo de anulación podría deducirse del supuesto de hecho que dio origen a la sentencia en el citado asunto *Bechtel*: un laudo dictado en Dubai fue anulado en ese país porque el árbitro no aplicó la ley islámica que exigía tomar juramento a los testigos.

Pues bien, sin perjuicio de la valoración que ese motivo de anulación merezca, es lo cierto que, si las partes acuerdan celebrar un arbitraje en un país determinado, lo acuerdan con todas sus consecuencias. Ellas mismas asumen, en virtud de la autonomía de la voluntad, la responsabilidad de sus decisiones. Y en este sentido, debe partirse de la base –porque así es en la práctica– de que las partes analizan rigurosamente las consecuencias que de la elección de una u otra sede de arbitraje se derivan.

12.120. Por otro lado, debe tenerse en cuenta, además, que reconocer o declarar ejecutable un laudo arbitral anulado en origen no supone automáticamente la resolución definitiva de la controversia; antes al contrario, origina un nuevo marco fáctico y teórico de difícil resolución. Y es que, del reconociendo del laudo anulado en origen nace un nuevo título (sentencia judicial que reconoce el laudo) incompatible con el título ya existente

237. Véase, no obstante, posibles excepciones a esta regla, *infra*.
238. SABATER MARTÍN, *La eficacia en España de los laudos arbitrales extranjeros*, Madrid, 2002, p. 72.

(sentencia judicial que anula el laudo). Las consecuencias que de esta circunstancia pueden derivarse serán, en muchos casos, imprevisibles –por ejemplo, siempre podrá iniciarse otro arbitraje sobre la misma cuestión y entre las mismas partes–. Siendo esto así, es difícilmente entendible que las partes implicadas puedan tener interés por verse involucradas en este tipo de supuestos.

12.121. Todavía en relación con este tema –y como argumento añadido a nuestra interpretación–, cabe plantearse la cuestión referente a la **prioridad** en sede de reconocimiento o execuátur entre la **sentencia judicial** que anula el laudo arbitral y el mismo **laudo arbitral** anulado. Esto es, cabe preguntarse todavía si en aquellos supuestos en los que se solicita el reconocimiento y ejecución del laudo arbitral, la parte contraria puede solicitar, bien a título principal, bien a título incidental, el reconocimiento de la referida sentencia. A este respecto, baste ahora con señalar que desde la perspectiva del ordenamiento jurídico español, el reconocimiento *incidental* de la sentencia judicial que anula el laudo en el mismo procedimiento de execuátur del laudo anulado no debería, en principio, ser posible; básicamente, porque la sentencia que anula el laudo no es una sentencia que resuelva sobre el fondo de la controversia; se trata, antes al contrario, de una sentencia que examina una serie de garantías a la luz del derecho del Estado donde se dicta y, como tal control de garantías que supone, no tiene por qué aceptarse su interpretación a la luz del derecho extranjero en el foro (*supra* 12.109).

12.122. Por lo que respeta a la jurisprudencia existente sobre el particular, cabe destacar que, en la mayoría de los supuestos citados, el execuátur del laudo arbitral extranjero se otorgó a partir de las disposiciones del correspondiente derecho interno. Así, no pueden dejar de citarse en este contexto las sentencias recaídas en los asuntos *OLG Rostock*[239], *Baker Marine*[240], *Spier*[241] y más recientemente *TermoRio*[242] y *Commisa* (en su reconocimiento ante los tribunales de Luxemburgo[243]), pues se trata de decisiones **posteriores en el tiempo** a las anteriormente citadas en las que, en aplicación del CNY –y en concreto, en aplicación del artículo V. 1 e/–,

239. *OLG* Rostock, *Beschluss*, 28.10.1999, *Betriebs-Berater*, 2000, Beilage 8, pp. 20-23.

240. *Cour d'appel des États-Unis (2e Cicuit), Rev. Arb.*, 2000, pp. 135-138 (con nota de GAILLARD).

241. *Martin I. Spier* v. *Calzaturificio Tecnica, S.p.A, Bull ASA*, 2000, pp. 144-147.

242. *US District Court, District of Columbia*, 17.3.2006, *Rev. Arb*, 2006, pp. 786-796 (con nota de PAULSSON). En segunda instancia: *US Court of Appeals, District of Columbia*, 25.5.2007 (2007 *US App.* LEXIS 12201); *Rev. Arb.*, 2007, pp. 553-559 (con nota de PAULSSON).

243. *Cour d'appel* de Luxemburgo, 27.4.2017, Arrêt N.° 59/17.

se niega rotundamente el reconocimiento del laudo arbitral anulado[244]. Solo en fechas más recientes, la jurisprudencia comparada ha empezado a reconocer laudos *anulados* en aplicación del artículo V.1.e/ CNY: el ya citado asunto *Yukos* (en su reconocimiento ante los tribunales holandeses) y *Commisa* (en su reconocimiento ante los tribunales de EEUU).

*B. La aplicación del artículo IX CG*

12.123. Cuestión distinta –que bien puede considerarse como una particular **excepción**– es la que gira en torno al reconocimiento del laudo anulado cuando tanto el Estado de origen como el Estado de destino hayan ratificado el ***Convenio europeo sobre arbitraje comercial internacional,*** hecho en Ginebra el 21 de abril de 1961 (CG)[245]. En efecto, como del mismo tenor del artículo V.1.e/ puede deducirse, el CNY no enumera los motivos que pueden acarrear la anulación del laudo, sino que deja en manos de los derechos internos de los países afectados –país en el que se dictó el laudo o país conforme a cuya ley se dictó el laudo– la regulación de dichos motivos. Esta circunstancia suponía tanto como consentir una incierta aplicación de dichos motivos, lo que, a su vez, repercutía negativamente en el principal objetivo del CNY –favorecer el reconocimiento del laudo arbitral–.

El CG, consciente de las carencias del instrumento neoyorquino en este contexto, actúa sobre el problema limitando las causas de nulidad del laudo que tienen relevancia en el ámbito del reconocimiento y ejecución. Y así, si bien los motivos de nulidad siguen regulados por los derechos de los Estados parte, resulta que en aplicación del artículo IX CG, una posible nulidad sólo tendrá efectos en sede de reconocimiento y execuátur cuando aquélla haya sido declarada en aplicación de alguno de los motivos tasados en el mismo artículo IX.

**Artículo IX**. *Declaración como nula de la sentencia arbitral.*

*1. La anulación en uno de los Estados contratantes de un laudo arbitral amparado por el presente Convenio constituirá causa de denegación en lo referente al reconocimiento o ejecución de dicho laudo en otro Estado contratante, sólo en el caso de que tal anulación se hubiere llevado a efecto*

244. Igual de tajante en este sentido se muestra el Tribunal Supremo alemán (*BGH, Beschlu⊠*, 22.2.2001, *NJW*, 2001, pp. 1730-1732; *RIW*, 2001, pp. 538-540; IPRspr. 2001 Nr. 203): "Ist der Schiesspruch im Erlassstaat noch nicht verbindlich oder ist er aufgehoben worden, dann *ist ihm die Anerkennung im Vollstreckungsstaat zu versagen* (Art. V Abs. 1 lit. e UNÜ)". En el mismo sentido: *BGH, Beschluß*, 21.5.2008, *SchiedsVZ*, 2008, pp. 195-196.

245. *Vid. supra* Cap. III.

*en aquel Estado en el cual o conforme a cuya ley fue pronunciado el fallo arbitral y ello por una de las siguientes razones:*

a) *Las partes en el acuerdo o compromiso arbitral estaban, con sujeción a la ley a ellas aplicable, afectadas de una incapacidad de obrar, o dicho acuerdo o compromiso no era válido con arreglo a la ley a la cual lo sometieron las partes o, en caso de no haber indicación al respecto, conforme a la ley del país en donde se dictó el laudo; o*

b) *La parte que pide la anulación del laudo no había sido informada debidamente sobre el nombramiento del árbitro o sobre el desarrollo del procedimiento arbitral, o le había sido imposible, por cualquier otra causa hacer valer sus alegaciones o recursos; o*

c) *El laudo se refiere a una controversia no prevista en el compromiso arbitral o no incluida dentro de lo establecido en la cláusula compromisoria; o contiene decisiones sobre materias que sobrepasen los términos del compromiso arbitral de la cláusula compromisoria, entendiéndose, empero, que si las resoluciones del laudo que versen sobre cuestiones sometidas al arbitraje, puedan ser separadas o disociadas de aquellas otras resoluciones concernientes a materias no sometidas al arbitraje, las primeras podrán no ser anuladas, o*

d) *La constitución o composición del tribunal de árbitros o el procedimiento arbitral no se ha ajustado al acuerdo o compromiso entre las partes o, no habiendo existido tal acuerdo o compromiso, a lo establecido en el artículo IV del presente Convenio.*

*2. En las relaciones entre aquellos Estados contratantes que sean al mismo tiempo Partes en el Convenio de Nueva York de 10 de junio de 1958 sobre Reconocimiento y Ejecución de Sentencias Arbitrales Extranjeras, el párrafo 1.º del presente artículo viene a restringir la aplicación del artículo V párrafo 1. e) del Convenio de Nueva York únicamente en los casos de anulación expuestos en dicho párrafo 1.º.*

12.124. Una primera lectura comparada de los motivos de nulidad recogidos en el CG con los motivos de denegación del reconocimiento o execuátur recogidos en el CNY revela que ambas "listas" son prácticamente idénticas, pues ambas recogen los mismos motivos como motivos de nulidad/reconocimiento. Sin embargo, debe observarse que el artículo IX CG no considera como motivo de nulidad relevante desde la óptica del reconocimiento y execuátur del laudo el hecho de que éste sea contrario al *orden público* y el hecho de que éste haya resuelto sobre materias *no arbitrables*. En consecuencia, ambas listas consideran como motivos de anulación/reconocimiento: (i) la invalidez del convenio arbitral; (ii) la vulneración de los derechos de defensa; (iii) la incongruencia entre el contenido del laudo y el de convenio arbitral; y, (iv) las irregularidades procedimentales. Por el contrario, ni el motivo relativo a la vulneración del *orden público*, ni el motivo relativo a la *arbitrabilidad* de la materia, tienen cabida en el artículo IX CG. Ello quiere decir que, a la luz del CG, un laudo anulado en el país de origen por haber resuelto sobre materias no arbitrables o por considerarse contrario al orden público, no debe tener tal consideración –consideración *estricta* de laudo anulado– ante el juez del Estado de destino.

12.125. La restricción de los motivos de anulación así constatada es perfectamente lógica, y tiene todo su sentido si se contempla –como debe contemplarse– desde la perspectiva del reconocimiento y execuátur del laudo arbitral. Y es que, no debe pasar inadvertido que lo que puede ser contrario al orden público en un Estado determinado no tiene por qué serlo en otro (*ad. ex.* entender contrario al orden público el hecho de que los árbitros no profesaran la misma religión); del mismo modo, tampoco debe olvidarse que lo que tiene consideración de materia no arbitrable a la luz del ordenamiento de un Estado determinado, puede que no la tenga en otro. A mayor abundamiento, debe destacarse también que el juego cumulativo de alguna de estas causas de nulidad –repárese en que pueden llegar a ser de aplicación tanto las causas previstas en el ordenamiento del país en el que se dictó el laudo como las causas previstas en el ordenamiento del país conforme a cuya ley se dictó– aumentarían notablemente las posibilidades de truncar el reconocimiento del laudo arbitral.

> En palabras del Tribunal Supremo austriaco en interpretación de este precepto: *El reconocimiento en otro Estado de un laudo arbitral anulado en el país del lugar del arbitraje en aplicación de la cláusula de orden público es la consecuencia lógica del arbitraje internacional (no vinculado al Estado). Hacer depender la suerte del laudo arbitral internacional de la aprobación del Estado de origen privaría al arbitraje internacional de su independencia*[246].

12.126. En consecuencia, hemos de convenir que el artículo IX CG no es una norma que pretenda unificar los criterios para declarar la nulidad del laudo arbitral. Se trata, más bien, de un precepto que únicamente intenta restringir el recurso al motivo de la nulidad del laudo como causa para denegar su reconocimiento o execuátur. De esta forma, el juez del Estado de destino sólo debe aceptar la nulidad del laudo como causa de denegación del reconocimiento cuando ésta se haya basado en alguna de las

246. *Oberster Gerichtshof*, 26.1.2005, *YCA*, Vol. XXX, 2005, pp. 421-436.

causas recogidas en el artículo IX CG[247]. Y ello, con independencia de que el Estado de origen contemple otros motivos para apreciarla.

12.127. Ahora bien –y este sería un segundo argumento a favor de la interpretación aquí defendida, contraria, solo en principio, al reconocimiento del laudo anulado–, si finalmente se constata que el laudo fue anulado en aplicación de uno de los motivos de nulidad previsto en el artículo IX, el mismo precepto insiste en que entonces tal circunstancia *"constituirá causa de denegación en lo referente al reconocimiento o ejecución de dicho laudo en otro Estado contratante"*.

12.128. Por fin, desde un punto de vista jurisprudencial debe destacarse que hasta la fecha existe un *único supuesto* en el que tal precepto ha sido de aplicación. O dicho de otro modo, hasta la fecha solo se conoce un supuesto en el que la aplicación cumulativa tanto del CG como del CNY ha propiciado el reconocimiento de un laudo arbitral anulado en el Estado de origen. Se trata del comúnmente conocido supuesto *Randeska*, en cuya virtud, el Tribunal Supremo austriaco rectificó una resolución judicial del *Oberlandesgericht* de Graz que denegaba el reconocimiento de un laudo arbitral por haber sido anulado en el Estado de origen en aplicación de la cláusula de orden público[248].

> Por su parte, el *Bundesgerichtshof* (Tribunal Supremo alemán) ha rechazado el execuátur de un laudo anulado en Ucrania (Estado parte del CG) porque, además de la apreciación del orden público, el tribunal de anulación apreció incompetencia del colegio arbitral para conocer del asunto (*fehlender Zuständigkeit*)[249].

### C. *Posibles excepciones a la regla general de no reconocimiento del laudo anulado*

12.129. No obstante la tesis –en principio, y solo en principio– favorable al *no* reconocimiento del laudo anulado en origen, cabe plantearse si de

247. Ya en este sentido, KAISER, *Das europäische Übereinkommen über die internationale Handelsschiedsgerichtsbarkeit vom 21. April 1961*, Zurich, 1967, p. 167; KLEIN, "Das Europäische Übereinkommen über die Internationale Handelschiedsgerichtsbarkeit", *ZZP*, 1963, p. 351.

248. *Oberste Gerichtshof* (Tribunal Supremo austriaco), *Entscheidung* del 20.10.1993, ÖJZ, 1994, pp. 513-515; *YCA*, 1995, pp. 1051-1053; *Rev. Arb.*, 1998, pp. 419-421 (con nota de LASTENOUSE / SENKOVIC). En *widerspruchsverfahren vid. Oberste Gerichtshof* (Tribunal Supremo) austriaco, *Entscheidung* del 23.2.1998, *IPRax*, 2000, pp. 314-318 (con nota de REINER, pp. 323-327); *Rev. Arb.*, 1999, pp. 385-387 (con nota de LASTENOUSE / SENKOVIC); *ZfRV*, 1999, pp. 24-26 (con nota de MICHALES). *Vid.* también NIENABER, *cit.*, pp. 71-76.

249. *BGH*, 23.4.2013, *SchiedsVZ*, 2013, pp. 229-231.

la práctica jurisprudencial más reciente puede extraerse algún precedente en el que el reconocimiento del laudo anulado pueda llegar a estar justificado. Y es que, pese a que la regla de "*no* reconocimiento" debe ser objeto de interpretación rigurosa, debe reconocerse también que la jurisprudencia comparada más reciente se ha confrontado con dos tipos de supuestos que, bien mirados, podrían –o incluso deberían– justificar una excepción al principio de "*no* reconocimiento" del laudo anulado en origen.

12.130. El primer supuesto que puede justificar el reconocimiento del laudo anulado se deduce claramente tanto de la jurisprudencia holandesa y británica sobre el asunto *Yukos*[250] como de la jurisprudencia estadounidense en el asunto *Commisa*[251]. En su virtud, el hecho de que **no pueda considerarse la eficacia de la sentencia judicial que anula el laudo**, invita a reconocer el laudo arbitral anulado. Y así, en el contexto del asunto *Yukos*, los tribunales holandeses otorgaron el execuátur de un laudo anulado en Rusia por estimar que los tribunales que lo anularon no pudieron actuar con la imparcialidad e independencia debida. Los tribunales ingleses, por su parte, corroboraron este criterio. En el contexto del asunto *Commisa*, los tribunales estadounidenses consideraron que no podían tomar en consideración la sentencia mexicana que anulaba un laudo arbitral porque ésta aplicaba retroactivamente una ley que entró en vigor con posterioridad al inicio del arbitraje (en concreto, tres años después de que el colegio arbitral se declarara competente mediante laudo parcial) y porque, además, de otorgarse efectos a la sentencia que anulaba el laudo, el demandante de execuátur del laudo se vería privado de cualquier tipo de tutela judicial efectiva.

Como ha sido advertido –y criticado[252]–, el criterio que en principio utilizan los tribunales estadounidenses se basa en una distinción entre lo que la jurisprudencia estadounidense denomina "jurisdicción primaria" y "jurisdicción secundaria": "jurisdicción primaria" sería la del lugar donde se dicta el laudo y la "jurisdicción

250. *Court of Appeal* de Ámsterdam, 28.4.2009, *Rev. Arb.*, 2009, pp. 557-561 (con nota de BOLLÉE). *Vid.* también un comentario a esta sentencia en: NACIMIENTO / DROP, "Recognition and Enforcement of Annulled Arbitral Awards", *SchiedsVZ*, 2009, pp. 272-276. *Yukos Capital S.a.r.L. v. OJSC Oil Company*, 3.7.2014, (2014) EWHC 2188 (Comm).

251. *Vid.* Las referencias a estas sentencias y una crítica a esta aproximación de la cuestión en, GAILLARD, "La vision américaine des sentences annulées au siège (Observations sur les arrêts Pemex et Thai-Lao Lignite de la Cour d'appel fédérale du 2e circuit des 2 août 2016 et 20 juillet 2017)", *Rev. Arb.*, 2017, pp. 1147-1165.

252. GAILLARD, "La vision américaine des sentences annulées au siège (Observations sur les arrêts Pemex et Thai-Lao Lignite de la Cour d'appel fédérale du 2e circuit des 2 août 2016 et 20 juillet 2017)", *Rev. Arb.*, 2017, pp. 1147-1165.

secundaria" sería la del lugar donde se pide su reconocimiento o execuátur; con la consecuencia de que, en principio, "la jurisdicción secundaria" debería respetar lo establecido en la "jurisdicción primaria" (*cortesía internacional –comity–*). Y así, si el laudo es anulado por los tribunales del Estado de la sede del arbitraje, debería estarse –siempre, en principio–, a lo establecido por esos tribunales[253]. Adviértase, no obstante, que la **crítica** a este criterio de *comity* se basa, por un lado, en la misma razón de ser del CNY (favorecer el reconocimiento o el execuátur del laudo en la medida en que no exige su homologación en la sede) y, por otro, en los inconvenientes que la consideración de dos títulos genera (el laudo por un lado y la sentencia que lo anula por otro). Desde esta perspectiva, se defiende la estricta aplicación del CNY (en tanto que sitúa el control del laudo exclusivamente ante el juez del reconocimiento o execuátur), sin consideración de la sentencia que lo anula[254]. A mi juicio, sin embargo, este criterio, que aboga por "centrarse" exclusivamente en el laudo sin tener en consideración la sentencia que lo anula, puede llegar a ser excesivamente riguroso. Y es que, no debe descartarse a *priori* que los argumentos utilizados por el juez de anulación puedan ser tomados en consideración de algún modo y en abstracto por el juez que conoce del execuátur del laudo anulado.

En cualquier caso, el razonamiento arriba descrito, interpretado con todas las cautelas pertinentes, es aceptable y se entiende bien desde la siguiente perspectiva: si la sentencia que anula el laudo no puede –en abstracto– ser objeto de consideración (*ad ex.* por no gozar los jueces que la dictaron de la independencia e imparcialidad suficiente), parece coherente que el laudo que la sentencia anula sí pueda ser objeto del mismo (a salvo, claro está, la apreciación de cualquier otro motivo de denegación del execuátur). Este proceder es compatible con el tenor del artículo V.1.e/ CNY que, como hemos advertido ya, no impide expresamente el reconocimiento del laudo anulado.

12.131. Un segundo supuesto controvertido es el que plantean los asuntos *Venture Global Engineering v. Satyam Computer Services Ltd*[255] y

253. Confirmando la decisión de instancia que anula la decisión de ejecución del laudo al confirmarse en apelación la sentencia (extranjera) que lo anulaba: *Thai-Lao Lignite (Thailand) Co., Ltd. et. al. v. Government of the Lao People's Democratie Republic*, 20.7.2017, 864 F.3d 172 (2d Cir. 2017).

254. GAILLARD, "La vision américaine des sentences annulées au siège (Observations sur les arrêts Pemex et Thai-Lao Lignite de la Cour d'appel fédérale du 2e circuit des 2 août 2016 et 20 juillet 2017)", *Rev. Arb.*, 2017, pp. 1147-1165.

255. Tomo la referencia de este caso en: SLATER, "On Annulled Arbitral Award and the Death of Chromalloy", *Arbitration International*, Vol. 25, Nr. 2, 2009, pp. 289-291.

*Wapda v. Isolux*[256]. Ambos coinciden en plantear un supuesto muy particular, como consecuencia de la aplicación extraterritorial del ordenamiento jurídico en materia de arbitraje de La India y Pakistán. En el primero de los casos citados se dio la circunstancia de que, tras un arbitraje celebrado en Londres, una de las partes solicitó la anulación del laudo en La India. Mientras que en primera instancia el tribunal se declaró incompetente para conocer de tal acción de anulación, el Alto Tribunal del país confirmó la competencia de los tribunales indios para conocer de la misma. El origen de tal argumentación estaba en la *Indian Arbitration and Concilation Act* de 1996, en cuya virtud, salvo acuerdo expreso en contrario de las partes, los tribunales de este país son competentes para conocer de una acción de anulación del laudo si una de las partes en el arbitraje es de nacionalidad india. Y ello, con independencia absoluta del lugar en el que el arbitraje se hubiere o hubiese celebrado. El segundo caso (*Wapda v. Isolux)*, sigue un iter muy similar. Como consecuencia de una falta de designación de la sede del arbitraje en el contrato, y como consecuencia también del desacuerdo de las partes sobre el lugar donde celebrarlo, la CCI designó Ginebra como ciudad sede del mismo. Dictado el laudo, *Wapda* (una entidad pública de Pakistán) planteó una acción de anulación ante los tribunales de su país.

De los datos disponibles se desprende que en ninguno de los dos supuestos se aplicó el derecho de los Estados controvertidos (La India y Pakistán). Ni al fondo de la controversia, ni al mismo procedimiento arbitral. Este dato es, a mi juicio, relevante, por cuanto el artículo V CNY prevé la denegación del execuátur si el laudo ha sido anulado *"por una autoridad competente del país en que, o conforme a cuya ley"* fue dictado. Con independencia ahora de la cuestión relativa al alcance que este inciso deba tener en la actualidad (hoy en día resulta extraño aplicar al procedimiento arbitral un derecho distinto al del lugar de la sede del arbitraje), parece lógico convenir que el laudo así anulado debe ser objeto de execuátur allí donde se solicite.

En efecto, como hemos dicho ya, la elección de la sede del arbitraje es mucho más que la elección del lugar que proporciona la infraestructura necesaria para el mismo. Salvo cláusula de jurisdicción a favor de un tribunal extranjero para conocer de la acción de anulación, la elección de la sede es, ante todo y sobre todo, la elección del marco jurídico de

256. Tomo la referencia de este caso en: MESEGUER VELASCO, "Definición de laudo arbitral. Ámbito de aplicación. Tipos de laudo. Medidas cautelares. Carácter del laudo", en: SOTO COAGUILA (Dir.), *Convención de Nueva York de 1958. Reconocimiento y Ejecución de Sentencias Arbitrales Extranjeras*, Instituto Peruano de Arbitraje, Perú, 2009, pp. 391-392.

protección que las partes quieren para su arbitraje[257]. Ese marco jurídico se concreta en la acción de anulación, de tal modo que, con la elección de la sede, lo que realmente eligen las partes es el nivel de control del arbitraje –gráficamente expuesto, "la densidad del filtro" que quieren para el mismo–. Y porque así lo quieren las partes, quien designa sede está designando directamente los tribunales competentes para conocer de la acción de anulación. De tal forma que la concreción del lugar del arbitraje en el tenor del convenio arbitral debe interpretarse como una cláusula de sumisión expresa a tribunales; de sumisión expresa a los tribunales que conocerán de la acción de anulación. Por ello, resulta incompatible con esta interpretación aceptar normas –como la prevista en la *Indian Arbitration and Concilation Act* de 1996–, en cuya virtud, salvo acuerdo expreso en contrario de las partes, los tribunales indios son competentes para conocer de una acción de anulación del laudo si una de las partes en el arbitraje es de nacionalidad india. Y así, si los tribunales –indios en este caso– no interpretan lo obvio; esto es, que una cláusula de sumisión a arbitraje con elección de sede es tanto como un acuerdo expreso de derogación de competencia de cualquier otro tribunal que no sea el de la sede del arbitraje para conocer de la acción de anulación, deberán ser los tribunales de los demás Estados afectados por el laudo –en tanto que sus tribunales conozcan del execuátur del mismo– quienes sitúen en sus justos límites la competencia exorbitante que, de este modo, se atribuyen los tribunales de otros Estados que no han actuado como sede del arbitraje. O dicho de otro modo, los tribunales de los Estados ante los que se inste el execuátur del laudo así anulado deberán evaluar, a la luz de los motivos de denegación del mismo, la competencia exorbitante que de forma unilateral se atribuya todo aquel tribunal que no sea el de la sede del arbitraje.

12.132. A modo de conclusión puede afirmarse, por tanto, que la práctica más actual desvela una serie de supuestos donde el principio general de "no reconocimiento" del laudo arbitral anulado **debe admitir excepciones**. Estas excepciones se configuran, en principio, en torno a dos supuestos. Por un lado, aquél en el que la sentencia judicial que anula el laudo no pueda ser reconocida "en abstracto" en el Estado donde se pretende el reconocimiento o execuátur del laudo por ser –el reconocimiento de la sentencia– contrario al orden público[258]. Por otro, aquél en el que la anulación del laudo ha sido dictada por un tribunal extranjero –distinto, por tanto, del tribunal de la sede del arbitraje– en uso de una competencia

257. *Vid. supra* Cap. X.

258. Ya a favor de mantener este criterio para determinar qué laudo anulado en el Estado de origen sí puede ser reconocido, PARK, "What is to be done with vacated awards", en PARK, *Arbitration of International Business Disputes*, Oxford, 2006, pp. 185-188.

exorbitante; ignorando el significado y consecuencias que tiene la concreción de la sede del arbitraje en el convenio arbitral.

### 4.9. Arbitrabilidad de la controversia

12.133. Analizados someramente los motivos de denegación del reconocimiento / anulación del laudo que deben ser invocados a instancia de parte, queda todavía por referirse a los **motivos de denegación del reconocimiento / anulación apreciables de oficio**. Estos son, con la salvedad ya expuesta en sede de anulación, (a) la *no arbitrabilidad* de la controversia y (b) la contrariedad con el *orden público* del Estado requerido.

**Artículo V.2.a/ CNY:**

2. *También se podrá denegar el reconocimiento y la ejecución de una sentencia arbitral si la autoridad competente del país en que se pide el reconocimiento y la ejecución comprueba:*

   a) *Que, según la Ley de ese país, el objeto de la diferencia no es susceptible de solución por vía de arbitraje;*

**Artículo 41.1.e/ LArb:**

1. *El laudo solo podrá ser anulado cuando la parte que solicita la anulación alegue y pruebe:*

   e) *Que los árbitros han resuelto sobre cuestiones no susceptibles de arbitraje.*

2. *Los motivos contenidos en los párrafos b), e) y f) del párrafo anterior podrán ser apreciados por el tribunal que conozca de la acción de anulación de oficio...*

12.134. Por lo que concierne a la **arbitrabilidad de la controversia**, sirven *mutatis mutandis* las consideraciones hechas anteriormente en el Capítulo correspondiente[259]. Ambos preceptos son de aplicación cuando la cuestión afecta a una materia que es inarbitrable por mandato legal –ya sea implícita o explícitamente–, pero no cuando la materia haya sido excluida de sometimiento a arbitraje por acuerdo expreso de las partes[260].

Para el concreto contexto del reconocimiento o execuátur, hemos de destacar que mantener con todo *rigor* la inarbitrabilidad de la controversia como motivo de denegación del reconocimiento de un laudo arbitral puede llegar a ser hasta cierto punto incoherente con lo estipulado en el artículo 9.6 LArb (*infra* 12.31 ss). Y es que, en aplicación *estricta* del CNY,

259. *Vid. supra* Cap. V.
260. STSJ de Murcia, 13.1.2022, ECLI:ES:TSJMU:2022:2.

resultará que un laudo arbitral no será reconocido en nuestro país si se considera que la materia no es *arbitrable* conforme a nuestro Derecho. Sin embargo, si el mismo laudo fuera dictado en territorio español (mismas partes, misma controversia, etc.) resultaría que, en principio, no podría ser anulado por nuestros jueces, pues estaríamos ante un arbitraje *internacional* (con las consecuencias que de ello pueden derivarse).

> La jurisprudencia, por su parte, ha denegado correctamente el execuátur de un laudo (ruso) en el cual se reconoce a una persona física como quebrado y acuerda iniciar frente al mismo un procedimiento de liquidación. Es decir, un laudo dictado por un tribunal arbitral que hace las veces del juez del concurso en el ámbito de su competencia exclusiva y excluyente[261].

12.135. Por otro lado, debe tenerse en cuenta en este contexto la posible aplicación del artículo IX CG (*supra* 12.123 ss.).

### 4.10. Orden público

12.136. El orden público es el motivo de denegación de reconocimiento / anulación del laudo más frecuentemente invocado por las partes. Constituye una cláusula típica, presente en todo el Derecho convencional en materia de DIPr.

> **Artículo V.2.b/ CNY:**
>
> 2. *También se podrá denegar el reconocimiento y la ejecución de una sentencia arbitral si la autoridad competente del país en que se pide el reconocimiento y la ejecución comprueba:*
>
> b) *Que el reconocimiento o la ejecución de la sentencia serían contrarios al orden público de ese país;*
>
> **Artículo 41.1.f/ LArb:**
>
> 1. *El laudo solo podrá ser anulado cuando la parte que solicita la anulación alegue y pruebe:*
>
>    f) *Que el laudo es contrario al orden público.*
>
> 2. *Los motivos contenidos en los párrafos b), e) y f) del párrafo anterior podrán ser apreciados por el tribunal que conozca de la acción de anulación de oficio...*

12.137. Tanto en perspectiva de reconocimiento y execuátur como en perspectiva de anulación, la apreciación del orden público exige, en

261. Auto TSJ de Cataluña, 19.9.2019, ECLI:ES:TSJCAT:2019:570A.

ciertos supuestos, un control del laudo. Esta circunstancia puede suponer, a su vez, que el fondo del mismo deba ser revisado, cuando resulta que la revisión del fondo en sí está, en principio, vedada tanto en el ámbito del reconocimiento y execuátur como en el ámbito de la nulidad del laudo. Por ello, parece conveniente abordar el alcance de esta cuestión en primer lugar, no sin antes insistir en la posible aplicación del artículo IX CG en sede de reconocimiento y execuátur cuando el laudo en origen haya sido anulado en aplicación de este motivo (*supra* 12.123 ss.).

### A. *El punto de partida: prohibición de revisión del fondo del laudo arbitral versus control de conformidad con el orden público*

#### a. En general

12.138. En términos doctrinales la controversia en torno a la prohibición de revisión del fondo del laudo arbitral *versus* el control de conformidad con el orden público se sitúa en torno a dos concepciones sobre el alcance de la cláusula del orden público: la concepción *maximalista* y la concepción *minimalista*[262]. En virtud de la primera, el control de conformidad con el orden público que deben ejercer los tribunales que conozcan de una acción de anulación o de un execuátur debe ser efectivo y concreto. Implicaría, sólo hasta donde sea necesario, un control del fondo del laudo arbitral (*ad. ex.* comprobar que se aplicó correctamente el núcleo duro de las normas imperativas aplicables al fondo).

> Así entendida la concepción *maximalista* no supone reintroducir la revisión de fondo en toda su extensión. Implica, únicamente, un control sobre el núcleo sustantivamente configurador de la norma imperativa aplicable. Repárese, por tanto, en que el control del fondo puede matizarse según sean o no aplicables normas imperativas al supuesto.

Por su parte, la concepción *minimalista* preconiza una aplicación limitadísima de la cláusula de orden público, pues aboga por la supresión casi total de este control. Únicas excepciones en este contexto serían motivos extremos como el fraude y la corrupción. Al decir de la jurisprudencia que lo asume, se ceñiría a aquellos supuestos considerados como "flagrante, efectiva y concreta". Se trata, en definitiva, de un control limitado

262. Haciendo alusión a esta distinción, Auto TSJ del País Vasco, 19.4.2012, ECLI:ES:TSJPV:2012:2A; STSJ Islas Canarias, 9.7.2012, ECLI:ES:TSJICAN:2012:1033. En la doctrina, con más referencias, RADICATI Di BROZOLO, "L'illicéité »qui crève lex yeux": critère de contrôle des sentences au regard de l'ordre public international (à propos de l'arrêt Thalès de la Cour d'appel de Paris)", *Rev. Arb.*, 2005, pp. 529-560.

al ámbito del procedimiento arbitral (orden público *procesal*); excluyendo cualquier control sobre el contenido del laudo (orden público *material*).

12.139. A la luz de estas dos concepciones en torno al sentido –amplio o estricto– de la aplicación de la cláusula del orden público se plantea un interesante conflicto entre dos principios procesales: *el control de conformidad con el orden público* y *la prohibición de revisión del fondo del laudo arbitral.* En este sentido, se sostiene que para dotar de máxima eficacia al arbitraje internacional debe prevalecer el principio de prohibición de revisión del fondo sobre el principio del control de conformidad con el orden público, de tal modo que el principio de revisión de fondo impediría el control del laudo a la luz del orden público. Y al contrario, se sostiene también que para salvaguardar la eficacia del principio de control de conformidad con el orden público, el principio de *prohibición de revisión* debería "ceder" hasta donde fuera necesario para controlar la compatibilidad del laudo con el orden público. O dicho de otro modo, el control de conformidad del laudo con el orden público justificaría una excepción al principio de prohibición de revisión.

12.140. El punto de partida para terciar en esta polémica pasa por delimitar el alcance e intensidad de lo que en términos técnicos se entienda por "revisión". En principio –y solo en principio– quedarían excluidas de la revisión del laudo tanto las apreciaciones de hecho como la aplicación del derecho imperativo, pero tal revisión no afectaría a los mismos hechos ni al mismo derecho imperativo: no se entra en la valoración del hecho, pero sí se enjuicia si realmente se tuvo en cuenta ese hecho; y no se entra en la valoración o forma de aplicación o interpretación del derecho imperativo, pero sí se enjuicia si efectivamente se tuvo en cuenta o se aplicó ese derecho imperativo. Esta última afirmación exige, no obstante, de ciertos matices, pues el alcance de la revisión puede ser más o menos profundo dependiendo de la norma imperativa aplicable.

> Esta delimitación es fundamental, pues los detractores de la tesis *maximalista* entienden –a mi juicio erróneamente– que la revisión del fondo también alcanza a la interpretación del derecho imperativo[263].

12.141. A partir de aquí, parece coherente *primar* el principio de control con el orden público frente al principio de prohibición de revisión. Tanto en sede de anulación como en sede de execuátur del laudo arbitral. Y es que, los argumentos a favor de primar la prohibición de revisión en el ámbito arbitral –básicamente, eficacia del arbitraje, ponderación de otros intereses de las partes y riesgo de obstaculizar el arbitraje– no compensan los riesgos que de una falta casi absoluta de control con el orden público

263. Por ejemplo, RADICATI Di BROZOLO, "L'illicéité ... ", *cit.*, p. 537.

pueden derivarse: básicamente, riesgo de perversión del sistema arbitral (*ad. ex.* enjuiciar conocida y voluntariamente un contrato excluyendo la aplicación de normas imperativas). Además, el hecho de que haya cierto control –que se satisface con una *lectura* del laudo para entender el alcance de la *motivación*– no supone que vaya a darse al traste con la eficacia del arbitraje.

12.142. Esta es, a mayor abundamiento, la línea jurisprudencial mantenida tanto por el TJUE como por los tribunales españoles y la mayoría de los tribunales extranjeros.

### b. Jurisprudencia del TJUE

12.143. En el ámbito del reconocimiento y ejecución de las resoluciones judiciales *intraeuropeas* (régimen del Reglamento Bruselas I *refundido*) el principio de *prohibición de revisión* del fondo prevalece sobre el principio de *control de conformidad con el orden público*[264]. O dicho de forma inversa: el principio de control de *conformidad con el orden público* cede ante el principio de *prohibición de revisión* del fondo. Por ello, ya en su sentencia *Renault*[265], el TJUE afirmó que la excepción de *orden público* prevista en el artículo 34 del entonces en vigor Reglamento Bruselas I *no* puede apreciarse por el mero hecho de que el juez del Estado requerido considere que la resolución a reconocer aplicó *mal* el Derecho de la competencia europeo. Es decir, para el TJUE, la cláusula de orden público *no* es aplicable cuando se presuma una aplicación *errónea* del Derecho de la competencia; sin embargo, dicha cláusula sí es aplicable cuando *no se aplique* ese Derecho.

Esta conclusión del TJUE se basa, sin embargo, en un principio que no se da en el arbitraje (de ahí que no sea directamente extrapolable al mismo): el *principio de confianza* entre los tribunales de los Estados miembros. A partir de aquí, el TJUE ha señalado reiteradamente que los sistemas judiciales de los Estados miembros prevén un régimen de recursos –ajeno al arbitraje– que garantizan el control de las decisiones judiciales de primera instancia. Es decir, el control de la aplicación de las normas

264. STJUE, 16.7.2015, C-681/13, *Diageo Brands*: *Para respetar la prohibición de revisión en cuanto al fondo de la resolución dictada en otro Estado miembro, el menoscabo debería constituir una violación manifiesta de una norma jurídica considerada esencial en el ordenamiento jurídico del Estado requerido o de un derecho reconocido como fundamental en este ordenamiento.*

265. STJCE, 11.5.2000, C-38/98. Con nota de RODRÍGUEZ VÁZQUEZ, *Comunidad Europea Aranzadi*, núm. 11, 2000, pp. 36-41; y, ARROM LOSCOS, *Tribunales de Justicia*, 2001, pp. 130-133.

imperativas descansa sobre las distintas instancias judiciales del país de origen, antes que sobre el juez del execuátur del país de destino.

12.144. Partiendo entonces de la radical distinción en este particular contexto entre el ámbito de la *sentencia judicial* y el ámbito del *laudo arbitral*, debe analizarse la decisiva influencia que la jurisprudencia del TJUE tiene sobre esta cuestión. Y a este respecto, la jurisprudencia que debe tenerse en consideración no es necesariamente la que ha dictado el TJUE en interpretación del Reglamento Bruselas I *refundido*, sino más bien la que ha dictado en supuestos en los que aborda directamente la cuestión relativa al control del laudo arbitral.

12.145. Desde tan concreta perspectiva, la referencia inexcusable es –todavía hoy– la sentencia *Eco Swiss*[266], expresamente ratificada por la muy posterior sentencia *Achmea*[267]. Se trata de una sentencia determinante para entender que la concepción *minimalista* no debe tener cabida en el *espacio judicial europeo* (de hecho, el TJUE impone en este fallo una interpretación concreta del artículo V.2.b/ CNY –en vigor en todos los Estados miembros de la Unión–). Tratándose entonces de una sentencia de particular relevancia, procede analizar con cierto detenimiento el alcance del razonamiento que el TJUE desarrolla sobre la particular tensión entre *prohibición de revisión* v. *contrariedad con el orden público*. Un razonamiento –adelantémoslo ya– que defiende, al contrario que el TC, una limitada revisión de los *errores in iudicando* del árbitro en sede de anulación.

12.146. Así, es ya sintomático que el TJUE advierta de inicio en el primer fallo citado que, de ser aplicable Derecho de la Unión al fondo de la controversia, el control del orden público implica un control *limitado* del Derecho aplicado al fondo del asunto: es decir, hay un control; limitado, por supuesto, pero lo hay. A partir de aquí, el TJUE demanda un control especial de las normas *imperativas* del Derecho de la Unión: un control que permita efectivamente apreciar si, en el supuesto de hecho, se han observado –o inobservado– los límites o prohibiciones impuestos por el Derecho imperativo de la UE. Finaliza el TJUE su razonamiento imponiendo a los jueces de los Estados miembros una interpretación específica del artículo V.2.b/ CNY, en armonía con lo anteriormente dicho; esto es, exigiendo a los jueces de los Estados miembros la apreciación de la cláusula de orden público en caso de inobservancia de los límites o prohibiciones impuestos por el Derecho imperativo de la UE.

266. STJCE de 1.6.1999, C-126/97. Al respecto, *vid.*, ÁLVAREZ GONZÁLEZ, "Arbitraje comercial internacional, orden público y Derecho comunitario de la competencia", *Diario La Ley*, núm. 4895, 30.9.1999.

267. STJUE de 6.3.2018, C-284/16.

*"32, En primer lugar, procede señalar que si un arbitraje convencional suscitara cuestiones de Derecho comunitario, los órganos jurisdiccionales ordinarios* ***podrían tener que examinar estas cuestiones****, especialmente en el marco del control del laudo arbitral, de mayor o menor entidad según el caso.*

*35. ... las exigencias relativas a la eficacia del procedimiento arbitral justifican que el control de los laudos arbitrales tenga* ***carácter limitado*** *y que sólo pueda obtenerse la anulación de un laudo o la denegación del reconocimiento en casos excepcionales*[268].

*36.* ***No obstante...*** *, el artículo 85 del Tratado* (actual art. 101 TFUE) *constituye una disposición fundamental indispensable para el cumplimiento de las misiones confiadas a la Comunidad, especialmente para el funcionamiento del mercado interior. La importancia de dicha disposición hizo que los autores del Tratado establecieran expresamente en el apartado segundo del artículo 85 del Tratado* (actual art. 101 TFUE), *que los acuerdos y decisiones prohibidos por este artículo son nulos de pleno Derecho.*

*37. De ello se deduce que, en la medida en que un órgano jurisdiccional nacional deba, en aplicación de sus normas procesales internas, estimar un recurso de anulación de un laudo arbitral basado en la inobservancia de normas nacionales de orden público,* ***también debe estimar tal recurso basado en la inobservancia de la prohibición impuesta en el apartado 1 del artículo 85 del Tratado*** **(actual art. 101 TFUE)".**

*38. No obsta a esta conclusión el hecho de que el* (CNY), *ratificado por todos los Estados miembros, establezca que sólo se podrá denegar el reconocimiento y la ejecución de la sentencia arbitral si se prueba la existencia de determinados vicios, en concreto, que la sentencia incumple o excede de los términos de la cláusula compromisoria, que la sentencia no es aún obligatoria para las partes o que el reconocimiento o la ejecución de la sentencia son contrarios al orden público del país en el que se solicita su reconocimiento o la ejecución...*

*39. En efecto, por los motivos mencionados en el apartado 36 de la presente sentencia el* ***artículo 85 del Tratado*** **(actual art. 101 TFUE)** ***puede considerarse una disposición de orden público en el sentido de dicho Convenio.***

268. En la versión alemana de esta sentencia la postura a favor de una revisión limitada del laudo se entiende mucho mejor: *"Die Erfordernisse der Effizienz des Schiedsverfahrens rechtfertigen [es],* Schiedssprüche nur im beschränktem Umfang zu überprüfen *und die Aufhebung eines Schiedsspruchs oder die Versagung seiner Anerkennung nur in außergewöhnliche Fällen vorzusehen".*

12.147. La posterior sentencia *Achmea* –que dedica un párrafo *ad hoc* al arbitraje comercial– no solo confirma esta jurisprudencia, sino que, además, recuerda expresamente que el control del laudo arbitral en sede de anulación comprende necesariamente al *examen* de las normas fundamentales del Derecho de la Unión. Hasta tal punto debe llegar ese examen –y esto bien podría considerarse como un *canon* sobre el alcance de la revisión de la *motivación*– que, en su caso, el tribunal de anulación debe incluso plantear la correspondiente cuestión prejudicial ante el TJUE sobre la interpretación del derecho aplicable al fondo del arbitraje[269]. Es decir, por más que el TC diga que solo cabe una revisión *in procedendo* del laudo arbitral (*infra*) en determinados supuestos –muy limitados, pero también muy importantes–, es lo cierto que el TJUE impone una revisión limitada *in iudicando* del mismo.

> *54. Ciertamente, por lo que se refiere al* ***arbitraje comercial****, el Tribunal de Justicia ha declarado que las exigencias relativas a la eficacia del procedimiento arbitral justifican que el control de los laudos arbitrales ejercitado por los órganos jurisdiccionales de los Estados miembros tenga carácter limitado,* ***siempre que las disposiciones fundamentales del Derecho de la Unión puedan ser examinadas en el marco de dicho control y, en su caso, puedan ser objeto de una petición de decisión prejudicial ante el Tribunal de Justicia*** *(véanse, en este sentido, las sentencias de 1 de junio de 1999, Eco Swiss, C-126/97, EU:C:1999:269, apartados 35, 36 y 40, y de 26 de octubre de 2006, Mostaza Claro, C-168/05, EU:C:2006:675, apartados 34 a 39).*

12.148. En el mismo sentido, el TJUE ha señalado en su sentencia *Gazprom* que el *principio de confianza* recíproca solo alcanza a los tribunales judiciales de los Estados miembros, de tal forma –puede deducirse– que no se produce una quiebra de este principio cuando el tribunal judicial se plantea revisar el laudo. O dicho de otro modo: los tribunales judiciales no están obligados a asumir las conclusiones que sobre la aplicación del Derecho de la UE haga un tribunal arbitral.

> *37. Seguidamente, en cuanto atañe al principio de confianza recíproca, que los Estados miembros otorgan a sus respectivos sistemas jurídicos e instituciones judiciales y que se plasma en la armonización de las normas de competencia de los órganos jurisdiccionales sobre la base del sistema establecido por el Reglamento n.º 44/2001, debe señalarse que, en las circunstancias del asunto principal,* ***dado que la orden conminatoria ha sido dictada por un tribunal arbitral****, no nos encontramos ante una*

269. Como hizo el juez francés en el asunto que dio lugar a la sentencia *Genentech* del TJUE (*infra* en este mismo Epígrafe).

*vulneración del citado principio por la injerencia de un órgano jurisdiccional de otro Estado miembro*[270].

12.149. En la misma línea, frente al argumento de que "*los tribunales nacionales no están facultados para controlar el pronunciamiento del árbitro sobre las cuestiones relativas a la competencia entre empresas*", el TJUE ha matizado en su sentencia *Genentech* que: "*A este respecto, debe recordarse que, dentro del marco de cooperación entre el Tribunal... y los órganos jurisdiccionales nacionales... corresponde exclusivamente al juez nacional... apreciar... tanto la necesidad de una decisión prejudicial para poder dictar sentencia, como la pertinencia de las cuestiones que plantea al Tribunal de Justicia*"[271].

12.150. En consecuencia, puede afirmarse que la jurisprudencia del TJUE es determinante en este contexto, pues marca la senda que deben seguir los tribunales de los Estados miembros, como mínimo, en aquellos supuestos en los que o bien el Derecho de la Unión –Reglamentos– o bien el Derecho derivado de la Unión –Derecho interno fruto de transposición de Directivas– subyazca al fondo de la controversia[272]. Y en cualquier caso, supone también una estimable guía de interpretación para aquellos supuestos en los que el Derecho de la Unión –en cualquiera de sus manifestaciones– no sea aplicable al fondo de la controversia. Y es que, aunque el Derecho de la UE no sea aplicable, no hay razón para alejarse del planteamiento del TJUE cuando al supuesto le sean de aplicación normas de carácter imperativo, ajenas al Derecho de la Unión.

12.151. Por último, debe tenerse en cuenta en este contexto tanto las Conclusiones del Abogado General Wathelet en el asunto *Genentech* como las Conclusiones de la Abogada General Kokot en el asunto *PL Holing*[273]. Pese a tratarse únicamente de unas Conclusiones, el Abogado General Wathelet califica la *prohibición de revisión* del laudo arbitral en su concepción minimalista como contraria al *principio de efectividad* del Derecho de la Unión. En el mismo sentido, y desde el contexto del arbitraje de inversiones, la Abogada General Kokot da un paso más, al afirmar que "*Los convenios arbitrales individuales entre Estados miembros e inversores de otros Estados miembros sobre la aplicación soberana del Derecho de la Unión solo son*

270. STJUE, 13.5.2015, C-536/13, *Gazprom*.

271. *Vid.*, respectivamente, numerales 24 y 26 de la STJUE, 17.3.2016, C-567/14, *Genentech*.

272. Sobre este particular, con más detenimiento, GÓMEZ JENE, "Arbitraje europeo: una crítica a la sentencia del Tribunal Constitucional 65/2021, de 15 de marzo", *CDT*, 2021/2, pp. 745-753. Siguiendo el razonamiento hecho en este comentario y reconociendo expresamente la revisión *in iudicando* del Derecho imperativo de la UE, *vid.* el certero Auto TSJ de Madrid,11.1.2022, ECLI:ES:TSJM:2022:81A.

273. Respectivamente, Conclusiones AG Wathelet, 17.3.2016, C-567/14 y Conclusiones AG Kokot, 22.4.2021, C-109/20.

*compatibles con el deber de cooperación leal del artículo 4 TUE, apartado 3, y con la autonomía del Derecho de la Unión consagrada en los artículos 267 TFUE y 344 TFUE* ***si los tribunales de los Estados miembros pueden controlar plenamente el laudo arbitral en cuanto a su compatibilidad con el Derecho de la Unión****"*. No hay motivo para sostener que los arbitrajes comerciales con aplicación de normas imperativas del Derecho de la UE al fondo de la controversia deban merecer otra consideración.

c. La jurisprudencia española

12.152. Aunque el punto de partida es que tanto en sede de *anulación* como en sede de *execuátur* no debe procederse a una revisión del fondo del laudo en toda su extensión[274], el alcance de ese control jurisdiccional ha sido matizado por la jurisprudencia (tanto por las AP, como los TSJ y más recientemente por el TC). Solo con carácter general, el control tanto en anulación como execuátur se refiere sobre todo a la actuación de los árbitros *in procedendo* y, de forma matizada –a la luz de la jurisprudencia del TJUE– a la actuación *in iudicando*. Por ello, aunque nuestra jurisprudencia constitucional se refiera al juicio de *anulación* como un *juicio externo*[275], el alcance de ese juicio ha sido matizado en numerosas ocasiones. A título de ejemplo:

> **TSJ del País Vasco, 19.4.2012**: *"Limitar el control es obvio que no significa eliminarlo, pero tampoco significa reducirlo, más allá del mínimo indispensable que permita llevar a cabo un control efectivo, hasta el punto de convertir una función necesaria y trascendente en un trámite puramente superficial o en una actividad sin real y verdadero contenido. Si así se hiciera se estaría fomentando la impunidad en los casos en que el arbitraje sea utilizado fraudulentamente para escapar de un orden público que más tarde no podrá ser examinado si la prohibición aísla al arbitraje en la inviolabilidad de su autonomía"*[276].

> **Auto TS, 4.3.2003:** *"la naturaleza* (meramente homologadora del execuátur) *impide, ante todo, el examen del fondo del asunto, también sin otra excepción que la que representa la salvaguardia del orden público"*[277].

12.153. La reciente jurisprudencia del TC, por su parte, ha introducido cierta confusión en este particular contexto, al limitar la revisión del laudo en sede de anulación a "errores *in procedendo*": *"habrá de recordarse que la*

274. *Vid.* artículo 48 LCJI.

275. STC 174/1995, de 23 de noviembre.

276. Auto TSJ País Vasco, 19.4.2012, ECLI:ES:TSJPV:2012:2A.

277. Auto TS de 4.3.2003, ECLI:ES:TS:2003:2447A. *Vid.* también el posterior Auto TS de 17.6.2003, ECLI:ES:TS:2003:6396A.

*anulación solo puede referirse a errores in procedendo, y no puede conducir a revisar la aplicación del derecho sustantivo por los árbitros, es decir, que las resoluciones arbitrales sólo son susceptibles de anularse en función de la inobservancia de las garantías de la instancia arbitral"*[278]. En efecto, afirmar hasta sus últimas consecuencias –como hace el TC– que el control del laudo se limita a errores *in procedendo* y que, además, no procede ninguna revisión del derecho sustantivo aplicable al fondo de la controversia es, de entrada, incompatible con lo establecido por la jurisprudencia del TJUE en ciertos supuestos de aplicación de normas imperativas del Derecho de la UE. Es por ello que, por lo menos para estos últimos supuestos, se impone una interpretación amplia del citado inciso de la jurisprudencia del TC, incluyendo bajo la denominación de errores *in procedendo* supuestos que, en principio, parecen incardinarse mejor bajo el ámbito de la expresión "errores *in iudicando*" (como puede ser, por ejemplo, una valoración de *no* aplicación de normas imperativas del Derecho de la UE); de tal forma que bajo el ámbito de los errores *in procedendo* debe incluirse también y en cualquier caso la revisión –*rectius*, examen– de las citadas normas[279].

12.154. Pero aún más, como hemos advertido ya[280], el mismo TC ha señalado reiteradamente en su jurisprudencia que no resolver conforme al "sistema de fuentes establecido" constituye una vulneración del derecho a un proceso con todas las garantías (art. 24.2 CE)[281]. En consecuencia, a la luz de su misma jurisprudencia, parece lógico entender que un razonamiento jurídico –el del árbitro– en virtud del cual se confunda o tergiverse el sistema de fuentes establecido debe ser también objeto de control en sede de anulación. Repárese, en este sentido, que tal revisión necesaria puede incardinarse en el concepto amplio de errores *in procedendo* que asume el TC, si bien parece más correcto calificarla como una revisión de la función del árbitro *in iudicando,* en tanto que revisa si, efectivamente, el sistema de fuentes técnicamente impuesto por él mismo en su laudo es o no acorde con el legalmente establecido. Preservar un control sobre el sistema de fuentes establecido es, por lo demás, capital para garantizar la correcta aplicación del Derecho de la UE.

12.155. Así las cosas, para asegurar una mínima coherencia con la jurisprudencia europea y la misma jurisprudencia de los TSJ, además de

278. STC 17/2021, de 15 de febrero.

279. Para una crítica a esta jurisprudencia constitucional, GÓMEZ JENE, "Arbitraje europeo: una crítica a la sentencia del Tribunal Constitucional 65/2021, de 15 de marzo", *CDT*, 2021/2, pp. 745-753.

280. *Vid. supra* Cap. X.

281. Como una de las últimas referencias, en el contexto de la relevancia constitucional de la cuestión prejudicial, STC 37/2019, de 26 de marzo.

imponerse una interpretación amplia de errores *in procedendo* controlables en sede de anulación o exequátur, debe entenderse también que el TC acepta –porque no puede ignorar la jurisprudencia del TJUE– un limitadísimo juego del orden público *material* en los términos anteriormente descritos.

12.156. A partir de esta lectura integradora, que se inspira en la jurisprudencia del TJUE, puede concluirse que nuestros tribunales son –deben ser– tributarios de una concepción *maximalista* del control del laudo arbitral en los términos delimitados tanto por el TJUE como por el TC. En su virtud, el control por aplicación de la cláusula de orden público *"sólo puede tener por objeto el análisis de los posibles errores procesales en que haya podido incurrir el proceso arbitral, referidos al cumplimiento de las garantías fundamentales, como lo son, por ejemplo, el derecho de defensa, igualdad, bilateralidad, contradicción y prueba, o cuando el laudo carezca de motivación, sea incongruente, infrinja* ***normas legales imperativas*** *o vulnere la intangibilidad de una resolución anterior"*[282]. Repárese bien, además de los principios procesales básicos, la falta de motivación o motivación arbitraria del laudo y, en cualquier caso, la correcta aplicación de normas imperativas (lo cual supone, a su vez, un limitado control de errores *in iudicando*) deben ser objeto de control en sede de anulación y execuátur del laudo arbitral.

> En cualquier caso, debe señalarse que la interpretación de la reciente jurisprudencia del TC sobre el alcance del control del laudo arbitral en el ámbito de la acción de anulación no es pacífica. Buena muestra de ello es la posterior jurisprudencia del TSJ de Madrid, cuyas sentencias en el ámbito de la acción de anulación no siempre se dictan por unanimidad[283].

### d. Jurisprudencia comparada

12.157. Por lo que hace a la jurisprudencia comparada –con la excepción de cierta jurisprudencia francesa– tanto la jurisprudencia alemana, como la jurisprudencia holandesa y la jurisprudencia belga han entendido que debe procederse a un control *limitado* del fondo del asunto para constatar si se ha vulnerado el orden público (*infra* Ep. E/). La sentencia *Thales* de la *Cour d'appel* de París[284], por su parte, reavivó en su momento

282. STC 17/2021, de 15 de febrero y STC 65/2021, de 15 de marzo.

283. A título de ejemplo, incorporando voto particular: STSJ de Madrid, 5.4.2022, ECLI:ES:TSJM:2022:4252; STSJ de Madrid, 13.7.2022, ECLI:ES:TSJM:2022:9812; STSJ de Madrid, 2.11.2022, ECLI:ES:TSJM:2022:13266; STSJ de Madrid, 17.01.2023, ECLI:ES:TSJM:2023:316.

284. *Cour d'appel* de París, 18.11.2004, *Rev. crit. DIP*, 2006, pp. 104-111 (con nota de BOLLÉE, 111-123). Sobre la cuestión relativa al alcance de la revisión, *cfr.* RADICATI

con particular intensidad el debate doctrinal en torno a los controvertidos *límites* entre el control de conformidad con el orden público y la prohibición de revisión de fondo, entendiendo en aquel supuesto que no cabía revisión de la aplicación de normas imperativas en sede de anulación. Sin embargo, jurisprudencia posterior de la misma *Cour d'appel* ha reinterpretado el alcance de tan estricta delimitación, planteando en el seno de una acción de anulación una cuestión prejudicial ante el TJUE sobre el alcance del artículo 101 TFUE[285]. Es decir, se constata que la jurisprudencia francesa más reciente sí entiende que, en sede de anulación, debe revisarse la aplicación e incluso interpretación de normas imperativas del Derecho de la UE. Además, en supuestos de corrupción y blanqueo de capitales, la *Cour d'appel* ha pasado de exigir una violación "*flagrante,* efectiva y concreta" a exigir una violación "*manifiesta,* efectiva y concreta" del orden público para que tenga relevancia en sede de anulación o reconocimiento y exequátur. Lo cual, al decir de la doctrina francesa, implica rebajar considerablemente los límites de su apreciación (*infra* 12.190).

12.158. En cualquier caso, y con la salvedad de ciertas resoluciones judiciales francesas, puede concluirse que, con carácter general, en aplicación de la cláusula de orden público los jueces pueden llevar a cabo un control de los principios procesales básicos, así como un *control de aplicación de las normas imperativas* (en concreto, un control de aplicación del núcleo duro de tales normas).

### B. *Concepto de orden público*

12.159. Por *orden púbico* se entiende un "*conjunto de normas y principios que, en un momento histórico determinado, reflejan el esquema de valores esenciales, a cuya tutela atiende de una manera especial cada ordenamiento jurídico concreto*"[286]. Ya sea desde el contexto de la anulación o desde el contexto del execuátur del laudo arbitral, la jurisprudencia ha ofrecido definiciones muy similares de orden público[287]. También el TC ha delimitado de forma reciente el orden público *procesal* y el orden público *material*:

---

Di BROZOLO, „L'illicéité „qui crève lex yeux": critère de contrôle des sentences au regard de l'ordre public international (à propos de l'arrêt Thalès de la Cour d'appel de Paris)", *Rev. Arb.*, 2005, pp. 529-560 y DELANOY, "Le contrôle de l'ordre public au fond par le juge de l'annulation: trois constats, trois propositions", *Rev. Arb.*, 2007, pp. 177-221.

285. STJUE, 7.7.2016, C-567/14, *Genentech.*

286. PÉREZ VERA, "El concepto de orden público en el Derecho internacional", *Anuario Hispano- Luso de Derecho Internacional,* núm. 7, 1984, p. 279.

287. STSJ de Madrid, 26.9.2017, ECLI:ES:TSJM:2017:10082.

**STC de 15.3.2021**: *"El tribunal declara en la STC 46/2020 que 'por orden público* ***material*** *se entiende el conjunto de principios jurídicos públicos, privados, políticos, morales y económicos, que son absolutamente obligatorios para la conservación de la sociedad en un pueblo y en una época determinada (SSTC 15/1987, de 11 febrero; 116/1988, de 20 junio, y 54/1989, de 23 febrero), y, desde el punto de vista* ***procesal****, el orden público se configura como el conjunto de formalidades y principios necesarios de nuestro ordenamiento jurídico procesal, y solo el arbitraje que contradiga alguno o algunos de tales principios podrá ser tachado de nulo por vulneración del orden público. Puede decirse que el orden público comprende los derechos fundamentales y las libertades garantizados por la Constitución, así como otros principios esenciales indisponibles para el legislador por exigencia constitucional o de la aplicación de principios admitidos internacionalmente'"*[288].

12.160. La jurisprudencia española subsume en este motivo de anulación / denegación del reconocimiento supuestos que, sin suponer estrictamente una vulneración de los derechos fundamentales, no pueden, sin embargo, subsumirse en otro motivo de anulación /denegación del reconocimiento. Por ejemplo, puede subsumirse bajo esta cláusula el hecho de que el laudo sea inconciliable con una decisión (laudo o resolución judicial) anterior en el tiempo[289]. Ese papel de *cláusula de cierre* que asume la cláusula de orden público hace que su alegación sea tan frecuente. Su apreciación, sin embargo, es mucho más restringida. Como insistentemente afirma desde hace tiempo nuestra jurisprudencia, *"lo que no puede pretenderse es que esa vía de control de la conformidad del laudo arbitral con el orden público se convierta en una puerta abierta para la mera sustitución del criterio del árbitro por el de los jueces, ni de un control por éstos de la justicia o equidad intrínsecas de la decisión cuando ésta no afecta a ese orden público"*[290]. Y desde esta perspectiva, *"el carácter amplio e impreciso de la noción de orden público aconseja una cautelosa aplicación de su concepto a casos concretos"*[291].

12.161. La jurisprudencia del TJUE, por su parte, ha interpretado el alcance de los *derechos de defensa*, de modo que sus matizaciones pueden servir, siquiera sea como referencia indirecta, para entender cómo debe interpretarse la cláusula de orden público cuando, en su virtud, se

288. STC 65/2021, de 15 de marzo.

289. La cláusula de orden público como *cláusula de cierre*. Así, AP de Madrid, 10.7.2011, JUR 2011, 256573, *Arbitraje*, Vol. V, 2012 (1), pp. 275-280. Sobre esta sentencia, *vid*. GÓMEZ JENE, "Principio de colegialidad", *Arbitraje*, Vol. V, 2012 (1), pp. 257-264.

290. Así, y citando otras muchas más, la SAP de Valencia, 6.2.2002, *RCEA*, 2003, pp. 215-220. La misma interpretación restrictiva proclama el TS (a título de ejemplo, *vid*. Auto TS de 29.4.1985, *RCEA*, 1986, pp. 231-235 (con nota de SÁNCHEZ LORENZO).

291. SAP de Madrid, 6.10.1997, *RCEA*, 1998, pp. 148-154.

denuncie una vulneración de un derecho de defensa. Y así, tiene dicho el TJUE que *"no cabe concebir los derechos fundamentales, como es el caso del respeto del derecho de defensa, como prerrogativas absolutas, sino que pueden implicar restricciones. No obstante, estas últimas deben responder efectivamente a objetivos de interés general perseguidos por la medida de que se trate y no constituir, habida cuenta del objetivo que se pretende alcanzar, un menoscabo manifiesto y desproporcionado a los derechos así garantizados"*[292].

### C. *Orden público y normas imperativas*

12.162. La aplicación de normas imperativas por el colegio arbitral es posible, pero está sujeta a revisión por los tribunales de justicia: *in order to ensure that the legitimate interest in the enforcement' of such policy has been addressed*[293]. Esta revisión de la aplicación de las normas imperativas se ha dado en denominar *"second look doctrine"*[294]. De hecho, el mismo TC ha reconocido reiteradamente que la cláusula de orden público debe apreciarse en sede de anulación cuando el laudo *"infrinja normas legales imperativas"*[295]. Y, a mi juicio, el control de aplicación de normas imperativas presume una revisión más profunda del laudo. Sin embargo, esa particular revisión del laudo no puede traducirse en que cualquier infracción de norma imperativa suponga, por sí misma y en todo caso, una vulneración del orden público. La jurisprudencia es clara a este respecto:

> **Auto AP de Barcelona, 28.9.2010**[296]: *"En abstracto, cabe que un laudo de derecho infrinja la norma jurídica y cabe que esa infracción contravenga el orden público o no lo contravenga. En este último supuesto, tampoco habría remedio judicial contra dicho laudo, porque la anulación por el motivo del artículo 41.1.f, tanto para los laudos de derecho como para los de equidad, sólo permite eliminar los contrarios al orden público, no los contrarios a una norma imperativa"*.

292. STJUE, 2.4.2009, C-394/07, *Gambazzi*.
293. *Mitsubishi Motors v. Soler Chrysler-Plymouth* (1985) 473 US.
294. BARON / LINIGER, "A Second Look at Arbitrability", *Arb. Int.*, 2003, pp. 27-54.
295. STC 17/2021, de 15 de febrero; STC 50/2022, de 4 de abril. Así entendido, deben interpretarse muy restrictivamente afirmaciones del siguiente tenor: "incluso si el árbitro incurrió en *error iudicando* no podrá acogerse la impugnación instada sino es un error que afecta a esos contenidos esenciales, *descartándose incluso como motivo de impugnación la simple contravención de las normas imperativas*" (STSJ País Vasco, 20.7.2022, ECLI:ES:TSJPV:2022:1493). Para un supuesto de aplicación controvertida de normas imperativas (tributarias) sin que se anule el laudo, *vid*. STSJ de Madrid, 2.11.2022, ECLI:ES:TSJM:2022:13266 (con un relevante voto particular).
296. Auto AP de Barcelona, 28.9.2010, ECLI:ES:APB:2010:5651A.

**STSJ de Madrid, 21.4.2015**[297]: *"No se puede confundir vulneración de orden público con posible vulneración de normas imperativas. Toda vulneración del orden público implica la vulneración de una norma imperativa, pero no toda vulneración de norma imperativa, si se produjera, comporta la vulneración del orden público (... )"*.

**Auto AP de Madrid, 1.2.2019**[298]: *"No toda infracción de una norma indisponible implicará la vulneración del orden público"*.

12.163. Bien es cierto que en muchos supuestos la infracción o no aplicación de una norma imperativa debe llevar aparejada la nulidad del laudo o la denegación de su execuátur. Así, por ejemplo, en el plano material, la *no* aplicación de ciertas normas imperativas del Derecho de la UE al fondo de la controversia (por ejemplo, derecho de la competencia o normas MIFID); en el plano procesal, la infracción del artículo 12 LArb (exigencia de número impar de árbitros). En referencia a este último plano, conviene insistir en que el hecho de que la vulneración de la norma imperativa española pueda suponer la nulidad del laudo (*ad ex*. número impar de árbitros), no implica que no pueda aceptarse en el foro una solución distinta adoptada por la norma equivalente extranjera (en tanto que esa solución no vulnere ningún principio del ordenamiento jurídico español): por ejemplo, arbitraje celebrado en el extranjero con un número par de árbitros porque así lo permite la *lex loci arbitri*[299].

12.164. Por otro lado, en determinados supuestos, los árbitros deberán tener en cuenta las normas imperativas del Estado donde presumiblemente vaya a ejecutarse el laudo. En efecto, para mostrar la relevancia de la aplicación al fondo de la controversia de las normas imperativas del Estado donde en un futuro quiera hacerse valer el laudo (reconocimiento o execuátur) es muy ilustrativo el asunto *Accentuate v. Asigra*[300]. Así, además de lo dicho sobre este asunto en el Cap. V (5.44), cabe ahora destacar que el tribunal arbitral era consciente del alcance de la jurisprudencia del TJUE en materia de Derecho de agencia (sentencia *Ingmar*) y, sin embargo, estableció que: *"Here, while a principal purpose of the English Regulation according to the European Court of Justice may be to "protect, for all commercial agents, freedom of establishment and operation of undistorted competition in the internal market" [fn.: (Ingmar GB Ltd. v. Eaton Leonard Inc.)], this does not justify restricting the parties' freedom to choose a desired governing law in Ontario"*

297. STSJ de Madrid, 21.4.2015, ECLI:ES:TSJM:2015:4055. En sentido similar, STSJ de Madrid, 6.4.2015, ECLI:ES:TSJM:2015:4051.

298. Auto AP de Madrid, 1.2.2019, ECLI:ES:APM:2019:70A.

299. *Vid. supra* Cap. IX, Ep. 2.1.

300. *Accentuate Ltd v. Asigra Inc*, 30.10.2009, (2009) EWHC 2655 (QB). *Vid supra* Cap. V, 5.44.

(numeral 73 de la sentencia *Accentuate*). Es decir, aun siendo el tribunal consciente del carácter imperativo del Derecho de agencia en los Estados de la UE, decidieron "honrar" la cláusula de ley aplicable y aplicar Derecho de Ontario al fondo de la controversia. La no aplicación del Derecho imperativo del Estado donde el laudo desplegaría sus efectos pudo tener como consecuencia la denegación del execuátur, lo que no ocurrió porque el *Licensor* optó por no solicitar el reconocimiento del laudo dictado en Canadá e iniciar un procedimiento judicial sobre el fondo en Reino Unido.

### D. *Orden público interno y orden público internacional*

12.165. Junto con el orden público –*interno*– ya definido (*supra* 12.159), un importante sector doctrinal proclama, además, la existencia de un orden público *internacional*[301]. El fundamento de este orden público *internacional* residiría "*en la constatación de que diversos valores y principios del sistema, que son considerados como fundamentales en el ámbito del tráfico interno, pueden, sin embargo, no gozar de tal consideración en un supuesto de naturaleza internacional, no mereciendo, por tanto, un similar nivel de defensa en su proyección internacional*"[302]. La consecuencia inmediata de la aceptación de tal distinción se concreta –al menos teóricamente– en una aplicación especialmente restringida de la denominada cláusula de orden público *internacional*.

Con todo, no existe uniformidad a la hora de definir el orden público *internacional*. De hecho, si comparamos lo que tradicionalmente se ha considerado *orden público* con la definición que la *International Law Association* (ILA) plantea sobre lo que debe entenderse por *orden público internacional*, se apreciará que la frontera entre ambos conceptos resulta, cuanto menos, difusa:

> **Recommendation 1(c).**
>
> *The expression 'international public policy' is used in these Recommendations to designate the body of principles and rules recognised by a State, which, by their nature, may bar the recognition or enforcement of an arbitral award rendered in the context of international commercial arbitration when recognition or enforcement of said award would entail their violation on account either of the procedure pursuant to which it was rendered (procedural international public policy) or of its contents (substantive international public policy).*

301. Expresamente reconocido, además, en el artículo 1514 NCPC.
302. ESPLUGUES MOTA, "Artículo 59", en: BERCOVITZ RODRÍGUEZ-CANO (Coor.), *Comentarios a la Ley de Arbitraje*, Madrid, 1991, pág. 852.

**Recommendation 1(d).**

*The international public policy of any State includes: (i) fundamental principles, pertaining to justice or morality, that the State wishes to protect even when it is not directly concerned; (ii) rules designed to serve the essential political, social or economic interests of the State, these being known as 'lois de police' or 'public policy rules'; and (iii) the duty of the State to respect its obligations towards other States or international organizations*[303].

12.166. De aceptarse esta –relativa– distinción, cabría preguntarse entonces si la referencia al orden público que hace el artículo V.2.b/ CNY viene hecha al orden público *interno* del país donde se pretende el reconocimiento o, si por el contrario, viene referida a ese denominado orden público *internacional*. Pues bien, situados en este particular contexto y por más que un importante sector doctrinal proclame la aplicación del orden público *internacional*[304], es lo cierto que el citado precepto se refiere expresamente al orden público *del país* en el que se pretenda el reconocimiento/ ejecución. O dicho de otro modo, en puridad, el CNY no conoce esa distinción entre orden público *interno* y orden público *internacional*[305]: *V.2.b/. Que el reconocimiento o la ejecución de la sentencia serían contrarios al* ***orden público de ese país****.*

Obsérvese, además, que el artículo 31 del *Convenio de Viena sobre Derecho de los Tratados de 1969* (CV) establece que el primer canon hermenéutico aplicable en la interpretación de un convenio internacional es el de la literalidad del precepto. Y sobre esto no debe quedar ninguna duda. Como ha destacado la doctrina: "*parece evidente que el fin primario de la interpretación de un tratado es dar efecto a las intenciones de las partes y no frustrarlas... El problema sigue residiendo en determinar dónde se halla la mejor prueba de tal intención. Y es en este punto donde el Convenio de Viena otorga primacía al texto del tratado que*

303. Véanse las Recomendaciones 1 (c) y 1 (d) del *Final ILA Report on Public Policy as a bar to Enforcement of International Arbitral Awards*, en MAYER / SHEPPARD, *Arb. Int.*, 2003, pp. 253-255.

304. En este sentido *vid.* ESPLUGUES MOTA, "Artículo 59", *cit.*, pp. 861-862 (con ulteriores referencias). *Vid.* también MATRAY, en: *The Art of Arbitration. Liber Amicorum Pieter Sanders*, Amberes, 1982, p. 242. *Vid.* también VIRGOS SORIANO / GARCIMARTÍN ALFEREZ, *Derecho procesal civil internacional. Litigación internacional*, 2.ª Ed., Civitas, Madrid, 2007, p. 799.

305. En palabras de un reputado especialista en la materia comentando este precepto: "*El orden público siempre es de índole nacional*". PAULSSON, "El orden público como criterio para negar el reconocimiento y la ejecución de laudos arbitrales", en TAWIL / ZULETA (Dirs.). *El Arbitraje Comercial Internacional. Estudio de la Convención de Nueva York con motivo de su 50.º aniversario*, Buenos Aires, 2008, p. 611.

*según la CDI ha de presumirse que contiene la manifestación auténtica de la intención de las partes; por consiguiente, el punto de partida de la interpretación consiste en elucidar el sentido del texto y no en investigar* ab initio *la intención de las partes"*[306]. Prueba también de que el CNY solo contempla la dimensión *interna* del orden público es el mismo artículo IX CG (*supra* 12.123 ss.) que, en tanto que complemento del CNY, permite el reconocimiento del laudo anulado en origen cuando tal anulación haya sido dictada en aplicación de la cláusula del orden público del Estado de origen. Es decir, precisamente porque parte de una concepción *interna* del orden público, permite el reconocimiento del laudo anulado por su aplicación.

12.167. En cualquier caso, para terciar en esta polémica en torno a la distinción entre orden público *interno* y orden público *internacional* conviene recordar cuáles son las características propias del orden público, pacíficamente aceptadas por la doctrina: relatividad en el *tiempo,* relatividad en el *espacio* y *excepcionalidad.* Esta última característica implica que su observancia debe ser especialmente restringida. Por su parte, tanto la relatividad en el *espacio* como la relatividad en el *tiempo* demuestran que está en la esencia misma del orden púbico su carácter interno: lo que es contrario al *orden público* aquí hoy (España) puede no serlo allí también hoy (Francia).

12.168. En línea con lo anterior, los Reglamentos europeos de DIPr parten siempre de una dimensión *interna* del orden público. Así, por ejemplo, el artículo 45.1 del Reglamento Bruselas I *refundido* ("*... se denegará el reconocimiento de la resolución: a) si el reconocimiento es manifiestamente contrario al orden público del Estado miembro requerido*") o el título del artículo 21 del Reglamento Roma I ("*Orden público del foro*"). Cuestión distinta es que esa noción *interna* de orden público se vaya enriqueciendo por lo establecido en distintos textos internacionales –como puedan ser el CEDH o la Carta de los Derechos Fundamentales de la UE– y que el Derecho de la UE pueda limitar de algún modo el ámbito de aplicación del orden público *interno* de cada Estado miembro en virtud de la incidencia de los principios del Derecho de la UE en los ordenamientos internos. Por todo ello, el TJUE ha sido hasta la fecha extremadamente escrupuloso con el alcance del orden público, pues, aun teniendo motivos para proclamar o defender la existencia de un orden público *europeo,* se ha limitado a señalar hasta dónde puede llegar en su interpretación de esta excepción: "*si bien* ***no corresponde*** *al Tribunal de Justicia definir el contenido del orden público de un Estado miembro, sí le corresponde controlar los límites dentro de los cuales*

306. PÉREZ VERA, "Los problemas de interpretación en el Convenio de Viena sobre el Derecho de los Tratados", *Anuario de estudios sociales y jurídicos,* 1973, p. 84.

*los tribunales de un Estado miembro pueden recurrir a este concepto para no reconocer una resolución dictada por un órgano jurisdiccional de otro Estado miembro"*[307].

12.169. Tampoco insiste en tal distinción –o por lo menos, no en el mismo sentido– ni la jurisprudencia del Tribunal Constitucional ni la jurisprudencia del Tribunal Supremo. De hecho, no solo puede constatarse que ni el TC ni el TS no se han prodigado especialmente en la distinción entre ambos supuestos, sino que además, se constata también que, cuando lo han hecho, lo han hecho o bien desde una perspectiva distinta, o bien asimilando el orden público *interno* con el orden público *internacional*. Así, por ejemplo, al examinar desde la perspectiva del amparo constitucional el reconocimiento de una sentencia extranjera, el TC ha hecho expresa referencia al *orden público del foro*[308]; por su parte, el TS habla del orden público en un sentido internacional desde una perspectiva bien distinta, como introduciendo en su ámbito de aplicación supuestos de índole procesal que tienen un componente internacional. Resulta así especialmente ilustrativo el Auto TS del 1.12.1998, en cuya virtud, una condición que debe superar *"la sentencia extranjera que persigue su reconocimiento"* debe ser la de su compatibilidad con una sentencia anterior dictada o reconocida en España; además, no debe existir en España un proceso pendiente que pudiera dar lugar a sentencia inconciliable con la sentencia extranjera. Para el TS, este cúmulo de circunstancias *"cabe situar[las] en el concepto de orden público en su sentido internacional"*[309]. Y como ejemplo de esa asimilación del orden público *internacional* con el orden público *interno*, cabe citar el posterior Auto TS de 4.3.2003, a cuyo tenor, *"en el plano internacional, tal concepto se identifica, esencialmente, con los derechos y garantías constitucionalmente consagradas en relación con la proscripción de la indefensión impuesta por el artículo 24.2 CE, que ha de ser material, real y efectiva, no meramente formal... "*[310].

> El TSJ del País Vasco, por el contrario, es de los pocos tribunales –si no el único– que sí reconoce y acepta esa distinción entre orden público *interno* y orden público *internacional*: *"Y, esta sala... siguiendo esa doctrina europea y nacional... a la hora de examinar la procedencia del exequátur de las resoluciones extranjeras en el marco de su competencia,*

307. Entre otras muchas, STJUE, 16.7.2015, C-681/13, *Diageo Brands*.
308. STC 43/1986, de 15 de abril: *"El orden público del foro ha adquirido así en España un contenido distinto, impregnado en particular por las exigencias del artículo 24 de la Constitución"*.
309. *RCEA*, 2000-2001, p. 236. Repárese en que, por más que el Auto en cuestión se refiera a una sentencia extranjera, éste fue dictado en el marco del execuátur de un laudo arbitral.
310. Auto TS, 4.3.2003, ECLI:ES:TS:2003:2447A.

*ha configurado un concepto de orden público en sentido internacional y conlleva, partiendo de que la noción del orden público internacional es más restringida que la de orden público interno, que la denegación del reconocimiento tan sólo puede tener lugar en los supuestos de conculcación de principios especialmente esenciales (esencialísimos) del Estado de exequátur"*[311]. Y, sin embargo, estudia esa posible vulneración del *orden público* –en su vertiente procesal– a partir de un análisis de la jurisprudencia del TC.

12.170. En la jurisprudencia comparada se constata también que algún Alto Tribunal ha limitado expresamente el alcance del orden público *internacional* en sede de execuátur. Así, por ejemplo, el Tribunal Supremo austríaco no ha aceptado esa distinción entre orden público *interno* y orden público *internacional* y, en consecuencia, ha negado expresamente la consideración de este último en aplicación del artículo V.2.b/ CNY[312].

12.171. La jurisprudencia francesa, sin embargo, es referente por antonomasia en lo que a la expresa aplicación del orden público *internacional* se refiere, tanto en sede de anulación como en sede de execuátur (recuérdese, a estos efectos, que los tribunales franceses aplican el artículo VII CNY para, en su virtud, aplicar el ordenamiento interno en materia de execuátur[313]). Con todo, una breve incursión en su jurisprudencia constata que la apreciación de la cláusula de orden público *internacional* coincide sustancialmente con lo que en nuestro entorno culturar podría calificarse como orden público *interno*. Así, por ejemplo, considera la vulneración del principio de colegialidad como cuestión de orden público *internacional*[314] y considera también que la no aplicación de normas imperativas –en el supuesto, normas de un tercer Estado sobre control de inversiones extranjeras– supone una vulneración del referido orden público *internacional*[315]. Del mismo modo, es cuestión de orden público *internacional* el control del ámbito de aplicación de sanciones internacionales dictadas por el Consejo de Seguridad de Naciones Unidas[316].

De hecho, la misma *Cour de Cassation* francesa ha admitido que la disposición del artículo V.2 b/ del CNY es "sustancialmente idéntica" a la del artículo 1502.5.° NCPC (disposición que, como se adelantó, habla expresamente de orden público *internacional*)[317].

311. Auto TSJ del País Vasco, 7.11.2018, ECLI:ES:TSJPV:2018:277A.
312. *Oberster Gerichtshof*, 11.5.1983, *YCA* 1985, pp. 421-423.
313. *Vid. supra* Cap. III, Ep. IV.1.
314. *Vid. supra* Cap. IX.
315. *Cour d'appel* de París. 5.4.1990, *Rev. Arb.*, 1992, pp. 110-117.
316. *Cour d'appel* de París, 3.6.2020, *Rev. Arb.*, 2020, p. 1121-1142.
317. *Cour de cassation*, 24.3.1998, *Rev. Arb.* 1999, pp. 255-259 (con nota de FOUCHARD).

Pero aún más, pues tanto en contextos de **insolvencia** como de **corrupción**, la *Cour de cassation* asume un criterio tan amplio de orden público *internacional* que incluso podría afirmarse que, en su aplicación, desborda el estricto ámbito de aplicación del orden público *interno*. En concreto, tiene dicho la *Cour de cassation* que, en un contexto de insolvencia, es contrario al orden público *internacional* un laudo que, en vez de limitarse a declarar una obligación de pago, da un paso más y condena al pago de una cantidad concreta[318]. Es decir, en un contexto de insolvencia, el laudo puede reconocer una obligación de pago, pero desde el momento en que da un paso más y cuantifica la cantidad adeudada, incurre en una quiebra del principio de suspensión de las actuaciones judiciales individuales (*principe de suspension des poursuites individuelles*) que informa al Derecho concursal francés.

En sentido muy similar, la *Cour de cassation* ha adoptado, a diferencia de los tribunales ingleses y suizos, un criterio particularmente amplio del control de la corrupción por aplicación de la cláusula de orden público *internacional*[319].

12.172. Desde otra perspectiva cabe señalar también que la distinción entre un orden público *interno* y un orden público *internacional* plantea un problema de cierta relevancia, pues no acaba de entenderse que en el estricto ámbito del arbitraje comercial internacional el control en sede de *execuátur* –por aplicación de un supuesto orden público *internacional*– deba ser de menor intensidad que el control en sede de *anulación*. A mayor abundamiento, si convenimos que la cláusula de orden público en el ámbito del reconocimiento y ejecución del laudo arbitral encuentra su mayor aplicación en aquellos supuestos en los que se constata una violación de los derechos de defensa –orden público en su vertiente *procesal*–, habremos de convenir también que la anterior diferenciación no tiene demasiado sentido. Si bien se mira, resulta ciertamente dudoso que una violación de los derechos de defensa pueda apreciarse correctamente desde la restringida óptica que, en principio, proclama el orden público *internacional*[320].

12.173. Por fin, insistir en tal distinción y aplicarla en sede de execuátur supone implícitamente una invitación a trasladar la sede del arbitraje al

318. *Cour de cassation* (Chambre civile 1), 6.5.2009, 08-10.281.

319. Muy ilustrativo sobre esta cuestión en la jurisprudencia francesa, MANIÈRE / TSOUKANOVA en REPRESA / BRUNEAU, "Panorama de jurisprudencia francesa 2022", *SAR* 44/2022, pp. 112-127. Como última referencia, *Cour de cassation*, 23.3.2022, Pourvoi n.º 17-17.981, *Belokon*, ECLI:FR:CCASS:2022:C100338.

320. Una interesante crítica a esta construcción doctrinal sobre el orden público *internacional* o *transnacional* puede verse en: KORNBLUM "Ordre public transnacional", "ordre public internacional" und "ordre public interne" im Recht der privaten Schiedsgerichtsbarkeit", en: *Festschrift für Heinrich Nagel*, Münster, 1987, pp. 140-156.

extranjero: interpretada la cláusula de orden público en sede de execuátur de forma más tenue que en sede de anulación, un traslado de la sede del arbitraje al extranjero coadyuva –al menos teóricamente– a preservar la eficacia del laudo en España.

## E. *Orden público procesal y orden público material*

12.174. Mayor relevancia –tanto práctica como teórica– tiene la distinción entre orden público *procesal* y orden público *material*[321] (*supra* 12.159): infracción de derechos de defensa como motivo de anulación basado en un orden público *procesal* e inaplicación de normas imperativas como motivos de anulación basado en un orden público *material*.

12.175. La distinción entre un orden público *procesal* y un orden público *material* es tan gráfica como coherente. Pese a ello, podría sostenerse que respecto de la anulación o execuátur del laudo solo cabe invocar la cláusula de orden público en su vertiente *material*, en la medida en que cualquier vulneración de los derechos procesales de las partes queda cubierta, de un modo u otro, por los motivos de anulación o denegación del reconocimiento o execuátur previstos tanto en el artículo 41LArb como en el artículo V CNY. Sin embargo, este planteamiento no es en absoluto convincente y, al respecto, cabe señalar lo siguiente. En primer lugar, el posible solapamiento en la aplicación de la cláusula de *orden público* con otro motivo de anulación / denegación del execuátur es un hecho conocido por el legislador, que no obstante ha preferido no hacer matizaciones al respecto dejando en manos del juez la activación de esta cláusula[322]. En segundo lugar, la posible aplicación del orden público *procesal* permite al juez controlar de oficio las garantías procesales de las partes, en la medida en que su activación no depende de que éstas lo aleguen. En tercer lugar, no es cierto que todos los motivos de anulación / denegación del execuátur de carácter procesal estén previstos en los demás motivos de anulación / denegación del execuátur. Así, un motivo de denegación del reconocimiento de las resoluciones judiciales extranjeras previsto en los textos internacionales más modernos es el relativo a la existencia de una sentencia *inconciliable* dictada en el foro: es decir, la existencia de una resolución judicial –o laudo– en el foro inconciliable con el laudo que pretende anularse / reconocerse activa un motivo de anulación / denegación

321. Expresamente en este sentido, STC 46/2020 de 15 de junio; STC 17/ 2021 de 15 de febrero. *Vid.* también, STSJ de Cataluña, 14.1.2019, ECLI: ES:TSJCAT:2019:1272.

322. Muy elocuente la EM de la LCJI que reconoce que, técnicamente, los motivos de denegación basados en la infracción de derechos de defensa podrían subsumirse en el concepto de orden público: "*Se considera, sin embargo, útil esta referencia a efectos didácticos*".

del execuátur de carácter procesal. El hecho de que ni el artículo 41 LArb ni el artículo V CNY prevean expresamente este motivo obliga a activar la cláusula de orden público en su vertiente *procesal*[323]. También es capaz de activar la cláusula de orden público en su vertiente *procesal* la circunstancia relativa a la existencia en el foro de un procedimiento judicial iniciado con *anterioridad* al comienzo del arbitraje en el extranjero cuyo laudo pretende reconocerse[324]. Por fin, no puede ignorarse que la distinción entre orden público *material* y *procesal* puede llegar a tener relevancia en el ámbito de la responsabilidad del árbitro, pues la *temeridad* se aprecia mejor en supuestos de vulneración de garantías procesales[325].

12.176. En cualquier caso, por lo que atañe al orden público en su vertiente *material*, es de destacar –otra vez– la relevancia de la **Sentencia *Eco Swiss*** en este contexto[326]. No sólo por haber perfilado la noción de un orden público *europeo*[327], sino principalmente por haber declarado con rotundidad que la *no* aplicación de determinadas **normas imperativas** justifica plenamente la aplicación de la cláusula de orden público. O lo que es lo mismo, la *no* aplicación al fondo de la controversia de ciertas normas imperativas deberá suponer, o bien la nulidad, o bien la denegación del reconocimiento del laudo arbitral. Y ello, con independencia de que ninguna de las partes hubiera hecho valer la aplicación de esas normas (en el supuesto, artículo 81 TCE) a lo largo del arbitraje[328]. En cualquier caso, la no aplicación de las disposiciones europeas sobre el Derecho de la competencia (art. 81 TCE) justifica sobradamente el recurso a la aplicación de dicha cláusula[329].

Aun el importante antecedente que esta sentencia supone, la jurisprudencia francesa sorprendió en su momento al *no* conceder la anulación de un laudo arbitral por no aplicación del Derecho de la competencia. La sentencia en cuestión (*Thales*) tiene en cuenta la

323. *Vid. infra* Ep. F. *Orden público en sede de execuátur*.

324. VIRGÓS SORIANO / GARCIMARTÍN ALFÉREZ, *Derecho procesal civil internacional. Litigación internacional*, 2.ª Ed., Civitas, Madrid, 2007, pp. 780-781.

325. *Vid. infra* Cap. IX las circunstancias que están en el origen de los supuestos de responsabilidad de árbitros.

326. STJCE de 1.6.1999, C-126/97.

327. Como primer antecedente doctrinal, *vid.* v. BRUNN, "Der europäische ordre public", *NJW*, 1962, pp. 985-989.

328. *Cfr.* esta afirmación con la STJUE, 14.12.1995, asuntos acumulados C-430/93 y C-431/93, *Van Shijndel y Van Veen*. En su virtud, el TJUE estableció que un tribunal no está obligado a controlar de oficio la aplicación del Derecho europeo cuando ello suponga tanto como desbordar el ámbito de la controversia.

329. Lo cual, dicho sea de paso, fue previamente establecido tanto por el Tribunal Supremo alemán (*BGH, Urteil* del 27.2.1969, *NJW*, 1972, pp. 2180-2183) como por algún tribunal francés (*Cour d'appel* de París de 19.5.1993, *Rev. Arb.*, 1993, pp. 645-654, esp. 649).

jurisprudencia asentada por el TJUE a partir del asunto *Eco Swiss*, pero no admite la anulación al estimar, entre otras cosas, que las partes no alegaron la aplicación de aquel derecho en su momento: "*la loyauté et la bone foi procédurale dans l'arbitrage international imposent bien aux parties de faire connaître leurs demandes le plus tôt possible (...) de manière à éviter qu'une demande qui aurait pu et dû être soulevée ne le soit par la suit dans un but dilatoire ou pour simple négligence*". Desde esta perspectiva –afirma la Corte– debe ponderarse lo asentado en la sentencia *Eco Swiss* con los principios de seguridad jurídica y el respeto de reglas fundamentales del arbitraje.

El argumento no convence. A mi juicio, el *iura novit curia* (*rectius: iura novit arbiter*) también es predicable respecto del colegio arbitral[330]. Matizadamente, por supuesto, pero es aplicable: los árbitros deben conocer las normas imperativas y, llegado el caso, aplicarlas de oficio. En la jurisprudencia comparada, también se ha manifestado expresamente en este sentido el Tribunal Supremo suizo[331]. Por ello, entiendo que la cuestión relativa a la compatibilidad de un contrato con el derecho de la competencia debe ser examinada de oficio por el colegio. Y si las partes no lo alegan, los árbitros deben conceder de oficio el plazo necesario para que aquéllas presenten sus alegaciones al respecto. Actuar de otro modo supone tanto como burlar la aplicación de normas imperativas, e indirectamente, la jurisprudencia asentada por el TJUE en el asunto *Eco Swiss*[332].

Debe destacarse, no obstante, que la interpretación que asume la Corte francesa *no* ha encontrado eco en la jurisprudencia comparada. Así, en un supuesto prácticamente idéntico, la Corte de Apelación de La Haya rechazó –confirmando la sentencia de instancia– el execuátur de tres laudos arbitrales dictados en EEUU porque a lo largo del procedimiento ni se alegó ni aplicó el Derecho de la

330. Sobre esta cuestión, KAUFMANN-KOHLER, "Iura novit arbiter – Est-ce bien raisonnable? Réflexions sur le statut du droit de fond devant l'arbitre international", en: *De Lege Ferenda. Réflexions sur le droit désirable en l'honneur du professeur Alain Hirsch*, Ginebra, 2004, pp. 71-78.

331. "*Le principe iura novit curia, qui est applicable à la procédure arbitrale, impose... aux arbitres d'appliquer le droit d'office*" (ATF, 19.12.2001, 4P.114/2001 [www.bger.ch]).

332. Podría incluso darse un paso más y pensar que al interpretar de esa forma tan particular el derecho europeo puede incurrirse en *responsabilidad internacional*. Y en este sentido, no está de más recordar que los Estados miembros incurren en responsabilidad por infracción del derecho europeo en vía judicial (STJCE, 30.9.2003, C-224/01, *Köbler*; STJUE, 9.9.2015, C-160/14, *Joao Filipe da Silva*). De hecho, el TJUE ha declarado que la República Francesa incumplió las obligaciones que le impone el artículo 267 TFUE, al haberse abstenido el Consejo de Estado de plantear una cuestión prejudicial (STJUE, 4.10.2018, C-416/17).

competencia europeo –en el caso, se trataba de unos *anti-competive agreements*[333]–. En el mismo sentido se han pronunciado los tribunales alemanes. En coherencia con la intensidad del control aquí defendida –e incluso podría afirmarse que yendo un paso más allá– han denegado, por un lado, el execuátur de un laudo extranjero porque los árbitros no aplicaron el Derecho de la competencia para resolver la controversia –hecho que también fue denunciado a lo largo del procedimiento arbitral–; por otro, han concedido el execuátur del laudo extranjero cuando han constatado que, efectivamente, los árbitros aplicaron mal el derecho *antitrust*[334]. Sin embargo, en sede de anulación de un laudo interno, la Sala del Derecho de la Competencia del TS alemán (*Kartellsenat, Bundesgerichtshof –BGH–*) se ha pronunciado categóricamente a favor de una intensa revisión del laudo cuando el mismo sea fruto de una controversia resuelta en aplicación de normas de Derecho de la Competencia: *El laudo arbitral es susceptible de ser sometido a un control* ***sin restricción*** *por parte del tribunal de justicia en la aplicación de estas normas tanto en perspectiva del supuesto de hecho como en la aplicación del derecho*[335].

La jurisprudencia belga, por su parte, sigue el criterio de los tribunales holandeses y alemanes. Y si en un primer momento –en la instancia (asunto *SNF*)–, realizó un control excesivamente riguroso (no sólo estimó que la *no* aplicación del derecho de la competencia vulneraba el orden público, sino que, además, se decantó por llevar a cabo una revisión del fondo del laudo para comprobar –a la luz de su lectura– que la aplicación del derecho de la competencia europeo llevada a cabo por los árbitros fue correcta[336]), en la apelación

333. *Cour d'appel* de La Haya, 24.3.2005, *YCA*, 2006, pp. 808-820, con nota crítica de KOMNINOS, *TDM*, 2006 (5).

334. La referencia de la jurisprudencia alemana puede verse en KASOLOWSKY / STEUP, "Révision au fond – Einheitlich europäische Masstäbe bei der Überprüfung von Schiedssprüchen auf kartellrechtliche ordre public– Verstösse", *SchiedsVZ*, 2008, pp. 72-76.

335. BGH, *Beschluss*, 27.9.2022, ECLI:DE:BGH:2022:270922BKZB75.21.0: *Der Schiedsspruch unterliegt einer uneingeschränkten Kontrolle durch das ordentliche Gericht im Hinblick auf die Anwendung dieser Normen in tatsächlicher und rechtlicher Hinsicht... . Der Senat hält daran auch nach neuer Rechtslage fest.*
Cabe destacar, además, que en su fallo, el Alto Tribunal se desmarca expresa y conscientemente de la jurisprudencia de la *Cour de cassation* francesa sobre el particular, lo que demuestra la lamentable disparidad de criterios sobre el particular entre los tribunales de los distintos Estados miembros de la UE.

336. *SNF SAS c. Cytec Industrie, Tribunal de première instante de Bruxelles, Rev. Arb.*, 2007, pp. 303-318 (con nota de MOURRE / RADICATI DI BROZOLO). En palabras *Tribunal de première instance* de Bruselas: "*no incumbe al tribunal volver a juzgar el fondo del litigo sometido a arbitraje, pero sí verificar a la luz de la sentencia si, entre la forma de apreciar los*

posterior el alcance de ese control ha sido matizado, limitándolo a los extremos anteriormente expuestos[337]. Respecto de este último supuesto debe señalarse, además, que mientras pendía la acción de anulación ante el tribunal de Bruselas, la *Cour d'appel* de París concedió el execuátur del laudo controvertido (decisión posteriormente ratificada por la *Cour de Cassation*)[338]. El razonamiento esgrimido tanto por la *Cour d'appel* como por la *Cour de Cassation* se basa en que el error en la aplicación del Derecho de la competencia debe ser *flagrante, efectivo y concreto.*

12.177. La jurisprudencia española, como no podía ser de otro modo, también conoce y aplica esta distinción entre orden público *procesal* y orden público *material.* En el epígrafe correspondiente, analizamos el alcance de la misma (*infra* Ep. G./).

### *F. Orden público en sede de execuátur*

12.178. Como punto de partida en este contexto debe tenerse muy presente que el TJUE se ha manifestado expresamente sobre cómo debe interpretarse el artículo V.2.b/ CNY cuando el Derecho de la UE –o derecho derivado– es aplicable a la controversia. En efecto, recuérdese que la sentencia *Eco Swiss* del TJUE impone expresamente a los tribunales de los Estados miembros una determinada interpretación de este precepto cuando en el supuesto controvertido sean de aplicación normas *imperativas* del Derecho de la Unión: una interpretación, en cuya virtud, se exige la aplicación de la cláusula de orden público ante supuestos de no aplicación de normas *imperativas* del Derecho de la Unión (12.146). Es decir, en sede de execuátur la cláusula de orden público se activa cuando el laudo cuyo execuátur se pretende se ha dictado sin aplicar normas imperativas de la UE.

12.179. Asentado lo anterior, nuestra jurisprudencia interna ha denegado –con criterio– el execuátur del laudo extranjero cuando en el supuesto concurran motivos de denegación del execuátur que *no* están expresamente previstos en el artículo V CNY. En concreto, se ha denegado

*hechos que le han sido sometidos (independientemente de la apreciación que este tribunal pueda hacer, que podrá ser diferente) y entre la aplicación del derecho... el colegio arbitral ha violado o no los artículos 81 y 82 TCE, disposiciones de orden público".*

337. *Cour d'Appel de Bruxelles*, 22.6.2009, *Rev. Arb.*, 2009, pp. 574-593 (con nota de MOURRE).

338. *Cour de Cassation*, 4.6.2008, *Rev. Arb.*, 2008, pp. 473-475 (con nota de FADLALLAH). Sobre este particular *vid.*, KASALOWSKY / STEUP, "Ordre public- Widrigkeit kartellrechtlicher Schiedsprüche –der flagrante, effective et concrète- Test der französichen Cour de cassation", *IPRax*, 2009, pp. 268-271.

el reconocimiento o execuátur del laudo extranjero cuando: (i) se constate *litispendencia* con un procedimiento abierto en el foro –no respecto de un procedimiento judicial abierto en un tercer Estado[339]; y, (ii) cuando el reconocimiento o execuátur de laudo extranjero sea *inconciliable* con una sentencia dictada en el foro[340].

12.180. Respecto de la denegación del execuátur cuando concurra un supuesto de *litispendencia*, el TS ha especificado que no puede considerarse como supuesto de litispendencia aquel en el que se insta simultáneamente el execuátur del mismo laudo arbitral en varios Estados: "*no cabe admitir que aquel procedimiento* (execuátur del mismo laudo en un tercer país) *represente un obstáculo para el execuátur en España del laudo arbitral. La eficacia de éste en nuestro país se vería afectada si en el foro se siguiera un procedimiento cuya decisión pudiera ser contradictoria con la extranjera, o que los efectos de esta fuesen inconciliables con la resolución que se dictase en el proceso seguido en España, siempre, por supuesto, teniéndose en cuenta las fechas en que fueron promovidos uno y otro procedimiento, en evitación de situaciones fraudulentas... pero en modo alguno cabe atribuir a la pendencia del proceso en el extranjero efectos respecto del que se sigue en el foro*"[341]. Además, debe advertirse también que el concepto de "litispendencia" que en su momento manejó el TS fue paulatinamente acotándose, pasando de una concepción excesivamente amplia –"*no exige, en principio, que deba mediar una identidad de partes y una absoluta coincidencia de objeto y causa, ni que el proceso pendiente en España se haya iniciado necesariamente con anterioridad al promovido en el extranjero o a la solicitud de reconocimiento de la resolución que le puso término*"[342]–, a una concepción más rigurosa, en la que se valora especialmente el momento procesal en el que se inició el contencioso en España[343].

Pese a las críticas que la consideración de esta circunstancia como motivo de denegación del laudo ha suscitado, debe observarse que la litispendencia tiene encaje como motivo de denegación del

339. La jurisprudencia comparada no acepta la posible litispendencia con un procedimiento judicial abierto en un tercer Estado como motivo de denegación del reconocimiento del laudo: *Corte di Cassazione*, 21.1.2000, *YCA*, 2002, pp. 492-499.

340. Auto TS, 1.12.1998, *RCEA*, 2000-2001, p. 236. Repárese en que, por más que el Auto en cuestión se refiera a una sentencia extranjera, éste fue dictado en el marco del execuátur de un laudo arbitral.

341. Auto TS de 20.3.2002, ECLI:ES:TS.2002.5445A. En el mismo sentido, Auto JPI núm. 3 de Rubí, 11.6.2007, *SAR*, N.º 5/ 2009, pp. 171-185 (con nota de GÓMEZ JENE).

342. *Vid.* además del Auto citado en la nota anterior, el Auto TS, 20.6.2000 (con nota de RODRÍGUEZ RECIO), *RCEA*, 2000-2001, pp. 271-274. Anteriormente, *vid.*: Auto TS, 1.12.1998, *RCEA*, 2000-2001, pp. 235-237; Auto TS, 19.1.1999, *RCEA*, 1999, pp. 317-320.

343. *Vid.* el mismo Auto TS del 20.6.2000, *RCEA*, 2000-2001, pp. 271-274. Sobre el alcance de la litispendencia y cosa juzgada entre un arbitraje y un procedimiento judicial, *vid.* STS, 26.9.2008, ECLI:ES:TS:2008:5027.

execuátur a través de la cláusula de orden público –en su vertiente procesal–. De hecho, este es el criterio que sigue expresamente la jurisprudencia norteamericana[344].

En la particular *dimensión* europea debe tenerse en cuenta la sentencia *London Steam Ship* del TJUE. En su virtud, el hecho de que el árbitro entre a conocer de un asunto después de que ya haya entrado a conocer un tribunal estatal de un Estado miembro sobre el mismo asunto supone tanto como una infracción de una regla fundamental (litispendencia) del Reglamento Bruselas I *refundido*[345].

12.181. También es incontrovertido que debe aplicarse la cláusula de orden público en sede de reconocimiento o execuátur cuando el laudo extranjero que pretende reconocerse o ejecutarse sea *inconciliable* con una resolución judicial dictada en el foro[346]. A estos efectos, se entiende que un laudo y una sentencia son *inconciliables* entre sí cuando no puedan cumplirse simultáneamente.

**Auto TS, 20.4.2004**[347]: *no* es exigible *"en todos los casos la necesidad de que medie una absoluta identidad subjetiva y objetiva en los procesos seguidos y resueltos por las sentencias que entran en conflicto, sino que basta con que los pronunciamientos que contengan resulten inconciliables y de imposible coexistencia, en sí mismo considerados o en atención a los efectos que de ellos se deriven"*.

12.182. A partir de aquí, en la jurisprudencia más reciente se ha denegado el execuátur de un laudo arbitral por falta absoluta de motivación (en puridad, por no incluirse la parte dispositiva del mismo)[348]. Por el contrario, no se ha estimado la aplicación de la cláusula de orden público en este contexto en supuestos en los que se ha dictado en el foro una resolución judicial denegando una medida cautelar sobre el asunto discutido en el arbitraje (pues tal circunstancia no genera litispendencia internacional[349]).

---

344. Paradigmática, *United States District Court, Southern District of Florida, Miami Division*, 4.6.2003, *YCA*, 2004, pp. 882-899.

345. STJUE, 20.6.2022, C-700/20, *London Steam-Ship*. Sobre el particular, GÓMEZ JENE, "*Prestige* y Arbitraje europeo: a propósito de la sentencia *London Steam-Ship* del TJUE (asunto C-700/20)", *CDT*, 2022/2, pp. 1088-1099.

346. Además del auto citado más arriba, en la jurisprudencia reciente de los tribunales franceses: *Cour d'appel* de París, 1.2.2022, n.º 19/22977 (*Armamenti*), al respecto, KOCHOYAN, en REPRESA / BRUNEAU, "Panorama de jurisprudencia francesa 2022", *SAR* 44/2022, pp. 127-135.

347. Auto TS, 20.4.2004, ECLI: ES:TS:2004:4971A.

348. Auto TSJ de Madrid, 20.12.2018, ECLI: ES:TSJM:2018:456A. Sobre la relevancia de la motivación en el arbitraje internacional *vid. supra* Cap. XI.

349. Auto TSJ Valencia, 10.2.2012, ECLI: ES:TSJCV:2012:19A.

Tampoco debe considerarse necesariamente contrario al orden público el execuátur de un laudo arbitral extranjero que contenga en su pronunciamiento una condena en concepto de *punitive damages*. Como ha advertido el TS, si la condena por daños punitivos es proporcionada, su execuátur no atenta contra el orden público[350].

12.183. En perspectiva comparada, puede afirmarse que la aplicación de la cláusula de *orden público* en sede de execuátur es poco habitual. En concreto, la jurisprudencia ha aplicado la cláusula de *orden público* en casos en los que el laudo ha impuesto el pago de sumas exorbitantes[351]; en casos en los que en el procedimiento arbitral no se hayan respetado principios generales como el de buena fe o la prohibición de discriminación (en el ámbito de las expropiaciones)[352]; en casos en los que se constate que el laudo fue dictado en el contexto de un procedimiento viciado por supuestos de corrupción[353]; así como en casos en los que el laudo imponga el pago de un tipo de interés desproporcionado[354].

> No debe pasar desapercibida esta última sentencia –en cuya virtud se deniega el reconocimiento de un laudo arbitral que impuso un tipo de interés desproporcionado (TS austriaco)–, pues abunda en dos cuestiones relevantes: la diferencia entre orden público *interno* y orden público *internacional* y el **execuátur parcial** del laudo (*infra* 3.10). Por un lado, demuestra desde una perspectiva "inversa" (el juego de la cláusula del orden público no se acepta en sede de anulación, pero sí en sede de execuátur) la escasa repercusión en la jurisprudencia de la distinción entre el orden público *interno* y orden público *internacional*: el laudo no fue anulado en el país de origen pues se estimó que la tasa de interés aplicada (superior al 100%) no era contraria al orden público. Sin embargo, tal tasa sí se consideró contraria al orden público austriaco y, en consecuencia, se denegó el execuátur en este extremo. Por otro lado, este supuesto

350. Auto TS, 13.11.2001, ECLI:ES:TS:2001:1803A. En sentido muy similar, en el contexto del execuátur de una sentencia neoyorkina en aplicación de la LCJI, Auto AP Barcelona, 4.10.2019, ECLI:ES:APB:2019:7550A.

351. También en este sentido SCHLOSSER, *cit.*, Núm. marginal 143. En el ámbito del reconocimiento del laudo arbitral, *vid. Cour d'appel* de Grenoble, *Rev. Arb.*, 2001, pp. 135-140. En el ámbito del reconocimiento de una sentencia judicial, *Cour de cassation*, 16.3.1999, *Rev. Crit. DIP*, 2000, pp. 223-224; *BGH*, *Urteil*, 4.6.1992, *NJW*, 1992, pp. 3096-3106.

352. En este sentido, SCHLOSSER, *cit.*, núm. marginal 143.

353. *Cour d'appel* de París, 30.9.1993, *Rev. Arb.*, 2003, 359-371. En este sentido también, SCHLOSSER, *cit.* (nota 43), núm. marginal 143; CREMADES / CAIRNS, "Orden público transnacional en el arbitraje internacional (cohecho, blanqueo de capitales y fraude contable)", *Diario La Ley*, núm. 5798, 9. 6. 2003.

354. Tribunal Supremo austríaco, 26.1.2005, *YCA* 2005, pp. 421-436.

constituye un clarísimo ejemplo de lo que es un **execuátur parcial**, pues únicamente se denegó el execuátur del laudo correspondiente a la cuantía del tipo del interés, otorgando el execuátur a la parte del laudo que recogía la cuantía principal.

### G. *Orden público en sede de anulación*

12.184. En el ámbito de la ***anulación*** **del laudo arbitral** son muy significativos los distintos supuestos en los que se ha estimado el juego de la excepción de orden público. En la jurisprudencia española se aprecia esa distinción entre orden público ***material*** y orden público ***procesal***, siendo este último el motivo de más frecuente apreciación[355].

12.185. En su vertiente ***procesal***, la apreciación de la cláusula de orden público *"sólo puede tener por objeto el análisis de los posibles errores procesales en que haya podido incurrir el proceso arbitral, referidos al cumplimiento de las garantías fundamentales, como lo son, por ejemplo, el derecho de defensa, igualdad, bilateralidad, contradicción y prueba, o cuando el laudo carezca de motivación, sea incongruente, infrinja normas legales imperativas o vulnere la intangibilidad de una resolución anterior"*[356]. A partir de aquí, procede la anulación de un laudo en aplicación de la excepción de orden público:

12.186. *Respecto de los árbitros o institución arbitral*: cuando se vulnere el principio de igualdad en el nombramiento del árbitro[357]; cuando el colegio arbitral esté formado por dos árbitros[358]; cuando la elección de la sede por los mismos haya beneficiado a una de las partes (y –cumulativamente– la parte que alegue tal infracción pueda demostrar en qué medida su derecho de defensa quedó lesionado)[359]; cuando no se notifique en forma el nombramiento de un árbitro suplente[360]; o cuando se aprecie parcialidad del mismo[361] y/o parcialidad de la entidad que gestiona el arbitraje[362].

355. Para un estudio exhaustivo de este motivo de anulación en la jurisprudencia española, *vid.* CAMPO CANDELAS, *La anulación del laudo por infracción del orden público*, Aranzadi, Cizur Menor, 2019.

356. STC 17/2021, de 15 de febrero.

357. *Vid. supra* Cap. IX.

358. *Vid. supra* Cap. IX. Con expresa referencia al párrafo transcrito de la STC 17/2021, de 15 de febrero: STSJ de Madrid, 13.2.2021, ECLI:ES:TSJM:2021:2862.

359. STSJ de Madrid, 16.7.2014, ECLI:TSJM:2014:10360.

360. STSJ de Galicia, 29.1.2019, ECLI:ES:TSJM:2019:447.

361. *Vid. supra* Cap. IX.

362. SAP de Madrid, 16.2.2004, ECLI:ES:APM:2004:2138; STSJ de Madrid, 26.7.2018, ECLI:ES:TSJM:2018:10643; STSJ de Madrid, 15.2.2019, ECLI:ES:TSJM:2019:6284. *Vid.*, además, la jurisprudencia citada al respecto en *supra* Cap. IX.3.

Entre otros supuestos, existe parcialidad de la entidad que gestiona el arbitraje cuando la misma corte arbitral redacta el modelo de demanda para una de las partes[363].

12.187. *Respecto del procedimiento*: cuando falte la necesaria autorización judicial para que el tutor que representa al incapacitado pueda someterse a arbitraje[364]; cuando se carezca de la necesaria representación legal de la mercantil afectada[365]; cuando se aprecie falta de litisconsorcio pasivo necesario[366]; cuando los árbitros vulneren el principio de colegialidad[367]; cuando el árbitro elija una sede de forma arbitraria[368]; cuando se notifique incorrectamente a las partes o se les notifique correctamente pero concediéndolas un plazo muy exiguo para defenderse y/o se dicte laudo antes de agotarse el plazo concedido al demandado para contestar a la demanda[369]; cuando se vulnere el principio de igualdad, el principio de audiencia, o el principio de contradicción[370]; cuando los árbitros no admitan o no examinen la reconvención en el marco del procedimiento arbitral[371].

12.188. Particular mención merece la cuestión relativa a los **medios, valoración o práctica de la prueba** como motivo de anulación por aplicación de la cláusula de *orden público*, pues su apreciación por parte de los TSJ no ha sido infrecuente. Sin perjuicio de insistir en la conveniencia de apreciar esta cuestión –según las circunstancias– a la luz del motivo de anulación basado en la infracción de los *derechos de defensa* (art. 40.1.b/) antes que en la infracción del *orden público* (*supra* 12.80 ss.) es constatable que, en este particular contexto, los TSJ tienden a extrapolar los criterios

363. STSJ de Madrid, 21.2.2017, ECLI:ES:TSJM:2017:2185.

364. *Vid. supra* Cap. VIII.

365. STSJ de Murcia, 17.2.2022, ECLI:ES:TSJMU:2022:389.

366. SAP de Barcelona, 27.3.2008, JUR 2008, 172223; STSJ de Castilla-La Mancha, 16.12.2015; ECLI:ES:TSJCLM:2015:3770. Un detallado análisis de esta figura procesal en el contexto arbitral y su posible incidencia en el orden público, aun sin apreciar su aplicación, STSJ de Madrid, 10.12.2021, ECLI.ES:TSJM:2021:10535; respecto de la correcta constitución de la *litis* como cuestión de orden público, aun sin apreciar su aplicación, STJS de Madrid, 4.3.2022, ECLI:ES:TSJM:2022:2629; *vid.* también, en un supuesto particular, STSJ de Madrid, 4.5.2023 (con un sustancioso voto particular).

367. *Vid. supra* Cap. X.

368. *Vid. supra* Cap. X.

369. *Vid. supra* Cap. VI. Como uno de los últimos referentes con cita de más jurisprudencia: STSJ de Madrid, 14.6.2022, ECLI:ES:TSJM:2022:8086.

370. *Vid. supra* Cap. X.

371. STSJ del País Vasco. 2.12.2015, ECLI:ES:TSJPV:2015:3571; STSJ de Madrid, 7.12.2015, ECLI:ES:TSJM:2015:13991; STSJ de Madrid, 9.2.2016; ECLI:ES:TSJM:2016:1538. También se ha aplicado el artículo 41.1 b/ LArb en supuestos muy similares para anular el laudo: STSJ de Madrid, 17.5.2018, ECLI:ES:TSJM:2018:5801.

fijados por el TC en su jurisprudencia para su control en la jurisdicción ordinaria[372].

**STC 107/2019**[373]: *Doctrina TC sobre el derecho a la utilización de los* ***medios*** *de prueba.*

*"Resumidamente, de acuerdo con esta doctrina, para que se produzca la lesión de ese derecho se requiere que la prueba no admitida o no practicada, se haya solicitado en la forma y momento legalmente establecidos, y siempre y cuando se trate de una prueba pertinente, correspondiendo al órgano judicial su apreciación. La denegación de las pruebas propuestas ha de ser motivada por los órganos judiciales, pudiendo vulnerarse el derecho fundamental cuando se inadmitan pruebas relevantes para la resolución final del litigio sin motivación o con motivación insuficiente, o bien cuando dicha inadmisión sea el resultado de una interpretación de la legalidad manifiestamente arbitraria o irrazonable. La garantía constitucional del artículo 24.2 CE no cubre cualquier irregularidad u omisión procesal, sino únicamente aquellos casos en los que la prueba sea decisiva en términos de defensa, siendo una carga del recurrente el demostrar la relación entre los hechos que se quisieron y no se pudieron probar y las pruebas inadmitidas o no practicadas; así como la argumentación de la incidencia que la admisión y práctica de la prueba podría haber tenido en la estimación de sus pretensiones. Específicamente, el artículo 24 CE impide a los órganos judiciales denegar una prueba oportunamente propuesta y fundar posteriormente su decisión en la falta de acreditación de los hechos cuya demostración se intentaba obtener mediante la actividad probatoria que no se pudo practicar".*

Tomando en consideración esta doctrina, en sede de anulación debe verificarse, en principio: (i) Que quien solicita la anulación instó en su momento la práctica probatoria *respetando las previsiones legales* al respecto; siendo, además, que en la apreciación de tal requisito debe tenerse en cuenta el amplio margen discrecional del que goza el árbitro en este ámbito[374] (art. 25.2 LArb) y que la actividad probatoria (plazos, medios, proposición y práctica) no está, en principio, regulada[375]. (ii) Que el tribunal arbitral rechazó sin motivación o con motivación incongruente,

372. Como una de las últimas referencias, STSJ de Madrid, 16.2.2016, ECLI:ES:TSJM:2016:1545. *Vid.* también el voto particular de la STSJ de Madrid, 17.1.2023, ECLI:ES:TSJM:2023:316, con cita de amplia jurisprudencia del TS y TC.

373. STC 107/2019, de 30 de septiembre.

374. Así, por ejemplo, el árbitro puede demorar una decisión sobre admisión o inadmisión de prueba o condicionar tal decisión al resultado que arrojen pruebas previamente admitidas (STSJ de Andalucía, 11.5.2021, ECLI.ES:TSJAND:2021:9589).

375. A salvo lo previsto en los reglamentos de arbitraje.

arbitraria, irrazonable o tardía la realización de tal prueba, o que habiéndola admitido, tal prueba no se practicó por causa imputable al propio tribunal[376]. (iii) Que la actividad probatoria no admitida o practicada hubiera podido tener una influencia decisiva en la resolución del arbitraje; es decir, que partiendo de una necesaria diferenciación entre prueba *pertinente* y prueba *necesaria*, solo la indebida denegación de ésta última es la que puede dar lugar a una indefensión con relevancia constitucional. Repárese, a estos efectos, que prueba necesaria es aquella que tiene aptitud para variar el resultado[377]. (iv) Que el demandante de anulación alegue y *fundamente* lo anterior.

**STSJ de Andalucía de 11.5.2021**[378]. En sentido similar a lo arriba descrito, este tribunal afirma que, para que la denegación de prueba tenga relevancia en sede de anulación, es preciso que:

*a) Contemplada ex ante, es decir, en el momento en que se decide sobre su admisión, resulte palmario y evidente que tal prueba puede suministrar certeza sobre un aspecto sustancial, de manera más eficaz y alcanzable que con otros medios sí admitidos y que*

*b) Pueda luego estimarse, ex post, que la parte ha quedado de todo punto impedida de acreditar algún hecho imprescindible para que su pretensión prosperase o, al menos, que hubiese forzado al árbitro a motivar de otra manera sustancialmente diferente en su resolución.*

**STSJ de Madrid, 8.6.2021**[379]. Esta sentencia anuda el error de la valoración de la prueba con la vertiente del derecho a la motivación de los laudos arbitrales y establece un canon para evaluar el error en la valoración de la prueba tomando en consideración los límites planteados por el TC:

*Es necesario plasmar con claridad cuando se alega el motivo de error en la valoración de la prueba descender a la crítica precisa, detallada y analítica de la valoración probatoria arbitral y poner de relieve el canon de auténtica arbitrariedad que pudiera examinarse en el discurso argumental del árbitro. Las limitaciones de la "revisión" judicial exigen que se nos presente una contradicción diametral con la lógica, una lectura*

376. A título de ejemplo, la afirmación *"nada aportarán a la acreditación de los hechos debatidos"* ha sido considerada como suficientemente razonada para justificar una inadmisión de medio de prueba propuesto por una parte (STSJ de Madrid, 30.6.2021, ECLI:ES:TSJM:2021:7297. *Vid.* también, STSJ de Madrid, 6.7.2021, ECLI:ES:TSJM:2021:7839.
377. STSJ de Madrid, 18.11.2021, ECLI:ES:TSJM:2021:12571.
378. STSJ de Andalucía, 11.5.2021, ECLI.ES:TSJAND:2021:9589.
379. STSJ de Madrid, 8.6.2021, ECLI:ES:TSJM:2021:6578.

*verdaderamente voluntarista de la prueba, que admitiese la censura pretendida en nulidad por sobrepasar lo insostenible.*

Para verificar el efectivo cumplimiento de los puntos señalados, y partiendo de la base de que la valoración sobre la utilidad y pertinencia de la prueba es competencia de los árbitros, los TSJ reclaman la *revisión de la valoración* de la prueba efectuada por los mismos[380]; lo cual debe hacerse dentro de los límites que ha marcado el TC sobre la apreciación del *orden público* como motivo de anulación del laudo.

> **STC 65/2021**[381]**:** Al manifestar que el canon de revisión de los TSJ en sede de anulación debe ser similar al canon empleado por el mismo TC cuando revisa en amparo las decesiones judiciales, extrapola a los TSJ su propio canon de revisión de la *valoración de la prueba*: *"este tribunal no es una tercera instancia casacional en la que se pueda entrar a valorar las pruebas, sustituyendo a los jueces y tribunales ordinarios en la función exclusiva que les atribuye el art. 117.3 CE, quedando limitada su función a comprobar que haya habido una actividad probatoria de cargo válida y que la resolución judicial no haya sido arbitraria, irracional o absurda (SSTC 96/2000, de 10 de abril, FJ 5, y 12/2004, de 9 de febrero, FJ 2),* ***o lo que es lo mismo, debe controlar únicamente la razonabilidad del discurso que une la actividad probatoria y el relato fáctico que de ella resulta*** *(por todas, SSTC 123/2006, de 24 de abril, FJ 5; 245/2007, de 10 de diciembre, FJ 7, y 147/2009, de 15 de junio)".*

12.189. Por lo que hace a la concreta cuestión relativa a la *carga* de la prueba, los TSJ también hacen suyo la jurisprudencia constitucional y, en este sentido, afirman que *"las reglas de distribución de la carga de la prueba sólo se infringen cuando, no estimándose probados unos hechos, se atribuyen las consecuencias de la falta de prueba a quién según las reglas generales o específicas, legales o jurisprudenciales, no le incumbía probar y, por tanto, no le corresponde que se le impute la laguna o deficiencia probatoria"*[382].

En consonancia con lo anterior, procede la anulación del laudo arbitral cuando el demandante no acredite –pruebe– el hecho básico de su reclamación[383]; los árbitros inadmitan una prueba relevante para la decisión

380. Expresamente en este sentido, STSJ de Madrid, 16.2.2016, ECLI:ES:TSJM:2016:1545. *Vid.* también, STSJ de Cataluña, 17.10.2019, ECLI:ES:TSJCAT:2019:8268. *Vid.* la recopilación de jurisprudencia en apoyo de esta interpretación en el sustancioso voto particular del Auto TSJ de Madrid, 9.9.2021, ECLI:ES:TSJM:2021:511A.

381. STC 65/2021, de 15 de marzo; *vid.* también STC 17/2021, de 15 de febrero.

382. Haciendo suya la jurisprudencia del TC, Auto TSJ de Madrid, 28.9.2016, ECLI:ES:TSJM:2016:424A.

383. En un supuesto de arbitraje de consumo, STSJ de Las Palmas de Gran Canaria, 26.5.2022, ECLI:ES:TSJICAN:2022:979. En esencia, la carga de la prueba recae, en

final[384] o no fijen la controversia basándose en la demanda y contestación a la misma, sino en la prueba practicada en un momento posterior en el que no pueden modificarse los contenidos de aquélla[385]; cuando los árbitros no practiquen –sin justificación alguna– una prueba testifical previamente admitida y relevante para la resolución de la controversia o cuando guarden silencio sobre la relevancia de ciertas medidas probatorias[386]; cuando los árbitros imputen a una de las partes, sin justificación ninguna, pasividad en la falta de práctica de prueba pericial inicialmente prevista[387]; cuando la prueba pericial se lleve a cabo sin presencia de las partes[388]; o cuando, según las circunstancias del caso, no se practicara el informe pericial solicitado por una de las partes[389]. Del mismo modo, también procede la anulación del laudo en este contexto cuando los árbitros infrinjan las reglas de la carga de la prueba que han de ser interpretadas de acuerdo con el *"principio de facilidad probatoria"*[390].

12.190. Por fin, y aunque no directamente vinculado al procedimiento en sí, debe advertirse que cuestiones tales como una incorrecta imputación de las costas, también pueden llevar a la anulación del laudo[391].

12.191. *Respecto del laudo*: cuando el laudo, en general, no esté o esté absurdamente motivado[392] o contenga un razonamiento arbitrario[393];

---

principio, sobre la parte que sostiene la alegación (también en este sentido, STSJ de Madrid, 10.5.2022, ECLI:ES:TSJM:2022:5894).

384. STSJ de Madrid, 5.11.2012, ECLI:ES:TSJM:2012:17451; STSJ de Madrid, 9.2.2016; ECLI:ES:TSJM:2016:1538; STSJ de Cataluña, 17.10.2019, ECLI:ES:TSJCAT:2019:8268 (en el caso, no se aportó el contrato de telefonía móvil convenido de forma oral).
385. STSJ Islas Canarias, 9.7.2012, ECLI: ES:TSJICAN:2012:1033.
386. *Vid. supra* Cap. X.
387. STSJ de Valencia, 7.1.2014, ECLI: ES:TSJCV:2014:96.
388. SAP de Ciudad Real, 14.1.2002, *RCEA*, 1999, pp. 157-159.
389. SAP de Burgos, 13.5.2002 (con nota de GARAYO ORBE), *RCEA*, 2003, pp. 304-308.
390. En el caso, la operadora de telefonía no aportó la grabación telefónica que el consumidor exigía: STSJ de Madrid, 12.2.2019, ECLI:ES:TSJM:2019:978. En el mismo sentido, STSJ de Andalucía, 30.7.2021, ECLI:ES:TSJAND:2021:12411.
391. *Vid. supra* Cap. X y Cap. XI respectivamente.
392. STSJ de Galicia, 2.5.2012, ECLI:ES:TSJGAL:2012:4853; STSJ Valencia, 19.11.2014, ECLI:ES:TSJCV:2014:10331; STSJ País Vasco, 11.4.2016, ECLI:ES:TSJPV:2016:626; STSJ de Madrid, 2.2.2016, ECLI:ES:TSJM:2016:702; STSJ Castilla - La Mancha, 25.3.2019, ECLI:ES:TSJCLM:2019:931. Posterior a la sentencia del TC 65/2021, de 15 de marzo (que afirma que *"la motivación de los laudos carece de incidencia en el orden público"*) anulando un laudo en equidad en aplicación de la cláusula de orden público por falta de motivación, STSJ de Asturias, 21.10.2021, ECLI:ES:TSJAS:2021:3063; también posterior a la sentencia del TC, anulando el laudo por falta de motivación pero sin especificar el motivo de anulación aplicado, STSJ de Andalucía, 15.11.2021, ECLI:ES:TSJAND:2021:17797. Sobre estas sentencias, *vid. supra* Cap. XI.
393. STSJ de Cataluña, 7.4.2022, ECLI.ES:TSJCAT:2022:3872.

en particular, cuando la parte dispositiva del laudo contradiga la fundamentación jurídica[394]; cuando haga un razonamiento objetivamente incomprensible sobre la excepción de caducidad planteada por alguna de las partes[395]; cuando el laudo reconoce probado un hecho de grave incumplimiento y, sin embargo, desestima la demanda por no haberse probado el perjuicio sin motivación razonable[396]; cuando confunda entre la aplicación del instituto de la prescripción y la caducidad[397]; cuando imponga dos veces el pago de las mismas certificaciones[398]; o cuando declare como incumplimiento seguir una actuación judicial (en concreto, una ejecución forzosa)[399]. Del mismo modo, procede la nulidad del laudo cuando el mismo se dicte con tal premura que ni siquiera haya transcurrido el plazo de contestación de la demandada[400]; cuando se dicte el mismo día en el que concluía el plazo para realizar las alegaciones oportunas[401]; y, por supuesto, cuando se sustituya bajo la apariencia de la corrección, el contenido de un laudo anterior[402].

12.192. También procede la anulación del laudo en aplicación de la cláusula del orden público cuando el árbitro haya errado manifiestamente en su apreciación sobre los límites de la **cosa juzgada**.

> **TC, 15.2.2021**[403]: *"la acción de anulación, por consiguiente, solo puede tener como objeto el análisis de posibles errores procesales en que haya podido incurrir el proceso arbitral, referidos al cumplimiento de las garantías fundamentales, como lo son, por ejemplo, el derecho de defensa... o* ***vulnere la intangibilidad de una resolución firme anterior****"*.

394. STSJ de Castilla La Mancha, 25.3.2019, ECLI:ES:TSJCLM:2019:931.
395. Anulando el laudo por falta de motivación pero sin especificar el motivo de anulación aplicado, STSJ de Andalucía, 15.11.2021, ECLI:ES:TSJAND:2021:17797.
396. En el contexto de un contrato de SWAP, STSJ de Madrid, 2.7.2019, ECLI:ES:TSJM:2019:5165. En sentido muy similar, también en el contexto de un contrato SWAP, STSJ de Madrid, 1.10.2019, ECLI:ES:TSJM:2019:9201.
397. STSJ de Cataluña, 23.5.2019, ECLI:ES:TSJCAT:2019:5729.
398. Proceder que resulta "ajeno a las reglas de la lógica y la razón": STSJ del País Vasco, 24.6.2021, ECLI:ES:TSJPV:2021:1331.
399. STSJ de Madrid, 30.12.2019, ECLI: ES:TSJM:2019:13925.
400. STSJ de Madrid, 31.1.2017, ECLI:ES:TSJM:2017:1139; STSJ de Madrid, 3.3.2020, ECLI: ES:TSJM:2020:3224.
401. STSJ de Madrid, 6.3.2017, ECLI:ES:TSJM:2017:2507. También anulando el laudo, en un supuesto muy similar, STSJ de Madrid, 24.1.2017, ECLI:ES:TSJM:2017:2503.
402. STSJ de Galicia, 12.4.2019, ECLI:ES:TSJGAL:2019:2540.
403. STC 17/2021, de 15 de febrero.

**TS, 20.4.2010**[404]: *"por su propia naturaleza, la apreciación de la cosa juzgada es cuestión de orden público procesal"*.

**TSJ de Madrid, 11.7.2017**[405]: *"la infracción del principio de cosa juzgada afecta al orden público"*.

**AP de Barcelona, 1.9.2009**[406]:*"un laudo arbitral que deja de aplicar el efecto negativo o excluyente de la cosa juzgada, cuando concurren sus requisitos, puede ser anulado por vulnerar el orden público al propiciar la coexistencia de varios títulos ejecutivos contradictorios, y de igual manera podrá serlo si, acogiendo la solución contraria estima el efecto excluyente de la cosa juzgada sobre la base de una interpretación o aplicación manifiestamente errónea de sus presupuestos"*.

En cualquier caso, para apreciar el juego de la cosa juzgada debe constatarse, en principio, una triple identidad de personas, cosas y causa de pedir[407].

**Cosa juzgada. Tipos:** La jurisprudencia del TS reconoce cosa juzgada *formal* y *material; positiva* y *negativa;* y, *temporal*[408].

**Cosa juzgada material:** *"La cosa juzgada material es el efecto externo que una resolución judicial firme tiene sobre los restantes órganos jurisdiccionales o sobre el mismo tribunal en un procedimiento distinto, consistente en una vinculación negativa y positiva, regulado en el art. 222 LEC. La vinculación negativa impide un nuevo proceso sobre el mismo objeto ya juzgado y conforme a la vinculación positiva, lo resuelto en el primero debe tenerse en cuenta en el segundo cuando sea un antecedente lógico de lo que sea su objeto"*[409]; y en particular, *"Aunque, en principio, la cosa juzgada material exige una plena identidad de los procedimientos en cuanto a los sujetos, las*

404. STS, 20.4.2010, ECLI:ES:TS:2010:1925. Haciéndose eco de esta jurisprudencia pero rechazando la anulación del laudo (con un sustancioso voto particular, llamando la atención sobre la aplicación del artículo 408 LECiv también en sede arbitral), STSJ de Madrid, 10.4.2023, ECLI:ES:TSJM:2023:4045.

405. STSJ de Madrid, 11.7.2017, ECLI:ES:TSJM:2017:8076.

406. SAP de Barcelona, 1.9.2009, ECLI:ES:APB:2009:9260. En sentido muy similar, anulando el laudo por apreciación indebida de la cosa juzgada material en su vertiente negativa, STSJ de Cataluña, 14.1.2019, ECLI: ES:TSJCAT:2019:1272; en el contexto de una jura de cuentas, STSJ de Madrid, 28.2.2020, ECLI: ES:TSJM:2020:3140.

407. STSJ del País Vasco, 10.4.2019, ECLI:ES:TSJPV:2019:1445; STSJ de Madrid, 12.6.2020, ECLI: ES:TSJM:2020:7851; STSJ de Madrid, 16.9.2020, ECLI: ES:TSJM:2020:9479. Con amplias referencias jurisprudenciales, STSJ de Madrid, 15.6.2021, ECLI. ES:TSJM:2021:7279; STSJ de Madrid, 3.5.2023, ECLI:ES:TSJM:2023.4952.

408. Sobre el alcance de la cosa juzgada *negativa*, respecto de un laudo arbitral, *vid*. STS, 20.10.2021, ECLI:ES:TS:2021:3768; *vid*. también, VELA TORRES, "Cosa juzgada positiva y negativa. Requisitos. Identidades necesarias", *Diario La Ley*, 8.3.2022.

409. STS, 10.5.2022, ECLI:ES:TS:2022:1837.

*cosas en litigio y la causa de pedir, también hay cosa juzgada material cuando lo resuelto en la sentencia del proceso anterior es preclusivo respecto al proceso posterior, conforme a lo previsto en el artículo 400.2 LEC. De tal forma que el art. 222 LEC se integra con la previsión de preclusión de alegaciones prevista en el art. 400 LEC... . En definitiva, ... lo decisivo o determinante es la* ***pretensión****... , de modo que no se puede volver a reclamar lo ya reclamado en un litigio anterior... , ni solicitar el cumplimiento de un mismo contrato por dos veces... , pues la finalidad de la cosa juzgada es impedir que un mismo litigio se reproduzca indefinidamente"*[410].

**Identidad objetiva y subjetiva:** Se aprecia identidad *objetiva* cuando el mismo supuesto puede plantearse de forma inversa. La identidad *subjetiva,* por su parte, puede apreciarse aun cuando las partes sean distintas (física o jurídica): *"La mayor duda surge en lo relativo a la identidad subjetiva, por cuanto físicamente ambas partes demandantes son diferentes y no fueron partes en los dos procesos. No obstante, este requisito salvo las excepciones legales se debe identificar con la calidad jurídica del interviniente en el primer proceso, pues lo relevante será la titularidad de la relación jurídica, no la identidad física sino la jurídica. A tal fin se habrán de tener en cuenta razones relativas a la naturaleza del objeto del proceso como a la naturaleza de los vínculos intersubjetivos entre quienes fueron parte en el juicio y los ajenos a él"*[411].

**Extensión de la cosa juzgada:** *"La cosa juzgada se extiende incluso a cuestiones no juzgadas en cuanto no deducidas expresamente en el proceso, pero que resultan cubiertas igualmente por la cosa juzgada impidiendo su reproducción en ulterior proceso, cual sucede con peticiones complementarias de otra principal u otras cuestiones deducibles y no deducidas, como una indemnización de daños no solicitada, siempre que entre ellas y el objeto principal del pleito exista un profundo enlace, pues el mantenimiento en el tiempo de la incertidumbre litigiosa, después de una demanda donde objetiva y causalmente el actor pudo hacer valer todos los pedimentos que tenía contra el demandado, quiebra las garantías jurídicas del amenazado"*[412].

12.193. Desde la vertiente ***material*** es importante insistir en la relevancia que en este contexto puede tener la inaplicación o aplicación

410. STS, 8.1.2020, ECLI: ES:TS:2020:11.

411. STS, 17.7.2019, ECLI:ES:TS:2019:2559. Y en concreto, el TS ha establecido que *el laudo arbitral que impone a una sociedad una obligación pecuniaria no tiene efecto de cosa juzgada negativa en el litigio en que se decide si una sociedad resultante de una escisión parcial de la sociedad condenada en el laudo responde solidariamente de esa obligación* (STS, 20.10.2021, ECLI:ES:TS:2021:3768). *Vid.* también, en el contexto de la acción de anulación, STSJ de Madrid, 28.4.2021, ECLI:ES:TSJM:2021:5212 (con un interesante voto particular).

412. Reiterando su jurisprudencia, STS, 31.12.2002, ECLI:ES:TS:2002:8934.

manifiestamente errónea de las normas imperativas (*supra* 12.146 y 12.162). A partir de aquí, en la jurisprudencia se ha aplicado la cláusula del orden público para anular un laudo arbitral por no haber sido analizado el alcance de un pacto de no competencia a la luz de las normas imperativas europeas aplicables en la materia[413]; por error manifiesto en el Derecho aplicable seleccionado (solo se aplicó el ordenamiento interno y no se aplicó el Derecho imperativo de la UE y la correspondiente doctrina del TJUE), a la vez que no se justificó dicha exclusión normativa y jurisprudencial[414]; por hacer una interpretación de la ley contraria al principio *pacta sum servanda*[415], o por deficiente aplicación de las normas imperativas (MIFID) que regulan ciertos productos financieros (*Swap*)[416].

**Orden público económico y Swap.** La sentencia del TSJ de Madrid de 28.1.2015 y otras posteriores[417] apreciaron contravención con el orden público material (*orden público económico*) –anulando el correspondiente laudo– en una serie de supuestos en los que los árbitros no aplicaron correctamente las normas imperativas aplicables al fondo de la controversia (Directiva MIFID[418]). La citada Directiva tiene, sin duda alguna, carácter de norma imperativa. Por ello, en sede de anulación, el TSJ no solo comprobó la aplicación de la misma al supuesto de autos, sino que también comprobó si tal aplicación se había llevado a cabo con la minuciosidad que tanto la jurisprudencia del TS y TJUE exigen: básicamente, control del test de *conveniencia* y control del test de *idoneidad*. Pese a la crítica

413. STSJ de Madrid, 13.12.2018, ECLI:ES:TSJM:2018:12822 (también subsumible como anulación por falta de motivación del laudo). Debe señalarse, no obstante, que esta sentencia fue anulada por el la STC de 55/2021 de 15 de marzo. En aplicación de esta sentencia, el TSJ aceptó el desistimiento de las partes y declaró el sobreseimiento del procedimiento: Auto TSJ de Madrid, 13.4.2021, ECLI:ES:TSJM:2021:193A.

414. Anulación parcial, STSJ de Madrid, 22.10.2021, ECLI:ES:TSJM:2021:9028 (con voto particular). Sobre esta sentencia, *vid.* RIVERA / ALVÁREZ, *Arbitraje*, 2022, pp. 169-186. *Vid.* también Auto de nulidad de actuaciones, Auto TSJ de Madrid,11.1.2022, ECLI:ES:TSJM:2022:81A reconociendo expresamente la revisión *in iudicando* del Derecho imperativo de la UE.

415. STSJ Castilla - La Mancha, 25.3.2019, ECLI:ES:TESJCLM:2019:931.

416. STSJ de Madrid, 28.1.2015, ECLI:ES:TSJM:2015:1286; STSJ de Madrid, 6.4.2015, ECLI:ES:TSJM:2015:4051; STSJ de Madrid, 14.4.2015, ECLI:ES:TSJM:2015:4054; STJSJ de Madrid, 23.10.2015, ECLI:ES:TSJM:2015:12653; STSJ de Madrid, 17.11.2015, ECLI:ES:TSJM:2015:13471. En el mismo sentido, STSJ Galicia, 5.12.2014, ECLI:ES:TSJGAL:2014:9658. En la doctrina, sobre esta cuestión, *vid.* PERALES VISCASILLAS, "Contratos de permuta financiera y arbitraje: cuestiones procesales y sustantivas", *RDMV*, 2015, Nr. 17.

417. *Vid. supra* la jurisprudencia citada en la nota anterior.

418. *Directiva 2004/39/CE, del PE y del Consejo, de 21 de abril de 2004, relativa a los mercados de instrumentos financieros.*

que tales pronunciamientos han generado (basadas en el solo argumento de la prohibición de revisión del laudo), a mi juicio el control ejercido por el TSJ está dentro de lo que puede denominarse "núcleo duro" de la norma imperativa aplicable al fondo de la controversia: la aplicación de la citada Directiva exige que los operadores que venden tales productos realicen los test indicados. Para constatar la efectiva aplicación de tal norma debe apreciarse, por tanto, si tales test fueron o no efectivamente realizados. De no procederse de tal modo, sería imposible controlar la efectiva aplicación de tal norma imperativa. Y como tantas veces ha dicho el TJUE: "*incumbe a los órganos jurisdiccionales nacionales y al Tribunal de Justicia garantizar* la plena aplicación *del Derecho de la Unión en el conjunto de los Estados miembros y la tutela judicial de los derechos que ese ordenamiento confiere a los justiciables*"[419]. La jurisprudencia del TC, sin embargo, ha hecho una interpretación sobre el control de la motivación del laudo sin reparar en si al fondo del asunto de la controversia le era o no de aplicación normas imperativas del Derecho de la UE, por lo que es necesario amoldar dicha jurisprudencia a la jurisprudencia del TJUE en los supuestos en los que estas normas sean de aplicación al fondo de la controversia[420].

Desde la concreta perspectiva del *Derecho de sociedades* (más concretamente, acuerdos sociales), la jurisprudencia entiende que debe considerarse contrario al orden público un acuerdo que de algún modo vulnere normas imperativas que afecten a la esencia del sistema societario, así como a normas relativas a derechos fundamentales que velen por la protección de los accionistas ausentes, de los accionistas minoritarios e incluso de terceros[421].

12.194. El ***error patente*** –predicable, en principio, tanto desde la perspectiva del orden público procesal como material– es también motivo de anulación del laudo (o denegación del execuátur)[422]. A los efectos de la anulación del laudo por este motivo, los TSJ asumen el concepto estricto de *error patente* formulado por el TC en su jurisprudencia:

419. Como una de las últimas referencias, STJUE, 6.3.2018, C-284/16, *Achmea*.

420. *Vid. infra* Cap. XI. *Vid.* también el voto particular STSJ, 21.4.2021, ECLI:ES:TSJM:2021:4401.

421. Aún sin declarar la nulidad del laudo, STSJ del País Vasco, 3.12.2019, ECLI.ES:TSJPV:2019:3810. *Vid.* también el sustancioso voto particular del Auto TSJ de Madrid, 9.9.2021, ECLI:ES:TSJM:2021:511A.

422. STSJ de Madrid, 16.12.2014, ECLI:ES:TSJM:2014:15736; STSJ de Madrid, 21.7.2015, ECLI:ES:TSJM:2015:8994. Sin embargo, de modo más reciente y tras las sentencias del TC de los años 2020 a 2022 el margen de apreciación parece haberse estrechado. *Vid.* al respecto el voto particular de la STSJ de Madrid, 17.1.2023, ECLI:ES:TSJM:2023:316.

> *"Para que un error llegue a minar la efectividad de la tutela judicial efectiva han de darse en él varias características, pues no toda ni cualquier equivocación produce tal efecto. En primer lugar,* el error ha de ser determinante de la decisión adoptada, *vale decir, que constituya su soporte único o básico, ratio decidendi, de tal modo que, comprobada su existencia, el razonamiento jurídico pierda el sentido y alcance que justificaba aquélla, sin que pueda conocerse cuál hubiese sido el sentido de la resolución de no haberse incurrido en el mismo. Es necesario, en segundo término, que la equivocación sea imputable al juzgador, o sea, que no haya sido inducido por mala fe o ligereza de la parte, que en tal caso no podría quejarse en sentido estricto de haber sufrido un agravio del derecho fundamental.... En tercer lugar, el error ha se de ser patente, es decir inmediatamente verificable de forma clara e incontrovertible en las propias actuaciones judiciales por haberse llegado a una conclusión absurda o contraria a los principios elementales de la lógica y de la experiencia, y, por último, la equivocación ha de producir efectos negativos en el ámbito del ciudadano. Las meras inexactitudes que no produzcan efectos para las partes carecen, pues, de alcance constitucional"*[423].

A partir de aquí, se ha considerado *error patente* la aplicación al fondo de la controversia de un derecho no en vigor en el momento de la firma del contrato[424]; o el establecimiento de una partida indemnizatoria cuando la propia cláusula aplicable condiciona esa indemnización a un hecho que reconocidamente no se ha producido[425].

12.195. El ***principio de buena fe en la contratación*** así como la interdicción del ***enriquecimiento injusto*** y/o del ***abuso de derecho*** también forman parte del orden público[426]. Para apreciar la aplicación de la cláusula de orden público como interdicción del enriquecimiento injusto, "*es preciso que se demuestre que alguien ha adquirido una utilidad que no provenga del ejercicio* sin abuso *de un derecho legítimo atribuido por un contrato*". Y para apreciar el abuso de derecho es exigible "*una actuación aparentemente correcta que, no obstante, representa en realidad una extralimitación en el ejercicio del derecho a la que la Ley no ampara o concede cobertura alguna*".

12.196. Más controvertido resulta, sin embargo, la aplicación de la cláusula de orden público para anular un laudo por **incongruencia omisiva**. Tal y como quedó señalado anteriormente, la jurisprudencia es parcialmente contradictoria en este punto (*supra* 12.90), si bien no faltan

423. STC 169/2000, de 26 de junio.
424. STSJ de Madrid, 21.7.2015, ECLI:ES:TSJM:2015:8994.
425. STSJ de Madrid, 2.2.2016, ECLI:ES:TSJM:2016:702.
426. Con un detenido análisis, STSJ de Madrid, 8.1.2020, ECLI: ES:TSJM:2020:1469.

resoluciones que han aplicado este motivo de anulación ante tales supuestos de incongruencia[427].

12.197. Por otro lado, tampoco faltan en la jurisprudencia supuestos en los que el laudo es anulado en aplicación de la cláusula de *orden público* cuando, en puridad, su nulidad hubiera debido constatarse a la luz de otro motivo de anulación. Así, el hecho de que un laudo se anule por haber estado el colegio arbitral compuesto por un número par de árbitros tiene cabida antes en el motivo relativo a la designación de árbitros o al procedimiento arbitral (art. 41 d/) que en el motivo relativo al orden público[428]. Lo mismo ocurre cuando el laudo es anulado porque los árbitros se han excedido en el ámbito de su juicio: se trata antes de un supuesto de incongruencia *extra petita* (art. 41 c/) que de orden público[429].

12.198. Por fin, cabe destacar que la jurisprudencia comparada ha analizado supuestos que todavía no han sido objeto de análisis por la jurisprudencia española. Y así, por ejemplo, se ha estimado –con carácter general– que el desconocimiento o no apreciación por el árbitro de la regla de *estoppel* (*venire contra factum propium*) no constituye en sí mismo un motivo de nulidad del laudo[430].

También de incipiente relevancia en el ámbito de la anulación y/o reconocimiento y execuátur del laudo a nivel comparado es la cuestión relativa a la **corrupción**. En esencia, se trata de determinar si, al amparo de la cláusula de orden público, los jueces deben o no proceder a un "control del control" hecho por el árbitro sobre el particular o si, por el contrario, deben limitarse a verificar que tal control ha sido efectivamente realizado. Es decir, si en este ámbito de control se impone una aproximación *maximalista* o *minimalista* (12.138 ss.). Pues bien, un estudio somero de la jurisprudencia comparada demuestra un tratamiento desigual de la cuestión. Así, la jurisprudencia francesa, que es la jurisprudencia que en más ocasiones se ha pronunciado al respecto, sigue en este contexto una aproximación *maximalista* (12.171)[431]. En su virtud, procede la anulación, denegación del reconocimiento o execuátur del laudo cuando existan "indicaciones serias, precisas

427. STSJ de Castilla y León, 16.1.2019, ECLI:ES:TSJCL:2019:624.

428. Al respecto *vid. supra* Cap. IX.

429. SAP de Burgos, 2.2.2010, ECLI:ES:APBU:2010:118. El supuesto es realmente llamativo: en un contexto de incumplimiento de un contrato de servicios, el laudo dictado obliga al órgano educativo demandado a emitir dos títulos universitarios, cuando el demandante ni siquiera había superado los exámenes conducentes a obtener el título.

430. *Cour de Cassation*, 19.12.2012, *Rev. Arb.*, 2013, pp. 147-149 (con nota de PINNA).

431. Así lo reconoce expresamente un importante sector de la doctrina francesa: MAYER, "Corruption and Arbitration: Recent Developments in French Case Law", *ICC Dispute Resolution Bulletin*, Nr. 2-2022.

y consistentes" al respecto (*red flags*)[432]. La jurisprudencia británica, por su parte, parece adoptar una aproximación *minimalista* al respecto, si bien la misma *High Court* ha advertido, al tratar estas cuestiones, que "*public policy is not immutable and that attitudes to corruption have changed somewhat in the twenty odd years which have elapsed since Westacre and Soleimany*"[433], lo que invita a pensar que, en un contexto de creciente intolerancia ante comportamientos corruptos o de blanqueo de capitales, acabará imponiéndose una aproximación *maximalista* a esta cuestión.

12.199. Desde la concreta perspectiva del **arbitraje de inversiones**, se ha estimado que cuando concurren en el caso indicios graves de ausencia de "control real" por parte de las autoridades de ciertas inversiones, así como blanqueo de capitales, procede la anulación del laudo por aplicación de la cláusula de orden público[434].

### 4.11. Arbitrabilidad *versus* orden público: mismos efectos, distintas consecuencias

12.200. La *no* arbitrabilidad de una materia supone que ésta no puede ser sometida al juicio de árbitros. Los motivos del legislador para declarar una materia como no arbitrable pueden ser de diferente índole –*ad. ex.* interés del Estado–[435]. En cualquier caso, el hecho de que un colegio arbitral entre a conocer de una materia declarada no arbitrable supondrá, o bien la anulación del laudo, o bien su *no* reconocimiento/ejecución en el Estado del foro.

12.201. Por otro lado, las normas imperativas sí son arbitrables; pero su *no* aplicación al supuesto controvertido puede suponer también la anulación del laudo o la denegación de su reconocimiento y ejecución[436]. El motivo de anulación o denegación sería, en este caso, la contrariedad con el orden público: al no haberse aplicado unas normas rigurosamente obligatorias se contraviene el esquema de valores esenciales del ordenamiento jurídico.

---

432. *Cour de cassation*, 23.3.2022, Pourvoi n.° 17-17.981, *Belokon*, ECLI:FR:CCASS:2022:C100338.

433. *High Court*, 18.6.2020, *Alexander Brothers Limited (Hong Kong SAR) v Alstom Network UK Limited*, (2020) EWHC 1584 (Comm), marginal 173. Sobre este particular, y para una comparación con la jurisprudencia francesa, *vid.* IANCU, "Addressing corruption in international arbitration: a look at the Alstom and Bariven cases", en: GONZÁLEZ-BUENO (Ed.), *40 under 40 International Arbitration* (2021), Dykinson, pp. 305-317.

434. *Cour d'appel* de París, N.° 15/01650, 21.2.2017.

435. *Vid. supra* Cap. V.

436. *Vid. supra* Cap. V.

Tan diferentes consecuencias no siempre fueron vislumbradas en toda su extensión por las Audiencias cuando tuvieron competencia para conocer de la acción de anulación. Hasta tal punto, que, en algún supuesto llegó a calificarse como *inarbitrable* una controversia que, en realidad, se resolvió a partir de una supuesta aplicación incorrecta de normas imperativas[437].

12.202. *No arbitrabilidad* de la materia y contrariedad con el *orden público* son pues dos motivos distintos de anulación / denegación del execuátur pero que conducen al mismo resultado: anulación del laudo en el país sede del arbitraje o denegación del execuátur en el Estado en el que se solicita. Sin embargo, una cosa es que la apreciación de estos dos expedientes produzca el mismo resultado y otra bien distinta es que la apreciación de uno u otro motivo tengan las mismas consecuencias. Así, si se aprecia el motivo de la inarbitrabilidad para anular un laudo arbitral, el arbitraje no podrá repetirse. Por el contrario, si se anula el laudo por apreciación de la cláusula de orden público –por no aplicación de normas imperativas– no hay ningún obstáculo para que el arbitraje se repita. Es más, en principio, y salvo acuerdo en contrario de las partes, el arbitraje sigue siendo la única vía para solucionar la controversia, pues el convenio arbitral sigue siendo válido (*supra* Ep. 2.7).

12.203. Conviene recordar, por fin, que en perspectiva internacional, la anulación de un laudo por *inarbitrabilidad* de la materia no supone necesariamente que no pueda ser reconocido en otro Estado. La posible aplicación del artículo IX CG en este supuesto permitiría el reconocimiento del mismo (*supra* 12.123 ss.).

## 5. ARTÍCULO VI CNY: SUSPENSIÓN FACULTATIVA DEL PROCEDIMIENTO DE EXECUÁTUR

12.204. En determinadas circunstancias, el juez del execuátur dispone de un margen de discreción para acordar la suspensión del procedimiento de execuátur.

**Artículo VI CNY:**

*Si se ha pedido a la autoridad competente, prevista en el artículo V, párrafo 1 e), la anulación o la suspensión de la sentencia, la autoridad ante la cual se invoca dicha sentencia podrá, si lo considera procedente, aplazar la decisión sobre la ejecución de la sentencia y, a instancia de la parte que pida la ejecución, podrá también ordenar a la otra parte que dé garantías apropiadas.*

437. SAP de Madrid, 29.5.2007, *SAR*, 1/2008, pp. 173-178 (con nota de GÓMEZ JENE).

12.205. Este precepto se concibió para corregir los defectos del Convenio de Ginebra de 1927 por un lado, y para evitar tácticas abusivas basadas en una aplicación desmedida del artículo V.1.e/, por otro[438]. Y es que, en virtud del Convenio de Ginebra de 1927 la mera interposición de la acción de anulación en el país sede del arbitraje era ya motivo suficiente para denegar el execuátur en el Estado de destino. Además, la inclusión del término "suspendido" en el tenor del artículo V.1.e/ suscitó importantes recelos desde un primer momento, y si finalmente prosperó la propuesta de inclusión de este término en el tenor del precepto fue, sobre todo, por el límite que el artículo VI impone a la apreciación de la suspensión a la luz del artículo V.1.e/[439].

12.206. En principio, la aplicación del artículo VI CNY está prevista para el supuesto en que esté pendiendo ante los tribunales del lugar del arbitraje la suspensión o la acción de anulación del laudo. Si ya existe sentencia al respecto, el artículo aplicable sería el V.1.e/. O dicho de otro modo, solo si el *laudo está recurrido* el artículo VI es aplicable.

12.207. En caso de que se haya solicitado ante los tribunales competentes la *anulación* o *la suspensión* del laudo en los términos previstos en el artículo V.1.e), el juez que conoce del execuátur –que, en España, *no* es el mismo que conoce de la ejecución propiamente dicha– podrá, si lo considera procedente, aplazar la decisión sobre el reconocimiento o execuátur del laudo. Ahora bien, como ha declarado el TS, el artículo VI CNY "***no vincula a la autoridad a la que se pide el reconocimiento** por la pendencia de un recurso de anulación del laudo interpuesto ante la autoridad del Estado en que se haya dictado... . lo que es tanto como admitir que pueda resolverse contradictoriamente sobre el reconocimiento y la anulación*"[440]. En el mismo sentido se han pronunciado de forma más reciente los TSJ: "*Ha de tenerse presente que dicha decisión de aplazar la ejecución, se podrá solicitar cuando se haya instado la anulación del laudo... pero ello queda condicionado a que: (a) La autoridad competente lo considere procedente, y (b) A instancia de la parte se den las garantías apropiadas, es decir, la correspondiente caución*"[441].

> **Juez competente para aplicar el artículo VI CNY: juez del execuátur *v.* juez de la ejecución.** El TSJ de Andalucía ha concedido el execuátur del laudo extranjero dejando en manos del juez que

438. VAN DEN BERG, *The New York Convention of 1958. Towards a Uniform Judicial Interpretation.* Boston, Kluwer, 1981, pp. 351-352.

439. Con todo detalle sobre el proceso de negociación del texto, VAN DEN BERG, *The New York Convention... , cit.*, pp. 351-352.

440. Auto TS, 16.4.1996, ECLI:ES:TS:1996:357A.

441. Auto TSJ de Catalunya, 15.12.2016, ECLI:ES:TSJCAT:2016:494A. En sentido similar, auto TSJ de Madrid, 23.1.2018, ECLI:ES:TSJM:2018:14A.

conoce de la ejecución la suspensión del mismo en aplicación del artículo VI CNY[442]. Los argumentos que esgrime a favor de la competencia del juez que conoce de la ejecución para proceder a dicha suspensión son, en esencia: (i) que el mismo tenor del artículo VI CNY habla de *ejecución* y no de *reconocimiento y ejecución* (como hacen otros preceptos del CNY); (ii) que la misma LArb prevé la suspensión de la *ejecución* (art. 45); y, (iii) que las circunstancias para valorar la suspensión son "*más propias de la ejecución misma que de su reconocimiento*"[443]. A mi juicio, sin embargo, tal interpretación no está línea con lo realmente querido por el CNY. A este respecto, cabe señalar lo siguiente: (i) La expresión "*reconocimiento y ejecución*" (omnipresente en los textos internacionales en materia de DIPr) es inexacta; en realidad debería entenderse como "*reconocimiento y execuátur*" o "*reconocimiento y declaración de ejecutividad*". El origen de tal inexactitud está en la traducción de la expresión inglesa "*recognition and enforcement*", que comúnmente se traduce como "*reconocimiento y ejecución*", sin reparar en que la ejecución propiamente dicha –ejecución forzosa– se conoce en inglés técnico como "*compulsory execution*". A partir de aquí se entenderá mejor que la ejecución forzosa escapa totalmente al ámbito de aplicación del CNY. De hecho, aceptar la férrea distinción que propone el TSJ de Andalucía entre los términos "reconocimiento" y "ejecución" impondría también una interpretación absurda del artículo V CNY, en cuya virtud los motivos de denegación del reconocimiento y del execuátur serían los mismos que los motivos de denegación de la ejecución forzosa, pues el artículo V CNY dice que "*Sólo se podrá denegar el reconocimiento y la ejecución...* ". (ii) La impropiedad de la expresión "*reconocimiento y ejecución*" no solo está reconocida y correctamente matizada en la doctrina comparada[444]; también está expresamente advertida por la jurisprudencia del TS: "*El art. IV.1 impone a la parte que pide el reconocimiento y la ejecución –rectamente, la declaración de ejecutoriedad– del laudo extranjero...* "[445]. (iii) Como explican los relatores del CNY, el artículo VI fue introducido a propuesta de la delegación holandesa y, en palabras de esta delegación: "*El juez del país donde se invoca la ejecución debe tener la facultad, ya sea de*

442. Auto TSJ de Andalucía, 29.7.2015, ECLI:ES:TSJAND:2015:174A.

443. Auto TSJ de Andalucía, 29.7.2015, ECLI:ES:TSJAND:2015:174A.

444. BÜHLER / CARTIER, "Recognition and Enforcement of Awards", en: ARROYO (Ed), *Arbitration in Switzerland. The Practitioner`s Guide*, 2.ª Ed., Wolters Kluwer, 2018, pp. 1371: "*Enforcement of a foreign award means, in this context, that the recognized award is, moreover, declared enforceable by a Swiss state court*".

445. Auto TS, 20.7.2014, ECLI:ES:TS:2004:9443A.

*conceder inmediatamente el exequátur si estima que no hay razón alguna para denegarlo, ya sea de esperar el resultado de una demanda de anulación entablada en el país en que se dictó la sentencia"*[446]. Es decir, los redactores del CNY quisieron que el artículo VI CNY fuera aplicado por el juez del reconocimiento o del execuátur (que de ordinario coincidirá con el juez de la ejecución). (iv) El juez mejor situado para otorgar la suspensión del laudo *–rectius*, la suspensión del reconocimiento o del execuátur– es el juez del reconocimiento o del execuátur, por cuanto los motivos de denegación del mismo son muy similares –sino idénticos– a los motivos de anulación del laudo –realidad también constatable a nivel comparado–; en efecto, es este órgano –y no el de la ejecución forzosa– el que examinará, entre otros, la validez del convenio arbitral, la arbitrabilidad de la materia y la posible vulneración del orden público. O dicho de otro modo, el juez del execuátur puede valorar mejor el alcance de la anulación pendiente ante los tribunales del Estado de origen. (v) Declarar ejecutable el laudo (otorgando la declaración de ejecutividad o *execuátur*) supone tanto como que el TSJ dicta una resolución en forma de auto que despliega efectos de cosa juzgada. Y si a partir de aquí –dictado el correspondiente auto– se "delega" la suspensión del laudo en el juez de la ejecución forzosa y resulta que el laudo finalmente se anula en origen, a futuro puede darse un supuesto ciertamente indeseable: es imaginable un segundo laudo cuyo execuátur en España puede ser controvertido habida cuenta de la existencia de una resolución judicial "viva" inconciliable con el segundo laudo (el auto dictado por el TSJ otorgando el execuátur del primer laudo). Por fin, (vi) la jurisprudencia comparada es unánime a la hora de residenciar esta competencia en el juez del execuátur (si bien, como apuntamos anteriormente, este juez suele ser también el de la ejecución)[447].

## 6. ARTÍCULO VII CNY: CLÁUSULA DE COMPATIBILIDAD Y CLÁUSULA DE MAYOR FAVORABILIDAD

12.208. El CNY contiene una *cláusula de compatibilidad*. En dicha cláusula se regula la posibilidad de aplicar al procedimiento de reconocimiento y execuátur una norma distinta al CNY; siempre y cuando esa norma (convencional o de derecho interno) sea más favorable que el CNY

446. https://documents-dds-ny.un.org/doc/UNDOC/GEN/N58/143/68/PDF/N5814368.pdf?OpenElemenT

447. Un análisis comparado completo de este precepto puede verse en, KRONKE / NACIMIENTO / OTTO / PORT, *Recognition and Enforcement of Foreign Arbitral Awards. A Gobal Commentary on the New York Convention*, Holanda, 2010, pp. 421-441.

al reconocimiento del laudo (principio de aplicación de la *norma más favorable*). En consecuencia, en aplicación de esta norma, el demandante en el proceso de reconocimiento o execuátur de un laudo arbitral podrá solicitar ante el tribunal competente la aplicación de aquella norma –Convenio bilateral, multilateral o preceptos de fuente interna– que considere más favorable a su pretensión. Incluso podrá ser el mismo tribunal el que actúe de oficio en este contexto[448].

**Artículo VII.1 CNY:**

*Las disposiciones de la presente Convención no afectarán la validez de los acuerdos multilaterales o bilaterales relativos al reconocimiento y la ejecución de las sentencias arbitrales concertados por los Estados contratantes ni privarán a ninguna de las partes interesadas de cualquier derecho que pudiera tener a hacer valer una sentencia arbitral en la forma y medida admitidas por la legislación a los tratados del país donde dicha sentencia se invoque.*

12.209. En sus orígenes, la remisión que opera este precepto se concebía como una remisión en *bloque* a un sistema determinado; esto es, una remisión en cuya virtud no sería posible la invocación de normas aisladas de cuerpos legales diferentes. De tal suerte, que el sistema de reconocimiento/execuátur que el mismo CNY contempla se consideraría como un *todo* del que sólo podría sustraerse la parte interesada renunciando a su completa aplicación (básicamente renunciando a una aplicación conjunta de los arts. II, IV y V). Sin embargo, a medida que se han ido incorporando a los diferentes ordenamientos todo un abanico de normas procesales –*ad. ex.* la misma Ley de Arbitraje española–, la afirmación anterior ha ido exigiendo de sucesivas matizaciones.

Así, un primer paso consistió en admitir –como expresamente ha admitido el Tribunal Supremo alemán– que esa remisión en *bloque* debe entenderse circunscrita únicamente a los mismos motivos de denegación enumerados en el artículo V. O dicho de otro modo, lo único que en realidad estaría prohibiendo el artículo VII CNY sería el denominado "*cherry-picking*" entre los mismos motivos de denegación del reconocimiento o execuátur: esto es, no valdría "escoger" entre los motivos de denegación enumerados en el Convenio y otros motivos de denegación enumerados en otras normas hipotéticamente aplicables.

448. De hecho, así lo hacen, entre otros, los tribunales franceses (como último referente importante *vid. Cour d'appel* de París, 4.12.2002, *Rev. Arb.*, 2003, p. 1286 ss., con nota de GAILLARD) y los tribunales alemanes: *BGH* (Tribunal Supremo), *Beschluß* del 25.9.2003 – III ZB 68/02, *IHR* 6/2003, pp. 298-299; *BGH, Beschluß* del 30.9.2010 – III ZB 69/09, *SchiedsVZ* 2010, pp. 332-334.

Pero ni siquiera esta primera flexibilización en la interpretación del artículo VII CNY es hoy por hoy suficiente. Un ejemplo claro se encuentra en la misma regulación del reconocimiento del convenio arbitral. En efecto, en la medida en que la regulación del convenio en la nueva LArb (artículo 9) está inspirada en el principio *favor negotii* –en contraposición al principio de seguridad jurídica que informa al artículo II CNY[449]–; y en la medida también en que el mismo artículo V.1 a/ CNY remite al artículo II CNY para determinar la validez formal del convenio arbitral, la interpretación más coherente pasa por aceptar un "cherry-picking" limitado en este punto; esto es, la interpretación más coherente pasa por aceptar una remisión al artículo 9 LArb para determinar la validez formal del convenio arbitral, aun cuando el artículo V.1 a/ remita expresamente al artículo II CNY[450]. Y es que, de no aceptarse esta interpretación, podría resultar que en aplicación estricta del artículo V.1. a/ CNY, un laudo dictado al amparo de un convenio arbitral formalmente válido a la luz de la nueva LArb, pero inválido a la luz del artículo II CNY, *no* fuese reconocido en nuestro país. Consecuencia ésta que, a su vez, iría contra el mismo fin del Convenio, cual es el de favorecer el reconocimiento y ejecución del laudo arbitral. A mayor abundamiento, y contemplando lo anterior desde una perspectiva más amplia, podría incluso pensarse en un supuesto en el que los tribunales de justicia –en aplicación del artículo 9 LArb– aceptasen la declinatoria remitiendo a las partes al arbitraje; y que posteriormente, sin embargo, en aplicación estricta del artículo V. 1 a/ CNY –con la consiguiente remisión al artículo II CNY– denegasen el reconocimiento del laudo arbitral resultante. Por tanto, la remisión que hace el artículo V.1 a/ CNY al artículo II CNY debe entenderse hecha al artículo 9 LArb.

12.210. El TS, consciente de la necesidad de mantener la coherencia interna del sistema español de reconocimiento y execuátur de laudos arbitrales extranjeros, ha asumido expresamente esta interpretación: "*El reconocimiento de la existencia, validez y eficacia del acuerdo arbitral se halla, por lo demás afectado por el principio de máxima eficacia que se encuentra* ínsito *en la norma contenida en el artículo VII.1 del Convenio, el cual, según la más autorizada doctrina, resulta aplicable no sólo al reconocimiento de los laudos extranjeros, sino también al reconocimiento del convenio arbitral en sí mismo*"[451].

449. *Vid. supra* Cap. VIII.

450. También en este sentido, *OLG Rostock, Beschluß* del 22.11.2001, IPR spr. 2001 Nr. 206; *IPRax*, 2002, pp. 401-405 (con nota de KRÖLL, pp. 384-388). *BGH, Beschluß* del 30.9.2010 – III ZB 69/09, *SchiedsVZ*, 2010, pp. 332-334.

451. STS de 14.11.2007, *SAR* 4/2009, pp. 128-131 (con nota de GÓMEZ JENE).

Exactamente la misma interpretación puede encontrarse en la jurisprudencia comparada[452].

De no ser por el deseo del legislador de permanecer anclado al CNY, la reforma de la LArb vía Ley 11/2011[453] hubiera sido una magnífica oportunidad para incorporar la letra del artículo V CNY al articulado de la Ley y añadir un precepto donde regular la dispensa de la traducción jurada. Del mismo modo, podría haberse aprovechado tal oportunidad para corregir algún matiz polémico que encierra aquel precepto, como es el que concierne a la interpretación del término *suspensión* del laudo como motivo de denegación del execuátur. Tal reforma hubiera servido para adecuar el régimen de reconocimiento y execuátur del laudo arbitral a lo ya hecho en otros países de nuestro entorno. En efecto, no puede pasar desapercibido el hecho de que ni en Francia (país sede de más del cincuenta por ciento de los arbitrajes CCI), ni en Bélgica, ni en Luxemburgo, ni en Holanda, el CNY encuentra práctica aplicación. La necesidad de mantenerlo en vigor obliga, sin embargo, a que los jueces tengan que recurrir al citado artículo VII para llegar al ordenamiento de fuente interna[454]. Con ello se produce una situación ciertamente particular, pues, en puridad, en estos Estados sólo encuentra aplicación la citada norma; norma que actúa como "pasarela" entre la regulación convencional y la regulación de fuente interna más favorable[455].

## 7. EL RÉGIMEN BILATERAL

### 7.1. En general

12.211. Hasta aquí hemos estudiado el régimen de referencia de reconocimiento y execuátur del laudo arbitral regulado en el CNY. No obstante, es importante recordar que existen una serie de convenios **bilaterales** en materia de reconocimiento y execuátur de sentencias que extienden su ámbito de aplicación al reconocimiento y execuátur de laudos arbitrales.

452. *OLG de Celle*, 14.12.2006, *YCA*, 2007, pp. 372-382 ; *BGH, Urteil*, 26.11.2020, ECLI:DE:BGH:2020:261120UIZR245.19.0.

453. *Ley 11/2011, de 20 de mayo, de reforma de la Ley 60/2003, de 23 de diciembre, de Arbitraje y de regulación del arbitraje institucional en la Administración General del Estado* (*BOE* núm. 121, 21.5.2011).

454. La necesidad anunciada deriva del hecho de que muchos de los Estados que lo han ratificado hicieron en su momento uso de la denominada "reserva" de *reciprocidad*.

455. Sobre el contenido de una deseable reforma en este punto, *vid.* GÓMEZ JENE, "Reflexiones en torno al Anteproyecto de Ley de reforma de la Ley de Arbitraje", *Arbitraje*, 2011 (1), pp. 77-115.

Estos convenios bilaterales son: el Convenio con Suiza (1896), el Convenio con Francia (1969), el Convenio con Italia (1973), el Convenio con Checoslovaquia (1987, en vigor para la República Checa y Eslovaquia), el Convenio con México (1989), el *Convenio con Brasil* (1989), el *Convenio con China* (1992), el Convenio con Bulgaria (1993), el Convenio con Marruecos (1997) y el *Convenio con Uruguay* (1987).

12.212. La vigencia de estos textos exige examinar su posible aplicabilidad en el ámbito arbitral. En este sentido, puede afirmarse, con carácter general, que se trata de textos de poca relevancia para el operador jurídico, pues diseñan un régimen de reconocimiento y execuátur menos favorable que el contemplado en el CNY. Esta última afirmación se comprende fácilmente si consideramos su origen, pues resulta que fueron concebidos desde la perspectiva del reconocimiento y execuátur de *sentencias* extranjeras, antes que desde la perspectiva del reconocimiento y execuátur de *laudos* arbitrales extranjeros. En consecuencia, al extender sin mayores miramientos su ámbito de aplicación a este último supuesto, incurren en una serie de incongruencias que desaconsejan su aplicación. Así, por ejemplo, puede observarse como la mayoría de estos textos no distinguen entre motivos de denegación del reconocimiento/execuátur *propios* de las *sentencias* judiciales –*ad. ex.* control de la competencia judicial internacional– y motivos de denegación del reconocimiento/execuátur *propios* de los laudos arbitrales –*ad. ex.* arbitrabilidad de la materia–. Circunstancia que distorsiona gravemente su correcta aplicación[456].

12.213. En cualquier caso, cuando se ha planteado un "conflicto normativo" en este ámbito –CNY *v.* convenio bilateral– el TS ha estimado que debe resolverse "*conforme al principio de especialidad, que conlleva la preferencia de la norma supranacional de carácter especial –por su contenido– sobre la general, y conforme al principio de máxima eficacia o de mayor grado de favorecimiento al reconocimiento de las decisiones foráneas, principios uno y otro que desplazan la aplicación del Convenio bilateral a favor del multilateral, cuyas normas tienen como punto de partida la presunción de validez y eficacia tanto del acuerdo de sumisión de las controversias a arbitraje, como del laudo o resolución arbitral que resuelve dichas controversias... configurando un régimen de reconocimiento más favorable que en el regulado en la convención bilateral de referencia. Este ha sido el criterio generalmente seguido por la doctrina científica y el adoptado por esta Sala a la hora de resolver el conflicto normativo que*

456. Para una acertada crítica al respecto *vid.* CUARTERO RUBIO, "Reconocimiento y ejecución de laudos arbitrales extranjeros en España: la vía de los convenios bilaterales", *RCEA*, 1996, pp. 29-52; *Id.* "Utilidad para el arbitraje de los últimos convenios bilaterales en materia de reconocimiento y ejecución de decisiones celebrados en España", *RCEA*, 1998, pp. 279-286.

*ahora se examina en casos anteriores (vide AATS 20.6.2000 [RJ 2000, 4656] y 16.5.2001, entre otros"*[457].

### 7.2. Tres supuestos especiales: los convenios bilaterales con China, Brasil y Uruguay

12.214. No obstante lo anterior, debe destacarse que los tres convenios bilaterales citados en este título alteran el marco normativo de la LArb en la medida en que prevén expresamente la *competencia judicial internacional* de los juzgados de primera instancia para conocer del reconocimiento y execuátur del laudo arbitral[458]. Ello implica, por tanto, que el reconocimiento y execuátur del laudo dictado en cualquiera de estos tres países no solo no se planteará ante el TSJ, sino que frente a la resolución del juzgado de primera instancia otorgando o denegando el reconocimiento o execuátur, cabrá recurso de apelación ante la Audiencia Provincial correspondiente y, en su caso, posterior recurso extraordinario por infracción procesal o recurso de casación. Ello es así porque, una vez residenciada la competencia judicial internacional en los juzgados de primera instancia, nada impide la aplicación del régimen de recursos previsto en el artículo 55 LCJI. Además, nada obsta para que también en este particular contexto pueda acumularse en el mismo escrito la demanda de execuátur y la solicitud de ejecución (art. 54.1 LCJI). De hecho, motivos de economía procesal así lo aconsejan.

## 8. RECONOCIMIENTO Y EXECUÁTUR

12.215. La entrada en vigor de la LCJI no sólo ha supuesto una modificación sustancial del mismo procedimiento de reconocimiento y execuátur. Ha supuesto también la introducción en el sistema procesal aplicable de una clara distinción entre reconocimiento y execuátur. Se trata, en definitiva, de una actualización de los distintos modos –ya regulados en diversos Reglamentos europeos– en los que tanto el *reconocimiento* como el *execuátur* del laudo arbitral pueden hacerse valer. En términos generales puede afirmarse que mediante el reconocimiento se otorgan al laudo arbitral extranjero los efectos que le son propios (fuerza de cosa juzgada), excepto *fuerza ejecutiva*. Mediante el *execuátur* se obtiene también la *fuerza ejecutiva* del laudo: la declaración de ejecutividad.

457. ATS de 20.7.2004, ECLI:ES:TS:2004:9443A. En el mismo sentido: Auto TSJ de Valencia, 8.6.2012, ECLI:ES:TSJV:2012:69A; Auto TSJ de Madrid, 28.9.2016, ECLI:ESTSJM:2016:424A.

458. *Vid.* Auto AP Navarra, 18.11.2014, *Arbitraje*, 2015, pp. 249-261 (con nota de GÓMEZ JENE, pp. 261-265).

**Execuátur del mismo laudo ante tribunales de distintos Estados.** En la jurisprudencia y doctrina comparada es pacífico que el mismo laudo puede someterse a execuátur ante tantas jurisdicciones como sea necesario para obtener la satisfacción de la condena establecida en el mismo[459]. En consecuencia, no procede apreciar *litispendencia internacional* ante una posible alegación de esta causa en un procedimiento de execuátur. De hecho, *litispendencia* podrá, en su caso, apreciarse respecto de procedimientos plenarios que conocen sobre el fondo.

12.216. Por la naturaleza misma de la controversia que da origen al laudo –de carácter pecuniario–, en la práctica es mucho más frecuente solicitar el *execuátur* del laudo arbitral que su *reconocimiento*. No obstante, también se dan supuestos en los que lo pretendido es el reconocimiento de un laudo: por ejemplo, el laudo interlocutorio en cuya virtud se declara la validez del convenio arbitral; o, el laudo final en cuya virtud se declara la disolución de una sociedad. Para estos supuestos (supuestos en los que "únicamente" se insta el reconocimiento del laudo), el artículo 44 ss. LCJI distingue explícitamente entre dos tipos de reconocimiento: (i) reconocimiento a *título principal*; y (ii) reconocimiento a *título incidental*. Junto con estos dos tipos de reconocimiento, la doctrina también distingue un tercer tipo de reconocimiento: (iii) el reconocimiento *automático*.

12.217. Interesa, en el contexto del laudo arbitral, detenernos principalmente en el procedimiento de reconocimiento o, en su caso, execuátur a título *principal* (por ser el típicamente instado); pero interesa también prestar atención al nuevo procedimiento de reconocimiento a título *parcial* o *incidental* que prevé la LCJI, con el objeto de intentar delimitar aquellos supuestos en los que, en relación con el laudo arbitral, pueda ser de aplicación. Al estudio del procedimiento de reconocimiento o exequátur a título principal dedicamos el correspondiente epígrafe (*infra*).

**Aplicación de la LCJI al reconocimiento y execuátur del laudo arbitral extranjero.** Tras la derogación de los artículos 952 ss. LEC 1881, la aplicación de determinadas disposiciones de la *Ley de cooperación jurídica internacional en materia civil* (LCJI) en materia de reconocimiento y ejecución (Título V) debe extenderse al laudo arbitral extranjero, por más que esta Ley no haga referencia al mismo. En concreto, deben aplicarse aquellas disposiciones del citado Título que no se vean desplazadas por una norma especial –LArb– o

459. Muy ilustrativo, *OLG* Munich, *Beschluss* del 20.12.2019, *SchiedsVZ*, 2020, pp. 145-147; esp. p. 146 (con nota de PIKA): "*Die Antragstellerin ist berechtig, den Schiedsspruch in mehreren Ländern für vollstreckbar erklären zu lassen*".

convencional –CNY–; por ejemplo, las disposiciones que regulan el *no* reconocimiento, reconocimiento *parcial* o reconocimiento *incidental*[460]. En efecto, si el artículo 54 LCJI es aplicable al procedimiento de execuátur del laudo arbitral –y es evidente que lo es–, puede afirmarse también que el Título V de la LCJI (donde se inserta este precepto) es de aplicación al execuátur del laudo extranjero, pues no se atisba motivo alguno por el que restringir –en el contexto del execuátur del laudo– la aplicación de dicho Título al artículo 54 LCJI. De hecho, la LCJI parte de un *principio general favorable de cooperación* (art. 3), por lo que, en el contexto del reconocimiento del laudo arbitral extranjero, debe hacerse una interpretación amplia del ámbito de aplicación de su Título V.

### 8.1. Reconocimiento *parcial*. Execuátur *parcial*

12.218. Además del reconocimiento y execuátur que con carácter general regula la LCJI, cabe destacar también que esta norma prevé el reconocimiento o execuátur **parcial** del mismo. Así, nada impide, por ejemplo, solicitar ante los tribunales españoles el execuátur de algún pronunciamiento concreto del laudo y no todos: por ejemplo, si ya se ha satisfecho de algún modo parte de la cuantía estipulada en el laudo. Los tribunales españoles son sensibles a esta realidad y, en consecuencia, han otorgado el exequátur parcial en distintas ocasiones[461].

### 8.2. Reconocimiento *incidental*

12.219. El reconocimiento *incidental* vinculado al arbitraje es concebible, al menos, en dos escenarios: aquél en el que se pretende hacer valer el reconocimiento incidental de una *sentencia* extranjera y aquél otro en el que se pretende hacer valer el reconocimiento incidental de un *laudo* extranjero. Dentro del primer escenario es incluso concebible, al menos teóricamente, el reconocimiento incidental de la sentencia extranjera que anula el laudo en el particular contexto del reconocimiento de ese laudo anulado en origen. Dentro del segundo escenario, la jurisprudencia ha planteado el reconocimiento incidental del laudo arbitral para hacerlo valer como crédito litigioso en el seno de un procedimiento concursal. A continuación analizamos estos supuestos.

---

460. Expresamente a favor del reconocimiento *incidental* del laudo arbitral extranjero por aplicación de la LCJI, Auto AP Palma de Mallorca, 22.12.2022, ECLI:ES:APIB:2022:79A.

461. Auto TSJ del País Vasco, 19.4.2012, ECLI:ES:TSJPV:2012:2A; Auto TSJ de Madrid, 23.11.2015, ECLI:ES:TSJM:2015:680A; Auto TSJ de Madrid, 28.9.2019, ECLI:ES:TSJM:2016:424A.

12.220. En el primer escenario, e supuesto más claro en el que puede plantearse el reconocimiento incidental de la *sentencia* extranjera es aquél en el que, en el seno de un procedimiento de anulación del laudo, se pretende reconocer una sentencia extranjera que ya ha conocido sobre el asunto resuelto en el laudo[462]. Más controvertido resulta, sin embargo, el reconocimiento incidental de la sentencia que únicamente se ha pronunciado sobre la validez / invalidez del convenio arbitral que está en el origen del laudo cuya anulación se interesa (*infra* Ep. V).

En cualquier caso, el régimen legal de reconocimiento *incidental* de la sentencia extranjera dependerá de su origen: si se trata de una sentencia judicial dictada por un tribunal de un Estado miembro de la UE serán de aplicación las disposiciones pertinentes del Reglamento Bruselas I *refundido* (asumiendo que la materia sobre la que versa está incluida en su ámbito de aplicación); si, por el contrario, se trata de una sentencia judicial dictada por un tribunal de un Estado no miembro de la UE serán de aplicación las disposiciones pertinentes de la LCJI (excepción hecha de los Estados parte en el Convenio de Lugano).

**Artículo 36.3 RB I ref:**

*Si la denegación del reconocimiento se invoca como cuestión incidental de la que depende la conclusión de un procedimiento ante un órgano jurisdiccional de un Estado miembro, dicho órgano jurisdiccional será competente para conocer de tal cuestión*

**Artículo 44.2 LCJI:**

*Cuando el reconocimiento de una resolución extranjera se plantee de forma incidental en un procedimiento judicial, el juez que conozca del mismo deberá pronunciarse respecto a dicho reconocimiento en el seno de cada procedimiento judicial según lo dispuesto en las leyes procesales. La eficacia del reconocimiento incidental quedará limitada a lo resuelto en el proceso principal y no impedirá que se solicite el execuátur de la resolución extranjera.*

12.221. Respecto del concreto contexto *intra* europeo cabe destacar que el tenor del artículo 36.3. RB I *refundido* podría llevar a la errónea conclusión de que únicamente puede solicitarse la *denegación* del reconocimiento incidental y no el reconocimiento incidental: en efecto, repárese en que el precepto habla de "*denegación del reconocimiento*" y no de "*reconocimiento*". Sin embargo, tal interpretación debe descartarse de inicio. Como ha sido advertido, el tenor literal del precepto pretende adecuarse al supuesto más frecuente: aquel en el que la parte contraria al reconocimiento hace

462. *Vid.* STSJ de Madrid, 24.1.2023, ECLI:ES:TSJM:2023:575.

valer la concurrencia de algún motivo de denegación[463]. De no plantearse oposición al reconocimiento –supuesto infrecuente–, el reconocimiento debe ser automático[464].

12.222. Por otro lado, en la medida en que el RB I *refundido* no regula expresamente el procedimiento para solicitar el reconocimiento incidental, habrá de estarse a este respecto a la parca regulación que prevé la DF 25.ª, 1.2.ª de la LECiv[465]. En el bien entendido de que los motivos de denegación del reconocimiento incidental a considerar serán los previstos en el artículo 45 RB I *refundido*, y sin perjuicio de que puedan discutirse cuestiones íntimamente vinculadas con el efecto que produce ese reconocimiento (*ad ex.* si el efecto de cosa juzgada que despliega la sentencia extranjera una vez reconocida afecta o no al procedimiento en cuyo seno se reconoce).

**1. Reglas sobre el reconocimiento de resoluciones de un Estado miembro de la UE al amparo del Reglamento (UE) n.º 1215/2012.**

*2.ª. Si la denegación del reconocimiento se invocara como una cuestión incidental ante un órgano judicial, dicho órgano será competente para conocer de la misma, siguiendo el procedimiento establecido en los artículos 388 y siguientes de esta ley, quedando limitada la eficacia de dicho reconocimiento a lo resuelto en el proceso principal del que el incidente trae causa, y sin que pueda impedirse que en proceso aparte se resuelva de forma principal sobre el reconocimiento de la resolución.*

Más allá de las interrogantes que plantea la citada regla (alcance de la remisión del artículo 388 LECiv –trámite de las cuestiones incidentales–), debe repararse en que el mero reconocimiento incidental de la sentencia extranjera en el marco de la acción de anulación del laudo no extingue por sí mismo el laudo arbitral que, en principio, sigue vivo. Lo que ocurre es que ese reconocimiento genera una circunstancia que sí puede llegar a tener la relevancia suficiente como para activar la cláusula de orden público como motivo de anulación del laudo. O dicho de otro modo, el reconocimiento incidental de la sentencia extranjera no impedirá que el juez se pronuncie sobre la pretensión principal –anulación del laudo–; pero es precisamente ese reconocimiento incidental lo que condicionará el resultado de la acción de anulación. Por ello, estimo que, en principio,

463. Sobre el modo de operar de este precepto, en relación con la legislación interna, *vid.*, por todos, GASCÓN INCHAUSTI, *Reconocimiento y ejecución de resoluciones judiciales extranjeras en el nuevo Reglamento Bruselas I bis*, Tirant lo Blanch, Valencia, 2016, pp. 72-80 y MARTÍN MAZUELOS, "El reconocimiento incidental, su delimitación y procedimiento", *Millennium DIPr*, Núm. 6, 2017, www.millenniumdipr.com

464. Así lo hace la STSJ de Madrid, 24.1.2023, ECLI:ES:TSJM:2023:575.

465. *Vid.* la Disposición final segunda de la LCJI, *BOE* núm. 182, 31.7.2015.

no es necesario un pronunciamiento *ad hoc* del juez para pronunciarse sobre el reconocimiento incidental de la sentencia extranjera en el marco de la anulación del laudo; bastaría con integrar el pronunciamiento sobre el reconocimiento en el fallo sobre la anulación[466].

12.223. Todavía en este ámbito de reconocimiento incidental de *sentencia* extranjera cabe analizar un supuesto ciertamente excepcional: aquel en el que se solicita el reconocimiento incidental de la sentencia extranjera que anula el laudo dentro del procedimiento de reconocimiento o execuátur de ese laudo arbitral anulado en origen. En este hipotético contexto de reconocimiento de laudo anulado –desconocido en nuestra jurisprudencia pero frecuente en la jurisprudencia francesa–, el reconocimiento *incidental* de la sentencia judicial que lo anula es, a mi juicio, controvertido. Por lo menos desde la perspectiva del ordenamiento jurídico español. En efecto, en la medida en que la sentencia que anula el laudo es una sentencia que no resuelve sobre el fondo de la controversia –en esencia, se limita a un control de garantías– su reconocimiento *incidental* suscita dudas en cuanto su misma aplicación. Y es que, el sistema del reconocimiento *incidental* está pensado, básicamente, para hacer valer una sentencia o laudo extranjero que ya ha resuelto sobre el fondo; de tal forma que este reconocimiento tiene como consecuencia que *no* pueda volverse a litigar en España sobre el mismo supuesto que ya ha sido resuelto por el laudo extranjero. Se trata, por tanto, de reconocer sentencias o laudos que resuelven sobre el fondo. Además, en la medida en que la sentencia que anula un laudo se limita, básicamente, a un control de garantías del mismo procedimiento arbitral a la luz de una ley extranjera, su reconocimiento en el foro no es evidente, en tanto que la interpretación sobre el alcance de esas garantías puede ser sustancialmente divergente. Lo anterior no obsta a que la sentencia extranjera pueda tomarse en consideración a los efectos de pronunciarse sobre la procedencia o no del reconocimiento del laudo anulado.

12.224. Respecto del reconocimiento incidental del *laudo*, cabe destacar que el supuesto más claro en el que puede plantearse es aquél en el que en el contexto de un procedimiento judicial alguna parte pretenda hacer valer su efecto de cosa juzgada[467]: concretamente, por entender que la controversia objeto de disputa en el foro ya ha sido resuelta en el arbitraje del que trae causa el laudo cuyo reconocimiento incidental –precisamente por

466. Para un análisis detallado desde un marco general de reconocimiento incidental, *vid.* GASCÓN INCHAUSTI, *Reconocimiento y ejecución de resoluciones judiciales extranjeras en el nuevo Reglamento Bruselas I bis*, Tirant lo Blanch, Valencia, 2016, pp. 72-80.

467. Aceptando expresamente esta posibilidad, SAP Palma de Mallorca, 22.12.2022, ECLI:ES:APIB:2022:79A.

eso– se pretende. En este particular supuesto es siempre de aplicación el artículo 44.2 LCJI (el RB I *refundido* no es aplicable por razón de la materia). En su aplicación, la parte interesada puede instar el reconocimiento del laudo extranjero ante el mismo tribunal que está conociendo sobre el fondo. Además, el reconocimiento de ese laudo debe producirse de forma *automática*: su mera invocación debe producir los efectos propios del reconocimiento. Solo si la contraparte se opone a tal reconocimiento es cuando realmente se plantea el reconocimiento incidental del mismo, pues solo en ese supuesto el tribunal debe analizar si concurren o no los motivos de denegación del reconocimiento. En el bien entendido, por supuesto, que los motivos de denegación que debe observar el juez son los previstos en el CNY y no en la LCJI. Si, finalmente, se otorgase el reconocimiento incidental del laudo, no será necesario un pronunciamiento judicial sobre el fondo: de ordinario, si el laudo extranjero es reconocido, el efecto de cosa juzgada que despliega llevará a que el juez no tenga que pronunciarse sobre la cuestión de fondo.

12.225. Por lo que hace al reconocimiento incidental del laudo en el concreto ámbito concursal, cabe destacar que cierta jurisprudencia ha considerado tal reconocimiento como medio para hacer valer el laudo arbitral como crédito litigioso[468]. En tanto que reconocimiento incidental, en estos supuestos el laudo solo produce efectos en el contexto del concurso; no produce, por tanto, efectos *erga omnes* (art. 44.2 *in fine* LCJI). Con todo, y pese a la existencia de tal jurisprudencia, estimo que, desde un punto de vista estrictamente teórico, no es necesario el reconocimiento del laudo arbitral extranjero para hacerlo valer como **crédito litigioso en un concurso**. Así resulta, a mi juicio, de una interpretación sistemática de los artículos 141, 260, 262 y 308 TRLC.

**Artículo 141 TRLC.** *Sentencias y laudos firmes.*

*Las sentencias y laudos firmes dictados antes o después de la declaración de concurso vinculan al juez de este, el cual dará a las resoluciones pronunciadas el tratamiento concursal que corresponda.*

**Artículo 260 TRLC.** *Reconocimiento forzoso de los créditos.*

1. *La administración concursal incluirá necesariamente en la lista de acreedores aquellos créditos que hayan sido reconocidos por resolución procesal o por laudo, aunque no fueran firmes...*

2. *No obstante el reconocimiento, la administración concursal, dentro del plazo para la emisión de su informe, podrá impugnar en juicio ordinario, los convenios o procedimientos arbitrales si concurriera fraude.*

468. *Vid. supra* Cap. VII. SAP de Barcelona, 12.7.2017, ECLI:ES:APB:2017:6207.

**Artículo 262 TRLC.** *Créditos litigiosos.*

1. *Los créditos litigiosos seguirán el mismo régimen de los créditos sometidos a condición suspensiva.*

2. *A los efectos de esta ley tendrá la condición de crédito litigioso desde que se conteste la demanda relativa al mismo.*

**Artículo 308 TRLC.** *Modificaciones de la lista definitiva de acreedores.*

*El texto definitivo de la lista de acreedores podrá modificarse en los casos siguientes:*

7. *Cuando, después de presentados los textos definitivos, se hubiera cumplido la condición o contingencia prevista o los créditos hubieran sido reconocidos o confirmados por acto administrativo, por laudo o por resolución procesal firme o susceptible de ejecución provisional con arreglo a su naturaleza o cuantía.*

12.226. En cualquier caso, la dificultad más relevante que puede surgir en este contexto de reconocimiento *incidental* radica en la disparidad de órganos judiciales que resultan competentes. Así, en el supuesto en que un juzgado de primera instancia (JPI) entre a conocer en el foro sobre una controversia ya resuelta en el extranjero por medido de arbitraje y, en este contexto, otorgue el **reconocimiento incidental del laudo mediante resolución ad hoc** se plantea automáticamente la cuestión de la eficacia de esta resolución que resuelve a título incidental. En efecto, recuérdese que el citado artículo 44.2 *in fine* LCJI establece que: *La eficacia del reconocimiento incidental quedará limitada a lo resuelto en el proceso principal y no impedirá que se solicite el execuátur de la resolución extranjera.* Parece, por tanto, que el hecho de que el JPI se haya pronunciado a título *incidental* sobre el reconocimiento del laudo, no obsta para que pueda plantearse a título *principal* el reconocimiento o *no* reconocimiento del laudo extranjero ante el TSJ competente. En tan particular supuesto, constituye un factor muy relevante el hecho de que el JPI haya o no dictado sentencia judicial sobre el fondo, pues, de haberlo hecho –con la consiguiente denegación del reconocimiento *incidental* del laudo extranjero–, existiría un título que *a priori* debería ser inconciliable con el laudo extranjero (lo cual podría, en su caso, constituir motivo de denegación del reconocimiento apreciable por el TSJ).

12.227. También pueden surgir dificultades en el mismo sentido en el particular –y muy hipotético– contexto del reconocimiento *incidental* de la sentencia extranjera en el seno del reconocimiento del laudo anulado. Repárese en que en este supuesto conoce del reconocimiento *incidental* de la sentencia extranjera un órgano judicial jerárquicamente superior al órgano judicial que posteriormente podría conocer del reconocimiento a título *principal* de esa sentencia extranjera: así, el TSJ es el órgano competente para conocer del reconocimiento *incidental* de la sentencia que se quiere hacerse valer en el procedimiento de reconocimiento del laudo anulado, mientras que el JPI es el órgano competente para conocer a título principal de dicho reconocimiento. Tan particular circunstancia debe salvarse –a mi juicio– interpretando que el sistema de reconocimiento y execuátur previsto en la LCJI no debe aplicarse al reconocimiento a *título principal* de la sentencia que anula el laudo, en tanto que esa sentencia no es una sentencia que resuelva sobre el fondo en materia civil y mercantil. Entiendo, por tanto, que, en principio, no es posible solicitar el reconocimiento a título principal de la sentencia que anula el laudo ante el JPI correspondiente, pues dicha sentencia no estaría incluida en el ámbito de aplicación material de la LCJI (otra vez: no es una sentencia que resuelva sobre el fondo). Si, por el contrario, se estimase que la sentencia que anula el laudo sí es susceptible de ser reconocida por el cauce de la LCJI, entiendo que la cuestión que plantea la distinta jerarquía de los tribunales que conocen de sendos reconocimientos debe resolverse aceptando la incoherencia del sistema; de tal modo que, el hecho de que el TSJ correspondiente deba conocer de ese reconocimiento *incidental*, no debería evitar que pudiera solicitarse posteriormente el reconocimiento –o *no* reconocimiento– a título principal de la sentencia judicial que anula el laudo ante el JPI correspondiente. No aceptar la competencia de este órgano de instancia –frente al TSJ que ha resuelto el reconocimiento *incidental*– implicaría tanto como cerrar las puertas a un posible recurso extraordinario por infracción procesal o de casación ante el TS (art. 55.2 LCJI). En cualquier caso, también en este contexto será particularmente relevante el hecho de que el TSJ se haya pronunciado previamente sobre el reconocimiento del laudo anulado en origen. Y es que, reconocido el laudo anulado, el reconocimiento de la sentencia extranjera que lo anula no sería en principio posible por aplicación del artículo 46.1 d/ LCJI (resolución inconciliable con otra dictada en el foro).

### 8.3. No reconocimiento: petición a título principal de denegación del reconocimiento o execuátur

12.228. En el mismo sentido que ya contemplan los reglamentos europeos en materia de Derecho internacional privado, en virtud de la LCJI también es posible solicitar a título principal el ***no*** reconocimiento del laudo.

**Artículo 42 LCJI**. *Procedimiento de exequátur.*

1. *El procedimiento para declarar a título principal el reconocimiento de una resolución judicial extranjera y, en su caso, para autorizar su ejecución se denominará procedimiento de exequátur.*

2. *El mismo procedimiento se podrá utilizar* ***para declarar que una resolución extranjera no es susceptible de reconocimiento*** *en España por incurrir en alguna de las causas de denegación previstas en el artículo 46.*

12.229. Si bien a primera vista podría sostenerse que solicitar a título principal una declaración de *no* reconocimiento del laudo extranjero va contra la misma *ratio* del CNY (que se basa en un *principio de favorabilidad* del reconocimiento del laudo extranjero), es lo cierto que tal principio es perfectamente **compatible** con una acción que pretenda una declaración de *no* reconocimiento del mismo. En efecto, la favorabilidad al reconocimiento del laudo se logra básicamente restringiendo los motivos de oposición al mismo, no impidiendo de raíz tal acción. Adviértase, en este sentido, que los Reglamentos europeos que prevén este tipo de acción declarativa (de *no* reconocimiento) son, sin lugar a duda, los textos que en mayor medida facilitan el reconocimiento de resoluciones judiciales extranjeras. Es decir, el legislador europeo no ha visto ninguna contradicción entre el principio de favorabilidad del reconocimiento de sentencias *intra* europeas y el hecho de prolongar la tutela judicial internacional a quien pretenda solicitar su *no* reconocimiento. Evidentemente, la declaración de *no* reconocimiento del laudo arbitral debe examinarse a la luz de los motivos de denegación del reconocimiento previstos en el artículo V CNY; sin que puedan esgrimirse en este contexto motivos adicionales.

12.230. En línea con lo anterior, es menester recordar que la *tutela judicial internacional* (que informa a toda la LCJI) supone tanto como una obligación de cooperar que, en ningún caso, puede entenderse incompatible con un legítimo derecho del justiciable en asegurar su derecho a la tutela judicial efectiva; tutela que puede manifestarse en forma de una pretensión anticipada de un derecho que se entiende vulnerado por un tribunal arbitral –o judicial– extranjero. Lo anterior está, además, en línea con lo previsto en el artículo 403.1 LECiv: "*Las demandas sólo se inadmitirán en los casos y por las causas expresamente previstas en esta Ley*".

> Desde esta perspectiva, el TS ha declarado expresamente la pertinencia de las acciones mero declarativas, si bien delimitando su ámbito: "*No obstante, su ámbito es restringido, pues de la acción declarativa solo puede valerse quien tiene necesidad especial para ello: debe existir la duda o controversia y una necesidad actual de tutela de manera que el interés del demandante desaparece si no hay inseguridad jurídica*"[469].

En este supuesto concreto, el interés de quien pretende instar esta acción ante los tribunales es fácilmente constatable: piénsese, por ejemplo,

469. STS, 15.7.2005, ECLI:ES:TS:2005:4836.

en las consecuencias que la cantidad estipulada en el laudo puede tener sobre las cuentas de una sociedad (demandante), sobre las mismas costas, o en la incertidumbre que genera la existencia de un laudo sobre jurisdicción que arrastra al arbitraje a una parte no firmante del convenio arbitral.

12.231. La **jurisprudencia interna** ha aceptado expresamente este razonamiento, si bien encuentra la base jurídica de esta acción en el CNY antes que –como debería ser– en el artículo 42 LCJI. Repárese en que el CNY no regula ningún aspecto relativo al mismo *procedimiento* de execuátur o reconocimiento del laudo arbitral y, en consecuencia, en este particular contexto son de aplicación tanto los artículos que específicamente regulan el *procedimiento* (52 a 55 LCJI), como las disposiciones generales que regulan el reconocimiento y execuátur (41 a 43 LCJI).

> **Auto TSJ del País Vasco, 7.11.2018**[470]:*"Consecuentemente, si la Convención no impone el reconocimiento y prevé la posibilidad de denegarlo cuando se cumplan las causales de denegación, y, no prohíbe la solicitud de no reconocimiento del laudo extranjero, la pretensión de la parte actora sobre la base de su no consentimiento al arbitraje y la ausencia de voluntad de renunciar a la jurisdicción ordinaria, y, pese a ello, el sometimiento al mismo con los perjuicios que les han irrogado, pudiendo considerar como notorios, desde luego, los gastos legales y recursos humanos y económicos para defenderse, justifica, en este caso, su pretensión de denegación del reconocimiento del laudo francés, al poder verse conculcado el derecho de las actoras a la libertad fundamentada en la autonomía de la voluntad de las mismas (artículo 10 CE)".*
>
> Desde una perspectiva más amplia:
>
> *"... la acción de no reconocimiento no parece que sea ningún obstáculo para el desarrollo de un eficaz sistema arbitral".*

Por fin, debe tenerse muy presente que, ante una acción de *no* reconocimiento, la parte demandada debe reconvenir si pretende el reconocimiento del laudo[471]. No es posible, en principio, reservar la acción de reconocimiento para un futuro. La sentencia del Tribunal Supremo de 13.11.2018[472] parece no dejar otra opción, pues, en interpretación del artículo 400 LECiv, ha extendido los efectos de la *cosa juzgada* a los argumentos que, habiendo podido invocarse en un primer proceso (en nuestro caso, el *no* reconocimiento del primer laudo), se reservaron para un proceso ulterior (reconocimiento del laudo). De esta manera, el TS pretende, por

470. Auto TSJ del País Vasco, 7.11.2018, ECLI:ES:TSJPV:2018:277A.
471. De hecho, así lo exige el Auto TSJ del País Vasco, 7.11.2018, ECLI:ES:TSJPV:2018:277A.
472. STS, 13.11.2018; ECLI:ES:TS:2018:3734.

un lado, evitar que un eventual cambio de la causa de pedir pueda esgrimirse como fundamento de una segunda pretensión igual a la ya deducida; y, por otro, pretende también que en un solo proceso se resuelvan todas las cuestiones que puedan afectar a un negocio o relación jurídica.

La doctrina asentada por el TS debe acogerse con cautela y a la luz de las circunstancias de cada caso, pues una interpretación excesivamente amplia puede vulnerar la *tutela judicial efectiva* (en su vertiente de acceso a la justicia) del demandado. La reconvención es voluntaria: el demandado "podrá" (art. 406 LECiv) y, en este sentido, debe hacerse una interpretación del artículo 400 LECiv que no restrinja desproporcionadamente el derecho del demandado que opta por no reconvenir. Y, en cualquier caso, debe tenerse presente que *"los arts. 222.2 y 400.2 LECiv se refieren a hechos y alegaciones que pudieron ser aducidos en un procedimiento anterior, pero no a la formulación de pretensiones que permanezcan imprejuzgadas y respecto de las cuales no hubiese prescrito o caducado la acción procesal"*[473].

## 9. EL PROCEDIMIENTO DE RECONOCIMIENTO Y EXECUÁTUR: ARTÍCULO 54 LCJI

12.232. El procedimiento de execuátur es un procedimiento a partir del cual la parte demandante solicita del tribunal competente una *declaración de ejecutividad* del laudo arbitral extranjero. Es decir, la parte demandante solicita una resolución judicial que declare que el título extranjero (laudo) cumple con todas las condiciones para ser ejecutable en España; esto es, para constituir título con fuerza ejecutiva. Esa resolución judicial (que reviste la forma de *auto*), junto con el laudo arbitral extranjero, constituyen el "título complejo" que permite instar la *ejecución forzosa* del mismo conforme al cauce previsto por los artículos 517 ss. LECiv.

12.233. Fijada la competencia de los Tribunales Superiores de Justicia para conocer del execuátur de los laudos arbitrales extranjeros[474], debe concretarse el alcance de la remisión que, para la sustanciación del execuátur, hace el artículo 46.2 LArb *"al procedimiento establecido en el ordenamiento procesal civil para el (reconocimiento) de sentencias dictadas por tribunales extranjeros"*.

Dicha remisión debe entenderse hecha al artículo 54 de la LCJI, que será de aplicación, con carácter general, al procedimiento de execuátur del

473. STC 106/2013, de 6 de mayo.

474. *Vid. supra* Cap. VII.

laudo arbitral[475]. No obstante, debe repararse que determinados aspectos del mismo son objeto de regulación especial en el artículo IV CNY. En consecuencia, una lectura del artículo 54 LCJI a la luz del artículo 8 LArb y de los artículos IV y V CNY arroja el siguiente marco normativo:

1. El proceso de execuátur, en el que las partes deberán estar representadas por procurador y asistidas de letrado, se iniciará mediante demanda a instancia de cualquier persona que acredite un interés legítimo. La demanda de execuátur y la solicitud de ejecución no podrán acumularse en el mismo escrito, por cuanto son distintos los órganos judiciales que conocen de esas pretensiones (execuátur en el TSJ y ejecución en el JPI).

2. Mientras se sustancia el execuátur podrá solicitarse ante el JPI territorialmente competente la adopción de medidas cautelares, con arreglo a las previsiones de la LECiv, que aseguren la efectividad de la tutela judicial que se pretenda[476].

3. La demanda habrá de dirigirse contra aquella parte o partes frente a las que se quiera hacer valer el laudo arbitral extranjero.

4. La demanda se ajustará a los requisitos del artículo 399 de la LECiv y deberá ir acompañada de todos los documentos detallados en el artículo IV CNY.

5. La demanda y documentos presentados conforme al artículo IV CNY serán examinados por el secretario judicial, que dictará decreto admitiendo la misma y dando traslado de ella a la parte demandada para que se oponga en el plazo de *treinta días*. El demandado podrá acompañar a su escrito de oposición los documentos que permitan impugnar la autenticidad del laudo (*ex* artículo IV CNY) así como poner de manifiesto cualquier circunstancia que permita demostrar la concurrencia de alguno de los motivos de denegación del execuátur (*ex* artículo V CNY).

6. No obstante lo anterior, en el caso de que el secretario judicial apreciase la falta de subsanación de un defecto procesal o de una posible causa de inadmisión, con arreglo a las leyes procesales españolas y/o el CNY (art. IV), procederá a dar cuenta al órgano jurisdiccional para que resuelva en plazo de diez días sobre la admisión en los

475. También en este sentido, Auto TSJ de Murcia, 12.4.2019, ECLI:ES:TSJMU:2019:12A.

476. Sobre la competencia de los JPI en este contexto, *vid. infra* Cap. VII. Para un supuesto muy interesante de medida cautelar adoptada *inaudita parte* mientras se sustancia el execuátur ante el correspondiente TSJ, *vid.*, Auto AP Madrid, 7.7.2021, ECLI:ES:APM:2021:3673A.

casos en que estime falta de jurisdicción o de competencia o cuando la demanda adoleciese de defectos formales o la documentación fuese incompleta y no se hubiesen subsanado por el actor en el plazo de cinco días concedido para ello por el secretario judicial.

7. Formalizada la oposición o transcurrido el plazo para ello sin que la misma se haya formalizado, el órgano jurisdiccional resolverá por medio de auto lo que proceda en el plazo de diez días.

8. El Ministerio Fiscal intervendrá siempre en estos procesos, a cuyo efecto se le dará traslado de todas las actuaciones.

9. Frente a la resolución del TSJ concediendo o denegando el execuátur no cabe recurso alguno[477].

12.234. El marco normativo así descrito plantea, al menos, dos cuestiones. La primera gira en torno a la obligatoriedad o no de otorgar al demandante un **turno de réplica** para argumentar sobre los motivos de denegación que haya podido esgrimir la parte demandada en el proceso de execuátur (art. 54.7 LCJI). La segunda gira en torno a la obligatoria **intervención del Ministerio Fiscal** y el alcance de la misma (art. 54.8 LCJI).

12.235. Respecto de la primera cuestión apuntada, cabe señalar lo siguiente. Una interpretación literal del artículo 54.7 LCJI lleva a la inevitable conclusión de que con la oposición del demandado la actividad procesal se agota[478]. A mi juicio, sin embargo, tal interpretación no es posible, pues aceptarla supondría tanto como una vulneración de los derechos de defensa de la parte demandante. En efecto, el demandante, en su demanda inicial de execuátur, no tiene por qué manifestarse sobre la *no* concurrencia de los motivos de denegación del execuátur previsto en el artículo V CNY. Es decir, la parte demandante de un execuátur debe limitarse, en un primer momento procesal, a presentar una "mera" demanda de execuátur, acompañada de los documentos correspondientes; sin necesidad de plantear o defender en ese primer escrito la *no* concurrencia de ninguno de los motivos de denegación previstos en el artículo V CNY. Solo a partir del escrito de oposición del demandado (con la correspondiente alegación del motivo o motivos de denegación pertinentes) es cuando realmente el demandante podrá oponerse, pues solo a partir de ese momento tiene conocimiento de los motivos de denegación que se alegan.

477. Entre otros, Auto TSJ Cataluña, 6.5.2016, ECLI:ES:TSJCAT:2016:208A; Auto TSJ Cataluña, 19.5.2016, ECLI:ES:TSJCAT:2016:192A.

478. GASCÓN INCHAUSTI, "Reconocimiento y ejecución de resoluciones judiciales extranjeras en la Ley de cooperación jurídica internacional en materia civil", *CDT*, 2015/2, p. 177.

En consecuencia, entiendo que debe prevalecer una interpretación del artículo 54.7 LCJI idéntica a la en su momento hecha por el TS sobre el hoy derogado artículo 956 LECiv 1881 (que tampoco preveía ese turno de réplica en el proceso de execuátur) en cuya virtud, el respeto a los principios de contradicción e igualdad de armas (tutela judicial efectiva, en definitiva), exigen conceder ese trámite: "*el respeto al principio de contradicción y de igualdad de armas en el proceso que forman parte de las garantías procesales constitucionalmente consagradas ... determinan la necesidad de* ***dar traslado a la parte que solicita el reconocimiento****, sobre la que pesa únicamente, y en principio, la carga de alegar y acreditar la concurrencia de los presupuestos de homologación que se establecen en el artículo IV, en relación con el artículo II del Convenio, de las causas de oposición al execuátur que ha opuesto la parte frente a la que se sirven para desvirtuarlas; pero con ello no se abre un sucesivo, recíproco e inagotable trámite de alegaciones y de prueba entre las partes, sino que en los actos procesales que se han expuesto precluyen las oportunidades de defensa de una y otra*"[479].

Esta interpretación es acorde con la jurisprudencia del TC, en cuya virtud: "*la circunstancia de que una determinada regulación procesal no prevea un trámite específico –bien de traslado a las partes o de celebración de vista– no significa que no venga requerido por 'una interpretación de la normativa procesal a la luz de los preceptos y principios constitucionales, al ser obligado, en todo caso, preservar el derecho de defensa de las partes en el proceso' facilitando a éstas la posibilidad de 'contradecir y rebatir los argumentos expuestos por la parte contraria y formular cuantas alegaciones' estime pertinentes*"[480].

12.236. El TSJ de Madrid, por su parte, es perfectamente consciente de la particular laguna de la LCJI en este contexto y, en aplicación de la jurisprudencia del TS arriba citada, en vez de conceder un plazo de réplica, suele fijar vista: "*De conformidad con reiterada doctrina de la Sala Primera –AATS 16 de mayo 2001, 10 diciembre 2002, 21 enero 2003 y 3 de febrero 2004–, se señala para la celebración de vista, al efecto de que las partes puedan formular sus conclusiones, ...*"[481]. Y así, aunque la vista se concibe como un acto para la sola presentación de conclusiones, es evidente que el demandante puede utilizar su turno para rebatir, a modo de conclusión,

479. ATS de 3.2.2004, ECLI:ES:TS:2004:1179A. En el mismo sentido, ATS de 7.10.2003, ECLI:ES:TS:2003:10137A. En idéntico sentido, previo a la entrada en vigor de la LCJI, Auto TSJ Catalunya, 17.11.2011, ECLI:ES:TSJCAT:2011:525A.

480. Con cita de más jurisprudencia, STC 265/2015, de 14 de diciembre.

481. Si bien es cierto que parece depender del criterio del ponente. Acertadamente, Auto TSJ de Madrid, 28.9.2016, ELCI:ES:TSJM:2016:424A; Auto TSJ de Madrid, 18.4.2018, ELCI:ES:TSJM:2018:113A; Auto TSJ de Madrid, 21.9.2021, ELCI:ES:TSJM:2021:419A; Auto TSJ de Madrid, 8.3.2023, ECLI:ES:TSJM:2023:17A.

los argumentos del demandado sobre la concurrencia de los motivos de denegación del execuátur.

**Desistimiento del procedimiento de execuátur.** Puede ocurrir que el demandante de exequátur decida desistir de este procedimiento si, por ejemplo, se allana también a una acción de anulación promovida ante los tribunales del lugar del arbitraje. Siendo esto posible, es importante determinar –a los efectos de las costas– el momento en el que el mismo se produce, pues si el desistimiento al execuátur es muy posterior en el tiempo al allanamiento a la acción de anulación en la sede, procede la condena en costas por mala fe procesal[482].

**Allanamiento y costas.** Del mismo modo, no es infrecuente que la parte demandada en el execuátur se allane a la pretensión del demandante. En este contexto, el TSJ de Madrid ha establecido, en interpretación del artículo 395 LEC, que para que haya condena en costas, la parte demandante debe demostrar un requerimiento fehaciente y justificado de pago[483].

**Cuantía del procedimiento**: A mi juicio, los mismos motivos esgrimidos por el TSJ de Murcia a favor de la cuantía inestimable o indeterminada en el marco de la acción de anulación (*supra* II) son esgrimibles en este contexto. En consecuencia, no comparto el criterio del TS en virtud del cual, en el contexto de un procedimiento de execuátur de un laudo extranjero, la cuantía que sirve de base para el cálculo de las costas es la que resulte del interés económico de la controversia[484].

12.237. Por lo que hace a la intervención del **Ministerio Fiscal**, cabe llamar la atención sobre la particularidad que supone respecto de la acción de anulación, en cuyo contexto no actúa. Lo anterior es particularmente llamativo en la medida en que los motivos de anulación y los motivos de denegación del execuátur del laudo son prácticamente idénticos. Así visto, la particularidad descrita es difícilmente explicable; su única justificación podría descansar en el hecho de que la LCJI impone tal intervención para todo tipo de execuátur: ya sea para el execuátur de laudos arbitrales, ya sea para el execuátur de sentencias judiciales. Con todo, la justificación no es plenamente satisfactoria, pues no todas las sentencias judiciales extranjeras cuyo execuátur se solicita resuelven sobre temas relacionados con los derechos e intereses que la Fiscalía debe defender: básicamente, derechos

482. Auto TSJ de Madrid, 12.9.2019, ECLI:ES:TSJM:2019:243A.
483. Auto TSJ de Madrid, 7.7.2020, ECLI: ES:TSJM:2020:263A.
484. Auto TS, 7.6.2011, ECLI: ES:TS:2011:7061A.

de los ciudadanos y del interés público tutelado por la ley (541 LOPJ). Por ello, tanto para el execuátur de sentencias judiciales como de laudos arbitrales hubiera sido deseable reservar la participación del Ministerio Fiscal a aquellos supuestos en los que el objeto del pleito hubiera versado sobre una materia incluida en el ámbito de su intervención. No siendo así, baste entonces con advertir de esta particularidad en el control del laudo *extranjero* (execuátur), que no se da en el ámbito del control del laudo dictado en España (anulación).

## 10. INCIDENCIA DE LA ACCIÓN DE ANULACIÓN EN EL PROCEDIMIENTO DE RECONOCIMIENTO O EXECUÁTUR

12.238. Una cuestión no resuelta ni por el Derecho convencional ni por la LArb es la relativa a la obligatoriedad de instar la acción de anulación en supuestos en los que pretenda instarse el *no* reconocimiento de un laudo arbitral. Es decir, podría –erróneamente– argumentarse que para instar tal acción declarativa de *no* reconocimiento debería "agotarse" previamente el recurso que supone instar la acción de anulación ante los tribunales de la sede del arbitraje.

12.239. Situados en este contexto, no se vislumbra ningún motivo que justifique la necesidad de agotar tal cauce, mientras que sí son apreciables distintos motivos que justifican la posibilidad de no agotarlo. En este sentido, hemos visto ya que cuestiones relativas a la arbitrabilidad, validez formal del convenio arbitral e interpretación de ciertos derechos procesales básicos pueden tener una interpretación y alcance distinto de Estado a Estado. Y en la medida en que esto es incuestionablemente así, es lógico solicitar la tutela ante los tribunales del Estados donde previsiblemente se reconocerá; antes que solicitarla donde posiblemente no vaya a reconocerse.

> Un ejemplo ayudará a entender lo anterior: la jurisprudencia francesa permite extender los efectos de un convenio arbitral a terceros no firmantes del mismo de una manera excesivamente laxa[485]. Tan laxa que tal jurisprudencia no ha encontrado eco en la jurisprudencia comparada. Por tanto, no tiene ningún sentido instar una acción de anulación del laudo que ha extendido el convenio arbitral a partes no firmantes del mismo cuando la jurisprudencia que impera en ese país sobre tal cuestión reconoce tal alcance. En sentido similar, el TS alemán no ha apreciado mala fe en un supuesto en el que la parte demandada en anulación en el Estado sede del

485. *Vid. supra* Cap. VIII.

arbitraje no hizo valer como motivo de anulación un motivo que posteriormente sí hizo valer en sede de execuátur[486].

## IV. *DOBLE EXECUÁTUR* DE LAUDOS ARBITRALES EXTRANJEROS

### 1. CONCEPTO DE *DOBLE EXECUÁTUR*

12.240. A diferencia del significado que posee la expresión *doble execuátur* en el ámbito de las sentencias judiciales, cuando va referida a los laudos arbitrales adquiere unas connotaciones particulares que le otorgan una dimensión propia. En efecto, cuando se plantea la viabilidad del *doble execuátur* desde la perspectiva de la **sentencia judicial**, se está haciendo referencia a la posibilidad de reconocer en el Estado de destino una sentencia dictada en un tercer Estado que declara ejecutable la sentencia dictada en el Estado de origen[487].

> Gráficamente expuesto: Se pretende reconocer una **sentencia judicial** dictada en un país A en otro país C. Resulta que tanto A como C tienen ratificados sendos convenios bilaterales en materia de reconocimiento y ejecución de sentencias extranjeras con un país B. Dichos convenios bilaterales se caracterizan por establecer un régimen de execuátur muy favorable –por ejemplo, porque su articulado contempla pocos motivos de denegación del execuátur y renuncia expresamente a controlar la competencia judicial internacional del juez de origen–. Así las cosas, para reconocer la sentencia dictada en A en C se plantea, como táctica procesal, instar el reconocimiento de la sentencia A en B –vía convenio bilateral– y, posteriormente, instar el reconocimiento de la sentencia dictada en B –sentencia que otorga el execuátur de la primera sentencia– en C –también vía convenio bilateral–. Forzar esa suerte de triangulación buscando el marco legal más favorable (A→B→C), en vez de lo que en puridad debería instarse (A→C), es lo que en terminología procesal se denomina *doble execuátur* de sentencias judiciales.

12.241. Tradicionalmente se ha negado el recurso al *doble execuátur* para reconocer sentencias judiciales de terceros Estados –siguiendo, por tanto, la célebre máxima del juez GAVALDA: "*exequatur sur exequatur ne*

486. KROLL, "Treu und Glauben bei der Vollstreckbarerklärung ausländischer Schiedssprüche (zu BGH 17.4.2008 – III ZB 97/06", *IPRax*, 2009, pp. 145-149.

487. Sobre este particular, *vid.*, SCHÜTZE, "Die Doppelexequierung ausländischer Zivilurteile", *ZZP*, 1964, p. 287; KEGEL, "Exequatur sur exequatur ne vaut", *Festschrift für Wolfram Müller-Freienfels*, 1986, pp. 377-380; BORGES, *Das Doppelexequatur von Schiedssprüchen*, Nueva York, 1997, p. 4.

*vaut"*[488]–. Y en este sentido, el TJUE ha destacado expresamente que el *doble execuátur* está excluido del ámbito de aplicación del RB I *refundido*[489].

12.242. Por el contrario, la locución *doble execuátur de un* ***laudo arbitral*** hace alusión a dos procedimientos distintos. Históricamente, con esta terminología se hacía referencia al procedimiento consistente en declarar ejecutable el laudo en el mismo Estado donde había sido dictado –mediante resolución judicial– para, una vez obtenida dicha declaración, solicitar el reconocimiento del laudo en un segundo Estado. Este procedimiento encontraba su justificación en el gran número de ordenamientos jurídicos que exigían tal declaración del Estado de origen para llevar a cabo el reconocimiento en el foro. Desde el plano del Derecho convencional, el Convenio de Ginebra de 1927[490] establecía en su artículo 1.d/ que para obtener el reconocimiento de la sentencia arbitral era necesario que ésta se hubiera *"hecho firme en el país donde hubiere sido dictada"*. En la actualidad, en los ordenamientos jurídicos de influencia anglosajona *–common law–* se mantiene una forma similar de homologación del laudo, mediante una técnica consistente en "fundir" el laudo arbitral en una sentencia judicial (*award merged into a judgments*)[491].

Junto con esta acepción, también se denomina *doble execuátur* al reconocimiento de la declaración de ejecutividad obtenida en el Estado de origen. No obstante, la denominación de *doble execuátur* en este contexto no es del todo correcta, pues en realidad no se trata de un reconocimiento doble del mismo título –Estado de origen y de destino– sino más bien de un procedimiento de reconocimiento consecutivo, pero de títulos diferentes.

> Gráficamente expuesto: El laudo arbitral dictado en A requiere, porque así lo establece la *lex fori*, una declaración de ejecutividad dictada por los tribunales de ese Estado. Mediante el *doble execuátur* se plantea si en un país B debe reconocerse, en vez del laudo arbitral, la sentencia judicial que ha declarado ejecutable el laudo.

12.243. En la jurisprudencia comparada se encuentran precedentes jurisprudenciales que, al menos en un primer momento, aceptaron el *doble execuátur* del laudo arbitral.

488. Tribunal Civil de *la Seine*, 6.12.1934, *JDI*, 1935, p. 113.
489. STJUE, 2.6.1994, C-129/92, *Owens Bank*. *Vid.* un supuesto aparentemente similar, STJUE, 7.4.2022, C-568/20, *H Limited*.
490. Instrumento que no es de aplicación en aquellos Estados que hayan ratificado el CNY.
491. *Vid.* art. 66 de la *Arbitration Act* de 1996, *supra* Cap. III.

Así, el *Bundesgerichtshof* alemán, a partir de dos relevantes sentencias de principio de la década de los 80[492], consagró una doble vía para reconocer los laudos arbitrales extranjeros: bien mediante el reconocimiento del propio laudo, bien a partir del reconocimiento de la resolución judicial que declaraba ejecutable el laudo (§ 328 y 722 y ss. de la ZPO). La entrada en vigor de la última reforma legal en materia de arbitraje (1998) no introdujo ningún cambio relevante en este sentido y, en consecuencia, la vía del *doble execuátur* siguió siendo invocada con cierta regularidad[493]. Sin embargo, en su controvertida sentencia de 2.6.2009, el Tribunal Supremo alemán precisó el alcance del *doble execuátur*, declarándolo improcedente cuando se trate del reconocimiento de una sentencia judicial que "funda" o integre el contenido del laudo en su texto (*award merged into a judgments*). Los motivos son varios; entre otros: la merma que tal opción procesal supone para la aplicación del CNY y el conflicto de competencia que provoca entre órganos judiciales de distinto rango (pues para el reconocimiento de la sentencia sería competente el JPI, mientras que para el reconocimiento del laudo sería competente la AP). Cuestión distinta –puntualiza el TS alemán– sería la relativa al execuátur de la sentencia judicial que, en vez de fundir el contenido del laudo en su texto, procediese a un control del mismo[494].

En la jurisprudencia interna, el Tribunal Supremo español ha aceptado implícitamente la posibilidad de reconocer una sentencia judicial extranjera que *confirma* un laudo arbitral[495].

12.244. A la luz de las precisiones hasta aquí hechas, se constata la posibilidad –al menos teórica– de, o bien instar el reconocimiento de la sentencia judicial que *funde* el laudo; o bien instar el reconocimiento de la sentencia judicial que *controla* el laudo. Procede examinar, por tanto, qué instrumentos son de aplicación para el reconocimiento de estas resoluciones judiciales. Y es que, en la medida en que sea una u otra la norma aplicable –arts. 52 ss LCJI, RB I *refundido* o CNY– el reconocimiento puede ser (i) más o menos rápido y sencillo y (ii) repercutir sobre la cuestión de los intereses legales que se reconozcan en la sentencia judicial.

492. BGH, *Urteil*, 27.3.1984, *IPRax*, 1985, pp. 157-158; *RIW*, 1984, pp. 557-558; y BGH, *Urteil*, 10.5.1984, *IPRax*, 1985, pp. 158-159; *RIW*, 1984, pp. 644-647, con nota de MEZGER, pp. 647-650.

493. *Ad. ex*. OLG Frankfurt am M., 13.7.2005, *IHR*, 2006, pp. 212-215.

494. BGH, *Urteil*, 2.7.2009 – IX ZR 152/06, *SchiedsVZ* 2009, pp. 285-287. Para una crítica a esta sentencia, *vid*. GEIMER, "Zurück zum Reichsgericht: Irrelevanz der merger-Theorien- Kein Wahlrecht mehr bei der Vollstreckbarerklärung ausländischer Schiedssprüche", *IPRax*, 2010, pp. 346-347.

495. STS de 9.10.2003, *RCEA* 2004, pp. 236-238.

Sobre la importancia de la cuestión que gira en torno a los intereses, baste con recordar el supuesto que dio origen a la sentencia citada en la nota anterior: en aquel supuesto el laudo fue dictado en 1983 y la sentencia de la *High Court* declarando ejecutable el laudo se dictó en 2001 (!).

En este sentido, es sabido que el régimen de reconocimiento y ejecución más favorable es, sin duda, el previsto en el RB I *refundido*. De hecho es un procedimiento que ni tan siquiera prevé el execuátur. Los motivos para denegar el reconocimiento o la ejecución se enjuician, en su caso, por la Audiencia competente del recurso de apelación que puede interponerse frente a la resolución que otorga la ejecución (art. 49)[496].

## 2. RÉGIMEN LEGAL DEL *DOBLE EXECUÁTUR* DE LAUDOS ARBITRALES EXTRANJEROS

### 2.1. El CNY

12.245. La aplicación del CNY a los dos supuestos descritos (reconocimiento de sentencia judicial que *funde* el laudo y reconocimiento de sentencia judicial que *controla* el laudo) no es posible. Este instrumento se aplica únicamente al reconocimiento de *laudos* arbitrales considerados extranjeros a la luz de su artículo I. Sobre este punto, la unanimidad doctrinal es, además, absoluta.

### 2.2. El Reglamento Bruselas I *refundido*

12.246. La aplicación del RB I *refundido* para reconocer las sentencias judiciales en cuestión no es, lamentablemente, posible. En efecto, el punto de partida en este contexto es que el *arbitraje* como tal está excluido del ámbito de aplicación material del RB I *refundido*[497]. De hecho, el primer supuesto descrito –reconocimiento de un laudo arbitral declarado ejecutable en el Estado de origen mediante una resolución judicial que, a su vez, *funde* el laudo– no solo está expresamente citado en la lista de materias vinculadas al arbitraje y excluidas del ámbito de aplicación del hoy

496. Sobre este nuevo procedimiento, por todos, GASCÓN INCHAUSTI, *Reconocimiento y ejecución de resoluciones extranjeras en el nuevo Reglamento Bruselas I bis*, Valencia, 2016, pp. 91-226.

497. Sobre el alcance de la exclusión del arbitraje, *vid.*, GÓMEZ JENE, "Artículo 1", en: PÉREZ-LLORCA, *Comentario al Reglamento (UE) n.º 1215/2012 relativo a la competencia judicial, el reconocimiento y la ejecución de resoluciones judiciales en materia civil y mercantil*, Cizur Menor, 2016, pp. 60-85.

RB I *refundido* que recoge el Informe *Schlosser* al ya sustituido CB[498]; también está expresamente previsto en el Considerando 12 del RB I *refundido* (*infra* 12.249) y también ha sido interpretado en este sentido por el TJUE: *"una sentencia dictados en los términos de un laudo arbitral se encuadra en la exclusión del arbitraje contemplada en el artículo 1 apartado 2, letra d/, del Reglamento (RB I refundido) y que, por lo tanto, no puede gozar del reconocimiento mutuo entre los Estados miembros y circular en el espacio judicial de la Unión conforme a las disposiciones de dicho Reglamento"*[499]. A partir de la alusión específica a este tipo de resoluciones es fácil prever que una interpretación análoga pueda extenderse a todas aquellas resoluciones que, independientemente de su denominación, tengan el mismo objeto o finalidad: homologar o incorporar el laudo arbitral en una sentencia judicial.

> Los informes al CB recogen las opiniones del grupo de expertos que en su momento redactó este texto. Aun sin ser fuente auténtica de interpretación (art. 31 CV), son una referencia obligada para interpretar el articulado del hoy RB I *refundido*[500]. Las constantes citas que la jurisprudencia del TJUE hace a estos textos dan buena prueba de ello.

La jurisprudencia española, por su parte, ha asumido expresamente esta interpretación, declarando la inaplicabilidad de este instrumento a este tipo de resoluciones judiciales[501].

12.247. En consecuencia, porque así lo ha establecido el TJUE, deben considerarse excluidas del ámbito de aplicación material del RB I *refundido* aquellas sentencias o resoluciones judiciales que confirmen un laudo arbitral (*judgment confirming an award*, o *judgment on award*). Tal sentencia, no obstante, "*puede tener la consideración de resolución*" a los efectos del artículo 45.1.c/ del RB I *refundido*. Ahora bien, como ha matizado el TJUE, "*el laudo arbitral solamente puede desplegar efectos (en el marco del artículo 45.1.c/*

498. *Convenio relativo a la competencia judicial y a la ejecución de resoluciones judiciales en materia civil y mercantil*, hecho en Bruselas el 27 de septiembre de 1968. Recuérdese que este Convenio fue sustituido por el Reglamento 44/2001 (Reglamento Bruselas I) y este último Reglamento fue derogado por el Reglamento 1215/2012 (Reglamento Bruselas I *refundido*). *Informe SCHLOSSER*, núm. marginal 65, p. 203. En la jurisprudencia, BGH, *Urteil*, 2.7.2009 – IX ZR 152/06, *SchiedsVZ* 2009, pp. 285-287.

499. STJUE, 20.6.2022, C-700/20, *London Steam-Ship*, núm. marginal 47. Sobre esta sentencia *vid.*, GÓMEZ JENE, "Prestige y Arbitraje europeo: a propósito de la sentencia *London Steam-Ship* del TJUE (asunto C-700/20)", *CDT*, 2022/2, pp. 1088-1099.

500. Se trata de los comúnmente denominados: *Informe JENARD*, *Informe SCHLOSSER*, *Informe EVRIGENIS / KERAMEUS* e *Informe ALMEIDA / DESANTES*. *Vid. DOCE* C 189, de 28.7.1990.

501. Auto AP de Sevilla, 21.7.2011, *Arbitraje*, 2012 (1), pp. 280-283. Al respecto *vid.* GÓMEZ JENE, "Doble execuátur del laudo arbitral extranjero", *Arbitraje*, 2012 (1), pp. 264-274.

*del RB I refundido) a través de una sentencia dictada en sus términos si ello no obstaculiza el derecho a la tutela judicial efectiva reconocido en el artículo 47 de la Carta de los Derechos Fundamentales de la Unión Europea... y permite alcanzar los objetivos de libre circulación de las resoluciones en materia civil y de confianza recíproca en la justicia en el seno de la Unión en condiciones al menos tan favorables como las resultantes de la aplicación del (RB I refundido)"* [502].

En particular, el TJUE ha señalado en la sentencia arriba citada que obstaculiza el derecho a la tutela judicial efectiva y no permite alcanzar los objetivos de libre circulación de sentencias y confianza recíproca en la justicia un *convenio arbitral* (el TJUE lo denomina "cláusula compromisoria" para equiparar sus efectos con las cláusulas de sumisión a tribunales) que vincula a una persona perjudicada por el daño asegurado y que desee entablar una acción directa por responsabilidad delictual contra el asegurador ante el tribunal del lugar ante el que se produjo el hecho dañoso. También supone un obstáculo al derecho a la tutela judicial efectiva y no permite alcanzar los objetivos de libre circulación de sentencias y confianza recíproca en la justicia tolerar un laudo arbitral que sea fruto de un arbitraje sustanciado sin tener en cuenta las reglas de litispendencia que prevé el RB I *refundido*.

12.248. El segundo supuesto –reconocimiento de la resolución judicial que declara ejecutable el laudo– no está expresamente contemplado en los informes oficiales. Sin embargo, el hecho de que en este caso estemos ante una resolución judicial que únicamente declara ejecutable el laudo –sin "fundir" su contenido– parece enturbiar el recurso a la vía analógica para justificar su exclusión/inclusión del ámbito material del RB I *refundido*; lo que en su momento produjo pronunciamientos doctrinales enfrentados. Y así, la doctrina está dividida entre los partidarios de la aplicación del texto europeo a este supuesto concreto y aquel otro sector que entiende que tales resoluciones no entran en su ámbito de aplicación material[503].

Los defensores de la aplicación del RB I *refundido* a estos supuestos se basan, fundamentalmente, en el objetivo último de este texto para reivindicar su postura. Y es que, el objetivo de no provocar interferencias con otros instrumentos internacionales en materia de arbitraje –motivo de la exclusión del arbitraje del ámbito de aplicación material del Reglamento– no quiebra aplicando el texto a supuestos de *doble execuátur* de laudos arbitrales extranjeros. Desde un punto de vista estrictamente técnico, argumentan, además, que el concepto de resolución judicial que esboza

502. STJUE, 20.6.2022, C-700/20, *London Steam-Ship*, núm. marginal 48.
503. *Vid*. la doctrina citada en GÓMEZ JENE, "Artículo 1", *cit*., pp. 58-80.

el hoy artículo 2 comprende este tipo de sentencias judiciales, y que de la jurisprudencia creada a partir de la sentencia *Marc Rich*[504] no puede deducirse expresamente que el reconocimiento de sentencias judiciales que declaren ejecutable un laudo arbitral está excluido del ámbito de aplicación material del Reglamento[505].

> Cabría añadir, además, que la inclusión de estos supuestos en el ámbito material del Reglamento aportaría mayor uniformidad al sistema de reconocimiento y ejecución de sentencias en el espacio judicial europeo y beneficiaría notablemente al procedimiento arbitral.

12.249. Los diferentes argumentos retenidos por cada sector doctrinal para justificar su postura sobre este particular deben reconducirse tanto a la luz del Considerando 12 del RB I *refundido* como a la luz del criterio de aplicabilidad que asentó la sentencia del TJUE en el asunto *Van Uden*[506]. En virtud del citado Considerando: "*El presente Reglamento no debe aplicarse a... ninguna acción o resolución judicial relativa a la anulación, revisión, apelación, reconocimiento o ejecución de un laudo arbitral*". A la luz de la jurisprudencia *Van Uden*, el procedimiento de reconocimiento de una sentencia que declare ejecutable el laudo arbitral debe calificarse como *procedimiento de apoyo* o *procedimiento de aplicación*[507]. De tal forma que, si la sentencia que declara ejecutable el laudo se considera *procedimiento de apoyo* al arbitraje, estaría incluida en el ámbito material del RB I *refundido*. Por el contrario, si dicha sentencia se considerarse *procedimiento de aplicación*, estaría excluida del ámbito de aplicación material del RB I *refundido*.

Desde esta perspectiva, la calificación más adecuada a este supuesto es la de *procedimiento de aplicación*, ya que, lejos de ser un procedimiento paralelo que tenga como objetivo básico colaborar con la institución arbitral, estamos ante un procedimiento determinante para llegar al resultado final recogido en el laudo. Además, el hecho de que el procedimiento judicial que tiene mayor similitud con el que estamos considerando –resoluciones judiciales que registren laudos arbitrales–, se halle expresamente sustraído al ámbito del Reglamento[508], puede servir como referente analógico para sostener esta postura. En consecuencia, y en ausencia de pronunciamiento del TJUE al respecto, si se considera que el reconocimiento de una resolución judicial que declare ejecutable un laudo arbitral

504. STJCE, 25.7.1991, C-190/89, *Marc Rich*.
505. En este sentido, por todos, BORGES, *cit.*, pp. 240-247.
506. STJCE, 17.11.1998, C-391/95, *Van Uden*.
507. *Vid. supra* Cap. X.
508. *Informe SCHLOSSER*, núm. marginal 64, p. 203.

constituye materia arbitral a los efectos del Reglamento (*procedimiento de aplicación*), su reconocimiento y ejecución no podría llevarse a cabo a partir de sus disposiciones.

12.250. La jurisprudencia de los Estados miembros confirma de forma mayoritaria la interpretación anteriormente asumida. De hecho, existe jurisprudencia española, alemana, italiana y británica negando la aplicación del hoy RB I *refundido* a esta cuestión. Son minoritarias las resoluciones que sí han aceptado la aplicación del hoy RB I *refundido* a estos supuestos[509].

Entre las resoluciones que niegan la aplicación del texto europeo en este contexto cabe destacar: el *Beschluss* del *Landgericht* (LG) de Hamburgo de 24.4.1979[510]; sentencia de la *Corte di Appello* de Milán de 29.1.1991[511]; el fallo de la *High Court of Justice* de 14.12.1995[512]; y, el Auto de AP de Sevilla de 21.7.2011 (*supra*). En la resolución dictada por el LG alemán se estimó que el despacho de ejecución de un laudo arbitral dictado por un tribunal de primera instancia de Amberes no podía acogerse al sistema del CB[513]. En el mismo sentido se pronunció la sentencia de la *Corte di Appelo,* que anuló un *decreto* dictado en instancia inferior por el que se procedía al reconocimiento, conforme a las normas del Convenio, de una sentencia del *Tribunal de Grande Instance* de París que declaraba la ejecutividad de un laudo arbitral. Por su parte, la *High Court* británica resolvió en los mismos términos desestimando la aplicación del Convenio para reconocer una resolución dictada por el *Tribunal de Grande Instance* de París que homologaba un laudo emitido por la Corte Internacional de Arbitraje de la CCI. Y si bien el Auto de la AP de Sevilla resolvía sobre el execuátur de una sentencia judicial que *fundía* el laudo, en su tenor hace referencia expresa a este tipo de resoluciones.

En sentido similar, el TS determinó en su momento que una sentencia dictada en Suiza que confirmaba un laudo arbitral no podía reconocerse vía Convenio de Lugano, pero sí por la vía del

509. OLG Frankfurt am M. 13.7.2005, *IHR*, 2006, pp. 212-215.

510. LG Hamburgo, *Beschluss*, 24. 4. 1979 - 5 O 112/79, *RIW*, 1979, pp. 493-494.

511. *Corte di Appello* de Milán, Sentencia, 29. 1. 91, *Riv. dir. int. pr. proc.*, 1991, pp. 1040-1043.

512. Asunto *Arab Business Consortium International Finance and Investment Co. c. Banque Franco-Tunisienne, Queen's Bench Division (Commercial Court)*, 14.12.1995, (1996) Vol. 1, *Lloyd's Rep.*, pp. 485-498, esp. pp. 487-489. La sentencia pronunciada por la *Queen's Bench Division* fue recurrida ante la *Court of Appeal*, aunque por motivos que escapan a nuestro tema. El recurso, por lo demás, fue rechazado: *Court of Appeal*, 8 y 11.7.1996, (1997) Vol. 1, *Lloyd's Rep.*, pp. 531-539.

513. Supuesto expresamente previsto en el *Informe SCHLOSSER*, núm. marginal 65, p. 203.

régimen autónomo de condiciones (en su momento, arts. 952 ss LECiv 1881)[514]. Recuérdese, en este sentido, que el Convenio *paralelo* de Lugano tiene el mismo ámbito de aplicación material que el RB I *refundido* Además, la jurisprudencia del TJUE en interpretación del CB, RB I o RB I *refundido* debe hacerse extensible a este instrumento[515].

### 2.3. El régimen autónomo de reconocimiento y execuátur: LCJI

12.251. Mucho menos atractiva se plantea la opción del doble execuátur de laudos arbitrales si finalmente –por no aplicación del RB I *refundido*– el régimen aplicable es el previsto en los artículos 52 ss. LCJI. El solo hecho de que la resolución judicial deba ser firme, así como el importante número de motivos de denegación del execuátur que contempla y el hecho de que el procedimiento sea contradictorio, la hacen mucho más gravosa. En cualquier caso, habida cuenta de la exclusión de estas resoluciones del ámbito de aplicación material del Reglamento, es –al menos teóricamente– la única vía posible para obtener el execuátur de las mismas.

12.252. Frente a la posibilidad de aplicar el cauce autónomo o interno para reconocer tanto de la sentencia judicial que *funde* el laudo como de la sentencia juridicial que lo *controla* podrían esgrimirse alguno de los motivos que en su momento llevó al TS alemán a negarla: entre otros, conflicto de competencia entre órganos judiciales de distinto rango. A mi juicio, sin embargo, tales argumentos no deberían ser definitivos. Es cierto que los cauces de reconocimiento / execuátur son, en principio, muy distintos: competencia del TSJ para conocer del laudo arbitral sin recurso posterior, frente a competencia de los JPI con posible recurso de apelación y posterior en casación para las sentencias judiciales citadas. Pero debe repararse también en que la pervivencia de ambas vías es una realidad legal, en la medida en que el reconocimiento de ciertos laudos arbitrales –dependiendo de su procedencia (convenio bilateral)– se sustancia también ante los JPI. Y más importante aún: nada obsta para que el demandante de execuátur cuente con dos vías o cauces para lograr la eficacia del

514. STS de 9.10.2003, *RCEA* 2004, pp. 236-238.

515. *Convenio relativo a la competencia judicial internacional y a la ejecución de resoluciones judiciales en materia civil y mercantil*, hecho en Lugano el 16 de septiembre de 1988. Este Convenio ha sido sustituido por el *Convenio relativo a la competencia judicial internacional y a la ejecución de resoluciones judiciales en materia civil y mercantil*, rubricado en Bruselas el 28 de marzo de 2007 (*DOUE* L 339, 21.12.2007). Celebrado entre los Estados miembros de las Comunidades Europeas y los Estados miembros de la Asociación Europea de Libre Cambio (AELC) –Suiza, Noruega e Islandia– se basa en los mismos principios fundamentales que informan al hoy RB I *refundido*. Por ello, sus disposiciones son sustancialmente idénticas.

laudo. Máxime si convenimos que el execuátur no es más que una forma de satisfacer la tutela reconocida en un procedimiento arbitral; procedimiento en el que el demandado tuvo la oportunidad de hacer valer lo que en su derecho hubiese convenido. Es decir, ofrecer dos cauces para hacer eficaz el pronunciamiento hecho en el laudo, no solo no supone ninguna vulneración de ningún tipo de derecho del demandado, sino que además dota de mayor eficacia al mismo arbitraje.

## V. DOS SUPUESTOS PARTICULARES

### 1. RECONOCIMIENTO DE UNA RESOLUCIÓN JUDICIAL EXTRANJERA QUE DECLARA A TÍTULO PRINCIPAL LA VALIDEZ O INVALIDEZ DEL CONVENIO ARBITRAL

12.253. Como hemos visto anteriormente[516], el Reglamento Bruselas I *refundido* excluye de su ámbito de aplicación el reconocimiento de sentencias que declaran a título principal la validez / invalidez del convenio arbitral (considerando 12 del texto). En consecuencia, para reconocer dichas sentencias –si es que ello es posible– será en todo caso de aplicación el régimen previsto en la LCJI.

12.254. En efecto, del mismo modo que ocurre con el reconocimiento de la sentencia judicial extranjera que anula el laudo, el reconocimiento de la sentencia extranjera que declara la validez / invalidez del convenio arbitral es cuestión controvertida, pues se trata de una sentencia que, no solo no resuelve sobre el fondo, sino que, además, se dicta en interpretación de unos parámetros o garantías procesales que pueden ser distintos a los parámetros o garantías procesales del Estado de destino: por ejemplo, la interpretación de la *voluntad inequívoca*. Cuestión distinta, evidentemente, es que esa sentencia se tome en consideración en el foro.

12.255. En cualquier caso, si se estimase que tal reconocimiento es posible, en aplicación del régimen **de fuente interna** del reconocimiento (arts. 41 ss. LCJI) podría considerarse la aplicación de la cláusula de *orden público* en su vertiente procesal para negar el reconocimiento de la sentencia judicial que declara la validez / invalidez del convenio arbitral a título principal. En concreto, la cláusula de orden público podría activarse por entender que, al dictar dicha sentencia, el juez del Estado de origen infringió un principio general del arbitraje comercial internacional, cual es el principio de *Kompetenz-Kompetenz* en su vertiente negativa: los tribunales de justicia no pueden pronunciarse sobre una controversia sobre la que *ya*

516. *Vid. supra* Cap. X.

estuviesen o fueran a conocer los árbitros. Con el único límite de que el convenio arbitral se considere "manifiestamente nulo".

12.256. La jurisprudencia francesa –extremadamente respetuosa con este principio– ha negado el reconocimiento de este tipo de sentencias argumentando en torno a la falta de competencia del juez de origen[517]. Mayores dudas alberga, sin embargo, la suerte que este tipo de sentencias tendría en España por aplicación de la cláusula de orden público. Y es que, la tesis débil de la *Kompetenz-kompetenz* asumida recientemente por el TS no invita a considerar como principio general del arbitraje internacional el efecto negativo de la *Kompetenz-kompetenz*[518].

> El caso *National Navigation Co v. Endesa Generación SA*[519] refleja bien el supuesto objeto de este epígrafe. Los datos ahora relevantes sobre este caso son los siguientes: en el marco de un pleito entre una empresa española y unos armadores británicos, el Juzgado de lo Mercantil de Almería resolvió negativamente una excepción de sumisión a arbitraje (declinatoria) por considerar que los efectos del convenio arbitral controvertido no alcanzaban al supuesto objeto de la controversia. Se instó el execuátur en Londres de la resolución judicial del Juzgado de Almería en cuya virtud se consideraba que el convenio arbitral no alcanzaba al litigio controvertido. A su vez, la parte interesada en iniciar el arbitraje solicitó del juez inglés una sentencia mero declarativa a favor de la validez del convenio arbitral. En su razonamiento, la *High Court* toma en consideración la jurisprudencia *West Tankers* y denegó el execuátur de la resolución judicial española en base a la excepción de orden público. La *High Court* estimó que sería contrario al orden público inglés reconocer una sentencia extranjera dictada *"in breach"* de un convenio arbitral válido a la luz de su ley aplicable, así como que también sería contrario al orden público inglés incumplir con la obligación internacional prevista en el artículo II del CNY.

## 2. RECONOCIMIENTO O EXECUÁTUR DE UNA RESOLUCIÓN JUDICIAL EXTRANJERA DICTADA COMO CONSECUENCIA DE CONSIDERAR NULO EL CONVENIO ARBITRAL

12.257. Cuestión distinta, aunque estrechamente vinculada con la materia arbitral, es la que gira en torno al reconocimiento y ejecución de

517. *Vid. Cour d'appel*, 15.6.2006, *Rev. Arb.*, 2007, pp. 87-90 (con nota de BOLLÉE).

518. *Vid. supra* Cap. IX.

519. *National Navigation Co v. Endesa Generación SA*, 1.4.2009, *High Court of Justice, Queen's Bench Division*, (2009) EWHC 196 (Comm).

una sentencia dictada por un juez extranjero que previamente ha considerado nulo un convenio arbitral. En concreto, se trata de supuestos en los que, como consecuencia de un juicio previo de nulidad del convenio, el juez entra a conocer sobre el fondo de la cuestión y dicta una sentencia cuyo execuátur se solicita en otro país.

> No se trata ahora, en consecuencia, de estudiar el reconocimiento de la resolución judicial que declara la nulidad –o validez– del laudo.

Tan particular supuesto se proyecta sobre el ámbito del reconocimiento y ejecución en la medida en que no está claro si ese juicio previo de nulidad del convenio del juez del Estado de origen puede ser "reenjuiciado" por el juez del Estado de destino al amparo de algún motivo de denegación del execuátur. En concreto, al amparo del motivo de denegación que supone la violación del orden público.

12.258. La cuestión se resuelve distinguiendo entre el cauce del RB I *refundido* y cauce previsto en la LCJI. Y es que, la aplicación de uno u otro puede conducir a soluciones diferentes. A continuación desarrollamos ambos escenarios.

12.259. Si la resolución judicial que resuelve sobre el fondo está incluida en el ámbito de aplicación del RB I *refundido* (por tratarse de materia civil y mercantil), no hay duda de que su reconocimiento y ejecución puede llevarse a cabo en aplicación de este texto. Así lo dice expresamente el Considerando 12 del mismo. Por otro lado, es sabido que los motivos de denegación del reconocimiento que contempla el RB I *refundido* difieren parcialmente de los que contempla la regulación de fuente interna. La diferencia más relevante es que en virtud del reglamento europeo el juez del Estado de destino no puede controlar la competencia judicial internacional del juez del Estado de origen (art. 45.3). En otras palabras, si el juez del Estado de origen se declara competente para conocer de una controversia, el juez del Estado de destino tiene que aceptar esa competencia. No podrá denegar el reconocimiento de la sentencia –a diferencia de lo que ocurre en aplicación del artículo 46 LCJI– alegando que el juez del Estado de origen no tenía una conexión razonable para declararse competente para conocer de la controversia. Además, esa prohibición impuesta por el RB I *refundido* impera con independencia de la norma –de fuente interna o internacional– que haya servido para justificar la competencia del juez de origen, e incluso cuando el criterio de competencia se considere exorbitante[520].

520. STJCE, 28.3.2000, C-7/98, *Krombach*.

12.260. Este razonamiento sobre el alcance de la revisión de la competencia en sede de reconocimiento y en su caso ejecución es, en principio, extrapolable a nuestro supuesto. En efecto, no parece erróneo deducir que entrar a valorar el "juicio de nulidad" hecho por el juez del Estado de origen sobre la validez del convenio arbitral supone tanto como entrar a valorar su misma competencia: un enjuiciamiento de la validez del convenio arbitral declarado nulo puede considerarse, a la postre, un enjuiciamiento de la competencia del juez del Estado de origen[521].

Bien es cierto que en este contexto podría ponerse en duda la misma aplicación del RB I *refundido*, argumentando en torno a la exclusión del arbitraje de su ámbito de aplicación material[522]. En este punto, sin embargo, existen sólidos argumentos para defender la aplicabilidad del citado Reglamento a este supuesto: (i) De entrada, la sentencia *Marc Rich* del TJCE (marginal 28) lo declara expresamente: "*la circunstancia de que se suscite una cuestión previa sobre la existencia o la validez del convenio arbitral no tiene incidencia alguna en la exclusión del ámbito de aplicación del Convenio...* "; (ii) tanto el Informe *Schlosser* como el Informe *Evrigenis / Kerameus* también aceptan expresamente la aplicación del hoy RB I *refundido* a estos supuestos; (iii) no aceptarse la inclusión de este supuesto en el ámbito de aplicación del RB I *refundido* pondría en peligro su misma aplicación: bastaría con exhibir ante el juez del Estado de origen un convenio arbitral para burlar la aplicación del texto comunitario en sede de execuátur; (iv) la jurisprudencia comparada acepta de forma prácticamente unánime la aplicación del Reglamento[523]; (v) las Conclusiones de la Abogado General *Kokott* al asunto *West Tankers*[524] desarrolla y asume explícitamente esta interpretación; y (vi) el Informe elaborado por los *Profs. Hess, Pfeiffer y Schlosser* para la Comisión relativo a la modificación del RB I *refundido*[525] parte de la base en este punto de que el supuesto en cuestión sí está incluido en el ámbito de aplicación de este instrumento: "*the preliminary issue related to the validity of*

521. Sobre esta cuestión *in extenso, vid.* GÓMEZ JENE, "Convenio arbitral y orden público europeo (a propósito de la Sentencia del TJCE de 28 de marzo de 2000 en el asunto *Krombach c. Bamberski*)", *GJ*, 2000, núm. 209, pp. 88-92.

522. Como así lo ha hecho –de forma errónea– nuestro TS: STS de 17.5.2007, ECLI:ES:TS:2007:3248.

523. *Vid.* la jurisprudencia comparada en: GÓMEZ JENE, "Convenio arbitral y orden público... ", *cit.*, pp. 90-92.

524. STJUE, 4.9.2008, C-185/07.

525. HESS / PFEIFFER /SCHLOSSER, *The Brussels I Regulation 44/2001. Application and Enforcement in the EU*, Munich, 2008, pp. 31-41.

*an arbitration clause did not affect the applicability of the Judgment Regulation"*.

12.261. Amparándonos por tanto en la sola sistemática del RB I *refundido* podría concluirse que en sede de reconocimiento y ejecución no puede revisarse el criterio del juez del Estado de origen sobre la validez del convenio arbitral.

12.262. Sin embargo, existe otra perspectiva desde la que aproximarse a esta cuestión. Perspectiva válida en aplicación del Reglamento europeo y perspectiva aún más válida en aplicación **del régimen de fuente interna** del reconocimiento y execuátur (arts. 41 ss. LCJI). En su virtud, podría aplicarse la cláusula de *orden público* en su vertiente procesal para negar el reconocimiento de la sentencia judicial dictada como consecuencia de considerar inválido el convenio arbitral, tal y como hemos descrito en el epígrafe anterior.

## VI. LA REVISIÓN DEL LAUDO ARBITRAL

12.263. El laudo arbitral puede ser objeto de *revisión* conforme a lo establecido en la LECiv para las sentencias firmes (art. 43 LArb). En consecuencia, los presupuestos para ejercer la revisión del laudo, así como los motivos que la justifican, son los mismos que los previstos para las sentencias judiciales en el artículo 510 LECiv. En cualquier caso, los motivos de revisión deben ser interpretados con criterio restrictivo[526]: *"es un remedio muy extraordinario que solo por causas muy especiales y en plazos muy determinados permite destruir la fundamental regla de cosa juzgada"*. Para la revisión del laudo es competente la Sala de lo Civil del TS (art. 509 LECiv).

**Artículo 510 LECiv.**

*1. Habrá lugar a la revisión de una sentencia firme:*

*1.º Si después de pronunciada, se recobraren u obtuvieren documentos decisivos, de los que no se hubiere podido disponer por fuerza mayor o por obra de la parte en cuyo favor se hubiere dictado.*

*2.º Si hubiere recaído en virtud de documentos que al tiempo de dictarse ignoraba una de las partes haber sido declarados falsos en un proceso penal, o cuya falsedad se declarase después penalmente.*

526. Como una de las últimas referencias, Auto TS, 23.11.2016, ECLI:ES:TS:2016:10842A; Auto TS, 18.3.2022, ECLI:ES:TS:2022:4652A.

*3.º Si hubiere recaído en virtud de prueba testifical o pericial, y los testigos o los peritos hubieren sido condenados por falso testimonio dado en las declaraciones que sirvieron de fundamento a la sentencia.*

*4.º Si se hubiere ganado injustamente en virtud de cohecho, violencia o maquinación fraudulenta.*

*2. Asimismo se podrá interponer recurso de revisión contra una resolución judicial firme cuando el Tribunal Europeo de Derechos Humanos haya declarado que dicha resolución ha sido dictada en violación de alguno de los derechos reconocidos en el Convenio Europeo para la Protección de los Derechos Humanos y Libertades Fundamentales y sus Protocolos, siempre que la violación, por su naturaleza y gravedad entrañe efectos que persistan y no puedan cesar de ningún otro modo que no sea mediante esta revisión, sin que la misma pueda perjudicar los derechos adquiridos de buena fe por terceras personas.*

12.264. Particular atención ha recibido en la jurisprudencia del TS el concepto de "documento decisivo" (numeral 1 art. 510 LECiv) y "maquinación" (numeral 4 art. 510 LECiv). Respecto del "documento decisivo" es jurisprudencia constante del Alto Tribunal que para que un documento pueda considerarse como "decisivo", "recobrado" u "obtenido" a los efectos de la aplicación del artículo 510 LECiv deben concurrir en el mismo tres requisitos de forma cumulativa: (i) que se trate de documentos recobrados, es decir, recuperados después de dictado el laudo cuya revisión se insta; lo cual supone, a su vez, que tal documento debía existir en un momento anterior al dictado del laudo; (ii) que los mismos hayan sido "detenidos" por fuerza mayor o por obra de la parte a cuyo favor se hubiese dictado el laudo impugnado; y, (iii) que sean decisivos en el sentido de que "*su sola presencia procesal hubiera determinado un distinto pronunciamiento*". Además, la carga de la prueba de que el documento decisivo cumple con estos tres requisitos incumbe a la parte demandante de revisión[527].

En cuanto a la "maquinación", el TS ha matizado que para ser apreciada deben constatarse dos requisitos de forma cumulativa: (i) una conducta dolosa o maliciosa de la parte demandada que, mediante el empleo de astucia, artificio u otro medio semejante, pretende conseguir una resolución judicial beneficiosa para sus intereses; y, (ii) que esta conducta haya efectivamente conducido a la obtención de una sentencia firme favorable, existiendo un nexo causal directo en la maquinación empleada y la resolución dictada. En este sentido, deben demostrarse de forma irrefutable

527. Como una de las últimas referencias, Auto TS, 18.3.2022, ECLI:ES:TS:2022:4652A; Auto TS, 7.10.2022, ECLI:ES:TS:2022:13974A.

las argucias, artificios o ardides encaminados a impedir la defensa del adversario, así como su influencia determinante para el sentido del fallo. De tal forma que pueda constatarse que, si la maquinación no hubiera existido, el sentido del fallo hubiera sido otro. Lo anterior conduce, además, a un examen de la *ratio decidendi* del laudo, para determinar si la actuación fraudulenta de la parte contraria ha podido tener esa decisiva influencia en el mismo[528].

12.265. El plazo para la interposición de la revisión es de cinco años desde la fecha de comunicación del laudo. Y dentro de este plazo, dentro de los tres meses desde el día que se descubrieren los documentos decisivos, la violencia o el fraude, o en que se hubiere reconocido o declarado la falsedad (art. 512 LECiv). La prueba del plazo corresponde al demandante de la revisión del laudo, quien además *"tiene que probar de forma concluyente y precisa la fecha en la que se inicia ese computo, no basta con ofrecer una fecha sin prueba y sin existir cualquier otro dato que lo avale"*[529].

12.266. La jurisprudencia española en este ámbito es escasa, pues el TS únicamente se ha pronunciado al respecto en tres ocasiones[530]. Y así, teniendo en cuenta el carácter especialmente restringido o restrictivo que rige la aplicación del artículo 510 LECiv, la revisión del laudo ha sido apreciada por el hecho de aportarse un informe pericial (médico) decisivo para la resolución de la controversia en una fecha posterior a la que el mismo fue dictado[531]. Sin embargo, no ha sido apreciada la revisión del mismo cuando se pone en duda la imparcialidad del árbitro a partir de circunstancias conocidas una vez transcurrido el plazo para interponer la acción de anulación[532].

> El supuesto que resuelve la STS de 6.10.2015 sirve para constatar la inadecuación del artículo 510 LECiv para invocar este motivo de revisión. En efecto, son imaginables supuestos en los que la falta de

528. Como una de las últimas referencias, Auto TS, 7.10.2022, ECLI:ES:TS:2022:13974A.

529. Auto TS, 18.3.2022, ECLI:ES:TS:2022:4652A.

530. Por orden cronológico: STS, 28.6.2006, ECLI:ES:TS:2006:4275; STS, 30.12.2013, ECLI:ES:TS:2013:6345; STS, 6.10.2015, ECLI:ES:TS:2015:4125. *Vid.* además, *auto* de inadmisión por no demostrarse que los documentos cuya relevancia se alega se hubiesen hallado o recobrado con fecha posterior a la del laudo (Auto TS, 18.3.2021, ECLI:ES:TS:2021:3281A); *auto* de inadmisión por haber imputado maquinación fraudulenta a la árbitra y no a la parte contraria (Auto TS, 18.11.2021, ECLI:ES:TS:2021:15200A); *auto* de inadmisión por transcurso del plazo y no reunir el documento controvertido la calificación de decisivo (Auto TS, 18.3.2022, ECLI:ES:TS:2022:4652A); *auto* de inadmisión porque los documentos eran conocidos con fecha anterior a la del laudo (Auto TS, 7.10.2022, ECLI:ES:TS:2022:13974A.

531. STS, 30.12.2013, ECLI:ES:TS:2013:6345.

532. *Vid. supra* Cap. IX.

imparcialidad del árbitro puede demostrarse a partir de circunstancias conocidas una vez transcurrido el plazo para ejercer la acción de anulación. Sin embargo, en la medida en que los motivos previstos en el artículo 510 LECiv no prevén expresamente este supuesto, solo cabe "encajar" tal motivo de revisión en el supuesto previsto en el numeral 4.º: *maquinación fraudulenta*. Evidentemente, la *falta de imparcialidad* no es equiparable a la *maquinación fraudulenta*. Esta última "*consiste en una actuación maliciosa que comporte aprovechamiento deliberado de determinada situación, llevada a cabo por el litigante vencedor, mediante actos procesales voluntarios que ocasionan una grave irregularidad procesal y originan indefensión*"[533]. Es decir, de imposible imputación al árbitro, en tanto que éste no es litigante –ni vencedor, ni vencido–.

Por otro lado, el TS ha matizado que procede la *suspensión* del procedimiento de revisión en tanto penda ante un órgano judicial un recurso sobre una resolución de un organismo público (en el caso, la Comisión Nacional de los Mercados y la Competencia) que está en el origen del arbitraje[534].

12.267. En la jurisprudencia comparada la falta de imparcialidad del árbitro tiene mejor encaje en la revisión del laudo. Cuestión distinta es que las circunstancias posteriormente conocidas tengan la relevancia suficiente como para justificar la revisión en base a ese motivo[535].

12.268. Por fin, para instar la revisión del laudo como consecuencia de una violación del CEDH confirmada por el TEDH[536] (art. 510.2 LECiv), deben darse dos condiciones o requisitos: (i) que esa violación, por su naturaleza y gravedad, entrañe efectos que persistan y no puedan cesar de ningún modo que no sea mediante el recurso de revisión; y, (ii) que con la revisión no se perjudiquen derechos adquiridos por terceros de buena fe[537]. El plazo para instar la revisión del laudo en este concreto contexto es de un año desde que la sentencia del TEDH se considere firme (art. 512.1 LECiv).

533. Citando otras resoluciones anteriores, Auto TS, 23.11.2016, ECLI:ES:TS:2016:10842A.

534. Auto TS, 25.6.2019, ECLI:ES:TS:2019:7292A.

535. *TF*, 7.9.2016, 4A_386/2015. Sobre esta sentencia, MENÉNDEZ ARIAS, "La revelación de circunstancias que puedan incidir sobre la independencia del árbitro (comentario a la sentencia del *Tribunal Federal* suizo de 7 de septiembre de 2016)", *Anuario de Arbitraje*, 2017. Capítulo 13.

536. *Ad ex.* violación del artículo 6 CEDH porque los órganos jurisdiccionales que controlaron el arbitraje no apreciaron falta de independencia e imparcialidad del árbitro; al respecto, *vid. supra* Cap. IX.

537. STS, 10.12.2021, ECLI:ES:TS:2021:4545.

## VII. LA EJECUCIÓN FORZOSA DEL LAUDO ARBITRAL

12.269. La ejecución forzosa del laudo arbitral se rige por lo dispuesto en los artículos 44 y 45 LArb en relación con los artículos 517 ss. LECiv. En el contexto de la ejecución forzosa del laudo arbitral extranjero debe tenerse en cuenta, además, el artículo 50 LCJI[538].

**Artículo 44 LArb**. *Normas aplicables.*

*La ejecución forzosa de los laudos se regirá por lo dispuesto en la Ley de Enjuiciamiento Civil y en este título.*

**Artículo 45 LArb**. *Suspensión, sobreseimiento y reanudación de la ejecución en caso de ejercicio de la acción de anulación.*

*1. El laudo es ejecutable aun cuando contra él se haya ejercitado acción de anulación. No obstante, en ese caso el ejecutado podrá solicitar al tribunal competente la suspensión de la ejecución, siempre que ofrezca caución por el valor de la condena más los daños y perjuicios que pudieran derivarse de la demora en la ejecución del laudo. La caución podrá constituirse en cualquiera de las formas previstas en el párrafo segundo del apartado 3 del artículo 529 LEC. Presentada la solicitud de suspensión, el tribunal, tras oír al ejecutante, resolverá sobre la caución. Contra esta resolución no cabrá recurso alguno.*

**Artículo 50 LCJI.** *Ejecución.*

*1. Las resoluciones judiciales extranjeras que tengan fuerza ejecutiva en el Estado de origen serán ejecutables en España una vez se haya obtenido el exequátur de acuerdo con lo previsto en este título.*

*2. El procedimiento de ejecución en España de las resoluciones extranjeras se regirá por las disposiciones de la Ley de Enjuiciamiento Civil, incluyendo la caducidad de la acción ejecutiva.*

*3. Podrá solicitarse la ejecución parcial de una resolución.*

**Artículo 550 LECiv**. *Documentos que han de acompañar a la demanda ejecutiva.*

*1. A la demanda ejecutiva se acompañarán:*

*1.º El título ejecutivo, salvo que la ejecución se funde en sentencia, decreto, acuerdo o transacción que conste en los autos.*

538. Haciendo expresa referencia a este precepto en el marco de una ejecución de laudo extranjero que previamente había obtenido el execuátur: Auto AP Barcelona, 7.2.2019, ECLI:ES:APB:2019:366A.

*Cuando el título sea un laudo, se acompañarán, además, el convenio arbitral y los documentos acreditativos de la notificación de aquél a las partes.*

12.270. A los efectos de examinar el alcance de los motivos de denegación de la ejecución, procede distinguir cuatro supuestos distintos, aunque ni la LArb ni la LECiv prevean tal distinción. Los dos primeros se plantean en el contexto del *execuátur* del laudo extranjero (i y ii); los tres restantes en el contexto de la acción de *anulación* (iii, iv y v).

12.271. En el contexto del *execuátur* del laudo extranjero, el primer supuesto es aquel en el que el execuátur (declaración de ejecutividad) ya ha sido obtenido (i). El segundo es aquel en el que el execuátur está pendiente de ser resuelto (ii).

> Evidentemente, no procede la ejecución del laudo tanto si el execuátur no ha sido solicitado (no hay título) como si ha sido denegado (tampoco hay título).

Cuando la declaración de ejecutividad haya sido obtenida (i), no deben ser reexaminados en sede de ejecución forzosa los motivos sobre los que ya se hubiere pronunciado el TSJ en sede de execuátur. Por otro lado, mientras penda ante el TSJ correspondiente el execuátur del laudo arbitral extranjero (ii), no procede la ejecución forzosa del mismo. Es cierto que una primera aproximación a la LCJI en este contexto parece indicar que la ejecución del laudo puede solicitarse de forma paralela al execuátur del mismo (*ex* art. 54.1 LCJI: *La demanda de execuátur y la solicitud de ejecución podrán acumularse en el mismo escrito*). Sin embargo, tal acumulación no es posible en el ámbito del laudo arbitral extranjero, pues, como ya hemos indicado, el órgano judicial que conoce del execuátur es uno (TSJ) y el órgano judicial que conoce de la ejecución es otro (JPI)[539].

12.272. En el contexto de la *anulación* del laudo son distinguibles tres supuestos. Así, cuando se requiere la ejecución forzosa del laudo sin que se haya instado previamente la *anulación* del mismo (iii), la oposición a la ejecución se rige por el artículo 556 LECiv. Los motivos de oposición a la ejecución son, por tanto, los previstos en este precepto, que no coinciden con los previstos en el artículo 41 LArb. No obstante ello, la jurisprudencia de las AP viene aceptando la aplicación de la cláusula de orden público en este contexto (al amparo del artículo 11.2 LOPJ), incluyendo en el ámbito de dicha cláusula el juicio de arbitrabilidad[540].

539. *Vid. supra* Cap. VII. *Vid.* en este sentido, Auto AP Oviedo, 16.2.2018, ECLI:ES:APO:2018:141A.

540. Como uno de los últimos referentes, AP Las Palmas de Gran Canaria, 16.3.2017, ECLI:ES:APGC:2017:80A.

Si, por el contrario, la ejecución forzosa se insta mientras *pende* la acción de anulación del laudo (iv), caben, a su vez, dos escenarios, en virtud de la decisión que finalmente adopte el tribunal de anulación: *estimando* o *desestimando* la misma. Ambos escenarios están regulados en la LArb y contemplan la indemnización de daños y perjuicios que pueda corresponder. En el caso de la *desestimación* de la acción de anulación, la posibilidad de solicitar la correspondiente indemnización de daños y perjuicios está expresamente contemplada en el artículo 45.2 LArb. En el caso de la *estimación* de la acción de anulación, la posibilidad de solicitar la misma indemnización está prevista en el artículo 533.1 LECiv; precepto al que remite el artículo 45.3 LArb[541].

**Artículo 45.2 y 3 LArb.**

*2. El Secretario judicial alzará la suspensión y ordenará que continúe la ejecución cuando conste al Tribunal la desestimación de la acción de anulación, sin perjuicio del derecho del ejecutante a solicitar, en su caso, indemnización de los daños y perjuicios causados por la demora en la ejecución, a través de los cauces ordenados en los artículos 712 y siguientes de la LEC.*

*3. El Secretario judicial alzará la ejecución, con los efectos previstos en los artículos 533 y 534 de la LEC, cuando conste al Tribunal que ha sido estimada la acción de anulación.*

*Si la anulación afectase sólo a las cuestiones a que se refiere el apartado 3 del artículo 41 y subsistiesen otros pronunciamientos del laudo, se considerará estimación parcial, a los efectos previstos en el apartado 2 del artículo 533 de la LEC.*

Evidentemente, en ninguno de los dos escenarios anteriores, ni en el supuesto de que se inste la ejecución *después* de que el TSJ competente se haya pronunciado sobre la anulación (desestimándola, evidentemente –[v]–) procede una revisión de los motivos de anulación sobre los que se fuera a pronunciar o ya se hubiere pronunciado el TSJ en sede de anulación[542].

12.273. Integran el título ejecutivo, además del laudo, el convenio arbitral y los documentos acreditativos de su notificación[543] (art. 550.1

541. Auto AP de Gijón, 26.5.2020, ECLI: ES:APO:2020:383A.

542. Implícitamente, Auto AP Barcelona, 30.3.2017, ECLI:ES:APB:2017:2308A. En el mismo sentido, en la jurisprudencia comparada: *BGH*, 21.4.2016 – I ZB 7/15, *SchiedsVZ*, 2016, pp. 343-345.

543. A este respecto, basta la certificación emitida por la Secretaría de la Institución en la que se hace constar que el laudo fue correctamente notificado (Auto AP de Murcia, 12.42021, ECLI:ES:APMU:2021:651A).

LECiv). No es necesaria la protocolización del laudo[544]; tampoco es necesario acompañar testimonio de la Corte o Junta en el que se contenga el laudo con expresión de firmeza y fecha de notificación a las partes[545]. La no aportación de los elementos citados no es subsanable, lo que conlleva que, una vez rechazada la ejecución del laudo por adolecer de alguno de estos elementos, deba plantearse de nuevo la demanda de ejecución con la aportación de los mismos.

> *Por lo que la exigencia de la aportación de este conjunto documental con la demanda ejecutiva no es un mero formalismo sino un presupuesto procesal de ejecutividad sin poder considerar la ausencia de aportación con la demanda ejecutiva de cualquiera de ellos como un defecto formal subsanable... pues los títulos base de ejecución forzosa, deben contener "ab initio" los presupuestos y requisitos procesales exigidos por la ley...*
>
> *Integra el título ejecutivo la acreditación documental de que el laudo ha sido notificado a las partes, pues, a falta de tal acreditación, el título ejecutivo está defectuosamente formado*
>
> *A salvo la posibilidad de la demandante de plantear nueva demanda contra la ahora apelante en ejercicio de sus derechos que entienda legítimos, subsanada la deficiencia adolecida que se ha puesto de manifiesto con ocasión de la apelación, acompañando la totalidad de documentos exigidos por el artículo 550-1 LEC*[546].

12.274. A partir de aquí, de la abundante jurisprudencia dictada en apelación frente a los autos de los JPI despachando ejecución de laudos pueden extraerse una serie de conclusiones relevantes para la práctica: (i) En primer lugar, no procede denegar el despacho de ejecución de un laudo arbitral en base a la nulidad del convenio arbitral, a la contrariedad con el orden público o a la imparcialidad de los árbitros. La invalidez del convenio arbitral, la contrariedad con el orden público o la imparcialidad de los árbitros deben plantearse –en su caso– en el mismo arbitraje o posteriormente entablando la acción de anulación[547]. De hecho, incluso se ha

544. Auto AP de Madrid, 6.4.2021, ECLI:ES:APM:2021:1852A.

545. Auto AP de Granada, 10.12.2021, ECLI:ES:APGR:2021:1433A.

546. Auto AP de Valencia, 4.2.2020, ECLI: ES:APV:2020:528A.

547. Autos AP de Madrid, 1.6.2006, ECLI:ES:APM:2006:6089A; AP de Madrid, 6.6.2006, ECLI:ES:APM:2006:6669A; AP de Madrid, 12.9.2006, ECLI:ES:APM:2006:6250A; AP de Madrid, 27.9.2006, ECLI:ES:APM:2006:6227A; AP de Madrid, 29.9.2006, ECLI:ES:APM:2006:6132A; AP Bizkaia, 12.1.2007, ECLI:ES:APBI:2007:73A; AP de Madrid, 13.11.2007, ECLI:ES:APM:2007:13739A; AP de Madrid, 13.11.2018, ECLI:ES:APB:2018:7195A; AP de Madrid, 25.2.2020, ECLI: ES:APM:2020:1543A; AP de Madrid, 13.7.2020, ECLI: ES:APM:2020:3814A; AP de Madrid, 12.7.2021, ECLI:ES:APM: 2021:3780A.

consentido la ejecución de un laudo dictado en España por un número *par* de árbitros[548]. En este sentido, para ciertas Audiencias, los únicos motivos aplicables en este contexto son los previstos en los artículos 556 (motivos de fondo) o 559 (motivos de forma), ambos LECiv[549]. (ii) Por el contrario, para otras Audiencias, y aunque no esté así previsto en la LECiv, sí procede controlar la arbitrabilidad de la materia[550]. Por fin, (iii) procede desestimar el despacho de ejecución cuando no exista constancia –certificación– de que el laudo ha sido notificado o no se haya realizado una "indagación razonable" sobre el domicilio de la parte ejecutada[551], así como cuando no exista constancia de que el *contenido* del laudo ha sido comunicado. A estos efectos, debe tenerse en cuenta que cierta jurisprudencia ha considerado insuficiente el burofax con acuse de recibo pero sin certificación de contenido[552] o el mero envío del correo certificado con acuse de recibo[553], así como la mera notificación que no demuestre que su contenido coincide con la notificación del laudo[554].

> *"resulta lógico (artículo 218.1 de la Ley de Enjuiciamiento Civil y 3.1 del Código Civil) considerar que el legislador exigirá en la notificación de dicha resolución arbitral garantías similares a las exigidas para la notificación de las resoluciones judiciales, lo cual incide en la interpretación que se ha venido manteniendo en el sentido de que la notificación del laudo ha de acreditar, no sólo el envío y recepción de una comunicación,*
>
> *sino que ha de acreditar que tal comunicación es precisamente el laudo cuya ejecución se postula, y sólo cuando conste que pese a los intentos de notificar el laudo ello no ha sido posible y tras una indagación razonable, permite tener por realizada la notificación mediante el simple intento de su entrega en el último domicilio o residencia conocidos"*[555].

548. Auto AP de Sevilla, 12.9.2019, ECLI:ES:APSE:2019:1511A.
549. Auto AP de Valencia, 29.3.2019, ECLI: ES:APV:2019:726A; Auto AP de Madrid, 6.4.2021, ECLI:ES:APM:2021:1852A.
550. Auto AP de Madrid, 13.11.2018, ECLI:ES:APB:2018:7195A.
551. Así, por ejemplo, cuando ni siquiera se demuestra que se ha hecho una notificación por correo electrónico, Auto AP de Madrid, 2.6.2017, ECLI:ES:APM:2017:2779A. *Vid* también, AP de Madrid, 13.2.2020, ES:APM:2020:1536A. Sobre el alcance de "indagación razonable" *vid. supra* Cap. VI.
552. Autos de: AP de Madrid, 7.4.2006, ECLI:ES:APM:2006:5940A; AP de Madrid, 12.9.2006, ECLI:ES:APM:2006:6250A; AP de Madrid, 14.9.2006, ECLI:ES:APM:2006:63780A; AP de Madrid, 23.1.2007, ECLI:ES:APM:2007:1139A.
553. Auto AP de Madrid, 15.9.2006, ECLI:ES:APM:2006:11315A. Por el contrario, aceptando el correo certificado con acuse de recibo: Auto AP de Madrid, 3.5.2007, ECLI:ES:APM:2007:4736A; Auto AP de Madrid, 21.9.2007, ECLI:ES:APM:2007:10431A.
554. Auto AP de Madrid, 9.4.2007, ECLI:ES:APM:2007:5093A.
555. Auto AP de Madrid, 18.11.2019, ECLI: ES:APM:2019:6863A.

La jurisprudencia citada en el párrafo anterior tiene su origen en arbitrajes *domésticos* que resuelven contratos celebrados con *consumidores* y administrados por una misma institución. No es habitual que en la práctica del arbitraje comercial *internacional* surjan problemas en torno a la notificación del laudo. Con todo, parece razonable considerar que los parámetros asumidos para la notificación de los laudos que resuelven sobre supuestos de *consumo* (que exigen mayor protección de la parte débil) no deben extrapolarse automáticamente al ámbito *comercial*. Y menos aún al ámbito *comercial internacional*.

12.275. Sin embargo, si se pacta la notificación mediante **correo electrónico**, basta con que conste debidamente remitido el acto de comunicación (con el correspondiente archivo si lo contuviese). De tal modo, además, que por aplicación del artículo 162.2 LECiv, si transcurren tres días sin que el destinatario acceda a su contenido, se entenderá que la comunicación se ha efectuado, produciendo plenamente sus efectos[556]. En cualquier caso, la notificación se considera correctamente librada cuando los acuses de recibo están firmados por personas identificadas que se hallaban en el domicilio[557].

12.276. Cuestión particularmente controvertida es la que gira en torno a la **tasación de costas** que incluye el laudo arbitral. El punto de partida en este contexto es que las costas constituyen un pronunciamiento integrado en el fondo del laudo[558]. A partir de aquí, se ha considerado –erróneamente– que si el importe de esas costas no está incluido en el laudo (impone costas pero no liquida cantidad alguna), la decisión carece de fuerza ejecutiva y, en consecuencia, la parte interesada no puede acudir directamente a este proceso de ejecución para reclamarlas[559]. Tal planteamiento es inaceptable, pues el laudo, a efectos de ejecución, es igual que una sentencia (cuyo pronunciamiento en costas es ilíquido). Por ello, el criterio que debe prevalecer es aquel que parte de la base de que las costas impuestas en un laudo son tan ejecutables como las impuestas en una sentencia. Como ha establecido la AP de Santander:

> *"... si el laudo equivale a una sentencia, y contiene una condena en costas, y esta incluye los honorarios de los defensores, estamos ante una*

556. Auto AP de Madrid, 18.6.2020, ECLI: ES:APM:2020:2765A. *Vid. supra* Cap. VI.
557. Auto AP de Madrid, 14.12.2006, JUR 2007, 116869; Auto AP de Madrid, 5.10.2006, JUR 2006, 268093. Para más referencias jurisprudenciales sobre este punto y los anteriores, *vid.* GASCÓN INCHAUSTI, *cit.*, pp. 88-113. Para supuestos en los que el demandado resida en el extranjero, *vid. supra* Cap. VI.
558. Auto AP de Madrid, 13.11.2018, ECLI:ES:APB:2018:7195A.
559. Auto AP de Jaén, 19.12.2018, ECLI: ES:APJ:2018:1520A.

*condena pecuniaria que, aunque ilíquida, puede ser objeto de ejecución. Así pues, el litigante en procedimiento arbitral que, según el laudo, resulta acreedor de las costas, tiene acción ejecutiva frente al deudor, razón por la cual puede presentar demanda ejecutiva contra él. Y comoquiera que el pronunciamiento condenatorio en costas, aunque de naturaleza pecuniaria, no es líquido, y precisa ser previamente liquidado en incidente contradictorio, este –razonablemente– debe ser el previsto en el art. 713 LEC y siguientes (liquidación de daños y perjuicios), también teniendo en cuenta el carácter resarcitorio del crédito de costas, dirigido a compensar al litigante por los gastos procesales que sufrió. Una vez liquidado ese crédito, su cuantía deberá ser objeto de despacho de ejecución"*[560].

Sobre la cuestión relativa a la **legitimación activa para la inclusión de las costas del arbitraje** en la ejecución, la jurisprudencia ha matizado, por un lado, que el árbitro no puede solicitar en la ejecución del laudo el pago de sus honorarios, ya que no está legitimado para instar en su nombre la ejecución del mismo. Por otro, que es el litigante vencedor el acreedor del crédito que resulta del pronunciamiento de costas a su favor, de tal forma que la legitimación para reclamar el pago de los honorarios del letrado, que ha defendido en el arbitraje los intereses del cliente que ha resultado vencedor, corresponde al cliente mismo (en tanto que litigante vencedor)[561].

12.277. No dice la LECiv en las disposiciones que regulan el despacho de ejecución que los defectos en la acreditación no puedan ser subsanados. Pero tampoco parece necesario que lo diga: el artículo 231 LECiv lo proclama con carácter general. Por ello, si el despacho de ejecución es denegado por un defecto en la acreditación de la notificación del laudo siempre cabrá la subsanación del mismo.

12.278. Respecto de los plazos de la ejecución, deben tenerse en cuenta los cinco años de caducidad (art. 518 LECiv) y los veinte días de espera (art. 548 LECiv)[562]. Transcurrido el plazo de ejecución del título que supone el laudo no puede permitirse al interesado obtener otro u otros títulos de contenido idéntico a través de un procedimiento declarativo posterior (cosa juzgada negativa)[563].

12.279. Por otro lado, cabe solicitar la ejecución de un laudo arbitral aun cuando la **sociedad** demandada en ejecución haya sido disuelta y se

560. Auto AP Santander, 12.11.2019, ECLI:ES:APS:2019:371A.
561. Con más referencias jurisprudenciales, AP de Cádiz, 16.11.2020, ECLI: ES:APCA:2020:1657.
562. Expresamente en este sentido, Auto AP Madrid, 19.10.2018, ECLI:ES:APM:2018:3992A.
563. Muy ilustrativo, AP Pamplona, 9.12.2020, ECLI:ES:APNA:2020:1196.

haya procedido a su cancelación en el Registro Mercantil. Como hemos apuntado ya, después de la cancelación *"persiste todavía la personalidad jurídica de la sociedad extinguida como centro residual de imputación en tanto no se agoten totalmente las relaciones jurídicas de que la sociedad es titular"*[564].

12.280. Con carácter general, las resoluciones dictadas en ejecución del laudo son susceptibles de ser recurridas en reposición; la apelación, sin embargo, solo se permite en los casos expresamente previstos en la LECiv (art. 562 LECiv). En consecuencia, frente al auto que resuelve la oposición a la ejecución del laudo por motivos de fondo, cabe apelación (art. 561 LECiv); mientras que frente al auto que desestima la oposición a la ejecución del laudo por motivos exclusivamente procesales no cabe apelación[565].

12.281. Por fin, cabe destacar que si la **ejecución** del laudo **deviene imposible** y, en consecuencia, se deniega la misma, puede iniciarse un juicio declarativo ordinario que, sobre la base de lo decidido en el laudo –esto es, respetando su eficacia de cosa juzgada–, permita su ejecución. Para ello, la sentencia que se dicte en el juicio declarativo debe contener los pronunciamientos de condena necesarios para dar cumplimiento al citado laudo[566]. Lo anterior, claro está, si las partes no hacen valer el convenio arbitral, pues, en principio, podría volver a invocarse para iniciar un segundo arbitraje sobre la base de lo decidido en el primero.

564. *Vid. supra* Cap. VIII. Auto AP Barcelona, 14.11.2017, ECLI:ES:APB:2017:8609A.

565. Auto AP de Madrid, 9.3.2023, ECLI:ES:APM:2023:124A.

566. STS, 23.5.2019, ECLI:ES:TS:2019:1635. En aplicación de esta sentencia, *vid.* SAP de Madrid, 19.2.2020, ECLI: ES:APM:2020:2332 y sentencia posterior del TS, 27.4.2022, ECLI:ES:TS:2022:1764.

# Anexos

## § 1. LEY 60/2003, DE 23 DE DICIEMBRE, DE ARBITRAJE (RCL 2003, 3010)

### Exposición de motivos

### I

España se ha mostrado siempre sensible a los requerimientos de armonización del régimen jurídico del arbitraje, en particular del comercial internacional, para favorecer la difusión de su práctica y promover la unidad de criterios en su aplicación, en la convicción de que una mayor uniformidad en las leyes reguladoras del arbitraje ha de propiciar su mayor eficacia como medio de solución de controversias.

La Ley 36/1988, de 5 de diciembre, de Arbitraje, es tributaria de esta vocación, ya antes manifestada explícitamente en el Real Decreto 1094/1981, de 22 de mayo, que abrió las puertas al arbitraje comercial internacional, teniendo en cuenta que "el incremento de las relaciones comerciales internacionales, en particular en el área iberoamericana, y la inexistencia de adecuados servicios de arbitraje comercial internacional en nuestro país determina que la utilización de la técnica arbitral por empresarios y comerciantes de la citada área se efectúe con referencia a instituciones de otro contexto cultural idiomático, con el efecto negativo que ello representa para España y la pérdida que para nuestro país significa la ruptura de las vinculaciones con los citados países en materia de tan creciente interés común".

Esta ley prolonga esa sensibilidad, esa vocación y esa práctica, pero con la pretensión de producir un salto cualitativo. Así, su principal criterio inspirador es el de basar el régimen jurídico español del arbitraje en la Ley Modelo elaborada por la Comisión de las Naciones Unidas para el Derecho Mercantil Internacional, de 21 de junio de 1985 (Ley Modelo de CNUDMI/UNCITRAL), recomendada por la Asamblea General en su Resolución 40/72, de 11 de diciembre de 1985, "teniendo en cuenta las exigencias de la uniformidad del derecho procesal arbitral y las necesidades de la práctica del arbitraje comercial internacional". El legislador español sigue la recomendación de las Naciones Unidas, acoge como base la Ley Modelo y, además, toma en consideración los sucesivos trabajos emprendidos por aquella Comisión con el propósito de incorporar los avances técnicos y atender a las nuevas necesidades de la práctica arbitral, particularmente en materia de requisitos del convenio arbitral y de adopción de medidas cautelares.

La Ley Modelo responde a un sutil compromiso entre las tradiciones jurídicas europeocontinental y anglosajona producto de un cuidado estudio del derecho comparado. Su redacción no responde, por ello, plenamente a los cánones tradicionales de nuestro ordenamiento, pero facilita su difusión entre operadores pertenecientes a áreas económicas con las que España mantiene activas y crecientes relaciones comerciales. Los agentes económicos de dichas áreas adquirirán, por tanto, mayor certidumbre sobre el contenido del régimen jurídico del arbitraje en España, lo que facilitará y aun impulsará que se pacten convenios arbitrales en los que se establezca nuestro país como lugar del arbitraje. La Ley Modelo resulta más asequible a los operadores económicos del comercio internacional, habituados a una mayor flexibilidad y adaptabilidad de las normas a las peculiaridades de casos concretos surgidos en escenarios muy diversos.

La nueva ley se dicta con conciencia de los innegables avances que su precedente, la Ley 36/1988, de 5 de diciembre, de Arbitraje, supuso para la regulación y modernización del régimen de esta institución en nuestro ordenamiento jurídico. Durante su vigencia se ha producido una notable expansión del arbitraje en nuestro país; ha aumentado en gran medida el tipo y el número de relaciones jurídicas, sobre todo contractuales, para las que las partes pactan convenios arbitrales; se ha asentado el arbitraje institucional; se han consolidado prácticas uniformes, sobre todo en arbitrajes internacionales; se ha generado un cuerpo de doctrina estimable; y se ha normalizado la utilización de los procedimientos judiciales de apoyo y control del arbitraje.

Sin embargo, las consideraciones hechas anteriormente revelan que, partiendo del acervo descrito, resulta necesario impulsar otro nuevo e importante avance en la regulación de la institución mediante la señalada incorporación de nuestro país al elenco creciente de Estados que han adoptado la Ley Modelo. Además, el tiempo transcurrido desde la entrada en vigor de la Ley 36/1988 ha permitido detectar en ella lagunas e imperfecciones. El arbitraje es una institución que, sobre todo en su vertiente comercial internacional, ha de evolucionar al mismo ritmo que el tráfico jurídico, so pena de quedarse desfasada. La legislación interna de un país en materia de arbitraje ha de ofrecer ventajas o incentivos a las personas físicas y jurídicas para que opten por esta vía de resolución de conflictos y porque el arbitraje se desarrolle en el territorio de ese Estado y con arreglo a sus normas. Por consiguiente, tanto las necesidades de mejora y seguimiento de la evolución del arbitraje como la acomodación a la Ley Modelo hacen necesaria la promulgación de esta ley.

II

La nueva regulación se sistematiza en nueve títulos.

El título I contiene las disposiciones generales sobre arbitraje.

El artículo 1 determina el ámbito de aplicación de la ley sobre la base de los siguientes criterios:

En primer lugar, se dejan a salvo, como no podía ser de otro modo, las disposiciones contenidas en convenios internacionales de los que España sea parte.

En segundo lugar, en lo que respecta a la contraposición entre arbitraje ordinario y arbitrajes especiales, esta ley pretende ser una ley general, aplicable, por tanto, íntegramente a todos los arbitrajes que no tengan una regulación especial; pero también supletoriamente a los arbitrajes que la tengan, salvo en lo que sus especialidades se opongan a lo previsto en esta ley o salvo que alguna norma legal disponga expresamente su inaplicabilidad.

En tercer lugar, en lo que respecta a la contraposición entre arbitraje interno y arbitraje internacional, esta ley opta claramente por una regulación unitaria de ambos. Dentro de lo que se ha dado en llamar la alternativa entre dualismo (que el arbitraje internacional sea regulado totalmente o en gran medida por preceptos distintos que el arbitraje interno) y monismo (que, salvo contadas excepciones, los mismos preceptos se apliquen por igual al arbitraje interno e internacional), la ley sigue el sistema monista. Son pocas y muy justificadas las normas en que el arbitraje internacional requiere una regulación distinta de la del arbitraje interno. Aun con la conciencia de que el arbitraje internacional responde en muchas ocasiones a exigencias distintas, esta ley parte de la base -corroborada por la tendencia actual en la materia- de que una buena regulación del arbitraje internacional ha de serlo también para el arbitraje interno, y viceversa. La Ley Modelo, dado que se gesta en el seno de la CNUDMI/UNCITRAL, está concebida específicamente para el arbitraje comercial internacional; pero su inspiración y soluciones son perfectamente válidas, en la inmensa mayoría de los casos, para el arbitraje interno. Esta ley sigue en este aspecto el ejemplo de otras recientes legislaciones extranjeras, que han estimado que la Ley Modelo no sólo resulta adecuada para el arbitraje comercial internacional, sino para el arbitraje en general.

En cuarto lugar, la delimitación del ámbito de aplicación de la ley es territorial. No obstante, hay determinados preceptos, relativos a ciertos casos de intervención judicial, que deben aplicarse también a aquellos arbitrajes que se desarrollen o se hayan desarrollado en el extranjero. El criterio, en todo caso, es también territorial, puesto que se trata de normas procesales que han de ser aplicadas por nuestros tribunales.

El artículo 2 regula las materias objeto de arbitraje sobre la base del criterio de la libre disposición, como hacía la Ley 36/1988. Sin embargo, se reputa innecesario que esta ley contenga ningún elenco, siquiera ejemplificativo, de materias que no son de libre disposición. Basta con establecer que la arbitrabilidad de una controversia coincide con la disponibilidad de su objeto para las partes. En principio, son cuestiones arbitrables las cuestiones disponibles. Es concebible que por razones de política jurídica haya o pueda haber cuestiones que sean disponibles para las partes y respecto de las que se quiera excluir o limitar su carácter arbitrable. Pero ello excede del ámbito de una regulación general del arbitraje y puede ser objeto, en su caso, de disposiciones específicas en otros textos legales.

Respecto de las materias objeto de arbitraje se introduce también la regla, para el arbitraje internacional, de que los Estados y entes dependientes de ellos no puedan hacer valer las prerrogativas de su ordenamiento jurídico. Se pretende con ello que, a estos efectos, el Estado sea tratado exactamente igual que un particular.

El artículo 3 regula la determinación del carácter internacional del arbitraje, que resulta relevante para la aplicación de aquellos artículos que contienen reglas especiales para los arbitrajes internacionales que se desarrollen en nuestro territorio. Así, se establece por primera vez en nuestro ordenamiento en qué casos un arbitraje es internacional; lo que debe facilitar la interpretación y aplicación de esta ley en el contexto del tráfico jurídico internacional. Además, debe tenerse en cuenta que existen convenios internacionales cuya aplicación exige una definición previa del arbitraje internacional. La determinación del carácter internacional del arbitraje sigue sustancialmente los criterios de la Ley Modelo. A éstos resulta conveniente añadir otro: que la relación jurídica de la que dimana la controversia afecte a los intereses del comercio internacional. Se trata de un criterio ampliamente desarrollado en otros ordenamientos, con el que se pretende dar cabida a supuestos en que, aunque no concurran los elementos anteriormente establecidos por la ley, resulte indudable su carácter internacional a la luz de las circunstancias del caso. Por otra parte, la ley evita la confusión que la pluralidad de domicilios de una persona, admitida en otros ordenamientos, podría causar a la hora de determinar si un arbitraje es internacional o no.

El artículo 4 contiene una serie de reglas de interpretación, entre las que tienen especial relevancia las que dotan de contenido a las normas legales dispositivas de esta ley mediante la remisión, por voluntad de las partes, a la de una institución arbitral o al contenido de un reglamento arbitral. Así, esta ley parte en la mayoría de sus reglas de que debe primar la autonomía de la voluntad de las partes. Mas esa voluntad se entiende integrada por las decisiones que pueda adoptar, en su caso, la institución administradora del arbitraje, en virtud de sus normas, o las que puedan adoptar los árbitros, en virtud del reglamento arbitral al que las partes se hayan sometido. Se produce, por tanto, una suerte de integración del contenido del contrato de arbitraje o convenio arbitral, que, por mor de esta disposición, pasa a ser en tales casos un contrato normativo. De este modo, la autonomía privada en materia de arbitraje se puede manifestar tanto directamente, a través de declaraciones de voluntad de las partes, como indirectamente, mediante la declaración de voluntad de que el arbitraje sea administrado por una institución arbitral o se rija por un reglamento arbitral. En este sentido, la expresión institución arbitral hace referencia a cualquier entidad, centro u organización de las características previstas que tenga un reglamento de arbitraje y, conforme a él, se dedique a la administración de arbitrajes. Pero se precisa que las partes pueden someterse a un concreto reglamento sin encomendar la administración del arbitraje a una institución, en cuyo caso el reglamento arbitral también integra la voluntad de las partes.

El artículo 5 establece las reglas sobre notificaciones, comunicaciones y cómputo de plazos, que se aplican tanto a las actuaciones tendentes a poner en marcha el arbitraje como al conjunto de su tramitación. Se regulan la forma, el lugar y el tiempo de las notificaciones y comunicaciones. Respecto del cómputo de los plazos por días, se dispone que se trata de días naturales. Esta regla no es aplicable en el seno de los procedimientos judiciales de apoyo o control del arbitraje, en que rigen las normas procesales, pero sí a los plazos establecidos, en su caso, para la iniciación de dichos procedimientos, como, por ejemplo, el ejercicio de la acción de anulación del laudo.

El artículo 6 contiene una disposición sobre renuncia tácita a las facultades de impugnación, directamente inspirada -como tantas otras- en la Ley Modelo, que obliga a las partes en el arbitraje a la denuncia tempestiva e inmediata de las violaciones de normas dispositivas, esto es, aplicables en defecto de voluntad de las partes.

El artículo 7, sobre intervención judicial en el arbitraje, es un corolario del denominado efecto negativo del convenio arbitral, que impide a los tribunales conocer de las controversias sometidas a arbitraje. De este modo, la intervención judicial en los asuntos sometidos a arbitraje ha de limitarse a los procedimientos de apoyo y control, expresamente previstos por la ley.

El artículo 8 contiene, directamente o por remisión, las normas de competencia objetiva y territorial para el conocimiento de todos los procedimientos de apoyo y control del arbitraje, incluso de aquellos que no se encuentran regulados en esta ley, sino en la de Enjuiciamiento Civil. Para el exequátur de laudos extranjeros se atribuye competencia a las Audiencias Provinciales, en vez de -como hasta ahora- a la Sala Primera del Tribunal Supremo, con la finalidad de descargar a ésta y ganar celeridad.

III

El título II regula los requisitos y efectos del convenio arbitral, sin perjuicio de la aplicación de las normas generales sobre contratos en todo lo no específicamente previsto en esta ley. En líneas generales, la ley trata de perfeccionar la legislación anterior, precisando algunos puntos que se habían revelado problemáticos.

Han de destacarse algunas novedades introducidas respecto de los requisitos de forma del convenio arbitral.

La ley refuerza el criterio antiformalista. Así, aunque se mantiene la exigencia de que el convenio conste por escrito y se contemplan las diversas modalidades de constancia escrita, se extiende el cumplimiento de este requisito a los convenios arbitrales pactados en soportes que dejen constancia, no necesariamente escrita, de su contenido y que permitan su consulta posterior. Se da así cabida y se reconoce la validez al uso de nuevos medios de comunicación y nuevas tecnologías. Se consagra también la validez de la llamada cláusula arbitral por referencia, es decir, la que no consta en el documento contractual principal, sino en un documento separado, pero se entiende incorporada al contenido del primero por la referencia que en él se hace al segundo. Asimismo, la voluntad de las partes sobre la existencia del convenio arbitral se superpone a sus requisitos de forma. En lo que respecta a la ley aplicable al convenio arbitral, se opta por una solución inspirada en un principio de conservación o criterio más favorable a la validez del convenio arbitral. De este modo, basta que el convenio arbitral sea válido con arreglo a cualquiera de los tres regímenes jurídicos señalados en el apartado 6 del artículo 9: las normas elegidas por las partes, las aplicables al fondo de la controversia o el derecho español.

La ley mantiene los llamados efectos positivo y negativo del convenio arbitral. Respecto de este último, se mantiene la regla de que debe ser hecho valer por las partes y específicamente por el demandado a través de la declinatoria. Además, se precisa que la pendencia de un proceso judicial en el que se haya interpuesto declinatoria no impide que el procedimiento arbitral se inicie o prosiga; de modo que la incoación de un proceso judicial no puede ser sin más utilizada con la finalidad de bloquear o dificultar el arbitraje. Y se aclara que la solicitud de medidas cautelares a un tribunal no supone en modo alguno renuncia tácita al arbitraje; aunque tampoco hace actuar sin más el efecto negativo del convenio arbitral. Con ello se despeja cualquier duda que pudiere subsistir acerca de la posibilidad de que se acuerden judicialmente medidas cautelares respecto de una controversia sometida a arbitraje, aun antes de que el procedimiento arbitral haya comenzado. Esta posibilidad es indudable a la luz de la Ley de Enjuiciamiento Civil, pero es importante que se recoja también en la legislación de arbitraje. Además, da cobertura a una eventual solicitud de medidas cautelares ante un tribunal extranjero respecto de un arbitraje regido por la ley española.

IV

El título III se dedica a la regulación de la figura del árbitro o árbitros. La ley prefiere las expresiones árbitro o árbitros a la de tribunal arbitral, que puede causar confusión con los tribunales judiciales. Además, en la mayor parte de los preceptos la referencia a los árbitros incluye tanto los supuestos en que hay un colegio arbitral como aquellos en los que el árbitro es único. La ley opta por establecer que a falta de acuerdo de las partes se designará un solo árbitro. Es ésta una opción guiada por razones de economía. En cuanto a la capacidad para ser árbitro, se opta por el criterio de la mayor libertad de las partes, como es hoy la regla general en los países más avanzados en materia de arbitraje: nada impone la ley, salvo que se trate de personas naturales con capacidad de obrar plena. Serán las partes directamente o las instituciones arbitrales las que con total libertad y sin restricciones -no adecuadas a la realidad del arbitraje- designen a los árbitros. Sólo para los casos en que resulte necesario suplir la voluntad de las partes, la ley prevé y regula las situaciones que pueden presentarse en la designación de los árbitros, para evitar la paralización del arbitraje. En estos casos es necesaria la actuación judicial, si bien se pretende, de un lado, que el procedimiento judicial pueda ser rápido y, de otro, dar criterios al Juez de Primera Instancia para realizar la designación. Muestras de lo primero son la remisión al juicio verbal y la no recurribilidad separada de las resoluciones interlocutorias que el Juzgado dicte en este procedimiento, así como de la que proceda a la designación. Muestra de lo segundo es la regla acerca de la conveniencia de que en los arbitrajes internacionales el árbitro único o el tercer árbitro sea de nacionalidad diferente a la de las partes. Debe destacarse, además, que el juez no está llamado en este procedimiento a realizar, ni de oficio ni a instancia de parte, un control de validez del convenio arbitral o una verificación de la arbitrabilidad de la controversia, lo que, de permitirse, ralentizaría indebidamente la designación y vaciaría de contenido la regla de que son los árbitros los llamados a pronunciarse, en primer término, sobre su propia competencia. Por ello, el juez sólo debe desestimar la petición de nombramiento de árbitros en el caso excepcional de inexistencia de convenio arbitral, esto es, cuando prima facie pueda estimar que realmente no existe un convenio arbitral; pero el juez no está llamado en este procedimiento a realizar un control de los requisitos de validez del convenio.

Se establece el deber de todos los árbitros, al margen de quien los haya designado, de guardar la debida imparcialidad e independencia frente a las partes en el arbitraje. Garantía de ello es su deber de revelar a las partes cualquier hecho o circunstancia susceptible de poner en duda su imparcialidad o independencia. Se elimina el reenvío a los motivos de abstención y recusación de jueces y magistrados, por considerar que no siempre son adecuados en materia de arbitraje ni cubren todos los supuestos, y se prefiere una cláusula general. Respecto del procedimiento de recusación, la premisa es una vez más la libertad de las partes, ya sea por acuerdo directo o por remisión a un reglamento arbitral. En su defecto, se establece que sean el árbitro o los árbitros quienes decidan sobre la recusación, sin perjuicio de poder hacer valer los motivos de recusación como causa de anulación del laudo. La posibilidad de acudir directamente a los tribunales frente a la decisión desestimatoria de la recusación tendría, sin duda, la ventaja de una certidumbre preliminar sobre la imparcialidad, pero se prestaría a una utilización dilatoria de esta facultad. Se estima que serán mucho menos frecuentes los supuestos en que una recusación será indebidamente desestimada y dará lugar a la nulidad de todo el procedimiento arbitral que los casos en que se formularían pretensiones inmediatas ante la autoridad judicial con la finalidad de dilatar el procedimiento.

La ley se ocupa igualmente de otros supuestos que pueden conducir al cese de alguno de los árbitros en sus funciones y al nombramiento de sustituto. Se prevé la posibilidad de que en tales casos haya que repetir actuaciones ya practicadas, pero no se obliga a ello.

## V

El título IV se dedica a la importante cuestión de la competencia de los árbitros.

El artículo 22 establece la regla, capital para el arbitraje, de que los árbitros tienen potestad para decidir sobre su competencia. Es la regla que la doctrina ha bautizado con la expresión alemana Kompetenz-Kompetenz y que la Ley de 1988 ya consagraba en términos menos precisos. Esta regla abarca lo que se conoce como separabilidad del convenio arbitral respecto del contrato principal, en el sentido de que la validez del convenio arbitral no depende de la del contrato principal y que los árbitros tienen competencia para juzgar incluso sobre la validez del convenio arbitral. Además, bajo el término genérico de competencia han de entenderse incluidas no sólo las cuestiones que estrictamente son tales, sino cualesquiera cuestiones que puedan obstar a un pronunciamiento de fondo sobre la controversia (salvo las relativas a las personas de los árbitros, que tienen su tratamiento propio). La ley establece la carga de que las cuestiones relativas a la competencia de los árbitros sean planteadas a limine. Ha de resaltarse que el hecho de que una de las partes colabore activamente en la designación de los árbitros no supone ningún tipo de renuncia tácita a hacer valer la incompetencia objetiva de éstos. Es una lógica consecuencia de la regla de Kompetenz-Kompetenz: si son los árbitros los que han de decidir sobre su propia competencia, la parte está simplemente contribuyendo a designar a quien o a quienes podrán decidir sobre dicha competencia. Lo contrario abocaría a la parte a una situación absurda: debería permanecer pasiva durante la designación de los árbitros para poder luego alegar su falta de competencia sobre la controversia. La regla de la alegación previa de las cuestiones atinentes a la competencia de los árbitros tiene una razonable modulación en los casos en que la alegación tardía está, a juicio de los árbitros, justificada, en la medida en que la parte no pudo realizar esa alegación con anterioridad y que su actitud durante el procedimiento no puede ser interpretada como una aceptación de la competencia de los árbitros. Queda a la apreciación de los árbitros la conveniencia de que las cuestiones relativas a su competencia sean resueltas con carácter previo o junto con las cuestiones de fondo. La ley parte de la base de que los árbitros pueden dictar tantos laudos como consideren necesarios, ya sea para resolver cuestiones procesales o de fondo; o dictar un solo laudo resolviendo todas ellas.

El artículo 23 incorpora una de las principales novedades de la ley: la potestad de los árbitros para adoptar medidas cautelares. Dicha potestad puede ser excluida por las partes, directamente o por remisión a un reglamento arbitral; pero en otro caso se considera que la aceptan. La ley ha considerado preferible no entrar a determinar el ámbito de esta potestad cautelar. Obviamente, los árbitros carecen de potestad ejecutiva, por lo que para la ejecución de las medidas cautelares será necesario recurrir a la autoridad judicial, en los mismos términos que si de un laudo sobre el fondo se tratara.

Sin embargo, si dentro de la actividad cautelar cabe distinguir entre una vertiente declarativa y otra ejecutiva, esta ley les reconoce a los árbitros la primera, salvo acuerdo en contrario de las partes. Esta norma no deroga ni restringe la posibilidad, prevista en los artículos 8 y 11 de esta ley y en la Ley de Enjuiciamiento Civil, de que la parte interesada inste de la autoridad judicial la adopción de medidas cautelares. Las potestades arbitral y judicial en materia cautelar son alternativas y concurrentes, sin perjuicio del juego del principio de buena fe procesal.

VI

El título V regula las actuaciones arbitrales. La ley vuelve a partir del principio de autonomía de la voluntad y establece como únicos límites al mismo y a la actuación de los árbitros el derecho de defensa de las partes y el principio de igualdad, que se erigen en valores fundamentales del arbitraje como proceso que es. Garantizado el respeto a estas normas básicas, las reglas que sobre el procedimiento arbitral se establecen son dispositivas y resultan, por tanto, aplicables sólo si las partes nada han acordado directamente o por su aceptación de un arbitraje institucional o de un reglamento arbitral. De este modo, las opciones de política jurídica que subyacen a estos preceptos quedan subordinadas siempre a la voluntad de las partes.

En lo que respecta al lugar del arbitraje, hay que destacar que se permite la celebración de audiencias y de deliberaciones en sede distinta de la del arbitraje. La determinación del lugar o sede del arbitraje es jurídicamente relevante en muchos aspectos, pero su fijación no debe suponer rigidez para el desarrollo del procedimiento.

El inicio del arbitraje se fija en el momento en que una parte recibe el requerimiento de la otra de someter la controversia a decisión arbitral. Parece lógico que los efectos jurídicos propios del inicio del arbitraje se produzcan ya en ese momento, incluso aunque no esté perfectamente delimitado el objeto de la controversia. Las soluciones alternativas permitirían actuaciones tendentes a dificultar el procedimiento.

La determinación del idioma o idiomas del arbitraje corresponde lógicamente a las partes y, en su defecto, a los árbitros. No obstante, salvo que alguna de las partes se oponga, se permite que se aporten documentos o se practiquen actuaciones en idioma no oficial del arbitraje sin necesidad de traducción. Con ello se consagra una regla práctica muy extendida, que admite la aportación de documentos o declaraciones en otro idioma.

En el arbitraje no se reproducen necesariamente siempre las posiciones procesales activa y pasiva de un proceso judicial; o no en los mismos términos. Al fin y al cabo, la determinación del objeto de la controversia, siempre dentro del ámbito del convenio arbitral, se produce de forma progresiva. Sin embargo, la práctica arbitral demuestra que quien inicia el arbitraje formula en todo caso una pretensión frente a la parte o partes contrarias y se convierte, por tanto, en actor; y ello sin perjuicio de que el demandado pueda reconvenir. Parece, por tanto, razonable que, sin perjuicio de la libertad de las partes, el procedimiento arbitral se estructure sobre la base de una dualidad de posiciones entre demandante y demandado. Esta conveniencia, sin embargo, debe ser flexibilizada a la hora de configurar los requisitos de los actos de las partes en defensa de sus respectivas posiciones. De este modo, no se establecen propiamente requisitos de forma y contenido de los escritos de alegaciones de las partes. La función de la demanda y de la contestación a que se refiere el artículo 29 no es sino la de ilustrar a los árbitros sobre el objeto de la controversia, sin perjuicio de alegaciones ulteriores. No entran aquí en juego las reglas propias de los procesos judiciales en cuanto a requisitos de demanda y contestación, documentos a acompañar o preclusión. El procedimiento arbitral, incluso en defecto de acuerdo de las partes, se configura con gran flexibilidad, acorde con las exigencias de la institución.

Esa flexibilidad se da también en el desarrollo ulterior del procedimiento. Cabe que el procedimiento sea en ciertos casos predominantemente escrito, si las circunstancias del caso no exigen la celebración de audiencias. Sin embargo, la regla es la celebración de audiencias para la práctica de pruebas. La ley trata de evitar, además, que la inactividad de las partes pueda paralizar el arbitraje o comprometer la validez del laudo.

La fase probatoria del arbitraje está también presidida por la máxima libertad de las partes y de los árbitros -siempre que se respeten el derecho de defensa y el principio de igualdad- y por la máxima flexibilidad. La ley establece únicamente normas sobre la prueba pericial, de singular importancia en el arbitraje contemporáneo, aplicables en defecto de voluntad de las partes. Estas normas están encaminadas a permitir tanto los dictámenes emitidos por peritos designados directamente por las partes como los emitidos por peritos designados, de oficio o a instancia de parte, por los árbitros, y a garantizar la debida contradicción respecto de la pericia.

Se regula igualmente la asistencia judicial para la práctica de pruebas, que es una de las tradicionales funciones de apoyo judicial al arbitraje. La asistencia no tiene que consistir necesariamente en que el tribunal practique determinadas pruebas; en ciertos casos, bastará con otras medidas que permitan a los árbitros practicarlas por sí mismos, como, por ejemplo, medidas de aseguramiento o requerimientos de exhibición de documentos.

VII

El título VI se dedica al laudo y a otras posibles formas de terminación del procedimiento arbitral. El artículo 34 regula la importante cuestión de qué normas han de aplicarse a la resolución del fondo de la controversia, sobre la base de los siguientes criterios: 1.º) La premisa es, una vez más, como en la Ley de 1988, la libertad de las partes. 2.º) Se invierte la regla que la ley de 1988 contenía a favor del arbitraje de equidad. La preferencia por el arbitraje de derecho en defecto de acuerdo de las partes es la orientación más generalizada en el panorama comparado. Resulta, además, muy discutible que la voluntad de las partes de someterse a arbitraje, sin más especificaciones, pueda presumirse que incluya la de que la controversia sea resuelta en equidad y no sobre la base de los mismos criterios jurídicos que si hubiere de resolver un tribunal. El arbitraje de equidad queda limitado a los casos en que las partes lo hayan pactado expresamente, ya sea a través de una remisión literal a la "equidad", o a términos similares como decisión "en conciencia", "ex aequo et bono", o que el árbitro actuará como "amigable componedor". No obstante, si las partes autorizan la decisión en equidad y al tiempo señalan normas jurídicas aplicables, los árbitros no pueden ignorar esta última indicación. 3.º) Siguiendo la orientación de los ordenamientos más avanzados, se suprime la exigencia de que el derecho aplicable deba tener relación con la relación jurídica o con la controversia, ya que se trata de un requisito de difusos contornos y difícil control. 4.º) La ley prefiere la expresión "normas jurídicas aplicables" a la de "derecho aplicable", en la medida en que esta última parece englobar la exigencia de remisión a un concreto ordenamiento jurídico de un Estado, cuando en algunos casos lo que ha de aplicarse son normas de varios ordenamientos o reglas comunes del comercio internacional. 5.º) La ley no sujeta a los árbitros a un sistema de reglas de conflicto.

En la adopción de decisiones, cuando se trata de un colegio arbitral, y sin perjuicio de las reglas que directa o indirectamente puedan fijar las partes, se mantiene la lógica regla de la mayoría y la de que a falta de decisión mayoritaria decide el presidente. Se introduce la norma que permite habilitar al presidente para decidir cuestiones de procedimiento, entendiéndose por tales, a estos efectos, no cualesquiera cuestiones distintas al fondo de la controversia, sino, más limitadamente, las relativas a la mera tramitación o impulso procesales.

Se prevé la posibilidad de que los árbitros dicten un laudo sobre la base del contenido de un previo acuerdo alcanzado por las partes. Esta previsión, que podría reputarse innecesaria -dado que las partes tienen poder de disposición sobre el objeto de la controversia-, no lo es, porque a través de su incorporación a un laudo el contenido del acuerdo adquiere la eficacia jurídica de aquél. Los árbitros no pueden rechazar esta petición discrecionalmente, sino sólo por una causa jurídica fundada. La ley no hace sino dar cobertura legal a algo ya frecuente en la práctica y que no merece objeción alguna.

En cuanto al contenido del laudo, ha de destacarse el reconocimiento legal de la posibilidad de dictar laudos parciales, que pueden versar sobre alguna parte del fondo de la controversia o sobre otras cuestiones, como la competencia de los árbitros o medidas cautelares. La ley pretende dar cabida a fórmulas flexibles de resolución de los litigios que son comunes en la práctica arbitral. Así, por ejemplo, que primero se decida acerca de si existe responsabilidad del demandado y sólo después se decida, si es el caso, la cuantía de la condena. El laudo parcial tiene el mismo valor que el laudo definitivo y, respecto de la cuestión que resuelve, su contenido es invariable.

Respecto de la forma del laudo, debe destacarse que -análogamente a lo dispuesto para el convenio arbitral- la ley permite no sólo que el laudo conste por escrito en soportes electrónicos, ópticos o de otro tipo, sino también que no conste en forma escrita, siempre que en todo caso quede constancia de su contenido y sea accesible para su ulterior consulta. Tanto en la regulación de los requisitos de forma del convenio arbitral como en la de los del laudo la ley considera necesario admitir la utilización de cualesquiera tecnologías que cumplan los requisitos señalados. Pueden, pues, desarrollarse arbitrajes en que se utilicen tan sólo soportes informáticos, electrónicos o digitales, si las partes así lo consideran conveniente.

La ley introduce la novedad de que el plazo para emitir el laudo, en defecto de acuerdo de las partes, se compute desde la presentación de la contestación o desde la expiración del plazo para presentarla. Esta novedad responde a la necesidad de que la celeridad propia del arbitraje sea adecuada a las exigencias prácticas. Un plazo de seis meses desde la aceptación de los árbitros se ha revelado en no pocos casos de imposible cumplimiento y obliga en ocasiones a una tramitación excesivamente rápida o a la omisión de ciertos actos de alegación o, sobre todo, de prueba, por la exigencia de cumplir el plazo para dictar el laudo. La ley considera que es igualmente razonable que la prórroga del plazo pueda ser acordada por los árbitros directamente y que no necesite el acuerdo de todas las partes. El freno a un posible retraso injustificado en la decisión de la controversia se encuentra, entre otras causas, en la responsabilidad de los árbitros.

En materia de condena en costas se introducen ciertas precisiones sobre su contenido posible.

Se suprime el carácter preceptivo de la protocolización notarial del laudo. Esta exigencia es desconocida en prácticamente todas las legislaciones de arbitraje, por lo que se opta por no mantenerla, salvo que alguna de las partes lo pida antes de que el laudo se notifique, por considerarlo conveniente a sus intereses. El laudo es, por tanto, válido y eficaz aunque no haya sido protocolizado, de modo que el plazo para ejercitar la acción de anulación transcurre desde su notificación, sin que sea necesario que la protocolización, cuando haya sido pedida, preceda a la notificación. Y tampoco la fuerza ejecutiva del laudo se hace depender de su protocolización, aunque en el proceso de ejecución, llegado el caso, el ejecutado podrá hacer valer por vía de oposición la falta de autenticidad del laudo, supuesto que puede presumirse excepcional.

La ley contempla determinadas formas de terminación anormal del procedimiento arbitral y da respuesta al problema de la extensión del deber de los árbitros de custodia de las actuaciones.

En la regulación de la corrección y aclaración del laudo se modifican los plazos, para hacerlos más ade cuados a la realidad, y se distingue en función de que el arbitraje sea interno o internacional, dado que en este último caso puede bien suceder que las dificultades de deliberación de los árbitros en un mismo lugar sean mayores. Se introduce además la figura del complemento del laudo para suplir omisiones.

## VIII

El título VII regula la anulación y revisión del laudo. Respecto de la anulación, se evita la expresión "recurso", por resultar técnicamente incorrecta. Lo que se inicia con la acción de anulación es un proceso de impugnación de la validez del laudo. Se sigue partiendo de la base de que los motivos de anulación del laudo han de ser tasados y no han de permitir, como regla general, una revisión del fondo de la decisión de los árbitros. El elenco de los motivos y su apreciabilidad de oficio o sólo a instancia de parte se inspiran en la Ley Modelo. Se amplía el plazo para el ejercicio de la acción de anulación, lo que no ha de perjudicar a la parte que haya obtenido pronunciamientos de condena a su favor, porque el laudo, aun impugnado, tiene fuerza ejecutiva.

El procedimiento para el ejercicio de la acción de anulación trata de conjugar las exigencias dc rapidez y de mejor defensa de las partes. Así, tras una demanda y una contestación escritas, se siguen los trámites del juicio verbal.

IX

El título VIII se dedica a la ejecución forzosa del laudo. En realidad, la Ley de Enjuiciamiento Civil contiene todas las normas, tanto generales como específicas, sobre esta materia. Esta ley se ocupa únicamente de la posibilidad de ejecución forzosa del laudo durante la pendencia del procedimiento en que se ejercite la acción de anulación. La ley opta por atribuir fuerza ejecutiva al laudo aunque sea objeto de impugnación. Ningún sentido tendría que la ejecutividad del laudo dependiera de su firmeza en un ordenamiento que permite ampliamente la ejecución provisional de sentencias. La ejecutividad del laudo no firme se ve matizada por la facultad del ejecutado de obtener la suspensión de la ejecución mediante la prestación de caución para responder de lo debido, más las costas y los daños y perjuicios derivados de la demora en la ejecución. Se trata de una regulación que trata de ponderar los intereses de ejecutante y ejecutado.

X

El título IX regula el exequátur de laudos extranjeros, compuesto por un único precepto en el que, además de mantenerse la definición de laudo extranjero como aquel que no ha sido dictado en España, se hace un reenvío a los convenios internacionales en los que España sea parte y, sobre todo, al Convenio de Nueva York de 1958. Dado que España no ha formulado reserva alguna a este convenio, resulta aplicable con independencia de la naturaleza comercial o no de la controversia y de si el laudo ha sido o no dictado en un Estado parte en el convenio. Esto significa que el ámbito de aplicación del Convenio de Nueva York en España hace innecesario un régimen legal interno de exequátur de laudos extranjeros, sin perjuicio de lo que pudieran disponer otros convenios internacionales más favorables.

## Título I

## Disposiciones generales

**Artículo 1.** *Ámbito de aplicación.*

1. Esta ley se aplicará a los arbitrajes cuyo lugar se halle dentro del territorio español, sean de carácter interno o internacional, sin perjuicio

de lo establecido en tratados de los que España sea parte o en leyes que contengan disposiciones especiales sobre arbitraje.

2. Las normas contenidas en los apartados 3, 4 y 6 del artículo 8, en el artículo 9, excepto el apartado 2, en los artículos 11 y 23 y en los títulos VIII y IX de esta ley se aplicarán aun cuando el lugar del arbitraje se encuentre fuera de España.

3. Esta ley será de aplicación supletoria a los arbitrajes previstos en otras leyes.

4. Quedan excluidos del ámbito de aplicación de esta ley los arbitrajes laborales.

**Artículo 2.** *Materias objeto de arbitraje.*

1. Son susceptibles de arbitraje las controversias sobre materias de libre disposición conforme a derecho.

2. Cuando el arbitraje sea internacional y una de las partes sea un Estado o una sociedad, organización o empresa controlada por un Estado, esa parte no podrá invocar las prerrogativas de su propio derecho para sustraerse a las obligaciones dimanantes del convenio arbitral.

**Artículo 3.** *Arbitraje internacional.*

1. El arbitraje tendrá carácter internacional cuando en él concurra alguna de las siguientes circunstancias:

a) Que, en el momento de celebración del convenio arbitral, las partes tengan sus domicilios en Estados diferentes.

b) Que el lugar del arbitraje, determinado en el convenio arbitral o con arreglo a éste, el lugar de cumplimiento de una parte sustancial de las obligaciones de la relación jurídica de la que dimane la controversia o el lugar con el que ésta tenga una relación más estrecha, esté situado fuera del Estado en que las partes tengan sus domicilios.

c) Que la relación jurídica de la que dimane la controversia afecte a intereses del comercio internacional.

2. A los efectos de lo dispuesto en el apartado anterior, si alguna de las partes tiene más de un domicilio, se estará al que guarde una relación más estrecha con el convenio arbitral; y si una parte no tiene ningún domicilio, se estará a su residencia habitual.

**Artículo 4.** *Reglas de interpretación.*

Cuando una disposición de esta ley:

a) Deje a las partes la facultad de decidir libremente sobre un asunto, esa facultad comprenderá la de autorizar a un tercero, incluida una institución arbitral, a que adopte esa decisión, excepto en el caso previsto en el artículo 34.

b) Se refiera al convenio arbitral o a cualquier otro acuerdo entre las partes, se entenderá que integran su contenido las disposiciones del reglamento de arbitraje al que las partes se hayan sometido.

c) Se refiera a la demanda, se aplicará también a la reconvención, y cuando se refiera a la contestación, se aplicará asimismo a la contestación a esa reconvención, excepto en los casos previstos en el párrafo a) del artículo 31 y en el párrafo a) del apartado 2 del artículo 38.

**Artículo 5.** *Notificaciones, comunicaciones y cómputo de plazos.*

Salvo acuerdo en contrario de las partes y con exclusión, en todo caso, de los actos de comunicación realizados dentro de un procedimiento judicial, se aplicarán las disposiciones siguientes:

a) Toda notificación o comunicación se considerará recibida el día en que haya sido entregada personalmente al destinatario o en que haya sido entregada en su domicilio, residencia habitual, establecimiento o dirección. Asimismo, será válida la notificación o comunicación realizada por télex, fax u otro medio de telecomunicación electrónico, telemático o de otra clase semejante que permitan el envío y la recepción de escritos y documentos dejando constancia de su remisión y recepción y que hayan sido designados por el interesado. En el supuesto de que no se descubra, tras una indagación razonable, ninguno de esos lugares, se considerará recibida el día en que haya sido entregada o intentada su entrega, por correo certificado o cualquier otro medio que deje constancia, en el último domicilio, residencia habitual, dirección o establecimiento conocidos del destinatario.

b) Los plazos establecidos en esta ley se computarán desde el día siguiente al de recepción de la notificación o comunicación. Si el último día del plazo fuere festivo en el lugar de recepción de la notificación o comunicación, se prorrogará hasta el primer día laborable siguiente. Cuando dentro de un plazo haya de presentarse un escrito, el plazo se entenderá cumplido si el escrito se remite dentro de aquél, aunque la recepción se produzca con posterioridad. Los plazos establecidos por días se computarán por días naturales.

**Artículo 6.** *Renuncia tácita a las facultades de impugnación.*

Si una parte, conociendo la infracción de alguna norma dispositiva de esta ley o de algún requisito del convenio arbitral, no la denunciare dentro del plazo previsto para ello o, en su defecto, tan pronto como le sea posible, se considerará que renuncia a las facultades de impugnación previstas en esta ley.

**Artículo 7.** *Intervención judicial.*

En los asuntos que se rijan por esta ley no intervendrá ningún tribunal, salvo en los casos en que ésta así lo disponga.

**Artículo 8.** *Tribunales competentes para las funciones de apoyo y control del arbitraje.*

1. Para el nombramiento y remoción judicial de árbitros será competente la Sala de lo Civil y de lo Penal del Tribunal Superior de Justicia de la Comunidad Autónoma donde tenga lugar el arbitraje; de no estar éste aún determinado, la que corresponda al domicilio o residencia habitual de cualquiera de los demandados; si ninguno de ellos tuviere domicilio o residencia habitual en España, la del domicilio o residencia habitual del actor, y si éste tampoco los tuviere en España, la de su elección.

2. Para la asistencia judicial en la práctica de pruebas será competente el Juzgado de Primera Instancia del lugar del arbitraje o el del lugar donde hubiere de prestarse la asistencia.

3. Para la adopción judicial de medidas cautelares será tribunal competente el del lugar en que el laudo deba ser ejecutado y, en su defecto, el del lugar donde las medidas deban producir su eficacia, de conformidad con lo previsto en el artículo 724 de la Ley de Enjuiciamiento Civil.

4. Para la ejecución forzosa de laudos o resoluciones arbitrales será competente el Juzgado de Primera Instancia del lugar en que se haya dictado de acuerdo con lo previsto en el apartado 2 del artículo 545 de la Ley 1/2000, de 7 de enero, de Enjuiciamiento Civil.

5. Para conocer de la acción de anulación del laudo será competente la Sala de lo Civil y de lo Penal del Tribunal Superior de Justicia de la Comunidad Autónoma donde aquél se hubiere dictado.

6. Para el reconocimiento de laudos o resoluciones arbitrales extranjeros será competente la Sala de lo Civil y de lo Penal del Tribunal Superior de Justicia de la Comunidad Autónoma del domicilio o lugar de residencia de la parte frente a la que se solicita el reconocimiento o del domicilio o lugar de residencia de la persona a quien se refieren los efectos de aquellos, determinándose subsidiariamente la competencia territorial por el lugar de ejecución o donde aquellos laudos o resoluciones arbitrales deban producir sus efectos.

Para la ejecución de laudos o resoluciones arbitrales extranjeros será competente el Juzgado de Primera Instancia con arreglo a los mismos criterios.

## Título II

## Del convenio arbitral y sus efectos

**Artículo 9.** *Forma y contenido del convenio arbitral.*

1. El convenio arbitral, que podrá adoptar la forma de cláusula incorporada a un contrato o de acuerdo independiente, deberá expresar la voluntad de las partes de someter a arbitraje todas o algunas de las controversias que hayan surgido o puedan surgir respecto de una determinada relación jurídica, contractual o no contractual.

2. Si el convenio arbitral está contenido en un contrato de adhesión, la validez de dicho convenio y su interpretación se regirán por lo dispuesto en las normas aplicables a ese tipo de contrato.

3. El convenio arbitral deberá constar por escrito, en un documento firmado por las partes o en un intercambio de cartas, telegramas, télex, fax u otros medios de telecomunicación que dejen constancia del acuerdo. Se considerará cumplido este requisito cuando el convenio arbitral conste y sea accesible para su ulterior consulta en soporte electrónico, óptico o de otro tipo.

4. Se considerará incorporado al acuerdo entre las partes el convenio arbitral que conste en un documento al que éstas se hayan remitido en cualquiera de las formas establecidas en el apartado anterior.

5. Se considerará que hay convenio arbitral cuando en un intercambio de escritos de demanda y contestación su existencia sea afirmada por una parte y no negada por la otra.

6. Cuando el arbitraje fuere internacional, el convenio arbitral será válido y la controversia será susceptible de arbitraje si cumplen los requisitos establecidos por las normas jurídicas elegidas por las partes para regir el convenio arbitral, o por las normas jurídicas aplicables al fondo de la controversia, o por el derecho español.

**Artículo 10.** *Arbitraje testamentario.*

También será válido el arbitraje instituido por disposición testamentaria para solucionar diferencias entre herederos no forzosos o legatarios por cuestiones relativas a la distribución o administración de la herencia.

**Artículo 11.** *Convenio arbitral y demanda en cuanto al fondo ante un Tribunal.*

1. El convenio arbitral obliga a las partes a cumplir lo estipulado e impide a los tribunales conocer de las controversias sometidas a arbitraje, siempre que la parte a quien interese lo invoque mediante declinatoria. El plazo para la proposición de la declinatoria será dentro de los diez primeros días del plazo para contestar a la demanda.

2. La declinatoria no impedirá la iniciación o prosecución de las actuaciones arbitrales.

3. El convenio arbitral no impedirá a ninguna de las partes, con anterioridad a las actuaciones arbitrales o durante su tramitación, solicitar de un tribunal la adopción de medidas cautelares ni a éste concederlas.

**Artículo 11 bis.** *Arbitraje estatutario.*

1. Las sociedades de capital podrán someter a arbitraje los conflictos que en ellas se planteen.

2. La introducción en los estatutos sociales de una cláusula de sumisión a arbitraje requerirá el voto favorable de, al menos, dos tercios de los votos correspondientes a las acciones o a las participaciones en que se divida el capital social.

3. Los estatutos sociales podrán establecer que la impugnación de los acuerdos sociales por los socios o administradores quede sometida a la decisión de uno o varios árbitros, encomendándose la administración del arbitraje y la designación de los árbitros a una institución arbitral.

**Artículo 11 ter.** *Anulación por laudo de acuerdos societarios inscribibles.*

1. El laudo que declare la nulidad de un acuerdo inscribible habrá de inscribirse en el Registro Mercantil. El "Boletín Oficial del Registro Mercantil" publicará un extracto.

2. En el caso de que el acuerdo impugnado estuviese inscrito en el Registro Mercantil, el laudo determinará, además, la cancelación de su inscripción, así como la de los asientos posteriores que resulten contradictorios con ella.

## Título III

## De los árbitros

**Artículo 12.** *Número de árbitros.*

Las partes podrán fijar libremente el número de árbitros, siempre que sea impar. A falta de acuerdo, se designará un solo árbitro.

**Artículo 13.** *Capacidad para ser árbitro.*

Pueden ser árbitros las personas naturales que se hallen en el pleno ejercicio de sus derechos civiles, siempre que no se lo impida la legislación a la que puedan estar sometidos en el ejercicio de su profesión. Salvo acuerdo en contrario de las partes, la nacionalidad de una persona no será obstáculo para que actúe como árbitro.

**Artículo 14.** *Arbitraje institucional.*

1. Las partes podrán encomendar la administración del arbitraje y la designación de árbitros a:

a) Corporaciones de Derecho público y Entidades públicas que puedan desempeñar funciones arbitrales, según sus normas reguladoras.

b) Asociaciones y entidades sin ánimo de lucro en cuyos estatutos se prevean funciones arbitrales.

2. Las instituciones arbitrales ejercerán sus funciones conforme a sus propios reglamentos.

3. Las instituciones arbitrales velarán por el cumplimiento de las condiciones de capacidad de los árbitros y por la transparencia en su designación, así como su independencia.

**Artículo 15.** *Nombramiento de los árbitros.*

1. Salvo acuerdo en contrario de las partes, en los arbitrajes que no deban decidirse en equidad, cuando el arbitraje se haya de resolver por árbitro único se requerirá la condición de jurista al árbitro que actúe como tal. Cuando el arbitraje se haya de resolver por tres o más árbitros, se requerirá que al menos uno de ellos tenga la condición de jurista.

2. Las partes podrán acordar libremente el procedimiento para la designación de los árbitros, siempre que no se vulnere el principio de igualdad. A falta de acuerdo, se aplicarán las siguientes reglas:

a) En el arbitraje con un solo árbitro, éste será nombrado por el tribunal competente a petición de cualquiera de las partes.

b) En el arbitraje con tres árbitros, cada parte nombrará uno y los dos árbitros así designados nombrarán al tercero, quien actuará como presidente del colegio arbitral. Si una parte no nombra al árbitro dentro de los 30 días siguientes a la recepción del requerimiento de la otra para que lo haga, la designación del árbitro se hará por el tribunal competente, a petición de cualquiera de las partes. Lo mismo se aplicará cuando los árbitros designados no consigan ponerse de acuerdo sobre el tercer árbitro dentro de los 30 días contados desde la última aceptación.

En caso de pluralidad de demandantes o de demandados, éstos nombrarán un árbitro y aquéllos otro. Si los demandantes o los demandados no se pusieran de acuerdo sobre el árbitro que les corresponde nombrar, todos los árbitros serán designados por el tribunal competente a petición de cualquiera de las partes.

c) En el arbitraje con más de tres árbitros, todos serán nombrados por el tribunal competente a petición de cualquiera de las partes.

3. Si no resultare posible designar árbitros a través del procedimiento acordado por las partes, cualquiera de ellas podrá solicitar al tribunal competente el nombramiento de los árbitros o, en su caso, la adopción de las medidas necesarias para ello.

4. Las pretensiones que se ejerciten en relación con lo previsto en los apartados anteriores se sustanciarán por los cauces del juicio verbal.

5. El tribunal únicamente podrá rechazar la petición formulada cuando aprecie que, de los documentos aportados, no resulta la existencia de un convenio arbitral.

6. Si procede la designación de árbitros por el tribunal, éste confeccionará una lista con tres nombres por cada árbitro que deba ser nombrado. Al confeccionar dicha lista el tribunal tendrá en cuenta los requisitos establecidos por las partes para ser árbitro y tomará las medidas necesarias para garantizar su independencia e imparcialidad. En el supuesto de que proceda designar un solo árbitro o un tercer árbitro, el tribunal tendrá también en cuenta la conveniencia de nombrar un árbitro de nacionalidad distinta a la de las partes y, en su caso, a la de los árbitros ya designados, a la vista de las circunstancias concurrentes. A continuación, se procederá al nombramiento de los árbitros mediante sorteo.

7. Contra las resoluciones definitivas que decidan sobre las cuestiones atribuidas en este artículo al tribunal competente no cabrá recurso alguno.

**Artículo 16.** *Aceptación de los árbitros.*

Salvo que las partes hayan dispuesto otra cosa, cada árbitro, dentro del plazo de 15 días a contar desde el siguiente a la comunicación del nombramiento, deberá comunicar su aceptación a quien lo designó. Si en el plazo establecido no comunica la aceptación, se entenderá que no acepta su nombramiento.

**Artículo 17**. *Motivos de abstención y recusación.*

1. Todo árbitro debe ser y permanecer durante el arbitraje independiente e imparcial. En todo caso, no podrá mantener con las partes relación personal, profesional o comercial.

2. La persona propuesta para ser árbitro deberá revelar todas las circunstancias que puedan dar lugar a dudas justificadas sobre su imparcialidad e independencia. El árbitro, a partir de su nombramiento, revelará a las partes sin demora cualquier circunstancia sobrevenida. En cualquier momento del arbitraje cualquiera de las partes podrá pedir a los árbitros la aclaración de sus relaciones con algunas de las otras partes.

3. Un árbitro sólo podrá ser recusado si concurren en él circunstancias que den lugar a dudas justificadas sobre su imparcialidad o independencia, o si no posee las cualificaciones convenidas por las partes. Una parte sólo podrá recusar al árbitro nombrado por ella, o en cuyo nombramiento haya participado, por causas de las que haya tenido conocimiento después de su designación.

4. Salvo acuerdo en contrario de las partes, el árbitro no podrá haber intervenido como mediador en el mismo conflicto entre éstas.

**Artículo 18**. *Procedimiento de recusación.*

1. Las partes podrán acordar libremente el procedimiento de recusación de los árbitros.

2. A falta de acuerdo, la parte que recuse a un árbitro expondrá los motivos dentro de los quince días siguientes a aquel en que tenga conocimiento de la aceptación o de cualquiera de las circunstancias que puedan dar lugar a dudas justificadas sobre su imparcialidad o independencia. A menos que el árbitro recusado renuncie a su cargo o que la otra parte acepte la recusación, corresponderá a los árbitros decidir sobre ésta.

3. Si no prosperase la recusación planteada con arreglo al procedimiento acordado por las partes o al establecido en el apartado anterior, la parte recusante podrá, en su caso, hacer valer la recusación al impugnar el laudo.

**Artículo 19.** *Falta o imposibilidad de ejercicio de las funciones.*

1. Cuando un árbitro se vea impedido de hecho o de derecho para ejercer sus funciones, o por cualquier otro motivo no las ejerza dentro de un plazo razonable, cesará en su cargo si renuncia o si las partes acuerdan su remoción. Si existe desacuerdo sobre la remoción y las partes no han

estipulado un procedimiento para salvar dicho desacuerdo, se aplicarán las siguientes reglas:

a) La pretensión de remoción se sustanciará por los trámites del juicio verbal. Se podrá acumular la solicitud de nombramiento de árbitros, en los términos previstos en el artículo 15, para el caso de que se estime la de remoción. Contra las resoluciones definitivas que se dicten no cabrá recurso alguno.

b) En el arbitraje con pluralidad de árbitros los demás árbitros decidirán la cuestión. Si no pudieren alcanzar una decisión, se aplicará lo dispuesto en el párrafo anterior.

2. La renuncia de un árbitro a su cargo o la aceptación por una de las partes de su cese, conforme a lo dispuesto en el presente artículo o en el apartado 2 del artículo anterior, no se considerará como un reconocimiento de la procedencia de ninguno de los motivos mencionados en las citadas normas.

**Artículo 20.** *Nombramiento de árbitro sustituto.*

1. Cualquiera que sea la causa por la que haya que designar un nuevo árbitro, se hará según las normas reguladoras del procedimiento de designación del sustituido.

2. Una vez nombrado el sustituto, los árbitros, previa audiencia de las partes, decidirán si ha lugar a repetir actuaciones ya practicadas.

**Artículo 21.** *Responsabilidad de los árbitros y de las instituciones arbitrales. Provisión de fondos.*

1. La aceptación obliga a los árbitros y, en su caso, a la institución arbitral, a cumplir fielmente el encargo, incurriendo, si no lo hicieren, en responsabilidad por los daños y perjuicios que causaren por mala fe, temeridad o dolo. En los arbitrajes encomendados a una institución, el perjudicado tendrá acción directa contra la misma, con independencia de las acciones de resarcimiento que asistan a aquélla contra los árbitros.

Se exigirá a los árbitros o a las instituciones arbitrales en su nombre la contratación de un seguro de responsabilidad civil o garantía equivalente, en la cuantía que reglamentariamente se establezca. Se exceptúan de la contratación de este seguro o garantía equivalente a las Entidades públicas y a los sistemas arbitrales integrados o dependientes de las Administraciones públicas.

2. Salvo pacto en contrario, tanto los árbitros como la institución arbitral podrán exigir a las partes las provisiones de fondos que estimen

necesarias para atender a los honorarios y gastos de los árbitros y a los que puedan producirse en la administración del arbitraje. A falta de provisión de fondos por las partes, los árbitros podrán suspender o dar por concluidas las actuaciones arbitrales. Si dentro del plazo alguna de las partes no hubiere realizado su provisión, los árbitros, antes de acordar la conclusión o suspensión de las actuaciones, lo comunicarán a las demás partes, por si tuvieren interés en suplirla dentro del plazo que les fijaren.

Título IV

## De la competencia de los árbitros

**Artículo 22.** *Potestad de los árbitros para decidir sobre su competencia.*

1. Los árbitros estarán facultados para decidir sobre su propia competencia, incluso sobre las excepciones relativas a la existencia o a la validez del convenio arbitral o cualesquiera otras cuya estimación impida entrar en el fondo de la controversia. A este efecto, el convenio arbitral que forme parte de un contrato se considerará como un acuerdo independiente de las demás estipulaciones del mismo. La decisión de los árbitros que declare la nulidad del contrato no entrañará por sí sola la nulidad del convenio arbitral.

2. Las excepciones a las que se refiere el apartado anterior deberán oponerse a más tardar en el momento de presentar la contestación, sin que el hecho de haber designado o participado en el nombramiento de los árbitros impida oponerlas. La excepción consistente en que los árbitros se exceden del ámbito de su competencia deberá oponerse tan pronto como se plantee, durante las actuaciones arbitrales, la materia que exceda de dicho ámbito.

Los árbitros sólo podrán admitir excepciones opuestas con posterioridad si la demora resulta justificada.

3. Los árbitros podrán decidir las excepciones de que trata este artículo con carácter previo o junto con las demás cuestiones sometidas a su decisión relativas al fondo del asunto. La decisión de los árbitros sólo podrá impugnarse mediante el ejercicio de la acción de anulación del laudo en el que se haya adoptado. Si la decisión fuese desestimatoria de las excepciones y se adoptase con carácter previo, el ejercicio de la acción de anulación no suspenderá el procedimiento arbitral.

**Artículo 23.** *Potestad de los árbitros de adoptar medidas cautelares.*

1. Salvo acuerdo en contrario de las partes, los árbitros podrán, a instancia de cualquiera de ellas, adoptar las medidas cautelares que estimen

necesarias respecto del objeto del litigio. Los árbitros podrán exigir caución suficiente al solicitante.

2. A las decisiones arbitrales sobre medidas cautelares, cualquiera que sea la forma que revistan, les serán de aplicación las normas sobre anulación y ejecución forzosa de laudos.

## Título V

## De la sustanciación de las actuaciones arbitrales

**Artículo 24.** *Principios de igualdad, audiencia y contradicción.*

1. Deberá tratarse a las partes con igualdad y darse a cada una de ellas suficiente oportunidad de hacer valer sus derechos.

2. Los árbitros, las partes y las instituciones arbitrales, en su caso, están obligadas a guardar la confidencialidad de las informaciones que conozcan a través de las actuaciones arbitrales.

**Artículo 25.** *Determinación del procedimiento.*

1. Conforme a lo dispuesto en el artículo anterior, las partes podrán convenir libremente el procedimiento al que se hayan de ajustar los árbitros en sus actuaciones.

2. A falta de acuerdo, los árbitros podrán, con sujeción a lo dispuesto en esta Ley, dirigir el arbitraje del modo que consideren apropiado. Esta potestad de los árbitros comprende la de decidir sobre admisibilidad, pertinencia y utilidad de las pruebas, sobre su práctica, incluso de oficio, y sobre su valoración.

**Artículo 26.** *Lugar del arbitraje.*

1. Las partes podrán determinar libremente el lugar del arbitraje. A falta de acuerdo, lo determinarán los árbitros, atendidas las circunstancias del caso y la conveniencia de las partes.

2. Sin perjuicio de lo dispuesto en el apartado anterior, los árbitros podrán, previa consulta a las partes y salvo acuerdo en contrario de éstas, reunirse en cualquier lugar que estimen apropiado para oír a los testigos, a los peritos o a las partes, o para examinar o reconocer objetos, documentos o personas. Los árbitros podrán celebrar deliberaciones en cualquier lugar que estimen apropiado.

**Artículo 27.** *Inicio del arbitraje.*

Salvo que las partes hayan convenido otra cosa, la fecha en que el demandado haya recibido el requerimiento de someter la controversia a arbitraje se considerará la de inicio del arbitraje.

**Artículo 28.** *Idioma del arbitraje.*

1. Las partes podrán acordar libremente el idioma o los idiomas del arbitraje. A falta de acuerdo, y cuando de las circunstancias del caso no permitan delimitar la cuestión, el arbitraje se tramitará en cualquiera de las lenguas oficiales en el lugar donde se desarrollen las actuaciones. La parte que alegue desconocimiento del idioma tendrá derecho a audiencia, contradicción y defensa en la lengua que utilice, sin que esta alegación pueda suponer la paralización del proceso.

Salvo que en el acuerdo de las partes se haya previsto otra cosa, el idioma o los idiomas establecidos se utilizarán en los escritos de las partes, en las audiencias, en los laudos y en las decisiones o comunicaciones de los árbitros, sin perjuicio de lo señalado en el párrafo primero.

En todo caso, los testigos, peritos y terceras personas que intervengan en el procedimiento arbitral, tanto en actuaciones orales como escritas, podrán utilizar su lengua propia. En las actuaciones orales se podrá habilitar como intérprete a cualquier persona conocedora de la lengua empleada, previo juramento o promesa de aquella.

2. Los árbitros, salvo oposición de alguna de las partes, podrán ordenar que, sin necesidad de proceder a su traducción, cualquier documento sea aportado o cualquier actuación realizada en idioma distinto al del arbitraje.

**Artículo 29.** *Demanda y contestación.*

1. Dentro del plazo convenido por las partes o determinado por los árbitros y a menos que las partes hayan acordado otra cosa respecto del contenido de la demanda y de la contestación, el demandante deberá alegar los hechos en que se funda, la naturaleza y las circunstancias de la controversia y las pretensiones que formula, y el demandado podrá responder a lo planteado en la demanda. Las partes, al formular sus alegaciones, podrán aportar todos los documentos que consideren pertinentes o hacer referencia a los documentos u otras pruebas que vayan a presentar o proponer.

2. Salvo acuerdo en contrario de las partes, cualquiera de ellas podrá modificar o ampliar su demanda o contestación durante el curso de las

actuaciones arbitrales, a menos que los árbitros lo consideren improcedente por razón de la demora con que se hubiere hecho.

**Artículo 30.** *Forma de las actuaciones arbitrales.*

1. Salvo acuerdo en contrario de las partes, los árbitros decidirán si han de celebrarse audiencias para la presentación de alegaciones, la práctica de pruebas y la emisión de conclusiones, o si las actuaciones se sustanciarán solamente por escrito. No obstante, a menos que las partes hubiesen convenido que no se celebren audiencias, los árbitros las señalarán, en la fase apropiada de las actuaciones, si cualquiera de las partes lo solicitara.

2. Las partes serán citadas a todas las audiencias con suficiente antelación y podrán intervenir en ellas directamente o por medio de sus representantes. 3. De todas las alegaciones escritas, documentos y demás instrumentos que una parte aporte a los árbitros se dará traslado a la otra parte. Asimismo, se pondrán a disposición de las partes los documentos, dictámenes periciales y otros instrumentos probatorios en que los árbitros puedan fundar su decisión.

**Artículo 31.** *Falta de comparecencia de las partes.*

Salvo acuerdo en contrario de las partes, cuando, sin alegar causa suficiente a juicio de los árbitros:

a) El demandante no presente su demanda en plazo, los árbitros darán por terminadas las actuaciones, a menos que, oído el demandado, éste manifieste su voluntad de ejercitar alguna pretensión.

b) El demandado no presente su contestación en plazo, los árbitros continuarán las actuaciones, sin que esa omisión se considere como allanamiento o admisión de los hechos alegados por el demandante.

c) Una de las partes no comparezca a una audiencia o no presente pruebas, los árbitros podrán continuar las actuaciones y dictar el laudo con fundamento en las pruebas de que dispongan.

**Artículo 32.** *Nombramiento de peritos por los árbitros.*

1. Salvo acuerdo en contrario de las partes, los árbitros podrán nombrar, de oficio o a instancia de parte, uno o más peritos para que dictaminen sobre materias concretas y requerir a cualquiera de las partes para que facilite al perito toda la información pertinente, le presente para su inspección todos los documentos u objetos pertinentes o le proporcione acceso a ellos.

2. Salvo acuerdo en contrario de las partes, cuando una parte lo solicite o cuando los árbitros lo consideren necesario, todo perito, después de la

presentación de su dictamen, deberá participar en una audiencia en la que los árbitros y las partes, por sí o asistidas de peritos, podrán interrogarle.

3. Lo previsto en los apartados precedentes se entiende sin perjuicio de la facultad de las partes, salvo acuerdo en contrario, de aportar dictámenes periciales por peritos libremente designados.

**Artículo 33.** *Asistencia judicial para la práctica de pruebas.*

1. Los árbitros o cualquiera de las partes con su aprobación podrán solicitar del tribunal competente asistencia para la práctica de pruebas, de conformidad con las normas que le sean aplicables sobre medios de prueba. Esta asistencia podrá consistir en la práctica de la prueba ante el tribunal competente o en la adopción por éste de las concretas medidas necesarias para que la prueba pueda ser practicada ante los árbitros.

2. Si así se le solicitare, el Tribunal practicará la prueba bajo su exclusiva dirección. En otro caso, el Tribunal se limitará a acordar las medidas pertinentes. En ambos supuestos el Secretario judicial entregará al solicitante testimonio de las actuaciones.

## Título VI

## Del pronunciamiento del laudo y de la terminación de las actuaciones

**Artículo 34.** *Normas aplicables al fondo de la controversia.*

1. Los árbitros sólo decidirán en equidad si las partes les han autorizado expresamente para ello.

2. Sin perjuicio de lo dispuesto en el apartado anterior, cuando el arbitraje sea internacional, los árbitros decidirán la controversia de conformidad con las normas jurídicas elegidas por las partes. Se entenderá que toda indicación del derecho u ordenamiento jurídico de un Estado determinado se refiere, a menos que se exprese lo contrario, al derecho sustantivo de ese Estado y no a sus normas de conflicto de leyes.

Si las partes no indican las normas jurídicas aplicables, los árbitros aplicarán las que estimen apropiadas.

3. En todo caso, los árbitros decidirán con arreglo a las estipulaciones del contrato y tendrán en cuenta los usos aplicables.

**Artículo 35.** *Adopción de decisiones colegiadas.*

1. Cuando haya más de un árbitro, toda decisión se adoptará por mayoría, salvo que las partes hubieren dispuesto otra cosa. Si no hubiere mayoría, la decisión será tomada por el presidente.

2. Salvo acuerdo de las partes o de los árbitros en contrario, el presidente podrá decidir por sí solo cuestiones de ordenación, tramitación e impulso del procedimiento.

**Artículo 36.** *Laudo por acuerdo de las partes.*

1. Si durante las actuaciones arbitrales las partes llegan a un acuerdo que ponga fin total o parcialmente a la controversia, los árbitros darán por terminadas las actuaciones con respecto a los puntos acordados y, si ambas partes lo solicitan y los árbitros no aprecian motivo para oponerse, harán constar ese acuerdo en forma de laudo en los términos convenidos por las partes.

2. El laudo se dictará con arreglo a lo dispuesto en el artículo siguiente y tendrá la misma eficacia que cualquier otro laudo dictado sobre el fondo del litigio.

**Artículo 37.** *Plazo, forma, contenido y notificación del laudo.*

1. Salvo acuerdo en contrario de las partes, los árbitros decidirán la controversia en un solo laudo o en tantos laudos parciales como estimen necesarios.

2. Salvo acuerdo en contrario de las partes, los árbitros deberán decidir la controversia dentro de los seis meses siguientes a la fecha de presentación de la contestación a que se refiere el artículo 29 o de expiración del plazo para presentarla. Salvo acuerdo en contrario de las partes, este plazo podrá ser prorrogado por los árbitros, por un plazo no superior a dos meses, mediante decisión motivada. Salvo acuerdo en contrario de las partes, la expiración del plazo sin que se haya dictado laudo definitivo no afectará a la eficacia del convenio arbitral ni a la validez del laudo dictado, sin perjuicio de la responsabilidad en que hayan podido incurrir los árbitros.

3. Todo laudo deberá constar por escrito y ser firmado por los árbitros, quienes podrán dejar constancia de su voto a favor o en contra. Cuando haya más de un árbitro, bastarán las firmas de la mayoría de los miembros del colegio arbitral o sólo la de su presidente, siempre que se manifiesten las razones de la falta de una o más firmas.

A los efectos de lo dispuesto en el párrafo anterior, se entenderá que el laudo consta por escrito cuando de su contenido y firmas quede constancia y sean accesibles para su ulterior consulta en soporte electrónico, óptico o de otro tipo.

4. El laudo deberá ser siempre motivado, a menos que se trate de un laudo pronunciado en los términos convenidos por las partes conforme al artículo anterior.

5. Constarán en el laudo la fecha en que ha sido dictado y el lugar del arbitraje, determinado de conformidad con el apartado 1 del artículo 26. El laudo se considerará dictado en ese lugar.

6. Con sujeción a lo acordado por las partes, los árbitros se pronunciarán en el laudo sobre las costas del arbitraje, que incluirán los honorarios y gastos de los árbitros y, en su caso, los honorarios y gastos de los defensores o representantes de las partes, el coste del servicio prestado por la institución administradora del arbitraje y los demás gastos originados en el procedimiento arbitral.

7. Los árbitros notificarán el laudo a las partes en la forma y en el plazo que éstas hayan acordado o, en su defecto, mediante entrega a cada una de ellas de un ejemplar firmado de conformidad con lo dispuesto en el apartado 3, dentro del mismo plazo establecido en el apartado 2.

8. El laudo podrá ser protocolizado notarialmente. Cualquiera de las partes, a su costa, podrá instar de los árbitros, antes de la notificación, que el laudo sea protocolizado.

**Artículo 38**. *Terminación de las actuaciones.*

1. Sin perjuicio de lo dispuesto en el artículo anterior, sobre notificación y, en su caso, protocolización del laudo, y en el artículo siguiente, sobre su corrección, aclaración y complemento, las actuaciones arbitrales terminarán y los árbitros cesarán en sus funciones con el laudo definitivo.

2. Los árbitros también ordenarán la terminación de las actuaciones cuando:

a) El demandante desista de su demanda, a menos que el demandado se oponga a ello y los árbitros le reconozcan un interés legítimo en obtener una solución definitiva del litigio.

b) Las partes acuerden dar por terminadas las actuaciones.

c) Los árbitros comprueben que la prosecución de las actuaciones resulta innecesaria o imposible.

3. Transcurrido el plazo que las partes hayan señalado a este fin o, en su defecto, el de dos meses desde la terminación de las actuaciones, cesará la obligación de los árbitros de conservar la documentación del procedimiento. Dentro de ese plazo, cualquiera de las partes podrá solicitar a los árbitros que le remitan los documentos presentados por ella. Los árbitros accederán a la solicitud siempre que no atente contra el secreto de la deliberación arbitral y que el solicitante asuma los gastos correspondientes al envío, en su caso.

**Artículo 39.** *Corrección, aclaración, complemento y extralimitación del laudo.*

1. Dentro de los diez días siguientes a la notificación del laudo, salvo que las partes hayan acordado otro plazo, cualquiera de ellas podrá, con notificación a la otra, solicitar a los árbitros:

a) La corrección de cualquier error de cálculo, de copia, tipográfico o de naturaleza similar.

b) La aclaración de un punto o de una parte concreta del laudo.

c) El complemento del laudo respecto de peticiones formuladas y no resueltas en él.

d) La rectificación de la extralimitación parcial del laudo, cuando se haya resuelto sobre cuestiones no sometidas a su decisión o sobre cuestiones no susceptibles de arbitraje.

2. Previa audiencia de las demás partes, los árbitros resolverán sobre las solicitudes de corrección de errores y de aclaración en el plazo de diez días, y sobre la solicitud de complemento y la rectificación de la extralimitación, en el plazo de veinte días.

3. Dentro de los 10 días siguientes a la fecha del laudo, los árbitros podrán proceder de oficio a la corrección de errores a que se refiere el párrafo a) del apartado 1.

4. Lo dispuesto en el artículo 37 se aplicará a las resoluciones arbitrales sobre corrección, aclaración, complemento y extralimitación del laudo.

5. Cuando el arbitraje sea internacional, los plazos de 10 y 20 días establecidos en los apartados anteriores serán plazos de uno y dos meses, respectivamente.

## Título VII

## De la anulación y de la revisión del laudo

**Artículo 40.** *Acción de anulación del laudo.*

Contra un laudo definitivo podrá ejercitarse la acción de anulación en los términos previstos en este título.

**Artículo 41.** *Motivos.*

1. El laudo sólo podrá ser anulado cuando la parte que solicita la anulación alegue y pruebe:

a) Que el convenio arbitral no existe o no es válido.

b) Que no ha sido debidamente notificada de la designación de un árbitro o de las actuaciones arbitrales o no ha podido, por cualquier otra razón, hacer valer sus derechos.

c) Que los árbitros han resuelto sobre cuestiones no sometidas a su decisión.

d) Que la designación de los árbitros o el procedimiento arbitral no se han ajustado al acuerdo entre las partes, salvo que dicho acuerdo fuera contrario a una norma imperativa de esta Ley, o, a falta de dicho acuerdo, que no se han ajustado a esta ley.

e) Que los árbitros han resuelto sobre cuestiones no susceptibles de arbitraje.

f) Que el laudo es contrario al orden público.

2. Los motivos contenidos en los párrafos b), e) y f) del apartado anterior podrán ser apreciados por el tribunal que conozca de la acción de anulación de oficio o a instancia del Ministerio Fiscal en relación con los intereses cuya defensa le está legalmente atribuida.

3. En los casos previstos en los párrafos c) y e) del apartado 1, la anulación afectará sólo a los pronunciamientos del laudo sobre cuestiones no sometidas a decisión de los árbitros o no susceptibles de arbitraje, siempre que puedan separarse de las demás.

4. La acción de anulación del laudo habrá de ejercitarse dentro de los dos meses siguientes a su notificación o, en caso de que se haya solicitado corrección, aclaración o complemento del laudo, desde la notificación de la resolución sobre esta solicitud, o desde la expiración del plazo para adoptarla.

**Artículo 42**. *Procedimiento.*

1. La acción de anulación se sustanciará por los cauces del juicio verbal, sin perjuicio de las siguientes especialidades:

a) La demanda deberá presentarse conforme a lo establecido en el artículo 399 de la Ley 1/2000, de 7 de enero, de Enjuiciamiento Civil, acompañada de los documentos justificativos de su pretensión, del convenio arbitral y del laudo, y, en su caso, contendrá la proposición de los medios de prueba cuya práctica interese el actor.

b) El Secretario Judicial dará traslado de la demanda al demandado, para que conteste en el plazo de veinte días. En la contestación, acompañada de los documentos justificativos de su oposición, deberá proponer todos los medios de prueba de que intente valerse. De este escrito, y de los documentos que lo acompañan, se dará traslado al actor para que pueda presentar documentos adicionales o proponer la práctica de prueba.

c) Contestada la demanda o transcurrido el correspondiente plazo, el Secretario Judicial citará a la vista, si así lo solicitan las partes en sus escritos de demanda y contestación. Si en sus escritos no hubieren solicitado la celebración de vista, o cuando la única prueba propuesta sea la de documentos, y éstos ya se hubieran aportado al proceso sin resultar impugnados, o en el caso de los informes periciales no sea necesaria la ratificación, el Tribunal dictará sentencia, sin más trámite.

2. Frente a la sentencia que se dicte no cabrá recurso alguno.

**Artículo 43.** *Cosa juzgada y revisión de laudos.*

El laudo produce efectos de cosa juzgada y frente a él sólo cabrá ejercitar la acción de anulación y, en su caso, solicitar la revisión conforme a lo establecido en la Ley 1/2000, de 7 de enero, de Enjuiciamiento Civil para las sentencias firmes.

## Título VIII

## De la ejecución forzosa del laudo

**Artículo 44.** *Normas aplicables.*

La ejecución forzosa de los laudos se regirá por lo dispuesto en la Ley de Enjuiciamiento Civil y en este título.

**Artículo 45.** *Suspensión, sobreseimiento y reanudación de la ejecución en caso de ejercicio de la acción de anulación del laudo.*

1. El laudo es ejecutable aun cuando contra él se haya ejercitado acción de anulación. No obstante, en ese caso el ejecutado podrá solicitar al tribunal competente la suspensión de la ejecución, siempre que ofrezca caución por el valor de la condena más los daños y perjuicios que pudieren derivarse de la demora en la ejecución del laudo. La caución podrá constituirse en cualquiera de las formas previstas en el párrafo segundo del apartado 3 del artículo 529 de la Ley de Enjuiciamiento Civil. Presentada la solicitud de suspensión, el tribunal, tras oír al ejecutante, resolverá sobre la caución.

Contra esta resolución no cabrá recurso alguno.

2. El Secretario judicial alzará la suspensión y ordenará que continúe la ejecución cuando conste al Tribunal la desestimación de la acción de anulación, sin perjuicio del derecho del ejecutante a solicitar, en su caso, indemnización de los daños y perjuicios causados por la demora en la

ejecución, a través de los cauces ordenados en los artículo 712 y siguientes de la Ley de Enjuiciamiento Civil.

3. El Secretario judicial alzará la ejecución, con los efectos previstos en los artículos 533 y 534 de la Ley de Enjuiciamiento Civil, cuando conste al Tribunal que ha sido estimada la acción de anulación.

Si la anulación afectase sólo a las cuestiones a que se refiere el apartado 3 del artículo 41 y subsistiesen otros pronunciamientos del laudo, se considerará estimación parcial, a los efectos previstos en el apartado 2 del artículo 533 de la Ley de Enjuiciamiento Civil.

Título IX

**Del exequátur de laudos extranjeros**

**Artículo 46.** *Carácter extranjero del laudo. Normas aplicables.*

1. Se entiende por laudo extranjero el pronunciado fuera del territorio español.

2. El exequátur de laudos extranjeros se regirá por el Convenio sobre reconocimiento y ejecución de las sentencias arbitrales extranjeras, hecho en Nueva York, el 10 de junio de 1958, sin perjuicio de lo dispuesto en otros convenios internacionales más favorables a su concesión, y se sustanciará según el procedimiento establecido en el ordenamiento procesal civil para el de sentencias dictadas por tribunales extranjeros.

**Disposición adicional única.** *Arbitrajes de consumo.*

Esta ley será de aplicación supletoria al arbitraje a que se refiere la Ley 26/1984, de 19 de julio, general de defensa de consumidores y usuarios, que en sus normas de desarrollo podrá establecer la decisión en equidad, salvo que las partes opten expresamente por el arbitraje en derecho.

**Disposición transitoria única.** *Régimen transitorio.*

1. En los casos en que con anterioridad a la entrada en vigor de esta ley el demandado hubiere recibido el requerimiento de someter la controversia a arbitraje o se hubiere iniciado el procedimiento arbitral, éste se regirá por lo dispuesto en la Ley 36/1988, de 5 de diciembre, de Arbitraje. No obstante, se aplicarán en todo caso las normas de esta ley relativas al convenio arbitral y a sus efectos.

2. A los laudos dictados con posterioridad a la entrada en vigor de esta ley les serán de aplicación las normas de ésta relativas a anulación y revisión.

3. Los procedimientos de ejecución forzosa de laudos y de exequátur de laudos extranjeros que se encontraren pendientes a la entrada en vigor de esta ley se seguirán sustanciando por lo dispuesto en la Ley 36/1988, de 5 de diciembre, de Arbitraje.

**Disposición derogatoria única.** *Derogaciones.*

Queda derogada la Ley 36/1988, de 5 de diciembre, de Arbitraje.

**Disposición final primera.** *Modificación de la Ley 1/2000, de 7 de enero, de Enjuiciamiento Civil.*

1. El número 2.º del apartado 2 del artículo 517, queda redactado en los siguientes términos: "2.º Los laudos o resoluciones arbitrales".

2. Se añade un nuevo párrafo al número 1.º del apartado 1 del artículo 550 con la siguiente redacción: "Cuando el título sea un laudo, se acompañarán, además, el convenio arbitral y los documentos acreditativos de la notificación de aquél a las partes".

3. Se adiciona un número 4.º al apartado 1 del artículo 559 con esta redacción: "4.º Si el título ejecutivo fuera un laudo arbitral no protocolizado notarialmente, la falta de autenticidad de éste".

**Disposición final segunda.** *Habilitación competencial.*

Esta ley se dicta al amparo de la competencia exclusiva del Estado en materia de legislación mercantil, procesal y civil, establecida en el artículo 149.1.6.ª y 8.ª de la Constitución.

**Disposición final tercera.** *Entrada en vigor.*

La presente ley entrará en vigor a los tres meses de su publicación en el "Boletín Oficial del Estado".

Por tanto, Mando a todos los españoles, particulares y autoridades, que guarden y hagan guardar esta ley.

Madrid, 23 de diciembre de 2003.

## § 2. CONVENIO SOBRE RECONOCIMIENTO Y EJECUCIÓN DE SENTENCIAS ARBITRALES EXTRANJERAS, HECHO EN NUEVA YORK EL 10 DE JUNIO DE 1958 (RCL 1977, 1575)

**Artículo I.**

1. La presente Convención se aplicará al reconocimiento y la ejecución de las sentencias arbitrales dictadas en el territorio de un Estado distinto de aquel en que se pide el reconocimiento y la ejecución de dichas

sentencias, y que tengan su origen en diferencias entre personas naturales o jurídicas. Se aplicará también a las sentencias arbitrales qué no sean consideradas como sentencias nacionales en el Estado en el que se pide su reconocimiento y ejecución.

2. La expresión "sentencia arbitral" no sólo comprenderá las sentencias dictadas por los árbitros nombrados para casos determinados, sino también las sentencias dictadas por los órganos arbitrales permanentes a los que las partes se hayan sometido.

3. En el momento de firmar o de ratificar la presente Convención, de adherirse a ella o de hacer la notificación de su extensión prevista en el artículo X, todo Estado podrá, a base de reciprocidad, declarar que aplicará la presente Convención al reconocimiento y a la ejecución de las sentencias arbitrales dictadas en el territorio de otro. Estado Contratante únicamente. Podrá también declarar que sólo aplicará la Convención á los litigios surgidos de relaciones jurídicas, sean o no contractuales, consideradas comerciales por su derecho interno.

**Artículo II.**

1. Cada uno de los Estados Contratantes reconocerá el acuerdo por escrito conforme al cual las partes se obliguen a someter a arbitraje todas las diferencias o ciertas diferencias que hayan surgido o puedan surgir entre ellas respecto a una determinada relación jurídica, contractual o no contractual, concerniente a un asunto que pueda ser resuelto por arbitraje.

2. La expresión "acuerdo por escrito" denotará una cláusula compromisoria incluida en un contrato o un compromiso, firmados por las partes o contenidos en un canje de cartas o telegramas.

3. El Tribunal de uno de los Estados Contratantes al que se someta un litigio respecto del cual las partes hayan concluido un acuerdo en el sentido del presente artículo, remitirá a las partes al arbitraje, a instancia de una de ellas, a menos que compruebe que dicho acuerdo es nulo, ineficaz o inaplicable.

**Artículo III.**

Cada uno de los Estados Contratantes reconocerá la autoridad de la sentencia arbitral y concederá su ejecución de conformidad con las normas de procedimiento vigentes en el territorio donde la sentencia sea invocada, con arreglo a las condiciones que se establecen en los artículos siguientes. Para el reconocimiento o la ejecución de las sentencias arbitrales a que se aplica la presente Convención, no se impondrán condiciones apreciablemente más rigurosas ni honorarios o costas más elevados que los aplicables al reconocimiento o a la ejecución de las sentencias arbitrales nacionales.

**Artículo IV.**

1. Para obtener el reconocimiento y la ejecución previstos en el artículo anterior, la parte que pida el reconocimiento y la ejecución deberá presentar, junto con la demanda:

a) El original debidamente autenticado de la sentencia o una copia de ese original que reúna las condiciones requeridas para su autenticidad.

b) El original del acuerdo a que se refiere el artículo II o una copia que reúna las condiciones requeridas para su autenticidad.

2. Si esa sentencia o ese acuerdo no estuvieran en un idioma oficial del país en que se invoca la sentencia, la parte que pida el reconocimiento y la ejecución de esta última deberá presentar una traducción a ese idioma de dichos documentos. La traducción deberá ser certificada por un traductor oficial o un traductor jurado, o por un agente diplomático o consular.

**Artículo V.**

1. Sólo se podrá denegar el reconocimiento y la ejecución de la sentencia, a instancia de la parte contra la cual es invocada, si esta parte prueba ante la autoridad competente del país en que se pide el reconocimiento y la ejecución:

a) Que las partes en el acuerdo a que se refiere el artículo II estaban sujetas a alguna incapacidad, en virtud de la Ley que le es aplicable o que dicho acuerdo no es válido en virtud de la Ley a que las partes lo han sometido, o si nada se hubiera indicado a este respecto, en virtud de la Ley del país en que se haya dictado la sentencia; o

b) Que la parte contra la cual se invoca la sentencia arbitral no ha sido debidamente notificada de la designación del árbitro o del procedimiento de arbitraje o no ha podido, por cualquier otra razón, hacer valer sus medios de defensa; o

c) Que la sentencia se refiere a una diferencia no prevista en el compromiso o no comprendida en las disposiciones de la cláusula compromisoria, o contiene decisiones que exceden de los términos del compromiso o de la cláusula compromisoria; no obstante, si las disposiciones de la sentencia que se refieren a las cuestiones sometidas al arbitraje pueden separarse de las que no han sido sometidas al arbitraje, se podrá dar reconocimiento y ejecución a las primeras; o

d) Que la constitución del Tribunal arbitral o el procedimiento arbitral no se han ajustado al acuerdo celebrado entre las partes o, en defecto de tal acuerdo, que la constitución del Tribunal arbitral o el procedimiento arbitral no se han ajustado a la Ley del país donde se ha efectuado el arbitraje; o

e) Que la sentencia no es aún obligatoria para las partes o ha sido anulada o suspendida por una autoridad competente del país en que, o conforme a cuya Ley, ha sido dictada esa sentencia.

2. También se podrá denegar el reconocimiento y la ejecución de una sentencia arbitral si la autoridad competente del país en que se pide el reconocimiento y la ejecución comprueba:

a) Que, según la Ley de ese país, el objeto de la diferencia no es susceptible de solución por vía de arbitraje; o

b) Que el reconocimiento o la ejecución de la sentencia serían contrarios al orden público de ese país.

**Artículo VI.**

Si se ha pedido a la autoridad competente, prevista en el artículo V, párrafo 1 e), la anulación o la suspensión de la sentencia, la autoridad ante la cual se invoca dicha sentencia podrá, si lo considera procedente, aplazar la decisión sobre la ejecución de la sentencia y, a instancia de la parte que pida la ejecución, podrá también ordenar a la otra parte que dé garantías apropiadas.

**Artículo VII.**

1. Las disposiciones de la presente Convención no afectarán la validez de los acuerdos multilaterales o bilaterales relativos al reconocimiento y la ejecución de las sentencias arbitrales concertados por los Estados Contratantes ni privarán a ninguna de las partes interesadas de cualquier derecho que pudiera tener a hacer valer una sentencia arbitral en la forma y medida admitidas por la legislación o los tratados del país donde dicha sentencia se invoque.

2. El Protocolo de Ginebra de 1923, relativo a las cláusulas de arbitraje y la Convención de Ginebra de 1927 sobre la ejecución de las Sentencias Arbitrales Extranjeras, dejarán de surtir efectos entre los Estados Contratantes a partir del momento y en la medida en que la presente Convención tenga fuerza obligatoria para ellos.

**Artículo VIII.**

1. La presente Convención estará abierta hasta el 31 de diciembre de 1958 a la firma de todo Miembro de las Naciones Unidas, así como de cualquier otro Estado que sea o llegue a ser miembro de cualquier Organismo especializado de las Naciones Unidas, o sea, o llegue a ser parte en el Estatuto de la Corte Internacional de Justicia, o de todo, otro Estado que haya sido invitado por la Asamblea General de las Naciones Unidas.

2. La presente Convención deberá ser ratificada, y los instrumentos de ratificación se depositarán en poder del Secretario general de las Naciones Unidas.

**Artículo IX.**

1. Podrán adherirse a la presente Convención todos los Estados a que se refiere el artículo VIII.

2. La adhesión se efectuará mediante el depósito de un instrumento de adhesión en poder del Secretario general de las Naciones Unidas.

**Artículo X.**

1. Todo Estado podrá declarar, en el momento de la firma, de la ratificación o de la adhesión, que la presente Convención se hará extensiva a todos los territorios cuyas relaciones internacionales tenga a su cargo o a uno o varios de ellos. Tal declaración surtirá efecto a partir del momento en que la Convención entre en vigor para dicho Estado.

2. Posteriormente, esa extensión se hará en cualquier momento por notificación dirigida al Secretario general de las Naciones Unidas y surtirá efecto a partir del nonagésimo día siguiente a la fecha en que el Secretario general de las Naciones Unidas haya recibido tal notificación o en la fecha de entrada en vigor de la Convención para tal Estado, si esta última fecha fuere posterior.

3. Con respecto a los territorios a los que no se haya hecho extensiva la presente Convención en el momento de la firma, de la ratificación o de la adhesión, cada Estado interesado examinará la posibilidad de adoptar las medidas necesarias para hacer extensiva la aplicación de la presente Convención a tales territorios, a reserva del consentimiento de sus Gobiernos cuando sea necesario por razones constitucionales.

**Artículo XI.**

Con respecto a los Estados federales o no unitarios, se aplicarán las disposiciones siguientes:

a) En lo concerniente a los artículos de esta Convención, cuya aplicación dependa de la competencia legislativa del poder federal, las obligaciones del Gobierno federal serán, en esta medida, las mismas que las de los Estados Contratantes que no son Estados federales;

b) En lo concerniente a los artículos de esta Convención, cuya aplicación dependa de la competencia legislativa de cada uno de los Estados o provincias constituyentes que, en virtud del régimen constitucional de la federación, no estén obligados a adoptar medidas legislativas, el Gobierno federal, a la mayor brevedad posible y con su recomendación favorable, pondrá dichos artículos en conocimiento de las autoridades competentes de los Estados o provincias constituyentes;

c) Todo Estado federal que sea Parte en la presente Convención proporcionará, a solicitud de cualquier otro Estado Contratante que le haya sido transmitida por conducto del Secretario general de las Naciones Unidas, una exposición de la legislación y de las prácticas vigentes en la Federación y en sus Entidades constituyentes con respecto a determinada disposición de la Convención, indicando la medida en que por acción legislativa o dé otra índole se haya dado efecto a tal disposición.

**Artículo XII.**

1. La presente Convención entrará en vigor el nonagésimo día siguiente a la fecha del depósito del tercer instrumento de ratificación o de adhesión.

2. Respecto a cada Estado que ratifique la presente Convención o se adhiera a ella después del depósito del tercer instrumento de ratificación o de adhesión, la presente Convención entrará en vigor el nonagésimo día siguiente a la fecha del depósito por tal Estado de su instrumento de ratificación o de adhesión.

**Artículo XIII.**

1. Todo Estado Contratante podrá denunciar la presente Convención mediante notificación escrita, dirigida al Secretario general de las Naciones Unidas. La denuncia surtirá efecto un año después de la fecha en que el Secretario general haya recibido la notificación.

2. Todo Estado que haya hecho una declaración o enviado una notificación, conforme a lo previsto en el artículo X, podrá declarar en cualquier momento posterior, mediante notificación dirigida al Secretario general de las Naciones Unidas, que la Convención dejará de aplicarse al territorio de que se trate un año después de la fecha en que el Secretario general haya recibido tal notificación.

3. La presente Convención seguirá siendo aplicable a las sentencias arbitrales respecto de las cuales se haya promovido un procedimiento para el reconocimiento o la ejecución antes de que entre en vigor la denuncia.

**Artículo XIV.**

Ningún Estado Contratante podrá invocar las disposiciones de la presente Convención respecto de otros Estados Contratantes más que en la medida en que él mismo esté obligado a aplicar esta Convención.

**Artículo XV.**

El Secretario general de las Naciones Unidas notificará a todos los Estados a que se refiere el artículo VIII:

a) Las firmas y ratificaciones previstas en el artículo VIII;

b) Las adhesiones previstas en el artículo IX;

c) Las declaraciones y notificaciones relativas a los artículos I, X y XI;

d) La fecha de entrada en vigor de la presente Convención, en conformidad con el artículo XII;

e) Las denuncias y notificaciones previstas en el artículo XIII.

**Artículo XVI.**

1. La presente Convención, cuyos textos chino, español, francés, inglés y ruso serán igualmente auténticos, será depositada en los archivos de las Naciones Unidas.

2. El Secretario general de las Naciones Unidas transmitirá una copia certificada de la presente Convención a los Estados a que se refiere el artículo VIII.

## § 3. CONVENIO EUROPEO SOBRE ARBITRAJE COMERCIAL INTERNACIONAL, HECHO EN GINEBRA EL 21 DE ABRIL DE 1961 (RCL 1975, 1941)

Los infrascritos:

Debidamente autorizados,

Reunidos bajo los auspicios de la Comisión Económica Europea de la Organización de las Naciones Unidas;

Visto que el diez de junio de mil novecientos cincuenta y ocho, como resultado de la Conferencia de las Naciones Unidas sobre Arbitraje en

Comercio Exterior, se firmó en Nueva York un Convenio sobre Reconocimiento y Ejecución de Sentencias Arbitrales Extranjeras;

Y estando deseosos de contribuir a la expansión del comercio europeo y de evitar a este fin, en lo posible, ciertas dificultades que entorpecen la organización y el funcionamiento del arbitraje comercial internacional en las relaciones entre personas físicas o jurídicas de diferentes países europeos;

Convienen en las siguientes cláusulas:

**Artículo 1.** *Campo de aplicación del Convenio.*

1. El presente Convenio se aplicará:

a) a aquellos acuerdos o compromisos de arbitraje que, para solventar controversias o contiendas surgidas o por surgir de operaciones de comercio internacional, hubieren sido concertados entre personas físicas o jurídicas que tengan, en el momento de estipular un acuerdo o compromiso de este tipo, su residencia habitual o su domicilio o sede social en Estados contratantes diferentes;

b) a los procedimientos y laudos arbitrales basados en los acuerdos o compromisos a que se alude más arriba en el párrafo 1, a) de este artículo.

2. A los fines de la aplicación del presente Convenio, se entenderá por:

a) "acuerdo o compromiso arbitral", bien sea una cláusula compromisoria incluida en un contrato, o bien un compromiso, contrato o compromiso separado firmados por las partes o contenidos en un intercambio de cartas, telegramas o comunicaciones por teleimpresor y, en las relaciones entre Estados cuyas leyes no exijan la forma escrita para el acuerdo o contrato arbitral, todo acuerdo o compromiso estipulado en la forma permitida por dichas leyes;

b) "arbitraje", el arreglo de controversias entre partes no sólo mediante árbitros nombrados para cada caso determinado (arbitraje ad hoc), sino también por instituciones arbitrales permanentes;

c) "sede social", el lugar donde radica el establecimiento o persona jurídica que ha concertado el acuerdo o compromiso arbitral.

**Artículo 2.** *Facultad de las personas morales de derecho público de someterse al arbitraje.*

1. En los casos previstos en el artículo 1, párrafo 1, del presente Convenio, las personas morales consideradas por la ley a ellas aplicable como

"personas morales de derecho público" estarán facultadas para concertar válidamente acuerdos o compromisos arbitrales.

2. Al firmar o al ratificar el presente Convenio o al adherirse al mismo, todo Estado contratante podrá declarar que limita dicha facultad según las condiciones concretadas en su declaración.

**Artículo 3.** *Derecho de los súbditos extranjeros a ser árbitros.*

En los arbitrajes amparados por el presente Convenio, los súbditos extranjeros podrán ser nombrados árbitros.

**Artículo 4.** *Organización del arbitraje.*

1. Las partes en un acuerdo o compromiso arbitral podrán, según su libre criterio, prever:

a) que sus controversias o diferencias sean sometidas para su resolución a una institución arbitral permanente; en este caso, el procedimiento arbitral se desarrollará conforme al Reglamento de la institución designada; o

b) que sus diferencias o contiendas sean sometidas para su resolución a un procedimiento arbitral ad hoc; en este caso, las partes tendrán, entre otras, las siguientes facultades:

i) nombrar los árbitros o establecer los modos o fórmulas conforme a los cuales se designarán los árbitros en el caso de una controversia;

ii) determinar el lugar de la sede o emplazamiento del tribunal arbitral;

iii) fijar las normas de procedimiento que deben seguir los árbitros.

2. Si las partes han estipulado someter el arreglo de las posibles controversias entre ellas a un arbitraje ad hoc y si en un plazo de treinta días desde la fecha de la notificación de la demanda de arbitraje al demandado, una de las partes omitiere el nombrar su árbitro, éste será designado, salvo que las partes hubieren previsto otra cosa en el acuerdo o compromiso arbitral, a petición de la otra parte, por el Presidente de la Cámara de Comercio competente del país en el cual tenga su residencia habitual o su sede social la parte omitente en el momento de la presentación de la demanda de arbitraje. El presente párrafo se aplicará igualmente a la sustitución de un árbitro o árbitros nombrados por una de las partes o por el Presidente de la Cámara de Comercio a que se alude más arriba.

3. Si las partes hubieren acordado someter el arreglo de las posibles controversias o diferencias entre ellas a un arbitraje ad hoc por uno

o varios árbitros sin que el acuerdo o compromiso arbitral contenga los datos indispensables para la realización del procedimiento arbitral, tales como los indicados en el párrafo 1 del presente artículo, se adoptarán las medidas necesarias por el árbitro o árbitros ya nombrados, salvo que las partes puedan llegar a un acuerdo al respecto y sin perjuicio del caso previsto en el precedente párrafo 2. Si no mediare acuerdo entre las partes en lo concerniente a la designación del árbitro único, o en caso de que no se llegara a un acuerdo entre los árbitros nombrados sobre las medidas que se deben adoptar, el demandante podrá, en Su elección, dirigirse, solicitando se tomen dichas medidas, si las partes hubieren convenido el lugar del arbitraje, al Presidente de la Cámara de Comercio competente del lugar de arbitraje convenido por las partes, o bien al Presidente de la Cámara de Comercio competente del lugar de residencia habitual o sede social del demandado, en el momento de la presentación de la demanda de Arbitraje. Si las partes no hubieren convenido el lugar de arbitraje, el demandante podrá a su elección dirigirse solicitando la acción necesaria, bien sea al Presidente de la Cámara de Comercio competente del país donde tenga el demandado su habitual residencia o sede social en el momento de la presentación de la demanda de arbitraje, o al Comité Especial cuya composición y modo de funcionamiento se especifican en el anejo al presente Convenio. Si el demandante dejare de ejercitar los derechos a él conferidos por el presente párrafo, tales derechos podrán ser ejercitados por el demandado o por el árbitro o árbitros.

4. El Presidente o el Comité Especial a quien se hubiere dirigido la petición podrá proceder, según el caso,

a) a nombrar el árbitro único, el árbitro presidente, el superárbitro o el tercer árbitro;

b) a sustituir uno o varios árbitros designados conforme a un procedimiento distinto del previsto en el párrafo 2 del presente artículo;

c) a determinar el lugar de arbitraje, quedando entendido que el árbitro o árbitros podrán elegir otro lugar de arbitraje;

d) a fijar, bien sea de manera directa o remitiéndose al reglamento de una institución arbitral permanente, las normas procesales que deberán observarse por el árbitro o árbitros, si éste o éstos no hubiesen establecido sus reglas de procedimiento en caso de que no existiera acuerdo mutuo entre las partes a este respecto.

5. Si las partes hubieren estipulado someter el arreglo de las posibles controversias o contiendas entre ellas a una institución arbitral permanente sin designar esta institución y no llegaren a un entendimiento sobre

dicha designación, el demandante podrá reclamar tal designación conforme al procedimiento previsto en el precedente párrafo 3.

6. Si el acuerdo o compromiso arbitral no especificare el modo o clase de arbitraje (arbitraje por una institución arbitral permanente o bien arbitraje ad hoc) conforme al cual estuvieren concordes las partes en dirimir su controversia y si las partes no llegaren a convenirse sobre dicho asunto, el demandante tendrá facultad de recurrir a este respecto al procedimiento previsto en el precedente párrafo 3.°

El Presidente de la Cámara de Comercio competente o el Comité Especial podrán bien sea remitir a las partes a una institución arbitral permanente, o requerir a las partes a que nombren sus árbitros dentro de un plazo señalado por el Presidente o por el Comité Especial y a que convengan dentro de dicho plazo las medidas necesarias para el desarrollo del procedimiento arbitral. En este último caso, serán aplicables los párrafos 2, 3 y 4 del presente artículo.

7. Si, dentro de un plazo de sesenta días desde el momento en que hubiere sido por él recibida la petición de desempeñar alguna de las funciones enumeradas en los párrafos 2, 3, 4, 5 y 6 de este artículo, el Presidente de la Cámara de Comercio a la cual se hubiere dirigido la petición, conforme a lo previsto en alguno de los mencionados párrafos, no hubiere dado curso a dicha petición, la parte solicitante podrá dirigirse al Comité Especial a fin de que asuma las funciones o cometidos que no hayan sido llevados a efecto.

**Artículo 5.** *Declinatoria del tribunal arbitral por incompetencia.*

1. La parte que pretenda promover una excepción o declinatoria por incompetencia del tribunal arbitral, deberá, cuando se trate de excepciones basadas en el hecho de inexistencia, nulidad o caducidad del acuerdo o compromiso arbitral, hacerlo durante el procedimiento arbitral no después del momento de presentar sus alegaciones sobre el fondo o sustancia de la controversia y, cuando se trate de una excepción basada en el hecho de que la cuestión controvertida excede de las facultades del árbitro, tal excepción será presentada tan pronto como surgiera, en el procedimiento arbitral, la cuestión que exceda de dichas facultades. Cuando las partes se retrasaren en presentar la excepción, debido a una causa que el árbitro estimare justificada, éste declarará la excepción como admisible.

2. Aquellas excepciones contra la competencia del tribunal arbitral aludidas en el precedente párrafo 1.° que no hubieren sido promovidas dentro de los plazos fijados en dicho párrafo, no podrán serlo durante el curso ulterior del procedimiento arbitral, salvo en el supuesto de que tales

excepciones se refieran a cuestiones cuya presentación no queda reservada al libre criterio de las partes conforme a la Ley aplicada por el árbitro, no pudiendo tampoco dichas excepciones ser intentadas en el curso de un procedimiento posterior seguido ante un tribunal judicial estatal en el caso de que se hubiere acudido a él pidiéndole que examinara el asunto en cuanto al fondo o a la ejecución de la sentencia arbitral, salvo cuando las excepciones aludidas no queden confiadas al libre criterio de las partes con arreglo a la Ley determinada por la regla de conflicto del tribunal judicial que se ocupare del fondo o de la ejecución del laudo. Sin embargo, el tribunal estatal podrá reconsiderar judicialmente la decisión del árbitro sobre la demora en presentar la excepción.

3. A reserva de que se pueda ulteriormente apelar conforme a la "lex fori" contra el indicado laudo del tribunal de árbitro ante un tribunal estatal competente, el tribunal de arbitraje cuya competencia fuere impugnada no deberá renunciar al conocimiento del asunto y tendrá la facultad de fallar sobre su propia competencia y sobre la existencia o validez del acuerdo o compromiso arbitral o del contrato, transacción u operación de la cual forme parte dicho acuerdo o compromiso.

**Artículo 6.** *Competencia de los tribunales judiciales estatales.*

1. Toda excepción o declinatoria por incompetencia de tribunal estatal basada en la existencia de un acuerdo o compromiso arbitral e intentada ante el tribunal estatal ante el cual se promovió el asunto por una de las partes del acuerdo o compromiso arbitral, deberá ser propuesta por el demandado, so pena de pérdida de derechos por vencimiento del plazo, antes o en el mismo momento de presentar sus pretensiones o alegaciones en cuanto al fondo según que la Ley del país del tribunal considere tal excepción o declinatoria como una cuestión de derecho procesal o sustantivo.

2. Al examinar y pronunciar resolución sobre la cuestión de la existencia o validez del acuerdo o compromiso arbitral, los tribunales nacionales de los Estados Contratantes ante los cuales se hubiere promovido dicha cuestión deberán, en lo referente a la capacidad jurídica de las partes, atenerse a la Ley que les sea aplicable a éstas, y en lo concerniente a las restantes materias, decidirán:

a) según la ley a que hayan sometido las partes el acuerdo o compromiso arbitral;

b) no existiendo una indicación al respecto, según la ley del país donde deba dictarse laudo;

c) careciéndose de indicación sobre la ley a la cual hayan sometido las partes el acuerdo o compromiso arbitral y, si en el momento en que la cuestión sea sometida a un tribunal judicial no hubiere posibilidad de determinar cuál será el país en que habrá de dictarse fallo arbitral, entonces según la ley aplicable en virtud de las reglas de conflicto del tribunal estatal conocedor del asunto.

El tribunal ante el cual se hubiere promovido el asunto podrá denegar el reconocimiento del acuerdo o compromiso arbitral si, conforme a la "lex fori", la controversia no es por su objeto o materia susceptible de arreglo mediante arbitraje.

3. Si una de las partes en un acuerdo o compromiso arbitral hubiere ya incoado un procedimiento arbitral antes de recurrirse ante un tribunal judicial, en tal caso el tribunal judicial de uno de los Estados contratantes, al cual se haya dirigido posteriormente otra de las partes con una demanda o pretensión referente al mismo objeto o diferencia entre las mismas partes o a la cuestión de la inexistencia, nulidad o caducidad del acuerdo o compromiso arbitral, deberá diferir toda resolución sobre la competencia del tribunal arbitral hasta el momento en que éste dicte su laudo sobre el fondo del asunto, siempre que el tribunal estatal no tenga motivos suficientemente graves para desviarse de esta norma.

4. Si una de las partes solicitase medidas provisionales o preventivas de conservación o seguridad ante una autoridad judicial, no deberá ello estimarse como incompatible con el acuerdo o compromiso arbitral, ni como un sometimiento del asunto al tribunal judicial para que éste resuelva en cuanto al fondo.

**Artículo 7.** *Derecho aplicable.*

1. Las partes podrán según su libre criterio determinar de común acuerdo la ley que los árbitros habrán de aplicar al fondo de la controversia. Si no existiere indicación por las partes en lo concerniente al derecho aplicable, los árbitros aplicarán la ley procedente de conformidad con la regla de conflicto que los árbitros estimaren apropiada en el caso en cuestión. En ambos casos, los árbitros tendrán en cuenta las estipulaciones del contrato y los usos mercantiles.

2. Los árbitros actuarán en calidad de "amigables componedores" si tal es la voluntad de las partes y se lo permite la ley aplicada al arbitraje.

**Artículo 8.** *Motivación de la sentencia arbitral.*

Se presumirá que las partes han convenido en el acuerdo o compromiso arbitral que el laudo deberá ser motivado, salvo,

a) si las partes hubieran estipulado expresamente que la sentencia arbitral no deberá ser fundada o,

b) si las partes hubieren elegido un procedimiento arbitral dentro de cuyo marco no esté aceptada la costumbre de motivar los fallos y siempre que, en tal caso, las partes o una de ellas no soliciten expresamente, antes de terminar la vista o audiencia, o si no hubiere habido vista antes de redactar el fallo, que éste sea fundado.

**Artículo 9.** *Declaración como nula de la sentencia arbitral.*

1. La anulación en uno de los Estados contratantes de un laudo arbitral amparado por el presente Convenio constituirá causa de denegación en lo referente al reconocimiento o ejecución de dicho laudo en otro Estado contratante, sólo en el caso de que tal anulación se hubiere llevado a efecto en aquel Estado en el cual o conforme a cuya ley fue pronunciado el fallo arbitral y ello por una de las siguientes razones:

a) las partes en el acuerdo o compromiso arbitral estaban, con sujeción a la ley a ellas aplicable, afectadas de una incapacidad de obrar, o dicho acuerdo o compromiso no era válido con arreglo a la ley a la cual lo sometieron las partes o, en caso de no haber indicación al respecto, conforme a la ley del país en donde se dictó el laudo; o

b) la parte que pide la anulación del laudo no había sido informada debidamente sobre el nombramiento del árbitro o sobre el desarrollo del procedimiento arbitral, o le había sido imposible, por cualquier otra causa, hacer valer Sus alegaciones o recursos; o

c) el laudo se refiere a una controversia no prevista en el compromiso arbitral o no incluida dentro de lo establecido en la cláusula compromisoria; o contiene decisiones sobre materias que sobrepasen los términos del compromiso arbitral o de la cláusula compromisoria, entendiéndose, empero, que si las resoluciones del laudo que versen sobre cuestiones sometidas al arbitraje, puedan ser separadas o disociadas de aquellas otras resoluciones concernientes a materias no sometidas al arbitraje, las primeras podrán no ser anuladas; o

d) la constitución o composición del tribunal de árbitros o el procedimiento arbitral no se ha ajustado al acuerdo o compromiso entre las partes o, no habiendo existido tal acuerdo o compromiso, a lo establecido en el artículo IV del presente Convenio.

2. En las relaciones entre aquellos Estados contratantes que sean al mismo tiempo Partes en el Convenio de Nueva York de 10 de junio de 1958 sobre Reconocimiento y Ejecución de Sentencias Arbitrales Extranjeras, el

párrafo 1.° del presente artículo viene a restringir la aplicación del artículo V, párrafo 1, e) del Convenio de Nueva York únicamente a los casos de anulación expuestos en dicho párrafo 1.°

**Artículo 10.** *Cláusulas finales.*

1. El presente Convenio queda abierto para la firma o la adhesión por los países miembros de la Comisión Económica Europea y por los países admitidos a la Comisión con derecho de voto consultivo con arreglo al párrafo 8 del mandato o atribuciones de dicha Comisión.

2. Aquellos países que pudieren participar en ciertos trabajos de la Comisión Económica Europea de conformidad con el párrafo 11 del mandato o atribuciones de dicha Comisión, podrán venir a ser Partes contratantes en el presente Convenio mediante la adhesión al mismo tras de su entrada en vigor.

3. El Convenio estará abierto para su firma hasta el treinta y uno de diciembre de mil novecientos sesenta y uno inclusive. Después, de esta fecha, quedará abierto para la adhesión al mismo.

4. El presente Convenio estará sujeto a ratificación.

5. La ratificación del Convenio o la adhesión a él se efectuará entregando el correspondiente instrumento para su custodia al Secretario general de la Organización de las Naciones Unidas.

6. Al firmar el presente Convenio, ratificarlo o adherirse a él, cada una de las Partes contratantes remitirá al Secretario general de la Organización de las Naciones Unidas, una lista de las Cámaras de Comercio u otras instituciones de su país cuyos Presidentes habrán de desempeñar las funciones confiadas por el artículo IV del presente Convenio a los Presidentes de las Cámaras de Comercio competentes.

7. Lo estipulado en el presente Convenio no impedirá la vigencia de los acuerdos multilaterales o bilaterales concertados por los Estados contratantes, en lo tocante a arbitraje.

8. El presente Convenio entrará en vigor el nonagésimo día siguiente a aquel en que cinco de los países a que hace referencia el párrafo 1 del presente artículo, hayan entregado su instrumento de ratificación o adhesión. En lo referente a cada país que lo ratifique o se adhiera a él con posterioridad, el presente Convenio tendrá vigencia desde el nonagésimo día siguiente a la entrega por dicho país de su instrumento de ratificación o de adhesión.

9. Cualquiera de las Partes contratantes podrá denunciar el presente Convenio mediante notificación dirigida al Secretario general de la Organización de las Naciones Unidas. Esta denuncia surtirá efecto al haber transcurrido un plazo de doce meses desde la fecha en que el Secretario general hubiere recibido la notificación correspondiente de denuncia.

10. Si, una vez entrado en vigor este Convenio, el número de Partes Contratantes quedara, como consecuencia de denuncias, reducido a menos de cinco, el presente Convenio perderá su vigencia a partir de la fecha en que surtiere efectos la última de tales denuncias.

11. El Secretario general de la Organización de las Naciones Unidas notificará a los países aludidos en el párrafo 1, así como a los países que hubieren llegado a ser Partes Contratantes por aplicación del párrafo 2 del presente artículo:

a) las declaraciones hechas conforme al párrafo 2 del artículo II;

b) las ratificaciones y adhesiones según los párrafos 1 y 2 del presente artículo;

d) las fechas en que entrare en vigor el presente Convenio con sujeción al párrafo 8 del presente artículo;

e) las denuncias según el párrafo 9 de este artículo;

f) la pérdida de vigencia del presente Convenio conforme al párrafo 10 de este artículo.

12. Después del treinta y uno de diciembre de mil novecientos sesenta y uno el original del presente Convenio será entregado para su custodia al Secretario general de la Organización de las Naciones Unidas, quien remitirá en debida forma copias certificadas conformes del mismo a cada uno de los países a que se hace referencia en los párrafos 1 y 2 de este artículo.

En fe de lo cual, los infrascritos, debidamente facultados al efecto, ponen su firma al pie del presente Convenio.

Hecho en Ginebra, el veintiuno de abril de mil novecientos sesenta y uno, en un solo ejemplar, en lenguas francesa, inglesa y rusa, siendo los tres textos igualmente auténticos.

## Anejo

### Composición y modo de funcionamiento del Comité Especial a que hace referencia el artículo IV del Convenio

1. El Comité Especial a que se refiere el artículo IV del Convenio estará compuesto por dos miembros titulares y un Presidente. Uno de

los miembros titulares lo elegirán las Cámaras de Comercio u otras instituciones que hayan sido designadas con arreglo al artículo X, párrafo 6, del Convenio, por aquellos Estados en los que, en el momento de la apertura del Convenio para su firma, existan Comités Nacionales de la Cámara de Comercio Internacional y que, en el momento de la elección, sean Partes en el Convenio. El otro miembro lo elegirán las Cámaras de Comercio u otras instituciones que hayan sido designadas conforme al artículo X, párrafo 6, del Convenio, por aquellos Estados en los que, en el momento de la apertura del Convenio para su firma, no exista ningún Comité Nacional de la Cámara de Comercio Internacional y que, en el momento de la elección, sean Partes en el Convenio.

2. Las personas llamadas a desempeñar, con sujeción a lo previsto más abajo en el párrafo 7, las funciones de Presidente del Comité Especial, serán de igual manera elegidas por las Cámaras de Comercio u otras instituciones a que Se alude en el párrafo 1 de este anejo.

3. Al mismo tiempo y en las mismas condiciones que los Presidentes y los miembros titulares, se elegirán también sustitutos por las Cámaras de Comercio o por otras instituciones aludidas en el párrafo 1 del presente anejo, de suerte que tales sustitutos o suplentes puedan actuar en caso de impedimento temporal de dichos presidentes o miembros titulares. En caso de impedimento permanente para desempeñar sus funciones o de dimisión de un Presidente o de un miembro titular, su suplente elegido para sustituirlo pasará a ser, en su caso, Presidente o miembro titular y así el grupo de Cámaras de Comercio o de otras instituciones que hubiere elegido al suplente venido a ser Presidente o miembro titular, procederá a la elección de un nuevo sustituto.

4. Las primeras elecciones del Comité se efectuarán dentro de los noventa días siguientes a la entrega para su custodia del quinto instrumento de ratificación o de adhesión. Tendrán también derecho a participar en estas elecciones las Cámaras de Comercio u otras instituciones designadas por aquellos Estados que, siendo ya signatarios, no fueren aún Partes en el Convenio. Si no fuese, empero, posible celebrar elecciones dentro del plazo indicado, la entrada en vigor de los párrafos 3 a 7 del artículo IV del Convenio quedará suspendida hasta que se haya procedido a elecciones en las condiciones arriba establecidas.

5. Salvo lo previsto más abajo en el párrafo 7, los miembros del Comité Especial serán elegidos para un período de cuatro años. Deberán efectuarse nuevas elecciones dentro de los seis primeros meses del cuarto año a partir de. las elecciones anteriores. Si en las elecciones de nuevos miembros del Comité Especial no se obtuviere empero resultado positivo,

los miembros anteriormente elegidos proseguirán desempeñando sus funciones hasta la elección de nuevos miembros.

6. Los resultados de las elecciones para miembros del Comité Especial serán comunicados al Secretario general de la Organización de las Naciones Unidas, quien los notificará a los Estados a que se hace referencia en el párrafo 1 del artículo X de este Convenio, así como a los Estados que hubieren pasado a ser Partes Contratantes de conformidad con el párrafo 2 del artículo X. El Secretario general notificará igualmente a estos mismos Estados la posible suspensión y la entrada en vigor de los párrafos 3 a 7 del artículo IV del Convenio con arreglo al párrafo 4 del presente anejo.

7. Las personas elegidas en calidad de Presidentes desempeñarán sus funciones, según turno de rotación, cada una de ellas durante un período de dos años. La atribución de las funciones de presidente a una de las personas elegidas según las condiciones previstas en el párrafo 2 durante el primer período de dos años a partir de la vigencia del Convenio, será decidida por sorteo. La presidencia será después asignada cada vez, para un nuevo período de dos años, a la persona elegida en calidad de Presidente por un grupo de países distinto de aquel por el cual hubiere sido elegido el Presidente que haya ejercido sus funciones durante el período de dos años inmediatamente anterior.

8. Las peticiones al Comité Especial previstas en los párrafos 3 a 7 del artículo IV del Convenio serán dirigidas al Secretario Ejecutivo de la Comisión Económica Europea. El Secretario Ejecutivo enviará primeramente estas peticiones al miembro del Comité Especial elegido por un grupo de países distinto de aquel por el cual hubiere sido elegido el Presidente en funciones en el momento de presentar la petición. La solución propuesta por el miembro a quien se dirigió en primer lugar el Secretario Ejecutivo, será transmitida por el Secretario Ejecutivo al otro miembro del Comité y, si este otro miembro la acepta, dicha solución se considerará como resolución del Comité y será comunicada como tal por el Secretario Ejecutivo para conocimiento de la persona que cursó la petición.

9. Si los dos miembros del Comité Especial al cual se dirigió el Secretario Ejecutivo no pudieren ponerse de acuerdo sobre una solución por vía de correspondencia, el Secretario Ejecutivo de la Comisión Económica Europea convocará una reunión del mencionado Comité Especial en Ginebra con objeto de intentar conseguir una decisión unánime sobre la petición presentada. Si no hubiere unanimidad, la resolución del Comité será adoptada por mayoría de votos y comunicada por el Secretario Ejecutivo a la persona que cursó la petición.

10. Los gastos que estuvieren ligados a la intervención del Comité Especial a los fines de solventar una controversia incluida dentro del campo de aplicación del presente Convenio serán anticipados por la persona que cursó la petición, pero serán llevados por ella a la cuenta de gastos de procedimiento.